EDITION

Directeurs de collection et auteurs : Dominique AUZIAS et Jean-Paul LABOURDETTE

Responsable d'édition : Linda CASTAGNIE

Auteurs : Carole CHOLLET, Jean-Paul LABOURDETTE, Dominique AUZIAS et a

Directeur Editorial : Stéphan SZEREMETA

Rédaction France : François TOURNIE, Ma CHEVALIER, Silvia FOLIGNO, Bénédicte

Rédaction Monde : Patrick MARINGE, Caro MICHELOT, Morgane VESLIN, Pierre-Yve SOUCHET, Talatah FAVREAU, Hector BAR

FABRICATION

Responsable Studio : Sophie LECHERTIER assistée Romain AUDREN

Maquette et Montage : Julie BORDES, Élodie CLAVIER, Sandrine MECKING, Delphine PAGANO, Laurie PILLOIS et HUgues RENAULT

Iconographie et Cartographie : Audrey LALOY

WEB ET NUMERIQUE

Directeur Web : Louis GENEAU de LAMARLIERE

Directeur technique : Lionel CAZAUMAYOU

Chef de projet et développeurs : Jean-Marc REYMUND, Cédric MAILLOUX, Florian FAZER et Anthony GUYOT

Community Manager : Cyprien de CANSON

DIRECTION COMMERCIALE

Directrice des Régies : Caroline CHOLLET

Responsable Régies locales : Michel GRANSEIGNE

Relation Clientèle : Vimla MEETTOO et Sandra RUFFIEUX

Chefs de Publicité Régie nationale : Caroline AUBRY, François BRIANCON-MARJOLLET, Perrine DE CARNE MARCEIN, Caroline GENTELET, Florian MEYBERGER, Caroline PREAU

REGIE INTERNATIONALE

Chefs de Publicité : Jean-Marc FARAGUET, Guillaume LABOUREUR assistés d'Elisa MORLAND

DIFFUSION ET PROMOTION

Directrice des Ventes : Bénédicte MOULET assistée d'Aissatou DIOP, Alicia FILANKEMBO

Responsable des ventes : Jean-Pierre GHEZ assisté de Nathalie GONCALVES

Relations Presse-Partenariats : Jean-Mary MARCHAL

ADMINISTRATION

Président : Jean-Paul LABOURDETTE

Directeur Administratif et Financier : Gérard BRODIN

Directrice des Ressources Humaines : Dina BOURDEAU assistée de Sandra MORAIS et Vianney LAVERNE

Responsable informatique : Pascal LE GOFF

Responsable Comptabilité : Valérie DECOTTIGNIES assistée de Jeannine DEMIRDJIAN, Oumy DIOUF, Christelle MANEBARD et de Adrien PRIGENT

Recouvrement : Fabien BONNAN assisté de Sandra BRIJLALL

Standard : Jehanne AOUMEUR

■ PETIT FUTE VENDÉE 2016 ■

Petit Futé a été fondé par Dominique AUZIAS.
Il est édité par Les Nouvelles Editions de l'Université
18, rue des Volontaires - 75015 Paris.
✆ 01 53 69 70 00 - Fax 01 42 73 15 24
Internet : www.petitfute.com
SAS au capital de 1 000 000 €
RC PARIS B 309 769 966

Couverture : © LINDA CASTAGNIE
© WWW.JULIENGAZEAU.COM © PUY DU FOU

Impression :
GROUPE CORLET IMPRIMEUR - 14110 Condé-sur-Noireau
Dépôt légal : 25/05/2016
ISBN : 9782746994089

Pour nous contacter par email, indiquez le nom de famille en minuscule suivi de @petitfute.com
Pour le courrier des lecteurs : info@petitfute.com

BIENVENUE

... *Futé*. Depuis de ... nt consultables ... e un contenu ... nent en termes ... ersonnalités... ... ions pour les ... seul éditeur à ..., notre équipe vendéenne a sillonné depuis mai 2015 tout le département afin de dénicher, pour vous, les nouveautés et les meilleures adresses en termes de qualité, de diversité et d'originalité. Au fil des pages de cette vingtième édition, nous vous entraînerons à la découverte de ce département aux multiples visages situé au cœur de la façade atlantique. De son littoral et ses îles si différentes l'une de l'autre, au bocage, en passant par les marais, breton et poitevin, et le Sud-Vendée, vous apprécierez la diversité des paysages. Une mer profonde, une côte sauvage, de longues plages de sable fin bordées de cordons dunaires et de forêts de pins, une voile virant de bord, des maisons basses aux murs blanchis et volets bleus, une lumière à part, deux îles joyaux résument en partie l'attrait de ce pays auquel on reste indéfectiblement sensible. Mais la Vendée ne se résume pas à ses 140 km de plage. Le site le plus connu, par-delà les frontières, est sans conteste le Puy du Fou, qui a reçu pour la seconde fois l'oscar du meilleur parc de loisirs au monde ! Et les Vendéens ne sont pas peu fiers de ce titre car chacun d'eux a l'âme puyfollaise. Si l'on vient d'abord en Vendée pour ses atouts immédiatement perceptibles, on y revient surtout pour ses charmes plus discrets : une variété de paysages exceptionnelle, au creux desquels se niche un patrimoine culturel patiné par la petite et la grande histoire. La Vendée, c'est donc aussi le bocage, terre riche d'histoire, aux paysages variés de collines et sentiers. Le Sud-Vendée recèle de véritables trésors d'architecture, et le spectacle des lentilles d'eau présentes à foison dans les conches du marais poitevin est un pur émerveillement. Au fil des pages, la Vendée vous révélera ses secrets… Où manger ? Où dormir ? Comment occuper ses journées ? Trouver un bar sympa ? Chez quel producteur acheter l'une des nombreuses spécialités vendéennes, du canard de Challans à la brioche… Vous saurez tout (ou presque, puisque la Vendée garde encore tant de secrets) en parcourant cette nouvelle édition. Alors, dépêchez-vous de passer aux pages suivantes : elles vous fourniront une multitude d'idées pour profiter pleinement de la Vendée, véritable destination familiale.

Linda Castagnié, responsable d'édition

PEFC 10-31-1510
Certifié PEFC
Ce produit est issu de forêts gérées durablement et de sources contrôlées.
pefc-france.org

IMPRIMÉ EN FRANCE

en page 97

SOMMAIRE

DÉCOUVERTE

Carte d'identité 10
Les immanquables 12
Nature 19
Économie 26
Histoire 30
Patrimoine et traditions 34
La Vendée gourmande 41
Sports et loisirs 52
Festivalset manifestations 61

LES ÎLES ET LE PAYS DE MONTS

Les Îles et le Pays de Monts 70
Île d'Yeu 70
Île de Noirmoutier 81
Barbâtre *82*
Noirmoutier-en-l'Île *85*
L'Épine *103*
La Guérinière *106*
Bouin 109
Beauvoir-sur-Mer 112
Fromentine – La Barre-de-Monts . 116
Notre-Dame-de-Monts 120
Saint-Jean-de-Monts 129
Le Perrier *144*
Soullans *145*
Challans 146
Bois-de-Cené *154*
La Garnache *154*
Sallertaine *155*
Saint-Gervais *157*
Apremont 158

LA CÔTE DE LUMIÈRE DU NORD AU SUD

La Côte de Lumière du nord au sud 162
Saint-Hilaire-de-Riez 162
Saint-Gilles-Croix-de-Vie 171
L'Aiguillon-sur-Vie *186*
Commequiers *186*
Saint-Christophe-du-Ligneron *187*
Givrand *188*
Le Fenouiller *189*
Saint-Révérend *189*
Brétignolles-sur-Mer 191
Landevieille *198*
Brem-sur-Mer 199
Vairé *202*
Les Sables d'Olonne 202
Château-d'Olonne 233
Olonne-sur-Mer 238
L'Île d'Olonne *246*
La Mothe-Achard 249
Beaulieu-sous-la-Roche *250*
La Chapelle-Hermier *252*
Le Girouard *252*
Saint-Julien-des-Landes *252*
Saint-Mathurin *254*
Talmont-Saint-Hilaire 254
Poiroux *265*
Avrillé *265*
Moutiers-les-Mauxfaits *266*
Saint-Cyr-en-Talmondais *267*
Grosbreuil *269*
Jard-sur-Mer 270
Saint-Vincent-sur-Jard 272
Longeville-sur-Mer 274
Le Bernard *276*
Saint-Hilaire-la-Forêt *277*
La Tranche-sur-Mer 278
Angles *288*
La Faute-sur-Mer 291
L'Aiguillon-sur-Mer 295
Saint-Denis-du-Payré *298*
Saint-Michel-en-l'Herm *298*
Triaize *299*

LE SUD-VENDÉE ET LE MARAIS POITEVIN

Le Sud-Vendée et le Marais Poitevin 302
Mareuil-sur-Lay-Dissais 302
Corpe *305*
Rosnay *306*
Luçon 306
Nalliers *308*
Sainte-Hermine *309*
Saint-Juire-Champgillon *311*
Saint-Martin-des-Fontaines *311*
Chaillé-les-Marais 311
Champagné-les-Marais *313*
L'Île d'Elle *313*
Moreilles *314*

Beau Land Park

2016

Du 02 juillet au 28 août 2016

Ouvert dès 20h

Attractions foraines

NOUVEAUTÉS : train fantôme, etc.

LE CIRQUE DE VENISE de mi-juillet à fin août

LE FESTIVAL DES CASCADEURS en Juillet et août

Terrain Beau Land Park

Avenue des Becs - SAINT-HILAIRE DE RIEZ

SOMMAIRE

Sainte-Radegonde-des-Noyers 314
Maillezais 314
Benet 316
Bouillé-Courdault 316
Damvix 316
Le Gué-de-Velluire 318
Le Mazeau 318
Oulmes 318
Vix 319
Fontenay-le-Comte 319
L'Hermenault 325
Longèves 325
Saint-Hilaire-des-Loges 325
Pissotte 325
Pouillé 326
L'Orbrie 326
Saint-Michel-le-Cloucq 326
Sérigné 327
Velluire 328
Xanton-Chassenon 328
Vouvant 328
Faymoreau 331
Foussais-Payré 331
Mervent 332
Nieul-sur-l'Autise 35
La Châtaigneraie 336
Breuil-Barret 336
Cheffois 336
Mouilleron-en-Pareds 337
Bazoges-en-Pareds 338
Saint-Pierre-du-Chemin 338

LE BOCAGE VENDÉEN AUTOUR DU PUY-DU-FOU

Le Bocage vendéen autour du Puy du Fou 340
Chantonnay 340
Bournezeau 342
La Jaudonnière 343
Saint-Prouant 343
Sigournais 344
Pouzauges 344
Le Boupère 346
Monsireigne 347
Réaumur 347
Saint-Mesmin 347
Sèvremont 348
Les Herbiers 348
La Gaubretière 353
Mouchamps 354
Mesnard-la-Barotière 356
Saint-Paul-en-Pareds 357
Le Puy-Du-Fou (Les Epesses) 357
Chambretaud 362
Mallièvre 363
Saint-Mâlo-du-Bois 364
Les Essarts-en-Bocage 365
Mortagne-sur-Sèvre 366
La Verrie 368
Saint-Laurent-sur-Sèvre 369
Tiffauges 369
Montaigu 371
Boufféré 372
Cugand 373
Saint-Georges-de-Montaigu 373
Saint-Hilaire-de-Loulay 374
Saint-Fulgent 375
Chavagnes-en-Paillers 376
Les Brouzils 377
Rocheservière 378
Saint-Philbert-de-Bouaine 380
Saint-Sulpice-le-Verdon 380

LE CŒUR DE LA VENDÉE

Le Coeur de la Vendée 382
La Roche-sur-Yon 382
Aubigny 404
Belleville-sur-Vie 405
Chaillé-sous-les-Ormeaux 406
La Chaize-le-Vicomte 407
Mouilleron-le-Captif 407
Le Tablier 408
Nesmy 408
Venansault 409
Les Lucs-sur-Boulogne 409
Le Poiré-sur-Vie 412
Aizenay 413
Saint-Denis-la-Chevasse 415

ORGANISER SON SÉJOUR

Se rendre en Vendée 418
S'informer sur la Vendée 421
Index 428

Vendée

N
O
E
S
Loire-Atlantique
Vers Nan
Noirmoutier-en-l'Ile
D38
Ile de Noirmoutier
Passage du Gois
Fromentine
D22
La Barre-de-Monts
Notre-Dame-de-Monts
St-Jean-de-Monts
Port-Joinville
Ile d'Yeu
Bouin
D758
Bois-de-Céné
Beauvoir-sur-Mer
Châteauneuf
D948
St-Gervais
D32
La Garnache
Sallertaine
Challans
D753
Falleron
D51
Le Perrier
Soullans
St-Christophe-du-Ligneron
Orouët
Commequiers
N.-Dame-de-Riez
le Fenouiller
St-Hilaire-de-Riez
St-Gilles-Croix-de-Vie
St-Révérend
Coëx
Apremont
Maché
D978
Palluau
Aizenay
D6
L'Aiguillon-sur-Vie
La Chapelle-Hermier
Venansault
Givrand
St-Julien-des-Landes
Beaulieu-sous-la-Roche
Brétignolles-sur-Mer
la Chaize-Giraud
Brem-sur-Mer
Vairé
la Mothe-Achard
D80
St-Mathurin
L'Ile d'Olonne
Olonne-sur-Mer
D160
D949
Ste-Foy
Les Sables-
Château-d'Olonne
Grosbreuil
Talmont-St-Hilaire
Poiroux
Moutiers-les-Mauxfaits
Avrillé
St-Hilaire-la-Forêt
Jard-sur-Mer
St-Vincent-sur-Jard
Longeville-sur-Mer
Le Bernard
Angles
D105 bis
la Tranche-sur-Mer
St-Philbert-de-Bouaine
Rocheservière
Les Lucs s.-Boulogne
D763
Belleville-s.-Vie
le Poiré-s.-Vie
LA ROCHE-SUR-YON
Ste-Flavie-des-Loups
A87
D747
La Chapelle-Achard
Aubigny
Nieul-le-Dolent
St-Avaugourd-des-Landes
D949
Nes
Le T
Océan Atlantique
Ile de Ré
Vendée
0
10 km

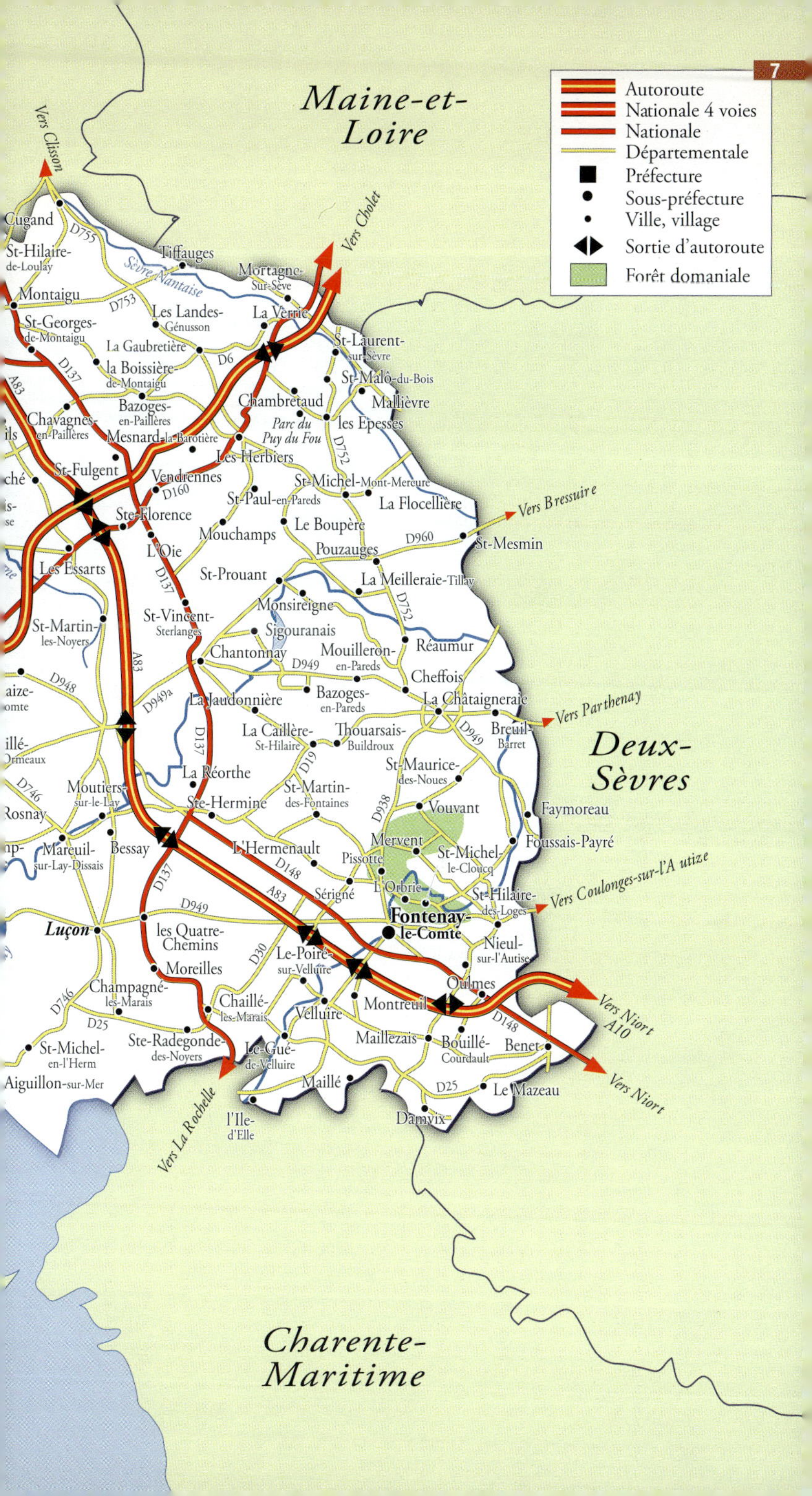
Autoroute
Nationale 4 voies
Nationale
Départementale
Préfecture
Sous-préfecture
Ville, village
Sortie d'autoroute
Forêt domaniale
Maine-et-Loire
Deux-Sèvres
Charente-Maritime
Vers Clisson
Vers Cholet
Vers Bressuire
Vers Parthenay
Vers Coulonges-sur-l'Autize
Vers Niort A10
Vers Niort
Vers La Rochelle
Cugand
St-Hilaire-de-Loulay
Montaigu
St-Georges-de-Montaigu
Tiffauges
Sèvre Nantaise
Mortagne-Sur-Sèvre
La Verrie
Les Landes-Génusson
La Gaubretière
la Boissière-de-Montaigu
Bazoges-en-Paillères
Chavagnes-en-Paillères
Mesnard-la-Barotière
St-Laurent-sur-Sèvre
St-Malô-du-Bois
Mallièvre
Chambretaud
Parc du Puy du Fou
les Epesses
Les Herbiers
St-Fulgent
Vendrennes
St-Michel-Mont-Mercure
St-Paul-en-Pareds
La Flocellière
Ste-Florence
Mouchamps
Le Boupère
Pouzauges
St-Mesmin
L'Oie
Les Essarts
St-Prouant
La Meilleraie-Tillay
Monsireigne
St-Vincent-Sterlanges
Sigouranais
St-Martin-les-Noyers
Chantonnay
Mouilleron-en-Pareds
Réaumur
Cheffois
Bazoges-en-Pareds
La Châtaigneraie
La Jaudonnière
La Caillère-St-Hilaire
Thouarsais-Buildroux
Breuil-Barret
St-Maurice-des-Noues
La Réorthe
Moutiers-sur-le-Lay
Ste-Hermine
St-Martin-des-Fontaines
Vouvant
Faymoreau
Mervent
St-Michel-le-Cloucq
Foussais-Payré
Mareuil-sur-Lay-Dissais
Bessay
L'Hermenault
Pissotte
L'Orbrie
Sérigné
St-Hilaire-des-Loges
Fontenay-le-Comte
Luçon
les Quatre-Chemins
Le Poiré-sur-Vellure
Nieul-sur-l'Autise
Moreilles
Oulmes
Champagné-les-Marais
Chaillé-les-Marais
Vellure
Montreuil
St-Michel-en-l'Herm
Ste-Radegonde-des-Noyers
Le Gué-de-Velluire
Maillezais
Bouillé-Courdault
Benet
Aiguillon-sur-Mer
Maillé
Le Mazeau
l'Ile-d'Elle
Damvix
Rosnay
D755
D753
D6
D137
A83
D752
D160
D960
D948
D949
D949a
D19
D938
D746
D148
D30
D25

Catamarans sur la plage de Sion, Saint-Hilaire de Riez.

DÉCOUVERTE

4504
4135
4134
4499
581
HOBIE CAT
HOBIE CAT
HOBIE CAT
HOBIE CAT

CARTE D'IDENTITÉ

Numéro : la Vendée est le 85e département de France et contrairement à ce que l'on pourrait penser son nom ne provient pas du mot vent mais du nom d'une petite rivière, la Vendée, de 70 km de long, qui passe par Fontenay-le-Comte, chef-lieu en 1790.

Population : située au sud de la Région Pays de la Loire, la Vendée, compte 657 326 habitants en 2013 (616 906 en 2011) contre 597 185 habitants en 2006, et 539 664 habitants au recensement de 1999. La Vendée affiche une belle augmentation depuis le recensement de 1999, avec une installation en zone littorale et rétro-littorale au détriment du Bocage.

Superficie : la Vendée s'étale sur un territoire de 6 721 km^2 – soit 1,27 % du territoire français. Elle se classe en 22e position dans le classement des départements français en superficie.

Topographie : la Vendée offre 250 kilomètres de côtes protégées dont 140 de plages de sable fin. Elle possède deux îles (Yeu et Noirmoutier, celle-ci étant reliée au continent par un pont gratuit), 18 stations balnéaires et 8 ports de plaisance comptabilisant 6 400 anneaux. La Vendée, c'est aussi plus de 100 espaces naturels protégés sur plus de 2 000 hectares. La Vendée propose aux amoureux de la nature plus de 1 600 kilomètres de pistes cyclables.

Préfecture – sous-préfecture : la préfecture est la ville napoléonnienne de La Roche-sur-Yon, et il y a deux sous-préfectures : Fontenay-le-Comte et Les Sables-d'Olonne. Pour la petite anecdote, c'est Napoléon Ier, alors premier consul de France, qui fit le transfert de la préfecture de la Vendée de Fontenay-le-Comte à La Roche-sur-Yon le 25 mai 1804 par décret impérial. La préfecture est, avec seulement 52 773 habitants, la première ville du dépatement ; la deuxième, en nombre d'habitants fut longtemps Les Sables-d'Olonne mais depuis le recensement de 1999, elle a cédé la place à Challans – 18 930 habitants. Ainsi, avec Les Herbiers (15 390) et Fontenay-le-Comte (14 204), respectivement aux 3e et 4e rangs, Les Sables-d'Olonne, avec 14 165 habitants, ne sont qu'au 5e rang, talonnés par Olonne-sur-Mer (13 840 habitants) et Château d'Olonne (13 473 habitants). *Sources : Insee, janvier 2013.*

Nombre de communes : Au 1er janvier 2016, la Vendée est passée de 282 communes à 269 communes, réparties en 3 arrondissements et 31 cantons. De nombreuses fusions ont eu lieu courant 2015. Il est important de noter que la Vendée demeure un département rural composé de villes moyennes ou petites. En effet, sur la totalité des communes, 260 ont moins de 10 000 habitants, 8 communes en possèdent entre 10 000 et 19 999 et seulement une – La Roche-sur-Yon – abrite plus de 50 000 habitants. Par ailleurs, 47 % de la population habitent en zone rurale.

Région d'appartenance : La Vendée fait partie de la Région Pays de la Loire (3 658 351 habitants en 2013), qui englobe également les départements de la Loire-Atlantique (1 322 404), la Sarthe (569 029), le Maine-et-Loire (800 424) et la Mayenne (309 168). Ajoutons que le département de la Vendée n'est pas rattaché à la région Poitou-Charentes bien qu'il corresponde à la partie occidentale et maritime de l'ancienne province du Poitou – bas Poitou. *Sources : Insee (1er janvier 2013).*

Point culminant : La Vendée présente un relief faiblement accentué : il culmine à l'est avec le puy Crapaud – près de Pouzauges – à 295 m d'altitude, le mont Mercure – à proximité de Saint-Michel – à 285 m et le mont des Alouettes – à proximité des Herbiers – à 229 m.

Cours d'eau principaux : 4 500 kilomètres de cours d'eau, 1 300 hectares de lacs, 140 kilomètres de parcours de pêche. Quatre rivières traversent le département : la Sèvre Nantaise – 135 km –, la Vendée – 70 km –, le Lay – 110 km – et la Sèvre Niortaise – 150 km.

Le logo de la Vendée : le double cœur vendéen

Il vient de la stylisation du Sacré-Coeur, emblème des catholiques poitevins, qui fut utilisé par les insurgés de la Vendée Militaire. Le 20 octobre 1943 la Commission des Sceaux et Armoiries de l'Etat enregistre le blason départemental, chargé du Sacré-Coeur. Ce double cœur a connu deux étapes de stylisation : en 1980, le conseil général de la Vendée décide d'acquérir un logo géométrique réalisé sur le schéma du double cœur. En1988, le conseil général décide l'élaboration d'un nouveau logo. Le double cœur a été redessiné en conservant sa définition héraldique et en donnant, par un traité graphique, les valeurs contemporaines de la Vendée. L'ensemble des maires et conseillers généraux ont été consultés et, à plus de 60 %, l'Assemblée départementale a adopté le nouveau logo le 18 septembre 1989.

Logis de la Chabotterie.

LES IMMANQUABLES

Le Puy du Fou

Créée il y a plus de trente-cinq ans, la Cinéscénie du Puy du Fou est une incroyable superproduction de près de deux heures. Interprété par 3 650 bénévoles, ce spectacle raconte le destin symbolique de la famille Maupillier, du Moyen Age à la Seconde Guerre mondiale. Cette légende rythmée et moderne se déploie sous les yeux des 13 500 spectateurs avec toutes les technologies les plus récentes sur les 23 hectares de la scène la plus vaste au monde. Chaque représentation met en scène 1 600 comédiens, 170 cavaliers, avec 80 techniciens et 400 personnes pour l'accueil et la sécurité du public. Elle nécessite 24 000 costumes, 1 000 pièces d'artifice par soir, 3 000 projecteurs, 150 jets d'eau, des vidéoprojections en mapping 3D… Le système de diffusion du son en 7.1 est spécialement conçu pour immerger le spectateur dans l'action. La musique originale du spectacle est signée Nick Glennie-Smith (compositeur vedette d'Hollywood) et les plus grands comédiens français ont prêté leur voix au spectacle (Philippe Noiret, Gérard Depardieu, Alain Delon, Jean Piat, Michel Duchaussoy, Robert Hossein…). Le Puy du Fou a repensé en profondeur la lumière de la Cinéscénie et a équipé l'immense scène de 400 projecteurs led supplémentaires à très basse consommation. Imaginées par le célèbre designer lumière Koert Vermeulen, ces nouvelles lumières ont été conçues sur mesure pour sublimer le spectacle et épouser chaque personnage, chaque déplacement des acteurs, chaque élément de décor servant la mise en scène grandiose. La Cinéscénie, c'est 28 représentations de juin à mi-septembre avec 13 500 spectateurs par représentation. Renseignements pour les dates : www.puydufou.com

LE PUY DU FOU
LES EPESSES
✆ 08 20 09 10 10
www.puydufou.com
Autoroute A87, sortie n°28

Ouvert du 2 avril au 25 septembre 2016 (voir dates sur Internet pour Cinéscénie). Grand Parc ouvert de 10h à 22h30 (19h certains jours) ; fermeture à 21h les soirs de Cinéscénie. Grand Parc, tarifs sur place : adulte 37 €, enfant 26 €. Cinéscénie : adulte 26 €, enfant 18 €. Forfait Cinéscénie + Grand Parc, adulte : 50 €, enfant : 32 €. Réductions si réservation préalable : -15 % sur billet Grand Parc et -20 % sur forfait. Label Tourisme & Handicap. La Cinéscénie possède en plus l'aménagement pour malvoyants. Restauration. Boutique. Animations. Hôtels sur place.

L'Île d'Yeu

Véritable joyau de la Vendée, Insula Oya – son nom autrefois « petite île » –, refuge en haute mer, vous offre l'éclat de sa lumière, la variété de ses côtes, la luxuriance de sa flore et, tout simplement, le charme discret de toute sa différence. Et si vous n'avez que quelques jours à passer en Vendée, il faut absolument vous y rendre. A 17 km de la côte, d'une superficie de 23 km^2, c'est l'île la plus éloignée du continent après la Corse. Une île authentique, dont l'accès n'est possible que par bateau, qui a su préserver sa nature sauvage, grâce à une circulation automobile limitée. C'est d'ailleurs le vélo et la marche qui s'imposent pour découvrir au mieux cette « île aux coups de foudre ». Les paysages qui s'offrent à vous sont radicalement contrastés. De la pointe du But à la pointe des Corbeaux, la côte sauvage aux falaises abruptes voient se côtoyer plages, dunes et forêts de pins. Le vestige historique le plus spectaculaire de l'île est certainement le vieux château, bâti à l'époque féodale. Vous poursuivrez la découverte d'Yeu par le port de La Meule, puis la pointe de La Tranche et la pointe des Corbeaux. Vous reviendrez par Saint-Sauveur – bourg de l'île – et finirez votre promenade à Port-Joinville où vous attendrez le bateau qui vous ramènera sur le continent, plein de souvenirs en tête et avec le projet de revenir. Vous serez subjugué par la beauté brute et naturelle de l'île, sa luminosité particulière, le calme et la douceur qui règnent ici.

Les lauriers de la gloire

Fin 2014, le Puy du Fou a reçu à Orlando, aux États-Unis, pour la deuxième fois, la plus haute distinction mondiale des parcs et spectacles. Après le Thea Classic Award du meilleur parc en 2012 à Los Angeles, le Puy du Fou vient de remporter l'Applause Award à Orlando (Floride) devant les 5 000 invités de la cérémonie d'ouverture de l'IAAPA Attractions Expo, le grand salon mondial des parcs. Cette nouvelle grande récompense internationale salue l'originalité du Puy du Fou, devenu en quelques années la référence mondiale dans l'univers des parcs à thème et des spectacles. Rappelons qu'en 2013, il avait également reçu le titre de « Meilleur Parc d'Europe 2013 » lors des Parksmania Awards qui se sont déroulés en 2013 à Plaisance en Italie.

PUY DU FOU®
THE APPLAUSE AWARD
MEILLEUR PARC DU MONDE
2014
SÉJOUR PARC + HÔTEL
à partir de
57 € /pers*
PUYDUFOU.COM
0 820 09 10 10
(0,12€/min depuis un poste fixe)
*Prix calculé sur la base de 4 adultes occupant la même chambre dans l'hôtel « la Villa Gallo-Romaine » en période « Offre Séjour + ».

■ **OFFICE DE TOURISME**
Rue du Marché
L'ILE-D'YEU
✆ **02 51 58 32 58**
www.ile-yeu.fr
tourisme@ile-yeu.fr
Basse saison : ouvert du lundi au samedi de 9h à 12h30 et de 14h à 18h ; le dimanche de 10h à 12h30. Haute saison : du lundi au samedi de 9h à 13h et de 14h à 19h ; le dimanche et les jours fériés de 9h30 à 13h. D'octobre à mars, fermeture des bureaux à 17h30, et fermé le dimanche.

Le Marais poitevin : la Venise verte

Le Marais poitevin, appelé aussi « la Venise verte » s'étire sur trois départements : Deux-Sèvres, Charente-Maritime et Vendée. Du sud-ouest au sud-est de la Vendée, de La Tranche-sur-Mer jusqu'au Mazeau, le Marais poitevin se révèle sous deux aspects bien différents : d'une part le marais desséché, de l'autre le marais mouillé. Cette dernière zone, mélange d'eau et de feuillage, est, de l'avis de tous, la plus captivante. Lieu incomparable, où seul le bruit des barques à fond plat menées à la pigouille en traçant leur sillage au milieu de milliers de lentilles vertes vient troubler le silence partout présent sous les frondaisons verdoyantes des frênes et des peupliers. Vous l'aurez compris, la meilleure façon de découvrir la Venise verte, sa faune et sa flore, est encore de laisser sa voiture et d'utiliser le moyen de locomotion qui s'adapte le mieux à cet environnement : la barque ou le canoë, pour s'enfoncer dans le réseau dense des conches, véritable labyrinthe de canaux. Une région idéale pour « se mettre au vert », le temps d'un week-end ou d'un séjour.

Le Gois

Il règne ici une impression de bout du monde… Le Gois est un site naturel, protégé, unique en Europe, une route sous la mer qui date du XVIIIe siècle, un gué qu'il faut emprunter uniquement à marée basse et qui relie l'île de Noirmoutier au continent par la commune de Beauvoir-sur-Mer. Le lent envasement de la baie de Bourgneuf a créé ce gué long de 4,20 km qui fut aménagé par l'homme. Si le passage actuel est relativement récent, il y a des siècles que les communications entre l'île et la terre ferme sont possibles. Il fut probablement emprunté dès le VIIIe siècle par quelques aventuriers lors des plus basses marées, mais l'histoire n'est certaine que d'une retraite de pillards normands en 843. Vauban le cite ensuite en 1689 : « Un petit bras qui s'assèche quelquefois à basse mer jusqu'à pouvoir y passer à pied. ». Son usage devient courant au XVIIIe siècle, il est emprunté pendant les guerres de Vendée aussi bien par Charette que par les Républicains. Les premières balises, au nombre de 18, furent installées en 1786. Il a aujourd'hui l'aspect de ses aménagements du XIXe siècle, hormis à quelques endroits où les pavés sont remplacés par du bitume. Respectez les horaires de marées indiqués à chaque accès – environ 1 heure et demie avant et 1 heure après la basse mer. Chaque année, quelques optimistes invétérés arrivent trop tard, voient la mer encore découverte et se disent « ça va passer ». Mais après l'heure c'est plus l'heure et cela ne passe pas ! Il ne reste plus qu'à aller passer 6 heures en haut d'une balise et à perdre sa voiture. Rincez votre voiture avec de l'eau douce dans les jours qui suivent le passage, le sel étant l'ennemi des carrosseries. Le Gois a vécu de multiples anecdotes, parfois tragiques d'ailleurs. La dernière en date : en 1999, c'est, selon les spécialistes, sur le Gois que s'est jouée la victoire du Tour de France, après la chute d'une grande partie du peloton dont de nombreux vainqueurs potentiels de la Grande Boucle furent victimes.

■ **LE GOIS** ★★★★
BARBÂTRE

Les bords de Sèvre

La Sèvre Nantaise ravira les amateurs de nature. A cheval sur les quatre départements que sont la Loire-Atlantique, les Deux-Sèvres, le Maine-et-Loire et la Vendée, la Sèvre Nantaise nous livre ses secrets… La vallée de la Sèvre traverse cinq pays : le Pays de Gâtine, le Bocage bressuirais, les Mauges, le Bocage vendéen et le Pays du vignoble nantais. Plusieurs activités pour mieux l'appréhender, côté loisir tout d'abord : une découverte fluviale en barque, bateau ou canoë-kayak – avec huit parcours thématiques aménagés pour plus de 80 km de randonnée nautique en famille ou entre amis –, une découverte aérienne avec un survol en montgolfière, mais aussi des balades à dos-d'âne. La vallée de la Sèvre propose des bases de loisirs – plans d'eau, lac ou rivière –, des sentiers de randonnées – avec plus de 400 km de randonnées – pédestres ou cyclo, des sites de pêche – 28 sites – dont Pescalis, le premier centre de pêche en France et en Europe basé sur la commune de Montcoutant – Deux-Sèvres. A travers vos balades, vous découvrirez un riche patrimoine hydraulique articulé autour des moulins – comme le moulin à foulon de Gaumier à Cugand – Vendée utilisé pour le tissage, ou encore le moulin de Gervaux à Clisson en dessous de Nantes, qui servait à fabriquer la farine… La vallée de la Sèvre, c'est surtout de nombreux coins au bord de l'eau, des lieux pour le pique-nique ou la balade romantique comme le parc de la Barbinière sur la commune de Saint-Laurent-sur-Sèvre.

L'Île de Noirmoutier : le bois de la Chaize

En opposition à Yeu, Noirmoutier est une île à fleur d'eau. Du nord au sud, face au grand large atlantique, ce ne sont que dunes, plages de sable fin et criques tranquilles bordées d'immenses pins. Les bois sont la fierté de l'île. Le plus connu : le bois de la Chaize. Sa notoriété tient en partie à sa forêt de chênes verts, ses pins maritimes, ses arbousiers, mais surtout aux mimosas qui y fleurissent en hiver : un spectacle de toute beauté qui a contribué à la renommée de l'île. Au siècle dernier, il constituait l'embryon d'une station balnéaire où quelques rares maisons de villégiature s'élevaient.
Bien des années après, jusqu'à la veille de la Seconde Guerre mondiale, le vapeur Saint-Philbert assurait la liaison entre le continent et le bois de la Chaize.

Passage du Gois.

Aujourd'hui, c'est certainement sur cette partie de l'île, dans cet écrin de verdure que sont installées les plus belles demeures de Noirmoutier. Des villas construites à la fin du XIXe siècle, ayant pour la plupart appartenu à la bourgeoisie nantaise, montrent leurs toits sophistiqués, leurs couleurs vives et leurs façades travaillées. Un art balnéaire ancien subsiste qu'il est difficile de retrouver ailleurs sur la côte. A voir aussi, la plage des Dames, l'Anse rouge et les Souzeaux.

■ LE BOIS DE LA CHAIZE
NOIRMOUTIER-EN-L'ILE

La pointe du Payré

Incontournable ! Si vous avez la chance de voir ce site naturel protégé, situé entre les communes de Talmont-Saint-Hilaire et Saint-Vincent-sur-Jard, depuis le ciel, c'est sublime. Il s'agit en fait de l'embouchure du chenal ostréicole. Une inflexion pour voir la forêt de pins se refléter dans ses eaux, un dernier méandre pour contourner la belle dune du littoral, et le Payré qui est en fait le cours d'eau qui passe à Talmont et se jette dans l'océan entre Jard-sur-Mer et la plage du Veillon, avec à sa gauche la pointe du Payré, dépendant de la commune de Jard-sur-Mer, à sa droite la pointe et la plage du Veillon. Attardons-nous sur La pointe du Payré située à l'extrémité d'un passage ostréicole. D'une superficie de 50 ha, ce site est composé de falaises, de dunes, et d'estrans. Un parcours balisé permet de découvrir les richesses de ce lieu entre dunes et marais dans un continuum de forêt luxuriante. L'intérêt de ce site ne réside pas seulement dans sa beauté mais dans son intérêt géologique, qui en fait l'un des sites géologiques les plus visités de Vendée.

LA POINTE DU PAYRE
JARD-SUR-MER

Château de Tiffauges

Ce château, qui fût la propriété de Gilles De Rais, maréchal de France à 25 ans ayant combattu avec Jeanne d'Arc durant la guerre de Cent Ans, est un exemple type d'architecture militaire médiévale. Accroché solidement à un éperon rocheux, sur un site magnifique au confluent de la Sèvre nantaise, le château de Tiffauges (également appelé château de Barbe-Bleue) vous invite à découvrir un étonnant conservatoire des machines de guerre médiévales. Vous y découvrirez également les 18 tours du château, ainsi qu'un laboratoire d'alchimie. Catapultés dans l'histoire, venez vivre une demi-journée de spectacles et d'animations. En été, ne manquez pas le spectacle musical et théâtral de plein air "Gilles de Rais, l'ombre et la lumière", et les spectacles de machines de guerre et de chevalerie. Pour les 5-8 ans, des visites costumées et des carnets d'aventure destinés aux 8-13 ans. Un site incontournable.

■ LE CHÂTEAU DE TIFFAUGES
TIFFAUGES ✆ 02 51 67 60 00
www.chateau-tiffauges.vendee.fr
Ouvert du 1er avril au 18 septembre. Basse saison : ouvert du lundi au vendredi de 10h à 12h30 et de 14h à 18h ; le week-end et les jours fériés de 14h à 19h. Haute saison : tous les jours de 11h à 19h. En juin : de 10h à 18h en semaine, de 14h à 19h les week-ends. En septembre, fermé lundi et mardi. Gratuit jusqu'à 6 ans. Adulte : 8 €. Enfant (de 6 à 25 ans) : 6 €. Tarif Famille : 24 €. Pass Vendée : 21 €. Visites costumées pour les enfants 5-8 ans, les week-ends et jours fériés en avril, mai, juin et septembre, et tous les jours en juillet et août. Animations. Spectacles et animation ; nocturnes les mercredis soirs en été.

Vouvant

La légendaire Mélusine a constellé la province du Poitou de nombreuses places fortes. Le château de Vouvant aurait ainsi été construit en une nuitée par la célèbre fée bâtisseuse. A quelques kilomètres au nord-est de Fontenay-le-Comte, au milieu du massif forestier de Mervent tout droit sorti d'un conte romantique et véritable royaume des chênes sessiles, une atmosphère de légendes émane toujours des vieilles pierres et des rues pavées du bourg de Vouvant. Les remparts altiers défient le temps et dominent encore l'un des méandres de la rivière Mère. De son promontoire rocheux, le donjon – appelé tour Mélusine – perdure le souvenir de la puissante famille des Lusignan, descendants de la fée et maîtres des lieux au Moyen Age. A presque 40 m de hauteur, le visiteur bénéficie d'une vue de seigneur sur les vallonnements de la contrée alentour où résonnent des secrets plusieurs fois séculaires… Dans le calme intemporel du village, l'œil musarde de la haute façade Renaissance de la maison Laurent aux majestueux marronniers de la place du Bail et aux colonnes doriques des halles. De là, l'église Notre-Dame offre, elle aussi ses trésors… Maintes sculptures garnissent le portail, dévoilant un univers mythique qui s'insinue jusque dans l'église. Animaux fantastiques, héros bibliques et atlantes peuplent les frises, les chapiteaux… et enfin l'esprit des promeneurs.

■ OFFICE DU TOURISME DU PAYS DE FONTENAY-LE-COMTE
8, rue de Grimouard
FONTENAY-LE-COMTE
✆ 02 51 69 44 99
www.tourisme-sudvendee.com

Fontenay-le-Comte

Labellisée Ville d'Art et d'Histoire, Fontenay-le-Comte mérite vraiment un détour. Elle possède un patrimoine riche et divers parfaitement révélateur de son ancien rôle de capitale du bas Poitou, essentiellement représentée par des édifices de la Renaissance ou du XVIIIe siècle, mais l'on y recense également des curiosités du Moyen Age et du XVIIe siècle. Les monuments les plus remarquables sont concentrés dans le quartier Notre-Dame – encore appelé ville haute : ruelles pittoresques – notamment les rues de la Harpe et Goupilleau –, hôtels particuliers et de riches demeures bourgeoises ou nobiliaires comme la maison Billaud, l'hôtel de la Pérate, de Grimouärd, le palais des Evêques, de la Sénéchaussée, etc. A voir aussi les maisons à arcades de la place Belliard sans oublier le parc Baron et l'emblème de la ville : la fontaine des

© PATRICK DURANDET

Abbaye Nieul-sur-l'Autise.

Quatre-Tias – 1542 – par un artiste inconnu, c'est une des premières manifestations en France de l'art de la haute Renaissance.

■ **OFFICE DE TOURISME**
8, rue de Grimouard
FONTENAY-LE-COMTE ✆ 02 51 69 44 99
www.tourisme-sudvendee.com
accueil@tourisme-sudvendee.fr
Basse saison : ouvert le lundi et le mardi de 13h30 à 18h ; du mercredi au vendredi de 10h à 12h30 et de 13h30 à 18h ; le samedi de 10h à 12h30. Haute saison : du lundi au samedi de 10h à 18h30 ; le dimanche de 15h à 18h.

Abbaye de Nieul-sur-l'Autise

Fondée en 1068, l'abbaye de Nieul devient abbaye royale grâce à Aliénor d'Aquitaine, reine de France, dont la mère, Aënor de Châtellerault, repose dans le cloître. C'est l'un des rares ensembles monastiques poitevins conservant ses trois éléments (église, cloître, bâtiments conventuels) presque intacts. En juillet et août, un spectacle donné trois fois par jour du mercredi au dimanche : «L'âge d'or de Nieul» où la reine Aliénor d'Aquitaine vient à la rencontre d'un tailleur de pierre et d'une historienne, intrigués… Un spectacle nocturne les mercredis de juillet et août : «Dans les pas d'Aliénor» où la pierre millénaire fait résonner les heures de gloire de l'abbaye au XIIe siècle. Animations et visites costumées gratuites pour les 5 à 9 ans (juillet-août).

■ **ABBAYE DE NIEUL-SUR-L'AUTISE** ★★★
1, allée du Cloître
NIEUL-SUR-L'AUTISE ✆ 02 51 50 43 00
www.abbayes.vendee.fr
Ouvert toute l'année. Sauf 25 décembre, 1er janvier et 3 dernières semaines de janvier. D'octobre à mars : tous les jours (sauf mardi) de 10h à 12h30 et de 14h à 18h. En avril, mai et septembre : tous les jours de 10h à 12h30 et de 13h30 à 18h. De juin à août : de 10h à 19h. Gratuit jusqu'à 18 ans. Adulte : 6 €. Jeune de 18 à 25 ans : 4 €. Pass Vendée : 21 €. Visites guides costumées gratuites pour les 5-9 ans (tous les jours). Animations.

Logis de la Chabotterie

La Guerre de Vendée connut son épisode final le 23 mars 1796, dans le bois de la Chabotterie, où fut capturé François-Athanase Charette de la Contrie, général vendéen au souvenir vivace. Dans la cuisine du logis, habitat typique du Bas-Poitou au XVIe siècle, la table d'origine atteste encore du passage du général Charette, blessé. Le Logis de la Chabotterie regroupe, autour de sa cour fermée, le logis et les communs. De belles salles historiques meublées rendent l'atmosphère de la vie quotidienne et l'art de vivre au XVIIIe siècle. Découvrez le parc boisé de 40 ha et le jardin d'inspiration à la française, ses plantes médicinales, son potager et ses légumes d'autrefois. En juillet et août : promenades en calèche, visites costumées pour les 5-9 ans (sauf le samedi). Spectacle quotidien « La Virée des Mauclerc » : en pleine Guerre de Vendée, les Vendéens se retrouvent pris dans une altercation avec des républicains... Espace scénographique « Charette et la Guerre de Vendée » : marchez sur les pas de Charette et des généraux vendéens dans un parcours innovant.

■ **LOGIS DE LA CHABOTTERIE** ★★★
Montréverd
SAINT-SULPICE-LE-VERDON ✆ 02 51 42 81 00
www.chabotterie.vendee.fr
D'octobre à mars de 10h à 12h30 et de 14h à 18h. Fermé le mardi. Avril, mai et septembre de 10h à 12h30 et de 13h30 à 18h tous les jours. De juin à août de 10h à 19h tous les jours. Gratuit jusqu'à 18 ans. Adulte : 7 €. Groupe (21 personnes) : 5 €. Tarif réduit : 3,50 €. Boutique. Animations.

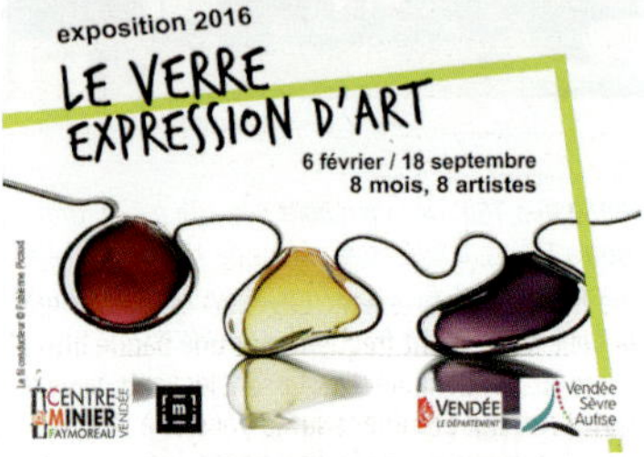

Centre minier de Faymoreau

En 1827, le sabotier Jean Aubineau, découvre du charbon au lieu-dit «la Blanchardière», à Marillet, près de Faymoreau, en creusant un puits près de sa maison. De là commence pour le bassin minier de Faymoreau une grande aventure qui durera 130 ans... Le Centre Minier propose un voyage au centre de la mine à la découverte d'une étonnante histoire. Trois visites pour tout connaître et tout comprendre de cette grande aventure humaine : le musée, avec salle des pendus, lampisterie, « descente » dans les galeries reconstituées puis salles d'exposition avec maquette, vidéo, borne audiovisuelle et expositions temporaires... le village minier et ses corons, restés intacts, et enfin les exceptionnels vitraux de l'artiste Carmelo Zagari à la chapelle des Mineurs. Toute l'année, le Centre Minier propose expositions, activités, animations «Vis Ta Mine» pour les enfants et adultes. Sur place boutique et aire de pique-nique ainsi qu'un sentier de randonnée et piste cyclable pour de jolies balades. Exposition jusqu'au 18 septembre 2016 : « Le verre, expression d'art». Huit mois, 8 artistes du verre contemporain. Fermeture pour travaux le 19 septembre et réouverture au second semestre 2017.

■ CENTRE MINIER DE FAYMOREAU ★★
La Cour FAYMOREAU ✆ 02 51 00 48 48
www.centreminier-vendee.fr

Ouvert du 6 février au 18 septembre 2016. Haute saison : ouvert tous les jours de 10h à 13h et de 14h à 19h. Du 06/02 au 30/06 : du mercredi au dimanche de 14h à 18h30. Du 01/09 au 18/09 : du mercredi au dimanche de 14h à 18h30. Gratuit jusqu'à 12 ans. Tarifs visites : Musée + expo + audioguide village/vitraux : adulte 9 €, réduit 7 €, jeune (13/18 ans) 5,50 €. Musée : adulte 6,50 €, réduit 5 €, jeune (13/18 ans) 3,50 €. Expo temporaire : adulte 4 €, réduit 3 €, jeune (8/18 ans) 2 €. Label Tourisme & Handicap. Chiens guides acceptés. Groupes sur réservation.

Marais breton

Le Marais breton est une zone dite humide qui s'étend sur 45 000 hectares de canaux, prairies humides et polders, s'étirant de Saint-Hilaire-de-Riez à Bouin, en passant par Challans, englobant les communes de Sallertaine et Bois-de-Cené – à côté de Challans – ainsi que Le Perrier, qui forment à elles trois le cœur du Marais breton vendéen. D'ailleurs, Bouin, Beauvoir-sur-Mer et Sallertaine sont d'anciennes îles aujourd'hui rattachées au continent ; seule l'île de Noirmoutier demeure encore entourée d'eau. Subsistent quatre ports d'échouage dont le très typique port du Bec, entre Beauvoir-sur-Mer et Bouin, surnommé aussi le « port chinois », reconnaissable par ses pontons en bois sur pilotis : un site classé à voir absolument. Sur la commune de Beauvoir-sur-Mer, le long des étiers, vous pourrez apercevoir des pêcheries et leurs carrelets. Le marais breton est strié d'étiers, ces petits canaux par lesquels marais salants et mer communiquent. Ce sont les moines bénédictins du XIe au XIIIe siècle qui construisirent les premiers étiers. Le Marais breton se hissa vite au rang de plus grand producteur de sel en France, celui-ci étant aussi très utilisé pour la conservation des aliments. Aujourd'hui l'activité salicole du marais breton se concentre essentiellement sur l'île de Noirmoutier. Aujourd'hui cette partie du Marais breton vendéen est avant tout, pour sa partie entourant la baie de Bourgneuf, une zone ostréicole. Mais cette zone, située entre mer et continent, est également un espace naturel qui abrite une flore riche et unique, comme la salicorne par exemple, et une faune rare composée d'une grande variété d'oiseaux migrateurs (hérons, aigrettes, canards...), mais les étiers regorgent aussi de grenouilles et d'anguilles. Autrefois, les habitations les plus courantes étaient les bourrines, au toit de chaume, faites de glaise et de chaux. De ces maisons des maraîchins, il reste aujourd'hui malheureusement peu de bourrines. Quand les marais étaient à fleur d'eau, les maraîchins utilisaient une barque pour se déplacer : la yole.

REPÉREZ LES MEILLEURES VISITES

★ INTÉRESSANT ★★ REMARQUABLE ★★★ IMMANQUABLE ★★★★ INOUBLIABLE

Géographie

Climat

Comme toute la façade ouest de la France, la Vendée est soumise au climat océanique avec des automnes et des hivers généralement doux, humides et venteux et une saison plus sèche l'été et un peu plus fraîche. La Vendée se situe entre le massif armoricain et le bassin aquitain, les perturbations sur la Manche et la Bretagne ne touchent souvent le département, principalement l'été, que par leur bordure sud. Le climat au sein même du département fluctue en fonction de la distance du site à la côte. Ainsi, dès que l'on s'éloigne de la proximité immédiate de la côte, l'influence continentale devient vite prédominante : les effets de brise s'estompent, l'ensoleillement décroît, les jours de gel augmentent et le nombre de jours de fortes chaleurs aussi. Parallèlement, les grands systèmes orageux qui se développent sur le sud du golfe de Gascogne et les Landes touchent les Charentes et ne débordent souvent que très légèrement sur le sud-est du département.

Températures moyennes : La bande littorale et les îles sont relativement bien protégées des excès. Cependant lors de grandes vagues de froid, le mercure peut descendre jusqu'à -10 °C, même à l'île d'Yeu, de même l'été le thermomètre peut indiquer largement 30 °C sur l'île, le record étant de 35,2 °C. En nombre de jours de gel sur les îles on en dénombre entre 12 et 15, sur la côte environ 25, et dans le Bocage de 40 à 50 en moyenne. On compte pour les fortes chaleurs 2 à 5 jours sur les îles et la côte, et 10 à 15 jours dans les terres.

Ensoleillement : La côte est en moyenne plus de 2 100 heures par an sous le soleil tandis que le Bocage n'en profite qu'à peine plus de 1 850 heures. L'ensoleillement des Sables-d'Olonne pour l'année est équivalent à celui de La Rochelle tout près.

Précipitations : Les précipitations sont relativement homogènes, cependant on observe deux régions où les quantités recueillies annuellement sont plus importantes dans le Bocage. Les régions les moins arrosées sont celles de la bordure côtière, des marais littoraux et des îles. La période la plus pluvieuse s'étend de fin octobre à fin janvier. Il tombe sur ces 4 mois entre 40 % à 50 % des pluies annuelles, le printemps connaît un régime pluviométrique très variable suivant les années, les pluies d'été sont souvent orageuses. Les intempéries liées au froid ne sont pas légion. On peut dire que la Vendée est un des départements français le moins enneigé avec 2 à 4 jours de neige par an. Cependant les collines de l'est de la Vendée avec des altitudes de 200 m à 300 m sont un peu plus touchées. Les jours d'orage ne sont pas nombreux de 10 à 15 jours par an.

Vent : Le vent est très présent à cause de la façade maritime du département. Les effets de brise de mer à la belle saison sont fréquents sur une bande littorale d'une dizaine de kilomètres. Ce sont les vents de secteur sud-ouest qui dominent sur la Vendée à raison d'un tiers du temps sur l'année. Ils sont plutôt synonymes de mauvais temps et de vents forts à la mauvaise saison. Par contre les vents de quadrant nord-est peuvent souffler relativement fort mais correspondent à un temps plutôt sec, chaud l'été et froid l'hiver. Ils soufflent un quart du temps durant l'année. Les tempêtes se produisent souvent en automne et en hiver. A l'exception des îles, le vent n'atteint que rarement 110 km/h, 120 km/h. Mais en une année, on compte en moyenne, deux ou trois épisodes de vent fort – tempêtes ou orages – où les pointes maximales peuvent atteindre ou dépasser 100 km/h, en particulier dans la moitié ouest de la Vendée – sources : Météo France La Roche-sur-Yon.

Plage de l'île d'Yeu.

Relief

Paysages caractéristiques

Géographiquement et de prime abord, la Vendée se divise en 4 régions naturelles : le littoral et les îles d'Yeu et de Noirmoutier, le Bocage – du nord et à l'est jusqu'au centre du département, les Marais – breton au nord et poitevin au sud – et la plaine du sud Vendée.

Cours d'eau et vallées

La Vendée est un département riche en rivières avec pas moins de 15 cours d'eaux principaux. D'ailleurs c'est à une rivière du sud du département qu'elle doit son nom. Née dans les Deux-Sèvres, la rivière Vendée voit tout de suite son eau retenue dans le barrage d'Albert, puis par le barrage de Pierre Brune. A Fontenay-le-Comte, la Vendée rejoint la Sèvre Niortaise à l'île d'Elbe. Parmi les autres cours d'eau importants : la Sèvre Niortaise et la Sèvre Nantaise, l'une provenant des Deux-Sèvres, l'autre du Maine-et-Loire et de la Loire Atlantique. Le Lay est quant à lui le plus long fleuve du département. Il est formé par la réunion du Petit Lay venu de la région Eest des Herbiers, et du Grand Lay, descendu du haut Bocage. Bucolique à souhait, le Jaunay prend sa source au nord-ouest de La Roche-sur-Yon pour rejoindre la Vie à Saint-Gilles-Croix-de-Vie. La rivière la Maine regorge de poissons et est un véritable paradis pour les pêcheurs.

Plaines

Le Pays de Fontenay-le-Comte : cette région plus communément appelée La Plaine se situe au sud-est du département, elle jouxte le Marais poitevin. Fontenay-le-Comte était jadis la capitale du bas Poitou. Moins développée que le Bocage du nord du département, elle est profondément attachante par ses beautés naturelles. En matière d'habitation, ce sont les grandes fermes bâties en calcaire et couvertes de toitures à faible pente en tuiles dites « tiges de botte ». La couleur claire de la pierre utilisée rappelle que la Charente-Maritime n'est pas loin. A côté de Fontenay-le-Comte, la région de l'Hermenault propose un panorama de prairies et de chemins herbeux qui contrastent avec les canaux. Avec la réserve de Nalliers-Mouzeuil, on est aux portes du Marais poitevin. A l'ouest de Fontenay-le-Comte, la ville de Luçon frôle elle aussi le Marais. Dans cette partie du sud de la Vendée, l'ouest de La Plaine tutoie le Marais poitevin et une partie de la côte avec les communes de L'Aiguillon, La Faute-sur-Mer et La Tranche-sur-Mer. Découvrez les alentours de Luçon et notamment Mareuil-sur-Lay, village viticole bien connu.

Forêts et bois

- **Forêt de Mervent.** Patrimoine vert de la Vendée, le magnifique massif forestier de Mervent-Vouvant, d'une superficie de 5 000 ha, est constitué pour moitié de propriétés privées et, sur 2 500 ha, d'une propriété des Templiers du XIIe siècle. Les vallées très encaissées dans lesquelles s'écoulent les rivières la Vendée et la Mère ont donné lieu à la construction de deux barrages. Le chêne sessile trouve ici des conditions idéales pour se développer et donner des arbres magnifiques atteignant 35 m de hauteur à 200 ans. De rochers en rivières, de clairières en plans d'eau, chacun pourra se livrer aux plaisirs de l'escalade, de la pêche, de la promenade botanique ou de la voile. Le massif forestier de Mervent-Vouvant est un régal pour les vététistes, cavaliers et promeneurs de tous âges, grâce aux 200 km de chemins balisés.
- **Forêt domaniale de Longeville-sur-Mer.** Plus petite que la forêt domaniale des Pays de Monts, elle s'étend sur une superficie de 1 203 ha et recense en majorité des pins maritimes.
- **Forêt domaniale des Pays de Monts.** La forêt domaniale des Pays de Monts s'étire sur les dunes du littoral vendéen entre Fromentine au nord et Sion-sur-l'Océan au sud. Longue de 25 km, sa largeur n'excède pas 2,3 km. Elle totalise une superficie de 2 280 ha. Elle fut plantée à la fin du XIXe siècle sous le second Empire. Il s'agissait alors de fixer les dunes et de rendre ainsi les marais cultivables en les asséchant. Parmi les espèces rencontrées : les pins maritimes recouvrent 75 % de la forêt mais connaissent cependant aujourd'hui un véritable dépérissement. On y recense également des pins parasols, des pins laricio de Corse et des chênes verts.

Marais du Payré et du Veillon.

Forêt d'Olonne. La forêt d'Olonne est située entre les communes des Sables-d'Olonne et d'Olonne-sur-Mer. Elle est bordée à l'ouest par une longue plage (plage de Sauveterre), et à l'est par le marais d'Olonne. Elle occupe plus de 1 000 ha sur la partie nord de ce qui était autrefois l'île Vertime. C'est une forêt dunaire car elle a été plantée sur un ensemble de dunes qu'elle a contribué à fixer. La forêt a été plantée à l'origine de pins maritimes, les autres essences dominantes sont le chêne vert et le robinier. Par ailleurs on rencontre le charme, le frêne, le peuplier et le chêne rouvre. On trouve également un secteur planté d'érables sycomores. La forêt est peuplée de chevreuils et de sangliers. Des battues doivent être régulièrement organisées pour réguler la population de ces derniers qui font parfois des incursions jusque dans la ville des Sables.

Lacs

La Vendée compte 18 lacs répartis sur l'ensemble de son territoire. Le plus grand d'entre eux est le lac d'Apremont, situé à l'ouest entre La Roche-sur-Yon et Challans. Sa superficie est de 170 ha et il est le paradis des pêcheurs. Dans un superbe environnement, le lac de Mervent est un magnifique lac de barrage de près de 130 hectares situé en plein cœur d'une forêt de 5 000 hectares. Située entre Saint-Julien des Landes et Brétignolles, la vallée du Jaunay est un endroit bucolique charmant, très vallonné, qui possède également un lac de 114 ha propice aux activités nautiques comme le canoë ou le pédalo. A l'est du département, vers Chantonnay, se trouve un autre beau lac de 127 ha qui offre lui aussi un panel de loisirs entre le canoë, la voile, la pêche ou la promenade à pied.

Marais

Marais breton. De Saint-Hilaire-de-Riez – sur le littoral – à Bouin – à la pointe nord – et plus haut la Loire-Atlantique en passant par Challans – à la limite du marais et du Bocage –, le Marais breton, situé à l'extrême nord-ouest du département, se différencie du Marais poitevin par son osmose avec le sel. Les communes de Sallertaine et Bois-de-Cené – à côté de Challans – ainsi que Le Perrier forment le cœur du Marais breton. Peu ou pas d'arbres dans cette plaine séparée de la mer où l'eau semble absente au premier regard, mais est pourtant bien présente, effleurant les « prairies ». Les canaux appelés ici « étiers » regorgent de grenouilles et d'anguilles. Pour mieux découvrir et apprécier ce paysage, des promenades sur des barques appelées des « yoles » sont organisées au Perrier. A Sallertaine, c'est en canoë que vous partirez sur la route du sel. En hiver, les vertes prairies se recouvrent d'eaux stagnantes dues aux inondations : le marais présente alors un paysage mystérieux où ciel et terre se confondent à l'horizon. Les habitations les plus courantes étaient les bourrines, au toit de chaume, faites de glaise et de chaux. Autrefois maisons des maraîchins, il reste aujourd'hui malheureusement peu de bourrines. Cependant, les habitants du marais ont su conserver un certain art de vivre typique de la région. On retrouve dans les marais une faune rare faite d'une grande variété d'oiseaux migrateurs.

Marais poitevin. C'est la deuxième zone humide française après la Camargue. Le Marais poitevin couvre une superficie de 96 000 ha, dont la majorité sont des marais desséchés, utilisés pour les cultures fourragères. Il s'étend entre l'océan, les plaines de Vendée – au nord –, la plaine de Niort – à l'est –, et la plaine d'Aunis – au sud –, chevauchant ainsi 3 départements : la Vendée, les Deux-Sèvres et la Charente-Maritime. Pour la Vendée, du sud-ouest au sud-est du département, de La Tranche-sur-Mer jusqu'au Mazeau, le Marais poitevin se révèle sous deux aspects bien différents l'un de l'autre : d'une part le marais desséché, d'autre part le marais mouillé.

Marais desséché. Il concerne la région de la baie de l'Aiguillon. Protégé de la mer par des digues, il présente des caractéristiques communes aux régions de polders, en Hollande. Ce n'est d'ailleurs pas un hasard... En effet, conquis sur l'ancien golfe des Pictons – du nom d'une tribu gauloise – sous l'action des courants marins et des alluvions de la Sèvre niortaise et des affluents, c'est à partir du XIe siècle que le Marais poitevin vit son comblement accélérer. Des moines bénédictins entreprennent alors d'assécher la région, une œuvre qui fut terminée au XVIIe siècle grâce au travail réalisé par des Hollandais, forts de leur expérience dans leur pays. Le souvenir de ces bâtisseurs est d'ailleurs maintenant rattaché au nom des deux principaux canaux irriguant le marais au milieu de centaines d'autres tous aussi rectilignes : le canal des Cinq Abbés et le canal des Hollandais. Le principe : les canaux drainent les terres l'hiver et les irriguent l'été. Le taux de salinité en fait une zone de pâturage propice à l'élevage puisque la végétation est composée essentiellement d'herbe.

Marais mouillé. Plus à l'est, apparaît le marais mouillé, mélange d'eau et de feuillage. C'est la partie inondable située autour de la Sèvre niortaise. Parmi les communes du marais mouillé : Damvix, Le Mazeau, Maillezais, Maillé, Saint-Sigismond. Ce n'est pas sans raison que le nom de Venise verte a été donné à ce labyrinthe de canaux. Cette zone est la plus captivante du Marais poitevin. Lieu incomparable avec ses canaux bordés de frênes, de peupliers et de saules, où seul le bruit des barques à fond plat – les plates –, menées à la pigouille, en traçant leur sillage au milieu de milliers de lentilles d'eau qui forment un tapis vert, vient troubler le silence. Et même si maintenant la construction de nouvelles routes a amélioré de façon sensible les conditions de déplacement des habitants, il est indéniable que cet endroit, où canaux et rivières forment comme une toile d'araignée, est insolite.

Bocage

Il représente à lui seul les deux tiers du département et s'étend du nord à l'est de la Vendée. Pour information, « Bocage » avec un « B » majuscule désigne le Bocage bressuirais.

Il comprend les cantons suivants : Les Herbiers, Les Essarts et Pouzauges – à l'est du département –, Rocheservière et Montaigu – au nord du département –, Mortagne-sur-Sèvre – au nord-est –, Saint-Fulgent – à l'ouest des Herbiers –, et le Pays des Deux-Lays – à l'extrême sud des Herbiers –, nommé ainsi car chaque commune qui le compose est en partie bordée par le Petit-Lay ou le Grand-Lay.

Noirmoutier-en-l'Ile – Côte rocheuse sur l'île de Noirmoutier.

Principales caractéristiques du Bocage, les vastes prairies entourées de haies d'aubépines ou de genêts, parfois traversées par de petits ruisseaux. L'élevage concerne principalement le bœuf de race parthenaise. Le relief du Bocage, pour être limité aux 295 m du Puy-Crapaud, près de Pouzauges ou aux 288 m de Saint-Michel-Mont-Mercure, n'en offre pas moins de constants et harmonieux vallonnements. Demandez aux cyclistes ce qu'ils en pensent. Durant la Révolution, les Vendéens se servaient de ces collines pour échanger des signaux, soit avec des feux, soit en modifiant les ailes des moulins. La présence des haies souligne d'un trait d'arbres la douceur des lignes, quand un remembrement mal fait n'a pas tout saccagé. Parmi les principales villes du Bocage figurent Les Herbiers et Montaigu. Les amateurs de vieilles pierres et de belles bâtisses se régaleront en parcourant le vieux Pouzauges, Le Boupère, Tiffauges, et plus au sud, Bazoges-en-Pareds. C'est ce même Bocage qui renferme le parc de loisirs du Puy du Fou et le Mémorial de Vendée. Cette région de Vendée est le berceau des guerres de Vendée.

Littoral

Côtes

La Vendée n'est pas peu fière de ses 240 km de côtes qui s'étendent du nord au sud du département. Granitiques sur les îles de Noirmoutier, Yeu et sur le littoral près de Saint-Gilles et Brétignolles, les côtes rocheuses vendéennes sont calcaires de la plage du Veillon jusqu'à la pointe du Payré. Le littoral est constitué de grandes plages et de forêts de pins. La maison traditionnelle est modeste et liée en partie à l'activité économique. En effet, on retrouve bon nombre de maisons de pêcheurs, de petites maisons basses – pour ne pas laisser de prise au vent quand la tempête est là – avec des murs blanchis à la chaux et des volets aux couleurs éclatantes – le plus souvent bleus. Vous retrouverez entre autres ces habitations dans des villes comme Saint-Gilles-Croix-de-Vie ou sur l'île d'Yeu.

Plages

La Vendée est fière de ses plages. Il faut dire qu'avec 250 km de littoral et 140 km de plages, toute sa façade ouest est tournée vers la mer, véritable balcon panoramique sur l'Atlantique. Par ailleurs, la plupart ont obtenu le pavillon bleu pour la propreté et sont généralement en pente douce avec du sable fin et doré. Elles attirent les touristes sur leurs rives de partout dans le monde comme c'est le cas depuis plus d'un siècle. Plusieurs types de plage caractérisent la Vendée : les plages pour la baignade, celles offrant de jolies criques comme sur les îles d'Yeu ou de Noirmoutier, et celles propices aux loisirs nautiques tels que le surf, le kite-surf, avec des spots réputés à Brétignolles-sur-Mer ou La Tranche-sur-Mer, le char à voile qui lui nécessite plutôt de belles et longues plage plates comme Notre-Dame-De-Monts. La Vendée compte également 7 plages naturistes : Luzeronde sur l'île de Noirmoutier, La Terrière à La Tranche-sur-Mer, Les Lays à La Barre-de-Monts, la plage du Petit Pont à Brétignolles-sur-Mer, Les Salins à St-Hilaire-de-Riez et enfin la plage de Sauveterre à Olonne-sur-Mer.

Îles

▸ **Île d'Yeu.** 2 300 ha. 10 km de long pour 4 km de large. 40 km de côtes. A 17 km du continent. L'île présente deux aspects radicalement différents. La côte sauvage occupe la façade maritime opposée au continent, c'est incontestablement la plus belle partie maritime de la Vendée. Orientée au sud-ouest, entièrement rocheuse, elle lance ses falaises abruptes vers l'océan en tolérant de délicieuses petites criques où il fait bon se reposer. En haut de la falaise, ce sont la lande marine, les pelouses, les friches qui envahissent l'ancien Bocage. L'autre façade, tournée au nord-est vers le continent, offre un aspect beaucoup moins tourmenté avec ses douces plages, ses dunes, ses forêts de pins, puis Port-Joinville, chef-lieu de l'endroit. On a observé 255 espèces d'oiseaux sur l'île, parmi lesquelles des oiseaux marins – grands labbes, fous de bassan… L'hiver voit arriver les bécasseaux, pluviers, grands gravelots, ou le rare phalarope à bec large. Au printemps, les fauvettes reviennent d'Afrique tandis que le busard des roseaux entame son vol amoureux. Quant à la faune marine, elle compte parmi ses habitants les plus communs, le congre, l'orphie et l'araignée, ainsi que des espèces nobles comme le bar, la dorade et le homard. L'île compte une très grande variété de végétaux – plus de 800 espèces sauvages, comme l'asphodèle et 40 plantes protégées – et la floraison y est permanente. On voit aussi des coquelicots, des giroflées des dunes, le panicaut mauve ou la jacinthe sauvage. On recense aussi 16 espèces d'orchidées, dont certaines sont très rares, qui sortent de leur rosette entre les mois de mars et d'octobre. La maison islaise typique est craquante : généralement de petite taille, uniquement en rez-de-chaussée, elle présente des murs blanchis, des tuiles roses – en arc de cercle – et des volets peints, généralement en bleu ciel. Une petite merveille d'île longtemps vouée à la pêche – le thon notamment –, et orientée également vers le tourisme depuis 1960.

Île de Noirmoutier. 4 886 ha. 20 km de long. Cette île accueille 4 communes – Noirmoutier-en-l'Ile, L'Epine, La Guérinière et Barbâtre – et 10 hameaux. Elle est reliée au continent par le passage du Gois d'une part – chaussée submersible à emprunter uniquement à marée basse –, dont la longueur est de 4,2 km, et par un pont – gratuit maintenant – depuis 1971, d'autre part. Elle est dotée d'un climat doux et d'une luminosité particulière, sans doute propices à la végétation de type méditerranéen que l'on y trouve ; figuiers, lavande. Mais c'est surtout le mimosa, dont la floraison a lieu en hiver, qui a fait la réputation de l'île. La mer est partout présente sur l'île avec ses marais salants sur plus de 700 ha, exploités pour le sel – l'or blanc – dont le must est la fameuse fleur de sel. Ce paysage de marais, de digues et de chenaux fait penser aux paysages hollandais. Noirmoutier déroule 40 km de plages de sable fin, parmi lesquelles la plage des Dames appréciée pour sa beauté et son exposition protégée des vents. En bordure de l'océan, le bois de La Chaize mérite le détour : il abrite les plus belles demeures de l'île. Quant aux dunes, elles sont fragiles et constituent le dernier rempart protégeant l'île. Il faut donc éviter de les traverser et n'emprunter que les passages balisés. Dans ces dunes, on peut admirer des espèces rares qui fleurissent : œillets maritimes, giroflées mauves et liserons.

Ports

On distingue plusieurs ports en Vendée : les ports de pêche, ports de commerce et port de plaisance, sans oublier les ports ostréicoles. Parmi les quatre grands ports de pêche, avec pour chacun d'entre eux un centre de marée : Les Sables-d'Olonne, L'Herbaudière sur l'île de Noirmoutier, Saint-Gilles-Croix-de-Vie et l'île d'Yeu. Avec plus de 12 300 tonnes de poisson débarquées en 2010, la pêche vendéenne se positionne ainsi au 5e rang français. Le port des Sables-d'Olonne se distingue par une pêche diversifiée, avec une dominance des poissons de chalut de fond. Le port de Saint-Gilles est spécialisé dans la pêche du poisson bleu (type sardine). Le port de L'Herbaudière est l'un des premiers producteurs de sole sur la côte atlantique. Le port de l'île d'Yeu est référencé port d'espèces nobles (sole, bar, merlu, lotte...). Cela représente au total une flotille de 258 bateaux. Il y a deux ports de commerce : Les Sables-d'Olonne et l'île d'Yeu. Ils sont gérés par la chambre de commerce et d'industrie de la Vendée. Les ports de plaisance, du nord au sud sont : Port-Joinville (île d'Yeu), Noirmoutier-en-l'île et L'Herbaudière (île de Noirmoutier), Saint-Gilles-Croix-de-Vie (Port La Vie), Les Sables-d'Olonne (Port Olona), port Bourgenay (à Talmont-Saint-Hilaire), Jard-sur-Mer. Il y a un projet de port sur la commune de Brétignolles-sur-Mer qui est toujorus en concertation. Enfin, les ports ostréicoles du nord au sud : sur l'île de Noirmoutier, les ports du Bonhomme et de Morin, le port du Bec (à Bouin), Fromentine, La Guittière (à Talmont-Saint-Hilaire) et L'Aiguillon-sur-Mer.

Faune et flore

Faune

Mammifères

Le baudet du Poitou est une race d'âne originaire de l'ouest de la France (Deux-Sèvres, Vendée, Vienne, de la Charente et Charente-Maritime). C'est un âne de grande taille (1,40 m à 1,50 m au garrot pour les mâles, 1,35 m à 1,45 m pour les femelles), avec une forte structure osseuse, il pèse de 350 kg à 450 kg. La robe est uniformément bai brun, avec le contour des yeux, le nez et le museau gris argenté. Le baudet du Poitou est la plus ancienne race d'âne de France. C'est justement pour sa grande taille qu'il fut surtout utilisée pour la production de mulets, par croisement avec la jument mulassière poitevine. Mais cette activité, florissante

Le baudet du Poitou.

DÉCOUVERTE

jusqu'au XIXe siècle, a quasiment disparu. Le baudet du Poitou a failli disparaître de son berceau d'origine après le seconde guerre mondiale. En 1977, l'effectif n'y était plus que de 44 têtes réparties dans 8 élevages. Vers 1980 un plan de sauvegarde a été mis en œuvre par les Haras nationaux, avec le concours des éleveurs et du parc interrégional du Marais poitevin. L'effectif total du troupeau de race pure est d'environ 350 têtes. Un baudet du Poitou et une ânesse du Poitou donnent un fedon. Grâce aux exportations réalisées au début du XXe siècle, le baudet du Poitou est présent dans un certain nombre de pays étrangers, notamment en Allemagne et aux Etats-Unis.

Oiseaux

L'aigrette garzette. Oiseau blanc dont la taille correspond à la moitié de celle du héron cendré. Le long bec est noir, ses grandes pattes sont noires et ses pieds sont jaunes. Elle se tient, comme les hérons, en bordure des étangs ou au sommet des saules. Elle se nourrit de petits poissons, d'insectes et d'autres animaux aquatiques.

La bécassine des marais. Elle a la taille d'un gros merle avec un très long bec et des pattes moyennement longues. Son plumage est brun, couleur de vase avec de légères stries jaunâtres sur le dos. Son vol en zigzag est caractéristique. Elle se nourrit de mollusques et d'insectes qu'elle recherche en enfonçant son bec dans la vase. C'est une race commune.

L'avocette élégante. Elle appartient à la famille des limicoles – oiseaux qui vivent et se nourrissent sur la vase, grâce à leurs pattes et leurs becs qui sont adaptés au milieu humide et vaseux. Espèce protégée, assez grande et élégante au plumage noir et blanc, l'avocette a un long cou et un grand bec mince retroussé vers le haut – approprié pour chercher sa nourriture –, et de longues pattes bleu-gris clair. La Vendée était ainsi le premier département français pour la reproduction de l'avocette, avec 25 % des effectifs. La baie de l'Aiguillon et la baie de Bourgneuf sont les deux sites principaux d'hivernage de l'avocette en France.

Forêt de pins.

La sterne. Rattachée à la famille des laridés au même titre que les goélands et autres mouettes, la sterne s'en différencie d'autant par sa taille que par sa silhouette. Elle est identifiable grâce à sa queue qui lui a valu le surnom d'hirondelle des mers, la sterne mesure généralement 35 cm de long pour un poids de 150 g. Vêtue de gris clair sur le dos et le ventre, ses ailes et sa queue sont blanches tandis que sa tête est coiffée de noir, son bec et ses pattes tirant sur le rouge.

La mouette rieuse. Petite, élégante, pourvue d'un capuchon très net brun chocolat noir en plumage nuptial. Le bord des ailes est d'un blanc éclatant et l'extrémité des ailes est noire. Les pattes rouges la distinguent d'autres espèces à tête noire. Le bec sombre est teinté de rouge, les pattes et le bec sont plus ternes, parfois orange. En hiver, elle a une tâche sombre en arrière de l'œil. Les jeunes sont plus bruns et vivent en général à proximité des adultes.

Le goéland argenté. La tête, la poitrine, le ventre et la queue sont blancs, le dos et les ailes sont gris clair contrastant avec les rémiges noires. L'extrémité des ailes noires est marquée de quelques taches blanches. Le bec jaune possède une petite tache rouge sur la mandibule inférieure. Les pattes sont rose grisâtre. Il existe deux sous-espèces : l'une vivant en Scandinavie, l'autre vivant dans les îles britanniques et que l'on retrouve en Bretagne et le long des côtes du golfe de Gascogne.

Le héron cendré. Grand oiseau gris, majestueux lorsqu'il est debout au repos. Il possède de longues pattes jaunes ou grises, un long cou et un grand bec jaune grisâtre en forme de dague. Le dessous, la tête et le cou sont blanchâtres avec une crête noire et des rayures sombres sur le devant du cou et de la poitrine. Le reste du plumage est gris pigeon. En vol, le cou est replié et les pattes sont plus longues que la queue. Il cherche à se nourrir près de toutes sortes de plans d'eau, et on en voit même quelquefois en zone urbaine. Sa technique de pêche n'est pas encore très au point et il fera sans doute plus de peur que de mal aux poissons.

L'alouette lulu. Oiseau terrestre qui habite les paysages ouverts. Un peu plus petite que l'alouette des champs, l'alouette lulu se différencie de sa cousine par son absence de huppe et de raie blanche sur les rectrices externes. Sa queue est plus courte et son œil est couvert d'un large sourcil blanchâtre nettement dessiné jusqu'à la nuque. Marques sombres vers le poignet de l'aile.

Flore

On dénombre environ 150 espèces floristiques protégées en Vendée. Parmi les espèces importantes, protégées : oeillet de France : endémique des côtes atlantiques franco-espagnoles, les omphalodes du littoral : espèce menacée, endémique du littoral atlantique de la Charente-Maritime au Finistère, le lis maritime, le glaïeul d'Illyrie : espèce protégée au niveau régional et l'euphorbe des marais que l'on trouve dans les marais du sud Vendée. Vous apercevrez également de nombreuses espèces d'orchidées telles qu'ophrys abeille, orchis homme pendu, orchis pyramidal, orchis tachetée. Les espèces les plus communes en Vendée sont l'asphodèle blanc (qui résiste aux incendies), l'iris des marais, la digitale pourpre. Concernant les espèces typiques de milieux, on retrouve dans les milieux salés la salicorne (qui se mange), l'obione, l'atriplex, la soude. Dans les milieux humides : fritillaire pintade, iris des marais, hottonie des marais, laiches, glycérie, euphorbe des marais. Les dunes et le littoral sont le paradis du chardon des dunes, de la queue de lièvre, de l'arménie maritime ou de l'immortelle des dunes. Les forêts vendéennes sont quant à elles peuplées de jacinthe des bois, de sceau de Salomon et de gouet, tandis que dans les landes sèches, s'affichent bruyère, ciste, silène et jasione des montagnes.

Fleurs et plantes rares

- **La petite bourrache du littoral.** Plante discrète endémique du littoral atlantique français du Finistère à la Charente-Maritime. Elle fleurit de mai à juin sur les dunes de la côte.

La fritillaire pintade. Sur les prairies humides de l'ouest de la France, cette jolie plante était autrefois très commune. Elle est encore abondante dans le marais mouillé du sud du département où elle fleurit de mars à avril. C'est une plante qui fleurit de mai à juin sur les dunes du littoral. Lorsqu'elle abonde, le contraste entre la couleur rouge de ses fruits et le bleu du ciel offre un joli spectacle.

- **L'oyat – ou roseau des sables.** Plante vivace qui pousse sur les dunes en touffe de 60 cm à 1 m de haut. Ressemble un peu à la ciboulette.
- **L'immortelle des sables – ou des dunes.** Plante vivace qui pousse sur les dunes. Elle forme des touffes de 20 cm à 30 cm de hauteur. Les tiges sont couchées ou dressées et au bout, une fleur jaune. Elle ne change pas avec le temps et symbolise ainsi l'immortalité. Quand on la froisse pendant les journées chaudes d'été, son odeur rappelle celle du curry.
- **La fritillaire pintade.** Présente dans la Réserve de Nalliers-Mouzeuil-Saint-Martin, la fritillaire pintade est une espèce devenue très rare et classée parmi les espèces très protégées, elle est interdite à la cueillette. Elle mesure entre 20 et 40 cm de haut et possède un bulbe globuleux qui contient des alcaloïdes vénéneux. Les fleurs solitaires sont groupées par deux ou trois et apparaissent entre mars et mai. Elle est un indicateur de milieu humide.

Parcs et réserves naturelles

La nature en Vendée ne se limite pas aux plages. La faune et la flore du département méritent qu'on s'y attarde. Ainsi, Le Daviaud – écomusée du Marais breton – réunit ces deux aspects environnementaux. La flore d'une part, parce que le Marais breton offre un paysage particulier, authentique et très attachant. Imaginez plutôt 45 000 ha de prairies humides, de polders, traversés par des canaux, drainés par des étiers où vit une faune rare, une grande variété d'oiseaux migrateurs, des chevaliers gambettes, avocettes mais aussi tadornes, échasses, busards cendrés... Un circuit nature vous emmène au milieu des senteurs parfumées de la roseraie de Vendée, qui s'ouvre sur plus de 10 000 rosiers, et vous invite à goûter ses confiseries à base de rose. C'est aussi un passage au jardin des Olfacties de Coëx et par le parc floral de la Court-d'Aron – à Saint-Cyr-en-Talmondais, non loin de Luçon – dont le clou du spectacle est lors de l'éclosion des fleurs de lotus. Le parcours se poursuit avec la visite du potager extraordinaire de La Mothe-Achard, un vaste jardin rempli de gourdes, citrouilles, melons, potirons et autres cucurbitacées aux formes insolites. La Vendée est aussi le nid de nombreux oiseaux que l'on peut mieux observer dans les réserves naturelles de Saint-Denis-du-Payré et de la baie de l'Aiguillon. Le sud de la Vendée atlantique est une alternance de plages et de vasières, de dunes, de marais et de bois. Les bords de mer sont riches de vie, de formes et de couleurs. Ici, une naturaliste spécialisée – de l'Adev – vous accompagne à la découverte de la lagune de la Belle-Henriette, l'estuaire du Lay et la pointe de l'Aiguillon. En remontant vers Les Sables-d'Olonne, ne manquez pas la réserve de l'île d'Olonne. Puis, une fois aux Sables-d'Olonne, Les Salines vous embarquent à Port-Olona pour une visite guidée en bateau des marais d'Olonne par la rivière salée : milieu sauvage bordé de marais à poissons et de flore marine. Puis, escale au village de L'Aubraie. Dans la commune des Landes-Génusson se trouve la Cité des Oiseaux : une réserve ornithologique de 54 ha. Un espace muséographique et deux postes observatoires.

PARC INTERRÉGIONAL DU MARAIS POITEVIN ★★★★
2, rue de l'Eglise
COULON
✆ 05 49 35 15 20
www.parc-marais-poitevin.fr

Le Marais poitevin a été classé en un parc interrégional en 1979, marquant ainsi la reconnaissance comme patrimoine exceptionnel de la principale zone humide de la façade atlantique. Le Marais poitevin se caractérise par plusieurs types de paysages : les marais desséchés proches de l'océan présentent de larges paysages ouverts où les arbres sont rares. A l'inverse, les marais mouillés correspondent aux zones d'épandage des crues des rivières et les lentilles vertes, qui offrent une vision magnifique, sont caractéristiques de la flore de marais mouillé. La faune des marais est nombreuse et variée, ainsi, la baie de l'Aiguillon est une zone importante pour des milliers d'oiseaux migrateurs – hérons, échasses, busards – qui viennent se reposer sur les vasières découvertes ou sur les prés salés. La Venise verte est d'une richesse incroyable en espèces de poissons : carpes, tanches, sandres, brochets et anguilles, mais aussi en animaux à poils comme les loutres ou les ragondins. Renseignements dans les Maisons du parc – 8 réparties sur les 3 départements : Vendée, Charente-Maritime, Deux-Sèvres – ou dans les offices de tourisme suivants : Chaillé-les-Marais ✆ 02 51 56 71 17 • Luçon ✆ 02 51 56 36 52 • Maillezais ✆ 02 51 87 23 01 • Fontenay-le-Comte ✆ 02 51 69 44 99 • Pouillé ✆ 02 51 00 15 37.

La Vendée dénombre 23 567 établissements inscrits au

fichier de la chambre de commerce de d'industrie (CCI). 90 % ont moins de 10 salariés et 168 528 emplois salariés, avec une forte proportion d'emplois industriels. En 2013, le commerce et les services représentent respectivement 28 % et 47 % des emplois en Vendée, contre 8 % dans l'industrie, 14 % dans le BTP et 3 % pour l'agriculture. La Vendée se répartie en 7 grands pôles d'emplois : La Roche-sur-Yon environ 27 305 emplois, Les Herbiers (10 730 emplois), l'agglomération des Olonnes (environ 10 386 emplois), avec environ 7 340 emplois on retrouve Challans, puis l'agglomération de Montaigu (6 133), Fontenay-le-Comte (6 233) et l'agglomération de Saint-Gilles-Croix-de-Vie (6 093). Si l'on étudie la répartition des différents grands secteurs d'activité, on peut dire que la Vendée bénéficie d'une économie diversifiée. Faiblesse dans le secteur de l'agriculture, la pêche et la sylviculture. En revanche, le secteur de la construction nautique se porte plutôt bien, de même que l'agroalimentaire qui est le 4è secteur qui emploie le plus derrière, le BTP. Les services aux entreprises et réparations sont le premier secteur d'emploi suivi de l'administration, l'éducation et les services. D'ailleurs la Vendée peut s'enorgueillir d'être le berceau de grands marques de renom national et international comme Beneteau (nautisme), Système U, Sodebo, Fleury Michon et Arrivé, Doux et Daunat dans le secteur de l'agroalimentaire ou les boulangeries La Mie Câline, mais aussi, Vendée Matériaux et PRB pour les matériaux de construction, l'entreprise Cougnaud (construction de bâtiments modulaires), les vérandas Akena, le Groupe Dubreuil diversifié dans l'automobile, l'hôtellerie, l'aérien, Graveleau Dachser dans le domaine des transports, etc. Le taux de chômage en Vendée est de 8,3 % fin 2013, le nord-est de la Vendée étant le meilleur bassin d'emploi. *Sources : CCI Vendée, au 10 décembre 2014.*

Ressources naturelles

La pêche

Avec plus de 13 959 tonnes de poisson débarquées en 2012, la pêche vendéenne se positionne ainsi au 4e rang français. Avec Les Sables-d'Olonne, Saint-Gilles-Croix-de-Vie, L'Herbaudière à Noirmoutier et l'île d'Yeu, la Vendée compte quatre ports principaux complétés par des ports ostréicoles. Premier en tonnage, Les Sables-d'Olonne, le second est Saint-Gilles-Croix-de-Vie, plus loin derrière, L'Herbaudière sur l'île de Noirmoutier et l'île d'Yeu. En 2013, la Vendée représente 9 % de la pêche française en terme de chiffre d'affaires. En 2011, la pêche en Vendée c'était 212 bateaux, environ 650 marins, 12 680 tonnes débarquées en 2011 et un prix moyen au kilo de 5,41 €. Voici les principales espèces vendues dans les criées : sole, bar, seiche, merlu, lotte (pour l'île d'Yeu) et anchois, sardine et maquereau pour Saint-Gilles-Croix-de-Vie. Dans les ports, quatre criées totalement informatisées, conformes aux normes d'hygiène les plus sévères, assurent la mise en marché de la pêche vendéenne. Chacun des grands ports s'est spécialisé au fil du temps et de certains interdits édictés par Bruxelles. On peut regrouper les ports en fonction de la technique de pêche qu'ils utilisent le plus : arts dormants ou traînants. La première consiste à déposer des engins de pêche que l'on récupère à la marée suivante, alors que la deuxième utilise du matériel qui ramasse le poisson au fur et à mesure de l'avancée du bateau. C'est à Noirmoutier et à l'île d'Yeu que l'on pratique le plus les arts dormants. Les pêcheurs de Noirmoutier utilisaient beaucoup les casiers pour pêcher les crustacés ; tourteaux, homards, araignées... Avec les quotas imposés par Bruxelles ils ont dû se reconvertir et se sont spécialisés dans la sole pêchée au filet qui représente aujourd'hui 80 % de leur production. On trouve aussi beaucoup de fileyeurs à l'île d'Yeu où les marins pêcheurs sont plus spécialisés dans la sole, le bar et le merlu... La flottille islaise a perdu plusieurs unités suite à l'interdiction de la pêche au thon au filet maillant dérivant. L'île est aussi un repère de ligneurs qui pêchent avec des palangres – lignes garnies de nombreux hameçons – à bars et depuis peu à thons. Dans les arts traînants, le port de Saint-Gilles s'est spécialisé dans le poisson pélagique, l'anchois, le chinchard et la sardine en tête. Pour l'anchois, le port de Saint-Gilles pêche environ 30 % de la récolte française. La sole représente quant à elle un tiers de la

La Vendée 3e producteur national d'huîtres et moules

Localisées sur Noirmoutier, Bouin, Beauvoir-sur-Mer dans la baie de Bourgneuf pour l'huître, et pour la mytiliculture dans les petits ports du Payré et de la baie de l'Aiguillon, ces cultures rassemblent 800 concessionnaires de parcs en mer et 380 expéditeurs pour une production annuelle de 25 000 tonnes. A cette activité s'ajoutent également celles des fermes aquacoles qui se consacrent à la production de turbot et de daurade royale. *Sources : Conseil général de la Vendée.*

pêche aux Sables-d'Olonne. A l'instar de la pêche, en terme de plaisance, c'est le port de l'île d'Yeu qui est le premier de la façade atlantique en terme de passages avec 23 0000 nuitées. *Source : CCI Vendée – Présentation de l'économie vendéenne – édition 2013.*

Environnement et énergies

La Vendée est tout particulièrement concernée par la réduction des émissions de gaz à effet de serre, en raison d'une part de la hausse continue de ses besoins en énergie, due à son dynamisme économique et démographique, et d'autre part des particularités de ses ressources naturelles à valoriser : soleil, vent, géothermie et biomasse. A ce titre, un Plan Vendée Energie 2010 a été voté. Pour sa part, le Conseil Général s'est fixé comme objectif de réduire de 15 % sur 5 ans ses propres consommations, en intervenant à la fois sur le patrimoine existant, et sur les nouveaux bâtiments. Ce seront tous des bâtiments «basse consommation», c'est à dire qu'ils répondront dès maintenant à la réglementation thermique de 2012. Le conseil général a souhaité apporter une aide technique et financière aux entreprises et administrations qui s'engagent dans une démarche d'économie d'énergie. Autre projet du conseil général de la Vendée : Vendelium sur l'aire des Herbiers. Ce site a pour but dêtre une vitrine pour le grand public et pour les professionnels de l'architecture et du bâtiment, sur les constructions économes en eau et en énergie, en présentant les dispositifs les plus astucieux et les plus performants. La première maison solaire à énergie position de la région est en Vendée. Panneaux solaires, isolation renforcée, récupération des eaux de pluie et VMC double flux, tous les ingrédients sont réunis dans première maison solaire à énergie positive en Vendée. C'est la parfaite maison écologique.

Energie éolienne

En 2012, six parcs éoliens totalisant 36 éoliennes pour une puissance totale de 50 Mégawatts et 36 centrales solaires photovoltaïques sur toitures développant une puissance totale de 2,28 Mégawatts-crête sont déjà en fonctionnement.

Agriculture

L'agriculture en Vendée comptait moins de 9 000 chefs d'exploitation, 5 770 exploitations sous statut sur 476 000 ha, soit 70 % de la surface totale du département. L'agriculture attire : il y a deux fois plus d'agriculteurs en Vendée que dans les autres départements, sous le rapport de la population active. 500 jeunes y tiennent une exploitation. La Vendée est une région d'élevage avec une production très orientée vers l'élevage de bovins viande, de volailles et de lapins. C'est également le premier département céréalier de la région des Pays de la Loire, et l'un des principaux producteurs français de blé dur. La Vendée produit aussi des haricots, des melons et des concombres. Elle possède enfin 1 780 ha de vignes. L'aviculture, avec les volailles de Challans, représente également une part importante de l'agriculture vendéenne. Poulets noirs, blancs et jaunes, pintades, chapons, chapons de pintades, poulardes, dindes, canards, cailles, oies… Certifiées Label Rouge ou médaillées au concours agricole, les volailles de Challans, sont un des fleurons de l'agriculture vendéenne. La Vendée est enfin le premier département de la rRégion des Pays de la Loire en nombre d'emplois dans les industries agroalimentaire. De nombreuses entreprises agro-alimentaires ont vu le jour dans le département ; c'est le cas de Sodebo et Fleury Michon, des entreprises à dimension nationale et au-delà. *Sources : Agri85.*

DÉCOUVERTE

Eoliennes de Bouin.

© A. LAMOUREUX

Port La Vie - St Gilles Croix de Vie.

Industries

L'industrie vendéenne représente plus de 1 800 établissements (10 % des établissements) et près de 55 000 emplois. 36 % des emplois du département sont de nature industrielle. L'industrie vendéenne est fortement dominée par les secteurs de l'agroalimentaire et la mécanique métallurgie qui concentrent à eux seuls 50 % des emplois industriels du département. Plus de 60 % des entreprises de ce secteur ont moins de 10 salariés, 23 % ont entre 10 et 49 salariés et 12 % de ce secteur concerne des entreprises de plus de 50 salariés. L'activité qui recrute le plus est l'agroalimentaire. Avec la mécanique-métallurgie, cela représente la moitié des emplois du secteur de l'industrie. Le bois et la construction nautique se taillent également une belle part. On retrouve les entreprises de ce secteur principalement dans les villes suivantes : La Roche-sur-Yon, Les Herbiers, Mortagne-sur-Sèvre, Challans, le pays des Olonnes, Fontenay-le-comte, le canton de Montaigu. *Sources : CCI Vendée, janvier 2011.*

La défense du «Made in Vendée»

Saluons la super initiative de la Jeune Chambre Economique de Vendée, qui a déposé la marque « Made In 85 » et met en lumière le savoir-faire et les produits vendéens au travers du fleuron de l'industrie vendéenne, qu'il s'agisse d'ailleurs de grandes entreprises comme Sodebo, Fleury Michon, Le Puy du Fou, Vendée Matériaux, Akena Vérandas, Cougnaud, ou de plus petites structures comme les fameux canards Burgaud. Son but : promouvoir des entreprises locales et d'envergure internationale dont le siège et la production sont en Vendée. Le label Made in 85 valorise des entreprises dont l'engagement citoyen est remarquable. Renseignements : madein85.fr

Tertiaire

Jusqu'au début des années 1980, le développement économique de la Vendée s'est principalement appuyé sur l'essor de l'industrie. A compter de cette période, les services marchands ont progressivement pris de l'importance. Après avoir été longtemps en retard, le secteur joue aujourd'hui un rôle prépondérant dans le tissu économique local à la fois en termes de créations d'établissements (+66,5 % entre 1998 et 2008) et d'emplois (+37,8 % entre 1998 et 2008). Du fait de son développement assez récent, il reste, cependant, encore un peu à la traîne par rapport à l'échelle national (32,5 % des effectifs salariés du secteur marchand non agricole en Vendée, contre 43,4 % en France). Avec plus de 40 % des effectifs dans cette branche, c'est le secteur des «services» qui se taille la part du lion. Même s'ils connaissent une croissance régulière liée à l'évolution des modes de vie et à l'expansion des activités touristiques, les services à la personne restent, pour l'instant, plutôt en retrait, même si, eu égard au vieillissement de la population et à l'augmentation du nombre des seniors venus habiter en Vendée, il est fort à parier que cette filière sera en expansion en termes de création d'emplois. *Sources Vendée Expansion.*

Tourisme

Avec 5 millions de touristes et 35 millions de nuitées annuelles, la Vendée est le premier département touristique de la façade atlantique et la quatrième destination française en nombre de touristes nationaux. Vous l'aurez compris, le tourisme est la première activité économique vendéenne. De nombreuses activités bénéficient tota-

L'hôtellerie de plein air en Vendée

En Vendée, l'hôtellerie de plein air est le premier mode d'hébergement touristique marchand (66 % soit 173 548 lits). La Vendée est le premier département français en nombre de campings. Depuis les années 2000, le nombre d'établissements a diminué mais la capacité d'accueil est restée stable. Le nombre d'emplacements par camping a progressé. En revanche, on note une augmentation de la part des campings 3 et 4 étoiles entre 2000 et 2008, signe d'une évolution qualitative des campings, en partie dûe aussi à la réforme du nouveau classement 2010, et l'arrivée d'une nouvelle catégorie : les 5 étoiles. A la fin de l'année 2012, 83 % des campings (hors PRL) s'étaient reclassés aux nouvelles normes (90 % au 20 mars 2013). La répartition de l'offre touristique en matière de campings affiche la même tendance que pour l'hôtellerie traditionnelle, avec un total de 421 structures réparties entre les campings de 1 à 5 étoiles, les campings non classés, les aires naturelles de camping, les campings à la ferme et les parcs résidentiels de loisirs. 76 % de l'offre en hôtellerie de plein air se situe sur le littoral et 18 % sur la zone rétro-littorale, offrant une capacité d'accueil de 173 558 lits. Sept communes concentrent 51 % de la capacité d'accueil des campings. Les communes de Saint-Jean-de-Monts et de Saint-Hilaire-de-Riez représentent 27 % du nombre d'emplacements et 25 % du nombre de campings. Avec une moyenne de 167 emplacements par camping. Les 3 et 4 étoiles représentent la moitié des structures, tandis qu'on compte 22 campings 5 étoiles. *Sources : Vendée Expansion – 2014.*

lement ou en grande partie de la fréquentation touristique. C'est le cas des hébergements touristiques, des restaurants, de sites de loisirs ou d'activités. Le tourisme représente 10 000 emplois permanents et 20 000 emplois saisonniers pour un chiffre d'affaires estimé à 660 millions d'euros. En termes de poids économique, ce secteur représente aujourd'hui 8 % des établissements vendéens, 4,3 % des salariés et 2,5 % du chiffre d'affaires généré par l'ensemble des établissements vendéens. La Vendée est le 6e département le plus touristique de France en termes de fréquentation, avec chaque année plus de 8 millions de nuitées, derrière Paris (36 millions), l'Hérault, le Var, la Seine-et-Marne (normal, la capacité hôtelière de Disneyland Paris booste le département !), les Alpes-Maritimes, et devant la Charente-Maritime.
La capacité d'accueil touristique de la Vendée s'élève à 823 500 lits. L'hébergement touristique marchand représente 32 % de cette capacité soit 263 000 lits, l'hébergement touristique non marchand (les résidences secondaires) représentant 560 500 lits. 85 % des hébergements classés sont de niveau 3, 4 et 5 étoiles. Entre 2000 et 2012, la capacité d'accueil touristique a progressé de 16 %. C'est le 1er département français en hôtellerie de plein air, avec 404 établissements et 172 365 lits, et le 1er en nombre d'établissements classés 5 étoiles. Depuis 2000, le nombre d'établissements a diminué mais la capacité d'accueil est restée stable, et le nombre d'emplacements par camping a progressé. 74 % de l'offre en hôtellerie de plein air est située sur le litorral. La Vendée est 45e en nombre d'hôtels (230) avec 11 338 lits. L'hôtellerie représente 4 % de la capacité d'accueil touristique vendéenne, soit 10 416 lits. On assiste, depuis la réforme du classement, à une progression du nombre d'hôtels 3 et 4 étoiles. La part des hôtels 1 et 2 étoiles est en net recul. 51 % de l'offre en hôtellerie se situe sur le littoral et 18 % sur la zone rétro-littorale. Les mois de juillet et d'août concentrent 61 % de la fréquentation, soit 23 millions de nuitées. L'hôtellerie de plein air totalise 7,5 millions de nuitées annuelles, l'hôtellerie 1,1 million. Quant au secteur de la restauration, la Vendée est au 43e rang avec 1 315 restaurants pour plus de 100 000 places assises.
La Vendée, c'est aussi plus de 300 sites de loisirs et 3,9 millions de visiteurs, avec notamment le plus connu des sites de loisirs : le Puy du Fou, avec une fréquentation de 1 900 000 visiteurs à lui tout seul ! Derrière le Puy du Fou, le Festival Autrefois Challans (fête folklorique) accueille 160 000 visiteurs, suivi tout près par le Zoo des Sables-d'Olonne. Le parc de loisirs et d'accrobranche Indien Forest se place 4e des sites les plus fréquentés de Vendée, devant l'Aquarium de Talmont 7ème Continent. Ce sont près de 70 000 visiteurs amateurs de musique accueillis par le Festival de Poupet, créé par Philippe Maindron. Le tourisme occupe donc une place de premier plan au sein de l'économie vendéenne.
Sources : Vendée Expansion 2014.

Transats sur une des plages de l'île de Noirmoutier.

Préhistoire

Les outils les plus anciens – 8000 av. J.-C. – datant du paléolithique, ont été découverts au bois de la Chaize, à Noirmoutier. On trouve des traces du néolithique – 5300 av. J.-C. –, les plus anciennes de la France atlantique, à la pointe de Groin du Cou. En 5000 av. J.-C., on recense le site néolithique retzien de la pointe du Payré. Il y a beaucoup de mégalithes en Vendée. Ils révèlent une activité préhistorique développée et nous renseignent sur une période importante de la préhistoire : le néolithique (l'âge de la pierre polie). Ces monuments ont été construits par des agriculteurs qui vivaient entre 4500 et 2000 ans avant notre ère. Ces constructions font parties des plus anciennes encore existantes. Il y a beaucoup de mégalithes en Vendée. On recense plus d'une quarantaine de dolmens et menhirs. Ils révèlent une activité préhistorique développée et nous renseignent sur une période importante de la préhistoire : le néolithique. Le terme «mégalithe» englobe au sens large toute pierre d'un certain volume que l'homme préhistorique a utilisé, soit pour ériger des monuments tels les fameux dolmens (ou chambre de pierre) ou menhirs (ou pierres levées), pour tailler ses outils (polissoirs) ou encore pour graver ou sculpter. Ces mégalithes ont d'ailleurs pu faire l'objet de déplacements. Si l'on reconnaît à l'unanimité la vocation funéraire des dolmens (on dit allée couverte quand il y a au moins deux dalles de couverture, c'est le cas à Commequiers ou à Bazoges-en-Pareds entre autre), les menhirs quant à eux continuent de conserver une grande partie de leur secret… C'est dans la région d'Avrillé et du Bernard qu'ils sont le plus nombreux : Avrillé compte 8 mégalithes, Le Bernard, 3. D'ailleurs, à Avrillé ne manquez pas une visite au « Roi des Menhirs » ! Le menhir du Camp de César, c'est son nom, fait 8,70 m de haut dont plus de 7 m au-dessus du sol pour un poids estimé de 85 tonnes environ. Les îles aussi possèdent leurs dolmens et menhirs : sur l'île d'Yeu, l'on en dénombre 5 et sur à Noirmoutier-en-l'île. La côte vendéenne possède également de beaux spécimens, c'est le cas à Saint-Gilles-Croix-de-Vie, Saint-Hilaire-de-Riez, Notre-Dame-de-Riez ou Olonne-sur-Mer. Des dolmens à encorbellement sont répertoriés à Bazoges-en-Pareds – dolmen des Cous – et au Bernard – dolmen du Pey de Fontaine. En tous cas, le phénomène mégalithique ne dépasse pas l'âge du bronze, c'est à dire que sous nos latitudes, aucun dolmen ni menhir n'a été érigé après le IIe millénaire avant notre ère.

Antiquité

A la fin du quatrième millénaire, les populations agricoles se regroupent sur le pourtour du golfe marin, vient alors la période celtique de la Vendée où règne la religion des druides. Deux peuples se partagent le territoire : les Pictons, au sud du Lay, les Ambilatres, peuple armoricain au nord. Les Pictons sont agriculteurs, éleveurs, pêcheurs, marins, ostréiculteurs, et extraient le sel en faisant chauffer la saumure. Le premier établissement humain est recensé aux Châtelliers du Vieil-Auzay, 4000 et 2400 av. J.-C. On repère des enceintes fortifiées au cours du néolithique récent : Champ-Durand – Nieul-sur-l'Autise –, Vieil-Auzay… entre 3500 et 2800 av. J.-C. On a trouvé un four de métallurgiste à la République – Talmont-Saint-Hilaire –, le plus ancien de l'ouest de la France en 2500 av. J.-C. Des haches de bronze datant de 1300 et 1200 av. J.-C., dites vendéennes, en feuilles de marronnier, témoignent de l'intense activité commerciale de la région. Dès 700 av. J.-C., c'est le début d'une occupation dense de la plaine par des populations celtes de l'âge du fer avec l'exploitation intensive du sel entre Luçon et Le Gué-de-Velluire.

En 56 av. J.-C., les troupes romaines envahissent la Vendée et les Pictons n'offrent que peu de résistance aux légions de César, contrairement aux Ambilatres du nord du Lay qui poursuivent la résistance. Durinum – Saint-Georges-de-Montaigu – devient un carrefour important, de luxueuses villas s'élèvent sur la côte, le commerce et l'artisanat prospèrent, comme en témoignent les verreries du musée de Fontenay-le-Comte où les pièces de monnaie frappées de symboles propres aux Pictons. L'antique religion celte disparaît. La période romaine s'achève en même temps que s'affirme l'influence chrétienne : les disciples de saint Hilaire, évêque de Poitiers, et de saint Martin de Vertou, évangélisent la Vendée.

En 351, les chrétiens de Poitiers élisent comme évêque Hilaire, dont la sainteté contribue puissamment à l'évangélisation de la région. Une présence religieuse qui croît encore lorsque saint Philbert installe une communauté monastique à Noirmoutier dont le rayonnement s'étendra jusqu'à Luçon et Saint-Michel-en-l'Herm. En 406, Alains, Suèves et Vandales ravagent le Poitou. Les Wisigoths s'emparent du Poitou en 462. En 507 Les Wisigoths, battus par Clovis près de Poitiers, laissent l'Aquitaine aux Francs.

Moyen-Âge

Tout d'abord un petit rappel sur le Moyen Âge… Couvrant dix siècles environ, le Moyen Age s'étend de la fin de l'Antiquité au début de la Renaissance, de la fin du Ve à la fin du XVe siècle. Traditionnellement, les historiens font commencer le Moyen Age en 476, date de la déposition du dernier empereur romain, Romulus Augustule, par le chef barbare Odoacre. 1492, année de la « découverte » de l'Amérique par Christophe Colomb, marque la fin du Moyen Age. A partir de 799 commencent les raids meurtriers des Normands qui dureront deux siècles. Les moines fuient en emportant leurs reliques, les paysans cherchent asile dans des souterrains refuges. Pour en finir avec cette insécurité, on compte sur les seigneurs ou les religieux, surgissent alors donjons et remparts. Ainsi, les vicomtes de Thouars dominent le nord, l'ouest et une

Dolmen de la Frébouchère, Le Bernard.

partie du sud tandis que la puissance comtale s'étend autour de Talmond. Des seigneurs se feront ériger des forteresses, comme à La Garnache, Pouzauges, Mortagne, Montaigu ou encore Tiffauges.
Les abbayes se multiplient du XIe au XIIIe siècle, comme celle de Maillezais – début de la construction en 1003 –, fondée par les ducs d'Aquitaine, et qui reçu entre autres Rabelais. C'est au XIIe siècle que l'art roman s'affirme. Les églises de Vouvant, Foussais et Benet en sont les témoins directs. Du XIIe siècle au XVe siècle, la région oscille entre Capétiens et Plantagenêts. En 1137, Aliénor, héritière des ducs d'Aquitaine épouse le roi de France Louis VII, doublant ainsi l'étendue de ses états. Mais c'est le second mariage d'Aliénor, en 1152 avec Henri II Plantagenêt, comte d'Anjou et du Maine – et bientôt roi d'Angleterre –, qui fera basculer le Poitou sous domination anglaise, engendrant de nombreux combats et notamment ceux de son propre fils, Richard Cœur de Lion – attaché au Talmondais puisqu'il y faisait de nombreux séjours dans sa demeure de Tamont –, qui, soutenu par les barons poitevins et aquitains, s'opposera à son père. En effet, sitôt la mort d'Aliénor – en 1204 –, Philippe-Auguste entreprend la reconquête du Poitou. Victorieux des Anglais à Bouvines, Philippe-Auguste consolide son empire sur le Poitou. En 1217 les abbayes de Maillezais, Nieul, Saint-Michel-en-l'Herm, Saint-Maixent et l'Absie s'associent pour creuser le canal des Cinq Abbés, décisif dans l'assèchement du Marais poitevin. Un an après, Savary de Mauléon fonde la ville des Sables-d'Olonne. En 1241 saint Louis confie le Poitou en apanage à son frère Alphonse malgré le refus de Lusignan et son cousin Geoffroy la Grand-Dent qui devront capituler devant le roi, victorieux sur les châteaux de Mervent et Fontenay-le-Comte. S'ensuit un siècle de prospérité.
Les XIIe et XIIIe siècles voient le développement de l'exploitation des marais salants de Bouin et Beauvoir ainsi que l'augmentation du commerce avec les pays nordiques. La multiplication des paroisses amène le pape Jean XXII – en 1317 – à scinder le diocèse de Poitiers en trois, créant ainsi les diocèses de Luçon et Maillezais, les églises abbatiales deviennent cathédrales. La guerre de Cent Ans place le bas Poitou au cœur de batailles sanglantes. Repris brièvement par les Anglais – en vertu du traité de Brétigny, en 1360 –, il réintègre la besace des rois de France grâce au chevalier breton Du Guesclin et Olivier de Clisson, artisans de son rattachement définitif à la France – 1370-1373. Fontenay-le-Comte sera à nouveau sous la coupe anglaise en 1411. Depuis Poitiers, où le dauphin Charles VII l'a faite entendre par une commission d'universitaires, Jeanne d'Arc lance la reconquête du royaume, nous sommes en 1430. Son compagnon, Gilles de Rais, le sire de Tiffauges, Pouzauges et d'autres lieux, devenu assassin d'enfants, sera exécuté en 1440. En 1471, Fontenay est érigée en commune par Louis XI.

De la Renaissance à la Révolution

Le début du XVIe siècle est l'âge d'or vendéen, la Renaissance restaure la prospérité. De nombreux esprits comme Viète, Rapin, Brissot, Tiraqueau ou Rabelais font de Fontenay-le-Comte un centre culturel européen, François Ier lui décerne le titre de Fontaine des beaux esprits. De superbes édifices comme la maison Billaud ou la fontaine des Quatre Tias témoignent du style fontenaisien. De cette période date l'essor portuaire de Saint-Gilles-Croix-de-Vie, des Sables-d'Olonne, de Noirmoutier et de l'île d'Yeu. Les marins s'aventurent jusqu'à Terre-Neuve pour pêcher et l'on compte parmi les découvreurs du Canada l'amiral Chabot. Intense bouillonnement intellectuel en 1534… Calvin prêche à Poitiers.

Vendéens, ventre à choux...

Qui n'a pas entendu ce surnom donné aux Vendéens ? Et bien en voici le sens... Durant la guerre de Vendée, les Vendéens s'allongeaient à plat ventre dans les champs de choux afin de se cacher des ennemis de la République. D'aucuns prétendent aussi que les ventres à choux ont été ainsi appelés à cause de la petite feuille de chou bien tendre et fine que l'on appliquait sur le ventre du nouveau-né, après coupage du cordon ombilical, pour faciliter la cicatrisation. C'est bête comme choux, non ?
La fin de l'exclusion des Huguenots permet l'arrivée en Vendée de nombreux Hollandais qui apporteront, outre leur savoir-faire en matière d'endiguement, la bulbiculture – tulipes, oignons – encore si présente à l'arrière des forêts littorales de la Côte de Lumière. En 1608, Luçon accueille son nouvel évêque, âgé de 23 ans : le futur cardinal de Richelieu et premier ministre de Louis XIII. En 1612, Richelieu, fonde en cette ville un des premiers séminaires de France et ramène le clergé de son diocèse dans l'orthodoxie catholique. La Réforme tente cependant d'imposer son projet de république fédérative des provinces de l'ouest, et c'est seulement en 1628 que Richelieu, premier ministre, en obtenant la reddition de La Rochelle, réglera définitivement ce problème. La grande pêche décline au profit des ports voisins. Tiennent le haut du pavé les armateurs et commerçants des Sables-d'Olonne, les gens du roi à Fontenay et la hiérarchie catholique de Luçon. L'évêché de Maillezais a été détruit par les guerres et le siège épiscopal transféré à La Rochelle. Les populations de la côte, coupées de celles du Bocage, ne pressentiront pas l'insurrection vendéenne et ce d'autant plus que la Révolution est au départ plutôt bien acceptée. En 1698, ce sont les premières assemblées protestantes clandestines, dites du désert. Le 28 avril 1716, mort de saint Louis-Marie Grignion de Montfort à Saint-Laurent-sur-Sèvre. En 1787, l'édit de tolérance rend officiellement un état civil aux protestants. Le 4 août 1789, l'Assemblée vote la disparition des servitudes et des privilèges. Le même mois – le 26 –, la Déclaration des droits de l'homme proclame la liberté individuelle et l'égalité en droits, posant ainsi, en France, les fondements de la modernité politique.
Le département est créé en 1790. Il devait s'appeler fort logiquement Les Deux-Lay, mais le physique disgracieux de nos deux députés de l'époque fait que l'on renonce à cette appellation pour préférer une autre rivière : la Vendée. Les guerres de Vendée désignent les luttes menées contre la Révolution par les royalistes de l'ouest, à partir de 1793. C'est dans un contexte de misère, dans une France ravagée par les épidémies, qu'a lieu la Révolution de 1789.

La noblesse et les corporations adhèrent massivement au protestantisme. A partir de 1562, de violents affrontements opposent catholiques et réformés, véritable première guerre civile qu'ait eue à subir la Vendée. Durant trente-cinq ans, les atroces guerres fratricides déroulent leur cortège de massacres. 200 000 personnes, principalement des protestants, émigreront, le plus souvent vers les pays du nord de l'Europe. En 1598, Henri de Navarre – futur Henri IV –, qui avait fait la guerre en compagnie des protestants La Tremoille, Condé, La Noue et d'Aubigné, promulgue son fameux édit de Nantes, imposant la coexistence religieuse. Talmont, La Garnache et Beauvoir deviennent des places de sûreté protestantes. La paix revient. Sully, nommé gouverneur de la province, œuvre pour la prospérité économique de la région. Quatre siècles après leurs débuts, les travaux d'assèchement du Marais poitevin reprennent.

De la Révolution au XXIe siècle

La Guerre de Vendée

Cette guerre civile opposa les partisans (bleus) et les adversaires (blancs) du mouvement révolutionnaire dans l'Ouest de la France, au cours de la Révolution Française et plus particulièrement pendant la Première République. Les premiers troubles en Vendée contre la constitution commencent entre février et mai 1791. L'augmentation des impôts, – la gabelle est conservée –, la réquisition du grain et la constitution civile du clergé – le 12 juillet 1790 – vont envenimer la situation. Les prêtres doivent dorénavant prêter serment à la constitution civile : ils refusent et les Vendéens – très pieux – les soutiennent. Il en résulte que les prêtres réfractaires sont interdits de culte mais les cérémonies continuent : les messes ont lieu la nuit, dans la clandestinité. En septembre 1792, des prêtres réfractaires sont expulsés en Espagne. L'exécution du roi Louis XVI le 21 janvier 1793 atteint la sensibilité religieuse des Vendéens et les rassemble.

Les origines de cette guerre... La conscription, par les autorités républicaines, de 300 000 hommes célibataires entre 18 et 40 ans, hormis la bourgeoisie et les fonctionnaires, réquisitionnés dans l'armée pour défendre la France, est l'élément déclencheur du soulèvement de mars 1793. La guerre est amorcée... Une révolte paysanne et populaire. De jeunes Vendéens se lancent à l'assaut des petites villes où se tiennent les forces républicaines. Les républicains sont massacrés, les drapeaux tricolores et autres emblèmes révolutionnaires disparaissent, les révoltés arborent le drapeau blanc et la fleur de lys, le chapelet et le Sacré-Cœur. C'est la naissance de la Vendée catholique et royale...
A la tête des trois armées formées, plébiscités par les paysans, quatre nobles. Le marquis de Bonchamps commande l'armée d'Anjou, Cathelineau et Maurice d'Elbée, la grande armée catholique et royale du Bocage vendéen, enfin, François de Charette dirige l'armée

du Marais sur la côte. Sévèrement battus à Luçon, ils subissent à Cholet un nouveau revers qui provoque une gigantesque panique et l'exode de 80 000 hommes, femmes et enfants. Le 1er août 1793, la Convention ordonne la destruction des maisons et des récoltes. Il manque des renforts. L'aide extérieure des Anglais ne viendra jamais, le général Turreau se rend tristement célèbre en signant une des pages les plus noires de la République, tant les atrocités commises par les « colonnes infernales » dépassent l'entendement. Les contre-révolutionnaires sont tués à Nantes et Angers.

Fin 1794, la Convention tente de mettre un terme à la guerre et signe un décret d'amnistie le 2 décembre. Le 23, la Convention décide d'entamer des négociations qui se poursuivront jusqu'en février 1795. La paix est signée à Nantes le 17 février 1795 – traité de la Jaunaie. Mais, De Charette reprend les armes en mai. Il sera traqué – avec Stofflet – par les colonnes de Travot, capturé par ce dernier le 22 mars 1796 et exécuté le 25. Cet événement marquera la fin des guerres de Vendée.

Le département, quelques années après sa création officielle, est épuisé et exsangue. Il a perdu le cinquième de sa population. Les chouans sont des armées régulières principalement recrutées au nord de la Loire.

Les Vendéens sont des troupes constituées pour les batailles au sud de la Loire. Ils furent certes alliés, mais que l'on cesse définitivement de les confondre. Le 16 juillet 1801, signature du Concordat – complété le 8 avril 1802 par la loi d'organisation des cultes. Le nombre des évêchés est réduit à cinquante, le territoire de la Vendée est rattaché au diocèse de La Rochelle. Du refus du Concordat par Monseigneur de Coucy naît la Petit Eglise…

▸ **La Petite Église.** Le phénomène connu sous le nom de « Petite Eglise » a eu en Vendée une ampleur particulière. L'évêque de La Rochelle, Monseigneur de Coucy, refuse en 1802, comme trente-huit autres évêques, de signer le Concordat de 1801, établi entre Napoléon et Pie VII. La suppression des fêtes religieuses traditionnelles, l'admission de prêtres imposés par la Révolution – les prêtres « jureurs » – dans l'église officielle, la vente des biens nationaux sont rejetées par ceux que l'on nomme bientôt les « dissidents » – les « enfarinés » dans le Rouergue, les « purs » à Paris, les « louisets » en Bretagne, les « filochois » en Touraine. A Fontenay, Saint-Martin-Lars, Saint-Malo-du-Bois, Tiffauges, les prêtres refusent le serment du concordat en 1803. Des paroisses entières rallient la Petite Eglise, les prêtres sont poursuivis mais bien cachés chez l'habitant.

Un culte s'instaure, qui restaure toutes les fêtes religieuses d'avant 1789, impose un jeûne le jeudi et le vendredi de chaque semaine, demande de fait un mariage au sein de la communauté. La restauration est accueillie avec enthousiasme car tous les dissidents sont persuadés que le roi va abolir le concordat. La déception est grande de voir celui-ci maintenu, d'apprendre que Monseigneur de Coucy renie la rébellion qu'il a inspirée. Il reste, en 1825, 2 500 partisans de la Petite Eglise dans le département, mais la mort des prêtres – la Petite Eglise n'en a jamais ordonné de façon autonome, le dernier meurt en 1847 – provoque son déclin. Elle ne s'est maintenue dans notre région que près de Bressuire où l'on compte encore près de 3 000 « dissidents ».

Le mouvement royaliste s'éteint avec la guerre, et les troubles royalistes de 1815 – insurrection royaliste contre le retour de Napoléon – ou 1832 – Marie-Caroline, duchesse de Berry, tente de soulever la Vendée pour mettre son fils, le comte de Chambord, sur le trône de France – ne seront que peu de chose. En effet, le vote très largement conservateur du Bocage, l'importance de la religion et de l'école confessionnelle sont cependant les héritiers lointains de cette tragédie.

Entre-temps, le 25 mai 1804, Napoléon a décidé le transfert du chef-lieu à La Roche-sur-Yon et le percement de routes.

De 1830 à 1905

On s'emploie à reconstruire presbytères et églises. La Vendée, essentiellement agricole, prendra, grâce à l'ouverture de routes stratégiques dès 1832 et à l'arrivée du chemin de fer – avec notamment l'ouverture d'une liaison ferroviaire Nantes/La Roche-sur-Yon –, un essor industriel, puis touristique – depuis le Front populaire et l'instauration des congés payés. A partir de 1879 se dresse une offensive contre les écoles congréganistes, très nombreuses en Vendée. La question scolaire devient l'enjeu central des luttes électorales. C'est la législation Ferry-Goblet qui institue la laïcité des programmes de l'enseignement primaire public et de son personnel. En 1905, est établie la loi de séparation de l'Eglise et de l'Etat.

Les deux guerres mondiales

Comme chaque département, la Vendée a vu ses hommes partir à la guerre de 1914. Elle a en revanche subi plus de pertes que les autres : 5 % des Vendéens y ont péri contre une moyenne de 3,5 % pour le reste de la France. C'est un Vendéen, Georges Clemenceau, qui en 1917, devient président du Conseil. Le 22 juin 1940, les troupes allemandes pénètrent en Vendée, en septembre de la même année est supprimée la législation anti-congréganiste du début du siècle. Seigneuret, chef du mouvement de résistance qu'il a organisé dès septembre 1940, est fusillé au Mont-Valérien. C'est à nouveau un Vendéen, Jean de Lattre de Tassigny, qui, à Berlin, reçoit la capitulation allemande – le 8 mai 1945 pour ceux qui l'ignorent encore.

Du XIXe siècle à nos jours

Des agriculteurs et des artisans, souvent militants catholiques, industrialisent le Bocage. Début du « miracle économique » vendéen. Jean Yole, chantre de la Vendée – né en 1878 –, meurt en 1956. A l'initiative de Philippe de Villiers, création du spectacle du Puy du Fou en 1978. Depuis, la notoriété du parc ne cesse de s'accroître démontrant cette belle réussite vendéenne. Autre fierté des Vendéens : le Vendée Globe – premier départ en 1989 –, qui consacre l'industrie nautique vendéenne.

Retrouvez le sommaire en début de guide

Patrimoine culturel

Littérature

Depuis des siècles, la Vendée a abrité de grands esprits. Et particulièrement, Fontenay-le-comte, une ville qui a accueilli de grands écrivains à commencer par François Rabelais (1494-1553). Avant de devenir l'immortel père de Gargantua et de Pantagruel, le jeune François entre au couvent des Cordeliers de Fontenay. C'est là qu'il découvre l'Humanisme ; et l'immensité de son truculent et gai savoir doit beaucoup au frère franciscain Pierre Amy et à sa correspondance avec le savant helléniste Guillaume Budé. Suite à ses démêlés avec les frères franciscains, il part chez les moines bénédictins à l'abbaye Maillezais en 1523, sous la protection du père abbé et évêque Geoffroy d'Estissac. C'est encore dans cette ville que Michel Ragon, né en 1924 dans une famille paysanne vendéenne, a passé toute son enfance, avant de passer son adolescence à Nantes où il découvre la peinture au Musée des Beaux-Arts. C'est en 1945 qu'il monte à Paris où il vivra de différents métiers, lui permettant de publier différents romans et poèmes, mais aussi des articles et des essais sur les thèmes qui lui sont chers : la littérature prolétarienne, l'anarchisme, l'art abstrait, l'architecture… C'est ainsi qu'il devient, dans les années 64 un critique et historien de l'art et de l'architecture moderne renommé. Suite au décès de sa mère en 1976, il se recentre sur ses racines. A travers différents romans, comme *Les Mouchoirs rouges de Cholet*, *La Louve de Mervent*, *Le Marin des Sables,* mais aussi des essais comme *1793. L'Insurrection vendéenne et les malentendus de la liberté,* Michel Ragon met l'histoire méconnue de la Vendée à l'honneur. C'est également à Fontenay-le-Comte, que Georges Simenon, cet écrivain belge d'une fécondité exceptionnelle, qui est notamment le père des « Maigret », a vécu à Terre-Neuve entre 1941 et 1943 où il écrivit de nombreux romans et y reçut ses amis : Jean Tissier et le peintre Maurice de Vlaminck. Personnalité à part également, Jean Yole, de son vrai nom Léopold Robert, qui a adopté comme pseudonyme le nom de cette barque à fond plat utilisée comme moyen de locomotion dans le marais breton d'où il est originaire. Médecin, écrivain et homme politique né à Soullans en 1878 (mort à Vendrennes en 1956). Outre son engagement politique envers le maréchal Pétain et sa nomination par ce dernier au Conseil National en 1941 (il sera d'ailleurs déclaré inéligible après la Libération par un jury d'honneur), c'est un écrivain de la terre qui a souvent abordé le monde paysan et ses problèmes dans ses romans, ses pièces de théâtre avec La Servante sans gages (1934) ou ses essais comme : *Le Malaise paysan* (1929), *La Population et l'habitation rurale* (1929), *La Vendée* (1936), *Le Marais de Monts en Vendée* (1938). Enfin, un auteur contemporain qui cartonne : Yves Violier. Né en 1946, il a fait sa carrière en tant qu'enseignant de français au Poiré-sur-Vie. Parallèlement il est critique littéraire à *La Vie*, un hebdomadaire chrétien. C'est un écrivain du terroir populaire, se rattachant à la nouvelle école de Brive, un courant contemporain du « roman de terroir », remplaçant l'école de Brive, cette dernière ayant disparu. En 2001, il a reçu le prix Charles Exbrayat pour *Les Lilas de mer*. Plusieurs de ses ouvrages font bien sûr références à la Vendée comme *Quatre saisons en Vendée* (édité chez un éditeur régional, Siloë, à La Roche-sur-Yon). Son dernier ouvrage paru en août 2011, *La Mer était si calme,* fait référence à la tempête Xynthia qui a frappé sévèrement les habitants de La Faute-sur-Mer en février 2010. Dernier ouvrage en date, une bande dessinée *Et Napoléon créa La Roche-sur-Yon*, créée par le scénariste Jean-Blaise Djian et Damour, dessinateur. Sortie en novembre 2013 aux éditions Vagabondages, elle illustre l'évolution de la cité entre 1804 et 1870. Cette BD raconte cette période de la Roche-sur-Yon à travers la vie d'un illustre personnage, Jacques-Philippe Gozola. Né dans les années 1 770 à Alexandria, ce Piémontais est maître cordonnier au 31e régiment d'infanterie légère. Il deviendra successivement soldat, tanneur, conseiller municipal et, surtout, éminent homme d'affaires. En y achetant une maison en 1808, il fera de la ville de Napoléon son lieu de résidence et d'ascension sociale. La tannerie Gozola emploiera quarante ouvriers et sera l'établissement le plus important de la ville. Voici donc 66 années parcourues et 7 changements de noms illustrés en 32 planches pour découvrir ou redécouvrir l'histoire de la Roche-sur-Yon.

Peinture

Terre riche de contrastes et de paysages, à la lumière particulière, c'est sans doute l'une des sources d'inspiration des nombreux peintres célèbres originaires de Vendée ou y ayant posé leurs valises. Voici, d'hier à aujourd'hui, quelques uns de ces artistes.

- **Paul Baudry (1828-1886)**. Peintre du second Empire, décorateur de l'Opéra Garnier, d'une partie du Panthéon et du château de Chantilly, il est né le 7 novembre 1828 à La Roche-sur-Yon. Il fut l'un des plus célèbres représentants de la peinture académique sous le second Empire. Fils d'un sabotier, Paul Baudry entre aux Beaux-Arts à seize ans grâce à une bourse municipale. Reçu Grand Prix de Rome en 1850 comme William Bouguereau, il s'intéresse à la peinture du Corrège. Il fut principalement un peintre muraliste, bien qu'il ait peint aussi des portraits et des compositions historiques. Napoléon III lui confie le décor du foyer de l'Opéra Garnier. Il réalise le décor de l'hôtel Fould en 1854, de l'hôtel Galliera [2] en 1863 et de l'hôtel de la Pava. Il participe aussi au décor du château de Chantilly. Il voyagea en Orient et mourut avant d'avoir pu exécuter son projet de décoration du Panthéon de Paris sur Jeanne d'Arc. Paul Baudry est décédé à Paris le 17 janvier 1886, il repose au cimetière du Père-Lachaise à Paris.

Charles Milcendeau (1872-1919). Est un peintre français. Fils d'aubergistes de Soullans en Vendée, il fit ses études à la Roche-sur-Yon puis à Nantes. Il travailla ensuite dans l'atelier de Gustave Moreau à Paris. Il se lia d'amitié avec Rouault et Matisse. C'est dans le Marais breton, dans sa propriété de Bois-Durand, sa commune natale, qu'il mourut brutalement à l'âge de 47 ans en 1919. Un musée lui est consacré dans sa commune de Soullans.

Paul-Emile Pajot (1870-1930). Né à la Chaume, sa peinture fut remarquée par Jean Cocteau. Il obtient la consécration artistique à Paris en janvier 1925, puis en 1927 avec Foujita. De 1896 à sa mort, son œuvre fut considérable. Ses tableaux sont recherchés par les grands musées français et par les collectionneurs avertis. Marin-pêcheur à l'âge de 11 ans pour subvenir aux besoins de sa famille, Paul-Emile Pajot est devenu par ses dessins et ses aquarelles le chroniqueur attitré du milieu de la pêche. Louée par Cocteau et Marquet, l'œuvre du peintre est entièrement dédiée à sa patrie, La Chaume, et à ses navires qu'il a couchés sur ses toiles de son coup de pinceau naïf. D'ailleurs Cocteau disait de lui : "Il est un homme qui peint des bateaux. Il ne peint pas des bateaux pour les gens qui aiment la peinture, mais il est un peintre pour les gens qui aiment les bateaux" – Jean Cocteau, 1925, préface à l'exposition parisienne de Paul-Emile Pajot.

Benjamin Rabier (1869-1939). Dessinateur. Il compose pour les enfants des histoires illustrées dont les héros sont des animaux. Outre ses illustrations des Fables de La Fontaine, il est aussi le créateur d'une fameuse Vache... qui rit !

Gaston Chaissac (1910-1964). Peintre. Né en 1910 en Corrèze, il a vécu en Vendée, de 1943 à sa mort en 1964, dans trois communes où son épouse était institutrice : à Boulogne de 1943 à 1948, à Sainte-Florence de 1948 à 1961 et à Vix les trois dernières années de sa vie. Regardé par la plupart de ses contemporains comme un marginal – pensez donc, il paraît même qu'il a utilisé de la bouse de vache pour certaines de ses œuvres -, Gaston Chaissac, dont l'œuvre a fait l'objet de nombreuses monographies, est aujourd'hui considéré comme un artiste ayant marqué son temps. "Picasso en sabots égaré dans le Bocage vendéen" – Bonnenfant -, sa tenue vestimentaire, sa bonhomie reflétaient peut-être un souci d'intégration au milieu rural, mais il s'agissait plutôt d'une sorte de déguisement camouflant l'étendue de sa culture, sa sensibilité d'écorché vif et l'acuité de son regard. Ses œuvres qui, à première vue, semblent marquées par une gaucherie quasi infantile, voire un brin de folie, sont en réalité volontairement dépouillées. Par contre, quelle diversité dans les techniques utilisées ! Dessin, gouache, huile, graffitis, collage, utilisation de déchets... En fait, ses créations sont le fruit d'une permanente recherche personnelle enrichie par une réelle connaissance de l'Histoire de l'art. Ajoutez à cela le ton ironique et la truculence qui caractérisent ses écrits – lettres, articles, poèmes – et vous aurez le portrait d'un homme attachant à l'indéniable talent. Exposé à Beaubourg, très présent au musée de Sainte-Croix des Sables-d'Olonne, il mérite bien votre attention. Et pour mieux appréhender le personnage, rendez-vous à l'Espace Gaston Chaissac inauguré en 2005 dans l'ancienne école laïque de Ste-Florence, qui jouxte la mairie.

Henry Simon (1910-1987). Né à St-Hilaire de Riez de parents instituteurs, il commence à peindre à 8 ans et entre à l'école des Beaux-Arts de Nantes en 1928 où il suit les cours d'Emile Simon, Alexis Lesage et Patay. En 1930, il reçoit le prix Decré qui récompense un jeune artiste, puis à Paris, en 1932, le prix Conté. Dans la ville lumière il fréquente de nombreux ateliers : Fougerat, Troncet, Cannictioni. Il rencontre Derain. Il participera à son premier salon cette même année, tandis que sa première exposition personnelle aura lieu à Croix-de-Vie en 1933. De retour en Vendée, en 1934, il se consacre à la peinture au Pays. De 1950 à 1960, Henry Simon réalise des travaux de décoration d'édifices publics : fresques du casino municipal des Sables d'Olonne, peintures du casino de Saint-Jean-de-Monts. Pendant 60 ans, il a été le témoin de son temps et s'est exprimé à travers de nombreux thèmes et dans différentes techniques (huile, gouache, pastel, aquarelle, dessin, encre...) sans oublier la poterie, sur des thèmes qui lui tenaient à cœur comme les marins, la jeunesse, la danse,... au travers de scènes régionales et de portraits. Il a été nommé chevalier des Arts et des Lettres en 1978. Henry Simon est inscrit au Bénézit (dictionnaire des peintres, sculpteurs, dessinateurs et graveurs), il est répertorié dans le dictionnaire des arts plastiques et contemporains édité chez Gründ. A St-Gilles-Croix-de-Vie, son ancien atelier a été entièrement restauré par l'une de ses filles. Situé dans une bourrine, Les Rimajures c'est bien plus qu'un lieu d'exposition et de mémoire, c'est un voyage au cœur de l'œuvre de cet artiste peintre céramiste et décorateur. On y retrouve l'atelier et la galerie de l'artiste, ainsi qu'une boutique avec des produits dérivés de son œuvre.

Régis Delene-Bartholdi. Peintre. Le petit-fils de Frédéric Bartholdi – le sculpteur de la statue de la Liberté – est né en 1956 à La Roche-sur-Yon. Il suit dans les années 1975-1980 des cours d'art plastique et d'art appliqué à la photo et à l'audiovisuel avant d'exposer à Nantes aux côtés de grands noms comme Bernard Buffet, Georges Matthieu ou Yves Brayer. Mais ce sont ses voyages qui ont le plus inspiré son œuvre à la fois abstraite et figurative, à commencer par le premier, New York – entre 1985 et 1988. C'est en parcourant le bassin méditerranéen et l'Afrique qu'il introduira dans ces œuvres des matériaux comme le sable, le papier, l'écorce et plus récemment la soie. Toutes les œuvres de ce nomade de l'absolu sont le fruit d'un travail sur la matière et le sens de la vie.

Cinéma

La Vendée fut le théâtre de nombreux plateaux de tournages de films, en voici quelques-uns :

Un flic, tourné à Saint-Jean-de-Monts, par Jean-Pierre Melville avec Alain Delon en 1972.

La même année, de nombreuses scènes de *César et Rosalie* de Claude Sautet, avec Romy Schneider et Yves Montand furent tournées sur l'île de Noirmoutier.

Le Manège enchanté, de Serge Danot, fut tourné au moulin de Plessard à Cugand, sur les bords de Sèvre, dans un studio installé dans ce lieu qui fut auparavant moulin à blé, usine électrique puis filature

- ***La Terre qui meurt*** – 1936 - de Jean Vallée avec Pierre Larquey
- ***La Ferme du pendu*** de Jean Dréville – 1945 - fut tourné à Montournais, avec Charles Vanel et Bourvil
- ***Les Vieux de la vieille*** – 1950 - de Gilles Grangier avec Jean Gabin, Pierre Fresnay et Noël-Noël, fut entre autres tourné à Apremont ; des scènes dans l'église et dans l'ancien café du village, aujourd'hui un restaurant au nom du film.
- ***Maléfice*** – 1962 - de Henri Decoin avec Juliette Gréco
- ***Les Créatures*** – 1965 - d'Agnès Varda avec Michel Piccoli et Catherine Deneuve
- ***Lancelot du lac*** – 1970 - d'Eric Rohmer avec Fabrice Lucchini
- ***Vent de Galerme*** – 1989 - de Bernard Favre sur les guerres de Vendée
- ***Olivier-Olivier*** – 1991 - d'Agnieska Holland avec Brigitte Roüan
- ***Vases sacrés*** – 1991 - de P. Garguil : remarquable travail sur la baie de l'Aiguillon et l'avifaune
- ***La Révolte des enfants*** – 1991 - de Gérard Poitou-Weber avec Michel Aumont – île d'Yeu
- ***L'Arbre, le maire et la médiathèque*** – 1993 - d'Eric Rohmer avec Arielle Dombasle et Fabrice Lucchini – Saint-Juire-Champgillon.
- **Petite anecdote : la crêperie Valparaiso,** aux Sables d'Olonne, a servi de décor au film tiré du roman de Michel Houellebecq *Extension du domaine de la lutte*, avec José Garcia – 1999.
- **En février 2011, une partie du film de Cédric Kahn,** *Pour une vie meilleure* (2012), avec à l'affiche Guillaume Canet et Leïla Bekhti, a été tournée en Vendée, notamment au Château-d'Olonne dans le restaurant Cayola, aux Sables-d'Olonne, à Jard-sur-Mer et Longeville et Olonne-sur-Mer.
- ***En Solitaire*** (2013), de Christophe Offenstein avec Francois Cluset, Guillaume Canet, Virginie Effira, a été tourné en partie aux Sables d'Olonne, durant le dernier Vendée Globe.
- ***Le Général du roi*** (2013), de Nina Companeez avec Samuel Le Bihan et Louise Monot. Pour son nouveau téléfilm inspiré du roman de Daphné du Maurier : *Le Général du roi*, Nina Companeez a choisi la Vendée. La réalisatrice a décidé de situer l'action du roman de la Britannique Daphné du Maurier pendant les guerres de Vendée et non pendant la guerre civile anglaise. Le film a été tourné en partie au Logis de la Chabotterie, mais aussi à La Rabatelière, à Grasla et à Saint-Hilaire-de-Riez.
- ***Lulu femme nue,*** avec Karin Viard, a quasiment été entièrement réalisé au printemps dernier en Vendée, à Saint-Gilles-Croix-de-Vie entre autres.
- ***Les Vacances du Petit Nicolas.*** Toujours en 2013, c'est le tournage intégral de la seconde partie des « Aventures du Petit Nicolas » qui s'est déroulé sur l'île de Noirmoutier et notamment sur la plage des Dames dans le quartier du Bois de la Chaize, dont les cabines de plage avaient revêtu pour l'occasion des couleurs acidulées de bleu turquoise et de jaune citron.
- ***La Chambre bleue,*** de Mathieu Amalric, d'après l'adaptation du roman de Georges Simenon. C'est aux Sables-d'Olonne, ville chère au cœur de Simenon, que Mathieu Amalric a commencé à filmer les premières séquences de son film, avant le tournage de nouvelles prises de vue du côté des Lucs-sur-Boulogne, dans la maison d'un particulier. Trente jours de tournage au total pour une œuvre policière transposée dans un contexte contemporain. Sorti en avril 2014.

Patrimoine architectural

Villes et villages

La Vendée abrite plusieurs types d'architecture. Ainsi le sud du département, autour de Fontenay-le-Comte affiche déjà les belles pierres blondes de la Charente, tandis que la côte est marquée par l'architecture balnéaire, les petites maisons de pêcheurs. Le bocage est lui aussi riche d'histoire, de châteaux et de logis, et les marais abritent encore quelques rares habitations typiques, les bourrines. Pour résumer, quatre types d'habitations sont couramment observés en Vendée : la maison de pêcheur, la borderie, la métairie et la bourrine.

- **La maison de pêcheurs.** C'est une petite maison basse de plain-pied à façade blanche et aux volets peints – généralement en bleu. Elle comprend une cuisine avec une cheminée et une ou deux chambres. C'est dans les venelles du centre de Saint-Gilles-Croix-de-Vie, à La Chaume – aux Sables-d'Olonne – et sur l'île d'Yeu que l'on trouve le plus de maisons de pêcheurs. Avant le XIXe siècle, le mobilier était généralement constitué de coffres – à linge – le plus souvent disposés au pied du lit.
- **La borderie.** Contrairement au littoral, le Bocage offre une architecture plus ancienne. Le type d'habitation le plus fréquent du Bocage est la borderie : petite maison de pierre ou d'anciens logis en schiste ou granit. C'est une « maison bloc » qui réunit toutes les activités sous un même toit : habitation, parcage des animaux, stockage des récoltes. Mais cela n'exclut pas dans certains cas l'existence de quelques bâtiments annexes comme une galerie ou une remise ou le stockage en plein air de combustible – foin, bois.
- **La métairie.** C'est une maison de structure éclatée. On distingue un corps d'habitation et plusieurs bâtiments spécifiques parmi lesquels on trouve la grange. L'importance de son volume correspond à une superficie exploitable plus étendue. On retrouve, entre autres, ce genre de configuration dans la plaine.
- **La bourrine.** La vie maraîchine se déroule autour de la bourrine, construction en terre au toit de chaume, aux murs blanchis à la chaux possédant une grange attenante avec vaches, cochons, poules et un potager. Elle se caractérise par des façades peu élevées et de petites ouvertures. Souvent orientée vers le midi, la bourrine était protégée, au pignon ouest, des vents dominants et des pluies par une toiture en croupe. La bourrine était construite en fonction de son contenu et le mobilier quasiment toujours configuré de la même manière : les lits à quenouilles placés perpendiculairement de part et

d'autre du foyer. Le long de ces lits, un coffre marchepied, remplacé au XXe siècle par les poërons – petits bancs de maçonnerie. La table ou la maie était placée à la verticale de l'unique fenêtre de la pièce. Le sol est en terre battue. Le toit à deux pentes, sans plafond s'ornait parfois de nattes tressées. Concernant les habitants des marais, sans faire de généralités ni tomber dans les clichés, force est de constater que le maraîchin possède un caractère bien trempé – attention on n'a pas dit mauvais caractère ! Il faut dire que la dureté de la vie au début du siècle dans le marais endurcit et forge la personnalité. Les habitants du marais desséché sont appelés « marouins » et ceux du marais mouillé « maraîchins ».

Châteaux

La Vendée est certes avant tout connu pour son littoral mais saviez-vous qu'elle possède près d'une soixantaine de châteaux et logis, répartis sur tout le département. Certes la plupart d'entre eux se situent dans le bocage, mais vous verrez que la côte possède des sites de grand intérêt. En tout une petite soixantaine de sites que l'on peut classer selon différentes époques, entre les châteaux médiévaux ou féodaux, les châteaux Renaissance, les châteaux et logis du XVIIe siècle, ceux érigés aux siècles suivants. Sans doute le plus connu de Vendée, le château de Tiffauges, est l'un des plus beaux exemples de château à l'architecture militaire. Tiffauges est la dot de Catherine de Thouars qui épouse Gilles de Rais en 1420. C'est le château où ce dernier aurait perpétré ses atrocités, d'où le surnom de « Château de Barbe Bleue ». Autre bel exemple de château féodal, le château de Noirmoutier, dont les premières traces apparaissent en 830. Il servait à défendre les moines du monastère Saint-Philbert contre les Vikings, et sur une autre île, celui de l'île d'Yeu, construit par Olivier IV de Clisson pour assurer la sécurité des islais en cas d'invasion. Château qui fut occupé par un corsaire anglais durant 37 ans, avant d'être repris lors de la conquête du Poitou. Le Château de Talmont, forteresse édifiée au XIe siècle, dont Richard Coeur de Lion, devenu duc d'Aquitaine, pris possession en 1169 est lui aussi l'un des plus visités de Vendée. L'été, des animations pour les enfants et spectacles s'y déroulent. Même s'il fut remanié au XVe siècle sur les bases d'un château construit vers l'an mil, avec ses fossés, son enceinte polygonale, ses tours, son chemin de ronde entièrement couvert sur mâchicoulis, ses archères-canonnières typiques, sa charpente originale, ses latrines... le château féodal de Sigournais constitue un des meilleurs exemples d'architecture militaire du Moyen Age en Vendée.Parmi les autres châteaux féodaux qui méritent le détour : les châteaux de Commequiers, La Garnache, La Flocellière, Les Essarts, Vendrennes, le château de Pouzauges, celui de L'Echasserie à La Brufière. A voir aussi le donjon de Bazoges-en-Pareds, la tour Mélusine à Vouvant et la tour de Moricq à Angles.La Renaissance a été marquée par l'édification des châteaux suivants : Terre-Neuve à Fontenay-le-Comte qui a accueilli d'illustres personnages comme Nicolas Rapin, compagnon d'armes d'Henri IV et écrivain, Agrippa d'Aubigné, le duc de Sully mais également Georges Simenon. C'est un des plus beaux châteaux Renaissance de Vendée. Il est classé Monument Historique. C'est un château privé, habité. A voir aussi Le château de la Guignardière à Avrillé, le château d'Apremont, celui de la Grève à Saint-Martin-des-Noyers... Le château de Bessay possède une tour et un pigeonnier du XVIe siècle, le logis date quant à lui des XVIIe et XVIIIe siècles... Haut lieu de l'histoire de la Vendée, visitez le logis de la Chabotterie, lieu de l'arrestation du chef royaliste de Charette et qui mit fin à la Guerre de Vendée. En tout plus de 25 châteaux Renaissance à observer.
Parmi les logis et châteaux du XVIIe siècle qui méritent le coup d'oeil, le château de Beaumarchais à Brétignolles-sur-Mer, mais c'est une propriété privée.

Traditions et modes de vie

Langue

Si le parler vendéen a presque disparu dans la pratique courante, hormis chez certains anciens, un certain nombre de termes se sont intégrés au vocabulaire de la vie quotidienne.

DÉCOUVERTE

© GILLES OSTER – FOTOLIA

Le château de Terre-Neuve, à Fontenay-le-Comte.

Quelques dictons d'cheu nous

- **Ol ét pa de regardàe ine barique qu'un sét si le vin qu'ét deden ét bun :** ce n'est pas en regardant une barrique qu'on sait si le vin qui est dedans est bon.
- **Ol ét den lés vieùs pots qu'un fét la boune soue :** c'est dans les vieux pots qu'on fait la bonne soupe.
- **Quant o molle a la Sént-Médard, o molle 40 jhours pu tard, mé quant o fét bea a la Sént-Barnabai, o li cope le subllét :** quand il pleut à la Saint-Médard, il pleut quarante jours plus tard, mais quand il fait beau à la Saint-Barnabé, cela lui coupe le sifflet.
- **Tenp rojhe au sér, le bea tenp vét nous œr, tenp rojhe au matin la pllue ét pr lés chemins :** temps rouge le soir, le beau temps vient nous voir, temps rouge le matin, la pluie est par les chemins.
- **Tem callebotai queme fame fardàie at jha lunge duràie :** temps caillé, comme femme fardée, n'a pas longue durée.
- **Un dicton utilisé à Longeville-sur-Mer :** quand on voit l'île de Ré, c'est qu'il va pleuvoir, quand on ne la voit pas, c'est qu'il pleut.
- **Quant un vœt l'île de Ré a cllér, lendemén, o molle :** quand on voit l'île de Ré distinctement - toujours depuis Longeville - le lendemain il pleut.
- **Un dicton utilisé par les marins de l'île d'Yeu :** Vent du nord : marin, dors ! Vent du sud : marin, méfie-tu !
- **Pét de mojhète, parfum de mœtai** : pet de haricot, parfum de métayer.

Pour plus de renseigments, référez-vous à l'ouvrage de Jean-Loïc Le Quellec, chez Parlanjhe : *593 Proverbes et Dictons de Vendée*.

Ce parlange véhiculé oralement pendant longtemps n'est pas tombé dans l'oubli grâce aux efforts de chercheurs, de conteurs – dont les plus connus en Vendée sont Yannick Jaulin, Gérard Potier et Bernadette Bidaude – qui, seuls ou le plus souvent au sein d'amicales comme l'Aigail d'Aubigny ou d'associations comme l'UPCP – Union Poitou-Charente pour la culture populaire – ont collecté, enregistré et publié contes, chants, glossaires… Parmi les différents ouvrages permettant de s'initier ou d'approfondir ses connaissances, on peut en choisir deux différents mais complémentaires : Contes populaires de Vendée de Michel Gautier, Le Cercle d'or éditions UPCP-Geste paysanne et Le Dictionnaire poitevin-saintongeais de Vianney-Piveter, Geste éditions. « Le premier à fonctionner dans les deux sens poitevin-saintongeais-français et français-poitevin et à traiter les parlers entre Loire et Gironde comme auparavant à une même langue », souligne Michel Gautier.

Artisanat

Comme beaucoup de départements, la Vendée possède des artistes artisans. Peintres, potiers, verriers, sculpteurs, marins pêcheurs… A côté de La Roche-sur-Yon, visitez le petit village d'artistes de Beaulieu-sous-la-Roche. Découvrez-y la galerie du peintre Delenne Bartholdi, qui nous fait, au moyen de ses œuvres, le récit de ses voyages. Des huiles sur toile et des travaux plus originaux comme la craie sur papier, et aussi des techniques mixtes sur toile et sur papier ou sur verre. Certaines de ses œuvres sont présentées dans divers musées et collections en Europe, Japon, Etats-Unis et en Amérique du Sud. Toujours dans ce village, Marie-Christine Grangiens travaille l'émail décoré et le grès, tandis que Chantal Charroy-Morhange – à Saint-Florent-des-Bois – travaille la céramique d'art et le raku. On aime aussi beaucoup les peintures gaies et colorées de Bernard Tessier dont l'atelier-galerie se trouve dans la rue commerçante de Saint-Gilles-Croix-de-Vie. Noirmoutier est aussi une ville qui expose ses artistes. A Challans, René-Charles Keromnes est un artiste peintre très sympathique qui affectionne particulièrement la mer et les bateaux. Au Querry-Pigeon (commune de Talmont-Saint-Hilaire), c'est Jean-Michel Gauthier qui a installé sa verrerie d'art. De très beaux vases faits de pâtes richement colorées et travaillées, aux formes les plus diverses avec une esthétique réussie. Dans le Marais breton, il est un village d'artisans : Sallertaine. Divers corps de métiers sont regroupés autour de l'église : marqueteur, potier, souffleur de verre, tisserand ou tourneur sur bois ainsi que des produits du terroir. A Nieul-sur-l'Autise, dans le sud du département, Daniel Breillat est vannier, il travaille l'osier : un beau panier pour faire les marchés locaux, ça vous dit ? Vous ne le savez peut-être pas, mais la Vendée compte le seul tanneur de la région Pays de la Loire : Bruno Bocquier. Installé à Commequiers, sur la route de Saint-Gilles, Bruno fait visiter sa tannerie. Non loin de là, à Saint-Hilaire-de-Riez – rond-point du Gâtineau –, Anthony Oger, producteur du sel de Vie, raconte et explique le marais salant avec passion et propose sa production – gros sel, fleur de sel, nature et aromatisé – à la vente. La poterie de Nesmy, au sud de La Roche-sur-Yon, mérite aussi la visite. Daniel Gaborit, lui, c'est le cuivre qu'il travaille. Il est batteur de cuivre. Il crée des cuivres d'art et des objets en étain et laiton.

Musique – Danses

La Vendée est un département fier de son histoire, de ses traditions, et ses danses folkloriques font aujourd'hui encore le tour du monde. C'est le cas du groupe folklorique Le Nouch – prononcé nouk -, créé par Léo David aux Sables-d'Olonne il y a cinquante et un ans. Sans doute le groupe de la région le plus connu, même à l'étranger.

QUELQUES MOTS DU « PARLER VENDÉEN »

- **l'aigail :** la rosée
- **anet :** aujourd'hui
- **ine rantèle :** une toile d'araignée
- **bérède :** beaucoup
- **bétout :** bientôt
- **ine borde :** une arête
- **le bourié :** les ordures, les balayures
- **ramasse-bourié :** pelle à ordures
- **chétif, ve :** souffreteux, méchant, malicieux
- **un dail :** une faux
- **dret :** droit, autorisation
- **à drète :** à droite
- **in gressaïe :** une tartine (beurre, confiture)
- **garocher :** lancer, se débarrasser de
- **ine gnasse :** une pie
- **ine gobasse :** une coquille, une carapace
- **ine grole :** un corbeau
- **guedai :** rassasié
- **ine loubine :** un bar (poisson)
- **un luma :** un escargot
- **la mariennaïe :** la sieste
- **un meuil :** un mulet (poisson)
- **mogette :** haricot blanc
- **ine oueille :** une brebis
- **un parpillun :** un papillon
- **pater, o pate :** coller, ça colle aux dents (nourriture), aux chaussures, etc.
- **ine rabinaïe :** demi-journée, matinée
- **le régent :** l'instituteur
- **la since :** la serpillière
- **sincer :** passer la serpillière
- **les usses :** les sourcils
- **vrimous, e :** venimeux, qui peut s'infecter
- **zire :** dégoût, horreur
- **me fé zire :** ça me dégoûte
- **zirous, e :** délicat, aisément dégoûté
- **l'est pas battu peur être trop fin :** il n'est pas très intelligent
- **l'est dégourdi comme ine pochée d'sabots :** il n'est pas débrouillard
- **l'est saoul comme la bourrique dau diable :** il est ivre
- **l'a bouffé la balline :** il est ruiné
- **le crotte menu :** il mange peu
- **la pris sa tchulotte à manger de la viande** : il a mis ses habits du dimanche
- **l'est mou comme ine veuze (cornemuse) :** il n'est pas courageux.

La Cinéscénie.

Coutumes

Le maraîchinage. La Vendée est pour beaucoup synonyme de pruderie, voire de puritanisme. Voici une coutume qui ne va pas vraiment dans ce sens. C'est le dimanche à la foire que l'on allait « pêcher le galant » ou « crocheter les filles ». Oui, mais après un brin de causette, difficile de conter fleurette : en ce plat pays, ni arbres ni fourrés pour se protéger. Alors on prenait, si elle acceptait, le grand parapluie bleu sans lequel ne sortait jamais la maraîchine, et on le posait près d'un étier où personne ne venait vous déranger, pas même le curé…

Les noces maraîchines. Après le maraîchinage viennent tout naturellement les noces maraîchines. Au début du XXe siècle, les noces maraîchines, en costume régional, offraient un spectacle où se mêlaient le sérieux de l'événement et la joie des participants. Pendant plusieurs jours, le maraîchin soutenait sans faiblir le rythme tant pour les chansons que pour la danse. La maraîchine, sorte de bourrée, est sa danse favorite. Les noces maraîchines obéissaient à des règles très anciennes que personne ne voulait transgresser. Venant du marais, tout le monde se réunissait dans une auberge de la ville ou chez un parent des mariés afin d'assortir les couples de noceurs. On se rendait alors à l'église pour la cérémonie puis on se dirigeait vers le lieu choisi, pour commencer la fête, en général un café. Au déjeuner, le placement des invités obéissait, lui aussi, à des règles ancestrales. La mariée était placée auprès de ses parents cependant que sa grand-mère devait lui faire face. Au XIXe siècle, après le déjeuner, les invités se rendaient à la ville en quête d'achats pour les jeunes mariés. Les cadeaux étaient des objets utiles à la vie future des jeunes mariés comme le berceau pour le futur bébé, de la vaisselle et l'inévitable balai, toujours sujet à plaisanteries. Autre objet indispensable, le vase de nuit traditionnel dont le premier usage était de servir la soupe à l'oignon aux nouveaux mariés, au cours de la nuit de noces ou le lendemain à l'aurore. Pendant ce temps, dans les cafés du bourg, chanteurs et danseurs signalaient au voisinage l'événement du matin qui ne pouvait pas passer inaperçu.

Un folklore portuaire, dépositaire des grandes heures de la marine à voile. Bérets, vareuses, coiffes et cotillons tourbillonnent au rythme de l'accordéon. Le Nouch dépasse les frontières de la Vendée, et son actuelle présidente, Laurence Charrier, perpétue l'œuvre de Léo David en poursuivant la traversée mondiale du Nouch, d'Europe en Afrique en passant par l'Amérique. Avec des danses et animations comme la « Demande en mariage », la « Valse des rubans », la « Veuve, les Cotillons », le Nouch est l'héritage d'un folklore trépidant (contact : 02 51 95 68 51). La mémoire des traditions sablaises en somme, l'âme des Sables. Un autre groupe existe depuis une vingtaine d'années, le « Joyeux Quadrille », dont le folklore est le reflet du Bocage vendéen. Dans le marais, on danse la maraîchine – aussi appelée le branle –, la danse régionale la plus ancienne avec le groupe folklorique maraîchin Le Torr'Niquett. Des traditions qui se transmettent de génération en génération. Renseignements sur : www.lenouch.fr

Danses traditionnelles

Le pas d'été : Pratiqué les soirs de vendanges, les femmes dansent sur les barriques.

La guimbarde : Danse de garçons qui utilisent les aiguillons en bois qui servaient à conduire les attelages des bœufs.

Le moulinet : Danse qui remonte à l'époque de l'insurrection vendéenne où la position des ailes des moulins à vent servait à renseigner les armées vendéennes.

L'avant-deux : Danse du Bocage vendéen. Une fête retrace les traditions folkloriques maraîchines, il s'agit d'Autrefois Challans, les jeudis 16 et 23 juillet, 6 et 13 août 2009 à Challans. Chaque année, la deuxième ville du département est en ébullition. Cette manifestation gratuite est la première des Pays de la Loire. Une gigantesque fresque du passé présentant les us et coutumes de 1910, les animations d'une fête foraine à l'ancienne en plus. Vous découvrirez les costumes de cette époque, les tacots et métiers d'antan, vous assisterez à des danses folkloriques. On vous présentera la noce maraîchine et vous pourrez participer au repas de noce. Parmi les animations cette année : une foire à la volaille, au beurre, aux œufs et aux cochons, le maréchal-ferrant, une école à l'ancienne… Une manifestation à ne pas manquer.

Sports et jeux traditionnels

Le Jeu du Palet. L'origine du jeu de palet en Vendée viendrait du sud des Pays de la Loire au Moyen Age. Il existe deux sortes de jeux de palet, le palet fonte et le palet laiton. La longueur du jeu, c'est-à-dire la distance entre le joueur et le bord avant de la plaque de plomb est de 2,80 m (avec des palets laiton) et 3,80 m (palets en fonte). La plaque de plomb mesure 45 cm de côté, et pèse 20 kg minimum. La particularité du plomb fait que le jeu est plus précis et reste plus silencieux. En terme de pratique, chaque joueur dispose de 2 ou 3 palets en doublette ou en tête-à-tête. En triplette, chaque joueur a 2 palets. On compte 1 point par palet placé près du maître et la première équipe rendue à 11 ou 13 remporte la mise. Chaque joueur possède son style de jeu. Jouer et lancer ces palets à l'endroit désiré nécessite de l'adresse et de la patience, mais aussi des qualités d'observation et de concentration, du calme, sans oublier le fair-play. Un jeu très convivial et comme dit la formule : de 7 à 77 ans (et plus).

LA VENDÉE GOURMANDE

Spécialités locales

La brioche vendéenne

La brioche est une tradition en Vendée ! On peut même dire que vous êtes au pays de la brioche ici ; et qui de mieux placé qu'un boulanger pour nous donner la meilleure recette ? C'est donc Eddy Thibaud, boulanger de métier depuis plusieurs décennies, dont la boulangerie La Vendée Gourmande se situe au 9, rue Georges-Clemenceau à Saint-Jean-de-Monts, qui nous a confié la recette de la brioche.

Ingrédients : 1 kg de farine, 200 g de levain, 25 g de sel, 200 g de sucre, 250 g de beurre, 9 œufs, 25 g de levure, rhum et vanille.

Préparation : verser la farine dans un bol assez grand. Creuser une fontaine et y ajouter les œufs, le sucre, le sel, le rhum et la vanille. Faire un pré-mélange et ajouter le levain et la levure. Mélanger et pétrir le mélange jusqu'à l'obtention d'une pâte élastique, environ 15 minutes. Ajouter le beurre et continuer le pétrissage jusqu'à ce que la pâte soit bien lisse. Laisser reposer environ 3 heures ; la pâte doit doubler de volume. Peser des morceaux de brioche de la quantité désirée. Former des petites boules ou allonger des tresses selon la forme désirée. Laisser pousser environ 2 heures. Dorer les brioches avec un œuf. Mettre au four moyen, environ 160 degrés pendant 35 minutes. Laisser refroidir. Dégustez !

Jambon-mogettes

Voilà un véritable plat emblématique de la Vendée. Recette fournie par la Charcuterie Vendéenne Petigas **www.petitgas.fr**

Temps de préparation : 20 min. Temps de cuisson : 10 minutes ou 1h45 si vous cuisinez vous-même les mogettes.

Ingrédients : 4 tranches de Jambon de Vendée épaisses (le Jambon de Vendée à poêler Petitgas sera parfait pour cette recette). Pour les mogettes : 240 g de mogettes de Vendée (haricots blancs) ou 1 bocal de mogettes cuisinées, 100 g de carottes, 6 gousses d'ail, 50 g de beurre demi-sel, huile d'olive, bouquet garni, sel, poivre.

Préparation : laver soigneusement les mogettes et bien les égoutter. Mettre dans une casserole l'huile et 50 g de beurre, y faire revenir doucement les mogettes (240 g) pendant 15 minutes. Ensuite, mouiller avec juste assez d'eau très chaude pour les couvrir à peine. Ajouter oignons, carottes, bouquet garni et ail. Couvrir et laisser cuire doucement pendant une heure et demi à feu doux. Rajouter de l'eau bouillante au fur et à mesure que celle-ci s'évapore. Après cuisson, enlever carottes, oignons, bouquet garni pour y mettre le reste du beurre. Réserver au chaud. Si vous êtes pris par le temps, achetez un bocal de mogettes de Vendée cuisinées. Faire griller sur un gril bien chaud ou dans une poêle, 30 secondes de chaque côté, les tranches de Jambon de Vendée. Dresser les mogettes dans le plat et ajouter une noix de beurre. Ranger harmonieusement les tranches de Jambon de Vendée dessus, arroser le tout d'un filet d'huile de noix et parsemer une cuillère à soupe de persil plat haché.

Produits du terroir

La Vendée est une terre contrastée, entre mer et bocage, et propose du fait de sa géographie une belle palette de produits du terroir : des volailles de Challans au Jambon de Vendée de la Charcuterie Petitgas, accompagné de ses mogettes, en passant par les esacargots de la Maison Royer, le porc fermier, le foie gras de la Maison Soulard, jusqu'aux douceurs comme la brioche vendéenne ou la gâche, sans oublier les produits de la mer et les fromages – bien que ces dernier soient peu nombreux et qu'on vienne de nous annoncer la fin de la fabrication de la mizotte. La Vendée c'est aussi la troussepinette, les vins des Fiefs Vendéens, et le Kamok, sans oublier la multiplication depuis quelques petites années des brasseries artisanales qui proposent des bières blondes, brunes et ambrées, et dont la première fut la Brasserie Mélusine. Dans le Bocage et le Sud-Vendée, vous trouverez plusieurs producteurs de miel et de confitures artisanales. Et pour accompagner ces douceurs, rien ne vaut un beau café, et là encore la Vendée possède un café *made in* Vendée, avec les Cafés Albert, société créée en 1948.

Les produits vendéens Label Rouge et IGP

Les produits vendéens sont de plus en plus nombreux à bénéficier du Label Rouge qui garantit de manière officielle un goût et une qualité supérieurs aux produits courants similaires. Ce gage de qualité concerne le jambon cru, la saucisse à l'ancienne à base de porc, bon nombre de volailles (pintade, chapon, oie, dinde, poulet fermier, caille, canette...) de Vendée et de Challans, l'agneau, le porc et le bœuf fermiers, la sardine de Saint-Gilles, le veau de lait, la brioche de Vendée, les pommes, les poires et les mogettes cuites au naturel. En novembre 2013, la gâche vendéenne a rejoint donc la liste « Indication géographique protégée », venant enrichir la liste des produits de renom issus du terroir vendéen comme la mogette de Vendée, les volailles de Challans, la brioche vendéenne ou encore le porc fermier.

Viandes, volailles et gibiers

Les volailles de Challans. Challans est un pays gourmand où, de génération en génération, se transmet un savoir-faire. On sait que la qualité ne s'invente pas, les volailles fermières ont pour tradition d'être élevées au grand air. C'est d'ailleurs leur garantie qualité tout comme le Label Rouge qu'elles ont obtenu. Depuis plus de 100 ans, les éleveurs challandais veillent au grain : alimentation naturelle composée de soja, de minéraux et de luzerne, durée d'élevage plus longue et contrôles nombreux effectués par des organismes extérieurs. Les volailles les plus connues sont le poulet – noir, blanc ou jaune – et le canard. Mais saviez-vous qu'on y élève pintades, cailles, oies blanches, poulardes et dindes noires ou encore chapons et chapons de pintade en période de Noël – le must selon les connaisseurs ? Outre les valeurs gustatives, ces volailles possèdent également une valeur diététique puisque la viande blanche contient seulement 1 % à 3 % de matière grasse. Il serait dommage de ne pas les mettre plus souvent au menu.

Le porc fermier plein air. Il existe seulement 3 filières « porcs fermiers plein air » en France : en Auvergne, dans le Sud-Ouest et en Vendée. Ces filières répondent à des conditions d'élevage spécifiques qui garantissent le bien-être de l'animal. Il faut réunir les conditions suivantes : 83 m^2 de superficie minimum par porc, une alimentation sans OGM à base de céréales enrichies en graines de lin (Oméga 3) et, dernière condition, le respect du cycle naturel de croissance (6 mois au lieu de 4 pour le porc standard). En Vendée, cette filière regroupe une vingtaine d'éleveurs. La filière bénéficie depuis 1997 de l'IGP (Indication Géographique Protégée), sigle d'origine et de qualité, symbole de reconnaissance au niveau européen.

Charcuteries

Le foie gras. Les restructurations du monde agricole des années 1980, comme la mévente de la viande bovine ou les réductions des quotas laitiers, ont conduit de nombreux exploitants à se diversifier, certains se tournant vers la filière du foie gras. L'élevage de canard à foie gras a connu un fort développement, et la Vendée est devenue le 4e département producteur de foie gras. En effet, chaque année, 8 des 35 millions de tonnes de foie gras produites en France sont issues des exploitations vendéennes. L'aventure a commencé il y a une trentaine d'années et la filière compte à présent près de 800 éleveurs gaveurs, 1 800 salariés regroupés dans trois entreprises assurant l'abattage et la découpe de près de 8 millions de canards par an.

La fressure. C'est une préparation à base de sang de porc, mie de pain, couenne, etc. Une sorte de boudin sans le boyau qui lui en donne la forme. Il s'agit d'un mets très ancien dont parle Rabelais dans son Quart Livre. Cette préparation permettait l'utilisation des bas morceaux et des abats quand on venait de tuer le cochon. Cette recette nécessitait qu'on la brasse et la remue durant tout le temps de la cuisson qui pouvait durer 24 heures. Dès le XIXe siècle, la fressure est considérée comme un plat caractéristique du Bocage vendéen et des Mauges – partie sud-ouest de l'Anjou.

Le Jambon de Vendée. Dans l'histoire, le jambon était le moyen domestique traditionnel de conserver et de consommer le porc, et a toujours été très répandu dans une région où le sel ne faisait pas défaut. Il entrait dans l'alimentation des pauvres gens quand le seigneur ne l'exigeait pas en redevance, – en voilà une belle idée à remettre au goût du jour : payer nos impôts en jambon ! Un bon jambon doit faire 5 kg ou 6 kg, être désossé et pressé, avoir une belle couleur brun rouge, des aromates et des épices. Le Jambon de Vendée se caractérise par l'originalité de son arôme, la tendreté de sa texture et la délicatesse de sa saveur. C'est un produit authentique qui révèle toutes les richesses gustatives de son terroir. Si le Jambon de Vendée est un jambon à séchage court et doit être moelleux, il n'est pas toujours évident d'en trouver un qui ait été suffisamment pressé. Le plat typique vendéen associe le jambon aux mogettes. Troisième jambon français, derrière Bayonne et Aoste, et cinquième européen, le Jambon de Vendée, aujourd'hui reconnu, s'est d'abord préparé dans les fermes du département avant que la recette ne soit reprise par quelques charcutiers comme les Petitgas, charcutiers de grand-père en petit-fils à Apremont. Ainsi c'est fait : en 2012 le Jambon de Vendée, après 16 années de lutte, a obtenu l'IGP (indication géographique protégée).

Une histoire d'amour...
JAMBON DE VENDÉE
INDICATION GÉOGRAPHIQUE PROTÉGÉE
Petitgas
JAMBON DE VENDÉE
Tranches fines
Petitgas
4 TRANCHES
Poids net : 120 g
depuis toujours
Pour votre santé, évitez de grignoter entre les repas.
www.mangerbouger.fr
Crédit photo : istockphoto.com

Le jambon de Vendée, un produit IGP !

Jambon de Vendée entier Petitgas.

Le jambon de Vendée a obtenu en octobre 2014, après de nombreuses années de procédures et d'attente, le Graal : la fameuse indication géographique protégée (IGP). Ce label européen d'origine et de qualité symbolise la reconnaissance d'une recette, d'un procédé de fabrication et d'un territoire. L'appellation est ainsi protégée dans toute l'Union européenne. Sachez-le, le jambon vendéeen arrive en tête des jambons d'origine française les plus présents sur le marché de l'Hexagone, après ceux de Bayonne et d'Aoste ! C'est Vendée Qualité, un organisme de défense et de gestion, qui gère le cahier des charges et contribue à le faire appliquer par tous les fabricants concernés par l'IGP. Pour prétendre au label, il faut une viande d'excellente qualité issue de « porc fermier de Vendée élevé en plein air » exclusivement. Après le désossage, le jambon est frotté à la main avec du gros sel de Noirmoutier, des épices, des aromates et de l'eau-de-vie. Il est ensuite mis sous presse. Puis il y a le séchage et l'affinage. Il faut trois mois au minimum pour que ce produit arrive à maturité et puisse être consommé. Rappelons que le jambon de Vendée se mange cru, en chiffonnade ou encore grillé, en tranches épaisses, et la recette traditionnelle vendéenne, plat typique s'il en est, le sert accompagné de mogettes.

Pour plus de renseignements : www.vendee-qualite.com

Il se fait toujours à l'ancienne, c'est-à-dire désossé, salé à la main au sel marin, nappé d'eau-de-vie et frotté aux épices et aromates naturels. L'affinage nécessite au minimum 3 à 4 mois. Une vingtaine de producteurs en fabrique 1 750 tonnes par an, soit 310 000 pièces, avec des porcs du Grand-Ouest.

Et pour tout savoir sur le plus connu des jambons de Vendée, le jambon Petitgas : **www.petitgas.fr**

Poissons, fruits de mer et crustacés

▶ **Les anguilles.** Le Marais poitevin est un milieu idéal pour l'anguille. C'est dans ce dédale de conches, de canaux et d'écluses que les anguilles pullulent. On en trouve donc dans tous les marais vendéens, breton ou poitevin, ainsi que dans les marais d'Olonne… Les premiers habitants vivaient de la pêche et de la chasse qu'ils pratiquaient en bateau. Aujourd'hui encore, cette activité fait partie de la culture du maraîchin qui préserve son savoir-faire. L'anguille est la reine du marais car elle représente près de la moitié de sa faune piscicole. Elle est exploitée à tous les stades de sa vie continentale : de la pibale – civelle –, alevin en migration vers les eaux douces où il achève sa transformation en adulte sédentaire, jusqu'à l'anguille d'avalaison, au ventre argenté, qui redescend vers l'océan pour s'y reproduire et boucler le cycle.

▶ **Les huîtres.** Les huîtres de Bourgneuf étaient très réputées auprès des gastronomes du XVIIIe siècle, elles passaient même pour les meilleures du royaume bien qu'elles fussent les plus petites huîtres de rochers connues. Petites mais bien pleines, salées agréablement, au mollusque un peu gras et d'une saveur délicate, c'est à dos de cheval qu'elles étaient acheminées vers la ville de Nantes. En 1816, apparaissent les premiers parcs à huîtres de Noirmoutier. Les ostréiculteurs ont créé en 1993 la marque Vendée-Atlantique pour mieux faire reconnaître la qualité de leur produit. La qualité des eaux, la touche personnelle de l'ostréiculteur, le climat, les principes

Sardines Label Rouge - Saint-Gilles.

d'affinage en claires – bassins de faible profondeur où l'eau est moins salée, plus riche en plancton et où l'huître est constamment immergée – font de celle-ci, au même titre que le vin, un produit de terroir.

Les moules. En Vendée, la mytiliculture – production de moules – se concentre principalement dans la région de L'Aiguillon-sur-Mer. La mytiliculture traditionnelle se fait sur des bouchots, des pieux en bois plantés en mer. La moule de bouchot se reconnaît à sa petite taille et à sa chair très colorée – jaune orangé. Chaque année en Vendée, 5000 tonnes de moules de bouchots sont produites, sur une production nationale de 60 000 tonnnes. C'est à l'Aiguillon-sur-Mer que la technique de production des moules de bouchots a été créée, en 1235, par Patrice Walton. Les mytiliculteurs de l'Aiguillon, sont les premiers à pouvoir commercialiser leurs moules, dès le mois de mai. Les moules de Vendée sont commercialisées jusqu'en octobre, les bretonnes jusqu'à Noël.

La sardine de Saint-Gilles. Longue de 12 à 15 cm, pesant environ 20 g pièce, la sardine de Saint-Gilles-Croix-de-Vie est le premier et unique poisson sauvage à avoir décroché (en 2000) le prestigieux Label Rouge. Une fois pêchée puis traitée à bord et à terre, sa conservation est soumise à un cahier des charges précis, assurant son incomparable fraîcheur. Elle est ensuite préparée par une conserverie locale, frite dans de l'huile de tournesol, emboîtée manuellement puis recouverte d'huile d'olive vierge extra. Elle se déguste après une maturation de 4 mois minimum. Mais savez-vous à quand remonte sa pêche à Saint-Gilles ? Au début du XVIIe siècle. Sa pêche fut possible grâce à deux innovations : un nouvel appât à base d'œufs de morue et l'utilisation d'un filet droit nommé le manet. Ce sont des Maures arrivés aux Sables-d'Olonne qui enseignèrent une nouvelle technique de pêche aux pêcheurs vendéens – avec un filet droit très fin –, permettant ainsi la capture d'une grande quantité de sardines. A la fin du XVIIIe siècle, Saint-Gilles comptait près de 200 embarcations pour une production annuelle de près de 600 t de sardines. L'évolution des techniques de conservation et l'utilisation de l'huile d'olive conduiront petit à petit les sardines en boîte. Au fil des ans, la raréfaction des bancs de sardines oblige un changement des techniques de pêche : aujourd'hui on utilise des détecteurs ultrasons. Et alors que la pêche à la sardine a presque disparu aux Sables, à l'île d'Yeu et Noirmoutier, elle se maintient à Saint-Gilles. C'est Jules Robriquet – président et grand maître de la Confrérie de la sardine de Saint-Gilles-Croix-de-Vie –, qui eut l'idée d'un produit haut de gamme que la Confrérie pourrait faire déguster dans les salons. Il en discuta avec la conserverie Gendraux qui produisit, au début des années 1990, 15 000 boîtes de sardines millésimées de la Confrérie de la sardine, puis une sardine primeur. La sardine est travaillée dans l'heure du débarquement, conservée dans de l'huile vierge.

La sole sablaise. La sole est l'espèce « reine » du port des Sables d'Olonne. Elle est pêchée au chalut et au filet maillant. C'est un poisson maigre à chair blanche et ferme. Cette espèce se tient pendant une longue phase de son cycle sur les fonds vaseux au large de la côte olonnaise. La sole des Sables est plus fine car elle est une intermédiaire « mi-sable » « mi-roche ».

La margate – blanc de seiche. Jadis, il suffisait de prendre le temps d'aller ramasser, d'avril à mai et à marée descendante, les blancs de seiches ou margates échouées sur le sable et dont les pêcheurs ne s'embarrassaient pas. Vous la retrouverez sur les cartes de restaurants sablais ou de l'île d'yeu sous une recette typique : le Rata de seiche ou rata de morgate sur l'île d'Yeu). C'est un ragout dans lequel on mélange des morgates et des petites pommes de terre qu'on parfume avec de l'ail et de persil, et du vin blanc. C'est délicieux !

Le thon de l'île d'Yeu. Dès le XVIIe siècle, les habitants de l'île d'Yeu se sont fait une spécialité de la pêche au petit thon de l'Atlantique, ou germon, ou encore du nom local de thon longue oreille. De la famille des scombres, cette variété de thon mesure de 60 cm à 1 m et pèse environ 15 kg. Le poisson fut d'abord mis en salaison, puis séché, puis mariné, et de nos jours il peut être exporté sous la forme de conserve : thon au naturel, thon à l'huile et rillettes de thon. La poissonnerie Hennequin basée sur l'île d'Yeu en a fait une de ses spécialités.

Fromages, produits laitiers

La Vendée est aussi une terre de fromages... Des fromages de vache pasteurisés aux noms évocateurs de la région avec parmi les plus connus la Fleur d'Aunis, un fromage de vache à croûte lavée, une pâte souple, lisse et fondante, au goût franc, savoureux et parfumé. Très connu, la mizotte de Vendée, est un fromage de vache à croûte lavée au vin blanc de Mareuil, de couleur ambre à pâte souple lisse et onctueuse. Il peut être mis sur des toasts et passé au four pour le rendre fondant. Très bon. Autres fromages vendéens : l'halbran, le vendéen (ce dernier part en Auvergne pour y être affiné, ça donne un fromage plus typé), le petit maraîchin, le vacher vendéen, le chaubier, le fromage des embruns aux algues, le cœur vendéen au muscadet, tomme de Vendée au muscadet, le moelleux vendéen. Tous ces fromages sont pasteurisés et proviennent des laiteries locales comme celle de Montaigu, de Saint-Michel-en-l'Herm (production : environ 3 400 tonnes de fromages chaque année) ou celle de Mareuil-sur-Lay qui produit aussi le lait Le Petit Vendéen, avec une production d'environ 100 millions de litres de lait. D'ailleurs, la Laiterie de Mareuil fabrique depuis plus d'un siècle du lait de consommation. Des fromages mixtes, chèvre et vache, comme le Sauvageon, le maillezais, un fromage est recouvert d'herbes et de piment d'Espelette), et une gamme importante de fromages de chèvres, la Vendée tout comme le Poitou d'ailleurs étant une très grande productrice de ce type de fromages à l'image du chèvre d'Aizenay et biquette de Vendée.

L'Halbran. L'Halbran est le plus ancien fromage de Vendée. Il tire son nom du jeune canard qui ne sait pas encore voler. Fabriqué dans le sud Vendée à partir de lait de vache, l'Halbran se distingue par sa croûte cendrée qui permet une bonne conservation. C'est un fromage doux qui peut également parfaitement se cuisiner.

La Mizotte. La mizotte est le fromage vendéen le plus vendu. Elle tire son nom d'une herbe de pré-salé. La mizotte est fabriquée à partir de lait de vache et elle est affinée au Mareuil blanc. C'est un fromage au goût fruité qui a beaucoup de caractère. On peut le consommer aussi bien chaud que froid. Il peut même se manger en raclette.

La Tomme crayeuse. La Tomme crayeuse est fabriquée à base de lait de vache du Sud-Vendée. Elle se caractérise par son goût fruité. Elle tient son originalité du fait qu'elle fait un long voyage pour être affiné. En effet, c'est en Haute-Savoie que ce fromage va s'affiner avant de retrouver les étals vendéens.

Fruits et légumes

La mogette. La mogette de Vendée a été rapportée d'Amérique au XVIe siècle. Sa production a été confiée aux moines de Vendée qui ont trouvé une terre particulièrement propice à la culture de cette graine de haricot blanc. Elle se conjugue en deux variétés : lingot dans le nord du département, coco paimpolais dans le Marais poitevin. Le grain doit être gros, blanc, brillant, plutôt rectangulaire. Semée en mai en terre réchauffée, la mogette se récolte 90 jours plus tard. A maturité, l'ensemble de la plante est arraché. Les plantes sont ensuite mises en andain (rangées) pour sécher quelques jours directement sur la parcelle. Pour la cuisson, fiez-vous à Jean Yole : « Pour faire une bonne mogette, il faut quatre choses : un pot de six liards, des haricots de Vendée séchés à l'ombre et triés à leur temps, un feu de bois et un vieillard. Le vieillard est là, en raison de son temps libre, pour surveiller le pot, qui doit bouillir trois heures durant, toujours de la même manière, et l'abreuver d'eau chaude au fur et à mesure des besoins ». La mogette se sert étalée sur une rôtie, tranche de pain grillée des deux côtés devant l'âtre, beurrée par-dessus et légèrement frottée d'ail par-dessous. Le tout doit être consommé bien chaud. Classique accompagnement du jambon et du gigot d'agneau, la mogette méritait bien sa fête et, chaque année, Les Brouzils, La Ferrière et Le Poiré-sur-Vie lui rendent hommage. Une quarantaine de producteurs vendéens en produisent plus de 1 000 tonnes chaque année. Les mogettes de Vendée en sec, en demi-sec surgelées, et cuites au naturel pasteurisées arborent le logo Label Rouge depuis 2006. La Mogette de Vendée cuite au naturel stérilisée a obtenu un certificat de conformité produit. En 2010, Bruxelles accorde le label européen d'indication géographique protégée (IPG) à la mogette.

La pomme de terre de Noirmoutier : la bonnotte. La pomme de terre primeur de Noirmoutier est un rare délice, un plaisir renouvelé chaque printemps pour l'émerveillement de nos papilles gustatives. Plantée le jour de la Chandeleur et récoltée manuellement 90 jours plus tard, la bonnotte de Noirmoutier est cuisinée sur les meilleures tables de France et d'ailleurs… Merci aux Jacobsen d'avoir développé dès 1830 l'exploitation sur l'île du précieux tubercule, jusqu'alors peu cultivé. Les espèces – sirtéma, aminca ou bonnotte, cette dernière étant la plus authentique et la plus prisée –, le climat, les sols sablonneux enrichis de goémon, font la particularité de cette pomme de terre primeur qui doit être consommée dans les trois jours pour garder tout son parfum. Elle peut se manger au beurre et en toute simplicité bien sûr, mais peut également être cuite au four dans une pâte à sel la recouvrant de façon homogène – un verre d'eau de 20 cl, 200 g de farine et un bon kilo de sel pour 1 kg de pommes de terre. Le poisson et les viandes blanches s'accommodent très bien de cette préparation. Sa réputation est telle qu'on peut se l'arracher lors de ventes aux enchères à des prix atteignant 400 € le kg !

Pains, pâtes

La brioche. Produit de Vendée le plus connu. Brioche régionale, née dans le Bocage vendéen, sucrée et très parfumée, soit avec de l'eau-de-vie ou de la fleur d'oranger. La brioche vendéenne tire ses origines des recettes du gâteau de la mariée (texture et tressage) et de la galette de Pâques, à travers sa recette, notamment par l'utilisation des œufs. Au départ, la fabrication de ces gâteaux briochés, qu'on appelait «galette pacaude» avait lieu le samedi saint pour être dégustée le dimanche de Pâques et on en cuisait pour chacun des membres de la famille. On la préparait aussi pour les grandes fêtes de famille comme les mariages. La tradition veut encore que les mariés s'adonnent à la « danse de la brioche ». Une brioche devant être partagée avec toute l'assemblée et pouvant peser jusqu'à 30 kg est posée sur une « civière » tenue par deux personnes.

La brioche, sa tradition

Brioche vendéenne.

Traditionnellement fabriquée le samedi saint, la brioche est aussi connue sous le nom de galette pacaude, pain de Pâques ou aliz vendéenne. Mais hormis cette période de Pâques, elle était produite lors des grandes fêtes de familles – communion, mariage, etc. La tradition voulait que les parrains et marraines de la mariée offrent une énorme brioche pouvant peser jusqu'à 30 kg et d'une circonférence impressionnante. La brioche, portée sur une sorte de civière en bois par deux personnes – des hommes –, était alors présentée à la mariée. Ensuite on dansait autour au son de l'accordéon avant que tous les convives se la partagent. Cette tradition existe toujours et elle est même pratiquée dans certains mariages de Loire-Atlantique.

La brioche est alors portée par tous les invités du mariage le temps d'une danse. Aujourd'hui, elle est commercialisée toute l'année et traverse même les frontières. Sa pâte onctueuse et légère fait son moelleux. Elle se présente la plupart du temps en barre de 400 g à 800 g. Une gourmandise très appréciée par toute la famille, à déguster au petit déjeuner, à quatre heures ou en dessert. Ajoutons que la brioche vendéenne bénéficie depuis début 2003 du Label Rouge et d'une IGP (Indication Géographique Protégée), garantissant son origine.

- **La gâche.** Aussi appelée Alize – ce qui signifie dense, compact, serré –, la gâche est une variante de la brioche. On la fabriquait dans les campagnes vendéennes. La gâche est un peu moins sucrée et un peu moins riche que la brioche. Elle se caractérise par une bonne conservation. Elle se consommait généralement avec des œufs au lait – ou fionnaïe en patois vendéen. Les parrains et marraines se devaient d'en offrir aux fêtes à leurs filleuls. Après la brioche, c'est au tour de la gâche vendéenne d'avoir reçu en novembre 2013, le label IGP (Indication d'origine protégée).

- **Le préfou.** Produit typique de la région de Fontenay-le-Comte. Il s'agit d'un pain très plat de couleur pâle incisé sur un côté, fourré d'un beurre salé et recouvert d'ail haché cru ou cuit. Il était autrefois préparé par les boulangers pour une raison bien particulière : ne disposant pas à l'époque de thermomètre ou de thermostat, ils plaçaient le préfou à la gueule du four pour en vérifier la température, juste avant de cuire le pain. Retiré avant même la coloration de la pâte, le préfou était frotté d'ail, graissé copieusement de beurre et mangé encore chaud. On le déguste chaud et il est généralement consommé en apéritif, mais il se marie parfaitement avec le gigot.

Huiles, épices, condiments

La salicorne – ou corne salée, ou cornichon de mer

Les marais salants de Noirmoutier fournissent un produit culinaire relativement méconnu, la salicorne. La salicorne pousse exclusivement sur des terrains salés et est principalement récoltée en juin, entre les salines où elle abonde. Elle est très riche en divers minéraux et oligo-éléments ainsi qu'en vitamines A, C et D. D'ailleurs, sa teneur en vitamine C en a fait un aliment employé par les marins durant les voyages au long cours pour lutter contre le scorbut. Les jeunes pousses peuvent être préparées comme des haricots verts ou conservées dans du vinaigre blanc avec des épices, comme des cornichons. Très aromatique, elle devient alors un condiment qui accompagne de nombreux plats, comme charcuterie, viandes froides, poissons et coquillages. Elle peut également remplacer les câpres dans les sauces.

Le sel

L'île de Noirmoutier, comme toute la partie sud de la baie de Bourgneuf, possédait dès le XIIIe siècle de nombreux marais salants. Il fallait des terres inondables par la mer pour que les hommes façonnent de vastes étendues de salines. Chaque marais salant forme un dispositif de digues, canaux et bassins où le saunier fait circuler l'eau qui, sous l'action du soleil d'été, s'évapore et se concentre jusqu'à la cristallisation du sel en solution. Les trois principales zones de marais salants sont l'île de Noirmoutier, l'île d'Olonne – à côté des Sables-d'Olonne – et Saint-Hilaire-de-Riez. La plus importante zone de marais salants est sur l'île de Noirmoutier : elle occupe près de 1 500 ha. Après avoir été la principale activité

Récolte du sel.

Le meilleur chocolatier du monde est vendéen !

Un grand bravo à Vincent Vallée qui est le premier Français à décrocher ce titre ! ! C'est historique même ! Jamais aucun pâtissier français n'avait remporté le World Chocolate Masters, cette grande compétition mondiale organisée par Cacao Barry, qui désigne tous les deux ans le meilleur chocolatier au monde parmi vingt candidats. Le Vendéen de 27 ans a vécu son rêve fin octobre 2015 en remportant le titre de ce prestigieux concours, avec une réalisation d'une sublime statue en chocolat inspirée du film *Avatar* : une merveille ! Il avait été élu meilleur apprenti de Vendée en 2006 et est installé au Pays basque où il dirige depuis 2011 le laboratoire de pâtisserie de Thierry Bamas, à Anglet. Bon sang ne saurait mentir, son papa a eu un restaurant étoilé aux Sables-d'Olonne il y a quelques années, Villa Dilecta. Encore bravo à Vincent pour son ingéniosité, son talent et son exploit.

économique de l'île, la saliculture a subi un déclin considérable depuis la fin du XIXe siècle. En 1767, on exploitait 10 000 œillets – unités de production – aujourd'hui 3 000 seulement produisent encore.

- **Le gros sel :** sel marin tiré de l'oeillet, qui s'utilise pour l'eau de cuisson, les salaisons, les recettes en « croûte de sel ».
- **Le sel fin :** gros sel séché et broyé, il assaisonne et relève les goûts des plats.
- **La fleur de sel :** nectar du Marais, c'est le sel des grands chefs. Elle trône sur la table, on la saupoudre, en pincée, sur les légumes, viandes et les poissons.

Douceurs

- **La tarte des noces, tarte des mariés, tarte aux pruneaux ou tarte de l'île d'Yeu.** Traditionnellement consommée en grande quantité lors des repas de noces, elle est parfois offerte de nos jours aux proches qui n'ont pas pu assister au mariage.
- **Les bottereaux, tourtisseaux, foutimassons... ou beignets de mardi gras.** A base de pâte levée frite, ils diffèrent dans leurs formes – essentiellement en forme de losange.
- **Le fion.** Encore appelé flan maraîchin. Dessert typique de l'ouest du département avec une préparation à base d'œufs, lait, crème fraîche, vanille, cannelle, fleur d'oranger parfois. Il peut se conserver plusieurs jours. Cette recette qui avait été oubliée est réapparue grâce à une boulangère du Poiré-sur-Vie. Il était fabriqué à partir du vendredi saint et il ne devait pas être consommé avant le samedi midi de Pâques.
- **Les caillebottes.** Cette spécialité traditionnelle est faite de lait. On utilise du lait cru que l'on « caille » avec un produit appelé présure ; cela solidifie le lait, ce qui permet ensuite de les découper en carrés. Les caillebottes se mangent très fraîches saupoudrées de sucre, c'est un dessert idéal pour l'été.
- **Le gâteau minute.** C'est un produit typique, un gâteau de forme ronde à la texture moelleuse à mi-chemin entre la génoise et le quatre-quarts, et se conservant très bien. Et c'est sans doute de cette aptitude à bien se conserver qu'il tire son nom. Chaque famille en avait souvent en réserve, ainsi, en cas de visite imprévue, le gâteau était prêt à être servi à la minute. Historiquement, lors des mariages ou communions, des femmes spécialisées dans la confection de ce gâteau se déplaçaient de ferme en ferme. Longtemps cuit sans moule, sa forme ronde était obtenue par la cuisson de la pâte dans un papier gras assez rigide dont les bords étaient relevés et entourés d'une ficelle.
- **La fouace** (ou fouée vendéenne). C'est un gâteau à la texture dense et moelleuse à la fleur d'oranger et à l'eau-de-vie. La mie est très serrée et la petite croûte craquante formée par la crème et le sucre lui donne un joli aspect doré. Elle peut se déguster au petit déjeuner, nature ou avec de la confiture.
- **Le millet.** C'est un «vieux» dessert typique de la Vendée et du Poitou. Le millet est une céréale qui pourrait ressembler à la semoule. La recette consiste à l'incorporer à du lait qui aura bouilli, et d'ajouter en fin de cuisson (environ 20 minutes) du sucre et de la fleur d'oranger, puis on laisse refroidir et y a plus qu'à déguster. C'est tout simple mais c'est bon. On peut napper cette recette de caramel liquide au beurre salé, c'est délicieux, ou même de Kamok (une liqueur de café fabriquée en Vendée par la Distillerie Vrignaud)

Vous pouvez retrouver tout un tas de recettes vendéennes sur le super blog de Marie-France Thiery, «Une cuillerée pour papa», qui est également auteure de plusieurs livres de cuisine : *Vendée, le goût de l'authentique en 40 recettes* (éditions Mines de Rien), *Les Contes de la cocotte*... Site Internet : **www.unecuillereepourpapa.net**

Alcools et spiritueux

Vins

L'histoire du vignoble vendéen

C'est aux légions romaines que l'on doit l'introduction des plants de vigne dans la région entre le Poitou et l'estuaire de la Loire (La Vendée). Les Fiefs datent du IXe siècle. Plus tard, lorsque Richelieu fit un don des vignes de son évêché de Luçon aux plus pauvres.

Ils donnent alors une impulsion aux vins locaux, qui malheureusement souffriront de l'isolement de la Vendée. La Révolution et les guerres de Vendée confirmeront cette localisation marginalisée, même si toutefois, la vigne y subsiste pour la seule consommation des campagnes. Richesse du pays dès le Moyen Age, la vigne engendrera une folle tradition locale à travers quatre fiefs vendéens de renom en particulier : Mareuil, Brem, Vix et Pissotte. Etendue sur 480 ha, l'Appellation d'Origine des Fiefs Vendéens (Vins délimités de qualité supérieure) se répartie en quatre appellations : Vins de Mareuil (320 ha), Vins de Brem (110 ha), Vins de Vix (30 ha), Vins de Pissotte (20 ha).

Cette appellation située au sud de la Loire entre Nantes et La Rochelle à moins de dix lieues de la côte atlantique est rattachée à la grande famille des vins de Loire. Sur ces 480 ha de vignes que compte la Vendée, on produit environ 25 000 hl de vins (répartis sur une centaine d'agriculteurs), ce qui représente environ 3 millions de bouteilles. Le rendement est réparti comme suit : vins rouges : 50 hl à 60 hl par hectare, vins rosés et blancs : 60 à 65 hl/ha.

L'AOC enfin ! Les vignobles de Brem, Mareuil, Vix, Pissotte et Chantonnay attendaient l'Appellation d'origine contrôlée depuis vingt ans. En février 2011, l'Institut national de la qualité a donné son accord. Un petit rappel : c'est en 1974, que les fiefs vendéens furent d'abord reconnus « vins de pays ». Dix ans plus tard, ils obtenaient l'Appellation d'origine vins de qualité supérieure (AOVDQS). En 1991, le syndicat des Fiefs vendéens dépose son premier dossier de candidature à l'AOC. S'en suit un parcours d'obstacles échelonné sur 20 ans avec au bout l'AOC, mais avec comme obligation de poursuivre et amplifier les efforts de qualité. L'aire d'appellation, approuvée par l'INAO, se concentre sur 1 215 ha, englobe 16 communes, dont la nouvelle venue Chantonnay. Et se décline en cinq terroirs : Mareuil, Brem, Vix, Pissotte et Chantonnay. Par exemple, les producteurs devront planter davantage de cabernet franc et diminuer la part de gamay pour fondre les notes fruitées, caractéristiques des fiefs vendéens rouges dans une bouche un peu plus longue. Une place de choix sera réservée à la négrette, cépage emblématique et « fil conducteur » du vignoble vendéen.

Les couleurs

- **Les vins blancs.** Ils sont frais et légers. Les crus les plus secs se marient parfaitement avec les coquillages, les huîtres, les crevettes, les homards et langoustes.
- **Les vins rouges.** Structurés selon les cépages mis en œuvre dans l'assemblage, ils s'accordent avec les plats du terroir de type pot-au-feu, poulet noir ou canard de Challans.
- **Les vins rosés.** Très typés, ils accompagnent idéalement les recettes simples et les repas légers de l'été.

Les appellations

- **Vins de Mareuil.** Les cépages dominants gamay, cabernet ou pinot noir sans oublier la négrette donnent des vins gouleyants au nez fruité. Le chenin et le chardonnay sont en assemblage pour des blancs riches et de bonne structure.
- **Vins de Brem.** Situés non loin des plages, issus des vignes basses des cépages grolleau gris et chenin, ces vins limpides et frais sont caractéristiques. Les pinot noir, gamay et cabernet franc se marient avec bonheur pour des rosés légers et des rouges parfois très soutenus.
- **Vins de Vix et de Pissote.** Ces deux vignobles situés dans le sud Vendée sont plus confidentiels. Ce sont des vins de nature généreuse aux arômes particuliers et différents, provenant des mêmes cépages que les autres régions avec en plus le Sauvignon (Vix) et le Melon (Pissotte).
- **Vins de Chantonnay.** A Chantonnay, un seul domaine de propriétaires-récoltants : le domaine de la Barbinière. Les sols de cette régions sont argilo-calcaires et shisteux. Le blanc est aromatique et doté d'une acidité marquée. Pour les rouges, des assemblages originaux et la diversité des terroirs confèrent un vin de garde d'une belle complexité.

© A. LAMOUREUX

Vignbles des Fiefs Vendéens - Brem-sur-mer.

Bières, cidres

▸ **La bière de Vendée.** Depuis quelques toutes petites années, le département peut s'enorgueillir de proposer de la bière créée et produite sur son sol. Le seul producteur est la Brasserie Mélusine, située à Chambretaud, dans les environs du Puy du Fou. Sa bière est non pasteurisée, non filtrée – tous les aromes sont conservés –, fabriquée selon la méthode belge des trappistes. La particularité de la bière de mélusine est la présence de l'angélique qui lui procure sa fraicheur : c'est son petit secret. Il y a trois étapes à la création d'une bière : l'obtention d'un mout (il faut 10 heures pour brasser), 1 semaine de fermentation, 15 jours de garde et 10 autres jours de refermentation, avant le stade de la mise en bouteille. La Brasserie Mélusine propose, au travers d'une vidéo suivie d'une dégustation, de découvrir tous les secrets de la fabrication de cette bière vendéenne. En 2015, deux nouvelles brasseries ont ouvert leurs portes : La Cabaude à Olonne-sur-Mer, et la N'O sur l'île de Noirmoutier.

Alcools, eaux de vie et liqueurs

▸ **La troussepinette.** C'est un apéritif local à base d'épines de fruits. Vous le trouverez dans tous les menus régionaux. Il est doux, pas trop alcoolisé et ressemble au vin cuit. Il en existe de plusieurs sortes : aux fruits rouges ou blancs, aux épines noires.

▸ **Le kamok.** Liqueur de couleur marron foncé légèrement sirupeuse au goût de café dont la teneur en alcool est de 40 % en volume. Elle a été créée vers 1860 par un membre de la famille Vrignaud – négociant en spiritueux de Luçon – et est obtenue à partir d'un mélange de cafés arabica torréfiés. Elle subit un vieillissement de deux ans dans des tonneaux de chêne neuf. Le kamok est consommé en digestif, glacé, en cocktail, avec de la glace.

Stages et cours de cuisine

■ **L'ATELIER GOURMAND**
136 bis, boulevard Aristide-Briand
LA ROCHE-SUR-YON
✆ 09 54 26 27 52 / 06 75 86 10 41
www.atelier-gourmand.fr
larochesuryon@atelier-gourmand.fr
Ouvert toute l'année. Sur réservation uniquement. Entrée : 36 € (le cours de 2h (ingrédients fournis)).

L'Atelier Gourmand propose des cours de cuisine pour les particuliers et les entreprises. L'atmosphère est conviviale et le chef prodigue conseils et petites astuces pour régaler ses convives. En binôme, vous partagerez un poste de travail équipé de tous les équipements en terme de cuisson… L'Atelier des Gourmands fournit les ingrédients, vous n'avez qu'à apporter vos contenants, chacun repartira ensuite avec le plat qu'il aura préparé en cours et vous aurez aussi la possibilité de déjeuner sur place dans la seconde salle, équipée d'une grande table conviviale.

Activités de plein air

Randonnées pédestres

La Vendée dispose de plus de 1 000 km de sentiers de Grande Randonnée ou Grande Randonnée de Pays et de plus de 4 000 km de sentiers de Promenade et de Randonnée. Le GR364 est le plus grand circuit de grande randonnée de la région. Il traverse la Vendée d'ouest en est, depuis Jard-sur-Mer jusqu'à La Chapelle-aux-Lys, soit 170 km, qui invitent les marcheurs à découvrir progressivement la diversité du département de la Vendée. Le GR® 8 suit la côte littorale depuis la Loire-Atlantique jusqu'à la Charente-Maritime, soit 218 km. Sur le littoral, la « Côte de Lumière », tracée en bordure de l'océan, entre Saint-Gilles-Croix-de-Vie et le Marais breton, offre 84 km de randonnée avec notamment la traversée de la forêt dunaire du Pays de Monts et du Marais breton, le passage par l'Ecomusée du Daviaud, et celui de la Bourrine du bois Juquaud, sans oublier quelques écluses et ports pittoresques. Plus dans les terres, le canton de Moutiers les Mauxfaits propose 92 km sur les chemins creux du Bas Bocage vendéen et son patrimoine préhistorique et architectural (menhirs, dolmens, halles, églises romanes). Parcourez également le nord-est du département et découvrez la Sèvre nantaise et les collines du bocage vendéen. Le Sud-Vendée offre lui aussi plusieurs boucles à faire, tandis que dans le centre de la Vendée, entre le pays de Vie et l'Yon, ce sont 84 km de randonnée qui s'ouvrent à vous. Rappelons les accessoires indispensables à tout randonneur : des chaussures de qualité, un chapeau, de l'eau, une carte… et une bonne dose d'entrain.

Randonnées à cheval et à dos d'âne

La Vendée est une terre de cheval ! D'ailleurs, outre les différents centres équestres répartis sur l'ensemble du territoire, la Vendée possède aussi deux haras dont le haras national de La Roche-sur-Yon.

La topographie du département offre différents types de balades. Ainsi le Sud-Vendée et le Marais poitevin offrent des paysages bucoliques et variés : entre le massif forestier de Mervent et la Venise verte et ses canaux, le tout réserve des balades magnifiques et au vert. Plus haut, le bocage offre un paysage plus vallonné, traversé par la Sèvre Nantaise. La valléee de l'Yon, autour de La Roche-sur-Yon, offre elle aussi des chemins propices aux promenades équestres avec franchissement de petits cours d'eau. Enfin, le littoral et ses longues plages de sable fin offrent un paysage unique où cavaliers et chevaux s'en donneront à cœur joie et pourront même s'offrir quelques sympathiques galops ! Le comité départemental de tourisme équestre propose une carte avec de nombreux itinéraires de randonnées.

- **Renseignements :** Comité départemental de tourisme équestre de Vendée, www.cdte85.fr

Balades à vélo, cyclotourisme et VTT

Avec 1 000 km de voies cyclables (pistes cyclables, voies vertes, véloroutes), dont 350 km en site propre (réservé exclusivement aux piétons et vélos) et 220 km de sentiers cyclables du littoral, la Vendée est le premier département cyclable de France ! Initié en 1995 par le conseil général, le projet de développement des pistes cyclables de Vendée avait pour ambition d'offrir la possibilité de réaliser un tour complet de la Vendée en deux-roues. L'ouverture du millième kilomètre est une étape dans la dynamique d'aménagement avec comme prochain objectif les 1 350 km. Les itinéraires parcourent les paysages remarquables du département, sur des pistes spécifiquement étudiées et efficacement balisées. Le conseil général de Vendée a édité un guide proposant plus de 70 parcours cyclables regroupés en six

© JEAN-PAUL BOUNINE – FOTOLIA

Randonnée équestre à La-Faute-sur-Mer.

Vendée Vélo Mobile, une appli pour découvrir la Vendée à vélo

Avec ses 1 000 km de réseau cyclable, la Vendée se positionne aujourd'hui comme la première destination en France pour les vacanciers souhaitant découvrir un territoire à vélo. Saluons les efforts du Conseil Général qui, depuis de nombreuses années, a tout mis en œuvre pour répondre à une forte attente touristique en matière de cyclotourisme et créer un réseau cyclable de référence au niveau national. Ainsi, en plus des pistes et sentiers cyclables, pas moins de 70 points de locations de vélo quadrillent le département. Pour que les vacances sur le plus grand réseau cyclable de France restent un moment inoubliable, une application mobile gratuite, Vendée Vélo, est dédiée à la découverte du territoire ; y figurent environ 1300 informations pratiques et culturelles. En un clin d'œil, les vacanciers à vélo peuvent désormais tout savoir de l'histoire du château féodal de Sigournais ou de la construction de l'Abbaye de Nieul-sur-l'Autise, par exemple. Compatible iOS et Androïd, avec une version en anglais, l'application permet de préparer en amont son escapade, de s'informer durant la balade et ensuite de partager ces instants sur les réseaux sociaux. Grâce à des codes QR disséminés sur les 1 000 km de pistes, aux points de départ, d'arrivée et points stratégiques, les mobinautes pourront directement accéder de façon simple et rapide au site mobile http : //vendeevelo.vendee.fr. Une excellente appli !

grands itinéraires suivant les quatre régions naturelles, à savoir le littoral, le Marais poitevin et le haut et le bas bocage. Soucieux des évolutions numériques, il propose également une application pour smartphone (la première en France) avec plus de 1300 données géolocalisées, avec de nombreuses originalités comme le mode réalité augmentée, le partage sur les réseaux sociaux, le mode push... Il existe aussi un site Internet mobile où l'on peut enregistrer les 130 codes QR à flasher tout au long des parcours. Ces itinéraires s'effectuent le long de la côte, sur des lieux inaccessibles en voiture. Les sentiers offrent de nombreux accès directs aux plages tout en permettant d'apprécier un décor entre marais, dunes et forêts, côtes rocheuses et stations balnéaires. Pour tout renseignement : www.vendeevelo.vendee.fr.

Tourisme fluvial

▶ **Canoë-kayak.** La pratique est plus facile que d'autres sports nautiques qui nécessitent une initiation plus ou moins poussée. Deux pratiques : sur rivière ou plan d'eau et sur mer – c'est quelque peu différent, les conditions en mer étant un peu plus mouvementées. Le canoë est sans aucun doute le meilleur moyen de locomotion pour découvrir la Venise verte, autrement appelé le Marais poitevin, cette région du sud du département étant sillonnée par une multitude de canaux de taille variable. De nombreux loueurs de canoës ou de barques, comme l'Embarcadère de la Venise verte au Mazeau ✆ 02 51 52 90 73 ou Embarcadère de l'abbaye à Maillezais ✆ 02 51 87 21 87, proposent leur location pour une ou plusieurs heures et même à la journée. Une balade inoubliable, reposante et surtout magique ! Concernant le kayak de mer, il est possible de le pratiquer dans la plupart des écoles de voile et centres nautiques du littoral Vendée. C'est le cas entre autres aux Sables-d'Olonne, à l'Institut Sports Océan au ✆ 02 51 95 15 66, à l'école de voile de La Normandelière, à Brétignolles-sur-Mer ✆ 02 51 20 81 45, au centre de char à voile de La Faute-sur-Mer ✆ 02 51 56 43 41, à l'association Les Alligators Montois de Notre-Dame-de-Monts ✆ 02 51 58 05 66. Plus orientée sur les loisirs et la découverte du marais, la société Pinta à Challans ✆ 02 51 68 27 84, propose des balades tracées dans le labyrinthe des anciens marais salants de la baie de Bourgneuf, à Sallertaine et Bois-de-Céné. Rappelons que le canoë est accessible à tous, petits et grands.

Parcours dans les arbres

Depuis quelques années, la Vendée offre à ses visiteurs plusieurs sites pour jouer les Tarzans en vous déplaçant de branches en branches ! Ainsi, la première société à avoir créé son parc de parcours dans les arbres est Indian Forest ✆ 02 51 48 12 12 dans la commune du Bernard entre Avrillé et La Tranche-sur-Mer. Depuis le concept s'est installé dans la forêt de Saint-Jean de Monts, sur le site de la Parée Jésus (Arbre et Aventure ✆ 06 22 61 45 98) et à deux pas de là sur la commune de Saint-Hilaire-de-Riez, à la Parée Préneau (Feeling Forest ✆ 06 26 43 15 21). Le massif forestier de Mervent accueille lui aussi un site similaire. Et enfin, le dernier parcours à s'être créé : Le Grand Défi à Saint-Julien-des-Landes, qui propose également du paintball ✆ 02 51 98 79 02. Plusieurs raisons à l'engouement de ce loisir (sauf si vous souffrez du vertige). Tout d'abord il est accessible à tous, enfants, familles, sportifs aguerris. En effet, les différents parcours aux difficultés variables sont adaptés en fonction de l'âge des participants (à partir de 5 ans) et avec toute la sécurité nécessaire. Qui plus est, les différents ateliers s'enchaînent au cœur d'un univers naturel et préservé. De quoi prendre une bonne bouffée d'air et repartir la tête pleine de souvenirs et de tranches de rires.

Golf

▶ **Golf de Saint-Jean-de-Monts.** Il offre un parcours varié dans un site superbe. Un 18 trous par 72 de 5 937 m praticable toute l'année, grâce à la nature sablonneuse de son sous-sol. Il se compose de 9 premiers trous dans la forêt de pins et les 9 trous suivants le long de l'océan, sur des links sauvages et accidentés avec de splendides vues sur l'océan et l'île d'Yeu.

Un practice de 22 postes dont 10 couverts, putting-green, pitching-green, zone d'approches, bunkers d'entrainement. Proshop, restaurant sur place. A proximité immédiate : centre de thalassothérapie et hôtel Best Western 3 étoiles avec restaurant gastronomique.

▶ **Golf de la Domangère.** Avec le slope le plus élevé de France et une exceptionnelle diversité de coups à jouer, le parcours de charme de la Domangère est un rendez-vous incontournable pour les golfeurs en quête de nouveaux défis. Un parcours de 18 trous sur 6 422 m, par 72, practice 4 trous, green d'approche, putting green, practice dont 8 tapis couverts. Mention spéciale pour son club-house refait en 2010 avec du cachet.

▶ **Golf des Fontenelles.** Il offre un parcours agréable aux joueurs de tous niveaux. Réputé pour ses installations d'entraînement, ce parcours au caractère bocager affirmé vous offre, sur plus de 6 km, une agréable succession d'obstacles d'eau, de pins maritimes et de chênes verts. Bar et restaurant ouvert à tous, terrasse donnant sur le parcours. Un parcours de 18 trous sur 6 402 m, par 72, pratctice de 25 postes, green d'approche, 1 putting green.

▶ **Golf de Port-Bourgenay.** Il se situe en bordure de mer et en lisière de la forêt domaniale surplombant le port de plaisance. Il alterne avec bonheur Bocage et pinède, pour quasiment former deux parcours différents. C'est un 18 trous par 72 de 5 845 m. Pitch & putt 18 trous par 54 de 1 200 m ou 1 600 m. Practice couvert et découvert, putting-green, greens d'approche. Au clubhouse, restauration rapide et gastronomique

▶ **Golf des Olonnes.** Situé à 10 min de l'océan, il bénéficie d'une belle situation avec vue panoramique. Au carrefour de la Pierre-Levée et à 3 km des Sables-d'Olonne, ce golf est à proximité de toutes les structures d'accueil, touristiques, culturelles et sportives. C'est un 18 trous par 72 de 6 063 m qui s'étend sur un site légèrement vallonné avec de très beaux plans d'eau, sans route à traverser. Ce beau parcours est attractif, raisonnable et de plus il convient à des joueurs de tous niveaux. Practice : 6 postes couverts et 20 non-couverts, putting-green, pitching-green, zone d'approches, bunkers d'entrainement.

Chasse, pêche et nature

Pêche

Avec ses rivières, ses lacs et l'océan Atlantique, la Vendée représente une réelle diversité halieutique : véritable manne pour tous les pêcheurs, quel que soit le type de pêche pratiquée – au bord, au large, surf casting... Voyager à travers la Vendée équivaut à changer à chaque minute de type de paysage. Il en est de même pour le poisson puisque, à quelques exceptions près, quasiment toutes les espèces sont présentes en Vendée. Sandres, truites, brochets, carpes... attendent les pêcheurs confirmés ou débutants sur les 4 600 km de cours d'eau et les 1 300 ha de lacs du département.

Pêche en eau douce

En Vendée, on recense 30 000 pêcheurs possédant une carte. Le titulaire de la carte complète peut pêcher à l'aide de quatre lignes montées sur cannes. Il peut pratiquer la pêche au vif, au lancer, à la grenouille, à la carpe de nuit – sur les parcours où cela est autorisé –, ainsi que la pêche à l'aide de six balances à écrevisses. Toute pêche est interdite à partir des écluses et barrages établis dans les eaux du domaine public, ainsi qu'en aval de l'extrémité de ceux-ci, sur une distance de 50 m pour la pêche aux lignes et une distance de 200 m pour la pêche aux engins et aux filets.

▶ **Les cours d'eau :** la Grande Maine à Saint-Georges-de-Montaigu, le Jaunay à La Chapelle-Hermier, le Lay à Mareuil-sur-Lay, le Ligneron à Soullans, la Mère à Vouvant, la Vendée à Fontenay-le-Comte, la Vie à Apremont, l'Yon à Chaillé-sous-les-Ormeaux.

▶ **Les plans d'eau :** lac de retenue d'Apremont, lac du Gorand à Coëx, lac de retenue de Mervent. Compte tenu de la complexité et des changements de réglementations, il est recommandé de contacter la Fédération de pêche de Vendée au ✆ 02 51 37 19 05.

Pêche en mer

Toutes les stations du littoral offrent des coins propices à la pêche : L'Aiguillon-sur-Mer, la pointe de l'Herbaudière sur l'île de Noirmoutier, la plage de La Pège à Saint-Hilaire-de-Riez, la jetée des Sables-d'Olonne, la jetée à Saint-Gilles-Croix-de-Vie, les criques de Sion-sur-l'Océan à Saint-Hilaire-de-Riez, La Tranche-sur-Mer... Au bout de la canne de surf casting, du bar, de la daurade. Au lancer ou au bouchon, vous pêcherez du maquereau, du mulet, du tacot, des éperlans – idéal en friture – et également du bar. Une école de pêche en bord de mer : Ecopêche 85 aux Sables-d'Olonne ✆ 02 51 32 67 14 ou un moniteur et guide de pêche diplomé, David Doussot (à Port Bourgenay – 06 07 34 10 26) propose d'apprendre les techniques de pêche – matériel et appâts fournis. Plusieurs sorties de pêche en mer en bateau vous sont proposées sur le littoral, par exemple sur La Messaline aux Sables-d'Olonne et L'Ami du Pêcheur à Saint-Gilles-Croix-de-Vie par exemple, tous deux sont réputés pour leur sérieux et la bonne ambiance qui y règne. On y pêche généralement à la dandinette – pas d'appât, plusieurs hameçons avec des plumes.

Pêche à pied de loisir

Elle s'effectue sur les côtes du littoral atlantique mais peut dans certains cas être réglementée – affichage en mairie. C'est avant tout l'occasion d'une magnifique balade en famille. Le grand rendez-vous annuel des pêcheurs à pied a lieu les jours de grandes marées, où la mer se retire pour laisser place à des endroits le plus souvent inaccessibles. C'est dans les rochers que vous trouverez les crustacés. Quant aux coquillages, ils élisent domicile sur les rochers pour certains et dans le sable pour d'autres. En voici quelques variétés : les palourdes, les coques – se ramassent en grattant dans le sable avec un petit râteau – on en trouve au Gois –, les moules, les huîtres, les berniques – encore appelés chapeaux chinois – il faut un couteau pour les ramasser –, les pignons – sur les grandes plages de sable -, les couteaux – jeter du gros sel dessus pour le faire sortir et le saisir vite – et, plus rares, les praires et les pétoncles.

Vol en montgolfière : Thomas, un champion de France vendéen !

La société Montgolfière du Bocage présente à Saint-Pierre-du-Chemin, à la frontière avec les Deux-Sèvres, propose des vols en montgolfière depuis de nombreuses années. Et chez les Merceron, on a le rêve d'Icare dans le sang ! Thomas Merceron accumule les prix ! En effet, en 2014, à l'occasion de la 40e édition du championnat de France de montgolfière, il a terminé sur la première marche du podium. Champion de France ! Ce titre de champion de France ne vient que confirmer les nombreux titres acquis les précédentes années puisqu'en mai 2012 il avait été sacré vice-champion, à l'occasion du premier championnat du monde junior de montgolfière en Lituanie, réservé aux pilotes de moins de 27 ans, derrière le champion lituanien, après 13 épreuves en 3 vols (7 étaient prévus mais 4 ont été annulés pour cause de mauvaise météo). Cette place avait été acquise collectivement avec Benjamin, le petit frère, en charge de la navigation en vol et de la stratégie. Son titre de champion de France 2014 lui permet d'être qualifié aux championnats du monde qui se dérouleront au Japon du 28 octobre au 7 novembre 2016. Allez, tous avec Thomas !

Renseignements pour la réglementation à la direction des Affaires maritimes au ✆ 02 51 21 81 81.

Ornithologie

Le marais vendéen est un spot ornithologique unique. Les oiseaux s'y installent pour nicher, se nourrir ou simplement faire une halte. On recense plusieurs réserves naturelles où vous pourrez les apercevoir. A la Cité des Oiseaux tout d'abord, un site qui leur est entièrement dédié aux Landes Genusson, dans le bocage, à l'ouest des Herbiers (✆ 02 51 91 72 25). Dans le nord-ouest de la Vendée, plus précisément sur l'île de Noirmoutier, la Réserve de Müllembourg est un site reconnu et géré par le LPO (Ligue de Protection des Oiseaux). Toujours sur l'île de Noirmoutier, à Barbâtre cette fois, la réserve Polder de Sébastopol. Et puisqu'on parle d'île, Yeu est elle aussi riche d'oiseaux. Autre site géré par la LPO : la Réserve naturelle Michel Brosselin à Saint-Denis-du-Payré, à l'est de Luçon. Non loin de là, la Réserve du Marais de la Vacherie et bien sûr la pointe de l'Aiguillon. L'ensemble du marais breton offre de beaux postes d'observations d'espèces variées. Voici quelques oiseaux emblématiques de la Vendée : l'avocette élégante, la mouette mélanocéphale, le busard cendré, le gorgebleue à miroir, le hibou petit-duc ou celui des marais, la barge à queue noire, et d'autres espèces plus communes. Renseignements : LPO : www.vendee.lpo.fr ou 02 51 46 21 91

Dans les airs

Montgolfière

Vous voulez poursuivre le rêve d'Icare et voir la Vendée du ciel ? Il existe un moyen de découvrir les merveilleux paysages vendéens. Il n'est possible de faire que 2 vols en montgolfière par jour, un au lever du soleil et l'autre dans les 2 heures qui précèdent son coucher. En effet, c'est à cette période de la journée que les conditions atmosphériques permettent de voler en ballon en toute sécurité, à savoir un vent faible et une atmosphère stable. Lorsqu'il y a de la brume, de la pluie ou en cas de conditions orageuses, il n'est pas possible de voler. La sécurité étant primordiale pour réaliser un trajet en montgolfière, il est donc possible que le vol soit reporté pour satisfaire aux exigences de sécurité et ainsi réaliser le vol dans des conditions qui permettent d'en apprécier la sérénité. Les vols ont une durée d'une heure, et pendant ce temps, vous parcourerez entre 10 et 40 km au gré du vent. En effet, une montgolfière se déplaçant avec le vent, sa trajectoire est soumise à ses caprices ; par conséquent pendant le vol, un véhicule suit au sol et vous retrouve sur le lieu d'atterrissage ramenant passagers et matériel au point de décollage.

La société Montgolfière du Bocage (www.la-montgolfiere.com) est la seule dans la région Vendée, Deux-Sèvres et Charente-Maritime à proposer de tels vols. Plusieurs décollages possibles : du Puy du Fou au Poupet, du domaine de la Roche à Cerizay et de Auzay en bordure de la rivière de la Vendée, pour un survol du marais Poitevin. Pour rappel ; c'est aux frères Montgolfier que l'on doit la création, la mise au point et le premier décollage d'une montgolfière, et ce décollage a eu lieu à Annonay. Il y a d'ailleurs un rassemblement tous les ans en juin. Une expérience unique.

Parachute ascensionnel

Fort des nombreux loisirs que vous pourrez faire en Vendée, le parachute ascensionnel n'échappe pas à cette règle. Plusieurs aérodromes proposent ce loisir : celui de la Roche-sur-Yon et celui des Sables d'Olonne. La plus belle vue offerte est à n'en pas douter le saut au dessus de la baie des Sables d'Olonne. C'est magnifique ! Des baptêmes sont proposés aux amateurs, il s'agit d'un saut en tandem avec un instructeur. Après avoir enfilé votre combinaison, direction le briefing avec toutes les étapes de déroulement du saut (les positions que vous aurez à adopter durant votre saut en parachute) de la montée dans l'avion en passant par la chute libre et en terminant par la partie sous voiles, avec bien entendu l'atterrissage. Le saut s'effectue à 3 500 m d'altitude, une chute libre de 50 secondes à 200 km/heure. Frisson garanti ! Comptez environ 280 € pour un saut en tandem.

Chute-libre

La société Vendée Evasion propose des sauts en chute libre au-dessus des Sables-d'Olonne et du Pays des Olonnes. Vous effectuerez votre saut en tandem : un saut en chute libre accompagné d'un professionnel qui vous guidera en toute sécurité. Après avoir enfilé votre équipement et un briefing de 10 minutes où le moniteur abordera les différentes étapes du baptême en tandem et les positions à adopter durant votre saut en parachute : de la montée dans l'avion, en passant par la chute libre et en terminant par la partie sous voiles avec bien entendu l'atterrissage. Paré ? Une balade d'environ 15 minutes avec une montée jusqu'à une altitude entre 3 000 m et 4 000 m où le pilote tandem s'occupe de tout. Ça y est ! Vous êtes à plus de 200 km/h. Waouh, ça décoiffe ! Dès le parachute ouvert vous apprécierez le silence et le site magnifique de la baie des Sables et ses environs. Après 5 à 7 minutes sous voile, à 1 500 m, le moniteur ouvre le parachute : vous pourrez alors vous initier au pilotage du parachute, avant de vous poser en douceur guidé par votre instructeur. Sensations fortes garanties !

- **Renseignements :** Vendée Evasion – Aérodrome de La Lande – Le Château-d'Olonne ✆ 02 51 21 39 51 - www.parachutisme-vendee.com

Cerf-volant

La Vendée est le terrain de jeu idéal pour s'adonner au cerf-volant. En effet, c'est une région où les vents peuvent être assez forts. Les stations balnéaires de Saint-Jean-de-Monts et Notre-Dame-de-Monts sont les meilleurs spots, mais la capitale du vent demeure Notre-Dame-de-Monts, qui accueille chaque année en début d'été, depuis 15 ans, le Festival A tout Vent. La plage centrale de Notre-Dame-de-Monts est envahit de milliers d'objets volants identifiés ou non.
De l'infiniment petit cerf-volant aux immenses angelots ou raie manta, ils profitent tous d'un vent de « cinéma », calme et régulier, et semblent naturellement et éternellement à leur place dans le ciel montois. C'est l'un des cinq rendez-vous majeurs de la discipline en France. Il se déroulera du 8 au 11 juillet 2016. Plus de renseignements sur **www.festivalatoutvent.fr**

Sports à sensation

Sports nautiques

L'Atlantique, c'est bien évidemment le paradis des surfeurs et autres véliplanchistes. Les vagues de l'océan sont aussi

Une nouvelle activité nautique : le wakeboard

Le wakeboard est un sport nautique qui utilise différentes combinaisons de techniques de ski nautique, de snowboard et de surf. On pourrait dire que le wakeboard est au ski nautique ce que le snowboard est au ski alpin. Le principe : vous êtes relié par une corde à un téléski (ou à un bateau à moteur) qui vous tracte et vous glissez sur l'eau sur une planche de style skate ou surf. Ça s'apparente au ski nautique sauf qu'au lieu d'utiliser des skis on utilise une planche, sur laquelle les pieds sont fixés à la façon des snowboards. Et là vous devenez un *rider* ! Le but consiste à retrouver des sensations de glisse proches de celles des sports genre skateboard ou surf. La pratique se fait sur un lac, tracté ainsi par ce fameux « téléski nautique » ; les plus aguerris pourront même tenter quelques figures, réservées aux pros. Car le wakeboard est une discipline reconnue, puisqu'elle est rentrée comme discipline olympique en 2001. Autre discipline par laquelle on peut aborder sa première expérience avec ces nouveaux sports nautiques, et qui peut être pratiquée par les enfants : le kneeboard. Vous êtes à genoux sur une planche plus large qu'un wakeboard. Pour le pratiquer en toute convivialité et de façon encadrée par des professionnels, un nouveau site a ouvert ses portes au printemps 2015, sur le plan d'eau de la commune de L'Aiguillon-sur-Mer : Atlantic Wake Park ✆ 07 86 55 05 35 – www.atlanticwakepark.com

très appréciées des « voileux » et autres amateurs de plaisance. Les plages qui s'étendent des îles à L'Aiguillon-sur-Mer, en passant par La Barre-de-Monts, Saint-Jean-de-Monts, Saint-Gilles-Croix-de-Vie, Les Sables-d'Olonne et La Tranche-sur-Mer, sont régulièrement le théâtre de compétitions nautiques : chars à voile, surf, régates... Voici quelques sports nautiques à pratiquer à l'occasion de votre séjour en Vendée.

- **Char à voile.** La station reine du char à voile est sans aucun doute Notre-Dame-de-Monts. D'autres stations comme Saint-Jean-de-Monts et La Barre-de-Monts proposent également des centres de qualité. En effet, ce sport nécessite de belles et longues plages de sable fin, dont ces stations sont dotées. Toutes offrent un encadrement qualifié.

- **Jet-ski (ou scooter de mer).** Doté d'une coque comme un bateau, le jet ski s'apparente à la moto. Equipé d'un moteur à essence, il se manœuvre avec un guidon. Il existe en version assise (jet à selle) ou debout (jet à bras) et peut accueillir de une à quatre personnes selon les modèles. Il se pratique sur un plan d'eau (mer, rivière, lac). Il faut être titulaire d'un permis pour piloter un jet ski (permis mer également appelé permis côtier) jusqu'à 2 000 miles des côtes ou d'un abri (port, crique). Cette limitation des 2 000 miles est réservée au jet ski, avec ce même permis il est possible de s'éloigner à 5 000 miles des côtes en navigant sur un bateau. Il est cependant autorisé de piloter un jet ski sans permis si un moniteur breveté d'Etat accompagne le pratiquant. Très en vogue depuis des années, les jets ski sont très surveillés en mer par la gendarmerie maritime et les policiers municipaux. L'engin est équipé d'un moteur deux-temps ou quatre-temps à essence, dont la puissance peut atteindre 250 CV pour les plus puissants du marché actuel. L'autonomie du jet ski dépend de la puissance du moteur et de l'utilisation qui en est faite. Le jet ski vous procure une réelle sensation de liberté de déplacement sur l'eau.

- **Le paddleboard.** Le concept : on utilise une planche spécialement conçue pour ramer (dérivé d'une planche de surf de 3,65 m) pour se déplacer en mer en utilisant les bras comme en surf. Ce sport se pratique en position à plat ventre ou à genoux sur la planche. L'historique : depuis la naissance du surf dans les îles polynésiennes, la rame est devenue une discipline sportive exigeante qui se pratique à la force des bras, sans pagaie. Discipline ancestrale, liée à l'origine au sauvetage en mer, le paddleboard requiert des aptitudes athlétiques mais aussi un esprit de compétition, une passion inconditionnelle pour la mer et le goût de l'effort individuel.

- **Speed-sail.** Le speed-sail est à la planche à voile ce que le char à voile est à l'optimist. En station debout sur la planche, le speed-sailer fait tourner la voile lui-même alors que le pratiquant de char à voile est assis ou couché sur le dos et sa voile est fixe. Le pratiquant de speed-sail est sur un tricycle et commande la roue avant avec ses pieds. Il a un bout en main pour virer de bord ou empanner – ce qui signifie : faire tourner la voile – comme sur un bateau. Les chars à voile vont plus vite que les speed-sail – 130 km/h contre 90 km/h. En Vendée, on voit aujourd'hui plus de chars à voile.

LE VENDÉE GLOBE COURSE EXTRÊME : DÉPART LE 6 NOVEMBRE 2016

C'est le 6 novembre 2016 que sera donné, aux Sables-d'Olonne, le départ de la 8e édition du Vendée Globe. Le Vendée Globe est à ce jour la seule course à la voile autour du monde, en solitaire, sans escale, et sans assistance, d'où cet engouement médiatique et auprès du public du monde entier. L'événement s'est inscrit dans l'esprit du Golden Globe qui, en 1968, initia la première circumnavigation en solitaire, sans escale, et par les trois caps (Bonne Espérance, Leeuwin et Horn). Sur les neuf pionniers à s'élancer en 1968, un seul réussit à revenir à Falmouth, le 6 avril 1969, après 313 jours de mer, le Britannique Robin Knox-Johnston. Sir Robin Knox-Johnston fut ainsi le premier navigateur à remporter une course à la voile, autour du monde, en solitaire et sans escale… Quelque vingt années plus tard, c'est le navigateur Philippe Jeantot qui, après sa double victoire dans le BOC Challenge (le tour du monde en solitaire avec escale), lança l'idée d'une nouvelle course autour du monde, en solitaire, mais… sans escale ! Le Globe Challenge était né... pour prendre quelques années plus tard le nom de Vendée Globe. Ils étaient 13 marins à prendre le départ ce 26 novembre 1989. Cette première édition dura plus de trois mois. Ils ne furent que 7 à rentrer aux Sables-d'Olonne. Cent neuf jours et 24 000 milles plus tard, à la barre d'*Ecureuil d'Aquitaine II*, un plan Bouvet-Petit dernier cri, Titouan Lamazou franchit le premier la ligne d'arrivée, suivi de Loïck Peyron seulement 3h30 après, d'autant qu'il s'était dérouté pour sauver son ami Philippe Poupon dont le ketch (*Fleury Michon*) s'était mis sur le flan. La deuxième édition (1992-1993) fut celle des premiers drames, entre les avaries de Loïck Peyron et Yves Parlier, mais le pire restait à venir avec la mort du Britannique Nigel Burgess. Elle est remportée par Alain Gautier sur *Bagages Superior*, un coursier flambant neuf en composites signé Finot-Conq. Quinze concurrents prennent le départ de la 3e édition, en 1996. Sur les rangs se côtoient d'abord de grands favoris : le Normand Christophe Auguin, double vainqueur du BOC Challenge, son ami Québécois Gerry Roufs ou encore l'Aquitain Yves Parlier qui débarque à la barre d'un 60 pieds futuriste, le premier monocoque construit en carbone et doté d'un mât aile pivotant. Deux femmes, Isabelle Autissier et Catherine Chabaud, viennent ajouter leur touche féminine parmi de nombreux postulants aux places d'honneur, à l'image d'Eric Dumont ou du récidiviste Bertrand de Broc. Un seul marin l'a gagné deux fois : Michel Desjoyeaux, en 2001 et 2009. Un exploit ! Le record de l'épreuve est détenu par François Gabart, le vainqueur de la dernière édition, en 78 jours. Pour cette édition 2016, certains skippers ayant déjà écrit quelques belles pages de l'histoire du tour du monde en solitaire seront de retour, à l'instar de Vincent Riou (PRB), Armel Le Cléac'h (Banque Populaire), Sébastien Josse (Edmond de Rothschild), Jean-Pierre Dick (Saint Michel-Virbac), Alex Thomson (Hugo Boss), Yann Eliès (Quéguiner-Leucémie Espoir), Jérémie Beyou (Maître Coq), Kito de Pavant (Bastide-Otio), Bertrand de Broc (MACSF), Tanguy de Lamotte (Initiatives-Cœur), Louis Burton (Bureau Vallée) ou encore Rich Wilson (Great American IV). D'autres défieront l'Everest des mers pour la première fois et feront donc un grand saut dans l'inconnu. Parmi ces bizuths, on trouve Morgan Lagravière (Safran), Paul Meilhat (SMA), Fabrice Amedeo (Newrest-Matmut), Eric Bellion (Comme Un Seul Homme), Sébastien Destremau (Face Ocean) et Nicolas Boidevézi (East Side Story). D'autres marins, et pas des moindres, poursuivent activement leur recherche de partenaires. Le plateau devrait donc encore s'étoffer et on peut raisonnablement attendre 25 bateaux, voire davantage, au départ. Côté organisation, et comme pour chaque édition, le prochain Vendée Globe prévoit bien des surprises aux millions de personnes qui suivront quotidiennement l'épreuve : un dispositif exceptionnel aux Sables-d'Olonne, un nouveau PC Course parisien, un site Internet qui dépassera les 10 millions de visiteurs et une couverture médiatique encore plus internationale. Le rendez-vous est donné pour repousser à nouveau les limites, à l'occasion de cette huitième édition du Vendée Globe.

Le parcours

Le parcours du Vendée Globe consiste à réaliser le tour du monde à la voile, d'ouest en est, par les trois grands caps de Bonne Espérance, Leeuwin et Horn. Une longue descente de l'océan Atlantique, la traversée périlleuse des mers du sud avec d'abord l'océan Indien et ses mers croisées puis l'océan Pacifique.

Le principe

Un tour du monde en solitaire, sans escale et sans assistance ! Ces trois paramètres demeurent l'essence même du concept du Vendée Globe, et en constituent largement ses difficultés, d'où le caractère réellement mythique de cette course, où le marin, homme ou femme, est seul face aux éléments tantôt calmes, tantôt déchaînés. En effet, personne d'autre que le skipper ne peut se trouver à bord du bateau durant le tour du monde, à la seule exception qu'est celle du sauvetage d'un collègue en perdition comme c'est arrivé plusieurs fois. Pas d'escale non plus ! La seule escale technique réellement envisageable pour un concurrent serait de revenir réparer l'avarie aux Sables-d'Olonne, dans un délai maximal de 10 jours après le départ, et de repartir. Aucune assistance. Et surtout pas celle d'un routage météo ! Le marin doit donc faire tous ses calculs seul (à l'aide des équipements à bord du bateau bien évidemment). Il doit donc penser et imaginer seul son parcours, réparer seul dans le cas d'une avarie, se soigner seul en cas de blessure, le marin a juste droit à l'assistance à distance du médecin de la course). Côté assistance technique : interdiction formelle d'accoster un autre bateau ou qu'une tierce personne monte à bord. Les marins ont l'autorisation de consulter l'architecte du bateau ou leur équipe technique pour s'informer du meilleur mode opératoire pour mener à bien une éventuelle réparation, mais ça s'arrête là !

Un seul mot à tous les concurrents de cette course emblématique de la Vendée : Bon vent et bon courage ! Pour suivre toute l'actualité du Vendée Globe : www.vendeeglobe.org

Sources : ***www.vendeeglobe.org***

Ponton du village du Vendée Globe.

© MARK_LLOYD-DPPI

Surf. La Vendée compte plusieurs spots de surf réputés. C'est le cas dans la station de La Tranche-sur-Mer tout comme la plage de Tanchet aux Sables-d'Olonne et les plages des Dunes et de la Sauzaie à Brétignolles. Le centre nautique Saint-Gilles-Atlantique au ✆ 02 51 60 11 11 dispense des cours de surf tout comme ceux des Sables-d'Olonne, de La Tranche et Brétignolles – Atlantic Lézard au ✆ 02 51 90 13 29

Voile et planche à voile, catamaran. Toutes les stations balnéaires – ou presque – possèdent leur école de voile. Différents supports sont proposés : optimist – petit dériveur idéal pour l'apprentissage des enfants –, catamaran – embarcation à deux coques –, planche à voile... Vous pouvez y accéder par des cours, des stages, des séjours – individuels ou groupes – ou des week-ends, des classes de mer. La pratique de la planche à voile nécessite, elle aussi, un tant soit peu d'apprentissage pour bien maîtriser l'engin, sinon, on passe son temps à faire des ronds dans l'eau et à rester au maximum deux minutes en station verticale sur la planche.

Funboard. Le funboard est un type de planche à voile courte et légère avec laquelle l'homo funbordus exprime son tempérament – vitesse, trajectoires, sauts et surf sur les vagues. Caractéristiques : longueur 2,50 m à 3 m, poids 5 kg à 8 kg, vitesse maxi 47 nœuds – 90 km/h –, autorise toutes figures imaginables – double looping, kicking the biloot on the run, etc. Les principaux spots de funboard répertoriés sont : Plage des Dunes et de la Normandelière, à Brétignolles : vagues – side shore par vent de sud-est et nord-ouest. Grande plage de Saint-Gilles : vagues – side shore par sud-est et nord-ouest. Plage de Boisvinet, à Saint-Gilles-Croix-de-Vie : vagues – side shore par ouest et sud-ouest –, vitesse par nord-est. Plan d'eau des Vallées de 10 ha avec une profondeur constante de 1,50 m – slalom débutant à expert –, à Saint-Hilaire-de-Riez : initiation et vitesse par tous secteurs sauf nord et nord-ouest. Plage de Sion, à Saint-Hilaire-de-Riez : vagues – side shore par ouest et sud-ouest –, vitesse par nord, nord-est et est. Plage des Demoiselles, à Saint-Hilaire-de-Riez : vagues – side shore par nord-ouest et sud-est.

Kite-surf. Le kite-surf est le résultat de deux passions : le cerf-volant et le surf. Composé à ses débuts d'ailes souples à caisson de type parapente, le kite-surf connaîtra une évolution importante avec pour la première fois l'association d'un cerf-volant de traction de forme delta à un flotteur de planche à voile. Vous pourrez le pratique sur la plage des Dunes et à l'école Bréti Kiteschool de Brétignolles-sur-Mer et à Saint-Gilles-Croix-de-Vie.

Wave-ski. Voici l'une des dernières disciplines à la mode. On en voit encore peu. Le wave-ski, c'est en fait du surf assis sur un kayak. La planche de surf est un peu plus épaisse, on est posé sur un siège, sanglé au bassin, et on bloque les pieds dans des foot-straps. Le wave-rider – c'est le nom de celui qui pratique ce sport – évolue sur la vague comme le surfeur – mais à l'aide de pagaies – et le but, en compétition, est d'effectuer des figures aux endroits les plus difficiles : ça s'adresse aux plus doués. Il est conseillé de commencer par la pratique du kayak en club avant de se mettre au wave-ski. Ici, vous pouvez en faire sur la plage de Tanchet aux Sables-d'Olonne. En Vendée, nous avons la chance d'avoir des jeunes placés dans les 25 premiers nationaux.

Sports mécaniques

Karting. Les amateurs de sports mécaniques et de vitesse vont s'en donner à cœur joie car la Vendée dispose de plusieurs circuits de karting. L'un des premiers à s'installer fut Philippe Alliot – à Belleville-sur-Vie à la sortie de La Roche-sur-Yon -, qui a concouru en Formule 1 puis a gagné les Vingt-Quatre Heures du Mans. Vers La Tranche-sur-Mer, à La Jonchère, on apprécie particulièrement l'accueil chaleureux de Vendée Kart (tel.) 02 51 30 89 96. Les autres circuits sont répartis aux quatre coins du département : Le Château-d'Olonne, l'île d'Olonne, Challans et Fontenay-le-Comte.

Quad. Les quads sont des véhicules motorisés tout terrain à quatre roues avec ou sans sélecteur de vitesse. La direction, la selle, la position de conduite sont de type moto tout terrain. Les dimensions et la maniabilité de ces véhicules, permettent d'emprunter les sentiers et chemins les plus escarpés et de franchir aisément bourbiers et ruisseaux. Un passager par quad. Plusieurs sites du département proposent ce loisir. En voici quelques-uns : à Saint-Révérend (vers Saint-Gilles-Croix-de-Vie), West Aventure et la société Planète Racing (à côté de Challans). En allant dans le sud du littoral, vous pourrez pratiquer le quad au Karting Mecamax à l'île d'Olonne. et à Vendée Kart à côté de La Tranche-sur-Mer qui propose dorénavant cette activité en plus du karting. Certaines de ces sociétés proposent également des mini-quads spécialement adaptés pour les enfants.

Bien-être et remise en forme

Thalassothérapie

En complément d'un séjour « gastronomique » à essayer tous les produits du terroir vendéen, nous vous proposons des séjours où l'on va s'occuper de votre forme (ou de vos formes, c'est selon...). D'abord un petit rappel sur la thalassothérapie. Du grec « thalassa », signifiant « mer », la thalassothérapie est l'utilisation simultanée de l'eau de mer et de ses adjuvants (climat marin, algues et toutes substances extraites de la mer ou de l'océan) sous contrôle médical dans un but préventif ou curatif. L'établissement doit être implanté dans un site marin privilégié. En Vendée, actuellement deux établissements proposent ce type de séjours pour regonfler les batteries, l'un est situé aux Sables-d'Olonne, l'autre à Saint-Jean-de-Monts mais il y en aura bientôt un troisième sur la commune de Saint-Hilaire-de-Riez, ce sera un établissement Serge Blanco. Les programmes des centres de thalassothérapie du littoral vendéen proposent de multiples formules adaptées aux conditions de chaque individu : massages, bains d'algues, bain bouillonnant, douche à affusion pour tonifier le corps, tandis que les boues minceurs, le bain hydromassant et la douche à jet auront raison d'une cellulite inopportune. De nombreuses cures comme les cures anti-stress ou postnatales sont également proposées.

FESTIVALS ET MANIFESTATIONS

Fêtes

■ AUTREFOIS CHALLANS
CHALLANS
✆ 02 51 68 19 10
www.autrefoischallans.com
Les 21 et 28 juillet, et les 11 et 18 août 2016.
Chaque année, la deuxième ville du département présente, les 4 jeudis, gigantesque fresque du passé présentant les us et coutumes des années 1910, autour de foires à l'ancienne. Grâce à la participation de 1700 bénévoles, il vous sera permis de découvrir les costumes d'époque, les débuts de la motorisation, vélos, motos, tacots, mais aussi les métiers d'antan. Les plus jeunes pourront découvrir ce qu'était l'école en ce temps, et pour les grands, revivre les foires où l'on proposait les produits fermiers de la région. Des groupes folkloriques au son de l'accordéon rythmeront la journée de danses traditionnelles et le soir, une soirée folklorique prolongera la fête par des danses auxquelles le public pourra participer. Cette manifestation gratuite est la première des Pays de la Loire et elle a obtenu le Grand Prix du tourisme de la Vendée en 1999.

■ FÊTE DE LA CITROUILLE
LA MOTHE-ACHARD
✆ 02 51 46 67 83
Le 4 octobre 2016.
Elle attire plus de 5 000 visiteurs, venus faire honneur aux mets à base de cucurbitacées, après avoir assisté à un concours de recettes les utilisant. Clou de la journée : le concours national du plus gros potiron avec un record que l'on doit à Medhi Daho de Spay de la Sarthe, qui a été sacré champion de France avec un potiron de 646,5 kg ! Il détient donc le nouveau titre européen. La multitude des variétés de cucurbitacées présentées à l'année au potager et la découverte des usages divers qui en sont faits, selon les pays, ne manquent pas d'étonner : variétés décoratives, variétés culinaires et variétés transformables en instrument de musique. Des exposants de produits du terroir vendéen et de produits artisanaux sont également présents.

■ FÊTE DES VIEUX MÉTIERS
L'ILE-D'OLONNE
✆ 09 61 22 45 55
Du 16 au 17 juillet 2016.
Cette manifestation fêtera cette année sa 36e édition. La fête se déroule dans les rues du village, à partir de 10h. Un rendez-vous populaire devenu une des grandes attractions de l'été. De nombreux artisans font revivre des traditions disparues. Plus de cent artisans en activité répartis en 6 thèmes : les gars du bâtiment, le monde de la terre, les gens de mer et marais, les métiers d'art, les échoppes d'autrefois, les métiers ambulants. Déjeuner campagnard sous chapiteau avec des produits locaux, mais aussi des danses folkloriques, des animations musicales, des promenades en calèche, un village pour enfants, etc. Tarif entrée : 4 €/personne (à partir de 14 ans).

■ FÊTE DE LA BONNOTTE
NOIRMOUTIER-EN-L'ILE
✆ 06 30 45 09 08
Le 7 mai 2016.
C'est la 19e édition. La date de cet événement dépend beaucoup des conditions climatiques. Toute la production, soit une centaine de tonnes, est mise en vente le jour même. Plantée à la Chandeleur sur un lit de goémon, elle est récoltée à la main 90 jours plus tard. La particularité de la plus célèbre des pommes de terre : son goût de noisette et d'iode et son croquant. Au programme : bonnottes et sardines grillées, en compagnie de chants de marins, rallye à vélo à la découverte de l'Île, à la découverte de la bonnotte avec un départ depuis la coopérative à 14h30. Et comme chaque année, un arrachage au champ, Route du Vieil de 9h à 12h, et le soir, banquet géant dans la cour de la coopérative agricole. Pour plus de renseignements : www.laprimeurdeliledenoirmoutier.com

■ FÊTE DE LA FRESSURE
SAINT-GEORGES-DE-MONTAIGU
Tout au long de l'année, plusieurs villes du bocage organisent des fêtes de la fressure. Les deux plus connues sont sans doute celles de Saint-Georges-de-Montaigu qui a lieu le 1er week-end de février et celle de Réaumur, qui se déroule quant à elle en novembre. Ce plat coutumier est cuisiné à partir des bas morceaux et des abats du cochon. Cette mixture traditionnelle, associant les morceaux les moins nobles de l'animal, des oignons, du pain sec, des épices et du sel, est typique du milieu rural.

■ FÊTE DES ROSES
SAINT-RÉVÉREND
Du 27 au 30 mai et du 3 au 6 juin 2016.
C'est la 22e édition de la Fête des Roses. Elle se déroulera autour de deux week-ends d'animation pour profiter de la roseraie en pleine floraison : du 27 au au 30 mai et du 3 au 6 juin 2016. Pendant ces 8 jours, visites commentées à 10h15, 14h15 et 16h15 : taille, entretien, le palissage, les greffes, le désherbage naturel, comment limiter les maladies, les insectes... Et la découverte de la gamme de produits à la rose de la Roseraie de Vendée : gelée, confitures, sirop... comment les utiliser en cuisine. Vente de rosiers fleuris en conteners.

Foires – Salons

FOIRE DES MINÉES

CHALLANS

www.foire-des-minees.fr

Du 9 au 13 septembre 2016. Entrée : 3 € (gratuit pour les moins de 16 ans).

La Foire des Minées, dont c'est la 63e édition en 2016, est une exposition commerciale et industrielle attirant des dizaines de milliers de visiteurs. D'ailleurs elle existe depuis plusieurs siècles ! A l'origine des forains s'installèrent sur un terrain vague nommé « Fief des Minées », d'où elle tient son nom. La « mine » ou la « minée » désignait alors une mesure agraire, découlant d'un impôt prélevé sur la quantité des grains vendus au marché : le « minage ». Chaque année, plus de 250 exposants s'installent dans l'enceinte du Palais de la Foire pour cinq jours d'animations, clôturés par l'incontournable spectacle pyrotechnique.

Manifestations culturelles – Festivals

FESTIVAL DE LA MAGIE

Espace culturel Le Havre d'Olonne

11, rue du 8-Mai-1945

OLONNE-SUR-MER

✆ 02 51 90 75 45

www.olonnesurmer.fr

officedetourisme@olonnesurmer.fr

Du 4 au 6 mars 2016. Tarif abonné et/ou groupe minimum 8 personnes : adulte 19 €, enfant 5 €. Plein tarif : adulte 22 €, enfant 7 €.

Pour sa 8e édition, le Festival de la Magie d'Olonne-sur-Mer va à la rencontre du public dans les communes du canton et propose un programme d'animations magiques permettant de découvrir encore et toujours de nouveaux magiciens. Infos et réservation à l'office de tourisme d'Olonne-sur-Mer, 4 bis rue des Sables - 02 51 90 75 45.

LA DÉFERLANTE

www.ladeferlante.com

De juillet à août 2016.

Festival d'arts de la rue et musique. Deux périodes : La Déferlante de printemps et La Déferlante d'Eté, dans les stations de Pornic, Saint Brevin les Pins, Barbâtre, Noirmoutier en l'Ile, Notre-Dame-de-Monts, Saint-Jean-de-Monts, Saint-Gilles-Croix-de-Vie, Saint-Hilaire-de-Riez, Les Sables d'Olonne et La Tranche-sur-Mer. Le principe : offrir une programmation riche et variée s'adressant à tous, petits et grands, avec des artistes étrangers, nationaux, régionaux et en donnant l'opportunité à nos jeunes talents de se produire face au public. Des spectacles de qualité gratuits ou avec un prix d'entrée symbolique. Pas moins de 100 spectacles et concerts sont proposés de quoi satisfaire tous les goûts.

LA 7EME VAGUE

Parc des Morinières

BRÉTIGNOLLES-SUR-MER

www.7vague.com

Du 6 au 7 mai 2016.

Après le succès de 2015 et un retour gagnant sur son site d'origine du Parc des Morinières, à 200 m de la plage, voici une 15e édition digne d'un anniversaire ! Le festival La 7e Vague, est devenu aujourd'hui incontournable dans la région, de part son envergure, sa programmation qui n'a cessé d'évoluer en qualité d'année en année, mais aussi par l'implication locale qu'elle a su mettre en place (22 associations travaillent main dans la main pour que cet événement puisse avoir lieu) soit 430 bénévoles. De la world musique au reggae, en passant par le hip-hop ou le ska, le ton du festival reste celui de l'éclectisme. Entre têtes d'affiche et découvertes, La 7e Vague propose deux jours de festivités et de convivialité autour des musiques actuelles. Le festival accueille des artistes internationaux, de grande qualité et de divers horizons musicaux. Le festival accueillera une seconde scène et une quinzaine d'artistes. En 2016 : Naaman, No One Is Innocent, Rone, Hyphen Hyphen, The Shoes, Synapson. Début des concerts à 19h.

FESTIVAL DE THÉÂTRE DE TERRE-NEUVE

Château de Terre-Neuve

FONTENAY-LE-COMTE

Du 16 au 22 juillet 2016.

Les trois coups retentissent sur la terrasse du château de Terre-Neuve où, chaque été, les compagnies les plus prestigieuses viennent offrir à un large public de grandes soirées de théâtre en plein air, avec pour fond de décor le château de Terre-Neuve. Pour sa 14e édition, le festival de Terre-Neuve proposera cinq soirées exceptionnelles de théâtre en plein air à Fontenay-le-Comte. Fidèle à sa réputation, l'événement théâtral de l'été fera une fois de plus la part belle aux grands auteurs et aux grands comédiens.

■ LES RICOCHETS
FONTENAY-LE-COMTE
✆ 02 51 53 41 49
Du 14 juillet au 12 août 2016.
Un important rendez-vous d'artistes et de compagnies qui vous feront découvrir chaque mercredi et chaque vendredi soir, de mi-juillet à mi-août, une quinzaine de spectacles gratuits de musique, théâtre, danse, cirque et arts de la rue. Ce festival des arts de la rue, dont c'est la 21e édition, propose des spectacles de rue unissant patrimoine et création ainsi que des stages pour les enfants dirigés par des artistes professionnels.

■ COLORS
LA ROCHE-SUR-YON
Du 9 au 18 juin 2016.
Colors célèbre la danse sous toutes ses formes et propose une manifestation populaire, festive et accessible à tous. C'est la manifestation de danse la plus populaire de la région avec plus de 1 000 spectateurs. Cette année, parade de rue nocturne le 18 juin en centre-ville, spectacles professionnels et amateurs dans les quartiers, ateliers d'initiation, flashmobs, animations… Renseignements : www.ville-larochesuryon.fr

■ FESTIVAL INTERNATIONAL DU FILM
LA ROCHE-SUR-YON
Du 10 au 16 octobre 2016.
Six jours de rencontres tous les ans en octobre, de films, de débats, de découvertes autour de films présentés en avant-première par des invités de renommée internationale. Plusieurs lieux de projection : le Manège, le théâtre municipal, le cinéma le Concorde, mais aussi des rendez-vous professionnels et un cœur de festival sous le chapiteau, place Napoléon. Plusieurs prix sont décernés : le grand prix du jury, attribué par un jury de professionnels du cinéma à l'un des longs métrages en compétition internationale, le prix Nouvelles Vagues Acuitis, le prix lycéen et enfin le prix du public. En 2016, ce sera la 7e édition du festival. Programme sur www.fif-85.com.

■ FESTIVAL SIMENON
LES SABLES-D'OLONNE
✆ 02 51 95 94 12
www.festival-simenon-sablesolonne.com
info@festival-simenon-sablesolonne.com
Du 11 au 19 juin 2016.
Ce festival a été créé en hommage à Georges Simenon, écrivain et romancier belge, célèbre père du commissaire Maigret, dont la ville a été le port d'attache dans les années 1940. Le Festival Simenon propose des animations dans différents quartiers de la ville : théâtre, concerts, conférences, lectures et autres manifestations populaires, avec les associations locales, mais aussi des expositions, la projection de films adaptés de l'œuvre de Georges Simenon, et les Causeries du Palais. Des conférences animées par des auteurs littéraires, des réalisateurs de films ayant adapté l'œuvre de Georges Simenon, des acteurs des films…
En 2016, année du Vendée Globe oblige, la thématique sera «maritime» ! Mais le Festival Simenon, c'est aussi le prix littéraire des Sables-d'Olonne, qui a acquis une grande notoriété. Le jury se compose de personnalités du monde littéraire et du cinéma.

■ FESTIVAL VIENS DANS MON ÎLE
Citadelle
L'ILE-D'YEU
www.viens-dans-mon-ile.com
Du 2 au 6 août 2016.
L'association « Viens sans mon île » organise, pour la 5e saison, un festival de musique sur le site de la Citadelle de La Pierre levée à Port-Joinville. Thomas Dutronc en est le parrain. Il en a d'ailleurs fait une chanson magnifique. Dans cette édition 2016 : Les Innocents, Louise Attaque, Vianney, Tryo, Synapson, Thomas Dutronc et Marina Kaye. En plus des têtes d'affiche, chaque année sera promu un artiste local en première partie. Le prix des entrées varie en fonction des spectacles. Un « Pass 3 jours » est proposé à un tarif avantageux. Pour permettre aux festivaliers continentaux de rejoindre le site, l'organisation met en place un service de navette maritime au départ de Saint-Gilles-Croix-de-Vie. Le retour est ainsi assuré en fin de soirée. Notez qu'à cette occasion, le billet de bateau (aller-retour) est proposé à un prix très attractif.

■ PRINTEMPS DU LIVRE DE MONTAIGU
MONTAIGU
Du 1er au 3 avril 2016.
Montaigu est la capitale de la culture le temps d'un week-end chaque année à l'occasion du printemps. Pour cette 28e édition, encore plus de 250 écrivains se donnent rendez-vous au théâtre de Thalie pour un week-end de fête autour du livre et de la culture. C'est un salon qui compte en Vendée et qui a eu comme président lors de la dernière édition 2015, le célèbre auteur de romans à succès Gilles Legardinier. Au-delà des séances de dédicaces et des échanges entre écrivains et lecteurs, ces 3 jours sont animés de débats et de rencontres... Montaigu met un point d'honneur à conserver sa dimension généraliste afin de présenter toute la richesse de la littérature francophone et satisfaire ainsi les goûts de tous les publics : romans, ouvrages historiques, romans du terroir, essais littéraires, biographies, romans policiers, BD, littérature jeunesse, livres d'art, actualités littéraires (premiers romans, sorties nationales, etc.). Et afin de rendre la culture accessible à tous, l'entrée du salon est gratuite depuis la 1re édition.

■ FESTIVAL DE THÉÂTRE DE NOIRMOUTIER
NOIRMOUTIER-EN-L'ILE
✆ 02 51 35 87 24
cc.salorges@ville-noirmoutier.fr
Du 8 au 20 août 2016.
Il se déroule chaque année au mois d'août dans la ville de Noirmoutier-en-l'Île en Vendée. Créé en 1993, ce festival de théâtre s'institutionnalise au fil des années et le public ne s'y trompe pas, attiré par la magie de l'art dramatique qui met en œuvre tous les acteurs dans le théâtre de plein air de la cour du château. Chaque saison, des angles de vue différents sont offerts au public afin de tisser des relations plus fortes entre l'acteur et le spectateur. Un programme riche, souvent « intimiste ». Programmation disponible sur : www.trpl.fr.

■ FESTIVAL A TOUT VENT
NOTRE-DAME-DE-MONTS

Du 8 au 11 juillet 2016.

C'est la grande fête du cerf-volant ! Chaque année en début d'été, Notre-Dame-de-Monts est envahi de milliers d'objets volants... identifiés ou non ! Le Festival A Tout Vent, c'est la fête du cerf-volant. Sur la grande plage, 200 cerfs-volistes avec parmi eux les plus grands créateurs, les meilleurs pilotes, les champions du monde et d'Europe de pilotage de cerf-volant, mais aussi les amateurs éclairés qui sont au rendez-vous pour présenter toutes les disciplines du genre : les pilotables, les statiques, les buggy-kites et kite-surfs, les bannières... De l'infiniment petit cerf-volant aux immenses angelots ou raie Manta, ils profitent tous d'un vent de « cinéma », calme et régulier, et semblent naturellement et éternellement à leur place dans le ciel montois. C'est l'un des cinq rendez-vous majeurs de la discipline en France. De l'atelier de construction à l'école de pilotage, de l'initiation aux cerfs-volants pilotables au baptême de char, des grands jeux au catamaran... Il y en a pour tous les goûts. Cette 14e édition accueille une création inédite : un concert vol de nuit sur la plage avec le groupe After the Bees, deux musiciennes nantaises.

■ FESTIVAL INTERNATIONAL SAINT-JAZZ-SUR-VIE
SAINT-GILLES-CROIX-DE-VIE

www.saint-jazz-sur-vie.com

Du 13 au 16 mai 2016 (plus gospel le 12 mai 2016 à 21h à l'église de Saint-Gilles). Tarifs : gospel 10 €, à la Conserverie : 25 € et 35 €. Réduction carte Cezam à 23 € et 33 €, sur présentation de la carte.

Le Festival international Saint-Jazz-sur-Vie se déroule chaque année, depuis 1984, durant le week-end de Pentecôte, à la salle de la Conserverie, une ancienne usine de conserves de poissons transformée en salle des fêtes. La semaine précédant la Pentecôte, toute la ville vit aux sons du jazz. Il présente un programme de classe internationale. Les plus grands noms du jazz sont passés sur la scène de la Conserverie, de Joe Turner à Ahmad Jamal en passant par Memphis Slim, Lucky Peterson, le Golden Quartet, Dee Dee Bridgewater... Cette année, en tête d'affiche des concerts : Ray Charles Tribute et Stacey Kent. Les animations au « Village du Jazz » et autres déambulations extérieures sont gratuites, seules les prestations à l'église et en salle sont payantes (places numérotées à la Conserverie). En marge de ce festival, une exposition de peintures et de sculptures, salle Baudouin, du 16 avril au 15 mai 2016.

■ LES MUSICALES DU PAYS DE SAINT-GILLES
SAINT-GILLES-CROIX-DE-VIE

Du 7 au 28 juillet 2016 (sept concerts sur le Pays de Saint-Gilles). Rendez-vous musical incontournable, le festival Les Musicales du Pays de Saint-Gilles offre 7 concerts gratuits répartis du 7 au 28 juillet 2016 sur les communes suivantes du Pays de Saint-Gilles : Saint-Gilles-Croix-de-Vie, Brem-sur-Mer, Saint-Maixent-sur-Vie, Notre-Dame-de-Riez, Coëx, Landevieille et Commequiers. Une programmation où les artistes de talents et d'horizons divers sont mis à l'honneur dans une ambiance festive et conviviale, rassemblant près de 5 000 spectateurs chaque année. La gratuité, l'éclectisme et la qualité sont les piliers fondateurs de cet événement. Renseignements auprès des offices de tourisme du Pays de Saint-Gilles.

■ LES MUSICALES DU PAYS DE SAINT-GILLES
SAINT-GILLES-CROIX-DE-VIE

Du 7 au 28 juillet 2016.

Rendez-vous musical incontournable, le festival Les Musicales du Pays de Saint-Gilles offrira à nouveau, pour cette 6e édition, 7 concerts gratuits répartis du 7 au 28 juillet 2016 sur le territoire : Saint-Gilles-Croix-de-Vie, Brem-sur-Mer, Saint-Maixent-sur-Vie, Notre-Dame-de-Riez, Coëx, Landevieille et Commequiers. Une programmation où les artistes de talents et d'horizons divers sont mis à l'honneur dans une ambiance festive et conviviale, rassemblant près de 5 000 spectateurs chaque année. La gratuité, l'éclectisme et la qualité sont les piliers fondateurs de cet événement.

■ KID'S FOLIES
SAINT-JEAN-DE-MONTS

Du 2 avril au 1er mai 2016.

Ce festival spécifiquement conçu pour les enfants fête cette année sa 26e édition. Il rassemble pendant quatre semaines les enfants et leurs parents dans un tourbillon d'activités. Ludique, culturelle et sportive, cette édition du festival Kid's Folies vous invite à découvrir un programme riche en surprises : une exposition thématique, des spectacles pour petits et grands, des ateliers, des balades à la découverte de l'environnement… Au programme des spectacles pour petits et grands, et l'occasion de découvrir l'univers magique du théâtre d'objets ou du théâtre de marionnettes. Egalement des animations sur la plage : poney, char à voile, golf... Des ateliers de découverte, de jeux et de bricolage au rythme de la nature sont à découvrir en famille, et pour clore le festival, un magnifique feu d'artifice est tiré.

FESTIVAL DE POUPET
SAINT-MALÔ-DU-BOIS ✆ 02 51 65 11 32

www.festival-poupet.com

Du 30 juin au 22 juillet 2016.

Le festival de Poupet est devenu incontournable ! Programmation de spectacles et concerts en plein air dans le cadre du théâtre de verdure de Poupet chaque année en juillet. On y rencontre aussi bien des talents inconnus que des artistes de renom. Il a reçu de grands noms de la chanson nationale tels M, Vanessa Paradis, les Dutronc père et fils, Eddy Mitchell, Johnny Hallyday, Yannick Noah, Patrick Bruel, Philippe Katerine (un Vendéen !), Cali, Dionysos… Du côté des internationaux, Sting, Ben Harper, Bob Dylan, Mika, The Cranberries, James Blunt, Pink Martini, Elton John ou encore Lenny Kravitz ont succombé au charme de Poupet. Le Festival accueille également quand l'occasion se présente des humoristes comme Jamel Debbouze, Nicolas Canteloup, Laurent Gerra, Gad Elmaleh et Marc Jolivet. En tête d'affiche de la programmation 2016 : Les Insus le 20 juillet et Indochine le 22 juillet, au château de la Barbinière à Saint-Laurent-sur-Sèvre ! Dans le théâtre, le duo Souchon-Voulzy, The Corrs, Louane, Ibrahim Maalouf, le spectacle Stomp et bien d'autres seront de la partie. A noter que, cette année, le festival fête ses 30 ans et prévoit un week-end festif gratuit, les 2 et 3 juillet, dans la vallée de Poupet.

■ **FESTIVAL MUSIQUES À LA CHABOTTERIE**
Logis de la Chabotterie – Montréverd
SAINT-SULPICE-LE-VERDON ✆ 02 51 43 31 01
Du 22 juillet au 3 août 2016. A l'occasion du 20e anniversaire du festival, profitez de rencontres privilégiées et inédites autour de la « Folia » ou Folies d'Espagne, musique baroque née au XVe siècle qui a notamment servi les œuvres de Lully, Campra ou Corelli. Sous la direction artistique du chef Hugo Reyne, vous passerez des soirées d'exception à la Chabotterie et découvrirez les brillantes interprétations de la Simphonie du Marais et des ensembles Baroque Nomade de Jean-Christophe Frisch, Donaïres d'Ana Yepes, ou Janequin de Dominique Visse.

■ **FESTIVAL DANS LES JARDINS DE WILLIAM CHRISTIE**
THIRÉ – www.vendee.fr
Du 20 au 27 août 2016 (renseignements et réservations : Téléphone : 02 51 44 79 85 et à partir du 1er juin 2016 : 02 28 857 857). Entrée : 20 €. Tarif réduit : 10 €.
Du samedi 20 au samedi 27 août 2016 se déroulera la 5e édition du festival de musique baroque Dans les Jardins de William Christie, événement organisé par les Arts Florissants en partenariat avec le Département de la Vendée. Les rencontres musicales proposées durant ce festival réuniront pour une série de concerts de jeunes artistes de la Juilliard School de New York, des chanteurs du Jardin des Voix et des instrumentistes des Arts Florissants dans un cadre idyllique et propice à la création. Claveciniste, chef d'orchestre de renommée internationale, musicologue et enseignant, William Christie propose, avec son directeur associé Paul Agnew, un voyage original et inédit dans un jardin remarquable.

Manifestations sportives

■ **FETE DU VELO – VEL'OCEANE**
BEAUVOIR-SUR-MER
✆ 02 51 93 19 75 – www.veloceane.fr
Le 1er octobre 2016. Réunissant plus de 5 000 participants, cette manifestation est l'occasion de parcourir à vélo l'environnement exceptionnel du Pont-d'Yeu tout au long de parcours sécurisés et ponctués d'animations, en famille. Tranquillement, à votre rythme, laissez-vous guider sur des circuits offrant des points de vue inoubliables. Respirez l'air iodé et (re) découvrez les paysages emblématiques de Beauvoir-sur-Mer et ses environs.

■ **LES FOULEES DU GOIS**
BEAUVOIR-SUR-MER
www.lesfouleesdugois.com
Le 12 juin 2016 (renseignements à l'office de tourisme ✆ 02 51 68 71 13). Cette course est un défi contre l'océan sur un site touristique unique : Le Gois. Créée en 1987, cette épreuve originale, unique et imprévisible, demeure une référence pour tout athlète de renommée internationale. La course des As est l'événement majeur de la journée réunissant l'élite du marathon international. Elle reste une occasion incomparable de défier les éléments en réalisant une performance physique et psychologique. Les athlètes doivent vaincre la mer par les vagues, les vents de travers et les courants. Chaque minute compte pour la devancer.

LES 100 KILOMETRES DE VENDÉE

CHAVAGNES-EN-PAILLERS ✆ 02 51 42 32 42

www.100kmdevendee.com

Le 7 mai 2016. C'est la 29e édition. Depuis plus de deux décennies, la petite commune de Chavagnes-en-Paillers organise cette course pédestre réputée. Le départ a lieu à 5h ; le circuit comprend une mini-boucle de 778 m plus 6 boucles de 16,537 km. Cette épreuve est classante à Label Régional. Il est ouvert à toute personne, licenciée FFA ou FFT ou non licenciés. Attention, joggeurs du dimanche, c'est une course qui nécessite de l'entraînement et une bonne condition physique.

COURSE NEW YORK – LES SABLES-D'OLONNE

NOUVEAU

Port Olona

LES SABLES-D'OLONNE

info@opensportsmanagement.com

Du 29 mai au 12 juin 2016 (départ : New York).

C'est la première édition de cette nouvelle course à la voile de la classe Imoca. Cette transat en solitaire reliera New York aux Sables-d'Olonne. La grande majorité des concurrents du Vendée Globe va s'élancer à l'assaut de l'Atlantique d'ouest en est, dont Vincent Riou, Armel Le Cléac'h, Jérémie Beyou, Tanguy de Lamotte, Yann Eliès, Jean-Pierre Dick, Alex Thomson... Un parcours de 3 100 milles pour relier New York aux Sables-d'Olonne. Après un prologue Newport-New York les 21 et 22 mai, puis une course le 27 à New York, les concurrents partiront le 29 mai. Les premiers concurrents sont attendus vers le 6 juin aux Sables-d'Olonne. Il y aura le 11 juin une course pro aux Sables avant la soirée de clôture et la remise des prix.

VENDEE GLOBE

LES SABLES-D'OLONNE

www.vendeeglobe.org/fr

A partir du 6 novembre 2016.

La 8e édition du tour du monde à la voile en solitaire sans escale et sans assistance partira des Sables-d'Olonne le 6 novembre 2016 à 13h02. A l'heure où nous imprimons, la liste des skippers n'est pas encore définitive, mais ils sont déjà 27 skippers officiellement inscrits, parmi lesquels 16 ont déjà vécu l'expérience Vendée Globe ! C'est le cas de Vincent Riou, Armel Le Cléac'h, Jérémie Beyou, Arnaud Boissières, Yann Eliès, Bertrand Bebroc, Alex Thomson, Sébastien Josse, Jean-Pierre Dick... et le vieux briscard Jean Le Cam, dont ce sera la 4e participation. S'ensuivront trois mois de course, au cours desquels les skippers seront livrés à eux-mêmes pour franchir les trois grands caps de Bonne Espérance, Leeuwin et Horn, puis remonteront l'Atlantique pour rejoindre les Sables-d'Olonne.

GRAND PRIX DE LA MEULE BLEUE

L'ILE-D'YEU

Le Grand Prix de la Meule Bleue est né d'une idée délirante de Philippe Guilloteau et de Philippe Maindron (le créateur du Festival de Poupet) pour les 14 ans de leur entreprise, Maison Bleue. Une initiative «anti-crise» avec de belles valeurs : le partage pour une aventure unique, le lâcher prise pour créer la cohésion et surtout l'humour pour combattre la morosité. L'équipe organisatrice est composée de 20 chefs d'entreprise vendéens. Pour participer il vous faut : une entreprise, une meule bleue, un casque rose, un peu de folie et beaucoup de positive attitude... Enfourchez votre jolie monture et c'est parti pour un pur moment de liesse ! Fort du succès de cette première édition, on repousse les limites, avec un pari fou : ouvrir l'événement au niveau national et atteindre la barre des 1 000 chefs d'entreprise ! Pour ce faire, la Meule Bleue fera son tour de France à la rencontre des entrepreneurs de chaque région. Dans chaque ville-étape, l'équipe rencontrera les élus et les acteurs économiques pour leur faire découvrir l'événement et les valeurs qui l'animent et rallier le plus grand nombre à la cause «Meule Bleue». Objectif final : la Meule Bleue à l'assaut de la capitale française !

Ponton du village du Vendée globe.

■ LES REGATES DU BOIS DE LA CHAIZE

Plage des Dames – NOIRMOUTIER-EN-L'ILE

Du 5 au 7 août 2016.

Les Régates du Bois de la Chaize sont aujourd'hui l'un des plus importants rassemblements de voiliers traditionnels de la côte atlantique. C'est la 27e édition. Chaque année, début août, l'association La Chaloupe, invite tous les voiliers à se retrouver pour naviguer dans la baie de Bourgneuf : bateaux classiques, Belle Plaisance, en bois, ou répliques de bateaux anciens, petites et grandes unités (gréements marconi, phares carré, houari ou aurique). La plage des Dames est l'épicentre de ces régates. L'événement rassemble ainsi près de 140 voiliers en bois, 600 équipiers, et plus de 20 000 spectateurs sur l'île de Noirmoutier. Parmi les belles unités ayant participé : Le Belem, Pen Duick, Pesa, Babar, Le Spray, La Recouvrance, le H.M.S Rose, l'Osterschelde, le Swan, le Renard, Joshua, Notre-Dame de Rumengol et Deux Frères… La manifestation dure trois jours, à terre et en mer. De nombreuses animations sont offertes au grand public dans le centre-ville de Noirmoutier (chargement du sel, débarquement des tonneaux de vin, évolutions d'une sardine géante transformiste...). Les Régates se clôturent par une grande parade de toute la flotte en baie jusqu'au vieux port de Noirmoutier.

■ CAVAL'OCÉANE – FÊTE HIPPIQUE

SAINT-JEAN-DE-MONTS

Du 17 au 18 septembre 2016.

Concours de saut d'obstacle organisé le temps d'une marée basse, animations, baptêmes à cheval, animations ludiques en calèche, démonstrations reprise de dressage et jeux équestres. Pour les enfants, baptêmes à poney, petits chevaux de bois, et de magnifiques spectacles avec des numéros de voltige et de dressage. Tout ça sur la plage, entre la cale 1 et la cale 6.

■ TRIATHLON INTERNATIONAL DE SAINT-JEAN-DE-MONTS

www.vendee-triathlon-athle.com

Du 25 au 26 juin 2016. Le Triathlon International de Saint-Jean-de-Monts (32e édition en 2016), est une course très réputée qui regroupe 350 triathlètes, sur un parcours spectaculaire, (parcours natation à l'australienne). Distance : 1 500 m de natation en mer, 40 km à vélo, 10 km à pied. Egalement le même jour le Triathlon Découverte (20e édition). Epreuve individuelle ouverte à tous. Distances : 300 m de natation, 15 km à vélo, 5 km à pied.

Spectacles historiques – Son et lumière

LA CINESCENIE DU PUY DU FOU LES EPESSES ✆ 08 20 09 10 10

www.puydufou.com

Du 4 juin au 10 septembre 2016 (les vendredis et samedis à 22h30 en juin et juillet et à 22h en août et septembre). Entrée : 26 €. Enfant : 18 €. Forfait Cinéscénie + Grand Parc, adulte : 50 €, enfant : 32 €. Label Tourisme & Handicap. Créée il y a plus de trente-cinq ans, la Cinéscénie du Puy du Fou est une incroyable superproduction de près de deux heures. Interprété par 3 650 bénévoles, ce spectacle raconte le destin symbolique de la famille Maupillier, du Moyen Age à la Seconde Guerre mondiale. Cette légende rythmée et moderne se déploie sous les yeux des 13 500 spectateurs avec toutes les technologies les plus récentes sur les 23 hectares de la scène la plus vaste au monde. Chaque représentation met en scène 1 600 comédiens, 170 cavaliers, et mobilise 80 techniciens et 400 personnes pour l'accueil et la sécurité du public. Elle nécessite 24 000 costumes, 1 000 pièces d'artifice par soir, 3 000 projecteurs, 150 jets d'eau, des vidéoprojections en mapping 3D… Le système de diffusion du son en 7.1 est spécialement conçu pour immerger le spectateur dans l'action. La musique originale du spectacle est signée Nick Glennie-Smith (compositeur vedette d'Hollywood) et les plus grands comédiens français ont prêté leur voix au spectacle (Philippe Noiret, Gérard Depardieu, Alain Delon, Jean Piat, Michel Duchaussoy, Robert Hossein…). Le Puy du Fou a repensé en profondeur la lumière de la Cinéscénie et a équipé l'immense scène de 400 projecteurs led supplémentaires à très basse consommation. Imaginées par le célèbre designer lumière Koert Vermeulen, ces nouvelles lumières ont été conçues sur mesure pour sublimer le spectacle et épouser chaque personnage, chaque déplacement des acteurs, chaque élément de décor servant la mise en scène grandiose. La Cinéscénie, c'est 28 représentations de juin à mi-septembre avec 13 500 spectateurs par représentation. Renseignements pour les dates : www.puydufou.com

Les manifestations nautiques aux Sables-d'Olonne en 2016

Amateurs de voile, l'agenda 2016 sera chargé aux Sables-d'Olonne, dont l'événement majeur de cette année 2016 sera sans conteste le prochain départ du Vendée Globe, la course à la voile en solitaire sans escale et sans assistance, au départ (et à l'arrivée) des Sables-d'Olonne. Voici quelques événements nautiques qui se dérouleront durant la saison 2016 :

- **du 15 au 24 avril 2016 :** La Solo Maître Coq
- **du 4 au 7 mai 2016 :** La Vendée Va'a
- **du 29 mai au 12 juin 2016 :** New York – Vendée / Les Sables-d'Olonne
- **du 25 au 26 juin 2016 :** Océan Festival (initiations et baptêmes gratuits)
- **départ le 24 juillet 2016 :** Les Sables – Les Açores – Les Sables
- **le 6 novembre 2016 :** départ du Vendée Globe

L'Ile-d'Yeu – Port de la Meule.

© A. LAMOUREUX – VENDÉE EXPANSION

LES ÎLES ET LE PAYS DE MONTS

LES ÎLES ET LE PAYS DE MONTS

ÎLE D'YEU

Véritable joyau de la Vendée, une île au trésor resurgit des flots pour notre plus grand plaisir. Morceau d'Armorique échoué au sud, l'île d'Yeu est par sa nature « un grain détaché du chapelet des îles bretonnes », citation du docteur Viaud. Le vestige historique le plus spectaculaire de l'île est certainement le Vieux-Château, qui se dresse fièrement au-dessus de l'océan. Construit au milieu du XIVe siècle, son architecture fut complétée aux XVe et XVIe siècles. L'habitat de l'île d'Yeu est d'origine poitevine avec la blancheur crue de ses façades blanchies à la chaux, les toits revêtus de tuiles demi-rondes, l'absence d'étages et d'ornements. La population même semble avoir plus de faconde que dans le reste du département. L'île présente deux aspects radicalement différents. La côte sauvage occupe la façade maritime tournée vers l'océan, c'est incontestablement la plus belle partie maritime de la Vendée. Orientée au sud-ouest, entièrement rocheuse, elle lance ses falaises abruptes vers l'océan en tolérant de délicieuses petites criques où il fait bon se reposer. En haut de la falaise, ce sont la lande marine, les pelouses et les friches qui envahissent l'ancien Bocage. L'autre façade, tournée au nord-est vers le continent, offre un aspect beaucoup moins tourmenté avec ses douces plages, ses dunes, ses forêts de pins, puis Port-Joinville, chef-lieu de l'endroit. En 23 km^2, 10 km de long pour 4 km de large, une petite merveille d'île longtemps vouée à la pêche, orientée également vers le tourisme depuis 1960. Notre conseil : privilégiez le printemps ou l'automne pour profiter des charmes de l'île à des moments calmes et agréables, n'hésitez pas à venir même en hiver : la température est toujours plus douce que sur le continent, les lumières sont merveilleuses et la couverture nuageuse, éventuelle, a souvent le bon goût de vous survoler sans pluie avant d'aller arroser les continentaux. Vous pourrez avoir de riches contacts avec les Islais, comme ils se nomment eux-mêmes, gens charmants à l'esprit ouvert vers le grand large et tolérants. Notre supplique : abandonnez votre voiture, respectez la faune et la flore de l'île. L'île est si petite et si belle que quel que soit le chemin pris, votre appétit de découverte vous la fera parcourir en entier, à vélo ou à pied. Pour les cyclistes, l'office de tourisme propose trois circuits très bien faits.

Comment se rendre sur l'île d'Yeu

Eloignée de 17 km de la côte, Yeu est l'île la plus éloignée du continent après la Corse. Vous pourrez donc vous y rendre par les voies maritimes. Les traversées sont possibles toute l'année et tous les jours, la liaison dure de 35 minutes à 45 minutes. Deux compagnies maritimes, La Campagnie Vendéenne et Yeu Continent, vous conduiront sur l'île depuis certaines stations du continent : Fromentine (toute l'année), Noirmoutier, Saint-Gilles-Croix-de-Vie (avril à septembre). Il existe également un moyen plus rapide pour s'y rendre – et que ceux qui n'ont pas le pied marin apprécieront : l'hélicoptère.

■ **OFFICE DE TOURISME**
Rue du Marché ✆ 02 51 58 32 58
Voir page 14.

Un peu d'histoire....

L'île d'Yeu – insula Oya – se serait constituée il y a environ 360 millions d'années. Les premières traces d'habitations et d'occupation humaine remontent à l'ère glacière. L'île possède d'ailleurs beaucoup de traces de monuments mégalithiques témoignant de la présence de l'homme au néolithique. Au IVe siècle, saint Martin de Vertou vient évangéliser l'île et édifier la première église au bourg de Saint-Sauveur. Un château en pierre est construit par Olivier de Clisson au XIVe siècle. L'île fut envahie par les Anglais – entre les XVe et XVIIe siècles – puis par les Espagnols vers 1550. Louis XIV détruit finalement le château pour qu'il ne tombe pas aux mains de l'ennemi. En 1785, Louis XVI achète l'île afin d'affermir son pouvoir et de maîtriser la contrebande du sel et du tabac. Autre anecdote : durant la guerre de Vendée, le blocage de 6 000 soldats anglais des troupes royalistes du comte d'Artois – futur Charles X – venus aider Charette. Dernier épisode marquant de l'île : l'exil du maréchal Pétain qui fut enfermé à la citadelle de l'âge de 90 ans à sa mort.

Île d'Yeu

Jean-Baptiste Nény
Mars 2011

LA CALÈCHE D'ABELLA
✆ 06 84 35 88 85
abella.gaubert@wanadoo.fr

Fermé d'octobre à mars. Ouvert à partir de 11h et à partir de 14h30. Pendant la période scolaire ouvert uniquement les mercredis, samedis et dimanches. Vacances scolaires : ouvert tous les jours. Adulte : 10 €. Enfant (de 5 à 12 ans) : 8 € (4 € pour les moins de 5 ans). Circuit commenté d'une heure à 11h et 14h30. Réservation conseillée.

Découvrez l'Ile d'Yeu au rythme du cheval. Abella Gaubert, monitrice d'équitation diplômée vous propose plusieurs circuits au départ de Port-Joinville (circuit commenté d'une heure à 11h et 14h30). Le plus emprunté est le circuit de Saint-Amand qui passe par la «rue des Mariés» et devant la maison de repos du Maréchal Pétain. Il comprend également la visite de la citadelle et le retour se fait par la côte. Et tout ça à l'allure du cheval de quoi permettre de prendre de belles photos et de profiter du paysage. Sur réservation : sorties à l'occasion d'un mariage, longues balades à thème (coucher de soleil, pique-nique, anniversaire).

OYA VENDEE HELICOPTERES
5, rue Gabriel-Guist'hau
Port-Joinville ✆ 02 51 59 22 22
oya-vendee-helico.com
contact@oya-helico.com

Ouvert tous les jours. Baptême vol découverte : 25 € par personne, tour de l'île : 275 € (tarif pour 5 personnes). Aller simple Fromentine-île d'Yeu : 98 € pour un adulte, 78 € pour un enfant, 44 € pour un islais..

Depuis 1987, plusieurs générations d'hommes et d'hélicoptères se sont succédé pour relier l'île d'Yeu au continent au moyen d'une liaison aérienne régulière. Oya Vendée Hélicoptères assure la continuité de cette histoire depuis 2008. Cette compagnie vous conduira pour vos déplacements privés, professionnels, touristiques et événementiels, depuis l'héliport de Fromentine vers l'île d'Yeu à Port-Joinville. C'est la façon la plus rapide d'aller sur l'île, environ 10 minutes de traversée, qui vous apportera le plein d'émotions et de sensations tout en vous faisant découvrir les charmes de la côte vendéenne. Un excellent moyen de voyager rapidement tout en admirant le paysage. La compagnie propose plusieurs vols : baptême (vol découverte de 4 minutes au prix de 25 €), tour de l'île en hélicoptère avec décollage depuis Port-Joinville en direction de la pointe du But, où vous admirerez successivement la côte sauvage avec la pointe du Chatelet et le vieux château. Tarif pour 5 personnes : 275 €. Autres balades : le tour de Noirmoutier, des formules «sur mesure», et enfin le saut parachute en hélicoptère. Alors offrez-vous la balade, c'est merveilleux et l'accueil est charmant.

PETIT TRAIN RATATA
Quai de la Chapelle
✆ 06 07 99 91 92
Départ du circuit au parking de la Chapelle – Port-Joinville (près de l'héliport, à 100 m des embarcadères)

Fermé d'octobre à mars. Circuits commentés de 2 heures à 10h30, 14h et 16h30. (minimum de 8 personnes). Hors saison : minimum 20 personnes.

Le nom de Ratata est un peu une institution sur l'île d'Yeu. Quand vous descendez du bateau qui vous amène du continent, il n'est pas rare de voir les petites pancartes Ratata pour proposer les services de visites guidées de l'île. Cette excursion en petit train est privilégiée par les familles et les personnes âgées qui bouderaient le vélo qui, il faut le dire, est le moyen de locomotion le plus utilisé pour visiter l'île, mais la visite avec le Petit Train Ratata est commentée et permet d'apprendre plein de choses sur l'île. Plusieurs circuits sont proposés (circuit de 2h en juillet et août, 3h de mai à septembre) avec de nombreux arrêts sur les plus beaux sites de l'île comme le port de la Meule, l'anse des Broches, l'anse des Sabias et sa vue sur le vieux château. Sachez qu'il est aussi possible de louer ce petit train pour les fêtes et mariages.

Points d'intérêt

LA CHAPELLE DE LA MEULE ★★

Non loin du pittoresque petit port de la Meule, une adorable petite chapelle blanche, dédiée à Notre-Dame-de-Bonne-Nouvelle, protectrice des marins. C'est sans doute l'un des plus anciens témoignages religieux encore présents de l'île. Ce serait l'œuvre des moines bâtisseurs qui s'établirent dans l'île au début du XIe siècle et édifièrent entre autres l'église Saint-Sauveur. La première mention de cette chapelle apparaît vers 1040, elle est alors citée sous le nom de Sainte-Marie. Fidèlement entretenue et restaurée au cours des siècles dans sa simplicité originelle, la modeste chapelle fut de tout temps l'objet de la vénération des Islais qui s'y rendent encore en pèlerinage au lundi de Pâques et au 15 août.

LA CITADELLE OU FORT DE PIERRE-LEVÉE ★★
Près de Port-Joinville

Cour intérieure ouverte toute l'année. Visite libre.

Edifiée de 1858 à 1866 à l'emplacement d'un haut menhir, d'où son nom de Pierre Levée. Construite pour protéger l'île, cette citadelle devient rapidement une prison politique pour tous ceux que l'on ne pouvait éliminer mais que l'on préférait voir loin du continent. Elle est intéressante pour le petit bois de chênes verts qui l'entoure et la mémoire de ceux qui y furent emprisonnés : des Austro-Hongrois pendant la Première Guerre mondiale, des communistes dont Jacques Duclos en 1939, le maréchal Pétain de 1945 à 1951, des Basques et bien d'autres encore.

LE GRAND PHARE ★
Route de l'Aérodrome – Ker Gigou
✆ 02 51 26 06 49

Basse saison : ouvert le mercredi, le vendredi et le samedi de 10h à 12h30 et de 14h30 à 16h30. Haute saison : tous les jours de 10h à 12h30 et de 14h30 à 18h (dernière visite à 17h30). Adulte : 3,50 € (ou 2 € sur présentation du ticket Vieux Château). Enfant (de 7 à 18 ans) : 1,50 €.

Malgré les nombreux naufrages et les demandes réitérées de la communauté maritime, ce n'est qu'en 1829, suite au naufrage d'une gabarre de la Marine royale, que les pouvoirs publics mirent en œuvre la construction d'un phare à huile de 29 m de haut sur l'emplacement d'un ensemble mégalithique dénommé Petite Foule. L'intensité lumineuse produite par la combustion des huiles s'avérant insuffisante pour assurer une bonne visibilité, le Grand Phare fut doté d'un feu tournant électrique d'une portée supérieure en 1895. Détruit en août 1944, il fut remplacé dès 1951 par un nouveau phare, aux lignes modernes afin de sécuriser la navigation au sud de la Loire. Haut de 41 mètres, ce phare de 1re catégorie domine de 56 m la haute mer et porte son éclat blanc jusqu'à 30 miles.

LA POINTE DE LA TRANCHE ★

A cet endroit, les amateurs de plongée sous-marine savent qu'ils feront les plus belles plongées de l'Atlantique. Sur la pointe de La Tranche tout au sud de l'île, l'anse des Soux et sa grotte marine. L'anse des Fontaines et l'anse des Vieilles sont, quant à elles, plus propices à la baignade. D'ici, on a la vue la plus étendue sur la Côte sauvage. On trouvera ensuite la magnifique anse des Soux et sa grotte, puis le minuscule mouillage – dernier descendant d'un ancien port très connu pendant l'Antiquité – et la plage des Vieilles, qui en été porte mal son nom.

LA POINTE DES CORBEAUX ★

Elle se situe à l'extrême sud-est de l'île, à proximité du hameau de la Croix. Elle marque la cassure entre la Côte sauvage et les grandes plages. Constituant la pointe extrême de l'île, elle apparaît sur les cartes comme une longue tête effilée. A l'époque préhistorique, un mégalithe se dressait sur cette pointe. Il y fut détruit vers 1657 pour y édifier une redoute. Mais en 1862, l'ouvrage fut rasé afin d'y construire un phare, le phare des Corbeaux, d'une hauteur de 19,20 m, mis en service en 1860, dynamité en 1944 puis rebâti en 1950 selon une architecture Art déco. La pointe des Corbeaux tiendrait son nom d'une légende racontant qu'autrefois deux corbeaux blancs régnaient sur l'île et rendaient la justice en départageant les plaignants.

LA POINTE DU BUT ★

Pointe Nord à proximité de l'Anse des Broches

Au sud-ouest de l'île. C'est pour signaler le dangereux écueil rocheux des Chiens-Perrins que l'on y mit une tourelle balise lumineuse et une corne de brume sur la pointe. Vous pourrez admirer la Planche à Puare, une tombe mégalithique. Non loin de la pointe du But, Le Caillou Blanc, ensemble de pierres blanches est un filon de quartz très dur qui fait saillie dans les gneiss et micaschistes du littoral du nord-ouest. Une sorte de balisage maritime naturel pour les navigateurs. Autres monuments mégalithiques, le dolmen des Petits-Fradets et l'allée couverte des Tabernaudes se trouvent un peu avant la pointe du But.

LA POINTE DU CHATELET ET LA PLAGE DES SABIAS ★

A proximité du hameau de Ker Chauvineau

Encore un des nombreux sites de l'île à voir absolument. Elle se trouve au sud de la pointe du But. La pointe du Châtelet est la presqu'île de la côte sauvage, avec une plage : la plage des Sabias. Un alignement de cabanes de pêcheurs caractérise l'arrivée sur cette plage. A son extrémité, un calvaire se dresse sur son socle en forme de proue de navire – érigé en mémoire des marins disparus en mer.

LE PORT DE LA MEULE ★★

Une longue crique dans les rochers. Petit port de caseyeurs témoignant de la richesse des fonds marins en crustacés aux abords de l'île. La Meule tire l'originalité de son paysage de l'apparente faiblesse de sa protection contre l'océan. Ce petit port est de configuration naturelle, seulement renforcé d'une courte digue au XIXe siècle. Le village, l'un des plus anciens de l'île, a été sagement construit en arrière à la suite de plusieurs raz-de-marée anciens. Toutes les ruelles, avec leurs maisons blanches, vont en direction de la rue principale qui descend, elle, vers le port. Sur les hauteurs de ce petit port pittoresque, dans la lande environnante, une adorable petite chapelle. La chapelle Notre-Dame-de-Bonne-Nouvelle, à la façade blanche et aux volets bleus, surplombe le port de la Meule. Elle a été érigée au XIe siècle et fut dédiée à la Vierge, protectrice des marins.

Le Vieux château.

PORT-JOINVILLE ★

La situation actuelle de Port-Joinville ne peut se comprendre sans retracer brièvement l'histoire maritime de l'île. L'île fut un centre de cabotage important pendant des siècles. Professionnels du transport côtier, les Islais transportaient les vins de Bordeaux et affrétaient des navires pour qui le souhaitait du Portugal à Rotterdam. Appelé Port Breton, Port-Joinville connaît une activité d'autant plus importante que l'exonération d'impôts et de taxes dont elle bénéficie en fait un lieu de contrebande important. Louis XVI y mit bon ordre en rachetant l'île en 1785. Deux peuplements très importants ont influencé l'histoire de Port-Joinville : un peuplement basque au patronyme de Turbé avec des techniques de pêche au thon communes avec celles de Saint-Jean-de-Luz, et un peuplement breton au XIXe siècle, grande période des conserveries. Port-Joinville compta jusqu'à 900 marins. Longtemps premier port thonier de la côte atlantique, l'île d'Yeu voue encore à la pêche une place active, débarquant sur ses quais : bars, lottes, merlus, soles, turbots, dorades, merlus...

SAINT-SAUVEUR

Un village, au centre de l'île, ancienne capitale du lieu, et où les habitants n'ont pas été épargnés par l'histoire. Pillages normands, occupations anglaise et espagnole lui causèrent d'importants dégâts. L'incendie de 1953 détruisit le clocher qui fut pendant des siècles le premier amer pour les marins revenant d'Amérique et pour qui l'île d'Yeu était souvent le premier port d'atterrage, comme on disait alors. Sur le parvis de l'église, deux pierres bénites dites pierres d'attente des morts sur lesquelles devaient être posés les cercueils lors de l'attente des convois funèbres. (Possibilités de visites guidées de la commune).

LE VIEUX-CHÂTEAU ★★

✆ 02 51 58 32 58 / 02 51 26 06 49 (Service Patrimoine)

Adulte : 5 € (ou 3,50 € sur présentation du ticket Grand Phare). Enfant (de 7 à 18 ans) : 1,50 €. Visite guidée (en juillet et août tous les jours, à partir de 11h (dernière visite à 17h30). D'avril à juin et septembre : mardi, jeudi, samedi et dimanche – visites à partir de 11h ; dernière visite à 16h30).

Un château de rêve, dont la pierre noire rappelle irrésistiblement les légendes de la Table Ronde ou L'Ile noire, chère aux Tintinophiles. Sur le site exceptionnel constitué par un îlot rocheux particulièrement escarpé, on construisit au XIVe siècle, sous l'égide d'Olivier de Clisson, un château fort bénéficiant des meilleures douves qui soient, puisque constituées par la mer et la falaise. Il faut franchir l'impressionnant pont-levis et découvrir, à partir de la cour intérieure, les vestiges du château en partie ruiné. Il fut démantelé sur ordre de Louis XIV après avoir subi les attaques dues aux affrontements entre Français, Anglais et Espagnols. Refuge pour la population insulaire durant ces nombreuses incursions qui jalonnent son histoire, la visite guidée de cette forteresse du Moyen Âge permet d'évoquer l'architecture militaire du XIVe au XVIIe siècle et les conditions de vie sur une île sous l'ancien régime. On retiendra la tour qui se dresse à gauche en entrant, avec ses salles splendides aboutissant à une tourelle digne d'un film d'Hitchcock. Impressionnant de beauté sauvage, ce Vieux-Château restera gravé dans votre mémoire. Il a été classé monument historique en 1890.

Le couvert

LES BAFOUETTES

8, rue Gabriel-Guist'hau
Port-Joinville
✆ 02 51 59 38 38
lesbafouettes@orange.fr

Fermé en janvier. Basse saison : ouvert du mardi au samedi le midi ; le vendredi et le samedi le soir. Haute saison : du mardi au dimanche. Menus de 35 € à 55 € (menu homard à 85 €). Formule du midi : 26,50 € (en 3 plat). Traiteur.

Un peu en retrait du port, dans une petite rue au calme, c'est la meilleure table de l'île, et sans conteste la plus gastronomique. Et même si le cadre est simple, les différentes plaques ornant la façade renseignent sur la qualité de la cuisine. Maître Restaurateur, la cuisine de Stéphane Gilot est fine, soignée et goûteuse, les produits frais y sont mis en lumière dans une carte courte. Gros plan sur le foie gras vendéen cuit en terrine, quenelle glacée au poivre de séchouan et poire vigneronne. Les plats oscillent entre viandes et poissons, avec cet hiver une morue dessalée en croûte de chorizo, coulis aux petits pois à la menthe, risotto à la tomate confite et pointes vertes ou filet de canette contisé au foie gras, pomme au gingembre, beignet de vitelotte, sauce caramélisée cassis. Côté desserts, il y a toujours une douceur au chocolat, mais nous avons opté pour le baba flambé au vieux rhum, poêlée de raisins et ananas, jus exotique, crème montée à la réglisse. L'été, une mini-terrasse est dressée dans la rue.

LE BAR DE LA MEULE

Port de la Meule
✆ 02 51 59 57 32

Fermé de novembre à mars. Haute saison : ouvert tous les jours. Carte : 40 € environ.

C'est avant tout le lieu, pour son côté pittoresque, qui nous plaît. En effet, ce bar-restaurant est situé au petit port de la Meule. À l'heure du déjeuner, les cyclotouristes accaparent le lieu et la terrasse se remplit très rapidement. Le lieu a beaucoup de succès, aussi on vous conseille fortement la réservation. Cet établissement, qui a connu ses heures de gloire il y a plusieurs années, avait baissé en gamme suite aux changements de propriétaires, mais avec la direction en place depuis plus de 2 ans, il a repris des galons même si l'addition reste assez salée. Mais on vient surtout ici pour la vue sur l'adorable petit port et pour déguster les spécialités de patagos (des coquillages autrement appelés vénus) à la crème avant de conclure sur la fameuse tarte islaise (aux pruneaux). Aux ardoises s'affichent les quelques plats proposés : moules, homard ou encore pièce de bœuf en sont les spécialités. Le bémol : les prix assez élevés et les quantités (un peu justes pour les bons appétits, surtout après des heures de vélo !), mais c'est sans doute le prix de la singularité du lieu et quand on aime, on ne compte pas !

Port Joinville.

LA CRÊPERIE BLEUE

Quai de la Mairie ✆ 02 51 58 71 95
lableue@orange.fr

Ouvert toute l'année. Basse saison : du jeudi au lundi. Haute saison : tous les jours.

Facilement repérable à ses volets bleus, ses fleurs aux fenêtres et à son nom affiché en grand sur la façade blanche, la charmante maison est ancrée sur le port, non loin de la mairie. Le cadre est tout aussi sympathique offrant même un petit patio à l'intérieur. Les galettes et crêpes de cette adresse ont bonne réputation. La carte fait envie et propose des galettes originales et très bonnes comme l'Audacieuse aux pommes et chèvre, la Saugrenue avec steak haché, cheddar, sauce thaï sucrée-salée ou la Coup de foudre avec chèvre, chorizo, piment et miel, des moules, mais aussi des plats mijotés en hiver comme la cocote, une spécialité de la maison servie chaque semaine. Côté crêpes là aussi des spécialités uniques comme la 8 Mètres avec menthe fraîche, cassonade, flambée au rhum ou encore la Patachon à base de pommes cuites à la cannelle et caramel au beurre salé. Et si vous n'êtes pas branché galettes, d'autres suggestions comme l'assiette de poissons fumés (thon, saumon et merlu aux baies roses) et ses toasts en entrée, et le charivari : légumes et émincé de bœuf sautés à l'ail, au piment, à la citronnelle et à la sauce soja, accompagnés de riz thaï. Une bonne crêperie.

LE PORT BARON

5 bis, rue Georgette ✆ 02 51 59 15 88
baron_michel@hotmail.com

Ouvert toute l'année. Basse saison : du mardi au samedi le midi et le soir ; le dimanche midi. Haute saison : du mardi au dimanche le midi et le soir. Menu unique à 36 € (plat seul : 26 €, plat + entrée ou dessert : 30 €). Formule du midi : 16,50 € (en 2 plats ou 19,50 € de l'entrée au dessert). Terrasse.

Le Port Baron (deuxième du nom) affiche son esprit « bistrot » convivial. La cuisine est ouverte sur une première petite salle, une autre se trouve à l'étage et l'on retrouve deci-delà les objets du « premier » Port Baron, comme la bibliothèque. Le plus du lieu : une terrasse qui offre une vue sur les toits du port Joinville. Le chef, Michel Baron, y concocte une cuisine du marché à base de produits frais, autour d'une formule bistrot proposée le midi, remplacée par une formule « gastronomique » et fruits de mer le soir. Le jour de notre passage le menu du midi proposait un croustillant de thon au coulis de tomate et basilic (un des plats signatures du chef), une fricassée de morgattes (seiche) à la sétoise, puis en dessert la fameuse tarte islaise (la tare aux pruneaux, spécialité incontournable de Yeu). Plus cher, le menu du soir suggérait un clafoutis de langoustines aux cèpes, une fricassée de lotte, légumes et girolles ou un magret de canard aux airelles et une crème brûlée à l'orange. Sur commande, le chef propose des plats à base de homard : en tajine ou thermidor, ainsi qu'une bourride de lotte et langoustines.

SNACK MARTIN

Port Joinville
18, rue de la République ✆ 02 51 58 52 68

Ouvert d'avril à la toussaint.

Qui ne connaît pas le Snack Martin ? Situé à Port Joinville, cachée juste derrière le port, le Snack Martin est abrité dans une de ces maisons typiques islaises à la façade blanchie à la chaux et aux volets bleu marine. Le maître mot de cette adresse pourrait être «simplicité» car la déco l'est tout autant que les spécialités. Ici pas d'esbroufe : c'est simple et bon, pas cher, l'ambiance est conviviale et le service est rapide. C'est sans doute pour cette raison que bon nombre d'Islais l'ont adopté depuis de nombreuses années. La salle est toute petite et ne désemplit pas, la réservation n'est pas possible, il faudra donc arriver tôt ou savoir patienter ! A l'image de l'adresse, la carte est simple et courte et propose notamment plusieurs recettes de moules comme les moules façon grand-mère, des galettes et crêpes mais ce qu'il faut absolument goûter ce sont les patagos : La spécialité de l'île d'Yeu, des coques (patagos) à la crème. C'est fameux !

Le gîte

ATLANTIC HOTEL***

3, quai Carnot – Port-Joinville ✆ 02 51 58 38 80
atlantic-hotel@orange.fr

17 chambres. Chambre double de 60 € à 117 €. Petit déjeuner : 12 € (ou «light» : 6 € et 7 € pour les enfants). Lit supplémentaire : 15 €. Forfait VRP : 57 € petit-déjeuner inclus. Acompte de 30 € demandé à la réservation. Chèque Vacances. Wifi. Tv satellite.

L'Atlantic Hôtel est situé face à l'embarcadère des bateaux qui font la navette entre l'île et le continent, dans un cadre agréable au cœur de Port-Joinville, avec tous les restaurants, commerces et le marché le matin, à côté. Il faut gravir quelques marches pour arriver à la réception et aux chambres. L'hôtel propose 17 chambres dont vous pourrez choisir l'exposition : à savoir côté port ou côté village. La nouvelle gérante, Isabelle, a entrepris des travaux d'embellissement dans les chambres. Elles sont équipées d'une salle de bains, télévision (satellite) et coffre-fort, sans oublier l'accès Wifi. Autre atout : le prix pour les VRP, à savoir 57 € petit déjeuner inclus.

HOTEL DES VOYAGEURS**

Quai Carnot ✆ 02 51 58 36 88
hotelvoyageuryeu@wanadoo.fr

Fermé du 12 novembre au 31 mars. 19 chambres. Chambre double de 55 € à 105 €. Petit déjeuner : 9 € (et 6 € pour les enfants). Séminaires. Wifi. Local à vélos.

Créé en 1860, l'Hôtel des voyageurs fut le premier établissement hôtelier de l'île. Situé au cœur de Port-Joinville, le grand bâtiment sur quatre étages, héberge un hôtel, un bar avec une grande terrasse, les deux ayant été rénovés en 2013/2014. L'hôtel propose trois catégories de chambres : vue sur le port et la mer ou côté village. Les chambres du 4e étage (avec ascenseur) offrent particulièrement une vue imprenable sur l'île et l'océan, certaines bénéficiant d'une terrasse privative, véritable solarium. Dix-neuf chambres rénovées, affichant des styles différents mais toutes suivant une décoration chaleureuse. Côté sanitaires, vous aurez le choix entre douche ou baignoire. Egalement à disposition pour de petits séminaires ou réunions de travail, une salle équipée. Un établissement ancré depuis plus de 150 ans sur l'île d'Yeu et qui accueille dès leur descente du bateau le flot de voyageurs qui s'y arrête pour le petit café du matin ou pour un plus long séjour.

HOTEL L'ESCALE**

14, rue de la Croix-du-Port ✆ 02 51 58 50 28
yeu.escale@voila.fr

Fermé en janvier. Chambre double de 63 € à 92 € ; chambre triple de 79 € à 125 €. Petit déjeuner : 9 €. Location de vélos sur place.

Cet établissement se situe un peu à l'écart du centre de Port-Joinville et de ses commerces et restaurants, mais à 5 minutes de la gare maritime. Le bâtiment est dans la lignée des constructions vendéennes : tuiles de pays, murs blancs, volets aux teintes vives, et une décoration intérieure boisée. L'établissement est calme et plein de charme. Les chambres donnent sur le jardin ou le patio et certaines possèdent une petite terrasse en teck. Il y a différentes catégories de chambres puisque des familiales sont proposées avec une décoration sobre mais non dénuée de charme. Vous prendrez votre petit déjeuner dans une salle qui possède une curiosité : un puits antique volontairement conservé ici pour préserver la mémoire de la bâtisse. Un bel établissement.

Chambres d'hôtes

LES VILLAS DU PORT NOUVEAU

1, impasse des Ramendeuses
Port-Joinville
✆ 02 28 12 99 46 / 06 75 79 09 93
www.lesvillasduport.fr

Gîtes de France (4 épis). 5 chambres. Chambre double de 85 € à 135 € ; suite de 160 € à 240 €. Petit déjeuner inclus.

Dans une maison islaise au cœur de Port-Joinville, entièrement reconstruite selon les normes actuelles, vous sont proposées 3 chambres d'hôtes et une suite familiale composée de 2 chambres. Des chambres indépendantes avec terrasse privée, dans un endroit charmant et calme. A votre disposition une grande salle à manger où sont servis les petits déjeuners et les repas (un service proposé sur commande). Les chambres, baptisées du nom des plages célèbres de l'île, sont décorées avec goût dans le même esprit : beaucoup de bois, des teintes naturelles de blanc, taupe, sable, gris, rehaussées de touches de couleurs. C'est actuel, bref nous on aime. En plus de disposer d'une terrasse privative et d'un coin de jardin, les chambres sont équipées du wi-fi et de TV, et possèdent toutes leur propre salle de bains. Afin de découvrir l'île, vous pourrez profiter du service de location de vélos proposé par les propriétaires. Enfin le plus : un coin détente avec spa. Coup de cœur assuré pour cet ensemble tout neuf !

Campings

CAMPING MUNICIPAL DE L'ILE D'YEU**

60, rue Saint-Etienne ✆ 02 51 58 34 20
camping@ile-yeu.fr

Fermé du 15 novembre au 15 février. Terrain de 3 ha. 140 emplacements (plus 5 chalets, un gîte de groupe et 3 tentes aménagées). Exposition : mi-ombragé. Emplacement + véhicule + 2 personnes de 16,81 € à 23,01 €. Chalets jusqu´à 4 personnes de 250 € à 685 € la semaine ; bungalows jusqu´à 4 personnes de 290 € à 485 € ; type_caravane jusqu´à 6 personnes de 300 € à 755 €. Gîte de groupe : 12,20 € par nuit et par personne. Jeux pour enfants. Wifi gratuit. Snack-bar.

Prenez la route de la plage ; là, à 1,5 km de Port-Joinville, le camping municipal – qui jouit d'un quasi-monopole sur l'île – bénéficie d'une situation idyllique puisqu'il se trouve en bord de mer avec un accès direct à la plage de Ker Chalon. Il propose 140 emplacements délimités.

Labellisé La Clef Verte, ce camping s'étend des deux côtés de la route, le petit camping étant situé en bord de mer avec un accès direct à la plage, l'autre partie (plus grande) étant située quant à elle au cœur d'une pinède, proposant ainsi des emplacements ombragés. C'est le seul camping de l'île : cette médaille a son revers, car en pleine saison, il est surpeuplé et s'adresse surtout à un public jeune qui trouvera mille occasions de se divertir. L'affluence estivale calmée, l'ensemble retrouve calme et tranquillité, et devient un agréable lieu de séjour. Egalement un gîte d'une capacité de 14 personnes, idéal pour les randonneurs ou les groupes. Egalement 5 chalets (3 de 6 personnes et 2 de 4 personnes) tout confort à la location à la semaine (ou 2 nuits minimum), ainsi que 5 bungalows toilés d'une capacité de 5 personnes.

Loisirs

CAVAL KAYAK

Plage des Vieilles
✆ 02 51 58 35 71 / 06 31 29 82 16
caval-yeu@orange.fr

Stages et location de kayaks. Fermé du 15 septembre au 14 juin. Ouvert tous les jours de 10h à 19h. Tarifs location kayak : à partir de 10 € pour 1h ; demi-journée à partir de 20€/heure.

Ce professionnel propose d'une part la location de kayak monoplace ou biplace pour 1h ou la demi-journée ou alors en balade accompagnée de 1h30. Le point location se situe sur la plage des Vieilles. Cette école française de caval kayak propose aussi des stages, pour les enfants et les adultes, des stages encadrés par des moniteurs diplômés. Le rendez-vous a lieu au Marais Salé et à la plage des Vieilles. Autre originalité, vous pourrez aussi vous intitier à la navigation en pirogue, par groupe de 5 maximum et pour une durée de 1h30 à 2h.

- **Autre adresse :** bureaux : Le Marais Salé

CENTRE EQUESTRE LES VIOLETTES

Chemin des Violettes ✆ 02 51 58 74 00
www.lesviolettes.fr

Fermé du 12 novembre au 1er avril. Horaires variables : se renseigner. Entrée : 26 € (l'heure de cours pour un cheval ou demi-poney ;).

Vous trouverez ici une cavalerie adaptée au niveau et à l'âge des cavaliers, avec un enseignement et un encadrement de qualité assurés par une équipe de professionnels diplômés. Pour les adultes et adolescents, des leçons tous niveaux, de l'initiation au perfectionnement (dressage, obstacles), mais aussi des promenades, des cours d'obstacles sur la plage, de la voltige et du horseball (sympa !). Pour les enfants, leçons et promenades à poney sans oublier le baby poney à partir de 3 ans, avec la cerise sur le gâteau : goûters et jeux !

CLUB SUB'EVASION

Port de La Meule ✆ 02 51 58 59 59
subevasion@orange.fr

Plongée sous-marine. Fermé de fin novembre à fin février. Baptême : 46,50 €, plongée autonome à l'unité 30,50 € ou 34,50 € encadrée, plongée de nuit : 35 €.

De tous les fonds marins vendéens, ceux de la côte sauvage sont sans conteste les plus diversifiés et les plus intéressants, et Sub'Evasion est un vrai club de passionnés compétents. Vous plongerez sur plus de cinquante sites marins différents. Baptême, exploration, initiation, passage de brevets, stage sur week-ends. La plongée étant un sport réglementé, il vaut mieux prendre tous les renseignements avant. Cette société propose aussi une formation au permis bateau. En effet, le permis est nécessaire pour des bateaux à moteur de plus de 6cv et pour toute navigation de jour et de nuit jusqu'à 6 milles marin d'un abri. Aucune limitation de puissance et de jauge. l'âge minimum est de 16 ans. L'examen du permis mer côtier est composé d'une épreuve théorique de navigation (le code) et d'une épreuve pratique de 2h en mer. Tarif du stage : 435 €.

Les plages de l'île

Entre la pointe des Corbeaux et Port-Joinville, au sud-est de l'île, se succèdent des étendues de sable bordées de pins et de dunes, séparées par quelques rochers. Ça ressemble un peu aux landes. Par beau temps, on voit le continent. De la pointe des Corbeaux à Port-Joinville, la côte basse offre une succession ininterrompue de plus de 6 km de plages de sable fin et de dunes plantées de conifères. La température de l'eau y est un peu plus élevée que sur la Côte sauvage en raison des hauts-fonds. Des plages tranquilles comme la plage de la Grande et de la Petite Conche, mais aussi des plages aux noms les plus étonnants : la plage des Ovaires, la plage de la Raie-Profonde, le Marais-Salé... Yeu cache aussi de merveilleuses petites criques du côté de la côte sauvage comme La Fontaine – à côté de la pointe de La Tranche. Entre la pointe de La Tranche et la pointe des Corbeaux, se trouve la plage des Vieilles. C'est la plus prisée : une magnifique plage encadrée par la falaise. Facile d'accès, elle offre de surcroît un parking à vélos – l'eau y est particulièrement limpide. On vous proposera même de louer des kayaks. A partir de la plage des Vieilles, prenez la direction de la presqu'île de La Tranche par le petit chemin côtier, la plage des Eloux est un peu difficile d'accès mais vous n'y songerez plus lorsque seul ou presque, la mer plein sud devant vous, entendant les oiseaux de mer qui nichent dans les falaises, vous ressentirez une bienfaisante impression de plénitude. Le premier qui réussira à venir là avec un téléphone portable ne méritera pas non plus le nom d'être humain ! Sur le versant est, la côte sauvage offre elle aussi de très belles plages comme celle des Sabias qui s'ouvre sur la baie du Châtelet juste avant d'arriver au Vieux-Château, elle est bordée de petites cabanes de pêcheurs, c'est la plage de prédilection des Islais.

FREESURF SCHOOL

Plage des Vieilles
✆ 06 60 59 99 44
free-surf-school@hotmail.fr

Ouvert de Pâques à la Toussaint.

Cette école de surf, dont la première adresse fut créée à La Tranche-sur-Mer, s'installe en saison sur la plage des Vieilles. Passionné de surf, le professeur fera partager à tous ceux qui souhaitent s'initier à ce loisir ou s'y perfectionner les techniques et les valeurs qui sont l'essence même de ce sport. L'école accueille les enfants dès l'âge de 7 ans, au travers de cours collectifs. En revanche, les cours sont ouverts à partir de 6 ans, avec une sensibilisation au milieu marin en premier lieu avant la découverte des vagues, leur fonctionnement et l'apprentissage proprement dit des techniques en alternance entre la plage et le vagues. Vos enfants sont entre de bonnes mains ! Vous sont proposées aussi la location de matériel et la réparation.

ILE EVASION YEU

Plage de Ker Chalon
✆ 06 64 48 30 00

Char à voile toute l'année. Stand up paddle d'avril à septembre (en juillet et août de 9h à 18h, hors saison, sur réservation).

Ile Evasion Yeu propose des activités de char à voile et de stand up paddle. Le char à voile se pratique dès 9 ans, plage de Ker Châlon, côté camping, et ce, toute l'année. En séance découverte, en stage initiation ou en perfectionnement. Pour les groupes ou particuliers. Le paddle board se déroule, lui, plage des Vieilles, côté cale. Découvrez le littoral de l'Ile d'Yeu par ce moyen original, en cours ou en totale liberté selon la formule de location. Les enfants peuvent également pratiquer ce loisir à partir de 9 ans. En saison, des sorties pour admirer le coucher de soleil dans la baie du Vieux Château sont proposées de 20h à 21h à la plage des Sabias (sur réservation).

MINI-GOLF SALON DE THE LE JARDIN DU LOUP BLANC

Croix de Ker-Chalon
✆ 02 51 26 07 37
lejardinduloupblanc@yahoo.fr

Salon de thé et mini-golf. Ouvert du 9 avril au 1er octobre 2016. Basse saison : ouvert du jeudi au mardi. Haute saison : tous les jours à partir de 10h30. Mini-golf : 10 € par personne (de 1 à 4 personnes). Tarif dégressif au-delà de 5 personnes. Gratuit pour les moins de 5 ans. Restauration.

Prenez la direction du bourg de Saint-Sauveur, restez sur la grand-route, continuer tout droit, Le Jardin du Loup Blanc est situé juste après la brocante de Ker Châlon. Le Loup Blanc, c'est un restaurant, un bar à bières, un mini-golf et l'on vous propose également une chambre d'hôtes. Le Loup Blanc est situé au cœur d'un grand jardin à l'ombre des pins dans lequel arbustes, plantes vivaces et graminées forment un labyrinthe végétal parcouru d'allées en bois qui s'illumine de féerie le soir venu. La petite carte du restaurant propose une cuisine simple et maison composée de salades, foie gras maison, fish and chips (leur spécialité), patagos à la crème (des coquillages de l'île), quelques suggestions de poissons et de crêpes côté dessert. Un menu du marché à moins de 20 € (en 2 plats) est également proposé. Après le repas, détendez-vous au minigolf de 18 trous, où chacun des obstacles permet de retrouver, représentées par des sculptures symboliques ou des maquettes réalistes, les principales curiosités de l'île d'Yeu. Un lieu un peu magique…

PARACHUTISME LES FRANGIBUS

Aérodrome de l'île d'Yeu – Centre de marées
www.sautentandem.pro
contact@sautentandem.pro

Fermé du 1er octobre au 1er mai. Sur réservation uniquement. Saut tandem : 280 €.

Cette société propose des sauts en tandem en parachute au dessus de l'île d'Yeu de mai à fin septembre. Rejoignez l'aérodrome de l'île situé à l'écart de Port-Joinville. Là, auprès de professionnels ayant chacun plus de 2 000 sauts à leur actif, après vous être équipé, puis un briefing de quelques minutes présentant les différentes positions à adopter durant votre saut en tandem, rejoignez le Cessna pour un vol de 25 minutes. Une fois arrivé à 3000 m, la porte s'ouvre, c'est le moment de s'envoyer en l'air ! C'est parti pour 40 secondes de chute libre à 200 km/h. Sensations fortes garanties et vue à couper le souffle ! A 1 500 m l'instructeur déploie le parachute et là, durant les 5 minutes que dure la descente, vous pourrez profiter tranquillement de la vue de la côte sauvage de l'île, une vue à couper le souffle ! Et en prime un reportage photos ou vidéo (sur option), pour immortaliser ce souvenir mémorable.

YACHT-CLUB DE L'ILE D'YEU

Baie de la Pipe
✆ 02 51 58 31 50
ecole-de-voile@capfrance.com

Située dans la baie de la Pipe à 10 minutes du port de plaisance, le yacht-club, école française de voile de l'île d'Yeu, dispose d'une situation privilégiée sur la plage. Elle propose un large choix de stages et de prestations pour tous les âges, encadrés par des moniteurs diplômés. Du catamaran au kayak, en passant par la planche à voile et le hobie-cat. Le matériel est régulièrement renouvelé. Le Jardin des Mers propose de nombreuses activités et animations pour les enfants de 4 à 6 ans : châteaux de sable, fabrication de cerfs-volants, dessins sur objets, collage, fabrication de souvenirs, pêche à pied... L'école du yacht-club vous porpose également des sorties en mer à bord d'un voilier. En effet, elle dispose de 2 voiliers de 9 mètres pouvant accueillir 14 personnes par bateau. Accompagnés de skippers diplômés, vous pourrez faire le tour de l'île et découvrir les plaisirs de la navigation à la voile.

Location de deux-roues

L'AUTO BECANE

Rue de la Chaume
Port-Joinville
✆ 02 51 58 70 42
autobecane@yeunet.com

Basse saison : ouvert tous les jours de 9h à 12h et de 14h à 18h30. Haute saison : tous les jours de 8h à 20h. De décembre à mars, ouvert tous les jours des vacances scolaires et sur réservation. Fermé en janvier. Réservation conseillée en juillet et août.

Ce loueur est ouvert dix mois de l'année et c'est bien pratique. Situé à 50 m de la gare maritime, il propose des vélos, VTT, VTC, mais aussi des tandems pour les amoureux, des vélos enfants de tout âge. Les parents rajouteront la remorque pour les plus petits – qui peut accueillir deux enfants – ou, pour les tout jeunes apprentis cyclistes, une canne additionnelle. Quant aux moins courageux, ils se voient proposer des scooters 2 places (49,9 CC), des motos – carburant compris, casque fourni –, mais également des voitures décapotables type Jeep, Dallas, ou des voitures «carossées» de petit modèle, et pour les petits groupes, l'Auto Bécane propose des voitures multiplaces (jusqu'à 8 personnes). Le dépannage vélo est gratuit.

Bateau

■ COMPAGNIE VENDEENNE

9 bis, rue de la Chaume
✆ 08 25 13 90 85
www.compagnie-vendeenne.com
contact@compagnie-vendeenne.com

Acheminements du 25 mars au 02 novembre 2016 depuis Fromentine et du 02 avril au 29 septembre 2016 depuis Saint-Gilles-Croix-de-Vie.

La Compagnie Vendéenne dispose d'un bureau sur l'île d'Yeu, comme ça les insulaires peuvent directement réserver leur billet sur place. La Compagnie Vendéenne est présente depuis plus de 17 ans sur l'île d'Yeu avec deux ports de départs : Saint-Gilles-Croix-de-Vie et Fromentine. Selon que vous embarquerez depuis l'un ou l'autre des ports, votre temps de voyage oscillera de 45 à 60 minutes de traversée. La compagnie navigue avec une flotte récente de 3 navires rapides (20 noeuds). Ces derniers sont équipés de « ponts extérieurs » et de « salons panoramiques ».

■ COMPAGNIE YEU CONTINENT

✆ 08 25 85 30 00

Acheminements toute l'année. Tarifs aller-retour adulte : 40,70 €, junior de 12 à 18 ans : 28,60 € l'aller-retour, de 4 à 12 ans : 22,30 €, moins de 4 ans : 7,80 €. Cycle : 27,70 €. Animal : 13 €. La compagnie Yeu Continent assure depuis plus de quarante ans le trafic maritime des voyageurs et des marchandises entre l'île d'Yeu et le continent. La compagnie assure un à six passages par jour, selon la saison et les marées. Il est préférable de réserver, surtout en haute saison. Passage de cycles, planche à voile, camping-cars et véhicules sur certains navires. Cette compagnie assure la traversée toute l'année en navires rapides de 35 minutes.

Sorties

■ L'ESCADRILLE

45, quai Carnot ✆ 02 51 58 13 85
escadrille@yourmail.fr

Ouvert toute l'année. Du dimanche au jeudi de 7h à 1h ; le vendredi et le samedi de 7h à 2h. Un arrêt s'impose ici, sur le port ! Bienvenue à L'Escadrille, dans un décor aux couleurs de l'aviation, inspiré de la Royal Air Force, ce bar est vraiment typique. C'est même le lieu incontournable de l'île pour sortir. Une ambiance très sympa dans ce bar, point de rencontres de toutes les générations et clientèle cosmopolite. S'y retrouvent Islais et touristes fraîchement descendus de bateau, pour y déguster côte à côté au bar, sur la terrasse face au port ou sur les grandes tablées, un petit-déjeuner ou le verre de l'amitié, en toute convivialité. Mais L'Escadrille profite d'une double casquette puisqu'à l'activité de bar s'ajoutent des animations musicales où se produisent des groupes locaux autour de chants marins mais aussi des apéritifs-concerts (tous les jours en saison et les week-ends hors saison) avec de la chanson française et internationale, du rock, du jazz... L'Escadrille retransmet aussi tous les grands événements sportifs. A l'étage, une salle d'une capacité de 50 personnes sert pour les apéritifs dînatoires, séminaires et banquets.

Retrouvez le sommaire en début de guide

Laissez votre véhicule en gardiennage le temps de la traversée

Pour des séjours plus ou moins longs sur l'île, si vous ne faites pas acheminer votre voiture sur l'île, vous pourrez la confier à un garage à Fromentine.

■ **PARKING BLANCHARD**
4, rue du Petit-Bois
LA BARRE-DE-MONTS ✆ 02 51 68 54 17
Ouvert tous les jours. Toute l'année. Moins de 24h : 17 €/jour, de 2 à 3 jours : 13 €/jour, de 4 à 7 jours : 12,50 €/jour. Parking couvert : 18 €/jour. Tarifs dégressifs.
Le parking Blanchard assure depuis plus de 30 ans le gardiennage de votre véhicule durant votre séjou rsur l'île d'Yeu. Ses parkings sont situés tout à côté de l'embarcadère, vous permettant ainsi un accès facile et rapide à la gare et de profiter de leur salle de bagages privée située directement sur le port Fromentine afin de mettre vos bagages en sécurité dans l'attente de votre embarquement. Ils assurent tous les départs de bateaux, quelle que soit la compagnie maritime. Depuis 2014, un nouveau parking couvert est proposé (réservation au préalable impérative). Tout comme son confrère voisin, on notera une augmentation d'un euro d'année en année.

■ **PARKING BODIN**
5, rue des Pins
L'ILE-D'YEU ✆ 02 51 68 50 63
Ouvert toute l'année. Tarifs parking pour la journée (moins de 24 heures) : 17 € pour un véhicule de tourisme et 26 € pour les utilitaires, caravanes et camping-car. Plusieurs tarifs «séjours».
Situé à 100 m de la gare maritime, les parkings Bodin offrent 300 places couvertes et sous télésurveillance, ainsi que 1 100 emplacements sur parcs aériens, clos ou surveillés la nuit. La société propose des abonnements de 2, 3 et 6 mois pour les personnes qui se rendent régulièrement sur l'île ainsi que des services complémentaires : nettoyage, entretien du véhicule... Le Parking Bodin est également agent Europcar et propose la location de voitures. Petit bémol : chaque année, le tarif augmente d'un euro...

Emplettes

■ **LA BRASSERIE DE L'ÎLE D'YEU**
14, rue du Courseau ✆ 06 82 02 80 51
www.brasserie-yeu.fr
info@brasserie-yeu.fr
Vous les aimez plutôt blondes, brunes ou rousses ? Qu'à cela ne tienne, elles sont toutes représentées ici. Nous parlons là de bières ! Il y a aussi les blanches et les spéciales, comme la bière de Noël baptisée *winter beer*, une bière brune, aux épices et au houblon de l'île d'Yeu avec un petit goût de pain d'épice compte tenu de la cannelle et de la badiane utilisées. Les amateurs de brunes apprécieront Les Corbeaux, brassée avec du malt chocolat et du malt fumé, tandis que d'autres lui préféreront La Grand Phare, une blonde au côté rafraîchissant. Céline a créé sa brasserie il y a deux ans au cœur de l'île-d'Yeu. Ses bières sont élaborées en petites quantités sur l'île, selon un procédé artisanal utilisé depuis plusieurs siècles par les grands brasseurs. Elles sont brassées pour la majorité à partir de malts et de houblons provenant du Royaume-Uni et n'ont pas que ça de britannique puisqu'on y retrouve un peu du goût des bières d'outre-Manche. Vous retrouverez ces bières chez diffférents commerçants de l'île : Le Comptoir à ID, Ortho'Bio ou encore à l'Épicerie du Bourg, ainsi que le week-end sur le marché de Port-Joinville, de Pâques à la Toussaint.

▸ **Autre adresse :** En vente sur le marché de Port-Joinville. Autres lieux de vente : Le Comptoir à ID, l'Épicerie du Bourg à Saint-Sauveur

■ **LE COMPTOIR A ID**
Port Joinville
7, rue de la République
✆ 02 28 11 48 60
lecomptoiraid@orange.fr
Ouvert le dimanche de 9h30 à 13h. Basse saison : du lundi au samedi de 9h15 à 12h30 et de 15h15 à 19h15. Haute saison : tous les jours de 9h à 13h et de 15h à 20h.
Vous voulez ramener des produits régionaux à vos amis, la boutique d'Odile est ce qui se fait de mieux sur l'île ! Dans cette épicerie fine posée juste derrière le port, vous retrouverez pas moins de 120 fournisseurs de produits gourmands ! Cette charmante caverne (gourmande) d'Ali Baba propose pas moins de 80 thés George Cannon, des cafés torréfiés sur place, une cinquantaine de confitures, 90 parfums de sirop Monin, des biscuits, bonbons à l'ancienne, du caramel au beurre salé sous toutes ses formes (bonbons, pâte à tartiner, liqueur,...), des chocolats du chocolatier de renom Michel Cluizel. En bonne place aussi les produits de l'île d'Yeu comme le thon mais aussi de toute la Vendée comme les sardines, le sel,... Les vins vendéens et la bière du département y sont aussi en bonne place, ainsi qu'une belle sélection de whiskies, rhums, alcools et vins,... On apprécie le choix, les conseils judicieux, l'accueil et la disponibilité d'Odile.

PATISSERIE MOUSNIER

Marché de Port-Joinville ✆ 02 51 58 36 21
patisseriemousnier@wanadoo.fr

Toute l'année sur le marché.

Cette pâtisserie, qui jouit d'une excellente réputation, est toujours présente sur les marchés de l'île. Les tartes, tartelettes, confitures et confiseries d'Alain Mousnier sont de fabrication artisanale, des produits de qualité. Voici quelques-unes de ses spécialités : chaussons aux pruneaux – très bons, tarte islaise – aux pruneaux également, des betchets (à base de farine, de sucre, d'œufs et de fleur d'oranger), jadis fabriqués par les femmes des pêcheurs, desmerices, une variante du betchet, les feuilletés allumettes, le foutimasson, une sorte de beignet préparé pour mardi-gras aussi appelé bottereau ou encore tourtisseau… Alain Mousnier confectionne aussi différents pots de confitures en utilisant des fruits provenant de la production fruitière de l'île d'Yeu : confiture de figue, coing, pruneaux, courges, tomates... Goûtez aux confiseries à base de caramel au beurre salé et à la fleur de sel : délicieux !

POISSONNERIE ET CONSERVERIE HENNEQUIN

Quai Carnot – Port-Joinville
✆ 02 51 58 38 16 / 02 51 58 37 59
conserverie.hennequin@wanadoo.fr

Ouvert tous les jours de 10h à 12h30 et de 16h à 19h30. Haute saison : tous les jours de 9h30 à 13h30 et de 15h30 à 19h30.

Vous trouverez les produits de la Conserverie Hennequin à la poissonnerie du même nom ainsi qu'à la Boutique de Caroline. Deux activités, une même maison ! Vente de produits en provenance directe de l'usine du même nom : rillettes et pâté de thon, sardines, maquereaux, espadons, saumons, seiches, requins naturels ou aromatisés. Produits fumés à base de poissons. Filets marinés à l'huile d'olive. Plats cuisinés : cassoulet de la mer, couscous ou civet de poissons. Ne repartez pas sans avoir goûté la soupe de poisson traditionnelle : une recette transmise de génération en génération sur l'île d'Yeu. Juste à côté, au n° 3, c'est la poissonnerie. Incontournable ! L'étal offre une profusion de poissons magnifiques, comme le bar, le thon, le congre et beaucoup d'autres encore, également des crustacés et de superbes homards et langoustes. Les tarifs sont les mêmes que sur le continent, mais la fraîcheur est irréprochable. C'est un vrai plaisir que de trouver une poissonnerie de cette qualité. De plus, on vous dévoilera quelques recettes et des petites astuces pour la cuisson idéale et le choix des ingrédients.

Autres adresses : Boutique Chez Caroline (en saison), quai Carnot – Port-Joinville • Poissonnerie Hennequin, quai Carnot – Port-Joinville

SAVEURS ISLAISES

Rue de la Plage
Port-Joinville ✆ 02 28 11 49 98
saveursislaises@orange.fr

Ouvert du lundi au samedi de 9h à 12h30 et de 15h30 à 19h ; le dimanche de 9h15 à 12h45. Traiteur.

Cette petite conserverie artisanale est cachée derrière l'embarcadère. Annick Charuau vend dans sa petite boutique ainsi que sur le marché des produits artisanaux à base de thon, fabriqués sur l'île. Parmi les produits proposés : thon au naturel ou à l'huile d'olive, pâté de thon (nature ou au poivre vert), mousse de thon, foie de lotte, rillettes de thon (nature, à la tomate ou au poivre vert), rillettes de maquereaux, rillettes de sardines et pâtés de sardines. Les produits sont délicieux et de qualité. Sachez que vous pouvez également acheter vos produits par correspondance.

ÎLE DE NOIRMOUTIER

Noirmoutier est une île de charme. Elle a le charme de son authenticité. C'est le travail de la mer et du vent qui donne à l'île sa topographie actuelle. Auparavant appelée l'île d'Her, elle offre plus de 40 km de plages de sable fin en pente douce : l'idéal avec des enfants. Au nord, le paysage est quelque peu différent avec de petites criques et un environnement un peu plus rocheux. Du nord au sud, face au grand large atlantique, ce ne sont que dunes et plages bordées par d'immenses pins. Le bois de la Chaize en est l'exemple le plus connu. Il abrite d'ailleurs les plus somptueuses villas de l'île. Les belles demeures jouxtent les maisons des habitants de l'île. Ensuite, ces paysages vous séduiront comme le peintre Renoir : « Je viens à Noirmoutier, c'est un coin admirable, beau comme le Midi avec une mer autrement belle que la Méditerranée », écrivait-il à un ami. Le site le plus connu, c'est bien sûr le bois de la Chaize et ses célèbres mimosas, mais aussi ses chênes verts, ses pins maritimes, ses arbousiers. Partout des villas construites à la fin du XIXe siècle, ayant pour la plupart appartenues à la bourgeoisie nantaise, montrent leurs toits sophistiqués, leurs couleurs vives et leurs façades travaillées. Un art balnéaire ancien subsiste qu'il est difficile de retrouver ailleurs sur la côte. Les plages des Souzeaux et des Dames ont gardé ce charme rétro des stations du début du siècle. Les moulins et les cabanons des plages renforcent cette impression de tranquille douceur. Il ne faut cependant pas oublier qu'ici les hommes ont dû batailler ferme pour conquérir les terres et se protéger de la mer. L'œuvre des moines, comme ailleurs, mais aussi les remarquables travaux entrepris par la famille hollandaise des Jacobsen au XIXe siècle ont permis l'assèchement des terres, la constitution des marais salants, la création d'un port praticable. Noirmoutier est par ailleurs riche de monuments issus d'un passé mouvementé. Pour la découvrir dans les meilleures conditions, évitez le pont et la route à quatre voies, munissez-vous du calendrier des horaires de marées et empruntez le passage du Gois. L'île est composée de quatre communes selon les uns et cinq selon les autres l'Herbaudière -et son port de pêche- étant rattaché à Noirmoutier-en-l'Ile, dont : Noirmoutier-en-l'Ile – la plus importante -, Barbâtre, La Guérinière, L'Epine.

Barbâtre

Cette commune est la première que vous traverserez juste après le pont ou après avoir emprunté le passage du Gois. Une grande plage de 8 kilomètres orientée plein sud, la plage du Midi, fait la joie des vacanciers bronzant à l'abri d'une belle dune dominée de moulins bien nommée la Grande Arée. C'est dans cette partie de l'île qu'est cultivée la pomme de terre au printemps – 500 hectares de plaines agricoles. La côte est de Barbâtre est protégée par des digues abritant un polder qui accueille de nombreux oiseaux.

■ OFFICE DE TOURISME

Rue du Polder
✆ 02 51 39 80 71
www.ile-noirmoutier.com
tourisme@iledenoirmoutier.org
Basse saison : ouvert du lundi au samedi de 10h à 12h30 et de 14h à 17h30. Haute saison : du lundi au samedi de 10h à 12h30 et de 14h à 18h ; le dimanche de 10h à 13h et de 15h à 18h.

Points d'intérêt

■ LE GOIS

Voir page 14.

■ LA RÉSERVE NATURELLE DU POLDER DE SÉBASTOPOL

Le polder de Sébastopol est classé Réserve naturelle régionale depuis 2008. Situé au nord du passage du Gois, à Barbâtre, il est long de 4 km pour une largeur de 600 m et offre 132 hectares de pure nature. Site protégé, véritable refuge pour un grand nombre d'animaux, d'oiseaux, d'insectes et de végétaux qui s'y épanouissent, le polder de Sébastopol, c'est tout un monde qui mérite d'être découvert grâce à un circuit de 3,2 km. Le polder de Sébastopol a été construit selon la technique des polders hollandais. Les travaux se sont terminés en 1856. Dernier polder réalisé sur l'île, il doit son nom à la célèbre bataille de Sébastopol remportée en 1855 par les troupes franco-anglaises pendant la guerre de Crimée. En 1978, la digue mal entretenue cède sous la pression des vagues et une bonne partie du polder est inondée. Le sol imprégné de sel va interdire toute culture pendant plusieurs années. Le District de l'île de Noirmoutier fait l'acquisition du polder en 1986 et se lance dans un vaste programme de restauration, de remodelage des sols et de préservation de son écosystème.

Le couvert

■ LA MANO NEGRA

6, route du Gois
✆ 02 51 39 89 55
manonegrarestaurant@yahoo.fr
Fermé en janvier. Haute saison : ouvert tous les jours. Toutes les vacances scolaires : ouvert 7/7. Basse saison, ouvert les week-ends. Service dès 18h et tardif en saison. Menu enfant : 7,90 € (ou 8,90 €). Formule du midi : 12,90 € (pizza, jambon ou moules marinière/frites et dessert du jour). Terrasse. Vente à emporter.
Devant La Mano, une terrasse joliment aménagée, à l'intérieur deux salles et un adorable petit patio d'inspiration orientale. La carte est variée, avec une prédominance des pizzas, qui font un carton. Elles sont faites à partir de la farine bio du Moulin de Rairé. Généreuses, originales, Greg en invente de nouvelles chaque année comme la pizza végétarienne. Pour les enfants, : la pizzette en forme de tête de lapin ou les aiguillettes de poulet panées aux corn-flakes. La carte privilégie les produits locaux comme la salade Neptune et la pizza Rescatore, au thon fumé de l'île d'Yeu. Les légumes proviennent de la Cueillette du Gois. Les moules de bouchot (d'ici), faites à la minute, comme celles au Boursin, sont bonnes ; servies avec frites fraîches ou pommes de terre de Noirmoutier, elles peuvent s'emporter en saison. Très sympa, le fish and chips, servi avec frites ou pommes de terre locales. Et aussi des salades-repas, grillades, et 3 formules le midi. Pour la note sucrée, on vous conseille le tiramisu de Samia (sans alcool) ou le cheesecake. Toujours dans l'esprit festif, soirées « disco » les vendredis soir d'été où les serveurs sont coiffés de perruques ! Bonne ambiance et accueil charmant.

Île de Noirmoutier

Le gîte

LA MAISON SUR L'EAU****

57, rue de la Pointe ✆ 02 28 10 34 40
www.maisonsurleau.com
info@maisonsurleau.com
Au pied du pont de Noirmoutier, à l'entrée de l'île

Les Pieds dans l'eau. Ouvert toute l'année (basse saison : sur réservation). 2 chambres et 4 suites/duplex. Chambre double de 159 € à 249 € ; suite de 229 € à 449 €. Parking fermé inclus. Appartement avec salon et 3 chambres de 159 € à 299 € la nuit. Séminaires. Réceptions et mariages. Wifi. Restauration (restaurant ouvert du 11/04 au 11/11. Menus dîner 41 € ; assiettes gourmandes le midi du 11/07 au 15/09 : 20 €).

Dans un écrin paysagé au bord de l'eau, cet hôtel de petite capacité est installé dans une magnifique bâtisse au style colonial. Ancien relais des voyageurs créé en 1870, cet hôtel au style sobre et soigné vous charmera tant par son architecture unique que par sa situation les pieds dans l'eau et sa quiétude. Imaginez 400 m² de terrasses avec restaurant, piscine-solarium, jaccuzzi, tout ça en front de mer, des salons pour réceptions et séminaires, des soins massages... ou encore le bâteau de l'hôtel à disposition, ainsi que paddle et canoë-kayak. L'hôtel dispose de 2 chambres et 4 suites/duplex vue mer, sobres et spacieuses, à l'image de la suite Royale de 44 m² et sa terrasse-solarium privative de 70 m², plus un appartement à l'arrière de l'hôtel doté de 3 chambres et d'un salon avec canapé convertible (sans vue mer). Allongez-vous sur l'un des transats au bord de la piscine surplombant l'océan, avant de rejoindre le restaurant, dont les 300 m² de terrasse offrent une vue à couper le souffle. La cuisine traditionnelle vogue entre terre et mer. Un lieu d'exception alliant charme, confort, simplicité et convivialité. Véritable escale romantique, la Maison sur l'Eau est une merveilleuse bulle, comme suspendue au-dessus de l'eau.

Campings

DOMAINE LE MIDI****

Rue du Camping ✆ 02 51 39 63 74
contact@campingdumidi.com

Fermé du 1er octobre au 31 mars. 419 emplacements (dont 204 locatifs). Exposition : mi-ombragé. Sol : sablonneux. Emplacement de 19,50 € à 39 €. Mobil-homes de 339 € à 1 519 € la semaine. Tente toile et bois : de 199 € à 719 € la semaine. Lodges : de 339 € à 1 519 € la semaine. Club enfants. Jeux pour enfants. Wifi payant. Restauration.

Ce camping est situé en bordure de plage, dans un environnement naturel entre dunes et forêt. Plusieurs emplacements nus avaient été supprimés au profit d'un important programme de reboisement (plus de 4 000 arbres) et de locatifs s'intégrant parfaitement dans un environnement naturel comme les tentes en toiles et bois (trois types de tentes : tipis indiens, tentes «trappeur» ou «family capecod»), ou les Ecolodges haut de gamme agrémentées d'une terrasse et cuisine aménagée. A louer aussi des mobil-homes. Plusieurs bâtiments ont été entièrement refaits à commencer par l'accueil et les blocs sanitaires. L'espace aquatique se compose d'un une piscine couverte chauffée avec banc de massage à bulles et d'un bassin extérieur chauffé autour duquel se pratiquent les activités sportives. Des animations pour adultes et enfants, de beaux locatifs originaux qui se fondent dans l'environnement, même si en pleine saison les tarifs peuvent s'avérer un peu élevés.

Loisirs

ECOLE DE KITESURF MOUV'N KITE

✆ 06 13 49 60 41 / 02 51 35 56 76
Spots : Barbâtre, Le Gois et Fromentine

Fermé de décembre à février. Ouvert tous les jours. Cours collectifs : 1 jour (4h) : de 105 € à 140 € selon la saison, 2 jours : de 210 € à 280 €, 3 jours : de 315 € à 405 €. Cours particuliers : 2h30 (1j) de 175 € à 220 €, 5h (2j) : de 350 € à 430 €.

De mars à novembre, Julien, moniteur diplômé d'État kitesurf, vous propose de vous initier à cette super-discipline très *fun* qu'est le kitesurf, sur trois spots : Le Gois, Barbâtre et Fromentine. De la simple découverte au perfectionnement, en cours particuliers ou collectifs, avec des stages qui, pour les cours collectifs, se déroulent sur 4 heures, vous êtes 4 au maximum par cours, les petits groupes favorisant un enseignement de qualité. Le premier jour, on se familiarise, c'est la découverte du milieu, l'apprentissage des règles de sécurité, pilotage de l'aile en eau peu profonde, redécollage de l'aile, nage tractée et, enfin, le premier départ avec la planche (water-start). Le second jour interviennent une initiation à la météo, le contrôle des systèmes de sécurité, le positionnement de la planche. Au fil des jours, il vous apprendra à glisser des deux côtés sous le vent, à régler la navigation et petit à petit à prendre un peu de vitesse et à changer de direction. Bref, des stages complets ! Les cours particuliers durent quant à eux 2h30.

PARC DE LOISIRS ET MINI-GOLF DU GOIS

Rond-point du Gois ✆ 02 51 39 38 49
parcgois@yahoo.fr

Ouvert des vacances de printemps à la Toussaint. Basse saison : ouvert le week-end et les jours fériés de 14h à 19h. Haute saison : tous les jours à partir de 11h et jusqu´à 21h. Aux vacances de printemps et en septembre : ouvert tous les jours de 14h à 19h. Forfait 8,50 € : accès jeux gonflables et trampolines à volonté + 6 jetons pour les bateaux tamponneurs, les mini-kartings et le petit train). Mini-golf : adultes 4,50 €, enfants – 12 ans 2,50 €.

Facilement repérable puisqu'il est situé à l'entrée de Barbâtre, au rond-point du Gois et à côté de l'office de tourisme, ce petit parc de loisirs créé dans les années quatre-vingt peut être une gentille récréation pour les enfants. Parmi les activités proposées : circuit de mini-karts, petit train, bateaux tamponneurs, jeux gonflables, trampolines, bowling extérieur, ping-pong, salle de jeux, et surtout un mini-golf 18 trous axé sur le thème marin. Plusieurs jeux sont accessibles dès l'âge de 2 ans. Sur place, un service de restauration rapide, glaces, boissons.

■ **SEL TON CHAR**
✆ 06 71 81 00 05
seltonchar@gmail.com
Site de roulage : plage de la Croix-Rouge
Ouvert toute l'année. La séance : 36 € ; forfait 3 séances 105 € ; et 170 € les 5 séances.
Cette école de char à voile labellisée FFCV, créée il y a dix ans, est ouverte à l'année. Le char à voile se pratique dès l'âge de 8 ans. Son pilotage est simple, son gréement facile, et le plaisir est assuré dès la première séance. En famille, seul ou accompagné d'amis, équipé d'un casque, vous apprécierez la sensation de glisse et de liberté, sans compter que le panorama est magnifique. L'école propose des stages ou des séances découvertes. Plusieurs sites de roulage : sur la commune de L'Épine et essentiellement sur la commune de Barbâtre qui possède les plus belles plages pour la pratique de cette activité, mais l'école se transporte au gré des vents et de la marée.

Location de deux-roues

■ **LE VEL' HOP**
1, rue du Centre
✆ 02 51 35 80 61
velhop.no@orange.fr
Haute saison : ouvert tous les jours de 9h30 à 12h30 et de 14h à 19h. Ouvert de Pâques à fin septembre.
Le meilleur moyen de locomotion pour découvrir cette belle île, et ce à votre rythme, c'est le vélo ! Installé dans le centre de Barbâtre, ce loueur possède 2 autres adresses : 55, avenue Joseph Pineau à Noirmoutier-en-l'île et 169, rue Nationale à La Guérinière. Il propose la location de vélos pour adultes et enfants. Du classique au tandem, en passant par le VTT et vtc, le Beach ou encore le vélo additionnel, sans oublié les accessoires qui vont avec : la remorque ou le siège bébé, le casque,... Possibilité de livraison des cycles à votre domicile sous certaines conditions, et assistance en cas de panne sur toute l'île. Il fait également la vente de vélos, neufs ou d'occasion, et la réparation.

Noirmoutier-en-l'Île ★★★

Noirmoutier-en-l'Ile. Un difficile chenal accueille petits bateaux de pêcheurs et flottille de plaisance. Le quai qui le borde est le centre réel de l'agglomération, il joua un rôle important durant des siècles avant de redevenir plus modeste. Profitez du point de vue sur la cité, puis franchissez le pont pour emprunter le quai Jean-Bart. Admirez l'ancienne salorge seigneuriale toute de pierre, aujourd'hui transformée en centre culturel, puis allez vers la place d'Armes où deux hôtels particuliers, le Jacobsen et le Lebreton des Grapillères, encadrent le château et son musée. Une promenade de 7 km, appelée jetée Jacobsen, permet de découvrir de charmants points de vue. Ainsi, en longeant la jetée on découvre marais salants et marais sauvages où demeurent de nombreuses espèces d'oiseaux : c'est la réserve naturelle de Müllembourg ; la balade se poursuit dans le bois de la Chaize – balisage en jaune et blanc, départ près du château.

Le village du Vieil. L'appellation de ce petit village semble l'indiquer comme le lieu le plus anciennement habité de l'île. Situé entre le Bois de la Chaise et le Bois de la Blanche, le Vieil jouit en effet d'une situation privilégiée. Dès la préhistoire, les habitants y profitent à la fois de la plaine fertile et du rivage accessible, abondant en poissons, en crustacés et en coquillages. Au début du christianisme, le premier lieu de culte de l'île, la chapelle de Saint-Hilaire, est édifiée à peu de distance du village. Les fouilles réalisées en 1832 à l'emplacement de cette ancienne chapelle, mettent à jour les vestiges d'une grande villa gallo-romaine. On découvre également à proximité du Vieil une pièce de monnaie datant du IIIe siècle avant J-C, qui témoigne du passage sur l'île de marins phéniciens, un peuple syro-palestinien ayant vécu sous l'Antiquité.

OFFICE DE TOURISME

Rue Général-Passaga ✆ 02 51 39 12 42
www.ile-noirmoutier.com
Basse saison : ouvert du lundi au samedi de 10h à 12h30 et de 14h à 18h ; le dimanche et les jours fériés de 10h à 12h30 et de 15h à 18h. Haute saison : tous les jours de 10h à 19h. Aux vacances de février et de la Toussaint, fermeture à 17h30. En octobre et mars, ouvert du lundi au samedi de 10h à 12h30 uniquement.

HIPPOBUS

Place du Château ✆ 06 15 20 54 04
hervekaz@yahoo.fr
En juillet et août uniquement. Ouvert du dimanche au vendredi. A 14h30 et 16h. Gratuit jusqu'à 3 ans. Adulte : 9 €. Enfant (de 3 à 12 ans) : 5 €. Balades commentées.
Prenez le temps de visiter l'île à bord de l'Hippobus. Installez-vous dans la cariole et laissez-vous transporter au rythme des percherons Lune et Jasmin, qui vous proposent une balade à la découverte du marais salant. Hervé, l'homme au chapeau, vous contera la formation de l'île et l'histoire du marais, il vous expliquera comment les sauniers produisent l'or blanc, dévoilera quelques secrets, mais pas tous. Le départ se fait de la place du château de Noirmoutier.

LES P'TITS TRAINS DE NOIRMOUTIER

Place du Château
✆ 02 51 39 50 02 / 06 61 88 53 97
noirmouttrain@free.fr
Départ de la place devant le Château.
Ouvert d'avril à octobre. Ouvert tous les jours de 11h15 à 17h30. Trois circuits tous les jours : Découverte (35 min) 5,50 €, et 3,50 € de 3 à 12 ans. Circuit 1h : 7,50 €, et 4 € de 3 à 12 ans. En juillet et août, circuits supplémentaires : circuit 2h : 10 €, et 5 € de 3 à 12 ans. Circuit 1h : 7,50 €, et 4 € de 3 à 12 ans. Visite commentée en direct.
Au détour des chemins pittoresques entre forêts, plages et marais salants, vous découvrirez en direct un paysage unique. Les visites sont commentées en direct : vous apprendrez l'histoire de l'île, ses légendes et les traditions noirmoutrines. Il y a plein d'anecdotes, les commentaires sont excellents et avec beaucoup d'humour. Hors juillet et août, trois circuits sont proposés : le petit circuit dure environ 35 minutes et il y a 3 départs et 7 en juillet et août. Les deux autres circuits, d'une heure, racontent pour l'un l'histoire des marais salants, et l'autre évoque les villages anciens du Vieil et de La Madeleine. L'été, un circuit supplémentaire est proposé, il fait environ 2h et propose le même trajet plus la visite de la côte nord de l'île jusqu'à L'Herbaudière, avec une pause de 15 minutes. Pour connaître l'île, il n'y a pas meilleur moyen de découverte !

VISITES GUIDÉES DE L'ÎLE

tourisme@iledenoirmoutier.org
Renseignements à l'Office de Tourisme.
En compagnie de guides professionnelles et passionnées, découvrez les trésors cachés de l'île, à la journée ou à la demi-journée. Présentation générale de l'île, de ses caractéristiques et de ses principaux sites, de son économie, de son histoire... Pour approfondir votre découverte des visites à thèmes d'1h30 à 2h sont proposées aux familles comme aux groupes : « Noirmoutier-en-L'Ile, la ville et son histoire », « Le Passage du Gois et les digues », « Le Bois de la Chaise, naissance d'une station balnéaire », « Le Vieil, village typique de l'île », « L'ostréiculture : de la naissance de l'huître à votre table ». Pour tout renseignement, contactez Anne-Marie Mary ✆ 02 51 39 62 61/06 88 46 3 2 75 ou Brigitte Grillard ✆ 02 51 68 68 81/06 87 39 11 48.

Points d'intérêt

AQUARIUM DE NOIRMOUTIER SEALAND ★

Le Vieux-Port
✆ 02 51 39 08 11
www.aquariumdenoirmoutier.com
contact@aquariumdenoirmoutier.com
Fermé du 12 novembre au 14 février. Basse saison : ouvert tous les jours de 10h à 12h30 et de 14h à 19h. Haute saison : tous les jours de 10h à 20h. Gratuit jusqu'à 3 ans. Adulte : 13 €. Enfant (jusqu'à 11 ans) : 10 €. Visite guidée (1h30).
Neptune vous présente l'univers fantastique de la faune et la flore sous-marine... 500 000 litres d'eau de mer, 200 m de parcours, 200 espèces et 1 000 animaux. D'abord une salle des mers froides, avec murènes et requins pour mieux vous glacer encore, surprend par les belles lumières dégagées. C'est ensuite l'otarium, joie des enfants, et son spectacle prolongé par une salle sous-marine. C'est enfin la salle des mers chaudes, où l'on a l'impression d'être projeté sur un récif corallien au bord de l'Atlantique. Au cours de l'animation avec les otaries, vous admirerez leur agilité avec des ballons ou des cerceaux.

LE BOIS DE LA CHAIZE ★★

Voir page 16.

CHÂTEAU-MUSÉE DE NOIRMOUTIER ★

Place d'Armes ✆ 02 51 39 10 42
musees.patrimoine@ville-noirmoutier.fr
Ouvert du 6 février au 13 novembre 2016. Basse saison : ouvert du mercredi au lundi. Haute saison : tous les jours de 10h à 19h. Se renseigner sur les horaires en basse saison. Adulte : 4,60 €. Enfant (de 6 à 17 ans) : 2,50 €. Site non accessible aux personnes à mobilité réduite. Visite guidée (en juillet et août).
Construit à la fin du XIIe siècle, ce château médiéval, l'un des mieux conservés dans le Grand-Ouest, abrite un musée. Les dernières restaurations (2006-2008) révèlent les transformations de cette tour de guet en résidence seigneuriale. En 2016, le château se consacre à la période

trouble de la fin du XVIIIe siècle, avec une exposition consacrée à la Guerre de Vendée (1793-1796). En guise de préambule, l'exposition reviendra sur la révolution parisienne de 1789 avec les gravures de Pierre-Gabriel Berthault, réalisées en pleine Révolution. L'exposition présentera « la Vendée militaire », son histoire et ses symboles ; et l'île de Noirmoutier, renommée « L'île de la Montagne ». On y verra certaines pièces des collections du musée, notamment celles consacrées à l'exécution du général royaliste, Maurice d'Elbée, mais on pourra également découvrir des collections spécialement prêtées pour l'occasion. L'exposition sera précédée d'un espace dédié à l'histoire et à l'architecture du château médiéval. Par sa position dominante sur l'île, le donjon offre le panorama le plus remarquable. Le château de Noirmoutier est classé Monument historique et son musée est labellisé Musée de France.

■ PORT DE L'HERBAUDIERE ★
✆ 02 51 39 05 05
www.portdeplaisance-herbaudiere.com
A la fin du XIXe siècle, une crique fut aménagée et, au fil du temps, a donné naissance au port de l'Herbaudière, aujourd'hui seul port en eau profonde de l'île, spécialisé dans la pêche au congre, au bar et à la seiche. Est venu s'y adjoindre un vaste port de plaisance. Le cimetière marin, derrière l'église, offre un point de vue intéressant. On peut apercevoir au large l'île du Pilier où l'on peut admirer deux phares et un fort construit par les Nantais pour se protéger des pillages normands en 1710. Un établissement religieux y fut implanté dont il ne reste rien car les moines préférèrent en 1210 s'installer à l'abbaye de la Blanche, hélas impossible à visiter car propriété bien gardée au centre du petit bois de la Blanche d'une cinquantaine d'hectares.

■ RÉSERVE NATURELLE DES MARAIS DE MULLEMBOURG ★
Les 48 ha des marais de Müllembourg, gagnés sur la mer au siècle passé, sont le refuge de nombreuses espèces animales et végétales. Les travaux de poldérisation qui créèrent ces marais au début du XIXe siècle furent commandés par Jean-Cornil Jacobsen. La protection en est assurée par la chaussée Jacobsen, réalisée de 1810 à 1813 par plus de 300 ouvriers. Outre la création de marais salants, cette digue – surmontée d'un chemin de halage – permettait aux navires de remonter le chenal d'accès au port par vents contraires. Au bout de la jetée Jacobsen, le fort Larron du XVIe siècle qui défendait l'entrée du chenal d'accès au port. Ces marais sont le refuge de la faune ailée pour leur richesse en nourriture. Quant à la flore, on en dénombre 160 espèces.

Alexandre Couillon : la référence gastronomique en Vendée !

© LINDA CASTAGNIE
Alexandre Couillon.

Issu d'une famille de restaurateurs, ce chef éminemment talentueux, profondément humble, originaire d'ici même, est la fierté gastronomique de la Vendée. Si vous êtes de passage à Noirmoutier, la Marine est une étape gourmande in-con-tour-na-ble, tout comme le Gois est un site unique à voir. Les fées ont dû se pencher sur le berceau d'Alexandre il y a trente-cinq ans. Après avoir suivi une filière de formation classique (CAP-BEP puis Bac Pro), il décide de rejoindre les Compagnons du Tour de France. C'est à cette occasion qu'il côtoie la fine fleur de la gastronomie française, à l'occasion d'expériences chez Michel Guérard à Eugénie-les-Bains, Georges Paineau à Questembert, le célèbre et ingénieux Thierry Marx à Pauillac... Riche de ses expériences, il décide de revenir sur ses terres vendéennes, et ouvre, à 23 ans, son restaurant, la Marine, premier du nom, devenue aujourd'hui la Table d'Élise où il propose une cuisine fine et conviviale fidèle aux traditions vendéennes et d'un excellent rapport qualité-prix. Les années qui suivent l'installation d'Alexandre sont couronnées de succès, puisque 3 ans après, il récolte déjà, en 2002, un Bib Gourmand. Passionné, inventif, perfectionniste, audacieux, il est récompensé en 2007, avec une première étoile, puis en 2008 en tant que Grand Chef de demain, et enfin, c'est la consécration en 2013 avec l'obtention de la deuxième étoile au guide Michelin, le hissant dans le prestigieux club restreint des 2 macarons. Les belles récompenses ne s'arrêtent pas là puisqu'il a reçu en plus de ses 4 toques le Gault et Millau d'or en 2015 et a été élu chef de l'année par le *Guide Champérard*. Rappelons que le très célèbre *Opinionated About Dining* a classé la Marine 15e sur les 100 meilleurs restaurants européens. C'est sans doute, parmi la jeune génération, l'un des chefs les plus titrés et c'est tellement mérité. Nous, ce qu'on aime aussi chez sa charmante épouse Céline et lui, c'est leur humilité. Sa philosophie de la cuisine évolue autour des éléments qui peuplent et façonnent sa belle île de Noirmoutier. Empreinte de traditions, la carte suit les variations saisonnières autour de mets exquis qui combinent des saveurs autour de la mer, de la terre, des bois, d'herbes, de grains et de plantes, de fumée… La belle histoire continue et s'écrit chaque jour dans les assiettes pour le plus grand plaisir des fins gourmets.

Le couvert

Restaurants gastronomiques

LA MARINE
Port de l'Herbaudière
5, rue Marie-Lemonnier ✆ 02 51 39 23 09
www.alexandrecouillon.com
marinedalex@orange.fr

Fermé 2 semaines fin novembre, 1 semaine début décembre et 3 semaines en janvier. Basse saison : ouvert le lundi et du jeudi au samedi le soir ; du jeudi au lundi le midi. Haute saison : du jeudi au mardi le midi et le soir. Menus : 68 € (4 plats), 98 € (7 plats) et 150 € (10 plats). Avec les vins : 106 €, 146 € et 198 €. American Express. Label Tourisme & Handicap.

Deux étoiles au guide Michelin, 4 Toques au Gault et Millau récompensent la sublime cuisine d'Alexandre Couillon et son épouse Céline, qu'ils partagent avec leur valeureuse équipe. Classé 15e sur les 100 meilleurs restaurants européens par l'*Opinionated About Dining*, élu chef de l'année 2015 par le guide Champerard, apprêtez-vous à passer un moment plein d'émotions dans cet établissement face au port de l'Herbaudière qui a fêté ses 15 ans. Deux entités propres pour un seul chef dans une cuisine ouverte reliant les deux restaurants. La Marine propose une cuisine créative affirmée mettant en lumière les saveurs de l'île, et juste à côté, la Table d'Elise est un bistrot à la cuisine d'hier au goût d'aujourd'hui. La petite salle de la Marine offre un cadre contemporain épurée, design, intimiste. Aux beaux jours, réservez dans l'adorable patio-terrasse. Une déco sobre et soignée à l'image de la cuisine d'Alexandre, qui laisse le produit parler, d'où un choix rigoureux dans leur sélection. Il possède d'ailleurs son propre potager en culture raisonnée. Il distille avec talent sa passion dans une carte renouvelée au rythme des saisons autour d'un fil conducteur « marine et végétal ». Vous aurez d'ailleurs beaucoup de mal à trouver un autre chef capable de préparer du poisson comme Alexandre Couillon. On est conquis ! Alors, ouvrez bien les yeux et laissez-vous porter par la variation autour de l'huître au bouillon de lard et encornet, la Saint-Jacques carotte et lait d'oursin, puis turbot et asperge verte, suivi d'un pigeonneau, blette et betterave... Et pour finir en beauté, le succulent mariage entre le potiron glacé, le sucre et le biscuit noisette. Un festival des sens que tout le monde peut s'offrir. Le top du top !

LE GRAND FOUR
1, rue de la Cure ✆ 02 51 39 61 97
legrandfour@wanadoo.fr

Maître Restaurateur. Fermé de décembre à février. Basse saison : ouvert le mardi, le mercredi, le vendredi et le samedi le midi et le soir ; le jeudi soir ; le dimanche midi. Haute saison : du mardi au samedi le midi et le soir ; le dimanche midi. Menus de 32 € à 62 € (menu Homard à 82 €). Menu enfant : 14 €. Formule du midi : 24,50 € (en semaine).

Située derrière le château, cette belle maison à la façade de vigne vierge, fondée en 1956, jouit d'une très bonne réputation. Une belle table labellisée Maître Restaurateur auréolée d'une toque au Gault et Millau. Dans une carte relativement courte, la cuisine d'Henrick Garriga est rigoureuse, fine, et suit les variations saisonnières, dévoilant durant l'hiver une tempera de noix de Saint-Jacques, caviar de courgettes, réduction cumbawa, ou raviolis de foie gras de canard mi-cuit bouillon de poule à l'huile de truffe, caramel sésame, puis lotte rôtie au lard fermier ou pour la note locale, tournedos de canard de Challans aux fruits rouges, légumes croquants. La carte des tentations gourmandes oscille entre gourmandise et légèreté : délice chocolat mangue ou nougat glacé aux fruits secs, façon mendiants.

L'ÉTIER
L'Etier de l'Arceau – Route de l'Epine
✆ 02 51 39 10 28 – restaurant.etier@orange.fr

Ouvert toute l'année. Du mercredi au dimanche. Menus de 28 € à 58 €. Menu enfant : 11 €. Formule : 19 €.

LA BISQUINE • 30 A, rue du Port • L'Herbaudière • Noirmoutier-en l'île • 02 51 35 78 72
www.restaurantlabisquine.com

Le restaurant de Patrice et Patricia Millasseau se situe juste à côté d'Oceanile et surplombe un étier, ce qui depuis la véranda offre une charmante vue. La cuisine est soignée et fine, et la rénovation de la salle sied mieux à la cuisine et apporte plus de chaleur qu'auparavant. Patrice Millasseau travaille la Saint-Jacques dès l'automne et le gibier en hiver avec le civet de sanglier mariné aux baies de genièvre au jus de chasse. Beaucoup de plats sont des classiques incontournables revenant d'année en année comme les noix de Saint-Jacques en émulsion crémeuse de jus de truffes, risotto mousseux aux cèpes ou la sole meunière. La carte privilégie la pêche locale, la criée de l'Herbaudière étant toute proche. Autre produit phare, le foie gras poêlé, avec sa fricassée de cèpes ou mi-cuit avec un chutney de pommes et châtaignes au montbazillac. La carte des desserts est réduite et balaie tous les goûts entre le soufflé chaud minute au Grand Marnier et le Paris Brest (dessert préféré du chef). On pourra peut-être regretter le manque de renouvellement de la carte et le rapport qualité/prix un peu élevé par rapport à d'autres restaurants de cette gamme.

Restaurants traditionnels, brasseries, crêperies, pizzerias

LA BISQUINE
30 A, rue du Port
Port de l'Herbaudière
✆ 02 51 35 78 72
www.restaurantlabisquine.com
Qualité Tourisme. Maître Restaurateur. Basse saison : ouvert du mardi au samedi le midi et le soir ; le dimanche midi. Haute saison : du mardi au dimanche le midi et le soir. Menus de 19,50 € à 39,90 €. Menu enfant : 9,50 €. Formule du midi : 10,50 €. Terrasse.
Juste avant le port de l'Herbaudière, derrière une jolie façade surmontée de touches de rose, le restaurant de Nadia, créé il y a seize ans, arbore un cadre soigné où se mêlent harmonieusement poutres, cordages, lampes en cuivre, nappes roses et, pièce maîtresse de la salle, une belle cheminée ouverte. Derrière la salle, un agréable patio intérieur fleuri. La cuisine du jeune chef Steeve est traditionnelle, à base de produits frais, en accord avec la charte des Maîtres Restaurateurs dont il fait partie, avec une prédilection pour les fruits de mer et poissons : plateau de fruits de mer royal avec homard, choucroute de l'océan, filet de bar sauvage rôti sur peau, médaillon de lotte lardé oignons confits poire et romarin, que vous aurez fait précéder d'un foie gras ou de palourdes farcies maison. Le poisson à l'ardoise permet de varier la carte. Au fait, savez-vous ce qu'est une bisquine ? Un bateau de pêche breton et normand gréé en bisquine : un gréement sur deux ou trois mâts, avec trois étages de voiles.

■ **BISTROT LE CASS' POÏ**
5, rue de la Cure
✆ 02 51 54 05 92
le-cass-poi@orange.fr
Fermé du 15 novembre au 15 février. Basse saison : ouvert du jeudi au lundi le soir ; du vendredi au lundi le midi. Haute saison : du vendredi au mercredi. Menu enfant : 9 €. Formule : 17 € (en 2 plats ou 22,50 € en 3 plats).
Le Cass'Poï est un terme marin assimilé à un lieu de commérage. Voilà l'idée de convivialité qui se traduit dans ce charmant restaurant qui a élu domicile juste derrière le château. Aux beaux jours, une minuscule terrasse se pose devant l'entrée. L'intérieur est celui d'une maison accueillante, avec vieux parquet, cheminée et moulures et tables de bistrot. Passionnée de cuisine, Stéphanie a décidé de faire partager ses bonnes recettes. Une cuisine maison de femme, une cuisine de tradition, simple et bonne, utilisant des produits frais autour d'une carte réduite avec un plat du jour. La carte propose peu de choix : 3 entrées, 2 plats et 2 desserts ou l'assiette de fromages de chez Beillevaire. Avec le jour de notre passage : œuf cocotte à la crème de chorizo, puis noix de Saint-Jacques et purée de potimarron. En dessert, sur les conseils de Mathieu, nous nous sommes laissé convaincre par le dessert phare : le choco Poï. Le midi, on s'axe davantage vers une formule « bistrot ». Une adresse qui allie simplicité, authenticité et générosité.

CRÊPERIE L'HER DU TEMPS
18, Grande-Rue ✆ 02 51 39 09 28
Ouvert toute l'année. Du mardi au dimanche. En hiver, fermé le soir en semaine. Terrasse.
Cette crêperie était déjà sur le podium de nos crêperies préférées tant par la finesse, la qualité et l'inventivité de la cuisine de Jean-Michel Buton, que pour l'accueil d'Aline, mais là, en 2016, elle s'est agrandie et un nouvel atout charme vient s'ajouter à la longue liste des qualificatifs puisqu'un magnifique patio au milieu duquel trône une fontaine a été créé à l'arrière du restaurant. C'est top ! L'Her du temps est une crêperie pas comme les autres – et de l'avis de tous, la meilleure – basée sur le concept de «crêponomie». Aussi, ne vous arrêtez pas aux prix pratiqués, ils sont certes un peu plus élevés qu'ailleurs, et il y a un peu d'attente, mais tout se justifie par les produits de qualité et le gros travail de création. La carte affiche les tendances et les suggestions du jour permettant au chef de travailler les produits de saison comme cette galette de blé noir, noix de Saint-Jacques et trompettes de la mort, espuma de butternuts courge et crème de trompettes, ou la Savoureuse aux girolles et œufs brouillés, proposées à l'automne. Produits frais, créativité, rigueur, belles présentations et une vraie cuisine goûteuse… Le chef sélectionne rigoureusement ses produits de base et le reste sort tout droit de son imagination et de sa fantaisie.

LA GRAND'VOILE
Port de l'Herbaudière
1, rue de la Pointe
✆ 02 51 39 09 30
www.la-grand-voile.fr
Fermé en janvier. Haute saison : ouvert du mardi au dimanche. Hors saison, fermé dimanche soir, lundi et vendredi soir. D'octobre à mars, fermé les soirs (sauf pour les groupes). Menus de 12 € à 40 €. Menu enfant : 9,80 € (jusqu'à 12 ans). Accueil des groupes. Terrasse. Salle privée pour 20 à 30 couverts.
La Grand'Voile déploie les deux étages de sa façade aux larges baies et sa terrasse ensoleillée sur le port de l'Herbaudière. Depuis les deux salles, vous aurez une vue panoramique sur celui-ci. La cuisine est traditionnelle. C'est sans doute pour sa diversité de menus, ses prix ajustés et sa grande capacité d'accueil que les groupes choisissent ce restaurant. Illustration des prix abordables dans l'un des menus : la godaille du pêcheur, puis raie au beurre de salicornes et pâtisserie maison, et une carte des vins de 8,60 € à 32 €. Les autres menus sont du même acabit : accessibles à toutes les bourses et tous les goûts. Parmi les plats : terrine de foie gras, andouillette grillée et son camembert rôti, confit de canard, et une présence marquée des poissons comme le filet de bar rôti à la fleur de sel, choucroute de poissons et une nouveauté : la seiche confite au piment doux, sans oublier les moules, qui peuvent aussi s'emporter. Pour terminer le repas avant une balade sur le port : coupe Grand'Voile ou café gourmand.

LE CASTEL
11, rue des Douves ✆ 02 51 35 77 73
lecastel85@hotmail.fr
Ouvert toute l'année. Du lundi au samedi le soir ; tous les jours le midi. Menus de 21,50 € à 38 €. Menu enfant : 9,50 €. Formule du midi : 13 €.
L'an dernier nous avions apprécié notre visite dans ce restaurant du quartier du château, jouxtant l'hôtel L'Île Ô Château, qu'avait repris en 2014 Julien Guéneau, le chef, et sa mère Soizic. Or malheureusement, l'accueil du chef en ce jour d'octobre 2015 était moins aimable et plus tendu que l'an dernier. Peut-être sommes-nous mal tombés et gageons que la mauvaise humeur du chef n'était que passagère car cette table propose une cuisine

d'inspiration traditionnelle de bonne facture. La salle se situe à l'étage du bâtiment et arbore une cheminée. Les menus sont d'un bon rapport qualité-prix, tout comme les vins. La carte privilégie les produits locaux. Les plats sont souvent accompagnés de sauces, comme le traditionnel beurre blanc sur plusieurs poissons. Marquant aussi l'empreinte d'une cuisine traditionnelle, le confit de canard ou l'andouillette 5A. En conclusion sucrée : cœur coulant chocolat et copeaux de pistache ou soufflé Grand Marnier.

■ CREPERIE LA FERME DES 5 CHEMINS

42, basse-rue
Rond-point des 5 Chemins
✆ 02 51 26 59 38
www.lafermedes5chemins.fr
contact@lafermedes5chemins.fr

Fermé 3 semaines en janvier et début février. Haute saison : ouvert tous les jours. Basse saison hors vacances scolaires : ouvert du vendredi soir au dimanche soir. A partir d'avril : ouvert midi et soir du jeudi au lundi. Chambres d'hôtes : chambre double de 88 € à 138 €. Terrasse couverte et terrasse en jardin.

Nicole et François ont transformé cette ancienne ferme familiale en une crêperie et deux chambres d'hôtes fort jolies. Au restaurant, à la déco contemporaine se mêlent pierres et poutres apparentes, un abreuvoir, vestiges de l'ancienne ferme, tout comme le tombereau (vieille charrette) du jardin, dans lequel vous pourrez manger. Des tableaux originaux d'animaux de ferme complètent la thématique. Egalement 2 terrasses dont une couverte, et l'autre, dans le jardin, avec ses plantes aromatiques et l'ancien enclos à cochons. La carte (traduite en patois noirmoutrin) propose des galettes et crêpes, fabriquées à base de la farine bio du Moulin de Rairé et d'ingrédients issus de producteurs locaux et régionaux. En spécialités : le velouté du jour (ou gaspacho selon la saison), la galette aux quatre légumes, celle à la sardine fumée ou une autre avec Saint-Jacques et fondue de poireaux sans oublier des salades. Pour les becs sucrés : crêpe au caramel au beurre salé ou crêpe nougatine maison. Les chambres d'hôtes de caractère classées 3-clés, des suites de 35 et 56 m^2, meublées d'objets d'antan, peuvent accueillir de 2 à 8 personnes.

■ BRASSERIE-CRÊPERIE L'ATMOSPHÈRE

2, rue Parmentier ✆ 02 51 39 02 16

Ouvert toute l'année. Basse saison : du jeudi au mardi. Haute saison : tous les jours. Formule : 11 € (servie midi et soir). Terrasse. Patio.

L'histoire dit que cette bâtisse, dont la façade à petits carreaux a des allures bretonnes, a presque toujours hébergé une crêperie. Devant la façade se déploie une terrasse acidulée. On pousse la porte de cette maison, à la tête de laquelle sont Amaury et Geoffroy, pour découvrir un intérieur original aux couleurs pétillantes, composé de différents espaces à la déco propre à chacun. Et au bout, presque caché : un adorable patio. Cette petite crêperie-brasserie est avant tout une adresse familiale tout en simplicité. Avec une formule galette à 11 €, servie midi et soir, pas étonnant que les familles la fréquentent. Des prix doux donc et des galettes fabriquées à partir de la farine du moulin de Châteauneuf, situé à quelques kilomètres d'ici, dans le marais. Clin d'œil au nom de la première crêperie qu'abritaient ces murs, la puy de Lorraine, tandis que les ados lui préféreront l'américaine au steak haché, mais la plus plébiscitée demeure la soutane à base de curé nantais (fromage) et pommes de terre, sans oublier la coquille, avec saint-jacques, fondue de poireaux et crème de pineau. En alternative aux galettes, la carte propose une modeste sélection de salades et de viandes.

L'AUBERGE DU CHÂTEAU

9, rue des Douves ✆ 02 51 35 74 31

Ouvert de mars à fin octobre. Haute saison : ouvert tous les jours. Menu enfant : 11 €. Menus : 14,50 €, 19 € et 26,50 €. Terrasse.

Isabelle et Jean-Luc vous accueillent depuis dix-huit ans dans leur restaurant connu pour son rapport qualité-prix, situé près du château de Noirmoutier. L'avenante façade aux volets kaki, relookée l'an dernier, s'ouvre sur une première salle aux beaux volumes soutenus par une belle charpente, faisant le charme du lieu. A côté, une autre salle plus intimiste, et l'autre atout : une petite terrasse couverte. Le nouveau chef de cuisine privilégie poissons et produits de la mer : fruits de mer (assiette ou plateau), pot-au-feu de la mer, aile de raie à la salicorne ou encore filet de bar. Côté terroir, du foie gras maison, magret de canard sauce « chef de l'auberge » et filet de bœuf au foie gras. Dès la saison, différentes recettes de moules servies avec des pommes de terre de Noirmoutier viennent compléter la carte. Chaque jour, la suggestion du chef s'affiche à l'ardoise. Et si vous êtes gourmand, ne faites pas l'impasse sur les desserts maison. L'Auberge du Château accueille les repas de famille et propose de faire plaisir à vos proches en leur offrant un déjeuner ou un dîner sous forme de bon cadeau.

LE JARDIN DE NOIRMOUTIER

72, avenue Joseph-Pineau ✆ 02 51 39 12 03

Ouvert toute l'année. Restaurant-bar. Tous les jours à partir de 7h30. Menus de 14,20 € à 24,50 €. Menu enfant : 7,50 €. Terrasse.

Depuis 28 ans, chaque jour, à partir de 7h30, le Jardin de Noirmoutier acueille ses fidèles, pour un café, pour partager entre collègues la formule peu onéreuse du midi ou l'un des menus. Une cuisine maison, traditionnelle, un bon rapport qualité-prix, des portions généreuses et une déco mignonne, il n'en faut pas plus pour satisfaire les clients. A côté de la salle principale, un petit salon avec peu de tables. En plus de la formule du jour, la carte, volontairement courte, avec le jour de notre passage une nage de moules à la crème de petits pois (plat super copieux), des gambas flambées au whisky, un foie gras ou de la terrine de poisson maison, à suivre d'un osso buco de lotte à la tomate et aux herbes, la pièce du boucher ou une aile de raie. L'ardoise du jour suggère le poisson du marché. Les desserts ne sont pas en reste avec, selon la saison, clafoutis aux fruits, millefeuille à la fraise ou le desesrt phare : la cocotte de brioche perdue et ananas rôti. Vraiment les solides appétits ne ressortiront pas avec la faim et c'est bien cuisiné. Quant au très bon rapport qualité-prix dont on parlait, il s'applique aussi pour la carte des vins puisque aucun ne dépasse les 20 € !

LA PLAGE DE JULES

Plage des Dames

Fermé de décembre à janvier. Basse saison : ouvert tous les jours et les jours fériés le midi. Haute saison : tous les jours et les jours fériés le midi et le soir. Menus de 23 € à 36 €. Menu enfant : 11,50 €. Terrasse.

Voici un lieu qui offre une vue unique, puisque cette brasserie vous propose de manger face à la mer, au cœur du bois de la Chaize, sur la plage des Dames. C'est avant tout la vue que l'on vient chercher. Pour la petite histoire, cet établissement fut un des lieux de tournage du film *Les Vacances du petit Nicolas*. Il avait pour l'occasion revêtu une horrible façade jaune et bleu flashy. Mais fort heureusement il a retrouvé son atmosphère cosy, feutrée, tout en sobriété. En terrasse, mobilier tendance et, devant le restaurant, la partie bar propose de s'installer confortablement dans un des canapés tressés chocolat pour boire un verre. Une cuisine de bonne facture, qui propose notamment des poissons, moules (avec pommes de terre de Noirmoutier en saison ou grenailles), hamburgers, ainsi que des

salades, tartares de poisson et carpaccios de bœuf. Les prix à la carte tapent un peu et on a le sentiment de payer la vue, mais vu l'emplacement on se devait de vous parler de l'adresse. L'été, vu l'afflux touristique, il faut prendre son mal en patience, mais après tout c'est les vacances et une douzaine d'huîtres et un verre de vin blanc à l'apéritif feront patienter.

■ LE P'TIT NOIRMOUT

10, rue du Marché
✆ 02 28 10 79 52
www.le-ptit-noirmout.com
leptitnoirmout@gmail.com

Ouvert toute l'année. Basse saison : du mardi au samedi le midi et le soir ; le dimanche midi. Du 1er avril à fin septembre, ouvert 7 jours sur 7. Menu enfant : 11 €. Menus : 22,80 €, menu du chef entre 30 € et 50 €. Menu homard et fruits de mer sur réservation. Patio-terrasse.

Situé derrière le port, à côté de la mairie, la porte du P'tit Noirmout s'ouvre sur une salle aménagée avec goût, où des toiles d'artistes locaux changeant régulièrement décorent les murs. L'autre atout charme de ce bon restaurant : un adorable patio-terrasse. La cuisine n'en manque pas non plus et s'articule autour d'une carte faisant la part belle aux poissons, fruits de mer (plateaux), et homard, auquel un menu est consacré. Autour d'Arthur, son chef David, et Mathieu, tous s'évertuent à faire évoluer leur cuisine. Petit focus sur les spécialités : pressé de chair de tourteau sur carpaccio de Saint-Jacques ou millefeuille d'andouille et pommes Granny rôties au vin rouge, puis le coup de cœur du chef : risotto aux palourdes sauce basilic. En bonne place, les poissons, dont ceux de la criée de Noirmoutier, le filet de canette au thym et poivre de Sichuan, le tout accompagné de légumes de saison. En dessert, succombez au trio chocolat (mousses et croustillant praliné) ou à la brioche vendéenne façon pain perdu. La cuisine est équilibrée et parfaitement interprétée, et d'un bon rapport qualité-prix, compte tenu les produits frais utilisés. Une bonne table !

■ RESTAURANT LE PETIT BOUCHOT

3, rue Saint-Louis ✆ 02 51 39 32 56
lepetitbouchot@yahoo.fr

Fermé du 15 décembre au 15 janvier. Basse saison : ouvert du jeudi au lundi. Haute saison : du mardi au dimanche. Menus de 19,50 € à 37 €. Formule du midi : 13,50 €.

Quand on évoque Le Petit Bouchot, une même remarque commune revient : le très bon rapport qualité-prix des menus. Cette petite table, coincée entre la mairie et le port, offre une entrée discrète par un charmant patio intérieur dans lequel vous pourrez prendre vos repas, et amène sur une salle aux pierres apparentes et banquettes murales. Ajoutons qu'une salle privative a été aménagée pour recevoir les groupes de 15 à 20 personnes. La décoration est soignée, le service rapide et efficace, les plats recherchés bien qu'empreint de simplicité, les présentations, soignées, et la qualité de la cuisine affiche une régularité constante, même si les portions ne sont pas pantagruéliques. Parmi une carte qui change trois fois par an, des menus et des suggestions du jour, nous avons retenu le jour de notre passage le foie gras ou le crumble d'escargots aux épinards et butternut, réduction au porto, puis cassolette de rognons et ris de veau au paprika, gratin de patates douces ou filet de bar aux topinambours. Et pour la petite douceur, un dessert là, à demeure : la craqueline (à base de nougatine).

© A. LAMOUREUX - VENDÉE EXPANSION

Port de Noirmoutier-en-l'île.

LA TABLE D'ELISE
Port de l'Herbaudière
5, rue Marie-Lemonier
✆ 02 28 10 68 35

Maître Restaurateur. Fermé 2 semaines fin novembre, 1 semaine début décembre et 3 semaines début janvier. Hors saison, fermé mardi, mercredi et dimanche soir. En juillet août, uniquement le mercredi. Menu enfant : 8,50 €. Menu du marché (le midi, en semaine) : 21,50 € de l'entrée au dessert. Menu à 29 € (midi, soir et week-end). Terrasse en été.

La Table d'Elise, tenue par Céline et Alexandre Couillon, est une de nos adresses préférées en Vendée. C'est la «petite soeur» de la Marine (2 étoiles au guide Michelin). Deux établissements, une cuisine unique et un seul chef. Dans un décor authentique d'accastillage de bateaux, Alexandre nous offre ici une cuisine d'hier au goût d'aujourd'hui, autour d'une sélection rigoureuse de produits du terroir de qualité, d'un rapport qualité-prix incomparable eu égard au talent du chef, récompensé ici d'un Bib gourmand au Michelin ! Conviviale et fidèle aux traditions, la cuisine joue sur des accords subtils et des présentations soignées, marque de fabrique du chef dont voici un aperçu : velouté de butternut, coquillages et mandarine, puis merlu de l'Herbaudière grillé, risotto d'asperge bio et sauce citron confit Et en dessert, le Tout Citron : biscuit, sorbet, meringue et crémeux. Ajoutons que les légumes proviennent de leur potager en culture raisonnée, que les glaces tout comme le pain sont maison. Quelques vins sont suggérés en accord de ces mets, des vins accessibles à tous. Tout comme la cuisine, le service est impeccable et souriant. Avec la Table d'Elise, chacun pourra bénéficier du savoir-faire d'un grand chef à prix doux.

LE WINCH
8-10, place Saint-Louis
✆ 02 28 12 99 20

Ouvert toute l'année. Tous les jours. Brasserie, bar, glacier. Menus : 15,80 € (non servi après 20h30), 19,50 € et 26,80 €. Terrasse. Service continu durant les vacances scolaires.

Nous aimons cette adresse, dont la terrasse semi-couverte donne sur le port, pour son sérieux, la régularité et la qualité de sa cuisine. Le chef a de longues années d'expérience derrière lui ; passionné et discret, c'est un fervent défenseur du fait maison depuis toujours, alors n'hésitez plus et embarquez à bord du Winch. Dédiée à la mer, la déco, racée, originale et chaleureuse, mérite à elle seule le détour : beaux parquets, fauteuils cuir, plafond en bois découvrant de jolis cadres avec photos sépias de voiliers, un mât et sa voile, et de-ci, de-là des objets de navigation comme ce projecteur en cuivre. A l'étage, autre salle, autre ambiance, sobre et cosy. Cap sur la carte, qui comblera toutes les envies et tous les budgets, avec, atouts supplémentaires : un service continu pendant les vacances scolaires et un bon rapport qualité-prix. En haut du mât des spécialités : marbré de foie gras et ris de veau, cassoulet vendéen, bavaroise langoustines et crabe, cochon de lait confit et son jus, filet de bar en croute de chorizo, tête de veau, pâtes fraîches, viandes : entrecôte, pavé, carpaccio... Parmi les desserts maison, essayez le tiramisu aux speculoos et citron vert ou la forêt noire façon Winch.

Le gîte

HÔTEL AUTRE MER**
32, avenue Joseph-Pineau
✆ 02 51 39 11 77
www.autremerhotel.fr
contact@autremerhotel.fr

Qualité Tourisme. Fermé de novembre à mars. 27 chambres. Chambre double de 65 € à 100 € ; chambre triple de 85 € à 105 € ; studio / appartement de 105 € à 125 €. Petit déjeuner buffet : 9,50 €. Parking (privé, gratuit). Chambre quadruple : de 95 € à 115 €. Animaux acceptés (7 €).

Situé au cœur de l'île, sur la route du bois de la Chaize, l'hôtel est aisément reconnaissable à sa façade blanche et ses persiennes couleur vert d'eau lui conférant un petit côté Louisiane. Dans un quartier calme de Noirmoutier, à 5 minutes de la plage des Dames, l'hôtel Autre Mer, jouit de bien des atouts, lui valant d'ailleurs le label Qualité Tourisme délivré par le ministère du Tourisme, prouvant le sérieux et la qualité de cet établissement. Les chambres disposent toutes de bain ou de douche, d'une TV, d'un téléphone avec ligne directe. La décoration de goût associée aux tons lin, dunes, oyats et bois, confèrent une atmosphère chaleureuse. Le petit déjeuner se prendra dans la jolie salle ou en terrasse par beau temps. Idéal pour les familles, cet hôtel propose plusieurs chambres communicantes, notamment des chambres quadruples avec terrasse donnant sur le jardin. Vous êtes sportif ? Alors ce choix est doublement justifié car l'hôtel dispose désormais d'une salle de fitness avec vélo, rameur, vélos elliptiques, banc de musculation... Autre service proposé, un parking fermé. Cet hôtel est décidément un très bon choix, d'autant que l'accueil y est charmant.

■ HOTEL SPA SAINT-PAUL– RESTAURANT L'ANSE ROUGE***
Bois de la Chaize
15, avenue Maréchal-Foch
✆ 02 51 39 05 63
www.hotel-saint-paul.net
contact@hotel-saint-paul.net

Fermé du 11 novembre au 12 février. Piscine et espace bien-être accessibles du 1er avril au 30 septembre. 32 chambres. Chambre double de 94 € à 184 €. Petit déjeuner inclus. Wifi. Restauration (menus du midi : 25 € et 30 €. Menus du soir : 30 €, 40 €, 68 € menu Homard et 70 € menu Dégustation). Spa, espace beauté. Hammam, sauna.

Un écrin de verdure caché au cœur du bois de la Chaize et à 200 m de la plage des Dames, sert de cadre à l'Hôtel Saint-Paul posé au cœur d'un parc paysagé, avec piscine, très beau Spa. Une réception richement meublée conduit aux chambres aux étages. Spacieuses, confortables, elles offrent, depuis le balcon, une vue sur le bois ou le jardin, et proposées en triple ou quadruple. Jouxtant l'hôtel, la Villa Saint-Paul offre une autre possibilité d'hébergement dans une architecture typique du bois de la Chaize, et peut, avec ses 3 chambres, séjour et cuisine équipée, accueillir les familles (possibilité de services hôteliers). Au restaurant L'Anse Rouge, vous apprécierez la cuisine authentique, fine et inventive, autour d'une carte qui fait la part belle aux poissons et aux produits du terroir, avec en illustration au travers de différents menus : noix de Saint-Jacques, escalope de foie gras chaud et sauce aux truffes ou macaron au chèvre et grenouilles persillées, puis émincé de lotte au lard ou pièce de veau, pommes de terre de l'île et artichauts. Et pour la note sucrée : soufflé glacé à la violette et à l'orange. Avec toutes ses prestations, une fois entré ici, on n'a plus envie d'en bouger…

■ HÔTEL ILE O CHATEAU**
11, rue des Douves ✆ 02 51 39 02 72
www.ileochateau.com

Fermé en janvier. Fermé 15 jours en novembre. 24 chambres. Chambre double de 59 € à 120 € ; chambre triple de 100 € à 130 € ; suite de 150 € à 190 €. Petit déjeuner : 10 €. Duplex (4 personnes) : de 120 € à 150 €. Animaux acceptés (7 €). Wifi. Parking à vélos/motos.

À côté du château de Noirmoutier, ces murs plus que centenaires hébergent un charmant hôtel de 23 chambres, entièrement rénové il y a trois ans, alliant modernité, simplicité et élégance, charme et convivialité, conférant aux lieux une ambiance « maison d'hôtes ». On aime l'esprit qui se dégage de cet hôtel. Chaleureuse, la salle de petit déjeuner donne sur la piscine paysagée, cachée au cœur de la bâtisse. Certaines chambres ont vue dessus. Très appréciées aussi, les 7 chambres avec terrasse et une vue unique sur le château. Toutes les chambres sont décorées avec goût, dans des styles personnalisés, avec pour fil conducteur des tonalités de gris, orange et blanc. Déco tendance épurée avec coco au sol, couette, objets de déco chinés auxquels on a donné une seconde vie, et sur les murs, des petites phrases positives pour mettre dans l'ambiance zen et cosy. Plusieurs chambres multiples (3 à 4 personnes). En rentrant de la plage, ou d'une balade à vélos (location de vélos et parking à vélos sur place), détendez-vous un moment dans le salon autour d'un thé et piochez dans la bibliothèque, avant votre dîner à l'une des bonnes tables environnantes.

REPÉREZ LES MEILLEURES VISITES

★ INTÉRESSANT ★★ REMARQUABLE ★★★ IMMANQUABLE ★★★★ INOUBLIABLE

HOTEL-RESTAURANT FLEUR DE SEL***
10, rue des Saulniers ✆ 02 51 39 09 07
www.fleurdesel.fr
contact@fleurdesel.fr
500 m à droite après l'église

Ouvert de mars à la Toussaint. 35 chambres. Chambre double de 113 € à 249 € ; suite. Petit déjeuner inclus. Du 1er au 22 août, uniquement formule incluant chambre, petit-déjeuner et déjeuner ou dîner : de 225 € à 280 € en chambre double ; suite junior à 315 € la nuit. Wifi gratuit. Restauration (menus de 26 € à 46 €, menus enfants à 11 € et 21 € ; réservation conseillée). Séminaires jusqu'à 24 personnes. Piscine chauffée avec bain bouillonnant, petit practice de golf compact, terrain de pétanque, badminton, salle de jeux.

Une adresse reconnue sur l'île, une institution même, que la famille Wattecamps tient depuis plus de 30 ans ! Cet établissement de charme est situé au calme, dans un parc paysagé de 2 hectares. Ses chambres offrent 3 types de confort : « cosy », « marine », avec terrasse privée et des chambres familiales. Les prestations sont de grande qualité, tout comme la table, gastronomique, également une des meilleures de l'île. Le repas se fait dans une grande salle à la charpente en bois blond, ou sur la terrasse. Au hasard de la carte : moules du Gois gratinées à l'ail, tartare de bar et de saumon à la mangue sauce vanille, dos de maigre ou filet de canette de Challans au chutney de fruits exotiques. Et comme douceur : tarte au chocolat tiède, sorbet orange-pamplemousse à l'estragon. Fleur de Sel jouit de nombreux services et prestations de qualité : piscine chauffée à 28° (d'avril à octobre) avec bain bouillonnant extérieur, petit practice de golf compact, court de tennis rénové, ping-pong, location de vélos, parking privé clos la nuit. Sérieux, régularité et prestations haut de gamme font de Fleur de Sel une excellente adresse dans un environnement calme à deux pas du centre-ville

RÉSIDENCE LA CHAIZE
23, avenue Victoire ✆ 02 51 39 04 62
www.hotel-noirmoutier.com
hotelboisdelachaize@orange.fr

Logis (2 cheminées). Ouvert toute l'année. 16 chambres (plus 13 locations). Chambre double de 60 € à 125 € ; chambre triple de 85 € à 130 € ; suite de 180 € à 255 €. Petit déjeuner : 9,50 € (5 € pour enfant de moins de 8 ans). Parking (selon disponibilité). Chambres familiales pour 4 personnes de 105 € à 150 €, pour 5 personnes de 115 € à 160 €, pour 6 personnes de 130 € à 180 €. Tarif entreprise à partir de 55 €. Locations de 2 à 10 personnes. Tarifs de 350 € la semaine (pour 2 personnes) en basse saison à 1 650 € (pour 7 personnes) en haute saison. Chèque Vacances. Wifi. Piscine couverte avec SPA. Local à vélo.

François et Marine possèdent un hôtel aux prestations rares, plébiscité par les fidèles clients, situé à 800 m de la plage des Dames, à l'orée du quartier renommé du Bois de la Chaize. En quelques années, l'établissement a été entièrement rénové. Deux possibilités d'hébergement : à l'hôtel ou en location. Côté hôtel, une salle de petit déjeuner et des chambres super mignonnes, très confortables, spacieuses ; certaines communicantes, peuvent accueillir une famille. Leur décoration est soignée, toutes sont aménagées avec goût, avec le petit plus pour certaines de plain-pied avec cour privative, équipées de tout le confort. Egalement une magnifique maison pouvant accueillir jusqu'à 12 personnes, avec piscine privée et baignoire balnéo, le tout dans un style design et chaleureux. Mais la grande nouveauté depuis l'an dernier c'est le superbe espace piscine couverte avec spa à 32°C, dont les baies s'ouvrent entièrement sur une terrasse meublée de salons de détente. D'excellentes prestations pour toutes ces solutions d'hébergement, doublées d'un accueil adorable, proche de la plage.

Chambres d'hôtes

CHAMBRES D'HOTES LE CLOS DES ACANTHES
79-81, rue du Général-Leclerc
✆ 02 51 39 40 40 / 06 63 51 51 40

Fermé du 15 novembre au 15 mars. 4 chambres. Chambre double 110 € ; suite de 140 € à 150 €. Petit déjeuner inclus.

Cette maison d'hôtes de charme est une maison atypique qui plaira aux amateurs d'art car ils trouveront en Joëlle et Serge des hôtes avec qui parler sculpture, les chambres étant elles-mêmes baptisées des noms d'artistes comme Rodin ou Michel Ange. Située dans le centre de Noirmoutier-en-l'île, à moins de 2 km du bois de la Chaise, la maison de maître de la fin du XVIIIe siècle est posée au cœur d'un parc. La jolie bâtisse propose deux suites et deux chambres, toutes meublées avec charme et sobriété, toutes pourvues d'une salle de bains et W.-C. privatifs. L'atout des deux suites est qu'elles disposent d'une terrasse privative. Elles arborent un mobilier ancien, mais n'en oublient pas la modernité puisqu'elles sont équipées de TV LCD avec la TNT bien sûr et le wifi. Enfin, cerise sur le gâteau, la maison possède une piscine...

LA FERME DES 5 CHEMINS
42, Basse-Rue
Rond-point des 5 Chemins ✆ 02 51 26 59 38
www.lafermedes5chemins.fr

Fermé en janvier. Crêperie et chambres d'hôtes. Haute saison : ouvert tous les jours. Basse saison hors vacances scolaires : ouvert du vendredi soir au dimanche soir. A partir d'avril : ouvert midi et soir du jeudi au lundi. 2 chambres. Chambre double de 88 € à 138 €. Restauration (crêperie).

Juste derrière la crêperie de Nicole et François, la jolie ferme familiale accueille également deux chambres d'hôtes de caractère, pouvant héberger de 2 à 8 personnes. Cette ferme rénovée a conservé toute son authenticité, comme ses cheminées d'origine, son four à pain... La suite La Noirmoutrine, d'une superficie de 35 m², est composée d'une pièce de vie, d'une chambre, d'une salle d'eau à l'italienne et de toilettes indépendantes. La salle d'eau à l'italienne est équipée d'un sèche cheveux et de peignoires douillets. La suite L'Aratille, d'une superficie de 56 m², est sur deux niveaux et se compose au rez-de-chaussée d'une pièce de vie de caractère avec de jolies tomettes au sol et une cheminée d'époque, à l'étage d'une chambre et de sa salle d'eau à l'italienne.

LA VERSION NUMÉRIQUE DE CE GUIDE OFFERTE

HBHDDH2PPPRZ

Le code ne peut être utilisé qu'une seule fois.
Il faut respecter les caractères en majuscule du code.

1. Rendez-vous sur la boutique en ligne Petit Futé : http://boutique.petitfute.com/
2. Saisissez votre code de promotion à droite dans le carré **« La version numérique de votre guide offerte »** dans l'onglet Code de promotion et cliquez sur le bouton **OK**.
3. Cliquez sur **« Continuer le paiement »** avec un montant global à 0 €.
4. Si vous avez déjà un compte : connectez-vous avec le bouton **« S'identifier »** puis choisissez une adresse de facturation et cliquez sur **« Continuer »**.
5. Si vous n'avez pas de compte : cliquez sur le bouton **« S'inscrire »**, remplissez le formulaire d'inscription puis cliquez sur **« S'inscrire »** ensuite complétez votre adresse de facturation et cliquez sur **« Continuer »**.
6. Vérifier l'adresse de facturation.
7. Ensuite, cliquez sur « Continuer » puis **« Pas d'information de paiement nécessaire »** puis **« Passer la commande »**.
8. Cliquez directement sur le lien **« Mes produits téléchargeables »** ou cliquez tout en haut sur le lien **« Mon compte »** et cliquez plus bas sur le lien **« Mes produits téléchargeables »** dans la colonne gauche **« Mon compte »**, puis sélectionnez à droite votre format sous le titre.

Offre valable jusqu'au 31/12/2016 sous réserve de l'arrêt de commercialisation de certains titres en France métropolitaine et dans le monde et sous réserve que le nombre de téléchargements soit inférieur ou égal au nombre d'exemplaires de guides papier imprimés. Formats disponibles pour smartphones, tablettes, liseuses et ordinateurs PC ou MAC.

Campings

CAMPING INDIGO NORMOUTIER – LA VENDETTE**

Bois de la Chaize
23, allée des Sableaux ✆ 02 51 39 06 24
noirmoutier@camping-indigo.com

Ouvert du 14 avril au 3 octobre 2016. Terrain de 12 ha. 398 emplacements (dont 100 locatifs toile et bois). Exposition : mi-ombragé / ensoleillé. Sol : sablonneux / herbeux. Emplacement de 16,50 € à 25,20 €. Jeux pour enfants. Wifi. Animations. Au cœur d'une pinède, le long de plus d'un kilomètre de côte, le camping Indigo de Noirmoutier s'étend sur 12 hectares de forêt domaniale, à proximité du Bois de la Chaize et offre de nombreux emplacements, tous situés à moins de 100 m de la plage. Il est installé sur un territoire géré par l'Office National des Forêts et adhère de ce fait à la charte camping ONF. Pour répondre à cette charte, il vous propose des hébergements locatifs originaux associant confort et préservation de l'environnement : des tentes «Toile et Bois» Indigo. Elles sont conçues avec un plancher et une structure en bois. Entièrement équipées (frigo, réchaud, véritable literie avec couverture et oreillers, tables et chaises, vaisselle, lampes...), elles accueillent jusqu'à 5 personnes. Vous pourrez louer des tentes en bord de mer si vous le souhaitez. Sur place : pêche, location de vélos, bar, restaurant... Nouveauté 2016 : prêt du kit bébé.

Loisirs

CENTRE DE VOILE FORT SAINT-PIERRE

Bois-de-la-Chaize
Plage des Dames ✆ 02 51 39 32 62

C'est l'école de voile municipale. Le Fort Saint-Pierre est situé prés de la plage des Dames, à côté de la crêperie La Potinière, et fait face à la baie de Bourgneuf. La plage des Dames ainsi que la plage Saint-Pierre sont situées au nord-est de l'île de Noirmoutier et sont protégées des vents dominants d'ouest par le superbe bois de la Chaise. Les conditions sont donc idéales pour l'apprentissage en toute sécurité de la voile. Jardin des mers pour les 4-6 ans. Optimist à partir de 6 ans. Stages de voile comprenant 5 séances de 3h du lundi au vendredi.

CENTRE EQUESTRE DE L'HERBAUDIERE

L'Herbaudière
Rue du Puits-Namer ✆ 02 51 39 59 38

Fermé de septembre à juin. Haute saison : ouvert tous les jours de 9h à 12h et de 15h à 19h. Tarif promenade cheval 1h : 29 €.

Durant tout l'été, ce centre équestre, situé à 10 minutes de Noirmoutier-en-l'île, au cœur des marais, propose des cours et promenades à cheval et à poney, du débutant au confirmé. Les balades à chevaux ont lieu dans la forêt et dans les marais, elles peuvent aussi se faire sur la plage pour les initiés. Pour les enfants, cours, initiation et balades se font à poney. L'encadrement est assuré par des enseignants diplômés d'Etat. Chevaux adaptés à tous les niveaux – adulte et enfant à partir de 4 ans.

LASER GAME NOIRMOUTIER

28, allée des Sableaux
✆ 02 28 10 63 90
andre.masardo@orange.fr

Fermé du 11 novembre à mars. Basse saison : ouvert le week-end. Haute saison : tous les jours à partir de 11h. Laser game : 10 € la partie de 20 min, 8 € les parties suivantes. Quad (session de 12 min) : 10 €. Crazy golf : 4,50 € et 3,50 € pour les moins de 12 ans.

Cet ensemble regroupant un laser game, un mini-golf et un bar-restaurant, est situé à l'orée du bois de la Chaise, à deux pas de la plage des Sableaux, sur une superficie de 2 000 m². Un espace ludique pour petits et grands pour passer de bons moments dans un esprit festif et convivial. C'est parti pour le laser game ! Equipés d'un gilet et d'un pistolet laser, plongez dans un labyrinthe embrumé aux couleurs fluo avec un seul objectif : désactiver le plus grand nombre d'adversaires et marquer un maximum de points. En équipe ou en solo, venez jouer les Lara Croft ou les Rambo et réglez vos comptes en famille ou entre amis ! Rassurez-vous, il n'y a aucun impact ! C'est une activité ludique accessible à tous et le matériel issu des dernières technologies. Une fiche de score détaillée vous sera remise à chacun en fin de partie. Avec à la clé, des lots à gagner pour les « winners ». Avec les enfants, jouez les Tigger Woods au Crazy-golf. Vous pouvez également louer des quads électriques. Ils sont aussi bien adaptés aux enfants (dès 6 ans), avec bridage de vitesse à 9 km/h, qu'aux adultes en vitesse libre à 25 km/h. Tarif : 9 € les 12 minutes, puis 7 €. Restauration sur place.

NOIRMOUTIER KITE EVOLUTION

Route de la Grande-Côte ✆ 06 61 80 56 85
contact@noirmoutierkite.com

Fermé du 15 novembre au 1er mars. Ouvert tous les jours. Tarifs cours collectifs pour 4 heures : 105 € en basse saison et 115 € en moyenne saison et 140 € en haute saison.

L'école, créée par François Lefroid, diplômé depuis 2001 et kitesurfeur de haut niveau, est basée sur la plage de l'école de voile à fromentine. Tous les cours ont lieu après un transport en semi-rigide sur des bancs de sables immergées. L'école met à disposition des ailes à structure gonflables (4 lignes, de 5 à 14 m²), des flotteurs twin tips pour débutants ou pratiquants en quête de perfectionnement, et les vêtements nécessaires : combinaisons, gilets gonflables, casques et harnais. Tarifs en cours particuliers ou collectifs. Les stages se déroulent sur 4 heures consécutives par jour. Sont proposés des cours collectifs ou des cours particuliers. Ces derniers ont lieu à partir d'un bateau, en eau profonde ou peu profonde. Pour un cours particulier de 3 heures sur 1 jour, comptez de 175 € à 210 €. Sensations garanties !

O'ABANDONADO

11, rue des Ormeaux
✆ 02 51 39 89 57 / 06 80 72 25 61
oabandonado@wanadoo.fr

Haute saison : ouvert tous les jours. Pêche en mer (durée 5h) : 48 € par personne. Promenade 2h : 20 €, et 14 € enfant de moins de 12 ans. Découverte de l'île du Pillier les mercredis en saison (durée : 8h) : 75 € et 39 € moins de 12 ans avec plateau repas ou 45 € et 28 € avec votre pique-nique.

O'Abandonado propose des sorties en mer depuis vingt-trois ans : son professionnalisme n'est donc plus à prouver. En groupe, en famille ou en individuel, découvrez les plaisirs de la voile sur un vieux gréement : un ancien caboteur de 1916. Isabelle et Luc Archambeault vous accueillent à bord d'Oabandonado pour des promenades à la journée ainsi que des sorties « pêche ». Ils proposent également des sorties pêche les lundis, mercredis et vendredis, des classes de mer, des séminaires. Une journée par semaine, on vous propose de découvrir l'île du Pilier, un site unique qui possède deux phares et un sémaphore. Les départs se font à 10h30 du port de l'Herbaudière, le retour est prévu vers 18h. Deux options possibles pour le repas qui a lieu au mouillage, face à l'île du Pilier : vous choisissez le plateau-repas servi à bord ou vous apportez votre propre pique-nique. Après le repas, vous débarquerez sur l'île du Pilier pour découvrir ses phares, ses plages, son sémaphore... Retenez aussi qu'il est possible pour les groupes de louer le bateau.

■ CHARIER CYCLES
23, avenue Joseph-Pineau
✆ 02 51 39 01 25

Ouvert toute l'année. La demi-journée : vélo de ville 7,50 €, vélo enfant 6,50 €. La journée : vélo de ville 9,50 €, vélo enfant 8,50 €. Location à la semaine.

Ce loueur de vélos est situé sur la route qui va du centre-ville au bois de la Chaize. Il vous propose des VTT, VTC, remorques, ainsi que des vélos électriques. Il s'occupe également des réparations des vélos et scooters, et de leur vente. Partez donc de Noirmoutier-en-l'Ile et laissez vous guider au rythme de votre deux-roues... La côte vous dévoilera ses plages blanches et ensoleillées, le bois de la Chaize mérite le détour et en allant jusqu'au bout, vous arriverez face à la plage des Dames où vous pourrez vous arrêter un moment avant de reprendre votre vélo pour poursuivre la visite de l'île aux paysages variés.

Sorties

■ BAR À HUITRES LA JANE
Port de plaisance de l'Herbaudière
✆ 02 51 35 02 80

Fermé de novembre à mars. Basse saison : ouvert du mardi au dimanche. Haute saison : tous les jours à partir de 11h.

La terrasse de ce bar à huîtres se situe sur le port de plaisance de l'Herbaudière. La Jane vous y servira les huître du coin, des huîtres n°3, fines de claire, dans un vivier pour en garder la fraîcheur. Egalement des planches de poissons fumés, des rillettes de poissons maison (qui changent selon les arrivages), mais aussi des soupes de poisson. Et comme La Jane possède un second établissement à Megève et qu'elle passe l'hiver à la montagne, elle en rapporte des produits sur l'île, aussi ne soyez pas surpris de trouver des planches de charcuteries et de fromages (de l'Abondance) de là-bas. Tout ça se mariant parfaitement dans l'ambiance festive, entre huîtres, charcuteries et fromages à déguster avec un bon vin blanc entre copains, en terrasse ou, si le ciel est moins clément, dans la jolie salle intérieure qui a des sacrés accents montagnards dans sa déco. Un endroit très sympa, assez branché somme toute ; qui dit branché dit tarifs un peu plus élevés qu'ailleurs, mais vous y passerez un super-moment autour d'un apéro entre amis.

■ LE BIKINI
68, avenue Joseph-Pineau
✆ 06 59 71 21 26

Basse saison : ouvert du jeudi au dimanche à partir de 18h. Haute saison : tous les jours de 18h à 2h. Terrasse. Restauration. Concerts.

Depuis l'été 2014, le Bikini est un passage obligatoire sur Noirmoutier ! C'est le dernier lieu festif de l'île qu'il faut fréquenter sans modération. Sur la route du bois de la Chaize, depuis le centre-ville de Noirmoutier, le Bikini a pris ses marques et offre une ambiance joyeuse. Véritable échappatoire aux soirées moroses, vous trouverez ici une bande de joyeux drilles dynamiques toujours prompts à animer les soirées. La déco est sympa et chaleureuse avec quelques grandes tables et en son sein une petite terrasse intérieure. Les animations en tous genres (concerts,...) y sont régulières car les idées pour faire la fête ne manquent pas. En tout cas, nous au Petit Futé, on a définitivement adopté le Bikini !

■ LE CAFÉ NOIR
4, quai Cassard
✆ 02 51 39 00 75

Wifi. Terrasse. Restauration.

Le Café Noir est sans doute le café le plus connu de l'île. C'est même Le lieu de rendez-vous noirmoutrin, qui s'inscrit dans les «bars branchés», et où il n'est d'ailleurs pas rare de croiser quelques célébrités. Intemporel et incontournable le CNN ! Il faut dire qu'il bénéficie d'un emplacement baigné de soleil une grande partie de la journée et la vue directe sur le port en plus. On y vient donc pour boire un verre sur la très agréable terrasse ensoleillée et aussi pour voir et être vu, tout ça dans une ambiance décontractée. Le Café Noir vous accueille jusqu'à 2h du matin. Si un petit creux vous tenaille, il vous propose une restauration très convenable entre salades et plat du jour ou plats brasserie. Des expos de peintures servent de décor.

■ CAFE SAINT-LOUIS NOUVEAU
14 bis, place Saint-Louis
✆ 02 28 10 03 79

Ouvert à partir de 10h30. Restauration.

Le Café Saint-Louis remplace la crêperie le Blé Noir. Il a ouvert ses portes au printemps 2015. Dès les premiers rayons du soleil, la jolie façade s'ouvre entièrement pour offrir la meilleure vue sur le port de Noirmoutier-en-l'Ile, laissant apparaître un joli mobilier coloré, entre fauteuils crapaud et banquettes confortables, et des murs rehaussés de tableaux contemporains eux aussi colorés. Bien enfoncé dans son fauteuil, on pourra refaire le monde entre amis, en sirotant un mojito, choisi parmi l'un des 40 cocktails ou la vingtaine de rhums, autour de quelques tapas ou une douzaine d'huîtres. Le lieu n'est pas très grand, alors si vous voulez avoir les meilleures places, au soleil, ne traînez pas ! On aime beaucoup l'ambiance le soir aussi, quand les lumières se tamisent, c'est encore plus chaleureux.

LE COMPTOIR

Port de plaisance de l'Herbaudière
✆ 02 28 10 99 27

Ouvert toute l'année. Animations.

Derrière le Comptoir de cette rhumerie doublée d'un salon de thé, Mathieu Giraudet, dont les gourmands connaissent bien le papa qui possède la pâtisserie du même nom située dans la rue piétonne de Noirmoutier-en-l'Ile. Mais revenons ici, au cœur du port de plaisance de l'Herbaudière dans ce bar-tapas très sympa. Pour boire un verre, prendre un petit-déjeuner, déjeuner, faire une pause goûter ou une assiette apéro le soir, le Comptoir est là. Rhums, macérations, Un grand tableau noir recueille les bons mots et les brèves de comptoir des uns et des autres. Avec son allure de salorge, la déco du Comptoir offre des originalités comme des lames en forme de poisson, des toilettes avec de la musique et un lavabo rouge qui s'allume le soir venu.

LE NO.LLYWOOD CAFE

1, rue du Rosaire ✆ 02 51 39 00 62

Ouvert toute l'année. Basse saison : du mardi au dimanche à partir de 9h. Haute saison : tous les jours à partir de 9h. Chèque Vacances, Chèque Restaurant. Wifi. Terrasse. Restauration.

Pour retrouver l'ambiance des Diner's américains, pas besoin de prendre l'avion et de faire des milliers de miles, c'est ici, au cœur de Noirmoutier-en-l'île. Amoureux des Etas-Unis, Chrystel et Mathieu, le chef, ont reproduit le décor avec fidélité : façade reconnaissable entre toutes avec sa voiture noire conduite par les Blues Brother's comme sortie de la façade noire à damiers en rappel au carrelage de la salle, bar griffé à l'effigie des gratte-ciel de New York, banquettes en skaï rouge et blanc, papier peint original, grosse horloge, un espace pour accueillir les groupes, sans oublier la grande terrasse qui donne sur la place du Marché. Au bar, pour rester dans l'ambiance US, Chrystel propose des milk-shake, cocktails et pâtisseries américaines, tandis que Mathieu proposera des spécialités qui réunissent les deux côtés de l'Atlantique offrant un mixte entre les spécialités venues tout droit des US tels les burgers, les bagels, les wraps, fajitas, hot-dog, mais aussi des tapas, des salades et des moules-frites (moules de Noirmoutier). A côté du bar, une vitrine présente les donuts et autres gourmandises sucrées (à toute heure) dont le fameux cheesecake.

NO.MAD COFFEE

34, place de la République ✆ 09 67 49 59 68

Ouvert toute l'année. De 9h à 20h. D'avril à fin octobre : 7/7.

Du kouign-amann au pays de la brioche : le pari était un peu osé mais c'est réussi ! Il faut dire que les spécialités bretonnes de cette nouvelle adresse qui a rejoint le pourtour de la place du marché au début de l'été 2014 sont vraiment délicieuses. Sans doute un peu caloriques, mais fameuses ! Et puis un kouign-amann sans matière grasse ça n'existe pas. Ce coffee shop est une affaire familiale tenue par des Bretons, Frédéric et son père Franck, et les pâtisseries sont toutes faites maison. La déco est cosy, on s'installe volontiers dans le canapé confortable après avoir choisi sa pâtisserie exposée sur une grande table centrale, juste devant le labo ouvert. Un supplice pour les gourmands que nous sommes, il faut choisir… Aux côtés de la spécialité bretonne la plus connue, le far aux pruneaux (moelleux et parfumé), le gâteau breton, proposé en neuf recettes dont une au caramel beurre salé

La pomme de terre de Noirmoutier, la Bonnotte

La bonnotte c'est la fameuse pomme de terre de Noirmoutier, véritable ambassadrice de l'île ! C'est au printemps que vous pourrez commander de superbes bonottes primeurs, cueillies avant maturité, vers 90 jours, ou de belles pommes de terre nouvelles cueillies au terme de leur croissance (120 jours). Petite, fragile, la bonnotte réclame un ramassage à la main, pas rentable. Chaque année, sa faible production (environ 100 tonnes par an) est un événement qui bouscule le monde gastronomique et les grands chefs parisiens se l'arrachent à prix d'or. C'est la première primeur française dans les épiceries fines. Tout est unique dans cette pomme de terre. D'abord la terre dans laquelle elle pousse : un mélange de sable et de goémon parfumé d'embruns. Son goût est fruité et régale les fins palais. Et ne manquez pas la Fête de la Bonnotte chaque année en mai

COOPERATIVE AGRICOLE DE NOIRMOUTIER

Le Petit Chessé
NOIRMOUTIER-EN-L'ILE ✆ 02 51 35 76 76
www.labonnottedenoirmoutier.com
contact@coopnoirmoutier.com

Ouvert du samedi au lundi, le mercredi et le jeudi de 9h à 12h et de 14h30 à 18h ; le mardi et le vendredi de 14h30 à 18h.

Née en 1945, la Coopérative Agricole de Noirmoutier est née le 6 mai 1945 : las d'être exploités, les paysans noirmoutrins avaient décidé de se doter d'un outil de travail leur permettant de mettre en commun tous les moyens d'entraide et de mutualisme, pour mieux affronter l'avenir. Elle regroupe aujourd'hui 50 producteurs, qui cultivent environ 450 hectares de pommes de terre sur l'île.

et sans doute notre préféré, le Jean.No : un gâteau aux pommes à tomber ! Bref, comme vous l'aurez compris, on a beaucoup aimé toutes ces pâtisseries que l'on vous conseille de marier à un cappuccino, un chocolat à l'ancienne ou un latte frappé, auquel vous préférerez un milkshake en été.

Emplettes

BISCUITERIE DE NOIRMOUTIER LES PETITS CAGNIOTES
2, rue des Marouettes ✆ 02 51 35 33 39
www.lespetitscagniotes.com
biscuiterie@lespetitscagniotes.com
Basse saison : ouvert du mardi au samedi. Haute saison : tous les jours. Produits également présents dans les épiceries fines et caves de la région.
Impossible de repartir de l'île sans une halte à la biscuiterie Les Petits Cagniotes. Pâtissier-cuisinier de métier et Compagnon du Tour de France, Pierre et son épouse Géraldine innovent sans cesse pour proposer de nouvelles créations comme les sablés aux fruits, préparés à base de pulpe de fruits (sans colorant ni conservateur) : framboise-pistache, abricot-amandes, poire-grué de cacao ou caramel-orange. Des sablés sucrés, dont le chouchou, au caramel-fleur de sel, des cookies, madeleines, croquants et palets, mais aussi toute une gamme de biscuits salés-apéritifs. Tous fabriqués maison, à partir de matières premières régionales d'exception (dont la fleur de sel de Noirmoutier) sans aucun conservateur, améliorant, ou colorant artificiel ! Autre produit phare dont on raffole : le caramel à tartiner à la fleur de sel, dont la gamme s'est agrandie avec un caramel chocolat fleur de sel façon truffe au chocolat, un caramel orange façon Suzette ou encore un caramel pralin. Egalement des meringues, caramel fleur de sel ou framboise, sans oublier des confitures maison, produits régionaux, ustensiles de cuisine et de pâtisserie pro... Pour déguster ou offrir, les gourmandises de cette biscuiterie sont incontournables !

CHARCUTERIE GASTRONOMIE SÉLECTION

Place de la République
✆ 06 18 91 60 75

Toute l'année aux halles couvertes de Noirmoutier-enl'île (mardi, vendredi, dimanche) et sur les marchés de l'île de Noirmoutier : L'Epine (toute l'année) et l'Herbaudière (de mi-juin à mi-septembre). Halles de St-Jean de Monts : 7/7.

Ici, la spécialité, c'est le jambon de Vendée, issu de porc fermier : un jambon cru frotté à l'eau-de-vie et aux herbes, indissociable des fameuses mogettes (vendues ici aussi). Grâce à un affinage maison, il se mange également cru et accompagnera parfaitement un melon. Vous trouverez des charcuteries et produits de salaison de qualité, de quoi faire des repas et barbecues conviviaux. En bonne place des grillades estivales : andouillette, boudin, rillons, saucisses, chipolatas et merguez. En entrée ou pour accompagner les apéritifs, quelques tartines à base de la terrine du bocage, de pâtés, de rillettes de porc ou d'oie, andouille vendéenne, saucissons secs ou à l'ail, mais aussi du filet mignon de porc fumé, du magret de canard au cœur foie gras… Spécialiste du porc, vous le retrouverez sous toutes ses formes : en jambon cru, sec, à griller, en jambonneau… Également des tartes salées et salades composées. Les produits de ce bon charcutier sont présents toute l'année sur les marchés de l'île de Noirmoutier et sous les halles couvertes de Saint-Jean-de-Monts, Noirmoutier-en-l'Ile et La Pallice (La Rochelle). Nouveautés : produits italiens de fabrication artisanale, pâtes italiennes et risotto.

- **Autre adresse :** bourg de L'EPINE

GLACIER TUTTI FRUTTI

24, Grande-Rue
✆ 02 51 39 69 72
tuttifruttino@free.fr

Basse saison : ouvert du mardi au dimanche. Haute saison : du lundi au samedi de 9h à 23h ; le dimanche jusqu´à 20h. Ouvert d'avril à fin septembre et pendant les vacances de la Toussaint.

Le meilleur glacier du département ! Y'a qu'à voir la file d'attente de gourmands de tous les âges devant la vitrine : c'est un signe qui ne trompe pas ! Et ça fait plus de 30 ans que Stéphane et Danièle Millot nous régalent. Un artisan-glacier, dont on se transmet l'adresse de génération en génération. Des sorbets, crèmes et bâtonnets glacés aux cornets en passant par les gaufres, tout est maison. Ce passionné élabore une recette différente pour chaque parfum, avec trois fois plus de fruits – des fruits frais ! – que dans les autres glaces, et les fabrique ici-même. Des saveurs variées et raffinées, avec une cinquantaine de parfums, des classiques aux plus étonnants. Petit florilège : cheesecake au citron, chocorange, feuillantine, sorbet chocolat, nougatine, yaourt, cookies, pabana (passion, banane, mangue)… Craquez pour l'excellent tiramisu glacé ou les omelettes norvégiennes. Egalement des verrines glacées qui feront un super dessert à la maison, des bâtonnets et de délicieuses gaufres. Les glaces peuvent se conditionner en demi-litre ou litre et s'emporter.

LA MAISON DU POISSON – LULU LA MOULE

22, Grande-Rue
✆ 02 28 12 94 49

Ouvert du lundi au samedi de 8h30 à 13h et de 15h à 19h ; le dimanche de 8h30 à 13h. En juillet et août, ouvert également le dimanche après-midi.

Les amateurs de coquillages, poissons et crustacés se ruent tous à la poissonnerie de Lucie et Fabien Gaborit, située dans la rue piétonne, à côté de la crêperie l'Her

du Temps. Il faut dire que c'est la meilleure poissonnerie de l'île et que l'accueil y est des plus chaleureux. Conchyliculteurs depuis 3 générations, les Gaborit ont une excellente renommée et c'est mérité tant fraîcheur, régularité et sérieux sont de mise. Les arrivages sont quotidiens, en effet, Fabien va à la criée tous les jours. Ici vous ne trouverez aucun poisson d'élevage, Fabien travaillant avec la pêche artisanale locale. Dans ses filets : rouget, turbot, bar de ligne, sole, Saint-Jacques, homard, crevettes grises et roses, thon rouge et blanc de l'île d'Yeu et des Sables, et bien sûr moules, coquillages, crustacés et huîtres. Ces dernières sont affinées en marais pour produire des fines de claires, des spéciales de claires et des belons. Plateaux de fruits de mer sur commande. Vous pouvez retrouver les bons produits frais de Lulu la Moule aux halles du marché de Noirmoutier-en-l'île et sur tous les marchés de l'île, ainsi qu'aux Halles de Challans.

■ PATISSERIE GIRAUDET
28, Grande-Rue
(rue piétonne)
✆ 02 51 39 07 83

Ouvert le dimanche de 8h30 à 13h. Basse saison : du mercredi au samedi de 8h30 à 13h et de 15h à 19h. Haute saison : du lundi au samedi de 8h30 à 13h et de 15h à 19h.

Chez les Giraudet, la tradition du goût des bonnes choses se perpétue. Cette institution noirmoutrine a été fondée en 1923 et on y est artisan pâtissier depuis 1958 après avoir été meuniers et boulangers. La façade attire l'œil, les gourmandises en devanture finissent de nous convaincre de pousser la porte. En plus des chocolats comme le Tas de sel, des caramels maison, des délicieuses pâtisseries fines et des verrines glacées, les spécialités phares de la maison, ayant fait sa réputation, sont le Cob et les galettes Saint-Philbert. Le premier est un macaron soufflé avec une crème légère au praliné – exquis –, quant aux galettes, très fines, elles sont au beurre – et il y en a ! – et au sel de Noirmoutier – à tomber !

L'Epine

En marge de l'axe principal de l'île, L'Épine a su conserver son authenticité. L'Épine est le fief des marais salants. Sauniers et marins pêcheurs occupent le village, en dehors de la pleine saison où les touristes sont là. Monplaisir est le nom de la demeure seigneuriale devenue mairie. La commune offre de belles balades à travers les marais ou les bois. De la pointe de la Loire à la pointe du Devin, la plage de L'Épine s'étire sur plus de 3 kilomètres. Le port de Morin n'a pas trop bouleversé l'harmonie du site et l'anse de Luzéronde est un délicieux petit havre de sérénité.

Points d'intérêt

■ MARAIS SALANT LES ANGIBAUDS ★
Route de Noirmoutier ✆ 06 18 01 06 08
marais.angibauds@gmail.com

Fermé d'octobre à avril. Basse saison : ouvert tous les jours de 10h à 12h30 et de 14h30 à 18h30. Haute saison : tous les jours de 10h à 18h30. Boutique ouverte de mai à septembre du mardi au samedi de 9h30 à 12h30. Hors période, se renseigner. Gratuit. Groupe sur réservation. Visite guidée (en juillet et août à 17h). Passez derrière le parc aquatique Océanile, prenez la route des marais salants, en direction de l'Epine, là sur votre gauche, arrêtez-vous à la petite cabane sur la gauche, vous êtes arrivé au Marais Les Angibauds. Cathy Guérin vous accueille sur son exploitation et vous invite à la découverte du métier de saunier. Elle vous apprendra le fonctionnement hydraulique du marais salant, vous présentera les outils qu'utilisent les sauniers pour récolter le gros sel et la fleur de sel que vous pourrez également goûter. L'accueil est charmant et la production de Cathy de qualité. Ne repartez pas sans votre sel marin ou fleur de sel, il est goûteux et accompagnera tous vos plats. Elle vous propose également du sel aromatisé et selon la récolte, de la salicorne. Autre lieu de vente, la boutique L'Atelier du Sel, face à l'église dans le centre de l'Epine où vous retrouverez toute la production.

▶ **Autre adresse :** Boutique l'Atelier du Sel – 22, avenue de la Liberté – L'Epine

Retrouvez l'index en fin de guide

Marais salants : mode d'emploi

Marais salant vendéen.

A chaque fort coefficient de marée (environ toutes les deux semaines), le saunier laisse pénétrer l'eau de mer dans le premier bassin, le vasais. L'eau ainsi stockée permet d'alimenter la saline jusqu'à la prochaine marée. Elle stagne ensuite dans le champ mort où elle commence à se réchauffer. Puis, elle poursuit son circuit vers d'autres bassins plus petits où le taux de sel sera de plus en plus dense. Grâce à l'action conjuguée du soleil et du vent, l'eau s'évapore, le sel se cristallise et apparaît alors dans l'œillet, dernier bassin. Il ne reste plus qu'à le récolter…

■ MARAIS SALANT PUYLORSON
✆ 02 51 35 97 22 / 06 33 46 60 48
va.simon@orange.fr
face à la rue de la Foliette

Fermé du 16 septembre au 14 juin. Haute saison : ouvert tous les jours. Groupes, sur rendez-vous, de mars à septembre. Visite guidée (tous les jours à 16h30 et 18h lors de la récolte. Visite gratuite). Boutique.

Lors de votre séjour sur l'île de Noirmoutier faites un détour à L'Epine, sur le marais salant de Valérie et Serge Simon. Pour vous y rendre, prenez le carrefour de la route de l'Epine, puis empruntez la rue de la Foliette qui se situe face à la mairie de l'Epine. En juillet et août, tous les jours à 16h30 et à 18h a lieu une visite guidée au cours de laquelle Valérie et Serge vous parleront de leur passion pour leur métier et vous expliqueront toutes ses spécificités. Hors saison le marais est ouvert uniquement pour les groupes sur rendez-vous. Sur place, vente directe de gros sel, fleur de sel, salicornes.

■ MINI-VILLE
Route de Noirmoutier ✆ 06 81 21 69 88
jcfouasson@orange.fr

Fermé d´octobre à mars. Basse saison : ouvert tous les jours de 14h à 18h30. Haute saison : tous les jours de 10h à 19h30. Vacances de la Toussaint, ouvert de 10h à 19h30. Adulte : 6,50 €. Enfant (de 3 à 12 ans) : 3,50 €.

Au cœur du marais noirmoutrain, un village miniature ayant pour thème l'habitat régional, où de mini maisons d'hier et d'aujourd'hui sont reproduites à l'échelle 1/8. Les maquettes sont exécutées à partir de plans, photos, documentations et matériaux relevés dans chaque région. Au total une quarantaine de maisons typiques de dix-neuf régions : Landes, Provence, Haute-Savoie, Alsace, Pays basque, Bretagne… et la Vendée bien sûr. En 2012, une maison aveyronnaise et la Picardie ont intégré le site et, en 2014, la région Franche-Comté sera représentée. Ces réalisations demandent en moyenne 200 heures de travail. Mini-Ville est une promenade à la découverte de l'habitation rurale. A l'intérieur, une exposition des principaux métiers du bâtiment avec une carte de France, façon puzzle, permet aux enfants aidés de leurs parents de réviser sa géographie en situant les régions de France. Ce site est évolutif puisque chaque année de nouvelles constructions viennent l'enrichir. Peu importe la région de France dont vous êtes issu, il y a forcément une maison… bien de chez vous !

Le couvert

■ BAR LA CAFETERIA
4, avenue de la Liberté ✆ 02 51 39 64 36

Basse saison : ouvert du vendredi au dimanche. Haute saison : tous les jours de 8h à 2h. Terrasse. Accès wifi.

Une agréable terrasse d'angle au-dessus de laquelle s'étirent des voiles de bateau s'étend devant ce bar ouvert il y a cinq ans. D'année en année, l'établissement évolue, tant au niveau du cadre que de son offre puisqu'il propose une petite carte de restauration avec en point d'orgue du couscous tous les week-ends. Un lieu accueillant et convivial où se mêlent tous types de clients, du Noirmoutrain au vacancier parisien. Les jeunes ou les quadras se retrouvent autour du Baby-foot tandis que les autres sirotent leur petit ballon de rouge accompagné d'une assiette de charcuterie ou de fromages de chez Beillevaire. Anne est en cuisine et propose une petite carte de brasserie à partir de produits frais, tandis que Sébastien élabore un excellent irish coffee. Côté découverte, on aime bien les mélanges de style entre les chaises suspendues au plafond et le fauteuil « Emmanuelle » sur lequel les touristes aiment à se faire photographier. Bref un lieu convivial au cœur de L'Épine où la bonne ambiance règne.

Le gîte

VILLAGE VACANCES LES QUATRE VENTS****
8, rue des Eloux ✆ 02 51 35 88 00
www.quatrevents.com

Ouvert toute l'année. Gîtes à partir de 350 € la semaine. Week-end en pension compète à partir de 89 €. Tarifs spéciaux pour les enfants. Club enfants. Jeux pour enfants. Réceptions et mariages. Wifi. Restauration. Sauna. Animations. Salle de sport ; mini-golf, tir-à-l'arc, kayak de mers, parcours santé ; prêt gratuit de vélos. Bibliothèque, coin TV.

A l'orée du bois des Eloux, à 300m de la plage, dans un quartier résidentiel calme, au départ de sentiers cyclables (prêt de vélos sur place), ce village-vacances affilié Cap France, ouvert à l'année, est une belle découverte. Au cœur d'un parc ombragé de 4 ha, il propose, pour un week-end, une semaine ou plus, des hébergements de capacités diverses, que vous soyez seuls, en famille ou

en groupe (séjour sur-mesure possibles). Deux formules d'hébergement aux tarifs doux : chambres ou gîtes (de 2 à 5 ou de 4 à 8 personnes), en location, demi-pension ou pension complète. Ils sont fonctionnels, propres et bien équipés. Nouveau et unique dans la région : 3 gîtes de groupes pouvant accueillir de 16 à 56 personnes. On aime la grande terrasse posée devant le bâtiment principal, véritable lieu de rendez-vous pour boire un verre et assister aux animations. Les Quatre Vents proposent également des activités au quotidien, adaptées à tous les âges, ainsi qu'un club enfants et ados, durant les vacances scolaires, ainsi que des soirées. Et pour vos loisirs : piscine couverte chauffée, sauna, salle de sport, tennis, tir-à-l'arc, mini-golf,.... ainsi qu'un agréable restaurant, bar, salon avec cheminée, coin TV, bibliothèque, salle de spectacles et salles de réunion. Un dernier point sur les valeurs et l'esprit de solidarité ici, puisqu'un établissement de Service d'Aide par le Travail a été crée.

Loisirs

■ OCEANILE

Site des Oudinières
Route de Noirmoutier ✆ 02 51 35 91 35
contact@oceanile.com

Fermé du 1er septembre au 30 juin. Ouvert tous les jours de 10h à 19h. Nocturnes jusqu'à 22h. Forfait journée : 26 € ; enfants (de 3 à 11 ans) : 19,50 €, gratuit en dessous de 3 ans. Forfait demi-journée à partir de 15h : 21,50 € ; enfants (de 3 à 11 ans) : 16,50 €. Nocturne (de 20h à 22h) : 4,90 €, enfant : 3,80 €.

C'est la vague des plaisirs aquatiques. L'endroit idéal quand on veut passer une journée de détente et de rires à partager en famille ou entre amis. Il faut s'attendre à de fortes sensations dans les jeux de glisse, mais dès l'instant où ils se déroulent dans une eau chauffée à 28 °C, c'est le pied ! Torrents, vagues, cascades, toboggans, rivière lente, pentaglisse, bains à remous, pataugeoires, bassins couverts et bain bouillonnant sont là pour distraire toutes les générations. Une autre attraction fait fureur : la rivière à bouées. Une minute de sensations fortes à dévaler, avec une double ou simple bouée, plus de 150 m de rivière en tunnel, cascade, tourbillons et rouleaux. Autres attractions inédites : le raft et le tube. Sport, émotion, sensations pour une journée super. Un tarif «famille» uniquement pour les familles avec trois enfants (dommage pour ceux qui n'en ont que deux) : demi-tarif pour le 3e enfant payant d'une même famille. Petit bémol : les tarifs élevés si on vient en famille et la période d'ouverture du site trop courte à notre idée (les 2 mois d'été uniquement).

Sorties

■ CABANA COCO

La Grande-Passe – Route de Noirmoutier
✆ 02 51 35 80 09
cabanacoco@wanadoo.fr
♿

Basse saison : ouvert le samedi de 23h30 à 6h30. Haute saison : le vendredi et le samedi de 23h30 à 6h30. Ouvert également les veilles de jours fériés. Entrée : 13 € le week-end (avec 1 conso alcoolisée ou 2 sans alcool) et 10 € la semaine. Terrasse semi-couverte, et bar extérieur.

L'endroit in-con-tour-nable de l'île et d'une bonne partie de la côte vendéenne. C'est le lieu convivial et festif par excellence et personne ne manquerait l'une des soirées du grand Coco, le roi des fiestas noirmoutrines ! Au cœur des marais, La Cabana Coco est comme posée sur l'eau. Dancefloor spacieux et grande terrasse extérieure surplombant l'eau. Outre la bonne humeur constante et la pêche communicante du grand brun, la musique est excellente, éclectique et balaye tous les genres musicaux – disco, rock, années quatre-vingts – avec une seule devise : vous faire passer une soirée inoubliable. Régulièrement des soirées à thème ou avec cadeaux les week-ends. Bon point : les navettes gratuites pour vous raccompagner sur toute l'île au 06 81 54 71 34. Pour connaître le programme, consulter le site Internet : www.cabanacoco-noirmoutier.com – Autre plus de la Cabana : vous pouvez louer la salle pour vos fêtes privées mais aussi pour les séminaires et banquets.

Emplettes

BAR A HUITRES LA PERLE

Route de Noirmoutier
Lieu-dit Blain Bremaud
✆ 02 51 39 70 12

Ouvert du jeudi au mardi. Ouvert des vacances de février à la Toussaint.

Situé face à Intermarché, au calme et au cœur des marais, Corinne Ferrer vous invite à La Perle, un charmant bar à huîtres, pour déguster directement vos huîtres et coquillages issus de la production de Frédéric Boucard. La salle située juste à côté de l'espace boutique est mignonne, et l'été vous lui préférerez la très agréable terrasse. Vente au vivier (ils sont les seuls à en avoir un sur place), mais également vente de produits du terroir de l'île de Noirmoutier mais aussi de l'île d'Yeu. Et bien évidemment, la production est également disponible à la vente à emporter. Parmi les spécialités, les huîtres pleine mer, les moules, bulots, crevettes, les toasts de la mer et le «retour du Gois», une assiette de 6 huîtres et 6 palourdes. Convivialité et authenticité.

MARAIS DE BONNE POGNE

Route de Noirmoutier
✆ 02 51 35 86 11

Haute saison : ouvert tous les jours de 9h à 20h.

La cabane de Freddy Gendron, ostréiculteur, se trouve tout près d'une discothèque, vous la reconnaîtrez grâce à la plate – sorte de barque – placée devant. Freddy Gendron produit de très bonnes huîtres de tous calibres avec une particularité en été : elles sont stériles, c'est-à-dire qu'elles ne sont pas laiteuses. Il propose aussi des moules – de juin à janvier –, des palourdes et des bigorneaux.

La Guérinière

Située dans la partie la plus étroite de l'île – 800 m. Ici c'est l'ostréiculture qui domine. Allez au port du Bonhomme, typique avec ses cabanes de pêcheurs. Une anse de 8 km constituée de 8 km de plage de sable fin toujours ensoleillée fait le bonheur des adeptes de la bronzette. Pour les plus courageux, le circuit pédestre des Moulins permet d'en découvrir 23 autres. Un record ! Départ devant le camping municipal, 12 km, balisage jaune et blanc.

- **La Tresson.** Située entre les communes de Barbâtre et de La Guérinière, c'est la partie la plus étroite de l'île, elle fait moins de 1 kilomètre, intéressante par ses grands polders gagnés sur la mer au XIXe siècle. Le village permet d'accéder au port du Bonhomme, petit havre ostréicole. Portez votre attention sur la Dune de la Tresson qui offre au promeneur la vue magnifique de l'océan Atlantique. Depuis la plage jusqu'aux fourrés, cette vaste étendue de sable de 90 hectares comprend un ensemble d'habitats dunaires uniques, qui s'étend sur plusieurs centaines de mètres : la dune mobile blanche à oyat, l'arrière dune grise à immortelle des sables, puis les dépressions humides (les pannes) abritent une flore et une faune exceptionnelles.

Points d'intérêt

L'ÎLE AUX PAPILLONS ★★

ZA Les Mandeliers
5, rue de la Fassonnière
✆ 02 51 35 77 88
ile.aux.papillons@orange.fr

Fermé d'octobre à mars. Basse saison : ouvert du lundi au vendredi de 14h à 19h ; le week-end et les jours fériés de 10h30 à 19h. Haute saison : tous les jours de 10h à 19h30. En septembre : de 14h à 19h. Gratuit jusqu'à 3 ans. Adulte : 8,60 €. Enfant (jusqu'à 12 ans) : 6,30 €. Chèque Vacances. Label Tourisme & Handicap. Boutique. Aire de pique-nique couverte.

Découvrez le cycle de vie du papillon et assistez à sa naissance dans l'éclosoir : voilà ce que vous propose l'île aux Papillons ! Au cœur de la plus grande volière de France, maintenue à 26 °C, vous vous promènerez au milieu de centaines de papillons exotiques volant en toute liberté parmi les plantes et les fleurs tropicales. Plusieurs

Visite des blockaus de La Guérinière

Il reste plusieurs vestiges de la Seconde Guerre mondiale en Vendée, notamment de plusieurs blockaus du mur de l'Atlantique disséminés sur tout le littoral vendéen : Olonne-sur-Mer, Les Sables-d'Olonne, Le Château-d'Olonne, Talmont-Saint-Hilaire... et aussi ici à Le Guérinière, où il en demeure deux, protégés par une association de préservation du patrimoine militaire (également des véhicules de la Seconde Guerre mondiale) : Atlantic Wall Memory. Pour rappel, le mur de l'Atlantique est un ensemble de fortifications côtières qui a été aménagé durant la Seconde Guerre mondiale sur ordre du Troisième Reich du sud de la France jusqu'au nord de la Norvège. Il avait pour rôle d'empêcher le débarquement de troupes alliées sur le continent depuis l'Angleterre. En France, il est encore possible d'apercevoir sur les côtes de nombreux ouvrages appartenant au mur de l'Atlantique.

ATLANTIC WALL MEMORY

Boulevard de l'Océan
LA GUÉRINIÈRE
www.atlanticwall.fr
contact@atlanticwall.fr

Le sel...

Au Ve siècle, les moines Bénédictins transforment les marais humides en marais salants, par d'importants travaux de drainage. Au XVIIIe siècle, le commerce du sel est florissant, un tiers de l'île est consacré à l'exploitation des marais. En 1900 on récolte encore 30 000 tonnes de sel, mais le métier de saunier n'est souvent qu'une activité de complément, et en 1985 la production annuelle chute à 600 tonnes. De 34 sauniers en 1990 ils sont aujourd'hui environ une centaine, sur un potentiel d'environ 3 000 œillets. On récolte environ 1 500 tonnes de sel marin dans une année moyenne. Cet or blanc est récolté artisanalement, dans le respect de 1 600 ans de tradition. L'eau de mer circule dans un réseau de canaux et de bassins minutieusement entretenus, jusqu'à l'œillet (petit bassin d'eau de mer crée par le saunier, à fond argileux, lisse et légèrement bombé en son centre, où se dépose le sel). Grâce à l'évaporation, la concentration en sel s'intensifie tout au long d'un lent parcours de 48h, elle passe de 35 g/litre à 300 g/litre. Sous l'action du soleil et du vent, l'eau arrive à saturation. Le sel se cristallise et tapisse le fond argileux de l'œillet. D'un geste régulier et précis, le saunier le tire alors doucement vers le bord de l'œillet, à l'aide de son ételle : planchette de bois au bout d'un long manche. Les petits tas ainsi formés sont appelés mulons, ils ponctuent de leur blancheur, le bleu des marais salants. Au plus chaud de l'été, lorsque le vent d'Est s'y prête, de fins cristaux miroitent à la surface des œillets. Cueillie délicatement avec la lousse (sorte d'écumoire), c'est la fleur de sel. Elle est ensuite déposée dans des paniers, pour sécher naturellement au soleil. Cristallisée à la surface de l'eau, elle est d'une blancheur et d'une saveur unique. Le sel de Noirmoutier vous sera proposé partout, mais voici cependant quelques adresses intéressantes. Achetez-le chez les petits producteurs de l'île qui vous proposeront également la visite de leur marais. Pour en savoir plus :

■ AQUASEL – COOPERATIVE DU SEL
BP 535 – 10, rue de Marouettes
NOIRMOUTIER-EN-L'ILE ✆ 02 51 39 08 30
www.aquasel.fr

centaines de papillons d'une soixantaine de variétés différentes venant des quatre coins du monde (Madagascar, Kenya, Madagascar, Philippines...) évoluent dans une serre au climat tropical reconstitué (taux d'humidité entre 70 % et 90 %). Un film documentaire retrace les stades de transformation de la vie d'un papillon, depuis l'œuf, la chenille et la chrysalide, pour devenir enfin papillon. Vous pourrez d'ailleurs observer ces étapes à l'entrée de la serre, dans l'écloserie – sorte de nurserie – et voir les plus beaux spécimens ayant vécu dans la volière, dont les formes et les couleurs rivalisent d'originalité. Seul petit bémol : le tarif peut sembler un peu cher, mais c'est le prix pour un brin d'exotisme au cœur de la Vendée...

■ LA MAISON DE L'ARTISANAT D'ART
Espace des Pins
2, rue Nationale ✆ 06 68 95 44 10
www.maison-des-arts.fr
contact.maisondesarts@gmail.com

Fermé d'octobre à mars. En mai, juin, septembre ouvert tous les jours sauf le mardi. En juillet et août ouvert tous les jours. Horaires : de 10h à 12h30 et de 15h à 19h (mai, juin, septembre et jusqu'à 19h30 en Juillet et août.

Porteur d'histoire, d'innovation, les métiers d'art sont une ressource infinie pour tous les créateurs. Venez découvrir les œuvres d'artisans d'art et d'artistes peintres ! Admirer, rêver, rencontrer, susciter des vocations, chacun peut conjuguer la visite de la Maison de l'Artisanat d'Art selon ses goûts et ses envies. Bois, cuir, terre, métal, plume, tissu, verre... les matières se transforment sous la main des professionnels des métiers d'art. Ces amoureux du bel ouvrage, garants de savoir-faire exceptionnels, travaillent avec passion, dans le respect de la tradition. Ils façonnent des objets uniques qui embellissent notre quotidien. L'objectif de l'association C.A.P.L (siège basé à Nantes) est de créer un événement culturel annuel de qualité, valorisant les métiers d'art et leurs créateurs en Pays de la Loire. L'entrée est gratuite. Dans un cadre agréable, dédié à la détente, l'exposition est à parcourir à l'Espace des Pins avec sa maison centrale (et annexe) regroupant au total plus de 55 exposants ! La sélection des œuvres, basée sur l'originalité et la qualité du travail, offre au public une agréable visite chargée de découvertes et d'émotions artistiques. A vos agendas !

► **Autre adresse :** 46, rue de la Méthode – Nantes (siège administratif) ✆ 02 51 39 80 91

■ MUSÉE DES TRADITIONS DE L'ILE
Place de l'Eglise
✆ 02 51 39 41 39

Fermé de novembre à mars. Basse saison : ouvert du mardi au samedi de 10h à 12h30 et de 14h30 à 18h. Haute saison : tous les jours de 10h à 12h30 et de 15h à 19h.

Un ensemble de quatre bâtiments compose le musée créé en 1973 suite à une collecte d'objets pour préserver le patrimoine de la vie locale, auprès de la population. D'intéressantes collections, en grande partie fournies par les habitants eux-mêmes, soucieux de ne pas voir disparaître leur patrimoine, illustrent les différents chapitres de la vie insulaire des XIXe et XXe siècles : pêche, agriculture – la culture de la pomme de terre –, marais salants, artisanat, accessoires de la vie quotidienne, mais aussi costumes, coiffes, meubles traditionnels.

LE PORT DU BONHOMME

Le Port du Bonhomme a conservé toute son authenticité et aussi un je-ne-sais-quoi de charme du passé. C'est un port ostréicole d'où partent les tracteurs des ostréiculteurs tirant leurs barques vers la baie de Bourgneuf et les zones de captage de moules et les parcs à huîtres. Vous y découvrirez de nombreuses cabanes ostréicoles typiques dans lesquelles vous pourrez déguster et acheter des coquillages.

LE SAVON DE NOIRMOUTIER

Parc d'activités les Mandeliers
4, rue de la Fassonnière
✆ 06 69 06 32 18

Fermé de novembre à mars. Du 21 mars au 30 septembre. Ouvert du lundi au vendredi de 9h15 à 12h30 et de 14h30 à 18h. Ouvert tous les jours du 15/06 au 31/08/2016.

Poussez la porte de cet atelier-boutique caché dans une zone industrielle, et laissez-vous imprégner des douces senteurs de ces jolis savons multicolores aux formes des plus traditionnelles aux plus originales. Réalisé artisanalement, le savon de Noirmoutier est composé de matières premières de qualité protégeant à la fois peau et environnement (sans paraben ni conservateur). Tous les produits sont élaborés à partir d'huiles végétales de meilleure qualité riches en vitamines et en acides gras, parfumés avec des extraits de senteurs au cœur du savon pour une pérénité odorante, colorés par des pigments minéraux ou de plantes traitant à la fois la peau contre inflammation, dermatose et eczéma. Ce procédé de fabrication à froid a l'atout de préserver l'environnement, la production n'émettant aucun rejet polluant. Fabrication en matinée du lundi au vendredi. Très sympa, les petits savons en formes de poissons ou de cubes de couleurs pour écrire des mots. Ils feront l'objet de cadeaux originaux et pas chers, à offrir à toute la famille.

Le couvert

CRÊPERIE LA BELLE ÉPOQUE

1, Hameau de la Loire
✆ 02 51 39 64 95
www.la-belle-epoque-creperie.com

Ouvert d'avril à fin septembre et aux vacances de février et de la Toussaint. Basse saison : ouvert du mardi au dimanche.

Située au cœur de l'île de Noirmoutier, à 50 mètres de la plage, sur la route touristique, entre La Guérinière et L'Epine, La Belle Epoque est une crêperie très discrète au cadre simple et agréable avec un super atout : un grand patio ensoleillé. La salle est aménagée de petits espaces avec banquettes qui créent une atmosphère familiale. A la carte spécialités de crêpes et galettes maison avec la galette océane ou la super guernerine et la toison d'or ou la frangipane en dessert, ainsi que des salades et moules frites. Et pour rafraîchir les journées chaudes, optez pour les coupes glacées. Didier Gendron souhaite avant tout conserver l'atmosphère conviviale et sympathique du lieu, c'est pour cela qu'il propose tous les mercredis pendant l'été, une soirée piano-bar. Une adresse simple, une cuisine de bonne facture, et des prix très attractifs, tout ça à l'écart de la cohue du cœur de l'île, en profitant de plus d'une terrasse ensoleillée.

Le gîte

HÔTEL PUNTA LARA****

4, route de la Noure ✆ 02 51 39 11 58
contact@hotelpuntalara.com

Fermé du 12 novembre au 1er avril. 60 chambres. Chambre double de 59 € à 262 €. Parking ouvert. Séminaires. Réceptions et mariages. Wifi. Restauration. Sauna.

Cet établissement, au style mêlant architecture vendéenne et des Cyclades avec ses bâtiments blancs auxquels on accède par de petits escaliers, est situé dans un cadre enchanteur, havre de paix, avec pour décor une pinède et une vue sur l'océan, que vous apercevrez depuis votre chambre. L'accès à la plage se fait à pied : elle n'est qu'à 20 mètres en contrebas. Au milieu de ce complexe qui regroupe des salles de réception et un restaurant réunissant jusqu'à 220 convives, une piscine et, entre autres services, un tennis et un sauna. Deux types d'hébergement sont proposés : appartement de type familial avec salon séparé de la chambre, deux salles de bains et une terrasse privative, dont bénéficient également les chambres spacieuses et lumineuses. Ne vous attendez pas à des chambres design ou modernes, pour un 4 étoiles, avec leur mobilier en rotin, elles semblent un peu dater des années 1980, mais le parti pris quand on vient ici consiste avant tout dans la vue et les possibilités d'organiser réceptions et mariages dans un cadre unique face à l'océan, à l'écart du cœur de l'île. Le salon et le restaurant bénéficient d'une imposante charpente en bois aux armatures semblables à celle d'un bateau.

Campings

CAMPING LE CARAVAN'ÎLE*****

1, rue de la Tresson
✆ 02 51 39 50 29
contact@caravanile.com

Qualité Tourisme. Fermé du 15 novembre au 15 mars. Terrain de 9 ha. 385 emplacements. Exposition : ensoleillé. Sol : sablonneux / herbeux. Relief : vallonné. Emplacement + véhicule + 2 personnes de 21,90 € à 35,40 €. Mobil-homes de 284 € à 1 034 € la semaine. Club enfants. Jeux pour enfants. Aire pour camping-cars. Wifi payant. Restauration. Hammam, bain bouillonnant, sauna. Animations. Espace bien-être.

Situé juste avant d'arriver sur Noirmoutier-en-l'Ile, au pied d'une dune, ce camping possède un accès direct à une longue plage de sable fin. Les 385 emplacements sont répartis sur les 9 hectares de terrain. Côté hébergement, des emplacements nus et un grand choix de mobil-homes récents de 1 à 3 chambres. Les emplacements, d'une moyenne de 110 m² sont ensoleillés. Ce camping dispose d'une aire de camping-car de 98 emplacements, et un terrain de 6 200 m² dédié aux loisirs avec 2 tennis, terrain multi-sports. Et toujours le complexe aquatique avec : piscine extérieure, toboggan aquatique et pataugeoire ludique chauffées du 15 avril au 15 septembre, piscine couverte à 28 °C, et la nouveauté 2016 c'est le bassin balnéo qui a été couvert. Et pour la détente, sauna, hammam, bain bouillonnant et solarium, un espace bien-être (soins sur rendez-vous), un mini-golf (gratuit), une structure gonflable et une salle de remise en forme. Les enfants seront bien pris en charge au club enfants ouvert à Pâques et en été du lundi au vendredi. Et au programme des animations : tournois sportifs, concours de pétanque, soirées dansantes, karaokés, spectacles...

Emplettes

BRASSERIE LA NO

NOUVEAU

ZA des Mandeliers
12, rue Tranchard
✆ 06 08 34 23 30

Ouvert le samedi de 14h30 à 18h.

Depuis août 2015, Noirmoutier possède sa propre bière : la N'O. Une bière artisanale entièrement imaginée, brassée et embouteillée sur l'île, précisément à La Guérinière, dans la zone artisanale des Mandeliers. A l'initiative de la création de cette brasserie, deux copains d'enfance originaires de l'île, dont Coco, bien connu des Noirmoutrains, qui ont souhaité relever ce nouveau challenge en créant un produit *made in* Noirmoutier. Vous retrouverez la N'O en vente à la brasserie bien sûr mais également dans bon nombre de bars et aussi de restaurants de l'île.

LA GODAILLE

Port du Bonhomme
Rue du Bonhomme
✆ 02 51 39 60 77
www.lagodaille.com

Basse saison : ouvert du lundi au samedi de 9h à 12h30 et de 14h à 18h. D'avril à septembre, tous les jours de 9h à 19h (sauf dimanche après-midi).

Le meilleur endroit de l'île pour s'approvisionner en produits frais de la mer c'est au port du Bonhomme. Voilà une adresse qu'on apprécie pour la fraîcheur de ses produits, son authenticité, et la gentillesse de l'équipe formée autour de Jean-Michel et Jean-Philippe. Installée depuis plus de 21 ans, La Godaille vend au magasin sa production d'huîtres et propose également des plateaux de fruits de mer composés de produits 100 % locaux et une cuisson «maison». Dans la petite cahute vous seront servis palourdes, bulots, bigorneaux, langoustines, crevettes... Du 1er avril au 30 septembre, La Godaille vous accueille pour une halte de 11h à 17h sur la terrasse couverte afin de déguster ses produits. L'assiette de dégustation comprend 9 huîtres (ou, si vous n'aimez pas, 300 gr de bulots ou 150 gr de langoustines ou 100 gr de crevettes de pays), avec un verre de Muscadet, pain, beurre et un petit gâteau pour 10 €. La Godaille est également une halte idéale pour les cyclistes, la piste cyclable reliant le Gois à Noirmoutier-en-l'île étant toute proche. Retenez aussi que La Godaille est ouverte toute l'année. Un lieu à découvrir absolument.

BOUIN ★

Après avoir été une île en mer au centre de la baie de Bourgneuf il y a 200 ans, Bouin est devenue une « île dans les terres » à la suite des mutations géologiques, le bras de mer la séparant du continent s'étant réduit à un simple canal. La commune tient d'ailleurs son nom au fait qu'elle fut souvent submergée – « bougnée » en patois vendéen. Elle est aujourd'hui protégée par des digues et des aménagements de polders uniques en France. Cette ancienne insularité explique son caractère bien marqué. De beaux bâtiments du passé y demeurent comme l'ancien château du sénéchal de Poitou, l'hôtel du sénéchal de Bretagne, le pavillon et sa tour carrée. La commune comprend deux agglomérations : le bourg lui-même et le pittoresque village de L'Epoids avec son authentique petit port, d'où il ne faut pas partir sans y avoir goûté les huîtres.

Points d'intérêt

MARAIS SALANTS LES VALENCIÈRES ★

Parc Eolien
✆ 02 51 49 36 01 / 06 99 47 57 05

Haute saison : ouvert tous les jours de 10h30 à 12h30 et de 16h30 à 19h30. Hors saison, sur réservation. Gratuit. Visite guidée. Boutique.

Thierry Odéon est passionné par son métier de saunier qu'il exerce depuis 10 ans. Il en a appris tous les secrets avec son prédécesseur, Roger Guérin, et récolte cet or blanc comme on le faisait dans le temps, bref : dans la plus pure tradition bouinaise. Il possède 30 œillets. Les œillets sont les cristalisoirs dans lesquels est recueilli le sel. Un chemin de randonnée longe le marais, aussi, après la visite poursuivez la balade.

LES PORTS

Bouin possède quatre ports en activité : Les Champs, L'Epoids, Les Brochets et Le Collet. Dans ce dernier trône un phare de 7 m de hauteur pour une portée de 10 milles pour le secteur blanc et 7 milles pour les secteurs rouge et vert. Leur activité a régressé, l'augmentation du tonnage des bateaux ayant provoqué la fin du trafic commercial, mais leur charme reste intact, particulièrement à L'Epoids. Rejoignez ce havre original en prenant la direction de Beauvoir-sur-Mer puis la D51. Le port du Bec, à L'Epoids, mérite bien son surnom de « petit port chinois » à cause de ses pontons en bois. Les multiples pontons de bois sur pilotis enfoncés dans la vase, la centaine de petits bateaux qui s'y abritent, et toujours une activité débordante, tout cela contribue à donner un charme asiatique au lieu, et bien des destinations plus lointaines n'apportent pas le même dépaysement. La route qui fait le tour des cabanes des ostréiculteurs s'est construite en accumulant des coquilles d'huîtres et en les concassant. Appréciez la forêt de mâts et de perches, la qualité des couleurs, puis allez prendre un verre au seul petit café du lieu ou déguster une douzaine d'huîtres. Ambiance et parler maraîchin garantis.

■ LA ROUTE DE L'HUITRE ★

Visite seule (1h30 à 2h) : 5 € et 9,50 € avec la dégustation.

De la baie de Bourgneuf à Talmont-Saint-Hilaire, six étapes incontournables dans le monde ostréicole, avec chacune ses particularités, ses savoir-faire : deux en Loire-Atlantique, La Bernerie-en-Retz et Lyarne et quatre en Vendée : le port des Brochets – au-dessus de Bouin –, le port du Bec entre Bouin et Beauvoir, Fromentine et à La Guittière – en dessous des Sables-d'Olonne, à Talmont. Six ostréiculteurs accueillent durant l'été les visiteurs dans leurs établissements. Avec Léon Longépé à Bouin, Jean-Louis Lhèriau à Bouin, David Lecossois à La Barre-de-Monts et la société Ostréanie au port de la Guittière à Talmont-St-Hilaire, ces professionnels affiliés à ce label vous proposent la visite des claires, la découverte des bassins d'affinage, d'en apprendre davantage au travers d'expositions et enfin, de déguster leur production en toute convivialité. Après votre visite vous serez incollable sur l'histoire de l'huître, sa production, le métier d'ostréiculteur. Cette visite enrichissante dure entre 1h30 et 2h.

Le couvert

L'ÉCUME GOURMANDE
15, rue du Pays-de-Monts
✆ 02 51 68 64 65
www.lecumegourmande.com

Maître Restaurateur. Ouvert toute l'année. Basse saison : du jeudi au mardi le midi ; du vendredi au lundi le soir. Haute saison : du jeudi au mardi. Menu enfant : 14 €. Formule : 16 € (en 2 plats ou 19 € de l'entrée au dessert ; servie le midi, hors week-ends et jours fériés). Menus : 32 €, 42 € et 52 €. Jardin. Terrasse. Salle privative.

Voici une de nos tables préférées du marais breton. Installés depuis plus de dix ans dans le centre de la petite commune, Magda et Sébastien ont fait de l'Ecume Gourmande une adresse renommée. Vous prendrez place dans la salle aux tonalités acidulées ou sur la terrasse ombragée du charmant jardin d'été dès les beaux jours, et sachez aussi qu'une salle de réception est disponible pour les repas d'affaires ou de famille. Récompensée par un titre de Maître Restaurateur, la cuisine de Sébastien est moderne, savoureuse, fine et maîtrisée, inventive, tant dans les présentations que dans les associations de produits, à l'image par exemple du filet de turbot au jus de passion. La carte joue aussi la tradition avec les incontournables cuisses de grenouilles en persillade ou les croustillants de langoustines. Ne faites pas l'impasse sur les desserts, ils ont toutes les faveurs du chef qui allie parfaitement légèreté et gourmandise comme dans cet éclair mascarpone vanille et caramel au beurre salé, en n'oubliant pas l'originalité comme cet oeuf à la coque aux saveurs exotiques. Pour les alliances mets et vins, faites confiance aux conseils avisés de la charmante Magda.

■ LE MORD'EAU
Port du Bec – L'Epoids ✆ 02 51 68 72 61
portdubec@orange.fr

Ouvert toute l'année. Tous les jours à partir de 6h. Accueil des groupes. Terrasse. Boutique.

Typique ! Le restaurant de Manu et Virginie est situé dans un coin pittoresque, face au port du Bec, sur la route des éoliennes, entre Bouin et Beauvoir. Le cadre intérieur est simple, à droite les grandes tables conviviales accueillent les uns pour le café du matin et les autres pour déguster des huîtres – en provenance directe des ostréiculteurs d'en face –, et ce, toute l'année, à toute heure. La salle de restaurant à vue sur le kiosque et les cabanes ostréicoles. Outre les huîtres et les rillettes de poisson, il faut goûter la spécialité : les moules à l'époyenne. Fameux ! Elles sont cuites sur un lit d'aiguilles de pin dans un four à moules spécialement conçu, le tout donnant une saveur unique. Toujours à l'honneur, le fruit du bouchot se conjugue aussi façon marinière, curry, roquefort ou ravigote. Plateaux de fruits de mer sur réservation. L'été, le kiosque à musique accueille des musiciens autour de musique traditionnelle, country ou jazz. Tout ceci a un petit air de guinguette qui nous plaît, sans compter qu'en juillet et août, des animations ont lieu les mercredis et dimanches à partir de midi et les samedis, à partir de 20h. Un endroit dépaysant et attachant.

Le gîte

■ DOMAINE LE MARTINET***
Place de la Croix-Blanche
✆ 02 51 49 08 94
contact@domaine-lemartinet.com

Relais du Silence. Ouvert toute l'année. 23 chambres (4 catégories de chambres). Chambre double de 79 € à 170 €. Petit déjeuner : 11,50 € (6 € pour les moins de 10 ans). Parking. Label Tourisme & Handicap. Animaux acceptés (10 € par jour). Wifi gratuit.

Dans un parc arboré, une belle demeure de la fin du XVIIIe siècle, sert de cadre à ce charmant petit hôtel dont les 23 chambres rénovées il y a environ 2 ans. D'ailleurs l'établissement est labellisé Relais du Silence, preuve du charme du lieu. On apprécie le calme des chambres, et celles situées près de la piscine sont particulièrement réussies. A côté de l'hôtel, dans une bâtisse de style vendéen aux volets verts, des appartement peuvent accueillir des familles de 4 ou 5 personnes. Chacun offre un salon avec tv par satellite, téléphone et sanitaires, de grand confort. Le petit déjeuner vous sera servi dans une salle au charme rustique avec parquet au sol et boiseries peintes aux murs, et l'été, vous le prendrez sous la véranda avec vue sur le jardin d'agrément et la piscine. L'hôtel dispose également d'une salle de séminaires, et à côté de l'hôtel se trouve un restaurant indépendant. Une adresse de charme pour un séjour de détente.

Emplettes

FERME-AUBERGE L'ILE SAUVAGE

Le Jaunay
Rue du Marais-Doux
✆ 02 51 49 12 11
fermeauberge85@yahoo.fr

Restaurant ouvert les week-ends et vacances scolaires. Menus : 17 € et 22 €. Chambres doubles (petit-déjeuner compris) : 62 €. Emplacement camping : de 7 € à 13 €.

Situé en pleine campagne, dans une batisse typique du marais breton vendéen, la ferme-auberge du Jaunay réunit un restaurant, des chambres d'hôtes, un camping à la ferme, des produits de la ferme et bien sûr la ferme en elle-même avec tous ses animaux. Cette ferme vous propose des spécialités du terroir et notamment des produits à base de canard comme le foie gras, les rillettes, le confit, le magret, les gésiers, etc., mais aussi du coq au vin ou au cidre, de la pintade et du poulet bio tous les deux, ou encore la potée de la ferme, en vente directe à la ferme où à déguster sur place au sein de son restaurant. Cette ferme-auberge vous propose également des hébergements en chambres d'hôtes (5 chambres avec bain ou douche et wc) à partir de 62 € la nuit pour 2 personnes ou en camping à la ferme. Sachez qu'une salle peut aussi être réservée pour vos mariages et autres événements.

HUITRES DE J.-L. LHERIAU

Port du Bec
✆ 02 51 68 72 62 / 06 08 03 55 34
www.huitre-85.com
jlheriau@aol.com
Polder sud 3e pont 4e établissement sur la gauche (suivre la route de l'Huître).

Situé au troisième pont face à la première éolienne, Jean-Louis Lhèriau propose des huîtres possédant le label Huître Vendée Atlantique et fait figure d'escale dans la Route de l'Huître. Plusieurs calibres et variétés d'huîtres comme les fines ou fines de claires et aussi la fameuse huître cocktail. Les huîtres sont sélectionnées une à une pour leurs qualités de coquilles. Il propose également des coquillages : moules, palourdes, bigorneaux,.... Outre la vente d'huîtres, Jean-Louis Lhèriau assure des visites guidées de groupe de 20 personnes au minimum (durée 2 heures environ). Cet ostréiculteur passionné vous expliquera comment l'huître grandit et se développe, quelles sont les différents calibres et appellations, comment les ostréiculteurs parviennent à leur donner ce caractère unique. Vous aurez aussi l'opportunité de découvrir en sa compagnie, Le port du bec (port chinois), la Baie de Bourgneuf, un polder, 8 éoliennes, des bassins d'affinage, et vous finirez votre visite par une dégustation d'huîtres arrosée d'un vin de pays.

Port du Bec.

BEAUVOIR-SUR-MER ★

Beauvoir tire son nom du gallo-romain « Ampenum » et de l'expression latine bellum videre qui signifie « haut lieu jouissant d'une belle vue ». Un silo romain atteste d'une occupation dès l'époque gallo-romaine. Le bourg s'est formé dans la seconde moitié du VIIe siècle autour d'un prieuré fondé par saint Philbert, abbé de Noirmoutier. Il s'agissait de créer un hébergement lorsque les moines devaient séjourner sur le continent. Un château est édifié vers l'île de Bouin au XIe siècle. Il jouera un grand rôle dans la guerre de Cent Ans.

L'édit de Nantes fait de la commune une place de sûreté où les protestants entretiennent une garnison militaire. En 1689, Louis XIV met fin à ces avantages et ordonne de raser le château. Beauvoir sera la première paroisse du département soulevée lors de l'insurrection vendéenne en mars 1793.

Sa situation, aux portes des îles de Noirmoutier, par le Gois, et d'Yeu par la mer – ou les airs avec son héliport -, favorisa son développement économique, et notamment avec l'arrivée d'ostréiculteurs dans les années soixante qui exploitèrent les parcs dans la baie de Bourgneuf et les polders ostréicoles de la commune de Bouin.

■ OFFICE DE TOURISME

Rue Charles-Gallet
✆ 02 51 68 71 13
www.otsi-beauvoir.com
contact@otsi-beauvoir.com

Basse saison : ouvert le lundi de 14h à 17h ; du mardi au vendredi de 9h à 12h30 et de 14h à 18h ; le samedi de 9h à 12h. Haute saison : du lundi au vendredi de 9h30 à 12h30 et de 14h30 à 18h30 ; le samedi de 14h30 à 17h30 ; le dimanche et les jours fériés de 10h à 12h30.

Points d'intérêt

■ MAISON DE L'ANE

Route du Gois ✆ 02 51 93 85 70 / 06 15 45 11 63
lamaisondelane@orange.fr

Ouvert d'esprit avril à mi-mai, et de fin juin à début septembre. Basse saison : ouvert tous les jours de 10h30 à 18h30. Haute saison : tous les jours de 10h à 19h. Gratuit jusqu'à 2 ans. Adulte : 5 €. Enfant : 3,50 €. Tarif famille (2 adultes + 2 enfants) : 15 €. Toute l'année : balade à dos d'âne sur le site pour les enfants (toute l'année) : 2 €, et randonnées à la carte avec âne bâté ou sellé : 45 € la demi-journée.

Polo Dieumegard est passionné de la sauvegarde des races domestiques anciennes. Ici, la vedette c'est l'âne ! Sa ferme pédagogique et conservatoire abrite aussi oies blanches du Poitou, chèvres rares, petits chevaux de Prjevalski, poneys, auroch,... Au musée situé dans les salorges : collection hippomobile, exposition permanente sur l'histoire des ânes et du sel (issu du marais de l'exploitation) et un film sur la naissance et les soins apportés aux ânes. L'asinerie abrite différentes races d'ânes et leurs ânons : baudet du Poitou, Noir du Berry, Gris de Provence... Vente d'ânes et d'ânons toute l'année, possibilité de livraison. La boutique propose des articles en rapport avec l'âne, dont un savon naturel au lait d'ânesse, fabriqué ici, dont Polo vous expliquera la fabrication. Aussi des produits du marais salant : gros sel naturel, fleur de sel, sel saveurs, salicorne... Lors de la traite, les lundis, mercredis et vendredis à partir de 11h (en juillet et août), vous aurez la possibilité de déguster ce produit rare qu'est le lait d'ânesse. Vous pourrez également pratiquer des

Passera... passera pas !

LE PASSAGE DU GOIS ★★★★
BEAUVOIR-SUR-MER

Le Gois est un lieu naturel qui se situe sur la côte vendéenne. Cette étonnante route, sous-marine à ses heures, relie à marée basse seulement l'île de Noirmoutier au continent par la commune de Beauvoir-sur-Mer. La commission supérieure des sites, perspectives et paysages a rendu un avis favorable pour le classement de l'ensemble formé par le passage du Gois, l'île de la Croisnière et le polder de Sébastopol au titre des sites d'intérêt national. La liaison du Gois est possible à chaque marée, c'est-à-dire deux fois par jour, pendant 4 heures environ. Ce gué d'une longueur de 4,150 km, est relativement dangereux, il est fortement recommandé de se renseigner sur les horaires de marées. La première traversée remonterait à 843. Le tracé actuel remonte à la fin du XVIIIe siècle. Il est également un lieu très apprécié des pêcheurs à pied. Six balises-refuges, au sommet desquelles se trouve une plate-forme, parcourent le Gois et accueillent les voyageurs étourdis qui se seraient fait surprendre par la montée des eaux. Bien que fréquenté par des milliers de voitures chaque été, il demeure un site extraordinaire et unique au monde ! Ne manquez pas la manifestation de renom « Les Foulées du Gois » (voir rubrique « Festivals et Manifestations »).

Quelques conseils de prudence pour le passage du Gois :

- **Ne franchir ce passage qu'à marée basse** (le franchissement est possible 1h30 avant et 1h30 après la marée basse).
- **Respecter scrupuleusement la signalisation et les consignes de sécurité** affichées aux abords de ce site.

activités de randonnées et d'attelage et terminer votre visite par une balade à dos d'âne...

■ LE MARAIS BRETON ★★

Peu ou pas d'arbres dans cette plaine séparée de la mer où l'eau semble absente au premier regard, mais pourtant bien présente, effleurant les « prairies ». Les canaux appelés ici « étiers » regorgent de grenouilles et d'anguilles. En hiver, les vertes prairies se recouvrent d'eaux stagnantes dues aux inondations et en prenant une couleur blanche, le marais présente alors un paysage ou ciel et terre se confondent sur l'horizon. Les habitations les plus courantes étaient les bourrines, faites de glaise et de chaux, au toit de chaume. Autrefois maisons des maraîchins, les bourrines sont transformées pour la plupart en maisons secondaires. Il en reste malheureusement peu mais l'écomusée du Daviaud est l'illustration parfaite du Marais breton.

■ MARAIS SALANTS DE LA PÉTILLIÈRE

Route du Gois ✆ 02 51 68 74 57

Ouvert tous les jours de juin à septembre. Gratuit.

Prenez la direction de Noirmoutier par la route du Gois à 2 kilomètres de Beauvoir sur Mer, le marais de Domitille Sellier et Sylvain Daubisse se situe sur la gauche. Découvrez leur production de sel, de fleur de sel et de salicornes. Et n'hésitez pas à les questionner sur leur métier, vous apprendrez plein de choses sur le métier de saunier et en plus vous ferez le plein d'iode dans un beau site naturel. Domitille et Sylvain récoltent leur production et conditionnent des mélanges subtils de sel aux parfums divers, du sel nature, de la fleur de sel, des salicornes. Des petits souvenirs à rapporter à la famile et aux amis.

■ LE PORT DU BEC ★★

L'Epoids

Le port de l'Epoids ou port du Bec se situe sur deux communes : Beauvoir-sur-Mer et Bouin. Ses pontons en bois installés sur pilotis en font sa typicité et son charme, et c'est d'ailleurs en raison de son type d'embarcadères qu'il est également appelé « port chinois ». Il semble comme figé dans le temps, dans une autre époque... Il est classé à l'inventaire des sites de la Vendée depuis 1942. C'est avant tout un port ostréicole. La production d'huîtres de Beauvoir, très réputées pour leur saveur dans l'Antiquité, y était florissante jusqu'à leur disparition vers 1920 ; ce n'est que dans les années 1950 que des ostréiculteurs de Marennes ont implanté des parcs pour faire repartir cette production, qui avoisine aujourd'hui les 10 000 tonnes d'huîtres par an, des huîtres estampillées du label « Vendée atlantique ».

L'origine du mot «Gois»

Etymologiquement parlant, le mot Gois, Goï ou Goye en patois, amena dans le langage local le verbe « goisère », puis « goiser » qui a pour signification : se mouiller les pieds en marchant dans l'eau. Dans la région charentaise, afin de dire la même chose, le mot « gausère » est utilisé. Or, en bas-latin, on dit « guazzare » pour dire « passer à gué ». Le mot Gois serait donc une déformation de gué (sources mairie de Beauvoir-sur-Mer).

Le couvert

■ LA CRÊPERIE DES HALLES

12, Grande Rue

✆ 02 51 49 08 25

Basse saison : ouvert le mardi midi ; du jeudi au dimanche et les jours fériés le midi et le soir. Haute saison : tous les jours le midi et le soir. En septembre : fermé le mercredi ; en octobre : fermé lundi et mercredi. Menu enfant : 6,10 €. Terrasse.

La Crêperie des Halles est une adresse qu'on affectionne tant pour la qualité de la cuisine de Nico, ancien boulanger-pâtissier, pour le sourire et la gentillesse de Florence, que pour sa jolie salle lumineuse ou l'adorable patio ombragé bien caché auquel on accède par le fond du restaurant. Les habitués aiment retrouver les spécialités de galettes et de crêpes, faites à la minute, à partir d'une farine de qualité. On aime le sérieux de cette affaire adorable que l'on vous recommande chaudement. Côté galettes, citons la N°5 (pas le parfum, celle-ci est à l'andouille de Guéméné et moutarde à l'ancienne), la 4 fromages (à base de Curé Nantais, chèvre, emmental et raclette), la flamenkiche, la Saint-Jacques, la galette au saumon, l'Oncle Sam (steak haché)... Les amateurs de viande se régaleront de l'entrecôte Angus. Et pour rafraîchir les étés, des salades ou des moules-frites. A l'apéritif, goûtez le planteur ou le ti' punch maison, des recettes restées de leurs 8 ans passées aux Antilles. Gardez une place pour le dessert, avec un grand choix de crêpes : Normande, au caramel au beurre salé maison, Belle Hélène ou encore Melba... Une adresse sympathique aux prix très doux et à l'accueil adorable.

■ L'AUBERGE DES ÉTIERS

Route de Fromentine
L'Ampan
✆ 02 51 68 75 41
resa@aubergedesetiers.com

Ouvert toute l'année. Le mardi, le mercredi, le vendredi et le samedi le soir ; le mardi, le mercredi et du vendredi au dimanche le midi. Menu unique à 32,50 € (pour 2 plats : 22 € ou 25,50 €). Menu enfant : 9,50 €. Formule du midi : 15 €. Trois chambres d'hôtes à partir de 50 €.

Sur la route de Noirmoutier en sortant de Beauvoir, dans une ancienne ferme maraîchine à la façade blanche et aux volets peints, ce restaurant est une des étapes gourmande du Marais breton. Le restaurant de Pierre-Philippe et Thierry s'est déjà fait une belle réputation. La décoration, boisée, est chaleureuse et soignée avec ce supplément d'âme apporté par la cheminée qui crépite en hiver. Thierry prépare une cuisine maison authentique à base de produits de saison et du terroir, comme les anguilles et cuisses de grenouilles. Parmi les autres spécialités le foie gras, ou si vous hésitez prenez l'assiette des Etiers qui offre un bel échantillon de toutes les spécialités.

Vous trouverez votre bonheur dans cette carte, et plus encore… puisque les desserts ne vous laisseront pas indifférent, à l'image du parfait au chocolat. Malin, le coin librairie avec les coups de cœur litteraires du moment et des livres pour les enfants, ce qui les occupera pendant que les parents termineront leur repas. Une table de bonne qualité posée au cœur du marais sur la route de Noirmoutier qui propose aussi trois chambres d'hôte.

■ LE RELAIS DU GOIS

Route du Gois
✆ 02 51 68 70 31
relais.du.gois@orange.fr

Fermé du 15 décembre au 15 janvier. Basse saison : ouvert du jeudi au lundi le midi et le soir ; le mardi et le mercredi le midi. Haute saison : tous les jours. Menus de 21,50 € à 45 € (avec poisson et viande).

Sans doute le restaurant offrant la vue la plus insolite de Vendée, puisqu'il est posé au pied du gois, un site unique, l'un des emblêmes de la Vendée avec le Puy du Fou. Ne partez pas sans avoir vu cette chaussée submersible de 4,20 km qui relie l'île de Noirmoutier au continent, et que l'on ne peut emprunter qu'à marée basse. Depuis la construction du pont en 1971, ce gué est moins utilisé. Comme posé au bout du monde, Le Relais du Gois est une affaire familiale en place depuis plusieurs décennies. On vient avant tout ici pour la vue. On apprécie la décoration style salorge, dans l'esprit moderne actuel. La carte s'axe sur les produits de la mer comme les huîtres de la baie récoltées à deux pas d'ici. Parmi les autres spécialités : crémeux de chorizo aux moules, puis agneau rôti en persillade et mogettes au thym, suivis du dessert phare, le soufflé au Grand Marnier. Les prix peuvent paraître quelque peu élevés comparés à ceux de certaines grandes tables de Noirmoutier (d'autant que les menus ont augmenté de plus de 10 % par rapport à l'an dernier), mais les produits sont de bonne qualité et le tout bien préparé.

LA FERME DES SARTIERES

Les Sartières
✆ 02 51 68 46 05
earl.sartieres@wanadoo.fr

Bienvenue à la Ferme. Vente directe le soir à partir de 18h. Ferme-auberge sur réservation uniquement (72h avant). Menu unique à 25,50 € (entrée, plat, fromage, dessert, café). Menu enfant : 9,50 € (jusqu'à 12 ans). Boutique. Ferme-auberge, vente directe à la ferme. Egalement 3 gîtes ruraux.

Gros coup de cœur pour Céline et François Joly, les passionnants agriculteurs de cette ferme-auberge bio du marais breton. Ici, ils élèvent (en plein air), dans le respect de l'environnement, des volailles fermières de Challans bio (poulets, pintades, canettes), produisent une race de vache maraîchine, du porc longué bio (une race en voie de disparition) : c'est un porc goûteux, persillé, de couleur rose/rouge. Ils sont aussi céréaliers. Retrouvez leurs produits à l'espace boutique : terrines et rillettes à base de canard, poulet, pintade, porc et bœuf, plats cuisinés, confitures maison, farine... Ils sont aussi présents sur des marchés de producteurs. Tous les produits de la ferme (viandes, oeufs, légumes, farine, volailles...) se retrouvent sur la table de la ferme-auberge, au travers des plats concoctés par Céline. C'est une adresse unique puisque la jolie grange est meublée d'antiquités-brocante. D'ailleurs, la nouveauté en 2016 c'est la création d'un musée agricole visible depuis la jolie salle à manger aux pierres apparentes. Ils proposent également 3 gîtes ruraux pouvant accueillir 4 et 6 personnes. Une adresse qui mérite absolument votre visite : vous y rencontrerez un couple passionné par son métier, amoureux de la nature, et du vrai !

Le label « Huître Vendée Atlantique »

Dès les années 50, des ostréiculteurs décident de s'établir le long du littoral, au sud de la Loire, entre la baie de Bourgneuf et la baie de l'Aiguillon pour la particularité du site : de nombreux marais et des conditions climatiques favorables à l'élevage et à la croissance de l'huître. Trois bassins (la Baie de Bourgneuf – Noirmoutier, Talmont Saint-Hilaire et la Baie de l'Aiguillon) sont devenus des centres ostréicoles : lieux de production pour les huîtres. Ainsi, sur près de 80 km, 10 000 tonnes d'huîtres sont produites chaque année. Le littoral des Pays de la Loire présente des conditions naturelles exceptionnelles pour la culture des coquillages. Le climat y est favorable, la zone découverte par les marées, en pente douce, y est particulièrement large, et la région côtière, couverte d'anciennes salines, isole le rivage des activités humaines intensives et des grands centres urbains. L'eau de mer remonte profondément dans les étiers et les nombreux fleuves côtiers, et y rencontre une qualité d'eau douce issue des marais. Cette alchimie, spécifique à chacun des bassins, bonifie l'eau, entraîne le développement du plancton et permet ainsi d'élever les huîtres dans un milieu pur et préservé. Le mollusque, particulièrement délicat dans son alimentation, s'enrichit alors lentement des sels minéraux et des oligo-éléments présents dans l'eau de mer et assure la spécificité des différents crus de l'Huître Vendée Atlantique. Les ostréiculteurs disposent de claires ostréicoles, ces bassins, souvent d'anciennes salines, creusées dans un sol argileux, alimentées en eau de mer, en fonction des marées et des saisons. Cette spécificité régionale (partagée avec leurs collègues des Charentes) permet aux huîtres d'acquérir un goût spécifique durant la période d'affinage, dont on rappellera qu'il consiste à placer les huîtres dans des claires pour que sa chair s'étoffe et s'enrichisse en saveurs pour acquérir un goût spécifique et particulier.

Le gîte

■ AU PASSAGE DU GOIS

Le Ménitres
✆ 02 51 49 02 17 / 06 66 17 67 36
info@aucharmantlogis.com

3 chambres. Chambre double de 60 € à 95 € ; studio / appartement de 325 € à 575 € la semaine. Petit déjeuner inclus. Deux autres gîtes pour 4 à 5 ou 6 personnes : de 500 € à 1 075 € la semaine selon la saison. Restauration (repas : 25 €).

Martine et Hemko ont repris cette ancienne ferme datant de 1810, qui à l'époque servait aussi de café aux personnes qui attendaient la bonne marée pour rejoindre l'île de Noirmoutier (avant la construction du pont). Situés à moins d'un kilomètre à pied de la mer et du passage du Gois, ils proposent plusieurs possibilités d'hébergement : un gîte, composé de deux chambres, dont la rénovation vient d'être achevée dans une ancienne bergerie, mais également la location de la maison principale, composée de quatre chambres (pour quatre à six personnes), et deux autres chambres d'hôtes indépendantes (chacune pour deux à trois personnes) donnant sur la cour. Les charmants hôtes hollandais, amoureux de la gastronomie offrent également une table d'hôte.

Emplettes

■ CHEZ MELON TOUT EST BON

Port du Bec ✆ 02 51 68 71 87
Ouvert toute l'année.

Rien que le nom est tout un poème... Et effectivement, Chez Melon (ou plutôt chez Noëmie et Sandy) tout est bon ! La petite cabane située sur le pittoresque Port du Bec vous propose des coquillages type huîtres, palourdes, moules, crustacés à emporter ou à déguster sur place. Et franchement, ne vous privez pas de l'ambiance tellement authentique et sympathique qui règne à côté, dans la «cabane célébrités», ainsi même si vous aviez décidé d'emporter vos coquillages pour les manger à la maison, restez donc un moment pour savourer les produits iodés dans une ambiance bon enfant.

■ LES VIVIERS DU GOIS

La Gésière
✆ 02 51 49 81 80
✆ 06 24 57 49 24
lesviviersdugois@orange.fr

Nicola Karpoff vous reçoit dans sa ferme marine, une exploitation aquacole atypique qui regroupe 3 activités : l'élevage de la crevette impériale, la «pousse» des huîtres en claires, et la récolte artisanale du sel et de la fleur de sel, ainsi que la salicorne, cette petite plante verte grasse, croquante, qui se mange en légume ou en condiment. Quant aux gambas, si leur région d'origine est l'Asie, cela fait plus de 20 ans que les crevettes impériales sont produites en France, dans les marais de l'Atlantique. Les premières crevettes sont commercialisées dès la mi-août et jusqu'à mi-novembre, et la production est limitée donc hâtez-vous si vous voulez déguster ces produits de qualité extra. On a particulièrement adoré les huîtres de ce producteur : délicieuses et charnues ! Elles ont une typicité et un goût particulier et incomparable, en raison des bassins argileux.

FROMENTINE – LA BARRE-DE-MONTS ★

La Barre-de-Monts fait la coupure entre la baie de Bourgneuf et la dune des pays de Monts et s'étend jusqu'au marais breton. Le Marais breton vendéen s'étend sur 45 000 ha de prairies humides et de polders dont 1 200 ha, peuplés d'une faune permanente mais aussi d'oiseaux migrateurs qui comblent les amoureux de la nature. Outre ce territoire de marais, la commune jouit de 688 hectares de pins et de chênes verts qui en font le plus grand massif forestier du nord-ouest vendéen et ses 7 km de plage de sable fin que sont La Grande Côte, La Bergère et Les Lays. Pour admirer toute la forêt domaniale des Pays de Monts, rejoignez le Pey de la Blet. Ne manquez pas le pont du Pommier et le pont du Vivier, inscrits à l'inventaire des Monuments historiques, ils font partie des plus anciens monuments du marais (XVIIe et XVIIIe siècles). A voir aussi, le port du Quai aujourd'hui port du Pont neuf. Il aurait été en activité dès le XIIe siècle, comme port d'expédition de sel et de céréales. Depuis les années soixante, il sert principalement à l'ostréiculture. Les carrelets donnent un caractère très typique à ce secteur. En amont, l'écluse du Porteau, inscrite aux Monuments historiques, est l'ouvrage le plus ancien du Marais breton vendéen (XVIIe siècle). Côté mer, La Barre-de-Monts constitue la principale liaison maritime avec l'île d'Yeu – empruntée chaque année par 450 000 passagers. Elle est plus connue sous le nom de son port, Fromentine, qui tient son nom de l'exploitation du froment. Depuis 2005, la petite station offre un nouveau visage avec une nouvelle gare maritime. Une nouvelle estacade a fait place à l'ancienne – en bois – qui datait de 1860, avec une promenade « revisitée » sur le front de mer offrant un joli point de vue au pied du pont de Noirmoutier et de jolies passerelles pour rejoindre la plage. Appelée depuis plus d'un siècle, la « porte des îles », la petite station mérite bien son nom.

Les sports d'hiver à la mer

Une initiative originale de la commune : depuis quelques années, aux vacances de février et de la Toussaint, Fromentine se transforme en station de sports d'hiver en proposant des activités dites « de montagne », adaptées au paysage balnéaire. Chaussez vos après-ski, retirez votre forfait à l'office de tourisme et dévalez les pistes bleues, rouges et noires de Fromentine ! Initiation à la randonnée en raquettes à neige au milieu des dunes et de la forêt, compétition de luge, découverte des chiens de traîneau, dégustation de produits de la montagne... Manque plus que le vin chaud !

Renseignements à l'office de tourisme
✆ 02 51 68 51 83 - info@fromentine-vendee.com

■ OFFICE DE TOURISME

Place de la Gare ✆ 02 51 68 51 83
www.fromentine-vendee.com
Basse saison : ouvert du lundi au samedi de 9h30 à 12h30 et de 14h30 à 18h. Haute saison : du lundi au samedi de 9h30 à 12h30 et de 14h30 à 19h ; le dimanche de 9h30 à 12h30.

■ VISITES GUIDÉES DE FROMENTINE

Fromentine ✆ 02 51 68 51 83
info@fromentine-vendee.com
Visite guidée à partir du printemps. Sur demande pour les groupes.
Autre alternative aux séances de bronzette, l'office de tourisme propose deux visites : une visite commentée par Tiphaine, avec la visite de Fromentine ou une découverte libre de la station grâce au circuit du patrimoine. Grâce à la mise en place de 9 panneaux d'interprétation (pupitres, table d'orientation,...) dont plusieurs sont disposés sur le remblai, partez à la découverte des secrets de Fromentine. Destiné à un public familial, le circuit permet à chacun de découvrir ou de redécouvrir l'histoire de Fromentine, à travers ses sites les plus marquants : ancienne gare, chemin des ostréiculteurs, estacade, villas balnéaires, épaves, conserverie, phare, chapelle... Il s'agit d'un circuit pédestre libre, de 1h30 à 2h. Bon point : des documents en relief illustrant le discours du guide peuvent être prêtés pendant la visite de Fromentine. Elle est labellisée Tourisme et Handicap. Pour la visite commentée, adulte : 3 € et 1,50 € pour les 7-15 ans, pass Famille : 8 €. Une visite audioguidée de Fromentine est également disponible toute l'année.

Points d'intérêt

■ LE PHARE DE FROMENTINE ★

C'est devant l'augmentation du trafic maritime dans le goulet de Fromentine, au début du XXe siècle, qu'est décidée l'installation d'un phare. Avant ça, le signalement du goulet était assuré par deux espars, des grandes perches de bois surmontées d'un éclairage. Un dispositif jugé insuffisant, et suite aux plaintes de la compagnie des Messageries de l'Ouest (qui assure le service postal journalier vers l'île d'Yeu), le 7 avril 1913, le ministère des Travaux publics décide « la suppression des feux d'alignement de Fromentine » et leur remplacement par « un feu unique, constitué par un appareil lenticulaire de 0,25 m de distance focale, installé dans une lanterne surmontant une tourelle métallique, implantée sur les dunes de la pointe Notre-Dame-de-Monts ». Installée à Fromentine en 1915, la tourelle est complétée par des accessoires (paratonnerre avec puits et canalisation, abri pour le gardien, clôtures et magasins) vers 1919-1920. Il faut ensuite attendre 1939 pour que le phare soit électrifié. Initialement conçue pour la pointe du Raz, la tourelle du phare rejoint ensuite l'estacade de Saint-Nazaire, avant de trouver sa place définitive à Fromentine, à partir de 1915. On pouvait autrefois monter à son sommet. Il a été classé monument historique en 2012.

■ VISITES OSTREICOLES – HUITRES DAVID LECOSSOIS
Chemin des Ostréiculteurs
Fromentine ✆ 02 51 68 51 97
www.huitres-vendee.com
david.lecossois@free.fr

Ouvert toute l'année. Basse saison : tous les jours de 9h à 12h30 et de 15h30 à 19h. Haute saison : tous les jours de 9h à 13h et de 16h à 19h30. Visite guidée (5 € ; visite et dégustation : 9,50 € par personne).

David Lecossois vous guide au fil d'un véritable parcours initiatique, où vous découvrirez comment l'huître grandit et se développe, et comment les ostréiculteurs parviennent à leur donner ce caractère unique. Visite des claires, découverte des bassins d'affinage, rencontre avec des producteurs au travers d'une visite de 2h qui se conclut par une dégustation. Sachez qu'en 2007, il a obtenu pour ses huîtres creuses la médaille d'or au concours départemental de Vendée, puis le bronze en 2008. Vous pourrez acheter ses huîtres, mais également des moules, coquillages et crustacés ainsi que des plateaux de fruits de mer (sur commande) directement ici, les viviers étant ouverts tous les jours, ainsi que sur différents marchés de Vendée : Fromentine le samedi, marchés de Notre-Dame-de-Monts le dimanche, le mardi et le jeudi.

Le couvert

■ LA GRANGE
D38 – Route de Notre-Dame
Le Pré aux Roses ✆ 02 51 68 47 59
www.restaurant-la-grange.net

Ouvert toute l'année. Fermé aux vacances de noël. Basse saison : tous les jours le midi ; le samedi soir. Haute saison : tous les jours le midi et le soir. À partir d'avril ouvert vendredi soir et samedi soir. Menu enfant : 9 € (jusqu'à 12 ans). Formule du midi : 11,90 € (formule avec buffet, en semaine uniquement). Menus midi : 15 € en 2 plats et 18 € de l'entrée au dessert, menu du dimanche : 25 €. Activité traiteur. Aire de jeux enfants.

Le restaurant de Jean-Noël et Karen est situé aux portes de l'île de Noirmoutier. Premiers bons points pour le grand parking, la déco chaleureuse et sympa, et la terrasse abritée. Au fond du restaurant, le buffet déploie un bon choix d'entrées et de desserts. Tout comme les nombreux habitués, vous apprécierez la cuisine et les petits prix. D'ailleurs les groupes ne s'y trompent pas puisque la Grange a développé un service traiteur, très apprécié pour son rapport qualité-prix. La cuisine est sérieuse, de qualité, tout est fait maison et les assiettes sont copieuses. Au hasard des spécialités, dans une carte se partageant entre plats traditionnels ou plus recherchés : foie gras maison, brochette de Saint-Jacques et gambas au chorizo. Au programme de l'ardoise terre-mer : jarret braisé à la bière, roulade de volaille farcie à la tapenade, burger de taureau à la mizotte. Côté suggestions : anguilles et cuisses de grenouilles à la persillade, filet de bar, cassoulet de la mer et bien sûr les moules en saison, en plus des galettes et des pizzas en été. En hiver, les samedis soir, des spécialités savoyardes sont proposées. En dessert, essayez le moelleux maison ou la crêpe vendéenne.

■ LES NAVIGATEURS
2, avenue de l'Estacade ✆ 02 51 49 03 03

Ouvert toute l'année. Restaurant, bar. Le week-end le soir. Basse saison : du mardi au dimanche le midi. Haute saison : tous les jours le midi à partir de 8h et le soir. Menus de 14,90 € à 18,90 €. Menu enfant : 7,50 €. Terrasse.

Depuis qu'ils ont repris ce bar-restaurant à la vue panoramique sur l'océan, au pied du pont de l'île de Noirmoutier, en 2014, Anna et Remi l'ont en grande partie transformé et les bons échos ne se sont pas fait attendre ! Déco actuelle de bon goût, carte courte, simple, produits frais locaux, et une prédilection pour les produits de la mer dont les huîtres qui peuvent se consommer toute la journée et iront parfaitement avec un sancerre blanc à seulement 25 € la bouteille ! En salle ou sur la très agréable terrasse depuis laquelle on peut observer de jolis couchers de soleil, commencez le repas par le pain de thon à l'aïoli, l'assiette de fruits de mer (comprenant un demi-tourteau, 6 langoustines, 6 huîtres, des boulots, des bigorneaux, des crevettes roses et grises) ou les moules de la région (en saison). Ensuite, burgers et frites maison pour les 2, la fameuse andouillette médaillée d'or d'un producteur local, du poulet fermier noir de Challans ou le poisson de la marée. Et si vous êtes pressé car l'heure de départ de votre bateau pour l'île d'Yeu approche (l'embarcadère étant juste à côté), les Navigateurs proposent des plats rapides : omelettes, croque-monsieur... Une adresse en tous points sympathique !

Le pey de la Blet

Autrefois, une habitante du nom de Blet faisait paître son troupeau et le surveillait du haut de ce « pey », terme local correspondant à celui de « puy » qui désigne un tertre ou une montagne, comme le puy de Sancy ou le puy de Dôme. A cette époque, la forêt domaniale des Pays de Monts n'existait pas puisqu'elle n'a été implantée qu'à partir de 1850. Cette forêt a donc fixé les dunes du littoral, dont la hauteur variait au gré de la force des vents. La hauteur du Pey de la Blet est estimée à 41 m – source IGN. C'est le point culminant du marais de Monts ! Situé en bordure de la piste cyclable, il est aujourd'hui un poste d'observation, équipé d'un belvédère, qui permet de découvrir d'un côté le marais et de l'autre l'océan, au ras de la cime des arbres.

■ LE POISSON ROUGE
2 ter, rue du Phare
Fromentine ✆ 02 51 60 19 99

Maître Restaurateur. Fermé du 15 novembre au 1er mars. Basse saison : ouvert du mercredi au dimanche. Haute saison : tous les jours. Carte : 33 € environ. Formule du midi : 20,50 € (en 2 plats, et 25,50 €). Terrasse.

A 50 mètres de l'embarcadère pour l'île d'Yeu, le Poisson Rouge affiche un style bistrot tendance, dans l'air du temps. La cuisine est de bonne qualité, les assiettes joliment présentées, les plats s'affichent à l'ardoise pour privilégier les produits de saison et éviter la lassitude du chef. En revanche, avec une formule du midi à 25,50 € et un prix moyen à la carte oscillant entre 33 et 40 €, on pourra regretter les prix élevés sur certains plats. A la fin de l'été, l'ardoise suggérait des ravioles de margate ou un foie gras (à plus de 16 € tout de même) ou les huîtres de chez Lecossois. Le turbot sauvage et le filet de bar au chorizo côtoyaient une blanquette de veau à l'ancienne. Pour la note sucrée, la brioche perdue au caramel beurre salé demeure un incontournable de l'adresse, tandis que le tiramisu joue les variations toute l'année, plutôt fruité l'été, et aux noisettes à l'automne.

Le gîte

■ HOTEL LE CAP D'AMBRE
29, avenue de l'Estacade
Fromentine ✆ 02 51 68 52 05
www.hotel-cap-dambre.fr

Ouvert toute l'année. 16 chambres (plusieurs catégories). Chambre double de 65 € à 160 €. Petit déjeuner : 8,50 € (9,50 € en haute saison). Animaux acceptés. Wifi gratuit.

Aux portes des îles de Noirmoutier et Yeu (embarcadère à 200 m), une escale au Cap d'Ambre est promesse d'exotisme et dépaysement. Cet hôtel au charme singulier se réinvente sans cesse. Constant en revanche, l'accueil charmant de Béatrice et Alain. Tout ici invite à l'évasion. Du salon d'accueil meublé de souvenirs de voyages à sa terrasse bordée de claire voies rehaussée de murs bleu-violet, à la bibliothèque nichée dans un coin du bar, en passant par le jardin à la végétation tropicale et son bassin. Cette magie du patio fait du Cap d'Ambre une halte unique. Deux bâtiments composent l'établissement, dont l'un donne sur la mer et accueille en été un bar aux délicieux cocktails : La Conga. Les chambres réparties autour du jardin, offrent confort et charme, certaines disposant d'une belle terrasse en bois, avec vue sur mer ou jardin. Décorées avec goût et modernité, elles se placent sous le signe des voyages et de l'exotisme. Certaines peuvent accueillir 3 et 4 personnes ; 5 pour la belle suite qui dispose en plus d'une vaste terrasse, avec pour la dernière-née la vue sur mer. Des prestations dignes des 3 étoiles. Un lieu unique, paisible et chaleureux, un accueil adorable, une escale colorée.

Campings

■ CAMPING LA GRANDE CÔTE***
Fromentine
Route de la Grande-Côte
✆ 02 51 68 51 89
grande-cote@campeole.com

Fermé du 22 septembre au 3 avril. Terrain de 22 ha. 707 emplacements (dont 456 emplacements nus, 251 locatifs : bungalows toilés, chalets, mobil-homes). Exposition : mi-ombragé. Sol : sablonneux. Relief : vallonné. Emplacement de 15,20 € à 20,10 €. Mobil-homes de 350 € à 1 064 € la semaine. Club enfants. Jeux pour enfants. Aire pour camping-cars. Wifi payant. Restauration. Animations.

Ce camping avec accès direct à la plage, situé en face de l'île de Noirmoutier, appartient à la chaîne Campéole. Cette chaîne est connue pour ses emplacements généralement les pieds dans l'eau et en pleine nature, son choix varié de types d'hébergement de la tente au camping-car en passant par les mobile homes, bungalows toilés meublés, chalets. Celui de Fromentine ne déroge pas à la règle puisqu'il s'étend en bordure de plage à l'ombre des pins et cyprès. Les emplacements sont vastes et espacés, le terrain vallonné, et le cadre vraiment très beau. Vous êtes à 500 m du village et près de l'embarcadère pour l'île d'Yeu (tarif préférentiel pour la traversée). Côté loisirs, une piscine chauffée à partir de mi-mai avec pataugeoire et des terrains de jeux : pétanque, ping-pong (5 tables), multisports... En saison des animations 6j/7 pour toute la famille, des soirées à thème, et pour les enfants, un club-enfant pour les 4-12 ans. Egalement de nombreux services : de l'épicerie au snack-bar... Autre atout de cette chaîne, la possibilité de choisir son jour d'arrivée : fini les bouchons pour arriver obligatoirement le samedi, vous pouvez aussi arriver le mercredi. Un camping pour les amoureux de nature !

Loisirs

BALADES GPS EN FORET DOMANIALE

Renseignements à l'office de tourisme.

9 € la journée et 6 € la demi-journée (caution : 200 €). Durée approximative de la balade : 3h à 3h30.

Voici une idée de balade en famille ludique et écologique ! Un circuit GPS en forêt domaniale, « Sur les pas de la Belette ». Muni d'un GPS, vous devez chercher un indice qui vous mènera à destination. Différents mots-clés sont à découvrir, à l'aide de différentes énigmes. Cette balade vous permettra de sortir des sentiers battus et de découvrir les « trésors » de la commune. Les départs et arrivées se font à l'office de tourisme. C'est ici aussi que vous louerez les GPS.

ÉCOLE DE KITESURF MAXIMUM GLISSE

46, rue du Belvédère
✆ 06 31 20 39 03
contact@maximumglisse.com
sur la plage de Fromentine, à côté du club de voile

Fermé de décembre à février. Ouvert tous les jours. Kitesurf : séance à la carte 4h 119 €. Planche à voile : 45 € (2h). Stand-up paddle : 35 € (1h30). Optimist : 40 € (2h). Catamaran : à partir de 45 € (2h30). Jardin des Mers (4-7 ans) : 35 € (2h30).

Mathieu Graveleau, passionné de sports de glisse depuis plus de 20 ans, a créé Maximum Glisse il y a 10 ans ! D'ailleurs, pour fêter ces 10 ans, des tarifs promotionnels sont proposés en 2016. Ici sont réunies 3 écoles ouvertes de mars à décembre : une école de kitesurf, une école de voile (située à l'Epine et Barbâtre sur l'île de Noirmoutier) et une école de stand-up paddle. En voile on vous propose d'acquérir les bases à partir de l'âge de 7 ans pour la planche à voile, l'Optimist, le stand-up paddle (un surf à rame pour résumer), le catamaran (cette activité se fait seulement à partir de 10 ans) et le kayak. Pour les 4-7 ans, il y a le Jardin des Mers. Enfin, l'autre grosse activité c'est le kitesurf (pour les adultes). Il se pratique sur la plage de Fromentine contrairement aux autres activités qui sont sur l'île de Noirmoutier entre la plage du Midi, le port du Morin et les Perles du Devin. Des cours mais aussi des stages, encadrés de professionnels diplômés d'Etat et surtout des cours prodigués par des compétiteurs de haut niveau connus dans le milieu. Vous êtes entre de bonnes mains !

▸ **Autre adresse :** 3 autres sites sur l'île de Noirmoutier

ÉCOLE MUNICIPALE DE CHAR À VOILE

Plage de Fromentine
✆ 06 12 73 95 88 / 06 27 22 16 67

Ecole de char à voile ouverte toute l'année, école de voile ouverte du 1er mars au 30 novembre. De 26 € la séance (groupe supérieur à 8) à 33 € par personne. Paddle : 20 €/1h, catamaran 60 €/1h, kayak 20 €/1h.

Située entre l'Ile de Noirmoutier et la plage de Fromentine, la zone de navigation de l'école de voile accueille les pratiquants d'activités nautiques comme la voile (catamarans), le char à voile, le kayak, au travers de stages de découverte, entrainement à la régate, week-ends entre amis, organisation de classes de mer ou de camps pour les jeunes... La Barre-de-Monts/Fromentine est un lieu idéal pour la pratique du Char à Voile. Ses vastes plages naturelles découvertes à marée basse permettent une pratique aisée en toute saison. Il se pratique toute l'année, à partir de 8 ans, seul en couple (char bi-place), entre amis. La pratique du kayak peut aussi commencer dès 8 ans. La navigation se fait le long de la côte dans les vagues et les courants marins. Vous découvrirez la Baie de Bourgneuf (plan d'eau calme), mais aussi des étiers (canaux servants à l'alimentation des eux du marais vendéen). Deux nouvelles activités : le cerf-volant – séance d'initiation de 2h30 sur la plage de la Grande Côte : 26 € la séance (à partir de 8 ans), et le char à cerf-volant qui consiste à tracter un cerf-volant depuis un char à voile (se pratique à partir de 12 ans, 45 € la séance).

Bateau

COMPAGNIE VENDEENNE

Gare Maritime de Port Fromentine
✆ 08 25 13 90 85
www.compagnie-vendeenne.com
contact@compagnie-vendeenne.com

Acheminements du 25 mars au 2 novembre 2016. Tarifs aller-retour journée adulte : 39,30 € ; tarif préférentiel : 32,70 € ; junior de 12 à 18 ans : 27,40 € ; enfant de 4 à 12 ans : 21,20 € ; enfant de moins de 4 ans : 5 € ; animaux : 8,80 €.

Embarquez à bord du *Saint-Sauveur*, un nouveau navire d'une capacité de 294 passagers, inauguré en 2008, qui vous assurera rapidité et grand confort. Il assure la ligne Port Fromentine-L'Ile d'Yeu en 45 minutes de traversée. Ce navire a été modifié au cours de l'hiver 2009-2010 : réaménagement de la passerelle, création d'un pont supérieur, aménagement d'un espace bagages. Doté d'un pont arrière extérieur, c'est la place idéale pour prendre l'air ou parfaire son bronzage et respirer le bon air du large, tout en ne loupant rien du superbe panorama qui s'ouvre à vous. Il est également équipé d'un salon panoramique et d'un espace à bagages.

COMPAGNIE YEU-CONTINENT

Gare Maritime Port Fromentine
✆ 08 25 85 30 00
info@compagnie-yeu-continent.fr

Acheminements toute l'année. Les guichets sont ouverts tous les jours, de l'arrivée des navires à grande vitesse à leurs départs. Aller-retour adultes : 39,90 € (ou 19,95 € pour aller simple), junior de 12 à 18 ans : 27,50 € l'aller-retour, de 4 à 12 ans : 21 €, moins de 4 ans : 6,10 €. Cycle : 27,20 €.

La compagnie Yeu Continent assure toute l'année le trafic maritime des voyageurs et des marchandises entre l'île d'Yeu et le continent. La compagnie assure un à six passages par jour, selon la saison et les marées. Il est préférable de réserver, surtout en haute saison. Passage de cycles, planche à voile et véhicules sur certains navires. Cette compagnie assure la traversée toute l'année en navires rapides de 35 minutes. Réservation nécessaire.

Sorties

LE CABOULOT

15, avenue de l'Estacade
Fromentine
✆ 02 51 68 58 28

Fermé de décembre à mars. Basse saison : ouvert du jeudi au lundi. Haute saison : tous les jours. Terrasse.

Ce Caboulot-là possède plusieurs casquettes ! Un restaurant, doublé d'un bar. Vous pouvez y accéder par la rue principale ou alors depuis l'embarcadère, puisqu'une terrasse donne devant celui-ci et offre ainsi un coin d'océan. La carte du restaurant est variée avec en figure de proue du Bateau les pizzas, de fabrication artisanale, auxquelles s'ajoutent des salades composées, des viandes dont l'entrecôte XXL, des moules en saison et des huîtres, puisqu'ici vous êtes sur une terre d'ostréiculteurs. Côté bar, en plus des rafraîchissements habituels, et d'une carte de cocktails, on soulignera aussi une belle sélection de bières. En avant ou après-soirée, pour boire un verre entre amis, laissez-vous bercer par la bonne musique, qui passe par tous les styles et prolongez les vacances puisque Le Caboulot ouvre jusqu'à fin novembre.

LA CONGA CAFÉ

Hôtel Le Cap-d'Ambre
29, avenue de l'Estacade
Fromentine
✆ 02 51 68 52 05

Ouvert uniquement en saison.

Voici un lieu de sortie haut en couleur qui chasse la morosité d'un coup d'un seul. Alain et Béa, toujours soucieux de partager leur amour des voyages, ouvrent les portes de leur patio à tous. Dépaysement total avec ce bar d'ambiance qui révolutionne la station par son décor. C'est derrière la façade du bel hôtel du Cap d'Ambre, de l'autre côté du patio, qu'il se cache. A l'intérieur, retrouvez une ambiance cubaine : parquet rouge, lampions, mobilier exotique, ventilateurs en bois, murs bleu/gris, ouvertures en arcades blanches. Tout ça donnant sur de grandes fenêtres avec vue sur mer. A la carte, plus de trente rhums et des cocktails, préparés exclusivement à partir de produits frais, et sur la base de recettes glanées au gré de leurs voyages. Des cocktails au rhum comme le mojito, la conga des bananes, la pina coloda, le ron collins, mais aussi et surtout la plus grande variété de rhums venus des quatre coins du monde. Un endroit unique, à part où il faut absolument aller. Au fait, savez-vous ce que signifie le terme conga ? Il désigne plusieurs éléments musicaux cubains : un instrument de musique (sorte de grand tambour), un rythme, une formation musicale ou une danse.

Emplettes

LES HUÎTRES DU CAP HORN

Route de Beauvoir-sur-Mer
✆ 02 51 68 50 43
www.leshuitresducaphorn.fr

Ouvert du lundi au vendredi pour la vente au détail.

Sébastien Vaire vous accueille pour vous faire découvrir sa passion : la production de belles huîtres élevées au large de l'Ile de Noirmoutier. Depuis 4 générations, la famille s'efforce à produire de beaux coquillages. Visite de l'exploitation ostréicole, dégustation d'huîtres et vente au détail. Une nouvelle fois, les Huîtres du Cap Horn ont été récompensées par la médaille d'or au Concours Général Agricole en 2015.

VIVIER LA CABANE

Chemin des Ostréiculteurs
✆ 02 51 49 71 18 / 06 84 19 50 80

Ouvert tous les jours. D'avril à fin septembre.

C'est un lieu idéal pour déguster un plateau de fruits de mer ou une douzaine d'huîtres. En terrasse, face aux bassins ostréicoles ou dans la cabane colorée. Vue imprenable sur la baie de Bourgneuf. Voici les produits que Fabrice Musereau vous suggère : huîtres, moules, coquillages, crustacés, sardines. Dégustation sur place ou à emporter de plateaux de fruits de mer. Petite particularité : il est nécessaire d'apporter son pain et beurre.

NOTRE-DAME-DE-MONTS ★

Notre-Dame-de-Monts, est une station balnéaire familiale, à taille humaine, située à proximité de Saint-Jean-de-Monts.

Labellisée Famille Plus depuis 2007, la station ainsi que les hébergeurs proposent des services «Plus» à l'attention des enfants et des familles. A la différence de sa voisine, elle garde son aspect village. Notre-Dame-de-Monts bénéficie d'un patrimoine naturel important : un territoire de 2 062 ha partagés entre marais – 1 454 ha de marais où s'étirent les étiers –, forêt – 361 ha – et dunes avec 4,6 km de plages sécurisées, en pente douce, idéale pour les enfants. C'est la cité du Pont d'Yeu, promontoire rocheux en direction de l'île d'Yeu, endroit favori des pêcheurs à pied. La place est donnée à l'environnement, comme le prouvent les moyens de circulation douce : pistes cyclables en forêt, sentiers piétonniers et navette écologique. En été la commune, voit sa population passer à plus de 30 000 habitants. Le patrimoine architectural est représenté par les bourrines – l'habitat typique maraîchin, les moulins, les écluses, les ponts. Quant à l'aspect culturel, la municipalité organise divers festivals : Festival à Tout Vent (le plus grand rassemblement de cerfs-volants de la côte Atlantique), La Déferlante (Arts de la rue)... tous les étés et propose chaque année une exposition différente au Jardin du Vent. Mais ce qui plaît énormément aux familles, c'est l'aspect loisirs, en effet ici, sports nautiques et randonnées nature sont le fer de lance de la station, avec notamment des balades GPS originales interactives et ludiques.

La légende du Pont d'Yeu

La fantastique légende qui l'entoure en fait une œuvre diabolique et titanesque : « Au VIe siècle, saint Martin de Vertou se demandait comment aller évangéliser les habitants de l'île d'Yeu. Satan lui proposa un marché : construire une chaussée pour passer, à condition d'avoir l'âme du premier chrétien qui la traverserait. Saint Martin accepta à condition que l'ouvrage soit terminé le lendemain avant le chant du coq. Satan crut bon de saouler le coq, mais le vin fit l'effet contraire, au lieu de dormir, le coq se mit à chanter en pleine nuit, mettant fin au travail de Satan à 3 km du rivage… »

■ **OFFICE DE TOURISME**
6, rue de la Barre
Gare routière ✆ 02 51 58 84 97
www.notre-dame-de-monts.fr
tourisme@notre-dame-de-monts.fr
Ouvert du lundi au samedi de 9h à 12h30 et de 14h à 17h30. Basse saison : du mercredi au dimanche de 9h à 12h30 et de 14h à 17h30. Haute saison : du lundi au samedi de 9h30 à 19h ; le dimanche et les jours fériés de 10h à 12h30.

Points d'intérêt

■ **BIOTOPIA, LE MONDE DU LITTORAL ET DE LA FORÊT** ★★
50, avenue de l'Abbé-Thibaud
✆ 02 51 93 84 84
Accueil vélo. Fermé de novembre à janvier. Basse saison : ouvert du mercredi au lundi de 10h à 12h et de 14h à 18h30. Haute saison : du lundi au vendredi de 10h à 19h ; le samedi de 14h à 19h. Gratuit jusqu'à 5 ans. Adulte : 7 €. Enfant (de 6 à 18 ans) : 4 €. Circuit Explorateur seul : 10 €/tablette. Entrée + circuit extérieur : 5 €/tablette. Label Tourisme & Handicap. En cours. Accueil enfants. Aire de pique-nique.

Ce tout nouveau site de découverte (ouvert en 2015) propose une exploration du monde du littoral et de la forêt, sur un site permanent de 250 mètres carrés complété par un parcours de plein air de 40 hectares, de la forêt jusqu'au littoral, à découvrir sous plusieurs formes, dont un circuit avec tablette numérique en réalité augmentée. Du visible à l'invisible, grâce à une exposition ludique interactive avec outils multimédias et sensoriels novateurs adaptés à tout âge, Biotopia a pour but la sensibilisation à l'environnement, mais s'inscrit également comme un lieu de recherche pour l'Observatoire du littoral du pays de Monts. Notez que le bâtiment lui-même a été construit dans le respect des normes environnementales, soucieux des économies d'énergie. Biotopia propose d'explorer trois milieux : l'océan, la dune et la forêt. La visite commence par un film immersif. Puis on voit l'évolution du territoire de 18000 avant notre ère à nos jours. La visite se poursuivra dans un vaste espace d'exposition interactif faisant appel aux sens. Cette exposition semi-permanente sera actualisée régulièrement. Plusieurs formules de visite sont proposées : libre, circuit virtuel, balade guidée.

Esplanade de Notre-Dame de Monts.

LE JARDIN DU VENT ★★

29 bis, rue Gilbert-Cesbron ✆ 02 28 11 26 43
www.jardinduvent.fr

Fermé d'octobre à mars. Basse saison : ouvert du mardi au vendredi de 10h à 12h et de 14h à 18h ; le week-end et les jours fériés de 14h à 18h. De juin à août : ouvert du lundi au vendredi de 10h à 19h ; le week-end et les jours fériés de 14h à 19h. Gratuit jusqu'à 3 ans. Adulte : 4 €. Enfant (de 3 à 18 ans) : 2,20 €. Réduit : 3 € (hors saison). Tarifs en juillet et août : 6 € par adulte, moins de 18 ans : 3 €, réduit : 4 €. Label Tourisme & Handicap. Visite guidée (pour les groupes, sur réservation).

Au cœur de la station, au pied du moulin du bourg, se cache un jardin original. Sculptures animées, jeux de vent, légendes et indications météorologiques jalonnent ce parcours autour d'une rose des vents et d'un théâtre de verdure. Livret en main, découvrez de manière ludique les sciences naturelles avec les installations scientifiques tout au long du parcours. Le but : découvrir Ventouse, vent connu des anciens. Anagrammes, charades et jeux en tout genre éveilleront votre curiosité. Le thème, sous forme d'exposition interactive, varie, ainsi la nouveauté 2016 c'est un cabinet de lecture musical et éolien : une sculpture de l'artiste Denis Tricot sera présentée au centre de la rose des vents. Cette installation, composée de planches écrites, dessinées est capable de sonner grâce au vent et aux visiteurs qui l'actionneront. Venez découvrir sa légèreté, sa musicalité sa poésie. Tous les jours le programme d'animations du jardin change, alors n'hésitez pas à le demander.

KULMINO ★

La Grande-Croix
Route du Perrier ✆ 02 51 58 86 09

Fermé du 2 novembre au 6 février. Basse saison : ouvert du mercredi au dimanche de 14h à 18h30. Haute saison : du lundi au vendredi de 10h à 19h30 ; le week-end de 14h à 19h. Gratuit jusqu'à 5 ans. Adulte : 4,50 €. Réduit : 3,50 €. Boutique. Aire de pique-nique.

Installé dans un château d'eau en activité, Kulmino est un espace de découverte sur l'environnement et l'eau avec des expositions ludiques et interactives. Découvrez une vue imprenable depuis la plateforme panoramique à 70 m du sol. Observez le marais, la dune, la forêt et les îles, à l'aide de jumelles et des tables d'orientation. Comprenez le fonctionnement du château d'eau et du réseau d'alimentation d'eau au travers d'expositions interactives sur cette thématique de l'eau. Animations, jeu de piste, ateliers ludiques et créatifs pour les enfants, tables d'orientation et lecture de paysage par un médiateur (7j/7 en juillet-août) ou visite-jeu les mercredis en juillet et août complètent votre visite. En été, Nocturnes Insolites tous les lundis à 20h30 : 5 € pour les adultes et 3 € pour les enfants (réservation obligatoire).

LE PONT D'YEU ★

Le pont d'Yeu est un long promontoire rocheux qui s'avance en mer en direction de l'île d'Yeu. Ce site naturel émerge à l'occasion des grandes marées d'équinoxe sur quelques kilomètres pour le plus grand plaisir des pêcheurs à pied en quête de coquillages et autres crustacés. Le pont d'Yeu est la bande rocheuse qui s'avance dans la mer sur plusieurs kilomètres, d'une largeur d'environ 50 m. Tantôt insularisée à la suite de la montée des eaux, et tantôt rattachée au continent lors de la régression marine, cette chaussée a pris le nom de pont d'Yeu car elle fait face à l'île vendéenne d'Yeu, autrefois, les riverains la désignaient aussi sous le nom de pont Saint-Martin.

Char à voile sur la plage de Notre-Dame de Monts.

Le couvert

LE BATEAU

103, avenue de la Mer ✆ 02 28 11 27 49

Ouvert toute l'année. Basse saison : du vendredi au lundi le soir ; du jeudi au mardi le midi. Haute saison : tous les jours. Menu enfant : 9 €. Formule : 16 € (et 20 €). Terrasse. Vente à emporter.

Embarquez à bord du Bateau, sur lequel Christelle et Antoine naviguent depuis 2012. La salle de leur brasserie-pizzeria s'ouvre entièrement et bénéficie d'une terrasse, vous permettant de profiter des premiers rayons du soleil. La carte est volontairement courte, privilégiant les produits maison avec en figure de proue le jarret de porc caramélisé (de 1 kg) et sa brochette de Saint-Jacques, et le magret fumé parfumé à l'huile d'olive vanillée ; en spécialités locales, on recommande l'andouille artisanale et les huîtres. Toutes les viandes, comme l'entrecôte, sont françaises et de qualité. Autres produits phares : les pizzas (également à emporter). Parmi la quinzaine de recettes, nous avons choisi la Nirvana, qui conviendra parfaitement aux indécis puisqu'elle se compose de 2 moitiés de pizzas différentes à choisir dans la carte. A moins que vous ne portiez votre choix sur une des salades repas comme la Vendéenne, avec jambon de pays et toast de mizotte. Ne faites pas l'impasse sur les desserts, ils sont tous fabriqués maison, Antoine ayant aussi une formation de pâtissier. Succombez au brownie sauce carambar ou au café gourmand et ses 5 mignardises, dont de bons cannelés...

L'ESTRAN

55, route de Saint-Jean-de-Monts
✆ 02 51 58 86 48
antony.clautour@wanadoo.fr

Fermé du 9 février au 18 mars. Plus une semaine en juin. Basse saison : ouvert tous les jours le midi ; le vendredi et le samedi le soir. Haute saison : tous les jours le midi et le soir. Menus de 17 € à 27 €. Menu enfant : 8,50 € (et 13,50 € pour les ados). Formule du midi : 10,50 € (et 13,50 €). Accueil des groupes. Terrasse. Espace jeux enfants.

Pour fêter leurs 10 ans à L'Estran, l'an dernier, Antony et Hélène Clautour ont relooké leur restaurant traditionnel installé à l'entrée de la commune. Il faut dire que c'était assez rustique et le résultat est réussi ! C'est plus moderne, plus lumineux ! Devant le bâtiment tout en longueur, une terrasse, et derrière, en contrebas, un vaste parking. Pour aller avec ce nouveau cadre, qui présage de changer radicalement de la déco rustique d'avant, quelques nouveautés à la carte : œuf cocotte au foie gras mi-cuit et crème aux cèpes avec ses mouillettes à l'huile de noix, salade de gressailles au jambon de Vendée grillé et un sacré plateau de fromages sur deux étages ! Les tarifs sont raisonnables, les assiettes généreuses et la cuisine constante. Certains plats restent à la carte d'année en année, car les fidèles du lieu souhaitent y retrouver leurs plats fétiches, voici les incontournables : marmite du pêcheur, choucroute de la mer, cocotte de Saint-Jacques, lapin confit aux échalotes et des ris de veau aux cèpes sans oublier les moules en été. Et pour le dessert : croquant sauce caramel au beurre salé.

■ **LA MOULERIE**

90, avenue de la Mer ✆ 02 51 58 96 71

Ouvert des vacances de février à fin novembre. Basse saison : ouvert du vendredi au mardi. De mi-juin à fin septembre et aux vacances scolaires : ouvert 7j/7. Menu enfant : 9,90 € (menu ado : 14,90 €). Menu : 18,50 € (plat et entrée ou dessert), 21,50 € (entrée, plat, dessert). Formule Moules : 14,90 €. Terrasse. Vente à emporter.

Ce restaurant qui mène à la plage est une belle surprise ! Déjà le cadre : derrière la terrasse, une véranda lumineuse et une salle au thème marin. Ensuite la générosité des assiettes ! De quoi satisfaire les plus solides appétits. C'est donc copieux et bon, avec des présentations originales, du choix, et tous les plats peuvent s'emporter. Ici c'est une chef, Aurore ; Jérôme est en salle et vous conseillera les spécialités : les moules, dont la Roquefort que les clients adorent, et les bruschettas bien garnies, comme la Royale (cocktail de fruits de mer, fondue de poireaux, saumon fumé, Saint-Jacques), servies avec frites maison et salade. Côté mer, brochette de Saint-Jacques, choucroute de la mer et parmi les nouveaux plats et suggestions : plancha d'encornets, filet de bar sauvage, pot-au-feu de la mer ou les patagos (coquillages). Côté terre, les burgers comme le Montois ou le Normand rassemblent les suffrages. Le steak est haché minute. Les amateurs de viandes apprécieront aussi l'originalité du filet de taureau. L'été grand choix de salades composées. En dessert, on reste dans la générosité avec le café gourmand et son moelleux au chocolat maison, ou la salade de fruits frais de saison.

Le gîte

■ **HÔTEL L'OREE DU BOIS*****

12, rue Frisot

✆ 02 51 58 84 04

contact@oree-du-bois.com

Fermé du 1er novembre au 10 avril. 30 chambres. Chambre double de 64 € à 87 €. Demi-pension. Petit déjeuner buffet : 10 €. Animaux acceptés (8 € par animal, par nuit). Wifi gratuit. Restauration.

Un peu à l'écart du centre-ville, l'hôtel l'Orée du Bois se situe dans un quartier calme résidentiel, en bordure de forêt et à 800 m de la plage avec accès direct à pied. Vous serez agréablement surpris d'y trouver une piscine pour vous rafraîchir même si la plage n'est pas loin, entourée d'un solarium pour vous prélasser sur un transat. Encore pour vos loisirs, vous pourrez louer des vélos sur place et il y a même un garage à vélos. Réparties sur 3 bâtiments dans un parc de 4000 m^2, plus de la moitié des 30 chambres sont de plain pied avec terrasse et salon de jardin. Disponibles pour 1, 2, 3 ou 4 personnes, elles sont équipées de tv à écran plat et coffre-fort, du Wifi et les sanitaires, de sèche-cheveux et affichent une décoration classique. Cet hôtel propose essentiellement des séjours en demi-pension. La cuisine y est traditionnelle avec un menu défini en début de semaine.

Festival A Tout Vent.

Campings

■ CAMPING L'ALBIZIA****

52, route de la Rive
✆ 02 28 11 28 50
www.campinglalbizia.com
contact@campinglalbizia.com

Ouvert du 27 février au 11 novembre 2016. Terrain de 3,6 ha. 153 emplacements. Exposition : mi-ombragé / ensoleillé. Emplacement de 17 € à 30 €. Mobil-homes de 285 € à 877 € la semaine. Club enfants. Jeux pour enfants. Wifi. Restauration. Terrain multisports. Bain bouillonnant. Animations.

Situé aux portes des îles, à quelques kilomètres du pont de Noirmoutier et des départs pour l'île d'Yeu, à 15 minutes du célèbre Gois, dans un coin réputé pour la pêche à pied, ce camping offre des infrastructures de qualité et de conception moderne. A 2 km du centre-ville, au calme, en bordure de forêt et à 1 km de la plage, il repose sur 3,6 ha et offre des prestations de choix : 2 piscines chauffées dont 1 couverte avec spa, pataugeoire chauffée, sanitaires de qualité, laverie, presse et alimentation ; à côté de l'accueil un bâtiment avec un bar et une restauration rapide à emporter. L'Albizia vous propose de louer des mobil-homes ou des emplacements pour votre tente ou caravane. Les locations se font à la semaine, mais il y a possibilité de louer sur 10 nuits. Au total, 153 emplacements avec une centaine de mobil-homes et des emplacements libres sur des parcelles d'environ 110 m^2. Vos loisirs sur place : ping-pong, aire de jeux, animations permanentes en saison, un club réservé aux enfants de 4 à 10 ans le matin, un terrain multisports et un mini-golf de 18 trous. A 20 m de là, ce ne sont que pistes cyclables, parcours VTT, chemins pédestres et équestres.

■ CAMPING DES PINS****

21 rue de la Braie ✆ 02 51 58 83 75
www.camping-despins85.com

Ouvert du 1er avril au 31 octobre. Gardien la nuit. Terrain de 3 ha. 200 emplacements. Exposition : ombragé. Emplacement de 18,75 € à 30 €. Mobil-homes de 285 € à 780 € la semaine ; chalets de 300 € à 745 €. Jeux pour enfants. Salle de bains pour bébés. Wifi. Restauration (snack). Terrain multisports.

Vous allez beaucoup apprécier le bel environnement dans lequel se situe ce camping familial créé par les parents de Sylvie et Marinette en 1965. Le Camping des Pins est bien nommé puisqu'il est en lisière de la forêt domaniale des Pays de Monts, à 800 m de la plage de La Braie, avec un accès direct par la forêt, et à 900 m du centre-ville. L'accueil est charmant, l'ambiance familiale et conviviale, dans une station balnéaire qui l'est tout autant. Allées goudronnées, emplacements ombragés bien agencés séparés par des haies. Il est très bien entretenu, tous ses atouts valant bien 4 étoiles. Il règne ici une douce ambiance de vacances. La partie loisirs se situe à l'entrée du camping avec : piscine couverte chauffée et solarium, espace fitness, snack-bar en saison, aire de jeux pour les enfants et terrain multisports. Côté hébergement, une majorité d'emplacements nus et 19 locatifs, dont des mobil-homes jusqu'à 7 personnes, et 2 nouveaux équipés de 2 salles de bains, complètent des chalets neufs arrivés en 2013. Possibilité de louer hors saison au week-end. En saison, quelques animations. Un camping convivial et familial, avec un accès direct à la plage, pour les amoureux de la nature.

■ CAMPING LE CLOS DU BOURG***

12, rue du Perrier
✆ 02 51 59 07 47
www.campingclosdubourg.com
info@campingclosdubourg.com
Latitude 46-83254 Longitude – 2.12633

Ouvert du 1er avril au 31 octobre. Terrain de 4,7 ha. 180 emplacements (dont 70 emplacements nus). Exposition : mi-ombragé. Pas d'animation. Emplacement de 20 € à 28 €. Chalets de 290 € à 760 € la semaine ; mobil-homes de 260 € à 760 €. Tente équipée Ecolodge : de 300 € à 480 €. Club enfants. Jeux pour enfants. Animaux acceptés (sauf dans les locatifs). Wifi payant. Boulodrome. Terrain multisports.

Avec ses équipements de loisirs familiaux, ce camping satisfera les attentes des vacanciers venus se ressourcer entre plage de sable fin (à 900 m) et forêt de pins. Il dispose de 70 emplacements pour tentes et caravanes, mais vous pourrez aussi louer mobil-homes et chalets ou opter pour une tente équipée Ecolodge (nouveauté 2016). Le camping propose aussi un mobil-home adapté aux personnes à mobilité réduite Les parcelles font entre 100 et 170 m^2 et sont bien entretenues. Familial, calme (il n'y a pas d'animations) et convivial, vous pourrez ainsi profiter de tous les équipements comme la piscine couverte et chauffée, dotée d'une pataugeoire ludique, avec jeux d'eau pour les plus petits, ouverte d'avril à octobre, ainsi que la piscine extérieure chauffée, le sauna privatif (payant), le terrain multisports, le terrain de pétanque, le ping-pong, la salle de jeux, l'espace fitness… Et toujours le club enfant pour les 4-12 ans (gratuit), avec des activités variées du lundi au vendredi en juillet-août, et le wi-fi accessible sur tous les emplacements. Et allez-vous promener dans le village de Notre-Dame-de-Monts, à 200 mètres du camping, où se trouvent tous les commerces et un supermarché.

■ CAMPING LA GUILLOTIERE***

42, route de La Barre-de-Monts
✆ 02 51 58 83 32
www.camping-la-guillotiere.fr

Fermé de novembre à mars. 126 emplacements. Exposition : mi-ombragé. Sol : herbeux. Mobil-homes jusqu'à 6 personnes de 440 € à 749 € la semaine ; mobil-homes jusqu'à 4 personnes de 340 € à 790 € ; mobil-homes jusqu'à 5 personnes de 570 € à 849 €. Jeux pour enfants. Wifi payant. Restauration (snack en juillet et août). Cave.

Ambiance familiale pour ce camping situé à 900 m de la plage, et à 300 m du centre-ville. Calme, convivialité et amitié seront les maîtres mots de ce lieu de vacances qui vous reçoit dans un cadre verdoyant. Plusieurs gammes de confort de mobil-homes proposant de 4 à 6 couchages,

du mobil-home standard au mobil-home résidentiel, comme le Key West, un modèle haut de gamme de 40 m^2. Côté loisirs : jeux d'enfants, espace pétanque, tables de ping-pong, baby-foot… Pas de piscine. L'autre plus du lieu : une cave propose des vins de différentes régions et de Vendée bien sûr avec quelques autres exclusivités que le caviste vous fera découvrir en y apportant de judicieux conseils, également de nombreuses bières artisanales françaises et étrangères, un choix de whiskies et rhums du monde, des apéritifs, et la possibilité du prêt gratuit d'une tireuse à bière. A proximité du camping, profitez des pistes cyclables pour de jolies balades en forêt, et si vous êtes amateur de loisirs nautiques, un centre nautique complet se trouve sur la grande plage de Notre-Dame-de-Monts. Accueil sympathique.

■ CAMPING LE PONT D'YEU***
10, rue du Pont-d'Yeu
✆ 02 51 58 83 76
www.camping-pontdyeu.com
info@camping-pontdyeu.com

Ouvert du 1er avril à fin septembre. Terrain de 1,4 ha. 90 emplacements. Sol : sablonneux. Emplacement de 17 € à 23 €. Mobil-homes de 240 € à 715 € la semaine ; chalets de 260 € à 615 €. Jeux pour enfants. Restauration (snack-bar en saison). Animations.
Les propriétaires accueillent systématiquement chaque vacancier qui arrive dans leur camping ! Un camping à la tranquillité assurée, situé dans un environnement verdoyant, en lisière de la forêt domaniale des Pays de Monts. Il bénéficie d'un accès direct à la plage du Pont d'Yeu, une belle plage de sable fin située à 500 m. Un site magnifique pour les amoureux de pêche à pied (pignons, crevettes...) qui possède sa légende... A la sortie du camping, empruntez les pistes cyclables qui longent la forêt pour une balade en pleine nature. Dans ce camping de 90 emplacements règne une ambiance conviviale et familiale. Différents types d'hébergement sont proposés : 3 gammes de mobil-homes, chalets (locatifs tous équipés de TV), et emplacements pour tentes. Dès l'ouverture du camping, vous pourrez profiter de la piscine couverte (toit télescopique) et chauffée. Nouveautés 2016 : le club enfant Les P'tits loups. Autres services durant l'été : billetterie pour l'île d'Yeu, snack-bar, salle de jeu, animations familiales, concours de boules, soirées musicales, repas à thème... A proximité, vous pourrez pratiquer de nombreux loisirs : équitation, tennis, char à voile...

Loisirs

■ POLE NAUTIQUE DE NOTRE-DAME-DE-MONTS
20, boulevard des Dunes ✆ 02 51 58 05 66
www.polenautique.org
accueil@polenautique.org

Ouvert toute l'année. Tous les jours. Label Tourisme & Handicap. Handi Char à voile.
Ici, on vous propose les activités suivantes : char à voile, voile, kayak de mer – initiation, stages, perfectionnement ou balades –, kayak polo – à partir de 8 ans. Initiations, stages, perfectionnement pour enfants de plus de 8 ans, pour les adolescents et adultes : balades en mer avec mono. Régate nautique, baptême de char à voile et kayak. Une nouvelle activité est proposée, il s'agit du longe côte, c'est une sorte de randonnée pédestre aquatique. L'activité char à voile est adaptée aux personnes handicapées avec l'encadrement d'un personnel compétent. Dans ce beau bâtiment entièrement neuf, posé sur la plage, vestiaires hommes et femmes, douches, salle d'accueil. Sans doute la plus belle infrastructure de la région en termes de loisirs nautiques. Le pôle nautique est labellisé Tourisme et Handicap sur les déficiences moteur, mentale, visuelle et auditive.

© GARDER LE KAP
Vue aérienne Jardin du Vent

Les nombreuses plages de Notre-Dame-de-Monts

Les plages surveillées

- **La Plage Centrale** : située au cœur de la station, elle offre un poste de secours et est adaptée aux personnes handicapées.
- **La Plage de la Braie** : comme la plage du Mûrier, elle est située dans un site superbe à l'écart du centre-ville.
- **La Plage des Régates** : située juste après le Pôle Nautique.

Les plages non surveillées

- **La Plage de la Parée-Grollier** : en zone naturelle.
- **La Plage de la Renaudière** : en zone naturelle.
- **La Plage du Bois Soret** : en zone naturelle.
- **La Plage du Mûrier** : en zone naturelle.
- **La Plage du Pont d'Yeu** : ainsi nommée à cause de la curieuse avancée de plus de 3 km qui se découvre à marée basse comme une digue inachevée ou le début d'une chaussée engloutie. Attention, si vous y êtes surpris par la marée montante, revenez immédiatement vers la côte en direction de la grosse balise blanche et rouge sans dévier.

Sorties

LE BISTROT PLAGE

Plage centrale © 02 28 11 22 73

Fermé d´octobre au 15 avril. Ouvert tous les jours à partir de 10h. Terrasse.

Ce bistrot est carrément situé sur la plage de Notre-Dame-de-Monts, alors, enlevez vos chaussures pour fouler le sable avant d'entrer. Et on s'essuie les pieds ! Il règne ici une ambiance de vacances et c'est le dépaysement garanti quand on est au boulot, par exemple, et que l'on s'y accorde une pause déjeuner. Venir ici, c'est déjà être en vacances ! Dans la salle aux baies vitrées, qui s'ouvrent aux beaux jours, ou sur la petite terrasse rehaussée posée sur la plage, les yeux rivés sur le grand bleu, lunettes de soleil sur le nez, on détaille la carte : salades composées, grillades (bavette, entrecôte, jambon fumé, steak), des moules-frites, des sardines grillées... Et pour les gourmands, un choix de coupes glacées. Quelques fois dans l'été, des petits concerts. Cette adresse, du fait de son caractère unique, de sa vue imprenable sur la mer et de la justesse de ses prix, est vraiment sympa.

Emplettes

BOULANGERIE PINEAU

22, route de Saint-Jean

© 02 51 58 81 25

Basse saison : ouvert le dimanche et le lundi de 7h à 13h ; du mardi au samedi de 7h à 13h et de 15h30 à 19h. Haute saison : tous les jours de 7h à 20h. Second point de vente ouvert 7j/7 en saison et du mercredi au dimanche matin hors saison.

La boulangerie Pineau est avant tout une affaire familiale tenue par deux frères, Franck et Nicolas, accompagnés de leurs épouses Karine et Sylvie. Ils possèdent 2 boulangeries au cœur de Notre-Dame-de-Monts, à commencer par la principale, située au rond-point qui mène au centre-ville, et, d'avril à septembre, un second point de vente prend ses quartiers au 108, avenue de la Mer. Le produit phare ici c'est le pain, et notamment la Pétrisane. Parmi les autres spécialités de pain, dont on dénombre une dizaine de variétés de baguettes : la Sermentine, le pain au maïs, la Tradition. Vous le dégusterez tout chaud car il y a plusieurs fournées dans la journée. En plus des spécialités de pain, vous trouverez également en bonne place des spécialités du terroir vendéen comme la brioche pur beurre, la gâche, la galette maraîchine (l'Echaudise), le flan maraîchin et la galette de la mariée, ou encore le préfou (un pain aillé) qui accompagnera parfaitement vos apéritifs.

- **Autre adresse :** 108, avenue de la Mer (d'avril à début septembre).

LA VANNERIE POTERIE

62, route de La Barre
✆ 02 51 58 80 39
www.vannerie-poterie.fr
simon_la_braie@alicepro.fr

Basse saison : ouvert du mardi au samedi de 10h à 12h30 et de 15h à 18h30 ; le dimanche de 15h à 18h30. Haute saison : tous les jours de 9h à 20h. Seconde boutique Avenue de la Mer ouverte d'avril à fin septembre. En juillet et août : de 9h à 20h (ou 23h si rue piétonne ouverte).

Impossible de louper ce grand bâtiment qui abrite depuis plus de 40 ans la vannerie-poterie de Notre-Dame de Monts. Sur plusieurs niveaux, l'on vous propose, toute l'année, de nombreux produits pour votre intérieur : depuis des articles d'ameublement aux cadeaux divers pour rapporter un souvenir de vos vacances en passant par des objets de décoration. Au rez-de-chaussée, un espace consacré aux produits régionaux, un rayon textile, des souvenirs divers, des paniers de pêche et des épuisettes. Au fond du magasin, un grand rayon consacré à la vaisselle, des articles de poterie avec des bols où sont inscrits des prénoms (une fabrication vendéenne d'ailleurs !). A l'étage, tout est consacré à la vannerie : des dizaines et dizaines de paniers de toutes formes très sympas, et plus loin du mobilier dont des meubles en rotin, de quoi meubler votre résidence secondaire en Vendée. Une seconde boutique située 52, avenue de la Mer, ouverte d'avril à mi-septembre (7/7 en juillet et août de 9h à 20h ou 23h si rue piétonne ouverte), propose des cadeaux souvenirs, des articles de plage et des maillots de bain. Dans cette institution, vous allez assurément trouver un cadeau à ramener à vos proches !

- **Autre adresse :** 52, avenue de la Mer (ouverte d'avril à fin septembre)

SAINT-JEAN-DE-MONTS ★

Une longue plage de sable fin en pente douce, ajoutée aux animations et activités d'avril à septembre, fait de Saint-Jean-de-Monts l'une des stations balnéaires les plus fréquentées de Vendée, même si ça n'est pas la plus jolie. A l'origine, c'est un petit bourg rural regroupé autour de son église et séparé de la façade maritime par un large cordon dunaire. C'est à partir de 1955 que la station connaît une expansion incroyable, la croissance économique des Trente Glorieuses laisse imaginer un avenir plus que prospère. L'heure est à l'aménagement du territoire. On voit les choses en grand et en moderne (du moins pour l'époque). Les promoteurs, messieurs Haas et Minélian entreprennent la construction de grands immeubles collectifs. Il demeure tout de même quelques maisons typiques de l'époque des bains de mer dans les petites rues. La station a su tirer parti d'autres atouts, les grands espaces et notamment sa plage : avec ses 8 km de long, son sable blanc d'une finesse extrême, c'est une des plages les plus vastes de l'Ouest. Saint-Jean-de-Monts est le paradis des activités sportives : équitation, tennis, golf, vélo ou rosalie, accrobranche, tir à l'arc, cerf-volant, char à voile, catamaran, paddle, kite surf, surf... et compte aussi un centre de thalassothérapie. Une station assurément familiale avec entre autres un festival destiné aux enfants, Kids Folies (durant les vacances de Pâques), et qui propose aussi de nombreuses manifestations sportives comme le triathlon ou encore Caval'Océane, qui se déroule chaque année fin septembre : un rendez-vous incontournable dans le milieu équestre, avec concours de sauts d'obstacles, animations pour les enfants, jeux équestres. Et n'oubliez pas de visiter l'arrière-pays et les marais.

OFFICE DE TOURISME

67, esplanade de la Mer
✆ 08 26 88 78 87
www.saint-jean-de-monts.com
accueil@saint-jean-de-monts.com

Basse saison : ouvert du lundi au samedi de 10h à 12h et de 14h30 à 18h ; le dimanche de 10h30 à 12h et de 15h à 17h. Haute saison : du lundi au samedi de 9h30 à 19h ; le dimanche et les jours fériés de 10h30 à 18h.

Des balades à pied, accompagnées et commentées avec l'Office de tourisme de Saint-Jean-de-Monts :

- **Bienvenue à la bourrine** : jadis, habitat traditionnel, la bourrine reste le témoin de la vie du marais, l'occasion de faire revivre le jeu de l'alouette autour d'un verre de troussepinette.

- **Les pieds dans l'eau** : le temps d'une marée basse, découvrez cet espace naturel entre mer et dune : l'estran. Venez à la rencontre du petit peuple vivant : coquillages, crabes, gravelot, et apprenez les bons gestes du pêcheur à pied...
- **Promenons-nous dans les bois** : La forêt n'est pas seulement un lieu de promenade. Entre pins maritimes et chênes verts se cachent arbres fruitiers et autres plantes comestibles. Saurez-vous les reconnaître ?
- **Histoire de gourmandises :** brioche, jambon et mogettes sont-ils vraiment les seuls atouts de la cuisine locale ? Déambulez sur le marché, happés par les odeurs sucrées et salées et laissez-vous conter les richesses du terroir vendéen.
- **Raconte-moi Saint-Jean** : de petit bourg rural du marais vendéen, Saint-Jean-de-Monts est devenue une station balnéaire de renom : une immersion surprenante dans l'histoire de la ville.

Points d'intérêt

L'ESTACADE ★

L'estacade est un lieu emblématique de Saint-Jean-de-Monts. Lieu de promenade et de pêche prisé, elle constitue un véritable symbole dans le paysage montois. Elle se situe à la frontière naturelle entre la dune blanche et la dune grise qui se prolonge sur 4 km jusqu'au pont d'Yeu. Elle fût terminée en 1966. A l'époque, l'idée de l'estacade est liée au fort développement de l'activité balnéaire. A partir de 1967, elle devient un ponton d'accostage pour la liaison Saint-Jean-de-Monts – île d'Yeu (réalisée par le Garcie Ferrande). Liaison qui n'existe plus aujourd'hui mais un bateau qui fait la traversée depuis le continent sur l'île d'Yeu porte le nom de Garcie Ferrande. Après de longs mois de travaux, pour parer à la vétusté de l'estacade, elle a été réouverte en 2013, redevenant un lieu de promenade familiale et aussi un lieu très apprécié des photographes.

FORET ET HERONNIERE

Entre Fromentine et Sion-sur-l'Océan, avec ses quelque 2 000 hectares, la forêt domaniale des Pays de Monts déploie sa végétation à l'orée de la dune. Jusqu'à la moitié du XIXe siècle, seul un cordon sablonneux borde le littoral. Plantée de pins maritimes il y a plus d'un siècle, la forêt s'est enrichie depuis de chênes verts, érables, robiniers et autres essences. La dune non boisée reste le royaume des plantes basses adaptées à la sécheresse et aux vents chargés d'embruns. Aussi, marcheurs ou cyclistes, parcourez les sentiers forestiers calmes et ombragés à la découverte de cette flore exceptionnelle. Une faune peuple aussi cette forêt, des oiseaux notamment. La Héronnière demeure une curiosité de la forêt domaniale des Pays de Monts. Dans un site privilégié, hérons cendrés et aigrettes garzettes cohabitent. L'envol timide des petits et les chamailleries entre ces deux espèces vous raviront. La Héronnière rassemble plus de 900 nids au total. Les pins maritimes, d'une hauteur moyenne de 20 m, peuvent contenir jusqu'à une dizaine de nids par arbre.

Cabanes de plage sur la plage de Saint-Jean de Monts.

PLAGE DE SAINT-JEAN-DE-MONTS ★★

67, Esplanade Mer
✆ 02 51 59 97 00

Saint-Jean de Monts est bordé de 8 kilomètres de belles et longues plages de sables fin. Située au cœur de la station, c'est sans doute, à ce titre, l'une des plus belles qu'offre la Vendée. Du sable très très fin même, à tel point que par vent, il s'infiltre partout et ça pique les yeux ! La plage de St-Jean de Monts est classée Pavillon Bleu, pour la qualité de ses eux. La plage est très appréciée des familles, car sécurisante, puisqu'elle n'offre aucun dénivelé et qui plus est, elle est large, donc même à marée haute, on a de la place, on peut prendre ses aises, sans risquer d'avoir le pied du voisin dans le nez !

Le couvert

LE 104

104, avenue de la Mer
✆ 02 51 58 28 99

Ouvert toute l'année. Le mardi et du jeudi au dimanche de 12h à 13h30 et de 19h à 20h45 ; le mercredi midi. Formule : 15,90 € (plat du jour et café gourmand). Menus : 21 € et 30 €.

Depuis le changement de propriétaire en 2015, le 104 a acquis une clientèle de fidèles qui viennent notamment pour son bon rapport qualité-prix. Le cadre est épuré, design, le mobilier en bois blond, les luminaires originaux, et une table d'hôtes installée devant le poêle, donnant un supplément d'âme en hiver. Bref, il y a quelque chose de nordique dans cette déco qui nous plaît ; la cuisine aussi d'ailleurs ! Cette affaire familiale, reprise début 2015 par Juliette et Grégory, professionnels de la restauration, est une adresse sérieuse et rigoureuse. Des produits frais de saison, une cuisine de marché qui ne manque pas d'originalité, avec ici et là quelques touches d'exotisme : nems de langoustine au safran ou foie gras poêlé, pommes façon Tatin et caramel de pineau. Dans une carte « terre et mer », qui proposait par exemple en hiver un ris de veau braisé ou un magret de canard au miel et soja, le chef aime travailler les poissons : dos de bar rôti, étuvé de palourdes ou dos de maigre cuit vapeur, gratin de christophine. En dessert, la spécialité

du chef : le soufflé à l'orange et Grand Marnier ou sa version chocolat-noisettes.

■ LE BISTROT DE TONTON

14, avenue de la Forêt ✆ 02 51 58 02 58

Ouvert toute l'année. Basse saison : tous les jours le midi. Haute saison : tous les jours le midi et le soir. Menu enfant : 8,80 €. Formule du midi : 12,90 €. Menus (midi et soir) : 19,90 € et 25,80 €. Carte de fidélité : 10 menus achetés, le 11ème offert. Terrasse.

Situé au rond-point de l'avenue de la Forêt, à quelques centaines de mètres du remblai, voilà une adresse qui contentera tous les appétits les réunisssant autour d'une cuisine de style bistrot. Une affaire familiale et conviviale, très appréciée pour son rapport qualité/prix. La terrasse, chauffée, est ouverte toute l'année. A l'intérieur, déco résolument bistrot : lambris clair aux murs, banquettes d'un côté et mobilier bistrot de l'autre, avec de grandes ardoises affichant les suggestions. Autre bon point, la formule du midi qui comprend un buffet de hors-d'œuvre variés. La spécialité du Bistrot de Tonton demeure le jarret de porc grillé à l'ancienne (énorme !), et les moules (en saison). Nouveautés de la carte : les burgers (Indien, Montagnard ou en version poisson avec le Pêcheur a base de filet de cabillaud frais pané). On n'oubliera pas de parler des viandes (tartare, pavé de bœuf,...) et des grandes salades ou du poisson du marché. Et pour le dessert du jour, une tarte à la noix de coco. Une carte variée et une addition plus que raisonnable doublée d'un service souriant et efficace !

■ LA BOLÉE

31, Esplanade de la Mer ✆ 02 51 58 91 60
www.labolee.com

Ouvert toute l'année. Basse saison : du mercredi au dimanche. Haute saison : tous les jours de 12h à 14h30 et de 18h30 à 23h30. Toutes les vacances scolaires, ouvert 7/7. Menu enfant : 7,90 €. Formule : 10 € (midi et soir, et uniquement le midi en juillet et août). Terrasse. Vente à emporter. Située à côté du casino, la Bolée jouit d'un emplacement privilégié au cœur du remblai offrant une vue panoramique sur l'océan depuis sa terrasse. La salle est séparée par des panneaux de bois, de petites lampes ornent les tables, conférant plus de chaleur au lieu. Commencez par un cocktail maison, le Blue Cider. La cuisine est simple, la carte variée propose galettes, pizzas, salades (dont la dernière création, la Coco Palm, avec saumon, grosses crevettes, noix de coco râpée, mangue, glace pamplemousse), pâtes et moules-frites, notamment au cidre. Près d'une trentaine de pizzas à la pâte fine, maison, avec aux côtés de la Périgourdine (magret de canard, figues rôties au miel, foie gras), la petite dernière : la Nantaise « (sauce tomate maison, curé nantais et jambon de Vendée). Les galettes affichent aussi leurs spécialités : la Saint-Jean à base de saucisse fumée, plus légère la Bretonne aux Saint-Jacques et fondue de poireaux ou la Savoyarde. Le dessert phare, la pizza Tatin aux pommes cuites à la cannelle, est talonné par la crêpe Spéculoos et l'After Eight. Avec la crêpe Kinder, les enfants ne sont pas oubliés, d'ailleurs leurs dessins sont affichés sur le bar.

LE COLISEUM
6, avenue de la Forêt
✆ 02 51 59 31 07
www.lecoliseum.com

Ouvert de fin janvier à mi-novembre. Ouvert tous les jours. Menus de 15,90 € à 29,90 €. Menu enfant : 8,50 €. Formule : 12,90 €. Terrasse. Vente à emporter.

Cette pizzeria, véritable institution montoise depuis vingt-cinq ans, a été créée par Bruno Vitali et son épouse Nathalie. Devant l'entrée se déploie une immense terrasse couverte, au mobilier contemporain. La salle, divisée en plusieurs espaces dont une estrade, arbore une déco sobre et claire et est dotée de grands écrans. Toute à sa vocation première de pizzeria, eu égard aux origines italiennes de Bruno, la carte en propose pas moins de 35 ! ! Des classiques aux spéciales comme la Challandaise avec magret de canard, l'Atlantique à base de pétoncles, de saumon et de crevettes, ou encore des créations comme la Pesto. L'autre originalité de la carte : les grandes assiettes, comme la Gourmande (foie gras, saumon, magret) ou pour ceux qui n'ont pas le mot régime à la bouche, la Périgourdine (foie gras, confit de canard et pommes de terre). Les dames lui préféreront l'Italienne, à base de brochette tomate-mozzarella, de verrines et d'une tartelette tiède aux légumes. Et s'il vous reste une place pour le dessert, alors forcément, essayez le tiramisu !

CRÊPERIE L'ESTACADE
36, esplanade de la Mer
Cale n°2
✆ 02 51 58 10 05
lestacade85@orange.fr

Ouvert toute l'année. Basse saison : du mardi au dimanche. Haute saison : tous les jours. Menu enfant : 7,90 € (avec une surprise). Formule du midi : 9,90 € (ou 12,90 €, servie en semaine uniquement). Terrasse. Service bar, glaces, crêpes, galettes toute la journée. Point à emporter : glaces, sandwichs, snack.

Cette crêperie située face à la mer, à deux pas de l'estacade, est une adresse qu'on recommande à plus d'un titre : qualité des galettes et crêpes et accueil très chaleureux. Pascal n'a pas son pareil pour accueillir la clientèle ! Très souriant, il bavarde avec chacun, glissant toujours un mot d'humour. La salle, petite, est doublée d'une véranda pour profiter de la vue mer, et il y a 2 terrasses, dont l'une s'étire devant le point snack-glaces. Corinne, sa femme, fabrique les galettes à la minute, sous vos yeux, à partir de la farine bio du Moulin de Rairé, à Sallertaine. Et la qualité est au rendez-vous ! Traditionnelles ou gourmandes, elles sont toutes excellentes. La grande nouveauté ce sont les pizz'alettes : les mêmes ingrédients que sur une pizza, et à accompagner d'huile piquante, inventives et savoureuses, essayez l'Italopizz' par exemple. Des salades, mais aussi des moules, des viandes ou l'andouillette 5A permettent l'alternative. Pour la petite douceur, craquez pour la Tatin Plus (pommes et caramel beurre salé maison), ou alors une galette sucrée. Une surprise attend les enfants avec leur menu. Autre atout, durant les vacances scolaires, service non-stop toute la journée et 7 jours sur 7.

HISSEZ O

2, esplanade de la Mer
✆ 02 51 58 54 45

Ouvert des vacances de février au 11 novembre. Basse saison : ouvert du mercredi au dimanche le midi ; du mercredi au samedi le soir. Haute saison : tous les jours le midi et le soir. Menu unique à 29 €. Formule du midi : 13,50 € (en semaine, en basse saison). Formule Tartine : 19 €. Terrasse.

Une terrasse est posée devant la jolie salle qui compte peu de couverts. Le cadre, joli, est sobre et contemporain, la cuisine, créative, utilise les produits frais et les fabrications maison. A la tête de ce restaurant les frères Pegué, issus d'une famille de restaurateurs. La carte change en fonction des produits de saison, ainsi en octobre, ils travaillent la Saint-Jacques. Mais les spécialités ce sont les tartines et les cocottes, auxquelles viennent s'adjoindre des suggestions du jour sur ardoise. Les tartines sont servies avec une salade et se déclinent ainsi : les gratinées comme la Vendiflette à base de mogette et jambon de Vendée, les fraîcheurs comme la BCBG ou les spéciales avec l'Estivale (ratatouille, sardines, pesto, roquette). Les Cocottes maintenant. Nous n'avons pas été déçus par les joues de lotte au lait de coco, citronnelle et gingembre, ni du très bon dessert baptisé «tartines sucrées» : une tranche de brioche vendéenne façon pain perdu ou celle aux pommes caramélisées. Quant au menu, il proposait par exemple une terrine de foie gras et un filet mignon de porc au chorizo. Une bonne découverte.

HOTEL-RESTAURANT LE ROBINSON

28, boulevard Leclerc
✆ 02 51 59 20 20
www.hotel-lerobinson.com
infos@hotel-lerobinson.com

Maître Restaurateur. Ouvert toute l'année. Hôtel-restaurant. Formule du midi en semaine : 15,30 € (plat, plus entrée ou dessert), et 18,30 € (de l'entrée au dessert). Autres menus : 22,50 € ou 26,50 €, 32 €. Enfant : 9,50 €. Terrasse.

Hôtel de référence sur la station depuis plus de cinq décennies, Le Robinson est également une valeur sûre de la gastronomie montoise. Vous y dégusterez une cuisine traditionnelle actualisée qui prend de jolis accents régionaux puisqu'en plus d'être labellisée Logis, cette table répond également au label «cuisine montoise», mettant en avant des saveurs «mer et marais», à l'image des sardines et poireau fumé, mijoté de cocos de Vendée, tomates et salicornes, gralaie frotté à l'ail. D'année en année, l'établissement a été entièrement refait, et c'est dans une jolie salle relookée il y a 3 ans que vous déjeunerez. Un cadre chic et décontracté à la fois, sobre avec une douce pointe d'originalité : teintes claires, parquet blond, cheminée, de beaux fauteuils confortables alternant avec des banquettes, des luminaires modernes et de jolis tissus se mariant parfaitement avec l'ensemble. Aux beaux jours, vous pourrez vous installer sur la terrasse. La cuisine, de qualité, est toujours aussi maîtrisée et régulière, et au rapport qualité/prix reconnu. Spécialités de poissons comme la sole, la Saint-Jacques, également du foie gras et du magret de canard. Une belle adresse en tous points et un service de qualité.

LA LANGOUST'IN

7, avenue de la Forêt
✆ 02 51 26 51 26

Maître Restaurateur. Fermé du 30 novembre au 15 janvier. Basse saison : ouvert du mardi au dimanche. Haute saison : tous les jours. Menus de 21,90 € à 43 €. Formule du midi : 16,90 €. Accueil des groupes. Terrasse.

C'est LE restaurant de poissons et fruits de mer de la station ! Située dans l'avenue de la Forêt, cette bonne table se démarque puisque sa carte est essentiellement tournée vers la mer. Les fruits de mer y sont à l'honneur, pour preuve le vivier à crustacés où évoluent homards bleus et langoustes. Des plateaux de fruits de mer (à partir de 25 €) sont suggérés dans «le coin de l'écailler», ou à composer soi-même. Yohann a repris cet établissement début 2015 et s'inscrit dans la continuité et la régularité d'une cuisine de qualité avec l'obtention du titre de Maître Restaurateur fin 2015. Une cuisine également labellisée «cuisine montoise», qui valorise les produits locaux. A la carte des poissons : un excellent filet de bar de ligne, une sole meunière, une blanquette de lotte à la vanille... L'autre plat phare, très plébiscité par la clientèle, c'est la choucroute de la mer. L'arrivage de poissons frais est un gage de fraîcheur. Les assiettes sont généreuses. Un mot sur la belle carte de vins d'une cinquantaine de références, à partir de 15 €. Autre bon point : le menu enfant qui propose du poisson. Une valeur sûre.

■ **LA PAILLOTE**
67, avenue des Demoiselles
✆ 02 28 11 63 30
Ouvert tous les jours du 1er avril au 1er novembre. Ouvert tous les jours. Formule à 10 € : apéritif, moules-frites, digestif. Terrasse. Pizzas à emporter.
Faire une halte à La Paillote, c'est déjà les vacances. Elle a de nombreux atouts, dont son cadre dépaysant unique : une paillote en bois avec une vaste terrasse ombragée, posée dans la forêt domaniale, à deux pas de la plage. Adresse multi-facettes, elle est connue pour son rapport qualité/prix eu égard aux portions généreuses. Dans les deux salles à la déco exotique ou en terrasse, vous apprécierez la convivialité du lieu. Stéphane, ancien boucher, propose des spécialités de rôtisserie : os à moelle, cochon de lait rôti, andouillette géante, ou le plat du rôtisseur (poulet, bœuf, agneau et purée maison). A l'honneur aussi, le bœuf : entrecôte, tartare coupé au couteau, côte de bœuf de 1,2 kg, onglet... Les amateurs de poissons ne seront pas en reste avec au choix : tartare de saumon, gravlax grillé, sole meunière, marmite de poissons et crustacés ou le délicieux risotto aux gambas ; et toujours la formule moules-frites (maison) avec boissons à 10 €. La carte joue aussi la variété avec un choix de pizzas (aussi à emporter), salades de saison ou pourquoi pas un camembert rôti. Et en dessert : tiramisu, tarte du jour ou la mousse choco de mamie Huguette ? Offrez-vous une parenthèse ici.

■ **LE PETIT SAINT-JEAN**
128, rue de Notre-Dame-de-Monts
✆ 02 51 59 78 50
ffarret@yahoo.fr
Ouvert toute l'année. Du mardi au samedi et les jours fériés le midi et le soir ; le dimanche midi. Réservation recommandée. Menus de 25 € à 48 €. Formule du midi : 15 € (et 19,90).
Frédéric et Laure Farret tiennent cet établissement situé à la sortie de Saint-Jean-de-Monts en direction de Notre-Dame-de-Monts. Cadre agréable relooké au

© A. LAMOUREUX – VENDÉE EXPANSION

Estacade de Saint-Jean de Monts.

goût du jour et cuisine gastronomique et inventive. Une cuisine qui puise dans la tradition, qui revisite les plats en y ajoutant une pointe de modernité. Une attention est donnée aux saveurs, pour en conserver toute leur authenticité, avec une certaine modernité, pour un résultat toujours de qualité égale et des clients heureux à la sortie, valant à cette table une reconnaissance pour son rapport qualité-prix par le célèbre guide rouge depuis 4 ans. Et pour compléter le portrait de cette très bonne table, l'accueil de Madame est charmant, le service attentionné et toujours de bon conseil.

■ PIGNON SUR MER
35, esplanade de la Mer
✆ 02 51 58 01 58

Bar-crêperie-glacier. Basse saison : ouvert du dimanche au mardi, le jeudi et le vendredi le midi. Haute saison : tous les jours le midi et le soir. Formule du midi : 10 €. Terrasse.

Ouvert en mars 2014, cet établissement avance sa grande terrasse ouverte sur l'esplanade (qui peut se couvrir par mauvais temps), offrant une large perspective sur la mer. Autre alternative s'il n'y a plus de place en terrasse : la petite salle qui s'étire autour d'un long comptoir. Située à quelques mètres du casino, l'adresse à la fois bar-glacier et crêperie propose une cuisine simple qui s'articule autour d'une carte courte, de type brasserie avec quelques salades composées, des viandes qui s'accompagneront par exemple de frites maison, sans oublier un plat typique, le Jambon de Vendée grillé (artisanal) accompagné de mogettes, et aussi des pâtes. Le chef, cuisinier depuis 30 ans, propose également un plat du jour. Hors saison, le Pignon sur Mer est fermé tous les soirs. A cette période, il est en revanche possible de réserver pour les groupes qui souhaiteraient organiser des repas.

■ LE QUAI DES DUNES
1, avenue de l'Estacade
✆ 02 51 58 20 69
www.quaidesdunes.fr
contact@quaidesdunes.fr
♿

Maître Restaurateur. Fermé 5 semaines entre janvier et février. Basse saison : ouvert du jeudi au lundi. Ouvert tous les jours durant les vacances scolaires et de juin à septembre. Menus de 28 € à 46 €. Formule du midi : 15 € (en 2 plats ou 21€ de l'entrée au dessert ; servie du lundi au samedi). Terrasse. Wifi gratuit.

Ce restaurant situé derrière la base nautique ouvert en juin 2013 fait partie des bonnes adresses de la station. Déco chic, tendance et cuisine actuelle font partie des ingrédients qui caractérisent cette table discrète. Devant le bâtiment, une grande terrasse ombragée par de grandes voiles de bateau prend ses aises, à l'entrée, un salon, au centre un bar autour duquel s'étend la salle à la déco très sympa, et une mezzanine à l'étage depuis laquelle on aperçoit la mer. Avec son chef, Dominique propose une cuisine du marché réussie, qui privilégie les produits frais de saison et les producteurs locaux. Le midi, une formule à l'ardoise, dont les suggestions changent chaque jour, permettant au chef et aux clients de ne jamais s'ennuyer dans une carte trop statique, dont voici quelques illustrations un jour d'été : tartine gourmande ricotta et magret fumé, cabillaud en croûte de sarrasin, crème de lard, poêlée de grenailles et chou romanesco. Et pour la note sucrée : un petit kouign amman croquant et son espuma de caramel ou la légèreté d'une verrine de fruits rouges et rhubarbe à la vanille. Avec en prime une jolie mise en scène des assiettes. Une table qui mérite votre visite.

■ LA QUICH'NOTTE
200, route de Notre-Dame-de-Monts
✆ 02 51 58 62 64
www.restaurant-laquichnotte.fr
laquichnotte@orange.fr

Ouvert toute l'année. Basse saison : du jeudi au lundi. Haute saison : tous les jours. Menus : 25,90 € et 36,90 €. Menu enfant (jusqu'à 12 ans) : 8 €, et menu «jeune gastronome» à 16 € pour les moins de 16 ans. Terrasse.

L'un des cadres les plus authentiques du département ! Cette bourrine de 1903 sert de cadre à la table de Kathleen et David. Les bourrines sont ces petites maisons basses au toit de chaume et murs blanchis à la chaux. Depuis 6 ans ils s'évertuent à mettre en lumière ce bel endroit, témoin d'une époque pas si lointaine. Par sa cuisine, fine et traditionnelle, le chef nous fait découvrir les saveurs du terroir, riche de ses producteurs locaux, dont les produits pleins de saveur, raviront vos papilles, à l'image des spécialités qui font la réputation de la Quich'notte depuis plus de 40 ans : les cuisses de grenouilles (les meilleures de Vendée selon nous) et les anguilles. La carte d'hiver mettait également en lumière foie gras poêlé façon pot-au-feu à suivre d'un cannelloni au confit de canard. Côté dessert, découvrez un dessert typique, les caillebotes avec la crème de Kamok, ou si vous êtes plus gourmand, la tarte au citron revisitée. Des produits frais, une cuisine maison, faite par des passionnés, beaucoup de sérieux, de régularité, le tout avec un accueil charmant, voilà pourquoi la Quich'notte plaît.

LA SUITE **NOUVEAU**
26-28, rue Auguste-Lepère
✆ 02 51 58 01 25
Ouvert toute l'année. Du mardi au dimanche. Menus de 28 € à 38 €. Menu enfant : 12 €. Formule du midi : 17 € (menu du marché servi du lundi au samedi). Terrasse.
C'est le tout-dernier né des restaurants montois et, du cadre à la cuisine, pas de fausse note. Quelques mois après son ouverture, il figure déjà dans les agendas des gourmets parmi les meilleures tables du coin. L'extérieur attire l'oeil, le cadre convainc définitivement de pousser la porte. Décoration classe et stylée, originale, tout en gardant une certaine sobriété, jolis luminaires, tables espacées, tout donne envie de prendre son temps et de profiter de la cuisine du chef, qui a travaillé dans plusieurs bonnes maisons avant de venir rejoindre l'équipe constituée autour de François et Julie, accompagnée de David en salle. La cuisine est raffinée, la carte courte, les assiettes soignées et les produits frais de saison travaillés par le chef y sont joliment mis en scène et généreusement servis. Le jour de notre passage, au menu du marché : oeufs meurettes au foie gras, filet de cabillaud et un dessert de saison autour de la fraise. La carte fait la part belle aux poissons frais, on y propose aussi le demi-homard grillé, mais le chef met également en lumière les volailles, dont le canard, et dernièrement un burger à base d'Angus (la Rolls du boeuf) a fait son entrée. Une belle Suite à partager.

TWIST DINER CAFÉ
73, avenue de la Mer
✆ 02 51 58 01 20
Ouvert d'avril à fin septembre. Ouvert tous les jours. Ouvert toute la journée en saison. Terrasse. Vente à emporter.
Si vous aimez l'Amérique des années 1950, vous serez sensible à la déco de ce bar-restaurant de spécialités américaines et pizzas situé au bout de l'avenue de la Mer (la rue piétonne commerçante). Avec ses banquettes en moleskine, son carrelage à damier noir et blanc, ses néons et ses couleurs flashy, son Wurlitzer, tout y est. Après avoir inauguré un premier restaurant sous cette thématique à Challans, Bruno, accompagné de sa fille Barbara et de Brice, a ouvert cette seconde adresse, à la déco axée sur le sport : football et baseball, avec des retransmissions sportives. La carte balaie toute la culture américaine : burgers (du simple au triple steak, et pour les gourmands le King Kong composé de 5 steaks !), sandwichs type bagel (petit pain rond garni de saumon, thon ou poulet) ou wrap (présenté roulé dans une tortilla) jusqu'aux spécialités tex-mex type fajitas, chili, en passant par les BBQ ribs, les tapas, les salades, sans oublier des viandes dont l'entrecôte ou le tartare de bœuf à l'italienne. Autre alternative, l'une des bonnes pizzas. Terminez par l'un des desserts of America : le cheese-cake. Et ne manquez pas les nombreux concerts de rockabilly (dates sur la page Facebook).

- **Autre adresse :** Twist Diner Café – 126, rue Carnot – 85300 Challans

Le gîte

BEST WESTERN SPA ATLANTIC THALASSO HOTEL***
16, avenue des Pays-de-Monts
✆ 02 51 59 15 15
www.atlantic-thalasso-hotel.com
contact@atlantic-thalasso-hotel.com
Ouvert toute l'année. Hôtel, résidence hôtelière, restaurant, bar. 47 chambres. Petit déjeuner : 14 €. Chambres Confort de 79 € à 159 €, chambres Privilèges (1 à 3 personnes) de 94 € à 178 €, Suites à partir de 149 €. Wifi. Restaurant Le Sloï (ouvert 7/7). Menus à partir de 17€ le midi en semaine. Hammam, bain bouillonnant, sauna.
Face au golf (18-trous), à 300 m de l'océan, et relié directement par un accès couvert, au centre de Thalasso, cet établissement possède beaucoup de charme, tant dans ses infrastructures que son environnement. Les 44 chambres, spacieuses, possèdent toutes un balcon avec vue sur le golf, le village résidentiel, la pinède ou le centre de Thalasso. Trois suites ont été créées, chacune ayant un bain bouillonnant privatif avec vue sur les pins et la mer. Sachez que vous bénéficiez aussi d'un accès à l'espace Aqua Détente de la Thalasso (piscine d'eau de mer chauffée à 32 °C, sauna, hammam, salle de fitness, bain bouillonnant etc.), entièrement rénové en 2014. Egalement reliée à la Thalasso, la résidence Atlantic Golf (3-étoiles), propose des appartements

confortables (duplex climatisés). Attardez-vous au bar, avant de rejoindre le restaurant ou son agréable terrasse. Il propose une cuisine raffinée, au travers de menus aux saveurs audacieuses pour le déjeuner et le dîner avec la possibilité de repas diététiques. Chaque jeudi soir, Emmanuelle, la diététicienne de la Thalasso, vous convie à sa table diététique. Chaque vendredi soir, le chef vous invite à son buffet de la mer à volonté.

HÔTEL BABORD ET TRIBORD**

32, rue Neuve
✆ 02 51 58 01 12
infos@hotel-babordettribord.com

Fermé du 22 décembre au 10 février. 29 chambres. Chambre double de 55 € à 80 € ; chambre triple de 65 € à 85 €. Petit déjeuner : 8,50 € (enfants moins de 10 ans : 6 €). Animaux acceptés (petit animal, sur demande : 9 €). Wifi.
Juste à côté du bar à vin bien connu Chai Carlina, ce discret hôtel 2-étoiles vous invite à monter à bord. Après avoir changé de mains plusieurs fois, il a été repris il y a plus de trois ans par le propriétaire actuel, qui rénove d'année en année cet établissement de 29 chambres. L'accueil y est très courtois et l'atmosphère cosy, à commencer par le salon-bibliothèque à l'entrée. Les voyageurs ou commerciaux qui, l'hiver, sont nombreux à fréquenter l'hôtel, apprécient sa situation, proche des commerces et restaurants, et à seulement 200 m du remblai et la plage. Certes, l'été, l'hôtel étant proche d'une rue piétonne fourmillante d'activité, le quartier est animé, mais l'hiver il redevient très paisible. Les chambres rénovées affichent une déco au goût du jour dans des teintes claires, avec une prédominance de bois. Elles sont équipées de télévision et d'une connexion wi-fi gratuite dans tout l'hôtel. Le service supplémentaire : location de vélos en saison.

HOTEL-RESTAURANT LE ROBINSON***

28, boulevard Leclerc
✆ 02 51 59 20 20
www.hotel-lerobinson.com
infos@hotel-lerobinson.com

Qualité Tourisme. Logis (3 cheminées). Ouvert toute l'année. 58 chambres. Chambre double de 61 € à 112 €. Demi-pension. Petit déjeuner buffet : 9,50 €. Réduction enfant à partir de la 3e personne dans la même chambre. Garage fermé 7 €/jour par voiture. Wifi gratuit. Restaurant (Maître Restaurateur, 3 cocottes aux Logis, Tables et auberges de France). Formule du midi en semaine : 15,30 € (plat + entrée ou dessert) et 18,30 € (de l'entrée au dessert). Autres menus : 22,50 €, 26,50 €, 32 €. Enfant : 9,50 €.
Situé entre la forêt, le centre et à 900 m de la plage, Le Robinson est avant tout une affaire familiale. Ouvert en 1947 en tant que dancing il a été transformé en hôtel dans les années 50. Il est toujours resté aux mains de la famille Besseau et fait figure d'institution. Un établissement qui a vu défiler des générations entières de vacanciers. Chaque année des rénovations sont entreprises, l'an dernier c'est le restaurant qui a été entièrement relooké : un bel ensemble à la fois chic et cosy. Les 58 chambres sont réparties sur quatre ailes, et selon plusieurs catégories de confort. De standing, elles arborent une décoration actuelle. Elles sont climatisées, équipées de bains ou douche, d'écrans plats avec TNT, les chaînes de Canal+, Eurosport, BeIn Sport. Certaines possèdent terrasse ou balcon. Au restaurant, avec sa toute nouvelle déco très réussie, ou sur la terrasse protégée, la cuisine de qualité reconnue offre un panel de produits régionaux ainsi que des produits de la mer. Le super atout du Robinson outre son sérieux et sa régularité tant dans sa cuisine que sur les prestations hôtelières : sa piscine couverte et chauffée avec bain bouillonnant. Une adresse incontournable !

RÉSIDENCE LE VICTORIA

162, avenue Valentin
✆ 02 28 11 66 11
www.le-victoria.fr
contact@le-victoria.fr

Fermé du 20 septembre au 12 mai. Possibilité de louer à la nuitée (2 nuits minimum). Studio 2/4 personnes : de 370 € à 795 €/semaine selon la saison. T3 de 4/6 personnes : de 498 € à 1 198 €/semaine. T4 de 6/8 personnes : de 638 € à 1 490 €. Draps et linge de toilette fournis. Prestations hôtelières à la carte. Séminaires. Réceptions et mariages. Animations (haute saison).

Résidence-club de standing, le Victoria est un village vacances piétonnier séparé de la mer par la forêt. Dans un parc boisé de 3,6 hectares, le bâtiment principal a fière allure avec son look semblable aux belles demeures de la Nouvelle Orléans et sa réception riche en boiseries. A louer 55 maisons mitoyennes, de construction traditionnelle, de plain-pied ou avec étage, du studio au 4 pièces, avec terrasse couverte ou pergola. Les studios sont mitoyens dans un bâtiment de plain-pied avec terrasses séparées. Les T3 et T4 sont regroupés par trois et offrent terrasses et jardins privatifs. Bien équipés, ils disposent tous d'un coin cuisine, de transats et d'un parasol, d'un barbecue électrique, d'un téléphone direct, du wi-fi et d'un coffre-fort. Pour vos loisirs, des équipements de standing : piscine et pataugeoire chauffées, 2 courts de tennis (accès libre), terrain multisports, ping-pong, volley-ball, aire de jeux pour les enfants et location de vélos. Pour votre divertissement, un bar avec billard et des animations. Locations à la semaine, au week-end (minimum de deux nuits) suivant les périodes avec prestations hôtelières. En haute saison, arrivées et départs le mercredi ou le samedi !

Campings

CAMPING ACAPULCO SUN MARINA*****

Avenue des Epines
✆ 02 51 59 20 64
www.sunmarina.com
info@sunmarina.com

Fermé du 15 septembre à avril. Terrain de 8 ha. 405 emplacements. Exposition : mi-ombragé. Emplacement de 18 € à 60 €. Mobil-homes jusqu´à 6 personnes de 290 € à 1 060 € la semaine. Gamme Prestige : de 500 € à 1 510 € la semaine, selon le type de mobil-home et la période. Club enfants. Jeux pour enfants. Wifi. Restauration. Animations.

Outre sa situation privilégiée à 700 m d'une belle plage de sable fin, le point fort du camping Acapulco est son espace aquatique exceptionnel : 3 bassins, 5 toboggans, une pataugeoire ludique pour les petits, un bassin balnéo de 220 m dans un décor mexicain pour une pause de détente et de bien-être autour de la pyramide maya, avec ses 6 banquettes de massage, ses sièges balnéo, ses geysers, ses cloches d'eau, sa rivière de marche et un spectaculaire jet de 4,5 m de haut... Waouh ! Entre l'espace aquatique, la nouvelle aire de basket-ball et le club enfants gratuit, ados et plus jeunes seront comblés, pendant que vous vous prélasserez sur la terrasse ensoleillée du bar. En 2015, la réception et les blocs sanitaires ont été refaits. En 2016, une nouvelle gamme Prestige et VIP est proposée. En prenant l'option télé, réception d'un large panel d'informations (programmes d'animation, météo, horaires des marées, carte du restaurant, messages personnalisés, excursions au départ du camping, bouquet de 50 chaînes TV). Avec ses deux autres campings (Les Genêts à Saint-Jean-de-Monts et Le Château à Saint-Hilaire-de-Riez), tous 5-étoiles, la chaîne Sun Marina est véritablement dédiée aux familles.

CAMPING COTE PLAGE*** NOUVEAU

chemin de la Parée du Jonc
✆ 02 51 58 86 58
www.campingcoteplage.com
infos@campingcoteplage.com

Ouvert d'avril à fin septembre. Terrain de 3,5 ha. 242 emplacements. Exposition : mi-ombragé. Relief : vallonné. Emplacement de 16 € à 32,90 €. Mobil-homes de 190 € à 825 € la semaine ; chalets de 280 € à 885 €. Club enfants. Jeux pour enfants. Wifi. Restauration (brasserie et plats à emporter à proximité). Espace bibliothèque. Borne d'accès Internet. Animations. Terrain de volley ball.

Changement de propriétaires et de nom pour ce camping situé au cœur de la forêt de Saint-Jean-de-Monts et à 200 m de la plage avec accès direct à celle-ci. On aime beaucoup ce camping : un 3-étoiles avec la qualité et les services d'un 4-étoiles ! Pour planter votre tente à l'ombre des pins, une centaine d'emplacements nus, ou bien louez un chalet ou un mobil-home, de différentes catégories de confort. Dans une ambiance familiale et conviviale, Côté Plage propose de nombreux loisirs : espace aquatique avec piscine chauffée (de mi-mai à mi-septembre), toboggan aquatique, pataugeoire, espace fitness, animations sportives, 2 terrains de pétanque, jeux pour les enfants ainsi que la création en 2016 d'un club qui leur est réservé, terrain de volley, salle télé, animations pour tous âges, bibliothèque, soirées à thème l'été. A l'entrée du camping, une épicerie et un restaurant de grande capacité. Louez des vélos sur place et empruntez l'une des nombreuses pistes cyclables. Pour rester connecté, le wi-fi est gratuit au bar de la piscine (ouvert tous les soirs en saison). Accueil charmant. Un cadre arboré et préservé à quelques pas de la plage, entre dunes et pins maritimes.

Retrouvez le sommaire en début de guide

■ **CAMPING LA YOLE******
13, Chemin des Bosses – Orouët
✆ 02 51 58 67 17
www.vendee-camping.eu

Ouvert du 02 avril au 24 septembre 2016. 369 emplacements (dont 170 emplacements nus). Exposition : mi-ombragé. Emplacement de 17,90 € à 38,50 €. Mobil-homes de 275 € à 1 250 € la semaine. Club enfants. Jeux pour enfants. Wifi payant. Restauration. Bain bouillonnant.
A 6 km au sud de St-Jean-de Monts – direction St-Gilles-Croix-de-Vie – dans un parc boisé de 6 ha et à 1,8 km de la plage la plus proche, ce camping offre d'excellentes prestations, les clients l'ayant même élu «Top Camping» sur 500 campings audités. Vous êtes donc dans un très bon établissement. Situé au calme, ce camping familial est spécialisé dans l'accueil des enfants auxquels il propose un club pour les 5-12 ans avec de multiples animations en juillet et août du lundi au vendredi, et un terrain de jeux. Et bien sûr des animations pour tous en soirée. Côté loisirs, espace aquatique de 600 m² avec piscine extérieure, fontaine à massages, pataugeoire, toboggan, piscine couverte avec pataugeoire et Jacuzzi ; salle fitness, tennis, terrain de boules et d'autres activités comme les cours d'aquagym et tournois sportifs. Côté services, un bar restaurant, une supérette... Pour rester connecter, le camping est équipé d'une zone wifi (payant) près des piscines. Entre la belle structure proche de nombreuses pistes cyclables et des tarifs restés inchangés : ça n'est pas pour rien que La Yole a rempli tous les critères de qualité pour en faire une référence auprès de ses fidèles clients.

■ **CAMPING LES GENETS – SUN MARINA*******
55, avenue des Epines ✆ 02 51 58 93 94
www.sunmarina.com

Ouvert du 1er mai au 13 septembre 2015. Terrain de 7,5 ha. 387 emplacements. Exposition : mi-ombragé. Emplacement de 20 € à 42 €. Chalets de 280 € à 980 € la semaine ; mobil-homes de 280 € à 1 090 €. Club enfants. Jeux pour enfants. Aire pour camping-cars. Wifi payant. Restauration. Bain bouillonnant. Animations. Dans ce club situé dans une pinède de 7 hectares, tout est fait pour divertir les enfants : aire de jeux sécurisée, club enfants aux activités ludiques. Les plus grands ne seront pas en reste entre tournois sportifs, pétanque, terrain multisports (foot, badminton, volley et hand-ball), jeux, salle de ping-pong (3 tables). Un vaste complexe aquatique sur le thème du far-west avec 4 toboggans, rivière à contre-courant, bains à remous, fauteuils hydro-massants et piscine couverte avec bain bouillonnant. Les sportifs apprécieront le jogging matinal au départ du camping, les sorties VTT, les cours d'aquagym, réveil matinal, en juillet et août. Sans oublier les animations du soir autour de repas à thème, karaoké, soirées disco, concerts, cabaret, magie... Il y en a pour tout le monde ! Des infrastructures haut de gamme (blocs sanitaires refaits en 2015) et des animations variées de grande qualité. Pas de quoi s'ennuyer ici, quel que soit son âge. Pour votre hébergement, emplacements nus pour tente ou caravane, camping-car, et des mobil-homes et chalets de différentes gammes. Deux autres campings 5-étoiles de cette chaîne : Camping Acapulco à St-Jean de Monts et Camping Le Château à St-Hilaire de Riez.

CAMPING PLEIN SUD FLOWER****
246, route de Notre-Dame-de-Monts
© 02 51 59 10 40
www.campingpleinsud.com
info@campingpleinsud.com

Ouvert de mi-avril à mi-septembre. Labels : Camping Qualité, Qualité Tourisme. 110 emplacements. Exposition : mi-ombragé. Sol : herbeux. Relief : plat. Emplacement de 16,50 € à 31,50 €. Mobil-homes de 357 € à 847 € la semaine. Club enfants. Jeux pour enfants. Aire pour camping-cars. Wifi payant. Animations. Terrain multisports.

Situé à la sortie de Saint-Jean (4 km) en direction de Notre-Dame-de-Monts, à 800 m de la plage, ce camping arboré et fleuri, offre de bonnes prestations. Nicole l'a créé il y a bientôt 30 ans, et avec Christophe, ils n'ont de cesse de l'améliorer. Avec ses 110 emplacements délimités par de belles haies, il conserve un esprit familial. Côté hébergement aussi du nouveau : outre les mobil-homes, bungalows, tentes nature et emplacements GC, l'on vous propose un hébergement insolite proche de la nature, le Campétoile, une petite cabane sur pilotis pour la famille , composée d'un espace de couchage sur sommier trampoline avec rideau occultant pour admirer les étoiles, et une table de pique-nique. Côté loisirs : piscine extérieure, espace aqualudique familial, aire de jeux (structure en métal, tables de ping-pong et terrain multisports), des animations tous les 2 jours, et les clubs enfants. Un camping très bien tenu appartenant à la chaîne Flower, réputée pour ses campings nature de qualité à taille humaine. Accueil charmant.

CAMPING ZAGARELLA****
Route des Sables © 02 51 58 19 82
www.zagarella.fr
zagarella@zagarella.fr

Qualité Tourisme. Ouvert du 02 avril au 18 septembre 2016. Terrain de 5,5 ha. 280 emplacements (dont 242 mobil-homes). Exposition : mi-ombragé. Sol : sablonneux. Emplacement de 18,50 € à 35 €. Mobil-homes pour 6 personnes de 180 € à 996 € la semaine ; mobil-homes pour 4 à 5 personnes de 150 € à 847 €. Club enfants. Wifi. Bain bouillonnant. Animations.

Andy la mascotte du Camping Club Zagarella vous invite à rejoindre l'équipe pour participer aux animations pour tous, en journée et en soirée. Situé dans une pinède, entre mer et marais, à 3 km des plages et du centre-ville, ce camping vous offrira les prestations de qualité : espace aquatique chauffé équipé de 3 toboggans et d'un bassin réservé aux plus jeunes équipé de jeux d'eau, une piscine couverte et bain bouillonnant, chauffées, et la grande nouveauté 2016 : le toboggan Spacehole, pour des sensations garanties ! Si vous êtes sportif, le camping dispose aussi d'un tennis et d'une salle fitness. On compte parmi les services : un grand bar avec terrasse vue sur la piscine, un snack avec vente à emporter, un point alimentation, salle de jeux, aire de jeux et club pour les enfants, structure gonflable, terrain multisports. Pour votre hébergement, essentiellement des mobil-homes et chalets de capacité diverses mais aussi 38 emplacements nus. L'accès à la plage se fait par un sentier forestier, à pied ou à vélo. D'ailleurs de jolies balades en forêt et sur les pistes cyclables sont à faire pour rejoindre les plages de sable fin de Saint-Jean-de-Monts, le centre et les commerces.

Loisirs

BASE NAUTIQUE
Avenue de l'Estacade © 02 51 58 00 75

Ouvert toute l'année.

Pour les amateurs d'eau, de vent, de vitesse et de sensations fortes, la base nautique, située sur la plage, propose des activités nautiques comme la voile, le catamaran, le char à voile, la planche à voile, le kite-surf, le char à cerf-volant, le surf, le stand-up paddle et le wave-ski pour débutants et confirmés. Des séances en cours collectifs, des stages sur cinq jours où des cours particuliers sont organisés en toute sécurité par des moniteurs, les jeunes sont très encadrés. Location de kayak également. Après l'effort ou tout simplement pour profiter de la vue panoramique, allez boire un verre au bar de la base nautique La Terrasse, ouvert d'avril à septembre.

CLUB HIPPIQUE HAVRE DE VIE

Route de Saint-Gilles-Croix-de-Vie
✆ 02 51 58 27 30
www.clubhippique-havredevie.com
contact@clubhippique-havredevie.com

Ouvert toute l'année. Basse saison : du mardi au samedi. Haute saison : du lundi au samedi. Séance d'1 h : 22 € cheval et grand poney, 20 € poney shetland. Promenade plage 2 h : 43 €.

Ce club vous propose de l'équitation de loisirs sous forme de sorties en extérieur en forêt, sur la plage ou dans les marais, mais aussi des randonnées de 1/2 journée ou 1 journée entière par groupes de niveaux. Egalement des balades de 2 ou 3h en pleine nature. Pour vous initier à ce loisir, une formule découverte de 2h vous est proposé à cheval ou en poney pour les plus jeunes. Toujours pour les petits, la découverte du poney en promenade en main, dès l'âge de 3 ans. L'apprentissage se fait à partir de 5 ans. Et bien sûr du perfectionnement, de la préparation aux galops, du dressage.

EXPLORA PARC

rue de la Parée-Jésus ✆ 06 22 61 45 98
contact@exploraparc.com

Fermé du 3 novembre au 10 avril. Basse saison : ouvert le mercredi de 13h à 19h ; le week-end et les jours fériés de 10h à 19h. Haute saison : tous les jours de 9h à 23h. Plusieurs horaires : se renseigner. Tarif parcours accrobranche : 10 € pour les moins de 10 ans, 15 € de 10 à 15 ans et 21 € pour les plus de 15 ans. Autres tarifs, autres activités : se renseigner.

Envie de nature et d'aventure ? Explora Parc est sans doute le plus beau complexe sportif du littoral vendéen ! Situé au cœur de la forêt dunaire, ce parc de loisirs propose un large panel d'activités, à faire en famille ou entre amis. Côté aventure, testez les parcours d'accrobranche ou hissez-vous en haut d'un mur d'escalade sur glace artificielle de 10 m de hauteur. Pour les enfants, un parcours d'orientation à faire en famille, le Géocache, une chasse aux trésors du XXIe siècle où vous devez récupérer les coordonnées GPS d'une cachette. Ils se transformeront en petits aventuriers en construisant leur propre cabane dans les arbres ! A faire en famille, la balade GPS, où, sous la forme de jeux de piste à pied, vous partez à la découverte du patrimoine naturel de la station. Pour les plus sportifs, une boucle de jogging, du tir à l'arc avec des pros, et du tennis. Le tennis de la Parée Jésus, avec 5 courts quick, 2 courts en terre battue, 4 courts « tout temps » et 2 courts couverts, est l'un des plus beaux du littoral. Après tant d'efforts, vous pourrez vous relaxer dans les hamacs ou sur la terrasse du « Forest Bar ».

GOLF DE SAINT-JEAN-DE-MONTS

Avenue des Pays-de-la-Loire
✆ 02 51 58 82 73
www.golfsaintjeandemonts.fr
accueil@golfsaintjeandemonts.fr

Ouvert toute l'année. Restauration. Boutique.

Implanté en bordure de mer, il a l'avantage d'être réalisé sur un sol sableux qui absorbe immédiatement tous les excès d'humidité : il est donc praticable à n'importe quelle saison. Son parcours est également recherché pour sa technicité. Aménagé dans un superbe site naturel, entre mer et forêt, il comprend des obstacles qui forcent l'intérêt du jeu. Le tracé est varié et bien dessiné et le parcours est bien entretenu. Il est affilié à la chaîne Golfy. Le golf propose également un club-house ainsi qu'un restaurant. Un site magnifique !

MINIGOLF LE MARAIS

64, rue de Notre-Dame-de-Monts
✆ 02 51 59 28 83

Fermé d'octobre à mars. Ouvert le mercredi, le samedi, le dimanche et les jours fériés de 14h à 20h. Haute saison : du dimanche au vendredi de 11h à 23h ; le samedi de 14h à 23h. Entrée : 4 €. Enfants – 13 ans : 3 €, adultes : 4 €. Deux parcours : adultes 7 €, enfants – 13 ans : 5 €.

Situé à la sortie de Saint-Jean-de-Monts, sur la route de Notre-Dame-de-Monts, voilà une halte ludique et très sympa à faire en famille, entre amis ou à deux. Parties de franche rigolade assurées ! Sur 8 000 m^2 de terrain vous sont proposés deux parcours de 18 trous chacun, sur deux thèmes différents : l'un sur le marais (ce circuit est plus ombragé), l'autre sur Lucky Luke. Le thème du Marais a pour obstacle des sites typiques du Marais vendéen comme le Gois, les bourrines, les moulins, les grenouilles... tandis que Lucky Luke sera peut-être davantage plébiscité par les enfants. Club en mains, c'est parti ! Et là on est souvent surpris de l'habileté des plus jeunes qui nous ridiculisent sur bien des coups. On notera le prix mini, l'accueil charmant et l'excellent entretien des parcours. Mais le résultat est garanti : même si l'on n'est pas très doué, on s'amuse comme des fous ! Saluons les tarifs pratiqués pas chers du tout, à tel point qu'on pense déjà à revenir, d'autant qu'une carte de fidélité est proposée.

Location de deux-roues

BLOO BIKE

12 bis, avenue de la Forêt
✆ 06 22 60 53 21 / 02 51 58 10 33
laurent.bloobike.bala@gmail.com

Basse saison : ouvert de 10h à 19h. Haute saison : tous les jours de 9h à 0h. Ouvert de Pâques à la Toussaint. Location vélos : à partir de 3 € pour 1 heure, 10 € pour 1 jour. Rosalies (3/4 places) à partie de 10 € pour 1 heure.

Ce loueur propose la location de vélos de tous styles : hollandais, tout-terrain, tandems, rosalies ainsi que les sièges et remorques enfants. Pour les moins courageux, cette société propose aussi la location de vélos électriques (10 € pour 1h, 19 € la demi-journée et 30 € pour 1 jour). De nombreuses formules de location sont proposées. Equipements famille : casques et sièges gratuits. Idéal pour les amoureux ou les parents : le tandem. Quant aux rosalies, que vous avez certainement déjà croisées sur le remblai, c'est idéal pour les familles nombreuses puisque certaines accueillent jusqu'à 9 passagers. Assistance dépannage et atelier de réparation.

Détente, forme

■ THALASSO SAINT-JEAN-DE-MONTS

12, avenue des Pays-de-Monts
✆ 02 51 59 18 18
www.thalasso.com

Fermé en janvier.

Les dunes, les forêts de pins et l'horizon infini de Saint-Jean-de-Monts étaient sans doute prédestinés à accueillir une thalasso, tant ce cadre est propice à la détente. Ajoutez à cela la pureté de l'air et les bienfaits des boues marines uniques au monde de la baie de Bourgneuf et vous avez tous les ingrédients d'un séjour de remise en forme authentique et efficace. Profiter de la nature dans le tout nouveau bain bouillonnant extérieur, relaxez-vous dans une des plus grandes piscines de thalasso baignée de lumière (eau de mer chauffée à 32°C) et dans les bains bouillonnants, et profitez à volonté de toutes les activités proposées : parcours Actimer avec 24 jets sous-marins, hammam, sauna, nouvelle salle de fitness, solarium, tisanerie, salle de repos, ou encore les 12 vélos aquatiques... Différents soins vous sont proposés. Pour votre hébergement : vous aurez le choix entre l'Hôtel Best Western Atlantic Thalasso qui a été entièrement rénové en 2011 ou la Résidence Atlantic Golf.

Sorties

■ LE BAHIANA – RHUMERIE-DISCOTHEQUE

15, avenue de la Mer
✆ 02 51 59 74 75
www.bahiana-stjean.com

Ouvert de fin mars à fin septembre. Ouvert tous les jours. Wifi. Terrasse. Animations. Concerts.

A la fois bar et discothèque, le Bahiana s'ouvre sur un cadre exotique dépaysant, où se dispersent autour des deux beaux bars centraux de grandes banquettes rouges confortables, de bons cocktails, une super ambiance musicale et de jolies serveuses. Avec ses quelque 20 printemps, il fait figure d'incontournable. A peine à deux fuseaux horaires de la plage, cette rhumerie est une véritable invitation au voyage et à la fête sans les inconvénients du trajet et autres dommages collatéraux comme les 14 heures d'avion et les moustiques... Cocktail en main, laissez-vous pénétrer par les rythmes musicaux des excellents groupes ou DJ qui se succèdent chaque semaine en juillet et août. Et dansez jusqu'au petit matin puisque le Bahiana fait aussi discothèque. L'autre plus du Bahiana, vous le découvrirez en parcourant les ardoises avec ces nombreuses macérations étonnantes et détonantes : gingembre (attention mesdames, ça va être chaud !), fruits de la passion, coco, ananas, mais aussi ses rhums et d'excellents cocktails joliment présentés... Le Bahiana est aussi présent à Bali et à Nantes (place de la Bourse).

■ CASINO DE SAINT-JEAN-DE-MONTS

29, esplanade de la Mer
✆ 02 51 26 55 00
www.casino-stjeandemonts.com
contact@casino-stjeandemonts.com

Ouvert toute l'année. Du dimanche au jeudi de 10h à 2h ; le vendredi et le samedi de 10h à 4h. Restaurant fermé dimanche soir et lundi d'octobre à mars.

Face à la plage, le casino de Saint-Jean-de-Monts attire les amateurs de machines à sous du quart nord-ouest du département en quête d'extras, autant que les touristes en séjour dans la station qui voudraient bien s'offrir quelques jours de vacances supplémentaires, le tout dans un décor moderne et spacieux. Quel que soit votre jeux de prédilection, chacun y trouvera son compte parmi les 120 machines à sous à rouleau, vidéo rouleaux ou poker, avec des mises à partir de 0,01 €, également une table de black jack, roulette anglaise, la boule et la roulette anglaise électronique. Vous pourrez vous restaurez à la brasserie La Cale 29 ou sur sa terrasse prisée dès les premiers rayons du soleil. Une salle de spectacle réunit des soirées dansantes, dîners-spectacles, concerts. La discothèque, Le Carré, vous accueille pour des soirées jusqu'au bout de la nuit. Et retenez que vous avez la possibilité de louer une salle pour des réceptions de groupes et qui peut accueillir jusqu'à 150 personnes.

■ LE COMPTOIR SAINT-JEAN

65, esplanade de la Mer
✆ 02 28 11 19 81
contact@lecomptoirstjean.com

Ouvert toute l'année. Basse saison : du dimanche au mardi et le jeudi de 10h à 23h ; le vendredi et le samedi de 10h à 1h. Haute saison : tous les jours de 9h à 1h. Terrasse.

Contrepied à toutes les déco tendance lounge ou design, Le Comptoir joue quant à lui la carte rétro ! Ça nous plaît et ça va bien avec ce que nous propose l'adresse, à savoir se donner rendez-vous pour déguster un verre de vin ou une coupe de champagne en avant-soirée ou faire une pause thé l'après-midi, installé sur l'une des confortables banquettes de la très jolie terrasse au mobilier chiné, agrémentée de lampadaires colorés à franges. La déco, élément essentiel, marque définitivement la signature du lieu : les objets ont une âme et prennent naturellement leur place comme cette collection impressionnante de tire-bouchons anciens. On craque littéralement pour le carrelage au sol et son look années folles. Élégance et charme sont d'ailleurs assez significatifs de ce lieu qui offre de surcroît une vue panoramique sur la mer, puisqu'il se trouve à deux pas de l'office de tourisme, sur l'esplanade. L'ambiance musicale plutôt jazzy conviendra davantage aux plus de 35 ans. Derrière la salle, située à l'étage, un espace « épicerie fine », avec des produits de « chez nous » comme les produits de la biscuiterie les P'tits Cagniotes, les sardines de Saint-Gilles, le sel…

■ LE QG
7, avenue des Demoiselles
✆ 02 51 58 44 08

Ouvert d'avril à début novembre. Basse saison : ouvert tous les jours de 11h à 1h. Haute saison : tous les jours de 11h à 2h. Terrasse. Concerts.

Le QG porte bien son nom car c'est le passage obligé des jeunes noctambules et c'est aussi le bar des saisonniers qui se retrouvent ici chaque soir. Dès l'entrée dans ce bar d'ambiance, on sent la «cool attitude» qui règne ici : d'abord dans la déco, originale, inclassable, entre exotisme et ambiance surfeur avec d'un côté des murs tapissés de surfs colorés et de planches de kitesurf, des caisses de bois en guise de tables et de banquettes, posées sur un parquet aggloméré, et au-dessus du bar, une fresque colorée à l'effigie de Jimi Hendrix, qui affiche les spécialités de cocktails (à prix doux), et qui finit de poser les bases de l'esprit décontracté, insufflé par Jérémy et son équipe. Ici venez comme vous êtes : tongs et short conseillés ! Tout le monde se connaît ou fait très vite connaissance autour d'un excellent mojito, une caïpirhina ou un ti-punch, à accompagner de tapas, brushetta, planches de charcuterie, huîtres... Les amateurs de bières apprécieront la belle sélection : 25 bières belges à la bouteille et 6 à la pression. Ne manquez pas les nombreuses soirées musicales : concerts réguliers et en saison un DJ vient tous les 2 jours. Une adresse qui reflète bien l'esprit des vacances.

■ RED CARPET – BAR A VODKA & CHAMPAGNE
13, avenue de la Mer
✆ 02 51 59 24 06

Ouvert d'avril à fin septembre. Ouvert tous les jours.

Au cœur de l'avenue de la Mer, venez fouler le Red Carpet et pénétrer dans le tout-dernier bar à thème de la station balnéaire. Un concept novateur estampillé bar à vodka (et champagne), où toute la carte proposera des cocktails à base de vodka. Tout le monde connaît les ti-punch ou autres cocktails, shooters et macérations à base de rhum, et bien ici, on prend les mêmes recettes qu'on décline à la vodka et c'est super bon ! On a testé pour vous le ti-punch, c'est vraiment excellent ! Le mariage des excellents jus de fruits et de la vodka donne un cocktail doux et subtil. Bien sûr à consommer avec modération évidemment. Outre les cocktails à la vodka, vous trouverez aussi plusieurs cocktails au champagne. Un mot sur le cadre maintenant, avec une déco style industrielle, imaginée par Philippe le créateur du lieu, qui a aussi créé la rhumerie Le Bahiana, à deux numéros de là, il y a une vingtaine d'années. Et fort de ce succès, on parie aussi sur la réussite du Red Carpet, qui apporte une autre alternative dans le monde des sorties montoises.

Emplettes

BOULANGERIE LA VENDÉE GOURMANDE

9, rue Georges-Clemenceau
✆ 02 51 58 67 13
www.lavendeegourmande.fr
lavendeegourmande@wanadoo.fr

Ouvert tous les jours de 7h15 à 12h45 et de 15h15 à 19h. Livraison possible (colissimo dans toute la France).

Entièrement relookée l'an dernier, la boulangerie d'Eddy et Marie-Pierre Thibaud s'est encore vue récompensée d'un nouveau prix en 2016 avec la médaille d'or de la couronne briochée ! Prix qui vient allonger la longue liste de récompenses de cet arrière-petit-fils de meunier, petit-fils et fils de boulanger. Au palmarès : l'or pour sa gâche vendéenne et sa brioche, 1er prix pour ses tourtisseaux, sans oublier son préfou (pain beurré à l'ail) primé plusieurs fois au concours départemental, le bronze pour son gâteau minute, et le prix d'excellence de la « charte de qualité » de la Chambre de Commerce. Il est tombé dans la farine tout petit puis a fait ses classes chez les grands noms de la pâtisserie fine – comme Fauchon et Dalloyau – avant de reprendre l'affaire familiale en 1981. Un succès dû à son travail et au sérieux qu'il met dans ses produits pour ne faire que de la qualité et créer des nouveautés. Il respecte la recette traditionnelle de la brioche transmise de père en fils, et on vient même du Japon pour tenter d'en connaître les secrets. Authenticité, tradition, fabrication artisanale et le goût des bonnes choses sont le reflet de cette enseigne.

CHARCUTERIE GASTRONOMIE SÉLECTION

Marché couvert
Place Jean-Yole ✆ 06 18 91 60 75

Toute l'année aux halles couvertes de St-Jean de Monts (7/7 de 8h à 13h), Noirmoutier-enl'île (mardi, vendredi, dimanche) ; et sur les marchés de l'île de Noirmoutier : L'Epine (toute l'année) et l'Herbaudière (de mi-juin à mi-septembre).

Ici, la spécialité, c'est le Jambon de Vendée, issu de porc fermier : un jambon cru frotté à l'eau-de-vie et aux herbes, indissociable des fameuses mogettes (vendues ici aussi). Grâce à un affinage maison, il se mange également cru et accompagnera parfaitement un melon. Vous trouverez des charcuteries et produits de salaison de qualité, de quoi faire des repas et barbecues conviviaux. En bonne place des grillades estivales : andouillette, boudin, rillons, saucisses, chipolatas et merguez. En entrée ou pour accompagner les apéritifs, quelques tartines à base de la terrine du bocage, de pâtés, de rillettes de porc ou d'oie, andouille vendéenne, saucissons secs ou à l'ail, mais aussi du filet mignon de porc fumé, du magret de canard au cœur foie gras… Spécialiste du porc, vous le retrouverez sous toutes ses formes : en jambon cru, sec, à griller, en jambonneau… Également des tartes salées et salades composées. Les produits de ce bon charcutier sont présents toute l'année sur les marchés de l'île de Noirmoutier et sous les halles couvertes de Saint-Jean-de-Monts, Noirmoutier-en-l'Ile et La Pallice (La Rochelle). Nouveautés : produits italiens de fabrication artisanale, pâtes italiennes et risotto.

Dans les environs

Le Perrier

Le Perrier est « Un village à fleur d'eau ». Le bourg du Perrier est un îlot entouré de canaux, les étiers… Situé sur un ancien îlot, le bourg fut un endroit stratégique lors de la Monarchie de Juillet puisque les deux routes Nantes La Barre-de-Monts et Saint-Jean-de-Monts-Cholet, créées pour contrôler une région à tendance légitimiste, s'y croisaient. Louis de La Rochejacquelin, tué à proximité, fut provisoirement enterré devant l'église comme le rappelle une croix. Vous apprécierez d'ailleurs les vitraux de cette église. Des promenades en yole et en carriole, pendant la saison estivale, vous font découvrir la richesse de sa faune et de sa flore.

■ **DOMAINE LE JARDIN DU MARAIS******
208, route de Saint-Gilles
✆ 02 51 68 09 17
www.camping-le-jardin-du-marais.com
info@lejardindumarais.eu
Prendre l'intersection de la D59 avec le chemin du Bertreau.

La Clef Verte. Accueil vélo. Chaîne Team Holiday Partners ; label Promopêche. Terrain de 3,7 ha. 120 emplacements. Sol : herbeux. Emplacement de 15 € à 38,50 €. Mobil-homes de 259 € à 882 € la semaine. Lodge de 196 € à 581 €. Chèque Vacances. Jeux pour enfants. Wifi payant. Restauration. Location de salle pour banquets. Animations. Karts à pédales.

Situé dans le Marais breton, à quelques minutes de Saint-Jean-de-Monts et ses plages, voici un éco-camping familial, aux bonnes prestations, très bien tenu. Fabienne et Francis vous y réserveront le meilleur accueil. Affilié à Team Holiday Partners, chaîne des petits campings indépendants, avec 120 emplacements sur 3,7 ha, ce camping, traversé par un étier et son petit pont, conserve une taille humaine. Les pratiques respectueuses de l'environnement lui ont valu l'obtention du label La Clef Verte. Vous logerez dans des mobil-homes ou des chalets de nouvelle génération, sur des parcelles espacées. Pour les amoureux du camping, un village de 4 tentes lodge meublées vous attend. Il possède deux plans d'eau, et est labellisé Promopêche. Un bel espace aquatique avec piscine couverte chauffée et spa contre-nage, plus une extérieure avec 2 bassins, toboggan aquatique, pataugeoire, terrain multisports, bar, restaurant, wi-fi sur tout le terrain, et une salle fitness inaugurée en 2015 ! Pour les enfants : mini-circuit VTT, kart à pédales, aire de jeux et trampoline. Vous êtes sûr de faire plaisir à toute la famille et de passer un séjour agréable au vert.

Soullans

Soullans est une commune de plus de 4 000 habitants située dans le marais breton, à 10 km de Saint-Jean-de-Monts. Des monuments archéologiques comme le menhir de la Pierre Levée y sont visibles mais la commune est avant tout connu pour être la patrie du peintre Charles Milcendeau et de l'écrivain Jean Yole. Vous serez invité à découvrir leur mémoire au Bois-Durand, une ferme maraîchine transformée en écomusée.

■ **MUSÉE CHARLES MILCENDEAU** ★
84, chemin du Bois-Durand
✆ 02 51 35 03 84
musee-milcendeau@omdm.fr

Fermé du 21 février au 1er avril et du 6 novembre au 10 février. Basse saison : ouvert du mercredi au dimanche de 14h à 18h30. Haute saison : du lundi au vendredi de 11h à 13h et de 14h à 18h30 ; le week-end de 14h à 18h30. Gratuit jusqu'à 6 ans. Adulte : 3,50 €. Tarif réduit : 2,50 €. Chèque Vacances. Aire de pique-nique, boutique. Boutique. Interdits aux animaux.

Ce musée propose un voyage artistique entre le Marais vendéen et l'Espagne. Au cœur de l'ancienne propriété de Charles Milcendeau (1872-1919), partez sur les traces de ce peintre voyageur, élève de Gustave Moreau, à travers une exposition permanente qui lui est consacrée. Découvrez l'univers de l'artiste dans un musée totalement rénové et ouvert sur le Marais vendéen. Profitez du patio andalou, baladez-vous à l'ombre des arbres centenaires du jardin et ne manquez pas les peintures murales mozarabes, inscrites à l'inventaire supplémentaire des Monuments historiques. Du 12 juillet au 23 août, tous les mardis à 20h30, sont organisées les « Nocturnes insolites au musée déj'hanté » où l'on vous prédit d'y voir d'étranges phénomènes… Pour cette animation, le tarif est de 5 € pour les adultes et de 3 € pour les enfants.

CHALLANS ★

Les origines de Challans remontent à la Préhistoire comme en témoignent les quelques traces de cette époque comme le menhir de la Vérie – ou le menhir de la Pierre Levée et la cachette d'un fondeur de l'âge de bronze mise au jour en 1956 sur la route de Saint-Jean-de-Monts. Si Challans ne fut jamais une île au sens propre, elle était autrefois située sur le golfe de l'île de Monts. Le nom de la ville viendrait du terme « kal » qui signifie abri, village. Durant le Moyen Age, la ville est située sous le contrôle de la baronnie de Commequiers. C'est à cette période que le village commence à se développer en accueillant ses premières foires. Après le démantèlement du château de Commequiers au XVIIe siècle, Challans devient le pôle administratif de la région. La Révolution fera de Challans le chef-lieu du district. Mais la ville sera également touchée par les guerres de Vendée et de nombreux affrontements y opposeront les républicains et les royalistes. Au XIXe siècle, la ville prend son essor économique grâce au développement des voies de circulation et de la voie ferrée Nantes-Saint-Gilles. La prospérité de la ville se manifeste alors par sa nouvelle église - grandiose - en 1897 et la mairie en 1913. Cette église est d'ailleurs une curiosité assez insolite puisqu'elle présente une séparation de l'église et du clocher. En effet, au Moyen Age, une église fut bâtie sur l'actuelle place des Marronniers et un clocher tout neuf fut édifié entre 1862 et 1865. En 1893, on décide de construire une nouvelle église en face de l'ancienne. Elle fut achevée en 1897, mais, les fonds manquants, on conservera le clocher neuf de l'ancienne église solitaire. Challans est célèbre pour son aviculture dont notamment le célèbre canard de Challans qui fut servi à la Tour d'Argent. Challans a un passé sportif plutôt dynamique. En effet, durant les années soixante-dix et quatre-vingts la ville est restée pendant une dizaine d'années au plus haut niveau du championnat national de basket-ball. Enfin la ville a accueilli le Tour de France en 1999 et en a même été le départ en 2005.

Eglise de Challans.

■ OFFICE DE TOURISME

1c, rue de l'Hôtel-de-Ville
Espace Jean et Joël Martel
✆ 02 51 93 19 75
www.otsi-challans.fr
otchallans@wanadoo.fr

Basse saison : ouvert le lundi de 14h à 17h ; le mardi, le mercredi, le vendredi et le samedi de 9h à 12h30 et de 14h à 18h ; le jeudi de 10h à 12h30 et de 14h à 18h. Haute saison : du lundi au samedi de 9h30 à 12h30 et de 14h30 à 18h30.

L'office du tourisme propose des visites guidées pour découvrir le patrimoine challandais : l'ancien hôtel de ville, le théâtre Le Marais, le manoir de la Coursaudière, le lavoir du Guy…

Points d'intérêt

■ CHAPELLE DE LA COMMANDERIE DE COUDRIE

Ce sanctuaire est le seul vestige restant d'une commanderie de Templiers fondée en 1130 par Hugues de Payens, grand maître de l'ordre, grâce aux libéralités des seigneurs de La Garnache. Seule subsiste donc l'église – devenue abbaye – du XIIe siècle et remaniée au XVe siècle, le reste de la commanderie ayant été brûlé au XVe siècle par les Huguenots. L'ensemble connut un nouveau coup fatal pendant les guerres de Vendée – 1793-1794. Coudrie devint paroisse puis commune et fut rattachée à Challans par ordonnance de Charles X en 1827. Elle est aujourd'hui classée Monument historique.

■ ÉGLISE NOTRE-DAME ET SON CLOCHER

Rue Pierre-Monnier

Ouvert toute l'année.

De style néogothique, elle possède l'un des plus vieux vestiges chrétiens : une croix mérovingienne du VIe siècle et provenant du premier sanctuaire. L'édifice renferme aussi un tableau peint par Jean-Jacques Lagrenée représentant l'Assomption. Située dans le transept sud, cette œuvre classée Monument historique a été restaurée. Ne quittez pas cette église gothique sans avoir admiré le Chemin de croix, premier prix à l'Exposition universelle de Paris en 1900, œuvre due au talent de la maison Beau de Nantes, ainsi que les vitraux du chœur. A droite du chœur un orgue d'une hauteur de 13 m, réalisé par Rémy Mahler. Cette église est une curiosité assez insolite puisqu'elle présente une séparation de l'église et du clocher. En effet, un premier édifice avait été élevé au XIe siècle sur la place des Marronniers, mais risquant l'effondrement, on construisit l'actuelle église en 1893 en face de l'ancienne, après avoir entamé la reconstruction du clocher et des sacristies en 1862. Or, comme les fonds vinrent à manquer, il fut décidé de ne pas construire de clocher sur ce nouvel édifice mais de conserver l'ancien, c'est la raison pour laquelle il se trouve à 50 m de l'église.

La maison de Louis XIII

Au centre de Challans, rue Carnot, entre la Maison de la presse et la pharmacie, à deux pas du restaurant L'Auberge Louis XIII – construite en 1580 et plus vieille demeure challandaise –, se trouve un bâtiment dans lequel le roi de France aurait dormi la nuit du 14 au 15 avril 1622 avant de remporter la bataille de l'île de Ré – vers Saint-Gilles-Croix-de-Vie – contre les troupes protestantes du seigneur de Soubise.

Le couvert

■ AUBERGE LA COETIERE

Chemin de la Coëtière
11, route des Sables ✆ 02 51 93 16 45
www.aubergedelacoetiere.com
coetiere@wanadoo.fr

Ouvert toute l'année. Du mardi au samedi le midi et le soir ; le dimanche midi. Menus : 29 € et 38 €. Menu enfant : 15 €. Formule à l'ardoise : 16,50 € (plat et entrée ou dessert) et 19,50 € (entrée, plat et dessert). Accueil des groupes. Jardin. Terrasse.

Cela fait 36 ans que la famille de Freddy Bernard possède ce restaurant qui fait figure de bonne table. La route mène au cœur d'un parc arboré de 8 000 m² où trône une ancienne ferme du début du XIXe siècle. De style « longère », la salle laisse entrevoir une charpente en bois soutenue par des piliers, inspiration rustique que viennent conforter tommette, cheminée et mobilier cossu. Les tables, espacées, permettent l'intimité. Cuisine traditionnelle et authentique aux accents du terroir à l'image des escargots (lumas), des anguilles à la maraîchine ou cuisses de grenouilles. De qualité constante, elle fait la part belle au canard (normal pour la ville dont le canard est Roi) à l'image du foie gras maison et du filet de canard challandais au sang, leur recette phare, sans oublier les ris de veau braisés au porto. Les amateurs de poisson ne seront pas en reste avec le saumon fumé maison et la brochette de Saint-Jacques rôties. Dessert rafraîchissant : le fondant glacé au Get 27 et chocolat chaud. Des formules à l'ardoise (en 2 ou 3 plats) viennent compléter les menus. Belle carte des vins, avec environ 80 appellations. En été, une belle et grande terrasse vous tend les bras.

■ L'APART

38, route de Soullans ✆ 02 51 68 00 66
www.apart-restaurant-challans.fr
apart.restaurant@orange.fr

Fermé du 4 au 24 août. Ouvert du lundi au samedi le midi ; le mardi et du jeudi au samedi le soir. Menus de 29,50 € à 56 € (menu homard ; menu mets et vins à 59,50 €). Formule du midi : 13,50 € (16 € et 19 € ; menu Coup de Coeur à 29,50 €). Salon privatif. Terrasse.

Xavier et Nathalie Yvernogeau ont baptisé leur restaurant, situé à la sortie de Challans, direction Soullans, « l'Apart », avec un seul « p » car ils vous y reçoivent pour partager un moment « à part ». Le chef est membre de l'Académie Culinaire, fût sélectionné avec 8 autres chefs français aux Bocuse d'Or en 2010 et récompensé de 2 toques au Gault et Millau 2014. Complétées d'une terrasse, les 3 salles arborent une déco actuelle. La cuisine est créative, raffinée et gourmande ; la carte courte se renouvelle tous les 2 mois pour donner la parole aux produits de saison. On apprécie la palette de menus, la cuisine soignée de grande qualité, des produits pas dénaturés du tout, l'accueil et la carte des vins, classés par prix, et proposant un grand choix au verre. Une fois par trimestre, soirée Vignerons avec menu en accord mets et vins, découverte d'un vignoble et dégustation proposée par le vigneron lui-même et chaque dernier jeudi du mois, un dîner jazz en live, car les propriétaires sont de grands fans de jazz. Autre alternative avec Le Comptoir, qui propose une carte bistronomique (ardoise et découverte des vins).

■ LE GOURMANDIN

Pôle Activ'Océan
41, rue Pierre-Gilles-de-Gennes
✆ 02 51 35 39 09
legourmandin@orange.fr

Ouvert toute l'année. Le lundi et du jeudi au samedi le soir ; du jeudi au mardi le midi. Menus de 27,80 € à 34,95 € (soir et week-end). Formule du midi : 18,60 € (entrée, plat et dessert).

Pour vous rendre à cette bonne table de Challans, prenez la direction de Soullans, à côté de la rue Pauline-de-Lezardière : vous ne pourrez pas louper le bâtiment au rond-point. Laurent Masséne propose une cuisine soignée, des produits frais, la valorisation des producteurs locaux et des prix doux.

Sommelière de formation, fiez-vous à Stéphanie pour accompagner au mieux la cuisine goûteuse et inventive de Laurent : bonbon croustillant de lapin à la crème de moutarde violette, à suivre de médaillons de thazard, pak choi braisé, bouillon de légumes au soja ou un tournedos de lapin de Vendée farci au foie gras et ses légumes d'hiver. Et pour finir, un dessert qu'ils ne peuvent plus enlever de la carte dorénavant : le kouign amann ou pour ces dames que le nombre de calories de ce dessert riche effraierait : la douceur d'ananas braisé. La carte change selon l'humeur du chef, les assiettes sont bien présentées, les mets joliment interprétés et des amuse-bouches ouvrent et clôturent le repas. Mention spéciale pour le menu du marché et son rapport qualité-prix compte tenu de la finesse des suggestions. Leur maxime : faire plaisir aux clients en se faisant plaisir. Et c'est réussi !

LE LOUIS XIII
25, rue Carnot
✆ 02 51 68 13 58
Ouvert toute l'année. Du mardi au samedi le midi et le soir ; le dimanche midi. Formule du midi : 11,20 € (en semaine). Menus : 25,80 € et 31,60 €. Accueil des groupes. Terrasse. Parking privé.
Changement de décor et de cuisine pour cette belle adresse du cœur de Challans hébergée dans une bâtisse de 1580. Un cadre au charme unique, où Claudie et Laurent vous accueillent chaleureusement. Heureux les amateurs de vieilles pierres qui mangeront dans un décor aux poutres et pierres apparentes, qui a conservé tout son charme, mis en exergue par une toute nouvelle déco aux banquettes colorées et aux jolis tissus. C'est classe et chaleureux à la fois, on adore ! En hiver, installez-vous près de l'immense cheminée d'époque, l'été, ce sera en terrasse. Nouveautés aussi côté carte, avec des spécialités de potences et spécialités sur pierres chaudes, à précéder d'un foie gras au pain d'épices ou de saumon gravlax, crème moscovite. Bon point aussi pour l'excellente et copieuse tête de veau. En été, place aux moules-frites. S'il vous reste de la place pour un dessert, goûtez à la pâtisserie du chef : la tarte trappeur aux myrtilles le jour de notre passage, à moins que vous ne préfériez le bon tiramisu tandis que les chocophiles choisiront la sphère chocolat. On aimait dejà le Louis XIII avant, mais là, avec sa nouvelle déco très réussie et ses plats gourmands, on se sent comme des princes !

AU P'TIT FARFADET
53, rue Gambetta
✆ 02 51 49 02 93
Maître Restaurateur. Ouvert toute l'année. Du lundi au samedi le midi ; du mercredi au samedi le soir. Menus de 28 € à 40 €. Formule du midi : 15 € (et 18 €). Terrasse. Vente à emporter. Epicerie fine, service traiteur.
Jean-Michel et Sylvie Landemaine sont à la tête de cette bonne table de la rue Gambetta depuis 5 ans. Le cadre est très sympa : pierres apparentes, parquet, murs rouges et fauteuils club, sans oublier le plus : une adorable terrasse en teck sur cour. Le chef propose une cuisine de qualité basé sur les produits frais du marché et sollicite les producteurs locaux. Il a d'ailleurs obtenu en 2013 le label de Maître Restaurateur. D'ailleurs, à l'entrée du restaurant, une étale propose les produits fabriqués par le chef : foie gras, confit de canard, rillettes de canard... Dans une carte volontairement courte, qui change tous les 2 mois maximum, pas de risque pour les fidèles du restaurant de s'ennuyer ! Durant l'hiver, le chef proposait des plats de saison : foie gras maison, du canard de chez Couthuis, le producteur bien connu localement, du gibier, des Saint-Jacques et toujours des viandes françaises. Tout est de fabrication maison, jusqu'au pain ! À la carte des vins, essayez un vin de la Sarthe, un Jasnières : une belle découverte. Notez qu'un service traiteur est également proposé.

LA ROMAZIÈRE
10, rue des Artisans
✆ 09 82 57 40 60
laromaziere85@gmail.com
Ouvert toute l'année. Du lundi au vendredi le midi ; du lundi au samedi le soir. Plat du jour : 9,50 € (11,50 € en 2 plats et 13,50 € pour entrée, plat et dessert). Accueil des groupes (salle de réunion). Terrasse.
Ouverte il y a un peu plus d'un an, voici une adresse qui, bien que cachée dans une zone industrielle, possède plusieurs atouts, à commencer par son cadre au look industriel : grands volumes, poutres métalliques, banquettes noires, murs de briques, tonneaux, mange-

debout, une chouette terrasse et la pièce maîtresse, un bar contemporrain au-dessus duquel de grandes ardoises annoncent la couleur, tapas salées et sucrées maison, suggestions du jour, cocktails, bières, vins du moment… Le bouche-à-oreille a rapidement fonctionné pour cette nouvelle adresse de la zone industrielle, imaginée par Jérémy et Marine. Autres bons points : la cuisine maison de qualité et les prix très doux. Pour son menu du jour ou à la sortie du boulot pour un apéro-tapas entre amis, la Romazière se déguste sans modération. Avec le « menu tapas », qui les comprend toutes, aucun risque de lassitude car elles changent souvent, avec parmi les incontournables : accras de morue, beignets de calamar, brochettes de poulet laqué au miel ou gambas/ananas et, pour le côté sucré, on évite le choix cornélien entre le macarons poire-chocolat, le tiramisu ou l'omelette norvégienne.

■ TWIST DINER CAFE

126, rue Carnot

✆ 02 51 35 80 46

Ouvert toute l'année. Tous les jours. Menu enfant : 7,90 €. Formule : 9,90 €. Carte de fidélité. Vente à emporter.

Vous voulez retrouver l'ambiance d'un «diner» américain, avec ses banquettes en moleskine, son carrelage à damier noir et blanc, ses néons et ses couleurs flashy, et bien sûr des spécialités US : c'est ici. Déco minutieuse pour une thématique poussée jusqu'au bout, depuis la *pin-up* jusqu'au Wurlitzer. La carte balaie toute la culture américaine, depuis les burgers, les sandwiches type *bagel* (petit pain rond garni de saumon, thon ou poulet) ou *wrap* (présenté roulé dans une tortilla) jusqu'aux spécialités tex-mex type *fajitas*, chili, en passant par les BBQ ribs, taco salades et le fish & chips. Grand choix de burgers, proposés en simple steak, double ou triple. The Elvis, le burger classique, y côtoie The John Wayne au roquefort, tandis que les plus groumands s'attaqueront à King Kong, composé de 5 steaks de 100 g. Alors cap ou pas cap ? Autre alternative, les pizzas, suggérées avec base tomate ou crème, dont la Al Capone. Et pour clore cette balade américaine par un dessert : le rockslide brownie, un brownie au caramel crémeux. Et ne manquez pas les nombreux concerts de rockabilly (dates sur la page Facebook).

Autre adresse : 73, avenue de la Mer – 85160 Saint-Jean-de-Monts

■ LE VERS DE VIN

1, bis rue Gallieni

✆ 02 51 35 25 54

levers.devin@yahoo.fr

Ouvert toute l'année. Le lundi, le mardi et du jeudi au samedi le soir ; du lundi au samedi le midi. Réservation impérative. Carte : 30 € environ. Formule du midi : 14,50 €. Boutique.

Poèmes et dictons ornent les murs du Vers de Vin (et non verre !) car ici on mêle la poésie aux mets. Sophie et Lilian tiennent cette excellente petite table, à tel point que, compte tenu de la petitesse de la salle, la réservation est indispensable. Plusieurs raisons au succès : une cuisine sincère, fraîche, goûteuse, se renouvelant sans cesse, et un rapport qualité-prix exceptionnel à l'image de la formule à seulement 14,50 €. Tout est fait maison, donnant la primeur aux produits de saison. Le soir, place à l'ardoise et ses plats signatures : foie gras poêlé aux pommes, samoussas de crabe au gingembre, millefeuille de pommes de terre à l'anguille fumée en hiver... En été : sardines de Saint-Gilles poêlées aux graines de fenouil sur tarte fine de tomates, puis fricassée de homard, linguines et coulis de homard. Et en dessert : nougat glacé au miel de Vendée ou tiramisu à l'orange. Côté vins, ils se fournissent directement chez leurs vignerons préférés. Notre seule « supplique » devant la frustration de services souvent complets compte tenu de la capacité riquiqui et du grand nombre de fans du lieu : *please*, « poussez les murs » !

Secours Catholique
Caritas France
DON en CONFIANCE
comitecharte.org
FAMILLES FRAGILISÉES, PERSONNES ISOLÉES,
TRAVAILLEURS PAUVRES, ENFANTS DEFAVORISÉS, VICTIMES DE CATASTROPHES...
DONNER C'EST DÉJÀ AGIR
KMOGRAF* - PHOTO : ELODIE PERRIOT
secours-catholique.org
BP455 - 75007 PARIS

Le gîte

CHÂTEAU DE LA VERIE***

Route de Soullans
✆ 02 51 35 33 44
info@chateau-de-la-verie.com

Restaurant ouvert du mardi soir au dimanche midi. 21 chambres. Chambre double de 75 € à 185 €. Petit déjeuner : 15 €. Gîte : de 550 € à 875 € la semaine. Animaux acceptés (petits chiens : 15 €). Wifi gratuit. Restauration (menus de 17 € -le midi en semaine sauf jours fériés- à 59 €).

Au bout d'une allée magistrale, au cœur d'un parc de 17 ha avec rivières et marais : Le château de la Vérie. Classé Monument historique, ce château du XVIe siècle fut la demeure natale de l'écrivain Pauline de Lézardière. Meubles anciens, lustres en cristal, parquet, jolis tissus, salons, chapelle… tout participe au raffinement du lieu. Les chambres (de 15 à 34 m² en catégorie Prestige), sont toutes de style différent, avec en commun l'authenticité. En face du château, dans une ancienne maison rénovée ayant conservé tout son charme d'antan, avec ses tomettes typiques, sa belle charpente en chêne, sa cuisine et son mobilier anciens, se trouve un gîte pour 4 personnes à louer. Au rez-de-chaussée du château, se trouve le restaurant richement meublé dans le style d'époque et aux belles boiseries, où l'on vous servira une cuisine gastronomique. Un lieu qui séduira les personnes en quête d'un art de vivre allié au charme du passé.

LE MANOIR DE L'ANTIQUITE***

14, rue Gallieni
✆ 02 51 68 02 84
hotelantiquite@wanadoo.fr

La Clef Verte. HOTELcert. Ouvert toute l'année. 20 chambres. Chambre double de 59 € à 150 €. Petit déjeuner buffet : 12 €. Lit supplémentaire : 15 €. Kit bébé : 10 €. Soirée Etape : 89 €. Wifi gratuit.

A deux pas de la place du Champ-de-Foire, vous serez surpris par le charme hors du commun et la quiétude de cet hôtel de caractère. Les 20 chambres, réparties dans 2 bâtiments autour de la piscine, sont personnalisées et aménagées avec un goût exquis. Certaines donnent sur le jardin et disposent d'un salon de jardin pour prendre le petit déjeuner. La 17 – La Vénitienne –, d'inspiration italienne, possède un magnifique miroir en forme de rosace et une malle. La 18 est dans un style asiatique, quant aux autres chambres, elles adoptent un style tantôt africain, tantôt fleuri ou encore vendéen. Quatre autres chambres s'inspirent du thème indien, baroque ou encore japonais, et sont équipées de douche à jets. Vous l'aurez compris, à chaque chambre son style. Seul point commun : elles sont toutes aussi superbes. Une douzaine de chambres possèdent une terrasse. Autre atout du lieu : sa belle piscine en plein cœur de Challans maintenant dotée d'un solarium terrasse en bois ou trône de magnifiques palmiers.

Chambres d'hôtes

LA MAISON DE BRIGITTE

Les Rautardières
✆ 02 51 93 20 46
✆ 06 22 60 79 04
lamaisondebrigitte@gmail.com

Ouvert toute l'année. Chambre double de 75 € à 85 €. Petit déjeuner inclus.

La Maison de Brigitte est sise au cœur d'un parc paysagé et arboré de 5 000 m² avec piscine et jardin, avec un accès direct à une pinède de 2 hectares. La jolie bâtisse aux volets bleus ciel dispose de trois chambres claires et lumineuses, très spacieuses, aménagées avec beaucoup de charme. Tout est de bon goût, des dessus de lits aux rideaux, en passant par le mobilier. Deux chambres possèdent leur propre salle de bains privative. Tout est neuf et d'une propreté exemplaire. On aime beaucoup la chambre des enfants, qui peuvent partager la salle de bains des parents. Vous prendrez le petit déjeuner au salon, aux poutres apparentes et foyer de cheminée, agrémenté d'un piano à disposition des musiciens. L'autre bonne surprise, c'est la piscine entourée d'une terrasse solarium où vous pourrez vous détendre au calme. Une belle surprise que cette charmante maison d'hôte située à une quinzaine de minutes de l'effervescence de Saint-Jean-de-Monts et ses plages.

Campings

CAMPING LE RAGIS***

Chemin de la Fradinière
✆ 02 51 68 08 49
info@camping-leragis.com

Fermé du 16 novembre au 14 février. Terrain de 7 ha. 213 emplacements (et 5 gîtes à louer). Exposition : mi-ombragé. Sol : sablonneux. De 14 € à 28 €. Mobil-homes de 200 € à 890 € la semaine. Gîtes : de 240 € à 890 € la semaine selon le gîte (de 1 à 3 chambres). Jeux pour enfants. Animaux acceptés. Aire pour camping-cars. Wifi payant. Animations.

Dans un cadre agréable et verdoyant, Le Ragis vous offre des vacances familiales et reposantes avec calme, détente et convivialité. À 15 km des plages et 2 km du centre-ville de Challans, le camping est équipé d'un espace aquatique avec 3 bassins (dont un a été couvert en 2014) et 2 pataugeoires, 3 toboggans, un vaste solarium de 600 m², d'un golf miniature, d'un étang privé pour la pêche et de grandes aires de jeux avec trampolines. D'autres loisirs sont proposés sur place, de quoi contenter petits et grands. Le camping est bien tenu. Autre petit plus, vous pourrez déguster les produits de la ferme. De nombreuses animations sont organisées, quotidiennement, en saison et les enfants pourront s'amuser à nourrir poules, lapins, moutons et chèvres de la ferme pédagogique. Des tarifs très corrects pour ce camping familial très bien entretenu.

Loisirs

■ MARTINI RACING KART

Route de Cholet ✆ 02 51 93 33 44

mrk@martiniracingkart.com

Ouvert toute l'année. Basse saison : du mercredi au lundi de 9h à 18h. Haute saison : tous les jours de 9h à 21h. Tarif pour 120 cc (dès 6 ans) : 14 € la session de 10 min ; 270 cc (adultes) : 18 € la session, 34 € pour 2 sessions et 48 € pour 3 sessions. Moteurs Rotax 125 cc (22cv) : 35 pour 1 session. Carte abonnement 10 sessions : 140 €.

Cette piste de karting est située sur la rocade en direction de Cholet. Ici on travaille en famille autour de Jean-Pascal Martini, sur un site de 2 hectares avec club-house, deux terrasses dont une panoramique. Le circuit fait 700 m x 7 m et est homologué catégorie 1 compétition. Pour les entreprises à l'occasion de séminaires, des challenges peuvent être organisés. Depuis 2014, et c'est unique dans la région, une nouvelle catégorie en 22 cv, le rotax 125 cc 2 temps, des sensations absolument uniques en toute sécurité bien sûr.

■ PLANETE RACING JET WEST EVENT

D58

Route d'Apremont

✆ 02 51 49 80 78 / 06 12 38 42 57

planeteracing85@gmail.com

Base nautique. Fermé de décembre à mars. Basse saison : ouvert du vendredi au lundi de 11h à 18h. Haute saison : tous les jours de 10h30 à 19h. Jet à selle à partir de 30 €, jet à bras à partir de 60 € (15 min), Banana Rocket à partir de 10 €.

Dans un cadre exceptionnel avec plan d'eau douce de 15 ha, plage de sable et ambiance au parfum des Antilles, venez profiter des joies du jet-ski sous toutes ses formes. Vous n'êtes pas obligé d'avoir le permis bateau et que c'est bien vous qui pilotez le jet ! Le jet à selle (assis) est une machine ludique et familiale qui vous procurera tout de suite de bonnes sensations sans aucune expérience. Le jet à bras se pratique debout, un mélange entre surf et motocross ; il est réservé aux plus sportifs. La Banana Rocket, est une banane géante sur laquelle vous serez tracté : fou rire garanti. Egalement un espace réservé aux entreprises avec des programmes sur mesure. Des formules multi-activités pour des événements tels que séminaires, anniversaires et enterrements de vie de célibataire. Vous pouvez venir ici tout simplement pour profiter de la plage ou de la terrasse sur pilotis tout en profitant de la vue et du déroulement des activités. Club-house avec boissons, glaces et snack.

Sorties

■ HIPPODROME DES NOUES

Les Villates

✆ 02 51 68 10 68 / 02 51 93 04 38

courseshippiqueschallans@orange.fr

Restauration.

Sortez des sentiers battus et venez découvrir le monde hippique. Courses de trot, galop et d'obstacle, autant de choix pour faire vos paris ! L'hippodrome des Noues a considérablement évolué depuis quelques années, avec l'inauguration de la nouvelle piste en 2010 puis l'ouverture d'un restaurant panoramique au premier étage de la salle des Noues, en 2011. Il s'inscrit vraiment comme un lieu de divertissement original, une sortie en famille, qui change un peu des sorties habituelles, où chacun se prendra vite au jeu des paris et encouragera ses chevaux de prédilection et le jockey.

■ L'ALBANERA – LE BAIN MARY

17, rue du Général-Leclerc

✆ 02 51 49 39 57

albanera@wanadoo.fr

Ouvert toute l'année. Bar, restaurant. Du mardi au jeudi de 11h à 15h et de 18h à 1h ; le vendredi de 11h à 15h et de 18h à 2h ; le samedi de 17h à 2h. Cours de salsa le mardi soir. Terrasse.

C'est l'endroit qui bouge à Challans ! Prenez votre passeport pour L'Albanera Café. La déco illustre l'ambiance latino-cubaine où se mêlent le bar et la partie restaurant qui propose une cuisine aux inspirations asiatiques (eu égard aux origines de la chef) et créoles. Avec ses trois salles pour zapper d'ambiance, sans oublier la jolie terrasse intérieure, vous organisez votre séjour comme bon vous semble. Vous pouvez tout aussi bien siroter un cocktail au bar, investir la grande salle pour dîner puis danser ou bien encore profiter du petit salon. Gaël et son équipe s'y entendent pour chauffer la place et vous faire chalouper sur le parquet. Sachez aussi que si vos pieds ne vous obéissent pas toujours, des cours de salsa sont proposés toute l'année aux débutants et aux initiés tous les mardis soir (cours de salsa offerts en juillet et août) ; et une fois par mois, une soirée à thème autour d'un concert et une exposition. Au fait, savez-vous ce que signifie «Albanera» ? Et bien c'est une position du tango argentin.

Emplettes

■ ADELICE

4, place Aristide-Briand

✆ 02 51 35 35 45

www.adelice.fr

Ouvert le mardi et du jeudi au samedi de 9h à 19h ; le mercredi de 10h à 19h ; le dimanche de 9h à 12h30.

Avec sa façade rétro aux couleurs douces vert amande, la pâtisserie d'Adèle et Bertrand Mérieau a des allures de petite bonbonnière. À l'intérieur, quelques tables accueillent les habitués pour la pause *tea time* ou la petite halte après le marché, juste en face. L'ensemble des pâtisseries, chocolats, glaces (une quarantaine à la belle saison) de ce maître artisan de bonne renommée sont de fabrication maison. Bertrand est passionné par son métier et sans cesse dans la création, création qu'il exprime dans les *wedding cakes*, pièces montées ou gâteaux personnalisés pour l'anniversaire de votre enfant, par exemple. Parmi les spécialités d'Adelice : le baba au rhum revisité, la verrine trois chocolats, le gâteau Marie-Antoinette. Il propose aussi treize variétés de macarons, de la saveur de la fraise Tagada au caramel beurre salé. Autre produit phare, le chocolat. Il a d'ailleurs été décoré meilleur apprenti de la région Centre en 1998. Il y en a une trentaine toute l'année et quatre-vingts à la période de Noël, avec au palmarès : le mulon au sel (ganache à la fleur de sel enrobée de chocolat blanc), le chocolat au yuzu, le chocolat réglisse-menthe-gingembre…

■ LE CANARD DU MARAIS

4, rue du Chevalier-Charette

✆ 02 51 60 36 43

Ouvert du mardi au vendredi de 9h à 13h et de 15h à 19h ; le samedi de 9h à 19h.

Basé à Soullans, Claude Couthuis est un des noms connus dans la filière canard. Il a ouvert ce magasin de vente directe de canards entiers et découpés produits par lui-même, à savoir : canard des marais au sang, caneton croisé, canard et canette de Barbarie. Vous trouverez, à la boutique, une multitude de produits : foie gras, côtelettes, steaks, tournedos, brochettes, dés de cœur de filet, rôtis, filets marinés, saucisses et andouillettes de canard, filets de canard ou de canette, magrets, cuisses de canard ou canette, aiguillettes de canard ou canette, bateau, filet ou cuisse de canard des marais au sang, gésiers, manchons, viande de cuisse....

■ LA MAISON DU POISSON – LULU LA MOULE

Halles

Ouvert du mardi au samedi de 8h à 13h.

Déjà présents sur l'île de Noirmoutier depuis trois générations, Lucie et Fabien Gaborit possèdent également un banc aux Halles de Challans. A Noirmoutier-en-l'Ile, leur poissonnerie est reconnue de tous comme la meilleure de l'île. Conchyliculteurs depuis trois générations, les Gaborit ont une excellente renommée et c'est mérité tant fraîcheur, régularité et sérieux sont de mise. Les arrivages sont quotidiens ; en effet, Fabien va à la criée tous les jours. Ici, vous ne trouverez aucun poisson d'élevage, Fabien travaillant avec la pêche artisanale locale. Dans ses filets : rouget, turbot, bar de ligne, sole, Saint-Jacques, homard, crevettes grises et roses, thon rouge et blanc de l'île d'Yeu et des Sables, et bien sûr moules, coquillages, crustacés et huîtres. Ces dernières sont affinées en marais pour produire des fines de claires, des spéciales de claires et des belons. Plateaux de fruits de mer sur commande.

■ MAURICE – CRÉATEUR PÂTISSIER CHOCOLATIER

5, rue Racine

✆ 02 51 54 55 29

Ouvert du mardi au samedi de 9h à 19h ; le dimanche de 9h à 12h30.

Après l'incendie de l'enseigne Du Sucre et des Idées, ses propriétaires ont décidé de changer le nom de cette pâtisserie reconnue pour ses excellents macarons multicolores et ses gâteaux fins. Appelez-la dorénavant Maurice ! Entrons dans ce joli salon de thé situé à côté du marché, le produit phare c'est le macaron ! Et une fois que l'on vous aura dit que Julien, le pâtissier, a fait ses armes chez le maître du macaron, Pierre Hermé, vous saurez que vous pouvez y aller les yeux fermés. Des couleurs gourmandes comme la quinzaine de parfums proposés, griotte, violette, réglisse, noix de coco, café, rose, fruits de la passion, etc. C'est bien simple, on les a tous essayés… et tous a-do-rés ! On n'oublie pas non plus les délicieuses pâtisseries fines et les jolis gâteaux personnalisés pour les occasions diverses. Vous pourrez accompagner ces gourmandises de l'un des thés ou d'un exquis chocolat chaud que les cacaophiles sauront reconnaître comme un must. Egalement des guimauves, pâtes de fruits, pâte à tartiner, chocolats… Et tout ça maison bien sûr !

REPÉREZ LES MEILLEURES VISITES

★ INTÉRESSANT ★★ REMARQUABLE ★★★ IMMANQUABLE ★★★★ INOUBLIABLE

Dans les environs

Bois-de-Cené

ABBAYE DE L'ILE CHAUVET

Route de Châteauneuf
✆ 02 51 68 13 19

Fermé du 16 septembre au 30 juin. Haute saison : ouvert du dimanche au vendredi de 14h à 18h. Gratuit jusqu'à 10 ans. Adulte : 4,50 €.

En 1130, les bénédictins font construire l'abbaye grâce aux seigneurs de La Garnache. Détruite par les Huguenots, reconstruite, puis à nouveau, détruite pendant la Révolution, elle fut restaurée en 1680 par les Camaldules qui y resteront jusqu'en 1779. Bien que partiellement en ruine, l'abbaye conserve cependant une superbe prestance dans un site charmant, en lisière de marais. L'église et deux autres bâtiments sont les seuls vestiges de l'édifice religieux. Le porche d'entrée est orné de cinq voussures reposant sur de petites colonnes aux chapiteaux ouvragés. Dans l'ancien dortoir des bénédictins, on découvre plusieurs expositions retraçant l'histoire du marais à travers le temps ainsi qu'une collection de statues en bois polychrome. Autres restes architecturaux intéressants de cet ancien monastère : la cuisine et son four à pain ainsi que le cellier. L'abbaye de l'île Chauvet est classée Monument historique. Chaque année, en août, un festival est organisé sur le site.

La Garnache

Environ mille ans avant notre ère, le territoire de La Garnache était situé sur un promontoire, dont Beauvoir-sur-Mer était le cap extrême et entouré des marais de Bouin au nord et Sallertaine au sud. Environ deux siècles avant Jésus-Christ, la tribu gauloise des Agnutes s'installa dans le Pays de Retz, alors couvert d'immenses forêts. Ils étaient marins, agriculteurs et éleveurs. La civilisation romaine pénétra dans le pays grâce à l'ouverture de voies nouvelles et laissa des traces de constructions dans la région (Pont-Habert, Déas, Ampan) habitée alors par la tribu des Pictons qui s'étendirent jusqu'à Poitiers et propagèrent la religion chrétienne. C'est l'époque (Ve ou VIe siècle) de la naissance des premiers « moustiers » (monastères) dont celui dépendant de La Garnache, ouvert en 673 dans l'île d'Her (l'ancien nom de Noirmoutier) par Philbert. La construction antérieure de la motte féodale permit le dépôt de sépultures chrétiennes mérovingiennes.

La dynastie des seigneurs de La Garnache débute vers 1045, sous l'autorité du vicomte de Thouars et s'étend sur un vaste territoire (Beauvoir, Bois-de-Céné, îles d'Yeu et Noirmoutier, Sallertaine...). Jusqu'en 1214, six seigneurs édifièrent et fortifièrent le puissant château, avant que terres et bâtiments ne passent successivement aux familles de Belleville, de Clisson et de Rohan Soubise. De ce fait, après 1534, la ville sera disputée pendant 80 ans entre les calvinistes et les catholiques. Cette période troublée s'achève à la promulgation de l'édit de Nantes en 1598. En 1622, Louis XIII ordonne le démantèlement de la forteresse. C'est dans le logis de Fonteclose que les vainqueurs de Machecoul insurgés contre la République vinrent le 14 mars 1793 chercher le chevalier François Athanase Charrette de la Contrie pour en faire leur chef. Ce fut le début d'une épopée de trois ans. Capturé par Hoche, il fut fusillé place Viarme à Nantes, le 29 mars 1796. Le bourg de La Garnache s'est construit autour du château fort, s'entourant de remparts et de douves.

LE CHATEAU DE LA GARNACHE ★

Le château de la Garnache fit partie des places fortes du Bas-Poitou. Les premiers seigneurs connus de la Garnache en 1055 sont Gauthier et Goscelin. Pierre, fils de Goscelin, est le premier des six Pierre de la Garnache qui se succèdent de 1070 à 1214. On retrouve le même

Des vestiges classés à l'Inventaire supplémentaire des Monuments Historiques...

- **Le menhir de la Pierre du diable,** près de Juchepie.
- **Le tumulus dit « Butte cavalière »** de 40 mètres de diamètre et de 10 mètres de haut, d'origine vraisemblablement celtique et dans lequel une dizaine de sarcophages mérovingiens ont été découverts en 1959 (propriété privée).
- **Les deux tours et le donjon** subsistant de l'ancien château des seigneurs de La Garnache.
- **Le manoir de Charette à la vieille Fonteclose (propriété privée),** de style néogothique (façades et toitures ont été inscrites à l'inventaire supplémentaire des Monuments historiques).
- **La chapelle Notre-Dame de la Victoire** (ainsi nommée en commémoration de la bataille de Lépante) a été restaurée en 1712 sous l'impulsion du Père Montfort.
- **L'église Notre-Dame** reconstruite au début du XXe siècle dans un style néo-roman très riche, elle possède de belles réalisations d'art religieux moderne.

décor sculpté au château de l'île d'Yeu, qui appartenait à la châtellenie de la Garnache aux XIVe et XVe siècles, et également à Clisson. Deux seigneurs, Olivier IV et Olivier V de Clisson, étaient aussi seigneurs de la Garnache à la même époque. Olivier IV de Clisson était compagnon de Du Guesclin, sa femme Jeanne de Belleville était propriétaire de la Garnache. Olivier IV a été pendu en 1343 pour son alliance avec le roi d'Angleterre pendant la guerre de Cent Ans. Son fils Olivier V lui succède. La fille d'Olivier, Béatrix de Clisson, épouse Alain VIII de Rohan, et c'est ainsi que la seigneurie de la Garnache passe aux mains des Rohan en 1408 et y reste jusqu'en 1644. Pendant près de 250 ans, c'est donc la même famille qui a possédé le château. René de Rohan, propriétaire du château au XVIe siècle, épouse en 1535 Isabelle d'Albret, fille du roi Jean de Navarre et donc grand-tante d'Henri IV, ce qui amène le protestantisme dans la région. Dans la nuit du 4 au 5 octobre 1588, un personnage très important couche au château : c'est Henri de Navarre, futur Henri IV. En 1622 Louis XIII ordonne la destruction du château. A l'époque, le château appartient à la famille de Rohan. On est en pleine guerre de religion. Les protestants tentent de se réfugier à la Garnache. Louis XIII ordonne alors le démantèlement de la place forte : il faut près de trois mois pour détruire cette tour, qui s'écroule enfin dans les fossés. Le procès-verbal de démolition du château énumère tous les bâtiments détruits. Il nous apprend que la tour de la prison, haute de cinq étages et couverte d'ardoises en dôme, servait auparavant de phare aux navires venant chercher du sel. Après cette date, il paraît que beaucoup de navires font naufrage, n'ayant plus de repère pour les guider. Les 230 mètres de rempart de l'enceinte datent de la seconde moitié du XVe siècle. Des six tours semi-circulaires de l'époque, il n'en reste aujourd'hui que deux. En 1644, le château est vendu par Marguerite de Béthune, femme d'Henri de Rohan de Guenégaud. La Garnache quitte donc la famille de Rohan.

■ **LE PETIT SAINT-THOMAS**
25, rue de Lattre-de-Tassigny
✆ 02 51 49 05 99
restolesaintthomas@orange.fr
Ouvert toute l'année. Du mardi au dimanche le midi ; le mardi et du jeudi au samedi le soir. Menus de 27,90 € à 47,90 €. Menu enfant : 14,90 €. Formule du midi : 19,90 € (entrée, plat, dessert, en semaine).
C'est Magali Bourmaud qui vous accueille et vous installera dans l'une des deux salles au style moderne actuel, dont une véranda. Le piano (celui de la cuisine), c'est l'affaire du talentueux chef, David Bourmaud. Cette affaire bénéficie d'une bonne réputation. Fort de ses expériences dans de belles maisons, sa cuisine est raffinée, inventive, et en constante évolution. Fier de son département, il se fournit chez les producteurs régionaux et travaille les produits locaux qu'il égrène dans son menu Maraîchin. En hiver, la carte mettait en lumière en entrée des Saint-Jacques et thon marinés, snackés, crémeux yuzu, quenelle mascarpone citron vert, poudre au comté, puis un demi-pigeonneau rôti ou si vous êtes plutôt poisson un bar à la plancha, racines, vichyssoise au beurre d'algues du littoral, vous choisirez le bar, filet de sole, mousseline de poireaux aux algues, fumet de poisson aux légumes d'hiver. Et pour finir sur une note sucrée : biscuit praliné cacahuètes, mousse légère azélia. Une cuisine fine et savoureuse et un joli cadre, Le Petit Saint-Thomas est sans conteste la meilleure table du marais breton.

Sallertaine ★

Autrefois îlot calcaire, Sallertaine doit son nom aux marais salants qui l'entouraient. Jusqu'à l'époque romaine, la mer recouvre la zone actuelle du marais. Ses étiers furent creusés à l'époque des Capétiens. Le village connaît ses heures de gloire au début du Moyen Age avec l'implantation de trois établissements religieux qui impulsent une activité économique majeure : l'extraction et le commerce du sel. Jusqu'au XVIIIe siècle, la vie s'écoule lentement mais la Révolution va rompre cet équilibre. L'insurrection vendéenne restera longtemps gravée dans les mémoires. Plus de 150 jeunes Sallertainois rejoignent le camp des insurgés. Le 12 janvier 1800, le général Travot investit Sallertaine et c'est la déroute.
L'hémorragie est à la hauteur du sacrifice et la plaie ne se refermera jamais. Hervé Bazin y situa l'action de son roman La Terre qui meurt après y avoir séjourné. Sallertaine est intéressante par ses rues basses caractéristiques de la région et par la richesse de son patrimoine.

■ **LA BOURRINE À ROSALIE** ★
Route du Perrier
✆ 02 51 49 43 60
Ouvert d'avril à fin août. Haute saison : ouvert du mardi au dimanche de 14h30 à 14h30. Gratuit jusqu'à 10 ans. Adulte : 2 €.
Un retour au début du siècle grâce à la parfaite présentation de cette bourrine construite selon la méthode ancestrale du XIXe siècle, avec ses murs de terre et son toit de roseaux. Vous connaîtrez le mode de vie des Maraîchins – les habitants du marais – à travers le mobilier simple mais fonctionnel et les instruments caractéristiques de la région. Autre particularité de ces maisons : elles sont inondables et, en 2000, les Maraîchins ont souvent eu les pieds dans l'eau ! D'ailleurs, au début du siècle, la yole – sorte de barque à fond plat – était le seul moyen de se déplacer dans les marais. On vous propose également de faire des promenades en yole sur rendez-vous. Chaque année à l'occasion du 15 août s'y tient une fête.

Les marais

Avec une zone de 2 500 hectares de marais, c'est le lieu de prédilection des amateurs de nature avec un grand N. Vous admirerez canards, grenouilles, hérons, aigrettes ou cormorans pour la faune. Côté flore, elle est typique du marais : roseaux, iris, tamaris. Pour mieux observer, nous vous conseillons le canoë.

L'ILE AUX ARTISANS

www.lileauxartisans.fr

Au cœur de Sallertaine sont regroupés autour de l'église du XIIe siècle une quarantaine d'artisans les plus divers qui exposent leurs œuvres et leur savoir-faire. Au fil de votre balade, vous apprécierez des expositions de qualité : peintures, gravures, sculptures, mais aussi la marqueterie, les créations du potier, du souffleur de verre, du tisserand ou du tourneur sur bois. A moins que vous ne vous attardiez devant les bijoux ou les jouets en bois. La balade, ça creuse, alors arrêtez-vous pour déguster flan maraîchin, brioche, confiture ou encore foie gras. Et n'oubliez pas les nocturnes des lundis en juillet et août avec les jongleurs, les saltimbanques, les clowns et autres concerts et animations qui animent gratuitement les ruelles du bourg.

LE MOULIN DE RAIRE

Route de Saint-Urbain ✆ 02 51 35 51 82
moulin-de-raire@wanadoo.fr

Haute saison : ouvert tous les jours de 10h à 12h et de 14h à 18h30. Ouvert de 14h à 18h d'avril à juin et en septembre et durant les vacances de février à mai. Toute l'année, sur réservation pour les groupes. Moulin et musée de la Meunerie, expositions permanentes. Aire de pique-nique, bar. Savez-vous d'où vient le nom du moulin ? Il tire son nom des eaux qui chaque hiver, parviennent jusqu'à lui et que le patois appelle la rouerre, roye, qui donnera rairé. Situé au cœur du pays maraîchin vendéen, il est le seul moulin de France à n'avoir cessé de moudre par la seule force du vent depuis 1560, date de sa construction par le seigneur de la Touche. Machine fascinante, il reste aujourd'hui l'un des rares représentants authentiques de la meunerie ancienne. La famille Burgaud, descendante d'une longue lignée de meuniers, qui l'exploite depuis 1840, vous livrera tous les secrets de fabrication de la farine dans le plus strict respect de la tradition. Visite commentée, histoire et technique des moulins, vie des meuniers, évolution de la meunerie, pains artisanaux. Fabrication de farine biologique, farine de sarrasin.

LE MUSÉE DU PAIN – LA MIE CALINE

Place de l'Eglise ✆ 02 51 35 40 58
anner@lamiecaline.com

Ouvert uniquement en juillet et août. Vacances scolaires toutes zones : se renseigner. Haute saison : ouvert du lundi au vendredi de 9h30 à 13h et de 14h30 à 18h30 ; le week-end à partir de 14h30 et à partir de 18h30. Adulte : 4 €. Enfant (de 3 à 11 ans) : 2 € (et 3 € pour les 12-18 ans). Atelier Pain : 5 € pour les 3-11 ans, 6 € de 12-18 ans, 7 € pour les adultes. Situé au cœur du village et à 10 minutes de Saint-Jean-de-Monts, ce site raconte l'histoire de la famille Barreteau, boulangers de père en fils, depuis plus d'un demi-siècle. En visitant le site, où tout a commencé pour les Barreteau, dans les années cinquante, on découvre l'évolution de ce métier de boulanger devenu franchiseur : films, expositions de matériels, animations. Pour partager le savoir-faire du boulanger dans son fournil, de nombreux ateliers de fabrication de pain sont organisés tout l'été : 2h30 d'animation autour du pain, où chaque visiteur façonne sa boule de pain et des petits sablés qu'il pourra déguster ensuite en famille ou entre amis.

LE MARAIS GOURMAND

2, rue Pélican
✆ 02 51 93 13 02

Ouvert toute l'année. Du dimanche au vendredi le midi ; le vendredi et le samedi le soir. Formule du midi : 12 € (et menu à 16 €, en semaine). Le soir : menu à 25 €. Jardin. Terrasse.

Situé au cœur du village d'artisans de Sallertaine, ce restaurant propose une cuisine un peu plus élaborée qu'avant, tout en conservant le menu du jour, très plébiscité pour son excellent rapport qualité/prix. La déco a également été refaite et gagne en modernité. Ici, le chef est une femme, Nathalie Vallée, tandis que Thierry Charrier est en salle. Dans une carte qui suit la saisonnalité, voici un petit aperçu de la cuisine maison, dans le cadre du menu à 16 €, avec à l'automne un velouté de potimarron, espuma de lard fumé ou mizotte chaude sur toast, à suivre d'une brandade de morue et d'un gâteau au chocolat. Les produits régionaux demeurent en bonne place avec les incontournables cuisses de grenouille à la crème d'ail, le foie gras maison ou le magret de canard rôti. Si vous êtes plutôt poisson, il y a toujours le poisson du marché ou le tartare de saumon fumé. Les desserts ne dérogent pas à la règle du fait maison avec, par exemple, un nougat à l'orange ou une tarte aux pommes. L'atout charme demeure la terrasse donnant sur le jardinet où poussent les herbes qui seront utilisées dans les plats.

LE DOMAINE DE MAUNY*****

28, route de Mauny
✆ 02 51 68 54 94 / 06 85 07 49 57
www.gitedevacances.com

Clévacances (4 clés). Gîtes de France (4 épis). De 700 € à 2 200 € la semaine selon saison.

Magnifique ! Le Domaine de Mauny propose 3 gîtes très haut de gamme au double label : 4 clés chez Clévacances et 4 épis aux Gîtes de France. Ouvert toute l'année, avec une piscine privée (chauffée d'avril à mi-octobre) pour chaque gîte ; ceux-ci sont spacieux, au confort exceptionnel, de 130 à 170 m2, de 4 à 6 personnes. 2 chambres sur 3 possèdent leur propre salle d'eau. Tout d'abord, Le Verger Clos, gîte de grand standing, installé dans les murs d'une ancienne longère, rénovée en 2008. Il dispose de 3 chambres. Pierres apparentes, mobilier de choix, joli déco actuelle et la cerise sur le gâteau : une piscine couverte et chauffée. Il est équipé du wi-fi. Le gîte La Grange est complètement indépendant, de plain-pied ; c'était à la base une ancienne grange traditionnelle du marais breton. La charpente est superbe, et il offre de magnifiques volumes et de beaux matériaux de construction. Les 3 grandes chambres aux looks différents sont tout aussi charmantes. Enfin, le dernier est un gîte de pêche avec un étang privé.

LES P'TITES MAISONS DANS LA PRAIRIE**

110 route de Beauvoir
✆ 02 51 93 11 47 / 06 52 72 52 30
ptitesmaisons@gmail.com

Sol : herbeux. Mobil-homes de 180 € à 550 € la semaine. Roulottes : de 180 € à 550 €. Tipis : de 250 € à 450 € la semaine. Gîtes et chalets : de 150 € à 590 € la semaine.

Prison : de 150 € à 350 € la semaine. Possibilité de louer au week-end et mid-week. Jeux pour enfants. Bain bouillonnant. Animations. Animaux, balades à poney.
Envie de vous évadez dans un lieu insolite sur le thème du western, en toute simplicité, sans se ruiner ? Alors ce camping unique, à 15 minutes des plages, est pour vous. En pleine nature, il propose plusieurs types d'hébergements originaux : camping avec location de mobile-homes, gîtes et chambres d'hôtes. Mais plus original, des tipis, avec 5 couchages, équipés de vaisselle, réchaud, barbecue, salon de jardin et bloc sanitaire à proximité. Vous pourrez aussi louer chalets et cabanes, comme la Cabane de David Croquet ou le Motel du French Cancan. Autres possibilités, la roulotte, ou la prison : vivez dans l'univers des Daltons comme un prisonnier « vacancier » dans cet hébergement pour 4 personnes, équipé de vaisselle, lavabo, frigo, avec bloc sanitaire commun pour les douches et WC. Sur place : piscine couverte, bain bouillonnant, mini golf, pétanque, jeux pour enfants et à proximité, mini ferme (chevaux, poneys, âne, chèvres, poules,...). Des hébergements qui raviront toute la famille, pour se ressourcer de façon simple tout en s'amusant d'autant qu'il y a des animations au Saloon, dont des soirées Country. Possibilité de louer un grand chapiteau pour réunions de famille.

■ LES ÉCURIES DE L'ILOT
195, route des Quatre-Moulins
✆ 09 81 82 20 97 / 06 62 25 70 26
www.lesecuriesdelilot.fr
lesecuriesdelilot@bbox.fr
Carte 10h : 130 € pour les 4-8 ans, 140 € pour les 8-16 ans et 160 € pour les plus de 16 ans. Abonnements mensuels et annuels selon l'âge (se renseigner).
Tout d'abord un grand bravo puisque les Ecuries de l'Ilot ont remporté en juin 2015 le challenge «Vendée Poney». Ce poney-club propose des cours pour les débutants, les cavaliers confirmés, du baby-poney, des randonnées et sorties plage les jours fériés et durant les vacances scolaires. On vous propose également des stages et la possibilité de passer des concours. Notez que les personnes en situation de handicap bénéficient d'un accueil privilégié (se renseigner). Autre service, la pension pour poneys, ânes et chevaux. Enfin, c'est aussi une ferme pédagogique avec des animations autour de la ferme et du poney. Au cœur du Marais breton, à quelques encablures du village d'artisans de Sallertaine qui mérite un petit détour, ce centre équestre se situe dans un cadre verdoyant et l'ambiance y est conviviale. Les propriétaires vous feront partager leur passion du cheval. Accueil charmant.

■ LA ROUTE DU SEL EN CANOË
49, rue de Verdun
✆ 02 51 93 03 40
www.laroutedusel.com
rts.sallertaine@orange.fr
Ouvert toute l'année. Ouvert d'avril aux vacances de la Toussaint de 9h30 à 18h. Le reste de l'année, sur réservation. Location : 9 € pour 1h, 13 € pour 2h, 20 € pour la demi-journée pour un adulte ; demi-tarif pour un enfant (de 6 à 12 ans). Gratuit pour les 3-5 ans. Tarif «randonnées» : à partir de 16,50 €/adulte.
La Route du Sel propose un ensemble d'itinéraires en canoë, tracés dans le labyrinthe des anciens marais salants de la baie de Bourgneuf, face à l'Ile de Noirmoutier. Ce qui était autrefois la première région productrice de sel de la chrétienté cède aujourd'hui la place à une nature sauvage et superbe. On vous propose de la location pour faire des balades en autonomie sur parcours fléchés après un commentaire introductif, ou des balades entièrement guidées avec visites de sites. Le canoë est accessible à tous, petits et grands, à bord d'embarcations de 2, 3, 4 et même 10 places pour les balades guidées. Deux sites sont proposés : les villages de Sallertaine – une ancienne île entourée de marais à 5 km de Challans – Chateauneuf et Bois-de-Céné avec l'Ile Chauvet et son abbaye – à 10 km de Challans-. Des balades magnifiques dans un environnement préservé et authentique. Une découverte originale du marais, de sa faune et sa flore, en journée ou en soirée. La nuit, la promenade révèle un caractère féerique et magique. Vous reviendrez enchanté de cette sortie. A faire absolument. Réservation conseillée pour la location libre et indispensable pour les balades guidées.

Saint-Gervais

Saint-Gervais, sur son promontoire rocheux qui sépare le marais de Monts et le marais de Bouin, constitue, depuis la plus haute Antiquité, l'étape obligée sur la route qui relie le Bocage au rivage atlantique, cette petite cité maraîchine ayant pris naissance autour d'une ville gallo-romaine. Sur la route en direction de Bouin, une grotte puis, à quelques hectom, la chapelle de Bordevert, datant du XIIIe siècle, méritent une visite. Capitale du cheval depuis la fin du XIXe siècle, Saint-Gervais possède la plus ancienne société hippique rurale de France, fondée en 1931. La commune accueille d'ailleurs une importante station de monte des haras nationaux. Les turfistes éclairés qui se souviennent du fameux Idéal du Gazeau, triple vainqueur du Prix d'Amérique, pourront verser une petite larme en visitant, près de là, l'écurie où il naquit.

■ LE HARAS DE SAINT-GERVAIS
Les Presnes
En 1662, les chevaliers des armées du roi participaient à la foire la plus importante de la contrée. En effet, le cheval de Saint-Gervais était réputé pour être le cheval d'armes par excellence. En 1842, Louis-Philippe réorganisa les Haras Nationaux et créa les «circonscriptions», de grandes zones d'élevage, sièges d'un dépôt d'étalons dont dépendent des stations de monte. Celle de Saint-Gervais, créée en 1846, se trouve sur le site de la ferme des Presnes. Il attire de nombreux éleveurs du grand ouest. Sur cette structure d'élevage, de haut niveau, deux cents juments sont fécondées annuellement (monte naturelle ou insémination). Une monte itinérante existe pour les chevaux de trait. Un service échographique ouvre ses portes deux fois par semaine. La station du haras de Saint-Gervais organise sur son site de mars à mai, concours de beauté où les fleurons de l'élevage local sont jugés en terme de modèles et allures, ainsi que deux concours annuels de sauts d'obstacles dont le premier à lieu en mars et le suivant se déroulant le troisième week-end de juillet. Renseignements pour les visites : Office de tourisme du canton de Beauvoir-sur-Mer.

LA PITCHOUNETTE

48, rue Bonne-Brise
✆ 02 51 68 68 88
la-pitchounette@orange.fr

Ouvert toute l'année. Basse saison : du mercredi au dimanche. Haute saison : tous les jours. Menus : 27,50 € et 29 €. Terrasse.

Vingt-huit ans qu'il est aux fourneaux Gérard Thoumoux ! Et sa petite affaire située sur la route qui mène à Beauvoir, fait toujours le bonheur des gourmets ! C'est tout d'abord la façade bucolique avec terrasse sous glycine, qui attirera d'abord votre œil, puis la déco intérieure originale et personnalisée avec ses objets en cuivre qui ont traversé les époques et ses meubles rustiques, sa charpente en bois brun, et ses tables rondes qui confèrent une atmosphère chaleureuse et cosy. Une cuisine régionale qui s'exprime dans la trilogie autour du canard présenté en foie gras, magret et manchon confit, puis les cuisses de grenouilles et anguilles, sans oublier les poissons nobles affichés à l'ardoise avec selon les jours du bar, du turbot, de la lotte ou de la Saint-Jacques quand c'est la saison. Les viandes, à l'image du filet de bœuf en croûte sont d'origine française et de qualité. Une adresse conviviale et sympathique.

LES GÎTES DU PAS DE L'ÎLE

✆ 02 51 68 78 51

Cinq gîtes de capacité différentes. De 300 € à 610 € la semaine selon saison.

Voilà déjà un bon nombre d'années que la famille Pitaud s'est installée dans le Marais breton, afin de produire des spécialités à base de canard. Ici, tout est fait maison et fabriqué sur place avec toute l'attention que ce genre d'activité demande. Les différentes spécialités produites sont, par exemple, les foies gras confits, les terrines, les rillettes ainsi que de nombreux plats cuisinés. Vous pourrez vous procurer ces produits grâce à la vente directe à la ferme proposée toute l'année. Une institution dans la région. Sachez aussi que l'on vous propose la locations de 5 gîtes construits dans le plus pur style vendéen, pouvant accueillir chacun de 3 à 6 personnes. Tous bénéficient d'un jardin où les enfants pourront jouer à leur aise tandis que les adultes pourront s'adonner à leur loisir préféré la pêche dans l'étang de la propriété ou faire du canoë.

APREMONT ★

Une cité d'origine gallo-romaine qui doit son nom au latin Asper-Mons qui signifie « mont sauvage ». Le charme d'un village pittoresque campé sur le rocher de part et d'autre des rives de la Vie. Apremont est labellisée «Petites Cité de Caractère». Sentinelle du passé, le château Renaissance, construit par Philippe Chabot, amiral de France et ami d'enfance de François 1er, vous invite à une délicieuse promenade à travers les siècles. A voir aussi le pont mégalithique de la Tuderrière appelé « petit pont gallo-romain ». Sa datation est incertaine, cependant des fouilles ont permis d'établir l'existence d'un camp gallo-romain dans les 3 premiers siècles après J.-C. sur la colline dite du Moulin des Vignes à quelques mètres d'ici. Apremont compte d'autres monuments classés Patrimoine historique : le manoir de la Tuderrière (XVe- XVIe siècles, la Croix Hosannière, et le château de l'Audardière (XVIe-XVIIe siècles). Observez les façades et les toitures du château avec sa tour et de l'aile des communs en retour, le puits, l'escalier droit du logis avec sa cage, la cuisine, l'ancien salon au rez-de-chaussée et la pièce au rez-de-chaussée de la tour avec leur décor. Pour la détente, le lac de 177 ha sur la Vie, séduit petits et grands avec plage aménagée, baignade surveillée, toboggan aquatique, aires de pique-nique et promenades en barque ou en bateau à pédales. Enfin, quoi de mieux qu'une balade à pied dans les petites rues autour de l'église et du château ou encore sur les chemins balisés d'une campagne vallonnée ? Des itinéraires pédestres et cyclables balisés vous font découvrir le patrimoine bâti et la campagne. Chaque année, en juillet, se déroule dans l'enceinte du château d'Apremont la Fête de la Renaissance, avec au programme des jeux, un défilé en tenues d'époque dans les rues de la commune, puis un repas-spectacle dans la cour du château. Et pour l'anecdote, Apremont a été aussi le lieu de tournage du film *Les Vieux de la vieille* en 1960.

Points d'intérêt

LE CHÂTEAU D'APREMONT ★★

✆ 02 51 55 27 18
✆ 02 51 55 73 66

Accueil vélo. Fermé du 21 septembre au 1er avril. Basse saison : ouvert tous les jours de 14h à 18h. Haute saison : tous les jours de 10h30 à 19h. En septembre, de 10h30 à 18h. Adulte : 4 €. Enfant (de 7 à 16 ans) : 2,50 €. Avec accès à la salle panoramique du château d'eau en juillet et août : 6,50 €, enfants : 4,50 €. Tarif visite guidée (à partir de 20 personnes) : adulte 4 €, enfant 3 €. Gratuit pour les personnes en situation de handicap. Visite guidée (en juillet et août ; visite libre hors saison).

La seigneurie d'Apremont remonte au XIe siècle. Le château fort primitif, construit sur un promontoire rocheux dominant la vallée de La Vie, date sans doute du XIIIe siècle. De cette forteresse, on peut voir aujourd'hui la porte d'entrée encadrée de deux tours de rondes. Les deux magnifiques tours actuelles faisaient partie du château Renaissance construit dans la première moitié du XVIe siècle par Philippe Chabot de Brion, amiral de France et ami d'enfance de François Ier. Le roi Louis XIII y séjourna le 17 avril 1622 après sa victoire à Riez sur les troupes protestantes de Soubises. Les éléments importants à voir : le châtelet d'entrée avec les traces d'un ancien pont levis, la poterne, accédant à la rue Basse, la chapelle à nef unique du XVIe siècle, la tour Est, haute de 40 m, avec ses fenêtres à croisillons de pierre et son large promontoire à balustrade offrant un magnifique panorama, le souterrain glaciaire, la voûte cavalière, creusée en partie dans le rocher, unique en Europe. A l'intérieur, des expositions tout l'été, une exposition permanente, le Rouleau d'Apremont (un plan de projet de canalisation de la rivière, établi en 1542, par Jehan Florentin, merveille de précision et d'illustration), et une film sur Philippe Chabot de Brion. Chaque année, ne manquez pas la Fête de la Renaissance, qui se déroule dans l'enceinte du château en juillet : en 2016, elle aura lieu le 23 juillet.

Le gîte

Chambres d'hôtes

LE LOGIS DE LA MÉSANCHÈRE

La Mésanchère
✆ 02 28 10 63 46
www.lelogisdelamesanchere.com
chauvin-gerard@wanadoo.fr

Ouvert toute l'année. 5 chambres. Chambre simple 48 € ; chambre double 65 €. Petit déjeuner inclus. Personne supplémentaire : 20 €. Soirée étape : 65 €. Wifi. Restauration (table d'hôtes : 25 €).

Cet ensemble de vieilles pierres datant probablement du XIVe siècle, construit par les seigneurs Mauclercs, les ruines de la chapelle et les petites ouvertures de l'habitation témoignent de son authenticité. La bâtisse garda un caractère religieux puisque Pierre Mauclercs, né à la Mésanchère, fut évêque de Nantes de 1746 à 1775. Voilà pour le passé... Place au présent pour la visite du lieu que nos hôtes ont restauré avec beaucoup de goût ! Cinq chambres aux noms de rivières, avec le charme des pierres et poutres apparentes pour certaines d'entre elles, dont trois sont à l'étage avec un accès indépendant, et deux au rez-de-chaussée accessibles pour les personnes à mobilité réduite. Elles sont équipées de télévision, sèche-cheveux et bouilloire. Une table d'hôte est également proposée et qui tient à cœur aux propriétaires fort de leur expérience dans la restauration. Pour vos loisirs : canoës, boules nantaises, coin pêche ou prélassez-vous tout simplement dans un hamac. Une adresse charmante.

Campings

CAMPING LES CHARMES***

Les Lilas – Route de la Roussière
✆ 02 51 54 48 08 / 06 86 03 96 93
campingcharmes@wanadoo.fr

Qualité Tourisme. Ouvert du 1er avril au 30 septembre. Terrain de 2 ha. 55 emplacements. Exposition : mi-ombragé. Sol : herbeux. Emplacement + véhicule + 2 personnes de 13 € à 20,20 €. Mobil-homes de 221 € à 621 € la semaine ; chalets de 225 € à 639 €. Jeux pour enfants. Animaux acceptés. Wifi gratuit. Restauration (snack). Location de salle pour événements toute l'année. Bain bouillonnant. Animations. Situé à environ 20 minutes des plages, ce charmant petit camping s'intègre parfaitement dans la nature. Sa petite capacité, lui conférant un esprit familial, y est pour beaucoup, mais il est surtout très bien entretenu, l'accueil y est sympathique et il possède depuis 2014 un espace aquatique couvert de 240 m² de bassin avec une plage équipée de transats tout autour. Aucune surprise donc de voir qu'il bénéficie des labels Qualité Tourisme et Camping Qualité. On apprécie les vastes emplacements (110 m² en moyenne). Il y a 37 emplacements nus et 18 locatifs. La belle pelouse et les allées aux gravillons blancs confèrent aux lieux un charme supplémentaire. Pour votre détente, la piscine est chauffée et bénéfice d'un large solarium dorénavant. Autre bonne surprise, l'espace Zen, avec son bain bouillonnant privatif et la possibilité d'avoir accès à des massages (sur réservation). En saison, animations familiales : repas à thème, pétanque, loto, tatouage, etc ; et côté loisirs : volley-ball, foot, palets... Autres services : bar, snack, ainsi qu'une salle à louer toute l'année pour vos événements (jusqu'à 90 personnes assises).

Le château d'Apremont

Loisirs

LE LAC D'APREMONT

D'une superficie de 177 ha, ce lac offre une plage aménagée avec baignade, toboggan aquatique, club nautique, également la location de barques et bateaux à pédales (renseignements Le Cabanon ✆ 02 51 55 72 13) et surtout de la pêche avec de bons coins à carpes sur 9,5 km de rives. Pour plus de précision sur les endroits où la pêche est autorisée, contactez La Fédération de Pêche (✆ 02 51 37 19 05). Les abords du lac offrent également des itinéraires de randonnées, et circuits VTT. Depuis 2015, vous pouvez faire du téléski nautique (activité pratiquable à partir de 7 ans) : 16 € pour 1h, à quoi il faut rajouter la location du wakeboard (ou wakeskate), 5 € et la combinaison, 4 €. Réservations au 06 20 09 18 41.

Bateau

LOCATIONS SUR L'EAU MICHEL

Lac d'Apremont

✆ 06 14 28 68 48

Ouvert de mi-avril à fin septembre. Basse saison : de 14h à 19h en semaine sur rendez-vous et le week-end de 11h à 19h. Du 15 juin au 15 septembre, tous les jours de 11h à 19h. De 10 € à 30 € l'heure de location selon le modèle d'embarcation.

Pour profiter pleinement de cette adorable petite cité de caractère qu'est Apremont, surmontée d'un château superbe, nous vous proposons une balade au fil de l'eau. Michel vous propose de naviguer sur le lac d'Apremont avec un choix d'embarcations varié, allant du kayak au bateau à pédales, en passant par le bateau électrique pour les familles par exemple. Et pourquoi ne pas essayer un moyen de navigation original comme l'aquacycle ou le paddle surf ? Il y en a donc pour tous les goûts et pour tous les âges et aptitudes. Emportez votre pique-nique, vous pourrez faire une pause, des aires réservées à cet effet étant prévues au pied de l'embarcadère.

Emplettes

JAMBON DE VENDEE PETITGAS

✆ 02 51 55 73 64

www.petitgas.fr

La marque Petitgas propose une large gamme de produits charcutiers comprenant ces fameux jambons dont la réputation n'est plus à faire. Ils peuvent se déguster crus, en tranches fines et extra fines, mais aussi à poêler ou à griller pour des tranches plus épaisses. Produit phare, le Jambon de Vendée est élaboré à partir d'une recette transmise de génération en génération dans le pur respect d'un savoir-faire traditionnel. Le Jambon de Vendée se caractérise par l'originalité de son arôme, la tendreté de sa texture et la délicatesse de sa saveur. C'est un produit authentique qui révèle toutes les richesses gustatives de son terroir. Reconnue pour sa spécialité régionale, le marque Petitgas n'en oublie pas pour autant les autres atouts de sa production : le Jambon Cœur de braise reconnaissable par sa forme particulière et régulièrement primé aux saveurs de l'année, le Jambon Fumé Grill à poêler, caractérisé par sa blondeur appétissante et légèrement fumée au bois de hêtre, et le Jambon Nature Grill à poêler qui exhale ses suaves arômes tout en simplicité. Vous les retrouverez tous en grande surface, disponibles à la fois dans les linéaires libre-service comme au rayon coupe traiteur.

LA CÔTE DE LUMIÈRE
DU NORD AU SUD

kitesurf sur la Grande Plage – St Gilles Croix de Vie.

© A. LAMOUREUX

LA CÔTE DE LUMIÈRE DU NORD AU SUD

SAINT-HILAIRE-DE-RIEZ ★

Face à l'océan Atlantique, Saint-Hilaire-de-Riez est une importante station balnéaire, où la population passe d'un peu plus de 11 000 habitants à l'année à près de 100 000 en saison estivale. Sa large superficie (48,9 km^2) offre un environnement naturel varié entre océan, forêt et marais. Saint-Hilaire, un nom que nous devons aux moines Saint-Cyprien de Poitiers, qui s'installèrent les premiers sur l'île de Rié qui dépendait de la seigneurie de la Garnache. Plus tard, Marie de Beaucaire, baronne de Rié, distribua quelques terres des marais de l'estuaire de la Vie pour en faire une paroisse. Station balnéaire de premier plan sur la façade atlantique, Saint-Hilaire-de-Riez offre tous les atouts d'une ville dynamique dans un cadre de vie naturel et préservé. C'est aussi la 2e capacité d'hébergement touristique de plein air de France. 12 km de plages de sable fin, bordées de dunes ; la plus longue façade atlantique du département de la Vendée. De Saint-Gilles-Croix-de-Vie au quartier de Sion de Saint-Hilaire-de-Riez, les rivages occidentaux et méridionaux d'une ancienne île sont encore visibles sur trois kilomètres environ. C'est ce qu'on nomme la Corniche vendéenne, un site classé depuis 1926. Sur 3 km, la mer attaque sans relâche des falaises d'une dizaine de mètres de haut, créant des grottes, découpant la roche et donnant parfois naissance à de petites criques que l'on peut découvrir

Les Marais salants de la Vie

Situés dans la basse vallée de la Vie, sur la commune de Saint-Hilaire-de-Riez, les marais salants racontent plus qu'une histoire, ils l'ont fait renaître… Les marais salants, façonnés par l'homme dès le VIIe siècle, témoignent de l'intense activité qui régnait autour de la récolte du sel. Pourtant, il y a quelques années, le sel de la Vie n'était plus récolté. Avec la réinstallation de sauniers sur un marais recréé, c'est une nouvelle histoire qui commence... En effet, à partir de 1995, la restauration de la saline du Recoin, puis du marais de l'Etoile, a permis de préserver un site naturel remarquable, classé Natura 2000. En 2006, les deux marais se sont associés et vous propose un parcours vivant et passionnant à la découverte de l'or blanc.

■ LE MARAIS DE L'ÉTOILE
RD38 bis
SAINT-HILAIRE-DE-RIEZ ✆ 06 15 74 26 81
Fermé d'octobre à mai. Basse saison : ouvert tous les jours de 15h à 19h. Haute saison : tous les jours de 10h à 13h et de 15h à 19h.
Anthony Oger est un jeune saunier, producteur de sel de Vie. Il transmet l'amour de son métier lors de chaque visite et aborde l'exploitation et la récolte du sel de nos jours. Après la visite, ne repartez pas sans votre or blanc : fleur de sel, gros sel, nature ou aromatisé, mais également des poteries et verreries à gros sel et des produits de confiserie comme le caramel de Vie et la pâte à tartiner.

■ LA SALINE DU RECOIN
RD38 bis
SAINT-HILAIRE-DE-RIEZ ✆ 06 81 97 39 84
patrimoine@sainthilairederiez.fr
Accueil vélo. Haute saison : ouvert du lundi au samedi de 10h à 12h30 et de 14h30 à 18h30 ; le dimanche et les jours fériés de 14h30 à 18h30. En juin et septembre : ouvert du mardi au dimanche de 14h30 à 18h30. Gratuit jusqu'à 11 ans. Adulte : 3,50 €. Enfant (de 11 à 18 ans) : 2 €. Tarif réduit : 3 €. Visites guidées : à 16h en juin et septembre ; en juillet et août à 11h, 16h et 17h30 (visite supplémentaire à 15h du 1er juillet à fin août).
Guidé par le saunier, pénétrez dans l'univers de la saline. En longeant les bossis, suivez le cheminement de l'eau, de l'étier à l'œillet. Cette découverte pittoresque, au cœur du marais, vous permet de comprendre son travail et d'admirer les gestes traditionnels qu'il réalise au quotidien pour l'entretien et la récolte du sel. La faune et le flore de ce territoire naturel, fait de terre et d'eau, vous sont également présentées. De nombreux panneaux et une exposition permanente vous permettent aussi de mieux comprendre le fonctionnement d'un marais salant et le travail du saunier. Votre visite se poursuit ensuite sur le marais de l'Etoile.

Les curiosités naturelles : le Trou du Diable et les Cinq Pineaux

© LINDA CASTAGNIE

Les Cinq Pineaux

En longeant la corniche vers le nord, on rencontre une grotte nommée Trou du Diable. La légende veut que le diable ait donné un coup de talon à cet endroit de la falaise, dépité d'avoir perdu son marché avec saint Martin (légende du Pont d'Yeu). Une autre version dit que le diable serait détenu dans cette grotte, surveillé par cinq moines… Cette cavité est également appelée marmite du Diable car l'eau y bouillonne comme dans un chaudron et une arche de schiste, figurant l'anse, la surplombe. A l'extrémité des falaises de Sion, cinq rochers isolés font face à l'océan. Ce sont les Cinq Pineaux (du celte pen signifiant « tête »). On les appelle également les cinq moines car ils surveilleraient le diable enfermé non loin de là…

à marée basse. Entièrement réaménagée, la Corniche vendéenne est un lieu de promenade très prisé, avec sa piste cyclable et son sentier piéton, des falaises de Sion à la pointe de Grosse Terre.

■ OFFICE DE TOURISME

21, place Gaston-Pateau
✆ 02 51 54 31 97
www.payssaintgilles-tourisme.fr
otsthilairederiez@wanadoo.fr

Basse saison : ouvert du lundi au samedi de 10h30 à 12h30 ; les jours fériés de 9h30 à 12h et de 14h à 18h. Haute saison : du lundi au samedi de 10h à 12h30 et de 16h à 18h30 ; le dimanche et les jours fériés de 9h à 19h. En juin et début septembre, ouvert de 10h30 à 12h30 et de 14h à 18h30 ; le dimanche et les jours fériés de 10h30 à 12h30. Label Tourisme & Handicap.

BALADES CONTÉES EN CALÈCHE – ATTELAGE DE LA VIE

✆ 06 73 85 85 31
✆ 06 25 30 33 33
www.baladecaleche.fr
attelagedelavie@gmail.com
Départs réguliers : à Saint Hilaire de Riez : Sion sur l'Océan, La Pège, Les Mouettes et Les Demoiselles.

Ouvert toute l'année. Sur réservation pour groupes ou particuliers. Balade de 2h15 (20 places). Adulte : 20 €. Enfant (de 5 à 13 ans) : 10 €. Moins de 5 ans : 5 €. Visite guidée.

Laissez-vous guider par Vincent, cocher et conteur de paysages, au rythme de ses chevaux carrossiers, pour un voyage insolite à la découverte des marais du Pays de Riez ou du Pays de Monts. A bord d'une voiture couverte de 10 ou 20 places, au rythme des chevaux, appréciez le paysage typique, spectacle naturel où les oiseaux migrateurs deviennent acteurs, où les lumières du jour mettent en scène les différents tableaux rencontrés. Une balade pédagogique et ludique sur un territoire d'exception riche pour sa faune et sa flore, ses transitions paysagères et son histoire unique et intéressante. Nouveauté, plus intimiste : réservez votre départ pour une destination insolite, entre amis ou en famille, par des petits chemins de terre sur la vallée de la Vie ou dans les marais de la baie de Bourgneuf (Bouin). A noter que plusieurs sites de balade sont proposés en plus du marais breton, à savoir Apremont, le Pays de Palluau et Le Poiré-sur-Vie. Autres départs : Notre-Dame-de-Monts et La Barre-de-Monts.

■ LES PETITS TRAINS DE VENDEE

✆ 06 87 14 52 60
contact@le-petit-train-vendee.com

Fermé du 1er septembre au 30 juin. Sur réservation le reste de l'année. Haute saison : ouvert tous les jours.

Ce petit train propose de découvrir le pays de Saint-Hilaire-de-Riez et Saint-Gilles-Croix-de-Vie. Visites mais aussi possibilité de véhiculer les particuliers, groupes, colonies de vacances pour des transferts et visites guidées, ou vous pouvez aussi louer le petit train pour vos événements, mariages, etc. L'été, chaque mardi à 16h, embarquez à bord pour découvrir le marais salant. Guidé par un saunier découvrez l'univers des salines et la récolte du sel, longez les bossis et suivez à pied le cheminement de l'eau, de l'étier à l'œillet (visite guidée du site). Tarif : 10 € pour les adultes, 4 € pour les enfants de 5 à 10 ans et 1 € de 3 à 4 ans. La billetterie et les réservations se font dans le quartier des Mouettes (à côté du point info face au Marché U). L'autre balade a lieu sur Saint-Gilles-Croix-de-Vie. Découvrez la corniche entre Saint-Gilles et Saint-Hilaire, ses falaises déchiquetées et petites criques, les Cinq Pineaux. Elle est proposée les mercredis et jeudis à 16h et 17h, les vendredis, samedis et dimanches à 15h, 16h et 17h, au prix de 7 € pour les adultes, 3 € pour les 5-10 ans et 1 € de 3 à 4 ans. Le Petit train vous emmène aussi sur le marché de Sion les mardis et vendredis matin.

Points d'intérêt

LA BOURRINE DU BOIS JUQUAUD ★★

4, chemin du Bois-Juquaud
✆ 02 51 59 94 07

Accueil vélo. Fermé du 3 novembre au 31 mars. Ouvert le dimanche et les jours fériés de 15h à 19h. Basse saison : du mardi au dimanche de 14h à 18h. Haute saison : du lundi au samedi de 10h à 12h30 et de 14h à 19h. Mai, juin et septembre : du lundi au samedi de 14h à 18h, dimanche et jours fériés de 15h à 19h. Gratuit jusqu'à 11 ans. Adulte : 3,50 €. Enfant (de 11 à 18 ans) : 2 €.

La bourrine, habitation traditionnelle aux murs de terre et toit de roseaux, est un témoignage vivant du patrimoine vendéen et de la vie rude des maraîchins. Cette bourrine, construite en 1818, habitée jusqu'en 1967, propose de découvrir leur quotidien au début du XXe siècle. Cette ancienne exploitation agricole se compose de la bourrine encore meublée, et de bâtiments annexes (la grange, la laiterie, le poulailler, la remise, la petite et grande galerie). À l'espace multimédia, la visite interactive permet de découvrir le site autrement. La construction en terre, la culture maraîchine avec ses traditions et savoir-faire n'auront plus de secret pour vous. En 2016, la nouvelle exposition « Armandine, la petite maraîchine » met en scène la dernière occupante de cet habitat traditionnel du marais breton vendéen fait de terre et de roseaux. Au programme : ateliers, animations, spectacles, projection de film. Le Bois Juquaud est classé «espace naturel sensible» pour la préservation de sa faune et sa flore. Chaque année, ne manquez pas les différents rendez-vous pour découvrir les savoir-faire d'autrefois, les danses et musiques traditionnelles, et savourer les spécialités maraîchines.

LA CORNICHE VENDÉENNE ★★

A la sortie de Sion, entre Saint-Gilles et Saint-Hilaire, une vue unique sur les falaises et les rochers dont les plus curieux sont les Cinq Pineaux. Ce site est classé. De jolies petites criques sablonneuses et à l'extrémité d'un promontoire le Trou du Diable. Pendant les grandes marées, la mer s'engouffre dans cette cavité et rejaillit violemment. Attention cependant à ne pas trop se pencher. Elle se termine à la pointe de Grosse-Terre où un escalier, près du phare, permet de descendre au pied de la falaise. La route se poursuit vers la corniche du Boisvinet et sa plage en contrebas. A cet endroit, le long de la route, quelques belles villas de style Belle Epoque.

DINO'S PARK NOUVEAU

63, avenue de la Faye
✆ 06 16 63 27 47

Fermé d'octobre à mars. Haute saison : ouvert tous les jours de 10h à 19h. Basse saison, jours et horaires variables : se renseigner. Adulte : 13 €. Enfant (de 4 à 12 ans) : 8,50 €. Restauration. Chiens tenus en laisse acceptés.

Ce parc sur le thème des dinosaures a ouvert ses portes en juilllet 2015. Dans un espace forestier, sur plus de 2 hectares, venez découvrir les créatures du trias au crétacé et faites un saut de 230 millions d'années dans le passé... Tout le long du parc, vous pourrez observer des répliques grandeur nature de dinosaures, vous les verrez bouger, grogner, rugir, respirer... Un système robotique de pointe anime les différentes parties de leurs corps. Sur place également, une zone de fouille archéologique pour les enfants leur permettra de découvrir un squelette de dinosaure comme un vrai archéologue.

Le couvert

LA CABANE DES CINQ PINEAUX

Plage des Cinq Pineaux
Avenue de la Corniche
✆ 06 87 23 87 67

Fermé d'octobre à mars. Basse saison : ouvert du jeudi au dimanche. Haute saison : tous les jours. Terrasse.

L'adresse joue la discrète et pourtant elle offre un point de vue unique... Et pour cause, la Cabane des 5 Pineaux est invisible depuis la route de la Corniche et si vous voulez y accéder, faute de stationnement sur la corniche, alors il faudra chausser les tongs et marcher pour atteindre le Graal : déjeuner les pieds dans le sable en tutoyant l'océan. Et en plus, il est tout seul, donc inutile de vous dire que dès que le soleil pointe son nez, les places sont chères ! Côté cuisine, une carte volontairement courte pour proposer «du frais» avec une place prépondérante des poissons. Le jour de notre passage, les sardines de Saint-Gilles étaient à l'honneur, tout comme les moules, la margate façon île d'Yeu, une autre recette de l'île d'Yeu aussi avec les patagos (ce sont des coquillages, des vénus)

Saint-Hilaire-de-Riez et Saint-Gilles-Croix-de-Vie.

ou un dos de cabillaud à l'écrasée de pommes de terre, et pour les viandards une seule viande : l'entrecôte. A partager à l'apéritif un feuilleté façon pissaladière et pour la note sucrée : un peu de légèreté avant de plonger une tête, avec une île flottante à l'écume de fruits. Une adresse qu'on aimerait garder rien que pour soi.

■ LE LAMPARO
221, avenue de la Corniche
✆ 02 51 55 01 83

Ouvert toute l'année. Basse saison : le lundi et du jeudi au samedi le midi et le soir ; le dimanche midi. Haute saison : du jeudi au mardi le midi et le soir. Menus à 26 €, 32 € et 37€.

L'adresse, bien que située sur la corniche, entre Saint-Gilles-Croix-de-Vie et Saint-Hilaire-de-Riez, est discrète, mais possède bien des attraits : joli cadre au style «île de Ré», teintes naturelles dans un esprit terre et mer tout comme la carte dont c'est le fil conducteur. Cuisine traditionnelle soignée, régularité, produits frais provenant de producteurs locaux, assiettes généreuses, sont autant d'aspects qui plaisent. La carte change peu, les plats, bien préparés, jouent l'alternance entre poissons et viandes : foie gras maison, fricassée d'anguilles, mijotée de seiches à l'ancienne, entrecôte XL ou carré d'agneau rôti. Côté poissons : choucroute de la mer, sole, rôti de lotte. Tradition aussi pour les desserts avec profiteroles ou moelleux au chocolat. Même si les produits sont qualitatifs, les menus les plus chers peuvent paraître un peu élevés compte tenu des produits de base, par rapport à ce que proposent des restaurants gastronomiques. Il faut dire qu'ils comprennent le fromage, qui selon nous est en trop mais il y a des amateurs et de solides appétits. Mais le menu le plus abordable revisite des plats tradition comme la blanquette ou la tête de veau.

■ AUX PIMENTS DOUX
Place de l'Eglise ✆ 02 51 55 24 45
auxpimentsdoux@orange.fr

Ouvert toute l'année. Du mardi au dimanche. Menus de 25,50 € à 33,50 €. Formule du midi : 13,20 €. Terrasse.

Face à la mairie, le restaurant de Myriam et Vincent Remaud s'est fait une bonne réputation. Votre repas se fera dans la salle ou sur la grande terrasse couverte. Côté spécialités, la cuisine évolue et les suggestions du chef ont pris le pas sur les pizzas, même si elles sont toujours autant appréciées à l'image de l'Alsacienne. Dans une carte qui suit l'inspiration de Vincent, vous retrouverez la touche du chef dans chacun des plats : les glaces, qui agrémentent tous ses plats. Au hasard des parfums : limoncello, glace au piment d'Espelette, au chèvre, glace gaspacho, pain d'épice, gingembre, yuzu... Parmi les entrées phares, la salade fofolle (saumon et foie gras) ou le saumon dans tous ses états : mariné, glacé, émietté. En plus de l'assiette du marin (huîtres, saumon sauce passion, poisson et gambas grillées sur tartine) ou le pavé de saumon rôti à la plancha, il y a toujours un poisson du marché, et pour les amateurs de viande, le coin du boucher. Il privilégie aussi les légumes frais de saison. Autres nouveautés de la carte : le camembert rôti avec crudités et pommes de terre au four ou le reblochon rôti. Associez le repas d'un des bons petits vins de producteurs de la cave.

Le gîte

■ HOTEL FREDERIC
25, rue des Estivants – Sion-sur-l'Océan
✆ 02 51 54 30 20 – www.hotel-frederic.com

Ouvert toute l'année. 13 chambres. Chambre double de 69 € à 141 €. Petit déjeuner : 10,50 €. Egalement 4 appartements à louer (pour 4 personnes). Séminaires. Réceptions et mariages. Wifi gratuit. Restauration (bar à huîtres, plateaux de fruits de mer, homard – sur commande).

Entre Saint-Gilles et Saint-Hilaire, par la route de la Corniche, vous serez séduit par l'authenticité de cet établissement des années trente ayant conservé tout le charme du style Belle Epoque. L'Hôtel Frédéric est repérable à sa magnifique façade colorée au charme rétro. Les 13 chambres spacieuses sont aussi meublées dans le style années trente et aménagées avec goût. Dix offrent une vue sur l'océan. Très confortables, elles possèdent toutes un espace salon, téléphone, tv avec Canal+, CanalSat, chaînes étrangères, et wi-fi gratuit. Comme nous, vous aimerez la salle de bains avec sa baignoire sabot, dont certaines sont d'époque tout comme la robinetterie et les miroirs ciselés. Au rez-de-chaussée, une vaste salle de réception posée sur un magnifique parquet, avec des lustres majestueux, dans laquelle vous prendrez le petit déjeuner sous forme de buffet (qui peut se louer pour des événements), ou dans l'autre salle charmante avec vue panoramique sur la mer. Dans le bar tout en boiseries, qui a lui aussi conservé son charme d'antan, vous pourrez déguster des huîtres et sur commande des plateaux de fruits de mer ou du homard. Un hôtel de caractère unique.

■ HÔTEL LA CORNICHE**

117, avenue de la Corniche
✆ 02 51 55 31 37
contact@hotel-lacorniche-vendee.com

Fermé du 2 octobre au 4 mars. 30 chambres (dont 4 suites familiales). Chambre double de 61 € à 121 € ; suite de 134 € à 221 €. Petit déjeuner : 9,50 €. Parking fermé : 5 €. Animaux acceptés (5 € par jour). Wifi gratuit. Canal +.

Entre Saint-Gilles-Croix-de-Vie et Saint-Hilaire-de-Riez, sur la route qui longe la mer et passe par la commune de Sion, cet hôtel tutoie l'océan. L'hôtel propose au total 30 chambres, dont 4 suites familiales, et 10 chambres avec balcon. Différents types de confort : les prix varient en conséquence. Préférez une chambre parmi les 18 les plus récentes (il s'agit des chambres Horizon et des suites familiales), dans un style contemporain avec un espace salle de bains semi-ouvert sur la chambre, des murs taupe, un panneau wengé en tête de lit, une couette aux tons orangés, et un TV à écran plat. On apprécie le style. Ces chambres sont situées face à l'océan et offrent depuis leur terrasse une vue superbe. Elles contrastent avec les autres chambres, beaucoup plus classiques et à la déco de la fin des années 1990, mais elles sont propres et offrent tout le confort.

Campings

■ CAMPING LA PAREE DU BOTH***

39 bis, avenue de la Parée-Préneau
✆ 02 51 54 78 27
www.campingpareeduboth.com
contact@campingpareeduboth.com

Ouvert du 1er avril au 15 octobre. Terrain de 1,8 ha. 92 emplacements (plus 3 meublés à louer). Exposition : ensoleillé. Emplacement de 19 € à 23,50 €. Mobil-homes pour 6 personnes de 290 € à 700 € la semaine ; mobil-homes pour 4 à 5 personnes de 230 € à 660 € ; mobil-homes pour 2 à 4 personnes de 200 € à 590 €. Meublé pour 2 à 4 personnes de 210 € à 600 € la semaine, meublé 4 ou 6 personnes de 270 € à 680 €. Jeux pour enfants. Wifi. Snack-bar. Animations.

Ce camping, du fait de sa petite capacité d'une centaine d'emplacements, offre une ambiance familiale. Situé à 1 km des plages, et dans un environnement alentour boisé, la végétation de ce camping est encore assez jeune et dispose donc d'emplacements assez ensoleillés. Ce que l'on apprécie ce sont les petits prix pratiqués ici. En effet, même si vous êtes sur la côte, les tarifs des mobil-homes demeurent très accessibles. Ils sont classés selon le type de confort, permettant à chacun d'avoir son petit coin de ciel bleu. Une dizaine d'emplacements nus est proposée aux puristes du camping traditionnel. Autre alternative d'hébergement : des meublés tout équipés à louer. Côté loisirs, une piscine chauffée (ouverte du 15/5 au 15/9), avec toboggan et pataugeoire ainsi qu'une aire de jeux pour les enfants et une structure gonflable en juillet et août. Des animations ont lieu en saison (4 à 5 par semaine) : concours de pétanque, loto, soirée moules-frites et une animation plus spécialement pour les enfants. Pour vous restaurer, un snack-bar est ouvert en saison.

■ CAMPING LES ALIZES***

Les Becs
22, chemin du Quart-du-Matelot
✆ 02 28 11 42 90
www.campingalizes.com
contact@campingalizes.com

Ouvert du 1er avril au 15 octobre. Terrain de 2,75 ha. 145 emplacements (plus 2 maisons meublées à louer). Emplacement de 20 € à 25,50 €. Mobil-homes pour 4 à 5 personnes de 240 € à 700 € la semaine ; mobil-homes pour 6 personnes de 330 € à 760 € ; mobil-homes pour 2 à 4 personnes de 250 € à 650 €. Maison pour 4 personnes de 260 € à 650 € la semaine, maison 5 à 6 personnes de 290 € à 710 €. Jeux pour enfants. Wifi. Snack-bar. Animations. Terrain multi-sports.

Le Camping Les Alizés se situe près de la forêt domaniale de Saint-Jean-de-Monts, à 800 m de la plage des Becs. Il est situé en retrait et donc au calme de ce quartier qui s'anime aux vacances, et pourtant à proximité de tous les commerces, services et loisirs (quad, parc aquatique Atlantic Toboggan, loueurs de vélos...). Ses 145 emplacements en font un camping à taille humaine et à l'ambiance conviviale. D'ailleurs, de nombreux habitués viennent chaque année prendre leurs vacances ici. A louer des mobil-homes de différentes catégories de confort et aux tarifs en conséquences pour pouvoir se payer en famille de bonnes vacances en bord de mer, environ vingt emplacements sont réservés aux tentes et caravanes et vous pourrez aussi louer l'une des deux maisons meublées pour 4 à 6 personnes. Chacun profitera en journée de la piscine et des animations, les petits dévaleront le toboggan pendant que les plus jeunes joueront dans la pataugeoire. Et le soir tout le monde se donnera rendez-vous au snack-bar, en juillet et août, autour des animations (5 par semaine).

■ CAMPING LA POMME DE PIN – YELLOH ! VILLAGE****

Les Mouettes
6, avenue des Becs ✆ 02 51 58 21 26
www.campingpommedepin.fr
info@campingpommedepin.fr

Ouvert du 02 avril au 11 septembre 2016. Terrain de 5,5 ha. 280 emplacements. Exposition : mi-ombragé. Sol : herbeux. Emplacement de 18 € à 47 €. Mobil-homes de 231 € à 1 533 € la semaine. Jeux pour enfants. Wifi. Restauration (snack, rôtisserie). Espace bien-être. Bain bouillonnant. Animations dès avril. Terrain multisports, château gonflable, boulodrome.

Ce camping est un de nos coups de cœur ! Il jouit d'un emplacement privilégié, à 200 m de la mer, avec un accès direct à la plage. Donc on pose la voiture et on n'y touche plus, d'autant que de nombreux commerces sont à proximité et les pistes cyclables dès la sortie du camping. Signalons l'excellent entretien et les infrastructures de qualité de ce camping familial joliment paysagé, et l'accueil très aimable qui vous sera réservé par Gaëlle, Bruno et leur équipe. L'autre atout : l'espace aquatique bien paysagé offrant 500 m² de bassins chauffés en extérieur, avec bassin de réception et toboggan, pataugeoire et jeux d'eau pour les enfants, piscine couverte chauffée dès avril. Pour les enfants un club, une belle aire de jeux, pour les ados, des animations proposées autour du terrain multisports, et d'autres pour toute la famille en journée et en soirée. Le club enfant, les animations et services sont en place dès avril. Différentes catégories de mobil-homes, du 2 au 6 personnes, tous équipés de terrasse couverte. Également des tente lodge sur pilotis : esprit nature garanti ! Cerise sur le gâteau : un espace bien-être avec spa, hammam et sauna, créé en 2015. Un très joli camping aux portes de la plage.

■ CAMPING LE CHATEAU – SUN MARINA*****

50, rue du Château-Vieux
✆ 02 51 54 35 88
www.sunmarina.com
info@sunmarina.com

Ouvert d'avril à mi-septembre. Terrain de 7 ha. 350 emplacements. Exposition : mi-ombragé. Emplacement + véhicule + 2 personnes de 17 € à 38 €. Mobil-homes de 280 € à 1 070 € la semaine. Affilié Vacaf. Club enfants. Garde d'enfants. Jeux pour enfants. Wifi payant. Restauration. Bain bouillonnant. Animations.

Les amateurs de frisson séjournant au Camping Le Château vont se régaler avec 2 toboggans d'une hauteur de 12 m ! C'est unique ! Sensations fortes garanties ! A 1,5 km du centre-ville, Le Château est entièrement dédié aux familles avec de jeunes enfants. Il vous séduira par ses équipements uniques en Vendée, et son programme d'animations 100% jeunesse (de 3 à 11 ans). Pour les parents, des moments de liberté pour profiter pleinement des activités et des soirées. Voici un petit florilège des équipements de loisirs dont il est doté : parc aquatique extérieur chauffé équipé de toboggans, piscine couverte chauffée avec bain bouillonnant ; pour les enfants, l'Aqua Toon, une plaine de jeux aquatiques de 100 m², le Funny Parc avec ses 5 structures gonflables géantes, et une aire de jeux de 400 m². Bon point aussi pour le service de baby-sitting 7j/7 (payant). Pour les plus grands : terrain de foot, de volley, de pétanque et de basket (nouveauté 2016), jeux vidéos, et salle ping-pong ! Et parmi les services : bar, restaurant, plats à emporter...

■ **CAMPING LES SALINES****

72, avenue des Becs

✆ 02 51 58 11 95 / 06 47 21 97 65

www.campingsalines.com

campinglessalines@free.fr

Fermé du 1er novembre au 30 mars. Terrain de 3 ha. 130 emplacements (dont 40 nus). Exposition : mi-ombragé. Sol : sablonneux / herbeux. Emplacement de 17 € à 27 €. Mobil-homes pour 4 à 6 personnes de 230 € à 600 € la semaine. Jeux pour enfants. Wifi. Point Wifi (gratuit) autour de l'accueil. Snack et dépôt de pain en juillet et août.

Ce camping 2-étoiles de 130 emplacements est situé à l'orée d'une forêt de pins, entre Saint-Gilles-Croix-de-Vie et Saint-Jean-de-Monts, à moins de 800 mètre d'une plage, et dans un secteur qui compte plusieurs campings. Sur 3 hectares de terrain mi-ombragé, les fidèles clients reviennent d'année en année, contents de l'ambiance familiale qui règne ici et de l'accueil qui leur est réservé. Les prestations sont simples mais côté loisirs, vous profiterez d'une piscine chauffée, équipée d'une pataugeoire entourée d'une terrasse-solarium, d'une aire de jeux pour les enfants et d'un espace réservé aux amateurs de pétanque. Une salle bibliothèque est à disposition à côté de l'accueil, ainsi qu'un point Wifi (gratuit). A 900 m du camping, d'autres activités de loisirs sont possibles dont le parc aquatique Atlantic Toboggan, ainsi qu'une fête foraine et des commerces. Pour votre hébergement, une cinquantaine d'emplacements de camping dans une prairie (proposés de mai à septembre), le reste étant des mobil-homes (anciens ou plus récents). Ajoutons qu'il y a aussi un sanitaire avec WC pour personne à mobilité réduite et un sanitaire pour les enfants avec baignoire bébé.

■ **CAMPING SOL A GOGO******

61, avenue de la Pège

✆ 02 51 54 29 00

www.solagogo.com

info@solagogo.com

Qualité Tourisme. Ouvert du 14 mai au 10 septembre 2016. Terrain de 3,8 ha. 200 emplacements. Exposition : mi-ombragé. Sol : sablonneux. Emplacement de 23 € à 43 €. Mobil-homes pour 4 à 5 personnes de 294 € à 1 029 € la semaine ; mobil-homes pour 6 personnes de 350 € à 1 085 €. Club enfants. Jeux pour enfants. Wifi payant. Restauration (snack-pizzeria). Bain bouillonnant, sauna. Animations. Terrain multisports.

L'incontestable atout de ce camping est avant tout le site exceptionnel sur lequel il repose, jouissant d'un accès privé direct, par la dune, à une belle plage de sable fin à 50 m. On ne peut être plus près de la plage ! Les bonnes nouvelles ne s'arrêtent pas là. Même si l'océan est à côté, les enfants pourront se divertir dans l'espace aquatique paysagé de rochers, au milieu duquel trône un phare et 3 toboggans, pendant que les plus petits joueront dans la nouvelle pataugeoire et ses attractions. Il y a aussi un bassin couvert avec bain bouillonnant et un bassin

de réception intérieur pour le toboggan. Passons aux activités : club enfants pour les 4-12 ans (en juillet et août), pour les plus grands, des tournois sportifs, pour maman de l'aquagym ou du step sur la plage de sable,... Vos soirées seront bien occupées avec les nombreuses animations prévues. Sur des emplacements sablonneux, vous dormirez dans des cottages confort de 3 chambres ou des grands cottages confort de 5 places. Un service de restauration rapide et un bar sont à disposition et pour toute la famille : une belle et grande salle de jeux avec billards, jeux électroniques,... Un emplacement unique !

Loisirs

■ 201 FOREST AVENUE

Sion-sur-l'Océan
201, avenue de la Forêt
✆ 02 51 60 82 01
info@201forestavenue.fr

Bowling, laser game, bar, restaurant, salles de séminaires, club de forme Moving. Ouvert toute l'année. Le lundi de 10h à 22h ; le vendredi et le samedi de 9h à 2h ; le dimanche de 11h à 0h. Basse saison : du mardi au jeudi de 9h à 0h. Haute saison : tous les jours de 9h à 2h. Bowling : 5 € la partie en semaine de 9h à 19h, 6,20 € de 19h à minuit et 7 € du vendredi soir au dimanche, plus 1,80 € de location de chaussures. Laser Game : de 8 € à 10 € la partie par personne. Animations.

Situé à Sion-sur-l'Océan, ce complexe de loisirs de 4 000 m² unique en Vendée, est un lieu chic et contemporain qui réunit bowling, laser game, club de forme Moving, bar ambiance, restaurant avec vue panoramique sur l'océan, business center avec salles de séminaire pouvant accueillir jusqu'à 250 personneset des appartements duplex à louer. Au rez-de-chaussée un bowling de 12 pistes équipées de scoreurs informatisés et adaptées à tous les niveaux de jeu. Challenges les week-ends et animations avec lots à gagner. De l'autre côté du bar lounge, un Laser Game. Munis de veste et de pistolet laser, plongez dans un labyrinthe aux couleurs abysses truffé d'obstacles et d'effets spéciaux. L'objectif : marquer un max de points en visant les cibles lumineuses des vestes des adversaires. Par équipe ou en solo, vous avez 20 minutes pour établir la stratégie gagnante ! Des forfaits «anniversaires» sont proposés au bowling et au laser game. A l'étage un beau et vaste restaurant panoramique à la déco tendance. Plus loin un Club Moving de 750 m² : musculation, cardio-training, cours, Lady Moving et espace bien-être avec hammam. Equipements derniers cris avec programme personnalisé sur clé usb.

■ ATLANTIC TOBOGGAN

42, avenue des Becs
✆ 02 51 58 05 37
www.atlantic-toboggan.com
contact@atlantic-toboggan.com

Ouvert du 18 juin au 4 septembre 2016. Ouvert tous les jours de 10h30 à 19h30. Entrée : 22 €. Enfant de 3 à 12 ans : 18 €. Gratuit pour les moins de 3 ans. Chèque Vacances. Snack-grill.

Atlantic Toboggan est un grand parc sur 6 ha offrant dans une eau chauffée à 28 °C un espace aquatique de 1 500 m² ! Ce parc de loisirs aquatiques réjouit les familles depuis plus de 25 ans ! Avec 2 piscines dont une à vagues et une de natation, un bassin ludique pour les enfants, une rivière à bouées, des toboggans d'une hauteur de 15 m avec : un toboggan boa de 250 m, un kamikaze, une piste large. Petits et grands s'éclatent sur le Turbo Lance, le Black Hole et le Space Boat. En 2016, deux nouveautés attendent les enfants : « le dédalo kid's » avec 400 m² de jeux pour les tous petits et la « patau kid's », ainsi que 6 toboggans supplémentaires pour les plus grands. Mais aussi un espace forme avec cascades et l'autre avec bain à remous, des geysers, et plein de jeux dont un lac sur lequel toute la famille pourra faire du bateau à pédale. Pendant que les enfants joueront, maman pourra se faire bronzer sur l'un des nombreux transats dispatchés autour des piscines. Sur place, un espace restauration où vous pourrez grignoter en terrasse. Bon plan : si vous réservez par Internet, vous bénéficierez d'une réduction de 2 € par personne sur le tarif journée.

■ FEELING FOREST
Avenue de la Parée-Préneau
✆ 06 26 43 15 21
feelingforest@wanadoo.fr

Ouvert tous les jours de 11h à 19h. Basse saison : du mardi au dimanche de 13h à 19h. Haute saison : tous les jours de 9h30 à 21h. Entrée : 20,50 € ou 23,50 € pour les 2 activités pour les plus de 14 ans, 11 € pour les 6-8 ans, 16 € pour les 9-14 ans.

Feeling Forest et West Aventure sont deux entités qui regroupent plusieurs activités : des parcours aventure dans les arbres à pratiquer chez Feeling Forest. Neuf parcours à difficultés variés et selon les âges des participants sont proposés. Pour commencer il faut avoir minimum 6 ans. Bien sûr tout se passe sous la vigilence de professionnels et vous êtes bien arnaché. Autres activités : un mini-golf et un parc de jeux gonflables. L'autre entité, West Aventure propose des randonnées en quads, du karting sur circuit outdoor et une aire de paint-ball.

■ SAINT-HILAIRE NAUTISME
www.sainthilairederiez.fr

Fermé d´octobre à mai.

Saint-Hilaire Nautisme dispense des activités nautiques sur trois sites, deux proposent des loisirs nautiques sur mer (base des Demoiselles et base de la grande plage de Sion) et un sur plan d'eau (base des Vallées). Au programme, des activités pour petits et grands : optimiste, dériveur, catamaran, planche à voile, kayak, char à voile. Location de matériel et cours, avec l'accueil de groupes et d'un public individuel. La base de Sion est un site toniques pour la pratique du nautisme, tandis que la base des Demoiselles est un terrain propice à la pratique du char à voile. Enfin, à la base des Vallées, vous pourrez tirer des bords en toute confiance sur un plan d'eau intérieur de 10 hectares.

▶ **Autre adresse :** Base nautique des Demoiselles – plage des Demoiselles ✆ 02 28 11 68 30 Base nautique des Vallées – chemin des Vallées ✆ 02 51 55 99 17 Base nautique de la grande plage de Sion ✆ 02 51 55 13 12

Sorties

■ BEAU LAND PARK
Les Becs
Avenue des Becs

Ouvert du 02 juillet au 28 août 2016. Ouvert tous les jours de 20h à 1h. Manèges à partir de 2,50 € ; stands à partir de 1 €. Restauration sur place.

Vous voulez faire une sortie en famille ou entre amis sous le signe de la gaieté, rendez-vous au Beau Land Park. Cette immense parc d'attractions s'installe chaque année depuis de nombreuses saisons, durant l'été dans le quartier des Becs. Bienvenue au royaume de l'amusement ! Les plus belles attractions foraines sont sélectionnées pour votre plus grand plaisir. Attractions et manèges répondent tous à des noms originaux, entre le Love Pouss Pouss, Les Folies parisiennes (plus connu sous le nom du Palais du rire), le Palais des glaces, la Grue les Tontons flingueurs, Magic Land, la Petite Pêche, le Water Ball, de multiples jeux, flipper, le jeux que tous les jeunes connaissent « Call of Duty », l'île aux Trésors, et tout un tas de nouveautés comme le Train Fantôme, etc. Durant la période d'ouverture, assistez également au festival des Cascadeurs et de mi-juillet à fin août, et ne manquez pas le magnifique Cirque de Venise avec ses acrobates, ses jongleurs et sa ménagerie, que toute la famille va aimer. L'entrée est gratuite, seules les attractions sont payantes. Restauration sur place et vaste parking gratuit.

■ LE CAFE DE LA PLAGE
1, rue de l'Océan
Plage de Sion
✆ 02 51 54 51 76

Ouvert du mardi au dimanche. Restauration. Terrasse.

Voici un endroit qui a conservé le charme d'antan. Posé sur la plage, la maison aux volets verts, de style Belle Epoque, abrite un bar-brasserie. Dominant la mer, elle avance sa terrasse et accueille une clientèle multiple. A l'intérieur règne l'esprit d'un vieux café : grandes tables familiales pour une ambiance conviviale, lampes de style marin, casiers et filets de pêche, grande voile au plafond et aquarelles aux murs. Que vous ayez choisi la grande salle pour son atmosphère d'antan ou la terrasse panoramique sur mer, vous ne resterez pas insensible au cadre !

■ CLUB PUB SAINT-HILAIRE
6, avenue de la Corniche ✆ 02 51 55 34 90

Ouvert toute l'année. Le vendredi, le samedi et les jours fériés à partir de 21h.

Ce complexe Pub doublé d'une discothèque jouit d'un emplacement unique face à la mer, comme accroché à la corniche qui relie Saint-Gilles-Croix-de-Vie à Saint-Hilaire-de-Riez. Le Club Saint-Hilaire, la discothèque, est le lieu de rendez-vous des noctambules de la côte de lumière depuis de nombreuses années. Un lieu fréquenté toute l'année, et apprécié pour ses animations régulières toute l'année et la venue de DJ de qualité. Côté pub, qui porte d'ailleurs bien son nom car le style pub anglais est bien ancré, des spécialités de bières et de cocktails, et des concerts live toutes les semaines en été et une fois par mois en hiver. Et tout ça sur une ambiance musicale qui balaie tous les styles. L'autre atout : la terrasse panoramique sur la mer.

Emplettes

■ BOULANGERIE Ô DIVINE SAVEUR
21, rue Georges-Clemenceau
✆ 02 51 54 30 80

Ouvert du jeudi au mardi de 7h à 13h et de 15h30 à 19h30.

La boulangerie-pâtisserie de David et Linda se situe dans le centre-ville de St-Hilaire-de-Riez, juste à côté de la mairie. Derrière la jolie façade aux couleurs orangées, une vingtaine de spécialités de pains, avec en figure de proue la Pétrisane et la baguette Tradition, mais également la brioche dont la recette est familiale, et la gâche, elle aussi goûteuse. Autre spécialité, que vous retrouverez en été uniquement : le pâté aux prunes. Très bon. Vous trouverez bien sûr sur les étals des viennoiseries, des tartes maison de saison et des pâtisseries dont le Chiboust, un autre produit phare de cette adresse gourmande. David est passionné par son métier et affiche le sérieux et la qualité d'une fabrication artisanale, avec en plus l'accueil souriant de son épouse et des vendeuses.

- **Autre adresse :** 160, avenue de la Pège (en saison uniquement)

■ **LES VIVIERS DE SION**
Sion-sur-l'Océan
12, rue des Estivants
✆ 02 51 54 09 30
www.viviersdesion.fr
Haute saison : ouvert du lundi au vendredi de 8h15 à 12h45 et de 15h à 19h ; le week-end de 8h30 à 13h. Hors juillet et août : ouvert du lundi au vendredi de 8h30 à 12h30 et de 15h à 18h (fermeture à 17h30 d'octobre à Pâques). Et de Pâques à fin juin, ouvert en plus le samedi de 8h30 à 13h.

Chez les Merceron, la mer, on connaît ! C'est le grand-père de Julien (qui tient Les Viviers avec sa femme et leur joyeuse équipe) qui a créé Les Viviers. Ici, l'amour des produits de la mer se transmet de génération en génération. Les Viviers de Sion sont ouverts toute l'année et les arrivages de crustacés et de coquillages en provenance des ports vendéens y sont quotidiens. Fraîcheur garantie, service, conseil, choix et sourire ! La crevette rose de Saint-Gilles (triée et cuite sur place) demeure le produit phare mais le homard (européen, entier ou avec une seule pince), le crabe, la langouste, et l'araignée sont aussi en bonne place tout commes les autres coquillages et crustacés comme la langoustine, la crevette de Madagascar, les palourdes de Bouin, les moules, les bulots, les bigorneaux… Ici on privilégie la pêche locale et il faut noter le très bon rapport qualité/prix. Possibilité de cuisson sur demande, bien sûr.

SAINT-GILLES-CROIX-DE-VIE ★★

Saint-Gilles-Croix-de-Vie est une station balnéaire agréable, appréciée d'une clientèle variée car animée en toute saison. Mais au départ, il y avait deux communes distinctes : Saint-Gilles-sur-Vie (cité la plus ancienne) et Croix-de-Vie. Les deux furent réunies en une seule commune de Saint-Gilles-Croix-de-Vie en 1967. Un mariage de raison économique ! Son site, au confluent de la Vie et du Jaunay, est très significatif. La Vie fut longtemps une séparation réelle entre les populations, frontière entre protestants et catholiques d'abord, entre blancs et bleus pendant les guerres de Vendée ensuite… Ainsi, Saint-Gilles-sur-Vie fut créé par une colonie phocéenne et était déjà prospère à l'arrivée des Romains. Au Moyen Âge, Saint-Gilles-sur-Vie était un centre de navigation important qui accueillait des bateaux de cent tonneaux. Après les guerres de Vendée de 1793 et de 1815, les deux cités et la région connurent une période de calme durant laquelle on construisit un pont (1835) enjambant la Vie et une gare pour l'arrivée du chemin de fer (1861). Croix-de-Vie n'apparaît qu'au XVIe siècle, pour recevoir les marins de Saint-Gilles. Elle connut un bel essor, en 1610, grâce à Marie de Beaucaire, baronne de Riez, qui fit construire le grand môle et le quai neuf de Madame (aujourd'hui baie de l'Adon), ainsi que la chapelle qui fut l'église de Croix-de-Vie jusqu'en 1896, année de la construction de l'église actuelle. En 1622, le roi Louis XIII dîna et coucha à Croix-de-Vie dans la demeure seigneuriale de la famille de Lézardière, située à l'emplacement actuel de l'immeuble Les Balcons du Centre, rue De-Gaulle. Aujourd'hui chef-lieu de canton, station balnéaire et maritime, Saint-Gilles-Croix-de-Vie compte plus de 7 500 résidents à l'année, un port de pêche et un port de plaisance, ancrés au cœur de la ville, d'une capacité d'accueil de 1 100 places. La ville a su garder ses couleurs, ses vieux quartiers et ses traditions. Destination familiale par excellence, la station est d'ailleurs labellisée « Famille plus » depuis 2006. Elle porte aussi le label national « Site remarquable du goût ». Cette association s'appuie sur la réputation du petit poisson bleu (la sardine), qu'elle met en valeur par des partenariats, des animations… Elle produit également une boîte de sardine « collector » (en vente à l'office de tourisme).

■ **OFFICE DE TOURISME DU PAYS DE SAINT-GILLES-CROIX-DE-VIE**
Office de tourisme
Place de la Gare
✆ 02 51 55 03 66
www.payssaintgilles-tourisme.fr
ot@stgillescroixdevie.com

De septembre à juin du lundi au samedi de 9h30 à 12h30 et de 14h à 18h30 (18h en hiver). Ouvert les dimanches matins de juin à mi-septembre. Juillet et août du lundi au samedi, de 9h30 à 19h. Dimanches et jours fériés, de 10h à 13h et de 15h30 à 19h. Label Tourisme & Handicap. Moteur, mental, auditif, visuel.

L'office de tourisme intercommunal du Pays de Saint-Gilles-Croix-de-Vie présente toutes les informations des communes suivantes : Saint-Gilles-Croix-de-Vie, Saint-Hilaire-de-Riez, Brétignolles-sur-Mer, Brem-sur-Mer, Notre-Dame-de-Riez, Commequiers, Coëx, Saint-Révérend, Saint-Maixent-sur-Vie, L'Aiguillon-sur-Vie, La Chaize-Giraud, Landevieille, Givrand, Le Fenouiller. Vous saurez tout des manifestations culturelles, marchés, produits du terroir et de l'histoire de cette région de Vendée, mais vous y trouverez également un large choix d'hébergements, restaurants, sans oublier les activités sportives, les sites à visiter, les lieux labellisés «Tourisme et Handicap»... ou bien encore les horaires des marées. Vous pouvez aussi télécharger gratuitement sur votre mobile toute l'offre touristique de la destination grâce à l'application « Pays de Saint Gilles Tour ».

L'office de tourisme du Pays de Saint-Gilles-Croix-de-Vie propose des visites commentées à pied et à vélo (maximum 35 personnes, sauf pour le vélo limité à 20). Programme détaillé, et inscription dans les bureaux d'information touristique du Pays de Saint-Gilles-Croix-de-Vie. A partir de 5 €.

- **À Saint-Gilles-Croix-de-Vie, « La pêche d'hier à aujourd'hui ».** Entre traditions et modernité, un monde en pleine mutation : des caseyeurs aux palangriers, découverte des activités et techniques de pêche. Rencontre et passion autour de la vie des « gens de mer » et petite dégustation de sardine.
- **À Brem-sur-Mer, « Lumière sur l'art roman ».** Saint-Nicolas, joyau du pays brémois : à la lumière du soir, découverte de cette église, classée aux monuments historiques, l'un des plus anciens édifices romans de Vendée. Parcours historique, architectural et spirituel.
- **À Brétignolles-sur-Mer, « Millefeuilles ».** Autrefois, les gens cuisinaient au quotidien les plantes sauvages. Mais peu à peu, nous avons oublié ce savoir-faire ancestral. Cette balade gourmande est une (re) découverte des plantes comestibles.
- **À Saint-Hilaire-de-Riez, « À vélo... entre terre et mer ».** Dune, forêt, marais d'eau douce et d'eau salée sont autant de milieux naturels que vous allez découvrir. Vous entendrez parler de traditions, de savoir-faire, d'hommes et de femmes qui, au fil des siècles, ont façonné ce territoire que nous avons la charge aujourd'hui de protéger. Tarif : 8 €.
- **À Commequiers, visite guidée « À l'assaut du château » .** Conservé dans son écrin de verdure, le château de Commequiers dresse fièrement ses puissantes murailles héritées du XVe siècle. Marqué aujourd'hui encore par les aléas du temps, ce château demeure néanmoins unique en France de par sa forme octogonale.

Grande plage de Saint-Gilles Croix de Vie.

Le géocaching, une chasse aux trésors des temps modernes

Le géocaching est un loisir qui consiste à utiliser la technologie de géopositionnement par satellite (GPS) pour dissimuler et rechercher un contenant appelé « cache » dans divers endroits à travers le monde. Cette activité allie ainsi le plaisir de la randonnée à celui du jeu et de la découverte. L'office de tourisme du Pays de Saint-Gilles-Croix-de-Vie a mis en place une dizaine de caches sur son territoire (caches traditionnelles et multi-caches, pour lesquelles on doit résoudre une énigme avant de trouver les coordonnées de la cache proprement dite), et propose la location de GPS dans ses quatre bureaux d'information touristique (3 € la demi-journée et 5 € la journée). En famille, en couple ou entre amis, sortez des sentiers battus et partez à la recherche de caches dissimulées au cœur du Pays de Saint-Gilles-Croix-de-Vie !

Points d'intérêt

■ CONSERVERIE LA PERLE DES DIEUX ★

Z.I. de La Bégaudière
49, rue des Couvreurs
✆ 02 51 55 55 44
contact@laperledesdieux.com

Fermé du 1er décembre au 31 janvier. Projection du film du lundi au vendredi à 11h, 15h et 17h en juillet et août. Autre période : 14h30 et 16h30. Gratuit jusqu'à 16 ans. Adulte : 3 €. Boutique.

La Perle des Dieux est la marque premium de la conserverie de Saint-Gilles-Croix-de-Vie, fondée en 1867. En provenance directe du port de Saint-Gilles, les sardines sont fraîchement pêchées au meilleur moment de la saison, puis sélectionnées et préparées manuellement, à l'ancienne. Elles sont cuites au bain d'huile de qualité supérieure, puis placées à la main dans les boîtes et recouvertes d'huile nouvelle. Il faut ensuite attendre quatre ou cinq ans avant de les déguster : elles n'en seront que meilleures ! C'est toute l'histoire de la sardine que retrace le film projeté ici (« La sardine est dans la boîte »), que complète un espace découverte et exposition, avec la dégustation au bout bien sûr. Cette conserverie traditionnelle fabrique essentiellement quatre types de produits : les conserves de poissons (sardines, maquereaux, thon et merluchon). Le produit-phare demeure les sardines Label Rouge, ainsi que les sardines millésimées. Elles sont présentées dans un bel écrin magnifiquement illustré, avec un dessin différent chaque année. Ce sont de véritables objets de collection ! Vous retrouverez ces produits haut de gamme dans l'une de leurs quatre boutiques de Vendée.

Autres adresses : 1, place de la Liberté – Jard-sur-Mer • 18, rue des Halles – Les Sables-d'Olonne • 56-58, quai de la République – Saint-Gilles-Croix-de-Vie

■ LA MAISON DU PÊCHEUR

22, rue du Maroc
✆ 02 51 54 08 09

Fermé du 1er octobre au 30 mars. Ouvert le lundi et du mercredi au samedi de 14h30 à 18h30. Ouvert pendant les vacances scolaires. Pour les groupes : toute l'année sur réservation (visite commentée de 1h). Gratuit.

Ne vous attendez pas à un super-musée avec plein de choses à voir en pénétrant ici, c'est un petit site, tout simple. Dans le quartier du Maroc, ainsi appelé parce qu'il fut peuplé dès le XVIe siècle par les descendants des Maures d'Espagne surnommés Marocains, la Maison du Pêcheur est une reconstitution d'un intérieur des années vingt. Cette ancienne maison de pêcheur est composée de deux pièces et d'une courette. Rénovée en 1993, elle présente les meubles, ustensiles et vêtements de l'époque ainsi que des informations sur le passé de cette petite cité maritime qu'est Saint-Gilles.

Le couvert

■ LE 46E PARALLELE

4, avenue Jean-Cristau
✆ 02 51 55 87 35
www.46parallele.com
info@46parallele.com

Fermé du 1er au 15 janvier. Basse saison : ouvert du mardi au samedi le soir ; du mardi au vendredi et le dimanche le midi. Haute saison : du mardi au dimanche le soir ; du mardi au vendredi et le dimanche le midi. Réservation recommandée. Menus semaine : 19,90 € en 2 plats (le midi) ou 26 €. Autres menus : 39 € et menu « Tout Homard » 55 €. Terrasse.

Onze ans que le 46e Parallèle nous surprend, tant gustativement que visuellement, entre une carte aux reflets d'une cuisine jeune, créative aux parfums métissés du monde, et un décor unique raffiné, écrin à l'atmosphère à la fois chic et décontractée, le tout avec la mer en fond d'écran. Estampillée «Maison du Homard», vous le retrouverez dans tous ses états : en *cream shake* de homard aux épices tandoori, en wok, rôti à la citronnelle ou faîtes-vous un Caprice de Star. La carte invite à la découverte de curiosités gustatives et fait voyager d'un continent à l'autre, avec parmi les plats les plus audacieux foie gras poêlé contraste glacé au litchi, ou le Surf & Turf (homard, gambas et bœuf à la plancha sauce rougail), qui côtoient un tournedos de thon, un cannelloni asiatique de poissons ou un croustillant de poulet aux saveurs d'Orient. En *guest star* : le tigre qui pleure, du filet de bœuf mariné aux épices et nouilles sautées aux légumes croquants. En dessert, succombez à l'étonnant mi-cuit au chocolat banane-avocat. Une adresse unique, une cuisine pleine de saveurs et d'originalité, où les mots « élégance » et « charme » prennent tout leur sens.

■ **LE BOUCHON**
38, quai de la République
✆ 02 51 55 51 08

Ouvert toute l'année. Basse saison : du vendredi au mardi le midi et le soir ; le mercredi midi. Haute saison : tous les jours le midi et le soir. Formule du midi : 12 € (en semaine, hors saison). Menu à partir de 14 € (en semaine). Menu du soir : 19,90 €. Formules «Sardines» l'été : 11 € et 13,50 €. Terrasse.

Nappes vichy rouge et blanc, banquettes en moleskine noire, parquet au sol et bois brut aux murs, la convivialité en plus : ce restaurant, situé à côté de la gare, a tous les signes du bouchon lyonnais, mais ici, vous êtes en Vendée, François a donc fait un bouchon vendéen ! Une terrasse sur le quai et une avancée couverte permettent de manger dehors ; sinon, il y a la jolie salle intérieure aux allures de bistrot. La carte est courte, les produits frais, et de grandes ardoises annoncent les suggestions du moment : rata de margate (un plat vendéen à base de seiche), poisson du jour (un filet de bar au beurre blanc le jour de notre passage) ou une entrecôte grillée hyper-copieuse ! En saison, la sardine grillée (puisque Croix-de-Vie est son fief) est à l'honneur ; l'hiver la carte fera place aux spécialités typiques des bouchons, avec des plats rustiques qu'on ne fait plus à la maison et qui plaisent tant comme la tête de veau, les tripes, les rognons, le pot-au-feu ou le cassoulet, à accompagner d'un des vins de la sélection du mois ou de grands crus (pomerol, saint-émilion…). Puis en dessert : tarte fine ou profiteroles choco-caramel. Bref, une adresse et une cuisine conviviales.

■ **LE BOISVINET**
2, rue Louis-Cristau ✆ 02 51 55 51 77
contact@boisvinet.com

Ouvert toute l'année. Basse saison : le lundi et du jeudi au samedi le midi et le soir ; le mardi et le dimanche le midi. Haute saison : du jeudi au mardi le midi et le soir. Menus de 29 € à 53 €. Menu enfant : 10 €. Formule du midi : 20 € (plat et entrée ou dessert ; et 25 € – le midi, en semaine).

Annabelle et Sylvain Maran tiennent cette très bonne table du quartier du Boisvinet, à deux pas de la plage du même nom. Style épuré, contemporain, intimiste, aux tonalités capuccino, le tout rehaussé de lustres en bois flotté. Côté cuisine, place est laissée aux produits de saison, en privilégiant les producteurs du coin. Par ses voyages et sa curiosité, le chef offre une cuisine gastronomique maîtrisée où se mêlent les produits locaux de la terre et de la mer ; des grands classiques revisités à l'image du hachis proposé ici au canard de Challans ou du célèbre paris-brest, aux créations plus personnelles jouant sur des épices subtiles et équilibrées, comme le pressé de foie gras de canard poêlé, poudre de fèves de cacao, milkshake d'asperges. Morceaux choisis de la carte hivernale qui ne manque pas de couleurs dans les assiettes : maquereau au nori, mariné et légère-

ment fumé, radis daikon et concombre en entrée, puis petit rappel de saveurs méditerranéennes avec le thon jaune mi-cuit, aubergines, copeaux d'ibérique, parmigiano et jus de piperade. En dessert, on se laissera tenter par les premières fraises de la saison.

LE CASIER
15, place du Vieux-Port
✆ 02 51 55 01 08
www.lecasier.com
restaurant.lecasier@wanadoo.fr

Ouvert tous les jours du 1er mars au 15 décembre. Menu enfant : 10,40 € (-12 ans). Menu du midi (sauf dimanche) : 14,50 € (entrée, plat et dessert du jour). Menu Océan : 18,90 €. Accueil des groupes (jusqu'à 20 personnes). Terrasse.

Voici une valeur sûre que nous adorons ! Vous êtes amateur de poisson ? Vous êtes entre de bonnes mains car François Grué est un ancien mareyeur. Situé près de l'église de St-Gilles, au cœur des ruelles du vieux port, on aime le décor chaleureux : charpente et parquet en chêne, banquettes en velours rouge, nappes à carreaux et objets de marine. Egalement une seconde salle pour les groupes et une petite terrasse dans la rue piétonne donnant sur le quai. La carte, courte, ne propose que du frais et essentiellement du poisson. Ici, pas de sauces, mais des cuissons vapeur ou à la plancha pour conserver les saveurs. La spécialité : le pot-au-feu de la mer. Mais aussi : l'excellente poêlée de seiche aux champignons frais, noix de St-Jacques à la plancha, sardines fraîches de Saint-Gilles, dos de cabillaud sur lit de purée de pommes de terre au jus de viande, moules... Et aussi quelques viandes dont un confit de canard maison. Une formule le midi propose entrée, poisson de la criée du jour et dessert. Des desserts eux aussi maison, avec en figure de proue les pommes au caramel beurre salé, baba au rhum, Paris-Brest, millefeuille, ou typiquement vendéen, le millet ou les caillebottes.

■ **LE CHARLOTIN**
29, quai du Port-Fidèle ✆ 02 51 26 99 54

Ouvert toute l'année. Basse saison : du mardi au dimanche le midi de 12h à 14h30 ; le mardi et du jeudi au samedi le soir de 19h à 21h30. Haute saison : tous les jours le midi de 12h à 15h et le soir de 18h30 à 22h. Menu du jour à 15,80 € et menu à 22 €. Menu enfant : 8,50 €. Terrasse. Patio.

Charlot, dont la silhouette orne la façade, veille sur ce restaurant devancé d'une terrasse couverte, ancré sur le quai du Port-Fidèle. Nous vous invitons à pousser la porte du Charlotin dont nous avons apprécié tout autant la cuisine, aux portions généreuses, que l'accueil aimable, polyglotte qui plus est, important pour la clientèle anglaise. La cuisine est traditionnelle, la carte, volontairement courte, se partage entre poissons et viandes : sole meunière, choucroute de la mer, assiette du pêcheur, entrecôte, magret de canard à l'Apicius (sauce au miel), salades et pâtes, et des suggestions à l'ardoise. Parmi les nouveautés : tempura de gambas, filet de bœuf en croûte, épaule d'agneau confite, filet de rouget à l'émulsion de parmesan et tagliatelles de margate à la tomate. N'oublions pas de parler de la spécialité : le cassoulet de la mer (en hiver) et de l'incontournable tarte Tatin en dessert ! Le jour de notre passage, nous avons opté pour le menu du jour, qui court de l'entrée au dessert, avec des produits frais et des fabrications maison. La salle est agréable et aux beaux jours, le patio fermé, sur le côté, est pris d'assaut, tout comme la terrasse qui donne sur le port.

■ CRÊPERIE LES ROSEAUX
16, quai de la République
✆ 02 51 55 20 12
lesroseaux85@hotmail.fr

Ouvert toute l'année. Tous les jours à partir de 8h30. Fermé le lundi d'octobre à mars. Menu enfant : 6,20 €. Formule : 7,90 €. Formule goûter (l'après-midi) : 3,90 €. Terrasse. Service continu. Bar.

Cette bonne petite crêperie, installée face à la gare, affiche des allures de bourrine, avec un véritable plafond en roseaux, comme ces fameuses habitations typiques du marais au toit de chaume. D'autres objets rustiques, comme un poste de radio d'époque et de vielles portes de fermette aux murs, créent parfaitement l'illusion. Ouverte dès le matin, cette crêperie doublée d'un bar offre un service continu sur l'ensemble de la carte. Parmi une choix d'une soixantaine de galettes et crêpes, nous avons opté pour l'originalité de la Mac Bourrine (avec steak haché, condiments, frites...) et la Croix de Viot, locale, à base de concassée de sardines. La Bretonne, à l'andouille de Guémené et pommes poêlées, sauce moutarde à l'ancienne, et celle à base de noix de Saint-Jacques font aussi un tabac.

En saison, des moules marinières et de copieuses salades comme la Vendéenne ou la Saint-Gilles, avec harengs et sardines, complètent la carte. Pour la note sucrée, la région est encore à l'honneur avec la crêpe Caféine au kamok ou l'Islaise (compotée de pruneaux au rhum) qui rivalisent avec l'incontournable au caramel de beurre de cacahuète maison. Les après-midis, formule goûter à 3,90 €.

■ LAVANO
2, place Guy-Kergoustin
✆ 02 51 55 50 06
www.lavano.fr

Ouvert toute l'année. Restaurant, café. Ouvert 7j/7 d'avril à fin septembre. D'octobre à avril, fermé dimanche soir, lundi et mardi soir. Service non-stop en saison. Menu enfant : 8,70 €. Formule du midi : 11,10 € (ou 13,10 € de l'entrée au dessert ; sauf week-ends et fériés). Formule «pizza» : 13,10 €. Chèque Vacances. Accueil des groupes. Terrasse. Espace enfants. Labellisé Famille Plus. Wifi.

Nouvelle équipe en salle et en cuisine à Lavano, autour d'Eric et Jean-Marc. Située face à l'église et devant le marché qui se tient les mercredis et samedis, cette belle brasserie doublée d'un bar se fréquente à toute heure de la journée. E

n effet, dans ce cadre moderne et décontracté, on y vient tout autant pour le café du matin, la pause glace, à l'heure de l'apéro avec des amis, ou pour un repas en toute convivialité. La terrasse, aux grands parasols style chapiteau, invite à se poser aux beaux jours ; et le décor, original et chaleureux, avec ses murs en bois brut et ses bouées de bateau multicolores, imaginé par l'Atelier Draft, fera figure de cocon les jours gris. L'espace s'articule autour d'un beau bar séparé du restaurant, avec au fond un salon pour les groupes. A la carte, des produits faits maison telles l'excellente choucroute de la mer, les sardines de Saint-Gilles, les marmites de moules (en saison) ou les grillades de viandes, auxquels s'ajoute une carte de pizzas (sur place ou à emporter). Le pizzaiolo fabrique sa pâte, fine, à base d'une farine artisanale de Vendée. Les familles apprécieront d'autant plus Lavano qu'un espace est dédié aux enfants.

■ LA MOULERIE DE LA GARE
52, quai de la République
✆ 02 51 55 07 28

Fermé de décembre à début février. Basse saison : ouvert du mardi au dimanche. Haute saison : tous les jours. Menu du jour, hors saison : 11,50 €. Terrasse.

Bienvenue dans ce temple dédié à la moule ! Une fois que vous y aurez goûté, il y aura eu l'avant et l'après-Moulerie de la Gare, tant elles sont délicieuses. Le restaurant de Sylvie ne manque pas de qualificatifs : qualité, diversité, originalité des recettes et générosité dans la marmite ! Ici, moules-frites riment avec créativité. Elle propose en tout 52 recettes pour se lécher les doigts, avec frites à volonté ! Au curé nantais, à la troussepinette, aux 3 fromages, au saumon, à la bolognaise, à la vendéenne, aux escargots, à l'ardennaise, sans oublier la gillocrucienne à base de rillettes de sardines et sardines de Saint-Gilles-Croix-de-Vie ou place à l'exotisme avec les moules Caraïbes (crème, curry, raisin, ananas, rhum) ou Coco. En dessert, choisissez dans la sélection de coupes glacées : copieuses et à prix correct. En été la Moulerie offre des services tardifs midi et soir et il est possible de manger en terrasse. Un succès général pour cette moulerie que les amateurs du mollusque ont déjà inscrite dans leur précieux agenda de bonnes adresses. Très bon rapport qualité-prix compte tenu des belles portions, cadre soigné et bon accueil : en somme, que de bonnes raisons de venir et revenir !

OSE
18, avenue de la Plage
✆ 02 51 26 98 49

♿

Ouvert toute l'année. Basse saison : du jeudi au lundi. Haute saison : du mardi au dimanche. Menu unique à 27 €. Carte : 30 € environ. Formule du midi : 12 € (plat et dessert). Chèque Restaurant. Terrasse.

Une de nos tables préférées... Le restaurant de Katia et Olivier vous charmera tant par sa cuisine, son accueil souriant, que par sa déco tendance, aux dominantes fuschia et gris, rehaussée de tableaux créés pour ce lieu. C'est sans aucun doute l'une des meilleures tables du pays de Saint-Gilles. On aime beaucoup la terrasse-pergola qui accueille les gourmets en toute saison. La cuisine d'Olivier est empreinte de passion et d'inventivité, jouant sur les mariages de saveurs comme dans les associations d'une boule de glace dans les plats, ajouté à un zeste d'exotisme à l'image de la trilogie de foies gras composée d'un foie gras mi-cuit et sa brioche, d'un chou praliné foie gras et d'une glace foie gras. Extra ! Il travaille des produits frais de grande qualité. Cet hiver, Olivier nous régalait d'un cabillaud avec un condiment poire céleri noix, accompagné d'une écrasée de pommes de terre. Autre illustration du voyage culinaire, avec en dessert un croustillant avec une émulsion coco, un sorbet litchi pomelos et sa brunoise de fruits. Et pour les gourmands, le mi-cuit au cœur pistache présenté avec son bâton de rouge à lèvres au chocolat, un incontournable dont on se délecte toujours autant.

■ LE RÉCIF
20, boulevard de la Mer
✆ 02 28 10 90 01
contact@le-recif.com

Ouvert toute l'année. Basse saison : tous les jours le midi ; du vendredi au dimanche le soir. Haute saison : tous les jours le midi et le soir. 11 € (et 14,50 €). Terrasse.

Solène et Stéphane tiennent cette crêperie située face à la plage du Boisvinet et l'école de voile. Le Récif dispose d'une terrasse ensoleillée qui profite de la vue sur la mer, la route qui passe devant étant en sens unique. Le produit phare c'est la galette, même si la palette s'est élargie et propose une restauration de type brasserie avec quelques viandes, salades et moules. Les galettes sont fabriquées dans la plus pure tradition bretonne, c'est-à-dire à base de farine, de gros sel et d'eau, et c'est tout ! Elles sont donc craquantes. Ça ne plaît peut-être pas à tout le monde, mais les adeptes en redemandent. Elles sont servies avec une petite aumonière de salade verte. On a aimé la galette Guémenoise pour ses saveurs et la galette Saint-Jacques pour sa présentation avec sa brochette présentée dessus. En saison, des moules de l'Aiguillon ou de l'île d'Yeu viennent enrichir la carte et les formules. En dessert, on vous conseille la crêpe Normande avec un caramel beurre salé et glace vanille (de la marque Glaces des Alpes) ou pour les amateurs, la vraie crêpe Suzette.

■ **LES VOYAGEURS**
3, quai du Port-Fidèle ✆ 02 28 10 54 00
sarlpnm@free.fr
Ouvert toute l'année. Brasserie, pizzeria, bar, glacier. Basse saison : du mercredi au lundi le midi ; du mercredi au dimanche le soir. D'avril à septembre : ouvert tous les jours. Service continu en juillet et août. Menu enfant : 8,50 €. Formules du jour le midi en semaine (sauf juillet et août) : 12,90 € et 14,90 €. Carte fidélité : 10ème formule du jour offerte. Accueil des groupes. Terrasse. La belle façade en pierre de taille avec terrasse de cette grande brasserie s'avance sur le quai face à la rivière la Vie. A sa tête Nuala et Patrick Morin. La porte s'ouvre sur un cadre unique au style british. Décor typique tout en boiseries, pierres et briques, box en bois et objets sportifs du passé : vieilles raquettes en bois, dédicaces de joueurs de base-ball, accessoires de cricket, golf... Le magistral escalier en bois conduit à la belle salle du haut à la vue dégagée sur le port. La cuisine est traditionnelle, maison, et s'articule autour d'une carte offrant le choix : fruits de mer, poisson du jour, des moules (en saison), une belle carte de pizzas d'avril à septembre, sans oublier les plats phares présents toute l'année comme la choucroute de la mer, l'entrecôte de race Charolaise ou les hamburgers avec le hâché frais du boucher et le pain fabriqué par leur boulanger. Le nouveau chef, arrivé début 2016, met l'accent sur les produits locaux. En saison, il proposera entre autre un confit de canard. Des plats à accompagner d'un des vins d'une carte fournie, avant de terminer par un dessert maison ou de déguster l'une des coupes de glaces sur la terrasse abritée.

■ **RESTAURANT PORTUGAIS LE FADO**
38, boulevard de l'Égalité ✆ 09 86 17 61 99
Ouvert toute l'année. Tous les jours le midi et le soir. Menus de 17,50 € à 21 €. Terrasse. Voilà une cuisine qui change puisque le Fado propose des spécialités portugaises. C'est même le seul de Vendée à notre connaissance, donc si vous voulez découvrir cette cuisine ou retrouver vos racines, si vous êtes portugais, le Fado est dans le quartier du Maroc, à deux pas du port. La salle est petite, le cadre simple avec, à l'entrée du restaurant, un mannequin vêtu d'un costume traditionnel portugais. Antoine est au service tandis que Luisa, elle-même portugaise, s'affaire le matin pour préparer les plats à base de morue. Car oui la spécialité ici c'est la morue, et Luisa nous confie qu'au Portugal, il y a autant de recettes de morue que de jours dans une année ! Les plats sont très copieux, et les tarifs doux. Au hasard des suggestions chaque jour différentes, quelques incontournables comme les délicieuses accras de morue et la cataplana (plat typique proposé chaque samedi soir). Parmi les autres plats qui se succèdent : beignets de crevettes, encornet farci, lasagnes à la morue, quiche à la morue. Luisa cuisine beaucoup les poivrons, oignons et pommes de terre avec ces recettes. Et si vous avez encore une place pour le dessert, ce sera un flan. Réservation conseillée le week-end.

Le gîte

■ **HOTEL LE CEITYA****
47, rue Général-de-Gaulle
✆ 02 51 55 01 13
www.hotel-leceitya.com

HOTELcert. Ouvert toute l'année. Deux types de chambres : Rénovées ou Classiques. Chambre double de 51 € à 60 € la nuit, de 70 € à 120 € la nuit. Petit déjeuner buffet :

9,50 € (4,50 € pour les enfants de 2 à 8 ans). Parking (payant). Label Tourisme & Handicap. Chiens de petite taille autorisés : 4 €. Séminaires. Wifi gratuit. Situé au cœur de la rue piétonne, Le Ceïtya porte le nom d'un bateau japonais. Il révèle un caractère unique par ses prestations de bonne qualité, et son ambiance zen, perceptible dès le salon d'entrée, jusqu'aux chambres. Ancré à 2 minutes de la gare et du centre-ville et à environ 800 m des plages, il jouit d'un emplacement de choix. La déco, avec son mobilier en bois wengé et ses teintes prédominantes chocolat, mauve, bordeaux et blanc cassé, est tendance et laisse présager de la quiétude des lieux. En 2013, de nouvelles chambres thématisées très spacieuses à la déco originale ont été créées, ainsi que 2 chambres pour personne à mobilité réduite. Elles sont superbes et situées dans une jolie cour paysagée. Au total donc 17 chambres rénovées, de grand confort, insonorisées, climatisées, équipées de télévision avec écran plat (19 chaînes françaises et étrangères dont Canal+ Le Bouquet), téléphone, et connexion Internet. Les salles de bains aux couleurs gaies offrent bains ou douches (à l'italienne), WC, sèche-cheveux. Il y a également cinq chambres classiques à petits prix. Pour un séjour au cœur de la ville dans un cadre qui allie harmonie, détente et confort.

■ **RÉSIDENCE ET HÔTEL ÉDENA*****
39, boulevard de-Lattre-de-Tassigny
✆ 02 51 55 30 44
residence@hoteledena.com

Logis (3 cheminées). Qualité Tourisme. Accueil vélo. Ouvert d'avril à octobre. 24 chambres (dont 1 suite familiale et des chambres communicantes). Chambre double de 87 € à 126 € ; chambre triple de 103 € à 143 €. Petit déjeuner : 9,50 € (enfants : 5 €). Chambres quadruples : de 130 € à 164 €. Résidence de tourisme de 34 studios et appartements. De 68 € à 153 € la nuit, selon l'appartement et la saison. Label Tourisme & Handicap. Chiens de petite taille autorisés : 4 €. Wifi. Bain bouillonnant, sauna.

Edena propose 2 formules d'hébergement : en hôtel 3-étoiles ou en résidence. A l'hôtel, les chambres entièrement rénovées, sont très agréables, claires et parfaitement aménagées dans le style moderne actuel. Elles offrent un grand lit, sont équipées de bain ou douche à l'italienne, climatisation, mini-réfrigérateur, wifi, coffre et tv écran plat doté du satellite. Egalement deux résidences de standing : Eole et Alizé qui comptent respectivement 7 appartements de 6 personnes et 27 studios pour 2 à 5 personnes, équipés d'une kitchenette, tv écran plat, wifi, climatisation et salle de douche. Ce complexe se trouve à 900 m de la mer et dispose de superbes équipements de loisirs : une piscine extérieure avec un bel espace terrasse-solarium, une autre couverte à 29 °C, une salle de remise en forme, sauna, bain bouillonnant. La salle de petit-déjeuner, qui donne sur la piscine, est lumineuse et agréable. Le standing, quoi ! De belles prestations au cœur de Saint-Gilles-Croix-de-Vie, à quelques centaines de mètres de la mer, avec cerise sur le gâteau : une belle piscine.

Campings

■ CAMPING LE PETIT PAVILLON**

181, route des Sables ✆ 02 51 55 14 63
www.lepetitpavillon.fr
petit.pavillon@wanadoo.fr

Ouvert du 1er avril au 30 septembre. Terrain de 2,6 ha. 171 emplacements (11 locatifs et 80 emplacements camping). Exposition : mi-ombragé. Sol : herbeux. Relief : plat. Emplacement de 8 € à 19,50 €. Mobil-homes de 165 € à 500 € la semaine. Tarif camping-car l'été. Chèque Vacances. Jeux pour enfants. Aire de vidange pour camping-car.

Ce camping 2 étoiles se situe à 900 m de la plage et à 3 km du centre-ville. Avec Laure et Julien c'est la seconde génération, autant dire que ce camping, créé il y a un peu plus de 40 ans, s'inscrit dans la tradition familiale. Très bien entretenu, bien fleuri, il propose des emplacements libres pour les puristes du camping et pour ceux qui souhaitent un peu plus de confort, la location de mobil-homes. Des mobil-homes récents pouvant accueillir de 2 à 6 personnes, équipés d'un salon de jardin et d'un branchement TV. Les camping-caristes ne sont pas oubliés, de même que les marcheurs et cyclistes qui trouveront toujours un emplacement libre au Petit Pavillon. L'ambiance est familiale et conviviale et vous serez très bien reçus. Sur place, pour vous détendre, un minigolf, pétanque, une salle de jeux, une aire de jeux pour les enfants, et, en été, des animations ou ateliers 3 matins par semaine pour adultes et enfants et une animation en soirée par semaine. A 200 m du camping, vous pourrez vous détendre en pratiquant la pêche en rivière et emprunter les pistes cyclables pour aller au centre de Saint-Gilles-Croix-de-Vie.

■ CAMPING LE BAHAMAS BEACH****

168, route des Sables ✆ 02 51 54 69 16
info@chadotel.com

Fermé du 25 septembre au 1er avril. Terrain de 4 ha. 235 emplacements. Emplacement de 18,50 € à 34,50 €. Mobil-homes de 271 € à 924 € la semaine. Aire pour camping-cars. Wifi payant.

Ce camping est situé à 3,5 km du centre-ville de Saint-Gilles et à 800 m de la plage du Jaunay en accès direct sur plus de 4 hectares de terrain en partie ombragé. Il dispose de 235 emplacements mi-ombragés pour louer mobile-homes et chalets de capacité d'accueil allant jusqu'à 6 personnes selon le modèle, des emplacements nus pour tente ou caravanes, ainsi qu'une aire de camping-cars. Il possède tout le confort et les loisirs et animations d'un établissement de catégorie haut de gamme. Avec pour vos loisirs une piscine extérieure qui se découvre en partie, un toboggan aquatique modèle exclusif à effet «flash» de 6,80 m de haut (c'est tout nouveau), une nouvelle pataugeoire sous la partie «bulle» de l'espace aquatique, un terrain multisports (couvert d'un dôme ajouré), un mini-golf ludique, table de ping-pong, un grand bar équipé d'un billard, un snack. Et pour aller à la plage ou vous balader, la région possédant de nombreuses pistes cyclables, pensez à louer des vélos sur place.

■ CAMPING LES CYPRES***

41, rue du Pont-Jaunay
✆ + 33 2 51 55 38 98
www.camping-lescypres85.com
contact@camping-lescypres85.com

Les Pieds dans l'eau. Fermé du 18 septembre au 1er avril. Terrain de 4,5 ha. 299 emplacements. Exposition : ombragé. Emplacement de 17,40 € à 31,50 €. Mobil-homes de 237 € à 896 € la semaine. Jeux pour enfants. Snack. Bain bouillonnant. Animations. Terrain multisports.

Comme son nom l'indique, ce camping s'étend au cœur d'une forêt de cyprès, à 400 m d'une plage de sable fin accessible par un chemin direct et privé à travers la dune. Pour aller à la plage ou dans le centre-ville de Saint-Gilles, oubliez la voiture, louez plutôt des vélos et empruntez la piste cyclable qui passe juste devant le camping. Coup de cœur pour ce camping 3-étoiles (qui en vaut 4) situé dans un environnement naturel, préservé et calme, à proximité de la rivière du Jaunay. Au choix des emplacements nus en camping traditionnel sur des parcelles ombragées, ou la location de mobile home tout confort de 1 à 3 chambres avec terrasse couverte s'intégrant parfaitement dans cet environnement boisé. Côté loisirs, vous pourrez combiner les joies aquatiques avec deux piscines, l'une couverte et chauffée avec bain bouillonnant, et l'autre extérieure avec pataugeoire enfant ; ces derniers peuvent aussi aller se défouler sur le terrain multi-sports, jouer au tennis de table ou louer des karts à pédales. Animations sportives, jeux, soirées et spectacles réjouiront toute la famille. Un environnement rare, en pleine nature, avec en prime l'accueil convivial de Vanessa, d'Eric et de leur équipe !

Loisirs

■ CENTRE NAUTIQUE SEMVIE NAUTISME

Boulevard de l'Egalité
BP451
✆ 02 51 60 11 11
www.semvie-nautisme.fr
semvienautisme@wanadoo.fr

De mars à fin novembre. Formules : enfants/juniors de 30 € à 165 € selon la saison, adultes de 30 € à 185 €. Cours particuliers : de 45 € à 85 € la séance. Location surf : de 10 € à 15 € pour 2h. Char à voile : 35 € la séance. Kayak : de 15 € à 20 €/h. Longe-côte à partir de 9 €.

La Semvie Nautisme propose un grand nombre d'activités nautiques à Saint-Gilles-Croix-de-Vie (surf, voile, char à voile, longe-côte). Sur la grande plage, l'école de surf propose stages et locations ainsi que du longe-côte (marche aquatique) de mars à fin novembre. Sur cette même plage, les adeptes de char à voile pourront découvrir les joie de rouler sur des parcours balisés ou « aventure » de mars à novembre. Située sur la plage du Boisvinet, l'école de voile propose le « jardin des mers » à partir de 5 ans, les plus grands pourront s'initier ou se perfectionner à l'optimist ou au catamaran, tandis que juniors et adultes auront le choix entre catamaran et planche à voile. Aussi : location kayak de mer (simple ou double), dériveur, catamaran, planche à voile et paddle board. Fort d'un encadrement multi-activités et adapté, la Semvie Nautisme, c'est aussi un accès handinautisme toute l'année. L'ensemble de ces activités sont encadrées par des moniteurs diplômés. Un centre de vacances à Bretignolles-sur-Mer accueille classes de mer, réunions familiales, séjours sportifs. Il propose également la formation des moniteurs. Une structure très complète.

■ PROMENADES EN BATEAU VISA-VIE

Quai Gorin
✆ 06 60 69 80 13

Fermé du 15 septembre au 1er mars. Gratuit en dessous de 4 ans, 7,50 € pour les 4 à 12 ans et 13 € pour les adultes.

L'embarcadère se situe quai Gorin, à côté de la passerelle. Cette société vous propose des promenades en bateau sur la rivière la Vie de mars à la Toussaint. En partant de l'estuaire de Saint-Gilles, Visa Vie propose des visites commentées de 30 minutes à 1h30 des ports, de la ville, ainsi que des anciens marais salants bordant l'arrière-pays, et ce sera aussi l'occasion d'une découverte de la faune et de la flore. Des pêches en mer sont également proposées.

L'histoire du Hope, Monument historique

Le Hope est un cotre aurique – voilier gréé d'un seul mât avec grand-voile et focs avec un groupe de voiles à quatre côtés – en forme de trapèze -, qui reçoit le vent toujours par le même bord d'attaque – construit à Croix-de-Vie en 1943 dans les chantiers Thomazeau, pour le patron pêcheur Israël Chevrier. Le bateau appartient ensuite au patron Migné et pratique la pêche au casier dans les eaux de Saint-Gilles-Croix-de-Vie et de l'île d'Yeu – crevettes, langoustes, homards... Le Hope pratique ce type de pêche jusqu'à la fin des années soixante. En 1988, il est racheté par la mairie de Saint-Gilles-Croix-de-Vie pour la plaisance et la découverte du patrimoine maritime de la station. Il a été classé Monument historique le 19 janvier 1998. Le Hope est visible au ponton n° 10. Possibilités de sorties avec démonstrations des manœuvres et découvertes du milieu marin. En saison, sorties à la journée et demi-journée. Renseignements : 02 51 60 23 93.

■ **KITESLOOP SHOP & SCHOOL**
31, quai Rivière ✆ 06 87 11 08 19
kitesloop.school@gmail.com
Grande Plage, rue de la Roche-Bonneau
Ouvert le samedi de 10h à 12h30 et de 14h30 à 19h30 ; le dimanche de 10h30 à 12h30 et de 15h à 19h. Basse saison : du mardi au vendredi de 10h à 12h30 et de 14h30 à 19h. Haute saison : tous les jours de 9h30 à 20h. Ecole de kitesurf de mars à novembre. Baptême pilotage : 50 € pour 2h. Stage Découverte : 150 € pour 2 jours (5h30). Cours à la carte : 110 € la séance. Cours particulier : 160 € pour 2h30.
Kitesloop, c'est d'abord une boutique qui vend des vêtements et du matériel pour la pratique du surf, du kitesurf, mais pas seulement car c'est également une école qui propose deux *spots* pour l'initiation à la pratique du kitesurf : la plage de la Grande Côte à Fromentine-La Barre-de-Monts ou la grande plage de Saint-Gilles-Croix-de-Vie. Le *spot* de Saint-Gilles est plus agité que celui de Fromentine et offre un terrain de jeu plus technique : plage de sable longiligne, avec des vagues, qui capte les vents de sud à nord-ouest en passant par l'ouest. Un niveau minimal est requis avant de pratiquer sur ce site. Aussi pour les débutants, rendez-vous sur le site de La Barre-de-Monts à une vingtaine de minutes de là. L'école dispense tous types de cours dès l'âge de 14 ans, de l'initiation au perfectionnement, par groupe de trois stagiaires ou en cours particuliers. La séance comprend l'équipement, le briefing, le gréage des ailes, la navigation, le dégréage et le débriefing.

▶ **Autre adresse :** Rue des Voiliers-Fromentine 85550 La Barre-de-Monts

■ **LES P'TITS MOUSSES**
Avenue de la Cour Saint-Laud
✆ 06 84 92 89 97
Direction Grande Plage
Fermé de septembre à mars. Basse saison : ouvert le week-end et les jours fériés de 13h30 à 18h30. Haute saison : tous les jours de 10h à 19h. Pour 10 min : 10 € pour un bateau 1 personne, 22 € pour bateau 3 personnes ; 43 € les 30 min. Bateau «derby» (5 places) : 54 € les 30 min. Bateau à pédalier : à partir de 14 € les 30 min. Kayak : 18 € pour 2 personnes. Gratuit pour les moins de 2 ans.
L'embarcadère des P'tits Mousses, un port miniature, se situe au bout du quai, à côté de l'écluse. Les P'tits Mousses accueillent tous les commandants de bord en herbe à bord de bateaux miniatures. Nos chères têtes blondes pourront choisir de naviguer sur une réplique d'un bateau de pêche ou un paquebot Brittany Ferries pour une balade fluviale sur la rivière du Jaunay. Pilotage aisé pour les plus jeunes : une barre de direction et un bouton pour les vitesses. Plusieurs types de bateaux. Idéal pour une promenade en famille sur les rives du Jaunay, puisque l'on peut être jusqu'à cinq à bord. En saison, il est conseillé de réserver. Attention petit mousse à bien garder le cap ! Les 10 minutes passent vite et pour un temps plus long le tarif peut s'avérer un peu élevé. Egalement la location de kayaks et de canoës.

Bateau

■ **COMPAGNIE VENDEENNE**
Place de la Douane
✆ 08 25 13 90 85
www.compagnie-vendeenne.com
contact@compagnie-vendeenne.com
Embarquement : Avenue Jean-Cristau
Acheminements du 02 avril au 29 septembre 2016. Tarifs aller-retour journée adulte : 39,30 € ; tarif préférentiel : 35,90 € ; junior de 12 à -18 ans : 27,40 € ; enfant de 4 à -12 ans : 21,20 € ; enfant de moins de 4 ans : 5 € ; animaux : 8,80 €.
Depuis Saint-Gilles-Croix-de-Vie, la traversée pour se rendre sur l'île d'Yeu dure 60 minutes. Embarquez à bord de l'*Ogia*, un navire rapide d'une capacité de 309 passagers, qui vous assurera rapidité et confort. Doté d'un pont arrière extérieur, c'est la place idéale pour prendre l'air ou parfaire son bronzage et respirer le bon air du large, tout en ne loupant rien du superbe panorama qui s'ouvre à vous. Il est également équipé d'un salon panoramique.

Sorties

■ **CASINO DE SAINT-GILLES-CROIX-DE-VIE**
2, quai Garcie-Ferrande
✆ 02 51 60 03 04
Ouvert tous les jours à partir de 10h. Restauration.

Le casino a été entièrement rénové en 2013. Au rez-de-chaussée, la salle des machines à sous s'étend sur toute la surface avec, sur la gauche, le bar. À l'étage, le restaurant Le QG, redécoré avec modernité et des tonalités de rose et gris. Donnant sur la Vie, il arbore une déco moderne et on aime bien la grande table centrale idéale pour les grandes tablées d'amis. La cuisine en revanche est celle des casinos, correcte mais pas très raffinée (beaucoup de plats en sauce) mais les assiettes sont plutôt généreuses et les présentations réfléchies. Le midi plusieurs menus pour satisfaire toutes les bourses, le soir deux menus à 20 € et 26 €. Le service est de plus très efficace, le personnel sympa et le chef de rang très compétent. Pour la salle des jeux, prévoir la carte d'identité. Allez, on essaie de gagner pour s'offrir la deuxième semaine de vacances !

■ **BAR DE PLAGE CAFE DEL MAR** NOUVEAU
Grande Plage
34, avenue Maurice-Perray
Fermé du 16 octobre au 1er avril. Ouvert tous les jours de 11h à 23h.
De larges coussins orange et blanc posés sur le sable, abrités de grandes voiles avec en fond d'écran l'océan et la vue sur le Boisvinet : voilà le cadre que vous offre ce nouveau bar de plage ouvert l'an dernier. Posé sur la plage de la Garenne, au niveau du belvédère, au bout de l'avenue de Notre-Dame, le Café Del Mar est une adresse multiple : à la fois bar et snack (non-stop). Des smoothies aux fruits frais jusqu'au mojito et autre piña colada, côté bar, et côté restauration, on mise sur les spécialités US : bagel californien, burger, hot dog. De 18h à 21h, des After Beach, laissez-vous gagner par la musique et dansez sur la plage. L'autre atout du Café Del Mar : des activités proposées sur la plage. Une adresse en tous points sympathique.

■ **CÔTÉ BIÈRES CÔTÉ VINS**
Les Halles de la Vie
3, boulevard Georges-Pompidou
✆ 02 28 12 96 56 – cotebieres@live.fr
Bar-caviste. Ouvert toute l'année. Du lundi au samedi de 9h à 22h ; le dimanche de 9h à 14h. Cave ouverte du lundi au samedi de 9h à 12h30 et de 15h à 19h, et le dimanche de 9h à 12h30.
On a craqué pour ce lieu situé dans les Halles de la Vie, qui hébergent une douzaine de commerces dans un concept de modules contemporains mi-alu mi-bois rehaussés d'aménagements urbains colorés. D'ailleurs nous ne sommes pas les seuls à apprécier le lieu car, depuis son ouverture en juin 2012, c'est le bar incontournable de Saint-Gilles. A la tête de ce bar-apéro doublé d'une cave : Valérie, Philippe, Mickaël, Baptiste et Laurent. L'idée, c'est que toutes les bouteilles de la cave sont disponibles au bar ! Ne sont vendus ici que les produits de la cave ; vous ne trouverez aucune autre boisson. L'endroit ne manque pas d'atout : une vaste terrasse comme posée sur l'eau à marée haute, avec une vue panoramique magnifique sur la Vie et le port de Saint-Gilles, environ 400 références de vins avec une prédominance pour ceux de la vallée de la Loire et du Languedoc-Roussillon, une sélection de vins au verre, environ 150 whiskys, 50 rhums et 300 bières différentes… Et pour accompagner tout ça, des planches de charcuteries et de fromages, histoire de bien profiter de l'apéro.

THEO SPOT NOUVEAU
6 bis, place Rochebonne
✆ 06 88 18 08 63 / 06 68 21 94 03
Ouvert le mercredi et le jeudi de 15h à 23h ; le vendredi et le samedi de 15h à 2h ; le dimanche de 14h à 22h. Terrasse. Restauration. Concerts.
Coup de cœur pour ce nouveau bar gillocrucien qui a ouvert à l'été 2015 ! Outre la jolie bâtisse rescapée de l'architecture balnéaire du début du XIXe siècle, posée au pied de la Grande-Plage, qui l'abrite, il bénéficie d'une vue exceptionnelle surplombant la plage offrant une vue panoramique sur l'océan. Un emplacement de rêve, très convoité… Aussi, dès les premiers rayons du soleil, il va falloir jouer des coudes sur la jolie terrasse, dont le mobilier n'est autre que des palettes en bois (comme son petit frère le Spot posé sur la plage de la Parée à Brétignolles), car la foule se presse dans ce nouveau lieu branché. Mais rassurez-vous, à l'automne, avec un bon chocolat chaud, le lieu est très agréable également : avec ses murs en pierres apparentes, sa charpente en bois, et sa déco, savamment pensée, faite de mobilier de récupération, la salle est très chaleureuse, et même posté ici on peut aussi profiter de la vue. A la carte, des cocktails et autres boissons, mais également de la restauration, et côté animations, des concerts sont organisés régulièrement. Théo Spot : à consommer sans modération !

Emplettes

■ **BOULANGERIE LE FOURNIL DE SAINT-GILLES-CROIX-DE-VIE**
55, rue du Général-de-Gaulle ✆ 02 51 55 14 70
Basse saison : ouvert du mardi au dimanche de 7h à 13h30 et de 15h à 19h30. Haute saison : tous les jours de 7h à 20h.
À l'entrée de la rue piétonne, la devanture du Fournil de Saint-Gilles s'ouvre en de larges baies laissant entrevoir les spécialités, à commencer par les pains spéciaux, avec en tête la baguette « mon meunier », la « cotriade » (au levain), le pain « grand-père » et, plus connue, la « poulichette ». En panne de pain à 21h ? Qu'à cela ne tienne, le Fournil de Saint-Gilles vous propose une solution de secours avec son distributeur à baguettes installé devant l'entrée. Pour avoir du pain à toute heure du jour et de la nuit, donc ! Pour vos apéros, goûtez à l'original « sardifou ». C'est le principe du fameux pré fou sauf que c'est à la sardine (la spécialité emblématique de la ville). Côté douceurs, des tartes (également vendues à la part), des macarons (également proposés en grande taille), des pâtisseries comme le gâteau opéra, le royal à la mousse au chocolat ou au caramel, le moka, la charlotte aux fraises, le gâteau polonais (une brioche avec crème pâtissière aromatisée rhum-raisin), ou le gâteau de voyage, à la confiture de framboise et aux pommes. En bon boulanger vendéen, la brioche et la gâche, elles aussi de fabrication maison, sont en bonne place sur les étals.

Saint-Gilles-Croix-de-Vie et sa sardine : site remarquable de goût !

Le petit poisson bleu fait la fierté de Saint-Gilles-Croix-de-Vie en étant le premier poisson sauvage à avoir obtenu le fameux Label Rouge, en 2001. Moelleuses et savoureuses, les sardines débarquées dans le port de Saint-Gilles sont préparées à l'ancienne. Elle possède même sa confrérie depuis 1991 : la Confrérie de la Sardine. Ce savoir-faire vaut à la cité maritime d'être le seul port français labellisé Site remarquable du goût ! Vous retrouvez la srdine sur les nombreux marchés de Vendée. Pour mieux la connaître, visitez le site « La Perle des Dieux », au 49, rue des Couvreurs, un espace découverte avec exposition, vidéo et dégustation. Cette conserverie est installée depuis 1887 ! Très instructif. Il faut le savoir, les sardines en boîte se bonifient avec le temps, comme le bon vin. Il faut retourner les boîtes de conserves de temps en temps afin que l'huile se répartisse harmonieusement. Attention, ne pas mettre la boîte au réfrigérateur ! L'huile se figerait et n'imprégnerait plus les sardines. La sardine peut bien sûr se consommer fraîche aussi, lorsqu'elle est abondante (de juin à septembre), et de nombreuses façons : en friture, au four, poêlée, en escabèche, en papillote ou grillée au barbecue... La belle est délicieuse sous toutes ses formes.

■ BOULANGERIE MAISON MARECHAL

Forum de l'Europe
43, rue Ambroise-Paré ✆ 02 51 54 09 69

Ouvert tous les jours de 6h30 à 20h. Formules du midi de 3,90 € à 7,70 €.

Cette bonne boulangerie est située au rond-point de l'Europe, face au centre commercial Leclerc. Une seconde se trouve à Challans. La boutique a entièrement été refaite, c'est lumineux, aéré, ça fait plus grand : c'est très réussi. Assis dans le nouvel espace, on profitera de la formule du midi du rayon traiteur proposant sandwich, panini, wrap, suédois, ou croque-monsieur, tarte salée ou pizza, plus un dessert maison, tout en naviguant sur Internet grâce au wi-fi. Cette boulangerie s'est vraiment spécialisée dans le pain, cuit en continu toute la journée, à déguster tout chaud ! Au moins 17 sortes, avec parmi la variété de pains spéciaux de cet artisan boulanger, la baguette tradition et le pain au maïs qui remportent un franc succès. Pour trois Banette achetées, la quatrième est offerte. Parmi les desserts réguliers la tarte framboise-pistache ou aux fruits, tartelette au citron meringuée, le baba au rhum, ainsi qu'une gamme de pâtes à choux et, le week-end, de délicieux macarons noisette. La brioche joliment tressée et la gâche font envie et les cookies et brownies feront la joie des enfants pour le goûter en rentrant de l'école tandis qu'on optera pour un préfou à l'apéritif.

▶ **Autre adresse :** 64, rue des Sables – Challans

■ FRED'S PATISSERIE-SALON DE THE-GLACIER

25, quai du Port-Fidèle ✆ 02 51 55 15 65
www.patisseriefreds.com

Basse saison : ouvert le mardi et du jeudi au samedi de 8h30 à 13h et de 14h30 à 19h ; le dimanche de 8h30 à 13h. Haute saison : du mardi au dimanche de 8h30 à 13h et de 15h à 20h30.

Cette pâtisserie est une des meilleures de la ville. Elle offre aussi un espace salon de thé sur une terrasse couverte. Parmi les spécialités, toutes de fabrication maison, l'incontournable millefeuille caramélisé à la vanille, réputé au-delà du département ! Il y a aussi la galette de Saint-Gilles, une spécialité depuis quarante ans. Mais les deux produits phares sont les macarons, délicieux, et le chocolat. Le chocolat se présente aussi sous forme de plaquettes avec une douzaine de saveurs différentes. Parmi les pâtisseries, que le chef-pâtissier invente régulièrement, le Sweety, une pâtisserie à base de chocolat noir et crème brûlée à la vanille bourbon, le Chu Passion

(mousse chocolat, gelée de fruits frais passion en coque sur un brownie chocolat) ou le macaron For Ever (macaron à la framboise, crème à la rose, litchi, framboises fraîches). Chaque dimanche, découvrez en avant-première sur leur page Facebook la nouvelle pâtisserie du week-end. Vous pourrez aussi acheter de la pâte à tartiner faite maison : idéale nappée sur une gaufre. L'été, attardez-vous sur la belle carte de coupes glacées. Et soulignons que les glaces et sorbets sont de fabrication maison, tout comme les gaufres.

■ GLACIER DOUCEUR D'ENFANCE

15, rue du Général-de-Gaulle
Rue piétonne ✆ 02 28 10 59 99

Ouvert 7j/7 d'avril à fin septembre. Hors saison, pendant les vacances, ouvert tous les après-midis. Haute saison : de 12h30 à 22h. Fermé en janvier.

Le glacier Douceur d'Enfance égaye la rue piétonne du Général-de-Gaulle de ses belles couleurs. On aime bien la déco contemporaine aux tonalités de blanc, noir et rouge... Carole propose environ 35 parfums de glaces artisanales faites par un maître-artisan glacier vendéen. Chaque semaine, un nouveau parfum est proposé et affiché en vitrine. Il y a aussi des glaces italiennes et des boissons granitées. Si vous avez un petit creux, des chichis, gaufres, beignets et crêpes sont également proposés. Ajoutons que la farine utilisée pour leur fabrication vient du minotier de Commequiers tout proche.

■ LA MAISON DES DÉLICES

16, place du Marché-aux-Herbes
✆ 02 51 93 56 34

Ouvert le dimanche de 9h30 à 13h. Basse saison : du mardi au samedi de 9h30 à 12h30 et de 15h30 à 19h. Haute saison : du lundi au samedi de 9h30 à 13h et de 16h à 20h.

Cette boutique a ouvert ses portes en avril dernier. On connaissait déjà les spécialités de cette enseigne présente sur l'île d'Yeu, les « min-min », ces délicieux caramels aux pruneaux, que vous retrouverez bien sûr ici à Saint-Gilles, tout comme d'autres spécialités de l'îlle d'Yeu tel que le thon fumé et les conserves de thon de la conservie Saveurs Islaises, la confiture aux pruneaux et le fameux betchet de la pâtisserie Mousnier, très réputée sur les marchés d'Yeu, et le nouvel apéritif local, la Prun'islaise du Comptoir à ID. Egalement des spécialités culinaires artisanales de Vendée comme la mogette, du foie gras, de la trouspinette, des biscuits pur beurre, des confitures, de la fleur de sel de Noirmoutier, du chocolat, des terrines de porc, de canard... Ils confectionnent aussi des paniers garnis pour les particulier et pour les professionnels.

▸ **Autre adresse :** 53, route de Nantes – 85300 Challans

■ LA POISSONNERIE

Halles de la Vie
3, boulevard Georges-Pompidou
✆ 02 51 55 89 05
lapoissonnerie85800@orange.fr

Ouvert du lundi au samedi de 9h à 13h et de 15h à 19h ; le dimanche de 9h à 13h.

La Poissonnerie se situe dans les halles de La Vie, un super complexe qui regroupe plusieurs artisans-commerçants. Sur l'étal, des poissons et crustacés appétissants : homards, crabes, langoustes, araignées sont vivants. Vous pouvez également commander des plateaux de fruits de mer. Les arrivages sont quotidiens, il y a du choix et de la fraîcheur bien sûr : des coquillages et des poissons de saison (tourteaux, araignées, sole...), mais aussi les fameuses sardines de Saint-Gilles, des brochettes de poissons, les huîtres de Cancale affinées en Vendée, les moules de l'île d'Yeu, des crevettes vivantes et du homard toute l'année, et d'autres produits phares comme les anguilles et les cuisses de grenouilles fraîches. On n'en trouve pas partout, ce sont des produits qui sortent de l'ordinaire. Ajoutons que tous les produits sont preparés a la demande devant vous, prêts à cuire avec le conseil culinaire qui va avec. Egalement des plateaux de fruits de mer sur commande. Vous pourrez aussi trouver des conserves artisanales et une sélection d'épicerie fine de produits de la mer comme des terrines, rillettes de poissons, soupes de poissons de la maison Hennequin de l'île d'Yeu.

Dans les environs

L'Aiguillon-sur-Vie

■ ALL SQUARE

Golf des Fontenelles
Domaine des Fontenelles ✆ 02 51 68 87 21
ismael.m@sfr.fr

Ouvert toute l'année. Tous les jours. Ouverture du bar à partir de 9h ; restaurant : de 12h à 15h30. En juillet-août, restaurant ouvert midi et soir. Menu enfant : 9 €. Formule : 13 € (15 €, 19 €). Terrasse. Pizzas à emporter.

Ce bar-restaurant-pizzeria est littéralement posée sur le golf des Fontenelles, à côté de la piscine. D'ailleurs la terrasse vous offrira une vue imprenable sur le parcours, idem depuis la salle aérée. Ismaël a repris cette brasserie ouverte dès le matin pour proposer un service bar aux golfeurs, en janvier 2013. En plus d'un accueil sympathique, il a apporté des nouveautés comme les pizzas, avec parmi les préférées la Méditerranéenne au chorizo, la Côte d'Armor aux noix de Saint-Jacques ou la Croix de Vie à base de produits locaux comme les sardines citronnées et la salicorne. Les formules autour d'un buffet d'entrées, puis le choix entre viande, poisson ou pâtes et desserts maison, dont la mousse au chocolat, sont appréciées. A la carte, le hamburger (maison) avec frites, est un produit phare, tout comme la Marmite du chef avec saumon, Saint-Jacques et lard, et l'Ardoise du Start Rapide qui réunit plusieurs mets sur une ardoise comme l'ardoise de cochonailles, l'ardoise du golfeur et l'ardoise du mareyeur. L'été, si vous traînez un peu sur le parcours, la carte brasserie est servie jusqu'à 18h. Un emplacement unique au calme, avec une belle terrasse panoramique sur le golf.

■ LE BALATA

Golf des Fontenelles ✆ 02 28 10 63 96
lebalata@gmail.com

♿

Ouvert toute l'année. Du mardi au samedi le midi et le soir ; le dimanche midi. Menus de 28 € à 41 €. Menu enfant : 10 €. Formule du midi : 15 € (et 19 €). Accueil des groupes. Terrasse. Bar.

Posé sur le golf, le Balata tire son nom d'un arbre à caoutchouc de la forêt équatoriale dont la résine sert à fabriquer la balle de golf. Décor résolument tendance : grands volumes, bar caramel au lait et chaises hautes, le tout rehaussé de fauteuils couleur tabac et violet, tables joliment dressées, belle vaisselle, donnant une ambiance classe et décontractée à la fois. L'atmosphère y est différente selon que l'on choisira d'y déjeuner ou dîner : luminosité le jour en salle ou en terrasse face à la piscine et au green et ambiance plus intimiste le soir. La réputation du chef Nicolas Boucher n'est plus à faire et on se laisse guider par la carte, volontairement courte privilégiant les produits du marché, avec cet hiver : filet de thazar mi-cuit, façon tataki et déclinaison de choux fleur de couleurs, puis on vous conseille le demi caneton au sang (de la belle maison Burgaud) – la cuisse braisée, le filet rôti, polenta, girolles et marmelade de figues. Et pour finir : déclinaison du chocolat Valrhona grand cru et de la mangue. Une très bonne table !

■ GOLF BLUE GREEN LES FONTENELLES

✆ 02 51 54 13 94
fontenelles@bluegreen.com

Ouvert toute l'année. Fermé le lundi en basse-saison. Restauration. Boutique.

A 10 min de Saint-Gilles en direction de Coëx (D6), le golf des Fontenelles est un parcours agréable pour joueurs de tous niveaux. Petits bois, plans d'eau, bosquets de pins maritimes et de chênes verts, entre pentes et contre-pentes. Des professeurs sont présents toute l'année pour des cours individuels ou en groupe, perfectionnement et stages de découverte. Des compétitions sont ouvertes à tous. Plusieurs forfaits et formules sont présentés avec prêt de matériel, accès gratuit aux installations d'entraînement avec practice de 35 places dont 15 couvertes, 3 putting-greens et trou d'approche pour débutants et confirmés. Sa réputation de convivialité de l'accueil est reconnue.

Commequiers

■ LE CHÂTEAU FEODAL ★

Impasse des Tours ✆ 02 51 54 80 56
contact@amisduchateau.com

Ouvert toute l'année. Haute saison : tous les jours. Gratuit.

A la sortie du bourg, sur la route de Saint-Christophe-du-Ligneron, à droite, une pancarte retient l'attention : château féodal. Il aurait été construit au XVe siècle sur les bases d'une ancienne forteresse, elle-même édifiée à l'emplacement d'un camp romain. Il forme un octogone régulier avec huit tours reliées entre elles par un mur d'enceinte, et était autrefois entouré de douves profondes.

Les Médiévales de Commequiers, les 6 et 7 août 2016

Fort de ses 300 bénévoles, l'association des amis du vieux château organise les Médiévales de Commequiers qui se dérouleront les 6 et 7 août 2016 sur le site du château féodal. Lancé dans un projet d'envergure – avec le concours de la municipalité et des collectivités locales – pour la restauration partielle de l'édifice, l'association présentera des animations autour de cette thématique dans le spectacle du samedi soir. Parmi les différentes animations pour tous, certaines raviront les enfants comme la chasse aux trésors, le maquillage ou encore les jeux médiévaux. Tous pourront admirer les chevaliers, les combattants à l'épée et les archers autour des campements qui borderont la cité. Le petit théâtre du bois d'Aveau ouvrira également ses portes au cœur de la nature pour des représentations de marionnettes et autres saynètes médiévales. De plus, le marché accueillera de nombreux artisans (sculpteurs, forgerons...) qui vous plongeront au cœur de l'histoire et des arts d'antan alors que des musiciens se baladeront à travers la contrée. Enfin, le spectacle nocturne du dimanche soir autour de la chimère du bois d'Aveau clôturera les festivités.

Quoi qu'il en soit, la baronnie de Commequiers remonte au moins à l'an mil. Le roi Louis XIII s'en allait chasser les troupes protestantes du duc de Rohan, concentrées dans l'île de Riez. A la suite de révoltes répétées des Huguenots, Richelieu donne l'ordre de démanteler certains châteaux forts, dont celui-là. Les brèches faites avec une certaine régularité dans la muraille, et à chaque tour, semblent indiquer les débuts d'une démolition systématique afin de mettre la citadelle hors de défense.

■ LE VELO-RAIL ★

Gare du Vélo-Rail ✆ 02 51 54 79 99
www.velorail-vendee.fr

Fermé du 1er novembre au 3 avril. Départs à 14h et 16h30 ; départ supplémentaire à 10h en juin et septembre, sauf le mardi. Juillet-août : départs à 10h, 12h, 14h, 16h et 18h, tous les jours. Vacances de la Toussaint : départs à 10h et 14h tous les jours sauf le mardi. Arrivée 30 minutes avant le départ. Draisine pour 2 à 4 personnes (5 personnes avec un enfant de moins de 12 ans) : 23,50 € pour 2h30, 25,50 € les 2h en juillet-août. Tarif de groupe à partir de 4 draisines louées. Réservation indispensable.

À côté de l'ancienne gare, découvrez une promenade à la campagne, avec un moyen de locomotion très original : la draisine. À bord d'un wagonnet, vous pédalerez tranquillement selon le même principe qu'une rosalie, et roulerez sur une ancienne voie ferrée. Vous découvrirez une flore spécifique, et traverserez l'ancienne gare de Saint-Maixent. Vous franchirez le viaduc de la « Vie », avec des rivets sur le modèle technique de la tour Eiffel. Ne passez pas à côté d'un moment convivial à partager entre amis ou en famille !

■ HÔTEL-RESTAURANT DE LA GARE

66, rue de la Morinière
✆ 02 51 54 80 38
hotelgare.commequiers@orange.fr

Ouvert toute l'année. Du mardi au dimanche. Formule du midi : 16,50 €. Menus à partir de 24 €. Chambres à partir de 48 €.

Dans cet établissement, la « tradition familiale » prend tout son sens. En effet, l'Hôtel de la Gare est dans la famille de Christian Pineau depuis 1945, lui-même et son épouse le tiennent depuis 33 ans. Près d'une ancienne gare, on apprécie le charme du début du siècle de la bâtisse, dans le plus pur style 1900. Est-ce sa terrasse donnant sur le parc, sa piscine, le cadre ou la cuisine du terroir, ou peut-être un peu tout ceci à la fois, qui en font une adresse appréciée par une clientèle hétéroclite et un lieu de prédilection de la clientèle britannique ? La cuisine, traditionnelle et familiale, propose à la carte des spécialités qui font sa réputation : choucroute de la mer, ragoût de seiche, raie meunière, noix de Saint-Jacques poêlée à la crème et safran. Egalement des menus végétariens. La décoration est soignée et l'accueil aimable et disponible et autre bon point : les enfants sont particulièrement chouchoutés ici. A côté, 5 chambres d'hôtes et 2 chambres d'hôtel. Bon rapport qualité/prix.

Saint-Christophe-du-Ligneron

■ L'UZINE

Parc d'activité la Joséphine ✆ 02 28 10 55 39
contactuzine@orange.fr

♿

Ouvert toute l'année. Du lundi au vendredi de 7h à 16h. Soir et week-ends sur réservation. Menu unique à 17 €. Formule du midi : 11 €. Accueil des groupes (mariage, séminaires, repas de groupes).

Le restaurant de Patrice est situé dans la zone d'activité, juste en contrebas de la route qui mène à Challans. A l'extérieur comme à l'intérieur, avec sa déco post-industrielle, unique et originale, l'Uzine porte bien son nom ! La reconstitution d'une ancienne usine des années 60 avec les gaines d'aération visibles, les grandes lampes en alu brossé tombant du plafond, les murs vieillis, est très réaliste. Ce restaurant s'est spécialisé dans l'accueil de groupes et plus particulièrement dans les mariages. Et pour pouvoir les accueillir dans les meilleures conditions, une super sono, une estrade et des jeux de lumière. Il y a donc tout ce qu'il faut pour les soirées dansantes. Les 2 salles peuvent accueillir 200 personnes assises et 350 en cocktail. En dehors de l'accueil de groupes, ce restaurant «festif» comme le nomme son créateur, est avant tout une brasserie et un bar. Ainsi, le midi, une formule à 11 € est proposée incluant un buffet d'entrées et de desserts et plat du jour. Le chef, Xavier, propose également un menu à l'ardoise.

■ CAMPING DOMAINE DE BELLEVUE***

Bellevue de Ligneron ✆ 02 51 93 30 66
www.vendee-camping-bellevue.com
campingdebellevue85@orange.fr

Ouvert toute l'année. Terrain de 12,7 ha. 126 emplacements. Exposition : mi-ombragé. Sol : herbeux. Emplacement de 11 € à 20 €. Mobil-homes de 150 € à 710 € la semaine. Locatifs : possibilité de louer au mois. Emplacements nus : tarifs longs séjours, se renseigner. Promotions pendant les vacances de Pâques, à la Toussaint et lors des week-end fériés. Un mobil-home Accessible handi. Club enfants. Jeux pour enfants. Wifi payant. Restauration (snack-bar ouvert aux vacances de Pâques et de la Toussaint, et en saison).

A 20 minutes du littoral, ce camping, ouvert toute l'année, offre des infrastructures neuves puisqu'il a été créé en 2009. Toute la famille Landais reçoit les vacanciers à la recherche d'un camping nature, calme et familial. Les amateurs de pêche apprécieront les 2 étangs poissonneux et la nouveauté 2016 : la création d'un local pour la pêche (avec frigo, casiers avec serrure pour stocker le matériel, point d'eau avec plan de travail). Les enfants joueront sur l'aire de jeux, le terrain de foot et beach-volley, la structure gonflable, ou rejoindront maman à la piscine chauffée, couverte, ouverte d'avril au 1er novembre. Toujours pour les enfants : balades à poney et initiation pêche (en saison). En juillet et août, des animations en journée et en soirée sont proposées. Autres équipements : bar-snack avec terrasse et wi-fi sur tout le terrain. L'ambiance est conviviale, on laisse les enfants jouer en toute sécurité. Côté hébergement, une soixantaine de locatifs (6 gammes de mobil-homes tous équipés de terrasse), des bungalows toilés ou la cabane Natura, un mix entre le mobil-home et la tente et des emplacements nus spacieux. Dernier atout : les tarifs très doux !

Givrand

■ AUBERGE DU ROCHER

22, rue du Rocher ✆ 02 51 54 59 04
www.auberge-du-rocher.fr
audeon.delorme@wanadoo.fr

Fermé les 3 premières semaines de janvier. Ouvert du mardi au samedi le midi et le soir ; le dimanche midi. Labellisé Table et Auberge de France. Menus de 15 € à 32 €. Formule du midi : 12 €. Huit chambres à louer : 49,50 €, petit déjeuner : 5,50 € par personne. Soirée étape : 60 €.

Vous voulez découvrir les spécialités vendéennes ? C'est ici. A deux pas de St-Gilles-Croix-de-Vie, l'Auberge du Rocher fait figure d'institution en la matière. C'est bon, copieux et les prix sont très corrects. Marie-Claude et son fils Fabrice, reçoivent depuis de nombreuses années leur fidèle clientèle dans cette ancienne grange réaménagée. Jouxtant la salle, dans une véranda, le bar. Les spécialités de canard déclinées en foie gras, magret, confit, et d'autres plats du terroir vendéen y sont à l'honneur. Le premier et le troisième jeudi du mois, les amateurs de tête de veau vont se régaler puisqu'elle est au menu, et servie copieusement. Chaque mois, une soirée à thème est également organisée. Voici les ingrédients qui caractérisent cette adresse : respect et qualité des produits, prix justes et accueil aimable. L'Auberge du Rocher propose aussi huit chambres confortables, réparties autour d'une piscine couverte et chauffée.

■ MADENN

8, rue de Bel-Air
✆ 02 51 93 34 82
www.madenn.fr

Ouvert toute l'année. Du lundi au vendredi le midi ; du jeudi au samedi le soir. Haute saison : du lundi au vendredi le midi et le soir ; le week-end le soir. Formule midi : 8 €, 11,70 €, 14,30 €. Terrasse. Pizzas à emporter.

Madenn signifie « courageux et chanceux » en celte. Ce restaurant-crêperie-pizzeria a été créé en 2012. Le cadre : une belle maison contemporaine aux larges baies vitrées laissant entrer la lumière dans une salle aux beaux volumes, à la déco moderne, manquant peut-être d'un poil de chaleur, devant laquelle se déploie une belle terrasse l'été. A côté, un espace « vente à emporter » pour les pizzas. Anciens boulangers, les propriétaires ont les meilleures bases pour proposer de bonnes galettes et crêpes. Le pain, délicieux, est fait maison bien sûr, tout comme les desserts (tartes aux fruits de saison, café gourmand, crêpes). La farine provient d'un minotier breton. Les pizzas sont toutes disponibles en taille « bambino ». La Faiss'bouc, outre son nom rigolo, est à base de fondue de poireaux, lardons et chèvre. La Vallée d'Auge, avec boudin noir, pommes cuites, fromage et oignons confits, existe en galette et en pizza. Bon point pour la formule du midi incluant entrée, plat cuisiné et dessert. Et pour finir sur une crêpe, la Normande : pommes cuites flambées au calvados devant le client !

■ **CAMPING LES DAUPHINS BLEUS*******
16, rue du Rocher
✆ 02 51 55 59 34
dauphins-bleus@franceloc.fr

Ouvert d'avril à fin septembre. Terrain de 7 ha. 320 emplacements. Emplacement + véhicule + 2 personnes de 17 € à 32 €. Mobil-homes de 182 € à 1 302 € la semaine. Club enfants. Wifi gratuit. Restauration. Animations.
Proche de Saint-Gilles-Croix-de-Vie, doté d'un environnement fleuri et verdoyant, le Domaine des Dauphins Bleus sera le camping idéal pour des vacances haut de gamme placées sous le signe de l'animation et des loisirs. Ses toboggans aquatiques et son bateau pirate seront à la hauteur de vos espérances, mais ce ne sont pas là les seuls atouts puisque l'on dénombre un mini-golf (payant : 1 € pour 2h de jeux), châteaux gonflables, terrain multisports, tennis, volley, ping-pong, l'incontournable terrain de pétanque, et bien sûr tout un tas d'animations pour tous et notamment les enfants qui pourront également s'occuper au club enfants (ouvert dès Pâques). Et ce que vous ne trouverez pas ailleurs : une salle de cinéma ! En plus du vaste bassin extérieur, le camping est doté d'une piscine intérieure. Côté hébergement, des emplacements traditionnels pour camping-car, tente ou caravane, et si vous aimez le confort, vous trouverez votre bonheur parmi la proposition de locatifs aux surfaces et confort de différentes gammes. Comme le Domaine loue des vélos, vous pourrez rejoindre Saint-Gilles-Croix-de-Vie grâce aux pistes cyclables nombreuses en Vendée.

■ **LES CANOË DU MARAIS**
103, route des Sables
✆ 06 07 11 37 59
www.les-canoes-du-marais.com
philippe.bouillard@hotmail.fr
Fermé de janvier à mars. Haute saison : ouvert tous les jours à partir de 10h. Vacances scolaires de Pâques et de la Toussaint : à partir de 14 h. Location libre kayak : de 12 € à 30 € selon la balade. Canoë : de 17 € à 48 €.
La base de Philippe se situe à l'intérieur du camping Le Jaunay, lui-même situé entre Brétignolles et Saint-Gilles-Croix-de-Vie. Il vous propose des balades en canoë en liberté ou sous forme de sorties thématiques sur la rivière du Jaunay, à l'extrémité de laquelle se trouve le barrage du lac du Jaunay. C'est une rivière sans courant absolument sans risque, donc des promenades accessibles à tous au cours desquelles vous apprécierez la faune et la flore et le calme. Trois parcours sont proposés, vers le marais ou vers St-Gilles-Croix-de-Vie. Pour rejoindre le barrage du lac, comptez 3 heures. Egalement des sorties à thème proposées en saison (se renseigner sur les jours) : sortie «coucher de soleil», une sortie de 1h30 ; sortie «pêche aux pignons» (durée 4 heures dont 2 heures de canoë) ; sortie «Nocturne» ou le «Parcours des Costauds» (durée 6 heures dont 4 à 5 heures de canoë) qui a lieu une fois par mois d'avril à octobre le samedi après-midi.

Le Fenouiller

■ **LE POUC'TON**
Carrefour du Pas-Opton
✆ 02 51 54 00 42
poucton@wanadoo.fr
Se renseigner pour les dates. Réservation impérative. Accueil des groupes.
Dans une authentique grange, aux poutres apparentes où sont encore présentes les mangeoires, entourées de verdure, découvrez le naturel des petits plats mijotés façon grand-mère. Jean-Pierre Pouvreau a fait ce pari de manger comme autrefois à la ferme. Pari réussi, puisqu'il a reçu le trophée de l'Initiative vendéenne en 1995 et la médaille d'argent du Tourisme en 2002 et 2008. La cuisine est axée vers les groupes, et simple, avec par exemple du canard, des cuisses de grenouilles, des escargots à la maraîchine, la tête de veau grand-mère, la chaudrée à la vendéenne... Une fois par semaine, à certaines dates (quarante dates par an), revivez les noces maraîchines des années 1920 – réservation obligatoire. Autour d'un copieux repas, vous pourrez apprécier les coutumes, danses, musiques, chants, costumes du début du siècle. Dépaysant et original. Des animations karaoké et une soirée dansante sont aussi proposées à l'occasion d'autres menus. Bref, une ambiance, un style, le tout typiquement vendéen. Renseignez-vous auprès de Nadège sur les dates de la dizaine de repas-spectacles.

Saint-Révérend

■ **CENTRE ÉQUESTRE DE L'AUMARIÈRE**
L'Aumarière
✆ 06 84 87 45 04
equestre.laumariere@orange.fr
Ouvert toute l'année. Tarifs pour les moins de 10 ans : de 9,08 € à 37 € l'heure. Plus de 10 ans : de 11,21 € à 37 € l'heure. Forfaits. Tarif leçon d'1h pour les non-licenciés au club : enfant de moins de 10 ans : 23 €, et 25 € pour les plus de 10 ans.
Le Centre Equestre de l'Aumarière vous propose diverses activités équestres : des promenades en campagne autour d'un lac ou sur la plage, poney-club, des randonnées de 1 à plusieurs jours, des cours, des stages d'une demi-journée à plusieurs jours, le passage de galop. Mais aussi la pension de chevaux en box, prés avec ou sans travail, le débourrage avec travail et aussi la vente ou dépôt-vente d'équidés. Leur objectif est de vous assurer des vacances décontractées en vous initiant ou vous perfectionnant. Le tout avec une attention particulière pour le confort et la sécurité.

■ LE MOULIN DES GOURMANDS ★

Rue René-Bazin
✆ 02 51 60 16 72
www.moulin-gourmands.fr

Fermé du 19 septembre au 1er avril. Basse saison : ouvert du dimanche au vendredi de 14h à 18h. Haute saison : tous les jours de 10h à 19h. Gratuit jusqu'à 4 ans. Adulte : 5,20 €. Enfant (de 5 à 12 ans) : 2,60 €. Boutique.

Le Moulin de Saint-Révérend, construit en 1842, reste le dernier des 6 moulins qui étaient en fonction sur la commune au siècle dernier. Il témoigne d'une activité ancestrale, dans une commune baptisée « le grenier à blé » du canton. Au travers d'une visite guidée du Moulin en activité, le Meunier vous fait découvrir la fabrication de la farine. Une animation truffée d'énigmes à résoudre pour les enfants et les plus grands, des ânes, un labyrinthe de céréales (en été) et une aire de jeux vous attendent dans le parc. Vous trouverez également sur place une boutique de souvenirs.

■ LA ROSERAIE DE VENDÉE ★

Rond-point des Quatre-Chemins
D6-D32
✆ 02 51 55 24 03
www.laroseraiedevendee.fr
laroseraiedevendee@wanadoo.fr

Ouvert du 21 mai au 30 septembre de 10h à 19h tous les jours, fermé les dimanches et lundis à partir du 20 août. Le reste de l'année : ouvert les mardis et jeudis 10h à 18h à partir de février ; autres jours possible sur rendez-vous. Visites commentées en juin : mardi matin et jeudi matin ; en juillet et août : mercredi et vendredi ; en septembre : mardi matin et jeudi. Gratuit jusqu'à 13 ans. Adulte : 4,70 € (en mai et juin, et 2,80 € de juillet à septembre). Carte visite permanente : 10 €.

Cette année, la Roseraie de Vendée fête ses 26 ans ! ! Entre St-Gilles et Coëx, un site de 3 ha dédiée à la rose avec 8 000 rosiers de 950 variétés différentes, dont de très rares. Elles sont présentées par thèmes : roses parfumées, roseraie paysagère, rosiers du monde, rosiers anciens... Depuis sept générations de pépiniéristes, on la bichonne. Aucun traitement, ni insecticide, pas d'arrosage : des rosiers au naturel ! Outre la visite commentée d'au moins 2h, Bernard vous donnera de précieux conseils pour la préserver. Découvrez le «pot-aux-roses», des animations chaque mercredi et vendredi en juillet et août : à 10h15 et 16h15, ce sont les «confidences estivales du jardinier» pour prendre soin de ses plantes en été. Enfin à 18h15 c'est «cuisine gourmande à la rose». Arrêtez-vous goûter les produits à la rose : confitures, confits, sirops, gelées et d'autres créations : «gâterie d'écureuil», douceur «mille et une nuit». Ne manquez pas la Fête des Roses du 27 au 30 mai et du 3 au 6 juin 2016. Un parcours olfactif passionnant et très beau à la gloire de la rose et un accueil extraordinaire : une visite s'impose !

Sortie équestre - Saint-Gilles Croix de Vie.

■ **PRATIQUER LE PADEL – LA ROSERAIE DE VENDÉE**
Rond-point des Quatre-Chemins
D6-D32
✆ 02 51 55 24 03 / 09 77 09 67 66
Toute l'année. 10 € l'heure de location du court. Réservation conseillée.
Découvrez un sport unique en Vendée : le Padel. Vous pouvez le découvrir et le pratiquer à La Roseraie de Vendée. Le Padel est une synthèse de tous les jeux de raquette tels que le tennis, le squash, le tennis de table et la pelote basque. Né au Mexique en 1969, beaucoup pratiqué en Amérique du Sud et en Espagne, ce sport est peu connu en France. Il séduit de nombreux champions et championnes de sports de raquette. Le décompte des points est identique à celui du tennis et, comme pour le squash, on peut se servir du rebond des murs. Le Padel se joue idéalement en double. C'est un sport à la fois technique et ludique. Un sport idéal de 7 à 77 ans pour découvrir les sports de balle d'extérieur. Bernard et Marie-Pascale fournissent le matériel, à vous de prévoir la tenue de sport, les lunettes de soleil. Y vamos !

■ **WEST AVENTURE**
Le Patis Viaud
✆ 02 51 54 66 93
Fermé de novembre à mars. Basse saison : ouvert du mardi au dimanche de 14h à 19h ; le week-end de 14h à 19h. Haute saison : tous les jours de 10h à 21h. Quad 2h : 75 € pour quad 250 cm³. Paint-ball : 17 € pour équipement + 110 billes. Karting : 18 € les 10 min en 270 cm³. Mini-kart pour les enfants à partir de 7 ans : 12 € les 10 minutes.
Situé sur l'axe de La Roche-sur-Yon à Saint-Gilles-Croix-de-Vie, au rond-point appelé les Quatre-Chemins à 5 min de Saint-Gilles. Le site propose trois activités : du quad, du paint-ball et du karting. Chaussé d'un casque, cramponné au volant de votre petit bolide, vous ne tarderez pas à vous prendre pour Schumacher. Vous piloterez ces karts en toute sécurité sur ce circuit de 500 m. Après le kart, changez de terrain de jeux pour le quad et le tout-terrain. Enfin, pour terminer la journée, venez vous éclater en faisant une partie de Paint-ball. Vous savez, ce jeu de chasse à l'homme où l'on se tire dessus avec des billes de peinture. Ça défoule un max !

BRÉTIGNOLLES-SUR-MER ★★

Commençons par un peu de culture avant de se prélasser sur les plages brétignollaises… La commune porte le nom de l'officier romain qui, vers le IVe siècle, commandait le navire du prince Lucius, fils de l'empereur Constantin Pogonat. A l'origine la commune se nommait Brétignolles. A partir du 23 juillet 1919, la ville prend officiellement le nom de Brétignolles-sur-Mer. Au Moyen-Age, Brétignolles fait partie intégrante de la baronnie du Brandoise, communément appelée Pays de Brem, qui s'étend du Jaunay à l'Auzance. Vers 1450, la famille Mauclère, ancienne chevalerie, édifie un manoir qui aujourd'hui constitue l'élément historique de l'actuel château de Beaumarchais. L'histoire dit d'ailleurs que le roi Henri IV y séjourna. Cette côte fut le témoin de nombreux naufrages et combats. Les derniers en date, en août et octobre 1944 virent les navires alliés envoyer par le fond les navires allemands essayant de fuir la « poche » de Saint-Nazaire, en Loire-Atlantique, devant les plages de La Sauzaie et de La Parée. Le Brétignolles historique fait partie du Pays de Brem, limité au sud par le Havre de la Gachère et les marais, et au nord par les îles de Riez et de Monts. Il forme, à l'époque, le golfe des Olonnes. On y retrouve l'existence d'un port qui aurait armé des bâtiments pour la pêche à la baleine. Brétignolles est une station familiale avec une côte rocheuse et escarpée abritant de belles criques, de belles plages, une dune séduisante, et le soir, la cité s'émoustille sur des animations nocturnes. La commune est divisée en cinq quartiers : La Parée, La Sauzaie, Les Dunes, La Normandelière et le Marais Girard. Elle possède de très belles plages ainsi que deux plans d'eau : le plan d'eau de La Normandelière et le plan d'eau de pêche des Morinières. A ce titre, Brétignolles-sur-Mer est une station très fréquentée et appréciée d'un public familial.

Points d'intérêt

■ **VENDÉE MINIATURE** ★
50, rue du Prégneau – Site des Morinières
✆ 02 51 22 47 50 – www.vendee-miniature.fr
contact@vendee-miniature.fr
Ouvert du 1er avril au 30 septembre. En avril, mai et septembre : tous les jours de 10h à 12h et de 14h à 18h30, sauf samedi matin et dimanche matin. Du 1er juin au 31 août, tous les jours de 10h à 19h. Gratuit jusqu'à 5 ans. Adulte : 8,30 €. Enfant (de 5 à 12 ans) : 5,30 €. Chèque Vacances. Label Tourisme & Handicap. Accueil enfants. Boutique.
Voici une vision romantique de nos contrées d'autrefois. C'est l'un des plus beaux villages miniatures de France par l'authenticité des matériaux utilisés et sa précision où le détail fait ressortir l'atmosphère irréelle d'une histoire réelle. Dix-huit années de travail ont été nécessaires à Marie-Françoise et Yves Aubron pour sa réalisation. Des milliers d'heures de travail, de la minutie pour que les visiteurs découvrent un monde étonnant où plus de 650 personnages plus vrais que nature représentent les gestes d'autrefois autour d'un village du Bocage vendéen, ses maisons en pierre, son église de 3 m de hauteur, ses métiers, ses commerces, son moulin à eau animé, sa rivière jalonnant les collines et prairies, ses chemins creux au passage des véhicules hippomobiles et ses charrettes entièrement réalisées à la main, sans oublier la locomotive à vapeur ou la scène des battages avec une batteuse mécanisée plus vraie que nature. Chaque saison de nouvelles scènes sont créées. Le tout réalisé au 1/10e. À l'accueil, un espace boutique où vous pourrez retrouver quelques réalisations du musée.

Le couvert

■ CRÊPERIE LA NORMANDELIERE

Plage de la Normandelière ✆ 02 51 90 02 93

Ouvert d'avril à fin septembre. Crêperie, bar. Haute saison : ouvert tous les jours. Fermé le jeudi en dehors des vacances scolaires. Ouvert les week-ends en octobre. Service continu en saison, à partir de midi. Terrasse.

La Normandelière est une adresse qu'on affectionne tant pour sa situation, sa cuisine, ses prix justes, que pour la rapidité du service et l'accueil. Et pour cause, voici le panorama depuis la vaste terrasse de la crêperie de la Normandelière : plage de sable fin et l'océan en fond d'écran, depuis la vaste terrasse. Béatrice et Jean-Paul tiennent ce restaurant, posé sur le sable de la plage de la Normandelière, depuis 23 ans. Ils comptent une clientèle familiale d'habitués, mais aussi des vacanciers qui chaque année lors de leurs vacances en Vendée, sont heureux de retrouver leur repère. La carte propose une grand choix de galettes, avec les spéciales, les régionales comme celle à base de Saint-Jacques, mais aussi des salades mixtes copieuses, des moules/frites et des huîtres. Et comme douceur, des crêpes bien sûr ! Sucrées, flambées, faites votre choix. Nous on a fait le nôtre, ce sera «Ma Doudou» avec banane, chocolat, noix de coco. Et après la baignade, pendant que les enfants s'amusent juste à côté, ou le soir au soleil tombant, l'endroit est aussi très prisé pour y boire un verre, au calme, loin de l'agitation et profiter d'un tel panorama.

■ CRÊPERIE MILLE SABORDS

10, rue Béthanie
✆ 02 51 22 48 40

Ouvert toute l'année. Basse saison : du mercredi au dimanche le midi et le soir. Haute saison : tous les jours. Menu enfant : 7 €. Formule du midi : 10 €. Menu à 17 €. Terrasse.

Alexandrine vous accueille sourire aux lèvres dans sa petite crêperie située à côté du marché. Vous pourrez d'ailleurs déjeuner sur la terrasse au pied de ce dernier. Du nom aux éléments de déco, tout marque l'empreinte de Tintin. Fabriquées dans la tradition bretonne, galettes et crêpes sont originales et copieuses, à l'image de l'Irrésistible (Saint-Jacques, poisson, gambas) ou la galette Retour de Bretagne, la Craquante avec camembert et rhubarbe ou la Sublissime au foie gras. Pour la touche d'exotisme, la galette Bois d'amour au kari gosse (noix de saint-jacques, julienne de légumes et épices) ou une spécialité de son pays : le Retour de Madagascar (gambas flambées au vieux rhum, quinoa, purée de patates douces), sans oublier les moules-frites en saison. On apprécie le joli métissage de la cuisine et les spécialités exotiques proposées les jours de marché (jeudi et dimanche) : samossas, poulet coco ou rougail saucisse (à emporter). En conclusion, succombez à la crêpe Coup de cœur (compotée de mangue-ananas à la vanille de Madagascar) ou consolez-vous avec la Réconfortante (crème de spéculoos, pommes caramélisées). Alors, Tonga Soa (bienvenue) et Ken ar c'hentañ (à la prochaine) !

■ LE GALET

51, route de la Corniche ✆ 02 51 90 10 06
www.galet51.fr

Restaurant ouvert de février à novembre, crêperie ouverte à partir du 26 mars. Basse saison : ouvert du mercredi au dimanche. Haute saison : tous les jours. Menu enfant : 9,90 €. Menus : 21,50 €, 27,50 €, 36,50 €. Terrasse. Coin enfants.

Vous voulez manger face à la mer, observer le coucher du soleil, en profitant d'une vue panoramique unique, c'est ici ! Ancré sur la route de la corniche, Le Galet déploie sa belle terrasse en front de mer. A l'intérieur, une véranda et deux autres salles décorées par Nicole. Avec sa fresque murale, on se croirait à l'intérieur d'un vieux paquebot. Outre les plateaux de fruits de mer (homard sur réservation), moules en saison, aile de raie, les nouveautés affichent une touche d'exotisme : thon mi-cuit sauce mangue et fondue de choux chinois, poêlée de gambas citron vert, lotte à l'orange ou tartare de saumon au pesto. Côté terre : foie gras maison, filet de bœuf poêlé sauce soja. Et toujours les suggestions à l'ardoise selon les saisons : morue auvergnate par exemple. Autre nouveauté, un plat végétarien (algues de makis, tajines...) figure dans chaque menu. Et en dessert : sablé breton, crème de citron, menthe, chantilly. En avril, une carte de galettes, salades et crêpes est proposée. Service continu aux vacances scolaires. Autre plus, le coin enfants. Une adresse pleine d'atouts : cuisine de bonne qualité offrant la diversité, cadre soigné, vue sur la mer imprenable et accueil charmant.

■ HOTELLERIE DES BRISANTS

63, avenue de la Grand-Roche
✆ 02 51 33 65 53
perochonjeanmarc@wanadoo.fr

Maître Restaurateur. Accueil vélo. Ouvert toute l'année. Basse saison : le mardi et le dimanche le midi ; du mercredi au samedi le midi et le soir. Haute saison : tous les jours le soir ; du mercredi au dimanche le midi. Menus de 35 € à 77 €. Formule du midi : 18 € (en semaine). Chambres de 91 € à 120 €. Suites de 125 € à 195 €. Petit déjeuner : 13 €.

Installé sur la corniche de Brétignolles, le restaurant de Jean-Marc Pérochon et son épouse est auréolé d'une étoile au fameux Guide rouge depuis 2014. Passionné par son métier, il met un point d'honneur à la fraîcheur et la qualité des produits, privilégiant une mise en valeur du produit, avec une touche d'originalité, sans le dénaturer. La vaste salle offre une vue dégagée sur l'océan. Dans une carte qui s'inspire des produits de saison, voici, en hiver, quelques morceaux choisis de son savoir-faire dont chacun appréciera la belle présentation : la noix de Saint-Jacques, risotto à la truffe, jus de poulet rôti ou le ris de veau, associé au butternut et la vanille, puis bar poêlé sur peau, panais en gratin et glacé au beurre, crème au Noilly Prat, poivre Malabar, ou si vous préférez les viandes, le pigeon en 2 temps, cuisse rôtie, cuisse en cromesquis, et cannelloni de chanterelles, mousse chou-fleur amande. Et en conclusion, la poire pochée au miel et agrumes, et sa marmelade, glace au miel de Damvix, cromesqui coulant caramel à l'orange. Et pour profiter pleinement de la soirée, restez donc dormir.

Le gîte

■ DOMAINE LAGRANGE GRAND LARGE ET OCEANIDES

463, rue de la Pierre-Levée
✆ 02 51 33 88 09
www.vacances-lagrange.com

Appartement 4 personnes à partir de 209 € la semaine.

On pourrait sans aucun doute dire que ce Domaine signé Lagrange se situe directement «les pieds dans l'eau», puisqu'il n'y aura qu'un sentier à suivre pour atteindre la plage au bord de l'océan. Un domaine composé de maisonnettes et de petits bâtiments offrant des appartements aménagés avec une salle de séjour avec télévision, une kitchenette équipée et une terrasse meublée pour profiter du grand air marin. Si l'océan est un peu trop froid pour se baigner, le Domaine possède deux piscines extérieures et deux tennis pour se réchauffer.

Campings

■ **CAMPING LA MOTINE******
4, rue des Morinières
✆ 02 51 90 04 42
www.lamotine.com
lamotine@free.fr

Ouvert du 1er avril au 30 septembre. 99 emplacements. Exposition : mi-ombragé. Sol : herbeux. Relief : plat. Emplacement de 23 € à 28 €. Mobil-homes de 380 € à 650 € la semaine. Jeux pour enfants. Animaux acceptés (vaccinés, tatoués et tenus en laisse).

Cadre fleuri et soigné pour ce camping situé à 600 m de la plage et 350 m du centre-ville. Avec une capacité de 99 emplacements de 80 à 100 m^2, il garde son esprit familial et convivial. Tout comme nous, vous apprécierez la bonne humeur de Laëtitia, qui a toujours le sourire aux lèvres, une énergie débordante et le rire communicatif. Un pur bonheur ! D'ailleurs, ce camping compte un bon nombre d'habitués. Les résidences mobiles sont de type grand confort, avec terrasse semi-couverte, salon de jardin, et tv. Location à la semaine ou les week-ends (hors juillet et août). Sur place, location de draps, lit bébé, chaise bébé et de torchons. Toutes les allées sont goudronnées, les emplacements engazonnés et délimités par des haies. La piscine couverte est chauffée dès avril, et équipée de bains de soleil. Le calme et la détente étant privilégiés dans ce camping, aucune animation n'est proposée. La Motine propose également la vente de résidence mobile de loisirs et la location d'emplacement à l'année. La Motine est donc le lieu idéal pour les vacanciers à la recherche de repos.

Plage de La Normandelière.

■ CAMPING LA TRÉVILLIÈRE****

Route de Bellevue
✆ 02 51 90 09 65
info@chadotel.com

Label Clef Verte. Ouvert de début avril à fin septembre. Tourisme & Handicap. Handicap moteur. Handicap mental. Handicap malentendant. Accueil vélo. Magasin d'alimentation. Piscine intérieure et extérieure. Terrain de 3,5 ha. 203 emplacements. Emplacement de 23 € à 32 €. Mobil-home de 217 € à 924 € le semaine. WiFi gratuit. Animations en juillet et août.

Ce camping situé à moins de 3 km de la plage et 1,5 km du centre-ville, à proximité du stade, propose 200 emplacements dans un cadre ombragé sur 3,50 ha. Il dispose d'une piscine chauffée ouverte de mai à mi-septembre, propose un club enfant et des animations en saison. Côté hébergement, vous aurez le choix entre des emplacements nus pour les puristes, ou des mobile homes, de 24 à 30 m², avec 3 chambres et la possibilité de 7 couchages pour ce dernier et des chalets pour 4/6 personnes, d'une superficie de 32 m². Ajoutons que ce camping qui fait partie d'une chaîne de camping s'est inscrit dans une démarche écologique et qu'il a à ce titre reçu le label La Clef Verte.

■ CAMPING LE MARINA***

Rue de la Martinière
✆ 02 51 33 83 17
www.le-marina.com
info@le-marina.com
Prendre direction Vendée Miniature

Fermé du 1er octobre au 30 mars. Terrain de 3 ha. 131 emplacements (dont 60 emplacements nus). Exposition : mi-ombragé. Emplacement de 15 € à 20 €. Mobil-homes de 250 € à 600 € la semaine. Chèque Vacances. Jeux pour enfants.

Les propriétaires de ce camping le bichonnent et l'entretiennent avec attention et cette année, grande nouveauté : la piscine a été couverte ! Il est situé à deux pas de Vendée Miniature, dans un cul-de-sac, ce qui en fait un lieu calme, d'autant qu'il n'y a pas d'animations et c'est justement cet aspect paisible et l'esprit familial qui plaisent ici. La plage de la Parée est à 1 km, et le centre-ville à 1,5 km. C'est l'un des rares campings à proposer la moitié de son parc en emplacements nus pour tentes et caravanes, le reste étant équipé de mobil-homes. Ces derniers disposent tous d'une terrasse et la télévision est incluse. Bon point aussi pour les tarifs très intéressants, puisque les prix n'excèdent pas 600 € en pleine saison pour une semaine en mobil-home. Bien aménagés et ombragés, les 131 emplacements (d'une superficie de 100 à 150 m²), s'étendent sur 3 hectares. Les routes sont goudronnées et il y a un grand parking ombragé à l'entrée. Le bloc sanitaire est impeccable. Pour vos loisirs, une piscine de belle taille et sa pataugeoire chauffées, un solarium pour faire bronzette, des jeux pour enfants, et une salle de jeux avec tables de billard vous attendent.

■ CAMPING LES DUNES****

50, avenue des Dunes ✆ 02 51 90 55 32
www.campinglesdunes.fr
infos@campinglesdunes.fr

Ouvert du 1er avril au 11 novembre. 677 emplacements. Exposition : mi-ombragé. Emplacement de 22,50 € à 39 €. Mobil-homes de 504 € à 1 113 € la semaine. Club enfants. Jeux pour enfants. Wifi payant. Restauration. Bain bouillonnant. Terrain multisports.

Avec ses 677 emplacements, c'est le camping de Vendée à la plus grande capacité d'accueil. Autant dire que ce camping est fait pour les vacanciers à la recherche d'animations ! Et des animations (entre le 1er juillet et le 31 août) vous en aurez 6 jours par semaine : groupes de musique, karaokés, discos, jeux, lotos, soirées enfant, spectacles... Le gros atout c'est assurément l'emplacement, à 100 m de la mer, avec un accès direct en sécurité, à l'abri des dunes, sans route à traverser, vous n'aurez plus à prendre la voiture une fois ici. De même, des commerces divers et restaurants sont à deux pas ainsi que dans l'enceinte du camping. Le camping Les Dunes dispose de deux piscines extérieures, une piscine couverte chauffée avec : bain bouillonnant, rivière à contre-courant, et toboggan aquatique, un tennis, mini-golf, ainsi qu'un terrain multisports. Un mini-club est proposé aux enfants de 4 à 12 ans et deux animatrices accueillent les enfants de 10h à 12h et de 16h à 18h autour d'ateliers de dessins, de bricolage, de chasses au trésor, etc. Deux aires de jeux leur sont également consacrées. Et pour rester connecter : le wifi est disponible sur l'ensemble du camping.

■ **CAMPING LES MARSOUINS*****
20, rue du Prégneau ✆ 02 51 90 14 57
www.lesmarsouins.com

Ouvert du 1er avril au 15 octobre. Terrain de 6,35 ha. 358 emplacements (dont 120 nus). Exposition : mi-ombragé. Sol : herbeux. Emplacement (avec 10 A) de 21 € à 31 €. Emplacement de 16 € à 26 €. Mobil-homes de 350 € à 690 € la semaine. Jeux pour enfants. Wifi payant. Snack en été. Bain bouillonnant, sauna. Animations.

Le camping des Marsouins est un camping familial. Ici, on travaille en famille et ça dure depuis plus de 40 ans ! Ce camping 3-étoiles de 358 emplacements est situé à 800 mètres du centre-ville et de la plage de la Parée. Pour vos loisirs aquatiques, vous aurez le choix entre une piscine extérieure chauffée (avec pataugeoire et toboggan) et une piscine intérieure chauffée, et pourrez vous détendre au bain bouillonnant ou au sauna (payant), après un petit détour par l'espace fitness. Les enfants pourront jouer sur l'aire de jeux pendant que les parents joueront à la pétanque ou aux boules en bois. Des animations sont organisées tous les jours en saison : concours de pétanque, soirées karaoké, disco, spectacles mais aussi des repas autour de grillades de sardines par exemple. Le camping dispose d'un bar aux équipements modernes avec snack et pizzas en été. Côté hébergement, vous aurez le choix entre des emplacements de camping mi-ombragés et herbeux pour y planter votre tente, ou la location de mobil-homes récents de 2 à 3 chambres. Le camping est calme et l'ambiance est conviviale.

Loisirs

■ **ATLANTIC LEZARD SURF SHOP & SCHOOL**
10, avenue de la Plage ✆ 02 51 90 13 29
www.atlantic-lezard.com

Fermé de décembre à mars. Basse saison : ouvert le mardi, le mercredi, le vendredi et le samedi de 10h30 à 12h30 et de 15h30 à 19h. Haute saison : tous les jours de 10h à 13h et de 15h à 19h30. Ecole de surf ouverte 7/7 en juillet et août.

Brétignolles offre des spots réputés pour s'adonner à la passion du surf. Atlantic Lezard est à la fois un magasin et une école de surf. Le magasin se situe avenue de la Plage. C'est un Surf-Shop où vous trouverez tout le materiel de glisse, surf et bodyboard adaptés à votre

Les spots de surf

Brétignolles-sur-Mer est une station balnéaire qui dispose d'une longue bande côtière avec près de 12 km. La station doit sa réputation dans la région au surf ainsi que ses plages : La Sauzaie, les Dunes 1 et 2.

■ **LES DUNES**
BRÉTIGNOLLES-SUR-MER

La côte de Brétignolles est un des hauts lieux de surf en Vendée, parmi l'un d'eux : La Plage des dunes 1, au lieu dit «le petit rocher», situé entre la plage de la Normandelière et le poste de surveillance des Dunes 1. Ce spot de surf propose une côte sablonneuse, adaptée à tous les types de surfeurs quel que soit leur niveau, même les débutants. Possibilité de s'adonner au surf également sur la Plage des Dunes 2.

■ **LA SAUZAIE**
BRÉTIGNOLLES-SUR-MER

Découvert par des Anglais dans les années 80 et aujourd'hui mondialement connu, le spot de surf de la Sauzaie est le spot référence de la région. Caractérisé par une vague creuse et puissante, ce spot de « reef » (platier rocheux) offre de jolis peaks surfables uniquement à mi-marée et à marée haute. Attention, cependant, ce spot est déconseillé aux débutants. Vagues de 1 m à 2 m de haut. Ce site est réservé aux initiés. Le spot est éclairé tous les soirs d'avril à septembre. Les meilleures conditions pour profiter de cette vague : un vent nul ou offshore (le spot supportant mal les vents d'ouest et sud), entre 2h avant et 2h après la marée haute.

niveau (de la combi au board). Pour les novices ou pour se perfectionner, rendez-vous chez Atlantic Lezard, une école de surf avec encadrement assuré par des moniteurs qui ont leur brevet d'Etat, créée en 1991. En juillet et août, la structure de cours et de location se situe sur la plage des Dunes 1 face à la zone de surf. Enseignement pratique et théorique sur la connaissance du milieu, du matériel, de la météo, sécurité... Les cours de surf et body-board et stand-up paddle (dispensés plage des Dunes) se font à partir de 6 ans (condition : avoir son brevet de natation de 50 m). Hors saison, cours de surf intinérants en fonction des conditions météo et du niveau (déplacement sur site en camion 7 places).

■ ÉCOLE MUNICIPALE DE VOILE DE LA NORMANDELIÈRE

Base nautique de La Normandelière
✆ 02 51 20 81 45
www.bretignolles-sur-mer.fr

Ouvert des vacances de Pâques à la Toussaint.

L'école de voile municipale de la Normandelière se situe sur la plage de la Normandelière. Des stages pour une initiation et un perfectionnement, où des cours particuliers sont organisés du lundi au vendredi sur mer sur catamarans, optimists, dériveurs, planches à voile, kayak des mers. La base accueille également les groupes et les classes de mer, elle assure aussi la location de matériel : catamaran, planche à voile et kayak. L'école de voile propose également des activités voile loisirs les mercredis et samedis d'avril à juin et de septembre à novembre.

■ VENDÉE SPORTS OCEAN

Plages des dunes 2 et plage de Saint-Gilles-Croix-de-Vie ✆ 06 60 99 47 33
www.vendeesportsocean.fr

Bouée tractée : 15 € les 10 minutes. Stand Up Paddle : 15 € pour 1h.

Vendée Sports Océan, c'est une équipe de professionels expérimentés et passionnés, rassemblés dans un centre de loisirs spécialisé dans les activités nautiques : kite-surf, kayak de mer et stand-up paddle (SUP), une activité qui consiste à se déplacer debout sur une grande planche à l'aide d'une pagaie. VSO propose également de la pêche en mer et de la bouée tractée, ainsi que la location de bateaux à moteur. L'école de kite-surf répond à la charte de qualité de l'Ecole Française de Kite en offrant un site adapté, un encadrement qualifié, du matériel de qualité, un dispositif de sécurité approprié et une évaluation des acquis. L'école bénéficie d'une zone de kite-surf réservée sur la plage des Dunes 2. Cette zone permet d'avoir un espace de pratique sécurisé pour un apprentissage dans de bonnes conditions. Pour accéder à la zone de kite-surf, prenez la direction de la plage des Dunes 2. Cours de découverte de 3h (80 €), cours particuliers, stages pour débutants et perfectionnement.

Sorties

■ BAR À VIN À TABLE

La Parée – 10, place de la Parée
✆ 02 53 81 98 28

Fermé d´octobre à mars.

Facilement repérable à la magnifique Peugeot 203 rutilante garée à proximité, ce bar à vin est installé dans le quartier de la Parée, sur la grande place du même nom. Un lieu convivial à la déco super-chouette où l'on se rejoint entre amis pour prendre un petit verre de vin en guise d'apéro que l'on accompagnera d'une assiette de charcuterie et de fromages ou d'une douzaine d'huîtres, en toute convivialité. Si la faim est plus tenace, on peut choisir l'un des plats inscrits sur une carte volontairement restreinte mais variée : foie gras, salades composées, burgers, pâtes, selon l'humeur du jour. Un lieu chaleureux à la déco originale.

■ LE CAFÉ DE LA PLAGE

3, place Joubert ✆ 02 51 90 06 72

Ouvert de mi-mars aux vacances de la Toussaint. Ouvert tous les jours à partir de 9h30. Basse saison, ouvert du jeudi au dimanche. Terrasse. Restauration. Animations.

Le Café de la Plage, ou KF 2 La Plage pour les plus branchés est un bar-pizzeria en tous points sympathique. La surface est petite mais une agréable terrasse ensoleillée permet de pousser les murs, car il y a souvent foule l'été car l'ambiance y est excellente et l'accueil de David, adorable. Avant d'aller à la plage à seulement 20 mètres d'ici, ou à son retour pour y siroter un verre, le matin pour son café, le midi en terrasse pour une pause rafraîchissante autour de salades composées quand le soleil est à son maximum, le soir, entre amis, pour y partager dans une ambiance bon enfant une pizza. Les pizzas sont généreuses, composées à partir de produits frais et leur pâte est fine. Avec les pâtes, elles demeurent les spécialités du Café de la Plage même si on compte des viandes grillées et quelques salades. La carte est simple et courte mais va à l'essentiel, le tout est bien exécuté et on sent la bonne volonté de toute l'équipe pour satisfaire sa clientèle. Pour boire un verre et profiter de la bonne ambiance ou pour manger entre amis, toutes les occasions sont donc bonnes pour se rendre ici.

■ LE SPOT

1, avenue de l'Océan
Plage de la Parée ✆ 06 09 13 92 70

Fermé du 15 septembre à mars. Basse saison : ouvert du vendredi au dimanche et les jours fériés de 15h à 2h. Haute saison : tous les jours de 15h à 2h.

Le Spot a vu le jour l'été 2011. Situé face à l'océan, les pieds dans le sable, Le Spot s'est installé dans les locaux d'un ancien bar. Ici pas de déco lounge ni tendance, le lieu est resté dans son jus de l'époque, mais les deux créateurs y ont ajouté leur touche personnelle : toile de jute pour habiller le bar, objets chinés de-ci, de-là comme cette vieille balance de commerçant, matériaux de récup, ou créations originales comme ce lustre-crocs ! Le véritable atout du lieu : la terrasse. Sur des palettes en bois, assis sur des canapés, profitez du paysage et ses magnifiques couchers de soleil avec un mojito, un Old Rose daïquiri, un punch aux fruits frais ou un verre de vin à la main, une assiette de tapas, des bons potes et de la bonne musique. Les encas proposés, salés ou sucrés sont faits maison : marinade d'encornets, S'Pot au foie de volailles aux herbes fraîches, rillettes de maquereaux... Et pour la pause sucrée, les gaufres minute proposées de 16h à 22h. Un lieu convivial, original, à découvrir.

Emplettes

■ **BOULANGERIE MICHON** NOUVEAU
10 ter, boulevard du Nord
✆ 02 51 33 05 24
Basse saison : ouvert du mercredi au lundi de 7h à 13h30 et de 16h à 19h30. Haute saison : du mercredi au lundi de 7h à 14h et de 15h30 à 20h.
Auparavant installés sur la commune de Venansault, Corinne et Marc Michon ont rejoint la côte et plus précisément le centre de Brétignolles-sur-Mer en avril 2015. Cet artisan boulanger-pâtissier propose une gamme de pains variée avec entre autres 3 baguettes spéciales, dont la Sérarine et la Terre et Mer qui sont les produits phares ; les jours de marché sont proposés de gros pains aux fruits et fruits à coques et il y a également un pain aux céréales à teneur réduite en gluten. Original : sur les boules est gravé le cœur vendéen. Vous trouverez également les spécialités typiques de Vendée : la brioche (nature ou aux pépites de chocolat), la gâche et du préfou (un pain aillé à déguster chaud pour accompagner vos apéritifs). Côté douceurs : tartes aux fruits de saison, tarte au citron meringuée sur une base de palet breton, le Royal (gâteau au chocolat), des muffins maison (aux mirabelles par exemple), un baba en verrine, de grosses meringues aromatisées et la nouveauté, les macarons. Des formules petit déjeuner le matin et du snacking (sandwiches, fougasses, quiches, pizzas...) complètent les suggestions.

Dans les environs

Landevieille

MANOIR DE L'EOLIERE
L'Eolière
✆ 06 32 31 66 85
3 chambres. Chambre double de 95 € à 115 € ; suite de 115 € à 145 €. Petit déjeuner inclus.
Coup de cœur pour la belle maison d'hôtes que Céline et Etienne Chaillotont ont entièrement restaurée pour y accueillir des hôtes. Une maison de charme chargée d'histoire puisque l'histoire de la bâtisse remonte au XIVe siècle. Après plusieurs propriétaires, elle servira de lieu de villégiature et de pavillon de chasse avant de devenir la propriété de la famille du comte Gérard de Mazenod. Restauré récemment en maison d'hôtes de caractère, le manoir de l'Eolière est posé au cœur d'un très beau parc arboré et fait partie des biens rares de la côte vendéenne. Les propriétaires proposent trois chambres de prestige, très spacieuses, joliment aménagées, disposant chacune d'une terrasse privative, une possédant même une cheminée. Des vacances au calme et pourtant à quelques kilomètres seulement des côtes. Avec une piscine en plus, ce serait le top !

■ **CAMPING L'EVASION******
Route des Sables
✆ 02 51 22 90 14
contact@camping-levasion.fr
Ouvert du 11 avril au 13 septembre. Terrain de 9 ha. 325 emplacements. Exposition : mi-ombragé / ensoleillé. Emplacement de 35 € à 52 €. Mobil-homes pour 4 à 8 personnes de 263 € à 906 € la semaine. Lodge sahari (2 chambres) de 278 € à 783 € la semaine. Club enfants. Wifi. Restauration. Bain bouillonnant. Animations.
Situé à 5 km des plages de Brétignolles-sur-Mer, L'Evasion vous propose de vous baigner dans un lagon de plus de 2 000 m² bordé d'une plage de sable blanc fin et de palmiers : c'est unique en Vendée ! On se croirait sur une plage des tropiques ! Profitez d'un parc aquatique de 3 000 m² : piscine couverte chauffée avec bain bouillonnant et pataugeoire, toboggans aquatiques et une seconde piscine extérieure chauffée avec pataugeoire et bain bouillonnant aussi. Côté animations et loisirs : waterpolo, ping-pong et billard, terrain multisports, club enfants (pour les 4 à 8 ans et les 8-12 ans), cours de cuisine et de danse, pétanque, soirées à thème et mégastructure gonflable pour les enfants. Nouveauté 2016 : espace fitness outdoor pour la détente cardio et musculation. Et une salle d'animation de 200 m² pour les spectacles. Côté hébergement, des emplacements camping avec sanitaires privés et réfrigérateur, et des lodges sahari au bord du lagon, des mobil-homes de 2 et 3 chambres avec TV et terrasse semi-couverte. Un bar avec salle de jeux, restaurant, plats à emporter, magasin d'alimentation et d'autres services complètent les prestations de qualité de ce camping.

CANO'ÉVASION
La Servantière
✆ 06 67 09 80 62
Base du lac du Jaunay
Fermé de novembre à mars. Basse saison : ouvert le week-end de 10h à 20h. Haute saison : tous les jours de 10h à 20h. Basse saison : de 14h à 18h, sur réservation. Kayak : de 10 € à 15 € pour 1h. Aquakarts : à partir de 12 € adulte et 6,50 € enfant, la session de 10 minutes. Bateaux à pédales : à partir de 7 € par adulte pour 1h.

Formule kayak-pêche : à partir de 40 € la demi-journée.
Cano'Évasion propose la location de kayaks pour une heure ou plus et aussi pour une randonnée, tout ça sur la rivière, le Jaunay, qui débouche sur un lac magnifique. Il y a d'ailleurs deux bases pour la pratique de ces loisirs : la rivière et le lac. La balade s'étend sur les communes de La Chaize-Giraud et de Landevieille. Entre amis, à l'occasion d'un enterrement de vie de jeune fille par exemple, ou en famille (à partir de 7 ans), laissez-vous guider au fil de l'eau et appréciez ce beau paysage paisible, tout en faisant une douce activité sportive, pas très physique et donc à portée de tout un chacun. Sur le lac du Jaunay, vous pourrez louer des bateaux à pédales aux formes rigolotes de voitures de sport, mais également faire du kayak-pêche et mêler ainsi l'utile à l'agréable (ou plutôt à l'alimentaire !) puisqu'il existe des formule en journée ou demi-journée de cette activité qui ravira les pêcheurs. Enfin, une toute nouvelle activité, unique en Vendée, est proposée depuis 2015 : l'Aquakart, un mixte entre jet et karting nautique, 100 % électrique (donc écolo), une activité nautique de glisse très fun qu'on peut pratiquer dès 8 ans et sans permis. À essayer absolument !

BREM-SUR-MER ★

Formée de l'association des anciennes communes de Saint-Martin-de-Brem et de Saint-Nicolas-de-Brem, Brem-sur-Mer tire ses origines d'un lointain passé comme en témoignent le menhir de la Crulière à la Préhistoire et le calvaire, et la Motte Saint-Nicolas de Brem à l'époque féodale, ainsi que des vestiges de belle facture comme l'église Saint-Nicolas et l'église Saint-Martin. Selon une légende, l'un des menhirs se serait abattu sur un berger qui contait fleurette à sa pastourelle. Sur son arête rocheuse, elle jouit d'une situation privilégiée dominant la mer, les marais et la forêt d'Olonne. Cette commune, bordée par ses grandes plages de sable fin, jouit d'un emplacement central par rapport à l'ensemble du littoral vendéen. Elle demeure néanmoins une commune rurale avec ses promenades pédestres et circuits à vélo à travers les marais. Sa renommée vient surtout de son vignoble introduit par les Romains et dont l'effort en qualité a été couronné en 1984 par l'attribution du label VDQS aux Fiefs Vendéens puis en 2011 l'Appellation d'Origine Contrôlée (AOC).

Points d'intérêt

■ ÉGLISE SAINT-NICOLAS ★
Rue du Prieuré
Quartier de Saint-Nicolas-de-Brem
Datant du début du XIe siècle, l'église Saint-Nicolas – patron des bateliers – est certainement l'une des plus anciennes églises de Vendée. Saccagée pendant les guerres de Religion, elle conserve son remarquable portail où saint Nicolas est entouré de multiples figures humaines et animales dans un fronton triangulaire, ainsi que sa nef centrale – érigée en 1020. Deux fresques du XIIe siècle sont peintes sur la nef du chœur et l'intérieur de l'église frappe par l'austérité de son aspect.

■ LE MENHIR DE LA CRULIÈRE
Premier menhir classé par les Monuments historiques en 1934 est aussi surnommé « la Pierre du diable » selon une légende qui dit que le menhir serait une pierre jetée par le diable au temps de l'évangélisation de la région.

■ LE VILLAGE DE LA GACHÈRE
A la sortie du village en direction de la forêt d'Olonne. Le village de La Gachère est un ancien port formé par l'embouchure des rivières l'Auzance et de la Vertonne. Promenez-vous dans les marais de la Gachère, entrée de l'ancien port des Olonnes. Ce petit village de marins, très typique avec ses ruelles étroites et ses maisons basses blanchies à la chaux, est prolongé par un Hâvre, rendez-vous des pêcheurs. La rivière l'Auzance offre un mélange d'eau douce et d'eau salée propice à la pêche. Jusqu'au XVIe siècle, la pêche est la principale activité de ce port aujourd'hui ensablé et abandonné.

Le couvert

LES GENÊTS
21 bis, rue de l'Océan
✆ 02 51 96 81 59
info@restaurant-les-genets.fr
Ouvert toute l'année. Basse saison : du mardi au dimanche le midi ; le mardi et du jeudi au samedi le soir. Haute saison : du lundi au samedi le soir ; du mardi au dimanche le midi. Menu unique à 44 €. Formule du midi : 18 € (ou 20 €). Jardin.
Face à la poste, au cœur d'un parc, une belle et imposante maison de maître sur 2 étages sert de cadre à la très belle cuisine de Nicolas Coutand, dont nous avons été les premiers, au *Petit Futé*, à mettre en lumière le talent, avant que des guides gastronomiques nous suivent. Deux salles, aux ambiances et capacités différentes : parquet, cheminée d'époque, alternance de mobilier mauve ou vert amande pour le petit salon ; à l'étage un salon peut recevoir les réceptions ou séminaires. Le service est discret et courtois. Après plusieurs expériences dans de belles maisons, comme Trois Gros à Roanne, le chef est revenu au pays ! Et, égoïstement, pour les gourmets que nous sommes il a bien fait ! Cuisine type bistrot le midi avec une formule du jour, tandis que le soir, elle s'émancipe et se fait plus gastronomique. C'est là que le chef exprime tout son talent et sa créativité... et la palette est large ! Les mets sont magnifiquement mis en scène, tels des tableaux avec des touches de couleurs. Quant aux saveurs, les mariages sont à la fois étonnants, subtils et délicats. Un midi d'hiver la formule proposait une fine crème de panais, œuf mollet et lard fumé, puis la pêche du jour et son risotto crémeux au vert avant de conclure sur une dariole au chocolat coulant.

Le gîte

■ CAMPING LE CHAPONNET****
16, rue du Chaponnet ✆ 02 51 90 55 56
campingchaponnet@wanadoo.fr

Fermé d'octobre au 1er avril. 350 emplacements. Emplacement de 20,40 € à 54 €. Mobil-homes de 245 € à 1 260 € la semaine. Club enfants. Jeux pour enfants. Wifi payant. Restauration. Sauna.

Sa proximité du centre-ville à 200 mètres l'éloigne quelque peu de la plage qui se trouve à environ 1,5 kilomètres. Mais une fois au Chaponnet, vous pourrez profiter pleinement de la baignade grâce à ses piscines chauffées extérieures avec toboggans aquatiques et une intérieure avec un décor style rochers. Les enfants, non content de bénéficier d'un club enfant, peuvent s'octroyer une bonne tranche de rigolade sur l'aire de jeux qui leur est consacrée. Au choix pour votre hébergement des chalets, cottages ou mobile-homes. Pour les amateurs de grandes structures puisque sont répertoriés plus de 330 emplacements. Depuis 2014 : aire aqua-ludique couverte et chauffée, aire de jeux gonflables et Wifi sur tout le camping (payant). Autres services : un bar-restaurant et un club enfants. Navette gratuite en juillet et août.

Sorties

■ LA CABANE – BAR À HUÎTRES
La Chabossière
Chemin de la Ch'noue ✆ 06 76 70 04 60
lacabane.brem@gmail.com

Haute saison : ouvert tous les jours à partir de 11h. Terrasse. Restauration.

Un lieu insolite unique ! Comme posé sur l'eau, au milieu des marais, le lieu abritait autrefois une ancienne cabane ostréicole, aujourd'hui transformée en base nautique et bar à huîtres. Très vite, depuis son ouverture en 2014, cette adresse atypique s'est transmise, même s'il faut bien l'avouer, on a terriblement envie de la garder rien que pour soi afin d'en préserver le caractère unique et apaisant. La Cabane est à la fois un bar avec un petit service de restauration, mais on vous y propose aussi la location de canoës-kayaks ou du stand up paddle et de la pêche au bord. Vous pourrez vous balader sur les rivières de la Vertonne et de l'Auzance au cœur des marais ou partir en direction de l'océan. Donnez rendez-vous à vos amis autour d'un apéro à grignoter des huîtres et quelques tapas, venez avec les enfants, car l'endroit est décontracté et familial, installez-vous sur les petits canapés faits à partir de palettes de bois sur lequelles on a posé des coussins colorés (car la palette ça fait un peu mal aux fesses quand on est en maillot de bain). C'est fait de bric et de broc, à la cool, le panorama sur les marais est top, bref, on est fans !

■ PARC D'ATTRACTION DES DUNES
Rue de l'Ecours
✆ 02 51 90 54 29
www.parc-des-dunes.com

Ouvert de Pâques à septembre. Ouvert tous les jours. Gratuit pour les enfants en dessous de 90 cm. Prix adulte/enfant : 11 €.

À côté de la plage des Dunes, ce parc, qui existe depuis trente et un ans, a changé de propriétaire en 2013, et de nombreux travaux et changements ont été apportés. Ludivine et Rudy l'entretiennent avec soin et sérieux, toujours dans un but de sécurité, et lui apportent améliorations et nouveautés. Ce sont des professionnels de l'attraction qui ont toujours évolué dans ce milieu. Ce parc d'attractions offre une sortie divertissante pour toute la famille, en proposant plus de 40 jeux à volonté, pour petits et grands et ce pour une somme dérisoire, puisque c'est 11 € pour tout le monde et vous restez autant de temps que vous voulez ! Certes, les jeux sont simples mais les enfants s'amusent comme des petits fous. Ainsi toute la famille profitera à volonté des attractions suivantes disséminées sur 4 hectares de verdure : toboggan aquatique, pentagliss, trampoline, mini-golf de 18 trous, piscine à

Les vins de Brem

La vigne fut introduite dans le pays de Brem par les Romains qui venaient acheter du sel dans les marais des Olonnes. Sa culture fut développée à partir des IXe et Xe siècles sous l'impulsion des puissantes abbayes de la région. Au début du XVIIe siècle, elle est encouragée par Richelieu, alors évêque de Luçon, qui appréciait fort les vins de cette région et les faisait servir à sa table. Il leur donna ainsi des titres de noblesse, c'est pourquoi les vins supérieurs récoltés dans cette région portaient le nom de « vins des fiefs du Cardinal ». Ce survol rapide de l'origine des vins vendéens tels le franc-blanc et grolleau, pinot noir et pinot rosé, gamay, produits aujourd'hui sous l'appellation vins de pays des fiefs vendéens prouve leur ancienneté. Ce sont des vins dont la qualité a été reconnue en 1984 par l'attribution de l'appellation d'origine VDQS à laquelle devrait venir s'ajouter le label AOC comme tous les grands vins de France. A déguster au frais d'une cave. Pour la petite histoire, Vincent Bouhier de l'Ecluse, propriétaire du château de Beaumarchais, partisan d'Henri IV, reçut ce dernier au château lors de sa visite au bas Poitou. Le roi arriva avec sa suite en grand apparat accompagné par la jeune et jolie marquise de Trémouille. Il faisait chaud, le roi avait soif, il demanda à boire. Bouhier de l'Ecluse lui présenta un pichet de vin blanc récolté sur son domaine. Le roi but d'un trait ! « Excellent breuvage, dit-il, vos fiefs sont dignes d'être connus ». Toute la suite du roi dégusta et apprécia le vin.

■ **L'UNION DES GRANDS FIEFS DE BREM**
BREM-SUR-MER
Créée en 2008, l'Union des Grands Fiefs de Brem a pour vocation de mettre le terroir de Brem en lumière, et regroupe 5 domaines, des amoureux du fruit de Dyonisos, et surtout passionnés par leur métier de vigneron : Domaine Saint-Nicolas ✆ 02 51 90 55 74 - Domaine Aloha ✆ 06 31 29 55 05 - Domaine du Lux en Roc ✆ 02 51 90 57 31 - Domaine de la Borderie ✆ 06 08 48 06 93 - Domaine de la Rose Saint-Martin ✆ 02 51 90 57 31. Et aussi la Cave des Vignerons ✆ 06 14 21 79 16. Et consultez leur blog : www.grandsfiefsdebrem.over-blog.com.

boules, une dizaine de structures gonflables, pistes de luge, karts à pédales, bateau à pédales... Egalement sur le parc, plusieurs aires de pique-nique ombragées et, à l'entrée, à côté des jeux, un snack et quelques tables pour se poser en mangeant une glace ou une crêpe.

Emplettes

■ **DOMAINE SAINT-NICOLAS**
11, rue des Vallées
✆ 02 51 33 13 04 / 02 51 90 55 74
www.domainesaintnicolas.com
contact@domainesaintnicolas.com
Sur rendez-vous.
C'est en 1960 que Patrice Michon s'installe à Brem-sur-Mer sur quelques ares de vignes appartenant à son père. En 1975, il s'installe à l'Ile-d'Olonne et y construit un chai de vinification. Rejoint en 1984 par ses deux fils, Thierry et Eric, ils vont bouleverser les habitudes vendéennes pour donner à leurs vins du domaine Saint-Nicolas une empreinte et un label très particulier, d'une qualité reconnue de tous. Ces vins sont présents sur un grand nombre de tables étoilées françaises, et, cocorico, dans des établissements des Etats-Unis, ainsi qu'en Italie et au Japon. Pays qui a d'ailleurs récompensé la cuvée Jacques d'une médaille d'or parmi plus de 3 000 viticulteurs du monde entier. L'implantation en bordure des anciens marais salants du pays des Olonnes fait que les vignobles profitent d'un microclimat avec mer, forêt et marais. Le domaine viticole s'étend aujourd'hui sur 37 ha en culture Biodynamie (depuis 1995), une méthode qui exclut désherbants, engrais et produits chimiques de synthèse. Ils proposent plusieurs cuvées de grande qualité : Cuvée Les Clous, Cuvée Reflets, Cuvée Haut des Clous (blanc), cuvée Jacques... D'excellents vins et un accueil charmant.

Marais de la Gachère – Brem sur Mer.

Dans les environs

Vairé

■ CAMPING LE ROC***
Route de Brem-sur-Mer
✆ 02 51 33 71 89 06 61 99 01 59
www.campingleroc.com
contact@campingleroc.com

Ouvert du 7 mars au 14 novembre 2016. 100 emplacements (dont 71 mobil-homes et 29 emplacements nus). Exposition : ombragé / ensoleillé. Emplacement de 14,50 € à 28 €. Mobil-homes de 180 € à 875 € la semaine. Location de parcelles à l'année, vente de mobile homes neufs et occasions. Club enfants. Aire pour camping-cars. Restauration (bar snack). Wifi partiel gratuit. Animations. Grand parking.

A deux pas de Brem et de Brétignolles-sur-Mer, dans un environnement verdoyant, ce camping est très bien entretenu. Une centaine d'emplacements offrant mobile homes tous équipés de terrasse en bois semi-couverte, des emplacements nus, et une aire d'accueil pour camping-car. Le Camping Le Roc vous propose également la location de parcelles à l'année, vente de mobile homes neufs et occasions. Tous les emplacements font entre 100 et 160 m^2 et sont arborés et délimités par des haies. Une piscine extérieure et une couverte, un sauna, une salle de fitness. Une aire de jeux pour les enfants et pour les plus grands, un terrain multisports pour jouer au basket et au volley ainsi qu'un terrain de pétanque et une salle de jeux complèteront les loisirs. Sympa aussi, les tables à l'ombre des chênes liège pour regarder les joueurs de boules tout en pique-niquant. Beaucoup d'animations sont proposées sur place ainsi qu'un club enfants en saison. Grande terrasse, bar-snack. Un camping à l'esprit familial et qui offre de bonnes prestations à seulement 5 minutes des plages. Accueil charmant des propriétaires.

LES SABLES D'OLONNE ★★★

La « perle de la Côte de Lumière », selon l'expression, est riche de sa diversité. Les Sables-d'Olonne offre un cadre naturel privilégié, entre marais, dunes, forêts et, bien sûr, de superbes plages. Le pays des Olonnes fut occupé dès la Préhistoire. C'est au Moyen Age, grâce en partie à Savary de Mauléon, alors prince de Talmont, que la ville va réellement naître et se construire petit à petit. Son développement va s'accentuer particulièrement au XVe siècle grâce à l'ensablement du port de Talmont. En conséquence de quoi, Louis XI va lui même s'occuper de l'organisation commerciale et administrative des Sables-d'Olonne et lui accorder d'importantes franchises. Le port des Sables devient connu pour le commerce du sel et du vin. Au XVIIe siècle, les habitants partent à la pêche à la morue sur les bancs de Terre-Neuve. La ville est alors premier port morutier du royaume. Un essor qui sera freiné par les guerres de Religion : la ville reste catholique tandis que son hameau des Chaumes adhère au protestantisme. Pendant la Révolution française, Les Sables-d'Olonne reste du côté républicain. Avec l'apparition du chemin de fer en 1866 et l'arrivée de trains en provenance de Paris, c'est le début du tourisme : les bains de mer deviennent à la mode. Un premier casino sera construit en 1876 : comédies et concerts s'y déroulent pour le plus grand plaisir de la clientèle touristique. Mais c'est à partir de 1936, date de la création des congés payés, que la station balnéaire connaîtra un essor particulier. Aujourd'hui, la ville des Sables-d'Olonne bénéficie de la notoriété du Vendée Globe, course autour du monde sans assistance et sans escale.

■ OFFICE DE TOURISME
1, promenade Maréchal-Joffre
Centre de Congrès ✆ 02 51 96 85 85
www.lessablesdolonne-tourisme.com
info@lessablesdolonne-tourisme.com

Basse saison : ouvert le dimanche, le lundi et les jours fériés de 14h à 17h30 ; du mardi au samedi de 10h à 12h30 et de 14h à 17h30. Haute saison : tous les jours de 9h à 19h. D'avril à juin, et septembre : tous les jours de 10h à 12h30 et de 14h à 18h. Label Tourisme & Handicap.

D'code Les Sables

Idée sympa et ludique : l'office de tourisme des Sables-d'Olonne propose cinq balades insolites pour mieux appréhender l'histoire d'un lieu, d'un monument, d'une tradition ou d'une personnalité sablaise, au travers de cinq parcours piétonniers d'environ une heure. Au programme : « Le Vendée Globe et l'histoire maritime », « Le port de pêche et le quartier du Passage », « Le remblai et l'histoire balnéaire », « La Chaume et les origines de la cité », et une petite escapade à quelques encablures des Sables pour découvrir « L'île d'Olonne et son patrimoine ». À votre rythme, vous découvrirez la petite et la grande histoire de chacun des points d'intérêt qui s'offriront à vous. À chaque point d'intérêt, vous accédez à l'histoire d'un lieu, d'un monument ou d'un personnage célèbre grâce à des animations ludiques telles que diaporamas, vidéos et commentaires sonores. Outil indispensable pour ces découvertes : un smartphone doté d'une application lecteur de QR Code. Avec cette application, scannez l'un des 50 QR Code inscrits sur les bornes, édifices ou affiches, disséminés dans la ville. C'est parti pour la balade : Les Sables n'auront plus de secrets pour vous. Plus de renseignements auprès de l'office de tourisme et sur www.decode-lessables.mobi.

■ LE BAC SAINT-NICOLAS

Fonctionne du 1er juillet au 31 août de 9h à 20h. Ticket : 1,10 €, carte 10 passages : 8 €, carte mensuelle : 14 €.
Vous pouvez prendre la navette en juillet et en août entre la base de mer, aux Sables-d'Olonne, et le quai des Boucaniers, à La Chaume. Un moyen économique et sympathique pour éviter les embouteillages et les difficultés de parking, passer de La Chaume au Remblai sans avoir à contourner les ports. Belle vue sur l'entrée du port et les phares.

■ NAVETTE MARITIME LE PASSEUR

Quai George-V
La Chaume ✆ 02 51 96 81 00
contact@lesatlantes.eu
Basse saison : ouvert du lundi au jeudi de 7h à 20h ; le vendredi et le samedi de 8h à 22h ; le dimanche et les jours fériés de 8h à 20h. Haute saison : tous les jours de 7h à 2h. Ticket : 1,10 €, carte 10 passages : 8 €, carte mensuelle : 14 €.
C'est le seul « passeur » à proposer des passages toute l'année. Toutes les autres compagnies de transport proposent uniquement des traversées pendant la période estivale de juillet à août. Le passeur propose donc un très gros avantage d'être disponible ainsi tout au long de l'année. Les navires sont fréquentés aussi bien par les touristes que par les habitants des Sables-d'Olonne et des environs.

■ BALADE-PETIT TRAIN TOURISTIQUE DES SABLES

✆ 02 51 95 62 25
isabelle@tusco.org
Départ du Jet d'Eau (face à la mairie)
Fermé de septembre à juin. Ouvert tous les jours. Départs à 10h30, 11h30, 14h30, 15h45, 17h et 18h15. Adulte : 5,90 €. Enfant (de 5 à 13 ans) : 3,90 €.
Balade commentée vers la côte sauvage, La Chaume, Les quais, les ports de pêche et de plaisance, ainsi que le remblai. Découverte des Sables-d'Olonne, visite commentée sur la pêche, le tourisme, la vie sablaise à travers des anecdotes. Billet en vente sur place au petit train. Possibilité de circuits hors saison pour les groupes. Visite nocturne le lundi à 21h30 (vente des billets à l'office de tourisme des Sables d'Olonne). Possibilité de circuits hors saison pour les groupes, sur réservation

La Pendule, plage des Sables d'Olonne.

Les Sables d'Olonne

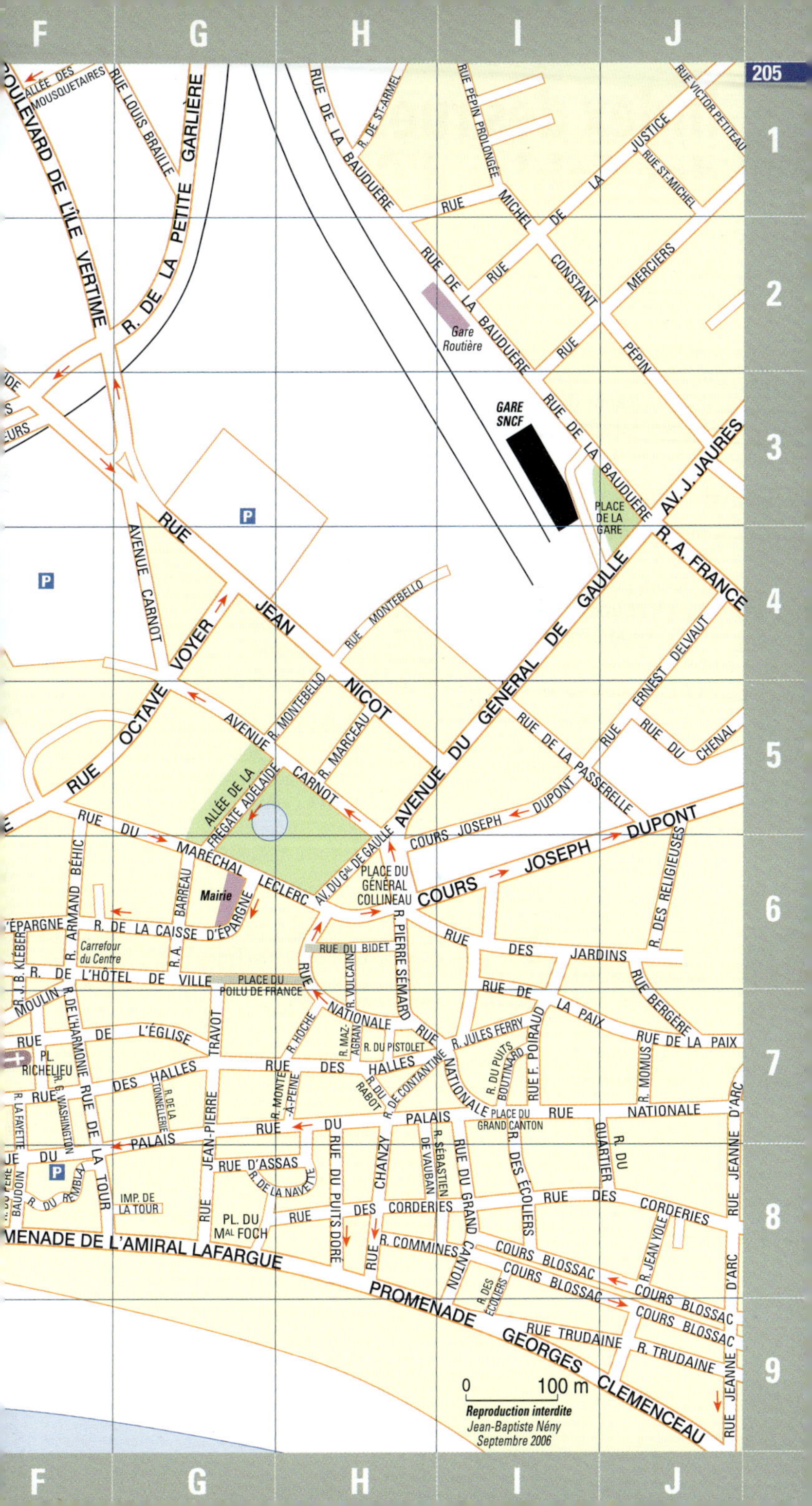
F
G
H
I
J
1
2
3
4
5
6
7
8
9
ALLÉE DES MOUSQUETAIRES
BOULEVARD DE L'ÎLE VERTIME
RUE LOUIS BRAILLE
R. DE LA PETITE GARLIÈRE
RUE DE LA BAUDUÈRE
R. DE ST-ARMEL
RUE PÉPIN PROLONGÉE
RUE MICHEL
RUE CONSTANT
RUE PÉPIN
RUE DE LA JUSTICE
RUE VICTOR PETITEAU
RUE ST-MICHEL
MERCIERS
Gare Routière
GARE SNCF
PLACE DE LA GARE
AV. J. JAURÈS
R. A. FRANCE
RUE ERNEST DELVAUT
RUE DU CHENAL
RUE DE LA PASSERELLE
AVENUE DU GÉNÉRAL DE GAULLE
RUE JEAN NICOT
RUE MONTEBELLO
AVENUE CARNOT
RUE OCTAVE VOYER
R. MONTEBELLO
R. MARCEAU
ALLÉE DE LA FRÉGATE ADELAÏDE
CARNOT
COURS JOSEPH DUPONT
PLACE DU GÉNÉRAL COLLINEAU
AV. DU GAL DE GAULLE
RUE DU MARÉCHAL LECLERC
Mairie
R. BARREAU
R. DES RELIGIEUSES
RUE DES JARDINS
RUE ARMAND BÉHIC
R. DE LA CAISSE D'ÉPARGNE
Carrefour du Centre
R. A.
RUE DU BIDET
R. PIERRE SÉMARD
R. J. B. KLÉBER
R. DE L'HÔTEL DE VILLE
PLACE DU POILU DE FRANCE
R. VULCAIN
RUE DE LA PAIX
RUE BERGÈRE
RUE NATIONALE
R. DE L'HARMONIE
MOULIN
RUE DE L'ÉGLISE
TRAVOT
R. HOCHE
R. MAZAGRAN
R. DU PISTOLET
R. JULES FERRY
R. DU PUITS BOUTINARD
RUE F. POIRAUD
R. MOMUS
PL. RICHELIEU
RUE DES HALLES
R. DE LA TONNELLERIE
R. MONTE-À-PEINE
R. DU RABOT
R. DE CONSTANTINE
PLACE DU GRAND CANTON
R. LA FAYETTE
R. G. WASHINGTON
RUE DE LA TOUR
RUE DU PALAIS
RUE JEAN-PIERRE
RUE JEANNE D'ARC
R. DU QUARTIER
RUE D'ASSAS
R. DE LA NAVETTE
RUE DU PUITS DORÉ
RUE CHANZY
R. SÉBASTIEN DE VAUBAN
RUE DU GRAND CANTON
R. DES ÉCOLIERS
R. DU PÈRE BAUDOIN
R. DU REMBLAI
IMP. DE LA TOUR
PL. DU MAL FOCH
RUE DES CORDERIES
R. COMMINES
R. JEAN YOLE
PROMENADE DE L'AMIRAL LAFARGUE
COURS BLOSSAC
R. DES ÉCOLIERS
PROMENADE GEORGES CLEMENCEAU
RUE TRUDAINE
R. TRUDAINE
0
100 m
Reproduction interdite
Jean-Baptiste Nény
Septembre 2006

Index des rues des Sables d'Olonne

A

AGAURES (rue des) B3
ANCIENNE COMÉDIE (rue de l') C7
ANCIENNE SOUS PRÉFECTURE (rue de l') A7/D7
ARC (rue Jeanne d') J8/J7
ARCHEREAU (quai) B4
ASSAS (rue d') G7/H7

B

BARREAU (rue a.) G6
BART (rue Jean) D7
BAUDOIN (rue du Père) F8/F7
BAUDUÈRE (rue de la) I3/J4
BÉHIC (rue Armand) F6/F5
BERGÈRE (rue) J6/J7
BIDET (rue du) H6
BISSON (rue Hippolyte) F6
BLOSSAC (cours) J8/J9
BOLLET-ROUGE (rue du) D8/D7
BON SECOURS (rue du) C7/C6
BONS ENFANTS (rue des) B6
BOUGAINVILLE (rue) C7
BOULEVARD DE L'OUEST (rue du) B7
BRAILLE (rue Louis) F1/G2

C

CABAUDE (quai de la) C5
CAISSE D'ÉPARGNE (rue de la) E6/F6
CAPELAGE (rue du) E4/E3
CARCADO (rue) E8/E7
CARNOT (avenue) G3/G5
CASINO (rue du) C7
CENTRE (carrefour du) F6
CHANTIERS (quai des) D4/E3
CHANZY (rue) H8/H7
CHENAL (rue du) J5
CLEMENCEAU (promenade Georges) H8/J9
COLLINEAU (place du Général) H6
COMMERCE (place du) D6/D7
COMMINES (rue) H8/I8
CONCORDE (rue de la) B7
CONTANTINE (rue de) H7
CORDERIES (rue des) G8/I8
COUPE (rue de la) E6
CRABES (rue des) D6
CROUZILLAT (rue Pierre) B7

D-E

DELVAUT (rue Ernest) I5/J4
DESAIX (rue Charles) E7/E6
DINGLET (quai Jules) A7/B9
DUPONT (cours Joseph) H6/I5
ÉCOLIERS (rue des) I7/I8
ÉGLISE (place de l') E7
ÉGLISE (rue de l') F7/G7
ENFER (rue de L') E7

F

FAUBERT (rue) E3
FERRY (rue Jules) H7/I7
FOCH (place du Maréchal) G8
FOUR À CHAUX (rue du) A7
FRANCE (rue A.) J4
FRÉGATE ADÉLAÏDE (allée de la) . G6/G5

G

GARE (place de la) I3
GARNIER (quai Emmanuel) C6/E6
GARNIER (rue Marcel) B7/B9
GÂTINES (rue des) C7
GAULLE (avenue du Général de) H6/H5
GENDARMERIE (rue de la) B7
GRAND CANTON (place du) I7
GRAND COIN (rue du) E6
GRÉEURS (rue des) E3/F3
GUINÉ (quai René) A7/C6

H

HALLES (rue des) D7/F7
HARMONIE (rue de l') F6/F7
HOCHE (rue) G7/H6
HÔTEL DE VILLE (rue de l') D7/F6

I-J

ÎLE VERTIME (boulevard de l') F1/F3
JARDINS (rue des) H6/J6
JAURÈS (Av. Jean) J3
JOFFRE
(promenade du Maréchal) B9/C8
JUSTICE (rue de la) I2/J1

K-L

KLÉBER (rue J. B.) F7/F6
LAFARGUE
(promenade de l'Amiral) C8/E8
LAFAYETTE (rue) F7
LECLERC (rue du Maréchal) F5/H6
LOT (rue du) B5/D5

M

MANUEL (rue J. A) E6/E7
MARCEAU (rue) H5
MARINE (rue de v) B7
MAZAGRAN (rue) H7
MERCIERS (rue) I3/J1
MOMUS (rue) J7
MONTE-À-PEINE (rue) G7/H7
MONTEBELLO (rue) H4
MOULIN (rue Jean) E7/F6
MOUSQUETAIRES (allée des) F1

N

NAPOLÉON (rue) A7/C7
NATIONALE (rue) H7/I7
NAVETTE (rue de la) G7/H7
NICOT (rue Jean) F3/H5

O-P-Q

OLLONNAIS (rue de l') A7
PAIX (rue de la) I6/I7
PALAIS (rue du) E7/F7
PALAIS DE JUSTICE (place du) D7
PASSERELLE (rue de la) I5/J5
PATRIE (rue de la) D7/F7
PAVILLON (rue du) B7/B6
PÉPIN (rue Michel-Constant) H2/J3
PÉPIN PROLONGÉE (rue) I1/I2
PETITEAU (rue Victor) J1
PETITE-GARLIÈRE (rue de la) F3/G1
PIE (rue de la) C7/D6
PILORI (rue du) F7
PISTOLET (rue du) H7
PLOMB DE SONDE (rue du) D5/D4
POILU DE FRANCE (place du) G6
POIRAUD (rue F.) I7/I6
PUITS BOUTINARD (rue du) I7
PUITS DORÉ (rue du) H7/H8
QUARTIER (rue du) I7/I8

R

RABOT (rue du) H7
RANQUEVILLE (quai E. de) E6/F5
RAPACE (rue) B7/B6
RAPIDE (rue) E7
RELAIS (rue du) B7
RELIGIEUSES (rue des) J6/J5
REMBLAI (rue du) F8/F7
RICHELIEU (place) F7
ROOSEVELT
(boulevard Franklin) A7/C8

S

SÉMARD (rue Pierre) H6/H7
SMOLSKI (rue chemin) E7
ST-ARMEL (rue de) H1
ST-MICHEL (rue) J1/J2

T

T OULINE (rue de la) E3/F3
TONNELLERIE (rue de la) G7
TOUR (impasse de la) F8/G8
TOUR (rue de la) F6/F8
TRAVOT (rue Jean-Pierre) G8/G6
TRUDAINE (rue) I8/J9

V

VAUBAN (rue Sébastien de) H7/H8
VOYER (rue Octave) F5/G4
VULCAIN (rue) H7/H6

W-Y-Z

WASHINGTON (rue G.) F7/F8
YOLE (rue Jean) J8
ZIG-ZAG (rue du) C7

Retrouvez le sommaire en début de guide

■ LES SALINES EN BATEAU ★★

Embarcadère Village de l'Aubraie
Route de l'Aubraie
✆ 02 51 21 01 19
www.lessalines.fr
lessalines@wanadoo.fr
Direction La Chaume.

Plusieurs promenades par jour, d'avril à septembre (durée environ 2h). Réservation recommandée. Balade en bateau : adulte 19,50 €, enfant (de 3 à 12 ans) 10,50 €. Visite du Parcours Historique : adulte 12 €, enfant (de 3 à 12 ans) 8,50 €. Chèque Vacances. Boutique. Accueil de groupes.

Le site des Salines se compose ainsi : la visite en bateau, le parcours historique et un espace boutique. Embarquez à bord du *Mireille* et du *Jonathan*, pour une balade en bateau sur la rivière salée, et une visite commentée au cœur du marais d'Olonne. Découvrez les marais salants, leur histoire, le métier de saunier et la récolte du sel. La deuxième partie de la visite se poursuit par une escale sur le Parcours Historique du Sel, avec un spectacle animé et sonorisé, depuis les gradins, en compagnie des sauniers, qui vous conteront les 10 hectares de marais salants, le patrimoine sablais. Autre volet ludique : la récolte du sel par les enfants, au travers d'un jeu d'énigmes et d'un parcours pédagogique. En tout, la visite dure deux heures. La nouveauté 2016 (outre le site entièrement réaménagé), c'est un observatoire d'oiseaux. Possibilité de visiter indépendamment le Parcours Historique du Sel. Enfin, faites un passage par la boutique, où vous retrouverez les produits du marais. Rappelons que le site des Salines a obtenu la médaille de bronze du tourisme en 2000.

La rue de l'Enfer...

La rue de l'Enfer, selon le Guinness des Records de mai 1986, est la rue la plus étroite du monde ! Elle mesure au point le plus resserré moins de 40 cm de large ! C'est aussi une des rues les plus sombres, ce qui justifie sans doute son nom.

■ VISITE GUIDÉE DE LA CRIÉE ET DU PORT DE PÊCHE

Renseignement à l'office de tourisme
✆ 02 51 96 85 78

Du 15 juin au 15 septembre, mardis et jeudis à 6h15 (mardi seulement en juin et septembre). Adulte : 6,10 €. Enfant (de 5 à 16 ans) : 4 €. Visite guidée.

Grâce aux guides du centre de marée, en 1h30, découvrez les coulisses du port de pêche, les explications des différentes variétés de poissons et crustacés avec une attention particulière pour les poissons que l'on ne voit jamais entiers dans les poissonneries : lotte, roussette, raie, turbot, Saint-Pierre, requin. On vous dévoilera tout du rôle des crieurs – c'est une technique ! –, celui des mareyeurs, mais aussi les caractéristiques et la vocation du port de pêche. Projection d'un film d'images d'hier et d'aujourd'hui.

Points d'intérêt

■ CHATEAU ST-CLAIR &TOUR D'ARUNDEL ★

La Chaume
Place Maraud ✆ 02 51 95 53 11
A quelques mètres du prieuré, en empruntant la passerelle parallèle au chenal du port.

Fermé du 1er octobre au 1er avril. Ouvert tous les jours de 10h à 12h30 et de 15h à 18h. Adulte : 5 € (tour + musée). Enfant (de 5 à 15 ans) : 3 € (tour + musée).

En 1622, Soubise chef protestant s'empare du château construit par les princes de Talmont au XVe siècle, et y fait construire des fortifications. Garnison sous Louis XIII, bombardé en 1796 par les Anglo-Hollandais, racheté par l'Etat en 1835 puis restauré de 1986 à 1994, le château abrite actuellement le musée de la Mer. Le premier feu fut installé en 1593. Au XVIIe siècle, le feu de la Chaume est le seul phare de Vendée. Sa forme actuelle résulte de travaux de restauration opérés de 1857 à 1858. Lors de votre visite au musée de la Mer et de la Pêche, profitez du privilège d'accéder au sommet de la tour. Superbe panorama et table d'orientation datant de 1911.

LA CHAUME ★★

La visite des Sables-d'Olonne peut commencer par La Chaume, quartier le plus ancien des Sables-d'Olonne, puisque occupé depuis l'époque gallo-romaine. C'est d'ailleurs, selon le panneau rajouté à l'entrée de ce quartier, le «berceau» de la cité des Sables-d'Olonne. Vous apprécierez le charme de ce dédale de venelles qui abritent de petites maisons basses typiques. Débutez par la découverte de la belle vue qu'offre sur la station le prieuré Saint-Nicolas, à l'extrémité du chenal du port. Visites guidées du quartier d'avril à octobre (durée : 2h). Renseignements à l'office de tourisme.

LES HALLES ★

Construit une quinzaine d'années après la fin du Second Empire, sous la IIIe République, l'édifice a été inauguré en 1890. Situé au cœur de la ville, le marché rassemble, sur deux étages, environ 65 commerçants et petits producteurs. Réalisées par Michelin, les halles s'inspirent des modèles parisiens alliant une armature de fer, de brique et de verre. Elles ont été rénovées en 1990, à l'occasion de leur centenaire.

MUSÉE DE L'ABBAYE SAINTE-CROIX ★★

Rue de Verdun
✆ 02 51 32 01 16
musee@lessablesdolonne.fr

Ouvert toute l'année. Périodes scolaires : du mardi au vendredi de 14 h à 18 h, week-end et jours fériés de 11 h à 13 h et de 14 h à 18 h. Vacances scolaires toutes zones : tous les jours de 11 h à 13 h et de 14 h à 18 h. Gratuit jusqu'à 18 ans. Adulte : 5 €. Tarif réduit : 3 €. Labellisé Musée de France.

Après une fermeture de plusieurs mois pour travaux, le Musée de l'Abbaye de Sainte-Croix a rouvert ses portes début février 2016. Inauguré en 1964, installé dans un bâtiment inscrit à l'Inventaire des Monuments historiques, le prieuré Sainte-Croix fondé en 1622 présente une collection autour d'œuvres de Gaston Chaissac et Victor Brauner, réparties en salles d'expositions permanentes et temporaires. Une particularité du bâtiment : ses combles du XVIIe siècle en coque de bateau renversée. Pour sa partie historique, la collection compte des œuvres d'importance d'Albert Marquet, Jean Dubuffet, Alberto Magnelli, Max Beckmann. Côté exposition d'artistes contemporains, le musée a rassemblé des œuvres de Georg Baselitz, Robert Combas, Denis Laget, Christian Jaccard, Philip Guston ou Peter Saul. Les événements « Dimanche en Famille » et « Les Vacances au Musée » permettent aux jeunes artistes en herbe de découvrir les collections du musée à l'aide de jeux et d'ateliers.

MUSÉE DE LA MER ET DE LA PÊCHE

Place Maraud
✆ 06 77 00 50 04
musee@oceam.org

Fermé du 29 septembre au 12 avril. Haute saison : ouvert tous les jours de 10h15 à 13h et de 15h à 18h. Fermeture à 12h30 de mai à juin. En avril, ouvert tous les jours de 15h à 18h. Adulte : 3 €. Enfant (de 5 à 14 ans) : 1,50 €.

Situé dans les murs du Château Saint-Clair, les deux salles d'exposition du Musée de la Mer et de la Pêche regorgent de dizaines de maquettes, peintures, instruments de marin, engins de pêche, et documents divers. Une exposition, renouvelée chaque année, est consacrée à la marine d'autrefois et à la pêche. Grimpez jusqu'au sommet de la Tour d'Arundel et appréciez le magnifique panorama qui s'ouvre sous vos yeux (attention, les enfants doivent être accompagnés).

Marais salant aux Sables d'Olonne, Les Salines

■ MUSEUM DU COQUILLAGE ★

Port de Pêche
8, rue Maréchal-Leclerc ✆ 02 51 23 50 00
www.museumducoquillage.com
museum.du.coquillage@wanadoo.fr

Fermé de décembre à février. Basse saison : ouvert du mardi au samedi de 10h à 12h30 et de 14h à 18h ; le dimanche de 14h à 18h. Haute saison : tous les jours de 10h à 19h. Vacances Noël et février du mardi au samedi 10h à 12h30 et de 14h à 18h ; le dimanche de 14h à 18h. Gratuit jusqu'à 4 ans. Adulte : 8 €. Enfant (de 4 à 11 ans) : 5 € (ados 12/17 ans : 7 €). Boutique.

Le Museum du Coquillage n'est autre que la plus grande collection privée d'Europe ! Une collection privée unique tant pour la qualité des pièces que pour la richesse, la diversité et le nombre de coquillages en vitrines. Au détour de 230 vitrines, découvrez 45 000 coquillages exotiques aux formes extraordinaires et aux couleurs chatoyantes, des coquillages tropicaux, des fossiles, de la nacre, des bénitiers géants, des cônes, des nautiles, des volutes, des porcelaines, des hippocampes, des étoiles de mer, des oursins, des éponges, des coraux, ainsi que des requins représentent les merveilles de la nature. Pour les enfants, deux parcours ludiques pour découvrir les coquillages avec Speedy et Glouton : l'un sur les formes et les couleurs pour les 4-6 ans, l'autre sous forme de jeux-questions pour les 7-11 ans. Egalement une boutique de 150 m² en accès libre et gratuit, dédiée au travail de la nacre, présentant des bijoux, des coquillages, de toute sorte, des animaux naturalisés et tout un tas d'objets de curiosité, qui feront de bons cadeaux souvenirs à rapporter à la famille.

■ PRIEURÉ SAINT-NICOLAS ★★

La Chaume
Promenade Jean-XXIII

Erigé par les religieux de Sainte-Croix de Talmont au cours du XIe siècle, le prieuré fut pillé pendant les guerres de Religion, restauré par Richelieu, transformé en fort, en corps de garde et poudrière de la fin du XVIIIe à la fin du XIXe. Dominant l'entrée du port et protégé par deux longues jetées édifiées au XVIIIe siècle, le prieuré flanqué de sept canons du XVIIIe offre une vue superbe sur la baie. Très beau site avec monument fresque des Péris en mer. Fini d'être rénové en 2004, le prieuré est aujourd'hui un lieu dédié à la culture (nombreuses expositions) et aux événements. D'une capacité de 160 places, il peut y accueillir des concerts et des expositions.

■ QUARTIER DE L'ILE PENOTTE ★

Rue d'Assas

C'est un petit coin adorable, avec une note artistique où les façades des murs sont ornées de mosaïques de coquillages. C'est une sablaise, Danièle Arnaud-Aubin, qui en 1997 a décidé de faire revivre le quartier de son enfance. Ainsi, avec l'aide des habitants du quartier, elle a décoré pendant des années les murs des maisons de créations à base de coquillages divers, du bigorneau aux coquilles d'huîtres en passant par la Saint-Jacques et les « chapeaux chinois ». Bref, une fresque unique qui se fond dans le paysage sablais.

■ LE QUARTIER DU PASSAGE

Situé entre port et plage, ce quartier est considéré comme le plus ancien quartier de ce côté du chenal. C'est un quartier composé de ruelles très étroites et de maisons typiques de pêcheurs avec fenêtres au niveau de la chaussée, d'anciennes maisons d'armateurs construites au temps ou les Sables-d'Olonne était le premier port morutier de France. Visites guidées du quartier d'avril à octobre. Renseignements à l'office de tourisme.

■ LES SALINES EN BATEAU ★★

Embarcadère Village de l'Aubraie
Route de l'Aubraie
✆ 02 51 21 01 19
Voir page 208.

La Chaume
1- R. DE L'AMOUR
2- R. DUPUITS
3- R. DE LA BROCHE
4- R. DU CHANTIER
5- R. DU FILET
6- R. DU TRIBOULET
7- R. DU REGARD
8- R. DE L'HIRONDELLE
9- R. DES COMPAGNONS
10- IMP. DE L'ASILE
11- R. CREUSE
12- R. DU VILBREQUIN
13- BELLE RUE
14- R. STE-ANNE
15- R. DE L'AQUEDUC
16- R. DE L'AMI RONARCH
17- R. BÉCASSINE
18- R. DU FOUR
19- R. DU HASARD
20- R. DES DAMES
21- R. DU CÊF
22- R. CENTRALE
23- R. DU TOURNEBRIDE
24- R. DU F. ST-NICOLAS
25- R. DE LA MARCHE
26- R. DE L'ÉCHELLE
27- R. DE L'ÉPERON
28- R. DE L'ESCALIER
29- R. ST-ETIENNE
N
O
E
S
LES GRANDS GUÉRETS
LES MORINIÈRES
LE PERCLUS
LA CABAUDE
LES AGAURES
LA CHAUME
Marais Cadrit
Port de Plaisance
Chantiers maritime
Pointe de l'Aiguille
Les Perepoux
IMP. DES PRÉS SABLAIS
VOIE COMMUNALE 109
CH. DE LA CHAUME AUX DUNES
RUE DES BRANCHES
RUE DE LA MARION
RUE DE LA MARION
AV. DES GRANDS GUÉRETS
R. DE LA CHAUVETIÈRE
RUE J. BÉNATIER
R. DES MORINIÈRES
AVENUE DU FIEF MONSIEUR
ALL. DU CHARDON BLEU
ALL. DES OYATS
ALL. DE L'ÉPINE NOIRE
RUE DES GÂTINES
RUE DES SAUNIERS
R. DE LA GIGATIÈRE
IMP. DES MARCHAIS
Gymnase
BD DU SOUVENIR FRANÇAIS
RD-PT HONORÉ D'ESTIENNE D'ORVES
BD DES ANCIENS C. D'AF. DU NORD 1952-1962
BOULEVARD DU 8 MAI 1945
RUE DE LA BONNE VIERGE
Stade
RUE DES AGAURES
RUE DES CORMORANS
AL. DES CARAVELLES
R. DES BRIGANTINS
AL. DES FRÉGATES
AL. DES CHASSE M.
AL. DES TERRES NEUVAS
IMP. CL. BERTRAND
RUE DES AJONCS
IMP. DES AJONCS
ALL. DU MOULIN DES AJONCS
R. DE LA BONNE VIERGE
R. DE LA TONNELLE
R. DU PÉLICAN
RUE DES MÛRIERS
R. DE LA DOROTHÉE
RUE J. BÉNATIER
RUE B. POIRIER
PLACE J. D. NAU
VOIE DE LA BAUDUIÈRE
R. DU GENOIS
QUAI ALBERT PROUTEAU
R. DU MISAINE
R. DE LA BAUDUIÈRE
GERBAUD
PL. A. COTAS
QUAI ALAIN GERBAUD
JOSEPH BÉNATIER
RUE DES FIGUIERS
AL. D'ALICE SABELLE
R. DE LA BOULANGERIE
R. DU MARAIS
ROUSSEAU-MÉCHAIN
QUAI
ROUTE DE LA CABAUDE
QUAI ARCHEREAU
RUE DU BEAUPRÉ
RUE DES GATELARDS
RUE DES HUNIERS
RUE DU TARIF
IMP. DES BARGES
RUE DES BARGES
ALL. DES SARDINIERS
RUE DE LA FORGE
Collège
RUE HAUTE
R. FLORELLE
RUE DU DOCTEUR CANTELEAU
R. DU LIEUTENANT MAURICE ANGER
PROM. GEORGES V
PL. D'ARMES
PL. STE ANNE
RUE DES COMÉES
RUE DES BARGES
RUE DE L'ARTIMON
R. DU PIGEONNIER
RUE DE L'AIGUILLON
RUE DE LA MARNE
CARR. DU MOULIN
RUE DU MOULIN
IMP. DU MOULIN
RUE DES CORDIERS
R. COLLINET
RUE DE PARISSE
IMP. MIVOUT
IMP. BÉCHU
R. DU LARGE
RUE DE L'AIGUILLON
RUE DE L'ARTIMON
IMP. DE BENGALIS
R. DU PUITS JEUDY
R. DES FLOTS
RUE J. BIDARD
RUE DE PARISSE
IMP. DES ŒILLETS
RUE MARITIMES
RUE DU BARGEOURI
RUE DE MONTAUBAN
R. BRISÉE
IMP. DE LA BRISÉE
RUE DES FUSILLERS MARINS
RUE A. ROUX
AL. DU CLOS D'ALBRET
R. DE L'ARMANDÈCHE
R. DE LA CURE
PL. NEUVE
PL. DE L'ORMEAU
R. DE L'ORMEAU
PL. A. MARAUD
QUAI DES BOUCANIERS
QUAI R. GUINÉ
R. DE L'ANC. S.
R. NAPOLÉON
BD F. ROOSEV
QUAI DINGLER
R. M. GARNIER
PR. MAL
IMP. DES COQUELICOTS
RUE DE MONTAUBAN
Couvent
ALLÉE DU NOURA
RUE DU PETIT MONTAUBAN
IMP. PUIRPOUX
IMP. DE LA LIMAILLE
IMP. DES MORUTIERS
RUE DES DORIS
ALL. DES DRAKKARS
R. DU V. NEUF
R. DU DOUANIER
R. DU LAVOIR
RUE DU SÉMAPHORE
R. DE L'YSER
R. DE LA VIGIE
BONNETIÈRE
Musée de la Marine
Sous-Préfecture
RUE DES NORMANDS
AL. DES GABELOUS
AL. DU GABIER
R. DES TAMARIS
RUE DU ROI ALBERT 1ER
RUE SAINT-NICOLAS
Q. DU BRISE LAMES
AL. DE LA PASTOURELLE
RUE P. E. PAJOT
ROUTE BLEUE
Auberge de Jeunesse
IMP. S. CHAIGNEAU
SÉMAPHORE
RUE DE LA CORVETTE
RUE DU
R. DU GALION
ALL. DES 3 MÂTS
THONIERS
AL. DES BALEINIERS
R. DE LA CABOSSE
AL. DES CORSAIRES
AL. DE LA GOÉLETTE
R. DES DUNDÉE
ALL. DES GENÊTS
PROMENADE JEAN XXIII
Ancienne Chape
Prieuré St-Nicolas
Phare d'Armandèche
CORNICHE DU NOUCH
100 m
Reproduction interdite
Jean-Baptiste Nény
Avril 2011

ZOO DES SABLES D'OLONNE ★★
Route du Tour-de-France
✆ 02 51 95 14 10
www.zoodessables.fr

Ouvert du 6 février au 13 novembre. Basse saison : ouvert tous les jours de 13h30 à 18h30. Fermeture à 18h à l'heure d'hiver. D'avril à septembre, tous les jours de 9h30 à 19h (19h30 en juillet et août). Fermeture billetterie 1h30 avant. Gratuit jusqu'à 3 ans. Adulte : 16 €. Enfant (de 3 à 10 ans) : 10 €. Zoo Pass 2016 : adulte 32 €, enfant de 3 à 10 ans 20 €, famille 102 €. Label Tourisme & Handicap. Restauration sur place d'avril à septembre. Boutique ethnique.

Deuxième site touristique de Vendée, le Zoo des Sables est un îlot de verdure au bord de l'océan, abritant près de 400 animaux appartenant à une cinquantaine d'espèces : girafes, pandas roux, lions de l'Atlas, loups, gibbons, perroquets, suricates, manchots... Pénétrez au cœur de la volière d'Océanie et nourrissez les loriquets. En 2016, découvrez les nouveaux pensionnaires : des chiens de buissons et les mangoustes naines. Pour l'anecdote, le mâle mangouste sort du terrier au lever du soleil pour vérifier qu'aucun danger ne menace la colonie. Il retourne ensuite sous terre pour informer tout le monde que la voie est libre mais prend une drôle de précaution : il frotte son derrière sur chaque membre de sa famille afin de le marquer de son odeur. Le soir, il vérifie l'odeur de chacun afin de s'assurer qu'aucun intrus ne s'est pas glissé dans le groupe. Précurseur dans le monde des parcs animaliers de par sa démarche éco-responsable, le Zoo des Sables détient depuis 2013 la norme environnementale ISO 14001. Outre son engagement dans la protection de la biodiversité exotique et locale, c'est l'un des rares parcs zoologiques à aborder la notion de respect de l'environnement à son plus haut niveau.

Le couvert

Restaurants gastronomiques

LA CUISINE DE BERTRAND
22, quai Franqueville ✆ 02 51 95 37 07
lacuisinedebertrand@orange.fr

Ouvert du jeudi au lundi le midi et le soir ; le mardi midi. Haute saison : tous les jours. Menus de 29 € à 39 €. Menu enfant : 13 €.

Situé sur le port des Sables-d'Olonne, non loin de la poissonnerie Pilote, le restaurant de Bertrand Gouon fait partie des bonnes tables sablaises. La salle est petite, sobre et moderne, la cuisine fine et soignée, bien interprétée et, même si elle est moderne, elle n'en oublie pas les bases de la cuisine traditionnelle à l'image du dessert phare : le paris-brest. Certes, le premier menu frôle les 30 € mais c'est sans doute le prix d'une cuisine maison utilisant uniquement des produits frais. Volontairement très courte, la carte, qui affiche seulement trois voire quatre suggestions de chaque plat, change tous les 3 mois, permettant de jouer sur les variations saisonnières, avec en hiver : ris de veau braisés au chorizo, sauce aigre douce, puis noix de Saint-Jacques snackées, crème de volaille au cresson ou pigeon en deux cuissons, jus de carcasse aux genièvres et romarin. Régularité, cuisine soignée et excellente, une adresse que l'on se transmet entre gourmets.

REPÉREZ LES MEILLEURES VISITES

★ INTÉRESSANT ★★ REMARQUABLE ★★★ IMMANQUABLE ★★★★ INOUBLIABLE

LA FLAMBÉE

81, rue des Halles
✆ 02 51 96 92 35
laflambeerestaurant@orange.fr

Ouvert toute l'année. Du mardi au samedi. Menus de 40 € à 53 €. Carte : 50 € environ. Menu enfant : 15 €. Formule du midi : 20 €.

Dans une petite rue piétonne derrière le port, à deux pas des halles, l'adresse offre un cadre et une cuisine sobres et raffinés à la fois. La façade aux petits carreaux s'ouvre sur une salle sobre, de petite capacité, aux teintes marron glacé et fauteuils chocolat, rehaussée par une cheminée contemporaine encastrée dans le mur. Vanessa Thiburce, annonce avec déférence les plats du marché, dans une carte qui suit le fil des saisons. La cuisine de Samuel Thiburce est une cuisine du moment, mais avant tout une cuisine soignée, bien léchée comme on dit, goûteuse, qui met en valeur les produits du moment, avec une mise à l'honneur des poissons nobles (turbot, barbue, saint-jacques, sole, saint-pierre...). Mais que les amateurs de viandes se rassurent, ils sauront trouver leur bonheur également comme avec le plat phare, la noix de ris de veau. L'adresse est appréciée par bon nombre de Sablais et c'est sans doute la régularité d'une cuisine fine relevée d'une pointe d'inventivité qui en font une adresse en bonne place dans les agendas des gourmets, même si elle n'est pas à portée de toutes les bourses.

LOULOU COTE SAUVAGE

19, route Bleue
La Chaume
✆ 02 51 21 32 32
www.louloucotesauvage.com
loulou.cotesauvage@orange.fr

Maître Restaurateur. Fermé de fin novembre à fin janvier. Haute saison : ouvert du mardi au dimanche. Basse saison : ouvert du mercredi au samedi le midi et le soir, dimanche le midi sauf jour férié. Menus de 24 € à 65 €. Menu enfant : 15 €.

Vous êtes gourmet, vous voulez profiter d'une vue imprenable sur la côte sauvage ? Poussez la porte de cette belle institution posée sur les rochers, tenue par Béatrice et Jean-Marie Guerry, le chef, Maître Restaurateur. Derrière le nom de ce restaurant créé dans les années 30, une histoire : celle d'un phoque surnommé Loulou, échoué ici. Ce Loulou-là a tout pour lui : vue exceptionnelle sur l'océan et cuisine fine et régulière, récompensée par les guides. Décor élégant et chaleureux : banquettes oranges capitonnées sur l'estrade, plafond blanc miroir, tables joliment dressées. Au palmarès d'une carte qui valorise les produits frais, les producteurs locaux et suit les saisons ; la primeur est donnée aux poissons et produits de la mer dont le homard du vivier. Ormeau de Bretagne, coques et pignons de pin, beurre aux algues, bar sauvage aux saveurs d'Orient, Saint-Jacques snackées, crème Dubarry et condiment au pamplemousse... En dessert, le chef joue l'originalité avec la tatin revisitée à la Pomme Fuji et son crémeux caramel ou l'incontournable finger au chocolat. Une carte des vins riche, qui sied parfaitement au cadre et à la cuisine. Une belle adresse.

LA PILOTINE

7 et 8, promenade Georges-Clemenceau
✆ 02 51 22 25 25
pilotine85@gmail.com

Ouvert toute l'année. Basse saison : du mercredi au samedi le midi et le soir ; le dimanche midi. Haute saison : du mardi au dimanche le midi et le soir. Menus : 18 € (sauf samedi soir et jours fériés -ni le dimanche en saison), 28 €, 38 € et 58 € (menu dégustation homard).

Distinguée par les guides gastronomiques, et un Bib gourmand depuis plus de 10 ans, récompensant l'excellent rapport qualité/prix, La Pilotine figure parmi les très bonnes tables. Artisan cuisinier discret, Philippe Pleuen réalise une cuisine soignée, inventive, accessible à tous, dès 18 €. Sur la promenade Clemenceau, face à la mer, l'adresse, à l'image de son créateur, ne joue pas l'ostentation, lui préférant sobriété et sérieux. Avec son épouse Blanche, le chef, formé chez Faugeron puis chef étoilé au Scribe à Paris, sélectionne les produits avec soin pour offrir une cuisine rigoureuse et accomplie. La carte varie au gré des saisons avec en plats références le parmentier de foie gras de canard chaud et la cocotte de homard. Vous aimerez aussi le moelleux de Saint-Jacques au coulis de homard et crevettes sautées, la cocotte de lotte, cabillaud et crevettes, fondue de poireaux, le filet de canette farci aux cèpes, et en dessert : feuille à feuille de poires au miel, crème légère au nougat ou fin sablé de pommes caramélisées au beurre salé. Jolie carte des vins de près de 80 références, et des propositions au verre. En regard de tous ces atouts, l'adresse compte bien des fidèles, la réservation est donc conseillée.

LE QUAI DES SAVEURS
10, quai Guiné © 02 51 23 84 91
lequai.des.saveurs@orange.fr

Maître Restaurateur. Ouvert toute l'année. Basse saison : le mardi et du jeudi au samedi le midi et le soir ; le dimanche midi. Haute saison : du mardi au dimanche. Réservation recommandée. Menus de 49 € à 67 €. Menu enfant : 13 €. Formule du midi : 28 € (ou 22 € en 2 plats, sauf dimanche).

Le restaurant de Nicolas et Marjorie Ferré est sans doute le meilleur des Sables. Certes, les prix sont élevés, mais si vous êtes gastronome, allez-y ! Attention cependant, si vous aimez le choix dans les menus, alors cette adresse n'est pas faite pour vous car il faut se laisser guider par le chef. Déco sobre et épurée, petite salle (vingtaine de couverts), cuisine subtile et raffinée, qui repose sur des bases de cuisine française contrastée par des saveurs d'ailleurs, privilégie les produits du marché et fait appel aux producteurs locaux avec des poissons de la criée des Sables. La carte change quasiment chaque semaine. Les menus se déclinent en 3, 4 et 5 temps, ce dernier, à 67 €, comprend poisson et viande. Petit aperçu cet hiver : noix de Saint-Jacques pochées et marinées aux écorces, brède de tétragone, œufs de poissons aux appétits, puis cabillaud poudré de nori, brandade d'élianti, nage de couteaux aux algues et peau de citron avant un citron de Nice confit et brûlé, chocolat blanc, graines de sésame grillées et sablés aux zestes. En semaine, le midi, un menu sans choix est proposé : il change chaque mardi. Attardez-vous sur la belle carte des vins, en accord avec la très belle cuisine du chef.

Restaurants traditionnels, brasseries, crêperies, pizzerias

■ **LE CARRÉ**
La Chaume – 20, quai George V
© 02 51 95 11 52
www.lecarre-lachaume.fr

Ouvert toute l'année. Du vendredi au mardi le midi et le soir ; le mercredi midi. Vacances scolaires : ouvert 7/7. Formule du midi : 13,90 € (en 2 plats ou 15,90 € de l'entrée au dessert). Menus : 20,90 € et 24,90 €. Terrasse.

Vous ne pourrez pas louper ce restaurant dont la façade égaye le quai de la Chaume depuis 2013 ! Le Carré ne passe pas inaperçu ! Façade noir et or baroque ornée de lustres et autres pampilles, clinquante, décalée, inclassable, tout comme la déco intérieure, unique et originale, déclinée sur les deux étages sur la thématique du conte de Lewis Caroll : *Alice au pays des Merveilles*. Une Alice stylisée et modernisée, qui s'affiche sur des panneaux lumineux fond noir, davantage dans l'esprit loufoque de Tim Burton que celui de Disney. Vous l'aurez compris, l'adresse ne manque pas d'originalité tout comme sa propriétaire, Dominique, à la personnalité haute en couleurs, qui, avec son mari, a longtemps tenu un restaurant renommé à Talmont il y a quelques années. Ici, la sobriété n'a pas sa place, le noir et le doré prédominent. La cuisine est traditionnelle, soignée, sérieuse, composée de plats simples mitonnés comme par exemple une tête de veau, choucroute de la mer, rata de seiche (une spécialité chaumoise), émincé de bœuf Strogonoff, mais aussi les suggestions du jour de la formule du midi.

■ **AU BOUT DU QUAI**
5, quai du Brise-Lames
La Chaume
© 02 51 32 97 20

Fermé en janvier. Basse saison : ouvert du jeudi au lundi. En avril, mai, juillet et août : ouvert tous les jours. Formules : 13,50 € (2 plats) ou 18,50 € en 3 plats, et 26 €. Carte de fidélité. Terrasse. Wifi gratuit.

Franck et Guillaume sont à la tête de ce restaurant de La Chaume, situé à deux pas du château, en surplomb de la route, depuis 11 ans. Depuis l'an dernier, nouveau nom, nouveau style de cuisine, nouvelle déco. Tout a été renové, sauf la vue panoramique imprenable sur toute la baie des Sables, depuis la terrasse et la salle. Côté carte, uniquement des plats à l'ardoise, faits maison, valorisant les produits frais, les poissons du

Retrouvez le sommaire en début de guide

marché et des cuissons à la plancha : lieu, bar, lotte, moules en saison, salades, filet de bœuf, tartare au couteau. En dessert, craquez pour le joli croquant. Les autres singularités du lieu : le wi-fi, une carte de fidélité, une webcam pour admirer la vue sur Facebook et un nouveau concept : les soirées où vous mangez, et à la fin, vous donnez ce que vous voulez (boissons en supplément). Une cuisine maison, des assiettes bien présentées, déclinées dans différentes formules, et toujours ce petit «*Made in* La Chaume» comme supplément d'âme, qui plaît tant à la clientèle fidèle.

■ L'ABRI COTIER
8, rue Guynemer
✆ 02 51 32 37 49

Restaurant, crêperie. Fermé décembre et janvier. Ouvert du mardi au dimanche. Menu enfant : 8,90 €. Poisson du jour à partir de 14,50 €. Terrasse.

Face à l'océan, l'adresse se fait discrète. On apprécie le calme, la perspective sur la mer depuis la petite terrasse abritée, les prix justes. J.-C. vous accueille, Fred, en cuisine, concocte des petits plats maison. Sur la base d'une cuisine traditionnelle, il associe des épices judicieusement dosés, apportant une touche d'exotisme dans les plats à commencer par les salades composées ou le fameux rougail saucisse maison. Envie de fraîcheur ? Commencez par les tartares de poisson et de bœuf, puis poursuivez par l'une des viandes grillées, le poulet fondant au curcuma ou un poisson : bar ou dorade accompagnés de sauces à l'appréciation du chef, les gambas à la sauce combawa ou les moules aux sauces maison préparées à la demande. Les galettes, à base de farine de blé noir de qualité, affichent en produits phares l'Andalouse (à base de chorizo) ou la Sablaise. Les crêpes se conjuguent classiques, flambées ou gourmandes, comme la Craquante (croquant amandes enrobé de chocolat blanc), mais on a craqué pour le croustillant aux pommes, caramel au beurre salé. Après la séance bronzette, réfugiez-vous à l'Abri… Côtier et restez-y jusqu'au coucher du soleil.

■ CASA PIZZ'S
NOUVEAU
44, promenade Clemenceau
✆ 02 51 95 08 63

Fermé de novembre à mars. Basse saison : ouvert du vendredi au mercredi. Haute saison : tous les jours. Terrasse. Vente à emporter.

Casa Pizz a vu le jour au début de l'été 2015. Bien que située au cœur du remblai, la petite adresse est discrète. Et cette simplicité nous plaît bien, l'essentiel étant dans l'assiette et l'accueil, et aussi, il faut bien l'avouer, dans la vue, car Casa Pizz dispose de deux terrasses, l'une en partie couverte et l'autre ouverte de 12 places, offfrant une vue panoramique sur la mer. Terrasse qui bénéficie du soleil toute la journée ! La salle est petite et reflète l'esprit familial du lieu. Même si la carte s'élargit, le produit phare demeure les pizzas, généreuses et composées de produits frais, dont la pâte, maison, est fabriquée chaque jour. Elles peuvent aussi s'emporter et autre bon point : si vous ne la finissez pas, on vous fait un petit «doggy bag». Avec une envie d'un peu d'exotisme, on a goûté la sucré-salé, à base de poulet et ananas. Autre possibilité, les salades composées. En été, faites donc une pause en rentrant de la plage, et laissez-vous tenter par le café gourmand, qui propose généralement un macaron, un gâteau et un entremets.

■ CESAR ET ROSALIE

NOUVEAU

7, quai Emmanuel-Garnier
✆ 02 51 21 55 45

Ouvert toute l'année. Basse saison : du jeudi au mardi. Haute saison : tous les jours. Menus de 18,50 € à 27,50 €. Formule du midi : 14,90 € (ou 16,50 €). Terrasse.

Ce n'est pas de cinéma qu'il est question ici, mais bel et bien de gastronomie, puisque c'est le nom que Geoffrey et son épouse ont donné à leur restaurant, l'ex Bistrot du Port. De l'ancien Bistrot du Port il ne reste que la situation, au cœur du port de pêche, car tout a changé, à commencer par une déco originale très sympa. Seul petit bémol, quand il y a beaucoup de monde, c'est un peu bruyant, mais ça fait partie de l'ambiance conviviale de ce nouveau restaurant ouvert à l'été 2015. Convivial aussi, le service. Une cuisine bistrot, autour de viandes, de poissons et de quelques fruits de mer, dont les plats s'affichent sur ardoise, et où des plats traditionnels comme l'aile de raie beurre de condiment, le dos de cabillaud rôti au lard ou le très original burger Rosalie, avec saumon, pain à l'encre de seiche. Les desserts oscillent entre la légereté avec le vacherin à la vanille et la gourmandise avec le Pur Chocolat.

■ LE CHARCOT

207, rue Docteur-Charcot
✆ 02 51 90 87 77
www.lecharcot.fr
lecharcot@wanadoo.fr

Basse saison : ouvert du jeudi au lundi le midi et le soir. Haute saison : du mardi au dimanche le midi et le soir. Formule du midi : 17 € (ou 22 € - inclus un verre de vin et un café). Menus : 27 €, 32 € et 40 €. Accueil des groupes.

Derrière la façade argent et bleue, une agréable salle rehaussée d'une jolie fresque, comme un livre ouvert sur la carte du Charcot. En effet, au Charcot le poisson est roi. De par sa situation proche du port, nul doute que durant le Vendée Globe, le Charcot sera encore le restaurant de prédilection de nombreux marins dont Jean Le Cam. On apprécie autant l'accueil d'Anabelle que la cuisine de Philippe, installés depuis 24 ans, forts de cette expérience, et en gardant à l'esprit le respect des produits, tous cuisinés et transformés par le chef. L'ensemble de la carte, de l'entrée au dessert, en passant par le pain, tout porte la signature du Charcot. Des poissons et crustacés provenant de la criée des Sables, accompagnés de bonnes sauces. En produits phares : homard, Saint-Jacques, bar, sole, Saint-Pierre, langoustines, mais aussi le foie gras et les excellentes cuisses de grenouilles à la maraîchine. En dessert, laissez-vous tenter par l'assiette gourmande. Pour le vin, faites confiance à Anabelle qui vous conseillera au mieux dans une carte bien fournie. Adoptant la devise des bons vivants, autour d'un repas convivial et d'un bon verre de vin, il est à ce titre un de nos ports d'attache.

■ LE CLIPPER

Port de Pêche
19 bis, quai Guiné
✆ 02 51 32 03 61
www.le-clipper.com

Ouvert toute l'année. Basse saison : fermé lundi et mardi. Haute saison : fermé mardi et jeudi midi. Formule du midi : 19 €. Menus : 27 €, 39 € et menu Homard à 59 €. Salon pour repas privés, séminaires (20 personnes). Terrasse.

Cuisine, cadre, accueil et service, tout participe au raffinement de cette table référencée dans les guides gastronomiques. Une cuisine fine, constante, aux mariages subtils, des produits frais, une carte inventive, qui se renouvelle, où la cuisine sait se faire apprécier autant que l'accueil de nos charmants hôtes. Amarré au port, Le Clipper laisse entrevoir un cadre raffiné aux murs azur et sable blond et parquet. Des poissons frais (selon arrivages, sole, bar de ligne, daurade royale, fruits de mer et homard) et la subtile présence des épices comme ici la langoustine en trilogie aux saveurs de l'Orient à l'Occident ou le croustillant de chair de crabe, tomates, pommes, mozarrella, puis filet de bar de ligne cuit en deux temps, risotto crémeux, carpaccio et crème de truffes blanches d'Italie ou tronçon de turbot braisé à l'arête, crème de homard et wok de julienne de légumes aux parfums d'ailleurs. Le Plaisir, un biscuit Joconde, crémeux aux fruits de la passion et croustillant noisette, conclura cette parenthèse gourmande. Soucieuse des saisons et produits du marché, la carte évolue avec la même rigueur quant au soin apporté à la sélection des mets. Une centaine de références de vins.

■ **LE COMPTOIR JOA**
Casino Joa des Pins
14, avenue Rhin-et-Danube
✆ 02 51 21 69 16
Ouvert toute l'année. Tous les jours. Service brasserie de 12h à 14h et de 19h à 22h (22h30 le week-end). Chèque Restaurant. Jardin. Terrasse. Animations.
Après plusieurs mois de travaux, le nouveau restaurant du casino nous est apparu dans sa nouvelle livrée. Un restaurant ouvert sur les jardins, au décor de bistrot moderne, à l'atmosphère chaleureuse, proposant une cuisine traditionnelle soignée. Le chef suggère un large choix de recettes de saison teintées de découvertes. Dès les beaux jours, le restaurant étend sa terrasse dans le cadre dépaysant des jardins du casino. On aime le Comptoir JOA pour son décor, sa cuisine et son service chaleureux. Et histoire de prolonger la soirée, tentez votre chance du côté de la salle de jeux.

■ **LE GALWAY**
Port Olona
4, quai Albert-Prouteau
✆ 02 51 32 64 29
galwayportolona@bbox.fr
Ouvert toute l'année. Du mardi au dimanche. Brasserie, bar, bar à vins. Bar ouvert à partir de 9h. Menu enfant : 10 €. Plat du jour : 10,50 € (13,50 € pour 2 plats et 16,50 € pour entrée, plat et dessert). Menus : 25 €, 28 € et 32 €. Accueil des groupes (menus groupe à partir de 15 personnes). Terrasse. Service tardif (semaine : 22h30, week-end : 23h).
Clémence et Bruno tiennent cette belle affaire de Port Olona. Dès les premiers rayons de soleil, la terrasse est plébiscitée ; on y prend un café tout en profitant de la vue sur le port de plaisance. Poussons la porte du Galway, qui donne sur plusieurs salles : au rez-de-chaussée, donnant sur le port et la terrasse, une jolie véranda s'ouvre sur un beau bar. Là, un escalier conduit à la salle à l'étage, puis sur une autre terrasse semi-couverte surplombant le port. Le tout arbore une jolie déco moderne : classe et sobre, conviviale et cosy. Tonalités gris souris, parquet assorti au mobilier, banquettes et fauteuils en cuir chocolat. Le midi, les menus avec le plat du jour font un carton. La nouvelle carte propose un tartare de thon au citron vert et un carpaccio de bœuf aux pépites de foie gras. Egalement en spécialités : foie gras maison, os à moelle, gambas à la plancha, riz façon risotto, poisson frais du moment ou andouillette 5A et frites maison. En dessert, goûtez les profiteroles de crêpes ! Un autre atout, la très belle cave : 50 références, dont 18 au verre, avec de belles découvertes.

CRÊPERIE LA PENDULE
67, promenade Georges-Clemenceau
✆ 02 51 95 05 63
infos@creperie-lapendule.com

Ouvert toute l'année. D'octobre à mars, ouvert le midi en semaine, du vendredi au dimanche, ouvert midi et soir non-stop. En saison et aux vacances scolaires, ouvert midi et soir. Service non-stop. Formule : 11,50 € (galette et crêpe du jour. Servie midi et soir). Terrasse. Wifi.

Notre crêperie préférée en Vendée : la meilleure, tout court ! Au cœur du remblai, face à la mer, La Pendule offre une jolie terrasse et une salle fraîchement relookée, avec une immense pendule au plafond. Après avoir goûté aux spécialités de Mathieu et Marine, vous comprendrez pourquoi le lieu est très prisé. Une authenticité doublée d'un service efficace et tardif. Moelleuses et savoureuses à souhait, crêpes et galettes se nomment comme les enfants de la famille : Gabriel et sa galette à base de viande de grison, emmental, tomate confite, roquefort et parmesan, la galette Marceau avec mozzarella, pesto et jambon cru, la galette Nino. A accompagner d'un cidre rosé, les crêpes des filles : Flore et sa crêpe chocolat-noix de coco, Inès (poire-chocolat), Louise (caramel-chocolat blanc), Rose (duo de chocolats) ou Laurette (caramel, nutella, noisettes torréfiées, glace caramel beurre salé). En plus de la formule du midi, s'ajoutent à la carte des suggestions du moment comme la galette au foie gras à Noël, butternut à la Toussaint ; en été, le tartare de saumon fait son entrée. Et pour varier : des salades, carpaccios, tartares et moules-frites. Laissez le temps s'écouler doucement et régalez-vous en profitant du panorama.

© A. LAMOUREUX – VENDÉE EXPANSION

Prieuré Saint-Nicolas.

■ LE FATRA
21, quai George-V
La Chaume ✆ 02 51 32 68 73

Ouvert toute l'année. Basse saison : le mardi, le mercredi et du vendredi au dimanche le midi et le soir ; le jeudi midi. Haute saison : du mardi au dimanche le midi et le soir. Réservation recommandée. Menus de 28,50 € à 40 €. Formule du midi : 15,50 €. Terrasse.

Sur le quai de La Chaume, Le Fatra est reconnaissable à sa façade jaune soleil. Aux beaux jours, la petite terrasse accueille quelques tables. La petitesse de la salle invite à l'intimité et sa déco sympa vous fait pénétrer dans la douce atmosphère d'un home sweet home. Ici, pas de grande carte, mais des produits du marché couchés sur l'ardoise. Patrice propose une cuisine du marché et donne la primeur aux produits frais. Dans une carte qui suit la saisonnalité, Marie-Pierre annonce un filet de bar à la plancha, terrine d'encornet, sans oublier l'été un gaspacho et un délicieux thon mi-cuit. Vous accompagnerez ces mets avec un vin de propriétaire décliné au verre ou en carafe. Et pour ceux qui ne peuvent se passer de dessert, que diriez-vous d'un baba au rhum ? Une adresse sympa, des produits frais, un bon point pour la formule du midi et sa suggestion du jour, juste un petit bémol pour le

budget le soir, un peu élevé à la carte si l'on compare à d'autres établissements de même gamme.

■ **FLEURS DE THYM**
2, quai Guiné ✆ 02 51 32 00 51
www.fleursdethym.fr
Ouvert toute l'année. Tous les jours. Menus de 16,90 € à 29,30 €. Menu enfant : 9,50 €. Formule du midi : 15,50 €. Accueil des groupes. Terrasse.
Cadre, cuisine, ambiance : cette belle Fleurs de Thym récolte tous les suffrages. Une jolie façade devant laquelle s'étire une charmante terrasse, deux salles aux styles différents. D'un côté la grande salle aux allures provençales avec fontaine, murs de pierre, et sa devanture d'épicerie en trompe-l'oeil, de l'autre une salle chic et sobre, aux tonalités orange et noir et look contemporain. Cuisine inventive, assiettes bien présentées, bon rapport qualité-prix, et l'accueil du patron, charmant. Des formules du midi aux menus plus élaborés, la carte privilégie les produits de saison, et alterne entre poissons et viances, en y mêlant une touche d'exotisme avec par exemple : tartine de sardine et mozzarella au basilic, dos d'esturgeon avec petits pois et bouillon de légumes, ragoût de seiche au jus de homard, filet de bar snacké, noix de ris de veau, aubergines et légumes confits ou tagine d'agneau à l'orientale aux poires et abricot (plat phare). Avec le banc d'écailler posté sur la terrasse et les beaux plateaux, certains avec du homard bleu, les amateurs de fruits de mer vont s'en donner à cœur joie. Choix des desserts tout aussi cornélien : on a finalement opté pour le fraisier à leur façon.

■ **L'HORIZON**
8, place de Strasbourg ✆ 02 51 32 03 80
contact@hotel-lhorizon.com
Maître Restaurateur. Ouvert toute l'année. Basse saison : du dimanche au jeudi le midi ; le vendredi et le samedi le midi et le soir. Haute saison : du mardi au samedi le midi et le soir ; le dimanche midi. Menus de 25 € à 40 €. Formule du midi : 13 € (ou 16 €).
Escapade gourmande à L'Horizon... La bonne cuisine de Guillaume Drion est récompensée par le label de Maître Restaurateur. Année après année, avec son épouse, ils l'ont rénové en grande partie pour en faire aujourd'hui une adresse sérieuse et méritante. La jolie bâtisse typique des architectures des bains de mer abrite un petit hôtel de 6 chambres et un restaurant. Les chambres offrent pour certaines une vue panoramique sur la baie. Même vue au restaurant, où le chef concocte une cuisine moderne et goûteuse très réussie, à base de produits frais de saison et aux jolies présentations. Dans une carte qui se renouvelle chaque saison, la carte hivernale suggérait un foie gras de canard maison à la troussepinette ou tarte fine d'escargots en persillade. Mets incontournable de la carte : les ris de veau, présentés ici en cocotte au jus crémé. Alternative maritime : le dos de bar sauvage cuisiné aux coquillages. Et pour le dernier acte : un croustillant chocolat et caramel au beurre salé ou soufflé glacé.

■ **OH MAMA**
23, promenade Georges-Clemenceau
✆ 02 51 32 00 42
restaurantomama@hotmail.fr
Ouvert du mercredi au dimanche. Haute saison : tous les jours. Terrasse.
Impossible de louper la grande façade vitrée sur deux étages, faisant face à la mer, de ce restaurant du remblai. A tous les niveaux, on profite de la même vue panoramique. Ce que l'on préfère : la déco au mélange de styles pour une ambiance différente dans les différents espaces, à la fois lounge et décontractée : depuis le rez-de-chaussée dont les baies s'ouvrent sur une petite terrasse, à l'espace salon aux dominantes noires à l'entresol, ou à l'étage panoramique. Sympa justement ce salon-bibliothèque, sorte de pub revisité avec ses canapés en cuir, sa grande table familiale et ses inscriptions hédonistes dessinées à la craie au plafond-ardoise. La cuisine est simple, de style brasserie, la carte, variée à telle point qu'en plus des plats proposés jusqu'alors (pâtes, poissons et viandes à la plancha, quelques salades), Oh Mama a élargi son spectre pour toucher une clientèle plus jeune et plus large et propose depuis l'an dernier une carte de pizzas et des anti-pasti.

■ L'ORÉE DES PINS

20, avenue Rhin-et-Danube
✆ 02 51 32 04 82 – www.loreedespins.fr
loreedespins-85@orange.fr

Ouvert toute l'année. Tous les jours. Service tardif le week-end et en saison. Menus de 23,50 € à 36,90 € (menu Homard à 52 €). Formule du midi : 14,50 € (et 16,90 €). Accueil des groupes (possibilité de privatisation). Jardin. Terrasse.

L'Orée des Pins porte bien son nom. Situé à l'ombre des pins, à côté du casino, cet établissement à la déco très originale et aux vastes volumes possède un atout supplémentaire : une magnifique terrasse mi-ombragée paysagée avec une pergola en bois. Tout, de l'extérieur du bâtiment à la déco intérieure aux grandes sculptures naturelles en bois flotté, s'intègre parfaitement dans l'environnement boisé. La salle se décline en différents espaces : salon d'accueil avec fauteuils coque en osier tressé s'ouvre sur la terrasse, une grande salle, avec plusieurs espaces plus intimes. Entre plantes et bois flottés, le cadre est vraiment très dépaysant. La cuisine, traditionnelle, utilise les produits frais avec une prédominance de poissons et fruits de mer, sans oublier la côte de bœuf de 1 kg pour deux, les grandes salades et les moules en saison. Pour vos réceptions, possibilité de privatiser la terrasse. Si vous voulez profiter de la plus belle terrasse des Sables, au cœur d'un environnement naturel à l'écart de la cohue, dans un lieu au cadre contemporain unique où il est facile de stationner, c'est ici.

■ PIZZERIA CHEZ FREDDY

62, rue Guynemer ✆ 02 51 32 44 09
www.chezfreddy.sitew.com

Fermé en janvier. Basse saison : ouvert du mardi au samedi le midi et le soir. Haute saison : le lundi et le mardi le soir ; du mercredi au dimanche le midi et le soir. Au printemps : ouvert du mardi au dimanche, midi et soir. Vente à emporter.

Vingt-neuf ans et des milliers de pizzas sont sorties du four de Freddy ! Des pizzas gourmandes à la pâte fine, croustillante, de qualité régulière, que viennent chercher des clients fidèles. Juste derrière le remblai, l'adresse joue pourtant la discrète : un cadre simple, avec une cuisine ouverte qui permet la proximité et les échanges avec les clients. Une affaire familiale, qui préfère la simplicité à l'ostentation. Sur place ou à emporter, une quarantaine de pizzas avec parmi les préférées la chèvre-miel, la poulet-curry (maison aussi), la pizza bolognaise et une des dernières créations : la chèvre-chorizo. Tandis que Freddy façonne ses pâtons et compose ses pizzas, Laurence s'affaire en cuisine pour concocter l'osso buco ou le plat du jour en hiver. Au passage, la cuisine est d'une propreté impeccable ! Les desserts sont eux aussi faits maison tout comme ceux qui accompagnent le café gourmand, composé par exemple d'un baba au rhum, d'une crêpe, d'une mousse, d'un tiramisu... On a craqué pour le Délice aux pommes et sa variante aux pêches l'été. Signalons le dernier membre de l'équipe : Bahia, la chienne cocker.

■ LA ROULOTTE – FOOD TRUCK

Quai Franqueville ✆ 06 45 14 21 80
Petite roulotte au bout du quai, à côté de la poissonnerie Pilote.

Fermé de décembre à janvier. Basse saison : ouvert tous les jours. Haute saison : tous les jours. Fish & chips : 8 €.

Dans le CV de Christine il y a un grand-père marin-pêcheur, originaire de Belle-Île-en-Mer, une grand-mère sablaise, couturière et ramendeuse de filets, des périples en Grande-Bretagne, et une solide formation pour apprendre la véritable façon de concocter d'excellents

fish & chips, faite à la National Federation of Fish Friers de Leeds. Un petit rappel de ce qu'est le fameux fish & chips : du poisson frais (*Merluccius merluccius*), cuit dans une pâte à frire croustillante et servi avec des frites. Le plat est fait uniquement à partir du poisson frais pêché par les bateaux des Sables-d'Olonne et de l'île d'Yeu. La pâte que Christine fabrique est préparée au fur et à mesure, ne contient ni lait ni oeufs ni soja ni arachide, et pour la friture elle n'utilise que de l'huile de tournesol. L'huile est filtrée quotidiennement et changée chaque semaine. La salade et le persil sont achetés chez des maraîchers locaux, les citrons sont bio. Idéal pour une pause rapide le midi, c'est simple et délicieux !

■ LE VICTORIA

La Chaume

4, quai des Boucanniers © 02 51 95 18 27

Ouvert toute l'année. Basse saison : le mardi et le dimanche le midi ; du mercredi au samedi le midi et le soir. Haute saison : du mardi au dimanche. Ouvert 7j/7 en août. Menus de 26 € à 36 €. Formule midi (en semaine) : de 17 € à 20 €.

Avec sa vue sur le chenal de sortie des bateaux, face à la grande plage des Sables-d'Olonne, le Victoria a ouvert ses portes sur le quai George-V à La Chaume, il y a 2 ans, et fait déjà partie des tables dont on parle en bien ! Le cadre est sobre et aéré, la cuisine de Stéphane Piveteau fine et originale, la carte courte, et pas de risque de lassitude pour le chef car elle change tous les deux mois, pour ne proposer que des produits frais de saison. Le midi, une formule changeant chaque jour propose plat, dessert et café avec, le jour de notre passage, de la seiche et un samoussa au chocolat et fraises. Dans les menus plus élaborés, on sent l'expérience de ce jeune chef, qui a travaillé dans de belles maisons avant de revenir sur ses terres natales, et ça donne par exemple un duo de bar et langoustines rôties, fine purée de potimarron, carottes jaunes et cacahuètes sautées, sauce aux épices ou un filet de bœuf rôti avec pomme de terre farcie à la cancoillotte, carottes aux épices et jus de bœuf. En entrée, le foie gras demeure un incontournable et le dessert de prédilection du chef est un soufflé chaud au caramel.

■ LES THERAPEUTES NOUVEAU

11, quai Garnier © 02 51 95 12 24

Ouvert toute l'année. Basse saison : du jeudi au mardi à partir de 9h. Haute saison : tous les jours à partir de 9h. Menu à 15,90 €. Terrasse.

Un caducée dans un verre de vin et une carte vitale en guise de carte de visite donnent le ton convivial de ce «resto-bar» original ouvert au printemps 2015. Vos «thérapeutes», Sébastien et Mikaël, ont imaginé un nouveau concept de «bar à manger» où l'on vient tout autant à l'apéro pour boire un verre de vin accompagné d'un plateau de charcuteries et fromages, ou d'un foie gras maison, et finalement la bonne ambiance faisant, on reste pour poursuivre le repas d'un burger ou d'une bonne tête de veau. Hors saison, formule le midi avec buffet d'entrées maison et plat du jour. C'est Sébastien, le diplômé en «miam-miamologie» qui concocte une cuisine bistrot maison, tandis que Mikaël, stéthoscope autour du cou, délivre les ordonnances avec au programme quelques perfusions de doux breuvages suspendues au-dessus du bar. Chaque mois, un concert, et tous les samedis à midi, c'est jazz manouche, sans oublier des soirées hypnose orchestrées par les patrons eux-mêmes. Tout ça participe à la thérapie de groupe positive ! A la recherche d'une ambiance conviviale et festive autour de bonnes choses à grignoter entre amis ? Nous vous prescrivons cette adresse d'autant qu'ici pas de risque de creuser le trou de la sécu !

CHEZ TONTON
Promenade Lafargue
✆ 02 51 96 95 15

Fermé d´octobre à mars. Ouvert d'avril à fin septembre. Basse saison : ouvert du mercredi au lundi. Haute saison : tous les jours. Réservation recommandée. Carte uniquement. Terrasse.

Vous voulez déjeuner au soleil, ou d'admirer le coucher du soleil depuis la plage tout en dînant ? C'est ce que Sandy et Tonton proposent. Posée en contrebas du Remblai en surplomb de la plage centrale, l'adresse bénéficie d'une vue imprenable sur l'océan. A tel point, qu'en saison, la réservation est fortement conseillée sous peine de vous retrouver le nez dans le sable ! Il faut dire aussi que la réputation de Tonton l'a précédée et qu'il compte une clientèle nombreuse et fidèle. Le service est décontracté et convivial, et l'ambiance tout autant. Au hasard d'une carte volontairement réduite qui s'inscrit sur le tableau noir fixé à côté du bar, voici quelques spécialités : carpaccio de saumon à l'aneth, fricassée de seiche, gambas à la crème de whisky, sans oublier des salades rafraîchissantes et pour la note sucrée : un tiramisu. Pour boire un verre ou manger, toutes les occasions sont bonnes pour s'inviter chez Tonton !

LE P'TIT BAR
Plage centrale
Promenade Clemenceau ✆ 02 51 23 88 51
leptitbarrose.bleu@orange.fr

Ouvert du 22 avril au 20 septembre 2016. Haute saison : ouvert tous les jours à partir de 9h et jusqu´à 23h. Réservation recommandée. Terrasse.

Véritable institution sablaise en matière de restaurant de plage, Le P'tit Bar a fait peau neuve à l'occasion de ses 20 ans ! Il déploie magnifique terrasse sur la plage en contrebas du bar La Comète, face au *spot* de surf de la P'tite Cale et à côté du club Mickey, mais vous le repérerez plus facilement grâce aux jolies cabines de bain bleu et rose qui le jouxtent. La terrasse panoramique du P'tit Bar offre une vue imprenable sur l'ensemble de la baie des Sables. Une belle et magnifique terrasse en bois surélevé, entièrement repensée, aménagée d'un mobilier contemporain, le tout pour un rendu classe mais convivial à la fois. C'est vraiment le plus beau spot de la plage d'autant que la cuisine est de bonne qualité ! Une cuisine simple et soignée offrant la variété : poissons frais à la plancha, des viandes grillées, moules et fruits de mer, pizzas maison, grandes salades fraîcheur et plat du jour. Voilà une halte agréable et rafraichissante entre le côté pile et le côté face de la séance de bronzette ou entre deux châteaux de sable. Un endroit à découvrir, pour boire un verre ou manger les pieds dans le sable, dont on se passe l'adresse de mains en mains.

Le gîte

■ ATLANTIC HOTEL***

5, promenade Godet ✆ 02 51 95 37 71
info@atlantichotel.fr

Ouvert toute l'année. 30 chambres (dont 15 avec loggia). Chambre double de 110 € à 289 €. Petit déjeuner : 13 €. Chèque Vacances. Animaux acceptés (avec supplément). Séminaires. Wifi gratuit. Restauration (menu : 27 € et 39 €).

Emplacement de premier plan, face à la mer, sur le Remblai de la station, pour cet établissement vieux de 40 ans, à l'allure des années soixante-dix qui fut le 1er hôtel 3 étoiles des Sables d'Olonne. D'ailleurs, il fêtera ses 40 ans l'an prochain ! Il renferme des prestations offrant qualité et standing avec des chambres de grand confort équipées de tv écran LCD avec Canal+ et Canal Satellite, minibar, salle de bains avec sèche-cheveux, coffre-fort. Depuis la loggia, une quinzaine de chambres en possède une, vous admirerez le panorama idyllique avant de goûter à la belle piscine chauffée intérieure très agréable, un vrai luxe ! Au restaurant, Le Sloop, la salle panoramique sur la mer affiche une déco résolument moderne tandis que le reste du décor privilégie le bois, lui conservant sa déco d'antan et son cadre dédié à la navigation maritime. Labellisée Maître Restaurateu, le chef propose une carte qui allie produits de la mer et ceux issus du terroir vendéen. Cet établissement est une valeur sûre. Un adresse qui tient le cap depuis plusieurs décennies et qui n'a pas pris une ride eu égard aux rénovations entreprises ces dernières années. Accueil soigné.

■ ADMIRAL'S HOTEL***

Boulevard du Souvenir-Français
Port de plaisance Port-Olona ✆ 02 51 21 41 41
www.admiralhotel.fr

Ouvert toute l'année. 33 chambres (pour 2, 3, 4 et 5 ou 6 personnes). Chambre double de 64 € à 126 € ; chambre triple de 79 € à 136 €. Petit déjeuner : 10 € (6,50 € pour les enfants de 4 à 10 ans). Chambre quadruple de 85 € à 146 €. Chambres famille de 114 € à 156 €. Animaux acceptés (9 € par jour). Séminaires. Wifi gratuit. Parking.

Cet hôtel de 33 chambres, classé 3-étoiles, bénéficie d'une situation idéale ! Sur le port de plaisance, au rond-point menant au quartier de la Chaume, il est en face du cinéma et du bowling, à deux pas des restaurants et de toute l'activité liée à la plaisance, notamment pour la fameuse course au tour du monde à la voile en solitaire, sans escale et sans assistance -, le Vendée Globe. Par ailleurs, il bénéficie de places de stationnement, un autre atout. Les chambres, (aux couleurs sable et océan), sont confortables et joliment aménagées. Spacieuses, lumineuses elles ouvrent toutes sur un balcon ou une loggia avec salon de jardin, et pour plusieurs d'entre elles, une belle vue sur le port Olona. Elles sont climatisées, insonorisées et disposent d'une salle de bains avec sèche-cheveux, de grands écrans plats (avec Canal+ et Satellite), mini-bar, grands placards, bureau, téléphone et d'un accès Internet wifi gratuit. De capacité différente elles peuvent accueillir de 1 à 6 personnes pour la chambre famille. Grâce à sa salle de séminaire équipée, l'hôtel peut recevoir des groupes en séminaire ou des touristes en autocar.

■ HÔTEL CALME DES PINS***

43, avenue Aristide-Briand
✆ 02 51 21 03 18
calmedespins@wanadoo.fr

Logis (2 cheminées). 46 chambres. De 68 € à 85 € ; chambre triple de 90 € à 105 €. Petit déjeuner : 9,50 €. Parking : 5 € (par jour en basse saison et 9 € en juillet/ août). Cahmbre quadruple de 85 € à 110 € en haute saison. Wifi gratuit. Hammam, sauna.

Il reste peu de demeures sablaises typiques et celle-ci abrite un hôtel. Cet établissement qui a changé de mains en 2013 existe depuis plus d'un demi-siècle. Situé dans un quartier résidentiel calme, à 300 m de l'océan, juste derrière le remblai. L'autre atout du lieu : un petit jardin et sa terrasse paysagée. Après la création d'un espace «bien-être» avec spa, sauna, sanarium et salle de fitness en accès gratuit, en 2016 la nouveauté concerne une piscine balnéo. La réception ne passe pas inaperçue avec ses couleurs de rouge et noir. Ca claque ! Côté déco, la nouvelle direction a remis à son goût quelques chambres. Déco originale, tendance, elles affichent toutes des looks différents. L'hôtel dispose d'un parking privé, ce qui est un véritable plus aux Sables-d'Olonne en pleine saison ! Un établissement calme et plein de charme.

HOTEL D'ANGLETERRE**

15, quai Guiné
Port de pêche
✆ 02 51 21 03 28
semo4@wanadoo.fr

Ouvert toute l'année. 22 chambres. Chambre double de 54 € à 84 € ; chambre triple de 72 € à 93 €. Petit déjeuner : 7,50 €. Parking : 9 €. Chambres 4 personnes : de 78 € à 99 €. Animaux non admis. Wifi gratuit. Hôtel non-fumeur.

L'Hôtel d'Angleterre est facilement repérable à sa façade rose, sur laquelle s'inscrit son nom en lettres bleues. En plus d'être situé au cœur du port de pêche, à côté de nombreux restaurants, à 100 m de la plage et du remblai, cet hôtel 2-étoiles propose des prix raisonnables, qui en font l'un des hôtels les moins chers de sa catégorie. Les chambres sont simples mais c'est avant tout pour sa situation et ses petits prix, ainsi que l'accueil chaleureux et disponible, qu'on le choisit. Réparties sur 2 étages desservis par un ascenseurs, les 24 chambres sont de décoration traditionnelle et sobre. Elles possèdent douches ou bains, et WC indépendants dans la plupart plus TV écran plat avec la TNT. Certaines ont vue sur le port, d'autres sur cour, et au troisième étage, elles sont quasiment toutes mansardées. Egalement des chambres familiales (triples ou quadruples). La pension ou demi-pension est possible en partenariat avec des restaurants situés à côté. Possibilité de parking, sur réservation.

HÔTEL LES EMBRUNS**

33, rue du Lieutenant Angers
✆ 02 51 95 25 99
info@hotel-lesembruns.com

Fermé de novembre au 1er mars. 20 chambres. Chambre double de 56 € à 77 €. Petit déjeuner : 8,50 € (enfants de moins de 10 ans : 5,50 €). Parking : 6 €. Animaux non admis.

L'Hôtel Les Embruns est situé dans une petite rue du pittoresque quartier de La Chaume, à 500 m de la plage et de la côte sauvage. C'est un petit hôtel atypique, d'où se dégage une atmosphère douillette et on s'y sent un peu comme à la maison. Déco singulière et personnelle qui reflète l'esprit bord de mer, avec une prédominance du bleu, sorte de mariage entre une déco marine et l'exotisme d'une jolie mosaïque, rapportée d'un des voyages des propriétaires. Les vingt chambres ont été rénovées, mais chacune est différente tant sur le plan déco (meubles restaurés customisés, objets chinés...) que sur la superficie, certaines peuvent acueillir de 3 à 4 personnes. Toutes sont équipées de sèche-cheveux, tv avec écran plat proposant les chaînes de la TNT et un bouquet des chaînes de Canal+. Un hôtel qui change des décos standardisées et aux tarifs très intéressants.

HOTEL-RESTAURANT LES VOYAGEURS**

16, rue de la Bauduère
✆ 02 51 95 11 49
www.hotel-lesvoyageurs-lessables.com
hotelvoyageurs-lessables@orange.fr

Restaurant ouvert le midi du lundi au vendredi et les soirs, du lundi au jeudi. 19 chambres. Basse saison : chambre double de 57 € à 75 €. Petit déjeuner buffet : 7,50 €. Parking de la gare en face. Chambres familiales de 90 € à 120 €, selon le type de chambre. Du 01/06 au 30/09 ; chambre standard, petit-déjeuner compris : 65 € pour 1 personne ; 72 € pour 2 personnes. Soirée Etape VRP (du lundi au jeudi) : 65 € et 69 €. Wifi gratuit. Restauration (formules rapides à 8,50 € et 11,50 € ; menu : 11 €. Possibilité de pension et demi-pension).

Catherine et Benoît Létard ont repris cet hôtel-restaurant du quartier de la gare en mai 2014. A 5 minutes du centre-ville, des commerces et du port de pêche, il bénéficie d'un emplacement privilégié avec la plage à 500 m. Autres atouts indéniables : l'incomparable rapport qualité-prix des chambres et menus. On apprécie le soin apporté à la décoration du restaurant qui propose des formules rapides à partir de 8,50 €. Côté hébergement, 19 chambres cosy, rénovées petit à petit, équipées de TV écran plat avec lecteur DVD. Relookées sur des teintes naturelles chaleureuses, taupe et écru, avec de jolies housses de couettes assorties et du parquet. C'est réussi ! L'autre atout charme, c'est un joli patio paysagé ombragé par des voiles de bateau et meublé d'un salon d'extérieur coloré. Egalement des tarifs étudiés pour les collaborateurs des entreprises à partir de 3 nuits, et soirée étape. Bon plan, toute l'année, profitez de l'offre « weekend coup de cœur » pour 2 personnes, avec 2 nuits et 4 petit-déjeuners pour 119 € en chambre standard ou 159 € en chambre supérieure, valable entre le vendredi et le dimanche. Une adresse sympathique et charmante, entre centre-ville et plage.

■ MERCURE COTE OUEST****

Route du Tour de France – Lac de Tanchet
✆ 02 51 21 77 77 – www.mercure.com
H1078@accor.com

97 chambres (dont 3 suites). Chambre double de 174 € à 461 €. Petit déjeuner : 18 €. Wifi. Menus : 29,50 € et 54 €, le dimanche midi : buffet de fruits de mer et de desserts : 45 €. Spa, thalasso, hammam oriental, sauna et parcours hydromarin.

Dans un cadre unique, face à l'Océan et adossé à une pinède, ce bel établissement a été rénové de A à Z il y a 3 ans. Le cadre s'inspire de l'esprit des paquebots transatlantiques. A l'accueil, vous êtes invités à déposer vos malles. On retrouve ce même esprit avec le mobilier des chambres, qui affiche élégance et sobriété. Elles sont toutes dotées d'un balcon avec vue sur mer ou vue sur la pinède. Le plus la piscine d'eau de mer chauffée sur fond de sable. Le bar lounge invite au voyage dans une atmosphère cosy : cheminée, canapés et fauteuils Chesterfield, coin bibliothèque. Au restaurant Côte Ouest et sur sa terrasse, vous profiterez d'une vue imprenable sur l'Océan. La carte est courte, le poisson y est en bonne place à l'image de la formule buffet de fruits de mer à volonté proposée le dimanche midi, et qui fait un carton. L'ensemble de l'équipage est très aimable. Un lieu chic et décontracté, classe sans être élitiste, sobre et raffiné. Une croisière qui s'annonce sous les meilleurs auspices d'autant que l'espace thalasso et spa est relié à l'hôtel.

■ VILLAGE VACANCES LA VIGIE

La Vigie – 22, corniche du Nouch
✆ 02 51 32 28 62 – contact@lavigie-vacances.fr

13 logements. Tarif nuitée : de 57 € à 100 € pour 2 personnes. Gîtes pour 2 personnes : de 260 € à 600 € en saison. Pour 4 personnes : de 320 € à 825 €. Pour 6 personnes : de 490 € à 1000 €. Séminaires. Réceptions et mariages.

Empruntez la route bleue pour y accéder et ensuite, avec un GPS, on trouve facilement et on apprécie l'emplacement à l'écart de la cohue du remblai. Cette résidence de vacances se trouve côté Chaume, sur la côte sauvage. Cet ensemble regroupe 13 gîtes individuels de construction et de rénovation récente, à la déco standard et sobre, mais ils sont fonctionnels et entièrement équipés de tout le confort, de capacité variée puisqu'ils peuvent accueillir de 2 à 8 personnes. Les locations se font à la semaine mais aussi en courts séjours ou en week-ends. Il y a également une grande salle d'une capacité d'accueil de 45 personnes. Cet ensemble locatif est un bon compromis pour les séminaires et anniversaires, mais aussi pour les cousinades, par exemple. Chacun est indépendant et la salle permet de se retrouver autour d'une soirée. On apprécie l'environnement car depuis la salle on a une vue superbe sur la côte sauvage et le grand large. Ajoutons que des animations ont lieu durant l'été, avec notamment un club enfants (4 jours sur 7). Côté loisirs : ping-pong, minibillard, jeux de société, espace jeux pour les enfants, et un service de location de vélo, idéal pour faire de magnifiques balades.

Chambres d'hôtes

UN JARDIN SUR LA DUNE
La Chaume – 97, rue Montauban
✆ 06 16 34 48 51
www.unjardinsurladune.fr

3 chambres. Chambre double de 85 € à 120 €. Wifi.
David et Jacques ont ouvert leur maison aux vacanciers l'an dernier. Cette maison, posée au cœur d'un jardin paysagé, véritable havre de paix et de verdure sur la dune, se situe dans le quartier historique et typique de la Chaume, à une centaine de mètres de la mer. Trois chambres de près de 25 mètres carrés chacune, possédant une terrasse privative, sont à disposition, en plus de la grande terrasse principale où peuvent être pris les petits déjeuners. Les chambres sont toutes neuves et joliment aménagées. Elles disposent de salle de bains privative équipée d'une douche à l'italienne. À disposition : une télévision équipée d'un lecteur de DVD et une sélection de films à disposition, ainsi que des jeux de société.

MAISON D'HOTES L'EPICURIENNE
9, rue Villebois-Mareuil ✆ 06 71 84 89 37
www.maisonlepicurienne.fr

Ouvert d' avril à fin septembre. 5 chambres (plus 1 appartement). Chambre double de 75 € à 125 € ; studio / appartement de 555 € à 655 € la semaine. Petit déjeuner inclus. Garage : 10 € (2 garages). Local à disposition pour matériel. Cabine sur la plage à disposition des hôtes. A deux pas de la mer, cette maison d'architecte construite dans les années 1920, rénovée, invite à une escale de charme. Pascale et Philippe Pangaud vous accueillent dans leur maison d'hôtes renouant avec l'ambiance des villas du début du siècle. Les 5 chambres sont superbes, cosy, modernes, chaleureuses et de très bon goût. Prestations haut de gamme : belles salles de bains, bonne literie, climatisation, TV à écran plat, lecteur DVD et Wifi. Le petit déjeuner se prend dans une pièce contemporaine en alcôve vitrée au cœur de la maison qui donne sur une petite terrasse. A louer aussi à 30 mètres de la mer, à l'entresol, un appartement d'hôtes pour 4 personnes de 60 m^2, composé de 2 chambres, chacune équipée d'une salle de bains, un séjour avec cuisine aménagée, TV et wifi. Beaucoup de charme pour cette maison d'hôtes !

Campings

CAMPING LA DUNE DES SABLES*****
La Paracou ✆ 02 51 32 31 21
info@chadotel.com

Fermé du 20 septembre au 4 avril. Terrain de 5 ha. 250 emplacements. Exposition : ensoleillé. Emplacement de 21 € à 37 €. Mobil-homes de 209 € à 826 € la semaine. Lodge toilé de 195 € à 602 € la semaine. Wifi. Restauration. Animations.
Situé aux portes de la ville des Sables-d'Olonne, ce camping, qui appartient à la chaîne Chadotel qui possède plusieurs campings 5-étoiles en Vendée, bénéficie d'une situation privilégiée : face à la mer (avec un accès direct à la plage distante de 50 m seulement) et bordé par la magnifique forêt d'Olonne. Le camping propose 250 emplacements répartis sur environ 5 ha. Le programme d'animations est riche et variée ainsi que les nombreuses activités (piscine chauffée, parc aquatique, tennis, beach-volley, minigolf, terrain multisport, aire de jeux...). Propose la location de mobil-homes et d'emplacements libres. Les tarifs restent abordables compte tenu de la station dans laquelle il se trouve et de son emplacement. Laissez les voitures sur place et enfourchez vos vélos car la piste cyclable passe juste devant le camping et les abords vous offriront une superbe balade en longeant la côte.

Loisirs

BATEAU LA MESSALINE
Quai Guiné ✆ 02 51 95 27 32
www.bateau-messaline.com
Embarquement et réservation quai Guiné, face au restaurant Le Poisson Rouge.
Haute saison : ouvert tous les jours de 10h à 12h et de 14h à 18h. D'avril à juin et en septembre, ouvert de 10h30 à 12h et de 14h à 17h. Promenade en mer : adulte 12 €, enfant de 4 à 14 ans 9 €, et 3 € pour les moins de 4 ans. Pêche en mer : 40 € (matériel fourni) et 38 € si vous apportez votre matériel.
La Messaline, un ancien bateau de pêche en bois de 17 m confortablement aménagé, propose plusieurs activités : les promenades mais surtout la pêche en mer.

Les promenades vont du port des Sables (sortie des ports commentée), longent la côte sauvage de La Chaume jusqu'au phare des Barges. Vous admirerez également la vue panoramique sur la baie des Sables. La balade est de 1h, pour une distance de 9,50 km aller-retour. Mais le fer de lance de la Messaline, c'est la pêche en mer sur hauts fonds, épaves... Une virée de 7h30 à 11h30 où Philippe, le Capitaine, vous emmène sur des zones poissonneuses et vous conseille au mieux dans les techniques de pêche, le tout dans la bonne humeur générale et la rigolade. Vous serez juste à l'heure pour faire griller le poisson que vous aurez péché ! Pour les groupes, se renseigner. L'ambiance à bord est très sympa et vous pouvez même emporter votre casse-croûte, car la mer, ça creuse. Ajoutons qu'il est possible de louer le bateau entièrement hors saison.

■ CANOËS PADDLES DES SALINES

Village de l'Aubraie
Route de l'Aubraie ✆ 06 74 08 86 24
www.lessalines.fr
lessalines@wanadoo.fr

Ouvert du 1er avril au 30 septembre. Ouvert tous les jours. Tarifs groupes familiaux à partir de 6 canoës. Chèque Vacances.

Découvrez le marais par la rivière salée... A partir des Sables d'Olonne, prenez la direction de la Chaume. La base de canoë est située au Village de L'Aubraie, à proximité de la Forêt d'Olonne – Embarcadère des Salines -. Amateurs de nature ou de sport, partez à la découverte d'un site sauvage et préservé. En paddles ou en canoës, loués à l'heure ou à la journée, vous apprécierez la diversité de la faune et de la flore. Au départ de l'Aubraie, le hameau du sel (à 5 minutes du centre-ville), vous pourrez ainsi flâner à votre rythme sur les canaux. Son site protégé de 1 400 ha, baigné d'eau salée est un espace de loisirs et de détente.

■ INSTITUT SPORTS OCEAN (ISO)

1, promenade Kennedy ✆ 02 51 95 15 66
www.institutsportsocean.com
contact@institutsportsocean.com

Ouvert toute l'année.

Idéalement situé au bord d'un lac de Tanchet et au pied des vagues, l'Institut Sports Océan est un établissement dédié aux sports nautiques ouvert à tout public. Rappelons au passage que L'ISO est le premier centre nautique de la région Pays de la Loire. Autant dire que vous êtes entre les mains de grands pros. Autre activité : les animations plages. Elles ont lieu tous les week-ends en mai et juin, place Navarin, au cœur de la Grande Plage. Y sont organisés des tournois de beach volley entre autres. Animations nocturnes sur la plage. Enfin dernière corde à l'arc de l'Institut Sports Océan, l'hébergement de groupes.

■ MINI-GOLF

Casino Joa des Pins
Avenue Rhin-et-Danube ✆ 02 51 21 69 12

Fermé de septembre à mai. Basse saison : ouvert le week-end. Haute saison : tous les jours de 14h à 23h. Entre 3,50 € et 5,50 €.

Pour passer un moment de détente inoubliable en famille ou entre amis, venez découvrir ce mini-golf situé dans un cadre exceptionnel. Le parcours 18 trous dans les jardins ombragés du casino vous réserve un moment plein de surprises et de suspense. Alors cet été, découvrez le mini-golf du Casino des Pins, un lieu de détente ouvert à tous petits et grands qui ne manquera pas de vous charmer. Le mini-golf du casino vous accueille également en soirée pour des parties nocturnes (jusqu'à 23h).

■ NEMO PLONGEE

Départ du Port-Olona ✆ 06 60 88 55 78
nemoplongee85@hotmail.fr
Port Olona, parking Vendée Globe, ponton Vendée Globe

Fermé d´octobre à mars. Baptêmes (à partir de 8 ans) : 60 €,. Stages découverte 3 séances : 190 €. Formations niveaux 1/2/3 et formations PADI Open-Water à partir de 380 €.

De mai à septembre, qu'il fasse beau ou qu'il pleuve, plongez au Sables d'Olonne avec Bertrand, moniteur indépendant diplômé d'Etat (BEES1) et instructeur PADI (OWSI). Stages et baptêmes de plongée à partir de 8 ans (matériel adapté), en mer ou en piscine chauffée, avec un accueil spécifique pour les enfants. Egalement des formations niveaux1/2/3 et PADI Open-Water, stages découverte de 3 séances, remise à niveau à la carte. Egalement des plongées explorations encadrées à partir de 25 € selon équipement. Les tarifs incluent le prêt du matériel complet, le passeport de plongée, le livret de plongée, la certification internationale, ainsi que l'assurance. Les cours sont des cours particuliers ou d'un maximum de 2 personnes de même niveau.

■ **SCOOT-WAVE**
Boulevard de l'île Vertime
Parking du Vendée Globe – Port Olona
✆ 06 86 58 15 07
scoot-wave@orange.fr

Ouvert tous les jours de 9h à 20h. D'avril à septembre. Location sans permis : 75 € la demi-heure (âge requis pour piloter 16 ans). Location avec permis à partir de 80 € la demi-heure. Baptême 30 minutes derrière le moniteur : 60 €. Bouée tractée : 25 € les 15 min. Banane (10 personnes) : 30 € les 15 min.

Ce loueur de jet-ski, situé tout au fond du parking du Vendée Globe, propose la location avec ou sans permis. Également des randonnées vers Port Bourgenay, Jard-sur-Mer et Brétignolles ainsi que des balades «couchers de soleil». Vous êtes encadré par des moniteurs diplômés d'Etat. Les tarifs comprennent l'équipement, l'assurance et le carburant. L'âge requis pour piloter est 16 ans, et mesurer au moins 1,40 m pour être passager. Autre activité pour les amateurs de sensations : la bouée tractée professionnelle. Laissez-vous tracter par un Zodiac de 6,50 m, 150 CV, piloté par un éducateur sportif. C'est parti pour un rodéo de la glisse en toute sécurité. Choisisssez votre «monture» : la banane de 10 personnes, adaptée pour adultes et enfants de 6 ans minimum (départ avec 5 personnes minimum ; gilets et combinaisons fournis). Deux autres possibilités : la bouée tractée «plate» (entre 4 et 8 personnes) : on s'allonge, on s'assoit, et surtout on s'accroche ! Ou alors la bouée «canapé» (de 4 à 12 personnes), pour un public familial. Durée entre 15 et 30 minutes.

Location de deux-roues

■ **CYCLES ÉVASION**
32, avenue Alcide Gabaret
✆ 02 51 20 15 64
cycles.evasion85@orange.fr

Voilà un bon moyen de profiter des Sables d'Olonne sans galérer pour trouver une place de stationnement : louer un vélo ! Situé derrière le Remblai, Cycles Evasion propose la location et la vente de VTT, vtc, vélos de course, porte-bébé, ainsi que la location de remorque vélo pour les enfants, et pour les moins courageux qui veulent pédaler sans se fatiguer, Cycles Evasion propose des vélos à assistance électrique.

■ **CYCLOTRON**
66, promenade Georges-Clemenceau
✆ 02 51 32 64 15
contact@cyclotron-location.fr

Basse saison : ouvert tous les jours de 10h à 12h et de 14h à 19h. Haute saison : tous les jours de 10h à 22h.

Un emplacement idéal en plein cœur du Remblai des Sables-d'Olonne – face à la pendule, pour ce loueur qui est aussi le plus ancien des Sables-d'Olonne. Il propose à la location des vélos, rosalies et scooters. Du scooter MBK Booster 50 cm^3 aux 125 cm^3 en passant par les grosses cylindrées et tous les 125 scooters sans vitesse rien ne manque ! Tous ces véhicules sont loués avec casque, antivol, assurance et kilométrage illimité.

Détente, forme

■ **RELAIS THALASSO LES SABLES D'OLONNE**
Route du Tour de France
Lac de Tanchet
✆ 02 51 21 77 92
lessables@relaisthalasso.com

Restaurant Côte Ouest.

Situé au cœur de la pinède, ce site entièrement rénové en 2013 bénéficie d'une vue imprenable sur la baie des Sables d'Olonne. Des programmes de soins variés tels que « Remise en Forme », « Dos et Harmonie du corps », « VIP Plénitude » ou « Coaching Vitalité » permettent de se ressourcer et de se revitaliser, en profitant des richesses de la mer au cours d'un séjour d'une semaine. Des courts séjours « Détente » ou « Evasion » sont également proposés, le temps d'une escapade de rêve. La création d'un spa, où se déroulent les rituels modelages et croisières de détente, offre un véritable univers dédié au bien-être et à la beauté. Directement intégré à l'Espace Forme (sauna, hammam oriental et salle de fitness), l'Espace Hydromarin, avec son bassin d'eau de mer chauffée à 32°C, procure détente et relaxation face à l'Océan.

Sorties

■ **BAR A VINS L'ETIQUETTE** NOUVEAU
5, quai René-Guiné
✆ 02 51 95 18 10

Terrasse. Restauration.

Concept novateur et hyper original pour cette nouvelle adresse du port de pêche, qui a remplacé le restaurant Fleur des Mers. Le maître mot de l'Etiquette : «tout se partage». On plante le décor : une façade sur 2 étages (2 salles), devant laquelle s'étire une terrasse. On monte quelques marches pour arriver au premier niveau, un espace convivial qui contient le Graal pour tout amateur de vin : 250 à 300 références de vins de producteurs de toute la France, rigoureusement sélectionnés, des champagnes... Le concept est celui-ci : sélectionnez votre vin, dégustez-le sur place, et s'il en reste il est gardé dans des vitrines tempérées, et vous venez le siroter quand vous voulez, grâce à une clé magnétique. Pour ce faire, vous avez, au fond de ce premier espace à la déco conviviale et au plafond orné d'étiquettes de vins géantes, LA cave, et pour cause, l'un des créateurs du lieu est caviste ! Le conseil est assuré. L'autre concept concerne la restauration : attablé à un mange-debout à déguster son verre, on se dit finalement qu'on resterait bien grignoter... Qu'à cela ne tienne : on prend couverts et assiettes sur l'étagère, et on coche sur un menu les plats à partager. Epicure aurait aimé l'endroit !

■ **CASINO JOA DES PINS**
14, avenue Rhin-et-Danube
✆ 02 51 21 69 12
www.joa.fr

Restaurant, bars, machines à sous, jeux de table, PMU, mini-golf. Entrée gratuite. Ouvert toute l'année. Tous les jours à partir de 10h. Entrée gratuite.

En 2016, le casino se refait une beauté tout en conservant son inspiration Louisiane. En avril, vous découvrirez le tout nouveau restaurant ouvert sur les jardins, son ambiance bistrot moderne et sa carte. Aux beaux jours, les jardins du casino découvrent l'une des terrasses les plus dépaysantes des Sables. Côté bar, le Chai Louis – le bar à vins du casino – vous accueille chaque jeudi soir pour des débuts de soirée entre amis et en musique, et la discothèque qui est LE rendez-vous nocturne des fêtards. En juillet et août, rendez-vous entre amis à l'Ananas Café, le bar extérieur, pour un apéro-concert autour des délicieuses tapas faites maison. Côté jeux, l'ambiance est tout aussi détendue. Des machines à sous et vidéopoker de 0,01 € à 5 € à l'ambiance plus feutrée des tables de roulette, de la Boule et du Blackjack, le choix est vaste pour ceux qui souhaitent tenter leur chance. Les tables de Texas Hold'em Poker en « cashgame » et les tournois accueillent également les passionnés de poker. Un lieu incontournable aux ambiances multiples à découvrir.

■ L'ENTRE-POTES

NOUVEAU

34, rue Guy Mignonneau
✆ 02 51 32 25 27

Ouvert toute l'année. Du mardi au jeudi de 10h à 14h et de 18h à 1h ; le vendredi et le samedi de 10h à 14h et de 18h à 2h ; le dimanche de 10h à 14h. Concerts (tous les samedis).

Situé à côté du marché Arago, en face du parking, ce bar a été repris en 2015. L'ex Caudalie a fait place à l'Entre-Potes, le bien nommé ! Ce bar de copains a été entièrement refait sur une déco qui s'inspire largement de la thématique du lieu, la boisson vénérée par le dieu Bacchus et nous tous : le vin. Parquet, murs en bouchons de liège, caisses de vin suspendues aux murs, un joli bar et l'ingrédient majeur : l'ambiance avec la petite touche de folie de nos 2 compères, Yann et Marc. Pour la cinquantaine de références de vins, ils se fournissent en majeure partie chez des producteurs et la sélection balaie tous les vignobles français, ainsi que quelques étrangers. A partager, entre potes bien sûr, autour d'une planche de charcuteries, fromages ou poissons. Tous les samedis (un peu moins en été), des concerts sont organisés et tout ça participe à assurer une ambiance conviviale tard dans la nuit.

■ LA COMÈTE

37, promenade Clemenceau
✆ 02 51 32 98 58

Ouvert toute l'année. Tous les jours à partir de 9h. Terrasse.

Votre principal accesoire pour venir ici sera la paire de lunettes de soleil puisqu'aux Sables-d'Olonne, le passage de la comète s'observe toute l'année. Située en plein cœur du remblai, la grande et belle terrasse face mer attire. Il faut dire qu'elle offre une vue magnifique sur toute la baie des Sables et est ensoleillée toute la journée ! Ouvert sept jours sur sept toute l'année, on vient y prendre son petit déjeuner ou son café journal en mains, un rafraîchissement l'après-midi, et plus tard dans la journée, c'est un point de ralliement sympa pour siroter un verre ou un cocktail. La Comète affiche un look contemporrain aux dominantes de gris et de turquoise, qui peut sembler un peu froid au premier abord mais c'est dans l'air du temps, comme on dit, et ces tonalités rappellent parfois les couleurs de l'océan. Devant l'entrée, s'étire la grande terrasse sur laquelle vous pourrez vous restaurer. La carte est courte avec, parmi les plats de type brasserie, des salades et burgers, mais aussi plusieurs suggestions d'omelettes.

■ JOY'S CAFÉ

Port Olona
5, quai Albert-Prouteau
✆ 02 51 21 50 43

Ouvert toute l'année. Du jeudi au mardi. Terrasse. Animations.

Ce joli bar à vin au décor recherché et original est le bar incontournable du quartier du port de plaisance. On aime bien prendre le large ici. D'abord, le stationnement pour accéder aux établissements du port de plaisance est aisé, et ensuite, on se sent un peu à l'écart, tout en profitant d'une chouette vue sur les bateaux. L'ambiance du port Olona peut être à la fois calme et animée, selon l'heure, et surtout durant le Vendée Globe. Montons les quelques marches du quai pour nous installer dans la jolie salle au fond de laquelle s'affichent, comme exposées dans un écrin lumineux, les bouteilles de vin et, de-ci de-là, des tonneaux, qui nous indiquent dès le premier coup d'œil que nous sommes dans un bar à vin. Certes, le terme est souvent galvaudé, mais ici il y a une vraie belle sélection de vins de qualité, annotés de commentaires d'un professionnel. Vous pourrez les accompagner d'une planche apéro (fromages, charcuterie, terrines…). On aime beaucoup la déco, tendance, à la fois chaleureuse grâce au bois très présent et intimiste le soir quand les lumières se tamisent. Prenez rendez-vous en fin de semaine pour les soirées musicales qui sont organisées.

■ OBBO BAR & FOOD

13, quai René Guiné
✆ 02 51 22 84 14

Ouvert toute l'année. Basse saison : tous les jours à partir de 17h. En saison, restauration à partir de 11h. Terrasse. Restauration.

Ce bar & food a ouvert début 2014 sur le port de pêche. Derrière la chouette terrasse, un bar à la déco atypique, mélange de styles, entre l'art urbain *underground* inspiré du célèbre artiste New-Yorkais Keith Haring, dont les petits bonshommes stylisés ornent les murs de la Grosse Pomme, et une déco aux accents industriels et pop-art. Unique et décalé : nous, on aime ! Au rez-de-chaussée, face au bar, un grand écran retransmet les événements sportifs. Installés sur les mange-debouts, vous pourrez profiter du match tout en vous restaurant puisque la restauration ouvre dès 11h. Ici, pas de couverts, on mange sur le pouce, en toute convivialité burgers, club sandwichs, hot-dog, wings, ribs, quesadilla, planches de fromages/charcuteries... A l'étage, autre ambiance, plus dans l'esprit lounge, avec parquet, murs bruts, tapis dépareillés, rideaux à fleurs, lustres à pampilles, bar fait de couvertures de «Elle magazine» et un tableau à la gloire de Kate Moss, là encore la déco fait mouche ! Chaque week-end, un DJ fait l'animation. A voir aussi Julie, la barmaid, enflammer le bar avant de vous enflammer, vous, avec ses cocktails, rhums arrangés, mojito et autres *shooters*.

■ LE POISSON À ROULETTES NOUVEAU

La Chaume
81, rue Saint-Nicolas

C'est à La Chaume, berceau de la cité comme l'indique la pancarte à l'entrée de ce quartier historique des Sables-d'Olonne, qu'on a retrouvé notre moustachu préféré. Jean-Luc a repris ce bar de quartier l'an dernier. Avec sa personnalité haute en couleur et sa gouaille légendaire, derrière son comptoir il anime le lieu comme pas deux ! Ici le Chaumois, pas avare d'anecdotes locales, côtoie le touriste intrigué par cette enclave chaumoise, et tout ce petit monde se rassemble autour de tranches de vie croustillantes, en partageant une assiette de cochonnailles, des huîtres, une bonne tartine grillée de mogettes. Il faut dire que le lieu se prête aux rencontres et aux échanges ! D'ailleurs en matière d'échanges, en tant qu'amateur de polars, Jean-Luc met sa collection à disposition et chacun viendra ici emprunter un livre et en déposer un autre. L'autre plus du Poisson à Roulettes : les excellents concerts organisés régulièrement par Claire Anne, et qui débordent sur la rue et la petite place, donnant un supplément d'âme au quartier, le tout dans une super ambiance. Un petit endroit tout simple, mais de grandes soirées riches en rencontres en perspective !

■ O' PUERTO

11, quai Guiné
✆ 02 51 95 27 72
opuerto.cafe@orange.fr

Basse saison : ouvert du mardi au dimanche à partir de 17h. Haute saison : tous les jours à partir de 17h. Restauration.

O'Puerto Café est un petit bar haut en couleur au centre du port de pêche, un lieu hétéroclite et convivial où partager un moment autour d'un verre et profiter de la bonne musique : on y passe volontiers des soirées feutrées ou des soirées à thème endiablées. Le petit relooking de cette année nous donne l'impression de pénétrer dans un autre lieu ! Mais que fait donc ce solex sous ma table ? Mais non, c'est bien là (il n'y a qu'à lever les yeux au plafond… !) et c'est toujours nos deux compères, Charles et Nono, qui nous détrompent de suite en donnant le ton…

Ambassadeurs de la carte, les mojitos bien sûr, mais aussi caïpirinhas, rhums du monde et autres cocktails de plus en plus colorés que l'imagination de ce duo décline en de multiples versions ! Nouveau cette année : une très belle offre de bières à la pression, à boire bien sûr avec modération et accompagnées de planches de cochonnailles et de fromages… Un endroit à savourer entre amis…

Une place de stationnement gratuite… c'est possible !

Bon nombre de parkings aux Sables d'Olonne étant devenus payants en été, nous avons trouvé judicieux de vous indiquer les quelques parkings gratuits subsistants. Autant dire que la quête du Graal, c'est-à-dire trouver une place de parking aux Sables en pleine saison (et gratuite si possible !) va s'avérer rude.Pour les autres parkings, les payants, sachez que la première heure est même gratuite toute l'année dans le Parking des Halles et hors juillet-août dans tous les parkings Vinci. Un forfait plage à 5 € pour 5h est proposé parking du Cours Dupont. Quelque soit votre choix, un conseil : comme l'heure est à l'écologie, profitez-en pour laisser la voiture et appréciez, à pied, les charmes des Sables d'Olonne.

▶ **Parkings gratuits toute l'année :** parking Centre de Marée (300 places), parking Espace Audubon (150 places), boulevard Pasteur (110 places), quais de La Chaume (195 places), parking des Présidents (60 places), parking de l'Abbaye-Sainte-Croix (60 places), parking Capitainerie (50 places), parking Port de Plaisance (450 places), parkings de la Paracou (480 places), parking de la Sablière (600 places), parking Vendée-Globe (300 places).

Emplettes

BILLAUD TRAITEUR
64, avenue Alcide-Gabaret
✆ 02 51 32 06 04
www.traiteur-billaud.fr
sarlbillaud@hotmail.fr

Ouvert du lundi au samedi de 8h à 13h et de 15h30 à 19h30. Au marché Arago, ouvert du mardi au dimanche de 8h à 13h.

Ah la belle Maison Billaud ! Vous cherchez un traiteur pour une occasion, un grand événement ou tout simplement parce que vous n'avez pas envie de préparer le repas ce soir et préférez vous en remettre à de grands professionnels ? C'est ici qu'il faut venir ! C'est le meilleur traiteur de tout le pays des Olonnes et au-delà ! La Maison Billaud est avant tout une affaire familiale qui existe depuis 35 ans. Ici tout est fabriqué maison. Sur les beaux étals des charcuteries artisanales, salaisons, spécialités de Vendée, et plats cuisinés variés. Chaque jour de la semaine, inscrites au tableau noir les suggestions du jour (3 plats et 1 poisson) avec par exemple : seiche, blanquette, hachis Parmentier, une purée extra d'ailleurs, des paupiettes ou courgettes farcies... Le jeudi c'est tête de veau, le week-end, place à la paëlla. Egalement des salades composées, tartes salées, pizzas, gratins, et une carte des plats de saison. Il propose des produits d'épicerie fine haut de gamme, étant aussi le dépositaire de la marque Petrossian. L'autre plus, des plateaux repas pour les entreprises. Les plats sont tous super bons et il y a un très grand choix, de quoi faire entrée, plat et dessert ici.

▸ **Autre adresse :** Marché Arago

■ **CHOCOLATS GELENCSER**
79, boulevard Castelnau
✆ 02 51 21 24 52
www.chocolats-gelencser.com

Ouvert du mardi au samedi de 9h à 13h et de 14h30 à 19h30 ; le dimanche de 9h à 13h. Haute saison : du lundi au samedi de 9h à 13h et de 14h30 à 19h30 ; le dimanche de 9h à 13h.

Paradis des chocophiles et drogués divers à la fève de cacaoyer, ce chocolatier est incontournable, à tel point qu'il possède quatre autres enseignes en Vendée et a ouvert en 2014 son musée du Chocolat à La Roche-sur-Yon. Créé en 1956 par le grand-père de Patrick Gelencser, de l'avis de beaucoup, les chocolats de cet artisan sont les meilleurs de Vendée. Parmi les chocolats phares : différentes ganaches aromatisées ou pures, toutes plus délicieuses les unes que les autres, les aiguillettes et tranches d'orange, florentins et mendiants, ou d'autres créations comme le cœur vendéen (praliné et nougatine). Également des tablettes aux fruits secs, de la pâte à tartiner pour les quatre heures et pour les petits déjeuners gourmands, du chocolat en poudre de leur fabrication. Les gâteaux, principalement à base de chocolat, sont un régal, comme le succulent pavé vendéen, le croquant, le fleur de caramel. Soulignons d'ailleurs le bon rapport qualité/prix de ces produits délicats. Autre alternative gourmande : les verrines de chocolat, les macarons ou les glaces. Cette boutique propose aussi du café torréfié sur place. Gelencser : une institution !

■ **LE FOURNIL D'EULALIE**
60, boulevard Castelnau
✆ 02 51 90 89 89

Ouvert du lundi au samedi de 7h à 13h15 et de 15h30 à 19h30 ; le dimanche de 7h à 13h15.

Cette boulangerie artisanale se situe face au marché Arago. Depuis l'extérieur, on peut d'ailleurs voir le pétrin qui sert à la fabrication des différents pains proposés par Bernard et Catherine Bonvalet, à commencer par la reine : la Bagatelle, une bagette « tradition ». Seuls 150 boulangers possèdent le label Rouge pour cette baguette ! Cuisson du pain toute la journée avec une dizaine de variétés : ciabatta, pain aux figues, au miel ou encore noisettes-raisins, une gamme bio avec la baguette d'Eulalie (à base d'une farine bio écrasée à la meule de pierre) ou un pain norvégien (seigle, farine de blé, mélasse, graines bio). Autre particularité, les croissants, fabriqués maison (ce qui n'est plus si courant aujourd'hui, malheureusement), à partir d'un beurre AOP, d'où leur goût de « reviens-y ». Côté pâtisseries, ont été remis à l'honneur le saint-honoré, le paris-brest et le baba au rhum, mais celle qui remporte tous les suffrages, c'est la guérande, une tarte caramel au beurre salé et ganache chocolat. Les éclairs se déclinent en différentes saveurs : nougat, fruits rouges, fraise Tagada... Côté salé : ficelles apéritives, tartes salées, sandwichs...

■ **POISSONNERIE ERIAU**
8, quai Franqueville
© 02 51 23 70 80 / 06 45 15 35 53
Basse saison : ouvert du lundi au samedi de 8h30 à 12h30 et de 16h à 19h. Haute saison : du lundi au samedi de 8h30 à 12h30 et de 16h à 19h30 ; le dimanche de 8h30 à 12h.
Cette poissonnerie réputée, créée par Jean-Michel Eriau, se situe au bout du port de pêche (face au musée du Coquillage), à proximité immédiate de la criée des Sables-d'Olonne. Les produits provenant directement de la criée, côté fraîcheur, vous ne trouverez pas mieux ! Avec quarante-cinq années d'expérience, vous pouvez faire confiance à cette maison sérieuse. Parmi les produits sur l'étal : bar de ligne, cabillaud, dorade, gambas, langoustines, crevettes, lotte, maquereaux, morue, raie, saint-pierre, saumon, sole, turbot, thon, sardines, saint-jacques, etc. Les arrivages sont journaliers, il n'y a que 20 mètres à faire pour le ravitaillement et les poissons sont transformés et préparés sur place par Jean-Michel. Il ne propose que du poisson mais si vous avez envie de fruits de mer, passez commande et votre plateau sera préparé, vous n'aurez plus qu'à l'emporter. Mention spéciale pour l'accueil charmant et les judicieux conseils de cuisson que Jean-Michel et l'équipe qui travaille à ses côtés depuis de nombreuses années vous prodigueront. Top qualité et fraîcheur, des prix très justes qu'il faut souligner, le sourire et le conseil, que demander de plus quand on aime le poisson ?

■ **CONSERVERIE ARTISANALE LA SABLAISE**
Marché des halles centrales
© 02 51 90 83 48
Côté Rue des Halles, face à l'église.
Ouvert le mardi, le mercredi, le vendredi et le samedi de 10h à 13h et de 16h à 19h ; le jeudi et le dimanche de 10h à 13h.
La Sablaise est la dernière conserverie installée aux Sables d'Olonne. Fabricant et transformateur de produits de la mer depuis 2 générations, leur raison d'être est de perpétuer l'authenticité, le goût et les saveurs des produits de la mer et du terroir vendéen. Cette société artisanale, basée à Olonne-sur-Mer, offre la diversité au travers de produits de notre région tels que les soupes de poissons, rillettes, marinades d'anchois et conserves de thon. La notoriété des ports de pêche vendéens des Sables d'Olonne, de l'Ile d'Yeu et de Saint-Gilles-Croix-de-Vie y aidant, c'est avec des recettes traditionnelles de femmes de marins que la Société élabore ses produits.

■ **GLACIER PÉTALES DE ROSES**
39, promenade Georges-Clemenceau
© 06 12 28 73 23
Ouvert des vacances de février à la Toussaint, 7j/7 à partir du mois d'avril, de midi à minuit (2h du matin en haute saison). 1 boule : 2 €, 2 boules : 3 €, 3 boules : 4 €.
Cette petite boutique toute simple du remblai passe presque inaperçue et pourtant il faut absolument vous arrêter goûter aux glaces artisanales proposées par Karine et Eric. Sans doute les meilleures des Sables ! L'été, environ 100 parfums différents, des classiques aux plus originaux, tous sont excellents. Karine fourmille d'idées et travaille en lien avec Jérôme et Christophe, 2 artisans-glaciers de la région qui fabriquent les glaces. En ressortent des parfums étonnants : cannelés avec morceaux dedans, tartelette aux fraises, Toblerone, citron vert-basilic-ti-punch, Snickers, ou encore un sorbet chocolat pour les personnes intolérantes au lait. Les parfums Orangina, barbe à papa, Coca, Kinder Bueno ou Schtroumpf feront le régal des enfants. Autre plus : ici, on vous fait goûter les parfums ! Et si vous hésitez entre plusieurs, optez pour l'assiette dégustation de 7 boules et installez-vous sur la petite terrasse face à la mer. Egalement des glaces italiennes (de la laiterie de Montaigu), des gaufres et crêpes faites maison à la demande avec Chantilly maison. La file d'attente au retour de la plage ne trompe pas sur la qualité des glaces et sur les nombreux fans de Pétales de Rose.

■ **PATISSERIE AU GALION D'OR**
61, rue des Halles
© 02 51 32 06 11
gourmandises.sablaises@orange.fr
Ouvert du mardi au samedi de 7h à 19h ; le dimanche de 7h à 13h.
Voici LA pâtisserie des Sables et il n'est pas rare de devoir faire la queue : c'est la rançon du succès ! Guillaume et Sandrine Ségretin sont à la tête de cette jolie petite boutique, aux dominantes de violet, située dans la rue piétonne juste à côté des Halles. Tout est appétissant, de leurs spécialités comme le Cayola, le Magellan (avec du caramel au beurre salé au milieu) ou le Baba Planteur, en

passant par les pâtisseries classiques, les verrines glacées et glaces maison aux parfums variés, sans oublier les chocolats maison (le Chouan au café, le Galion, le chocolat Vent des Globes ou le chocolat caramel fleur de sel) et bien sûr la gâche et la brioche (parisienne la brioche !). Ajoutez à cela un accueil souriant et les ingrédients de la réussite sont réunis !

▶ **Autre adresse :** Marché Arago ✆ 02 51 33 10 60 et marché de la Chaume

CHÂTEAU-D'OLONNE ★

Situé aux portes des Sables-d'Olonne, Château-d'Olonne offre le calme de sa campagne, marié aux embruns du bord de mer, son patrimoine naturel et culturel vous enchantera. La côte se fait ici corniche rocheuse où, au Puits d'Enfer, l'eau s'engouffre avec violence les jours de grandes marées. Ce site a d'ailleurs inspiré le film «Les Diaboliques» avec Simone Signoret et Véra Clouzot. Au XIIIe siècle, la commune prend le nom du château appartenant au comté d'Olonne, aujourd'hui détruit. A proximité fut édifiée la résidence du Fenestreau au XVIe siècle. Incendiée en 1793 durant la Révolution, elle est reconstruite au début du XIXe siècle mais le porche d'entrée fut conservé. Le renouveau de la petite cité, qui ne fut longtemps qu'un espace maraîcher destiné à alimenter le pays des Olonnes, tient aujourd'hui à sa côte rocheuse qui s'étend de la petite plage de Tanchet jusqu'à l'impressionnante baie de Cayola où s'entassent d'impressionnants amas de galets polis par la mer. C'est aujourd'hui un lieu de villégiature et de promenade très apprécié du public.

■ OFFICE DE TOURISME
4, avenue du Pas-du-Bois
ot.chateaudolonne@wanadoo.fr
Basse saison : ouvert du lundi au vendredi de 9h à 12h30 et de 14h à 17h30 ; le samedi de 9h à 12h30. Haute saison : du lundi au samedi de 9h à 12h30 et de 14h à 18h30 ; le dimanche et les jours fériés de 9h30 à 12h30. D'avril à juin, également le samedi de 14h à 17h30.

■ LE PATRIMOINE EN BALADES
patrimoine@ville-chateaudolonne.fr

▶ **Les mardis à pied en juillet et août**, deux circuits : « Château d'hier et d'aujourd'hui » (centre-ville, durée 1h30, 3 km). Empruntez le sentier des douves pour découvrir la résidence du Fenestreau, son porche du XVIe siècle et l'église Saint-Hilaire, construite sur une ancienne motte féodale. «Du logis de l'abbé à la baie de Cayola» (durée : entre 1h30 et 2h, groupe limité à 25 personnes, réservation obligatoire)

▶ **Les jeudis à vélo**, deux circuits «Le littoral, de Tanchet à l'anse aux moines» et «Villas et belles demeures» (durée 2h, groupe limité à 12 personnes, réservation obligatoire)

▶ **Visites guidées sous réserve de disponibilité**. Renseignements et réservations à l'office de tourisme (✆ 02 51 21 09 67).

Points d'intérêt

■ ABBAYE SAINT-JEAN-D'ORBESTIER ★
✆ 02 51 23 88 12 (service Patrimoine)
Haute saison : ouvert tous les jours de 15h à 18h. Gratuit. Exposition d' art contemporain et concerts.

Guillaume IX, duc d'Aquitaine, comte de Poitou et seigneur de Talmond, fonda l'abbaye en 1107. La charte de fondation mentionne autour du monastère une vaste forêt, nommée Orbisteruim, donnant ainsi son nom à l'abbaye « Orbis Teminus » qui signifie le bout du monde. Incendiée une première fois en 1251, l'abbaye fut pillée et dévastée à plusieurs reprises, en 1340, durant la guerre de Cent ans, et en 1569, au cours des guerres de Religion. En 1769, l'abbaye, en ruine est définitivement fermée et seuls le sacristain et le prieur y résident. A la Révolution, l'abbaye est vendu bien national. Puis à partir de 1821, elle sert d'amer aux navires. Impulsés par l'association l'Orbestier, les travaux de restauration débutent en 1989 sous la maîtrise d'oeuvre de la Ville du Château-d'Olonne. C'est aujourd'hui un lieu de visites et de manifestations culturelles.

Faille du Puits d'Enfer.

■ SITE LE PUITS D'ENFER ★

Les falaises du front de mer permettent d'observer de façon remarquable la structure de ce vieux massif et la nature des rochers dont il est composé. Ce vieux massif a subi une fracturation postérieure intense qui a développé tout un réseau de cassures, points de moindre résistance, qui ont cisaillé tout le littoral entre Les Sables-d'Olonne et Cayola. Une déchirure longue d'une trentaine de mètres et où la mer a creusé un couloir de quelques mètres de largeur. Le Puits d'Enfer est un bon exemple d'érosion littorale d'une côte rocheuse. La légende explique l'impressionnante faille du Puits d'Enfer par le choc d'un navire lors d'une tempête, coûtant la vie à un marin du bord. Celui-ci, un enfant du pays, fut ainsi puni de n'avoir pas tenu une promesse de mariage. Depuis, ce sont ses gémissements qui montent du fond du gouffre, implorant à jamais le pardon de sa fiancée.

Le couvert

LE CAYOLA

76, promenade de Cayola
✆ 02 51 22 01 01
www.le-cayola.com
En sortant des Sables, prenez la direction de Bourgenay.

Fermé en janvier. Haute saison : ouvert du mardi au dimanche le midi. Fermé dimanche soir, lundi (sauf fériés), plus mardi soir et mercredi soir du 15 septembre au 1er juin. Réservation recommandée. Menus de 37 € à 90 €. Menu enfant : 12 €. Salle de réunion pour 15 personnes. Formule séminaire (équipement wifi) : à partir de 60 €/personne.

Cayola offre une architecture contemporaine comme suspendue au-dessus de l'océan, avec une vue magnifique sur la baie de Cayola. Tout en sobriété, chaleureux et paisible, l'endroit est prisé aussi bien pour les dîners en amoureux que pour les réunions familiales et repas d'affaires, étant doté de plusieurs salons. En rez-de-jardin, un salon avec terrasse privative, accueille les amateurs de cigares. Lieu d'inspiration pour la vue, c'est aussi ce panorama qui inspire le chef, Sébastien Bonnavita, dans l'élaboration de sa carte. Il retranscrit l'âme du lieu dans chaque plat qu'il imagine et compose. Entouré d'une belle brigade, le chef offre une cuisine créative et raffinée, avec une maîtrise des cuissons, révélant les saveurs et respectant les produits. De saison ou du terroir, ils sont mis en lumière dans une carte qui change cinq fois par an. Petit florilège : les ormeaux, truffe noire et scorsonères, puis la barbue de pays cuite à basse température, pommes de terres grenailles, boudin noir et poires ou le pigeon de Vendée en croûte de céréales, pak-choï braisé mini-légumes glacés et feuilles d'agastache. Et pour finir : biscuit chocolat amande, ganache aux fèves de tonka, kumquat confit et glace sarrasin. Tout en sobriété, l'adresse, auréolée d'une étoile au Guide Rouge, est le lieu idéal pour mêler plaisir de la table et des yeux et ceci à des prix très justes.

■ LA CABANE D'ARTHUR NOUVEAU

Plage de Tanchet
✆ 06 70 44 65 35
lacabanedarthur@gmail.com

Ouvert du 20 avril au 20 septembre 2016. Ouvert tous les jours à partir de 9h. Formule du midi : 12 €. Terrasse.

Gaëlle a ouvert cette paillote située sur la plage de Tanchet à la fin du printemps 2015. Elle lui a tout naturellement donné le prénom de son fils. C'est elle-même qui concocte tous les plats que vous mangerez. Certes il y a peu de suggestions, mais il y en a pour tous les goûts, entre les planchas de poissons et viandes, les moules (comme les moules au chorizo), les burgers, les salades ou les pâtes. Bon point pour la formule du midi, qui n'écorche pas le porte-monnaie. En dessert, on a craqué pour le moelleux au chocolat qu'on est vite parti éliminer en faisant quelques longueurs. Inutile de vous dire que, dès les premiers rayons du soleil, cette adorable cabane est vite prise d'assaut, il va donc falloir jouer des coudes pour pouvoir profiter de ce cadre unique qui offre une belle vue sur la Baie des Sables.

■ LA FERME DE VILLENEUVE

28, rue du Pré-Etienne
✆ 02 51 33 41 83
lafermedevilleneuve@laposte.net

Fermé en janvier. Basse saison : ouvert du mercredi au dimanche. Haute saison : du mardi au dimanche. Réservation recommandée. Menus de 28 € à 48 €. Menu enfant : 10,50 €. Formule : 15,50 € (et 19 €, midi et soir, en semaine). Terrasse.

La cinquième saison de Marie et Jean-François Debladis dans ce restaurant tendance situé dans l'enceinte de la résidence de standing Les Jardins du Château-d'Olonne confirme aussi une entrée au *Gault et Millau*. Au *Petit Futé*, on avait déjà parié sur eux dès leur arrivée ! On apprécie d'abord le cadre : original et audacieux, un tantinet baroque, aux dominantes de violet et noir, mobilier griffé unique noir et blanc, et la terrasse au bord d'une piscine. La cuisine aussi. Elle s'affiche en formules sur les ardoises, permettant de proposer une cuisine du marché à base de produits de saison. Bon point pour les menus-cartes qui permettent de choisir sans compter (quelques suppléments selon les produits).

La cuisine, de qualité, est en adéquation avec le cadre : inventive et savoureuse, qui respecte les produits sans les dénaturer. Petit exemple de la carte hivernale : fricassée d'escargots bio et pleurottes, en croûte d'herbes, crème d'ail doux, puis moelleux de poulet de Challans label Rouge, riz vénéré façon risotto, bouillon crème parfumée au saté, et en dessert macaron coque chocolat à la poire, billes pochées au sirop, mousse Williamine sorbet poire gingembre.

LES CHARDONS — NOUVEAU

56, boulevard du Maréchal-de-Lattre-de-Tassigny ✆ 02 51 21 52 77
www.restaurant-leschardons.com

Maître Restaurateur. Fermé 15 jours en février. Basse saison : ouvert du mardi au dimanche le midi ; du mercredi au samedi le soir. Haute saison : tous les jours. Service continu, sur la carte pâtes et pizzas en été. Terrasse.

Heureux de retrouver nos Chardons préférés : la pétillante Géraldine et l'agitateur d'idées gourmandes, Benoît, dans leur tout nouveau restaurant sur le site du Puits d'Enfer, face à la mer. Après plusieurs années à Aubigny, ils ont investi ce lieu et l'ont marqué de leur patte avec tout le dynamisme et la folie douce qui les caractérisent : décor classe et cosy à la fois, très chaleureux, et une carte inspirée de toutes les exépriences de Benoît : de son parcours chez des chefs étoilés, en passant par la Floride et plusieurs participations à des concours nationaux de pizzaiolo. On ne s'ennuie jamais chez les Chardons : ils fourmillent d'idées novatrices et ça nous plaît ! Petit aperçu : pizza la Trufflette (crème de truffe, copeaux de truffe, chiffonnade de jambon italien), la pizza Déclinaison (celle avec laquelle Benoît a eu son prix), ravioles de daube à la provençale ou l'original cannelloni ricotta épinards, le burger, la saltimbocca de veau ou le délicieux risotto d'encornets. Et aussi de bonnes charcuteries italiennes. Tout, des pâtes aux desserts en passant par le pain, est fait maison et super bon ! En dessert, craquez pour la Tatin façon Chardon avec sa cristalline de pomme. Et cerise sur le tiramisu : une terrasse avec une vue panoramique imprenable sur l'océan !

■ CÔTÉ RIVAGE NOUVEAU
51, rue du Puits-d'Enfer
✆ 02 51 23 92 65
www.coterivage.fr
contact@coterivage.fr

Ouvert toute l'année. Basse saison : le mardi et le dimanche le midi ; du mercredi au samedi le midi et le soir. Haute saison : du mardi au dimanche. Menus de 16 € à 36 €. Menu enfant : 12 €. Terrasse.

Changement de nom et de décor pour ce restaurant traditionnel situé juste derrière l'océan et le fameux «puits d'enfer», anciennement baptisé le Petit Castor. A la tête de cette adresse discrète et sérieuse, le même propriétaire, et aussi le chef : Eric Duplouy. Côté cadre, on arrive par un patio paysagé doublé d'une terrasse (pouvant se privatiser). La salle a quant à elle été relookée, gagnant en modernité, mais toujours dans la sobriété. L'hiver, la cheminée lui confère une autre ambiance. Côté carte, la cuisine est soignée et le chef met la même rigueur à travailler les produits de saison, alternant entre des plats terre et mer, dont la meilleure illustration est le duo de lotte et ris de veau à la crème de morilles, écrasée de pommes de terre à la fondue de poireaux. Les abats sont très présents dans la carte et parfaitement cuisinés comme l'escalope de ris de veau et le foie gras poêlé. Parmi les autres plats de la carte d'hiver, on a aimé l'originalité de la marmite d'escargots en croûte fumante crème d'ail au lard fumé ou les oeufs cocotte au foie gras en entrée. En dessert la brioche façon pain perdu demeure plébiscitée. Un dernier point sur le très bon rapport qualité-prix.

Le gîte

■ RESIDENCE THALASSA – ODALYS****
Rue Cité-des-Pins
✆ 02 51 96 84 84
thalassa@odalys-vacances.com

Fermé du 10 novembre au 30 mars. Studio / appartement de 220 € à 1 610 € la semaine. Location au week-end hors saison. Wifi payant. Service de ménage.

La Résidence est située au milieu d'une pinède à 500 m du Casino des Pins et la thalassothérapie, à 800 m de la plage et à 1 500 m du centre des Sables d'Olonne. Tournée vers la piscine, elle se compose de 3 bâtiments sur 3 ou 4 étages dans un cadre calme et verdoyant. Les appartements, du studio pour 3 personnes au 3 pièces (6 personnes), sont équipés avec kitchenette (micro-ondes/gril, plaques électriques, lave-vaisselle), salle de bains, WC séparés pour la plupart, téléphone, télévision (payante), rangements et terrasse ou balcon. Trois studios sont aménagés pour les personnes à mobilité réduite. N'amenez pas votre linge de lit, il est fourni. Les appartements peuvent se louer à la nuitée hors saison.

Chambres d'hôtes

■ LE BATEAU IVRE
122, avenue de Talmont
✆ 06 62 26 99 14
ana@gite-lebateauivre.com

2 chambres (et un studio). Chambre double de 60 € à 80 €. Gîte de 260 € à 390 € la semaine. Label Tourisme & Handicap.

Cette maison contemporaine indépendante, dont on voit aisément que l'aménagement et la conception sont récents car tout est neuf, propose d'accueillir des hôtes dans deux grandes chambres. Dans la pièce principale, réservée aux petits déjeuners ou à la détente, on adore la proue du bateau comme sortie tout droit du mur, qui sert également de table. Idée très originale ! Dans chaque pièce, on sent le goût et le soin apporté à la déco. Les chambres, qui peuvent recevoir jusqu'à 3 personnes, sont lumineuses et pour cause : elles donnent sur le jardin, dans lequel vous pourrez lézarder sur un des transats à disposition. Les salles de bains ne dénotent pas avec le reste et sont très bien équipées. L'une des chambres est accessible aux personnes à mobilité réduite.

Également proposé à la location, un studio indépendant, de même conception moderne et confortablement équipé d'une cuisine, salle d'eau avec douche à l'italienne, et un salon de jardin pour profiter de la terrasse fermée. L'ensemble est vraiment très chouette et participera à n'en pas douter à la réussite complète des vacances puisque vous êtes aussi à quelques pas des plages.

Campings

■ CAMPING LES FOSSES ROUGES**

8, rue des Fosses-Rouges ✆ 02 51 95 17 95
www.campingfossesrougessablesdolonnevendee.com
info@camping-lesfossesrouges.com

Ouvert du 4 avril au 1er octobre 2016. Terrain de 3,5 ha. 241 emplacements (dont 164 emplacements nus). Exposition : mi-ombragé. Sol : herbeux. Emplacement de 14,50 € à 22,80 €. Mobil-homes de 205 € à 636 € la semaine ; caravanes de 172 € à 456 €. Tarifs dégressifs pour plusieurs semaines. Tarifs à la nuitée (hors saison) : 38 € pour 1 nuit en caravane 4 places ; mobil-home 1 et 2 chambres : 49 € et 59 € 1 nuit. Restauration (snack en juillet et août). Animations.

Depuis plus de 40 ans, la famille Renard se consacre au bien-être de sa fidèle clientèle. C'est un camping familial créé par les parents de Laurent Renard, qui a repris le flambeau avec son épouse Viviane il y a quelques années. Ici, le mot «accueil» n'est pas un vain mot et l'ambiance y est familiale et très conviviale. Dans un cadre de verdure, à seulement 800 m de l'océan, des plus petits aux plus grands, chacun y trouve son bonheur. En saison, de nombreuses animations vous sont proposées tout au long de la journée et de la soirée. Le camping est bien tenu et entretenu et propose de bonnes prestations, avec pour vos loisirs : piscine couverte chauffée qui se découvre aux beaux jours, mini-golf, tennis, pétanque, volley, ping-pong, Sur des emplacements spacieux de 90 m² en moyenne, vous installerez votre tente ou caravane, à moins que vous ne choisissiez la location de mobil-home. wi-fi gratuit au bar. Les commerces du Château-d'Olonne sont à 2 minutes et Les Sables-d'Olonne sont à 4 km. Un camping en tous points sympathique offrant des prestations de loisirs dignes d'un 3-étoiles et à l'indéniable rapport qualité-prix pour un hébergement sur la côte.

■ CAMPING PETIT PARIS****

41, rue du Petit Versailles
✆ 02 51 2204 44
www.campingpetitparis.com

Ouvert d'avril à fin octobre. Terrain de 3 ha. 154 emplacements. Mobil-homes de 220 € à 959 € la semaine ; chalets de 255 € à 728 €. Roulotte (4 personnes) : de 371 € à 714 € la semaine selon la période. Club enfants. Wifi.

Le Petit Paris se situe à 3 km des Sables d'Olonne et 900 m de la mer, dans un environnement verdoyant. C'est avant tout un camping familial, très bien tenu, qui offre de bonnes prestations et des tarifs très corrects, d'autant qu'il est passé 4-étoiles. Il vous propose de nombreux équipements destinés à vous faire passer de bonnes vacances, tels qu'une piscine couverte et chauffée, un toboggan aquatique, une aire de jeux pour les enfants avec structure gonflable, un terrain multisports. On apprécie la disposition des hébergements regroupés en petits îlots, sorte de petits pâtés de maison dans une impasse et donc au calme puisqu'aucun passage de véhicule. Parmi les hébergements qui vous sont proposés : mobil-homes, chalets, bungalows toilés, caravanes, des roulottes 4 places de 23 mètres carrés et la nouveauté 2015 : des mobil-homes gamme « Privilège » en bois très jolis qui, avec leur look contemporain, ne ressemblent pas aux mobil-homes habituels. Animations ludiques, un club enfants et une aire de fitness extérieure, ainsi que des promenades en calèche complètent les loisirs.

Loisirs

■ ATLANTIC KART SYSTEM ET PAINTBALL

Le Coudriou
✆ 02 51 32 52 52
akskarting@aol.com

Haute saison : ouvert tous les jours de 10h à 21h. Vacances scolaires, et d'avril à juin et en septembre : ouvert les après-midis uniquement. 10 min : 18 € en 270 cm³ et 23 € en 390 cm³. Kart fun-junior (dès 10 ans) 16 €. Fun-kid (à partir de 7 ans) 14 € les 10 min. Paintball : 22 € les 100 billes.

Ce circuit propose une piste de 1 000 mètres (la plus grande du littoral vendéen). Il est ouvert aux adultes et aux enfants et bénéficie de mini-karts et des équipements nécessaires. Tout est sécurisé et la présence d'un moniteur de karting possédant un brevet fédéral de kart pour l'encadrement des enfants l'atteste. Briefing avant chaque série pour donner conseils et consignes. Chaque pilote bénéficie d'un système de chronométrage et on peut se mesurer à ses copains ou ses collègues puisque des challenges entreprises sont possibles.

■ CENTRE AQUATIQUE AQUALONNE NOUVEAU
85, rue des Plesses
✆ 02 51 95 34 04
contact@aqualonne.fr
Se renseigner pour les horaires en période scolaire. Basse saison : à partir de 16 ans 5,20 €, de 3 à 15 ans inclus 4 €. Haute saison : à partir de 16 ans 6,20 €, de 3 à 15 ans inclus 4,70 €. Ce tout nouveau centre aquatique du Pays des Olonnes se compose d'un bassin de 25 m à 6 couloirs, chauffé à 28 degrés, d'un bassin ludique (de 0,80 m à 1,40 m) chauffé à 30 degrés, avec rivière à contre-courant, banquette hydromassante, geysers, d'une pataugeoire chauffée à 30 degrés dotée d'éléments d'animation et de 3 toboggans (accessibles à partir de 6 ans). A cela s'ajoutent l'été un pentagliss et un splashpad avec des jeux d'eau. Et bien évidemment, comme dans la plupart des piscines, des cours de natation sont proposés, et pour les adultes des cours d'aquafitness, aquabiking, bodypalm, aquafusion.

■ CENTRE ÉQUESTRE LA BELLE NOUE
Lieu-dit Le Fléchoux
✆ 02 51 22 03 63 / 06 42 47 50 04
centre-equestre-bellenoue@hotmail.fr
Ouvert toute l'année. Basse saison : du lundi au samedi de 9h à 12h et de 14h à 19h. Ouvert 7j/7 durant les vacances scolaires. Tarifs leçons collectives. Baby (3-10 ans) 15 € ; junior (11-18 ans) 20 € ; pour les adultes 20 €. Tarif leçon particulière : une heure, 32 €. Le Centre Équestre et Poney Club de Bellenoue vous offre sur vingt hectares des installations équestres pour toutes les activités et tous les niveaux. Les infrastructures sont multiples et de qualité : 2 carrières, 2 manèges couverts, 50 box, des stabulations pour poneys, une sellerie propriétaire et une sellerie club, un club-house et des paddocks de détente. Compétitions, examens officiels, balades à cheval et à poney, élevage de sport, attelage. A partir de 3 ans. A chaque vacances scolaires, le club organise également des stages qui servent à se perfectionner ou à passer les galops. Le centre de Bellenoue est labellisé « Cheval Qualité France ».

■ VENDÉE ÉVASION PARACHUTISME
Aérodrome de la Lande
Rue du Petit-Versailles
✆ 02 51 21 39 51 / 06 14 51 16 95
www.parachutisme-vendee.com
Ouvert toute l'année. Basse saison : du lundi au vendredi. De mars à fin octobre : ouvert tous les jours. Réservation obligatoire. Sauts parachute en tandem : 280 €. Option vidéo ou photos (60 photos environ) : 110 € et 140 € pour photos plus vidéo.
Venez profiter d'un saut en chute libre au-dessus des Sables-d'Olonne et du pays des Olonnes, en toute sécurité. Vous effectuerez votre saut en tandem accompagné d'un parachutiste professionnel qui vous guidera en toute sécurité. Après avoir enfilé votre équipement, un briefing de 10 minutes où le moniteur abordera les différentes étapes et les positions à adopter durant votre saut en parachute : de la montée dans l'avion, en passant par la chute libre et en terminant par la partie sous voiles avec bien entendu l'atterrissage. Une balade d'environ 15 minutes avec une montée jusqu'à une altitude de 3 600 mètres où le pilote tandem s'occupe de tout. Puis à 3 600 m, c'est l'heure du grand frisson... La porte s'ouvre, et c'est parti pour 50 secondes de chute libre à 200 km/h ! Waouh ça décoiffe ! Après cette sensation indescriptible, le temps sera venu d'ouvrir votre parachute avec votre instructeur et de faire une descente tout en douceur ! Sensations garanties !

Sorties

■ ANGUILLA BEACH
2, avenue Nina-d'Asty ✆ 02 51 23 69 71
www.anguillabeach.fr
Ouvert du 1er avril à fin octobre. Ouvert tous les jours. Novembre et décembre : ouvert les week-ends uniquement. Terrasse. Restauration. Piscine chauffée surveillée, plage artificielle (avec location de transats), tennis, beach volley, jeux pour enfants. Posée à la mer, juste à la sortie des Sables-d'Olonne, avant la baie de Cayola, l'adresse a plus d'un tour dans son sac et offre un bar-lounge-restaurant doublé d'une piscine chauffée et surveillée, plage privée (avec location de transats), tennis, beach volley et de jeux pour enfants Dans un cadre exotique qui rappelle les Antilles, l'Anguilla se consomme à toute heure de la journée, pour y manger ou y boire un verre. Le soir, l'endroit revêt une tout autre atmosphère, l'ambiance festive et conviviale grimpe de quelques degrés au son des rythmes musicaux. En juillet et août, dîners-concerts tous les mardis, jeudis et dimanches. Et tout ça en profitant de la vue panoramique sur le grand bleu. Une adresse pour prolonger les vacances et la fête...

OLONNE-SUR-MER ★

Olonne, mot d'origine celtique ol-ona signifierait éminence se dressant au-dessus de l'eau. De nombreux éléments témoignent qu'Olonne-sur-Mer est le berceau historique du pays des Olonnes : les menhirs – Pierre-Levée –, les traces des 1ers marais salants, les vignes plantées par les Romains et détruites lors de l'invasion des Normands sont replantées et mises en valeur, l'église millénaire d'Olonne ou bien encore le couvent des Cordeliers où vers 1510 Rabelais y séjourne évoque Olonne, son port, son église, son chanvre et son vin dans certaines de ses œuvres. Depuis 1928, Olonne, devenue Olonne-sur-Mer, a pris son essor réel, accueillant aujourd'hui plus de 14 000 habitants. Par ailleurs Olonne sur Mer est aussi le poumon vert du pays des Olonnes avec plus de 8 km de plages naturelles bordées par un cordon dunaire et une forêt domaniale préservée et aménagée de plus de 1 000 hectares. Le marais d'Olonne-sur-Mer quant à lui offre une véritable réserve naturelle où cohabitent espèces protégées et activités humaines (pêche, marais salant...) en parfaite harmonie.

■ **OFFICE DE TOURISME**
4 bis, rue des Sables
✆ 02 51 90 75 45
www.olonnesurmer.fr
officedetourisme@olonnesurmer.fr
Ouvert du lundi au samedi de 9h30 à 12h30 et de 14h à 17h30. Basse saison : du lundi au vendredi de 9h30 à 12h30 et de 14h à 17h30 ; le samedi de 9h30 à 12h30. Haute saison : du lundi au samedi de 9h30 à 13h et de 14h30 à 19h ; le dimanche et les jours fériés de 9h30 à 13h.

Points d'intérêt

■ **LA FORÊT** ★★
Forêt de pins semée en 1836, exploitée depuis 1865 par le ministère de l'Agriculture et des Eaux et Forêts et classée. C'est une forêt de fixation des sables, par conséquent plantée sur les dunes. Au lieu-dit Mireille, reboisement de jeunes pins verts en rangs serrés et parallèles. Plus au nord, forêt plus ancienne irrégulière : bosquets de chênes verts, néfliers, cormiers sauvages, prunelles, aubépines, tamaris, saules, acacias. Au centre de la forêt, des coupe-feu forment de larges tranchées droites inattendues. Y vivent des chevreuils, sangliers, écureuils et de nombreux oiseaux. Une curiosité, le menhir de la Conche verte mérite la visite et pourra faire l'objet d'une belle balade dans cette magnifique forêt. Et si vous aimez les sites mégalithiques, allez voir celui de Pierre-Levée.

■ **LES MARAIS** ★★
C'est une zone naturelle protégée. D'abord, ils furent de vastes marais salants, actuellement il ne reste que trois exploitations en activité. Dans les anciens marais salants, a été créée une réserve d'oiseaux : Champclou. Celle-ci s'étend sur 37 ha, avec plusieurs plans d'eau ou douves. C'est un lieu de reproduction pour diverses espèces, notamment les avocettes. De nombreux oiseaux viennent dans ce havre : sarcelles, canards siffleurs, cormorans, cygnes, hérons… D'autres viennent se poser le temps d'une marée ou pour une courte étape en cours de migration.

Le couvert

■ **PIZZERIA A CASETTA**
6, rue Eugène-Nauleau
✆ 02 51 96 88 83
acasetta@sfr.fr
Fermé du 15 décembre au 15 janvier. Basse saison : ouvert le mardi soir ; du mercredi au dimanche le midi et le soir. Haute saison : du mardi au dimanche le midi et le soir. Terrasse. Vente à emporter.
La pizzeria de Baptiste et Thomas est située face à l'église d'Olonne, devant laquelle elle déploie sa grande terrasse. Dans la salle, la pièce maîtresse : un four à bois d'origine, dans lequel sont cuites les pizzas, leur conférant un goût unique. Ils tiennent leur savoir-faire de Siciliens. Elles sont très (trop ?) copieuses, et fabriquées à partir d'ingrédients de qualité. Originaires de Corse ils en ont ramené quelques spécialités comme la figatelli, un saucisson Corse d'hiver, et du vin. Plus de 25 pizzas à la carte, dont la San Daniel, la Bastiaise (selon la saison) ou la Prédidente, mais aussi des salades composées, de bonnes viandes comme la moelleuse escalope italienne, et bien sûr des pâtes. Parmi elles, les lasagnes, cuites au feu de bois, les tagliatelles A Casetta ou encore celles au gorgonzola et jambon de Parme. En hiver, des suggestions du jour complètent la carte..

■ **LA CABANE AUX FROMAGES** NOUVEAU
38, avenue Charles-de-Gaulle
✆ 09 53 35 30 57
cabanaux.fromages@yahoo.fr
Fromagerie artisanale – bar à fromages. Ouvert du lundi au samedi de 7h à 14h et à partir de 17h.
Qui au pays des Olonnes ne connaît pas Maddy ? Les amateurs de fromages la connaissent bien. La Cabane aux fromages c'est avant tout une fromagerie artisanale, qui propose des fromages fermiers au lait cru en provenance de toute la France. En tout une centaine de variétés selon la saison : de quoi faire un magnifique plateau. Des fromages des 3 bêtes à cornes : vache, chèvre, brebis plus les «persillés». On insistera sur le fait que ce ne sont que des produits fermiers. Egalement sur les marchés des Sables-d'Olonne : Arago et La Chaume, et ceux de Luçon et La Mothe-Achard. Mais depuis quelques mois, dans ce nouveau local joliment aménagé de l'avenue Charles de Gaulle (face au magasin Expert), à l'entrée des Sables, Maddy propose aussi un bar à fromages, avec des plats à emporter ou à consommer sur place, avec entre autres spécialités : croques, tartines, sandwiches et salade plus un gratin (par exemple des endives au jambon) ou une quiche accompagnée d'une salade verte changeant chaque jour et des desserts eux aussi maison : entremets, tarte du jour, crèmerie. Et pour accompagner le fromage, Maddy propose quelques vins et des formules petit déjeuner le matin.
▶ **Autre adresse :** Fromagerie sur les marchés Arago et de La Chaume – Les Sables-d'Olonne

Le gîte

■ HÔTEL IBIS BUDGET LES SABLES – OLONNE-SUR-MER**

Rue Eric Tabarly
Boulevard du Vendée-Globe
✆ 02 51 04 08 17
h9419@accor.com

Ouvert toute l'année. Accueil 24h/24. 70 chambres. De 40 € à 70 €. Petit déjeuner : 6,15 € (3,10 € pour un enfant). Parking fermé (gratuit et sécurisé). Wifi gratuit. Location de vélo en saison estivale.

Ce tout nouvel hôtel Ibis Budget de catégorie 2 étoiles, proposant 70 chambres à partir de 40 € la nuit, a ouvert ses portes en juin 2014. Un prix unique quel que soit le nombre d'occupants, pour des chambres pouvant accueillir de 1 à 3 personnes. Les couleurs sont douces, l'aménagement optimisé et spacieux à la fois, avec salle de bains et WC séparés de la chambre, et côté équipement, une télé 22 pouces avec un large choix de chaînes, sans oublier le Wifi gratuit. L'accueil se fait 24h sur 24. Pour vous restaurer, il y a des restaurants de chaîne à proximité ou, si vous n'avez pas envie de bouger, un distributeur libre-service de snacking salé et sucré et des boissons chaudes et froides. On aime bien la salle de petit déjeuner colorée et très chaleureuse, avec un bon point pour le petit déjeuner des enfants à seulement 3,10 € ! L'Ibis Budget réjouira les budgets serrés qui verront ici une vraie opportunité de passer des vacances dans un hôtel tout neuf, avec facilité de stationnement, à moindre frais, à quelques pas des plages, car vous êtes ici à l'entrée des Sables-d'Olonne. Accueil charmant.

■ HÔTEL IBIS STYLES LES SABLES – OLONNE-SUR-MER***

Rue Eric Tabarly
Boulevard du Vendée Globe
✆ 02 51 04 08 16
H9431@accor.com

Ouvert toute l'année. Accueil 24h/24. 50 chambres. Chambre double de 60 € à 120 € ; chambre triple de 80 € à 130 €. Petit déjeuner inclus. Parking fermé (gratuit et sécurisé). Chambre famille (jusqu'à 4 personnes) : de 99 € à 140 € (petit-déjeuner inclus). Séminaires. Poste Internet. Wifi gratuit. Snacking. Jeux pour les enfants. Location de vélo en saison estivale.

On a flashé sur la déco de ce tout nouvel hôtel ouvert en juin 2014. Avec ses couleurs gaies et sa thématique de bord de mer, l'aménagement de l'Ibis Styles est un vrai remède aux journées maussades. La pièce principale est très chaleureuse : lumières douces, mobilier en bois blond et tables colorées, bar design, sans oublier un coin salon avec écran télé et à côté de l'accueil, un business corner original. Puisqu'on évoque les services, l'hôtel dispose d'une salle de réunion tout équipée qui peut accueillir jusqu'à 20 personnes. De chaleureux couloirs conduisent aux chambres très spacieuses. Cet hôtel a une âme différente, la direction ayant souhaité marquer sa propre empreinte en axant la déco des chambres sur le thème « bord de mer », et le résultat, unique, est très joli ! Parquet au sol, couleurs gaies, équipées de salles de bains fonctionnelles avec WC séparés, d'une excellente literie, d'un bureau et un large choix de chaînes sur une télé 32 pouces, elles sont à la fois cosy et tendances, douillettes et sobres, lumineuses et confortables. Un dernier mot, et pas des moindres, sur l'accueil charmant du personnel et sa disponibilité.

■ RESIDENCE LES GRANDS ROCHERS

31, route des Amis-de-la-Nature
✆ 02 51 22 37 01
info@definima.com

Studio pour 4 personnes de 210 € à 999 € la semaine selon la période. Sauna.

Une nature préservée et au milieu une résidence bien intégrée dans ce cadre splendide. D'un côté des marais salants, de l'autre une forêt de pins qui s'ouvre sur l'immense plage de Sauveterre. Depuis la résidence, des sentiers permettent de la rejoindre à vélo ou à pied. Une résidence que l'on ne quittera pas si volontiers, puisqu'elle nous propose de nombreuses activités avec ses piscines intérieures et extérieures chauffées avec tobbogans aquatiques, sa salle de remise en forme, son sauna... Autant dire que l'on peut s'amuser par tous les temps, seul, à deux ou en famille. Les appartements sont confortables et tous équipés d'un séjour avec canapé-lit, TV (payante), d'une cuisine équipée et d'une salle de bains aménagée.

Chambres d'hôtes

■ LOGIS DE LA VENERIE

7, rue des Hannetons
✆ 06 21 43 58 84
www.logisdelavenerie.com
logisdelavenerie@yahoo.fr

Gîtes de France (3 épis). 5 chambres. Chambre double 70 €. Petit déjeuner inclus. Suite de 85 € à 115 € (pour 2 personnes) et 10 € par personne supplémentaire. Chèque Vacances. Animaux non autorisés.

Elisabeth et Fabien vous reçoivent dans cette maison d'armateur du XVIIIe siècle, qu'ils ouvrent aux hôtes. Située à 3 km des plages et 500 m du golf d'Olonne, cette demeure propose 5 chambres (dont 1 suite familiale jusqu'à 5 personnes) avec beaucoup de cachet dû en partie aux pierres apparentes et tomette au sol. Elles sont, qui plus est, meublées avec énormément de goût et de soin. Elles sont classées 3 épis aux Gîtes de France et sont ouvertes toute l'année. Toutes sont équipées de sanitaires privés et d'une télévision. Le petit-déjeuner, composé de confitures et pâtisseries maison, se prendra dehors aux beaux jours face au parc arboré de 1 ha. Une adresse pleine de charme d'autant qu'elle possède une piscine (chauffée en saison) et si vous voulez faire de l'exercice une salle de fitness et des vélos sont à disposition pour profiter des paysages du pays des Olonnes.

Parc à huîtres à La Gachère - Brem-sur-Mer.

© A. LAMOUREUX

Campings

■ CAMPING LA GACHÈRE***

Les Granges ✆ 02 51 22 65 82
www.camping-gachere.com

Ouvert d'avril à fin septembre. 161 emplacements (dont 40 mobile homes). Exposition : ombragé. Emplacement de 14,80 € à 28,70 €. Mobil-homes de 210 € à 904 € la semaine. Campétoile : de 29 € à 36 € la nuit pour 2 personnes. Possibilité de louer les mobile homes au week-end, en avant saison. Jeux pour enfants. Superbe environnement pour ce camping familial s'étendant sur 4 ha, posé en pleine forêt domaniale d'Olonne, à 1 km de la plage des Granges. Il est situé au milieu des pistes cyclables qui vous mèneront au cœur de la forêt de pins, des marais salants et de sa magnifique côte de sable fin. D'année en année, Dominique, a fait de nombreux aménagements, comme la vaste salle où ont lieu toutes les animations en soirée en saison, et où sont aussi regroupés un bar offrant un service de restauration, des jeux, un grand écran tv. En 2015, deux nouveautés : la piscine couverte avec pataugeoire, jeux d'eau pour les enfants, bain bouillonnant, ainsi qu'un parcours sportif extérieur. Parmi les autres équipements : piscine chauffée avec 3 bassins, grand terrain multisports, aire de jeux pour les enfants, ping-pong, beach-volley… La propreté et l'entretien de la structure sont impeccables. Pour votre hébergement, des emplacements nus, la location de mobil-homes ou de Campétoile, une tente sur pilotis, idéale pour une halte d'un soir. Un emplacement de choix, des équipements de qualité, dans un environnement naturel superbe et calme qui ravira les amoureux de la nature, et à proximité de la plage.

■ CAMPING LE TRIANON*****

95, rue du Maréchal-Joffre ✆ 02 53 81 70 00

Ouvert du 02 avril au 18 septembre 2016. Club enfants. Wifi. Restauration. Bain bouillonnant.
Ce camping-club est situé dans la commune d'Olonne-sur-Mer, à 3 km des plages. Place aux loisirs avec un espace aquatique chauffé de plus de 1 000 m² doté de 6 toboggans dont un à sensations, rivière massante, banquettes anatomiques, bain à remous, pataugeoire et piscine couverte, sans oublier un espace bien-être. Pour les enfants un club enfants et ados avec des animations adaptées à chaque âge, des aires de jeux et en nouveauté 2016, une pataugeoire couverte et chauffée de 110 m² côté loisirs. C'est nouveau aussi cette année, au niveau de l'offre «hébergement», on vous propose un Cottage Family XXL avec 4 chambres, qui viennent compléter l'offre dispatchée entre hébergements standards et catégorie privilège. Et bien sûr tous les services qu'on peut attendre d'un camping 5-étoiles : restaurant, salle de fitness, location de vélos… et l'autre plus : une navette gratuite pour vous conduire à la plage en juillet et août.

■ CAMPING LA LOUBINE SUNELIA****

1, route de la Mer ✆ 02 51 33 12 92
www.la-loubine.fr – info@la-loubine.fr

Ouvert d' avril à mi-septembre. Terrain de 8,5 ha. 401 emplacements. Exposition : ombragé. Emplacement de 17 € à 36,20 €. Mobil-homes de 273 € à 1 134 € la semaine. Mobil-home adapté PMR. Club enfants. Jeux pour enfants. Wifi payant. Restauration. Terrain multi-sports, boulodrome. Sauna. Animations.
Catherine et Dominique tiennent ce beau et vaste camping arboré à 1,8 km de la plage. Côté loisirs, vous profiterez d'un super espace aquatique composé de 3 piscines dont une intérieure et une extérieure chauffées, pataugeoire ludique, bain bouillonnant et 8 toboggans aquatiques ! Il y a aussi une petite salle de fitness, sauna, mini-golf, tennis, ping-pong, terrain multisports… Afin de profiter des nombreuses pistes cyclables aux alentours, louez des vélos sur place. Pour les enfants, une aire de jeux mais aussi 2 clubs, l'un accueille les 5-7 ans, l'autre les 8-12 ans, en juillet et août, leur proposant des activités ludiques. Puisqu'on parle des animations, tous les soirs en juillet-août elles se succèderont, et la journée vous pourrez participer aux tournois sportifs. Parmi les services proposés un bar tout en boiseries et sa terrasse ensoleillée, snack, pizzeria, une épicerie et des plats à emporter. Pour votre séjour, louez un mobile home (de 4 à 8 places) ou un chalet (6 places), où choisissez votre emplacement pour planter votre tente. Egalement mobile home pour personnes à mobilité réduite. Un site labellisé Camping Qualité, aux belles infrastructures pour faire le plein de loisirs.

Loisirs

■ CENTRE ÉQUESTRE DE SAUVETERRE

56, rue des Rochers ✆ 02 51 90 76 96
s_marais@hotmail.fr

Ouvert toute l'année. Cours et pension de chevaux. Balade à cheval en forêt : 20 € pour 1h et 38 € pour 2h. Balade à poney : 8 € pour 15 min, 10 € pour 30 min.

Ce gros centre équestre se situe dans un cadre agréable, entre forêt et mer, ce qui vous permettra de découvrir la faune et la flore de ce site protégé à l'occasion de vos balades équestres. Un établissement homologué Jeunesse et Sports labellisé et affilié qui vous propose des balades en forêt ou sur la plage. Vous sont proposés les activités suivantes : baby-poney, équitation traditionnelle, des cours qui vont de l'initiation au perfectionnement, des balades et randonnées à poney ou à cheval, mais aussi de l'attelage. Le week-end et pendant les vacances, le club vous propose des animations, des stages, des promenades, des randonnées… Egalement la possibilité d'hébergement de chevaux et cavaliers.

■ GOLF DES OLONNES

Lieu-dit Gazé – Pierre-Levée
✆ 02 51 33 16 16 – www.golfdesolonnes.com
golf.des.olonnes@sfr.fr

Ouvert toute l'année. Boutique.

Situé à seulement 3 km des Sables-d'Olonne, le Golf de Pierre-Levée bénéficie d'une situation exceptionnelle, avec une vue panoramique. Il a été dessiné dans le cadre naturel du bocage vendéen. Il s'étend sur un site naturellement vallonné avec de très beaux plans d'eau. Ce parcours est attractif, raisonnable, et peut convenir à des joueurs de tous niveaux. Il dispose de 6 postes couverts, 20 postes non couverts, d'un putting-green, pitching-green, zone d'approches et bunkers d'entrainement.

■ OHANA SURF-ECOLE DE SURF

Plage de Sauveterre
✆ 06 87 44 95 31
www.ohanasurf.net
mathmer85@yahoo.fr

Fermé de novembre à mars. Entrée : 32 € (1h). Stage de 3 jours de 1h30 : 90 € par personne. Stage de 5 jours de 1h30 : 130 € par personne. Jardin des vagues (enfants de 6 à 9 ans) 1h : 27 €, 3 séances 1h : 75 €.

Mathieu Mercier vous accueille 6 mois de l'année, sur la plage de Sauveterre, d'Olonne-sur-Mer. L'école se trouve à proximité de nombreux campings. On vous propose des cours dans des groupes homogènes permettant une initiation et un perfectionnement rapide avec l'élément. Les cours sont encadrés par un moniteur titulaire du brevet d'Etat d'éducateur sportif surf/bodyboard assurant une approche sécurisante du milieu marin. Le matériel adapté au gabarit et au niveau de chacun est fourni. Située au cœur de la côte sauvage, cette plage offre des vagues propices à la pratique et à l'enseignement du surf et du bodyboard. Et les surfeurs confirmés y trouvent eux aussi beaucoup de plaisir. Le fond sablonneux permet d'évoluer en toute sécurité. L'accès à la plage est facile : par la route et les pistes cyclables, avec du stationnement aisé.

OCTOPUS GLISSE
La Gachère – Plage des Granges
✆ 06 62 81 27 24
www.octopusglisse.com
contact@octopusglisse.com

Ouvert toute l'année. Haute saison : tous les jours de 9h à 20h. Hors saison, sur réservation. Entrée : 50 € (1h). Séance découverte surf, waveski et bodyboard : 30 € pour les adultes (1h30) et 25 € pour les enfants (1h). Stand up paddle Balade (1h30) : 25 €, SUP Fitness (1h) : 40 €, SUP Surf : 40 €.. Chèque Vacances.

Matthieu Babarit et Caroline Angibaud, tous deux champions du monde de waveski surfing, diplômés d'état de surf et de kayak vous accueillent au sein de leurs 2 écoles «multi-glisse». D'un côté ils proposent des cours collectifs et particuliers, pour adultes et enfants, de surf, waveski, bodyboard,... Quant à leur nouvelle école OctoSUP, elle est dédiée 100 % au stand up. Mais qu'est-ce que le stand-up paddle ? Une planche de surf surdimensionnée (entre 2,80 m et 3,70 m) permettant d'évoluer debout avec une pagaie comme moyen de propulsion, c'est une forme de glisse ancestrale pratiquée alors par les peuples polynésiens. Voici les loisirs autour du stand-up paddle : le stand-up surf (cours particuliers et stages), le stand-up balade fitness (des exercices de fitness sur une planche très stable de stand-up), et le stand-up pêche ! Des balades sur les marais de la Gachère, stages pour adultes et plus jeunes. Le matériel est fourni pour les cours et balades et l'encadrement assuré par des moniteurs. Les tarifs incluent matériel et assurance. Ils font aussi la location de matériel, planches et combinaisons, et proposent la location d'une maison et d'un appartement non loin de l'école.

Emplettes

■ BOULANGERIE AU MOULIN GOURMAND
22, avenue Charles-de-Gaulle
✆ 02 51 21 60 25
www.au-moulin-gourmand.com

Ouvert tous les jours de 6h à 20h.

Impossible de passer à côté de la boulangerie-pâtisserie de Stéphanie et David Seigneur, tant par sa jolie façade chocolat-pistache surmontée d'une tour de moulin que par sa réputation, qui n'est plus à faire ! Pour preuve, la longue file d'attente de gourmands. Créée il y a plus de seize ans, cette belle adresse affiche un look rétro avec de beaux étals de gâteaux variés, tous plus appétissants les uns que les autres. Autre originalité, en dehors des boulangers qui s'affairent sous vos yeux dans le fournil, une vieille camionnette estampillée Moulin Gourmand où sont présentés des desserts glacés. Le pain est cuit toute la journée et vous apprécierez la bonne baguette « Tradition française » toute chaude, à choisir parmi plus de vingt-cinq variétés de pains. Pour accompagner vos apéros, le préfou maison se décline en plusieurs recettes dont la dernière nouveauté, au jambon de pays et mogettes, mais aussi celui à la sardine sablaise ou le préfou tomate-chèvre-roquefort. Côté pâtisseries, toutes de fabrication maison également, comme tout le reste, la spécialité demeure le baba parmi un large choix de gâteaux. Goûtez aussi aux chocolats maison et retenez que la maison propose un service traiteur.

■ LE CHOCOLATIER SABLAIS
14, rue Clément-Ader
✆ 02 51 22 51 32
www.lechocolatiersablais.fr

♿

Ouvert du mardi au samedi de 10h à 12h30 et de 14h à 19h. Plus le lundi durant les vacances scolaires. Visites guidées de la chocolaterie à 10h et 11h du mardi au vendredi. Tarif : adulte 5 €, enfant (3-12 ans) 2 €. Minimum 5 personnes.

A deux pas du centre commercial Leclerc d'Olonne-sur-Mer, Le Chocolatier Sablais, en plus de son espace boutique, ouvre également les portes de son site de production, pour des visites guidées les mardis, mercredis, jeudis et vendredis à 10h et 11h (selon la période-se renseigner auprès des offices de tourisme du Pays des Olonnes). Vous saurez tout sur l'origine géographique du chocolat, et sa fabrication, du façonnage au glaçage du chocolat en passant par l'emballage. Une fabrication artisanale, effectuée sur place. Vous visiterez la jolie boutique et y trouverez plein de gourmandises diverses. Beaucoup de références de chocolats, pralinés et bonbons maison. Les moulages aux thématiques variés plaisent beaucoup aux enfants. En plus des chocolats au poids, moulages, chocolats aux alcools divers, truffes, pistoles,... des biscuits (galettes pur beurre, croquets aux amandes, palets) et confiseries. La boutique est ouverte toute l'année.

■ **BOULANGERIE-PATISSERIE AU PAIN D'AURE**
2, rue Paul-Bert ✆ 02 51 95 30 25
A côté de l'église
Ouvert du mercredi au lundi de 7h à 13h30 et de 15h à 19h30. Haute saison : tous les jours.
Stéphanie et Aurélien Allaizeau sont à ce jour les seuls artisans du pays des Olonnes à avoir le label Rouge pour la brioche vendéenne et le label Gâche vendéenne, répondant à un cahier des charges précis, mis en place par Vendée Qualité. Les spécialités de cette bonne boulangerie ne s'arrêtent pas là, et si on osait, on dirait que la liste est longue comme un jour sans pain ! Et ici, on n'en manque pas : une quinzaine de pains, avec en tête la paysanne d'Auré et la baguette Festive. Bon point pour les pâtisseries, fines et recherchées, qui se renouvellent régulièrement. Parmi les dernières créations vite plébiscitées : le guérandais (pommes au four et caramel beurre salé) et le valencia (chocolat noir et lait/orange). Il y a aussi les inconditionnels du royal et le caramelia (gâteau caramel/chocolat). Envie de fraîcheur ? Essayez la mousse des îles ou la tarte aux fruits frais sur sablé breton. Et aussi des palets bretons maison, madeleines (nature, pistache ou spéculoos), du pain d'épices. Pour le chocolat, Aurélien ne manque pas d'inventivité et, pour les réaliser, il prend la crème de la crème : Valrhona. Autre nouveauté 2016, une gamme de 15 tablettes de chocolats grands crus.

■ **BRASSERIE LA CABAUDE** NOUVEAU
2, allée Titouan-Lamazou
✆ 09 86 26 85 32
Ouvert du mardi au vendredi. Vente, visite (2 €), dégustation.
Cette brasserie artisanale a ouvert ses portes dans la Zone Actilonne d'Olonne-sur-Mer, à l'aube de l'été 2015. On y fabrique la «triple» : une bière de triple fermentation. Il y a plusieurs étapes dans le processus de fabrication de la bière : il faut d'abord aplatir le grain (c'est l'étape du concassage), puis vient l'empâtage, ensuite la filtration, puis la cuisson avec les houblons, la prochaine étape fait intervenir les fermenteurs, puis c'est la mise en bouteille, avant le stockage en chambre chaude. Plusieurs variétés de bières sont proposées : la blonde, la blanche, la Triple flash, la bière aromatisée à la cerise, et les dernières-nées, une rousse et une brune… Il est également possible de visiter la brasserie en terminant par une petite dégustation avant de repartir avec ses petits coffrets. Mais au fait, savez-vous ce que signifie le terme «cabaude» ? Le fond du port.

■ **LE DOMAINE DES GRANGES**
Les Granges
15, rue des Granges
✆ 02 51 33 45 01 / 06 01 71 64 21
Le Domaine des Granges fait partie de l'Union des Fiefs vendéens. Ils vous accueillent pour la dégustation dans leur cave située à quelques dizaines de mètres de la plage des Granges, après le quartier de La Gachère. Christian et Delphine vous accueillent au chai pour découvrir leur terroir viticole vendéen marqué des douceurs océanes. Le Domaine des Granges est une exploitation agricole familiale, qu'ils ont repris pour la moderniser. Ils sont

spécialisés dans la culture de la vigne. Ils élaborent leur production avec soin et selon des méthodes artisanales pour offrir des produits de qualité. Ils produisent des vins blancs, rosés et rouges ainsi que des vins effervescents en méthode traditionnelle.

■ **ORIGINE HALLE** NOUVEAU
30, rue Chateaubriand
✆ 02 51 33 33 79
Ouvert du lundi au samedi de 9h à 19h30 ; le dimanche de 9h à 13h.
A l'initiative du groupe Planchot, après un premier point de vente inauguré aux Herbiers il y a quelque temps, un second local a été implanté à Olonne-sur-Mer au début de l'été 2015. Ces «halles» regroupent plusieurs producteurs locaux, défenseurs de la fabrication artisanale. Ainsi vous retrouverez bien évidemment la boulangerie-pâtisserie et les chocolats Planchot, mais également un maraîcher primeur, un charcutier-traiteur, un poissonnier, un fromager, un torréfacteur, un caviste et un fleuriste. Une seule enseigne pour retrouver tous les ingrédients qui serviront à concocter un repas, accompagner de vins et de quoi faire une jolie table fleurie ! Juste un petit bémol : les prix peuvent paraître un plus élevés qu'on aurait pu l'imaginer, puisqu'on réduit les intermédiaires, le principe étant de passer directement du producteur au consommateur… mais la qualité n'a-t-elle pas un prix ?

▶ **Autre adresse :** 1, avenue de l'Europe – 85500 Les Herbiers – Tél. 02 51 92 24 64

■ **PASO TRAITEUR**
1, rue des Frères-Lumière ✆ 02 51 95 57 29
www.paso-traiteur.com
Produits en vente au rayon frais de tous les supermarchés de Vendée. Spécialisé dans les produits apéritifs, Paso Traiteur réveille, depuis dix ans, les apéros tristounets du genre « olives-cacahuètes-chips » et offre un vaste choix de produits à grignoter pour vous simplifier la vie. Plus besoin de se casser la tête à trouver des idées, Paso Traiteur a pensé à tout ! Vous êtes en vacances ou tout simplement pressé, vous organisez à l'improviste un apéro entre amis ou collègues : Paso Traiteur est vraiment la solution apéro ! Spécialité vendéenne et produit phare de la marque, décliné en sept recettes, le préfou, un pain précuit garni à l'ail proposé aussi en version chèvre, chorizo, tomate-basilic, déjà tranché, c'est bien pratique ! Découvrez aussi les mini-burgers ou encore la nouveauté 2016 : les Bomb's. Ces délicieuses boulettes panées garnies de poulet au curry, de bœuf épicé ou de camembert sont croustillantes à l'extérieur et fondantes à l'intérieur. Qualité et originalité des produits se rejoignent autour de la convivialité. Les produits Paso Traiteur sont en vente dans tous les supermarchés de Vendée. Alors nul doute que vous rejoindrez très vite vous aussi la grande communauté Aperoland !

■ **PATISSERIE BABA E CLAIR**
53, avenue François-Mitterrand
✆ 02 51 21 53 13
Ouvert du mercredi au lundi.
La jolie façade située au cœur de la longue avenue François Mitterrand, à côté d'un caviste, attire l'oeil. On pousse la porte de cette enseigne renommée un tantinet exiguë mais ô combien gourmande. Ce sont les macarons multicolores et les pâtisseries qui attirent notre attention, même si vous trouverez également quelques variétés de pain.

Dans les environs

L'Île d'Olonne ★

L'histoire de l'île d'Olonne reste celle d'une petite bourgade qui vécut, au cours des siècles, isolée dans ce coin du marais d'Olonne. La présence de l'homme préhistorique est attestée par des silex taillés livrés par les labours. Quelques fragments de tuiles révèlent l'occupation romaine. A la sortie du bourg, vers les marais, se dressent les ruines du moulin Gueffard, édifié sur une « mottée », surélévation de terre où les Normands dressaient leur tour de guet. Par l'estuaire de la Gachère, les Vikings, en 846, auraient envahi le pays. A partir du Xe siècle, les cartulaires des abbayes des alentours fournissent d'intéressants documents sur la vie de nos aïeux. Mais au cours des siècles suivants, peu de traces dans les écrits ou dans la mémoire des grands événements. Pour les passionnés de faune et de flore, allez à l'Observatoire des Oiseaux géré par l'Adev qui outre l'observation et les commentaires, propose des randonnées thématiques.

Les marais salants

Le marais d'Olonne, troisième marais de la Vendée après les marais poitevin et breton, représente 1 700 ha de zone humide salée, directement alimentée par l'océan Atlantique. Aujourd'hui, l'usage y est partagé entre la pisciculture, une réserve de chasse (38 ha appartenant à l'office national de la chasse et de la faune sauvage), des sites du conservatoire du littoral et quatre marais salants. Le sel est à l'origine de l'Ile-d'Olonne, village de sauniers. Aujourd'hui, il reste trois marais salants en exploitation : le Marais Rivolia avec André Raffin, un jeune saunier de plus de 85 ans ! , le Marais aux Avocettes avec Yohan Eveno et le Marais aux Fèves avec Matthieu Blé et Benoît Vallée-Mounier. Les sauniers vous feront partager leur savoir-faire hérité d'une longue tradition (récolte du sel à la simouche). Dégustation du sel blanc de l'Ile-d'Olonne, de la fleur de sel et de la salicorne.

■ **LA SALORGE DE LA VERTONNE**
D87 – Marais aux fèves – L'ILE-D'OLONNE ✆ 06 71 52 66 10
www.lasalorge.fr – contact@lasalorge.fr
Parking n°2 «marais salants»
Fermé d´octobre à mars. Balade discutée : mardi et jeudi à 17h d'avril à septembre. En juillet et août, mardi et jeudi à 11h et 17h, mercredi à 17h). Adulte : 2 €. Balade discutée les mardis et jeudis à 17h. En juillet et août : les mardis et jeudis à 11h et 17h, et le mercredi à 17h. En mai, juin et septembre : mardis et jeudis à 17h. Boutique.
Situé à 1 km du bourg, le marais aux fèves, un marais salant, abandonné depuis 1965, est en réhabilitation depuis 2005. Benoît et Mathieu exploitent aujourd'hui une cinquantaine d'aires salantes. Labellisée « Accueil paysan » depuis 2012, leur exploitation a obtenu la mention « Nature et Progrès », démontrant leur sérieux et leur engagement, leur permettant aussi de participer activement à la promotion d'une agriculture toujours plus soucieuse de la qualité du travail, du produit et des milieux naturels. Leur activité est essentiellement partagée entre argile, sel et salicorne, mais ils élèvent aussi un petit cheptel de moutons d'Ouessant et des landes de Bretagne. D'avril à septembre, ils vous invitent à les suivre pour comprendre, apprendre et échanger autour du marais salant. En une heure de balade, les thèmes abordés sont variés puisque ce format « balade discutée » veut dire que la visite s'adapte à vos questions. À la boutique, vous trouverez leur production, sous forme de sel brut, de sel aromatisé, de sel aux aromates, de salicorne…

Marais de l'île d'Olonne.

■ CAMPING L'ILE AUX OISEAUX***

Rue du Pré-Neuf ✆ 02 51 90 89 96
www.ile-aux-oiseaux.fr
contact@ile-aux-oiseaux.fr

Ouvert du 1er avril au 7 novembre 2016. Terrain de 4,8 ha. 215 emplacements (dont 22 emplacements nus). Emplacement de 14,50 € à 26 €. Mobil-homes de 230 € à 680 € la semaine. Club enfants. Jeux pour enfants. Wifi. Bain bouillonnant. Animations. Pataugeoire avec jeux ludiques. Terrain multisports.

Un camping calme et familial à 5 km des plages, dans un village typique, dont l'environnement naturel et varié (littoral, campagne, forêt, marais salants) offre de multiples loisirs à proximité : activités nautiques, vélo, canoë, équitation, karting... Il dispose d'un complexe aquatique couvert bien insonorisé : bassin chauffé à 29 °C, bain bouillonnant, grand bassin enfant, pataugeoire avec jeux d'eau et petit toboggan, plus une piscine plein air, terrain multisports, jeux pour enfants, animations en journée (tournois de water-polo, paint-ball) et en soirée (loto, danse). Le kid club propose aux enfants chaque matin des jeux de groupes et de découverte, des activités ludiques et de bricolage. Côté hébergement, mobile homes et seize emplacements nus pour y mettre tente ou caravane. Le terrain est composé d'îlots aérés, sans vis-à-vis, conférant un aspect convivial. Les emplacements sont vastes et bien délimités. L'ensemble du parc est bien entretenu ; l'entrée du camping a été entièrement refaite et bien paysagée. L'accès Wifi dans tous les mobil-homes est inclus pour toute location à la semaine. Autre atout, les tarifs très corrects pour un hébergement à deux pas des plages. Vous pouvez désormais profiter de la formule déjeuner.

■ CLOCHER PANORAMIQUE DE L'ÉGLISE SAINT-MARTIN DE VERTOU ★

Place de l'Eglise

Fermé d'octobre à mars. Haute saison : ouvert tous les jours de 10h à 12h30 et de 16h à 19h. Adulte : 3 €. Enfant (jusqu'à 12 ans) : 2 €. Visite guidée (mardi et jeudi à 14h, réservation à l'office de tourisme).

Le clocher panoramique de l'église Saint-Martin de Vertou est un site incontournable de l'Ile d'Olonne. Au sommet du clocher, vous découvrirez une très belle vue panoramique à 360° de la commune, ses marais et les alentours. Lors de l'ascension à l'intérieur du clocher, vous découvrirez les voûtes quadri centenaires et les quatre cloches datant de 1868 pour la plus ancienne, de 1925 pour la plus grosse et les deux petites.

■ L'OBSERVATOIRE D'OISEAUX ADEV ★

Lieu-dit l'Ileau ✆ 02 51 33 12 97
www.adev-asso.fr – Accès par la D38

Haute saison : ouvert tous les jours de 9h30 à 18h. Gratuit jusqu'à 7 ans. Adulte : 3,10 €. Enfant (de 7 à 18 ans) : 2 €. Pass : 9 €.

Découverte et observation des oiseaux dans leur milieu naturel. Hérons, spatules, échasses, avocettes. Belvédère surplombant le marais d'Olonne, l'observatoire offre un moment privilégié de contact avec la nature. Découvrez et observez les oiseaux sauvages tels que avocettes, échasses, aigrettes, hérons, tadornes... Selon la saison, le spectacle se renouvelle tantôt lors de la migration, tantôt lors de la reproduction. Durée de la visite : 45 min. Accueil par des guides bénévoles, longues-vues à disposition, boutique naturaliste pour soutenir l'Association de Défense de l'Environnement en Vendée (ADEV), gestionnaire du site. Des sorties guidées sont proposées afin de découvrir la nature des environs.

■ BASE DE CANOË

La Brardière
rue du courroux ✆ 06 62 41 95 90
canoe.auzance@laposte.net

Fermé d´octobre à mars. Haute saison : ouvert tous les jours de 9h30 à 12h et de 13h30 à 18h. Hors saison, tous les jours, sur réservation. Location libre : 7 € l'heure en kayak 1 place ou 12 € pour un 2-3 places, pour 2h : 12 € et 19 €, demi-journée : 22 € et 36 €. Sortie encadrée à thème : 14 €, enfants : 9 € en canoë, et 16 € en kayak. Aire de pique-nique aménagée.

La base canoë de l'Auzance vous accueille dans un cadre naturel exceptionnel. En famille, en couple, en groupes ou même seul, le canoë-kayak de randonnée permet de découvrir des paysages magnifiques sans effort particulier. Venez goûter aux plaisirs de la randonnée en canoë-Kayak pour découvrir le marais des Olonnes, les rivières de l'Auzance et de la Vertonne avec un cadre diplômé d'Etat. Les différents parcours, ouvert à tous, ne présentent pas de grande difficulté et peuvent donc être pratiqués par toute la famille. Egalement des sorties canoë à thème : canoë «sous les étoiles» (en juillet et août), canoë «au crépuscule», «canoë ostréiculture» (en juillet et août). Quel que soit le parcours, vous pourrez découvrir la faune et la flore locale dans un cadre idyllique. Les sorties à thème sont assurées par Ophélie Vigneron qui vous fera partager son amour de la nature.

■ MECAMAX

Route de Challans ✆ 02 51 33 11 82
circuit@mecamax.com

Basse saison : ouvert du mercredi au dimanche de 14h à 19h. Haute saison : tous les jours de 10h à 0h. Un kid (120 cm3) : 14 € les 10 min, 18 € pour les 270 cm³ et 24 € pour les 370 cm³. Quad : 19 € les 10 min. Stages voitures GT : de 79 € (3 tours) à 259 € (6 tours) selon modèle. Chèque Vacances.

Dans un cadre de verdure sur 8 ha, Mecamax, fort de son expérience de plus de 20 ans et de son personnel diplômé, met à votre disposition un grand choix d'appareils dernière génération, et une piste karting homologuée FFSA et FFM dans les 2 sens de 850 m modulable et éclairée, une piste de quad initiation de 300 m et un sentier promenade de 3 km. Mecamax organise également des stages karting pour les jeunes de 12 à 14 ans avec 6 séances de 2 heures et l'alternance de la théorie en salle et d'exercices pratiques sur la piste (se renseigner sur les dates de stage). Autre alternative motorisée, le quad, qui se loue à partir de 6 ans, sans permis. On peut aussi faire de l'initiation et de la mini-randonnée ; pour la randonnée, il faut le permis B ou moto obligatoirement. Autre activité remportant un grand succès, les stages de pilotage sur Ferrari 430 ou 458, Lamborghini Gallardo, Porsche, Ford Mustang, Aston Martin Vantage, Audi R8... Des chevaux sous le capot ! A partir de 79 € pour la Porsche Cayman, et pour la Lamborghini, à partir de 169 € pour 3 tours. Se renseigner pour les dates car il faut réserver.

■ MARAIS SALANTS RIVOLIA

✆ 02 51 04 17 32
christianraffin@wanadoo.fr
D87

Ouvert tous les jours de 9h à 18h. Du 1er avril au 30 septembre.

L'Île-d'Olonne est une commune proche des Sables-d'Olonne et pourtant à la physionomie bien différente. Un environnement naturel et un peu sauvage, paradis des oiseaux et des pêcheurs, mais aussi une terre où on cultive l'or blanc : le sel. Chez les Raffin, on est saunier depuis 1744 ! Le sel est récolté à la main, dans le respect de la tradition et pour produire un sel de qualité. Ainsi, pour aromatiser vos plats, vous trouverez de la fleur de sel, du sel nature, mais aussi du sel aromatisé ainsi que de la salicorne, un condiment craquant qui se mange

Lac du Jaunay.

comme un légume, que vous pourrez retrouver dans les recettes des restaurateurs vendéens. Laissez la voiture et enfourchez vos vélos pour une balade paisible à travers ce magnifique paysage quadrillé d'œillets.

LA MOTHE-ACHARD

Une position stratégique, pendant les guerres de Vendée, a marqué le passé de La Mothe-Achard. D'abord occupée par les regroupements de paysans vendéens aux ordres de Joly en mars 1793, elle a servi de point de départ aux deux attaques auxquelles ce général participa contre Les Sables-d'Olonne. Les deux échecs subis firent refluer les paysans plus au nord et, pour protéger le port des Sables, on installa une garnison républicaine à La Mothe-Achard. La population aussi s'y regroupe, assure le maintien du caractère républicain de son administration sous l'égide de son maire Lansier. Cela n'empêche pas La Mothe-Achard de subir une destruction quasi totale en mars 1794 au moment où Turreau de Linières organisa ses colonnes infernales. La population se réfugia alors aux Sables-d'Olonne, et La Mothe-Achard dut attendre le retour complet de la paix pour que s'y reconstruisent les habitations selon un ordonnancement qui a abouti peu à peu à ce que l'on connaît aujourd'hui. Une petite commune à la fois cité-dortoir de La Roche-sur-Yon et des Sables-d'Olonne, cité d'agriculture bocagère et pôle touristique de l'arrière-pays.

■ **OFFICE DE TOURISME**
56, rue Georges-Clemenceau
✆ 02 51 05 90 49
www.achards-tourisme.com
contact@achards-tourisme.com
Basse saison : ouvert le lundi de 14h30 à 17h ; du mardi au vendredi de 10h à 12h30 et de 14h30 à 17h ; le samedi de 10h à 12h30. Haute saison : du lundi au samedi de 10h à 13h et de 14h à 19h ; le dimanche de 10h à 13h. En mai et septembre : fermeture à 18h.

Points d'intérêt

■ **LE POTAGER EXTRAORDINAIRE** ★
La Grange des Mares ✆ 02 51 46 67 83
www.potagerextraordinaire.com
contact@potagerextraordinaire.com
Fermé du 1er novembre au 31 juin. Basse saison : ouvert tous les jours de 14h à 18h30. Haute saison : tous les jours de 10h à 19h30. Adulte : 7,50 €. Enfant (de 5 à 17 ans) : 4 €. Tarif réduit : 6 €. Carte Fidélité : 13 €. Restauration. Boutique.
Originalité garantie pour un jardin hors du commun où l'extraordinaire réside dans la mise en scène de plus d'un millier de plantes très étranges (plante à goût d'huître, à odeur de pastis, citrouille de 300 kg...). Véritable tour du monde du végétal, fleurs exotiques, plantes tropicales et légumes anciens œuvrent de concert pour offrir à tous une explosion de couleurs et un festival des sens au cours d'une visite ludique. La visite guidée s'impose pour connaître les secrets de nombreuses plantes, comme le Mimosa pudica, plante sensitive qui vibre lorsqu'on la touche. Tout en s'amusant, les jardiniers en herbe découvriront la Botanique en suivant les pictogrammes de « la balade sensorielle » où les 4 sens sont mis en éveil. En fin de parcours, une dégustation des délices du Potager extraordinaire titillera les papilles des plus gourmands.

Concours national du plus gros potiron au Potager Extraordinaire

Le concours national du plus gros potiron au Potager extraordinaire

Ce concours, qui a lieu tous les ans chaque premier dimanche d'octobre, se déroule au Potager Extraordinaire et présente les bizarreries de Dame Nature. Chacun peut s'inscire au «Concours national du plus gros potiron et des fruits et légumes» organisé par Le Potager Extraordinaire et tenter de battre les records dans six catégories de fruits et légumes géants : potiron, squash, gourde, citrouille, pastèque et tomate. Le Potager Extraordinaire est le seul site en France à être homologué par l'association américaine du Great Pumpkin Commonwealth (GPC) pour valider le poids d'un fruit ou légume de dimensions hors norme et prétendre à un record international. Les résultats officiels sont contrôlés et sont ensuite publiés de façon nationale, européenne et internationale. De plus, les compétiteurs venus de toute la France sont récompensés de leur talent de producteur en fonction de leur classement. Nos derniers records en France à battre : 646,5 kg pour le plus gros potiron, 2,95 m pour la plus longue gourde, 48,7 kg pour la pastèque, 57,2 kg pour la citrouille, 425,5 kg pour la squash et 3,1 kg pour la tomate.

Le gîte et le couvert

LE DOMAINE DE BRANDOIS******
La Forêt ✆ 02 51 06 24 24
contact@domainedebrandois.com
Depuis la commune, suivre la direction du Potager extraordinaire, puis celle du collège.

Châteaux & Hôtels Collection. Qualité Tourisme. Ouvert toute l'année. 39 chambres (3 catégories de confort). Chambre double de 80 € à 200 €. Petit déjeuner : 12 €. Séminaires. Wifi gratuit. Restauration (menus de 30 € à 48 €).

Dans un parc de 22 hectares, un petit château du XIXe siècle avec prieuré, labellisé Châteaux Hôtels Collections, accueille des chambres haut de gamme et un restaurant. Quatorze chambres au château et 12 au prieuré. Au rez-de-chaussée du château, un salon et le charmant restaurant, et en haut, les chambres. Elégantes, originales, contemporaines, elles disposent de grands lits et de salles de bains modernes (dans certaines chambres, la baignoire est au pied du lit !). Celles situées au Prieuré participent au même raffinement. Au restaurant, une cuisine de qualité, inventive, utilisant les produits du moment comme cette poêlée de Saint-Jacques au potimarron, endives à l'huile de truffe en hiver, suivie d'un filet de canard au nougat, ananas poêlé au poivre et citron vert. Aux beaux jours, rejoignez la terrasse face au parc. Le Brandois accueille aussi des séminaires dans des salles de réunion donnant sur le parc et peut recevoir des cavaliers puisqu'il dispose de box et de prés. Dans un autre bâtiment de type « motel », Le Verger, se trouvent des chambres non classées, au confort simple, louées d'avril à fin septembre. Autre atout, la piscine extérieure. Cachet et bon goût pour cet établissement de charme.

Campings

■ **CAMPING LE PAVILLON*****
175, avenue Georges-Clemenceau
✆ 02 51 05 63 46
www.camping-le-pavillon.com
campinglepavillon@club-internet.fr

Camping labellisé Vacaf. Ouvert du 2 avril au 18 septembre 2016. 125 emplacements. Emplacement de 12 € à 27,50 €. Bungalows de 190 € à 480 € la semaine ; mobil-homes de 240 € à 695 €. Location d'une salle pour vos réceptions et réunions hors saison (capacité : 120 personnes). Chèque Vacances. Wifi gratuit.

Situé à 10 minutes de l'océan et non loin de la gare SNCF, voici un camping paysagé fort bien tenu. Les 125 emplacements semi-ombragés sont répartis sur plus de 4 hectares, laissant 100 m² pour chaque emplacement. Louez aussi des mobil-homes confortables, des bungalows en bois meublés ou des chalets pour 5 à 7 personnes, avec terrasse couverte. Côté loisirs, le terrain multisports, pour pratiquer tennis, volley, hand-ball, basket ou foot, fait des heureux. Egalement une piste de bowling, billard et ping-pong et 2 boulodromes et nouveau : petit espace fitness. Outre la piscine chauffée avec jeux et solarium, l'attraction préférée des enfants demeure le toboggan aquatique de 45 m. Nouveau aussi : un atelier créatif pour les enfants jusqu'à 12 ans est proposé en saison. A disposition : barbecue, salle de bains pour bébés et handicapés. Un étang privé pour la pêche est aussi à disposition. En juillet et août, des animations ont lieu 6j/7 : soirée dansante, karaoké, repas ou music-hall, concours de pétanque. Et si l'on ajoute à toutes ses prestations de qualité, le souci d'améliorations constantes et l'accueil des propriétaires, pourquoi chercher ailleurs ?

Dans les environs

Beaulieu-sous-la-Roche

Ce bourg typique du Bocage vendéen offre une vue verdoyante de la vallée du Jaunay avec les terrasses du Jaunay, des jolis jardins paysagés. Un village qui s'est orienté depuis plusieurs années vers l'artisanat d'art et les activités culturelles comme la peinture, la sculpture, la reliure, les livres anciens, la poterie, la céramique... De nombreuses fêtes sont organisées, dont le rallye Côte de Lumière, le marché de Noël et l'exposition de villages animés de décembre à fin janvier et en juillet-août, avec plus de 600 santons des maîtres santonniers provençaux. Flânez le long de la charmante vallée du Jaunay et randonnez sur le sentier du Pas de l'Agneau.l pourra voir le jour et présentera notamment une superbe collection d'affiches de la guerre.

■ **FÉERIE DES SANTONS** ★
Place de l'Eglise
✆ 02 51 98 23 80
contact@feeriesantons.fr

Ouvert tous les jours de 14h à 18h30. Gratuit jusqu'à 10 ans. Adulte : 6 €. Enfant (de 10 à 15 ans) : 3 €. Tarif réduit : 4 €.

La Cour des Arts

Dans la Cour des Arts et le centre de Beaulieu-Sous-La-Roche, rencontre avec plusieurs artisans : l'atelier de Reliure d'Art d'Armelle Delaunay qui vous fera découvrir ce métier d'antan, la librairie Antiqvaria spécialisée dans les livres anciens, Gérard Coutant avec ses cartes postales et ses papiers anciens, l'atelier de poterie de Marie-Claire Daubert, l'atelier d'encadrement d'art : Les Arts d'Hier. D'autres artisans proposent leurs productions de poterie, céramique, peinture sur porcelaine, bougies, vitraux, ébénisterie et de vannerie (à La Mothe Achard).

Venez découvrir les magnifiques villages miniatures habités par 600 santons originaux réalisés par les plus célèbres santonniers français. Un parcours scénographique son et lumière dans des ambiances différentes vous fera découvrir leur monde merveilleux. Vous passerez de la poésie des collines provençales au truculent patois des foires vendéennes ; du charme d'un village enneigé au mystère des sables du désert. Ce spectacle original, rythmé par de nombreuses animations, dans un souci du détail et de la minutie, émerveillera petits et grands. En hiver, les crèches viennent compléter les villages, pour vous faire revivre la magie des Noëls d'autrefois.

■ LE CAFÉ DES ARTS

2, rue de la Poste ✆ 02 51 98 24 80

Ouvert toute l'année. Basse saison : du mardi au dimanche le midi ; le mardi et du jeudi au samedi le soir. Haute saison : du mardi au dimanche le midi ; du mardi au samedi le soir. Menus de 18,80 € à 25,80 €. Formule du midi : 11,90 €.

Coincé derrière la place centrale de la commune, ce restaurant est la bonne table Bellilocaine et une adresse au très bon rapport qualité/prix. La porte s'ouvre sur un décor qui a pour cadre celui d'un vieux bistrot, avec une salle principale agréablement décorée par Madame et nourrie d'expositions régulières tout au long de l'année. Il faut dire que le village de Beaulieu-sous-la-Roche compte beaucoup d'artistes-peintres. La cuisine, originale et semi-gastronomique est sincère, bien réalisée et se renouvelle régulièrement. La carte d'hiver proposait notamment un risotto de potimarron à la coppa suivi d'un foie de veau poêlé, cacahuètes, gingembre et sauce soja ou le poisson du moment, émulsion de coquillage au combava. A la carte des desserts, laissez-vous tenter par la tranche de gâche en pain perdu, glace caramel. Le menu du jour offre des suggestions différentes chaque jour dans les entrées, plats et desserts (pour 11,50 €). Il n'en faut pas plus pour faire du Café des Arts le rendez-vous gourmand de cette commune connue pour ses artisans d'art.

■ LE DOMAINE DE LA BOËRE

La Chauvinière
✆ 02 51 98 84 76
www.domainedelaboere.fr
infos@domainedelaboere.fr

Ouvert toute l'année. Cabane : 105 € la nuit en formule chambre d'hôtes. Roulotte ou yourte : 65 € la nuit. Mobil-home : 55 € la nuit. Jeux pour enfants.

Le domaine a emprunté le nom de la rivière qui coule à proximité. Situé à 4 km du bourg de Beaulieu-sous-la-Roche, le Domaine de la Boëre accueille les amoureux de calme et d'hébergements atypiques toute l'année, dans un écrin de verdure de 2 hectares, peuplé de quelques animaux. Sont proposés deux yourtes pour le dépaysement, une cabane dans les arbres pour raviver ses souvenirs d'enfance, une roulotte pour vivre la vie de bohême et un mobil-home rénové pour un confort plus moderne. Chaque hébergement dispose d'un système de chauffage ; et il y a un bloc sanitaire. Ils sont proposés en formule chambre d'hôtes ou en formule camping. Pour les loisirs, une aire de jeux pour les enfants et une piscine couverte de Pâques à la Toussaint, ainsi qu'une salle de convivialité avec coin cuisine. Une adresse pour un retour au calme, loin de l'agitation, pour une communion avec la nature, qui prône une nouvelle façon de voyager.

■ HELIX GOURMET

L'Augisière
Route d'Aizenay
✆ 02 51 98 22 54
escargotmorea@yahoo.fr

Basse saison : ouvert le vendredi de 10h à 18h. Haute saison : le lundi et le vendredi de 10h à 18h. Sur rendez-vous.

L'escargot, appelé ici « luma » est une vraie spécialité gastronomique locale. Certes, moins connu que son homologue bourguignon, il n'en reste pas moins une spécialité incontournable du Bocage vendéen. Gabrielle Moreau les élève et les cuisine avec un soin tout particulier. Elle propose des escargots en frais prêts à mettre au four (en coquilles, coquilles, mini-bouchées, choux...) pour l'apéritif ou en entrée, ainsi que des escargots bocaux de chairs ou cuisinés. Outre la vente, vous pouvez visiter l'élevage. Sont également organisées sur réservation des soirées Escargots avec visite de l'élevage commentée par l'hélicicultrice – un peu de culture ne nuit pas ! –, ensuite apéritif avec dégustation d'escargots.

■ POTERIE LA TERRE EST BLEUE

La Cantardière
✆ 02 51 98 88 22

Ouvert du mercredi au samedi de 15h à 19h. De préférence sur rendez-vous.

Marie-Chrisitne Grangiens propose de belles créations originales de poterie en grès décoré. Des vases, des bols, des coupes, des objets du quotidien qu'elle personnalise selon son inspiration et qu'elle décline de couleurs différentes, ainsi les productions sont classés par coloris : les pièces bleues, les vertes, les rouges, mais aussi la porcelaine, sans oublier des objets plus atypiques comme des nichoirs ou des fontaines et des pièces «particulières».

La Chapelle-Hermier

AUBERGE DU JAUNAY

Le Pré

✆ 02 51 34 68 20

Fermé du 1er octobre au 30 mars. Basse saison : ouvert du jeudi au mardi le midi ; du vendredi au dimanche le soir. Haute saison : tous les jours le midi et le soir. Formule du midi : 10,70 € (en semaine -sauf juillet et août-). Terrasse.

Faites un stop dans ce lieu paisible et bucolique. La bâtisse en pierres apparentes et volets verts, accueille les familles et les promeneurs venus se détendre au bord de l'eau, à l'écart de la foule des stations balnéaires. Là, dans cet environnement vallonné avec une vue panoramique sur le lac, installez-vous sur la terrasse dès les beaux jours ou bien dans la salle en pierres et charpente en bois apparentes, avec une belle tomette au sol. Dans l'entrée, à côté du bar et d'un ancien four à pain, un espace réservé aux enfants avec sets de coloriage et jeux. Aux spécialités de galettes et crêpes dont on soulignera les petits prix, s'ajoutent des moules accompagnées de frites fraîches en saison, dont les Moules Chapelloise, des salades, et des viandes : pavé de bœuf (façon Rossini), magret de canard, jambon de Vendée ou encore l'entrecôte. En dessert vous choisirez parmi les crêpes «allumeuses» (les flambées) ou le chocolat dans tous ses états avec une sélection de crêpes au chocolat. Ambiance vacances, décontractée et sympa.

CAMPING LE PIN PARASOL*****

Châteaulong

✆ 02 51 34 64 72

contact@campingpinparasol.fr

Ouvert d'avril à septembre. Terrain de 12 ha. 379 emplacements. Relief : en terrasse. Emplacement de 19,75 € à 61,50 €. Mobil-homes pour 4 à 6 personnes de 252 € à 1 295 € la semaine ; chalets pour 4 à 6 personnes de 259 € à 1 309 €. Club enfants. Wifi. Hammam. Animations. Location de canoës et de bateaux à pédales.

Situé à 15 minutes des plages de Saint-Gilles-Croix-de-Vie, et surplombant le lac, toutes les infrastructures du Pin Parasol sont de grande qualité. Le terrain, légèrement, vallonné est divisé en 4 parties et s'étend sur 12 hectares. Il offre des emplacements de grande taille avec 240 emplacements nus et 129 mobile homes et chalets. Vous pouvez également dormir dans des lodge tente, d'une capacité de 4/5 personnes. Les emplacements prévus pour les caravanes sont de grand confort. Le camping est joliment paysagé et impeccablement tenu. Depuis le haut du toboggan, vous dominez toute la vallée du Jaunay avec le lac à vos pieds. La vue est superbe. Soucieux de l'environnement, tous les bassins de l'espace aquatique sont équipés de pompes à chaleur et la piscine extérieure est chauffée grâce à une moquette solaire. Les blocs sanitaires sont pourvus de panneaux solaires également. Un très beau camping qui propose des équipements haut de gamme entre un parc aquatique de 2500 m2, un jacuzzi, hammam, centre de beauté et massages, salon de coiffure, et une salle de remise en forme.

Le Girouard

A L'ORÉE DES CHÊNES

1, rue du Vieux-Moulin

✆ 02 51 31 02 89 / 06 29 60 54 13

www.aloreedeschenes.com

contact@aloreedeschenes.com

Ouvert de mars à mi-décembre. Emplacement + véhicule + 2 personnes. Yourtes : de 80 € (pour 2 personnes) à 100 € pour 4 personnes en vacances scolaires. Roulotte : 70 €. Cabane : 115 €. Tipi : 70 €. Bubble room : 95 €. Petit déjeuner inclus. Site écologique tout confort.

Insolite ! À l'Orée des Chênes est un lieu très dépaysant en pleine nature pour un retour aux sources. C'est ce qu'on peut appeler un éco-habitat ! Un projet entièrement écologique dont l'initiative revient à Lydia et Françoise. Le terrain se situe à 20 minutes des Sables-d'Olonne. Les hébergements proposés sont entièrement écolos, construits avec des matériaux locaux et dans le respect de la nature. Des hébergements atypiques, au cœur d'un immense pré valloné où évoluent des animaux. Retrouvez votre âme d'enfant en dormant dans une cabane dans les bois (2/3 personnes). Vous avez l'âme voyageuse, ce sera la roulotte en amoureux ou la yourte en famille (de 2 à 4 personnes). Vous préférez l'habitat traditionnel des indiens, le tipi peut abrité 4 personnes. Le petit déjeuner bio, compris dans la prestation, sera déposé dans un panier devant votre hébergement. Depuis 2015, vous pouvez dormir dans une bubble room. A côté de la maison des propriétaires, les sanitaires avec toilettes sèches. C'est le véritable retour aux sources, la vie en communion avec la nature, loin des smartphones et d'Internet...

Saint-Julien-des-Landes

LA VALLÉE DU JAUNAY

Petit fleuve côtier de 45 km de long d'une retenue de 114 hectares, le Jaunay est un site superbe qui traverse les communes de La Chapelle-Hermier, Martinet et Saint-Julien-des-Landes. Les dunes du Jaunay, quant à elles, s'étirent en un long ruban de 5 km entre les agglomérations de Saint-Gilles-Croix-de-Vie et de Brétignolles-sur-Mer. Un vaste massif dunaire d'une surface de 300 hectares. A l'amont de ce rempart de sable, bordé par une étroite pinède, la vallée du Jaunay se termine en un marais d'eau douce d'une grande étendue : c'est le lac du Jaunay, un lieu bucolique aux nombreuses possibilités de loisirs : aires de loisirs, baignade, pêche, canoë, bateaux à pédales... Un coin très calme et également idéal pour le pique-nique et les balades.

CAMPING LA GARANGEOIRE*****

La Garangeoire

Route de La Chapelle-Hermier

✆ 02 51 46 65 39

www.camping-la-garangeoire.com

info@garangeoire.com

Depuis Saint-Julien des Landes, prendre la direction de La chapelle Hermier.

Ecolabel européen. Ouvert du 16 avril au 18 septembre 2016. Terrain de 200 ha. 357 emplacements. Emplacement de 16,50 € à 45,95 €. Mobil-homes et chalets : de 301 € à 1 729 € la semaine. Label Tourisme & Handicap. Boucle magnétique, mobil-home adapté, système « Aquasiège » pour transfert autonome piscine. Club enfants. Garde d'enfants. Jeux pour enfants. Salle de bains pour bébés. Animaux acceptés. Wifi. Restaurant ouvert à partir du 8 mai. Bain bouillonnant. Animations. Excursions (spa, sauna, hydro-massage avec chromothérapie : 30 €/heure pour 1 à 4 personnes).

Dans un environnement magnifique à 15 minutes des plages, le Castel Camping La Garangeoire vous reçoit dans un parc arboré de 200 hectares. Bénéficiaire de nombreux labels de qualité, sensibilisé à l'accueil des handicapés, il fait partie des plus beaux campings de Vendée. Il propose de grands emplacements pour les amoureux du camping traditionnel ainsi que des chalets et mobil-homes récents et confortables. Côté loisirs, vous serez comblé par toutes les activités à pratiquer ici en pleine nature : tennis, 4 étangs pour la pêche et la barque, canoë, bateau à pédales, randonnées à vélo, tir à l'arc, trampolines et château gonflable, circuit de kart à pédales, terrain de foot, rugby. Sans oublier un spa, avec sauna, hydromassage avec chromothérapie,... Et aussi, des animations variées, un club enfants et de l'équitation (possibilité de cours avec un moniteur). En plus de tout ceci, un beau parc aquatique chauffé avec toboggans et la nouveauté 2016 : un lagon de 700 m² avec plage de sable de 1 000 m². Egalement un beau restaurant avec un service garderie d'enfants pendant que papa et maman dîneront en amoureux. Un magnifique environnement, une belle structure et plein de services.

■ CHÂTEAU LA FORET****

La Forêt
Rue de la Forêt
✆ 02 51 46 62 11
www.chateaulaforet.com
camping@chateaulaforet.com

Ouvert du 15 mai au 15 septembre. Terrain de 50 ha. 269 emplacements (emplacements nus, locatifs, cabane dans les arbres, Bubble Room). Emplacement de 15 € à 41 €. Chalets de 245 € à 1 435 € la semaine ; mobil-homes de 245 € à 1 043 €. Cabane dans les arbres (panier petit déjeuner inclus) : de 115 € à 125 € la nuit pour 2 adultes ; enfant (moins de 12 ans) : 31 €. Bubble Room : de 95 € à 125 € la nuit pour 2 personnes, panier petit déjeuner inclus. Club enfants. Wifi. Restauration. Accrobranche, paintball. Animations.

Affilié à la chaîne Yelloh, ce camping 4 étoiles est situé dans un environnement bucolique et préservé dans le parc d'un château du XIXe siècle. Les emplacements sont vastes (100 m² à 200 m²). Beaucoup de loisirs sont proposés sur place : piscine couverte chauffée à 27°, padding pool couvert, accrobranche, paint-ball, équitation, ferme pédagogique, minigolf, swin-golf, billard, pétanque, ping-pong, tennis, salle de jeux, pêche dans les étangs, sans oublier l'aire de jeux et le club enfants. De quoi occuper toute la famille. Les services sont ouverts dès l'ouverture et des animations sont proposés même en basse saison. On apprécie l'environnement tranquille et sécure. Autre atout charme : le bar, installé dans les anciennes écuries. Unique en Vendée : dormez dans un lieu atypique, au cœur de la nature, sous les étoiles : la bubble room ! Une bulle gonflée sous pression mi-transparente protégée par une membrane. Située sur un emplacement de camping, elle possède presque tout le confort d'une chambre d'hôtel : lit, coin salon, WC et lavabo. Autre hébergement insolite pour admirer les étoiles : passer une nuit dans la cabane dans les arbres, suspendu au dessus d'un des étangs.

■ LE GRAND DÉFI

40, rue de l'Etoile
✆ 02 51 98 79 02
www.grand-defi.com
legrandefi@gmail.com

Ouvert du 4 avril au 1er novembre 2015. Haute saison : ouvert tous les jours de 9h à 20h30. Hors vacances scolaires : ouvert mercredi, samedi, dimanche et jours fériés de 13h15 à 19h. Parcours arbres : 10 € pour les 2-5 ans, 12,50 € pour les 6-8 ans, 16 € pour les 9-11 ans, 17€ pour les 12-14 ans et 20,50 € au-delà de 15 ans. Paintball de 10 € les 50 billes pour les 6-11 ans à 15 € les 65 billes à partir de 12 ans.

Sur la route de la Chapelle Hermier, sur 15 hectares, entre forêt, clairière, sentiers de balade et étangs, Armel et Daniel proposent cinq activités, à commencer par 23 parcours dans les arbres de différents niveaux, à partir de 2 ans (avec les parents). A partir de 6 ans, les parcours Verts (hauteur 2-3 m) : obligatoires pour tous participants pour évaluer la capacité à évoluer en hauteur. Parmi les autres parcours, certains s'adressent aux amateurs de sensations, comme le saut de Tarzan ou le surf. Autre activité à succès : les seize méga-tyroliennes au-dessus des étangs (hauteur 2-12 m) ; certaines sont accessibles à partir de 6 ans. Ligne de vie continue pour une sécurité maximum. Au paintball, équipé de combinaison et masque, choisissez votre « arme » : lanceur semi automatique, lanceur pompe, sans oublier le lanceur spécial enfant, avec billes de peinture de couleur. Le Disc Golf remporte un vrai succès, tous âges confondus : jouez au golf en forêt, vos clubs sont remplacés par des frisbees adaptés aux longueurs et à la précision des lancers. En 2016, la nouveauté c'est le laser tag, une activité à partir de 6 ans. Et aussi : balades en poney et parcours d'orientation.

■ LOISIRS AU LAC DU JAUNAY

A la Baudrière, à Saint-Julien-des-Landes ainsi qu'au Pré, à la Chapelle-Hermier, des aires de loisirs ont été aménagées aux abords du lac du Jaunay. Elles permettent de louer des canoës-kayaks, des bateaux à pédales, pour une balade insolite à la découverte des séduisants rivages du Jaunay. Location canoës-kayaks et bateaux à pédales : renseignements au Camping Le Pin Parasol à La Chapelle Hermier (tél.) 02 51 34 64 72

Saint-Mathurin

■ CHÂTEAU DE LA MILLIÈRE

✆ 02 51 22 73 29

www.chateau-la-milliere.com

Gîtes de France (4 épis). Fermé d'octobre à avril. 3 chambres. Chambre double 100 € ; suite 160 €. Petit déjeuner inclus. Situées à l'écart du bourg, dans un parc de 20 hectares où trône la très belle demeure du XIXe siècle, les chambres ont été aménagées pour vous recevoir. La chambre Henri est aménagée dans les tons bleu roi avec un mobilier de style Empire superbe, la chambre Albert est déclinée en bleu ciel et offre un lit à baldaquin, tandis que la chambre François est habillée de tons framboise avec un ciel de lit assorti au tissu du lit. En commun, bibliothèque et billard occupent vos loisirs, à moins que vous préfériez un étang pour la pêche. Plusieurs gîtes de caractère complètent cette adresse : un magnifique écrin pour des vacances à 8 km des Sables-d'Olonne.

TALMONT-SAINT-HILAIRE ★★

Talmont fut longtemps un port que les marais ont peu à peu écarté de l'océan. C'est dans un texte de 1025 qu'apparaît pour la première fois le nom de Talmont, Talamonte, à l'époque. La construction d'un premier château – une simple tour sur une motte de terre cernée par une palissade de bois –, ordonnée par Guillaume V le Grand, duc d'Aquitaine et comte de Poitou à Guillaume le Chauve, remonte à l'année 1018.

Dans les années 1030-1040, on décide de construire un nouveau château plus confortable. On érige autour de l'église Saint-Pierre une enceinte de galets. A l'intérieur de cette grande muraille, on construira un grand bâtiment de réception. C'est Guillaume le Jeune qui fera surélever la tour du clocher porche et y accolera une tour contenant un escalier à vis desservant tous les étages. Ce type d'architecture reste rare. C'est d'ailleurs l'un des dix plus anciens châteaux du centre ouest. Le château fut entièrement incendié sur l'ordre de Louis VII, en 1138. La principauté de Talmont deviendra anglaise au moment du règne de Richard Cœur de Lion – fils d'Aliénor d'Aquitaine – lorsqu'il héritera du comté du Poitou. Le château devient en quelque sorte sa résidence secondaire. Après d'autres constructions, le château deviendra une véritable forteresse militaire imprenable. Il passera ensuite dans les mains des vicomtes de Thouars en 1253, puis la famille d'Amboise en 1470. Le château fut par la suite démantelé pour éviter l'implantation des Anglais dans cette région. La commune de Saint-Hilaire a été rattachée à celle de Talmont en 1974. Aujourd'hui, derrière les belles façades des nombreuses maisons anciennes qui en font son charme.

Talmont-Saint-Hilaire ne s'est ouverte au tourisme que récemment avec la station de Bourgenay appuyée sur un port de plaisance de 630 places, un golf de deux fois 18 trous avec vue sur l'océan et en comptant sur la beauté de son territoire préservé.

■ OFFICE DE TOURISME

18, rue du Château

✆ 02 51 90 65 10

www.ot-talmont-bourgenay.com

info@ot-talmont-bourgenay.com

Basse saison : ouvert du lundi au samedi de 9h à 12h30 et de 14h à 17h30. Haute saison : du lundi au samedi de 9h30 à 13h et de 14h à 19h ; le dimanche et les jours fériés de 10h à 13h.

◗ **Autre adresse :** La Croisée – Port Bourgenay ✆ 02 51 22 23 18

■ VISITES GUIDÉES EN TALMONDAIS

estuaire@mac.com

Le centre socio-culturel du Talmondais propose différentes visites guidées de fin juin à mi-septembre :

L'histoire de l'estuaire du Payré, joyau de la Vendée

© VILLE DE TALMONT-SAINT-HILAIRE

La pointe du Payré.

L'estuaire menait à l'origine au grand port de Talmont. Mais au Moyen Age, celui-ci se déplace aux Sables. Toutefois, jusqu'à la fin du XIXe siècle, certains bateaux continuent d'emprunter le Payré pour rejoindre le port de la Guittière afin de se fournir en sel, blé et vin. Mais l'estuaire s'ensable de plus en plus, et la navigation y devient dangereuse. L'office des forêts érige alors un cordon littoral pour capter le sable qui vient du large : ainsi naît la dune du Veillon, qui mesure aujourd'hui 10 m de haut. Au fil des ans, la navigation se raréfie. Au début du XXe siècle, plus aucun bateau ne s'y aventure. Le Payré est un paradis de la biodiversité avec aujourd'hui 850 hectares de marais salants et des ostréiculteurs y élèvent leurs huîtres.

Le port de la Guittière : au cœur de l'environnement préservé de l'estuaire du Payré, découvrez une activité traditionnelle ancrée sur ce territoire depuis près de 100 ans : l'ostréiculture. Laissez-vous guider pour apprendre son histoire, les outils et techniques d'hier et d'aujourd'hui, et comment l'huître grandit et se développe... Visite d'une cabane ostréicole, des claires, des parcs à huîtres et dégustation. Durée : 1h30. Rendez-vous au port de la Guittière, au niveau du panneau Escale Gourmande, Route de l'Huître. Renseignements Groupe associatif Estuaire (02 51 20 74 85).

L'Estuaire du Payré : si vous voulez tout savoir sur le site du Payré, contactez les deux associations : le Groupe associatif Estuaire (02 51 20 74 85) et le centre socio-culturel du Talmondais (02 51 96 02 76). Elles proposent la découverte de l'environnement talmondais : forêts, marais, estuaire, faune et flore, activités maritimes dont l'élevage des huîtres, poissons. Visites pour les individuels et groupes (toute l'année sur réservation). Une rencontre très enrichissante avec des passionnés et des professionnels qui vous feront découvrir ce bijou de la nature.

Marais salants de la Guittière : de l'entrée de l'eau de mer à la récolte du sel, découvrez les marais salants de La Guittière et le travail des sauniers. Equipés des outils traditionnels (copia, survalet, raballe), ils récoltent un sel qui, par sa blancheur, fit la renommée du village de la Guittière. Espérant chaleur et vent, ils attendent patiemment la cristallisation, résultat de l'évaporation de l'eau à l'intérieur de différents bassins de chauffage.

Autres adresses : Centre socio-culturel du Talmondais – 292, rue du Chai ✆ 02 51 96 02 76 • Groupe Estuaire – Rue de Louza, Port de la Guittière ✆ 02 51 20 74 85

Points d'intérêt

AQUARIUM LE 7EME CONTINENT ★

Avenue de la Mine ✆ 02 51 32 30 00
www.aquarium-vendee.com
info@aquarium-vendee.com

Ouvert toute l'année. Sauf 25 décembre et 1er janvier. Tous les jours de 10h30 à 12h30 et de 14h à 18h. Juillet et août : ouvert tous les jours de 10h30 à 19h (dernier accès, 1h avant la fermeture). Gratuit jusqu'à 3 ans. Adulte : 13,50 €. Enfant (de 3 à 12 ans) : 9,50 €. Groupe (20 personnes) : 11,50 € (7,50 € enfant -de 3 à 12 ans). Etudiant : 12 €. Tarif famille : 2 adultes + 3 enfants (3-12 ans), 46 €. Chèque Vacances. Accueil enfants. Nourrissage des poissons, visite guidée.

Véritable escapade sous-marine, cet aquarium vous propose de découvrir la richesse des mers et des océans à travers plus de 500 espèces venues des quatre coins du globe. Des Sables d'Olonne à la Grande Barrière de Corail, en passant par la mer des Caraïbes et la mangrove, partez à la découverte de la biodiversité marine. Dans chaque bassin, le milieu est fidèlement mis en scène. N'oubliez pas de faire escale au bassin tactile où vous pourrez éveiller vos sens en touchant les poissons (en grande partie des carpes Koï) : les enfants adorent ! Il y a foule aussi devant le bassin où évoluent les requins. Depuis avril 2015, découvrez un nouvel espace dédié à la luminescence et aux profondeurs océaniques : Les Abysses ! De nombreuses animations sont proposées toute l'année, consultez le programme sur leur site internet. L'Aquarium Le 7e Continent propose donc à toute la famille, une visite ludique et agréable où ses pensionnaires n'ont pas fini de vous étonner...

CHÂTEAU DE TALMONT ★★
Rue du Château
✆ 02 51 90 27 43
www.chateaudetalmont.com
chateau@talmontsainthilaire.fr

Ouvert du 04/04 au 16/09 2016 et du 20 au 31/10. Basse saison : ouvert tous les jours de 10h30 à 12h30 et de 14h à 18h. Haute saison : tous les jours de 10h30 à 19h. Vacances de la Toussaint : du lundi au vendredi de 14h à 18h. Gratuit jusqu'à 5 ans. Pass famille (à partir de 2 adultes + 2 enfants payants) : 32€. En avril et du 20 au 31/10 : 6,50 €/adulte, 4 €/enfant (5-12 ans). Du 30/04 au 03/07 et du 27/08 au 16/09 : 5 €/adulte, 2,50 €/enfant. Du 04/07 au 26/08 : 11 €/adulte, 7 €/enfant. Pass annuel : 25 €/15 €. Nocturnes : 12 € adulte/6 € enfant. Nocturnes (uniquement en juillet-août sur réservation).

Construit au début du XIe siècle, le château de Talmont est devenu à la fin du XIIe siècle, grâce à Richard Cœur de Lion, une véritable forteresse militaire. Ses douves sont asséchées mais le château garde sa situation privilégiée sur un éperon rocheux dominant le Talmondais. Les importants vestiges à visiter témoignent de la richesse de ses mille ans d'histoire. Le château de Talmont peut faire l'objet d'une visite en famille d'une journée entière. Il s'articule autour de deux axes : les visites du château (libres ou guidées) et les animations médiévales en été, ponctuées par des spectacles du lundi au vendredi comme L'Epopée de Richard Cœur de Lion, un spectacle équestre et de chevalerie qui relate le destin de ce personnage historique qui fut duc d'Aquitaine pendant vingt ans avant d'accéder au trône du royaume d'Angleterre, et aussi un nouveau spectacle de fauconnerie. Toute la journée, profitez des ateliers dans l'enceinte du château : parcours du p'tit chevalier, tir à l'arbalète, calligraphie, costumes, jeux traditionnels en bois. Un site complet, convivial et très ludique. En été, réservez pour le spectacle nocturne : 4 chevaux, 60 figurants, cascades équestres, musiques épiques, techniques de feu inédites... vous feront vibrer dans cette nouvelle version nocturne époustouflante !

L'ESTUAIRE DU PAYRE ★★★★

Classé premier site remarquable de Vendée, cet ultime segment de cinq kilomètres se révèle complexe et riche, tant dans son tracé que dans son histoire. La rivière trouve sa source dans le massif granitique d'Avrillé, à une vingtaine de kilomètres de la côte. Mais le Payré se veut original, notamment en raison de ces 3 sources. Le premier ruisseau naît dans la partie nord du massif, au-dessus de Poiroux. Le deuxième prend sa source au-dessus d'Avrillé. Cinq kilomètres séparent ces deux premières sources qui se rejoignent pour former un estuaire, à hauteur du lieu-dit Le Port, au sud de Talmont. De l'eau douce qui naît vers Avrillé, il ne reste alors plus rien. Le sel se mêle aux bouillonnements du Payré, sur les 5 derniers kilomètres de la rivière. Pour parfaire le tableau, un troisième cours d'eau rejoint l'estuaire à hauteur du château du Veillon. C'est le Chenal des Hautes Mers, qui prend sa source entre le Château-d'Olonne et Talmont. L'estuaire finit sa course au niveau de la plage du Veillon.

© A. LAMOUREUX - VENDÉE EXPANSION

La Guittière.

■ MUSÉE AUTOMOBILE DE VENDÉE ★

Route des Sables-d'Olonne
✆ 02 51 22 05 81
contact@musee-auto-vendee.com

Fermé du 2 octobre au 31 mars. Basse saison : ouvert tous les jours de 9h30 à 12h et de 14h à 18h30. Haute saison : tous les jours de 9h30 à 19h. Toute l'année (sauf janvier) pour les groupes. Gratuit jusqu'à 5 ans. Adulte : 12,50 €. Enfant (de 5 à 12 ans) : 7 €.

Sur la route entre Talmont et Les Sables, le Musée Automobile de Vendée vous invite à découvrir une collection commencée en 1939. La passion de la famille Giron pour la mécanique et l'automobile a permis de sauvegarder plus de 200 véhicules (automobiles, cycles, motocycles et hippomobiles) des années 1885 jusqu'aux prototypes du futur. C'est le père de Valy Giron (l'actuel propriétaire, aujourd'hui entouré de ses enfants), Gaston, qui fit carrière dans la mécanique automobile, qui fut à l'origine de ce musée. En plusieurs décennies, 150 véhicules de 45 marques différentes ont été rassemblés dans un hall de 3 300 m^2, entièrement décoré par une collection d'affiches et panneaux publicitaires d'époque, et la reconstitution du premier garage (1929) de Gaston Giron. Chaque année, de nouveaux modèles restaurés dans les ateliers viennent compléter cette collection. Parmi les véhicules que vous pourrez voir, depuis la De Dion Bouton à vapeur de 1850 jusqu'aux bolides plus récents, certaines ont participé à des rallyes comme la Panhard 1913 qui a fait le Paris-Barcelon-Monte Carlo en 1966 ou la Rochet Schneider de 1912 qui a fait le rallye de Turquie en 1973.

■ PORT DE BOURGENAY ★

Créé en 1985, le port de plaisance de Port-Bourgenay et ses 630 places s'inscrit dans un écrin de verdure, appuyé sur de nombreux équipements et services. Le port reçoit régulièrement de belles épreuves nautiques à l'instar de la Solitaire du Figaro (à quatre reprises), de la course de l'EDHEC, la course croisière des Ports Vendéens, du Tour de France à la Voile qui en a fait l'une de ses étapes fétiches, sans oublier la course maison : la Transgascogne 6.50 qui relie le port de Talmont-Saint-Hilaire à un port d'Espagne tous les deux ans.

■ VERRERIE D'ART ★

Rue des Forges
Bourgenay
✆ 02 51 32 71 42
valerien.desjariges@wanadoo.fr

Fermé en janvier. Basse saison : ouvert le lundi, le mardi, le jeudi et le vendredi de 10h à 12h et de 14h30 à 18h ; le dimanche de 14h30 à 18h. Haute saison : tous les jours et les jours fériés de 10h à 12h et de 14h30 à 19h ; le jeudi à partir de 21h. En juillet-août : nocturne le jeudi soir à partir de 21h. Gratuit.

A 500 m de Port-Bourgenay, les souffleurs de verre Stéphanie et Valérien réalisent des merveilles. Dans leur atelier-galerie, Stéphanie et Valérien créent et exposent de très beaux objets de décoration faits de pâtes richement colorées et travaillées. Des pièces uniques bien sûr, d'une grande finesse et d'une esthétique parfaitement réussie. Sous vos yeux, ils fabriquent de magnifiques vases, des verres aux formes originales, dans une gamme de coloris lumineux. Il vous expliqueront à quelle température le verre doit être chauffé pour un meilleur façonnage, et vous parleront des techniques de travail du verre. Cette adresse est une manne d'idées de cadeaux pour tous et à tous les prix. Ainsi, à l'occasion de la fête des Mères, les enfants pourront offrir à leur maman de jolis petits objets de décoration à prix doux. Ici, vous pourrez acquérir un service de verres unique sans craindre de le voir sur d'autres tables. Le must quoi ! Une visite très enrichissante, Valérien est une source inépuisable et un accueil lui aussi au top.

Le couvert

■ CRÊPERIE LA BELIERE

1026, avenue de la Plage
✆ 02 51 22 27 36

Une adresse tranquille, dans un cadre préservé, à une centaine de mètres de la plage, ça vous dit ? On a ce qu'il vous faut. Tout à côté de Port-Bourgenay sur la route qui mène à la plage du Veillon, cette crêperie se situe à l'orée des pins. Poussez la porte de cette adorable petite maison vendéenne aux volets colorés, vous serez séduit par le cadre typique de cette jolie chaumière avec sa belle charpente en bois, ses murs en pierres apparentes, la grande table et le buffet campagnards de la première salle. En hiver, vous apprécierez manger au coin du vieux poêle à bois. L'été, la terrasse au cœur de la forêt est prise d'assaut. Certes, ce ne sont pas les meilleures galettes qu'on ait mangé et le menu enfant pourrait être amélioré eu égard au prix, mais le déjeuner en terrasse en été était vraiment agréable et les familles apprécient le lieu. La Bélière propose également une carte de restauration rapide avec omelettes, salades, huîtres, glaces. Les deux salles sont chaleureuses et conviviales. Juste à côté de la crêperie, un parc de jeux pour les enfants avec voiturettes, minibowling ou pourquoi pas un minigolf en famille ?

■ L'ESCAPADE

2 bis, avenue des Sables
✆ 02 51 96 02 40

Ouvert toute l'année. Restaurant, pizzeria. Basse saison : du lundi au samedi le midi ; le vendredi et le samedi le soir. Menu enfant : 7 €. Formule du midi : 11,50 € (sauf dimanches et jours fériés). Jardin. Terrasse. Vente à emporter.

Derrière la façade bleue du restaurant de Martine et Benoît Gervais, situé dans l'artère principale de cette commune aux charmes multiples, se cache une charmante terrasse très agréable en contrebas de la salle de restaurant. Une terrasse ensoleillée abritée de parasols, à l'abri des regards et de la circulation, à laquelle vous accéderez par la salle de restaurant, en descendant quelques marches. Dans la salle agréablement décorée, un buffet présente toutes les entrées qui composent la formule du midi qui inclut un buffet de hors-d'oeuvre, un plat et un dessert, très appréciée pour son rapport qualité-prix. La carte est variée et satisfera tous les appétits. Des pizzas à pâte fine, garnies d'ingrédients frais, des traditionnelles comme la végétarienne ou la 3 fromages, aux plus originales comme la périgourdine au foie gras ou l'indienne, ainsi que deux pizzas «blanches» (sur une base de crème), des tagliatelles (pesto, bolognaise, saumon, carbonara), des salades composées, proposées en 2 versions (petite ou grande), le plat du jour, la viande ou le poisson suggéré à l'ardoise, ainsi qu'un burger maison. Et en conclusion, un tiramisu maison.

■ HOTEL LES PARCS

226, rue des Parcs
Port de La Guittière
✆ 02 51 90 61 64
www.les-parcs.com
contact@les-parcs.com

Logis (3 cocottes). Basse saison : ouvert du lundi au samedi le midi et le soir ; le dimanche midi. Haute saison : tous les jours le midi et le soir. Menus de 21 € à 48 €. Menu enfant : 11 € (et 16 €). Jardin. Terrasse. Location de vélos. Établissement non-fumeur.

Niché au cœur des parcs ostréicoles de La Guittière dans un milieu préservé, au départ des pistes cyclables pour randonner dans les marais ou rejoindre Les Sables-d'Olonne, cet hôtel-restaurant est récompensé par ses efforts de rénovation (chambres, restaurant, réception) et son souci de l'environnement par l'obtention du label Clé Verte. Les chambres, personnalisées, offrent trois types de prestations : lits de 160, TV avec Canal+ et CanalSat, salles de bains équipées de sèche-cheveux, WC séparés. La plupart ont un balcon avec vue sur les dunes du Veillon ou les parcs. La décoration du restaurant met en lumière des objets chinés, une collection d'appareils photo et un piano. Service en terrasse l'été. Cuisine soignée, où poissons et fruits de mer sont en bonne place. Goûtez la spécialité, les ormeaux (selon arrivages) ou le menu découverte autour de l'huître. Autres bons points : le menu enfant pour manger comme les grands et une gamme sans gluten au petit déjeuner. La plage est à deux pas, mais vous apprécierez la piscine et les nouveautés 2016 : une salle de fitness et un sauna. A proximité des Sables une adresse sérieuse pour ceux qui cherchent calme et sérénité dans un environnement unique.

■ LES LOUPS DE MER NOUVEAU

310, avenue de la Plage
Bourgenay ✆ 02 51 22 22 08

Fermé de décembre à février. Ouvert du mardi au samedi le midi et le soir ; le dimanche midi. Formule du midi : 12,90 €. Jardin. Terrasse.

Les 3 loups de mer sont Marlène, Alexandre et Wilhem. Ils ont repris ce restaurant du quartier de Bourgenay au printemps 2015 et ont déjà acquis une bonne réputation. Il faut dire que la formule du midi a de quoi séduire les travailleurs ou clients de passage. L'été vous apprécierez la terrasse sur jardin, à l'arrière de la salle, et les enfants pourront même s'amuser car elle est pourvue de jeux pour les petits et à l'extrémité, on distingue le potager : signe que les Loups de Mer sont adeptes des produits frais et du «fait maison» ! En effet, on vous servira une cuisine du marché, privilégiant les produits locaux comme cette poitrine de porc vendéen, sauce aigre-douce et Granny Smith. Dans une carte qui change selon l'humeur du chef, nous avons relevé, à l'époque de notre passage, une cassolette de ravioles et vénus à la crème d'ail, un cabillaud et son aïoli, un burger (avec pain maison s'il vous plaît), et en dessert de copieuses profiteroles au caramel au beurre salé.

■ LE RELAIS TALMONDAIS

13, rue du Château ✆ 02 51 90 60 86

Ouvert toute l'année. Bar, brasserie, pmu. Du mardi au dimanche à partir de 6h. Restaurant fermé le soir. Menu enfant : 10 €. Formule du midi : 16 € (sauf dimanche). Terrasse.

Ne vous arrêtez pas à la façace jaune et vert, Le Relais Talmondais étant aussi le PMU du centre-ville de Talmont, mais poussez la porte de cette bonne petite table installée dans une grande bâtisse face au château. Première bonne surprise : à l'intérieur, de l'autre côté de la partie bar-PMU, une jolie salle de restaurant entièrement relookée il y a quelque temps. La seconde bonne surprise concerne la qualité de la cuisine, fine aux présentations soignées, et le rapport qualité/prix. L'accent est mis sur la formule du midi, qui fait un carton, avec, le jour de notre passage, un mariage original entre dos de cabillaud et saucisse de Montbéliard, beurre rouge et lentilles parfumées suivi d'un bon clafoutis aux pommes, mangues et poires. On vous conseillera cependant, en saison, de réserver.

Le gîte

■ HOTEL LES PARCS***

226, rue des Parcs – Port de La Guittière
✆ 02 51 90 61 64 www.les-parcs.com

La Clef Verte. Logis 3 cocottes et 3 cheminées. Restaurant fermé dimanche soir et lundi (sauf hôtel). Etablissement non-fumeur. 18 chambres. Chambre double de 56 € à 136 €. Petit déjeuner : 13 € (15 € en saison). Menus de 21 € à 48 €. Menus enfants : 11 € et 16 €. Wifi gratuit. Sauna.

Niché au cœur des parcs ostréicoles de La Guittière dans un milieu préservé, au départ des pistes cyclables pour randonner dans les marais ou rejoindre Les Sables-d'Olonne, cet hôtel-restaurant est récompensé par ses efforts de rénovation (chambres, restaurant, réception) et son souci de l'environnement par l'obtention du label Clé Verte. Les chambres, personnalisées, offrent trois types de prestations : lits de 160, TV avec Canal+ et CanalSat, salles de bains équipées de sèche-cheveux, WC séparés. La plupart ont un balcon avec vue sur les dunes du Veillon ou les parcs. La décoration du restaurant met en lumière des objets chinés, une collection d'appareils photo et un piano. Service en terrasse l'été. Cuisine soignée, où poissons et fruits de mer sont en bonne place. Goûtez la spécialité, les ormeaux (selon arrivages) ou le menu découverte autour de l'huître. Autres bons points : le menu enfant pour manger comme les grands et une gamme sans gluten au petit déjeuner. La plage est à deux pas, mais vous apprécierez la piscine et les nouveautés 2016 : une salle de fitness et un sauna. A proximité des Sables une adresse sérieuse pour ceux qui cherchent calme et sérénité dans un environnement unique.

■ RESIDENCE PIERRE ET VACANCES

Port Bourgenay ✆ 02 51 23 30 30

Fermé de novembre à mars. Pour 4 personnes. De 371 € à 1 459 € la semaine selon saison. Promotions si réservations tôt.

Idéalement implanté autour d'un grand lac et de 2 golfs 18 trous, avec une accessibilité à la plage à pied ou grâce au petit train qui fait les navettes, et la proximité du port de plaisance, ce site est très apprécié des amateurs de golf mais également d'une clientèle étrangère. Le Village s'étend sur un parc de 90 hectares, les appartements et maisons mitoyennes, inspirés des stations balnéaires de la Belle Epoque avec tons pastel, bardages en bois et bow-windows, se fondent en 5 quartiers piétonniers au charme distinct. Deux styles d'hébergement sont proposés : une résidence avec la location d'appartements – pour 2 à 3 personnes, 4 à 5 personnes, 6 à 7 personnes – et de maisons pouvant accueillir de 5 à 8 personnes, disposant d'un rez-de-jardin avec terrasse pour profiter pleinement de la vue sur le golf pour certaines. Piscine privative, et pour vos sorties, plusieurs restaurants sont tout à côté sur le port ou dans le village lui-même.

Un séjour insolite vintage

Fans de la culture américaine, Virginie et François proposent de vivre (en partie) le rêve américain ! Replongez dans les années 1950, et dormez dans une caravane américaine de cette époque. Dans la cour de leur ferme au lieu-dit L'Enfriotière (un GPS sera le bienvenu pour trouver cet endroit calme et reposant), deux authentiques «trailer» Spartan des années 1950 (vous savez ces caravanes à l'aspect «alu»), de 15 m de long, accueillent les vacanciers en quête d'un hébergement insolite et d'un autre temps. Celle datant de 1952 dispose de 2 chambres. A l'intérieur, tout est resté d'époque, de la radio aux fauteuils et revues posées sur la table basse ! Ici, vous ne trouverez pas de micro-ondes ! Les caravanes sont très confortables et l'aménagement tout en boiseries est vraiment très joli. Ah, on est loin des mobil-homes, c'est vintage et très tendance. On a eu le coup de cœur ! Mais la prestation ne s'arrête pas là, on pousse la thématique jusqu'au bout puisque c'est un petit déjeuner américain qui vous sera servi et pour compléter le package, vous aurez droit à un tour en Cadillac pour découvrir le Talmondais ! On a l'impression d'être une de ces *pin-up* peroxydées et que le temps s'est arrêté...

THE VINTAGE TRAILER
L'Enfriotière
TALMONT-SAINT-HILAIRE © 106 18 99 05 48

■ LES JARDINS DE L'ATLANTIQUE
Port Bourgenay
© 02 51 23 23 23
atlantique@vacancesbleues.com

Fermé du 1er au 26 décembre. 95 chambres (12 suites et 14 appartements). Chambre double de 95 € à 160 €. Petit déjeuner : 15 €. Parking. Club enfants. Garde d'enfants. Séminaires. Réceptions et mariages. Wifi gratuit. Restauration (menu : 22,50 €). Hammam, bain bouillonnant, sauna. Animations. Bowling, squash.
Au cœur d'une pinède de 80 hectares, à deux pas de l'océan et du port de plaisance, ce grand complexe offre une multitude de services, animations et loisirs avec entre autre une balnéothérapie en plus de 95 chambres, 12 suites junior et 14 appartements. Les chambres de grand confort (de 1 à 4 personnes), s'ouvrent sur des loggias avec vue mer, et toutes équipées de tv, minibar, coffre-fort, et sèche cheveux dans la salle de bain. Certaines communiquent entre elles par la loggia. Elles adoptent un style contemporain actuel. En formule résidence locative : appartements pour 4 à 6 personnes et studios pour 2 personnes, équipés et avec loggia. Côté prestations, c'est le grand luxe : piscine intérieure et chauffée avec cascade, spa et jets massants, piscine extérieure, 2 courts de tennis, centre de balnéothérapie, billard, salle de remise en forme, bowling, court de squash, volley, discothèque, nurserie, club enfants... Bref, un vrai complexe de loisirs pour petits et grands, de quoi ne pas s'ennuyer. Deux salles de restaurant et terrasse au bord de la piscine. Avec ses 16 salles de réunion modulables équipées, cet établissement plaira aux entreprises en quête d'un lieu de séminaire.

Chambres d'hôtes

■ LA PETITE BORDERIE
2511, rue du Port-de-la-Guittière
© 06 07 75 21 79
frederique.martineau@free.fr

Ouvert à l'année. De 60 € à 65 € par personne, et de 65 € à 70 € pour deux, petit déjeuner compris. Parking privatif et clos. wi-fi gratuit. Espace jardin privatif. Vélos à disposition.
Tout comme nous, vous allez tomber sous le charme de cette ancienne ferme de village rénovée en 2009 que Frédérique et Jean-Noël ont transformé en maison d'hôte. La Petite Borderie est située dans le village ostréicole de la Guittière au cœur des marais salants et des parcs ostréicoles. L'ancienne étable est devenue une chambre d'hôte indépendante de 34 m². Mur de pierres et enduit blanc à l'ancienne lui donnent beaucoup de charme. La pièce très lumineuse grâce à sa baie qui donne sur le jardin. Elle offre un petit coin cuisine, un canapé deux places, un lit de 160x200, des rangements et une salle d'eau avec douche à l'italienne avec WC privatifs. C'est magnifique, tout comme la cuisine ouverte dans laquelle vous dégusterez les délicieux gâteaux de Frédérique et les autres spécialités locales. Beaucoup de charme, des hôtes adorables et passionnants.

Campings

■ LES DINOSAURES****
226, avenue de la Plage
Port Bourgenay © 02 51 22 20 10
contact@lesdinosaures.com

Retrouvez l'index en fin de guide

Fermé de novembre à mars. 123 emplacements. Exposition : ensoleillé. Mobil-homes pour 2 à 4 personnes de 250 € à 820 € la semaine ; mobil-homes pour 5 à 8 personnes de 330 € à 1 010 €. Animations. Terrain multisports ; pétanque.

Petit par la taille, le camping les Dinosaures a tout d'un grand. Avec ses 123 mobile homes et chalets, il conserve sa dimension humaine et sa convivialité. Il bénéficie d'une situation : à quelques encablures du port et à 800 m de la plage du Veillon, rare plage de sable fin restée sauvage sur le littoral vendéen. C'est un endroit idéal pour se ressourcer en famille ou entre amis, et profiter des vacances entre mer et forêt. On n'a pas fait mieux depuis le jurassique ! Pour vos loisirs sur place un terrain multisports, de la pétanque, et une grande piscine extérieure équipée de 3 toboggans aquatiques, dont un « kamikaze » qui présage de bonnes sensations, également une pataugeoire avec un grand dinosaure qui arrose les enfants, un autre bassin est couvert, enfin, pour clore la partie loisirs, une activité sympa, un Greeny Golf : neuf pistes de golf sur pelouse synthétique. A proximité, offrez-vous de belles balades en forêt, à pied ou à vélo, ou des sorties en mer. En saison, de nombreuses animations sont organisées.

■ **CAMPING VEILLON PLAGE*****
Avenue des Taconnettes ✆ 02 51 22 20 38
www.campingveillonplage.com
campingveillonplage@hotmail.fr

Ouvert de mi-mars à la Toussaint. 90 emplacements (dont 30 emplacements nus et 30 locatifs). Exposition : mi-ombragé / ensoleillé. De 13,90 € à 23 €. Chalets jusqu´à 4 personnes de 159 € à 709 € la semaine ; mobil-homes pour 2 à 4 personnes de 199 € à 689 € ; mobil-homes pour 4 à 6 personnes de 279 € à 709 € ; mobil-homes jusqu´à 6 personnes de 299 € à 799 €. Early booking : de -5 à – 15% si réservation entre janvier et mars. Etape vélo : 10 € pour 2 personnes (hors saison). Animaux acceptés (20 € la semaine). Aire pour camping-cars. Wifi.

Ce camping est situé dans un quartier de Bourgenay, entre la plage du Veillon (à 800 m) et le joli port de plaisance avec ses restaurants. Après avoir eu un camping dans le Pays basque, Jérôme est revenu aux sources il y a 4 ans et a repris ce camping familial, auquel il apporte d'année en année quelques changements, notamment le renouvellement petit à petit des anciens mobil-homes par des plus récents. A son initiative aussi la création de l'aire de jeux, l'installation d'une structure gonflable pour les enfants et le chauffage de la piscine (dotée d'une pataugeoire). Ce camping de 90 emplacements dispose de 30 locatifs et 30 emplacements pour tente ou caravane, ce qui devient rare ; les puristes du camping, camping-caristes et les budgets serrés apprécieront ce camping traditionnel pour ces raisons, d'autant qu'il propose des offres pour le «early booking», ainsi plus vous réservez tôt plus la remise est importante. Bon point donc pour les prix doux, compte tenu d'un emplacement proche de la mer. Autres services : animations en saison et wi-fi sur tout le terrain. Louez des vélos, les pistes cyclables ne manquent pas, et des tarifs préférentiels sont proposés pour la Vélodissey.

THE VINTAGE TRAILER NOUVEAU
L'Enfriotière
✆ 106 18 99 05 48
www.thevintagetrailer85.com
virginie.rouzeau@wanadoo.fr

Ouvert toute l'année. A partir de 95 € la nuit, petit déjeuner américain et balade en Cadillac compris.

Vous êtes à la recherche d'un séjour dépaysant, au vert, au calme, le «rétro» camping est la solution idéale ! Amateur de vintage, si vous l'êtes aussi des années 1950, et particulièrement des Etats-Unis, alors cette petite adresse que nous avons dénichée, en nous perdant un peu dans la campagne talmondaise, est faite pour vous ! Grâce à Virginie et Jean-François, passionnés par les belles américaines (les voitures), vous allez faire un bond dans le temps : tout en profitant du climat vendéen, vous allez partir pour l'Amérique des années 1950-60 en dormant dans d'authentiques caravanes américaines de l'époque (des Spartan), magnifiquement restaurées dans le respect des matériaux et équipements de l'époque, tout en conservant toutes les commodités (eau, électricité, salle d'eau avec WC), pour le confort des hôtes. C'est vraiment super chouette ! Et pour compéter ce séjour à l'accent américain, le petit déjeuner sera lui aussi «typically US» avec pancakes et saucisses, et pour compléter la prestation, vous aurez droit à un tour en Cadillac pour découvrir le Talmondais ! Vraiment très dépaysant, unique : à faire absolument !

■ CAMPING LES DUNES**

539, rue du Mazeau
La Guittière
✆ 02 51 90 63 04
www.lesdunescamping.fr
campinglesdunes@wanadoo.fr
TV

Ouvert du 1er avril au 2 novembre. Terrain de 1 ha. 76 emplacements. Exposition : ensoleillé. Emplacement de 9 € à 14,50 €. Mobil-homes de 165 € à 620 € la semaine. Wifi. Animations en saison.

Au cœur du grand ensemble naturel du Payré, site incontournable, dans la zone ostréicole des marais salants et de l'estuaire du Veillon, havre de paix, paradis de la faune et la flore, ce camping de petite taille, à caractère familial, offre un accès direct à la plage et la vue sur les parcs ostréicoles. Des infrastructures simples (pas de piscine, la mer est à côté), mais ce camping, soucieux de l'environnement (son potager bio a été primé !), est une belle opportunité pour les budgets serrés. Il est bien tenu, les mobil-homes entretenus, les tarifs imbattables, David, le propriétaire, est serviable et charmant, l'ambiance et les animations, familiales et conviviales (pétanque, soirées-repas). Avec une philosophie dans l'esprit du camping traditionnel, il y a toujours un mobil-home disponible pour le voyageur tardif. Tous les mobil-homes offrent un espace cuisine équipé, écran plat avec TNT, wifi, salon de jardin avec parasol. Des tonnelles en bois équipent les mobil-home Super Mercure. Laissez les voitures et enfourchez vos vélos car la piste cyclable passant juste devant promet de belles balades. Des vacances pas chères dans un environnement magnifique protégé, que demander de plus ?

Loisirs

■ LA BELIÈRE LOISIRS

1088, avenue de la Plage
✆ 02 51 22 20 57

Fermé du 10 octobre au 1er avril. Haute saison : ouvert tous les jours de 10h à 19h. Entrée : 4,50 € (plus le prix de l'activité : quad 2,20 €, mini-golf 4,20 € (adultes), 3,40 € de 4 à 10 ans).

A 100 m de la plage, en pleine forêt talmondaise, ce parc de jeux offre plus de 20 attractions pour s'amuser en famille. Parmi les activités proposées : un minigolf sur gazon synthétique, un ping-pong, des structures gonflables avec trampolines et toboggans, kartings adultes, également un village enfants avec plein de jeux et de petites maisonnettes colorées pour les tout petits, mais aussi des balançoires, tourniquets,... ainsi qu'un circuit de voitures électriques pour les enfants de 3 à 10 ans. Bref, de quoi s'amuser en famille, dans un environnement arboré, avant ou après la plage.

■ CLUB HIPPIQUE SABLAIS

La Malbrande
✆ 02 51 22 07 67
www.clubhippiquesablais.fr
clubhippique.sablais@wanadoo.fr
Entre Les Sables d'Olonne et Talmont-Saint-Hilaire, à côté de l'hippodrome.

Ecole Française d'Equitation. Ouvert toute l'année. 22€ adulte (double poney et chevaux), de 6 € à 12€ pour les 3-7 ans (shetland). Adhésion à l'année, carte de 10h, stage, forfait découverte (3 séances).

Des moniteurs diplômés d'Etat vous accueillent toute l'année sur 3 hectares, situées entre les Sables d'Olonne et Talmont Saint-Hilaire. Au programme : initiation, leçons, stages,... Ainsi les enfants de 4 à 6 ans pourront s'initier au baby poney, une activité ludique pratiquée sur les shetlands, des leçons d'une heure comprenant 1/4 d'heure de soins et le reste en pratique. A partir de 7 ans, les cavaliers participent à des séances durant lesquelles ils parfont leur apprentissage, à travers des exercices techniques, mais aussi des jeux, du saut d'obstacle et du dressage ; ils passent au fur et à mesure des examens fédéraux, allant du galop 1 au galop 7. Découvrez les joies de l'équitation à tout âge puisque ce club propose l'enseignement aux adultes débutants afin d'acquérir les bases et pouvoir sortir en extérieur en toute sécurité. Pour les cavaliers plus confirmés, les leçons se déroulent avec l'instructeur : perfectionnement du dressage, saut d'obstacles, cross. En dehors des leçons vous pourrez pratiquer toutes ces activités : sorties plage, journées jeux, stages, compétition, randonnées...

■ GOLF BLUE GREEN PORT BOURGENAY

Avenue de la Mine
✆ 02 51 23 35 45
port-bourgenay.bluegreen.com/fr
portbourgenay@bluegreen.com

Ouvert toute l'année. Fermé le mardi en basse-saison. Restauration. Boutique.

En bordure de mer, derrière le port, le golf de Port Bourgenay possède deux parcours 18-trous, l'un de championnat, combinant de façon inédite ambiance marine, forêt domaniale et vue plongeante sur le port de plaisance, et l'autre, Pitch and Putt unique en France, permettant aux joueurs de tous niveaux de travailler le petit jeu en s'amusant. Ce golf est affilié au réseau Formule Golf.

■ JET EXPLORER

Port Bourgenay
✆ 06 11 43 09 54
✆ 06 66 78 38 09
info@jet-explorer.com

Ouvert en juillet et août. Pour la base des Sables d'Olone : ouvert d'avril à septembre. Haute saison : ouvert tous les jours de 9h30 à 20h. Pilotage scooter en autonomie sur zone à 500 m de la côte : 70 € les 45 min (+10 € si passager), 105 € pour 1h15, 170 € pour 2h15, et 235 € la demi-journée (+20 € si passager pour ces 3 tarifs). Bouée : 25 € (15 min). Chèque Vacances.

Jet Explorer vous propose de piloter (seul ou en binôme) un scooter des mers, à votre rythme et en toute sécurité, grâce à l'encadrement à distance de moniteurs diplômés. Au départ de Port-Olona 2 pour les Sables d'Olonne (cette base est ouverte d'avril à septembre), mais aussi de Port-Bourgenay pour Talmont-Saint-Hilaire. Initiation, navigation libre ou randonnées s'offrent à vous d'une manière unique, à la découverte de nos côtes sur la plus importante flotte de scooters des mers de Vendée (12 scooters de 1000 cm³). Autre attraction : la bouée tractée, qui procure des sensations très sympa. Sympa aussi, si vous voulez conserver un souvenir de votre aventure, on vous propose plusieurs photos prises sur l'eau sur une clef usb pour 20 € ou une vidéo personnalisée de vos exploits sur DVD pour 50 €. Pour mémoire, l'âge minimum pour piloter un scooter est de 16 ans, et la taille minimum pour le passager est de 1,40 m.

Autre adresse : Port Olona – Les Sables-d'Olonne ✆ 06 66 78 38 09

■ VENDÉE SURF SCHOOLS

Plage du Veillon
Port-Bourgenay
✆ 06 84 50 96 17
philguillet749@hotmail.com

Fermé du 12 novembre au 5 avril. Haute saison : ouvert tous les jours de 9h à 19h. Cours de surf en groupe (1h30) : 33 €. Stages : 87 € pour 3 jours, 135 € pour 1 semaine. Cours particulier : 50 € pour 1h.

Cette école labellisée est basée directement sur la plage du Veillon, à proximité du centre de secours. Dirigée par des moniteurs agréés, ils proposent des cours de surf pour tous, débutants et surfeurs plus aguerris. Des cours particuliers ou en groupe, des stages de 3 à 5 jours et un stage «premières vagues» pour les 6-10 ans qui permet aux enfants de découvrir de façon ludique, en toute sécurité, les premières sensations de glisse et une approche différente de l'océan. Ils vous fourniront le matériel adapté à votre niveau et morphologie. Le spot du Veillon est un beach break, ce qui signifie que les vagues déferlent sur le sable. Pour les débutants, un apprentissage pour acquérir les connaissances fondamentales sur la mer, ses courants, ses dangers, sur les vagues, le type de déferlement, apprendre à évoluer avec sa planche, glisser à plat ventre dessus, apprendre à ramer, apprendre le redressement, la glisse, comment prendre une direction,... et surtout les règles élémentaires de sécurité.

Autre adresse : Le Poulpe – Plage de la Mine – Jard-sur-Mer ✆ 06 84 50 96 17.

Location de deux-roues

■ DINOVELO NOUVEAU

Bourgenay
Rond-point de la Croisée
✆ 06 22 82 24 35
www.dinovelo.com
contact@dinovelo.com

Basse saison : ouvert du mardi au samedi de 9h30 à 12h30 et de 14h à 18h. Haute saison : tous les jours de 9h à 19h. Ouvert de mars aux vacances de la Toussaint. Location vélo adulte à partir de 8 € la 1/2 journée et 16 € la journée ; enfant : 5 € la 1/2 journée et 10 € la journée.

Avec ses 1 000 km de pistes cyclables, la Vendée possède le plus important réseau départemental français ! Et quoi de plus sympa, une fois les valises posées, que de lâcher la voiture et enfourcher son vélo ! Déjà on évite de tourner deux heures à la recherche d'une place sur le parking de la plage et ensuite, ça fait faire un peu d'exercice et on profite du paysage ! D'autant que le Talmondais, entre ses plages, les marais, et le centre historique, a de quoi séduire les cyclotouristes. Installé depuis le printemps 2015 à l'entrée du quartier du Port Bourgenay, au rond-point de la Croisée, vers le Point Infos touristiques, Dinovélo propose différents styles de vélos, de la balade (avec les Beach), aux plus sportifs, en passant par les tandems et bien sûr tous les accessoires nécessaires : remorque, siège enfant... Dinovélo est spécialisé dans les vélos électriques (vente, location et réparation). Et ce qui est bien pratique, c'est qu'on peut vous livrer les vélos à domicile. Outre la location, on vous propose aussi la vente de vélos neufs et d'occasion, et la réparation. Un dernier point sur l'accueil : charmant. Alors, petits et grands, tous en selle !

Bateau

■ LOC'ATLANTIQUE

Port Bourgenay
✆ 06 11 29 82 25
www.loc-atlantique.com
locatlantique@free.fr

Location scooter de mer : 52 € les 10 minutes, 74 € les 30 minutes. Bateau avec permis : à partir de 300 € la journée.

Vous avez envie de faire une croisière en famille au départ de Bourgenay ? Loc' Atlantique vous propose la lation de bateaux à l'heure avec ou sans permis, ainsi que des scooters de mer (110 CV). Pour une croisière en famille ou entre amis, le Sun Kiss 45 DL (dériveur lesté) est le voilier le plus adapté. Un navire de 14 mètres offrant 3 cabines doubles, 1 cabine avec 2 lits superposés, un vaste carré et 2 salles d'eau. Vous préférez les bateaux à moteur, vous n'avez pas le permis : alors choisissez l'option du Merry Fisher à louer de l'heure à la semaine.

Sorties

■ HIPPODROME DE LA MALBRANDE

Route des Sables
✆ 02 51 22 09 85 / 02 51 22 87 87
hippo.les.sables@wanadoo.fr

5 € l'entrée.

Au début du XIXe siècle des courses de chevaux sont déjà organisées sous l'égide de la municipalité des Sables d'Olonne, sur la plage. A cette époque, il n'y a ni Société des courses, ni hippodrome. En 1913 le Ministre de l'agriculture met en demeure la ville des Sables d'Olonne de ne plus organiser de courses sur la plage et de créer un hippodrome. La ville des Sables se rend alors à la ferme de la Lande sur le territoire du Château d'Olonne. La Société des courses est constituée en 1913 : c'est la naissance de l'Hippodrome de la Lande. Après la guerre, un nouvel hippodrome est créé à Saint-Jean d'Orbestier. Par la suite, chaque année pendant la saison balnéaire et jusqu'en 1939, des réunions sont régulièrement organisées. Fort d'un succès grandissant, il faut songer à un nouvel hippodrome : l'hippodrome de la Malbrande est construit en 1970. Cette période voit l'essor de l'hippodrome avec un nombre de réunions qui passe de 3 en 1969 à 20 en 1976 avec le développement des réunions nocturnes. L'hippodrome de La Malbrande vous accueille dans un cadre champêtre pour un spectacle riche en émotion, c'est le top en matière de trot dans le Grand Ouest. Pari mutuel, simple et toutes combinaisons.

Emplettes

■ LES VIVIERS DE LA GUITTIERE

337, rue des Parcs ✆ 02 51 90 63 51
vdlg@sfr.fr

Haute saison : ouvert du mardi au dimanche de 9h à 13h et de 15h à 19h. Ouvert de février à décembre.

La cabane de François est la dernière du port de la Guittière, au bord de l'estuaire du Payré. Elle offre d'ailleurs un espace de dégustation sur ce panorama magnifique, sauvage et préservé. Bref, nous on est tombé amoureux de cette vue. François est producteur d'huîtres de la Guittière depuis 2007, même si la société existe depuis 1985. Des huîtres N°4 à la triple zéro. Avec Mathieu et toute l'équipe bien sympathique, il propose tous les produits de la mer, de quoi composer de copieux plateaux de fruits de mer : tourteaux, crevettes roses et grises, langoustines, bulots, bigorneaux, coques, clams... Dans le vivier, des anguilles, des homards et langoustes (sur réservation). Les plateaux sont prêts à déguster (tous les produits sont cuits, il vous suffira juste de préciser si vous voulez l'ouverture des huîtres ou si vous préférez le faire vous-même). Mais puisque c'est proposé, pourquoi tenter un aller-retour aux urgences à cause d'une huître récalcitrante ? Tous les produits de la mer viennent de la

Boire un verre ou manger les pieds dans le sable

■ PIERROT BAR

Plage du Veillon
TALMONT-SAINT-HILAIRE ✆ 02 51 22 22 04
benoit.vrignon@wanadoo.fr

Fermé du 1er octobre au 1er avril. Ouvert tous les jours à partir de 10h. Terrasse. Restauration.

Posé sur la plage du Veillon, l'endroit est sympa pour qui cherche à boire un verre ou déjeuner simplement de spécialités de poissons et fruits de mer sur la plage, les yeux dans l'eau et les pieds dans le sable. Créé il y a 55 ans par Pierrot, le patriarche, c'est son fils Benoît et Laurence son épouse qui ont repris les rênes et entament leur 25e saison. A la fois restaurant et bar, le Pierrot vous accueille dès le mois d'avril de 10h à 22h, pour le café du matin ou le déjeuner. Bien pratique aussi quand on a un petit creux après la baignade entre le côté pile et le côté face de la séance de bronzette et que l'envie d'une crêpe caramel au beurre salé nous tenaille. D'autant qu'en juillet et août, il y a un service continu de 12h à 15h et à partir de 19h30 le soir. Et que dire de regarder le soleil se coucher un verre à la main, depuis la terrasse du Pierrot. Vous l'aurez compris, Le Pierrot se consomme toute la journée, sans modération !

criée des Sables-d'Olonne, à quelques kilomètres d'ici : fraîcheur garantie ! Et bien sûr, vous trouverez aussi des moules de l'Aiguillon.

Dans les environs

Poiroux

LA FOLIE DE FINFARINE

Chemin des Ecoliers ✆ 02 51 96 22 50
contact@finfarine.fr

Fermé du 8 novembre au 7 avril. Basse saison : ouvert du dimanche au vendredi de 14h à 18h30. Haute saison : tous les jours de 10h30 à 19h. Fermeture à 18h en septembre. Gratuit jusqu'à 4 ans. Adulte : 6,50 €. Enfant (de 4 à 15 ans) : 4,30 €.

Au cœur d'un espace boisé, explorez le monde fascinant des abeilles et de la fabrication du miel. En famille, entrez dans « la Ruche Géante » et devenez une abeille ! On y découvre des abeilles ouvrières au travail : nettoyeuse, gardienne, nourrice, butineuse… Les enfants ont la possibilité de se déguiser en abeille et d'accomplir les différentes tâches. Ils peuvent aussi aider à la fabrication du miel en rapportant des boules de nectar prises dans la prairie ou choisir d'être assis à côté de la reine et surveiller tout ce petit monde. Lors de l'animation Miel et abeilles, participez à l'ouverture d'une ruche et à la mise en pot du miel (déguisements des enfants). Dès 3 ans, jouez autour d'une histoire contée avec sac à dos, carte et loupe, et parcourez le Jardin de l'abeille pour découvrir les 5 sens. Pour les plus grands, une chasse au trésor, « la légende de la ruche perdue ». Depuis l'an dernier, animations à la miellerie autour de jeux de manipulations pour découvrir le fonctionnement de la ruche et ruches vitrées pour l'observation des abeilles.

Avrillé

Une commune pour les amateurs de Préhistoire avec ses neuf menhirs classés par les Monuments historiques, et de nombreux autres non recensés. Le premier et plus célèbre d'entre eux, appelé « menhir du Camp de César », trône sans modestie dans le petit parc clos de la mairie, comme si Obélix avait été le premier édile de la cité. Ses 7 m prennent une dimension surréaliste. Un sentier de randonnée, dont le départ se situe à côté de l'office de tourisme, permettra aux amateurs de découvrir l'essentiel des trésors mégalithiques d'Avrillé sur 9 km. Autre curiosité, la fontaine Saint-Gré semble une mare anodine, mais la vasque installée au pied d'une source surgissant d'une faille du roc, les menhirs tout proches, témoignent ici de la présence d'un ancien lieu de pèlerinage. La petite commune voisine de Saint-Hilaire-la-Forêt abrite le CAIRN (centre d'archéologie d'initiation et de recherche sur le néolithique) qui vous renseignera sur la période de la Préhistoire en Vendée.

LE CHÂTEAU DES AVENTURIERS

Château de la Guignardière Route des Sables
✆ 02 51 22 33 06
contact@chateau-aventuriers.com

Ouvert du 3 avril au 25 septembre 2016 et aux vacances de la Toussaint. Basse saison : ouvert tous les jours de 11h à 20h. Haute saison : tous les jours de 10h à 20h. Fermeture des guichets deux heures avant la fermeture du parc. Gratuit jusqu'à 3 ans. Adulte : à partir de 14 €. Enfant : à partir de 10 € (moins de 12 ans). Boutique. Bar, snack. Aires de pique-nique.

Ce site propose six univers et parcours animés pour toute la famille, tous inclus dans le prix du billet. « Le Trésor du Pirate » : nouveau parcours 2016 de 20 jeux-énigmes dans le parc, à la recherche du trésor de Barbe-Noire. « Des dinos à la Préhistoire » : un voyage ludique dans le temps entre dinosaures sonorisés et Préhistoire (habitation néolithique et alignements de menhirs). Un jeu interactif sur tablette et smartphone : «Les Secrets du château», dont l'action se déroule à l'intérieur du château. Jeu téléchargeable gratuitement sur Google Play Store (location de la tablette 5 €). « Western City » invite à vivre l'aventure au temps des cow-boys et des Indiens. Le parcours 3-7 ans « Oh ! Tour du monde » fait voyager vos enfants sur différents continents à la découverte du monde. En avril, juillet et août, dans « Les Défis de Jack Sparow », défiez le pirate dans des jeux ramenés de ses derniers voyages. Les lundis d'été place à l'animation « Cow-boys et Indiens », avec en point d'orgue la fête des pirates les 3 et 4 août. Le château Renaissance, classé Monument historique, se visite aussi, puis flânez dans le parc aux animaux (daims, chevaux, poneys, cygnes, paons, oies, canards…).

■ LE ROI DES MENHIRS

Le Talmondais peut s'enorgueillir d'un riche patrimoine préhistorique constitué principalement de mégalithes, dolmens et menhirs. A Avrillé : le menhir du Camp de César, appelé « roi des menhirs », fait 8,70 m de haut dont plus de 7 m au-dessus du sol et un poids estimé à 85 tonnes. Il fut érigé à l'époque du néolithique, soit deux ou trois millénaires avant l'ère Chrétienne. C'est le plus haut de Vendée et l'un des plus hauts de France. Jadis, les menhirs sur les communes d'Avrillé et du Bernard étaient très nombreux et les carriers y ont vu du beau granit bleu facile à exploiter dans le bâtiment. Certains menhirs ont même servi à la construction de la jetée des Sables d'Olonne.
Devant cette hécatombe, Samuel Guiet est intervenu et en 1887 10 menhirs furent rescapés, parmi lesquels le Roi des Menhirs, et furent classés Monuments historiques. A Avrillé toujours, les alignements du bois de Fourgon – dans le parc du château de la Guignardière – forment trois lignes de menhirs et de tumulus de 4 à 5 pierres chacun. A côté, à Saint-Hilaire-la-Forêt, se dresse le dolmen de la Sulette et, sur la commune du Bernard, le dolmen de la Frébouchère et le cairn du Pey-de-Fontaine.

■ CAMPING LE BEAUCHENE***

Avenue du Maréchal-de-Lattre-de-Tassigny
✆ 02 51 22 30 49
www.lebeauchene.com
contact@campinglebeauchene.com

Ouvert du 1er avril au 10 octobre. Terrain de 2,8 ha. 134 emplacements (60 emplacements nus du 01/04 au 30/09 ; et 71 mobil-homes). Exposition : ombragé. Sol : herbeux. Emplacement + véhicule + 2 personnes de 12 € à 20 €. Mobil-homes de 150 € à 720 € la semaine.. Jeux pour enfants. Animations. Terrain multi-sports, trampoline, structure gonflable.
Situé dans la commune d'Avrillé, à 10 minutes des plages et 20 minutes des Sables-d'Olonne, dans un environnement bucolique et ombragé, ce camping affilié à la chaîne Flower, réjouira les amoureux de la nature comme les pêcheurs, puisque sur ses 2,8 hectares se trouve un étang de pêche avec accès gratuit. Côté loisirs il y en a pour tous les goûts entre la piscine et pataugeoire chauffées et les animations (en saison) pour petits et grands ainsi que les soirées lotos, discos, karaoké et tournois sportifs dont le concours de pétanque, et tout ça dans une bonne ambiance familiale. Deux types d'hébergements à louer du 1er avril au 30 septembre : 60 emplacements pour tentes, caravanes et camping-cars, ainsi que des écologes sur pilotis en bordure d'étang.
Vous pouvez également louer des parcelles à l'année et sachez que ce camping propose la vente de mobil-homes neufs et d'occasions. Plusieurs types de mobil-homes à louer : du mobil-home pour 2 personnes à celui grand confort de trois chambres pour 6 personnes. Parmi les autres services : dépôt de pain, snack, ludothèque... Accueil charmant des propriétaires, pour un camping bien tenu aux tarifs doux, non loin des plages.

■ CAMPING LE DOMAINE DES FORGES*****

Rue des Forges ✆ 02 51 22 38 85
forges@franceloc.fr

Ouvert d'avril à fin septembre. Terrain de 14 ha. 295 emplacements. Exposition : mi-ombragé. Emplacement de 17 € à 43 €. Mobil-homes de 203 € à 1 211 € la semaine. Donjon : de 343 € à 363 €. Roulotte de 189 € à 728 €. Club enfants. Animaux acceptés (35 €/semaine). Wifi payant.
Construit autour d'un manoir du XVIe siècle, dans un cadre exceptionnel arboré et calme, il s'étend sur 14 hectares dont un étang de pêche de 2 hectares. Il a été racheté l'an dernier par une chaîne de campings. Les mobil-homes, chalets ou roulottes sont installés sur des emplacements de 90 à 160 m^2 et ont tous : terrasse, salon de jardin, accès Internet. Retrouvez le plaisir du camping avec l'Ecolodge Sahari, un lodge toilé. Egalement des emplacements nus «grand confort» de 150 m^2 en moyenne et des emplacements Premium avec abri de jardin et électricité, eau, bains de soleil, réfrigérateur, barbecue, salon de jardin et 1h de connexion Internet gratuite par jour. Côté activités : 3 piscines dont une couverte et chauffée, 4 toboggans aquatiques dont un Spacebowl, 2 bodyslides (des toboggans de plus de 60 m de long qui partent à 6 m de haut) et un rampslide (on peut le faire à plusieurs), mini-golf, salle fitness, club enfant, de nouveaux jeux pour les enfants, des animations (concours de pêche chaque dimanche) et soirées. Insolite : passez une nuit insolite dans le Donjon du Manoir sur 3 niveaux, entièrement rénové. Belles prestations et bel environnement à 15 minutes des plages.

■ DEMEURE DE LA PIERRE

La Pierre ✆ 02 51 22 39 50
contact@foiegrasvendee.com

Haute saison : ouvert tous les jours de 10h à 19h. De janvier à Pâques sur rendez-vous.
Fabrice Poisson et son épouse se sont installés il y a 24 ans, avec pour vocation première le gavage de canard et la fabrication de produits à base de celui-ci. Depuis plusieurs années, ils n'élèvent plus de canards et achètent les foies qu'ils transforment. Ils proposent des produits de qualité : le foie gras entier se décline en conserves ou en verrine, autres spécialités : confit de canard, cou farci, rillettes, rillettes au foie gras, pâtés... Ces artisans, soucieux de la qualité, vous parleront avec passion de leurs produits. Grâce à leur savoir-faire, vous régalerez vos convives et votre palais d'amateur. Vous pouvez également suivre des stages d'une journée : canard entier et foie gras ! Sur réservation, uniquement !

Moutiers-les-Mauxfaits

Moutiers vient de « moustier », vieux mot français désignant un monastère – de monasterium en latin. En effet, vers l'an 1000, il y avait deux monastères : Saint-Michel et Saint-Jacques. Après la présence celte, puis celle des Gaulois – la localité est située sur le fameux « chemin vert » fréquenté il y a très longtemps par les paludiers transportant le sel depuis l'océan vers le centre de la France -, il y eut des populations « romanisées »,

Un nouveau parc aquatique de folie

Avec ce méga parc aquatique et son propriétaire (qui est également le créateur d'Indian Forest) qui voit toujours les choses en grand, on s'attend à quelque chose d'unique, bref du sensationnel quoi ! Un projet très ambitieux, véritable oasis posée au cœur du Bois Lambert à Moutiers-les-Mauxfaits au milieu de laquelle on trouve toboggans, bassins à vagues, pistolets à eau, aquaplash... Bref un lieu d'amusement et de détente pour toute la famille. Quatre zones sont réparties sur les 6 hectares : LudO'Park, Sunset'Playa, Exploral'O et Délir'Space.

■ **PARC AQUATIQUE O'GLISS PARK**
MOUTIERS-LES-MAUXFAITS ✆ 02 51 48 12 12

converties au christianisme vers les IVe et Ve siècles. Sur le site où s'élèvera le château de La Cantaudière, il y eut un oppidum gaulois, puis, au IVe siècle, une forteresse romaine avec palissades. Après les invasions normandes aux IVe et VIIIe siècles, la commune dépendit des seigneurs de Talmont au XIIe siècle, et devint par ce fait possession anglaise, par le mariage d'Aliénor d'Aquitaine avec Henri Plantagenet, roi d'Angleterre. En 1348, le bourg fut pillé et incendié par le chevalier Guy d'Apremont. En 1479, les Moutierrois ayant du bien se virent taxés de 9 livres, 12 sous et 6 deniers par les envoyés du roi de France, Louis XI, qui avait besoin de rentrées fiscales exceptionnelles afin de guerroyer contre le duc de Bourgogne. Au cours des guerres de Vendée, Charette et ses troupes royalistes déclenchèrent plusieurs attaques contre le bourg, les Moutierrois s'étant révélés farouchement républicains.

■ LE CHÂTEAU DE LA CANTAUDIÈRE

A 2 km du bourg, sur la route d'Avrillé, se dresse le château de la Cantaudière, édifice Renaissance du XVIe siècle érigé par André Le Geay qui fut prévôt du Poitou sous Louis XIII. Les trois tours d'angles, les douves dans lesquelles se reflète encore aujourd'hui l'image du château, les élégantes proportions du logis et de l'ensemble donnent à ce manoir un attrait particulier, mais il vous faudra malheureusement attendre les Journées du Patrimoine pour en profiter.

■ ÉGLISE

De style roman tardif, en granit, elle a été construite vers 1170 à l'emplacement d'une église plus ancienne. Elle est de type à trois nefs avec chevet plat. Anciennement dédiée à saint Michel, l'église fut consacrée à saint Jacques en 1451 – rappelons que nous sommes sur l'un des chemins menant à Saint-Jacques-de-Compostelle. Vers l'an 1000, il y avait deux monastères à proximité. L'un disparaîtra à la fin du XIIe siècle, l'autre subsistera jusqu'au XVIIIe siècle. L'église contiendrait peut-être le tombeau de Raoul III de Mauléon, mort vers 1200, grand feudataire, tantôt au service du roi de France et tantôt à celui du roi d'Angleterre – Richard Cœur de Lion. En 1305, juste avant d'être élu pape sous le nom de Clément V, Bertrand de Goth, archevêque de Bordeaux, prêcha dans l'église. En 1445, le pape Eugène IV réunit le prieuré de Moutiers à l'évêché de Luçon. L'édifice subira de nombreuses dévastations aux XVe et XVIe siècles. En octobre 1797, on y célébrera une cérémonie funèbre à la mémoire du général Hoche, pacificateur de la Vendée.

■ LES HALLES ★

Ce bourg dépendait de l'abbé de Saint-Michel-de-Clusa pendant la guerre de Cent Ans. Les Halles, construites en 1765, constituent le grand attrait de la cité. Vaste rectangle de 55 m sur 25 m, coupé en un angle, elles sont soutenues sur leur pourtour par 41 larges colonnes de pierre de style dorique et, au sein de l'édifice, par 61 poteaux de bois alignés en quatre rangées autour de la vaste allée centrale. La charpente, avec ses étais, ses arbalétriers, ses poinçons, est un chef-d'œuvre d'harmonie et de savoir-faire. Les charpentiers de marine des ports avoisinants n'y sont sans doute pas pour rien. Le vaste toit de tuiles demi-rondes organisé en quatre pans est impressionnant.

■ OKOUMÉ

67, avenue Georges-Clemenceau
✆ 02 51 40 63 41 – pizzas.okoume@orange.fr

Ouvert du mardi au dimanche. Menu enfant : 6,40 €. Formule du midi : 11 € (servie en semaine). Accueil des groupes. Chaises bébé. Terrasse. Vente à emporter.

Située à l'entrée de la commune, depuis La Roche-sur-Yon, cette crêperie-pizzeria bénéficie d'un atout supplémentaire : une terrasse. Les extérieurs sont paysagés, et une aire de jeux pour les enfants a été installée. Un lieu où les enfants sont donc les bienvenus. La salle est lumineuse et la décoration, aux inspirations de savane ponctuée d'objets africains, soignée. Passons à table... La carte joue la variété avec l'alternance entre galettes, pizzas, salades, viandes... C'est bien pratique, salades et pizzas existent en deux tailles, pour les petites et les grosses faims. D'ailleurs pour les solides appétits, essayez la pizza Buffalo Cocotte avec steak haché, ou plus maritime, la Méli-Mélo des Mers avec saumon et pétoncles. Bref, vous aurez le choix entre une vingtaine de pizzas à consommer sur place ou emporter. Les galettes, des classiques aux plus inventives sont également plébiscitées tout comme les crêpes très savoureuses. Le midi, la formule comprenant entrée, plat, dessert et la boisson tourne à plein régime et les commerciaux apprécieront en plus l'équipement wifi.

Saint-Cyr-en-Talmondais

Un petit bourg situé sur la route des Sables à Luçon. Son château apparaît dans un joli cadre de verdure à la sortie du village. Il s'agit d'une ancienne demeure qui a été complètement transformée en château style Renaissance au début du XIXe siècle par Benjamin Fillon, un célèbre érudit vendéen.

A la mort de celui-ci, en 1881, il est acheté par Raoul de Rochebrune, fils de l'aquafortiste fontenaisien. Le nouveau propriétaire ajouta une aile et entreprit diverses transformations. L'intérêt de ce château réside surtout dans les collections présentées à l'intérieur et dans des éléments de décoration provenant de demeures disparues ou en ruine.

■ PARC FLORAL DE LA COURT D'ARON ★★

La Court d'Aron
✆ 02 52 43 14 31
www.parclacourtdaron.com
contact@parclacourtdaron.com

Ouvert d'avril à fin septembre, tous les jours de 10h à 19h. Enfant (de 5 à 12 ans) : 6,50 €. Tarifs de 10,50 € à 14,50 €. Restauration. Boutique. Animations.

Les 10 hectares du parc floral de la Court d'Aron offrent une nature luxuriante et exubérante et vous convie à un tour du monde du patrimoine botanique. Flânez dans les allées paysagées et découvrez les différents jardins qui composent ce parc aux nombreuses variétés de fleurs : jardin japonais, tropical, ou encore le jardin du curé et ses plantes médicinales et légumes d'antan. Au printemps, les 150 000 bulbes de tulipes plantés éclosent et ça mérite le coup d'œil. Mais le clou du spectacle c'est le lac aux lotus d'Asie blotti derrière les voûtes de bambous, les bosquets de palmiers et de bananiers, dont la floraison s'étend de début juillet à mi-septembre. Pour les admirer, l'idéal est encore de s'installer dans le «salon des siestes» pour rêvasser en écoutant le croassement des grenouilles. Le spectacle des gouttelettes d'eau glissant sur les feuilles de lotus est grandiose. Pour les enfants, une mini-ferme artificielle avec ses animaux de basse-cour en liberté, ainsi qu'un mini-golf, et un jeu d'énigmes pour petits et grands. En juillet et août un spectacles d'oiseaux sur l'intelligence animale à voir, et ne manquez pas la fête des lotus les 17 juillet et 7 août 2016 !

Parc Floral de la court d'Aron.

■ AUBERGE DE LA COURT D'ARON

1, allée des Tilleuls
✆ 02 51 30 81 80
d.orizet@wanadoo.fr

Basse saison : ouvert le mardi et le dimanche le midi ; du mercredi au samedi le midi et le soir. Haute saison : du mardi au samedi le midi de 12h à 13h45 et le soir de 19h à 21h45 ; le dimanche midi. Menus de 26 € à 40 €. Formule du midi : 16 € (en 2 plats ou 19,50 € en 3 plats). Chambres d'hôtes de 76 € à 98 € pour 2 personnes, petit-déjeuner : 11 €.

Installé à 15 km de la mer, dans les anciennes écuries du château de la Court d'Aron, le bâtiment du XIXe siècle bénéficie du charme incontestable des vieilles pierres et poutres apparentes. Aux beaux jours, la véranda s'ouvre sur le jardin intérieur. L'hiver, vous apprécierez le crépitement d'un feu de cheminée. Les plats sont simples, la cuisine, traditionnelle, est de bonne facture et s'inscrit dans la régularité, avec, parmi les indétrônables d'année en année qui plaisent à la clientèle fidèle de Dominique Orizet, le civet de sanglier aux lardons et petits oignons (supplément de 3 € au menu à 31 €). La carte est volontairement courte, privilégiant les produits frais avec entre autres propositions : ballotine de foie gras de canard, ou ragoût d'escargots aux pleurotes et carottes fondantes puis queue de lotte rôtie. Egalement des plats végétariens. Pour la note sucrée : tarte fine aux pommes. Egalement quatre chambres d'hôtes de charme. Mélange doux entre le parquet blond, les poutres apparentes brutes, des tonalités «argile» assorties au linge de lit, conférant un esprit romantique et reposant, tout en sobriété.

■ CHÂTEAU DE LA COURT D'ARON

✆ 02 51 97 47 26
screve.f@orange.fr

2 chambres (et une suite). Chambre double de 116 € à 166 € ; suite 204 €. Petit déjeuner inclus. Séminaires. Réceptions et mariages.

Dormir dans un château posé au cœur d'un parc à un quart d'heure des plages de La Tranche-sur-Mer, entre Luçon et Talmont-Saint-Hilaire, ça vous dirait ? Les chambres Louis XV et Louis XVI arborent parquets et cheminées en marbre ainsi qu'un coin salon. La suite Rochebrune peut accueillir de 2 à 4 personnes, et possède, elle aussi, un espace salon. Toutes sont meublées d'ancien. Le petit déjeuner vous sera servi dans la salle Renaissance aux somptueuses boiseries. Une superbe demeure même si les chambres et le mobilier mériteraient un petit rafraîchissement.

Grosbreuil

■ CAMPING LA VERTONNE***

La Petite Jariette
575, route de Poiroux
✆ 02 51 22 65 74
www.campinglavertonne.com
camping.lavertonne@orange.fr

Ouvert toute l'année. Terrain de 2,6 ha. 88 emplacements. Exposition : mi-ombragé / ensoleillé. Sol : herbeux. Emplacement de 15 € à 25,50 €. Chalets pour 7 à 9 personnes de 315 € à 680 € la semaine ; chalets pour 5 à 7 personnes de 240 € à 643 € ; chalets jusqu'à 5 personnes de 225 € à 583 € ; mobil-homes pour 4 à 6 personnes de 225 € à 550 € ; mobil-homes jusqu'à 4 personnes de 220 € à 540 €. Jeux pour enfants. Animaux acceptés. Wifi. Restauration (snack – pizzas).

Ce camping traditionnel aux infrastructures simples est situé à 15 minutes des Sables-d'Olonne et de Talmont-Saint-Hilaire. L'accueil qui vous sera réservé par Marie-Anne et Bernard est chaleureux et ils insufflent convivialité et esprit familial. Pour votre hébergement, des chalets de 5, 7 et 9 places, tous équipés d'une terrasse couverte avec son salon de jardin et de tout le confort nécessaire. Les emplacements nus sont assez spacieux et mi-ombragés. A l'entrée du camping, devant la terrasse du bar, une piscine et un espace avec des jeux pour les enfants. C'est sur cette même terrasse qu'ont lieu toutes les animations organisées durant la saison. Toujours pour vos loisirs, une table de ping-pong, un baby-foot… et un terrain de boules. Possibilité de louer une parcelle à l'année et devenir propriétaire d'un mobil-home neuf ou d'occasion. Entre mer et campagne, la situation géographique est intéressante car vous êtes au calme tout en étant à proximité des sites touristiques, d'autant que ce camping est ouvert toute l'année.

JARD-SUR-MER ★★

Située à 20 km au sud des Sables-d'Olonne, la commune de Jard est baignée par l'océan sur 7 km de côte où alternent zones rocheuses – idéales pour la pêche à pied – et plages de sable fin. Composée de petites et de grandes rues où se côtoient de vieilles maisons vendéennes et de coquettes villas modernes, elle peut s'enorgueillir de bénéficier d'un environnement naturel complet. Tout d'abord, Jard possède une zone forestière de 250 hectares – représentant 21 % de la superficie de la commune – composée de pins maritimes et de chênes verts, séculaires. Ensuite, les marais – 85 hectares – refuges d'une faune et d'une flore protégées feront la joie des promeneurs. Outre une grande variété de plages (dont deux surveillées) souvent bordées de chemins piétonniers et de criques paisibles abritées des vents, cette petite station familiale bénéficie d'autres atouts, plus touristiques ceux-là : un port de plaisance de 550 mouillages, une base de départ de planches à voile et dériveurs et quelques spots, paradis des surfeurs. Jard-sur-Mer vous charmera par ses différents paysages : plages, forêt, marais, mais aussi par son joli bourg sans oublier son port.

Points d'intérêt

■ ÉGLISE SAINTE-RADEGONDE

Ouvert tous les jours. Ouvert en dehors des offices religieux.

Dédiée à sainte Radegonde, reine des Francs après son mariage avec Clotaire 1er, cette église rappelle l'exode vers Jard-sur-Mer des bénédictins de Sainte-Croix-de-Poitiers, fuyant en 732 l'avancée des armées sarrasines et emportant avec elles les reliques de sainte Radegonde elle-même. C'est à Richard Cœur de Lion, roi d'Angleterre et comte du Poitou, que l'on doit cet édifice roman achevé en 1198. Il fut fortifié au XVe siècle, puis partiellement détruit par les protestants au XVIe siècle. Il fut rebâti puis modifié, ce qui explique le style gothique de la chapelle de la Vierge. Cette église était autrefois entourée de douves. La voûte en charpente, l'étonnant pilier central au chapiteau en feuilles de palmier et la chapelle de la Vierge forment un très bel ensemble. Son retable et son tableau du Rosaire (peint par Peinus) méritent un coup d'œil.

■ LE MOULIN DE LA CONCHETTE

Rénové il y a quelques petites années, il surplombe le port et, même s'il ne se visite pas, mérite le détour ! L'histoire dit que ce moulin fut construit pour remercier un garçon meunier parti à la guerre à la place du fils d'une riche famille. Une transaction fut faite : le garçon meunier est parti faire les trois années à la place du riche fils ; à son retour de la guerre, il fit fonctionner le moulin, qui dès lors lui appartint.

LA POINTE DU PAYRE ★★★

Voir page 16.

Le couvert

■ LA COQUILLE

1, rue de l'Océan ✆ 02 51 33 42 36

Ouvert toute l'année. Brasserie, bar. Tous les jours. Terrasse.

Situé au cœur du petit port de plaisance de Jard-sur-Mer, l'un des atouts de La Coquille, vous le verrez au premier abord, c'est assurément sa grande terrasse-véranda offrant une vue panoramique à 90 degrés sur la mer et le port de Jard. L'établissement a été entièrement refait l'an dernier, à commencer par la véranda. La nouvelle déco est plus moderne et sympa, c'est grand, et quand il y a beaucoup de monde, on déconseille les dîners en tête-à-tête en plein mois d'août. Vous pourrez prendre un verre dès les beaux jour ou décider d'y manger. Côté

Côte de Jard-sur-Mer.

restaurant, il y a de tout.... En effet, La Coquille propose de la brasserie, des fruits de mer, des crêpes et des pizzas ! La cuisine est simple, il y a énormément de choix, trop sans doute pour proposer des produits frais mais pour ceux qui recherchent les grosses structures et la variété, c'est une alternative.

■ **LE KIMANA**
Place du Moulin-de-la-Conchette
✆ 02 51 33 03 48
Ouvert de Pâques à mi-novembre. Basse saison : ouvert le mardi soir ; du mercredi au dimanche le midi et le soir. Haute saison : tous les jours. Menus de 16,90 € à 26,90 €.
Le nom du restaurant de Cristelle et Pierre-Jean est un souvenir de leurs vacances au Kenya. Il se trouve à proximité du port. La cuisine est traditionnelle, privilégiant produits frais et fabrications maison, tout en y ajoutant une petite touche d'originalité. Les menus permettent de satisfaire toutes les bourses. Parmi les spécialités, nous avons retenu pour les entrées : un tartare d'avocat, de saumon et de crevettes (toujours autant plébiscité), des profiteroles au chèvre et magret fumé (nouveauté) ou une cassolette de fruits de mer au chorizo. A suivre deux nouveautés côté plats : filet de bar juste poêlé sauce beuure blanc au combawa ou brochette de Saint-Jacques chorizo et crumble de tomates, et toujours l'incontournable choucroute de la mer. Gros plan aussi sur les fruits de mer et sur les moules, accomodées selon une dizaine de recettes : à la troussepinette (apéritif vendéen), au pineau ou au pastis, par exemple. Les desserts et coulis sont eux aussi faits maison, avec notamment les nems de banane sauce au Nutella, ou le croustillant de fraises.

Le gîte

■ **CAMPING LA VENTOUSE*****
Rue Pierre-Curie ✆ 02 51 33 58 65
info@campings-parfums-ete.com
Fermé du 30 septembre au 1er avril. 178 emplacements. Exposition : mi-ombragé. Relief : vallonné. Emplacement de 14 € à 27 €. Mobil-homes de 216 € à 825 € la semaine. Roulotte de 247 € à 745 €, Eco-lodge 5 personnes de 196 € à 595 €. Jeux pour enfants. Aire pour camping-cars. Wifi gratuit.
Situé au cœur d'une forêt domaniale de six hectares, le camping de Delphine et Philippe, classé dorénavant 3-étoiles, est à deux pas de la plage et près des commerces et services pour votre plus grand confort. Familial et accueillant, vous l'apprécierez pour son calme mais aussi pour ses infrastructures de qualité, et surtout pour son cadre magnifique en pleine nature. En effet, ce camping ne dénature pas l'environnement naturel préservé dans lequel il se trouve. D'ailleurs, il s'inscrit dans une démarche écologique et utilise des produits naturels non polluants pour le site. Côté hébergements, des emplacements nus bien sûr pour tentes et caravanes, mais aussi la location de mobile homes et de roulottes (sympa !) offrant deux chambres, cuisine équipée, salon, salle d'eau, WC séparés. Autre type d'hébergement, les écolodges. De beaux équipements de loisirs pour ce camping 3 étoiles puisqu'il offre une belle piscine, avec une belle plage pour le farniente et la bronzette, ainsi qu'un court de tennis, et une aire de jeux pour les enfants. Les amoureux d'espace, les puristes du camping et les enfants seront ravis de leur séjour dans ce camping en pleine nature.

■ **CAMPING L'OCEANO D'OR*******
84, rue Georges-Clemenceau
✆ 02 51 33 65 08
info@chadotel.com
Fermé du 21 septembre au 4 avril. Terrain de 8 ha. 450 emplacements. Emplacement + véhicule + 2 personnes de 11 € à 31,50 €. Mobil-homes de 223 € à 903 € la semaine ; chalets de 363 € à 945 €. Club enfants. Wifi payant. Restauration (snack). Animations.
A deux pas des rues piétonnes, la situation géographique de ce camping vous permettra de vous rendre à pied au marché, au centre commercial (environ 400 m) mais aussi à la plage surveillée de Boisvinet (à 1 km). Ce véritable village-club vous propose, sur plus de 8 hectares, 450 emplacements. Sur place, toutes les prestations d'un grand centre animé : aqua-parc, piscine chauffée, activités sportives, restauration sur place, épicerie, soirées à thèmes et musicales, sans oublier les nombreuses activités et animations proposées tout au long de l'été. Les campings de la chaîne Chadotel offrent des prestations de bonne gamme.

Loisirs

■ **LE POULPE – SURF SCHOOL**
Plage de la Mine
✆ 06 84 50 96 17
www.vendeesurfschools.com
philguillet749@hotmail.com
Fermé du 11 novembre au 6 avril. Haute saison : ouvert tous les jours de 9h à 19h. Hors saison : sur réservation. Cours de surf en groupe (incluant matériel et encadrement) : 33 € pour 1h30, 87 € pour stage de 3 jours, 135 € pour stage d'1 semaine. Cours particulier : 50 €/heure.
Cette école possède 2 sites en Vendée, l'un sur la plage de la Mine ici à Jard, l'autre, sur la plage du Veillon à Talmont-Saint-Hilaire à une dizaine de minutes d'ici. Dirigée par des moniteurs agréés et compétents, cette école propose des cours de surf pour tous, débutants et surfeurs plus aguerris. Ici, les vagues sont idéales pour les débutants ou le perfectionnement. Des cours individuels ou en groupe à partir de 10 ans. Pour les débutants, un apprentissage pour acquérir les connaissances fondamentales sur la mer, ses courants, ses dangers, sur les vagues, apprendre à évoluer avec sa planche, glisser à plat ventre dessus, apprendre à ramer, apprendre le redressement, la glisse, comment prendre une direction,... et surtout les règles élémentaires de sécurité. Location de surf et bodyboard à l'heure, demi-journée ou journée, avec location de la combinaison et palmes.

Sorties

■ **JARD ATTRACTIONS**
15, rue du Commandant-Guilbaud
✆ 02 51 33 60 29 – www.sandyjeux.fr
Ouvert aux vacances de Pâques, week-ends de mai et de mi-juin au 14 septembre. Basse saison : ouvert de 14h à 22h. Haute saison : tous les jours de 10h à 1h.
Chaque année, depuis 13 ans, Ludo ouvre ses attractions aux vacanciers et aux familles en quête d'activités ludiques à faire avec les enfants. Le site est à côté du port de plaisance de Jard-sur-Mer. Ainsi outre les jeux de machines à sous, les nombreux jeux électroniques, la pêche aux canards, les jeux cascades ou les «pinces» où vous pourrez gagner des peluches pour ce dernier, ou des lots plus attractifs à remporter sur d'autres types de jeux, vous pourrez également profiter de la structure gonflable qui plaît à tous les enfants ou de la piscine à bulle transparente. Ces attractions se trouvent en contrebas des jeux, tout comme le mini-golf. Et si vous souhaitez découvrir le charmant quartier du port et ses abords de forêt, le meilleur moyen de le faire en famille et de se payer de bonnes tranches de rigolade est encore de louer une rosalie. Si ces attractions vous manquent l'hiver, consultez leur site internet, ils font de nombreuses foires itinérantes dans l'ouest, vous aurez toutes les dates et villes sur www.sandyjeux.fr.

SAINT-VINCENT-SUR-JARD

C'est à Georges Clemenceau Le Tigre, venu habiter ici en 1919, et à sa maison – une bicoque, posée sur la dune, sans prise au vent, avec une terrasse donnant sur la mer et un jardin paisible, aujourd'hui devenue musée – que l'on doit la réputation actuelle de cette commune du littoral Sud vendéen. Mais l'histoire de Saint-Vincent-sur-Jard remonte au-delà de cette époque puisque l'on y recense la présence de mégalithes et de tumulus attestant une occupation humaine dès le néolithique. Plus tard, les Romains y ont établi un poste et les Gaulois un port. Station balnéaire familiale, ses plages de sable fin font la joie des baigneurs, et ses chemins forestiers, les marcheurs et les cyclistes. Quant aux sportifs ils auront le choix des activités : pêche, équitation, planche à voile… Un rendez-vous avec l'histoire face à la mer.

Points d'intérêt

■ **MAISON DE GEORGES CLEMENCEAU** ★
Boulevard de l'Océan ✆ 02 51 33 40 32
Fermé 1er janvier, 1er mai, 1er novembre et 25 décembre. Horaires sous réserve. Ouvert du 15 mai au 15 septembre, tous les jours, 9h30 à 12h30 et 14h à 18h30. Du 16 septembre au 14 mai, tous les jours sauf le lundi, 10h à 12h30 et 14h à 17h30. Dernier accès 60 minutes avant. Gratuit jusqu'à 18 ans (et personne handicapée et son accompagnateur, demandeur d'emploi, sur présentation d'une attestation de -6 mois). Adulte : 5,50 €. Groupe (20 personnes) : 4,50 €. Chiens guides autorisés. Visite guidée (visite commentée à heures fixes, se renseigner. Durée : 45 mn). Boutique. Visite libre des jardins.
En 1919, après la signature du traité de Versailles, Georges Clemenceau décide, à 78 ans, de se retirer sur ses terres vendéennes. Cette maison basse au bord de l'océan atlantique, la «bicoque» c'est ainsi qu'il la surnomme, est restée dans l'état exact où elle se trouvait à la mort de son occupant en 1929. Parmi les souvenirs de l'homme politique, estampes et peintures japonaises, vases asiatiques et divinités bouddhiques révèlent un amateur d'art féru de culture extrême-orientale. Sur la dune, Clemenceau compose patiemment un jardin tout en touches colorées sur les conseils de son grand ami le peintre Claude Monet (1840-1926). Leur correspondance a permis de restituer les plantations en 2006. Il n'hésite pas à y recevoir des personnalités prestigieuses, comme

les ambassadeurs du Japon et des Etats-Unis. La maison est achetée par l'Etat peu après sa mort. Depuis, elle conserve les traces de la présence du «Tigre», ainsi que des témoignages de ses amitiés et de ses passions : littérature, chasse et arts extrême-orientaux.Cette maison fait partie des Monuments nationaux.

Le gîte

■ **HOTEL-RESTAURANT L'OCEAN****
72, rue Clemenceau
Route de la Mer
✆ 02 51 33 40 45
hotel.locean@wanadoo.fr

Fermé du 12 novembre au 28 février. 32 chambres. Chambre double de 73 € à 101 € ; suite de 101 € à 129,50 €. Petit déjeuner : 8 €. Parking. Chambres familiales de 88,80 € à 106 €. Animaux acceptés (6 €/jour). Séminaires. Wifi. Restauration (menus de 22 € à 60 €).

A 50 m de la plage, à côté de la maison de Georges Clemenceau, dans un environnement de premier choix. Là, une maison de caractère abrite un hôtel. Dans la famille Grondin, on se transmet cet établissement de génération en génération, c'est actuellement la troisième. Au centre, la piscine entourée d'un solarium, de terrasses ensoleillées et d'un jardin agréable, invite à la détente. Au restaurant, deux salles, dont une vaste, entourée de baies vitrées, une cuisine régionale est servie laissant la part belle aux poissons et fruits de mer, avec notamment un menu homard, fraîchement pêché du vivier. Les chambres, dont certaines possèdent un balcon avec terrasse, ont été, pour la plupart, entièrement rénovées de façon moderne, les autres restant de conception plus traditionnelle. Elles possèdent tout le confort moderne : tv écran plat, Wifi. Personnellement on a eu un petit coup de cœur pour la chambre qui offre une vue imprenable sur l'océan. Le petit déjeuner se prend dans une véranda lumineuse. Dommage que l'accueil des propriétaires soit parfois en dents de scie.

Campings

■ **CAMPING LA BOLEE D'AIR******
Route du Bouil
✆ 02 51 33 05 05
info@chadotel.com

Ouvert du 5 avril au 20 septembre. Terrain de 6 ha. 280 emplacements. Relief : plat. Emplacement de 15,50 € à 32 €. Mobil-homes de 189 € à 924 € la semaine. Bain bouillonnant, sauna. Mini-golf : 2,30 €, tennis : 5 €/h.

Ce camping fait partie de la chaîne Chadotel qui possède plusieurs campings en Vendée et aussi dans d'autres départements. Il est situé sur la route du Bouil à 900 m de la plage, dans un environnement naturel verdoyant. Plutôt de grande capacité avec ses 280 emplacements, il est composé de 2 piscines chauffées, dont une couverte avec bain bouillonnant, d'une pataugeoire, toboggan aquatique et d'un sauna. Les parcelles sont délimitées par des haies naturelles et l'on vous propose des mobile homes et chalets. Côté loisirs, les petits ne seront pas oubliés avec un club enfants en juillet et août uniquement (à partir de 5 ans) et une aire de jeux, et pour les plus grands : terrain multisports, ping-pong, mini-golf et tennis (les deux sont payants).

La maison de Georges Clémenceau à Saint-Vincent-sur-Jard

LONGEVILLE-SUR-MER ★

Longeville-sur-Mer est l'extrémité du marais poitevin. Trois lieux-dits sont rattachés à la commune : Le Bouil, Les Conches et Le Rocher. Son origine remonterait à l'époque romaine. Pourtant ce territoire de la côte sud vendéenne fut habité bien plus tôt, comme en témoigne la présence de nombreux menhirs. Jusqu'au XVe siècle, Longeville se situait à l'entrée du golfe des Pictons, immédiatement au bord de la mer. Désormais en retrait, elle est devenue une destination balnéaire idéale, avec ses plages du Rocher, du Bouil ou des Conches. Vaste commune, empreinte de sa vocation rurale et agricole, on y cultive encore au village des tulipes et des pommes de terre dans les terrains sablonneux, propices à ces cultures. Elle possède trois plages bien sécurisées qui s'étendent sur 7 km, permettant à chacun de s'adonner aux joies de la mer, de la baignade à la pêche à pied dans les sites rocheux. Sur ses 650 hectares, la forêt littorale est constituée de pins maritimes et de chênes verts, sillonnée par 7 circuits balisés, agrémentés d'un parcours de santé et d'un sentier pédagogique sur la faune et la flore de la forêt et de la dune. Longeville c'est également l'extrémité du Marais poitevin où des promenades en canoë et en barques sont organisées durant l'été.

Points d'intérêt

■ **LA MAISON DU MARAIS**
La Pépière
✆ 06 86 61 14 18 / 06 83 57 89 86
sports-longeville-sur-mer@orange.fr
Fermé du 12 septembre au 1er avril. Basse saison : ouvert le week-end et les jours fériés de 13h à 17h. Haute saison : tous les jours de 10h à 17h. Semi-nocturne tous les mercredis en saison, dernier départ à 19h. Barque de 4 personnes : 24 €, canoë pour 2 ou 3 personnes : 16 €.
Venez découvrir le Marais poitevin le temps d'une balade en barque ou en canoë sur un circuit pédagogique balisé et fléché sur 5 kilomètres (durée : 2h), avec des panneaux explicatifs sur la faune et la flore tous les 300 m. Longeville-sur-Mer, c'est aussi l'extrémité du célèbre Marais poitevin ! Faune et flore spécifiques, paysage atypique, Longeville-sur-Mer joue vraiment avec la diversité ! Et pour découvrir cet espace enchanteur, la maison du Marais guide vos pas ou vos rames, au fil de l'eau, parmi de très nombreux canaux creusés par l'homme, il y a des siècles. La maison du Marais vous accueille et vous explique tout, sur cette nature étonnante. Un livret d'accompagnement vous permettra de vous familiariser avec cette nature caractéristique.

Le couvert

■ **LES FLOTS BLEUS**
Avenue Docteur-Mathevet
✆ 02 51 96 10 78
Basse saison : ouvert tous les jours le midi ; du vendredi au dimanche le soir. D'avril à septembre, ouvert du mardi au dimanche. Terrasse.
C'est au bout d'une belle allée de pins, sur les côtés de laquelle sont disséminés tous les commerces de Longeville, que vous atteindrez ce que vous êtes venu chercher : un petit coin de mer. Pour mieux en profiter, installez-vous donc sur la terrasse de cette crêperie doublée d'un bar. L'intérieur a été entièrement refait et franchement, y'a pas photo : ça a apporté un sacré coup de modernité à cette affaire tenue auparavant par les parents de Sandy. En plus des galettes et crêpes, la carte propose des plats de type brasserie : de grandes salades composées, des omelettes, grillades, moules, sans oublier des burgers avec un pain fait tout spécialement par le boulanger du coin, dont le burger vendéen à base de jambon de Vendée et de reblochon, accompagné de frites et de salade.
Et bien sûr des galettes à composer soi-même ou des spéciales avec parmi les préférées des clients celle à l'andouille de Vire, l'espagnole (au chorizo) ou l'atlantique à base de saumon et de fondue de poireaux. Pour la petite note sucrée, tiramisu ou crêpe au caramel beurre salé et chocolat maison.

Le gîte

CAMPING CLUB LES BRUNELLES*****
541, rue de la Parée
Le Bouil
✆ 02 51 33 50 75
www.ms-vacances.com
camping@les-brunelles.com
Ouvert du 2 avril au 18 septembre 2016. Terrain de 13 ha. 612 emplacements. Exposition : mi-ombragé. Emplacement de 20 € à 51 €. Mobil-homes de 232 € à 1 510 € la semaine. Club enfants. Jeux pour enfants. Salle de bains pour bébés. Connexion Internet. Wifi payant. Restauration. Hammam, bain bouillonnant, sauna. Animations. Terrain multisports. Esthéticienne, masseuse.
Les Brunelles sont une des références vendéennes en matière de camping ! Vous vous apprêtez à passer des vacances dans un camping haut de gamme offrant une multitude de services, du club enfant à l'esthéticienne ! Situé à 700 mètres de la plage, à laquelle vous accéderez par un chemin dans la forêt, vous découvrirez un environnement préservé -malgré ses 612 emplacements ! – avec des équipements haut de gamme dans un cadre arboré et soigné, des prestations uniques en Vendée, où l'animation est reine en toutes saisons… De nombreux équipements et services vous attendent dont un espace aquatique unique en Vendée : une magnifique piscine extérieure de 1200 m², dotée de 9 toboggans (dont 3 réservés aux enfants ainsi que des jeux d'eau), le Space Hole, également un bassin couvert avec sauna, hammam, bain bouillonnant), et une piscine «Zen» (interdite aux moins de 16 ans) pour les amateurs de tranquillité et de natation. Egalement une super salle de fitness, tennis, terrain multisport, ping-pong, boulodrome, club-enfants (ouvert durant

toutes les vacances scolaires), bar, salle de jeux, restaurant, supérette, location de vélos, laverie... Très bien entretenu, excellentes prestations et de nombreux services : le top !

CAMPING LES DUNES****

Les Conches
Route de la Plage
✆ 02 51 33 32 93
www.camping-lesdunes.com
contact@camping-lesdunes.com

Qualité Tourisme. Ouvert du 129 avril au 18 septembre 2016. Emplacement de 18,50 € à 37,50 €. Mobil-homes pour 4 à 5 personnes de 150 € à 882 € la semaine ; mobil-homes pour 6 personnes de 180 € à 994 €. Wifi payant. Restauration (snack). Animations.

Le Camping les Dunes est idéalement situé au cœur d'une pinède, à proximité d'une sympathique plage (avec un accès direct à 800 m), la plage des Conches, très appréciée par les surfeurs entre autre. Détendez-vous au bord de la piscine couverte chauffée avec toboggans et de l'espace aquatique extérieur chauffé, et pour compléter les loisirs de toute la famille, une salle de gym, une aire de jeux pour les enfants ainsi qu'un club leur est réservé. Découvrez les richesses de la région au gré de belles promenades dans cet environnement boisé, à pied, à cheval ou à vélo. Parmi les services proposés : épicerie, bar, snack, wifi payant à la réception ainsi qu'au bar et sa terrasse.... sans oublier les diverses activités et animations, tout ça dans une ambiance familiale, pour vous garantir un séjour réussi. Un camping calme pour les amoureux de la nature.

CAMPING LES RAMIERS**

10, chemin des Pins
✆ 02 51 33 32 21 / 02 51 33 33 81
www.campinglesramiers.com

Fermé du 1er octobre au 31 mars. Terrain de 1,4 ha. 81 emplacements (dont 7 mobil-homes). Exposition : ombragé. Sol : sablonneux / herbeux. Relief : en terrasse. Emplacement de 13 € à 19 €. Mobil-homes de 240 € à 480 € la semaine. Jeux pour enfants. Animaux acceptés (tenus en laisse : 1,80 €). Wifi payant. Restauration (bar-snack en juillet et août).

Voici un camping du littoral simple et traditionnel comme il en reste peu, car il propose uniquement des emplacements nus, plus 6 mobil-homes. Les parents d'Anthony l'ont tenu plusieurs décennies avant lui. Alors l'esprit et l'ambiance famille, ici on connaît. Ce camping, très apprécié pour ses petits prix, compte de nombreux fidèles. Si votre budget vacances est très serré, que vous voulez venir en famille ou en groupe au bord de la mer, c'est ici. Vous serez bien accueillis et la promiscuité ravira les enfants qui se feront des copains et de super souvenirs. Sa situation privilégiée à 1 500 mètres d'une plage de sable fin s'étendant sur 7 km en lisière d'une forêt de pins et chênes verts, en bordure de marais, lui confère un cadre très agréable. Le camping a reçu le classement «Camping Calme» en 2011 par le magazine OT et une recommandation Zoover en 2014. Les jeunes surfeurs apprécient aussi sa proximité avec une école de surf reconnue, Manu Surf, qui propose des stages à Bud Bud, un spot réputé. Pas de piscine mais jeux enfants et accès Internet sur tout le camping. En été, bar-snack avec soirées, concours de pétanque, animations. Simplicité, convivialité et petits prix, que demander de plus ?

Côte de Longeville-sur-Mer.

Loisirs

■ **INSIDE SURF SCHOOL**
Plage des Conches
9, rue des Frênes ✆ 06 79 48 03 88
www.insidesurfschool.com
contact@insidesurfschool.com
Fermé d'octobre à mai. Cours pour enfants : 1h par jour sur 5 jours : 95 €. Cours découverte : 35 € pour 1h. Cours particulier : 55 € pour 1h. Stages de 125 € à 215 € avec location du matériel. Tarifs location, surf : 11h/1h.
Spécialisée dans l'enseignement du bodyboard et du surf, cette école labellisée FFS et EGV vous propose différentes formules en fonction de vos envies : cours particuliers, en couple ou en groupe, stage perfectionnement… Vous pourrez aussi y louer du matériel adapté. Ghislain Vaginay, ancien compétiteur de haut niveau en bodyboard (champion de France) et Brevet d'Etat surf vous accueille de juin à novembre. Des cours "découverte" pour les débutants (enfant et adultes) et des cours de perfectionnement ouverts aux surfeurs et bodyboardeurs plus confirmés. Il propose également hors saison une formule Inside The Road, un stage itinérant de perfectionnement sur 3 ou 5 jours. C'est un stage itinérant sur 3 jours à la recherche de la vague parfaite, le tout capté par la lentille d'une caméra avisée, immortalisant séjour et exploits de chacun.

■ **MANUSURF SCHOOL**
Plage des Conches
769, avenue du Docteur-Joussemet
✆ 06 72 92 04 51
www.manusurf.com
contact@manusurf.com
Découverte du surf 1h30 : 35 € (ou 30 € pour les 5-8 ans). Cours particulier 1h : 60 €. Stages : 95 € pour 3 jours, 139 € pour 5 jours.
L'Ecole française de surf Manusurf school fut la première école de Vendée, créée par Emmanuel de Saint-Remy en 1999. En 2005, Laetitia Tesson rejoint l'aventure. 2007 verra naître le surfcamp et l'école de surf au Maroc, et 2010 le surfcamp en France. Toute l'année, Manu et toute son équipe vous reçoivent sur la plage des Conches et le spot mythique de Bud pour pratiquer le surf, le bodyboard et le S.U.P. Les tout petits et débutants de tous âges découvriront non seulement les joies de la glisse mais apprendront aussi les règles de sécurité face à l'océan et le respect de cet environnement. Les accompagnateurs s'offriront une pause détente dans un transat sur la terrasse couverte face à la vague. Les confirmés pourront se perfectionner à Bud (cours particuliers, support vidéo…). Manusurf organise également des séjours pour les mineurs au surfcamp, une semaine de bonne humeur et de rencontres rythmée par les cours de surf, le skate... Ecole labellisée. Une maison pouvant accueillir de 10 à 13 personnes est également proposée en location à Longeville.

Dans les environs

Le Bernard

Également appelée le Carnac vendéen, la commune du Bernard – à 5 kilomètres d'Avrillé – offre plusieurs sites mégalithiques. Le dolmen de la cour de Breuil et les dolmens de Savatole servent de hors-d'œuvre avant la découverte du dolmen de la Frébouchère, le plus important du département, dont la table centrale, fendue par la foudre, mesurait 9 mètres par 5 pour un poids de 80 tonnes. De type angevin, il possède un portique, une salle rectangulaire, et cette ancienne allée sépulcrale tournée vers le levant reste encore imposante. Un peu plus loin, la fontaine de Saint-Gré semble une mare anodine, mais la vasque installée au pied d'une source surgissant d'une faille du roc et les menhirs tous proches témoignent ici de la présence d'un ancien lieu de pèlerinage.

Dormir dans les arbres

Qui n'a jamais fait de cabane dans les bois ? Et qui n'a jamais rêvé d'y dormir ? Une communion totale avec la nature… Alors si vous ne l'avez jamais fait, ou que vous souhaitez retrouver l'enfant qui sommeille en vous, c'est désormais possible. Entre amis ou en famille, pour une nuit, un week-end ou une semaine, cinq cahutes de 13 m^2, déclinées sur des thématiques différentes (romantique, zen, forestière,...) vous attendent, nichées dans le bois Lambert, aux abords d'un étang, au cœur de la Vendée mégalithique. La cabane en mélèze, isolée et chauffée, est confortablement aménagée (deux lits doubles, salle de bains, kitchenette, terrasse avec ses transats) et peut accueillir jusqu'à 5 personnes. Cerise sur le gâteau, le petit déjeuner vous est livré dans un panier au pied de la cabane ; il ne vous reste plus qu'à le hisser jusqu'à votre antre. Réveillez le Tarzan qui est en vous !

■ **LA CAHUTE NICHEE – INDIAN FOREST**
Le Bois Lambert
LE BERNARD ✆ 02 51 48 12 12
www.lacahutenichee.com
contact@lacahutenichee.com
Ouvert toute l'année. Pour 2 personnes : 135 € à 250 € la nuit.

INDIAN FOREST
Le Bois Lambert

✆ 02 51 48 12 12
contact@indian-forest-atlantique.com
Sortie Moutiers-les-Mauxfaits, direction La Tranche-sur-Mer.

Fermé du 11 novembre au 12 avril. Ouvert tous les jours durant toutes les vacances scolaires. Autres horaires, se renseigner. Tarifs à partir de 23 € (pour 1 seul univers) pour 1 adulte et 16 € pour les 3-11 ans. Les «Immanquables» : 7 € le passage par activité. Pass XL (1 journée) : adultes 33 €, enfants 24 €. Maxi Pass (2 jours) : adultes 45 €, enfants 33 €. Réservation fortement conseillée. Restauration.

Des dizaines d'activités dans les arbres, les airs ou sur l'eau, Indian Forest peut se targuer d'être « le plus grand parc aventures de France ». Activités incontournables en l'air : le Saut pendulaire, Maxi Bungy, Saut du Cascadeur (une chute libre avec réception sur un matelas gonflable). Côté forêt, le parcours Accrobranche (à partir de 5 ans) propose 17 parcours aux difficultés variables, dont la Maxi Tyrolienne offrant une glissade de 2 km. Défi Fun propose des activités à partir de 3 ans : les plus petits pourront venir défier Passe Muraille et ses amis de Fort Boyard, les mercredis au «combat de boue». A faire aussi Les Mystères du Bois Lambert, et d'autres activités comme le mini-golf ou le paintball. Depuis 2014, le Water Jump permet de s'éclater dans l'eau (à partir de 5 ans) : 13 pistes et 9 tremplins pour tester des figures en ski, surf, BMX, bouée, bodysurf. Si on veut faire toutes les activités le prix demeure élevé même si le site a revu sa politique tarifaire à la baisse (ce qui n'était pas du luxe), mais petits et grands passeront des moments inoubliables dans ce très bel environnement boisé. Pour bénéficier des meilleurs tarifs, réservez sur Internet : – 10 %. Possibilité de dormir dans les arbres à la Cahute Nichée.

Saint-Hilaire-la-Forêt

LE CAIRN – CENTRE DE LA PRÉHISTOIRE ★★

Rue de la Courolle – Route de Longeville
✆ 02 51 33 38 38
www.cairn-prehistoire.com

Ouvert du 3 avril aux vacances de la Toussaint. Basse saison : ouvert le dimanche, le lundi, le mercredi et le vendredi de 14h à 18h. Haute saison : tous les jours de 10h30 à 19h. Vacances de printemps et de la Toussaint : tous les jours sauf samedi de 14h à 18h. Gratuit jusqu'à 5 ans. Adulte : 8 € (5 € hors saison). Enfant (de 5 à 14 ans) : 6 € (4 € hors saison). Tarifs réduits : 6,50 € en saison et 4,50 € hors saison. Pass' Famille : 2 entrées adultes + 2 entrées enfants achetées = une 3e entrée enfant offerte. Chèque Vacances. Boutique. Animations. Point Info Mégalithes. Aire de pique-nique. Parking.

Réveillez l'homme préhistorique qui sommeille en vous ! Musée vivant, ludique et pédagogique, le Cairn vous invite à une découverte de la Préhistoire pleine de sensations, à remonter 5 000 ans en arrière et à devenir, le temps d'une journée, de véritables Homo-Sapiens... Vivez l'expérience du feu sans allumettes, découvrez ses salles de musée, son parc arboré, ses reconstitutions archéologiques et participez à des visites passionnantes, des démonstrations hautes en couleur et des initiations pour toute la famille. Tous les jours en saison, des animateurs passionnants vous transmettent leur savoir au travers de reconstitutions, de démonstrations et d'animations participatives. Devenez bâtisseur de dolmen en déplaçant un menhir, puis repartez avec vos poteries et bijoux. En 2016, le Cairn fait encore le plein de nouveautés avec l'exposition «Empreintes et traces de la Préhistoire» : observez dans l'aire de chasse les animaux sauvages en 3D domestiqués par nos ancêtres et assistez à des spectacles sur des thématiques variées, en extérieur. Entrez dans la tribu !

■ **CAMPING LA GRAND'METAIRIE******
8, rue de la Vineuse-en-Plaine
✆ 02 51 33 32 38
www.la-grand-metairie.com
info@camping-grandmetairie.com

Ouvert du 2 avril au 24 septembre 2016. Terrain de 3,1 ha. 172 emplacements. Exposition : mi-ombragé. Emplacement de 14 € à 28 €. Mobil-homes de 126 € à 966 € la semaine. Club enfants. Jeux pour enfants. Bar, restaurant-pizzeria. Sauna. Château gonflable, terrain multisports, pétanque, ping-pong. Ferme avec animaux et potager. Navette gratuite pour la plage en juillet-août.

A 5 km des plages de Jard-sur-Mer, ce camping de la chaîne Flower offre de très belles prestations et services et une attraction unique que les enfants adorent : une jolie mini-ferme où cohabitent chèvres, poules, moutons, et à côté de la ferme, un potager. Côté loisirs, l'espace aquatique chauffé dès avril, avec ses 2 bassins, pataugeoire, une rivière sauvage et sa cascade, son toboggan aqualudique, dont une piscine couverte avec pataugeoire, jeux d'eau et toboggan pour les jeunes enfants, tandis que les ados profiteront du complexe multisports et les mamans de l'espace bien-être ou du sauna. En juillet-août : animations 6 jours sur 7, club enfants pour les 4 à 12 ans (du dimanche au vendredi). Dans un espace naturel, vous séjournerez en mobil-home, chalet ou sur un emplacement nu pour tente, caravane ou camping-car. Des emplacements spacieux, ensoleillés ou ombragés. Dans la continuité de la thématique sur la ferme, la salle du restaurant a été entièrement refaite dans ce style. A la carte, des pizzas maison, des pâtes, le fameux Jambon de Vendée-mogettes, des plats à emporter, et bien sûr la soirée moules-frites chaque mercredi soir. L'été, navette gratuite pour la plage. Un super camping familial !

LA TRANCHE-SUR-MER ★

La commune a en partie gardé l'aspect typique de l'habitat du marais : des maisons basses, toits en tuiles, murs blancs... Trois quartiers extérieurs au centre-ville y sont rattachés : le secteur côtier de la Grière, le hameau de La Terrière installé au revers de la dune et le quartier du phare. La tranquille anse de Maupas offre 13 kilomètres de plages de sable fin face à l'île de Ré, promesse de bronzage, de farniente et de baignade, mais c'est aussi un des hauts lieux de la planche à voile, réunissant les conditions idéales à sa pratique. Les véliplanchistes la surnomment d'ailleurs la petite Californie. La Tranche-sur-Mer a d'ailleurs obtenu le label « Station Européenne de Planche à Voile » en 1991. Cette renommée permet de mettre à disposition des adeptes du « fun » des équipements spécialisés et un centre nautique sur le plan d'eau du Maupas (5,5 hectares) pour l'initiation. La commune

Station Famille Plus

Le label Famille Plus est un label national qualifiant l'accueil et les prestations proposés aux familles et aux enfants dans les communes touristiques françaises. Les 71 communes de France labellisées s'engagent auprès des familles et des enfants à tout faire pour leur assurer un accueil adapté et des vacances réussies ! Trois communes en Vendée bénéficient de ce label : La Tranche sur Mer, Notre-Dame-de-Mont et Saint-Gilles-Croix-de-Vie.
Les 6 engagements pour l'accueil des petits et des grands :

- **Un accueil personnalisé** pour les familles ;
- **Des animations adaptées** pour tous les âges ;
- **Du plus petit au plus grand** : à chacun son tarif ;
- **Des activités pour petits et grands**, à vivre séparément ou ensemble ;
- **Un service médical de proximité** pour les petits bobos ;
- **Des enfants choyés** par les professionnels.

possède également le label « Famille + ». La commune couvre 1 363 hectares aux paysages variés de dunes, des forêts constituant le massif dunaire et des marais (qui occupent 50 % de la superficie du territoire communal et qui se composent de prairies naturelles). Vers la pointe du Groin-du-Cou, 440 hectares de chênes verts et de pins maritimes attendent les amateurs de sentiers ombragés. Pour information, chaque été la population estivale avoisine les 100 000 personnes… A proximité, la baie de L'Aiguillon, les réserves ornithologiques et le Marais poitevin (à découvrir en barque ou canoë) à deux pas, offrent des balades très agréables.

■ OFFICE DE TOURISME

Place de la Liberté ✆ 02 51 30 33 96
www.latranchesurmer-tourisme.fr
Basse saison : ouvert du lundi au vendredi de 9h30 à 12h30 et de 14h à 18h ; du lundi au samedi de 9h30 à 12h30 et de 14h à 18h30 ; le dimanche de 10h30 à 12h30. Haute saison : du lundi au samedi de 9h30 à 19h ; le dimanche et les jours fériés de 10h à 13h et de 16h à 19h. D'octobre à mars : fermeture à 18h en semaine et à 17h le samedi.

- **Autre adresse :** Bureau saisonnier : Passage G.-Clemenceau, La Grière

Estacade – La Tranche-sur-Mer

Le couvert

■ LE BLUE MOB

26 bis, avenue Maurice-Samson
✆ 09 81 19 18 19

Ouvert de mi-février à début octobre. Basse saison : ouvert du jeudi au lundi. Tous les jours de la semaine pendant les vacances. Formule hebdomadaire (hors vacances scolaires) : 14 € en 2 plats ou 18 € de l'entrée au dessert. Terrasse. Concerts. Coin jeux pour les enfants.

Une jolie découverte ce Blue Mob ! Une mob rose d'ailleurs, garée sur la très agréable terrasse mi- ombragée surélevée, équipée d'une charmante pergola où il fait bon s'installer aux beaux jours. On aime l'atmosphère bon enfant qui règne ici. C'est jeune, frais, moderne, innovant, festif, sincère : véritable reflet des personnalités de Guillaume et Natacha ! Et ça se résume ainsi : une cuisine maison bien faite et de la convivialité. Mais le Blue Mob c'est aussi des soirées musicales toute l'année (jazz, pop-rock, chansons françaises) et une librairie solidaire : déposez vos livres, achetez-en, l'intégralité de la vente ira à une association locale. L'autre atout de la salle relookée en 2015 : une cheminée et un coin enfants avec des jeux. La carte reflète aussi l'esprit du lieu : après le mojito du Barman (recette non divulguable malgré nos demandes répétées) et des tapas, choisissez l'une des spécialités de poissons entiers à la plancha, sardines grillées, moules, ou alors le sashimi de bonite, tartare de bœuf du Blue Mob (pesto, anchois,...) ou le Savoie Burger au reblochon. Et pour conclure cette douce soirée sur fond musical : brioche façon pain perdu et caramel au beurre salé.

■ CAFETERIA L'EQUIPAGE

33 bis, avenue Maurice-Samson
✆ 02 51 30 06 34 – www.lequipage.fr
contact@lequipage.fr

Ouvert de mars à mi-novembre. Ouvert tous les jours. Accueil des groupes. Chaises bébé. Terrasse. Vente à emporter.

L'extraordinaire rapport qualité-prix et son emplacement surplombant la plage attirent chaque année plus nombreux les amateurs de l'Equipage. David, au bar, et Benoît, le chef, tiennent bon la barre de ce navire aux deux grandes terrasses (au rez-de-chaussée ou à l'étage) avec vue imprenable sur la mer, accueil aimable, cuisine familiale, choix, service rapide et petits prix ! L'Equipage se distingue des cafétérias classiques par la qualité de sa cuisine. Les grillades, salades, moules, pizzas (le soir, l'été) ou la rôtisserie côtoient des plats plus élaborés : cassolette de Saint-Jacques, pavé de thon au beurre balsamique l'été, tartare haché minute, brochettes de canard, accompagnés de bons gratins ou l'excellent tajine de poulet au citron. Sans oublier couscous le samedi et paella le jeudi. Ne faites pas l'impasse sur les desserts : juste-cuit au chocolat, tiramisu framboises, baba au rhum, tartes maison (fraises ou citron), cookies pour les enfants. Tous les plats peuvent s'emporter. Et aussi des desserts, sur commande. Dégustez les délicieuses crêpes, comme la caramel beurre salé maison, au bar de la terrasse.

Avec un tel rapport qualité prix, l'Equipage va encore faire des heureux !

■ HOTEL DE L'ATLANTIQUE

9, avenue de la Plage ✆ 02 51 30 30 15
www.hoteldelatlantique.fr
contact@hoteldelatlantique.fr

Ouvert toute l'année. Hôtel-Restaurant, bar. Tous les jours. Menus : 17 €, 20,40 € et 28,60 €. Menu enfant : 9,30 €. (menu du jour : 12 € servi hors saison). 10 chambres de 2 à 4 personnes. Pour 2 personnes de 53,60 € (hors petit déjeuner) à 94,60 € en haute saison (petit déjeuner inclus en haute saison). Gîte-hôtel : de 101,60 € à 124,60 € la nuit. Terrasse. Wifi ; ordinateur à disposition au bar.

Derrière la jolie façade années 1920, vestige de l'époque des bains de mers, cet établissement à l'ambiance chaleureuse réunit un hôtel de 10 chambres, un restaurant et un bar. Situé au cœur de la station balnéaire et ouvert toute l'année, l'Atlantique est un lieu de vie : on s'y retrouve le matin après son marché, le midi, les commerciaux plébiscitent le menu du jour à l'excellent rapport qualité-prix, servi en semaine hors saison. Le soir, les deux terrasses sont prises d'assaut et il règne ici un bel esprit de vacances. D'année en année, outre les rénovations (chambres, restaurant...), la cuisine a elle aussi évolué. L'Atlantique met un point d'honneur à proposer une cuisine de terroir et de bord de mer, faite majoritairement à partir de produits frais, à l'image du poisson du jour. Parmi les spécialités : plateaux de fruits de mer, choucroute de la mer, moules en saison ou variation de viandes fumées maison. Autre alternative, le petit camembert rôti et sa charcuterie ou les grosses salades. Côté desserts, le jour de notre passage : profiteroles maison ou ananas rôti au miel sur biscuit sablé. Hors saison, l'Atlantique propose des tarifs adaptés pour vos repas de groupe.

■ LE GRILL DE LA FORGE

38, avenue de la Plage ✆ 02 51 30 12 99

Ouvert tous les jours d'avril à fin octobre. Formules rapides le midi, autres menus à partir de 16 €. Accueil des groupes. Terrasse.

Habillé de pièces uniques créées par un forgeron, ce restaurant spécialisé dans les grillades a ainsi conservé l'âme de l'ancienne forge que ces murs abritaient auparavant. Des grillades de viandes, allant du pavé de rumsteak au chabichou à l'onglet à l'échalote en passant par la côtelette de bœuf (pour 1 personne) avec frites et salade et sauce au vin. La carte propose aussi une déclinaison de moules. Les grandes salades, comme la Fraîcheur (fruits et légumes) ou la Gourmande (gésiers, filet de canard, jambon de Vendée) et le tartare de bœuf haché minute apporteront la touche rafraichissante quand vous déjeunerez sur la petite terrasse devant l'entrée ou sur la terrasse couverte (chauffée), plus vaste. Autre alternative, les burgers maison : le classique, le vendéen ou le spécial Forge, à accompagner d'un des vins de la carte faite en collaboration avec un sommelier. Ajoutons qu'en semaine, hors saison, un plat du jour vient compléter l'offre des autres menus et formules rapides du midi. En juillet et août, service non stop. Retenez que l'adresse peut accueillir des groupes jusqu'à 40 personnes. Une adresse sympa, conviviale et généreuse.

■ L'ETAGE

10, rue Aristide-Briand

✆ 02 51 30 01 02 / 06 84 60 70 33

Ouvert toute l'année. Tous les jours. Terrasse. Cheminée.
Cadre agréable et ambiance chaleureuse insufflée par Nicolas et Caro, pour cette adresse très sympa. Le cadre : une maison à étage devant laquelle s'avance une petite terrasse dans la rue, une salle, en bas, avec en pièces maîtresses un beau zinc et une grande cheminée dans laquelle crépitent les grillades, spécialités de l'Etage et quelques marches plus haut, une autre petite salle. Marque de fabrique du lieu : la générosité et la bonne humeur. De la générosité à l'image de la méga côte de bœuf grillée. Affichées au tableau les suggestions s'annoncent ainsi : terrine maison, carpaccio de saumon et tartare pour la note rafraîchissante, seiche grillée et le plat typique à essayer : l'éclade de moules et frites maison. Tous ces plats sont faits à la cheminée bien sûr ! Sur réservation, sont proposés d'excellents tajines : seiche, poulet et légumes. Les desserts sont fameux et tous de fabrication maison comme le tiramisu au Nutella ou panacotta abricot basilic.

■ LA PAILLOTE

10, rue du Perthuis-Breton

✆ 02 51 27 40 49

Fermé d'octobre à avril. Carte : 30 € environ. Terrasse.
Troisième saison pour Michael à la tête de La Paillote. De l'autre côté du parking qui fait face à la plage et au centre nautique, cette Paillote est un véritable petit resto de vacances avec tout ce que cela implique. Il ne faut pas se fier à la simplicité du cadre, mais retenez plutôt la générosité des assiettes, l'exotisme des plats, l'aire de jeux sur le sable pour les enfants et la convivialité du service. Là où La Paillote se démarque, c'est vraiment par sa carte et ses plats inspirés des voyages de Michael. Une carte qui fait le grand écart entre une cuisine d'ici et d'ailleurs, puisqu'elle propose aussi bien des moules en été que des pizzas et des burgers, ou un travers de porc cuit au foin, tout autant que des plats métissés, comme les nouilles sautées aux gambas (copieusement servies) le jour de notre passage, un tartare de saumon à la noix de coco ou un korma de poulet avec son naan à la coriandre. La Paillote est une vraie alternative aux cartes traditionnelles qui nous propose de voyager au-delà des frontières.

■ PIZZA RICO

5, rue Victor-Hugo

✆ 02 51 27 41 40

pizzarico@wanadoo.fr

Fermé du 11 novembre au 20 décembre.
Pizza Rico a 25 ans. Sacrée longévité pour ce restaurant aux spécialités italiennes, tenu en famile. La déco simple, aux couleurs de la Botte, marque les traditions. Mais c'est dans l'assiette que l'Italie se révèle avec des recettes transmises par la grand-mère de Lino comme le piato del capo (l'équivalent de l'osso-buco avec la touche personnelle). Autres spécialités : spaghettis aux St-Jacques et gambas, spaghettis au monte-bianco. Les viandes sont bonnes, à l'image du tournedos Rossini, mais notre préférence va au filletto Forza Italia, dont la clé de la recette est cachée au fond d'un puits… On n'en dira pas plus : essayez, vous ne serez pas déçu. Accompagnez-le d'un montepulcino, un vin sicilien réputé et clôturez le repas par l'indétrônable tiramisu. Les amateurs de pasta choisiront les grosses ravioles aux écrevisses et asperges ou les fagottini di Parma. Côté pizza, goûtez la superlino (chorizo, copa, mortadelle, jambon de Parme). L'été, il n'est pas rare que le personnel enfile son déguisement pour mettre l'ambiance.

Centre-ville La Tranche-sur-Mer.

LE POUSSE-PIED
84, boulevard des Vendéens
✆ 02 51 56 23 95

Ouvert toute l'année. Basse saison : le lundi midi ; du jeudi au dimanche le midi et le soir. Haute saison : tous les jours. Réservation recommandée. Formule du midi : 16 € (de l'entrée au café, servie en semaine uniquement). Menus : 29 € et 35 €. Terrasse.

Une belle découverte ce Pousse-Pied ! Situé dans le quartier de la Grière, il a ouvert ses portes en décembre 2013, et a de suite récolté tous les suffrages. Le cadre est moderne, sobre. A côté du bar, un coin lounge qui dès les beaux jours s'ouvre sur la terrasse. A la tête du Pousse-Pied, Charles et Anthony, le chef, qui a notamment fait ses armes auprès d'Alexandre Couillon, le chef doublement étoilé de Noirmoutier. Revenons à la cuisine d'Anthony Lumet, qu'il qualifie de «cuisine bistroïdée», et pour cause, la carte est essentiellement axée sur les produits de la mer. Cuisine fine et inventive, où tout est frais, et chaque produit soigneusement travaillé. C'est sobre pour mettre toute la lumière sur le produit. Impossible de se lasser, la carte change constamment, plusieurs fois par mois. Les suggestions d'entrées, plats et desserts sont au nombre de 3, avec le jour de notre passage : un mets rare, des couteaux en entrée accompagnés de jeunes légumes et beurre d'oursins, puis filet de merlu, risotto au citron confit. Avant le repas, des petits bigorneaux pour patienter (c'est mieux que les olives !). Et pour clore cette parenthèse gourmande, un dessert aux fruits de la passion. Très bon point pour le menu du marché à 16 € : rapport qualité-prix top ! !

Le gîte

HOTEL DE L'ATLANTIQUE**
9, avenue de la Plage ✆ 02 51 30 30 15
www.hoteldelatlantique.fr
contact@hoteldelatlantique.fr

Ouvert toute l'année. 10 chambres de 2 à 4 personnes. Pour 2 personnes de 53,60 € (hors petit déjeuner) à 94,60 € en haute saison (petit déjeuner inclus en haute saison). Gîte-hôtel : de 101,60 € à 124,60 € la nuit.

L'Hôtel de l'Atlantique est l'un de ces petits établissements dont la façade témoigne encore de l'époque des bains de mer du début du siècle dernier. En plein centre de La Tranche-sur-mer, cet hôtel de 10 chambres abrite aussi un bar et un restaurant avec deux terrasses. L'Atlantique a été rénové petit à petit d'année en année et il s'en dégage un vrai esprit vacances de bord de mer, avec ses chambres aux couleurs fraîches. Le restaurant propose une cuisine privilégiant les produits frais, avec une prédominance des produits de la mer. Sur 2 étages, les chambres sont mignonnes, lumineuses, équipées de couettes colorées et certaines possèdent un balcon. En 2015, les rénovations concernaient les douches : toutes ont été refaites. Indépendamment, vous pouvez aussi louer un gîte-hôtel donnant sur la terrasse du restaurant. Cette petite maison de ville de 30 m² apporte la souplesse du gîte (kitchenette équipée, vacances à votre rythme), et la possibilité d'accéder aux prestations de l'hôtel et du restaurant (location à la nuitée, repas...). Il dispose de deux pièces et d'une salle de bains avec douche et WC, une kitchenette, la TV, le wi-fi et propose 6 couchages.

HOTEL LES COLS VERTS***
48, rue de Verdun ✆ 02 51 27 49 30
www.hotelcolsverts.com
info@hotelcolsverts.com

Logis (2 cheminées). Ecolabel européen. Ouvert du 2 avril au 1er octobre 2016. 29 chambres (et 8 studios et appartements). Chambre double de 62 € à 108 € ; suite de 99 € à 149 €. Demi-pension. Petit déjeuner buffet : 11 € (ou formule express à 6 €). Parking. Studio 2/3 personnes : de 290 € à 645 €. Studio 4/5 personnes : de 340 € à 710 €. Duplex 2 pièces : de 380 € à 830 €. Animaux acceptés (5 € par jour). Wifi gratuit. Restauration (du 4 juin au 18 septembre 2016). Bain bouillonnant, sauna. Salle de massages.

Saluons l'initiative de cet établissement qui bénéficie de la labellisation environnementale européenne : «l'Eco-Label», avec des engagements stricts tant en matière d'économies d'énergies, que de réduction des déchets et d'améliorations générales de l'environnement. Situé au cœur d'une pinède, dans le quartier résidentiel de la Grière, à 150 m de sa plage, cet établissement possède des atouts non négligeables : piscine couverte chauffée, bain bouillonnant, solarium, sauna – payant. A disposition, un espace bien-être à la piscine propose massages, shiatsu, réflexologie. Les chambres, desservies par un ascenseur, sont confortables, bien décorées, certaines ayant un balcon donnant sur le jardin. Certaines chambres ont une déco plus actuelle que d'autres. On apprécie la déco des suites. La suite confort offre un coin chambre, salle de bains, ainsi qu'un salon détente avec un canapé-lit, télé par satellite à écran plat, lecteur DVD, mini-coffre, mini-bar, bureau et balcon. Pour ceux qui le souhaitent, le petit déjeuner propose des produits bio. Le restaurant est ouvert du 4 juin au 18 septembre 2016. On vous y propose un menu du jour et une mini-carte.

Campings

■ **CAMPING LA BELLE HENRIETTE*****
163, boulevard du Maréchal-de-Lattre-de-Tassigny ✆ 02 51 30 33 51
www.campingbellehenriette.com
contact@campingbellehenriette.fr

Accueil vélo. Ouvert du 1er avril au 30 septembre. 226 emplacements. Exposition : mi-ombragé. Emplacement de 17,30 € à 22,30 €. Mobil-homes de 195 € à 799 € la semaine. Wifi payant. Restauration (snack, pizzas). Terrain multi-sports, aire de fitness de plein air, salle de jeux.

Ce camping, labellisé « Accueil vélo », est situé face à la mer, à 400 m de la plage, accessible par un sentier piétonnier quand les coefficients de marée sont inférieurs à 80 et à 1 500 mètres le cas échéant. La grande nouveauté 2016 c'est un tout nouvel espace aquatique avec piscine couverte plus un toboggan et l'attribution d'une 3e étoile à ce camping situé face à la lagune. À côté de la piscine le snack-bar propose des plats à emporter et pizzas. Les jeunes pourront se défouler sur le terrain multisports ou sur l'aire de fitness en plein air, tandis que les autres seront dans la salle de jeux. L'ambiance est familiale et des animations diverses sont proposées. La majeure partie des emplacements est ensoleillée, et plus d'une cinquantaine d'entre eux est réservée aux tentes et aux caravanes (de mi-juin à début septembre). Autre alternative, les Ecolodges, mi-cabane, mi-tentes, qui raviront les enfants, et toujours des mobil-homes de 1 à 3 chambres, équipés d'une terrasse bois avec pergola. Le wi-fi est disponible sur l'ensemble du camping. Un bon point : toutes les heures une navette gratuite vous conduit vers le centre-ville à 5 km d'ici, et ce de 10h à minuit en juillet-août.

■ **CAMPING LES JONQUILLES*****
La Grière-Plage
Chemin de la Coulée ✆ 02 51 30 47 37
www.campinglesjonquilles.com
lesjonquilles@gmail.com

Ouvert du 1er avril au 30 septembre. Labellisé Famille Plus. Terrain de 5,5 ha. 331 emplacements (dont 150 locatifs). Exposition : mi-ombragé. Emplacement + véhicule + 2 personnes. Mobil-homes de 270 € à 640 € la semaine. Selon la capacité et la saison. Club enfants. Wifi. Hammam, bain bouillonnant, sauna. Animations. 2 terrains multisports.

Les Jonquilles, c'est avant tout un esprit ! Plaisir, convivialité, bonne humeur : c'est ça l'Esprit jonquilles ! Mais pas seulement : vous êtes dans un camping familial très bien tenu et qui fait partie des bonnes adresses de l'hôtellerie de plein air en Vendée. Situé à 800 m de la plage, il regroupe 333 mobile homes (dont 150 locatifs) sur une superficie de 5 ha. De quoi se détendre et s'amuser avec un bel ensemble aquatique, avec 2 piscines chauffées dont une couverte, pataugeoire et toboggan aquatique, mais aussi sauna, Jacuzzi, hammam, salle fitness, 2 terrains multisports, pétanque,... et des animations. Sans oublier les petits avec un club-enfants (le camping est labellisé Famille Plus), et des animations pour les plus grands autour de soirées thématiques super conviviales : attention, souriez, vous serez peut-être sur le site Internet ! Un très bon camping sur tous les points tant au niveau de la propreté, de la qualité des infrastructures que des services proposés et de l'accueil souriant et dynamique de Thierry et Valérie, Lolo et Cyrille qui tiennent Les Jonquilles depuis 30 ans.

■ **CAMPING SABLE D'OR******
La Terrière – Rue du Marais
© 02 51 27 46 74 / 06 11 53 08 84
camping-le-sable-d-or@orange.fr

Terrain de 5,5 ha. 270 emplacements. Exposition : mi-ombragé. Sol : herbeux. Relief : plat. Emplacement jusqu'à 32 €. Mobile homes de 225 € à 880 € la semaine ; chalets de 280 € à 925 €. Club enfants. Jeux pour enfants. Wifi. Restauration (en juillet et août). Hammam, bain bouillonnant. Animation.

Mado a créé ce camping, bien fleuri, parfaitement entretenu en 1989. La plage est à 1800 m. Sur 5,5 ha arborés et herbeux, les 270 emplacements délimités par des haies touffues bien taillées proposent la location de mobil-homes (récents ou plus anciens), de chalets (dont 2 pour personnes à mobilité réduite) et d'emplacements nus. Tous les locatifs sont équipés de tv. Côté loisirs, un beau complexe aquatique bien fleuri comprenant piscine extérieure avec Jacuzzi, toboggan aquatique, pataugeoire avec de multiples jeux d'eau très ludiques pour les enfants, une piscine intérieure avec Jacuzzi, hammam, salle de fitness, et à l'étage, un institut esthétique et un salon de coiffure. Et devant la piscine une volière ! Ça n'est pas fini puisqu'il y a aussi un bar, un tennis, boulodrome et terrain multisports ainsi que 3 aires de jeux enfants. Vous croiserez aussi des poules et des canards. Vous ne vous ennuyerez pas sans compter les nombreuses animations proposées.

■ **LE GRAND PRE****
1, chemin des Aigrettes
La Terrière © 02 51 30 35 75
www.camping-grand-pre.com
contact@camping-grand-pre.com

Fermé d'octobre à mars. Ouvert du 1er avril au 30 septembre. Terrain de 3,5 ha. 170 emplacements. Exposition : mi-ombragé. Emplacement + véhicule + 2 personnes de 16,30 € à 20,42 €. Mobil-homes pour 5 à 6 personnes de 231,25 € à 610,40 € la semaine ; mobil-homes pour 1 à 4 personnes de 189,75 € à 582,20 €. Jeux pour enfants. Animaux acceptés. Restauration (snack en juillet-août). Bain bouillonnant.

Votre budget vacances est serré ? Alors ce camping simple aux prestations deux étoiles est fait pour vous. Une clientèle d'habitués vient ici chaque année, pour planter sa tente ou poser sa caravane et profiter de vacances à deux pas des plages à faible coût. Le parc est bien arboré, avec pas moins d'une trentaine de variétés d'essences d'arbres. Une vingtaine de mobil-homes de 1 à 4 ou de 4 à 6 personnes, avec terrasse couverte, sont à louer, le reste des emplacements étant réservé aux résidents. Situé à 2,5 km de la plage, dans le quartier de La Terrière, ce camping traditionnel dispose d'une piscine chauffée découvrable. Côté services, on trouve une petite supérette et des plats cuisinés. Pour vos loisirs, des animations autour de la pétanque, loto et soirées musicales, une aire de jeux pour les enfants et une salle de jeux avec billard et Baby-foot.

PARCE QUE VOUS ÊTES
UNIQUE...
... VOUS RÊVIEZ D'UN GUIDE
SUR MESURE
Mon guide sur Mesure
Pour votre prochain voyage, créez votre guide Petit Futé sur mesure
Un guide unique pour un voyage unique !
Comment faire ?
A VOUS DE JOUER !
my petit fute
mon guide sur mesure
WWW.MYPETITFUTE.COM
© Martin Valigursky_shutterstock.com

Spots de glisse

La Tranche peut s'enorgueillir de posséder parmi les meilleurs spots de glisse de la côte vendéenne et ce ne sont pas les amateurs de surf qui vous diront le contraire ! Ainsi, les cinq spots suivants permettent aux débutants comme aux plus confirmés de s'adonner aux plaisirs de la glisse :

- **La Terrière Nord et Sud :** spot de surf et de bodyboard
- **Spot du Corps de Garde :** kitesurf
- **Le Phare :** kitesurf et funboard
- **Spot des Génerelles :** funboard et bodyboard
- **L'Aunis :** funboard et catamaran, (initiation vagues et kitesurf hors saison).
- **L'Embarcadère** (en face du plan d'eau) : surf hors saison, planche à voile et catamaran.
- **Plan d'eau :** initiation planche à voile, optimist

Loisirs

■ CERCLE NAUTIQUE TRANCHAIS

Route de l'Embarcadère
✆ 02 51 27 44 14
www.cntranchais.fr
cntranchais@orange.fr
Ouvert toute l'année.
Le Cercle Nautique Français (CNT) est affilié à la Fédération Française de Voile, de Surf et Vol libre. L'équipe est composée de moniteurs Brevet d'Etat dans le cadre de l'Ecole Française de Voile, de Surf et de Kite Surf. Prestataire engagé dans la démarche Famille Plus, le CNT est ouvert toute l'année. La station dispose de cinq spots proches les uns des autres. Parmi les activités proposées : planche à voile, catamaran, surf, stand-up paddle, kite-surf et pour les enfants : mini-catamarans (à partir de 11 ans), optimist (à partir de 7 ans), surf (à partir de 8 ans) et planche à voile (à partir de 7 ans). L'été, le Cercle nautique tranchais propose des stages d'une semaine. Le centre nautique possède une aire de rinçage pour le matériel. Le plan d'eau de 6 hectares est idéal pour les initiations à la voile.

■ KOA SURF SCHOOL

Plage de la Terrière
✆ 06 12 57 29 51
www.koasurfschool.com
Ouvert toute l'année. Surf : cours collectif de 35 € à 38 € selon la saison pour 1h30, et 55 € en cours particulier. Stages week-end ou sur 5 jours de 55 € à 135 € selon le stage et la saison.
Le nom de l'école est issu d'une essence de bois rare, le KOA. C'est dans ce dernier que les Hawaïens fabriquèrent dès l'origine leurs planches de surf dont le principal inconvénient était le poids. Il n'était pas rare en effet de trouver des planches avoisinant les 90 kg. Située sur la plage de la Terrière, cette école propose des cours de surf, pour tous âges, du débutant au confirmé. Sur l'une des meilleures plages de Vendée pour la pratique de ce sport, venez découvrir les joies de la glisse, perfectionner votre style et vos manœuvres. Equipé avec du matériel hautement performant (Bic pour le surf, Pride pour le Bodyboard) on vous donne ainsi les moyens de progresser à la fois rapidement et sereinement quelque soit votre niveau. «Spécial jardin des vagues» : de 5 à 8 ans. Tous les cours sont encadrés par des moniteurs titulaires du Brevet d'Etat et affiliés à la DDJS.

■ VENDÉE KART

D747
✆ 02 51 30 89 96
www.vendeekart.fr
vendeekart@orange.fr
Fermé du 15 décembre au 15 mars. Basse saison : ouvert tous les jours de 10h à 12h et de 14h à 19h. Haute saison : tous les jours de 10h à 22h. Karting : 16 €, junior : 12 € les 10 minutes. Carnet de 10 (validité 1 an) : 140 €, junior : 100 €. Forfait famille, formule Anniversaire, challenges, tarifs groupes. Chèque Vacances.
Ce karting est situé à 5 minutes de La-Tranche-sur-Mer, sur l'axe principal D747 La-Tranche/La-Roche. Claire et Alain vous accueillent sur un circuit de 760 mètres, homologué F.F.S.A. Une initiative sympa : plongez-vous dans l'ambiance d'une course pour un challenge entre amis et repartez avec le film de votre équipée sauvage sur clé usb ou cd. Vous êtes équipé d'un casque-caméra embarquée qui filme en hd le pilote et le circuit. Tout l'été, des courses et challenges sont organisés chaque jour. Du plaisir pour toute la famille, avec à partir de 7 ans, de l'initiation au pilotage sur des kartings sécurisés et performants. Depuis l'an dernier location de quad, balades accompagnées (réservation obligatoire à l'accueil du circuit). Et pour les amoureux du farniente, un bar, une terrasse et un snack sont à disposition. L'accueil est charmant. Afin d'éviter l'attente, pensez à réserver.

En effet, au début du XIe siècle, de multiples incursions normandes créent un sérieux climat d'insécurité dans la région provoquant un dépeuplement important. Pour se prémunir de ces invasions, on construit la tour de Moricq. C'est dans un contexte de repeuplement que la cité angloise a connu sa fondation vers 1075 grâce à l'établissement, sur les ruines d'une ancienne villa gallo-romaine, de l'église Santa Maria de Anglis (Sainte-Marie des Anges).

■ ÉGLISE SAINTE-MARIE-DES-ANGLES ★

Joyau de l'art roman et gothique, elle constitue l'un des plus beaux édifices religieux de Vendée de par sa remarquable architecture de style Plantagenêt – XIe et XIIe siècles. Cette perle romane ravit les esthètes, mais inspire tout autant le mystère lorsqu'on découvre tour à tour les masques grimaçants de modillons omniprésents, trois étranges statues privées de leurs pensées, une crypte bien obscure, sans oublier l'arrogante « malebête » toisant le visiteur du haut de son fronton…

■ L'OCTROI ★

C'est un petit pavillon situé sur le canal des Bourrasses dont il tire tout son charme. Cet ancêtre du péage a été restauré afin d'assurer sa pérennité, pour le plus grand bonheur des promeneurs, des photographes et des peintres…

■ LA TOUR DE MORICQ ★

Angles est un charmant village à l'embouchure du Lay, aux monuments chargés d'histoire et de légendes. Fière et imposante, la tour de Moricq veille sur Angles, entourée de mâchicoulis et autres échauguettes. Tour de défense militaire, prison politique ou simplement grenier à blé ? Un peu tout cela. En réalité, un épais mystère plane sur cette tour classée Monument historique depuis 1908. Elle a été bâtie en 1435 par les seigneurs du fief de Talmont. Elle est actuellement en cours de rénovation. Visites guidées en juillet et août.

■ LA CAMBUSE

7, square Docteur-Pierre-Prévost
✆ 02 51 30 22 48

Fermé d'octobre au 30 mars. Basse saison : ouvert du mercredi au dimanche le midi et le soir. Haute saison : du mardi au dimanche. Mi-saison : fermé lundi et mardi. Menus de 18 € à 29 €. Formule du midi : 13,50 €. Terrasse. En saison : tous les vendredis soirées concert guinguette. Wifi gratuit.

La Cambuse de Johan Vrignaud est à deux pas de l'église. Ce chef qualifié, cuisinier depuis 29 ans, est installé à Angles depuis 8 ans après avoir longtemps tenu une bonne table à La Tranche. Ici, dans une toute petite salle, qui se prolonge sur la terrasse dès les premiers beaux jours, le chef nous a régalé le jour de notre passage d'une tarte au boudin noir et pommes et d'un poisson du jour. Mais les spécialités de La Cambuse ce sont indéniablement les anguilles persillées et les cuisses de grenouilles (réservation souhaitée sur ces plats). En plus de quelques viandes et pâtes, la pizzeria du Grand Miam qui jouxte le restaurant vous proposera un bon choix de pizzas. A la belle saison, des soirées concert «Guinguette» sont organisées. En été, chaque vendredi (plus le mardi en août), c'est soirée paëlla ou choucroute. Le décor est simple, mais les portions généreuses, la cuisine de bonne qualité, les recettes inventives, et avec en plus une formule du midi à seulement à 11 € (avec plat et entrée ou dessert du jour). Aussi, eu égard à tous ces atouts et compte tenu du nombre limité de couverts, nous conseillons la réservation si vous voulez manger dans cette bonne cambuse-là !

■ AUBERGE DE MORICQ**

ZAC La Dugeonnière II
6, rue de l'Avenir ✆ 02 51 56 68 30
aubergedemoricq@orange.fr

Logis. Ouvert toute l'année. Restaurant fermé tous les soirs sauf vendredi et samedi hors saison. Ouvert 7j/7 de mai à mi-septembre. 7 chambres (dont 2 familiales). Chambre double 67 € ; chambre triple 77 €. Petit déjeuner : 6,50 € (ou 9,5 €). Chambre pour 4 personnes : 82 €. Wifi payant. Restauration (menus de 11 € -le midi, semaine- à 30 €).

Cet hôtel restaurant de 7 chambres a été créé en avril 2010 et offre donc tout le confort des ensembles neufs. Devant l'établissement situé à deux pas du centre d'Angles et à 7 km des plages, l'atout du lien : une piscine sous une véranda qui s'ouvre dès les beaux jours, une terrasse pour y déjeuner, ainsi qu'un parking. Le bâtiment se divise en un restaurant aux spécialités de grillades et de plancha, et au bout un hôtel moderne de 7 chambres de plain-pied. Chambres sobres aux tonalités de blanc cassé et chocolat, spacieuses (environ 14 m^2) et confortables, équipées de jolis sanitaires avec bains ou douche, tv écran plat. En revanche, pas d'armoire fermée pour le rangement et une connexion internet payante. Bonne literie équipée d'une couette.

LA FAUTE-SUR-MER ★

La Faute est une jeune commune de 750 habitants, le hameau du même nom s'est séparé de La Tranche le 18 décembre 1953. Il s'était implanté il y a moins de 400 ans, sur des terrains occupés autrefois par un vaste marais de 3 000 hectares d'où émergeaient 16 îlots : La Dive, Saint-Michel-en-L'Herm, La Dune, Triaize, Le Vignaud, Saint-Denis-du-Payré, l'île de la Bretonnière, Champagné, Puyravault, Sainte-Radégonde, Moreilles, Chaillé, Le Sableau, Vouillé, Maillezais, L'île d'Elle. Ces îlots étaient habités par des Gaulois, puis des Gallo-Romains. On a retrouvé dans leur sol de nombreux vestiges de cette époque, alors que le sous-sol de La Faute n'en possède aucun. La presqu'île de La Faute a été conquise par assèchement dans sa partie nord bordant La Tranche et Angles, alors que la pointe d'Arçay est une flèche littorale, œuvre de la mer et du vent. Les premiers travaux remontent au XIIe siècle par l'établissement du canal de Luçon et en 1217, le canal des Cinq-Abbés. Les premiers assèchements importants furent réalisés par Siette et Filatre, ingénieurs de la Flandre hollandaise. Bien conçus et bien conduits, ils servirent de modèles à tous les autres entrepreneurs. Les premières lois sur l'assèchement parurent en 1595, approuvées plus tard par Henri IV. La compagnie de dessèchement de Moricq fut créée en 1724. Ce fut un travail de géant qui dura plusieurs siècles. Il fallut supprimer les différentes branches de la rivière pour n'en conserver qu'une seule qui se déversait dans la rivière de Saint-Benoît et qui petit à petit devint le Lay actuel. Les moines de Saint-Michel, le seigneur de Talmont – Savary de Mauléon – furent très actifs à cette époque. Tout le sud vendéen en bordure de l'océan a été ainsi conquis sur les éléments à partir du XIe siècle sous l'impulsion des abbayes de Saint-Michel-en-L'Herm et de Maillezais. Dès le début du siècle dernier, la plage de La Faute-sur-Mer est un site touristique renommé. L'ouverture, en 1901, de la ligne de chemin de fer Luçon-L'Aiguillon permet l'afflux des premiers adeptes des bains de mer. L'embouchure du Lay abrite ses ports de plaisance et de pêche. La mytiliculture représente une activité importante dans cette baie de L'Aiguillon, premier élevage de moules en Europe. La presqu'île de La Faute s'étend le long de l'océan entre trois réserves naturelles : la baie de L'Aiguillon, les réserves de Saint-Denis et de la Pointe d'Arçay. C'est le paradis des oiseaux migrateurs.

■ OFFICE DE TOURISME

Rond-Point-Fleuri ✆ 02 51 56 45 19
www.tourisme-lafautesurmer.fr
contact@tourisme-lafautesurmer.fr

Ouvert du lundi au samedi de 9h à 12h30 et de 14h à 18h ; le dimanche de 9h à 12h30. Basse saison : du lundi au samedi de 9h à 12h30 et de 14h à 17h30. Haute saison : tous les jours de 9h à 19h.

■ LA RADE D'AMOUR-OBSERVATOIRE ★

Entrée du site sur la pointe d'Arçay

Sorties de 2h avec observations naturalistes et présentation du site.

Le site de la Rade d'Amour est situé à l'extrémité de la pointe d'Arçay, à La Faute-sur-Mer, sur la rive droite de l'estuaire du Lay. La Rade d'Amour est le nom donné à une ancienne exploitation ostréicole. Acquise par le Conservatoire du littoral, l'objectif de ce site « renaturalisé » est le maintien, voire l'amélioration de la biodiversité. Le conservatoire et l'observatoire de la Rade d'Amour présentent des espaces naturels ainsi que la mytiliculture et l'ostréiculture. À l'initiative de la commune de La Faute-sur-Mer, des sorties de deux heures, accompagnées, en collaboration avec l'office de tourisme sont proposées tout l'été (sorties guidées, gratuites). Parmi les observations que vous pourrez faire de la faune et de la flore de cette zone : échasse blanche, martin-pêcheur, balbuzard pêcheur, sterne caugek pour les oiseaux, œillet de France et lavande de mer pour les plantes. Concernant les poissons et crustacés, vous pourrez apercevoir : bar, mulet, aiguillette, lançon, crevette rose et crabe vert.

Autre adresse : Renseignements : Office de tourisme de La Faute-sur-Mer – Place Flandre-Dunkerque ✆ 02 51 56 45 19

Pourquoi ce nom de La Faute ?

Il y a plusieurs versions, au moins quatre. Vérité ou légende ? La première vient de l'étymologie. L'origine du nom serait grecque, du mot « photè » qui signifie « lumière ». Autre hypothèse : sous la Révolution, lors des guerres de Vendée, le général Hoche préférait s'en prendre aux biens des insurgés plutôt qu'à leur vie, d'où ce titre de « Pacificateur de la Vendée », les biens étant vendus aux enchères sur les marchés de Vendée. Et c'est ainsi qu'à une grande vente, aux Moutiers-les-Mauxfaits, certains habitants firent l'achat de quelques-uns de ces biens confisqués, et cela malgré l'intervention formelle de l'état-major des chouans. Il y avait faute aux yeux de ces derniers, et une expédition punitive fut organisée. On peut aussi se demander : La Faute à qui ? La troisième légende apporte une réponse. On dit que le seigneur de Talmont ayant eu des relations amoureuses avec une jeune fille lui donna en dot, pour l'enfant qui devait naître, une surface importante de terrains qui constituèrent une partie du village. Enfin, cela pourrait venir du fait que le grand Lay et le petit Lay qui affluent auraient dû donner leur nom au département – département des Deux-Lays – sans la susceptibilité de ses deux représentants, trop laids aux yeux de leurs contemporains, qui auraient pu y voir une allusion à leur commune disgrâce physique.

Points d'intérêt

■ LAGUNE DE LA BELLE HENRIETTE ★

Le site de la Belle Henriette a été classé Réserve naturelle depuis le 2 septembre 2011. Etendue sur 190 hectares, elle est à cheval sur les communes de La Tranche et de La-Faute-sur-Mer. Mais d'où vient ce nom de Belle-Henriette ? Tout simplement d'une femme (fort belle) qui aurait vécu près d'ici. Elle préparait les repas des ouvriers qui ont construit cette digue. Cette digue s'est révélée nécessaire compte tenu des inondations que provoquaient les forts courants, faute de grosses dunes. Des espèces rares d'oiseaux nicheurs ou migrateurs, sont régulièrement observés ; grèbe à bec bigarré, marouette de baillon, bécasseau rousset, chevalier stagnatile, goéland à bec cerclé, bergeronnette citrine, sans oublier les espèces plus communes, cols verts, bernache, mouettes, cygnes, hérons ou bécasses trouvent ici un lieu idéal et des conditions naturelles favorables à leur survie.

LA POINTE D'ARCAY ★★★

Partie sud de La Faute, elle constitue une presqu'île d'environ 5 km parallèle à la côte. Cette flèche sableuse, toujours en expansion, s'est formée au cours du XVIIIe siècle par l'accumulation de sable déposé par les courants. Elle est en grande partie couverte par une forêt de pins maritimes plantés dans la seconde moitié du XIXe siècle, après un décret sur la fixation des dunes. Seule la partie nord de la forêt est accessible au public. Au sud, elle sert de refuge à de nombreux oiseaux migrateurs. A l'extrémité de la pointe d'Arçay, où les dunes s'écartent comme les doigts d'une main, règnent les joncs maritimes, les roseaux à balais, la lavande de mer... La flore et la faune sont riches mais fragiles. Il existe des visites guidées – environ 3 heures – organisées par l'Office National des Forêts et celui de la Chasse. Mais il est conseillé de réserver assez tôt à l'office de tourisme, le nombre de visiteurs étant limité.

Le couvert

■ LA GRAND' VOILE

28, avenue de la Plage ✆ 02 51 97 03 42
lagrandvoilepizza@orange.fr

Ouvert d'avril à fin septembre. Ouvert tous les jours. Service continu. Menu enfant : 8 €. Carte de fidélité pour les pizzas. Terrasse. Vente à emporter.

Cette pizzeria-crêperie très appréciée, à la réputation sérieuse, est installée au cœur de l'avenue de la Plage. En terrasse ou salle acidulée, les habitués plébiscitent les pizzas, dont la pâte est fabriquée maison. La particularité de certaines pizzas, la base est une pâte blanche (sans tomate), c'est le cas de la Savoyarde ou la Toscane. Autre déclinaison, les spéciales comme la Texane, la 4 fromages, la Troïka avec saumon fumé et asperges. Il y a aussi bien sûr les classiques et les calzone, au nombre de 3. Et si vous hésitez entre plusieurs, avec « ma pizza », vous avez la base et vous choisissez 5 ingrédients au choix. Une nouveauté : la demi-pizza avec salade et tomates. En entrée, essayez la calzonette, un petit chausson avec tomate, chèvre et miel, salade. Autre alternative aux pizzas, les galettes dont la Vendéenne, qui demeure un produit phare, des omelettes, salades, moules, avec un focus sur la nouveauté, depuis l'an dernier : les burgers maison ! Et pour finir, laissez-vous tenter par l'incontournable crêpe au chocolat maison ou celle au caramel beurre salé maison aussi ou encore l'une des jolies et copieuses glaces. Bonne navigation à bord de la Grand'Voile.

Le gîte

■ LE GRAND LARGE

47, avenue de l'Ingénieur-Guiet
✆ 02 51 56 41 04
legrandlarge.lafaute@orange.fr

Fermé du 12 novembre au 25 mars. Basse saison : chambre double de 45 € à 54 € ; chambre triple 62 €. Haute saison : chambre double de 50 € à 60 € ; chambre triple 70 €. Petit déjeuner : 7 €. Parking. Restauration (menus de 16,50 € à 29,50 €. Menu enfant : 7 €).

Ne vous attendez pas à un hôtel moderne ou design, grande simplicité et classicisme caractérisent cet hôtel-restaurant qui jouit néanmoins d'un emplacement très privilégié et surtout de petits prix ! Et c'est là l'intérêt. A deux pas du casino, ce petit hôtel de 12 chambres vous permettra cependant de passer un séjour en bord de mer, pour un prix modique. Vous n'y trouverez pas de déco tendance dans les chambres, elles sont toutes simples, décorées avec du lambris au mur, mais elles sont propres, et ce qui attire la clientèle ce sont les petits prix pratiqués. D'ailleurs on compte de nombreux habitués qui profitent de la demi-pension. Les chambres situées à l'étage bénéficient d'un balcon sur lequel sont disposées table et chaises. Le restaurant, situé au rez-de-chaussée, propose une cuisine tout ce qu'il y a de plus traditionnelle qui fait la part belle aux poissons et aux crustacés en saison. Derrière la grande terrasse aux dalles blanches, on découvre un passage tracé à travers la dune pour se rendre directement sur la plage : une balade sympa. Réservation conseillée pour l'hôtel, car il est pris d'assaut par les habitués compte tenu de son bon rapport qualité-prix.

Campings

■ CAMPING FAUTAIS***

18, route de la Tranche ✆ 02 51 56 40 62
www.campingfautais.com

Fermé du 1er octobre au 31 mars. Terrain de 1 ha. 50 emplacements (plus 3 studios). Exposition : mi-ombragé. Sol : herbeux. Mobil-homes de 205 € à 660 € la semaine. Location d'appartements : de 205 € à 660 € la semaine. Possibilité de louer au week-end hors saison (minimum 2 nuits). Chèque Vacances. Jeux pour enfants. Wifi payant.

Ce petit camping 3-étoiles est situé en plein centre-ville de La Faute-sur-Mer, proche des commerces et à environ 400 m de la plage. C'est véritablement un camping à vocation familiale du fait de sa petite capacité. Idéalement placé, arboré et soigné, il dispose d'une piscine chauffée à 28°C et d'une aire de jeux pour les enfants. Pour votre hébergement, vous aurez le choix entre des mobil-homes de 4 à 6 personnes, d'une superficie de 26 à 32 m², tous équipés d'une terrasse en bois couverte et d'un salon de jardin. Les locatifs sont tous équipés de télévision. Location de vélos à 50 mètres de là pour vous rendre à la plage, par exemple, ou pour faire des balades sur la côte. Un camping verdoyant en centre-ville ! Autre solution d'hébergement : la location de meublés toute l'année. C'est ce que propose la société Océal avec 3 appartements de plain-pied de 32 m², entièrement neufs, pour 4 à 6 personnes, avec une terrasse en bois plein sud de 28 m². Ces locations sont attenantes à l'entrée du camping.

■ CAMPING LA PINEDE**

100, route de la Pointe-d'Arçay
✆ 02 51 56 40 62
www.camping-lapinede.net

Fermé du 1er octobre au 31 mars. Terrain de 1,2 ha. 70 emplacements (plus 12 studios). Exposition : mi-ombragé. Relief : vallonné. Mobil-homes de 171 € à 660 € la semaine ; chalets de 233 € à 660 €. Studios de 198 € à 710 € la semaine. Chèque Vacances. Jeux pour enfants. Wifi payant.

Dans un environnement naturel, encore préservé, le camping La Pinède se situe sur la Pointe d'Arçay, réputée pour ses magnifiques plages de sable fin. Il bénéficie d'un emplacement privilégié dans un cadre boisé et fleuri, à 300 m des plages et non loin des commerces. Il est équipé d'une piscine et d'une pataugeoire chauffées à 28°C, dans un environnement exotique. Les enfants pourront se retrouver à l'aire de jeux ou dans la salle commune, et chacun profitera des animations familiales. Le terrain vallonné lui donne un charme supplémentaire. Vous aurez le choix entre la location de mobil-homes de 2 à 6 personnes, de chalets de 2 à 5 personnes et de studios de 40 m² avec un petit espace extérieur, certains pouvant accueillir jusqu'à 7 personnes. Tous les locatifs peuvent se louer les week-ends (2 nuits minimum), sauf en juillet et août. Un camping chaleureux et plein de charme dans un cadre verdoyant.

■ CAMPING LES FLOTS BLEUS****

Boulevard de la Forêt
Avenue des Chardons ✆ 02 51 27 11 11
info@camping-lesflotsbleus.com

Fermé du 1er octobre au 30 mars. Terrain de 1,5 ha. 104 emplacements. Emplacement de 21,50 € à 35 €. Mobil-homes de 220,25 € à 1 139,60 € la semaine. Jeux pour enfants. Wifi payant.

Il porte le même nom que le célèbre camping du film de Fabien Oteniente avec Franck Dubosc mais ce Camping des Flots Bleux-là se situe en Vendée, et non en Gironde, à 150 mètres de la plage en plein cœur d'une pinède. Que vous soyez en camping-car, en tente ou en caravane, Les Flots Bleus vous accueillent sur l'un des 103 emplacements proposés. Des emplacements de 100 m² en moyenne, ombragés ou semi-ombragés. Vous avez également la possibilité de louer des bungalows ou des mobil-homes pouvant accueillir jusqu'à 6 personnes, tous bien équipés et fournis avec salon de jardin. Pour vos loisirs une piscine chauffée semi-couverte (un peu sous-dimensionnée). Vous trouverez à proximité les activités suivantes : pêche en mer et en rivière, voile, canotage, baignade, balades à pied ou à vélo en forêt et sentiers côtiers, salle de jeux, tennis, équitation, mini-golf. Le centre-ville et tous ses commerces se situe à 900 m, le port de plaisance à 300 m, sans oublier le casino si l'envie vous prend de tenter votre chance.

Loisirs

■ CENTRE CHAR A VOILE-KAYAK DE MER-PADDLE BOARD

Plage des Belugas
✆ 02 51 56 43 41
www.charavoile.net
contact@charavoile.net

Ecole de char à voile, kayak de mer, paddle board. Ouvert toute l'année. A partir de 35 € la séance de char à voile (2h). Séance kayak avec moniteur (1h30) : 14 €. Location de kayak de mer : 8 € l'heure. Séance de stand-up paddle avec moniteur : 25 €.

C'est le 1er centre de char à voile du Sud-Vendée. L'école propose de l'initiation au char à voile, des stages, mais aussi pour les amateurs plus avertis, des randonnées et une pratique plus sportive de ce loisir. L'activité a lieu sur la plage de La Faute-sur-Mer, avec une zone de 8 km en hiver au départ de la plage des Bélugas et de 800 m en juillet et août sur un espace compris entre la plage de la grande casse et de la grand plage. Les séances durent deux heures. Le char à voile lors de sa découverte ne comporte aucune difficulté particulière. Il est accessible dès 8 ans. Au cours des séances, en toute sécurité, le souci du moniteur est d'amener les stagiaires vers un pilotage totalement autonome. Le pilote dispose de deux moyens de contrôler son engin : une écoute pour gonfler et dégonfler la voile, donc avancer et ralentir, et un palonnier pour diriger son char, s'arrêter et après quelques séances accélérer. Elle propose également la découverte ludique du kayak de mer et du paddle board et pour les initiés une balade le long du littoral. Petit rappel sur le paddle board, un sport assez nouveau : c'est comme une planche de surf conçue pour ramer.

■ PÊCHE EN MER SUR L'APHRODITE

2, rue du Pertuis-Breton
✆ 06 09 63 39 89 / 06 31 78 37 50
andrerossignol@orange.fr

Fermé du 1er octobre au 31 mai. Ouvert tous les jours de 8h à 13h. Pêche en mer : 60 € (matériel compris).

Partez pour une matinée de pêche en mer au départ du Port de la Faute-sur-Mer, jusqu'à l'embouchure de la mer, devant la Pointe d'Arcay, puis remontée jusqu'au port de l'Aiguillon-sur-Mer. Vous embarquerez à bord de l'Aphrodite le matin, aux alentours de 8h selon la marée. Vous serez accueillis par le patron, André, qui se fera un plaisir de vous conduire sur les lieux de pêche dans le Pertuis breton pour taquiner le poisson : bar, maquereau, maigre se font parfois désirer, mais rien que la balade, le bol d'air et la convivialité font de la virée un moment très sympa. Vous rentrerez au port vers 13h après avoir apprécié un bon casse-croûte (que vous aurez apporté avec vous), accompagné du petit vin blanc du capitaine, gentiment offert, le tout dans la bonne humeur.

Sorties

■ CASINO DES DUNES

Avenue de la Plage
✆ 02 51 27 10 29 / 02 51 27 10 30 (restaurant)
accueil-casidunes@orange.fr

Ouvert toute l'année. Tous les jours. Machines à sous ouvertes de 11h à 2h du matin en semaine (3h du matin le week-end). Restauration (bar). 50 machines à sous et jeu de boule.

Si vous êtes en séjour dans cette petite station balnéaire, profitez-en pour tenter la chance. En effet, la commune bénéficie comme ses consoeurs des Sables d'Olonne, Saint-Gilles-Croix-de-Vie et Saint-Jean-de-Monts d'un casino. Ainsi, posé sur la plage, offrant une vue sur l'océan et l'île de Ré juste en face, le Casino des Dunes permettra peut-être aux chanceux de se payer un petit extra et, pourquoi pas, de prolonger les vacances tandis que les moins chanceux se consoleront au bar devant un bon cocktail. La salle rénovée accueille 50 machines à rouleaux, vidéo poker et la boule. Le lieu dispose aussi d'un restaurant.

■ LA PALOMA

47, avenue de la Plage
✆ 02 51 97 10 76

Fermé du 15 novembre à mars. Basse saison : ouvert tous les jours de 10h30 à 1h. Haute saison : tous les jours de 10h30 à 2h. Terrasse. Concerts.

De l'avis de tous, c'est LE Bar qui bouge à La Faute-sur-Mer. Alors si vous cherchez un lieu pour boire un verre entre amis ou en couple à toute heure de la journée, ou plus tard en soirée, quand Christian monte le son, c'est au 47 avenue de la Plage que ça se passe. La Paloma s'ouvre sur un décor dans un esprit cubain. L'ambiance, un peu à la Manu Chao, jeune et à la cool donc, y est très bonne, les serveurs sympas et la musique très bonne aussi. Et puisqu'on parle musique, en saison la Paloma organise régulièrement des concerts. Alors rendez-vous à la Paloma ! Au fait, la Paloma, ça veut dire «colombe» en espagnol.

Emplettes

■ LES VIVIERS D'ARCAY

8, route de la Pointe ✆ 02 51 29 40 79

Ouvert d'avril à septembre.

Les viviers d'Arçay sont situés sur la route de la pointe d'Arçay. Alain et Marie Cadichon proposent des poissons, crustacés, coquillages avec bien sûr les huîtres et les moules, plateaux de fruits de mer et gambas sur commande. Ces produits de la mer sont en provenance de la criée des Sables et sont l'assurance de fraîcheur. Mais aussi des produits régionaux et des fruits et légumes en provenance directe de producteurs.

L'AIGUILLON-SUR-MER ★

Située à l'extrémité du littoral du sud de la Vendée, où se jette le Lay, la commune de L'Aiguillon-sur-Mer s'étire sur 12 km avec une largeur moyenne de 700 m et une superficie de seulement 1 043 hectares. Anciennement l'Eguillon, au sens de la pointe aiguë, elle a donné son nom à la baie et à la commune. La pointe de L'Aiguillon fait partie intégrante du Marais poitevin. C'est une sorte de cordon dunaire qui pénètre dans la mer. Ce massif dunaire fut édifié entre le Ve siècle et le XIIe siècle et seule une digue de 5 km fut construite au siècle dernier pour parer aux assauts de la mer. Toute cette partie appelée communément l'anse de l'Aiguillon du fait de son aspect, une jolie courbe, se déroule sur une vingtaine de kilomètres et offre un panorama assez sauvage puisqu'on y trouve essentiellement les boucholeurs. Par sa fonction « d'entonnoir », elle est un milieu privilégié pour l'observation des oiseaux en migration. En 1995, 420 000 migrateurs ont été dénombrés sur ces sites. La baie de L'Aiguillon est le passage obligé des oiseaux migrateurs : foulques, macroutes, tadornes... A l'automne, ces milliers d'oiseaux quittent le site pour des pays au climat plus clément et à la nourriture plus abondante comme l'Afrique, empruntant instinctivement le même trajet. Ce rare patrimoine ornithologique côtoie le monde floral, avec ses œillets des dunes, ses armoises de Loyd, ses canches blanchâtres. Un tendre territoire de sable, de sel et de plantes délicates, léchant les boues de l'estran, protégé par une digue. D'ailleurs, après une halte au promontoire de la Dive, il faut grimper sur cet ouvrage par ses petites marches. Le coup d'œil vaut le détour et permet de mieux apprécier l'utilité de la digue. L'Aiguillon-sur-Mer est réglée par la vie maritime dont les principales activités sont la mytiliculture, les moules de bouchot sont très réputées (et sans doute les meilleures !), l'ostréiculture – huîtres – et la pêche – soles, bars, etc., et, en hiver, pétoncles, coquilles Saint-Jacques et civelles.

Points d'intérêt

■ LA POINTE DE L'AIGUILLON ★

Pour se rendre sur le site en voiture, c'est facile. Une fois arrivé à l'Aiguillon-sur-Mer, direction la pointe de l'Aiguillon. Vous longerez environ 8 km de digue. Cette route est la seule qui longe le littoral, elle se termine par un parking sur lequel vous pouvez vous garer. Cette pointe sableuse située à l'extrême sud de la côte offre une richesse paysagère admirable. Véritable rupture entre le marais et la mer, cette «langue de sable» fascine les promeneurs qui découvrent un espace maritime où cohabitent dunes (classées en arrêté préfectoral de protection de biotope), vasières et prés salés. La pointe de l'Aiguillon est façonnée par les courants du Lay et de l'océan, c'est le point le plus proche de la pointe de Saint-Clément, sur la côte du département voisin, la Charente-Maritime. Site remarquable situé en plein axe migratoire, la pointe de l'Aiguillon ravit les vacanciers par le spectacle extraordinaire qu'offrent chaque année plus de 400 000 oiseaux migrateurs, entre 70 et 80 espèces. La découverte de la pointe de l'Aiguillon en tant que site de migration date de 1989. Ici, vous êtes au cœur de la réserve naturelle de la baie de l'Aiguillon.

■ LE PORT

Situé à l'embouchure du fleuve le Lay, le port de l'Aiguillon est un port d'échouage. C'est un mouillage en mer libre, l'amarrage se fait sur des estacades en bois, lui procurant cette typicité. Des souilles sont creusées naturellement dans la vase pour permettre au bateau d'accéder à l'estacade. L'activité maritime du port de L'Aiguillon est intense au XIXe siècle, avec 269 navires en 1839. Il augmentera après la Première Guerre mondiale grâce au transport du charbon et des céréales. Cependant, l'envasement du Lay empêchera l'accès des goélettes, remplacés par des gabarres et des vapeurs. A la fin du XXe, la pêche, l'ostréiculture, la mytiliculture et la plaisance assurent l'activité du port.

Le domaine portuaire actuel, situé le long de l'estuaire du Lay, s'étend sur un linéaire de 700 mètres. Y sont pratiqués différents types de pêche : au filet, au chalut, à la civelle, à la drague (coquilles Saint-Jacques, pétoncles, praires) et mytilicole. C'est la seule commune à avoir un port sans criée mais dont les pêcheurs et conchyliculteurs ont malgré tout l'autorisation de vendre (et uniquement) leurs produits et pêche. D'où la présence de «cabanes de pêcheurs» sur le port.

L'origine de la mytiliculture sur bouchots dans la baie de L'Aiguillon

La première trace de mytiliculture remonte au XIIIe siècle. C'est à la suite du chavirage de son embarcation où il fut le seul survivant qu'un Irlandais, Patrice Walton, pour survivre de la pêche, contribua à l'invention du système de « bouchot ». C'est en tendant horizontalement au-dessus du niveau des marées, des filets destinés à capturer la nuit des oiseaux de mer sur des piquets enfoncés dans la vase, qu'il remarqua que ces derniers se couvraient de grosses moules. Il planta alors dans la vase des pieux qu'il réunit par clayonnage de branchages. Il peupla l'intérieur de jeunes moules fixées dans des sacs de vieux filets, créant ainsi le premier « bouchot » - en vendéen : bout, clôture, et choat ou chot : bois. D'ailleurs, les bouchots de la baie de L'Aiguillon sont les plus anciens et les plus importants du monde. Par ce procédé de culture verticale, seules les moules les plus belles résistent au brassage de l'eau et de ses courants.

RÉSERVE NATURELLE DE LA BAIE DE L'AIGUILLON

Une fois dans L'Aiguillon, poursuivre jusqu'à la Pointe. La Baie de L'Aiguillon est un site privilégié pour l'étude des migrations d'automne. Elle a été classée Réserve naturelle le 10 juillet 1996. Sa superficie est de 2 300 ha et parmi les espèces observées, on compte le grand cormoran, l'aigrette garzette, le busard des roseaux, le faucon pèlerin et le faucon crécelle, la poule d'eau, l'huîtrier pie, le courlis cendré, et bien d'autres encore. Ajoutons que plus de 390 espèces de plantes y ont été recensées. Vous pouvez vous faire accompagner par une naturaliste spécialisée – de l'Adev – pour partir à la découverte de la Pointe de L'Aiguillon mais aussi la lagune de la Belle-Henriette – entre La Tranche-sur-Mer et La Faute-sur-Mer –, l'estuaire du Lay, la Petite Jetée et le Rocher de la Dive. Observation des oiseaux – des longues-vues sont à disposition –, identification des plantes, commentaires naturalistes sur les différents milieux et paysages. Renseignements et réservations auprès des offices de tourisme de L'Aiguillon-sur-Mer, Angles, La Tranche-sur-Mer, La Faute-sur-Mer.

Le couvert

■ JULIE DANS LA CUISINE NOUVEAU

86, route de la Pointe
✆ 02 51 56 27 67
contact@julie-dans-la-cuisine.com

Ouvert toute l'année. Du mardi au dimanche le midi ; le vendredi, le samedi et les jours fériés le soir. Formule du midi : 12 €. Accueil des groupes. Terrasse. Wifi gratuit. Grand parking.

Pari réussi pour Julie (la chef !) et son papa, qui ont repris cette grande bâtisse manquant de chaleur et l'ont entièrement relookée pour en faire un restaurant moderne, composé de plusieurs espaces, un lieu chaleureux et on dit : «ouf, enfin un restaurant très sympa à L'Aiguillon-sur-Mer» ! Il fallait dépoussiérer tout ça : c'est gagné ! Le concept, la bistronomie : un restaurant-comptoir convivial, qui propose des produits frais de saison, dont beaucoup proviennent de la région, à commencer par les moules (ce sont celles du tonton de Julie), puisqu'on vous le rappelle, c'est ici que la moule de bouchot est produite. Le jour de notre passage, le menu du jour servi le midi, en semaine, proposait un crémeux de tomate au pesto, puis filet de merlu et sa purée de potimarron et pour finir un pudding aux raisins. Parmi les autres plats phares : le burger de Julie façon Rossini avec ses frites maison, les anguilles à la crème d'ail. En entrée, saumon fumé maison ou rillettes de maquereau, et en conclusion, des desserts bien de chez nous : les caillebottes ou la brioche façon pain perdu. Vu l'espace, les groupes sont les bienvenus et des concerts et soirées paella sont régulièrement organisés.

Le gîte

■ HOTEL-RESTAURANT DU PORT

2, rue de Bellevue
✆ 02 51 56 40 08
hotel-du-port@wanadoo.fr

Ouvert toute l'année. Restaurant fermé le dimanche soir. 30 chambres. Chambre simple à partir de 50 € ; chambre double à partir de 60 € ; chambre triple à partir de 70 €. Pension complète. Demi-pension. Petit déjeuner : 6,50 € (7,50 € en saison). Animaux acceptés (6 €). Wifi gratuit. Restauration (menu du jour en semaine à 12 €, autres menus de 16 € à 39 €).

Malheureusement, force est de constater que les hôtels ne sont pas légion à La Faute-sur-Mer et à L'Aiguillon-sur-Mer, ni d'ailleurs les solutions d'hébergement. Cet hôtel-restaurant est situé face au port est donc plutôt bien placé, mais les chambres mériteraient un sacré coup de jeune. Depuis le balcon de votre fenêtre, vous aurez vue au loin sur la baie ou le parc privé ou la piscine. A deux pas, un plan d'eau de mer vous attend pour la baignade ou les activités nautiques, les plages sont à 1 km. La salle de restaurant affiche un cadre chaleureux où le bois est privilégié, s'inscrivant, à la différence des chambres, dans une déco au goût du jour. Dès les beaux jours une terrasse en bois offrant la vue sur le port accueille les clients. Jolie déco au restaurant, où l'on y sert une cuisine traditionnelle avec en bonne place poissons et fruits de mer et côté viandes : entrecôte ou pavé de bœuf et magret de canard. Le midi, les habitués font main basse sur la formule «bistrot» avec son buffet d'entrées, plat, fromage, dessert café et vin compris.

Campings

■ CAMPING LA CLEROCA***

Grues
✆ 02 51 27 19 92
www.camping-la-cleroca.com
camping.lacleroca@wanadoo.fr

Fermé du 1er octobre au 30 mars. 74 emplacements (emplacements nus pour tentes, caravanes, et une yourte). Exposition : mi-ombragé. Sol : herbeux. Emplacement de 23 € à 27 €. Tente Lodges : de 190 € à 495 € la semaine selon la saison. Yourtes : de 180 € à 460 € la semaine selon la saison. Etape camping-car : 9 €, étape randonneur : 7 €. Jeux pour enfants. Aire pour camping-cars. Wifi. Sauna. Animations. Espace bien-être.

Ce petit camping de 60 emplacements nus, ouvert seulement en été, est situé à 2 km du port de pêche de l'Aiguillon-sur-Mer, et 3 km des plages de La-Faute-sur-Mer. Jusque-là non classé il a obtenu en 2012 un classement direct en 3-étoiles, récompensant tous les efforts des propriétaires. Les emplacements sont d'une

Retrouvez l'index en fin de guide

La pêche

Quel plaisir de ramasser au bord de la mer, coquillages, crustacés et poissons. Certains coins découverts pour quelques heures recèlent d'extraordinaires trésors. Les pêcheurs amateurs peuvent pêcher à la main ou à la ligne. Réservée à une consommation familiale, un grand nombre de poissons, crustacés et coquillages possèdent une taille légale et une quantité maximale de capture. Et certaines pratiques de pêche sont agressives pour l'environnement, et peuvent être responsables de la destruction de certains milieux naturels. Les bons coins sont nombreux, que ce soit au carrelet sur l'ancien pont, dans les plans d'eau, de baignade et de pêche dans les canaux ou en surf-casting. Quelques règles à respecter :

- **Tailles minimales des coquillages :** 4 cm pour une moule, 3 cm pour une coque, 4 cm pour une palourde, 3,5 cm pour les pétoncles.
- **Quantités maximales de pêches :** 5 kg pour les moules et huîtres, 3 kg pour les palourdes, coques et pétoncles.

superficie moyenne de 200 m^2 : très appréciable ! La Cléroca offre aussi la possibilité de dormir dans une yourte sur un emplacement de 150 m^2, avec terrasse en bois de 10 m^2 au ras du sol et salon de jardin. Elle offre un espace salon-coin repas et des chambres séparées. Côté loisirs, une piscine chauffée à 28 °C est à votre disposition, ainsi que des jeux pour les enfants. Animations familiales toute la semaine. Vous retrouverez les joies du vrai camping traditionnel et de sa légendaire convivialité. Ici viennent essentiellement des habitués, donc tout le monde se connaît, les enfants jouent entre eux, et les propriétaires, Monsieur et Madame Clemenceau, sont appréciés de tous.

Loisirs

ATLANTIC WAKE PARK
3, allée du Banc-Cantin
✆ 06 76 27 55 04
www.atlanticwakepark.com
contact@atlanticwakepark.com

Ouvert d'avril à novembre. En juillet et août : 7j/7 de 10h à 20h (22h le vendredi). Autres horaires : voir site internet. Cours et stages. Tarif téleski nautique : 1 heure 19 € pour les adultes et 17 € en dessous de 16 ans. Pass journée : 58 €/52 €. Séance coachée 1h (groupe de 4/6 personnes) : 25 €. Restauration. Espace détente.

Débutant ou pratiquant confirmé, venez rider l'unique Wake park de Vendée. Le wake est une alternative au surf, kitesurf, planche à voile, qui utilise la technique du téléski pour vous tracter : un téléski nautique, en fait. Pas besoin de vent ni de vagues : glisse assurée toute la journée ! Ce nouveau site, posté sur le plan d'eau de mer, nous a permis d'appréhender la discipline et l'esprit de ce loisir super fun. Il y a plusieurs disciplines : le wakeboard (un mixte de snowboard et de surf), le wakeskate (assez technique), le ski nautique. Le kneeboard est une discipline accessible à tous, vous êtes à genoux sur un flotteur stable. On vous conseille de commencer par ça avant de vous mettre au wakeboard. Apprentissage rapide, guidé par une équipe de moniteurs diplômés. Pratique dès 7 ans. Deux parcours proposés : le téléski bi-poulies permet d'évoluer seul, à son rythme ou le grand téléski nautique de 5 pylônes d'une longueur de 750 mètres pouvant accueillir 10 personnes en même temps. Les groupes de copains vont adorer. Même si vous ne pratiquez pas, la base est ouverte à tous, vous apprécierez le spectacle, et puis qui sait, vous vous laisserez peut-être tenter par un petit ride. Les amateurs de nouvelles sensations seront comblés et deviendront vite accro !

■ BASE NAUTIQUE – ÉCOLE MUNICIPALE DE VOILE
Avenue Amiral-Courbet
✆ 02 51 56 42 79

Fermé de novembre à février. Ouvert tous les jours.

La base nautique de l'Aiguillon-sur-Mer offre diverses pratiques nautiques et loisirs : 1 flotte de catamarans de sport (13 pieds), 1 flotte d'optimists, 1 flotte de planches à voile, ainsi que quelques canoës. Ces activités sont encadrées par des moniteurs de voile diplômés. En plus des sports nautiques multiples, la base nautique propose des formules d'hébergements possibles au centre de vacances. Elle est aussi la zone de transition pour le nouvel Espace Triathlon, labellisé par la Fédération Française de Triathlon, vous proposant des circuits vélo, un départ de natation et des parcours pour la course à pied.

Les moules

L'élevage des moules, la mytiliculture, se pratique différemment selon les régions. Il peut se faire à plat ou sur les bouchots - des pieux en bois plantés en mer : c'est cette dernière méthode qui est utilisée en Vendée. La moule de bouchot se reconnaît à sa relative petite taille et à sa chair très colorée - jaune orangé. La période où elles sont les plus belles et les plus goûteuses s'étend de juin à février. C'est vers le mois de mars, période de reproduction des moules, que l'on tend des cordes de chanvre en mer. Les larves viennent alors s'y fixer. En se développant, elles forment un épais manchon noir appelé pelisse. Ensuite les pelisses sont récupérées puis placées dans des tubes à grandes mailles ou boudins, que l'on enroule en spirale autour des bouchots sur lesquels les moules sont élevées pendant plusieurs mois. Enfin, la première récolte a lieu l'année suivante vers le mois de juin, d'autres s'étaleront jusqu'en janvier. Ce coquillage, qui possède une grande qualité culinaire est consommé en France à plus de 100 000 tonnes par an. L'Aiguillon sur Mer fait partie des 4 principales villes de production.

Dans les environs

Saint-Denis-du-Payré

■ RÉSERVE NATURELLE ET PÔLE DES ESPACES NATURELS DU MARAIS POITEVIN ★

2, rue du 8-Mai

rn.saintdenisdupayre@lpo.fr

Ouvert toutes les vacances scolaires (sauf vacances d'hiver). Haute saison : ouvert du lundi au samedi de 9h30 à 12h30 et de 15h à 19h. Gratuit jusqu'à 7 ans. Adulte : 5 €. Enfant (de 7 à 17 ans) : 3,50 €. Chiens interdits.

C'est au Pôle des espaces naturels du Marais poitevin, créé en 2012, que vous pourrez vous renseigner et prendre vos billets pour visiter la réserve naturelle, mais pas seulement puisqu'il regroupe un point d'information touristique de cette partie du Marais desséché, certes différente du Marais dit mouillé, mais tout autant intéressante à découvrir en famille. Concernant la réserve naturelle, elle a été créée en 1976 et protège 207 hectares de prés communaux. Environ 120 espèces d'oiseaux y sont recensées chaque année : échasse blanche, chevalier gambette, busard des roseaux, barge à queue noire, canard pilet, spatule blanche, vanneau huppé, oie cendrée... Notons aussi que ce site est le seul de Vendée à héberger un dortoir de 480 grues cendrées. Empruntant un chemin sur pilotis de 400 m (permettant d'accéder au site en toute saison, sans équipement particulier), vous arriverez à l'observatoire abrité, équipé de 18 longues-vues et de sièges. Face à vous, s'ouvre le cœur de la réserve naturelle, refuge des oiseaux sauvages, la plupart migrateurs. En juillet et août : tous les jeudis soirs, ouvertures crépusculaires de la réserve naturelle (limitées à 18 personnes, sur réservation)

Saint-Michel-en-l'Herm

■ ABBAYE ROYALE DE SAINT-MICHEL-EN-L'HERM ★★

5, place de l'Abbaye

✆ 02 51 30 21 89

De mi-juin à mi-septembre. Ouvert le mardi, le jeudi et le vendredi. Billeterie à l'office de tourisme. Visite guidée (à 10h, 11h, 15h, 16h et 17h).

L'abbaye de Saint-Michel-en-l'Herm, est probablement la plus ancienne abbaye du Marais poitevin, puisqu'en effet elle à été fondée sur initiative d'Ansoald, évêque de Poitiers, vers 682, qui demanda à 13 moines bénédictins de l'abbaye d'Hério (Noirmoutier) d'aller s'installer dans le Golfe des Pictons, sur l'îlot calcaire de Condate (Saint-Michel-en-l'Herm). Cette abbaye, dont le dernier abbé commendataire fut Mazarin, est intéressante par la salle capitulaire carrée qui a été retrouvée au XXe siècle. Celle-ci offre un volume appréciable et sa façade est ornée de chapiteaux dotés de belles sculptures. Au centre se dresse le tombeau de l'abbé Aszo, mort en 1048. Le chauffoir, dont les ruines ont été remontées au XIXe siècle, est une salle à ciel ouvert d'aspect assez énigmatique. Etroitement liée au dessèchement du marais, cette abbaye a une histoire riche et mouvementée, ses constructions et destructions successives ont créé un remblai de 10 m au-dessus du sol primitif, comme pour mieux protéger Savary de Mauléon qui repose au cœur de l'ancienne église abbatiale. A voir également le vaste réfectoire du XVIIe siècle.

■ MUSÉE ANDRE DELUOL ★

1, rue de l'Etendard

✆ 02 51 30 21 89

Fermé du 15 septembre au 15 juin. Ouvert du mardi au samedi de 15h à 18h30. Hors saison, sur rendez-vous. Gratuit jusqu'à 7 ans. Adulte : 3 €. Enfant : 2 €. Forfait musée + abbaye : 6 €.

Ce musée regroupe plus de 150 œuvres d'André Deluol (1909-2003). Ce sculpteur, chevalier des arts et lettres, dont le thème de prédilection fut le corps humain s'était profondément ancré en Vendée où il habitait depuis 1998, d'où ce musée qui lui est entièrement dédié. Plus de 150 œuvres taillées directement dans la pierre, le marbre ou encore dans le noyer y sont exposées. Des œuvres réalisées entre 1929 et 1995. Ses autres œuvres sont exposées au musée d'Art moderne de Paris, mais aussi dans ceux de Nîmes, Poitiers, Amsterdam, Alger.

■ **LA ROSE TREMIÈRE**
4, rue de l'Eglise
✆ 02 51 30 25 69
larosetremiere@bbox.fr

Maître Restaurateur. Ouvert toute l'année. Du mercredi au dimanche le midi ; du mercredi au samedi le soir. Menus de 29 € à 58 € (autres menus : 34 € et 43,50 €). Menu enfant : 11 € (et 15,50 € pour les jeunes de 10 à 14 ans).

Les roses trémières sont fréquentes sur les parterres des maisons de la région mais on ne va pas parler de jardinage mais de gastronomie et de bistronomie ! Régine et Loïc Rault proposent deux types de cuisine dans deux salles (bistrot et gastronomique). A l'Atelier, le bistrot, des plats à l'ardoise dont un plat du jour. Le jeudi, c'est tête de veau. A côté, dans une ancienne grange aux pierres apparentes et cheminée, le chef, concocte une cuisine gastronomique et inventive à partir des produits du terroir, avec en plat signature le marbré de foie gras et homard mariné au whisky. Autres suggestions de la carte d'hiver : rouleau de chair de tourteau, légumes, pignons de pain et herbes fraîches, salade wakamé et sésame, ou briochette de ris d'agneau au jus, champignons, puis filet de turbot sauvage, sabayon aux cèpes, gâteau de céleri ou filets et mignonettes de caille, foie gras poêlé, médaillon de zita au parmesan. En dessert : croustillant au chocolat noir en mille-feuille et crème au thé. Un cadre authentique, une cuisine de qualité, une belle sélection de vins : autant d'attentions qui confortent la réputation de cette adresse soignée. Également un service traiteur.

■ **BASSE BRENÉE**
✆ 02 51 30 24 09
basse-brenee@orange.fr

Ouvert toute l'année. 4 chambres (et des emplacements camping). Chambre simple 45 € ; chambre double 50 €. Petit déjeuner inclus. Animaux acceptés. Wifi. Restauration (repas : 16 €). Sauna. Spa : 10 €, sauna : 12 € la séance de 30 min pour 1 à 5 personnes.

Amandine et David vous accueillent toute l'année à La Basse Brenée, dans une ancienne ferme céréalière de 1766. Ils vous ouvrent les portes de leurs quatre chambres d'hôtes et de leur camping à la ferme avec de grands emplacements. Les chambres arborent toutes des styles différents : rustique à l'image de la chambre Paysanne, maritime avec son armoire façon cabane de plage, ou zen avec de beaux volumes et la chambre Vitamine aux couleurs acidulées. Le petit déjeuner se compose de produits maison et le dîner vous sera servi la table commune. Les réjouissances ne s'arrêtent pas là puisqu'un espace Spa et sauna ainsi qu'une piscine vous accueillent pour votre détente. Le calme est assuré au cœur de cet adorable coin de Vendée, entre le marais et les plages à 10 minutes (abbaye royale de Saint-Michel-en-l'Herm à 2 km et réserve naturelle de Saint-Denis du Payré à 9 km), dans une adresse qui vaut le détour de par la qualité de ses chambres et ses équipements de loisirs, ainsi que par l'accueil qui vous sera réservé. Coin cuisine et lave-linge à disposition.

■ **CAMPING LA DIVE******
12, route de la Mer
✆ 02 51 30 26 94
www.camping-la-dive.com
camping-la-dive@wanadoo.fr

Ouvert du 1er avril au 30 septembre. Terrain de 9 ha. 256 emplacements (dont 130 emplacements nus). Exposition : mi-ombragé. Emplacement de 15 € à 26 €. Chalets de 385 € à 861 € la semaine ; mobil-homes de 245 € à 826 € ; bungalows de 203 € à 504 €. Roulottes de 294 € à 693 €. Cabanes sur pilotis de 252 € à 700 €. Location à la nuitée hors saison. Club enfants. Jeux pour enfants. Salle de bains pour bébés. Aire pour camping-cars. Connexion Internet gratuite. Restauration (snack et restaurant). Bain bouillonnant, sauna. Animations. Excursions (parc animalier).

Situé entre marais et océan au cœur de la baie de l'Aiguillon sur mer, et à 45 minutes de La Rochelle, le camping La Dive va vous combler avec ces multiples loisirs : parc aquatique chauffé avec 4 toboggans, bain bouillonnant, sauna, jeux pour enfants, terrain multisport, salle de sport, mini-golf, châteaux gonflables, location de vélos, parc animalier. Mais les réjouissances ne s'arrêtent pas là car de nombreuses animations et soirées sont organisées en haute saison. A la clé : ambiance conviviale, familiale et festive assurée ! Pour votre hébergement, vous aurez l'embarras du choix : bungalow sans sanitaire, mobil-home, chalet ou emplacement nu pour tente, caravane ou camping-car. Vous pourrez aussi dormir dans un hébergement insolite : dans une roulotte ou encore une cabane sur pilotis surplombant le parc animalier, pour profiter de la nature. Sur place, un vrai restaurant, une pizzeria-bar-snack, doté d'une terrasse, où sont organisés des repas à thème, avec la spécialité régionale : la moule de bouchot. Animations, loisirs, services, bonne ambiance pour d'excellentes vacances dans le Sud-Vendée.

Triaize

■ **MIELLERIE DES FONTENELLES**
Les Fontenelles
✆ 02 51 56 93 34 / 06 83 23 23 91

Ouvert toute l'année. De 15h à 19h. Visite guidée. Boutique. Animations.

Cette ferme apicole situé au sud de Luçon regroupe deux exploitations : 200 ruches pour Pascale en bio et 700 pour Claude en conventionnel. Ils vous proposent de venir découvrir, goûter, visiter et apprendre. Visite guidée et animée du site avec ouverture de ruches en saison. Ajoutons qu'il s'agit d'une ferme pédagogique, agréée par le réseau Bienvenue à la ferme. Plusieurs animations sont proposées : atelier de fabrication de miel, fabrication de bougies, fabrication de cosmétiques à base de miel et de cire ou encore un atelier consacré à la récolte de pollen. Ainsi, accompagné de l'apiculteur, l'enfumoir à la main, vous allez ouvrir votre ruche. Sachez aussi, pour ceux que ça intéresse, que sont également dispensés des cours d'apiculture. Enfin, on finit par la pause gourmande en dégustant de petits en-cas à base de miel, de fleurs ou des produits du terroir de la boutique.

Embarcadère de St-Sigismond.

LE SUD-VENDÉE ET
LE MARAIS POITEVIN

MAREUIL-SUR-LAY-DISSAIS ★

Mareuil-sur-Lay-Dissais, plus communément appelé Mareuil, est situé à 20 km du littoral, dans une région où plaine, Bocage et marais composent le décor, elle est également célèbre pour ses vins. Autrefois dominant de sa falaise le golfe des Pictons, la cité sera nommée Maravallum par les Romains avant d'être prise tour à tour par les Arabes, les Normands puis les Anglais. L'inévitable Du Guesclin doit s'y prendre à plusieurs reprises pour la reprendre, et la cité ne sera épargnée ni par les guerres de Religion, ni par les guerres de Vendée. L'on est donc surpris, en arrivant sur le pont, de découvrir un château, une superbe église romane installée sur un promontoire rocheux dont le chevet se reflète dans les eaux calmes du Lay pour offrir aux promeneurs une « carte postale » des plus classiques mais néanmoins belle, du département. L'église a en fait été l'œuvre d'un travail très important de restauration, mais l'harmonie paisible du lieu a été préservée, et c'est bien là l'essentiel. Le château, quant à lui, eut pour vocation de défendre l'entrée de la vallée du Lay. On y accède par la petite rue à gauche de l'église. Il fut édifié au XIIIe siècle et transformé au XVIIIe siècle, et il n'en reste plus que ce qui fut le donjon, tour massive couverte d'un toit de tuiles à quatre pans dont la silhouette est affinée par une élégante tourelle dans un angle et par une autre couverte d'ardoises à l'opposé. Pour découvrir les environs, on peut choisir le sentier balisé en jaune et blanc de 5 km qui part de la place du Marché, mais aussi plus simplement remonter ou descendre les très agréables bords du Lay.

Le gîte

Gîtes

■ **LES COMMUNS DE BEAULIEU**
69 bis, rue de Beaulieu
✆ 06 29 77 96 53
www.gitevendeemareuil.com
Gîte pour 2-4 personnes : de 240 € à 370 € la semaine ; gîte pour 4-6 personnes : de 350 € à 625 €.
Nous avons craqué pour cette magnifique batisse en pierres apparentes surplombant la vallée du Lay. Situé dans un environnement verdoyant, au calme, Les Communs de Beaulieu abritent deux gîtes de charme pouvant accueillir de 2 à 10 personnes dont l'un a été aménagé dans les anciens boxes d'écuries. La rénovation est superbe : tomettes, joli parquet brut, mobilier de style, poutres... Ce gîte baptisé Les Boxes, d'une superfice de 120 m^2 dont 40 m^2 de séjour équipé d'une cheminée, peut recevoir 4 personnes. Il bénéficie d'une salle d'eau avec douche et W.-C. indépendants. Le gîte L'Orangerie a, lui, été aménagé dans une ancienne serre d'hivernage, et bénéficie du même goût quant à la rénovation et aux matériaux de qualité utilisés, et la décoration soignée. Il fait 35 m^2, plus sa mezzanine. Soulignons également les prix doux pratiqués. Vous aussi, vous tomberez sous le charme de Beaulieu, d'autant que l'accueil est charmant. Bravo à Florence et Gaël !

Mareuil-sur-Lay.

Découvrez les vignobles Mourat autrement avec l'oenotourisme

Tout au long de l'année, l'équipe des vignobles Mourat vous accueille pour des visites, des dégustations et organise également des événements sur mesure. Une offre de balades dans les vignes est proposée notamment avec le parc de vélos « vendéens » du domaine, pour toujours des bons moments de convivialité et de partage. En bord du Lay, au cœur de Mareuil, le château Marie du Fou sert de cadre à des cocktails gastronomiques, et des dégustations sont organisées au caveau médiéval, au pied de ce château du XIIe siècle. Les entreprises peuvent aussi organiser leur séminaire avec une formule sur mesure.

Pour tous renseignements : Thierry Libessart ✆ 02 51 97 24 98 ou 02 51 97 20 10.

Chambres d'hôtes

LE LOGIS LA FOLIE
La Folie
✆ 06 26 72 19 57
✆ 08 70 41 31 67
www.vacances-vendee-mareuil.com
collinb@club-internet.fr

Ouvert toute l'année. 3 chambres. Chambre double 65 €. Deux gîtes pour 2/10 personnes.

Les époux Collin accueillent leurs hôtes dans une charmante maison du XIXe siècle située sur un promontoire surplombant la rivière du Marillet, à proximité du bourg de Mareuil-sur-Lay. Le lieu est idéal pour qui recherche le calme et la détente. On saluera l'ensemble des prestations, de qualité, avec un plus non négligeable : une piscine couverte et un spa extérieur. Les chambres d'hôtes sont aménagées dans un style ancien. Egalement deux gîtes en pierres apparentes, conçu pour accueillir de 2 à 10 personnes. L'un d'eux fait 130 m^2, il comprend quatre chambres, un séjour-salon et une cuisine spacieuse donnant sur une terrasse de 45 m^2. Il est proposé avec salon de jardin et barbecue. Il possède tout le confort nécessaire, à savoir lave-linge, lave-vaisselle, micro-ondes et tv. Les hôtes proposent également d'accueillir les mini-groupes jusqu'à 18 personnes, pour un minimum de 3 nuits en basse saison et 7 nuits en haute saison.

Emplettes

VIGNOBLES MOURAT
Route de La Roche-sur-Yon
✆ 02 51 97 20 10
www.mourat.com
contact@mourat.com

Ouvert du lundi au samedi de 9h30 à 12h30 et de 14h à 19h. Visite du chai sur rendez-vous, route de La Roche sur Yon.

Les vignobles Mourat sont situés sur les coteaux dominant la vallée du Lay. Plantés sur des sols de schistes pourpres et rhyolites, principalement sur la commune de Mareuil. L'ensemble du vignoble, conduit par Jérémie Mourat, est aujourd'hui en culture biologique (dont une partie en conversion). Ce qui en fait, avec ses 120 hectares, l'un des plus grands territoires viticoles sauvegardés. Les principaux cépages sont pour les blancs le chenin et le chardonnay et pour les rouges la négrette, le pinot noir et le cabernet franc. Une jolie gamme de vin dans les 3 couleurs, des vins de fêtes, de copains, jusqu'aux vins de belle garde. Venez découvrir les cuvées Château

Marie du Fou, Collection, O.V.N.I, Clos Saint-André et Moulin Blanc sans oublier une bulle élaborée en méthode traditionnelle : 13.22. A déguster tout au long de l'année au caveau médiéval au pied du château Marie du Fou, du XIIe siècle, au cœur de Mareuil, et au domaine, route de La Roche-sur-Yon.

▶ **Autre adresse :** Boutique Château Marie du Fou – 2, place Circulaire – Mareuil-sur-Lay

■ **PÂTISSERIE LA MALIGORNE**
37, rue Hervé-de-Mareuil
✆ 02 51 97 22 45
www.lamaligorne.fr
lamaligornemareuil@orange.fr
Ouvert le lundi de 8h à 13h ; du mardi au jeudi et le dimanche de 8h à 13h et de 14h30 à 19h ; le vendredi et le samedi de 8h à 13h et de 14h30 à 19h30.
Avec son épouse Laurence, Gaétan Maligorne est la 3e génération d'artisan-pâtissier. La grande spécialité, c'est la gâche (la meilleure selon nous) avec une nouveauté : la gâche tressée de 1 ou 1,5 kg. Il y a aussi la brioche de Mareuil. Tout est fabriqué maison, et on est frappé par les petits prix ! Nouveaux gâteaux : le Diamant noir (mousse chocolat avec de la meringue au chocolat sur fond de feuilletine), le Fraise/Chocolat blanc, le Rose bonbon (mousse chocolat blanc, praliné croquant, fruits rouges). Et toujours : la tarte à la ganache chocolat, croustillant fleur de sel et sablé breton, les tartes aux fruits frais, gâteau aux 3 fruits rouges (en été) ou 3 chocolats, ou biscuit moelleux cacao avec pralin croquant, caramel aux noisettes, mousse et habillage caramel. Des éclairs originaux (pistache et mousse crème au beurre chocolat ou avec écrasée de framboises, cerises alcoolisées, mousse fraise). Quant aux viennoiseries, la plupart, comme les pains aux raisins, au chocolat, noisettes, chaussons aux pommes, sont fabriquées sur une base brioche. Egalement des chocolats maison et en été, des glaces. Une gamme de pains élargie avec la baguette la Malysanne (3 achetées, une offerte) et des pains bio.

▶ **Autre adresse :** Centre commercial Les Flâneries – La Roche-sur-Yon ✆ 02 51 06 98 41

Dans les environs

Corpe

CHAMBRES D'HÔTE LA MARTINIÈRE
5, rue de l'Église
✆ 02 51 56 14 24 / 06 13 54 13 65
lamartiniere-accueil@laposte.net
Gîtes de France (4 épis). Chambre double de 95 € à 105 € ; suite à partir de 145 €. Petit déjeuner inclus. Chiens non admis. Sauna. Accès sauna : 15 € par chambre.
Voilà une chambre d'hôte insolite pour laquelle nous avons eu un coup de cœur. Une belle bâtisse en bois et pierres apparentes, avec de larges baies contemporaines en guise d'ouvertures et une terrasse en bois donnant sur un jardin paysager. À l'intérieur, belle charpente en bois, pierres blondes et grands volumes, et le clou du spectacle : une piscine à l'intérieur même de ce grand et bel espace contemporain. Le grand luxe, quoi ! La piscine est chauffée et ouverte sur le parc de 1 000 mètres carrés agrémenté d'une centaine de variétés de fleurs. Après quelques brasses, vous pourrez aller vous détendre au sauna (6 places), profiter du salon de détente ou, s'il vous reste de l'énergie, aller depenser encore des calories sur le vélo elliptique ou le rameur. Les chambres sont charmantes, joliment aménagées et chaleureuses. La Martinière propose une chambre et une suite familiale. Une étape de charme aux portes du Marais poitevin.

Les vins de Mareuil

Au Moyen Age, dans la vallée secrète du Lay, les moines plantèrent leurs premiers ceps. Plus tard, Richelieu apprécia les vins du cru. Il leur fournit indirectement leur première dénomination labellisée : Les Anciens Fiefs du Cardinal. Le vignoble de Mareuil se répartit ensuite sur dix communes, couvrant une superficie de 300 hectares. Depuis 1973, ses vins se présentent sur les tables comme Vins de Pays des Fiefs Vendéens, classés VDQS, et progressent régulièrement en qualité. La production annuelle est de 1 700 hectolitres. Composés essentiellement à partir des cépages gamay, cabernet et pinot noir, qui donnent des rosés et des rouges fins, bouquetés et fruités, les vins de Mareuil ont les arômes et le goût de leur terroir, et se livrent sans artifice. Ces vins typés, légers ou capiteux, accompagnent avec bonheur tous les produits.

Rosnay

■ CHÂTEAU DE ROSNAY

✆ 02 51 30 59 06 – maison.jard@wanadoo.fr

Ouvert du lundi au samedi de 9h à 12h et de 14h à 18h. Vente et dégustation.

Le terroir du château de Rosnay est composée de sols bruns superposés à des roches cristallines. Situé sur les coteaux dominant l'Yon et sur le lay, le vignoble se répartit sur trois communes autour de Rosnay couvrant une superficie d'environ 45 hectares. Le château fut construit en 1860. Gabriel Jard et son fils Gilles acquirent le vignoble et la propriété en 1948. Leur cuvée rosé pinot noir remporta la première médaille des vins de Vendée au concours général de Paris dès 1950. Depuis, le domaine familial s'est développé dans le respect des traditions et de l'environnement. Transmis de génération en génération, le savoir-faire familial demeure l'alliance parfaite entre la manière et l'art du viticulteur. Dans un caveau de dégustation datant de près de deux siècles, l'on vous fera découvrir les différentes cuvées. Un musée attenant permet de découvrir la manière dont nos ancêtres effectuaient les travaux de la vigne et l'élevage du vin.

LUÇON ★

Entre l'eau et la terre, entre la plaine et l'océan, aux portes du Marais poitevin, Luçon a été façonnée par les moines du Moyen Age et par les évêques qui leur ont succédé. Parmi eux, Armand-Jean du Plessis, cardinal de Richelieu. Le souvenir du brillant Premier Ministre de Louis XIII est omniprésent dans la ville où il y a séjourné de 1606 à 1623. Aujourd'hui, parmi les toits de tuiles apparaissent les toits d'ardoises des maisons bourgeoises. Ces demeures romantiques sont agrémentées de petites tourelles et de sculptures qui peuvent rappeler les romans de Victor Hugo et pourquoi pas ceux d'Alexandre Dumas. Visiter Luçon, c'est faire un grand retour en arrière dans l'Histoire de France. Evêché depuis sept siècles, cette ville du Sud de la Vendée offre quelques beaux monuments dont la cathédrale et, attenant à l'édifice, un magnifique cloître du XVIe siècle, ainsi que de belles maisons du XVIIIe siècle dans le quartier du Bourgneuf. Un château d'eau, datant de 1914, à l'architecture unique au monde, s'érige comme un symbole moderne de l'industrieuse cité cathédrale.

■ OFFICE DE TOURISME

Square Edouard-Herriot ✆ 02 51 56 36 52
www.tourisme-lucon.com
officetourisme.lucon@orange.fr

Basse saison : ouvert du mardi au samedi de 9h à 12h30 et de 14h à 18h. Haute saison : du lundi au samedi de 9h à 19h ; le dimanche et les jours fériés de 10h30 à 12h30.

■ PROMENADE HISTORIQUE

Dix bornes d'information historique, mises en place par la ville, définissent un parcours d'évocation historique et patrimoniale à travers les rues de la cité. Chacune des bornes présente en quelques lignes la caractéristique topographique et historique du quartier où elle est située. Un parcours enrichissant qui vous contera une partie de l'histoire de Luçon. Une fiche pratique est disponible à l'office de tourisme.

Points d'intérêt

■ LA CATHEDRALE ET LE CLOITRE ★★

Place Leclerc

Ouvert tous les jours.

L'abbatiale, qui devint cathédrale en 1317, est dominée par une flèche élégante culminant à 85 m. La belle façade a été réalisée à la fin du XVIIe siècle par François Leduc, dit de « Toscane » pour ses références envers l'art toscan. Ses trois étages voient se superposer les ordres : dorique, ionien et corinthien. Une partie du transept date de la première abbatiale du XIIe siècle. Un mobilier du XVIIe siècle, une chaire peinte de fleurs et de fruits du haut de laquelle aurait prêché Richelieu, et une Descente de croix (Lubin Baugin) ornent l'intérieur. Le mobilier cathédral (autel, ambon et cathèdre) de l'orfèvre contemporain Goudji ajoute à la spiritualité du lieu. L'orgue de chœur Debierre répond comme un écho au grand orgue Cavaillé-Coll de la tribune, classé aux Monuments historiques. A droite de la cathédrale, une porte marquée aux armes du cardinal de Bourbon-Vendôme (XVIe siècle), donne accès au cloître. Les galeries datent du XVIe siècle et communiquent avec la cathédrale. Les styles italien, gothique et Renaissance y sont mêlés. A l'étage, la superbe bibliothèque de l'évêché, plus récente, ne dépareille pas l'ensemble.

■ LA CHAPELLE DES URSULINES ★

Ecole Sainte-Ursule
Rue Georges-Clemenceau

Haute saison : ouvert du lundi au samedi à partir de 14h. Toute l'année pour les groupes, sur demande auprès de l'office du tourisme.

Le plafond de la chapelle de l'ancien couvent des Ursulines est fait en planches de pitchpin disposées en panier, peint à l'huile à la fin du XVIIe siècle, et Lebrun y serait, paraît-il, pour quelque chose. Les quatre tableaux représentant des instruments de musique, la Passion, le Saint-Sacrement et le Saint-Esprit constituent, en tout cas, un décor de choix pour apprécier les sonorités des instruments classiques. Un retable baroque, aux boiseries peintes, ainsi qu'une Vierge à l'enfant en bois polychrome du XVIIIe siècle, méritent également l'intérêt.

■ LE JARDIN DUMAINE ★

Derrière l'hôtel de ville, rue de l'Hôtel-de-Ville ou allée Saint-François

Basse saison : ouvert tous les jours de 7h30 à 19h. Haute saison : tous les jours de 7h30 à 21h.

Aussi visité que la cathédrale, ce jardin porte le nom de celui qui l'a légué à la ville en 1872. L'allée d'ifs centenaires taillés en pyramide menant à un petit bosquet, le théâtre de verdure, les topiaires figurant des Fables de

La Fontaine, les bassins, le kiosque à musique, les belles grilles en fer forgé forment un ensemble très agréable sur plus de 4 hectares. Classé parmi les plus beaux jardins de France. En été, il accueille de nombreuses animations diurnes et nocturnes.

Le couvert

■ L'ARDOISE GOURMANDE

52, rue Georges-Clemenceau
✆ 02 51 56 35 10
contact@ardoise-gourmande.com

Restaurateurs de France. Ouvert du lundi au mercredi le midi ; du jeudi au samedi le midi et le soir. Réservation recommandée. Carte : 29 € environ. Formule du midi : 14 €.

Jean-Philippe et Béatrice sont en cuisine, tandis que Philippe (*alias* Big Moustache) assure le service. Une cuisine « bristronomique » et des plats bien élaborés. Ici, pas le temps de s'ennuyer avec une carte saisonnière, les suggestions (affichées sur le site internet) changent régulièrement ; à de petites exceptions près, comme pour les gnocchi à la crème de gorgonzola, la tête de veau sauce gribiche ou la pastilla chocolat et fruits secs en dessert, véritables plats « signature » qu'il est impossible de retirer de la carte au risque de provoquer un tollé général ! Le jour de notre passage, en suggestion du jour, une échine de porc à la graine de moutarde. L'alternance entre viandes, poissons et pâtes est bien dosée à l'image des pastas aux crevettes sauce thaï, saint-jacques à la plancha et risotto aux champignons ou blanquette de veau. Belle carte des vins, dont de nombreuses références de l'excellente maison Mourat de Mareuil. Pour terminer, voici leur recette à eux : « Emincez créativité et originalité. Incorporez à de beaux produits frais, et faites mijoter avec générosité. Dressez tables et assiettes avec goût. Enfin, servez avec un zeste d'humour ! «

■ AU FIL DES SAISONS

55, route de La Roche-sur-Yon
✆ 02 51 56 11 32

*Maître Restaurateur. Restaurateurs de France. Qualité Tourisme. Ouvert toute l'année. Du mardi au vendredi le midi et le soir ; le samedi soir ; le dimanche midi. Réservation recommandée. Menus de 22,20 € à 41 €. Menu enfant : 11,70 € (ou 13,70). Formule du midi : 14,40 € (ou 20,20 €). Hôtel **. Six chambres. Chambres doubles de 72 € à 75 €. Petit-déjeuner : 8 €. Jardin. Terrasse.*

Le restaurant d'Audrey et Laurent Soulard est une des bonnes tables de la région. La salle à manger ou la verrière s'ouvrent sur le parc et le jardin de plantes aromatiques, et une terrasse aux beaux jours. La cuisine est fine, savoureuse et inventive ; la carte change tous les 2 mois, offrant exclusivement des produits de saison. Une cuisine de passionnés, puisque du pain aux glaces, tout est fait maison ! Morceaux choisis cet hiver : foie gras de canard mi-cuit au genièvre, chutney de courge et raisins secs, puis bar rôti, tagliatelles de fenouil au citron confit, brunoise de légumes à l'huile de sésame ou magret d'oie du Périgord laqué aux épices douces, pulpe de panais. Pour finir : soufflé au chocolat et noix de coco. La carte des vins reflète la patte d'Audrey, avec une mise en avant des vins régionaux, comme ceux de la maison Mourat. Signalons aussi le bon rapport qualité/prix du menu du jour. Une fois par mois (sauf juillet et août), une soirée thématique est organisée autour d'un repas personnalisé. Une adresse à découvrir au fil des saisons, et puisqu'elle dispose de 6 chambres charmantes, restez donc un moment pour savourer.

■ LA MIRABELLE

89 bis, rue Président-de-Gaulle
✆ 02 51 56 93 02
b.hermouet@wanadoo.fr

Maître Restaurateur. Ouvert le dimanche et le lundi le midi ; du mercredi au samedi le midi et le soir. Menus de 27 € à 62 € (ou 72 € avec poisson et viande). Menu enfant : 12,50 €. Formule du midi : 27 € (avec boisson et café, en semaine). Jardin. Terrasse. Vente à emporter.

Le restaurant de Benoît Hermouet fait partie du paysage gastronomique du sud de la Vendée depuis plus de 20 ans. Ce chef défend avec ferveur la gastronomie et son terroir et n'hésite pas à se mettre en avant. Dans une salle à la décoration classique, son épouse, Véronique, propose un choix important de menus (on s'y perd un peu), mais pas de monotonie car ils suivent le cours des saisons, avec un éventail permettant de découvrir la palette culinaire du chef. Une cuisine tantôt gastronomique, tantôt bistrot, ou régionale avec des classiques incontournables comme les anguilles poêlées ou les cuisses de grenouilles poêlées à la luçonnaise. Le savoir-faire du chef s'exprime au travers des différents menus, avec des plats immuables d'année en année comme les ravioles de noix de Saint-Jacques aux poireaux et piment d'Espelette, à l'honneur des saveurs du moment (en hiver), à moins que vous ne lui préfériez le foie gras poêlé et son crémeux de mogettes au jus de truffe, puis lotte ou homard et son risotto aux épinards. Et en dessert : mi-cuit, mi-cru au chocolat noir et sa crème glacée au thé vert. Cuisine régulière et fine mais tarifs élevés.

Le gîte

■ DEMEURE VALEAU DU RIVAGE

58, rue du Port
✆ 02 51 30 93 10
✆ 06 67 18 30 75
valeaudurivage@free.fr

3 chambres. Suite de 100 € à 120 €. Petit déjeuner inclus. Personne supplémentaire : 20 €. Wifi.

Dans un hôtel particulier des XVe et XVIIe siècles, au cœur de Luçon et à 300 m de la cathédrale, Isabelle et Olivier Cline vous proposent trois superbes suites lumineuses, aménagées avec goût et classe. La suite des Anges est composée d'une chambre de 13 m², d'un salon, d'une salle de bains et de WC séparés. La suite Empereur possède sa terrasse privée donnant sur le jardin. Le duplex Richelieu est équipé d'une douche italienne hydromassante. Très grand lit (180 × 200), produits d'accueil de qualité, écran plat et mini-bar dans chaque chambre. Rajoutons qu'un accès à Internet en wi-fi est disponible.

VILLAGE CAMPING CLUB LES GUIFFETTES***
Rue de la Clairaye
✆ 02 51 56 17 16

Ouvert toute l'année. Gîtes de 287 € à 707 € la semaine, caravanes de 196 € à 490 €, mobil-homes de 287 € à 679 €, emplacements nus de 13,60 € à 25,40 € par jour pour 2 personnes. Wifi. Restauration. Sauna.
Le Domaine des Guiffettes réunit plusieurs types d'hébergement : un camping de 70 emplacements ouvert d'avril à octobre, des gîtes de 4 à 6 places, une aire de service pour camping-cars, des chalets, mobil-homes et gîtes. Possibilité de louer mobile homes et gîtes pour le week-end. Selon l'hébergement, le niveau de qualité des structures est un peu disparate, certains locatifs étant un peu vieillots mais certains ont subi quelques rénovations. Côté loisirs, de nombreuses activités puisqu'en plus d'une piscine couverte et chauffée, avec Spa et sauna, vous trouverez aussi sur place un plan d'eau de 42 hectares pour pratiquer la pêche par exemple, et une base nautique, un terrain multisports, mini-golf, tennis, tir à l'arc. Idéal pour l'accueil de groupes, pour des séminaires ou des mariages, plusieurs salles sont disponibles à la location, dont une d'une capacité de 350 personnes. Sur place, un restaurant à la cuisine et décoration simples.

Loisirs

BASE NAUTIQUE MUNICIPALE DE LUÇON
✆ 02 51 29 04 18
base.nautique.lucon@wanadoo.fr
Fermé d'octobre à avril.
A 3 km du centre-ville, ce plan d'eau de 42 hectares permet de multiples activités nautiques pour les groupes et les particuliers dès l'âge de 7 ans et de tous niveaux depuis l'initiation jusqu'au perfectionnement. La base nautique est labellisée « école française de voile », « école française de canoë-kayak » et « point canoë nature ». Pour les promeneurs, un sentier pédestre de 4 km en fait le tour pour une découverte des vastes étendues du marais desséché que l'on peut compléter par une étonnante balade sur l'ancien chemin de halage du canal de Luçon, tout proche. Pour les pêcheurs, le plan d'eau est accessible : cartes de pêche en vente au domaine des Guifettes.

Sorties

LE TEQ BOWLING
Z.I. des 4 Chemins
Sainte-Gemme La Plaine
✆ 02 51 29 05 85
contact@teqbowling.fr

Ouvert toute l'année. Le lundi et le mercredi de 14h à 24h ; le mardi et le jeudi de 16h à 24h ; le vendredi et le samedi de 16h à 2h ; le dimanche de 14h à 20h. Du lundi au samedi : 4,50 € par personne jusqu'à 20h et 6,50 € au-delà de 20h ainsi que le dimanche. Location de chaussures : 2 € (chaussettes obligatoires, sinon en vente à 1,70 €). Salle de réception.
Ce vaste bowling de 1 800 m^2 est situé un peu avant Luçon, au carrefour des routes qui vont à La Rochelle ou Fontenay-le-Comte. Créé en 2012, il offre un espace tout neuf et moderne. Il dispose de 8 pistes de bowling, de jeux Arcade, de 8 billards anglais, ainsi qu'une salle de réception modulable de 60 à 100 m^2, pouvant accueillir jusqu'à 100 personnes. Un grand bar s'étend sur une grande partie de la vaste salle, avec des espaces pour boire un verre. Le responsable étant un professionnel de l'animation, ça ne vous étonnera pas de savoir qu'ils organisent de nombreuses animations dont le fameux karaoké qui a lieu chaque vendredi soir. Ce ne sont pas les seules animations puisque des enterrements de vie de garçon, des soirées, des formules pour les séniors y sont aussi proposés tout comme les fêtes d'anniversaire pour les plus jeunes.

Emplettes

ESPACE VRIGNAUD
2, place Richelieu
✆ 02 51 56 11 48
vrignaudetfils@orange.fr
Fondée en 1812 par Henri-Aimé Vrignaud, cette maison de spiritueux est devenu un espace boutique et de réceptions et séminaires. Beaucoup moins connue que le kamok (liqueur au café sucrée à 40°, à base d'arabicas robustes et de plantes), qui a fait la réputation de la maison Vrignaud, la chouannette est une belle idée d'apéritif. Bien frappée, cette macération de fruits rouges (cerises, mûres, framboises) convient à tout le monde. Les liqueurs de la maison Vrignaud peuvent se boire en fin de repas ou incorporées en coulis sur une glace, un tiramisu ou entremet. Parmi celles-ci, le kayouski, aux amandes et noyaux d'abricots, la liqueur des Vendéens, aux oranges douces et amères macérées dans le cognac, la liqueur du Puy-du-Fou, (poire) ou le triple sec, sans oublier l'étonnante liqueur de mogettes. On trouve également ici des confiseries à base de liqueurs... En bref, de bonnes idées de cadeau pour ramener un peu de Vendée chez soi ! Pour vos réceptions, un ancien chai de 87 m^2 aux pierres apparentes vous accueille et un autre pour les séminaires.

Dans les environs

Nalliers

RESERVE BIOLOGIQUE DEPARTEMENTALE DE NALLIERS – MOUZEUIL SAINT-MARTIN
★★
Les Huttes
✆ 02 51 97 69 80
www.vendee.fr
Fermé d'octobre à mars. Visite guidée (et libre).
Véritable porte d'entrée du marais mouillé, cette réserve de 132 hectares aménagés par le Conseil Départemental de la Vendée, située entre Luçon et Fontenay-le-Comte,

Réserve de Nalliers.

offre de larges possibilités de balades entre prairies, canaux et chaussées bordées de frênes têtards. La réserve est un véritable dédale de canaux et de chaussées herbeuses qui mène les visiteurs jusqu'à la cabane des fameux huttiers qui y vécurent dès le XVIIe siècle, en quasi-autarcie, en s'organisant pour avoir vignes, bois de chauffage, eau et nourriture à portée de main. Les hérons cendrés et pourprés, loutres, genettes, grenouilles et autres papillons y ont élu domicile. Visites seules ou avec le guide. Des visites guidées thématiques ont lieu durant toute la saison (se renseigner pour le programme). Un film d'une demi-heure vous sera d'ailleurs présenté dans la salle de projection de la Maison de la Réserve, avant votre visite. Pour le reste, faites confiance à Laurent Tullié, le guide-spécialiste, qui vous dévoilera un à un, avec passion, les secrets de la réserve...

SAINTE-HERMINE

Ce petit village possède de très beaux monuments comme l'imposante statue de Georges Clemenceau et ses halles. Les halles, bien restaurées, à la structure métallique proche de celles construites par Baltard, constituent un ensemble original. Dépassez ensuite l'église XIXe siècle pour voir apparaître le porche du château construit par Jacques des Nouhes, une des figures du protestantisme dans le département, en 1620. Une façade harmonieuse de deux étages, une tour ronde et un pavillon rectangulaire forment un ensemble intéressant qui révèle les facettes les plus austères de l'architecture Renaissance. Choisissez les bords de la Smagne où de nombreux sentiers sont proposés pour de longues balades. Un document spécifique destiné aux VTT est disponible à l'office de tourisme avec également plusieurs itinéraires balisés pour les randonneurs.

■ **OFFICE DE TOURISME**
35, route de Nantes
✆ 02 51 27 39 32
www.paysdesaintehermine.fr
Basse saison : ouvert du lundi au vendredi de 14h à 17h30. Haute saison : du lundi au vendredi de 9h à 12h30 et de 14h à 17h30 ; le samedi de 10h à 12h30.

Points d'intérêt

■ **LE CHÂTEAU DE SAINTE-HERMINE** ★
52, place de l'Eglise
✆ 02 51 27 37 37
saintehermine@orange.fr
Ouvert toute l'année. Gratuit jusqu'à 18 ans. Adulte : 3 € (extérieurs, intérieurs : 5 €). Visite guidée.
En plein cœur du centre-ville, se dresse le château de Sainte-Hermine. Autrefois siège de la deuxième baronnie de France, cet ancien château médiéval remanié sous Louis XIII, reçut de célèbres visiteurs tels que Philippe III le Hardi, Henri IV, Louis XIII... Revivez au cours d'une promenade guidée dans les jardins, une page d'Histoire. Au mois d'août, ce château sert d'écrin à un festival unique dédié à l'Histoire de France. Des centaines d'artistes amateurs et figurants présentent tous les ans un spectacle historique. Renseignements sur : www.festivaldesaintehermine.fr

Le couvert

■ **LE MINAGE**
17, route de La Rochelle
✆ 02 51 27 33 22
sarlleminage@aol.com
Ouvert le dimanche et le lundi le midi ; du mardi au samedi le midi et le soir. Formule du midi : 12 €.
Situé sur la route de La Rochelle, Le Minage peut s'enorgueillir de sa belle bâtisse. Deux salles s'ouvrent au gourmet voyageur. La première, aux murs cirés orangés que rappelle un chemin de table de même coloris, possède un mobilier en fer forgé. La deuxième salle, davantage utilisée par les groupes, donne sur un petit patio. La cuisine, traditionnelle, est de bonne facture et l'on a repéré au hasard d'une carte qui propose à la fois poissons et viandes, un foie gras, mais également plusieurs spécialités vendéennes. Et pour accompagner le repas de bons vins que vous retrouverez à la vente à la cave de l'autre côté de la salle de restaurant, où les vins y sont en vente au prix château. Une large sélection de vins et de grands crus !

Concerto pour parc et jardin...

Lorsque l'on arrive dans le village de Thiré, dans le sud Vendée, on est loin de se douter de la surprise qui nous attend lorsqu'on franchit le portail de ce magnifique bâtiment, qui n'est autre que la demeure du chef d'orchestre franco-américain William Christie. Claveciniste, chef d'orchestre de renommée internationale, musicologue et enseignant, il est aussi le spécialiste de musique baroque française des XVIIe et XVIIIe siècles. A la tête de l'ensemble instrumental et vocal Les Arts Florissants, qu'il a créé en 1979, il parcourt les scènes du monde entier. William Christie, officier de l'ordre des arts et des lettres, a été élu, en novembre 2008, membre de l'Académie des Beaux-Arts. Installé en France depuis 1971, en 1985, il tombe amoureux d'un logis de la fin du XVIe, début du XVIIe siècle, dans un état pitoyable, qu'il décide de sauver de la ruine. Cet endroit, dénué de toute végétation, va lui donner l'opportunité de créer de toutes pièces un jardin inspiré des jardins italiens et français du grand siècle, époque chère à notre musicien. En évolution permanente depuis sa création il y a plus de vingt ans, le Jardin du Bâtiment s'agrandit et s'enrichit, le tout orchestré par William Christie. L'allure, à première vue, est tout à fait celle d'un jardin à la française. Or, comme dans le reste du jardin, le connaisseur remarque une volonté éclectique de la part de son créateur avec quelques inspirations des jardins anglo-américains du début XXe siècle. Labellisé «Jardin Remarquable» depuis 2004, le Jardin du Bâtiment a été inscrit à l'Inventaire supplémentaire des Monuments historiques en 2006. Amoureux des jardins, laissez-vous séduire par ce merveilleux site, et attardez-vous dans le jardin qui est accessible au public.

LE JARDIN DE WILLIAM CHRISTIE
32, rue du Bâtiment – THIRÉ – www.jardindewilliamchristie.fr

Le gîte

LE CLEM'OTEL***
Parc Atlantique – Vendéopôle
A83 sortie 7
✆ 02 51 28 46 94
contact@clemotel.com

Logis (2 cheminées). Qualité Tourisme. 49 chambres. Chambre simple 62,50 € ; chambre double 75,50 € ; chambre triple de 85,50 € à 90,50 €. Petit déjeuner buffet : 8,50 € (gratuit pour les moins de 12 ans). Parking fermé. Chambres familles (2 adultes, 2 enfants) : 138 €. Wifi. Restauration (menus à partir de 12 €).

De conception récente, il offre le confort et la modernité dus à sa création mais c'est surtout pour sa situation géographique qu'il est choisi. Les chambres sont sur le même standard et offrent 2 lits ou 1 grand lit de 160. Dix-neuf chambres triples, 2 chambres réservées aux handicapés. Les chambres sont équipées d'un accès Internet, de la tv avec le satellite et la climatisation. Les chambres, aux tons orangés, sont dispatchées autour d'une coursive. Elles bénéficient toutes de baignoires. Un bon point : le tarif des chambres reste le même selon la saison. Vous pourrez prendre vos repas au Grill juste à côté qui suggère des menus à partir de 12 € comprenant une formule buffet pour ce dernier, mais n'espérez pas là une étape gastronomique, la restauration y est classique et simple.

Loisirs

LES ROULOTTES DU SUD VENDÉE
Pont-Sigou
✆ 02 51 28 41 52 / 06 14 48 24 77
roulottesudvendee@gmail.com
Lieu de départ : Lieu-dit Le Pont Sigou (dans Sainte-Hermine, prendre direction La Rochelle, après le rond-point 100 m à droite, suivre la petite route sur 2 km).

Semaine de 875 € à 950 € selon la saison.

Cette association propose des randonnées pour tout public – familles, groupes, scolaires – de un à sept jours – avec ou sans hébergement – à la découverte de la nature du sud de la Vendée. Au départ de l'expédition, on vous montre comment harnacher et atteler le cheval (un Percheron, courageux et fiable !). Puis accompagnés par un meneur la première matinée, vous apprenez à le diriger, à en prendre soin – et si nécessaire, l'on vous prodiguera encore des conseils aux différentes étapes. Bien sûr votre itinéraire est mis au point en amont, sans stress et difficulté. On vous communique une carte au 1/25000 pour vous, ainsi que les coordonnées de l'ensemble des relais. La roulotte est conçue pour héberger de 4 à 6 personnes, avec deux aménagements existants. Pour le couchage drap-housse et couverture sont fournis, côté cuisine, une gazinière et les ustensiles de base, vous permettent de faire et prendre vos repas en toute autonomie. A chaque halte vous avez un point d'eau avec possibilité de douche le soir. Vous vous déplacerez sur de petites routes peu fréquentées, les itinéraires étant fonction de la durée du séjour et de la disponibilité des relais d'accueil.

Dans les environs

Saint-Juire-Champgillon

LE SAINT-GEORGES
✆ 02 51 27 86 91
lesaintgeorges3@wanadoo.fr
Ouvert toute l'année. Du mercredi au dimanche le midi ; du mercredi au samedi le soir. Menus de 25 € à 49 €.
Ce restaurant est une jolie découverte… Au cœur d'un petit village d'art à quelques encâblures des Jardins de William Christie, le Saint-Georges vous accueille dans un cadre contemporain et agréable. La cuisine du chef Willy Lefay est traditionnelle, mais créative à la fois. Installé depuis douze ans avec son épouse Valérie dans ce village adorable, ce passionné de cuisine privilégie les produits locaux dans une carte qu'il change tous les 2 mois. Tout est fait maison, du pain aux glaces ! Il souhaite faire plaisir ! Qui dit bon repas dit bon vin, et ici vous allez être servis, car la carte propose pas moins de 110 références de vins. Les menus sont d'ailleurs proposés avec l'accord mets et vins. Au hasard des spécialités du moment : lasagnes d'escargots et poireaux, purée d'ail douce ou velouté de panais, brunoise de cèpes avec son foie gras cuit en deux façons (en royale et poêlé), puis rognons sautés à la graine de moutarde ou noix de saint-jacques poêlées accompagnées de rillons, légumes, bouillon d'étrilles. Pour la douceur, entremet à la passion et fruits exotiques, cœur coulant au vieux rhum.

Saint-Martin-des-Fontaines

DOMAINE DE GARREAU****
Le Garreau
✆ 02 51 00 12 62
roselyne.porcher@wanadoo.fr

Ouvert toute l'année. Gîte 6 personnes : de 500 à 1 400 €, gîte 5 personnes : de 400 € à 950 €, gîte 2 personnes : de 300 € à 450 € la semaine selon la période. Chèque Vacances. Wifi. Salon de jardin, lave-linge. Sauna. Etang de pêche.
A 13 km à l'ouest de Mervent et au nord de Fontenay-le-Comte, à l'occasion de la découverte du Marais poitevin, les époux Porcher proposent une halte chez eux. Vous êtes accueilli, avec apéritif et préfou maison. Ils possèdent 4 gîtes de pêche. Ils sont parfaitement équipés : plaques chauffantes, micro-ondes, lave-vaisselle, lave-linge et sèche-linge, et offrent 3 locaux de pêche entièrement équipés pour laver, vider et conserver à la fois le poisson et le matériel de pêche. Tout le linge – linge de maison, draps, serviettes, peignoirs – est fourni, et des vélos sont à disposition. A disposition pour l'ensemble des gîtes, une piscine privée (couverte et chauffée) et un sauna, une terrasse de lecture, et un terrain de pétanque. Ils disposent aussi du wi-fi. Les prestations sont vraiment haut de gamme, et le cadre, avec le jardin, le potager et à deux pas les étangs privés, est très reposant. Que l'on soit ou non pêcheur, tout le monde sera satisfait.

CHAILLÉ-LES-MARAIS ★

Chaillé-les-Marais est habitée dès l'époque gallo-romaine, et joue un rôle de capitale du marais desséché depuis le milieu du XVIIe siècle. C'est l'homme lui-même qui a façonné ce paysage : digues, grandes étendues de terres cultivables, et de nombreux canaux qui assurent toujours la régulation de l'eau. L'un d'eux situé sur la commune de Sainte-Radégonde et réalisé au XIIe siècle porte le nom de canal des Cinq Abbés – du nom des abbés de Saint-Michel, de l'Absie, de Saint-Maixent, de Nieul et Maillezais. Toutes ces terres gagnées sur la mer ont nécessité des constructions de pierres et de bois : les écluses – encore appelées « portes à la mer » ou « portes à flots » -, dont le mécanisme remonte au XIIe siècle. Elles recueillent et conduisent les eaux des marais vers la mer. C'est le cas de l'écluse du Clain, sur le canal du même nom à Sainte-Radégonde. Les arceaux sont quant à eux de petites bondes en arc de pierre au croisement de deux canaux, accolés à de petites vannes en bois. Un sentier permet de profiter des digues surélevées qui bordent tous les canaux, et la Ceinture des Hollandais permet d'admirer un vaste paysage. Les fossés adjacents à la Ceinture, appelés « contrebooths » servent à canaliser les excédents d'eau pluviale. Le village a conservé des éléments intéressants comme la cheminée et son four à pain de l'office de tourisme, ou au détour des rues aux noms conservés de l'époque révolutionnaire comme la rue de l'An-VI, des puits – XVIIIe siècle – dont la forme en ogive est représentative de la région. Pour l'anecdote, l'un d'eux est surnommé le « Puits de la Crotte » – l'origine du nom se passe de commentaire !

OFFICE DE TOURISME DES ISLES DU MARAIS POITEVIN
7, rue de la Coupe-du-Rocher
✆ 02 51 56 77 30
www.ot-isles-maraispoitevin.com
info.otimp@orange.fr
Basse saison : ouvert du lundi au vendredi de 9h30 à 12h30 et de 13h30 à 17h30. Haute saison : tous les jours de 10h à 13h et de 14h à 18h. Fermé de décembre à février.

Points d'intérêt

LA MAISON DU MAITRE DE DIGUES
7, rue de la Coupe-du-Rocher
✆ 02 51 56 77 30
www.mmd-maraispoitevin.fr
maison.maitrededigues@orange.fr

Fermé du 1er décembre au 17 mars. Basse saison : ouvert du lundi au vendredi de 9h30 à 12h30 et de 13h30 à 17h30. Haute saison : tous les jours de 10h à 13h et de 14h à 18h. Fermé le dimanche matin en haute saison. D'avril à juin et en septembre : ouvert de 10h à 13h et de 14h à 18h ; fermé le samedi. Gratuit jusqu'à 18 ans. Adulte : 5 €. Tarif réduit : 3,5 €.

La Maison du Maître de Digues invite à une immersion dans la vie de cet homme indispensable à la gestion hydraulique. Cette ancienne ferme, située au cœur du marais asséché, se divise en plusieurs espaces : au fond, les bâtiments du Syndicat, avec la porte de style Renaissance. A droite, les bâtiments destinés au maître de digues et à sa famille (sa maison, les dépendances et la grange). En sortant, sur le chemin, vous rencontrerez les chèvres poitevines dans leur enclos puis, la « cabane » traditionnelle : la maison du maître de digues. Dans l'ancien logement de fonction, vous découvrez d'abord la reconstitution de l'habitat traditionnel tel qu'il pouvait être au XIXe siècle : la cheminée, le lit, l'armoire, tout y est. L'ancienne chambre a été transformée en salle de projection. Un docu-fiction de 15 minutes vous plonge au XIXe siècle. Vous êtes invités à suivre le maître de digues dans son quotidien.

Le gîte

Gîtes

L'ENCLOS BLEU
Le Sableau
8, rue du Moulin-des-Dames
✆ 02 51 56 76 14
www.enclos-bleu.com
contact@enclos-bleu.com

Chambre double de 53 € à 55 € ; chambre triple de 70 € à 73 € ; suite de 88 € à 90 €. Petit déjeuner inclus. Pour 4 personnes (2 chambres). Gîtes pour 2 à 6 personnes, de 240 € à 460 € la semaine selon la saison, et de 85 € à 180 € le week-end. CB non acceptée. Animaux non acceptés.

Catherine et Christian vous accueillent toute l'année dans une ancienne ferme entièrement rénovée. L'Enclos Bleu se situe au sud de la Vendée, au Sableau, près de Chaillé-les-Marais. Lors de votre séjour, vous aurez l'occasion de vous détendre, et très vite, vous plongerez dans l'atmosphère chaleureuse et conviviale du Marais poitevin. La situation géographique de l'Enclos Bleu, proche de la Baie de l'Aiguillon, vous permet de profiter de la Rochelle, de l'île de Ré et des plages locales (La Faute-sur Mer, La Tranche-sur-Mer, etc.). N'hésitez pas à contacter vos hôtes pour plus de renseignements sur les lieux.

Chambres d'hôtes

CÔTÉ MARAIS
38, rue du 11-Novembre
✆ 02 51 27 07 66
www.cote-marais.com
contact@cote-marais.com

Gîtes de France (4 épis). 4 chambres. Chambre double de 85 € à 105 €. Petit déjeuner inclus. Wifi.

Située au cœur du bourg, la demeure bourgeoise du XIXe siècle offre quatre chambres de charme dans les dépendances. La belle bâtisse aux pierres apparentes est entourée d'un parc qui descend en pente douce vers un marais préservé et dispose d'une vue unique. Le parc a retrouvé son atmosphère d'origine. Une piscine est même nichée dans l'ancien potager. Les chambres sont meublées avec du mobilier de style. Vous pourrez déguster les produits locaux (brioche vendéenne, miel du marais, confitures maison) au cours des copieux petits déjeuners. Accueil des plus chaleureux.

Campings

CAMPING DE L'ILE CARIOT***
Rue du 8-Mai-1945
✆ 02 51 56 75 27
www.camping-chaille-les-marais.com
camping.ilecariot@gmail.com

Qualité Tourisme. Ouvert du 1er avril au 30 septembre. 38 emplacements (plus 2 bungalows toilés, 5 mobil-homes et 5 chalets). Exposition : ombragé. Sol : herbeux. Emplacement de 13,10 € à 14,50 €. Bungalows de 170 € à 360 € la semaine ; 5 chalets de 240 € à 520 € ; 5 mobil-homes de 220 € à 550 €. Label camping qualité. Jeux pour enfants. Aire pour camping-cars. Wifi.

Situé au pied d'un ilot calcaire dans le parc inter-régional du marais poitevin, à 30 kilomètres de La Rochelle, des plages vendéennes et de la Venise Verte, ce camping aux portes du marais poitevin propose 38 emplacements spacieux et ombragés pour tentes ou caravanes, mais également 5 chalets, 2 bungalows toilés, et 5 mobil-homes en bois. Outre des loisirs comme une piscine extérieure chauffée avec un bassin pour les enfants, des jeux pour les plus jeunes, ping-pong, pétanque, des canaux pour la pêche, et des canoës sont à disposition gratuitement. Un bar, un petit snack avec rayon épicerie et une bibliothèque avec des jeux de société sont à disposition. En juillet et août, le camping organise quelques animations.

Retrouvez l'index en fin de guide

Les Mizottes

La Réserve naturelle de la Baie de l'Aiguillon, Site Naturel Remarquable, doit sa richesse à son histoire : elle est l'un des meilleurs témoins de l'ancien golfe des Pictons. Les prés salés, recouverts par la mer par fort coefficient de marée, vous permettent de découvrir une flore halophile telle la salicorne ainsi que de nombreux oiseaux (vanneaux huppés, oies sauvages, oiseaux limicoles...). Appelés ici les Mizottes, ces prés fournissent un fourrage de qualité.

Dans les environs

Champagné-les-Marais

RÉSERVE NATURELLE REGIONALE DU MARAIS DE LA VACHERIE

La réserve naturelle régionale du marais de la Vacherie a été inaugurée le 24 avril 2009. Cette dernière s'étend sur plus de 181 ha sur la commune de Champagné-les-Marais dans le sud de la Vendée. Ces terrains appartiennent à la LPO et sont exploités par 6 éleveurs locaux. Située au cœur du marais Poitevin la Réserve Naturelle Régionale joue un rôle essentiel pour la biodiversité, notamment pour les oiseaux d'eau. Ainsi en hiver, vanneaux huppés, pluviers dorés et canards de surface viennent s'alimenter et se reposer. Au printemps les limicoles migrateurs font halte sur les prairies humides pour se restaurer et poursuivre leur migration. Aux beaux jours, la réserve naturelle régionale accueille une part importante des oiseaux nicheurs du marais Poitevin : des chevaliers gambette, des barges à queue noire, et des guifettes noires. Autre objectif : la sensibilisation du public à la biodiversité. A cet effet, un observatoire libre d'accès au public sera créé. Une thématique de travail particulière sur l'élevage extensif et la gestion hydraulique sera développée.

LA CLOSERAIE

21, rue de la Paix
✆ 02 51 56 54 54
info@closeraie.fr

5 chambres. Chambre double de 63 € à 72 € ; suite de 110 € à 120 €. Petit déjeuner inclus. Wifi.

En plein cœur du Parc du Marais poitevin, à deux pas de la baie de L'Aiguillon et à 20 minutes de La Rochelle, vous séjournerez dans une demeure du XVIIIe siècle. Toutes les chambres sont décorées différemment avec du mobilier ancien provenant de brocantes. Elles sont toutes équipées de télévision et d'un réfrigérateur. Grâce à la conception en U du bâtiment, chaque chambre donne sur le jardin ensoleillé, tout proche de la terrasse et de la piscine.

L'Île d'Elle

L'origine du nom viendrait du latin insula île et peut-être du préceltique illa, terme d'hydronymie signifiant rivière ou bras de rivière. Selon une légende tenace, mais fausse, Henri IV, de passage à Marans aurait fait don à sa maîtresse Corisande du lieu, devenu alors île à Elle. Ilot le plus élevé de l'ancien golfe, nommé à partir du XIXe siècle, golfe des Pictons, l'île d'Ella devient l'île d'Elle. La découverte de haches en pierre polie démontre que la commune fut habitée dès le néolithique. Des vestiges de l'époque gallo-romaine des IIe et IIIe siècles ont été retrouvés à plusieurs reprises. L'île d'Elle apparaît dans les textes au XIIe siècle, mentionnée sous la forme De Ella puis, dénommée Insula de Ella au XIIIe siècle. Elle dépend de la paroisse de Marans en Aunis et possède le prieuré Saint-Hilaire qui relève de l'abbaye de Maillezais. Jusqu'au XVIIIe siècle, son territoire est détenu par le seigneur de Marans, celui de La Guérinière et le prieur du lieu. La Révolution détache l'île d'Elle de l'Aunis en 1791 pour en faire une commune du département de la Vendée nouvellement créée. La commune fut notamment connue pour son importante activité de vannerie qui compte près de 200 vanniers au XIXe siècle, et de poterie puisque c'est du marais qu'est extrait l'argile qui alimente tuileries et briqueteries.

LE LOGIS DE L'ILE D'ELLE***

2, route de La Rochelle
✆ 02 51 52 06 74 / 06 61 49 70 86
www.location-marais-poitevin.com
bluteau.jeanguy@wanadoo.fr

Ouvert toute l'année. 2 chambres (et 3 gîtes). Chambre double de 40 € à 55 €. Petit déjeuner inclus. Lit supplémentaire : 10 €. Gîtes à partir de 230 €/semaine. Wifi.

A 15 minutes de La Rochelle, dans le Marais poitevin, les époux Bluteau vous accueillent dans les deux chambres d'hôtes, aménagées avec beaucoup de goût, de leur demeure. Elles possèdent le charme de la pierre blonde de Charente et les vieilles poutres des anciennes bâtisses du Sud-Vendée. Plus que des chambres d'hôtes, elles ressemblent davantage à des locations puisqu'elles possèdent un coin salon avec canapés et télévision et une cuisine entièrement équipée. Dans une demeure du XIXe siècle, mitoyenne du logis des propriétaires, trois gîtes vous attendent avec une décoration d'inspiration locale tantôt terre et mer. Tout comme les chambres d'hôtes, vous pourrez bénéficier de la piscine du Logis et de l'espace de jeux dédiés aux enfants. Ils peuvent accueillir respectivement 2, 5 et 6 personnes. Tous possèdent une cuisine équipée. La décoration est soignée et la propreté impeccable. Jean-Guy, le propriétaire, est guide touristique : il vous accompagnera dans vos démarches de séjour et vous fera visiter la région. Cet établissement a obtenu la médaille nationale du tourisme en 2012 !

Moreilles

CHATEAU DE L'ABBAYE
4, rue Nationale ✆ 02 51 56 17 56
www.chateau-moreilles.com
chateau-moreilles@orange.fr

Châteaux & Hôtels Collection. Clévacances (5 clés). Ouvert toute l'année. 5 chambres (et maison d'hôtes à côté). Chambre double de 69 € à 149 € ; studio / appartement de 159 € à 219 € ; suite à partir de 165 €. Petit déjeuner : 15 €. Maison d'hôtes : chambres de 99 € à 149 € ; suite : 299 €. Restauration (dîner aux chandelles sur réservation : 38 €).

Aux portes du Marais poitevin, à 30 minutes de La Rochelle, vous apprécierez cette vaste et belle demeure de charme édifiée à partir d'une abbaye dont Richelieu fut l'abbé. On vous y reçoit en famille depuis vingt-cinq ans. La façade couverte de vigne vierge, le parc, la piscine, accueillent les hôtes dans un univers de tradition française. Le salon est richement meublé et possède une cheminée. Les chambres, intimes, au décor d'antan (toile de Jouy et mobilier ancien), ont toutes une atmosphère différente. Certaines sont de véritables bonbonnières, mais toutes ont un point commun : le charme d'époque. Pour un week-end romantique à souhait, profitez du dîner aux chandelles. Découvrez aussi la nouvelle maison d'hôte, à côté, qui se nomme le Portail en Marais poitevin. Une merveille ! Il s'agit de l'ancienne porterie de l'abbaye cistercienne de Moreilles, un bâtiment du XVIIe siècle à l'architecture modeste et simple, aux pierres apparentes, enduits à la chaux et tuiles en tiges de bottes. Les chambres possèdent un charme fou et, cerise sur le gâteau, un espace bien-être privatif avec bain bouillonnant et sauna est à votre disposition.

Sainte-Radegonde-des-Noyers

LA CLAVERIE
2, rue du Moulin-Neuf
✆ 02 51 30 89 38 / 06 63 61 38 44
www.la-claverie-des-noyers.com
laclaverie@gmail.com

Fermé d'octobre à avril. 4 chambres. Chambre simple à partir de 75 € ; chambre double à partir de 85 €. Petit déjeuner inclus. Lit supplémentaire : 30 €. CB non acceptée. Chèque Vacances. Restauration (repas sur réservation : 30 €). Vente (artisanat d'Afrique).

Voici une adresse pleine de charme et de surprises. A commencer par ses hôtes, Marie et Philippe, un couple passionnant et passionné par l'Afrique et l'Egypte. La boutique de Marie fourmille d'objets ramenés de leurs voyages : statuettes et masques africains, tissus et céramiques en provenance d'Egypte et tant d'autres trésors encore. D'ailleurs, les chambres sont un savant mélange entre ces objets artisanaux africains pour l'une et la région charentaise avec la chambre bleue aux couleurs de l'île de Ré. La chambre «il était une fois» est meublée de meubles chinés chez des antiquaires et brocanteurs. Quant à la chambre Pierre Loti, ce grand romancier-voyageur qui a débuté sa carrière comme officier de marine, la déco se fait plus orientale et feutrée, pour voguer à travers la Turquie, l'Egypte et le Maroc. Votre petit déjeuner se compose de confitures maison et sachez aussi que vous pourrez rester dîner à La Claverie. Flânez dans le jardin de Marie, son autre passion, où cohabitent potager et belles fleurs. Ensuite, posez-vous sur la terrasse et laissez filer le temps tranquillement en écoutant les récits de nos charmants hôtes. Une parenthèse douce et chaleureuse.

MAILLEZAIS ★

Haut lieu ecclésiastique poitevin, le nom de la commune viendrait de Melitius plus -acum. La célèbre abbaye apparaît à maintes reprises dans l'histoire du Poitou et dans le légendaire poitevin. Le village celtique originel de l'île de Maillezais a disparu après les pillages normands. Le comte de Poitou, Guillaume Tête d'Etoupe, y établit une forteresse pour empêcher les Normands de remonter la Sèvre. C'est Emma comtesse de Poitou – épouse de Guillaume Fier-à-Bras – qui va construire l'abbaye, suite au miracle de Maillezais. Au XVIe siècle, Maillezais fut associé à La Rochelle et fut le centre du diocèse s'étendant de l'Anjou à la Saintonge. Aujourd'hui, véritable capitale du marais, Maillezais voit son histoire confondue avec celle de son abbaye.

OFFICE DE TOURISME
Rue Docteur-Daroux ✆ 02 51 87 23 01
www.maraispoitevin-vendee.com
office.tourisme@cc-vsa.com

Basse saison : ouvert le lundi de 14h à 17h30 ; le mardi, le jeudi et le vendredi de 9h30 à 12h30 et de 14h à 17h30 ; le mercredi et le samedi de 9h30 à 12h30. Haute saison : tous les jours de 9h30 à 13h et de 14h30 à 19h ; le dimanche de 9h30 à 13h. D'avril à juin et septembre : ouvert du lundi au samedi de 9h30 à 13h et de 14h à 18h (fermé mercredi après-midi et dimanche).

Points d'intérêt

ABBAYE DE MAILLEZAIS ★★
Rue de l'Abbaye
✆ 02 51 87 22 80
www.abbayes.vendee.fr

Fermé du 12 novembre au 28 février. En mars et du 1er octobre au 11 novembre : ouvert tous les jours (sauf mardi) de 10h à 12h30 et de 14h à 18h. Avril, mai et septembre : de 10h à 12h30 et de 13h30 à 18h. Juin à août : tous les jours de 10h à 19h. Gratuit jusqu'à 18 ans. Adulte : 6 €. Jeune de 18 à 25 ans : 4 €. Pass Vendée : 21 €.

Edifiée en 1003 sur une île du Golfe des Pictons, cette abbaye bénédictine a accueilli lettrés et artistes : Agrippa d'Aubigné et François Rabelais, qui vécut ici de 1524 à 1529. Il s'inspira de Maillezais pour créer son abbaye utopique, Thélème, et décrivit la création du Marais poitevin comme l'œuvre de Gargantua. L'histoire se souvient aussi de la visite des rois de France : Philippe III en 1272 et Charles VIII en 1418. L'esplanade conserve d'imposants vestiges bien conservés : cathédrale, cuisine, réfectoire, cellier, cave à sel. En juillet et août ont lieu des visites-spectacles théâtralisées itinérantes sur l'histoire fabuleuse de l'abbaye, intitulées « Maillezais, sentinelle du Marais « (du dimanche au jeudi).

Le couvert

■ AUBERGE DE L'ABBAYE

Impasse Petit Versailles
✆ 02 51 87 25 07
bernardpatarin@orange.fr

Menus de 16,50 € à 38 €. Menu enfant : 7,80 €. Terrasse.

Une jolie maison en pierres blondes sert de cadre à ce restaurant de spécialités vendéennes. Salle joliment décorée et murs en pierres rehaussés d'objets de déco typiques du marais poitevin, et dès les beaux jours une terrasse ombragée. Une partie de la carte, traditionnelle, est réservée aux spécialités vendéennes : farci poitevin (typique du Sud-Vendée), anguilles, cuisses de grenouilles, escargots, et en accompagnement de certains plat, les fameuses mogettes. L'autre partie de la carte s'oriente sur les galettes et les crêpes, avec la particularité de manger une galette à toute heure (en saison). Après la balade, rejoignez l'embarcadère que possède le propriétaire du restaurant et louez une barque pour faire une balade au fil de l'eau sur la Venise Verte. Enfin, si vous voulez rester plus longtemps dans cette magnifique partie de la Vendée, sachez que deux gîtes, de 6 et 8 personnes, sont également proposés à la location. Ils sont posés au pied de l'abbaye de Maillezais, et tout comme le restaurant, possèdent du cachet et une décoration soignée.

Loisirs

■ EMBARCADÈRE DE L'ABBAYE

Le Grand Port
✆ 02 51 87 21 87
embarcadere.abbaye@wanadoo.fr

Haute saison : ouvert tous les jours. Hors saison, sur réservation. Location de barque sans guide : 17 € pour 2-3 personnes pour une balade de 1h. Location avec guide : 9 € par passager pour 4 personnes, pour 1h.

Entièrement piétonnier, à 50 m en contrebas du parking de l'Abbaye (accès par l'accueil de l'Abbaye sans passer par la billetterie), Le Vieux Port vous accueille pour une flânerie à l'ombre des saules pleureurs, frênes et peupliers. Avec un batelier, faufilez-vous en silence par les fossés, conches et rigoles sous la voûte de verdure des frênes têtards. Vous pouvez aussi partir seul, en barque ou en canoë, en famille ou entre amis. Glissant sur un tapis de lentilles, à l'ombre des frênes têtards et des peupliers, parcourez ce labyrinthe de canaux et de conches, où le vert est roi et la nature luxuriante.

La Venise verte ou le marais poitevin-vendéen

Avec près de 4 000 km de voies d'eau, la barque ou le canoë restent le moyen privilégié d'accéder à la magie des paysages du «marais mouillé» vendéen. Dépaysement assuré et découverte de la Venise verte à bord de vos embarcations où, comme les maraîchins le faisaient autrefois pour se rendre d'un endroit à un autre, vous voyagerez sur les chemins d'eau. Les différents embarcadères de la dizaine de communes traversées par le marais, comme Maillezais, Damvix, Le Gué-de-Velluire, Le Mazeau, Saint-Sigismond ou La Taillée, vous inviteront à partir en promenade avec ou sans guide pour une heure, deux heures, pour la journée, en barque ou en canoë, pour découvrir les paysages enchanteurs du Sud-Vendée. Vous apprécierez la quiétude des lieux où les arbres, la végétation et l'eau règnent en parfaite harmonie.

Abbaye de Maillezais.

Dans les environs

Benet

LE PETIT PARADIS

La Meugne
✆ 06 64 32 26 64
accueil@le-petit-paradis.com

Gîtes de France (3 épis). 3 chambres. Chambre simple 60 € ; chambre double 70 € ; chambre triple 85 €. Petit déjeuner inclus. Lit supplémentaire : 15 €. Tarif préférentiel sur les séjours à partir de 3 nuits consécutives : 10 % de réduction offerts sur le coût total du séjour (offre valable tous les jours, hors juillet, août, ponts et jours fériés). Chèque Vacances.

L'endroit porte bien son nom : un véritable petit paradis pour les amoureux de la nature et des vieilles pierres. Dans une propriété typiquement maraîchine de 3 500 m² située au cœur du Marais, Le Paradis offre un gîte indépendant et 3 chambres aménagées dans l'ancienne étable, l'ancienne écurie et l'ancien fenil. Elles disposent toutes de la télévision et d'une connexion wi-fi gratuite. Le petit déjeuner est gourmand et copieux, proposant notamment les pâtisseries maison de Dominique et les confitures de Marie-Noëlle. Pour vos réunions familiales, une grande salle d'accueil aménagée dans l'ancienne grange vous est réservée, avec séjour, salon TV/DVD, baby-foot, jeux de société et kitchenette. Dans le jardin paysagé, parking, abri à vélos et barbecue sont à votre disposition. Pour vos loisirs, vous pourrez profiter des vélos (circuit de randonnée au départ de la maison), des jeux extérieurs pour adultes et enfants (ping-pong, boules, toboggan, etc.) et d'une barque pour découvrir le marais sauvage. Aux beaux jours, vous apprécierez la piscine extérieure chauffée d'avril à septembre, avec douche solaire, bains de soleil, hamac et salon extérieur sous le préau.

Bouillé-Courdault ★

LE TROU VENDEEN

74, rue du Port
✆ 02 51 52 41 51

Basse saison : ouvert tous les jours le midi ; du vendredi au dimanche le soir. De mai à septembre : tous les jours midi et soir. Menus de 28,50 € à 30,50 €. Formule du midi : 11,50 €.

Situé au bord du chemin de halage, dans un décor que les amoureux des vieilles pierres apprécieront, l'endroit aurait pu s'appeler « A La Bonne Franquette », tant il est authentique et convivial. Le cadre est typique des habitations du Marais poitevin : poutres brunes et pierres blondes, auxquelles sont accrochés des objets typiques du marais, sans oublier la cheminée. La cuisine est simple, à l'image du menu campagnard, avec sa soupe à la tête suivie de la tête de cochon, qui est une bonne option pour les petits budgets. Tous les menus offrent des spécialités vendéennes. Pour 28,50 €, on vous servira une terrine, des cuisses de grenouilles suivies d'une fricassée d'anguilles, puis fromage et profiteroles, avec le café compris dans le menu. Et pour seulement 2 € de plus, les gourmands ajouteront un plat de viande au choix avec ses légumes. Sur réservation, le menu touristique permet, après avoir siroté une troussepinette, de découvrir les spécialités du Marais, comme le farci poitevin, le panaché de cuisses de grenouilles et anguilles, ou encore le fameux jambon-mogettes.

Damvix ★

Damvix est entièrement tournée vers la Sèvre et ses conches adjacentes. Cette commune fait partie de ce que l'on appelle le marais poitevin, ancien Golfe du Poitou s'étendant sur 96 000 hectares entre océan, plaines de Vendée au nord, Deux-Sèvre à l'est et au sud, la plaine d'Aunis de Charente-Maritime. Imaginez plutôt, Damvix s'étend sur 1 165 hectares dont environ 900 hectares sont des marais mouillés ! Les cales où l'on amarre les barques sont installées sur les conches qui pénètrent suffisamment dans le village pour permettre au maraîchin d'accéder au réseau de canaux dès la porte de sa maison. Curiosité : les passe-bateaux. Certains ouvrages sont dotés de glissières, comme des toboggans permettant aux barques de passer l'obstacle. Découvrez barrages et écluses à partir du sentier de 11 km qui, à partir du pont, vous emmènera à Bazoin, point de convergence de la Sèvre, du canal du Mignon et du canal du Nouveau-Béjou.

L'ABEILLE DE DAMVIX ★

9, impasse de la Bergerie
✆ 02 51 87 18 32
abeille.damvix@free.fr

Ouvert toute l'année. Adulte : 2,50 €. Enfant (de 6 à 13 ans) : 1,50 €. Groupe (10 personnes) : 2 € (pour les adultes et 1 de 6 à 13 ans). Groupes scolaires : 2,50 € par enfant. Boutique. Animations.

Benoît et Marie-Claire Gatineau sont apiculteurs et leur miel est réputé ! Ils proposent aussi au public un espace pour découvrir le monde des abeilles. Pour les scolaires, des visites avec des animations pédagogiques selon les niveaux de classe. Dans l'espace musée, autour d'une exposition permanente composée de ruches en activité (sous verre), découvrez l'activité traditionnelle d'apiculture, l'élevage des abeilles, la récolte du miel. Dans une vidéo, vous découvrirez l'univers intime des abeilles, vous vous initierez à la production du miel ou du travail de l'apiculteur. Dans la miellerie, le laboratoire, vous serez invité à suivre toutes les phases d'extraction, de filtrage, de maturation et de conditionnement du miel. À ne pas manquer : la confection artisanale du pain d'épice. Enfin, ne repartez pas sans passer par la boutique où vous trouverez tous les produits de leur production : miels aux différents parfums aux saveurs des fleurs du marais, mais aussi du pollen, idéal en cure quand on est fatigué, tout comme la propolis, sans oublier des bonbons au miel, du pain d'épice et des savonnettes.

■ PIZZERIA-CRÊPERIE LA RÉCRÉ

Chemin de hâlage
✆ 02 51 87 10 11

Fermé en février et du 22 décembre au 1er janvier. Ouvert du jeudi au mardi. Basse saison : le week-end. Haute saison : du mercredi au lundi. Jardin. Terrasse. Location de vélos et de rosalies.

Les murs de cette ancienne école de filles blottie au cœur du marais sert de décor un restaurant. La salle est scindée en 2 espaces : la salle de classe et la cour de récré, avec au fond une pièce de jeux dédiée aux enfants. Autre atout, le jardin paysagé avec vue sur le canal. A l'image de la marelle au sol ou de la fresque murale, des objets sur le thème de l'école décorent l'ancienne salle de classe, à ceci près que les effluves de pizzas ont remplacé l'odeur de la craie. Au programme scolaire des galettes. Notez sur vos cahiers que l'été, avec sa terrasse en bords de Sèvre niortaise, il est préférable de réserver. Calme et bucolique, pour un lieu à la thématique orginale.

■ CAMPING DES CONCHES***

Route Grand Port
✆ 02 51 87 17 06
www.camping-des-conches.fr
campingdesconches@orange.fr

Fermé du 15 octobre au 31 mars. Barrières ouvertes tous les jours de 7h à 22h30. Terrain de 1,6 ha. 89 emplacements. Sol : herbeux. Relief : plat. Emplacement de 13,60 € à 18,70 €. Mobil-homes de 330 € à 590 € la semaine.

Havre de silence à portée de clapotis, le Camping des Conches, à une quinzaine de kilomètres de Coulon, propose avant tout un séjour de détente à ses résidents, et promet aux pêcheurs et aux peintres le cadre idyllique pour des vacances idéales. Piscines et douches sont gratuites, les commerces sont à quelques pas (200 m), et la collection de barques, canoës et bateaux à pédales rutiles d'impatience sous le soleil. Au départ du camping partez à la découverte de la faune et la flore au cours d'une promenade, en barque (accès direct à la rivière), à vélo, à pied.

■ EMBARCADÈRE DE DAMVIX

Place du Port
✆ 02 51 87 14 00 / 06 08 35 36 64
marais-poitevin-embarcadere.com

Fermé du 1er novembre au 30 mars. Ouvert tous les jours de 9h30 à 19h. Barque avec guide batelier : 28 €/h par personne. Barque sans batelier : 16 €/h par personne. Canoë : 16 €/h. Bateau à pédale 2 places : 17 €/h. Vélo : 6 €/h adulte, 4€/h enfant.

Cette société propose plusieurs formules pour découvrir le Marais : promenades en barque et en canoë, avec ou sans guide, de 1 heure à plusieurs jours. Si vous optez pour la balade en barque accompagnée du guide-batelier, il vous contera l'histoire de la faune et la flore du Marais poitevin. On vous propose également la balade en barque sans guide ainsi que location de canoës, à 2 ou 3 places, de 1 heure à plusieurs jours, ou des bateaux à pédales à 2 ou à 4. Sachez que les personnes à mobilité réduite peuvent être embarquées ainsi que les chiens. A l'embarcadère et sur le parcours, des aires de pique-nique permettent de faire une pause repas tout en profitant du panorama merveilleux qu'offre le Marais poitevin. Une découverte à faire absolument !

■ EMBARCADÈRE DES CONCHES

Route d'Arçais
✆ 02 51 87 12 01 / 06 08 51 55 22
embarcadere.des.conches@wanadoo.fr

Fermé d´octobre à mars. Ouvert tous les jours à partir de 9h30. Barque avec guide batelier (base 2 personnes) : 15 €/h par personne. Barque sans batelier : 15 €/h par personne (base 1 à 4 personnes). Canoë : 15 €/h. Bateau à pédale (forfait 3 personnes) : 19 € pour 1 h.

Voici le meilleur moyen de découvrir tous les secrets et toutes les merveilles de la Venise Verte : louer une barque ou un canoë, à moins que vous ne préfériez le pédalo. L'Embarcadère des Conches propose la location de barque, avec ou sans batelier, à l'heure, la demie-journée ou même la journée complète, ainsi que des canoës et bateaux à pédales. Glissez au fil de l'eau sur ce parterre de lentilles vertes à votre rythme et observez la nature. Pour les groupes et les scolaires, des balades thématiques sont proposées sur réservation.

Le Gué-de-Velluire

■ CHÂTEAU DE LA SEBRANDIÈRE***

La Sebrandière
✆ 02 53 34 01 01
www.chateau-de-la-sebrandiere.com
lasebrandiere@mercier-groupe.com

Logis (3 cheminées). Fermé du 1er novembre au 28 février. Trois étoiles en cours de classement. 10 chambres (4 suites, 5 chambres, 1 chambre accessible aux personnes à mobilité réduite). Chambre double à partir de 55 € ; suite de 93 € à 129 €. Petit déjeuner : 9 €. Label Tourisme & Handicap. 1 chambre adaptée. Séminaires. Réceptions et mariages.
A quelques pas du vignoble de Vix, dans le marais poitevin et à 30 minutes de La Rochelle, vous allez être charmé par le château de la Sebrandière, un ancien prieuré entièrement restauré dans le respect de l'architecture de l'époque, et son vaste parc créé autour d'un chêne tricentenaire. Dix chambres personnalisées très spacieuses, d'un style contemporain classe, sobre et raffiné, utilisant de nobles matériaux comme la tomette et les boiseries. Salles de bains confortablement équipées, écrans plats et Wifi. On a craqué pour la chambre du pigeonnier avec pierres d'origine en guise de tête de lit et poutres apparentes. La grande nouveauté c'est la piscine extérieure chauffée pour profiter au maximum de son séjour, les plages étant à une quarantaine de minutes. Des salles de capacité différentes pour les séminaires, expositions, équipées de vidéoprojecteur et ordinateur avec Wifi. Le lieu est idéal pour célébrer mariages, cocktails, réunions familiales avec tous les équipements pour accueillir un traiteur. Demandez à nos hôtes qu'ils vous parlent du vin, leur passion, puisque juste à côté se trouvent les pépinières viticoles et à quelques kilomètres, à Vix, le vignoble : le Domaine de la Chaignée.

Le Mazeau

■ EMBARCADÈRE DE LA VENISE VERTE

Rue du Port ✆ 02 51 52 90 73
www.la-venise-verte.com

Fermé de décembre à février. Basse saison : ouvert tous les jours de 10h à 12h30 et de 14h à 18h. Haute saison : tous les jours de 9h à 19h30. Octobre, novembre et mars, sur réservation. Tarifs barque (1 à 4 personnes) avec batelier : 35 € pour 1h ; sans batelier (1 à 7 personnes) : 17 € pour 1h. Location de canoë (3 personnes) : 13 € pour 1h, 22 € pour 2h. Location de vélo : 5 € l'heure.
Pour découvrir le Marais poitevin, un seul moyen : la barque traditionnelle. Vous découvrirez l'authenticité d'un paysage, la richesse de la flore et la faune, la magie du feu sur l'eau... Vous pourrez aussi choisir de vous balader à bord d'une « plate », maraîchine guidée par un batelier à l'aide d'une pigouille, batelier qui vous contera l'histoire du Marais. Mais vous pourrez aussi le faire à la seule force de vos bras si le cœur vous en dit ! A moins que vous ne préfériez découvrir le marais à vélo ? Ajoutons que cet embarcadère possède l'Engagement Qualité 2013-2017.

Oulmes

■ LE RELAIS DE L'AUTIZE

14 route de Fontenay ✆ 02 51 52 45 94
relais-autize@wanadoo.fr

Clévacances (3 clés). Ouvert toute l'année. 5 chambres (dont une suite pour 4 personnes). Chambre double 70 €. Petit déjeuner inclus. Lit supplémentaire : 15 €. Wifi gratuit.
Le Relais de l'Autize est un endroit plein de charme pour une escapade dans le Marais poitevin. A une quinzaine de minutes de Fontenay-le-Comte, dans un petit village du sud du département, à 20 minutes de Niort. La bâtisse

Retrouvez l'index en fin de guide

ancienne, rénovée par les propriétaires, est caractéristique des demeures du sud-Vendée possède cinq chambres d'hôtes spacieuses. Indépendantes, elles affichent toutes un style déco différent, chacune étant équipée de sanitaires privés et d'une terrasse. Le porche s'ouvre sur un jardin paysager et une piscine au bord de laquelle vous pourrez flemmarder. Le petit déjeuner sera l'occasion de découvrir les produits locaux et de discuter avec la propriétaire qui vous suggérera des idées de balades, nombreuses dans le coin, qu'il s'agisse de découvrir la Venise Verte en barque ou canoë ou de faire de longues balades à vélo le long des chemins de halage. Du cachet et du calme pour cette demeure et un séjour au vert.

Vix ★

Anciennement île de Vicum, dans l'ancien golfe des Pictons, puis Vicus, sous l'occupation romaine, pour devenir Vix, village médiéval. Ce site a été successivement habité sous la période néolithique, comme l'attestent les enceintes à fossés délimitant un campement de plus de 1,5 hectare, puis par les Romains comme le montrent sur le lieu-dit Les Caves, les vestiges d'une villa romaine dans laquelle ont été découvertes des colonnettes et des monnaies de l'empereur Trajan. Depuis l'an 1407 et jusqu'à la Révolution française, la plus grande partie de la seigneurie de Vix relevait de l'abbaye de Saintes. D'ailleurs on découvrit un magnifique sceau du XIVe siècle de la Vierge à l'Enfant marqué à l'effigie de dame Aynor de Niel, moniale à l'abbaye de Notre-Dame hors les murs de Saintes. Sans que l'on sache avec précision les raisons de la présence de cette religieuse sur l'île de Vix, on peut supposer qu'en période d'occupation anglaise – durant la guerre de Cent Ans –, l'abbesse de Saintes dépêchait sur ses possessions, pour surveillance, ses meilleurs sujets. Dans l'histoire contemporaine, on notera que Gaston Chaissac – peintre renommé – finit ses jours dans ce petit village. La lumière de l'endroit, les terres du marais desséché, les bords du canal du Sablon, font de Vix un très joli lieu de promenade. Ne manquez pas la Réserve départementale de l'île Charouin.

L'histoire du vignoble de Vix

La plantation des premiers ceps de vigne remonterait vraisemblablement à l'époque romaine. Puis, confirmation de l'abondance des récoltes dans cette région avec cette anecdote qui raconte qu'en 1074, le collecteur de la dîme à Vix est condamné à restituer à l'abbesse de Saintes 13 muids de vin qu'il lui a subtilisés sur la redevance d'un seul habitant. Cependant, les guerres de Religion, le siège de La Rochelle, amorceront le déclin du commerce du vignoble. Ça n'est qu'au XVIIIe siècle que la vigne retrouvera sa place sur le terroir de Vix.

■ **DOMAINE DE LA CHAUME**
La Chaume ✆ 02 51 00 49 38
www.prieure-la-chaume.com
Ouvert du vendredi au dimanche de 9h30 à 13h et de 14h à 19h30. Les autres jours, sur rendez-vous.
C'est en 1997 qu'Estelle et Christian Chabirand ont acquis ce domaine de 18 ha, classé pour partie en VDQS Fiefs vendéens mais vierge de toute vigne. Christian, ancien œnologue qui a accumulé son expérience en parcourant bon nombre de vignobles de l'hexagone, a donc créé ce vignoble de toutes pièces, pour en récolter les premiers raisins en 2000 et les vinifier en 2003 seulement. Principalement planté en cépages rouges, le vignoble s'étend sur 12,5 ha. Le Domaine privilégie les méthodes les plus traditionnelles, avec pour la plupart des cuvées, un élevage en fûts de chêne entre trois et douze mois.

■ **VIGNOBLES MERCIER**
16, rue de la Chaignée ✆ 02 51 00 60 87
www.mercier-vins.com
Basse saison : ouvert du lundi au vendredi de 8h à 12h et de 14h à 18h ; le samedi de 10h à 12h. Haute saison : du lundi au vendredi de 8h à 12h et de 14h à 18h30 ; le samedi de 9h30 à 12h30 et de 14h30 à 18h30. Dégustation et vente de vins.
La famille Mercier est vouée à la tradition viticole depuis 1890. Ce vigneron indépendant produit des vins AOC Fiefs vendéens, des vins de pays du Val de Loire ainsi qu'une cuvée en méthode traditionnelle. Le développement du Domaine est intimement lié à l'activité de pépiniériste viticole pour laquelle le savoir-faire est mondialement reconnu. Le vignoble de 45 ha est planté sur les terrasses argilo-calcaire affleurement silex de la commune de Vix. Le climat de la région est du type océanique tempéré chaud et confère aux vignes un plus grand potentiel de maturité. Du fait de l'activité de pépiniériste viticole, le domaine profite d'une grande diversité de variétés et sélections. Cette grande pluralité procure à leurs cuvées une belle complexité et signe le style de leurs vins. Les vins sont commercialisés sous la marque Cuvée M.

FONTENAY-LE-COMTE ★★★

Laissez-nous vous conter l'histoire de Fontenay… Traditionnellement et historiquement, Fontenay est une ville poitevine. Chef-lieu d'arrondissement, proche des Deux-Sèvres et de la Charente-Maritime, elle partage bien des caractéristiques avec ces départements voisins : l'histoire, les paysages, les traditions alimentaires et bien des coutumes encore. Fontenay-le-Comte constitue la porte nord du Marais poitevin, avec le marais desséché à l'ouest et le marais humide, plus souvent appelé La Venise verte, à l'est, près de Niort. Fontenay-le-Comte connut un développement économique important dès le Moyen Age, et c'est à l'époque de la Renaissance que sont édifiées les plus belles constructions : la fontaine de Quatre Tias, les hôtels particuliers, le château de Terre-Neuve, la fontaine des Quatre-Tias (emblème de la ville), l'hôtel de Grimoüard, l'Hôtel Gobin dit «la Sénéchaussée»…

Au XVIIIe siècle, Fontenay voit l'aménagement de la route Royale de Limoges à la mer. Ce nouvel axe passe au sud du vieux Fontenay et c'est le point de départ d'une ville moderne aux espaces plus aérés... A partir de la seconde moitié du XIXe siècle, la reprise économique qui s'opère conduit la ville à se développer au-delà des anciens faubourgs. Cette expansion est confirmée par la rapide croissance industrielle connue dans les années soixante. Aujourd'hui, Fontenay-le-Comte, sous-préfecture de Vendée, chef-lieu d'arrondissement, compte 15 000 habitants, ce qui en fait l'une des villes les plus importantes de Vendée. Capitale du Sud-Vendée, cette ville de charme appartient au réseau prestigieux des Villes d'art et d'histoire. Elle fait également partie de l'association nationale des plus beaux détours de France et fut élue Ville la plus handisportive de France en 2000. Par ailleurs, des éclairages architecturaux récompensés par le 2e prix du concours « Lumière dans la ville » en 2002, incitent à redécouvrir, la nuit, l'étonnante richesse de ce patrimoine restauré et préservé par l'unique secteur sauvegardé de Vendée – 86 hectares.

OFFICE DE TOURISME
8, rue de Grimouard
✆ 02 51 69 44 99
Voir page 17.

VISITES GUIDÉES
Visite guidée (et audioguidées également disponibles (prévoir 1h45 en anglais et espagnol), audioguides disponibles à l'accueil du musée et à l'office de tourisme).

Dans le cadre du label «Ville d'art et d'histoire», partez à la découverte du patrimoine fontenaisien, témoin d'un passé prestigieux préservé par l'unique secteur sauvegardé de Vendée comptant 86 hectares. Visites en vélo, à pied en journée, ou à la tombée de la nuit des divers quartiers de la ville. Des chasses au trésor pour les enfants et des visites familiales sont aussi proposées. Visites payantes par des guides-conférenciers agréés par le ministère de la Culture.

Points d'intérêt

CHATEAU DE TERRE NEUVE ★★
67, rue Rapin
✆ 02 51 69 99 41 / 02 51 69 17 75
www.chateau-terreneuve.com
chateaudeterreneuve@wanadoo.fr
Ouvert du 1er mai au 30 septembre. Basse saison : ouvert tous les jours de 9h30 à 12h15 et de 14h à 18h45. Haute saison : tous les jours de 9h30 à 18h30. Hors saison, sur réservation pour les groupes. Gratuit jusqu'à 7 ans. Adulte : 7 €. Enfant (de 7 à 16 ans) : 3 €. Groupe (20 personnes) : 5,30 €. Tarif «Famille» (2 adultes + 2 enfants) : 17,90 €. Visite guidée (50 minutes). Boutique. Possibilité de pique-nique dans le parc du château.
Il fut construit pour Nicolas Rapin à la fin du XVIe siècle. La façade ornée de muses en terre cuite du XVIIIe et le porche, illustrent les influences de la noblesse poitevine au XVIe siècle. Le hall, avec ses nombreux objets d'art : miniatures, clés, armes, vêtements du XVIIIe, faïences... et une magnifique chaise à porteurs du XVIIIe. Puis, le mobilier du XVIIIe et les toiles de maîtres. Le grand salon est dominé par une monumentale cheminée dessinée par Philibert Delorme, dont le fronton de bois sculpté et doré fut réalisé pour la première du Bourgeois Gentilhomme de Molière devant Louis XIV à Chambord. Le petit salon est décoré de magnifiques boiseries de chêne à guirlandes d'époque Louis XVI. La salle à manger est placée sous l'égide de François Ier, avec deux portes provenant de Chambord ouvrant sur une immense cheminée. Georges Simenon vécut ici entre 1941 et 1943 et reçut ses amis Jean Tissier et le peintre Maurice de Vlaminck. Fin juillet, le château sert de décor à un festival de théâtre reconnu ! Depuis 2014, partez à la recherche du secret caché par Octave de Rochebrune dans sa demeure de Terre-Neuve dans un jeu à télécharger gratuitement sur votre smartphone ou votre tablette. Rappelons que Rochebrune, l'ancêtre du propriétaire du château, fut l'un des maîtres de la gravure au XIXe siècle.

MUSÉE VENDEEN DE FONTENAY-LE-COMTE
Place du 137e-R.-I.
✆ 02 51 69 31 31
www.ville-fontenaylecomte.fr
musee@ville-fontenaylecomte.fr
Du 1er avril au 30 septembre et pendant les vacances scolaires : du mardi au dimanche de 14h à 18h. Adulte : 2,50 €.
Le musée est fondé en 1875 grâce au legs d'Eugène de Mouillebert. A partir de 1922, Emile Boutin est nommé conservateur. Archéologue, architecte (bibliothèques, Banque de France), il a marqué le XXe siècle à

Fontenay-le-Comte. Depuis 1924, le musée est installé dans l'ancien presbytère de l'église Notre-Dame. Le rez-de-chaussée est consacré à l'archéologie dont une collection remarquable de verreries gallo-romaines et un sarcophage monumental datant du IIe siècle de notre ère. Au premier étage, le musée présente les coutumes et les traditions du Sud-Vendée, du XIXe au début du XXe siècle : mobilier, coiffes, compagnonnage et les activités économiques d'alors. Au second étage, une maquette de la ville au début du XVIIIe siècle (avant les grands travaux d'urbanisme), et une salle des beaux-arts avec des œuvres d'artistes vendéens des XIXe et XXe siècles comme Charles Milcendeau, Paul Baudry, Jean et Joël Martel, Emile Lahner ou Jean Chevolleau, ou des expos temporaires. Chaque mercredi, de 14h à 15h30, pour les 6-12 ans, des animations ludiques et originales : découverte d'un lieu ou d'une œuvre suivie d'une chasse aux trésors ou d'une séance d'arts plastiques, rencontres avec des professionnels : conteur, jardinier, animateur LPO…

LE PARC BARON ★

Trois hectares de verdure occupent l'emplacement de l'ancienne forteresse seigneuriale ; le parc invite à la promenade sous des marronniers, des érables et des tilleuls, plantés dans les fossés du château depuis plus d'un siècle. Quelques vestiges féodaux et des fortifications urbaines y sont visibles. La tour de la Boulaye (1590) est surprenante, à l'entrée par l'impasse de Mouillebert. La vue sur le paysage urbain et les toitures de la ville est très belle.

Petits trésors des rues fontenaisiennes

- **La rue du Pont-aux-Chèvres.** Tout en vous promenant, vous pourrez remarquer plusieurs demeures intéressantes. Au numéro 3, un logis du XVe siècle, ancien prieuré bénédictin et ses belles fenêtres à meneaux. Au numéro 6, l'hôtel de Château-Gaillard, son portail d'entrée de style classique est orné d'un groupe de sculptures inspiré de l'Antiquité. Au numéro 14, une belle demeure Renaissance conserve un portal dorique et une fenêtre ornée de figures engainées. Au numéro 9, une austère demeure dite « palais des évêques » présente un superbe escalier à balustres de pierre.
- **Les rues Gaston-Guillemet, Pierre-Brissot, des Orfèvres, de la Grue, de la Harpe,** entre autres, méritent également votre visite. Désormais aménagés en logements, l'hôtel Lépinay de Beaumont (XVIIIe siècle), l'hôtel de la Pérate (XVIe siècle), le Logis de la Courpe (Maison Billaud) ou encore le Palais Royal (XVIIe siècle) ornent le centre historique de leurs nobles façades de pierre. Et ne manquez pas, en partant de la place Viète, sise en haut de la cité, de regarder son élégant kiosque à musique.
- **La rue des Loges.** La Maison Millepertuis, maison de la Renaissance située au 85, rue des Loges, tire son nom de « millepertuis », c'est-à-dire mille trous, des bossages vermiculés qui décorent la partie inférieure de sa façade. La Rue des Loges (zone piétonne) est l'ancienne artère principale de la cité. Admirez les façades anciennes des maisons Millepertuis, maison Louis XV, maisons à colombages, ainsi que les ruelles pittoresques qui l'entrecoupent.
- **La place Belliard.** Dite place aux Porches, la place Belliard est la place principale de la ville de l'Ancien Régime. Cinq maisons à arcades y sont visibles. Le N°16, daté de 1605, présente une façade sculptée remarquable. Au n°11, se situe la maison natale du général Belliard, contemporain de Napoléon Ier.
- **La fontaine des Quatre-Tias.** Elle se situe aux abords du parc Baron, près du pont des Sardines. Décorée de la Salamandre royale, cette fontaine rappelle le passé humaniste de la cité. Edifiée en 1542, elle fait écho à la phrase de François Ier : « Fontanacum felicium ingeniorum fons et scaturigo », ce qui signifie « fontaine et source jaillissante des Beaux Esprits ».

Le couvert

ATEAPICK
NOUVEAU

Z.A. Saint-Médard
24, rue Louis-Auber ✆ 02 51 53 94 33

Restaurant, épicerie fine, salon de thé, bar. Ouvert du mardi au jeudi de 9h à 20h ; le vendredi et le samedi de 9h à 2h. Menu enfant : 9 €. Formule du midi : 13 €. Accueil des groupes (salle à l'étage ; possibilité de privatisation). Terrasse. Boutique.

Cette adresse atypique (comme son nom l'indique avec une double subtilité puisque, non content d'être un restaurant, c'est aussi un salon de thé avec un espace épicerie fine) est la bonne surprise de la zone commerciale de l'Hyper U. On a adoré la déco façon loft, avec salle à l'étage, le mobilier vintage, l'agencement, avec une déco temporaire qui change selon les saisons. Très très sympa. Sympa aussi l'accueil de Valérie et Emmanuel, et le service, efficace, surtout le midi avec une formule du jour qui fait carton plein. La carte s'affiche elle aussi sur le grand tableau noir, avec parmi les spécialités du moment, le jour de notre passage, en hiver : huîtres de l'île de Ré, duo de foies gras mi-cuit et poêlé et chutney aux figues, ou cassolette d'escargots, copeaux de parmesan et speck. En plats : burger maison, carré de porcelet moutarde miel et balsamique, brochette de Saint-Jacques, calamars grillés à l'anchoïade, la grillade du moment et le camembert rôti. En dessert, on a apprécié le clin d'oeil avec le «Fontenay-Brest», mais c'est finalement sur le croustillant banane/chocolat que nous avons jeté notre dévolu. Une adresse sympathique en tous points !

LE COMPTOIR
13, rue Georges-Clemenceau ✆ 02 51 00 76 89

Ouvert toute l'année. Tous les jours. Formule du midi : 10,80 € (et 11,80 €, en semaine uniquement). Jardin. Terrasse.

Derrière la façade discrète de cette crêperie située à côté de la mairie, un joli jardin en contrebas, secrètement caché, dans lequel il fait bon déjeuner ou dîner, donnant au repas un petit supplément d'âme. En contrebas de la salle, le jardin est vite pris d'assaut dès les premiers rayons du soleil pour manger au calme en profitant de la charmante vue qu'il offre sur les toits de Fontenay-le-Comte. Sinon, il y a la petite salle qui s'étire le long du bar, sur la cuisine ouverte, ainsi qu'une seconde un peu plus grande, à l'étage. La cuisine est simple, puisque les spécialités sont les galettes et crêpes, mais à côté il y a des salades composées, une assiette terre & mer, des planches et une viande (bavette). Des galettes classiques aux plus originales avec en nouveautés l'Antillaise, la Texane, la Buffalo et la Challandaise. En dessert, choix cornélien : la crêpe Surprise ou la Comptoir au chocolat blanc, brisures de nougat et glace caramel. La serveuse est charmante, les tarifs raisonnables, et l'on apprécie la large plage horaire de service (service continu entre le printemps et la fin de l'été) mis en place par le nouveau propriétaire. Pause bucolique en plein centre-ville.

LE VIEUX PRESSOIR
5, rue du Docteur-René-Laforge
✆ 02 51 69 47 90
vieux.pressoir@wanadoo.fr

Maître Restaurateur. Ouvert toute l'année. Fermé 2 premières semaines d'août. Du mardi au samedi le soir ; du mardi au vendredi et le dimanche le midi. Menus de 25,60 € à 39,70 €. Formule du midi : 12 € (en 2 plats ou 16 €). Label Tourisme & Handicap. Terrasse.

Le Vieux Pressoir est une adresse qui, depuis 17 ans, s'est créé une clientèle d'habitués, satisfaits de la cuisine empreinte de personnalité de Philippe Teillet. Son épouse Isabelle vous proposera l'une des deux salles ou la terrasse. Le chef met un point d'honneur à tout concevoir lui-même et ne proposer que des produits frais, et c'est donc pourquoi la carte change à chaque saison. La carte est courte, la cuisine demeure assez traditionnelle dans les suggestions à l'image du menu à 25,60 € et la soupe de poisson, suivie de l'onglet à l'échalote et de la tarte Tatin. Ainsi cet hiver elle proposait peu de suggestions dans les menus. On pourrait attendre davantage d'originalité dans les plats, notamment pour le menu frôlant les 40 €, mais tout est fait maison, frais, et bien cuisiné. Autre alternative, l'ardoise du bistrot à 16 €, avec au choix jarret ou choucroute de la mer, et le midi en semaine, des tartines. Bon point : les menus enfants pour manger comme les grands.

Le gîte

HOTEL FONTARABIE – RESTAURANT LES GLYCINES***
57, rue de la République ✆ 02 51 69 17 24
www.hotel-fontarabie.com
reception@hotel-fontarabie.com

Logis (3 cheminées). 49 chambres. Chambre double de 90 € à 106 € ; chambre triple de 100 € à 102 €. Petit déjeuner : 9,50 € (enfant : 6,50 €). Parking. Chambres 4-6 personnes de 110 € à 133 €. Soirée étape : de 83 € à 93 €. Wifi gratuit. Au restaurant La Glycine, formules de 12 € à 17,50 € le midi, en semaine ; le soir de 19,50 € à 26,50 €. Terrasse.

Cap sur le Sud-Vendée : une bande dessinée unique

Sud-Vendée Tourisme a créé une bande dessinée pour que les enfants s'amusent en famille tout en se cultivant, lors de leur séjour en Vendée, en découvrant le beau patrimoine et les sites célèbres de cette partie du département que nous affectionnons beaucoup. Voici l'histoire de Léo et Bilal. Ils arrivent en vacances chez leur cousine Sophia, dans le Sud-Vendée. Au cours d'une balade, ils découvrent une carte avec des symboles. Pour les déchiffrer, ils visitent des sites du Sud-Vendée et partagent de fabuleuses aventures... En suivant leurs traces, les enfants découvriront des sites qui proposent un accueil privilégié pour eux et collectionneront des vignettes autocollantes pour compléter leur bande dessinée ! Vous trouverez *Cap sur le Sud-Vendée* chez les sites partenaires. **Renseignements : www.sudvendeetourisme.com**

Cet établissement possède une histoire. Le Fontarabie fut construit en 1520. La bâtisse se situait en plein champ à proximité du passage de la rivière la Vendée. A chaque grande Foire de Fontenay le Comte, des marchands espagnols du Fuenterrabia accompagnaient leurs balles de laine et chevaux nains pour les échanger contre des mulets de Vendée. C'est ainsi qu'est né l'hôtel Fontarabie... En centre-ville, avec sa bâtisse en pierres apparents, l'établissement conserve le charme de son passé, n'oubliant pas pour autant de suivre les tendances actuelles avec entre autres changements, la rénovation totale de son restaurant, qui arbore un super look très tendance avec pour fil conducteur les couleurs de l'orchidée comme les salles de petits déjeuners et de séminaire qui conservent le thème fleuri. Les 49 chambres confortables et accueillantes, accessibles par un ascenseur, ont été entièrement rénovées et de nouvelles chambres plus spacieuses sont dorénavant disponibles avec douche panoramique, tv écran plat, WC séparés. Elles ont toutes un accès Wifi gratuit. Egalement 3 chambres familiales et 2 adaptées aux personnes handicapées. Un établissement très bien tenu, une valeur sûre.

HOTEL-RESTAURANT LE RABELAIS***
19, rue de l'Ouillette
Route de Parthenay ✆ 02 51 69 86 20
www.le-rabelais.com

Logis (3 cheminées). Ouvert toute l'année. 54 chambres (dont 6 chambres familiales (4 personnes) et 1 suite (5 personnes)). Chambre double 90 € ; chambre triple 100 €. Petit déjeuner : 10 € (enfants : 5 €). Garage : 10 €. Animaux acceptés (supplément : 10 €). Séminaires. Wifi gratuit. Restauration (menus : de 18 € à 28 € ; enfant : 9 €). Espace détente : douche zen, espace fitness, soins, modelages. Sauna.

Au cœur d'un parc paysagé avec piscine (chauffée de mai à septembre), cet hôtel-restaurant de grande qualité mérite vraiment le détour. En quelques années il aura été entièrement refait, de la réception à la terrasse extérieure et aux chambres, en passant par la création d'un espace détente équipé d'un sauna et une douche «zen», proposant soins du visage, corps et modelages. Plusieurs chambres ont été entièrement refaites début 2016 : superbe ! Véritable coup de cœur pour ces superbes chambres, très originales, confortables et spacieuses, avec une décoration contemporaine unique. Egalement 3 salles de réunion modernes équipées d'écrans et du wi-fi. Au restaurant, grande salle chaleureuse aux beaux volumes avec vue sur le parc, et menus variés avec entre autres de beaux buffets d'entrées et de desserts. Une cuisine de bonne qualité, inventive aux saveurs traditionnelles : carpaccio de canard aux copeaux de foie gras, roquette au parfum de figues, filet de Saint-Pierre crème d'échalotes et soupe de chocolat tiède avec son sorbet mandarine pour le dessert. L'été vous apprécierez le service en terrasse. Modernité, accueil charmant, grand confort et cocooning définissent le Rabelais, véritable référence du Sud-Vendée !

Chambres d'hôtes

CHAMBRES D'HÔTE BEAUX ESPRITS
9, rue Goupilleau
✆ 09 81 45 08 77 / 06 09 42 64 30
beauxesprits85@gmail.com

3 chambres. Chambre simple de 80 € à 95 € ; chambre double de 95 € à 110 €. Séminaires.

Trois chambres d'hôte et une salle de séminaire ont pris leurs quartiers dans un magnifique hôtel particulier de cette ville chargée d'histoire et de culture qu'est Fontenay-le-Comte. Ville qui a reçu d'illustres personnages, de Rabelais à François Ier, d'où son surnom de « fontaine et source jaillissante des beaux esprits », ces mêmes beaux esprits qui ont inspiré à la propriétaire le nom de sa maison d'hôte. Avec sa belle façade, son escalier tournant à retours sans jour, les sculptures de polichinelles, ses jolis parquets et boiseries, cette belle demeure bourgeoise restaurée avec goût ravira les amoureux d'architecture et de période Renaissance. Les trois chambres arborent des styles différents, tantôt Art déco ou « royal » pour la chambre Aliénor, avec sa cheminée en marbre et son papier peint baroque. Elles sont toutes superbes, tout comme les lieux communs et l'environnement puisque certaines ont vu sur le jardin. Autre plus : une salle de séminaire de 55 mètres carrés chaleureuse (qui peut aussi faire office de salle de réception) et dont le goût apporté à son agencement ne déroge pas au reste de cette maison d'hôte de charme pour laquelle nous avons eu un véritable coup de cœur.

Loisirs

CENTRE EQUESTRE L'ETRIER FONTENAISIEN

4, rue Ernest-Cousseau
✆ 02 51 51 11 34
etrierfontenaisien@wanadoo.fr

Ouvert toute l'année. Du lundi au samedi de 8h à 18h.

Ce centre équestre vous propose de découvrir seul ou en famille les plaisirs de l'équitation. Un instructeur et trois moniteurs diplômés, grâce à une pédagogie adaptée, accueillent les cavaliers du débutant au confirmé. Découvrez les différentes disciplines de l'équitation en amateur ou en compétition : tel que le CSO ou le dressage. Cours particuliers tous niveaux, poney club à partir de 6 ans. Le centre équestre accueille aussi vos poneys et chevaux en pension. Ils assurent le travail des chevaux et poneys, du débourrage et la mise en valeur des jeunes chevaux. Labellisé Centre de tourisme équestre, c'est une très bonne adresse pour découvrir l'incroyable patrimoine fontenaisien.

KARTING FONTENAY POLE 85

La Michetterie
Route de Niort ✆ 02 51 50 25 32
www.karting-fontenaypole85.fr
contact@karting-fontenaypole85.fr

Ouvert le mardi, le mercredi et du vendredi au dimanche de 14h30 à 20h. Horaires spécifiques auxvacances d'été. Consulter le site pour plus d'informations. Entrée : 18 € (10 minutes). Enfant : 10 €.

À quelques encablures du centre-ville de Fontenay-le-Comte, ce club vous propose de venir vous éclater sur un circuit Outdoor de 1083 m x 7,5m, homologué FFSA. Vous monterez à bord de nouveaux karts Sodikart GT4 en 390cc pour adultes et LR5 pour enfants de 7 ans à 14 ans. Entre particuliers ou lors de séminaires d'entreprise, des challenges sont organisés avec chronométrage des temps à la clé pour mesurer ses performances entre potes ou entre collègues. Particularité de ce circuit, il est situé à 500 mètres de la piste auto-moto (www.piste-fontenaypole85.fr).

PARCABOUT LE DONJON DES CIMES

Parc Baron ✆ 02 51 69 19 70
parcabout@ville-fontenaylecomte.fr
Parking place Viète et rue du Château-Féodal

Fermé du 1er octobre au 10 avril. Ouvert le mercredi, le samedi, le dimanche et les jours fériés de 14h30 à 19h30. Ouvert tous les jours pendant les vacances scolaires. De 4 à 8 ans : 5 €, de 9 à 18 ans : 7 €. Adultes : 10 €. Carte 10 entrées : 30 €, 40 € et 70 €. Carte famille : 50 €.

Situé au cœur de Fontenay, ville d'Art et d'Histoire, Le Donjon des Cimes vous propose une expérience qui vous procurera de bonnes sensations à plusieurs mètres de haut, sans harnais ou systèmes d'attache. Acrobatie, exercices d'équilibre, sauts et jeux divers ou doux balancements dans les filets, chacun trouvera son rythme dans cette toile d'araignée tissée dans les arbres du Parc Baron. Fou rires, bonne humeur et sensations garantis pour les grands et les petits ! Le Parcabout est accessible dès 4 ans. Une aire de jeux est spécialement aménagée pour les 2-4 ans.

Sorties

LE BLUE'S BAR

11, rue des Loges ✆ 02 51 69 10 55

Ouvert du mardi au jeudi de 18h à 1h ; le vendredi et le samedi de 18h à 2h. Concerts.

Ce bar de nuit situé dans la rue des Loges apporte un peu de vie dans ce quartier qui a bien besoin de dynamisme car les commerces y ferment les uns après les autres. Cœur historique de la ville, la rue des Loges ouvre un dédale de rues piétonnes et des maisons vieilles de plusieurs centaines d'années. Les nouveaux propriétaires, qui ont repris ce bar il y a tout juste deux ans, ont décidé de braver cette malédiction des commerces qui ferment pour faire de ce lieu, qui a conservé son âme rock, un endroit de rencontre pour les noctambules et un lieu de sortie où on peut boire un verre et écouter de la bonne musique à l'occasion d'un des concerts régulièrement organisés, en grignotant quelques tapas quand un petit creux vous tenaille à une heure avancée de la nuit.

LA CHOPINE

137, rue de la République ✆ 02 51 69 65 09

Ouvert toute l'année. Du mardi au samedi de 10h à 13h et de 15h30 à 20h. Rendez-vous à La Chopine, une cave à bières doublée d'un bar Le lieu est original, la déco est vraiment brute, de caisses partout, du mobilier dépareillé de récup, du béton, bref, pas d'ambiance cosy mais plutôt une ambiance majoritairement masculine. Bref ça sent la testostérone quoi ! C'est convivial et la simplicité est de mise. On y vient boire une bière après le boulot entre collègue, et pourquoi pas jouer au palet, un jeu typiquement vendéen et celui qui perd, paye sa tournée (en toute modération bien sûr). Romain propose 120 références de bières en cave et environ 500 sur commande, et aussi des whiskies. Des bières artisanales, à la pression et en bouteille, que vous accompagnerez de planches de charcuteries par exemple. Vous y trouverez aussi des fûts de bière, de 6 litres à 30 litres, et la location de la tireuse. Pour les bières bouteilles, la cave en propose la consigne, ce qui les fait encore moins chers. En parlant de prix justement ils sont carrément bon marché et elles sont toutes au même prix : 2,50 € les 25 cl, 3 € les 33 cl et 4 € le demi-litre. Un lieu original.

Emplettes

DOMAINE DE BOISSE

8, rue Phélippon-Baudry ✆ 02 51 69 48 00

Ouvert du lundi au vendredi de 8h30 à 12h30 et de 14h à 18h. Samedi sur rendez-vous.

Produits à base de canard, de foies gras, de pigeonneau de chair. Une exploitation agricole qui assure le gavage de canards gras et l'élevage de pigeonneaux. Les foies gras de canard sont déveinés et l'on conseille de les déguster nature, frais mais pas glacés, accompagnés d'un vin blanc mœlleux. Oubliez le régime pour goûter le magret royal, un chausson de deux magrets dans lesquels a cuit un foie gras ; l'ensemble se déguste froid. Quant au pigeon, il se décline lui aussi en confits, gésiers, terrines, rillettes. Vous pouvez également choisir des pigeonneaux frais, prêts à cuire, que vous pourrez cuisiner vous-même.

Dans les environs

L'Hermenault

LE PARC DU CHÂTEAU DE L'HERMENAULT ★
✆ 02 51 00 15 37 (renseignements)
Basse saison : ouvert le week-end. Haute saison : du mardi au dimanche de 14h à 18h.
Détruit à plusieurs reprises, le château devient à partir du XIVe siècle une résidence d'été pour les évêques de Maillezais ou de La Rochelle. Leur futur pape Clément V y est accueilli en 1305. Monseigneur d'Estissac Rabelais y fait plusieurs séjours et a offert en cadeau, dit-on, les premiers platanes du parc. Un ancien donjon accolé à une tourelle polygonale, couronnée de mâchicoulis, témoigne des hésitations du siècle entre l'architecture militaire et l'attrait grandissant pour la Renaissance. De belles terrasses herbeuses offrent une jolie vue sur un vaste parc boisé avec des arbres centenaires que traverse sereinement la Longève. A l'opposé de ce parc fut édifié le château moderne, vaste et longue bâtisse, dont la simplicité n'altère pas la beauté.

Longèves

CHAMBRES D'HÔTE AUX QUATRE CORNES
Panteuil ✆ 02 51 50 54 38 / 06 30 29 92 04
5 chambres. Chambre double de 80 € à 95 €. Petit déjeuner inclus. 15 € par personne supplémentaire.
À quelques encablures de Fontenay-le-Comte, au pied du massif forestier de Mervent, cette ancienne ferme fortifiée surmontée d'une tour originale abrite cinq chambres d'hôte ouvertes en 2014. En pleine campagne, la belle et grande bâtisse possède le charme des demeures aux pierres blondes du Sud-Vendée et dispose d'une piscine qui ravira ses hôtes. Les cinq chambres, aménagées au goût du jour, adoptent des look différents, tantôt d'inspiration rétaise ou issue de voyages plus lointains, ou encore plus « bonbonnière » à l'image de celle baptisée « Au nom de la rose ». Elles possèdent chacune leur salle de bains et sont équipées de TV ainsi que d'un accès Internet Wifi : la campagne et le calme, oui, mais on reste connecté tout de même ! Au printemps 2015, vous aurez la possibilité de dormir dans un hébergement un peu insolite : une jolie roulotte. Dans la tour se trouve la salle à manger qui accueille les petits déjeuners, mais qui fait aussi table d'hôte sur réservation et propose un coin TV/lecture. Un joli lieu pour passer un séjour dans ce joli coin de Vendée, au carrefour du Marais poitevin et de La Rochelle.

Saint-Hilaire-des-Loges

CHAMBRE D'HOTES LE TILLEUL
La Doit ✆ 02 51 52 25 44
www.le-tilleul-vendee.com
Ouvert toute l'année. Chambre double 59 €. Restauration (sur réservation : 18 €, et 9 € pour les moins de 12 ans).
Anita et Benoît ouvrent les portes de leur maison d'hôtes de caractère, située dans un petit village au cœur du marais poitevin. La jolie bâtisse affiche la blondeur de la pierre charentaise propre à cette partie du territoire vendéen. Ils vous proposent 4 chambres, labellisées 3 épis aux Gîtes de France, toutes personnalisées différemment avec charme et raffinement. Elles sont neuves, avec parquet, murs de pierres apparentes et belle charpente pour la plupart, ainsi qu'une salle de bains privative. L'accueil est chaleureux, les produits du terroir sont bien présents au petit déjeuner comme à la table d'hôtes, et ces derniers ne manquent pas de conseils pour visiter la région. Beaucoup de charme !

Pissotte ★

Surtout connu dans la région pour la réputation de ses vignobles, le village est l'un des plus anciens. Le roc de Saint-Luc aurait été son premier lieu d'implantation. Des fouilles ont mis au jour un cimetière et des vestiges de l'ère gallo-romaine. Aujourd'hui, se trouve ici une demeure façon cottage construite au siècle dernier. La rivière Vendée qui coule en contrebas du village a vu très vite l'installation de moulins à eaux : les moulins de Crochet, Gachet et Sauvaget sont toujours visibles et s'intègrent à présent dans des cadres enchanteurs. Plus loin, la fontaine Tabarotte est une des curiosités de la région. La source y est connue de tout temps, mais un lavoir y a été aménagé au XVIIIe siècle. Dans le village et aux alentours de très beaux bâtiments, logis, châteaux, témoignent de la prospérité de cette petite commune : La Groie, la Petite Groie, La Lizardière, Les Saulzes, le château du Poiron.

CRÊPERIE LE POMMIER
9, rue des Gélinières ✆ 02 51 69 08 06
creperielepommier@wanadoo.fr
Basse saison : ouvert du vendredi au dimanche. Haute saison : du mardi au dimanche. D'avril à fin septembre, fermé les lundis et mardis. Réservation recommandée. Terrasse. Jeux pour les enfants.
Une crêperie dans un cadre particulièrement soigné, composée de 2 salles et une véranda où plantes vertes, expositions de photos ou peintures et jolis meubles peints crées par Michelle la maîtresse des lieux, font le décor. La lumière pénètre par la terrasse ombragée par une vigne vierge et passe par la véranda. L'hiver la salle s'agrémente d'un feu de cheminée. Salades, crêpes et galettes sont les spécialités. La syracuse composée de magret fumé, pommes poêlées et crème fraîche, la blanchette – fromage – ou la tartiflette et tant d'autres marient goûts et saveurs avec subtilité et originalité pour notre plus grand plaisir. Pour le dessert, nous avons fondu devant la demoiselle faite de chocolat, amandes, orange pressée, flambée au cointreau.

Les vins de Pissotte

Le vignoble de Pissotte (23 ha), grâce à sa situation géographique et son exposition, bénéficie pleinement de l'ensoleillement favorable du sud de la Vendée. Il est composé d'un assemblage de gamay, pinot et de cabernet. Les vins de Pissotte sont des vins frais et légers, faciles à marier avec la gastronomie locale.

LES GÎTES DU CHÂTEAU DU POIRON

Château du Poiron
✆ 02 51 69 20 27
gite.du.poiron@wanadoo.fr

Trois gîtes, deux chambres d'hôtes et un studio. De 595 € à 998 € la semaine selon saison. Chambres d'hôtes : 79 €. Studio : 79 € / 85 €. Bain bouillonnant.

Le Château du Poiron est édifié sur un domaine de 10 hectares, en lisière de la forêt de Mervent, avec un accès direct à la forêt depuis laquelle vous pourrez vous adonner à des promenades balisées équestres et pédestres, du VTT et des activités nautiques comme le canoë, la voile ou le bateau à pédales sur le lac de Mervent. Reconstruit en 1887, il a une longue histoire qui remonte au XIVe siècle. Le Château du Poiron, se décline en 4 structures adaptées : un gîte de groupe situé dans une dépendance du château, pouvant accueillir près de 30 personnes, un gîte rural de 4 chambres (9 personnes) et un autre de 3 pouvant recevoir 7 personnes, ainsi que 2 chambres d'hôtes avec parquet en chêne et poutres apparentes pour l'une d'elle doublée d'une hauteur sous plafond de 5 mètres, et dorénavant un studio situé dans l'un des bâtiments les plus anciens du domaine. Grâce aux 10 hectares de terrains et aux 18 boxes, Le Château du Poiron accueille cavalier et cheval, pour une nuit ou des séjours plus long.

Egalement un service de pension de chevaux, à la carte et à la pension complète. Un endroit au charme et à l'authenticité indéniables.

DOMAINE COIRIER

La Petite-Groie
15, rue des Gélinières
✆ 02 51 69 40 98
www.pissotte.com
coirier@pissotte.com

Ouvert le mardi et du jeudi au samedi de 9h à 12h et de 14h30 à 18h. Vente et dégustation.

Les Coirier sont viticulteurs de père en fils depuis 1895 et depuis quelques années Mathieu, le fils, a repris l'exploitation familiale tenue auparavant par Xavier, son père. Au cœur du village viticole, près de Fontenay-le-Comte, la maison de maître au cèdre centenaire s'ouvre sur une cour ouverte et un jardin arboré. C'est là que se trouve le caveau de dégustation. On y produit des vins AOC, fiefs vendéens pissotte en blanc, rouge et rosé, selon une charte environnementale, des vins agréés agriculture durable : Terra Vitis. Le vin de Mathieu Coirier a été de nombreuses fois, lauréat au concours général agricole de Paris et figure dans des guides spécialisés. Un vin différent de ces confrères (les vins mareuil et vins de brem) qui possède son caractère frais. Il respecte les équilibres naturels de la vigne au vin. Ce vin bénéficie du taux d'ensoleillement favorable du Sud Vendée. Des cuvées spéciales sont élevées en fûts de chênes de la forêt de Mervent toute proche. Pour parfaire le tout, l'accueil est attentif et au caveau, on répondra à toutes vos questions.

Pouillé

SUD VENDÉE TOURISME

51, route de Fontenay-le-Comte
✆ 02 51 87 69 07
www.sudvendeetourisme.com

Le Sud-Vendée est un territoire fascinant au charme incontestable ! En barque, en canoë ou à vélo, découvrez le Marais Poitevin, un décor unique et préservé. Remontez sur le massif forestier de Mervent-Vouvant, véritable poumon vert de la Vendée, avec des paysages riches pour leur faune et flore, et propices aux activités nature : randonnées, nautisme, escalade, pêche, ornithologie... Direction le littoral, avec deux stations balnéaires : La Faute-sur-Mer et L'Aiguillon-sur-Mer. Vous apprécierez les plages, la baie de l'Aiguillon, classée Réserve naturelle, et dégusterez les fameuses moules de bouchot. Côté patrimoine, suivez les pas de Rabelais, de la fée Mélusine, de Richelieu ou Clémenceau, vous y découvrirez des trésors d'architecture. Ne passez pas à côté des « Petites Cités de Caractère » : Vouvant, Foussais Payré, Nieul-sur-l'Autise et son abbaye royale ou Faymoreau avec le Centre Minier. Arrêtez-vous à Fontenay-le-Comte, ville d'Art et d'Histoire. Découvrez son château Renaissance classé monument historique, Terre-Neuve, et les jolies bâtisses du Vieux Fontenay. Sans oublier la visite de sites touristiques mis en avant par un florilège d'animations, les ateliers de métiers d'art et autres loisirs. . .

L'Orbrie

LE HÉRISSON GOURMAND

5, rue du Lavoir ✆ 02 44 57 81 59

Ouvert du lundi au vendredi le midi ; le vendredi et le samedi le soir. Formule du midi : 13 € (de l'entrée au café).

A quelques encablures du centre de Fontenay, ce petit restaurant de bourg est une bonne surprise et ça fait du bien de voir un peu de nouveauté dans le coin même si les actuels propriétaires sont déjà dans les murs depuis plus d'un an. Et il faut reconnaître que la réputation de cette bonne petite table, au caractère familial, a été plus rapide que le rythme du petit mammifère qui a donné son nom à leur restaurant ! La cuisine est simple et familiale, faite à partir de produits frais et qui plus est privilégiant les produits locaux. Les assiettes sont généreusement servies, l'accueil est très agréable et en plus c'est pas cher ! A commencer par le menu du midi qui est une vraie aubaine pour les travailleurs dans le coin car il n'écorche pas le porte-monnaie. Enfin un dernier mot sur les desserts, spécialités de Madame : ils sont délicieux et alternent entre tartes au fruits, gâteau au chocolat, entremets,... Pas étonnant, au vu de toutes ces bonnes nouvelles que la petite salle soit vite remplie, aussi il est préférable de réserver.

Saint-Michel-le-Cloucq

LA LUTINE DE LA BALINGUE

✆ 02 51 69 12 27
guitton.lalutine2@orange.fr

Basse saison : ouvert du mardi au dimanche. Haute saison : tous les jours de 7h30 à 20h.

Depuis Fontenay, prendre la D65, sur la route de Mervent : La Lutine est là, entre Saint-Michel-le-Cloucq et l'Orbrie. Cette boulangerie-pâtisserie-salon de thé à été créée en 1975. D'après une légende, neuf lutins se réunissaient ici pour jeter des sorts. Depuis, il y a eu de nombreuses transformations au sein du salon de thé et de l'espace boulangerie. L'ensemble se fond parfaitement dans la forêt, et offre une grande terrasse en bois, au calme sous les arbres, pour déguster ses achats gourmands. Ici, on sert la vraie brioche vendéenne au beurre et aux œufs frais, façonnée à la main dans la plus pure tradition artisanale. La maison fabrique aussi une douzaine de pains spéciaux. En 2006 et 2007, leur brioche a été médaillée d'or, et en 2010 et 2011 ce fut au tour du préfou de recevoir le précieux métal. Pour rappel, le préfou est une spécialité du Sud-Vendée, un pain aillé à déguster à l'apéritif. Parmi les autres spécialités maison, les chocolats et les entremets glacés.

- **Autres adresses :** 26-42, rue de Saumur – Pissotte ✆ 02 51 52 17 20 • 31, rue Georges-Clemenceau – Fontenay-le-Comte ✆ 02 28 13 00 26

Sérigné

■ HOTEL-RESTAURANT LE LAC**

Carrefour Mervent-Fourchaud
D938
✆ 02 51 00 21 21
hotelrestaurantlelac@gmail.com

Ouvert toute l'année. 21 chambres. Chambre double 58 € ; chambre triple 69 €. Chambre quadruple : 79 €. Séminaires. Réceptions et mariages. Wifi. Restauration (menus : 9,90 € et 12,90 € en semaine ; 19,90 €).

Dimitri et Emilie ont repris les rênes de cet hôtel-restaurant situé à l'orée de la forêt de Mervent en 2015, y apportant différents changements notables. Le lieu est également apprécié des groupes, sensibles aux tarifs ajustés pratiqués, qui disposent d'une grande salle à l'arrière du restaurant donnant sur un terrain boisé. Le midi, dans l'agréable salle de restaurant, la formule incluant un buffet d'entrées, puis un choix de plats du jour et le dessert, fait le plein tant pour la clientèle d'habitués que les commerciaux en transit dans les environs de Fontenay-le-Comte. Les week-ends, une cuisine plus élaborée est proposée et satisfera toutes les envies et toutes les bourses, ne dérogeant pas à la devise du «bon rapport qualité-prix». Et vous pourrez commander des pizzas à emporter les vendredis soir et dimanches soir. Les chambres sont simples, mais propres et calmes, et feront la joie des familles qui veulent aller au Puy du Fou sans passer tout leur budget dans l'hôtellerie. Mention spéciale pour l'accueil charmant, le dynamisme et le très bon rapport qualité-prix. Une adresse tout en simplicité qui mérite une visite, quand vous faites une halte dans la jolie forêt de Mervent.

Lac de Mervent.

Velluire

AUBERGE DE LA RIVIERE
2, rue du Port-de-la-Fouarne
✆ 02 51 52 32 15
auberge.delariviere@orange.fr
Maître Restaurateur. Fermé du 15 février au 10 mars et en novembre. Ouvert du mardi au samedi le midi et le soir ; le dimanche midi. Menus de 30 € à 58 €. Formule du midi : 23 €. Derrière les murs de cette jolie bâtisse posée au bord de la rivière La Vendée, dans un environnement bucolique, un hôtel dont les chambres arborent un look contemporain avec un mélange de bois naturel, mais aussi une des meilleures tables du Sud-Vendée, valant à son chef le titre de Maître Restaurateur. Dans la salle de restaurant, alliant modernité et meubles anciens, ou sur la terrasse (les deux ayant vue sur la rivière), vous apprécierez la cuisine raffinée et inventive de Fabrice Riefolo, le chef. Son épouse Lucie annonce les plats phares du moment : bonbons de saumon fumé sur place, légumes croquants, ou, nage d'escargots bio de Vendée et mousseuse de persil, ou encore foie gras mi-cuit basse température florentin amande-séchouan, puis les anguilles du marais, le turbot sauvage beurre d'orange ou pour les amateurs d'abats d'excellents ris de veau. Pour la note sucrée, les chocophiles se régaleront du dessert au chocolat Valrhona. Les onze chambres, donnant sur la rivière, sont équipées de tv par satellite, avec une partie des salles de bains joliment rénovées. L'ensemble de l'établissement est doté du système Wifi. Une belle adresse.

CHAMBRES D'HÔTES MASSIGNY
Massigny ✆ 02 51 52 30 32
neau.family@wanadoo.fr
Gîte de France (3 épis). Fermé du 1er novembre au 29 février. 2 chambres (et 2 suites). Chambre simple 59 € ; chambre double 63 €. Petit déjeuner inclus. Lit supplémentaire : 15 €. Parking. Wifi. Salon de jardin.
Aux portes du Marais poitevin, vos hôtes ont aménagé pour vous deux chambres dans une ancienne grange, avec salle d'eau et wc pour chacune, plus deux chambres complémentaires, l'une avec lits jumeaux et l'autre avec un lit en 120 cm. Le petit déjeuner qui vous sera servi est copieux. Une grande salle commune est à votre disposition, avec salon, billard, jeux et VTT à disposition. Vous profiterez du jardin ombragé à la belle saison, où vous apprécierez pique-nique, barbecue ou ping-pong.

Xanton-Chassenon

ESPACE LOISIRS DU LAC DE CHASSENON
Prairie de l'Aiguille
Route de Parthenay
✆ 02 51 69 83 74
lac.de.chassenon@cc-vsa.com
Ouvert de mi-juin à début septembre.
À l'extrémité sud du massif forestier de Mervent-Vouvant, la plage aménagée du lac de Chassenon apparaît comme le site incontournable de loisirs et de baignade du Sud-Vendée. Avec sa plage de sable fin et sa plage verte, cet espace loisirs du lac de Chassenon, ouvert depuis deux ans, est la seule plage intérieure à bénéficier du prestigieux pavillon bleu qui récompense un site pour sa qualité environnementale. Bravo ! Lieu de détente et de baignade accessible à tous, il dispose de nombreux jeux pour les enfants : aire de jeux, toboggan aquafrein pour les plus grands et pataugeoire pour les plus petits. Autre activité possible à faire en famille, la location de bateaux à moteur ou de bateaux à pédales (location les après-midi uniquement). Vous profiterez ainsi d'un superbe panorama. Venez dès le matin pour y passer la journée et emportez votre pique-nique puisqu'une aire est prévue à cet effet, ainsi qu'un bar. Une journée de baignade dans le Sud-Vendée que vous pourrez prolonger avec la visite de très jolis sites non loin d'ici comme l'abbaye d'Aliénor à Nieul-sur-l'Autise ou la ville de Fontenay-le-Comte.

VOUVANT ★★

Enserré dans un méandre de la Mère et surplombant cette rivière du haut de son éperon rocheux, Vouvant est labellisé l'un des « Plus beaux Villages de France et Petites Cités de caractère ». En 1190, apportée en dot par Eustache Chabot, la seigneurie passe dans la mouvance, d'une des plus illustres lignées poitevines, les Lusignan. Leur empreinte marquera à jamais le site puisqu'on leur doit la reconstitution du château dans un site privilégié, et l'aménagement d'une grande partie du mur d'enceinte. Située donc sur un éperon rocheux, Vouvant est difficilement accessible. L'activité économique la laisse de côté. Le château est abandonné puis démoli. Mais aujourd'hui, le handicap représenté par le difficile accès n'est plus de mise, et le vallonnement du paysage, les méandres de la rivière, la forêt très étendue, sont autant de richesses pour la cité.

Points d'intérêt

ÉGLISE NOTRE-DAME ★★
Monument prestigieux, elle est un bel exemple d'architecture romane du bas Poitou. Son portail d'entrée force l'admiration, immense mur de pignon encadré par deux faisceaux de colonnes massives. Le décor de la partie basse est romane, (portail à voussures), celui de la partie supérieure gothique (la Cène sculptée en bas-relief). A l'origine, l'église possédait deux bas-côtés et neuf travées. Celle-ci, qui a connu de grandes dégradations à cause de l'histoire mouvementée du lieu, est en partie reconstruite en partie au XIXe siècle. De cette époque date les trois travées de la nef attenante au transept, la croisée du transept, le clocher et la majeure partie de la crypte. La nef Théodelin (à l'ouest) est devenue une belle salle d'expositions temporaires.

Les autres curiosités de Vouvant

Le pont médiéval. Il date du XIIIe ou du XIVe siècle, il est composé de trois arches dont une est cachée par le talus. Des trois visibles, deux sont en arc plein cintre (demi-cercle) et l'autre en arc brisé. Il donnait accès à l'une de portes de la ville forte : la porte aux Moines.

La Poterne. C'est l'une des trois portes qui au Moyen Age, permettaient l'entrée dans l'enceinte fortifiée de Vouvant.

Les remparts. Ce système de défense indépendant du château fort date du XIIe siècle. Côté ouest, ils sont longés par le chemin des Rangies. Les rangies étaient des échelles servant à l'attaque par les remparts.

Le château de la Récepte. Chacun venait y payer son dû en espèces ou en nature. Des tours, bien conservées, semblent contemporaines de la tour Mélusine.

La cour des Miracles. En décembre 1715, le père de Monfort, missionnaire à Vouvant, soigne un enfant atteint de fièvre, qui a envie de cerises. Il envoie la grand-mère, incrédule, en cueillir dans le cerisier de la cour. Miracle ! L'arbre en est rempli. Mais dès le lendemain ; celui-ci est à nouveau plein de neige.

■ LA TOUR ET LA MAISON DE MELUSINE ★★

✆ 02 51 00 86 80 – ot.paysflc@wanadoo.fr
Clés à louer à l'Antenne Touristique ou au Café Mélusine – 19, rue du Duc d'Aquitaine

Tour de Mélusine ouverte toute l'année sauf le mercredi hors saison. Maison de Mélusine ouverte du 14/07 au 31/08 : toute la journée, début juillet uniquement les après-midi. Juin et septembre : seulement les week-ends. Adulte : 2 € (pour chaque site). Enfant (de 7 à 12 ans) : 1 € (pour chaque site).

A l'emplacement de ce qui est aujourd'hui la place du Bail s'élevait, jadis, à côté du village fortifié, la forteresse des Lusignan. La tour Mélusine est la seule partie conservée du château. La légende en attribue la construction en une nuit à la fée Mélusine. Cette Tour de guet du château des Lusignan date de 1242. Ses murs font 3 m d'épaisseur et ses 120 marches permettent d'accéder à 36 m de hauteur, et de jouir d'un vaste panorama, tant sur la forêt au sud que sur le Bocage au nord.

La vue sur la vallée de la Mère vaut le détour. La Maison de Mélusine, située dans les locaux de l'antenne touristique. C'est un espace muséographique qui présente l'histoire et des représentations artistiques de la fée Mélusine.

Vouvant.

Le couvert

CAFÉ COUR DU MIRACLE

20, rue du Duc-d'Aquitaine ✆ 02 51 00 54 93
cafecourdumiracle.vouvant@gmail.com

Ouvert le mercredi, le jeudi, le samedi et le dimanche de 11h à 16h ; le vendredi de 11h à 22h. Menu du vendredi soir : de 14 € à 18 €. Accueil des groupes. Terrasse.

Cette charmante adresse installée au cœur de Vouvant, à côté de la tour Mélusine, est une enclave britannique ! Paul et Karen sont tombés amoureux de cette petite cité de caractère qui a nourri sa légende autour de Mélusine, une fée qui aurait donné en une nuit un château au village. La jolie façade invite à pousser la porte, la salle est mignonne et l'accueil charmant tout autant que l'ambiance conviviale et joyeuse finiront de vous convaincre de pousser la porte, d'autant qu'une adorable terrasse se cache derrière la bâtisse, à l'abri des regards. On s'y arrête après la visite de Vouvant pour y boire une bière Guiness ou l'un des nombreux thés anglais à accompagner du traditionnel gâteau à la carotte ou au chocolat, mais nous vous conseillons d'y rester manger afin de vous imprégner de l'ambiance et de découvrir quelques spécialités d'outre-Manche comme les tourtes ou les curry qui côtoient aussi des plats traditionnels français. La cuisine est simple, mais c'est du maison. Le vendredi soir un menu spécial est proposé. C'est un lieu de vie à part entière : on y expose des œuvres d'artistes locaux et anglais, on y organise quelques concerts. Autre atout : les petits prix !

LE PIC-VERT

Les Barres ✆ 02 51 00 88 49

Ouvert du mardi au dimanche. Terrasse.

Située au bord de la rivière la Mère, cette table complétera agréablement une étape de charme en Sud-Vendée d'autant que vous pourrez profiter du joli point de vue sur le village depuis l'une des 3 terrasses ombragées de grandes voiles, sinon vous avez la salle intérieure. La carte est relativement courte, la cuisine est simple et de bonne facture, avec des plats traditionnels qui ont pour point commun leur générosité, et vous trouverez votre bonheur depuis les entrées et salades jusqu'aux viandes, sans oublier quelques spécialités régionales. D'ailleurs le dessert pourra se faire d'un dessert vendéen : le millet.

Le gîte

LA GRANGE AUX PEINTRES

Faîte ✆ 02 51 52 43 97
contact@lagrangeauxpeintres.fr

5 chambres. Chambre double à partir de 110 €. Petit déjeuner inclus. 25 € par personne supplémentaire. Animaux non admis. Restauration (repas, sur réservation : 27 €).

Coup de cœur pour cette belle bâtisse qui reçoit des hôtes dans des chambres à la décoration soignée et les invite à rester à leur table en leur mitonnant de bons petits plats. Mais poussons la porte et pénétrons dans cette demeure aux pierres blondes devant laquelle une belle piscine, entourée d'une grande terrasse pour faire du farniente sur un des transats, prend ses aises, pour le plus grand plaisir des vacanciers venus découvrir ce magnifique coin qu'est le Sud-Vendée, et notamment Vouvant, classé parmi les plus beaux villages de France. À 10 minutes du centre historique, dans un jardin paysagé, au calme, on vous propose 5 chambres d'hôte, toutes très spacieuses et décorées avec beaucoup de goût, toutes différentes les unes des autres, mais avec le charme en commun. Chacune possède sa salle de bains indépendante et est baptisée du nom de peintres célèbres : Degas, Monet, Goya, Picasso, Renoir. À votre disposition deux salons et une bibliothèque. Un endroit paisible et charmant.

Loisirs

FERME ÉQUESTRE PÉDAGOGIQUE «LA GARRELIÈRE»

La Garrelière
24, rue de la Forêt ✆ 02 51 00 81 55
ripaud-equitation@wanadoo.fr

Ouvert toute l'année.

Ce centre équestre labellisé centre de tourisme équestre et également ferme pédagogique possède plusieurs cordes à son arc. L'équitation bien sûr ! A cheval ou à poney, pour tous les âges, Béatrice et Bruno Ripaud souhaitent avant tout mettre en confiance les débutants et les familiariser avec le cheval. Les chevaux sont éduqués à la voix et n'importe qui peut les monter. Sont proposés des cours d'apprentissage sur poney – pour les enfants – ou à cheval, de perfectionnement ; mais aussi des randonnées de une à plusieurs journées – pour les groupes. Des promenades à cheval ou à poney, mais également la visite commentée de Vouvant à pied, en calèche ou en canoë sont également assurées. En plus d'être ferme pédagogique, c'est également une ferme découverte. On y apprend le respect de l'environnement, la traite des vaches, la fabrication du fromage et du pain, les danses traditionnelles poitevines et bien sûr tout sur le cheval (ferronnerie, élevage...) et des stages pour tous avec atelier cuisine avant l'équitation.

Emplettes

LE CANARD DE MÉLUSINE

Route de Foussais-Payré
✆ 02 51 00 83 77
lecanarddemelusine@85.cernet.fr
Prenez la direction de Foussais-Payré, et arrêtez-vous au lieu-dit La Chaize Boire.

Basse saison : ouvert du lundi au samedi de 9h à 19h. Haute saison : tous les jours.

Bertrand Souchard et son associée Gaelle Courtin sont producteurs, transformateurs de canards depuis 17 ans. L'exploitation fait 50 hectares avec une partie réservée à l'élevage de bovins. Ils font des conserves fermières et artisanales de foie gras et proposent également des produits à base de canard : cou farci confit, magret fourré au foie gras ou nature en produits frais, des rillettes, terrines, magrets fumés, confits de canard. Pour les groupes, une visite de l'exploitation et de l'atelier de gavage est possible. Les produits de cette ferme sont en vente sur place, dans les grandes surfaces, sur les marchés locaux.

Dans les environs

Faymoreau ★

Faymoreau, petit village du Bocage, a vécu, de 1827 à 1958, de l'extraction du charbon découvert par un sabotier Jean Aubineau qui creusait son puits, au lieu-dit La Blanchardière à Marillet près de Faymoreau. Dès lors, des concessions sont réparties pour exploiter « l'or noir », d'abord consommé dans les fours à chaux, les briqueteries, les tuileries mais principalement dans une immense verrerie, bâtie en 1836 où 90 ouvriers verriers produisent jusqu'à un million de bouteilles par an jusqu'à la fin du XIXe siècle. En 1920, une centrale électrique prend le relais, absorbant jusqu'à 36 % de la production de charbon qui passe de 60 tonnes par jour à 50 000 à 60 000 tonnes annuelles à la Grande Guerre, nécessitant près de 500 ouvriers. La Société des Mines fait alors appel à une main-d'œuvre étrangère, principalement polonaise, et bâti des corons pour les ouvriers et les contremaîtres, des logements pour les cadres, et l'hôtel des mines pour les voyageurs. Mais à partir de 1948, le gisement de charbon s'épuise, la production de minerai diminue considérablement et l'extraction devient trop coûteuse. La centrale électrique ferme en 1955 et la mine le 28 février 1958. Aujourd'hui encore, le village de Faymoreau a conservé son aspect du « temps de la mine », avec ses corons, ses jardins ouvriers, son Hôtel des Mines. L'ancien dortoir des verriers est devenu le musée du Centre minier, la chapelle s'est ornée d'exceptionnels vitraux réalisés par l'artiste Carmelo Zagari et l'ancienne retenue d'eau de la centrale électrique, bordée de cabanes sur pilotis est devenue un lieu de pêche et de promenade.

■ **CENTRE MINIER DE FAYMOREAU** ★★
La Cour ✆ 02 51 00 48 48
Voir page 18.

■ **LE VILLAGE MINIER** ★★
Promenade avec audioguide ou libre – 1 heure environ.
Parcourez le village ouvrier, entièrement bâti par la Société des Mines entre 1840 et 1920. Son architecture étonnante, typique de l'habitat ouvrier de la fin du XIXe et du début du XXe siècle est restée encore aujourd'hui inchangée. Découvrez ses corons, et ses différents quartiers ; celui des ouvriers, bien encadré par ceux des contremaîtres et de la direction. Laissez-vous raconter son histoire, ses souvenirs et ses anecdotes.

■ **LES VITRAUX DE CARMELO ZAGARI A LA CHAPELLE DES MINEURS** ★
Chapelle des Mineurs
Visite avec audioguide ou libre – 1 heure environ. Dates et horaires d'ouverture semblables au musée.
Découvrez un ensemble exceptionnel de 19 vitraux contemporains réalisés par l'artiste peintre Carmelo Zagari et l'Atelier Vitrail France dans la chapelle des mineurs. Une œuvre unique dans la région, qui mêle figures, couleurs, métaphores et spiritualité. L'ensemble des 18 verrières et la rosace forme comme un immense tableau fragmenté dont la lecture, profane ou sacrée, nous révèle une grande et belle histoire, en hommage aux hommes du fond. Exposition 2016 : Les vitraux de Carmelo Zagari, histoire d'une création, du 2 avril au 18 septembre. Des premiers croquis aux vitraux, la genèse d'une œuvre. Après 15 années d'ouverture, le Centre Minier de Faymoreau fermera ses portes le 19 septembre 2016, pour de gros travaux de rénovation et d'agrandissement ; réouverture prévue au second semestre 2017.

Foussais-Payré ★★

Au sud du Bocage vendéen et à l'entrée du Sud-Vendée, en bordure de la forêt de Mervent, ce village date de l'époque gallo-romaine. Aux XVe et XVIe siècles, c'est une place florissante ainsi qu'en témoignent les vestiges des résidences seigneuriales essaimées dans le bourg et la campagne environnante. Foussais et Payré-sur-Vendée forment une seule commune depuis 1968. Labellisée Petite Cité de Caractère, elle s'enorgueillit d'un ensemble architectural médiéval et Renaissance qui met en valeur son église romane du XIe siècle, véritable joyau d'art roman, au portail d'une qualité remarquable. Malgré l'incendie qui l'a ravagée durant la guerre de Cent Ans et les remaniements intervenus à l'époque gothique, la façade sculptée romane est miraculeusement restée intacte. Datant du XIe siècle, l'extraordinaire portail central se constitue d'une archivolte plein cintre aux sculptures suggestives, parmi les plus belles que les artistes du bas Poitou nous ont léguées. Les sculptures païennes – Mélusine exprimant la tentation en femme sirène, des hommes de spectacle, des animaux fantasmagoriques – se mêlent aux thèmes religieux, le tout étant d'une rare puissance évocatrice. Deux tympans sculptés rehaussent, de part et d'autre du portail, deux arcades aveugles. Ils représentent une scène de la Passion à gauche, le repas de Simon et l'apparition du Christ à Marie-Madeleine à droite. Après avoir contourné l'église et remarqué les halles du XVIe siècle, passez sous le beau porche, allez vers la mairie, qui occupe l'ancien prieuré et que l'on peut visiter aux heures d'ouverture, pour les quatre belles cheminées aux blasons sculptés qu'elle abrite et sa voûte du XVIe siècle. Les façades des belles maisons Renaissance, concentrées près de l'église, les belles halles du XVIIe siècle, témoignent de ce passé. Ne manquez pas la maison Renaissance de François Laurent. Egalement disséminées dans le bourg et sa campagne, les nombreux logis, inscriptions, fontaines.

■ **POINT D'INFORMATIONS**
Espace Paul de Vendée
Rue Sainte-Catherine ✆ 02 51 51 41 05
Ouvert le mardi et le vendredi de 14h30 à 18h ; le mercredi et le samedi de 10h à 12h. Ouvert en juillet et août uniquement.

▶ **Autre adresse :** Office de tourisme du Pays de Fontenay-le-Comte – 8, rue de Grimouard – 85200 Fontenay-le-Comte ✆ 02 51 69 44 99 - www.tourisme-sudvendee.com

PATRIMOINE DE FOUSSAIS-PAYRÉ

Foussais-Payré possède un patrimoine architectural très riche à côté duquel il ne faut pas passer. En plus des nombreux châteaux, logis et autres maisons de caractère, de l'auberge Sainte-Catherine et des halles du XVIe siècle, quatre édifices sont inscrits à l'inventaire des monuments historiques.

- **L'église.** Église romane dont la construction remonte au XIe siècle, dotée d'un portail roman du XIIe, et successivement reconstruite aux XIVe et XVIe siècles, puis rénovée au XIXe.
- **Le prieuré.** Situé à côté de l'église, c'était l'ancien prieuré de l'abbaye de Bourgueil, bénédictine. À l'intérieur on peut y admirer de belles cheminées et un escalier en bois du XVIIe siècle. Le prieuré abrite l'hôtel de ville depuis les années 1980.
- **La maison de François Laurens.** Également face à l'église, ce logis flanqué de sa tour d'angle, édifié en 1552, mérite le coup d'œil. Constituée d'un grand corps d'habitation autrefois doublé d'une galerie avec loggia, cette maison est un très rare exemple de l'architecture urbaine du XVIe siècle dans un bourg rural. La façade conserve ses percements d'origine, avec notamment une baie à serlienne, une fenêtre à meneaux et une porte à fronton. L'intérieur, avec ses portes Renaissance, ses poutres d'origine et ses cheminées, n'a rien à envier aux extérieurs.
- **Les fours à chaux de Payré.** Facilement repérables, ces fours, d'une belle hauteur, ont une forme cylindrique, avec des parois intérieures généralement en briques. Les fours à chaux étaient destinés à transformer le calcaire en chaux, qui servait de mortier destiné à la construction. Les carrières de calcaire étaient répandues dans le Sud-Vendée. De forme atypique, les fours à chaux de Payré ont été construits en 1859 par la Société des houillères et verrerie de Vendée et furent exploités jusqu'en 1915.

L'inventeur de l'algèbre moderne était d'ici !

Ce personnage célèbre, c'est François Viète (1540-1603), un brillant mathématicien reconnu, dont le seul fait d'armes ne s'arrête pas à l'invention de l'algèbre moderne, puisqu'il fut l'avocat de grandes familles protestantes, conseiller du roi Henri III, maître des requêtes de 1580 à 1584, date à laquelle le roi l'écarte à la demande de la famille de Guise. Puis, entre 1584 et 1589, dégagé de ses fonctions politiques, il développe et publie ses œuvres mathématiques. En 1589, il redevient à nouveau conseiller du roi Henri III, avant de devenir membre du conseil du roi Henri IV à partir de 1594.

CHOCOLATERIE LES ATELIERS DU GOÛT
1, rue Mélusine
© 02 51 00 03 26
www.ateliers-du-gout.com
ateliers.du.gout@wanadoo.fr
Ouvert du mercredi au samedi de 9h à 12h30 et de 15h à 19h. Et tous les samedis matin sur les halles de Fontenay-le-Comte.

Les Ateliers du Goût, c'est avant tout l'histoire d'un homme, Christophe Moreau, chocolatier-pâtissier. Compagnon du devoir durant 4 ans pour parfaire sa formation, ses multiples expériences le conduiront également en Angleterre puis dans le sud-ouest avant de poser ses bagages en Vendée ou après avoir animé des ateliers gourmands dans les lieux historique de Vendée, il a ouvert sa chocolaterie à Foussais-Payré en 2005, avec son épouse Corinne. Dès la porte poussée, la bonne odeur de chocolat envahit la jolie boutique. Dans les vitrines chocolats, gâteaux et biscuits rivalisent d'originalité et de saveurs.

On ne sait plus où donner de la tête tant tout fait diablement envie, entre les délicieux macarons et les savoureuses ganaches. Si tout comme nous, vous êtes un chocophile confirmé, alors venez profiter du savoir-faire du chef chocolatier, et inscrivez-vous aux ateliers découverte : «Connaisseur Chocolat», pour les adultes, ou l'atelier «Découverte Chocolat» dès l'âge de 3 ans. Et si vous êtes amateur de macarons, un atelier lui est consacré. Une adresse gourmande à découvrir de toute urgence.

Mervent

Le magnifique massif forestier abrite un petit village, juché sur un éperon rocheux, du nom de Mervent. Et comme la commune de Mervent est traversée par trois rivières, la Mère, la Vendée et les Verreries, les ponts y ont leur importance. Le réseau hydraulique était autrefois très important et les rivières posaient un problème de circulation. Le pont le plus ancien date du XIIe siècle, de style roman mais il est invisible car immergé par les eaux d'un barrage. Il faut descendre jusqu'au ruisseau des Verreries pour admirer le pont du Déluge, haut de 13,25 m avec son arche unique en plein cintre.

Le pont de Diet, construit en 1863, enjambe en deux arches la rivière Mère, il est particulièrement imposant.

D'une superficie totale de 5 000 hectares, le massif forestier est constitué pour moitié de bois privés et, les autres 2 500 hectares, issus principalement des seigneuries de Mervent et de Vouvant, furent incorporés au domaine royal en 1964 puis à la révolution au domaine national.

Le chêne sessile trouve ici des conditions idéales pour se développer, et donner des arbres magnifiques atteignant 35 m de hauteur à 200 ans. Son bois est très recherché pour l'ébénisterie, les parquets et les merrains - pièces constituant les tonneaux. Les essences multiples de feuillus et conifères, la faune sauvage font de chaque randonnée une aventure. De rochers en rivières, de clairières en plans d'eau, chacun pourra se livrer aux plaisirs de l'escalade, de la pêche, de la promenade botanique du VTT, du canoë-kayak, de la voile ou de la baignade au sein de la base de loisirs.

ANTENNE TOURISTIQUE DE MERVENT

Place du Héraut
✆ 02 51 69 44 99
www.tourisme-sudvendee.com

Basse saison : ouvert le lundi, le mardi, le vendredi et le samedi de 13h30 à 16h30. Haute saison : le mardi, le jeudi, le vendredi et le dimanche de 10h à 13h ; le mercredi, le jeudi et le samedi de 14h à 18h. Ouvert d'avril à fin août.

CHÂTEAU DE LA CITARDIÈRE ★

Les-Ouillères-de-Mervent
✆ 02 51 00 27 04

Basse saison : ouvert le week-end. Haute saison : tous les jours. Gratuit.

Juste après le joli pont de la Vallée, prenez la direction des Ouillères-de-Mervent pour découvrir le château de la Citardière, dont la façade sévère mais élégante, flanquée de tours carrées, est ornée de surprenantes gargouilles imitant des canons. Une fois le pont-levis franchi, au-dessus d'impressionnantes douves, une charmante cour intérieure, entourée de bâtiments sur trois de ses côtés et au centre de laquelle se trouve un puits. Le pavillon de gauche sert de maison d'habitation et ne peut se visiter, mais les ornements Louis XIII qui le mettent en valeur rappellent la période de reconstruction du château, au XVe siècle. Le pavillon central comprend au rez-de-chaussée une longue salle voûtée étonnamment basse, et les deux pavillons d'angle offrent une curieuse particularité acoustique. Leur voûte sur pendentifs offre des phénomènes de résonance particuliers. Le logis de droite est occupé par une crêperie.

NATUR'ZOO DE MERVENT ★★

Le Gros-Roc ✆ 02 51 00 07 59
www.naturzoomervent.com

Fermé du 13 novembre 2016 jusqu'aux vacances de février 2017. Haute saison : ouvert tous les jours de 10h à 19h. En février, mars, octobre et novembre : mercredi, week-end et vacances scolaires, de 14h à 18h. D'avril à juin : tous les jours de 11h à 19h et de 14h à 18h en septembre. Gratuit jusqu'à 3 ans. Adulte : 14,50 €. Enfant (de 3 à 12 ans) : 9,50 €. Groupe (25 personnes) : 12 € (et 8 € pour les enfants). Carte Privilège : visites illimitées du zoo pendant 1 an. Tarif : 30 € adultes, 20 € enfants. Label Tourisme & Handicap. Accueil enfants. Restauration (snack). Boutique.

Situé au cœur de la forêt de Mervent, à 6 minutes de Fontenay-le-Comte, le Natur'Zoo abrite près de 300 animaux, de 60 espèces différentes, présentés dans de vastes espaces arborés. Vous verrez les grands carnivores (lions, loups et tigres), vous pénètrerez dans la forêt des lémuriens en liberté sur 8 000 m² puis vous vous approcherez de la volière des flamants roses. Plus loin, sur 2 hectares, c'est la plaine africaine avec les girafes (arrivées en 2011), les antilopes, les autruches... Unique en Europe : des ours et des loups blancs évoluent dans un même espace ! Sans oublier, les suricates, les hiboux, les singes… qui feront le bonheur de toute la famille, tandis que la grande aire de jeux et la mini-ferme réjouiront les plus petits. Des nourrissages de lions, girafes et bien d'autres animations, sont organisés tout l'été par des animaliers passionnés qui vous feront découvrir la vie du zoo et de ses pensionnaires. Cinq nouvelles espèces arrivent en 2016 dont les guépards !

Forêt de Mervent.

LOGIS DE LA CORNELIERE

© 02 51 00 29 25
www.corneliere.com
corneliere.mervent@libertysurf.fr

Clévacances (4 clés). Ouvert toute l'année. 4 chambres (et deux gîtes). Chambre double à partir de 100 €. Petit déjeuner inclus. Lit supplémentaire : 26 €. Gîtes : de 600 € à 1 300 € selon la saison.

Le baron et la baronne de Larocque-Latour vous accueillent au château de la Cornelière, un splendide logis vendéen du XVIe siècle, classé monument historique, avec quatre chambres classées par couleur. La chambre rose – au rez-de-chaussée – possède deux lits jumeaux, un coin salon avec TV et une salle de bains. La chambre jaune offre un grand lit au rez-de-chaussée et deux lits jumeaux en mezzanine. La suite se compose de deux pièces séparées, avec deux lits dans la première, un canapé dans la seconde, et un lit en 120 en mezzanine – située dans la tour nord. Elle dispose également d'un coin salon avec TV et d'une salle de bains. Une autre chambre se situe dans la tour sud. Elles sont toutes richement meublées et aménagées avec goût. À quelques kilomètres de Mervent, à Saint-Laurent-de-la-Salle, les hôtes proposent également deux gîtes indépendants (nommés La Tour et l'Orangerie), en pierres apparentes et avec piscine. On aime beaucoup l'Orangerie, pour le côté cosy que procure la cheminée devant laquelle trône un joli canapé couleur crème. Notez que le linge de maison est fourni et que les lits sont faits à votre arrivée. Un séjour de charme au cœur du massif forestier de Mervent.

CAMPING LA JOLETIÈRE***

D99 © 02 51 00 26 87
camping.la.joletiere@wanadoo.fr

Fermé de novembre à mars. 73 emplacements. Exposition : mi-ombragé. Sol : herbeux. De 13 € à 22 €. Mobil-homes de 294 € à 660 € la semaine ; chalets de 330 € à 593 €. Roulottes de 330 € à 593 €. Tithome : de 220 € à 470 €. Restauration. Animations.

Ce camping est en lisière de forêt. Il propose des emplacements nus, des mobil-homes, des chalets rustiques relativement grands, et tithome (un hébergement mi-tente, mi-mobil-home) mais aussi un hébergement plus insolite comme la roulotte. Le cadre est verdoyant, les emplacements sont spacieux. Vous êtes à proximité du lac de Mervent qui offre des possibilités de loisirs nautiques. Mais vous pourrez tout autant profiter des joies de l'eau dans la piscine couverte chauffée. En juillet-août, des animations sont proposées : karaoké, tir à l'arc, concours de pétanque bien sûr, également une table de ping-pong, ainsi que de la petite restauration.

BASE DE LOISIRS DE MERVENT NAUTISME ET PLEIN AIR

La Vallée
150, route Touristique © 02 51 00 22 13
baseloisirs.mervent@orange.fr

Ouvert toute l'année. Ouvert d'octobre à mars (en semaine, pour les groupes, sur réservation). Haute saison : tous les jours de 10h à 18h30. Pêche avec barque à moteur : 25 € la demi-journée et 40 € la journée ou 15 € et 20 € pour une barque sans moteur. Canoë-kayak : à partir de 15 € pour 1h de location. Bateau électrique : 17 € (5 places) pour 1/2h. Tir-à-l'arc/escalade : 30 € la séance d.

Mervent est le lieu idéal pour les amoureux de nature et de grands espaces et amateurs de loisirs « verts ». Située sur un plan d'eau de 80 hectares en plein cœur de la plus grande forêt de Vendée, cette base de loisirs (rénovée entièrement en 2013) propose plusieurs activités pour tous, petits et grands : bateau électrique, planche à voile, dériveur, optimist, canoë-kayak, barque (pour 6 personnes au maximum), tir à l'arc, VTT, parcours d'orientation, randonnées en forêt. Encadrement par des moniteurs diplômés, ou locations. Sans oublier la pêche, puisque la base vous propose de venir avec votre matériel et de partir avec une barque avec ou sans moteur électrique afin de taquiner les carnassiers ou les carpes du lac. A proximité : escalade, équitation, là aussi des activités encadrées par des moniteurs diplômés. Aux vacances d'avril et en juillet et août, du lundi au vendredi, les enfants ont la possibilité de pratiquer des activités sportives de manière encadrée. Rajoutons que l'hébergement de groupe a été entièrement rénové. Les stages sports nature se déroulent en cinq séances encadrées de 2h30 sur cinq jours. Bonne nouvelle : en 2015, une nouvelle activité est proposée, le paddle !

PARC DE PIERRE-BRUNE

© 02 51 00 20 18
www.mervent-foret.com
pierre-brune@wanadoo.fr

Ouvert du 2 avril au 25 septembre 2016. Haute saison : ouvert tous les jours de 10h30 à 19h. Hors juillet-août : vacances scolaires, week-ends (de 11h à 18h30) et certains mercredis après-midi. Adulte : 12 €. Enfant (de 3 à 10 ans) : 10 €. Tarifs réduits : plus de 65 ans, personnes en situation de handicap et groupes : 8,50 €. Restauration. Accueil de groupes ; anniversaires enfants et enterrements de vie de garçon/jeune fille. Parking gratuit de 1 500 places.

Dans le cadre exceptionnel de la forêt de Mervent, sur une superficie de 5 à 6 ha, ce parc propose une quarantaine d'attractions pour tous les âges, à commencer par un un toboggan géant, un manège « voltigeur », un petit train du Far West (qui propose un nouveau parcours en 2016), des bumper-boards – grosses bouées gonflées et propulsées par des moteurs de hors-bord. Vous pourrez faire un petit défi en famille au minigolf, une course à bord de minikarts (réservés aux moins de 10 ans), le water-ball (les grosses bulles sur l'eau), toujours sur l'eau, les bateaux ; à quelques mètres de là, plusieurs structures gonflables, le trampo-élastiques, tandis que les petits joueront dans la piscine à boules ou feront un tour de manège. Enfin, relevez le défi pour rester debout sur le rotor jump, une attraction qui mettra votre agilité à l'épreuve ! Bref, de quoi faire le bonheur des petits et des grands ! Il est possible de se restaurer sur place, voire de pique-niquer avant une marche digestive par les sentiers pédestres, ou de visiter la grotte du Père-de-Montfort, à 200 m du parc. Une journée bien remplie en perspective.

Nieul-sur-l'Autise ★

■ **ABBAYE DE NIEUL-SUR-L'AUTISE** ★★★
1, allée du Cloître
✆ 02 51 50 43 00
Voir page 17.

■ **LA CRÊPERIE DU MOULIN**
15, rue du Moulin
✆ 02 51 50 47 13
lacreperie.dumoulin@orange.fr
Ouvert toute l'année. Basse saison : du mercredi au dimanche. Haute saison : du mardi au dimanche. Terrasse.
Cette adorable crêperie est au cœur de la jolie petite cité de caractère qu'est Nieul-sur-l'Autise, idéalement posée entre le moulin et l'abbaye d'Aliénor, qu'il faut impérativement aller voir après votre repas ici. Si comme nous, vous êtes amateur de vieilles pierres, vous apprécierez le charme de cette crêperie à la déco soigné, avec ses pierres blondes (typiques de cette partie du département et identiques à la pierre qu'on trouve en Charente) et le supplément d'âme qu'apporte la cheminée. Et puisqu'on parlait du moulin, il faut préciser que la farine utilisée dans la confection des galettes et des crêpes vient de ce moulin-là. La carte est simple, entre galettes classiques et plus recherchées, il y a également quelques plats traditionnels simples, histoire de proposer une alternative aux clients réguliers toute l'année, et des salades composées, que vous pourrez, par exemple, choisir de manger en terrasse aux beaux jours.

■ **LE ROSIER SAUVAGE**
1, rue de l'Abbaye
✆ 02 51 52 49 39
www.lerosiersauvage.c.la
lerosiersauvage@gmail.com

Fermé du 1er octobre au 30 mars. 4 chambres. Chambre double de 48 € à 52 € ; chambre triple de 59 € à 62 €. Petit déjeuner inclus. Lit supplémentaire : 10 €. Wifi payant.
Cette belle demeure du XVIIIe siècle, entièrement restaurée et entourée d'un jardin clos dominé par un charmant pigeonnier, ouvre ses quatre chambres d'hôtes aux amateurs de vieilles pierres, d'authenticité et de charme. Personnalisées, les chambres portent des noms de fleurs et possèdent chacune leur charme. Elles sont toutes équipées de salle d'eau avec douche et WC privatifs. Suivant leur aménagement, elles peuvent accueillir de 1 à 4 personnes. Vous pourrez profiter du beau village, classé cité de caractère, avec de jolies balades à effectuer vers l'abbaye royale de Nieul-sur-l'Autise en face, mais aussi la maison de la Meunerie à 300 mètres, et l'abbaye de Maillezais à 10 km, ou l'incontournable Marais poitevin à 10 km.

LA CHÂTAIGNERAIE

Avec ses 794 hectares, La Châtaigneraie ne fait qu'une minuscule tache de couleur sur une carte de Vendée. Son territoire de 5 kilomètres sur 2,5 dans ses plus grandes dimensions la ferait classer parmi les plus petites communes de la région. C'est vers 1021 que Guillaume IV, duc d'Aquitaine, confia le prieuré aux moines de Maillezais. La famille des Chasteigner fit construire un château fort, à l'ombre du sanctuaire d'origine, et bientôt, la paroisse désignée jusqu'alors sous le nom de « Saint-Christophe du Bois » fut connue sous celui de Castaneria, forme originale de l'actuelle « Châtaigneraie ». Avant le passage des colonnes infernales, La Châtaigneraie appartenait à François de la Rochefoucault, auteur des Maximes. A cette même période, en mai 1794, un arrêté du Comité de Salut Public ordonna la destruction de la ville. Seule l'intervention du général Becker permit de sauver la ville de la ruine. Votre balade dans les rues de La Châtaigneraie vous fera découvrir les deux châteaux de la commune : le château du Chatenay et le château des Cèdres, tout les deux construits dans les années 1870, mais aussi des fontaines et deux lavoirs (toujours en service).

■ **OFFICE DE TOURISME PAYS DE LA CHATAIGNERAIE**
1, place des Halles
✆ 02 51 52 62 37 / 02 51 00 32 32 (en saison)
www.tourisme-payschataigneraie.fr
info@tourisme-payschataigneraie.fr
Basse saison : ouvert le lundi de 14h à 17h ; du mardi au vendredi de 10h à 12h30 et de 14h à 17h. Haute saison : du lundi au samedi de 9h à 12h30 et de 14h à 18h ; le dimanche de 9h à 12h30. En mai, juin et septembre : du lundi au vendredi de 10h à 12h30 et de 14h à 18h, le samedi matin de 10h à 12h30.

Dans les environs

Breuil-Barret

■ **LE LOGIS DE LA TOUR DES LAUDES**
14, rue de la Tour
✆ 02 51 87 40 25 / 06 06 49 82 46
www.latourdeslaudes.fr
latourdeslaudes@gmail.com
Fermé de novembre à mars. 4 chambres. Chambre double de 73 € à 95 € ; suite 110 €. Petit déjeuner inclus. Lit supplémentaire : 20 €.
Ce logis flanqué d'une tour du XIIe siècle, entouré d'un jardin, offre une belle rénovation et propose plusieurs chambres d'hôtes : une suite familiale avec une chambre rustique pour deux personnes à l'étage, plus trois lits individuels au rez-de-chaussée, avec des sanitaires privatifs. Au premier étage du logis, on trouve la chambre Plein Sud et sa salle de douche attenante (wc sur le palier). Une suite et un ensemble pouvant accueillir 7 personnes avec une salle de bains commune sont egalement proposés. Autre belle pièce du lieu : la cheminée XVIe siècle au cœur du salon.

■ **LE GRAND SAUT A L'ELASTIQUE**
Viaduc de Coquilleau
✆ 05 65 60 00 45
www.bungee.nu/
info@bungee.nu
Fermé de décembre à février. 55 € le saut, 110 € le saut en duo.
Vous aimez le frisson, faire monter l'adrénaline ? Eh bien cet exercice va vous combler. Sautez à l'élastique depuis le viaduc de Coquilleau – à côté de la Châtaigneraie – au-dessus de l'eau. Cette société possède 3 sites de sauts à l'élastique en France. Dans un cadre pleine nature au-dessus de l'eau, goûtez aux sensations exceptionnelles, osez le grand saut à l'élastique ! Tarif : 55 € le saut, 110 € en duo et tarifs de groupe à partir de 11 personnes. Si vous en voulez encore, le 2e saut (le même jour) est à 30 €. Pour connaître les dates des sauts en 2016, consultez le site Internet.

■ **ULM – AIR VENDÉE LOISIRS**
La Touche
✆ 02 51 87 42 87
www.air-vendee-loisirs.com
contact@air-vendee-loisirs.com
Ouvert toute l'année. Tous les jours. Sur rendez-vous. Survol 15 minutes : 45 €, 30 minutes : 78 €, 1h : 145 €. Vol découverte du pilotage : 100 €.
Claude Canteau, plus de 20 ans d'expérience, instructeur pendulaire et trois axes vous propose des baptêmes en ULM : 45 € les 15 minutes, 78 € les 30 min, 145 € pour 1 h. Egalement des circuits à la demande : Le Puy du Fou (1 h), Pescalis (20 minutes), Mervent (30 minutes), au tarif de 145 €/heure. Egalement des vols découverte du pilotage (100 €), d'une durée de 30 minutes, comprenant un briefing puis vous serez en place pilote durant une demi-heure pour découvrir le plaisir de piloter un ULM. Très sympa. Possibilité d'offrir des bons cadeaux.

Cheffois

■ **FERME-AUBERGE DU MOULIN MIGNE**
Le Moulin Migné
✆ 02 51 69 68 76
www.ferme-auberge-vendee.fr
lemoulinmigne@wanadoo.fr
Ouvert du jeudi au samedi le soir ; le samedi midi ; le dimanche midi. Réservation impérative. Menu unique à 17 €. Accueil des groupes.
Isabelle et Roland ont réaménagé l'ancien moulin à foulon de leur ferme du Haut Bocage vendéen. Isabelle transforme et cuisine les produits issus de l'élevage bovin conduit par Roland, pour les servir à l'auberge. Tous les deux vous parleront de leur métier qu'ils exercent avec passion au cours du repas. Parmi leurs spécialités : charcuteries maison (terrine, jambon), farci poitevin, tartes aux légumes, bœuf mijoté, potée, porc au foin, côtes et entrecôtes grillées, tartes aux fruits. Egalement ponctuellement des animations thématiques : soirée œnologique, dîner musical, rando gourmande, et des

stages de cuisine pour apprendre à cuisiner le cochon. Notez qu'un menu végétarien peut être concocté sur demande. Vous pourrez retrouver les produits issus de leur exploitation dans le magasin collectif de La Roche-sur-Yon Ma Product'Yon locale.

Mouilleron-en-Pareds

Les rochers des Moulins au pied desquels s'étend la petite cité ne suffisent pas à distinguer Mouilleron-en-Pareds des autres communes du Bocage. Sa renommée, elle la doit à la célébrité de deux de ses enfants, Georges Clemenceau et le maréchal de Lattre-de-Tassigny. Il existe un autre enfant célèbre de la commune, l'astronome Charles-Louis Largeteau (1791-1857), mais il faut croire que la recherche des étoiles apporte moins de célébrité que le commandement des hommes et le maniement des armes.

MUSÉE NATIONAL CLEMENCEAU-DE LATTRE

★★

1, rue de Planté-Choux
✆ 02 51 00 31 49
www.musee-deuxvictoires.fr

Du 15 avril au 15 octobre départ des visites : 10h, 11h, 12h, 14h, 15h, 16h et 17h. Du 16 octobre au 14 avril, départ des visites : 10h, 11h, 14h, 15h et 16h. Gratuit jusqu'à 26 ans (et pour tous les visiteurs le premier dimanche de chaque mois). Adulte : 3,50 €. Groupe (20 personnes) : 3 €. Visite guidée (il est souhaitable de se présenter à l'accueil une dizaine de minutes avant le départ des visites. Durée 2h). Animations. Centre de documentation.

Ce mémorial rend un hommage symbolique à Clemenceau et à De Lattre, les deux signataires marquant l'arrêt des deux guerres mondiales, tous deux natifs de Mouilleron-en-Pareds. Des visites guidées – par audioguide ou accompagnée – ainsi que des documents cinématographiques présentent le contexte historique et leurs actions. La visite se prolonge par la celle de la maison natale du Maréchal de Lattre de Tassigny. Située au milieu du bourg, elle a conservé son décor et ses jardins qui témoignent d'un art de vivre du XIXe siècle. Lieu d'éducation et de transmission de valeurs, Jean de Lattre reviendra toute sa vie dans cette maison de famille. A voir aussi la maison natale de Clemenceau, rue de la Chapelle (visible uniquement de l'extérieur). En 2012, 60e anniversaire du décès du Maréchal de Lattre, à cette occasion, expositions photographiques et d'une bande dessinée dans le jardin, concerts, création théâtrale, films à la belle étoile,...De même, le film Clémenceau de Henri Diamant-Berger, film que l'on croyait disparu depuis 1941, est projeté chaque mercredi et dimanche dans le salon de la maison de Clémenceau lors de la visite de 15h (sans supplément de prix).

LA BOISNIERE

✆ 02 51 51 36 39 / 06 08 93 19 79
www.laboisniere.com
boisniere@gmail.com

Accueil vélo. 4 chambres. Chambre double 85 € ; chambre triple 110 €. Chambre pour 4 personnes : 130 €. Petit-déjeuner inclus. A partir de la 4e nuitée, une remise de 10 % sera appliquée sur l'ensemble du séjour en saison haute.

Voici une étape de charme au pays de Georges Clémenceau et du Maréchal de Lattre de Tassigny. Au cœur d'un beau parc bien entretenu, cette ancienne ferme en pierres apparentes superbement bien rénovée, offre quatre vastes chambres d'hôtes décorées avec goût. Trois d'entre elles affichent une belle charpente apparente, une décoration sobre et classe à la fois aux tons chaleureux, et possèdent toutes leur salle de bains privative, avec douche à l'italienne et une bonne literie. Une salle à manger, aux couleur chatoyantes et reposantes, vous permettra de vos restaurer le matin au petit déjeuner. Cette pièce donne directement sur le parc et la belle piscine.

Le jardin de la maison natale de Jean de Lattre.

LE BOCAGE VENDÉEN AUTOUR DU PUY DU FOU

CHANTONNAY ★

Chef-lieu de canton située sur la RN137, à mi-chemin entre Nantes, Niort et La Rochelle, Chantonnay offre tous les attraits d'une ville moyenne dotée d'équipements et de services de qualité. Prospère au XIXe siècle grâce à l'exploitation de la chaux qui servait à amender les terres de l'ensemble du Bocage, la petite cité s'est reconvertie dans l'industrie du meuble et l'industrie agroalimentaire. Ce coin de Vendée est le paradis des sportifs car c'est très vert et légèrement vallonné, sans compter les lacs : celui de Chantonnay tout d'abord, le lac de Touchegray-Moulin Neuf et le barrage de l'Angle-Guignard, avec son doux vallonnement, constituent un des attraits de la région. Mais à quelques kilomètres d'ici se trouvent aussi le lac de la Vouraie à Bournezeau-Saint-Hilaire-le-Vouhis et le lac de Rochereau, qui s'étend sur cinq communes entre Sigournais, Bazoges-en-Pareds et Tallud-Sainte-Gemme. Vous pourrez y pratiquer la pêche, des sports nature (canoë, randos pédestres et vtt) et des activités nautiques proposées par la base. Les amateurs de nature connaissent également bien le sentier « La coulée verte », dont le départ s'effectue depuis l'office de tourisme. Ce sentier fait partie du réseau des voies vertes de la ville et permet de rejoindre en longeant la Mozée la zone Polaris. Parcours de santé, tables de pique-nique et jeux pour enfants le jalonnent.

■ **OFFICE DE TOURISME**
Place de la Liberté
✆ 02 51 09 45 77
www.tourisme-paysdechantonnay.fr
contact@tourisme-paysdechantonnay.fr
Basse saison : ouvert le lundi de 13h30 à 17h30 ; du mardi au vendredi de 9h30 à 12h30 et de 14h à 17h30 ; le samedi de 9h30 à 12h30. Haute saison : du lundi au samedi de 9h30 à 12h30 et de 14h à 18h30 ; le dimanche et les jours fériés de 10h à 12h30.

Points d'intérêt

■ **LES FOURS A CHAUX**
Chantonnay compte encore trois fours à chaux sur les huit qu'il y avait. Ces gros bâtiments furent construits pour pratiquer la calcination des pierres calcaires et les transformer en chaux.

Le couvert

■ **LE FAGOT**
3, rue Nationale ✆ 02 51 94 82 20
Ouvert du mercredi au lundi le soir ; le lundi et du mercredi au vendredi le midi. Formule du midi : 11,50 €.
La façade attire l'attention, la jolie décoration intérieure, la variété de la carte, le sérieux de la cuisine, les prix justes, les portions généreuses et l'accueil charmant du patron font le reste. On apprécie la déco au goût du jour surmontée de quelques objets de décoration marquant l'empreinte du Fagot. La cuisine est simple mais la carte marie parfaitement les spécialités françaises et italiennes. Des plats traditionnels comme le magret de canard, ou le pot-au-feu qui figurait en plat du jour lors de notre passage en hiver, tandis que l'été, des moules s'invitent à la carte. Traversons la Méditerranée pour rejoindre l'Italie avec les pizzas à pâte fine. Tantôt tartiflette ou aux Saint-Jacques (avec la Fagot), la belle Italienne se fait plus exotique avec l'Orientale. Les lasagnes maison sont elles aussi largement plébiscitées par la clientèle fidèle. Et pour finir sur une note sucrée, lequel de ces desserts maison aura vos faveurs : crumble aux pommes ou fondant au cœur de caramel ?

Le gîte

Gîtes

■ **DOMAINE DU REVETISON**
Les Revêtisons
✆ 02 51 09 63 92 / 06 18 93 79 23
www.domainedurevetison.com
revetison85@gmail.com
Ouvert toute l'année. 4 chambres. Chambre double de 79 € à 105 € ; chambre triple de 109 € à 125 €. Petit déjeuner inclus. De 460 € à 1 160 € la semaine selon saison. Restauration (table d'hôte à partir de 32 €).
Steve et Corinne Wilson ont rénové, avec beaucoup d'attention et de goût, ce beau domaine du XIXe siècle en pierres apparentes situé en pleine nature et y proposent

des hébergements très confortables et de qualité au travers de 2 gîtes (pouvant accueillir respectivement 4 et 7 personnes) et de 4 chambres d'hôtes spacieuses et pleines de charme. Egalement un local détente avec bar, Baby-foot, ping-pong, palets vendéens et jeux de société, ainsi qu'une piscine chauffée. Autre atout du lieu, la possibilité de partager un repas en toute convivialité autour de spécialités du terroir dans la grande salle à manger prés de la cheminée ou sur la terrasse selon la saison.

Chambres d'hôtes

CHÂTEAU DE PUYBELLIARD
Puybelliard – Rue des Dames
✆ 02 51 48 19 35 / 06 42 00 27 96
chateaupuybelliard@yahoo.fr

Ouvert toute l'année. Restaurant ouvert du jeudi au dimanche. 4 chambres. Chambre double de 170 € à 278 €. Petit déjeuner inclus. Restauration. Bain bouillonnant.
A quelques encâblures du centre de Chantonnay, dans le petit hameau de Puybelliard, se dresse un château construit en 1856 dans le style Renaissance des châteaux du Val de Loire qui reçoit des hôtes dans ses quatre chambres spacieuses, dont une suite pour 4 à 6 personnes. Confortablement aménagées, meublées dans un style d'époque, elles proposent baignoire et douche dans chacune des salles de bains privatives et disposent de TV avec lecteur DVD, radio avec lecteur CD et tout un tas d'électroménager très utile pour ces dames comme un fer à friser ! On n'oublie pas non plus le Wifi. Pour compléter ce séjour « vie de château », ne manquait plus qu'un restaurant. C'est chose faite avec La Table de la Châtelaine installée dans un salon chaleureux avec cheminée et proposant une cuisine gastronomique de bonne qualité. Une bien jolie adresse pour un week-end romantique au cœur du bocage vendéen, à une quarantaine de kilomètres au sud du Puy du Fou.

MANOIR DE PONSAY
Saint-Mars-des-Prés ✆ 02 51 46 96 71
www.manoirdeponsay.com

Fermé de novembre à mars. 2 chambres. Chambre double de 66 € à 180 €. Petit déjeuner : 9,50 €. Séminaires. Réceptions et mariages. Wifi gratuit. Restauration (dîner sur réservation : 33 € – vin et café inclus). Sauna.
Niché dans la verdure, deux magnifiques porches en enfilade ouvrent l'entrée du manoir, classé Monument historique, dont les origines remontent au XVe siècle, et dans la famille de Ponsay depuis 1644. En partie incendiée en 1793 lors des guerres de Vendée, il fut restauré après la Révolution. Elle possède toujours sa fuie – pigeonnier – avec l'échelle tournante. Au château : 2 suites et 2 chambres. La chambre à baldaquin possède un lit d'époque dit à la Polonaise car introduit en France lors du mariage de Louis XV avec Marie Lezinska. La chambre « carrelée » a conservé ses tomettes du XVIIIe siècle. Une suite porte le nom de Louis XI, rappellant son passage lorsqu'il chassa sur les terres de Ponsay et y but la « Folle de Sigournais » (vin blanc sec très local). Elle se compose d'une chambre à grand lit dans la tour, d'un lit d'enfant et donne accès à une antichambre avec un lit d'une personne. Dans une autre partie du bâtiment, 3 chambres supplémentaires. Vous profiterez de la piscine et d'un espace bien-être avec sauna. Table d'hôtes sur réservation. Une adresse unique pour goûter à la vie de château avec un accueil convivial et chaleureux de Laurent et Aurélia de Ponsay.

Loisirs

LAC DE TOUCHEGRAY – MOULIN NEUF
Un lac de retenue de 55 ha dans une vallée sinueuse et encaissée. Le long du lac, les randonneurs trouveront des sentiers de promenade. Autres loisirs possibles sur le lac : la pêche (avec notamment un ponton pour les personnes handicapées entre Moulin Neuf et Touchegray), et le canoë : Locations de canoës de 1 à 3 personnes, à partir de 4 €/personne. Renseignements : Association de canoë-kayak de Fontenay-le-Comte : 06 51 48 34 08. Ouvert de juin à fin août. Sur réservation pour les groupes hors été. Pour les horaires et jours d'ouverture : www.canoenaturesudvendee.fr. Tarif à partir de 5 € par personne pour 1 heure.

Emplettes

CHOCOLATS GELENCSER
Centre commercial Hyper U
45, avenue Georges-Clemenceau
✆ 02 51 94 30 28
www.chocolats-gelencser.com
Ouvert le lundi de 14h30 à 19h ; du mardi au samedi de 9h à 12h30 et de 14h30 à 19h.
Paradis des chocophiles et drogués à la fève de cacaoyer, ce chocolatier est incontournable, à tel point qu'il possède quatre autres enseignes en Vendée et a ouvert en 2014 son Musée du Chocolat à La Roche-sur-Yon. Les chocolats Gelencser sont, de l'avis de beaucoup, les meilleurs de Vendée. C'est ici, à Chantonnay, que l'histoire a commencé en 1956... C'est le grand-père de Patrick Gelencser qui a ouvert la première boutique. Parmi les chocolats phares : différentes ganaches aromatisées ou pures, toutes plus délicieuses les unes que les autres, les aiguillettes et tranches d'orange, florentins et mendiants, ou d'autres créations comme le cœur vendéen (praliné et nougatine). Egalement des tablettes aux fruits secs, de la pâte à tartiner et, pour les petits déjeuners gourmands, du chocolat en poudre de leur fabrication. Les gâteaux, principalement à base de chocolat, sont un régal, comme le succulent pavé vendéen, le croquant, le fleur de caramel. Soulignons d'ailleurs le bon rapport qualité-prix de toutes les créations de cet artisan. Autres alternatives gourmandes : les verrines de chocolat, les macarons ou les glaces. Gelencser : une institution !

Autres adresses : 79, boulevard de Castelnau aux Sables-d'Olonne • Espace Bell – 38, rue Paul-Emile-Victor et 2, rue Maréchal-Joffre à La Roche-sur-Yon • Place du Champ-de-Foire à Challans

La Maison Gelencser : 50 ans de passion du chocolat !

L'histoire de ce grand chocolatier-pâtissier vendéen commence en 1956 à Chantonnay... Stéphane Avril, le grand-père de Patrick Gelencser (l'actuel propriétaire), cuisinier de formation, ouvre une pâtisserie à Chantonnay, accompagné de son épouse Madeleine Baritaud. Pendant ce temps-là, un jeune Hongrois, Laszlo Gelencser, étudiant chimiste, quitte son pays pour fuir l'invasion russe et débarque en Suisse où il rencontre Jacqueline Avril, dans la pâtisserie où ils travaillent alors tous les deux. En 1972, après douze ans passés en Suisse, Jacqueline et Lazlo, qui forment la deuxième génération, reprennent le flambeau et apportent leur savoir-faire « chocolaté » à Chantonnay. C'est le début du succès. C'est en 1973 que Lazlo a l'idée de faire un chocolat frappé du double cœur, le symbole de la Vendée. Rapidement, des milliers de ces chocolats sortiront de la chocolaterie. La recette n'a pas changé. En 1984, fort de son succès, la chocolaterie ouvre une 2e boutique à La Roche-sur-Yon, en centre-ville. En 1987, avec Patrick et son épouse Valérie, la 3e génération arrive, apportant son savoir-faire, et la maison se développe avec notamment l'ouverture de plusieurs boutiques : à La Roche-sur-Yon (zone Bell), aux Sables-d'Olonne, à Challans, sans oublier la création en 2014 du premier Musée du Chocolat de Vendée (situé également zone Bell, à La Roche-sur-Yon). Le savoir-faire Gelencser et la qualité de ses produits, chocolats et pâtisseries, sont maintenant reconnus par tous les gourmets vendéens. Une belle réussite familiale, un savoir-faire artisanal, bref une institution gourmande en matière de chocolats et de pâtisseries fines.

DOMAINE DE LA BARBINIÈRE

La Barbinière ✆ 02 51 34 39 72
contact@domainedelabarbiniere.com

Ouvert du lundi au samedi de 14h30 à 19h ; le samedi de 9h30 à 12h30 et de 14h30 à 19h.

D'une surface de 22 ha, le vignoble de la famille Orion est constitué de 65 % de cépages rouges et 35 % de cépages blancs. Les vins du Domaine de la Barbinière jouissent d'une bonne réputation. Les blancs sont issus d'assemblage chenin et chardonnay. Fruités, avec des notes de miel, de pain grillé et de fleurs blanches, ils accompagnent les crustacés et les poissons de l'Atlantique. Les rosés – issus d'assemblage pinot noir, gamay et cabernet – ont des parfums de fruits rouges et sont à déguster l'été en toutes circonstances. Quant aux rouges – assemblage des cépages cabernet, pinot noir et gamay -, ils ont des notes de fruits mûrs et sont à consommer avec des viandes rouges ou des fromages et peuvent se conserver de deux à cinq ans. Plusieurs gammes sont proposées : la gamme Silex, un vin typiquement vendéen, disponible en blanc (cuvée 2013), rosé (2013) et en rouge (2011). La gamme Eclipse est proposée en blanc et en rouge. Le Bois Bouquet est un vin I.G.P. vins de pays du Val de Loire, un rouge puissant à base de pinot noir. La Douée est un vin doux. En 2011, c'est l'arrivée de Louise. Il y a également un vin en méthode traditionnelle.

L'ATELIER DU CARAMEL

54, rue Nationale ✆ 02 51 46 85 24
sarllagourmande@orange.fr

L'histoire a commencé il y a plusieurs années lorsque Christophe Lopez tenait une crêperie. Devant le succès du caramel au beurre salé qu'il mettait dans ses crêpes, il a décidé d'en faire profiter le plus grand nombre en créant une boutique autour du caramel. Aujourd'hui la qualité gustative de son caramel est reconnue de tous les fins palais et de grandes maisons parisiennes utilisent son caramel. Le caramel (proposé en pâte à tartiner, en bonbons façon caramel tendre...) n'est pas la seule gourmandise qu'il propose, puisque vous trouverez dans ses cinq boutiques des chocolats, guimauves et nougat maison. Les boutiques sont situées à Chantonnay, Les Herbiers, aux halles des Sables-d'Olonne, à Nantes, et la dernière a ouvert ses portes en janvier 2015 à la Roche-sur-Yon. Nous, on a littéralement craqué pour les macarons, très moelleux et goûteux, aux multiples goûts et couleurs (pistache, praliné, champagne, rose, mandarine, cassis, violette). Tous les produits sont présentés dans de jolis emballages, histoire d'avoir le flacon et l'ivresse. Des produits à tomber !

Autre adresse : 10, rue du 8-Mai-1945 - La Roche-sur-Yon ; 8, rue de l'Église – Les Herbiers

Dans les environs

Bournezeau

LE MOULIN DE LA CAVE

39 bis, avenue du Moulin ✆ 02 51 98 36 04
moulindelacave@hotmail.fr

Ouvert tous les jours le midi ; le vendredi et le samedi le soir. Les autres soirs (sauf lundi) sur réservation. Menus de 19,50 € à 26,50 €. Formule du midi : 12 €. Paniers pique-nique à partir de 11 €. Deux chambres d'hôtes (70 € la chambre, petit-déjeuner inclus). Accueil des groupes. Jardin. Terrasse. Carte traiteur à emporter (sur réservation).

Dans l'enceinte du restaurant de Maryse, un moulin (visite sur demande) et un jardin dans lequel se promènent des poules. Elle a entièrement rénové la bâtisse avec son père, ancien forgeron, qui a fabriqué les lampes, boucliers et objets en fer forgé. Maryse a réalisé tous les vitraux qui donnent le charme médiéval à ce lieu atypique. La salle, avec pierres et charpente apparentes, sa déco soignée, a du charme, tout comme les deux chambres d'hôte aussi proposées. L'ensemble est chaleureux, à l'image de l'accueil de Maryse. Aux beaux jours, quelques tables se dressent dans le jardin, sous le saule pleureur, devant une petite mare, où coqs et poules viendront vous tenir compagnie. Les groupes sont les bienvenus et des soirées avec menu à thème sont organisées ponctuellement. Cuisine maison, avec en semaine, un menu du jour venant compléter la carte avec en spécialités les galettes, rillettes de Saint-Gilles maison, suprême de poulet de Challans au cidre à la crème et morilles, souris d'agneau, brochette de gambas et saint-jacques, tartiflette, salades, et en dessert crêpe Vendée Globe au caramel beurre salé ou fondant au chocolat maison. Une originalité : les paniers pique-nique.

La Jaudonnière

■ LE MOULIN DE MOINET

Pareds ✆ 02 51 34 32 42
www.lemoulindemoinet.com
contact@lemoulindemoinet.com

2 chambres. Chambre double de 100 € à 120 €. Petit déjeuner inclus. Restauration (dîner sur réservation : 30 € adulte, 20 € enfant ; déjeuner : 20 €, pique-nique : 15 €).

Cet ancien moulin à eau du XVIe siècle, vous propose deux chambres très confortables de plain-pied donnant sur une grande piscine et disposant chacune d'une entrée indépendante. La chambre Moulin, sobre, classe et chaleureuse à la fois, dispose d'une cheminée et d'une belle salle de bains équipée d'une douche à l'italienne. La chambre Rivière donne directement sur la piscine, et est spacieuse et lumineuse. Vous pourrez prendre le petit déjeuner face à la piscine elle aussi vaste puisque le bassin fait 21 m x 9. Ajoutons que, sur réservation, vous pourrez déjeuner, dîner ou encore réserver un pique-nique pour vos sorties à la découverte des sites environnants. Un endroit très reposant.

Saint-Prouant

■ PRIEURÉ DE GRAMMONT ★

✆ 02 51 66 47 18 / 02 51 50 43 00
www.abbayes.vendee.fr
A 9 km de Pouzauges.

Ouvert du 1er juin au 31 août de 10h à 12h30 et de 13h30 à 18h. Du 1er au 18 septembre les vendredis, samedis et dimanches de 10h à 12h30 et de 13h30 à 18h. Gratuit jusqu'à 18 ans. Adulte : 3 €. Jeune de 18 à 26 ans : 2 €. Pass Vendée : 21 €.

Cet ancien monastère de l'ordre des Grandmontains fut fondé vers 1196 par Richard Cœur de Lion et reçut ensuite les libéralités de Louis VII et de Philippe-Auguste. L'ensemble est exceptionnellement bien conservé. La chapelle, la salle capitulaire, le réfectoire, la cuisine et son passe-plat ainsi que la salle des hôtes sont en excellent état. Les plus belles pièces du trésor de Grandmont sont exceptionnellement représentées grâce à un incroyable procédé photographique inédit, et une visite virtuelle du site dans un film en 3D est proposée pour visiter le prieuré du XIIe siècle. En été, à la lueur des bougies et au rythme des mélodies sacrées, le prieuré dévoile ses secrets avec Les Veillées du Prieuré (les 18 et 25 juillet et les 1er, 8 et 22 août).

Prieuré de Grammont, animation

Sigournais

■ CHÂTEAU DE SIGOURNAIS

Rue du Donjon ✆ 02 51 40 40 71
info@chateau-sigournais.org
Situé à 8 km de Chantonnay.

Haute saison : ouvert tous les jours de 14h30 à 18h30. Basse saison : visite guidée uniquement pour les groupes de plus de 15 personnes, sur rendez-vous. Gratuit jusqu'à 7 ans. Adulte : 5 €. Enfant (de 7 à 11 ans) : 1 € (et 3 € de 12 à 17 ans). Groupe (15 personnes) : 4,50 €. Pass Vendée Bocage : 4,50 €.

Sigournais abrite l'un des monuments les plus caractéristiques du département. Remanié au XVe siècle sur les bases d'un château construit vers l'an mille, avec fossés, enceinte, tours, chemin de ronde couvert sur mâchicoulis, archères-canonnières, charpente originale, latrines... Ce château féodal constitue un des meilleurs exemples d'architecture militaire du Moyen Age en Vendée. Il comporte une enceinte polygonale à 7 tours et un magnifique donjon-porche. Ce donjon, sur trois niveaux, est unique en Vendée par sa charpente à chevrons – formants – fermes, son chemin de ronde sur mâchicoulis entièrement couvert et ses meurtrières typiques (archères + canonnières). Dans les grandes salles du donjon, vous découvrirez : la chambre seigneuriale et la chambre des enfants au XVe siècle ; une collection de 600 blasons sculptés des provinces de France (départements et chefs-lieux), et de tous les pays européens. Expositions temporaires, jeu-concours sur l'héraldique pour les adultes et livret-jeu «le défi du chevalier» remis aux 8-12 ans pimentent la visite. Spectacle son et lumière tous les jeudis d'août à 22h. C'est un monument privé appartenant à la famille de Lépinay.

■ LA MORLIÈRE

Bord du lac de Rochereau ✆ 02 51 40 41 98

Ouvert toute l'année. Basse saison : du jeudi au mardi le midi ; du vendredi au dimanche le soir. Haute saison : du mardi au dimanche le soir ; du mercredi au dimanche le midi. Accueil des groupes. Terrasse.

Ce restaurant situé au bord du lac de Rochereau, à quelques kilomètres de Chantonnay, est une belle surprise. Si vous n'avez pas de GPS, vous peinerez peut-être un peu à le trouver, mais l'adresse vaut le coup à plus d'un titre, à commencer par le coup d'œil. En effet, le joli bâtiment en pierres apparentes offre une vue sur le lac et déjà, ça nous plaît ! Mais vous nous direz que la vue ne fait pas tout. Justement, la cuisine aussi : plutôt traditionnelle avec des plats simples somme toute, elle n'en est pas moins de bonne qualité et régulière. Il n'en faut pas plus pour rendre un client heureux, si on y ajoute le bon rapport qualité/prix.

■ DOMAINE DE LAUNAY

Château de Launay ✆ 02 51 07 05 21
www.domaine-de-launay.fr
info@domaine-de-launay.fr

4 chambres. Chambre double à partir de 65 € ; suite de 80 € à 95 €. Petit déjeuner inclus.

Erigé au XIXe siècle, ce château d'inspiration XVIIe et sa vaste cour de dépendances trônent au cœur d'un parc de 17 hectares surplombant le lac de Rochereau. De la chambre double à la suite familiale, toutes arborent une décoration sobre et raffinée à la fois, toujours de très bon goût. S'y mêlent des matériaux nobles comme une belle tomette ou une cheminée comme dans la chambre nommée Feu et Diableries, ou alors une belle charpente apparente. Les quatre chambres sont confortables et spacieuses puisqu'elles font entre 21 et 50 m². Elles sont équipées de salle de bains avec doubles vasques, WC séparés, un lit en 160 cm × 200 cm. Les amoureux de la nature apprécieront particulièrement le Domaine de Launay, ils pourront y observer rapaces et autres oiseaux du bocage, écureuils et gibiers, et admirer également quelques orchidées sauvages protégées au cœur de ce parc aux arbres centenaires. Les dépendances et le château offrent un cadre atypique pour organiser vos événements et fêtes pour une soirée ou tout un week-end. Une belle parenthèse bucolique et pleine de charme.

■ LAC DE ROCHEREAU

Une retenue de 127 ha : la plus grande de la vallée du Grand Lay, dans un paysage de coteaux herbeux ou rocheux, elle accueille à l'automne une importante colonie de canards migrateurs. Loisirs : pêche (tous poissons blancs, sandres, brochets, carpes), baignade, jeux pour enfants, tables de pique-nique, sentiers de randonnées sur le site de La Morlière.

POUZAUGES ★★

Située à l'est de la Vendée, sur les plus hautes collines du département, veillée par deux moulins à vent jumeaux et par son donjon féodal majestueux, Pouzauges est surnommée Perle ou Reine du Haut Bocage. Des vieux logis, des châteaux, des églises romanes remarquables témoignent de l'histoire de cette partie du haut Bocage. Le château, érigé au XIIe siècle et remanié au XIVe siècle, était la propriété de Gilles de Rais. Il n'en subsiste aujourd'hui que le donjon carré de 18 m de côté et de 27 m de hauteur, formidable témoignage de la puissance militaire passée. Ce château est entouré d'un écrin de verdure, le bois de la Folie. A l'orée des taillis de châtaigniers, bois spécifiques de ce pays accidenté, s'écoulent de petits ruisseaux qui dessinent de leurs serpentins d'argent de fines arabesques sur les basses prairies où, par endroits, se reposent une mare, un étang. Fleury Michon, dont le siège est installé ici, est la première entreprise vendéenne.

■ OFFICE DE TOURISME

30, place de l'Eglise ✆ 02 51 91 82 46
www.tourisme-paysdepouzauges.fr
accueil@tourisme-paysdepouzauges.fr

Basse saison : ouvert du mardi au vendredi de 10h à 12h30 et de 14h30 à 17h ; le samedi de 10h à 12h30. Haute saison : du lundi au samedi de 9h30 à 12h30 et de 14h30 à 18h ; le dimanche de 10h à 12h.

L'Office de tourisme du Pays de Pouzauges vous renseignera pour votre séjour dans les différentes communes regroupées autour du Pays de Pouzauges. Des conseils sur les sites à visiter et les animations qui se déroulent toute l'année, des aides à la recherche d'hébergements ; mais vous pourrez également réserver vos places pour le Puy du Fou et les traversées vers 'Île d'Yeu. Egalement un accueil et des services adaptés pour les cyclistes grâce à la marque « Accueil vélo ». Autres plus : un accès Wifi gratuit et une boutique de produits du terroir et d'objets artisanaux, ouverte toute l'année.

Points d'intérêt

CHÂTEAU DE POUZAUGES

Rue du Vieux Château
✆ 02 51 57 01 37
www.pouzauges.com
culture.tourisme@pouzauges.fr

Fermé de mi-septembre à fin juin. Haute saison : ouvert du mardi au dimanche de 10h30 à 12h30 et de 14h à 19h. Adulte : 3 €. Enfant (de 4 à 10 ans) : 2 €. Tarif réduit : 1,50 €. Visite guidée (ou libre). De juillet et août : ateliers médiévaux les mardis. Escapades nocturnes les jeudis à 20h30.

Surplombant la ville, le château de Pouzauges est dominé par son majestueux donjon du XIIe siècle. Classé Monument historique, il est notamment marqué par la présence de l'épouse du célèbre Gilles de Rais : Catherine de Thouars. Entrez en famille dans l'histoire de ce château imposant grâce aux visites guidées ou libres et aux animations. Les livrets jeux et les ateliers médiévaux permettront aux enfants d'en apprendre davantage sur le Moyen Age tout en s'amusant. En juillet et août, partez tous les jeudis soir pour l'escapade nocturne. A la lueur des torches, parcourez ruelles et venelles à la découverte des secrets de Pouzauges ! Départ à 20h30, durée environ 1h30. Réservation vivement conseillée. Accès libre et gratuit au parc.

LES MOULINS A VENT JUMEAUX DU TERRIER MARTEAU

Le Terrier Marteau ✆ 02 51 57 01 37
www.pouzauges.com
culture.tourisme@pouzauges.fr

Ouverts du 29 juin au 30 août, tous les jours de 14h à 19h. Journées du Patrimoine : 14h-19h. Journée des Moulins un dimanche de juin de 10h à 19h. D'avril à octobre, visite guidée sur réservation. Adulte : 3 €. Enfant (de 4 à 14 ans) : 2 €. Tarif réduit (étudiant, personne à mobilité réduite, etc.) : 2 €. Visite guidée.

Découvrez les Moulins Jumeaux du Terrier Marteau. Ces deux authentiques moulins à vent jumeaux dominent la ville de Pouzauges dans un cadre fleuri et paisible, offrant aux visiteurs et promeneurs un beau panorama depuis les hauteurs. Construits au XVIIIe siècle, ils sont rasés à la Révolution et rebâtis au XIXe siècle. Ils ont été rénovés en 2009. L'un a conservé le mécanisme de transformation du grain en farine qu'un guide vous expliquera en détail, l'autre fut transformé en musée. Du lundi au vendredi à 14h30, les enfants sont invités à jouer aux Petits Meuniers, découvrant le chemin de la graine au pain à travers des jeux, la fabrication manuelle de farine ou un atelier bricolage. Accès gratuit au parc.

Le couvert

AUBERGE DE LA BRUYÈRE

18, rue Docteur-Barbanneau
✆ 02 51 91 93 46
contact@aubergedelabruyere.fr

Ouvert toute l'année. Basse saison : du lundi au jeudi le midi et le soir ; le vendredi et le dimanche le midi. Haute saison : du lundi au vendredi le midi et le soir ; le samedi soir ; le dimanche midi. Menus de 12 € à 26 €. Menu enfant : 10,50 €. 27 chambres. Chambre double de 65 € à 90 €. Petit déjeuner : 9,50 €. Wifi gratuit. Accueil des groupes.

Depuis la salle du restaurant, relookée l'an dernier, comme depuis la terrasse, on apprécie la vue panoramique exceptionnelle sur le pays de Pouzauges.

Côté hôtel, les chambres subissent le même sort et sont elles aussi rénovées petit à petit, le tout donnant un coup de jeune et une touche de modernité à l'ensemble de l'établissement. Avec ses quatre salles de réunion, il peut accueillir les séminaires. La cuisine, faite d'un classicisme toujours empreint de personnalité, célèbre les produits régionaux, à l'image de la fricassée d'anguilles, que côtoient d'autres spécialités comme le suprême de poulet noir à la vendéenne ou le tournedos de canard aux herbes de Provence, précédé d'une assiette de saumon aux 4 façons. Une adresse où calme et sérénité sont les maîtres-mots.

CASSE-CROÛTE VENDÉEN
31, rue Mare ✆ 02 51 61 72 80
Ouvert tous les jours. Formule du midi : 7,85 € (et 9,80 €).
C'est avant tout le cadre atypique qui nous a conduits ici. Si vous aimez les lieux insolites, alors vous allez être surpris ! En un mot comme en cent, l'origininalité de la façace n'a rien à envier à la déco intérieure où le bois s'affiche du sol au plafond, conférant au vaste ensemble une chaleur incontestable. Ce restaurant rassemble toutes les générations autour d'une cuisine simple, familiale et du terroir. Les spécialités de Vendée y sont à l'honneur avec notamment les tartines grillées, dont celle avec les fameuses mogettes et le jambon de Vendée. Autre produit phare d'une carte très variée, la poêlée, déclinée au bœuf, au poulet, au canard, ou encore la poêlée de la mer. En dessert, pour demeurer dans la tradition vendéenne, nous vous suggérons les brioches grillées perdues ou les mini-meuill : c'est du patois vendéen qui désigne le millet, une sorte de semoule, proposée ici avec un nappage. Le lieu est très fréquenté par les groupes qui y trouvent l'espace nécessaire, les portions généreuses et les tarifs très corrects.

Château de Pouzauges.

Le gîte

LA CHOUANNERIE
27, rue Alphonse-Delavau
✆ 02 51 57 61 98
www.lachouannerie.com
lachouannerie85@orange.fr

5 chambres (et 2 gîtes). Chambre double de 79 € à 139 €. Petit déjeuner inclus. Pour 6 personnes. Gîtes : de 350 € à 850 €. Wifi gratuit.
Laetitia et Yannick vous accueillent dans une maison bourgeoise de caractère bâtie en 1900. La propriété est posée dans un parc arboré à l'anglaise de 6 000 m^2, avec une grande piscine chauffée. Extérieur comme intérieur, la bâtisse a conservé l'ambiance des demeures d'autrefois, avec l'histoire riche de cette région du bocage vendéen. Mobilier cossu, boiseries, parquets et cheminée meublent la demeure. Vous y sont proposées cinq chambres richement meublées, pouvant accueillir 2, 3 ou 4 personnes, ainsi que deux gîtes classés 4 étoiles. Cheminée, mobilier ancien, fauteuils crapaud, tissu façon toile de Jouy pour l'une ou ciel de lit pour l'autre, seront votre décor. Chacune des chambres a sa salle de bains privative et jouit d'un accès Wifi gratuit. Côté gîtes : l'un offre un rez-de-chaussée aux pierres apparentes, l'autre arbore une déco plus moderne. Une étape de charme dans une maison de caractère au cœur du bocage vendéen et aux portes du Puy-du-Fou.

Dans les environs

Le Boupère

LES 3 PILIERS
1, rue du Général-de-Gaulle
✆ 02 51 91 41 87
les3piliers@orange.fr
Maître Restaurateur. Ouvert toute l'année. Du jeudi au mardi. Menus de 17,50 € à 30 €. Formule du midi : 9,50 € (ou 12,90 €). Chambres de 40 € à 65 € en basse saison et de 50 € à 70 € en haute saison ; petit-déjeuner buffet : 6,50 €. Accueil des groupes. Terrasse. Huit chambres d'hôtel.
David, Fabrice et Stephan tiennent cette bonne table du bocage, que les parents de David ont possédée durant de nombreuses années. Ils ont entièrement rénové cet ancien relais de poste, qui outre un restaurant propose également 8 chambres d'hôtel. Mais concentrons-nous sur la cuisine moderne, de qualité, utilisant les produits locaux, leur valant d'ailleurs un titre de Maître Restaurateur. Le midi la formule, à tout petit prix, fait le bonheur des travailleurs de passage ou des clients réguliers, tandis que les autres menus permettent de montrer la palette du chef. D'ailleurs, le rapport qualité-prix est de mise dans l'ensemble des menus. Durant l'hiver, la carte mettait en avant les produits de proximité comme les escargots de la maison Royer, proposés en raviole au bouillon, puis une épaule d'agneau farcie aux abricots, mousse de céleri-cannelle ou le retour de la pêche, et pour la note sucrée : un dessert fruité mariant le marron et le cassis. Les partenaires figurent au dos du menu et un bon point pour la belle proposition de vins bio.

■ **BALADE EN ANE – LES NANOUS**
Lieu-dit La Roulière
✆ 02 51 57 04 08 / 06 71 46 55 40
www.les-nanous.com
Haute saison : ouvert du dimanche au vendredi de 10h à 18h. Ouvert d'avril à octobre, sur réservation : le dimanche pendant les vacances de Toussaint et Pâques (zone A). Balade location d'un âne bâté : 17 € pour 1h, 49 € pour la journée. Balade location d'un âne attelé : de 33 à 47 € (selon le type de carriole) pour 1h, de 87 à 130 € pour la journée.
Ce site du haut bocage vendéen vous propose de découvrir l'âne à la ferme à travers différentes activités. A commencer par la découverte de l'âne à la ferme, au travers de différents ateliers : câlins et papouilles avec les ânes, brossage, parcours de la motricité, visite de l'exploitation et petite balade dans le pré. Ensuite, Les Nanous vous proposent un circuit de 3h avec un âne bâté, et plusieurs balades en charrette sur un parcours de 6 km. Les balades sont adaptées à votre demande (distance et durée du parcours) et peuvent vous accueillir seul, en famille ou en groupe ; une charrette pouvant promener jusqu'à 6 personnes.

Monsireigne

■ **MUSÉE DE LA FRANCE PROTESTANTE DE L'OUEST**
✆ 02 51 66 41 03
www.bois-tiffrais.org
bois-tiffrais@live.fr
Fermé d´octobre à avril. Ouvert du mardi au dimanche de 14h à 18h. Ouvert sur rendez-vous le matin, et hors saison. Gratuit jusqu'à 12 ans. Adulte : 5 €. Enfant (de 12 à 18 ans) : 3 €.
Dans un logis du XVIIIe siècle au cœur du bocage vendéen, ce musée regroupe des objets de prière, gravures et portraits des grandes figures protestantes de l'Ouest. Depuis 2013 huit salles au rez-de-chaussée sont ouvertes au public. Vitrines et panneaux témoignent de l'importance du protestantisme dans l'histoire de la région. Vous y découvrirez : Henri IV et l'édit de Nantes, le siège de La Rochelle, Louis XIV et les dragonnades, le culte clandestin au désert, l'exil vers les pays du Refuge, Louis XVI et l'édit de tolérance. Une chaire à prêcher destinée au culte clandestin lors des assemblées du Désert, de très belles bibles anciennes et rares, des manuscrits anciens renforcent l'intérêt historique de la visite. La bibliothèque vous propose 4 000 volumes sur l'histoire des religions, des dossiers sur les lieux et les familles protestantes, etc. Ce musée est sans équivalent en France pour ce qui est de l'histoire de la religion réformée. Au départ du site, vous pourrez emprunter le sentier des Huguenots (6 km).

Réaumur

■ **MANOIR DES SCIENCES DE RÉAUMUR** ★★
8, rue Ferchault ✆ 02 51 57 99 46
manoirdessciences@orange.fr
Fermé de novembre au 5 février. Vacances d'hiver : mardis, mercredis, jeudis de 14h à 18h. Vacances de printemps : mardis, mercredis, jeudis de 14h à 18h. Du 1er juillet au 31 août tous les jours de 11h à 19h. Du 1er au 15 septembre : tous les jours de 14h à 18h. Vacances d'automne : mardis, mercredis, jeudis de 14h à 18h. Gratuit jusqu'à 7 ans. Adulte : 5 € (6 € du 15 juin au 15 septembre). Enfant (de 7 à 16 ans) : 3,50 € (en saison : 4,50 €). Exposition seule : 3 € à partir de 7 ans. Label Tourisme & Handicap.
René-Antoine Ferchault de Réaumur – 1683-1757 – était l'un des plus grands savants du XVIIIe siècle. Né à La Rochelle, sa famille est vendéenne. Il découvrira l'acier industriel, la technique du fer-blanc, mettra au point le premier thermomètre fiable et sera l'un des grands entomologistes de son siècle. Pionnier de la génétique moderne, il sera membre de l'Académie royale des sciences à 20 ans – durant quarante ans. Découvrez tout au long d'un parcours muséographique moderne, animé de bornes interactives, ponctué de rencontres et d'expériences à réaliser, les inventions et travaux de Réaumur, propriétaire des lieux : poussinières, ruches vitrées, thermomètre, porcelaine, métaux... Admirez les collections naturalistes, les outils du XVIIIe et attardez-vous dans les jardins clos de murs. La salle du pressoir se transforme en cabinet de travail : ateliers scientifiques tous les mercredis des vacances. Dans les jardins un observatoire permet au public de participer lors de certains rendez-vous, à des observations du ciel.

Saint-Mesmin

CHÂTEAU DE SAINT-MESMIN ★
La Ville
SAINT-ANDRÉ-SUR-SÈVRE
✆ 05 49 80 17 62
www.chateau-saintmesmin.fr
chateau.saintmesmin@nordnet.fr
Fermé de novembre à janvier. Basse saison : ouvert du dimanche au mardi. Haute saison : tous les jours. Mi-saison : se renseigner. Hors saison : adulte 4,50 €, enfant de 6 à 14 ans 3 €. En juillet-août (animations médiévales) : adulte 8 €, enfant de 6 à 14 ans 4 €. Carte Privilège : adulte 15 €, enfant 8 €, famille 40 €. Anniversaire au château : 7 €/enfant. Accueil enfants. Animations.
Ce château, qui a la particularité d'être à cheval sur 2 départements : Vendée (Saint-Mesmin) et Deux-Sèvres (Saint-André-sur-Sèvre), est une forteresse médiévale du XIVe siècle à laquelle s'est ajouté au XVe siècle un imposant donjon de 28 mètres de haut. Pierre de Montfaucon le fit construire aux alentours de 1370. La seigneurie dépendait alors de Guillaume Larchevêque, seigneur de Parthenay. A cette époque, le château était entouré de douves en eau, alimentées par la rivière (encore existante), le Sevreau. Le château fut principalement un lieu de résidence. Quatre famille vont s'y succéder. C'est au cours du XVIIe siècle qu'il subira son plus grand remodelage architectural : fenêtres, portes, cheminées, carrelages et toitures, viendra ensuite l'assèchement des douves au XVIIIe. La famille Proust l'achètera avec son domaine en 1818. Il servira d'hôpital militaire durant la Première Guerre mondiale. Il est classé Monument historique. Outre la visite (libre ou guidée), des animations médiévales ont lieu quotidiennement en juillet et août avec ateliers d'animations pour enfants et adultes. Insolite toujours, votre enfant peut fêter son anniversaire au château, toute l'année, sauf juillet et août, mercredi et samedi de 14h30 à 17h, sur réservation.

SÈVREMONT

En 2015, les communes de La Flocellière, Saint-Michel-Mont-Mercure, Les Châtelliers-Châteaumur et La Pommeraie-sur-Sèvre ont fusionné pour devenir une seule commune baptisée Sèvremont. Les anciennes communes demeurent malgré tout.

Saint-Michel-Mont-Mercure

Au sommet des collines vendéennes de la Gâtine, Saint-Michel-Mont-Mercure est la commune la plus élevée de la Vendée avec 290 m d'altitude. Au centre du village se dresse une basilique surmontée d'une immense statue de saint Michel, haute de 10 m. Si le cœur vous en dit, faites l'effort de grimper les 194 marches qui vous mèneront au sommet de l'édifice. Vous y serez alors récompensé de vos efforts par le panorama qui s'offrira à vous : le puy Crapaud et le bois de la Folie à Pouzauges.

La Flocellière

L'origine du nom est latine et signifie la fleur du ciel. A l'ombre de la croix du puy Lambert, d'où l'on peut admirer un superbe panorama, La Flocellière a su mettre en évidence les trésors de son passé, rehaussés par un cadre bucolique. La chapelle du Carmel, le château des Echardières, les maisons anciennes dans le bourg, autant d'éléments offrant un but de promenade.

MAISON DE LA VIE RURALE
Route de Saint-Michel-Mont-Mercure
La Flocellière
✆ 02 51 57 77 14
www.cpie-sevre-bocage.com
contact@cpie-sevre-bocage.com

Ouvert toute l'année. Accueil de groupes d'avril à octobre (sur réservation). Tous les jours et les jours fériés de 10h à 18h. Gratuit jusqu'à 5 ans. Adulte : 6 € (découverte du site avec visite commentée et dégustation les dimanches à 16h30). Enfant (de 6 à 18 ans) : 2,50 €. Découverte du site en autonomie : 3,50 €, enfant (6-18 ans) : 2,50 €.

Niché au pied du point culminant de la Vendée, au cœur des collines du Haut Bocage, le site est une véritable invitation à la découverte ! C'est un jardin associatif géré par un Centre Permanent d'Initiatives pour l'Environnement, ouvert toute l'année. Les idées fourmillent pour vous inviter à une promenade bucolique et pédagogique autour de l'histoire du bocage, du paysage, du jardinage naturel, des multiples saveurs et vertus des plantes sauvages et des légumes oubliés…

AUBERGE DU MONT-MERCURE
8, rue de l'Orbrie
Saint-Michel-Mont-Mercure
✆ 02 51 57 20 26
www.aubergemontmercure.com

Ouvert tous les midis du mardi au dimanche et le soir uniquement du jeudi au samedi. Formule ouvrière en semaine à 12,50 € côté Brasserie. Carte + Menus de 19 € à 39,50 €.

Alain Sicot a pris la suite des destinées de l'Auberge du Mont-Mercure en 2013. Il est resté sur une cuisine traditionnelle qui met à l'honneur les produits locaux comme la fine tourte de petits gris bio ou le rond de noix de veau façon des Chouans. De bonnes viandes comme une entrecôte de race Aubrac en persillade de foie gras ou un pressé de petit salé, mais aussi quelques poissons dont une choucroute de cabillaud.

CHÂTEAU DE LA FLOCELLIERE
La Flocellière
30, rue du Château
✆ 02 51 57 22 03
www.chateaudelaflocelliere.com
flocelliere.chateau@gmail.com

Fermé du 1er janvier au 28 février. 5 chambres (et 2 gîtes). Chambre double 160 € ; suite de 215 € à 235 €. Petit déjeuner inclus. Réceptions et mariages. Restauration (repas : 55 €). Bain bouillonnant.

A 7 km du Puy-du-Fou, offrez-vous une soirée dans un château où, dit-on, le connétable Bertrand Du Guesclin aurait séjourné. La forteresse du XIIe siècle et son donjon, la tour carrée construite au XVe siècle, sont aujourd'hui reliés à un château du XIXe siècle dont la façade, imitation de celles de la Renaissance, donne sur un superbe jardin. Classé monument historique, le château est l'un des plus anciens de l'ouest de la France. Entouré d'un parc de 15 ha constitué d'arbres exotiques bicentenaires, il dispose d'une piscine chauffée et d'un espace bien-être. Vous dormirez dans l'une des 5 vastes et belles chambres/suites ou dans l'un des 2 gîtes, situés dans le donjon médiéval (pour 10 personnes) ou dans le pavillon Louis XIII (12-14 personnes). Avec ses grands salons et salle à manger avec cheminée, boiseries, plafonds peints, piano, bibliothèque et mobilier de famille, ce château se prête merveilleusement aux réceptions et mariages. Les dépendances pouvant accueillir jusqu'à 250 personnes, celles-ci se prêtent à ces événements. L'accueil de la vicomtesse Erika Vignial est à la hauteur du lieu. Un vrai luxe, dans tous les sens du terme. Un lieu unique !

LES HERBIERS

Cette ville, la troisième de Vendée en nombre d'habitants, a eu au cours des siècles une existence assez mouvementée. Les Herbiers furent longtemps une région très humide, inondée tous les hivers. Une légende locale veut qu'en ce lieu appelé Herbauges s'élevait une agglomération vivant dans la débauche, qui fut maudite par saint Martial, évangélisateur de la région au IVe siècle. C'est certainement faux, on a effectivement trouvé sous 3 ou 4 m de terre des vestiges d'habitations au cours de travaux, de nombreux morceaux de poteries,

de tuiles cassées. Preuve que le sol s'était peu à peu enfoncé, les gens ont transporté leur habitat ailleurs. Le pays a été envahi par les Romains construisant de nombreuses villas : pont de la ville, le pont romain de la Belletière…
La ville est incendiée par les Normands et complètement détruite en 843. Elle a beaucoup souffert des guerres de Religion, de la guerre de Cent Ans et de celles de la Révolution. L'origine du nom Ardelay, quartier au sud de la ville, viendrait de l'abondance d'argile autour de ce lieu.

■ **OFFICE DE TOURISME DU PAYS DES HERBIERS**
12, rue des Arts
✆ 02 44 40 20 20
www.ot-lesherbiers.fr
contact@ot-lesherbiers.fr
Basse saison : ouvert le lundi de 14h à 18h ; du mardi au vendredi de 10h à 12h et de 14h à 18h ; le samedi de 9h à 12h et de 14h à 18h. Haute saison : du lundi au samedi de 9h30 à 12h30 et de 14h à 19h ; le dimanche de 9h30 à 12h30.
Vous êtes ici sur le territoire du Puy du Fou. L'office de tourisme du Pays des Herbiers vous accueille et vous accompagne dans vos recherches d'hébergements (de la chambre d'hôtes aux environs du Puy du Fou jusqu'aux hébergements insolites), de visites, d'activités de loisirs, de restaurants et d'animations, sans oublier les foires et les marchés, les artisans d'artPartez à la découverte de ce territoire aux richesses insoupçonnées.

Points d'intérêt

■ **L'ABBAYE DE LA GRAINETIERE** ★
✆ 02 51 67 21 19
www.abbayedelagrainetiere.fr
A 6 km des Herbiers sur la N160, en direction de La Roche-sur-Yon.
Ouvert toute l'année. Tous les jours de 9h à 17h30. Visite libre. Gratuit jusqu'à 18 ans. Adulte : 2 €. Visite guidée (uniquement sur rendez-vous).
En 1130, des bénédictins venus de Saintonge fondent ici un prieuré qui devient rapidement prospère, puisque le pape Lucius II en fait une abbaye en 1145. Sa construction est achevée en 1210. Pendant la Guerre de Cent Ans, cette abbaye fortifiée fut attaquée par les Anglais. Au cours des guerres de religion, l'abbaye subit plusieurs attaques de seigneurs protestants et est en partie brûlée. A la Révolution, les bâtiments conventuels, étant abandonnés, sont vendus comme biens nationaux. L'église deviendra alors une carrière de pierre et les bâtiments seront transformés en ferme. En 1963, ce qu'il reste des bâtiments est racheté à des fins de restauration. En 1979, une congrégation bénédictine s'y installe pour faire revivre le monastère avec un prieuré. Aujourd'hui, l'abbaye de la Grainetière dresse de beaux restes de son passé : un remarquable cloître, une partie de la chapelle et la salle capitulaire. On y trouve des remaniements des XIIIe et XVe siècles. C'est de nos jours la seule abbaye priante de Vendée.

Les entreprises herbretaises à l'honneur

Forte du dynamisme du tissu industriel herbretais, la communauté de communes du Pays des Herbiers propose une nouvelle visite guidée : «Nos entreprises, votre destination». C'est une plongée originale au cœur des entreprises du bassin herbretais que propose l'été l'office de tourisme ! L'économie du Pays des Herbiers lui assure une renommée nationale, alors rien de plus normal que de mettre ces entreprises dynamiques, qu'elles soient artisanales ou industrielles, à l'honneur en proposant des visites tout l'été.
Renseignements au 02 51 66 82 27 – economie@cc-paysdesherbiers.fr

LE CHATEAU D'ARDELAY ★

✆ 02 51 66 98 55

Basse saison : ouvert le mercredi de 14h à 18h ; le week-end et les jours fériés de 15h à 19h. Haute saison : tous les jours de 10h à 13h et de 14h à 18h.

Aujourd'hui salle d'exposition, le château d'Ardelay est l'un des plus remarquables exemples d'architecture médiévale et militaire de la région. Et pourtant, pendant 11 siècles, l'édifice connut un destin tumultueux entre duels, démolition et restauration. Construit au XVe siècle, la motte féodale artificielle sur laquelle il repose, est cependant plus ancienne. Auparavant, les châteaux étaient en bois ; ça n'est qu'au XIe siècle que la pierre se substitua au bois, époque des fondations du château. Le donjon carré (classé Monument Historique), servait de résidence aux seigneurs.

Au-dessus du sous-sol et d'une chambre de tir percée d'une canonnière et d'une meurtrière, la grande salle, équipée d'une cheminée en granit. Un escalier en vis dessert les trois étages. Au dernier niveau, une imposante charpente supporte le toit pyramidal, mais aussi des mâchicoulis et bretèches visibles sur les 4 faces extérieures. Le logis, qui accueille les expositions, fut construit au XVIe siècle, et compte de superbes cheminées en granit. Les communs datent du XVIIIe.

Le plus célèbre maître des lieux fut François de la Rochefoucauld, auteur des célèbres Maximes, qui reçut la châtellenie en dot en épousant Andrée de Vivonne en 1627.

LE MONT DES ALOUETTES ★

A 3 km des Herbiers sur la RN160, en direction de Cholet. Le mont des Alouettes, appelé butte en parler vendéen, est situé à 231 m d'altitude. Dernier contrefort granitique de l'axe de Bressuire, il révèle un panorama grandiose embrassant par temps clair tout le Bocage vendéen, des collines de Pouzauges à la flèche de Luçon, et jusqu'aux tours de la cathédrale de Nantes.

LES MOULINS DU MONT DES ALOUETTES ★

✆ 02 44 40 20 20

contact@ot-lesherbiers.fr

Mai : week-ends, ponts et jours fériés de 10h à 12h30 et de 14h à 18h. Juin : mercredi, samedi et dimanche de 10h à 12h30 et de 14h à 18h. Juillet et août : tous les jours, de 10h à 19h. Du 1er au 16 septembre : tous les jours, sauf jeudi et vendredi, de 10h à 12h30 et de 14h à 18h. Adulte : 3 €. Enfant (de 5 à 14 ans) : 2 €. Animations, jeux en bois gratuits. Spectacles l'été à la belle étoile.

Trois moulins sont toujours debout, sur les sept qui en 1793 (par la position de leurs ailes) servaient de télégraphe optique aux armées vendéennes. La chapelle, élevée en 1825-1830 par la duchesse d'Angoulême, fille de Louis XVI, restaurée et terminée en 1968, rappelle l'épopée de ces hommes à la foi ardente, surnommés les géants de la Vendée. Ce monument est un très pur exemple d'architecture néogothique du XIXe siècle. La nef, à l'harmonieux appareillage de granit, à laquelle on accède par un large porche, est fermée par un portail monumental en chêne massif. Dernière visite un quart d'heure avant la fermeture. Découvrez les différentes moutures de farines écrasées à la meule de silex. Profitez du panorama, unique sur le Bocage vendéen, qui vous ouvrira les portes de la Vendée.

Le couvert

AROMA

7, rue Brandon

✆ 02 51 67 36 48

restaurant.aroma@orange.fr

♿

Ouvert du mardi au samedi. Réservation recommandée. Menu unique à 27 €. Suggestion du jour : 9 € (avec entrée : 17 € ; 16 € pour plat du jour et dessert).

Ce restaurant du centre-ville est sans doute la meilleure table herbretaise. La cuisine est fine, moderne, aux belles présentations et associe des produits frais. François Barzilai est adepte du « fait maison » d'où son titre de Maître Restaurateur. La carte est volontairement courte, avec en plus des propositions une suggestion du moment. Ainsi, le jour de notre passage, le menu d'hiver mettait à l'honneur une compression de raie et céléri rémoulade, pickles et sauce ravigote revisitée ou le foie gras de la Maison Soulard. En plat, toujours 2 poissons et 2 viandes avec cette poitrine de veau cuite pendant 24h, panais en 3 textures et orge perlée. En dessert, place aux fruits de saison avec les clémentines marinées aux épices douces, mousse crème de marron, biscuit aux noix ou, selon la soupe, soufflé au chocolat. Aroma bénéficie d'un cadre tout neuf, avec 2 petites salles (capacité maximale : 30 couverts) affichant une décoration très épurée, tendance, aux tonalités sobres et neutres, et au mobilier foncé pour rehausser le tout. Enfin, un mot sur le bon rapport qualité/prix, qui finira de vous convaincre !

LA FINE BOUCHE — NOUVEAU

27, grande-rue Saint-Blaise
✆ 02 51 67 21 14

Ouvert du mercredi au samedi le soir ; du mercredi au dimanche le midi. Formule du midi : 12 € (ou 15 € de l'entrée au dessert). Terrasse.

C'est le tout dernier-né des restaurants herbretais. Kevin et Clara ont repris cet établissement du centre-ville des Herbiers au second semestre 2015. Déco simple, mais le petit plus se trouve derrière la salle de restaurant en L, il s'agit d'un patio fermé d'une belle capacité. Après un apprentissage à l'Auberge du Mont-Mercure, le jeune couple a décidé de s'installer à son compte. Après un petit rodage, ils ont trouvé leurs marques. La cuisine est forgée sur une base traditionnelle et primeur est donnée aux produits frais, ce qui permet de varier les suggestions du jour, généralement un poisson et une viande proposés au choix en plus de l'entrée et du dessert du jour, et tout ça en n'écorchant pas le porte-monnaie.

LES JARDINS DU LAVOIR

10, rue Nationale
✆ 02 51 67 03 28
www.lesjardinsdulavoir.fr
lesjardinsdulavoir@orange.fr

Ouvert du mardi au samedi de 12h à 14h15 et de 19h à 22h30. Menu enfant : 7,90 €. Plat du jour : 9,10 € (le midi uniquement ; non servi en août). Accueil des groupes. Terrasse. Vente à emporter. Wifi gratuit.

Les Jardins du Lavoir ont sans aucun doute la plus jolie terrasse des Herbiers ! Une très jolie terrasse ombragée de plus d'une centaine de places qui s'étire le long du restaurant et fait face à un joli jardin municipal. Donc vous déjeunerez dans un cadre verdoyant, reposant et charmant. Sympa aussi la salle, de belle capacité également, bien agencée de différents espaces pour un rendu chaleureux et lumineux. L'accueil est très sympathique et le service dynamique, on sent une bonne ambiance dans toute l'équipe. La carte est variée : des pizzas à pâte fine, des pâtes, des viandes (origine France) dont la maxi entrecôte ou le maxi pavé de rumsteck, plusieurs tartares de bœuf faits à la minute, un grand choix de salades composées, le poisson du jour, sans oublier le plat du jour qui s'inscrit dans le cadre d'une formule d'un très bon rapport qualité-prix, très prisée de la clientèle du midi, qui suggérait le jour de notre passage un bon couscous. Les assiettes sont très généreuses, il y a du choix, la salle est joliment décorée, la terrasse est superbe et si l'on rajoute à ça les prix doux et un accueil très sympa, on a tous les ingrédients d'une adresse à partager.

Le Mont des Alouettes.

Le gîte

■ HOTEL ALOE – RESTAURANT L'ORCHIDEE***
Route de Cholet
✆ 02 51 66 80 30
info@hotel-aloe.com

Logis (3 cheminées). Qualité Tourisme. 68 chambres (dont 26 équipées pour accueillir les familles de 4 à 6 personnes). Chambre double de 83 € à 155 € ; chambre triple de 100 € à 156 €. Petit déjeuner : 10,50 € (7 € pour les enfants de 5 à 13 ans). Chambres famille 4/5 personnes : de 100 € à 185 €. Séminaires. Wifi. Menus de 16 € à 30,50 €. En hiver, restaurant fermé vendredi soir, samedi midi et dimanche soir.

Situé à la sortie des Herbiers, en direction du Puy du Fou et Cholet, au pied du mont des Alouettes, cet hôtel-restaurant classé 3-étoiles et labellisé Qualité Tourisme, fait partie du paysage herbretais depuis plus de 25 ans. Il offre des prestations de qualité, dont une piscine et deux courts de tennis. Les chambres ont été refaites il y a peu sur le style contemporain actuel. Spacieuses (de 19 m^2 à 32 m^2) et chaleureuses, elles sont décorées avec goût et équipées de téléphone, TV (avec Canal+, Canal Satellite, TNT) et d'une connexion wifi ou adsl. De nombreuses chambres sont spécialement équipées pour accueillir les familles, et quatre chambres sont accessibles pour les handicapés. Cet hôtel peut accueillir des séminaires, il dispose de quatre salles entièrement équipées pouvant recevoir de 10 à 120 personnes. Le restaurant, baptisé L'Orchidée, fleur fétiche de sa propriétaire, madame Rolland, affiche lui aussi la tendance en privilégiant des tons framboise. Son chef propose une cuisine de qualité qui n'oublie pas de privilégier les produits régionaux et frais. Une adresse sérieuse de qualité, secret de sa longévité.

Chambres d'hôtes

■ MAISON MARIE BARRAULT
57, rue Monseigneur-Massé-Ardelay
✆ 02 51 61 09 03

Clévacances (4 clés). 5 chambres (et 2 studios). Chambre double de 80 € à 110 €. Petit déjeuner inclus. Studio de 70 € à 85 € la nuit selon la saison. Wifi gratuit.

L'histoire dit que cette demeure fut construite par la seigneur du Boistissandeau, à la fin du XVIIIe siècle, pour y installer sa bonne, Marie Barrault. C'est donc ce nom qu'a choisi Nadine pour cette belle maison de caractère proposant cinq chambres ainsi qu'un studio. La bâtisse a été entièrement rénovée dans un style design contemporain et les extérieurs sont joliment paysagés avec une belle piscine qui fera la joie des vacanciers. Les chambres sont spacieuses et meublées avec beaucoup de goût, pour qui aime le contemporain et le design, bien sûr, mais c'est sobre, avec de l'originalité ; bref, c'est super-chouette, pas étonnant donc qu'elles soient classées 4 clés au label Clévacances. La chambre « Prestige » dispose d'une salle de bains dotée d'une baignoire balnéo. Les chambres sont toutes équipées de télévision et du Wifi. Il y a également deux studios d'une capacité de 2 personnes, meublés dans le style moderne, avec kitchenette et terrasse indépendante. Une maison de charme à quelques encablures du Puy du Fou.

Loisirs

■ CENTRE AQUATIQUE CAP VERT
Rue Pierre-de-Coubertin
✆ 02 51 64 87 97
capvert.85@vert-marine.com

Ouvert toute l'année. Tous les jours. De 4,70 € à 5,85 €, et de 3,05 € à 4,55 € pour les moins de 16 ans. Gratuit pour les moins de 3 ans.

Cap Vert est une piscine de sports et de loisirs de dernière génération, comprenant un bassin sportif, un espace détente avec un bain bouillonnant, un sauna, un hammam et de nombreux équipements ludiques : toboggan géant, jeux d'eau, pataugeoire... En extérieur : solarium végétal, plages et pelouses, lagune de jeux et pentagliss (quatre couloirs), terrain de beach-volley et aire de jeux pour les enfants. Les extérieurs sont ouverts de juin à septembre, avec également un bassin ludique doté de boules à vagues, de banquettes à bulles et d'un snack (restauration rapide, boissons, glaces, confiseries, etc.).

Sorties

■ FUN BOWLING 85
Centre Commercial La Tibourgère
24, rue du Bocage
✆ 02 51 66 43 56
www.funbowling85lesherbiers.fr
funbowling85lesherbiers@orange.fr

Ouvert toute l'année. Du mardi au jeudi de 14h à 1h ; le vendredi de 14h à 2h ; le samedi de 14h à 3h30 ; le dimanche de 14h à 20h. Pendant les vacances scolaires, le dimanche de 14h à minuit. Du mardi au vendredi : 5 €/personne la partie. Samedi, dimanche, fériés et veilles de fêtes : 6 €. Location de chaussures : 2 €. Restauration. Bar, bowling, billards, jeux vidéo, restaurant.

Vous êtes en famille ou entre amis et ne savez pas comment occuper vos soirées, vous recherchez un bowling en Vendée ? Un lieu fait l'unanimité : Fun Bowling, le seul bowling du bocage ! Créé il y a 4 ans, il offre une très belle structure neuve, avec au milieu un immense bar design illuminé, un espace détente avec fauteuils et canapés confortables style Chesterfield, un coin mange-debout à l'ambiance américaine, et un super jeu de lumières sur les pistes de bowling. Plus de 2 000 m^2 de loisirs où sont regroupés 10 pistes de bowling, 12 billards, une grande salle de jeux vidéo, un bar, une salle de séminaire de 80 places, et un restaurant (Fun Resto 85). Le vaste parking permet aux groupes, amis ou entreprises, de se donner rendez-vous pour des challenges et de s'amuser. D'autant que de nombreuses offres tarifaires sont proposées (voir sur leur site internet), comme par exemple 10 € les 3 parties le jeudi de 19h à 22h, ou 13 € les 2 parties avec la boisson le vendredi de 22h à minuit. Le mercredi soir (hors vacances scolaires) :

Les Planchot, boulangers primés de père en fils

Après le père, Dominique, il y a plus de vingt ans, c'est le fils, Thomas Planchot, qui a reçu le titre de meilleur ouvrier de France, début mars 2015. Il n'en est pas à son premier prix puisqu'il a été successivement champion du monde en « équipe boulangerie » en 2008 puis, en 2010, champion du monde en catégorie « viennoiserie ». Son père fut également finaliste au Grand Prix international de la chocolaterie en 1996. Rappelons que derrière le nom Planchot, se cache un minotier, La Poulichette, un chocolatier, mais aussi des boulangeries sous le nom de La Tresse Dorée, que l'on retrouve dans différentes villes vendéennes.

une partie achetée, une offerte. Forfait anniversaire pour les 8-14 ans, soirées événementielles, karaoké ou concert une fois par mois sont aussi au programme. Un endroit vraiment fun !

Emplettes

ALBERT-CHOCOLATIER

113, rue Nationale
✆ 02 51 66 94 34
info@albert-chocolatier.com

Ouvert du lundi au vendredi de 8h à 12h30 et de 14h à 18h. Ouvert le samedi durant les fêtes.

Cet artisan chocolatier est bien connu en Vendée. Né dans une boulangerie, pâtissier de formation, il a choisi de se consacrer au chocolat. Ses produits sont fabriqués de façon artisanale, et selon des recettes traditionnelles. Maurice Albert ne travaille qu'avec du véritable chocolat de type français issu de la fève de cacao. Une vingtaine de sortes de bonbons au chocolat : palets vendéens, chocolats personnalisés... Sa spécialité : les bourdilunes à base de chocolat blanc moelleux parfumé au Cointreau et un peu d'amandes hachées : le chocolat préféré des sorcières, dit-on... Si vous êtes loin, vous pouvez commander ses chocolats sur son site Internet, pour vous régaler sans vous déplacer. Il est possible de visiter en groupe le laboratoire où vous verrez la fabrication des chocolats personnalisés et des créations avec les commentaires du maître des lieux en personne. Vous pouvez aussi acheter les chocolats de cet artisan en ligne sur leur site Internet. Albert chocolatier est présent dans le «Guide des 150 meilleurs chocolatiers de France 2012» du Club des Croqueurs de Chocolat.

BOUTIQUE D'USINE FOIE GRAS ROUGIE – BIZAC

ZI Bois-Joly-Sud
Route de La-Roche-sur-Yon
✆ 02 51 64 28 19

Ouvert le lundi de 15h30 à 19h ; du mardi au vendredi de 10h à 13h30 et de 15h30 à 19h. Boutique ouverte le samedi en été et pendant les fêtes de fin d'année.

La première boutique d'usine de foie gras et de découpes de canard et d'oie a ouvert ses portes aux Herbiers. Rougié-Bizac souhaitait étendre au public des offres réservées auparavant aux salariés et éleveurs. Amateurs de foies gras, venez l'acheter cru, à préparer vous-même (en lobe ou en escalope), ou déjà préparé : en blocs ou entiers, mi-cuit ou en conserve. Vous y trouverez des produits innovants habituellement réservés aux professionnels de la restauration, ainsi que de nombreuses promotions proposées toute l'année à prix d'usine. Ainsi, une cinquantaine de références sont répertoriées : ravio-lines de foie gras de canard, bouchées royales, magrets de canard crus ou marinés, escalopes ou pépites de foie gras de canard cru, cuisses de canard confites, foie gras de canard entier aux figues... Surprenez vos papilles !

PLANCHOT CHOCOLATIER

ZI Guerche
17, rue de l'Industrie
✆ 02 51 92 00 22

Qui ne connaît pas la famille Planchot ? Un nom qui a fait la une des médias en 2015, puisque Thomas, a obtenu le titre très convoité de MOF (Meilleur Ouvrier de France) en boulangerie, 21 ans après que son père Dominique ait lui aussi décroché ce titre. Comme quoi bon sang ne saurait mentir... Les Planchot sont tombés dans la farine tout petits : le pain et le chocolat n'a aucun secret pour eux ! Le pain et les pâtisserie de cette maison sont commercialisés dans les enseignes La Tresse Doré, implantés sur tout le département et aussi le Maine-et-Loire. Autre branche, les chocolat, vendus dans les boulangeries du groupe mais surtout à la Chocolaterie, ici-même. Parmi les chocolats phares : les p'tits grains de sel, les bichottes, les palets, les pépites des sables, des sucettes au chocolat, des mini cannelés chocolat noir et rhum et les macarochocs, un mixte étonnant et bon entre macaron et chocolat, proposé à divers parfums. Complètent la collection chocolats, des tuiles, des tablettes, pâtes à tartiner, des moulages et des créations avec des pièces à thème pour lequel ils ont obtenu une médaille d'or au Concours départemental et médaille de bronze pour le pralin au citron.

Dans les environs

La Gaubretière

La Gaubretière ou le Panthéon de la Vendée militaire (massacre du 27 février 1794 durant les guerres de Vendée), etc. Située dans le Nord-est vendéen, la commune de La Gaubretière d'une superficie de 2 952 hectares fait partie du haut bocage vendéen à proximité du Maine-et-Loire et de la Loire-Atlantique.

Le paysage est celui que l'on rencontre dans le haut Bocage avec ses collines, ses coteaux, ses haies encore nombreuses et ses ruisseaux serpentant au fond des vallons. La Gaubretière est une vieille cité habitée depuis des temps fort éloignés. Quelques vestiges signalent la trace de l'homme depuis les temps préhistoriques (Roche Bouc, Pierre levée) et l'époque gallo-romaine (Pont Romain). La commune, dont le curé était seigneur châtelain, dépendait à l'époque féodale de l'important vicomté de Tiffauges. Quelques bâtisses bien conservées restent les témoins du Moyen Age : château du Vieux Landebaudière (fin XVIIIe), manoir de la Soudelache. Le blason gravé dans une pierre de granit figurant au-dessus de la porte d'entrée du Presbytère (rue Jacques-Forestier) représente (d'après les Archives départementales) : « un écu surmonté d'une couronne de baron, orné de deux palmettes, porte dans le champ trois trèfles, et un lévrier ou un loup passant la queue en l'air, avec la date de 1673 ». Ce blason faisait probablement partie d'une des armoiries d'un curé. En effet, jusqu'à la Révolution, les curés de La Gaubretière étaient seigneurs du bourg.

■ LE CLOS DU GATS

Lieu dit Le Gâts
✆ 02 51 57 11 79
www.leclosdugats.com
leclosdugats@orange.fr

4 chambres (plus 1 gîte). Chambre double à partir de 75 €. Petit déjeuner inclus. Wifi.
Situé à deux pas du Puy du Fou, dans un parc de 1 ha avec jardin et piscine (chauffée), cette belle longère en pierres apparentes restaurée abrite 4 chambres d'hôtes et un gîte pour 6 personnes. Les chambres offrent toutes une décoration personnalisée d'un goût exquis. De la chambre «Rétro» à la chambre «Poudrée» à la décoration raffinée, ou plus «pop» comme la chambre «Lune», en passant par les 2 chambres «fleuries», la préférée des familles puisqu'elles sont communicantes. Après une virée au Puy du Fou, revenez lézarder sous un parasol au bord de la piscine au cœur du jardin. Une adresse de charme à découvrir absolument.

Mouchamps ★★

Nouvellement labellisée «Petite cité de caractère», Mouchamps est l'une des plus anciennes bourgades vendéennes et garde encore au hasard de ses ruelles des maisons aux façades d'un autre âge, des portiques romans, des rues en escalier, des vestiges de remparts. De nos jours, c'est une commune rurale de 2 821 habitants, située dans le nord du Bocage vendéen. Juchée sur un escarpement rocheux, Mouchamps domine la rivière du Petit Lay qui serpente et se perd dans les prairies et les bois. Anecdote : au carrefour de La Renardière, une grande bâtisse de la fin du XIVe siècle était le seul café possédant un piano mécanique. Dans les années vingt, il est le théâtre de l'assassinat d'un jeune client par le tenancier. Ce crime est rendu célèbre dans toute la région par une complainte chantée dans les foires et marchés. En 2018 verra le jour le projet du conseil départemental de Vendée, en collaboration avec l'association départementale d'Anciens combattants, d'un mémorial aux Poilus et à Clemenceau sur la commune de Mouchamps. C'est grâce au don d'un grand collectionneur vendéen que ce mémorial pourra voir le jour et présentera notamment une superbe collection d'affiches de la guerre.

■ ARTISANS D'ART

Renseignements au Point Infos : 02 51 66 27 56.
Au cœur de Mouchamps, dans la cour du vieux château, les artisans d'art ouvrent leurs portes au public de juin à septembre. Ce quartier pittoresque, qui a su conserver son charme d'antan, abrite les ateliers de la potière Hélène Bénéteau, du sculpteur sur bois, os et pierre tendre Raphaël Druard, de l'artiste peintre portraitiste et animalier Creb et du maroquinier Henri Poirier. Ils partagent leur savoir-faire avec les visiteurs et exposent leurs œuvres tout l'été.

■ CHÂTEAU DU PARC SOUBISE ★

✆ 02 51 66 17 13
Les ruines imposantes et très bien conservées de ce château du XVIIIe siècle se situent au cœur du parc Soubise, une immense forêt de 750 hectares striée d'allées en forme d'étoile dont les arbres séculaires se mirent dans plusieurs étangs. C'est le 24 décembre 1784 que Charles-Augustin de Chabot devient officiellement propriétaire de la seigneurie. Aussitôt, il s'installe dans une partie de l'ancien château et procède aux travaux mais ne peut malheureusement en jouir car, à peine le château meublé, la Révolution éclate. En février 1794, l'une des colonnes infernales met le feu au manoir. De retour d'émigration, le comte de Chabot aménage ce qui reste de la demeure primitive et abandonne le château, non sans avoir fait réparer la toiture, afin de conserver les ruines. Aujourd'hui, il offre ses dépendances classées par les Monuments historiques. Devenu salle de réceptions, le grenier, remarquable par la taille et la beauté de sa charpente en châtaignier, peut accueillir 300 personnes sur 301 m^2. Une cave voûtée de 130 m^2 reçoit aisément 100 personnes assises, et communique avec le grenier par un grand escalier.

■ ÉGLISE ★

Ancienne chapelle du château fort, des XIe et XIIe siècles, elle atteste de l'ancien site médiéval. En 1308, le seigneur du parc fait agrandir la chapelle en lui donnant ses deux bas-côtés affermis par deux contreforts de granit. Sur la droite, il fait élever un clocher roman couvert de tuiles, qui supporte des figures sculptées dans la pierre. Au XVe siècle est ouvert un grand vitrail de style flamboyant. Au XIXe siècle, deux escaliers de pierre extérieurs ont été ajoutés à l'édifice, pour permettre l'accès des tribunes. L'église, telle que vous la voyez aujourd'hui, a bénéficié, de 1981 à 1983, d'une restauration complète.

■ MONUMENT DU COMMANDANT GUILBAUD ★

www.mouchamps.com
mairie@mouchamps.com
Situé dans le centre-bourg près de l'ancienne gare. Le monument des frères Martel, sculpteurs vendéens, élevé en 1930 à la mémoire du brillant aviateur, enfant du pays. Le brillant officier de marine, devenu aviateur

Les personnages célèbres de Mouchamps : Georges Clemenceau et René Guilbaud

Né en 1841 à Mouilleron en Pareds, Georges Clemenceau passe son enfance à l'Aubraie à Féole. Médecin, journaliste, homme politique, il est président du Conseil de 1906 à 1909, puis de 1917 à 1919. L'histoire a retenu son action décisive pour la victoire lors de la Première Guerre mondiale. En 1929, il a choisi Mouchamps comme dernière demeure. C'est dans le bois du Colombier, où se situe l'ancienne demeure familiale, une gentilhommière du XVIe siècle avec ses tours et échauguettes qu'il repose auprès de son père. Pour s'y rendre, prendre la sortie Mouchamps en direction des Herbiers..

Autre illustre personnage dont un monument célèbre la mémoire : René Guilbaud. Le brillant officier de marine, devenu aviateur est un des pionniers de l'aéronavale. Après une carrière fulgurante, il disparaît tragiquement au Pôle Nord en juin 1928 en tentant de porter secours à l'expédition de Nobile, le général italien dont le dirigeable s'est échoué sur la banquise. Le monument des frères Martel, sculpteurs vendéens, élevé en 1930 à la mémoire du brillant aviateur, enfant du pays, est situé dans le centre-bourg près de l'ancienne gare

est un des pionniers de l'aéronavale. Après une carrière fulgurante, il disparaît tragiquement au Pôle Nord en juin 1928 en tentant de porter secours à l'expédition de Nobile, le général italien dont le dirigeable s'est échoué sur la banquise.

LE TEMPLE

Le temple, construit en 1833, indique l'existence d'une communauté protestante, héritière de l'engagement des mêmes seigneurs dans la Réforme, au XVIe siècle, entraînant une part de la population mouchampaise avec eux. Des offices y sont aujourd'hui encore célébrés par un pasteur.

LE CANOTIER

5, place Georges-Clemenceau
✆ 02 51 66 28 49
resto.lecanotier@orange.fr

Qualité Tourisme. Ouvert du lundi au vendredi le midi ; le mardi, le vendredi et le samedi le soir. Le dimanche midi sur réservation. Menus de 26,20 € à 50,20 €. Menu enfant : 7,50 €. A la brasserie, formules à 12,20 € et 15,50 €.

Situé sur la place du village, le restaurant de Stéphane et Anne-Sophie Gil propose plusieurs types de restauration, dans 3 salles : traditionnelle type brasserie, ou gastronomique sur réservation, plus une spécificité atypique, qui vous invite à déguster des spécialités montagnardes dans un petit chalet tout en bois posé au cœur du jardin du Canotier, baptisé le Kota-Grill, puisqu'au centre de la table se trouve un grill. Un lieu très chaleureux pour seulement 6 convives. Au restaurant (qui a fêté ses 10 ans fin 2015), le cadre est moderne, spacieux et lumineux grâce à la baie vitrée donnant sur le jardin intérieur et sa belle terrasse ombragée. Le côté gastronomique permet de découvrir le talent du chef. Dans une carte qui évolue au fil des saisons et qui met en avant les producteurs locaux, nous avons relevé des bonbons d'escargots à la pomme de terre confite ou profiterole de la mer, puis bar à la vapeur, émulsion de crevettes grises ou suprême de pigeon rôti. Le plateau de fromage propose une sélection de fromages régionaux. Et pour la note sucrée : banane caramélisée, effluve de Nutella.

CAMPING MUNICIPAL LE HAMEAU DU PETIT LAY***

Lieu-dit Chauvin
Route de Saint-Prouant
✆ 02 51 66 25 72
www.lehameaudupetitlay.com
wbm85640@mouchamps.com

La Clef Verte. Ouvert du 15 juin au 15 septembre, Chalets ouverts toute l'année. Terrain de 4 ha. 24 emplacements (et 15 chalets). Exposition : ombragé. Sol : herbeux. Relief : vallonné. Emplacement de 15 € à 18,50 €. Chalets pour 4 à 6 personnes de 240 € à 540 € la semaine ; chalets pour 2 à 4 personnes de 199 € à 499 €.

Dans un îlot de verdure bordant la rivière Le Petit Lay, ce petit camping légèrement vallonné offrira un séjour au calme à une vingtaine de minutes du Puy du Fou. Au total 24 emplacements répartis sur 4 ha, dont 15 chalets avec terrasse en bois semi-couverte, équipés de tout le confort habituel. Les tarifs raisonnables seront une réponse favorable pour les familles. À 700 mètres, le centre-ville de Mouchamps et ses commerces et restaurants auxquels vous accéderez par un sentier pédestre. En été des animations pour les enfants leurs sont réservées au club des P'tits Ventres à Choux. Pour les plus grands des tournois sportifs dont le palet vendéen un jeu typiquement local, ou la pétanque. Également des soirées moules-frites, un atelier pêche, la visite guidée gratuite de Mouchamps, car la commune possède quelques bâtiments de caractère à ne pas louper comme le Château du Parc Soubise, le lavoir, le logis du Colombier, la fontaine en schiste de 1861,...

Retrouvez le sommaire en début de guide

Mesnard-la-Barotière

■ EGLISE DE SAINT-CHRISTOPHE

✆ 02 51 66 02 74

Basse saison : ouvert le week-end et les jours fériés de 9h à 17h. Haute saison : tous les jours de 9h à 18h.

Entre Les Herbiers et Saint-Fulgent, l'ancienne église de Saint-Christophe, dont la construction remonte au XIe siècle, offre aujourd'hui un véritable trésor de l'art médiéval. En effet, de magnifiques peintures murales remontant au XIIIe siècle y ont été découvertes par hasard dans le chœur, en 1950. Celles-ci ont été définitivement dégagées et restaurées en 1990. Elles constituent actuellement l'un des plus beaux exemples de la décoration religieuse gothique dans l'Ouest de la France. L'intérêt religieux se double d'un intérêt profane, avec un ensemble rarissime d'armoiries en couleur des grandes familles poitevines de l'époque médiévale.

■ CHÂTEAU DE MESNARD

Rue de Saint-Fulgent
✆ 02 51 66 14 16 / 06 89 20 63 57
www.chateau-de-mesnard.fr
contact@chateau-de-mesnard.fr

Fermé du 1er octobre au 29 avril. 6 chambres. Chambre double de 95 € à 150 € ; chambre triple de 150 € à 170 €. Petit déjeuner inclus. Lit supplémentaire : 25 €. Chambres pour 4 personnes : 190 € et 200 €.

Vous avez toujours voulu vivre la vie de château ? Alors, l'espace d'un week-end ou plus, rejoignez le château de Mesnard, dans le bocage vendéen. Sur une magnifique propriété de 7 hectares, au cœur d'un parc romantique aux arbres centenaires posés sur de vastes pelouses à l'anglaise, avec étang, le château de Mesnard accueille les voyageurs passionnés d'histoire. Situé à 20 km du Puy-du-Fou, il fut reconstruit en 1810 sur les ruines de l'ancien château, brûlé pendant les guerres de Vendée, et a conservé sa chapelle classée du XVIe siècle. Les chambres, spacieuses, jouissent d'une superbe vue sur le parc et possèdent des salles de bains privatives. Les couleurs vives et lumineuses de la décoration intérieure, le mobilier, les tissus, les tapis, tout contribue à faire de cet endroit une demeure vivante et chaleureuse. Pour vos loisirs : salon de télévision, bar, piscine, terrasse, et pêche sur l'étang sont au programme.

■ LA MAISON D'OLIVIER

8, place de l'Église
✆ 06 12 93 31 95
www.maison-olivier.com
olivier.baguenard@orange.fr

Clévacances (4 clés). Fermé d'octobre à mars. 5 chambres. Chambre double de 75 € à 85 €. Petit déjeuner inclus. Lit supplémentaire : 20 €. Chambre pour 4 personnes : de 105 € à 135 € (petits-déjeuners inclus).

Les environs du Puy du Fou offrent plusieurs maisons de charme qui accueillent les hôtes et La Maison d'Olivier est l'une d'entre elles. C'est dans cette ancienne école de filles qu'Olivier et Isabelle ont décidé d'ouvrir leurs portes à des hôtes. Ils proposent ainsi cinq chambres décorées sur la thématique de l'école d'antan. Ils ont conservé les beaux parquets, conférant un charme supplémentaire au lieu, tout autant que la piscine finira de vous convaincre de rester quelques jours de plus dans cet environnement paisible. Que diriez-vous d'une petite récréation sous l'ancien préau, autour d'une partie de Baby-foot ou de ping-pong ? Les cinq chambres arborent des styles et des surfaces différents, avec une particularité pour « la loge du surveillant », un ensemble indépendant dédié aux familles pouvant accueillir 4 personnes, disposant d'un salon et d'une salle de bains.

■ CAMPING ET RESTAURANT LA TRICHERIE***

Lac de La Tricherie
✆ 02 51 66 04 31
contact@campinglatricherie.com

Camping ouvert d'avril à fin septembre. 24 chalets et 33 emplacements nus. Exposition : ombragé. Sol : herbeux. Emplacement de 14,70 € à 18,90 €. Chalets de 335 € à 669 € la semaine. Jeux pour enfants. Crêperie-pizzeria ouverte tous les jours sauf lundi soir, du 1er juin au 15 septembre ; du vendredi midi au dimanche soir en basse saison.

A 6 km des Herbiers, au bord du lac de La Tricherie, ce camping classé 3-étoiles propose 24 chalets et 33 emplacements nus. Le lieu est très apprécié pour son calme, son environnement verdoyant, entre lac et forêt, et les nombreuses activités proposées : comme le canoë, le mini-golf, la baignade, la pêche, le trampoline, l'aire de jeux destinée aux enfants. Vous pourrez également pratiquer le bateau à pédales, ou regarder vos enfants en faire depuis la terrasse sur pilotis du bar-restaurant surplombant le lac. D'ailleurs, retenez que cette pizzeria-crêperie est ouverte toute l'année (uniquement les week-ends hors saison). Spécialités de galettes, de pizzas à pâte fine maison, mais aussi des salades composées, des viandes grillées. Après avoir profité des nombreuses activités de ce site de 33 hectares d'activités dont nous parlerons plus loin, faites une pause rafraichissante avec une coupe de glace.

■ LAC DE LA TRICHERIE

D'une superficie de près de 35 hectares, le site du lac de la Tricherie offre un panel d'activités de loisirs, dont un étang pour y pratiquer la pêche. Cette activité est ouverte de début mars au début novembre de chaque année. Le tour du lac fait 3 kilomètres environ et est accessible en toute saison : une bonne idée de randonnée pédestre. Après la promenade, arrêtez-vous sur l'aire de pique-nique, un site ombragé, pour casser la croûte. Parmi les activités de loisirs, outre un parcours d'aventure dans les arbres et la baignade (surveillée par un maître nageur sauveteur en juillet et août), les petits pourront profiter des jeux sur la plage et des manèges (d'avril à septembre), les familles pourront faire une partie de mini-golf, tandis que les ados pourront faire du bateau à pédales ou électrique, ou alors pratiquer la planche à voile.

■ **TEPACAP VENDÉE**
La Tricherie
✆ 02 51 65 74 70
contact@tepacapvendee.com
Ouvert le mercredi, le samedi et le dimanche de 10h à 12h30 et de 13h30 à 19h. Basse saison : le mercredi, le samedi et le dimanche de 13h30 à 18h. En juillet et août : ouvert 7j/7 de 10h à 12h30 et de 13h30 à 19h. Ouvert d'avril à novembre. Parcours dans les arbres : moins de 7 ans 10 € ; à partir de 7 ans, de 15 € à 20 €. Paintball : forfait 100 billes 21 €. Autres activités : à partir de 15 €. Visiteurs : 4 €.
La Tricherie est un site populaire s'étendant sur 34 hectares. Ce domaine est composé d'un lac avec baignade, du bois du Défend, de sa grande zone de pique-nique, d'un restaurant, d'un camping (ouvert toute l'année) et de loisirs au sein du parc Tépacap, qui propose entre autres les activités suivantes : un parc aventure, du paintball, du tir à l'arc ou encore des parcours d'orientation. Au parc aventures, plusieurs parcours dont un pour les enfants de 3 à 7 ans : il permet d'évoluer sur des jeux adaptés à leur taille et leurs capacités. Trampolines, cabane multi-activités, tyroliennes et autres divertissements. Mais encore, 7 parcours évolutifs en hauteur et en difficulté vous attendent pour le bonheur des petits comme des grands. L'adresse, l'équilibre et la confiance en soi sont les meilleurs atouts pour réussir les épreuves dans les triangles, les filets ou encore les sauts. À proximité, il y a également un minigolf, des manèges pour enfants et la possibilité de louer des bateaux à pédales.

Saint-Paul-en-Pareds

■ **MAISON ROYER**
25, rue de Beaulieu
✆ 02 51 92 04 25
www.maisonroyer.fr
maison.royer@free.fr
Visite pour les groupes toute l'année sur rendez-vous. Parking.
La Maison Royer, c'est LE spécialiste de l'escargot en Vendée ! Vingt-cinq ans d'expérience du gastéropode. Elevés en plein air, les escargots sont cuisinés avec des produits naturels, dans la pure tradition de nos grands-mères : coquilles d'escargots farcis bien sûr, mais aussi des mini-bouchées à la reine, reines d'escargots, perles d'escargots, choux ou gaufrettes farcis aux escargots, pommes de terre farcies... Des escargots qui bénéficient du label AB, agriculture biologique. La visite se termine par une dégustation des spécialités. La grande nouveauté c'est la diversification opérée par la Maison Royer, un virage «cosmétique», avec Royer Cosmétique, une nouvelle marque de produits cosmétiques naturels issus d'escargots bio de Vendée. Elle propose dorénavant des crèmes anti-rides aux escargots bio de Vendée, oui vous avez bien lu ! L'escargot vendéen aurait des vertues... Déjà utilisée dans l'Antiquité la bave d'escargots a des vertus réparatrices. Elle est riche en allantoïne, collagène et élastine. Cette crème visage rajeunissante est sans paraben et sans colorant, et est disponible en vente sur le site internet. Bravo le *made in* Vendée !

LE PUY-DU-FOU (LES EPESSES)

La notoriété de la commune des Epesses tient au célèbre parc qu'elle abrite : le Puy-du-Fou, 4e parc d'attractions en France. Mais penchons-nous un peu sur l'histoire de cette commune. Des moines bénédictins dépendant de Vézelay, établissent dès 1050 un prieuré aux Epesses. Ils participent au défrichement de ce territoire de fourrés épais. En 1103, l'église est probablement la chapelle du prieuré. Le pape Pascal II la reconnaît à cette date appartenant à l'abbaye de Vézelay. Vers la fin du XVe siècle, elle est reconstruite par les seigneurs du Puy-du-Fou, elle sera agrandie au XVIIe siècle. Au début du Moyen Age, ceux-ci vivent dans leur premier château à proximité du Bourg-Bérard, village aujourd'hui disparu. Au début du XVe siècle, ils reconstruisent un nouveau château, agrandi et embelli à la Renaissance. Partiellement détruit à la Révolution, il est depuis 1978, le théâtre d'un spectacle cinéscénique de renommée internationale. Dopée par cette initiative, la commune renoue depuis quelques années avec une activité industrielle lancée il y a une cinquantaine d'années, autour de petites et moyennes entreprises.

Points d'intérêt

LE PUY DU FOU ★★★★
✆ 08 20 09 10 10
Voir page 12.

Le gîte

■ **HOTEL LE LOGIS DE LESCURE**
Le Puy du Fou ✆ 08 20 09 10 10
www.puydufou.com
Accès par l'A87, sortie 28
Ouvert tous les jours d'ouverture du Grand Parc ainsi que les veilles d'ouverture. A partir de 62 € (comprend une nuit dans l'hôtel correspondant avec un billet Grand Parc 1 jour et un petit déjeuner- selon conditions).
A quelques pas de la Villa Gallo-Romaine, un second hôtel à thème : le Logis de Lescure. D'une surface totale de 300 m², il est composé de 4 suites. Chaque suite dispose d'une terrasse privative et offre la possibilité de se restaurer dans le salon, à tout moment. Ainsi, le logis comprend « La Salle des Miroirs », « Le Planétarium », « Le Cabinet de Curiosité » et « Le Salon de Musiques ». Une attention particulière a été portée à l'architecture d'intérieur, ainsi miroirs d'époque et exemplaires uniques tiennent bonne place dans « La Salle des Miroirs » ; un énorme globe traverse les deux niveaux de la suite « Le Planétarium » ; « Le Cabinet de Curiosité » transporte le visiteur dans une ambiance de zoologie et de voyages totalement baroque ; enfin, c'est au plafond que s'impose l'arbre généalogique de Lescure dans « Le Salon de Musiques ».

HOTEL LA VILLA GALLO-ROMAINE

Le Puy du Fou
✆ 08 20 09 10 10
www.puydufou.com
Accès par l'A87, sortie 28.

Ouvert tous les jours d'ouverture du Grand Parc ainsi que les veilles d'ouverture. A partir de 57 € (comprend une nuit dans l'hôtel correspondant avec un billet Grand Parc 1 jour et un petit déjeuner- selon conditions-).

Dormez à l'époque de la Rome Antique… ou plus exactement dans l'une des cent chambres familiales entièrement thématisées de la Villa Gallo-Romaine. Ici, vous êtes aux portes du Grand Parc, en pleine nature, avec un accès direct à pied. Les chambres sont spacieuses et très confortables et restent dans le style architectural romain pour prolonger l'expérience du parc. Un restaurant, l'Atrium est à disposition pour la restauration.

HOTEL LE CAMP DU DRAP D'OR

Le Puy du Fou
✆ 08 20 09 10 10
www.puydufou.com
Accès par l'A87, sortie 28.

Ouvert tous les jours d'ouverture du Grand Parc ainsi que les veilles d'ouverture. A partir de 59 €. Ouvert tous les jours d'ouverture du Grand Parc ainsi que les veilles d'ouverture (ces tarifs comprennent une nuit dans l'hôtel correspondant avec un billet Grand Parc 1 jour et un petit déjeuner selon conditions).

Les visiteurs du Puy du Fou vont découvrir ici les splendeurs de la Renaissance et vivre un séjour sur les traces de François Ier et d'Henry VIII d'Angleterre. Cet hôtel grandiose aux allures de campement royal s'étend sur 7 hectares et regroupe cent chambres, les « logeries », pour passer une nuit majestueuse. Le Puy du Fou propose un véritable séjour royal à ses visiteurs, avec tout le confort moderne dans un décor magnifique et authentique : lits à baldaquins, colonnes tournées en chêne massif, tapisseries brodées, vasques en métal martelé et salle de bain en céramique dorée.

TERRAGORA LODGES

La Poizelière ✆ 06 24 70 75 99
www.terragora-lodges.com

Fermé d´octobre à mars. Petit déjeuner : 9 € (enfant : 7 €). Cabane : de 60 € à 100 € la nuit pour 2 personnes. Chrysalide : de 140 € à 210 € la nuit. Nymphéas et Terriers : de 110 € à 190 €.

Voici l'hôtel le plus insolite du département ! Il faut absolument découvrir ce lieu Unique et invraisemblable. Au cœur d'un paysage bucolique, vivez l'expérience d'une autre forme d'habitat. A 5 minutes du Puy du Fou, vous aurez l'impression d'être transporté dans un village africain car certains des logements en possèdent l'aspect. De l'insolite, par la forme, mais aussi par les matériaux choisis pour la construction, le parti pris est indéniablement écologique. Ici vous dormirez dans des Chrysalides aux formes ovoïdales, dans des dômes en terre, sortes de terrier, dans des cabanes en châtaigner ou dans les habitations baptisées Nymphéa, qui affichent la sobriété d'un cube en zinc posé au bord d'une mare. Les chambres «Cabanes» auront des réminissences d'enfance. Elles arborent différentes formes entre l'Arborescente, la Bucolique, les Nids (étonnants), et pour la partie sanitaire, un peu à l'écart : le «Point d'O». Parmi les chambres de type «lodge», dans lesquelles sont intégrés les sanitaires, la «Nymphéa» est une fenêtre sur la nature qui s'ouvre sous vos yeux, tandis que le Terrier est une sorte de dôme aux murs enrôbés de terre. Quant à la Chrysalide, elles sont tout en bois et comme suspendues dans les arbres pour certaines.

Le nouveau spectacle du Puy du Fou : Le Dernier Panache

© PUY DU FOU

Les Vikings.

Le Puy du Fou est un lieu unique ! Elu « Meilleur Parc du Monde » à Los Angeles en 2012, puis une seconde fois en 2014, parc préféré des Français et deuxième parc de France en termes de fréquentation, le Puy du Fou ouvre ses portes avec un feu d'artifice de nouveautés. En 2016, la dernière création du Puy du Fou se nomme «Le Dernier Panache», un spectacle haletant, épique et émouvant, servi par une mise en scène unique au monde ! Pour ce faire, une salle de spectacle incroyable a été construite pour héberger ce nouveau spectacle, dans lequel vous suivrez le destin d'un glorieux officier de la marine française, héros de la Guerre d'Indépendance américaine, dont la vie va basculer en 1793, dans un ultime combat pour la liberté ! Découvrez aussi des dizaines d'autres spectacles et animations plus impressionnants les uns que les autres et préparez-vous à voyager dans le temps !

LE PUY DU FOU ★★★★
LES EPESSES ✆ 08 20 09 10 10

© PUY DU FOU

Le Bal des Oiseaux Fantômes.

© PUY DU FOU

Les Mousquetaires de Richelieu.

La cité médiévale.

Le Secret de la Lance.

Dormir dans une maison des bois à 5 minutes du Puy du Fou

© LE CHÂTEAU DU BOISNIARD

Chambre du château du Boisniard.

Original, unique, exotique et très romantique ! Le château du Boisniard, le seul hôtel 4 étoiles du département, propose à ses hôtes de dormir dans des maisons en bois. Posées au cœur du très beau parc, elles offrent, de par leur construction tout en bois de châtaignier avec une isolation en chanvre, un hébergement très confortable et calme, en parfaite symbiose avec la nature. Posées sur pilotis avec pour vue le parc boisé, depuis la terrasse surélevée vous pourrez admirer les nombreux animaux hébergés dans le parc comme ces adorables walabi, vous savez ces petits kangourous. Neuf maisons des bois sont disponibles à la location. Elles portent toutes des noms qui font rêver et qui dévoilent leur déco unique : « In the mood for love » (la plus demandée), « Diane » pour Diane Fossey (thématique jungle), « Alienor », « Joséphine », pour Joséphine Baker, « Coco », pour Chanel, « la Pomp'adour »,... La maison des bois est vraiment l'endroit idéal pour un séjour romantique ou une Saint-Valentin. Elles sont toutes différentes, et toutes superbes ! Très chaleureuses, calmes et très spacieuses (en moyenne 40 m² pour les doubles), elles offrent une belle salle de bains et une jolie décoration intérieure et bénéficient toutes d'une terrasse pour se reposer en rentrant du Puy du Fou et écouter la nature... Ce sont des maisons qui se fondent parfaitement dans l'environnement boisé et naturel du parc et complètement dans l'esprit écologique et le respect de l'environnement.

CHATEAU DU BOISNIARD*****
Le Boisniard – CHAMBRETAUD ✆ 02 51 67 50 01

■ HOTEL LES ÎLES DE CLOVIS

Le Puy du Fou ✆ 08 20 09 10 10
www.puydufou.com
Accès par l'A87, sortie 28

Ouvert tous les jours d'ouverture du Grand Parc ainsi que les veilles d'ouverture. A partir de 86 € (comprend une nuit dans l'hôtel correspondant avec un billet Grand Parc 1 jour et un petit déjeuner selon conditions).

« Les Îles de Clovis », plonge le visiteur au tout début du Moyen Âge. Sur 7 hectares, 10 plans d'eau reconstitués et reliés par des cascades servent d'écrin aux 50 huttes habillées de toits de chaume et de colombages qui abritent les 100 chambres familiales. Bâties sur pilotis, elles ont été conçues pour restituer l'ambiance des villages du Ier millénaire. Ornant les 500 lits, la décoration intérieure des huttes a fait l'objet du plus grand soin pour assurer son authenticité historique tout en offrant un confort optimal aux familles : vasques de granit, lits en chêne, mobiliers en bois. Cet hôtel est un véritable havre de paix et de verdure : plus de 80 000 végétaux ont été plantés, les plans d'eau sont peuplés de milliers de poissons et aux alentours paissent moutons et chèvres en toute liberté. Pour se restaurer, « Le Banquet de Mérovée » accueille les visiteurs avec son bar et son restaurant en formule buffet, également sur pilotis.

Chambres d'hôtes

■ LE LOGIS DU GRAND MOULIN

Le Grand Moulin ✆ 02 51 57 41 08 / 06 30 88 81 62 – www.logisdugrandmoulin.com

Ouvert toute l'année. 4 chambres. Chambre double de 70 € à 80 €. Petit déjeuner inclus. Spa.

Une superbe demeure chargée d'histoire, en bord de rivière pouvant accueillir une quinzaine de personnes, située à quelques pas du Puy du Fou. Les quatre grandes chambres à thème, nommées Marie-Louise, Edimbourg, Provence, Pondichéry, peuvent accueillir de deux à quatre personnes. Chacune est équipée d'une salle de bains (douche à l'italienne) et de WC privatifs. Soulignons le goût avec lequel sont aménagées ces chambres et la qualité des tissus. Un spa est de plus accessible gratuitement. De juin à mi-septembre, Ghislaine et Jean-Luc Grillet vous proposent un gîte pour deux personnes dans une maisonnette indépendante de 35 m², sur deux niveaux, et avec terrasse indépendante. Beaucoup de charme émane de ce lieu.

■ LA TRAINELIÈRE

✆ 02 51 57 41 20

Ouvert toute l'année. 5 chambres. Chambre double de 79 € à 89 €. Petit déjeuner inclus. Table d'hôte sur réservation en saison. Soizic vous accueille dans un ancien corps de ferme situé en pleine campagne, à 1 km du célèbre Puy-du-Fou. Très bien restaurée, la bâtisse peut recevoir jusqu'à 13 personnes, réparties sur 5 chambres avec sanitaires privatifs et entrées indépendantes pour chacune. Quatre chambres sont situées au rez-de-chaussée, avec deux chambres de 1 grand lit et 2 chambres de 2 lits dans l'ancienne écurie, plus une chambre à l'étage de l'ancienne grange à foin. Chacune dispose de sanitaires privés et d'entrées indépendantes. Une terrasse est aménagée dans un patio et vous y trouverez également un jardin d'agrément avec un plan d'eau. Possibilité de louer les chambres d'hôtes à la journée, au week-end ou à la semaine. En été, une table d'hôte (sur réservation) vous permettra de découvrir les spécialités du coin.

Campings

■ CAMPING LA BRETÈCHE***

Base de loisirs
✆ 02 51 57 33 34
contact@campinglabreteche.com
GPS : Lat 46,889857 / Long – 0,899248

Qualité Tourisme. La Clef Verte. Fermé du 1er octobre au 31 mars. 164 emplacements. Piscine municipale (découverte, chauffée) en face de mai à septembre (gratuite pour les campeurs). Emplacement + véhicule + 2 personnes de 15,60 € à 20,30 €. Chalets de 290 € à 750 € la semaine ; bungalows jusqu´à 5 personnes de 210 € à 445 €. Label Tourisme & Handicap. 2 chalets accessibles PMR. Jeux pour enfants. Animaux acceptés. Aire pour camping-cars. Restauration. Animations.

Accroché au flanc d'une colline, ce camping labellisé La Clef Verte et Qualité Tourisme est l'endroit idéal pour les amoureux de la nature et les sportifs de tous niveaux qui pourront profiter en plus d'une belle base de loisirs. Et tout ça à seulement trois minutes du Puy du Fou® ! Le camping compte 164 emplacements (dont 128 emplacements de camping, 24 chalets et 12 bungalows toilés). Les campeurs pourront profiter de grands emplacements semi-ombragés, délimités par des haies bocagères, pouvant accueillir à la fois des toiles de tentes, des caravanes ou des camping-cars. D'ailleurs, une borne de vidange des eaux usées et de remplissage est en libre accès dans l'enceinte du camping. Le wi-fi est accessible gratuitement à l'accueil et au bar-snack. De plus le site offre une base de loisirs de 10 hectares où vous pourrez vous adonner à de nombreuses activités comme le kayak. Infrastructures bien entretenues, environnement calme, aire de jeux, cours d'aquagym à la pisicine municipale (juste en face, et gratuite pour les campeurs), animations en juillet et août.

Loisirs

■ BASE DE LOISIRS DE LA BRETÈCHE

✆ 02 51 57 33 34

Cette base de loisirs se situe à côté du Camping de la Bretèche. Les sportifs pourront pratiquer du VTT, du kayak (tous les mercredis en juillet et août) sur l'étang de la Bretèche, le mardi en été, vous pourrez vous exercer au tir à l'arc, et pour les amateurs de calme et de grand air : pêche, promenades, randonnées pédestres, jeux de plein air : bouloudrome au camping, volley-ball, badminton, ping-pong, tennis. D'avril à tout début septembre, tout le monde peut également accéder gratuitement à la piscine municipale située à l'entrée du camping, où des cours d'aquagym et de natations sont dispensés.

Dans les environs

Chambretaud

■ LA FERME DES COUTS

Les Couts ✆ 02 51 91 51 44
www.ferme-des-couts.com
info@ferme-des-couts.com

Ouvert toute l'année. Tous les jours de 10h à 13h et de 15h à 19h. Groupes : sur rendez-vous, comprend la dégustation, tarifs sur demande. Goûter à la ferme : en saison, sur rendez-vous hors saison. Gratuit.

A 10 km des Herbiers, sur la commune de Chambretaud, chantal et Joseph Herault vous proposent de visiter leur élevage de cerfs, de biches et de faons. Côtoyez 250 animaux en semi-liberté, apprenez leur cycle de vie et dégustez les produits de l'élevage : terrines, rillettes, civets comme ce civet de cerf aux jeunes légumes, la terrine de cerf dorée au four. Pour petits et grands, le goûter à la ferme est une bonne entrée en matière. Vous serez conquis par la passion des éleveurs Chantal et Joseph Herault. Egalement un camping à la ferme de 10 emplacements pour planter la tente ou la caravane, ouvert de mai à septembre, avec sanitaires à disposition.

■ LA TABLE DU BOISNIARD

Le Boisniard ✆ 02 51 67 50 01
www.chateau-boisniard.com

Maître Restaurateur. Basse saison : ouvert du mardi au dimanche le midi. Haute saison : du mardi au dimanche le soir ; le dimanche midi. Menus : 29 € (le midi, du mardi au vendredi), 38 €, menu Dégustation à 68 €. Jardin. Terrasse.

La Table du Boisniard est le restaurant du château du Boisniard, seul hôtel 5-étoiles de Vendée, situé à 5 km du Puy du Fou. Le chef nous offre une cuisine inventive et goûteuse avec pour credo le respect des produits de saison et des cuissons maîtrisées. Début 2016, la Table du Boisniard a reçu une troisième fourchette et une

Un cadeau romantique… un vol en montgolfière

Si le voyage incite au rêve… un tour en montgolfière demeure inoubliable. Un vol en montgolfière procure des sensations uniques. Libre comme l'air, survolez Le Puy du Fou ou le Marais Poitevin. Explorez cette contrée inconnue, qui en contre bas, taquine votre curiosité. Eprouvez les sensations uniques d'un vol en montgolfière, en toute sécurité. Laissez-vous aller au gré du vent… Le spectacle de la terre, vu du ciel, peut démarrer ! Ce rêve d'Icare est rendu possible grâce à Damien Merceron et à son fils Thomas, qui totalisent plus de 1800 heures de vol. La vue est tout simplement magnifique et la balade… Magique !

«assiette» pour la qualité de sa cuisine dans le célèbre *Guide Rouge*. L'autre atout de cette belle table, dont salons et terrasse offrent une vue sur le château, c'est le bon rapport qualité-prix de son menu du midi. Vous êtes gourmet et passionné de cuisine, inscrivez-vous à l'un des cours de cuisine donnés par le chef (groupe de 7 personnes). Programme sur le site Internet. Une idée de cadeau : le pack «Détente et gourmandise entre amis» avec 30 minutes de spa, 30 minutes de soin, infusion et déjeuner ou dîner. Une adresse incontournable en Vendée.

CHATEAU DU BOISNIARD*****
Le Boisniard
✆ 02 51 67 50 01
www.chateau-boisniard.com
contact@chateau-boisniard.com

; 10 chambres au château, 7 au manoir, 10 maisons des bois. Chambres de 140 € à 500 €. Suites de 250 € à 530 €. Maison des bois de 240 € à 620 €. Petit déjeuner : 26 €. Accueil VIP en chambre : 75 €. Pack Puy du Fou en VIP. Promotions (voir site Internet). Séminaires. Réceptions et mariages. Restaurant la Table du Boisniard, menus : 29 € (le midi du mardi au vendredi), 38 €, 68 € (menu Dégustation servi pour l'ensemble des convives). Hammam, bain bouillonnant. Spa et institut. Cours de cuisine.

Une étape de charme à 5 km du Puy-du-Fou. Au cœur d'un parc de 13 hectares entouré de 2 étangs, le château du Boisniard est le seul 5-étoiles de Vendée ! Charme et modernité le caractérisent. Il dispose de plusieurs salons, d'une grande terrasse donnant sur le château illuminé le soir, ainsi qu'une belle piscine. Côté château : réception boisée, salon avec cheminée d'époque, charmant salon de thé Kusmi Tea, chambres spacieuses personnalisées, mobilier cossu, décoration métissée : lit à baldaquin sculpté, parquet en marqueterie,... et la vue sur le parc et ses animaux. Vous pouvez aussi dormir dans les maisons des bois avec terrasse : unique, superbe et romantique ! Posées dans le parc, construites sur pilotis en bois de châtaignier, elles offrent un hébergement de charme et de luxe très confortable en symbiose avec la nature. Le restaurant la Table du Boisniard fait partie des meilleures tables de Vendée. Durant la saison Puy du Fou, le Bistrot des Bois propose des pizzas, salades, lasagnes... Pour les séminaires, la bibliothèque du château et les 2 salles au Relais du Boisniard peuvent accueillir de 15 à 99 personnes. Complétez cette escapade de charme, et détendez-vous à l'espace spa et beauté, qui, tout comme les cours de cuisine, peuvent faire l'objet de bons cadeaux. Un lieu calme, unique et magnifique.

■ LA BRASSERIE MÉLUSINE
ZA La Barboire ✆ 02 51 61 51 52
contact@brasserie-melusine.com

Ouvert tous les jours de 14h à 17h30. Film plus dégustation.

A 2 km du Puy-du-Fou, voilà une petite halte bien rafraîchissante. La Brasserie Mélusine fabrique des bières artisanales et est ouverte au public pour découvrir son site via une vidéo et une dégustation. C'est le seul brasseur de Vendée. Cette bière est non pasteurisée, non filtrée (tous les arômes sont conservés), selon la méthode trappiste. La particularité de la bière de Mélusine est la présence de l'angélique, qui lui procure sa fraîcheur – c'est son petit secret. C'est l'orge malté qui donne les nuances de couleur. Ainsi, un malt caramel donnera une bière ambrée, et un malt chocolat, une bière brune. Il y a trois étapes à la création d'une bière : l'obtention d'un moût (il faut dix heures pour brasser), une semaine de fermentation, 15 jours de garde et 10 jours encore de refermentation, soit environ un mois pour faire une bière, avant l'étape de la mise en bouteille. Après cette visite, vous saurez tout de la fabrication de la bière de Vendée. Découvrez la dernière-née : la Déchênée. Bonne dégustation – avec modération.

Mallièvre ★

Plus petite commune de Vendée avec 17 hectares de superficie, Mallièvre est un village classé Petite Cité de caractère. Posée sur un éperon granitique bordée par la Sèvre nantaise, Mallièvre a su conserver les charmes de son passé.

Le circuit des Fontaines, jonché de sept bornes sonores, vous fera découvrir cet authentique village de tisserands avec son histoire, ses légendes, son architecture... Ici, les maisons sans fondations, construites à même le rocher, abritaient chacune un métier à tisser. Cette activité a donné au village une harmonie architecturale, restaurée avec soin. La cave du tisserand, les maisons de maîtres, les circuits de randonnées, les ruines du vieux château constituent autant d'éléments de visite pour passer une journée agréable au cœur de la vallée de la Sèvre nantaise.

Saint-Mâlo-du-Bois

Située non loin de Cholet, entre Saint-Laurent-sur-Sèvre, la ville sainte, le Puy du Fou et Mallièvre, une adorable petite cité de caractère, la petite commune de Saint-Malô bénéficie d'une situation géographique stratégique. Mais ça n'est pas là son seul atout. En effet, à quelques centaines de mètres du bourg se trouve la vallée de Poupet : un cadre enchanteur et bucolique qui plaira aux amoureux de la nature. Une étape incontournable à plusieurs titres : un lieu romantique pour les balades en amoureux, ludique pour les loisirs en famille et culturels puisque c'est ici que se déroule le festival de Poupet où sont venus d'illustres artistes comme Lenny Kravitz, Joe Cocker, Texas, Laurent Voulzy, Yannick Noah, Kyo, Gérald De Palmas, Renaud, Jane Birkin, Jamel Debbouze, Dan Ar Braz et bien d'autres.

MOULIN ET GÎTE DE POUPET****

✆ 02 51 92 31 45
info@valleedepoupet.com
Renseignements Mairie de Saint-Malo-du-Bois.

Moulin : de 900 € à 1500 € la semaine. Gîte de groupe : à partir de 280 € pour 1 nuit.

Au cœur d'un domaine de 30 hectares de verdure, à dix minutes du Puy du Fou, deux formules d'hébergement pour les groupes : un gîte d'une capacité d'accueil de 40 personnes (23 couchages), avec une grande véranda, une salle avec cheminée, une grande cuisine équipée, sanitaires. Autre possibilité, avec beaucoup plus de charme : le Moulin, entièrement rénové en 2013 et classé 4 étoiles. Une rénovation très réussie et un aménagement contemporain de bon goût. Ce magnifique moulin à fleur d'eau est composé d'une grande salle avec cuisine aménagée articulée autour d'un poêle à bois, un salon qui donne sur la Sèvre et une terrasse aménagée sur les bords de la rivière : la vue est à tomber ! À l'étage, une suite avec une chambre à lit double et l'autre équipée de deux lits simples, d'une salle d'eau et d'un coin bureau ; plus loin deux autres chambres pouvant faire office de suite parentale, puisqu'elles peuvent accueillir au total 5 personnes, et une salle d'eau privative. Sur la base de loisirs, une auberge, une base de canoës, et des loisirs comme la pêche, des randonnées pédestre, équestre et VTT, ainsi qu'un espace jeux pour les enfants.

CAMPING LA VALLÉE DE POUPET

✆ 02 51 92 31 45
camping@valleedepoupet.com

Fermé du 16 septembre au 14 mai. 107 emplacements. Animations.

Au cœur d'un domaine de 30 hectares, au bord de la Sèvre nantaise, ce camping propose des emplacements libres et la location de chalets, bungalow toilés, de lodges et d'une yourte. Les parcelles sont ombragées et très bien entretenues, le camping dispose d'une piscine chauffée. Les chalets, au nombre de 5, sont prévus pour 5 à 7 personnes et un chalet 4 places est prévu pour les personnes à mobilité réduite. Les 6 bungalows toilés, peuvent accueillir jusqu'à 5 personnes chacun. Egalement 2 lodges. Ce logement est un compromis entre les chalets et les bungalows. Et pour un dépaysement total, préférez

Sèvre Nantaise.

la yourte, cette tente traditionnelle mongole, installée au cœur du camping et profitez d'un séjour nature avec randonnée et sortie découverte. D'ici, tous les loisirs de la vallée de Poupet sont accessibles : pêche, canoë, barque, pistes cyclables et randonnées pédestres.

■ BASE DE LOISIRS DE POUPET
✆ 06 13 69 36 63
✆ 02 51 92 31 45
Fermé d'octobre à avril. Basse saison : ouvert le week-end et les jours fériés à partir de 14h. Haute saison : tous les jours à partir de 14h.

Voici les nombreux loisirs praticables dans la vallée de Poupet : canoë. Située près du moulin à eau, la base de plein air de Poupet constitue le lieu idéal pour goûter au plaisir de la rivière. Pour une demi-heure ou pour une randonnée, partez à la découverte de ce patrimoine naturel privilégié, en famille ou entre amis. Les eaux calmes en facilitent l'accessibilité. Du moulin de Chaligny au viaduc de Barbin, glissez-vous dans un canoë : la Sèvre vous emmènera au gré de ses eaux apaisées. Son ruban d'argent et ses boucles ont creusé au fil des siècles une vallée souriante entre rochers, prairies, vieux moulins et ponts antiques.

LES ESSARTS-EN-BOCAGE

■ OFFICE DE TOURISME DU PAYS DES ESSARTS
1, rue Armand-de-Rouge ✆ 02 51 62 85 96
www.ot-paysdesessarts.fr
info@tourisme-paysdesessarts.com
Basse saison : ouvert le lundi, le mardi et du jeudi au samedi de 9h30 à 12h30 ; le mercredi de 9h30 à 12h30 et de 14h à 18h. Haute saison : du mardi au vendredi de 9h30 à 12h30 et de 14h à 18h ; le samedi de 9h30 à 12h30.

■ CHATEAU DES ESSARTS ★
✆ 02 51 48 40 75
www.chateau-des-essarts.com
Accueil vélo. Fermé de novembre à mars. Basse saison : ouvert le week-end et les jours fériés de 11h à 19h. Haute saison : tous les jours de 11h à 19h. Hors période sur rendez-vous. Gratuit jusqu'à 12 ans (accompagné). Adulte : 5 €. Enfant (de 12 à 18 ans) : 2,50 €. Chèque Vacances. Visite guidée (en juillet et août, ou libre avec plan de visite ; parc : visite libre avec plan). Zones de pique-nique.
Ce site a 2 000 ans d'Histoire. Sur un « Castra transitus » son tertre sacrificiel devenu un « Castrum » (château en bois), s'édifie une enceinte fortifiée, avec remparts et tours « sarrazines » au XIIe siècle, sous vassalité de la Vicomté de Thouars. Des châtelets d'entrée à pont levis avec meurtrières arbalétrières. Au XVIe siècle s'édifie un château Renaissance sur les bases d'un château médiéval du XIVe siècle. Y passa Charles VII, Henry IV y séjourna. Charette emprisonne 300 républicains sur les cendres du château brûlé par les Colonnes Infernales, Napoléon s'y arrête, et son lieutenant d'ordonnance, Baron d'Empire construit le nouveau château sur un parc de 25 hectares aménagé par les frères Bulher. Promenade fléchée avec bancs de repos.

■ ESPACE GASTON CHAISSAC ★★
1, rue de la Scierie ✆ 02 51 66 10 84
chaissac@sainteflorence.com
Ouvert toute l'année. Basse saison : du mardi au vendredi de 14h à 17h. Haute saison : du mardi au vendredi de 10h à 12h et de 14h à 18h. D'octobre à mai : ouvert le premier dimanche de chaque mois de 15h à 18h, et les premier et troisième dimanches de juin à septembre. Adulte : 4 €. Enfant (de 6 à 18 ans) : 2 €. Tarif réduit : 3 €.
C'est en 1948, que Gaston Chaissac s'installe à Sainte-Florence, où son épouse Camille est nommée directrice de l'école. Il y restera jusqu'en 1961. Il réalisera ici la majeure partie de son œuvre, errant par les chemins et les bois, à la recherche de l'objet insolite qu'il transformera en objet d'art. Sa création entière est basée sur l'expérimentation. Toutes les techniques dialoguent, de l'encre de chine à l'huile en passant par le collage et la peinture sur des objets de récupération. Ainsi, il laissera définitivement sa marque en peignant les toilettes de l'ancienne école publique, qui depuis ont été inscrites à l'inventaire des Monuments historiques. Entrez dans « la boîte à sucre géante », à l'intérieur de la salle de classe, et découvrez l'univers intime et imagé du peintre. Parcourez plusieurs tableaux, du palais des glaces au passage des bouses (et oui, tout l'inspirait !), en passant par la salle des vélos, les persiennes, sa correspondance avec les plus grands (Buffet, Picasso, Matisse ou encore l'écrivain Raymond Queneau), sans oublier le petit théâtre qui vous montre comment Chaissac créait, ou comment d'un pot à lait ou d'une casserole, il faisait un chef-d'œuvre !

■ LE MOULIN DE LA RIVIÈRE
RN137
✆ 02 51 66 18 77
Ouvert toute l'année. Du mardi au jeudi et le dimanche le midi ; le vendredi et le samedi le midi et le soir. Menus de 21,90 € à 27,90 €. Menu enfant : 9,90 € (et 12,90 €). Formule du midi : 13,90 € (en semaine). Jardin. Terrasse.
A une vingtaine de minutes du Puy du Fou, entre Les Essarts et Les Herbiers, au cœur d'un environnement boisé et verdoyant, voici le cadre de votre repas, caché dans cet écrin de verdure : Le Moulin de la Rivière. Cet authentique et superbe moulin à eau de 1610 - en fonctionnement – trône fièrement dans un parc de 2 hectares. Avec ce cadre bucolique, l'authenticité et le charme des vieilles pierres, vous comprendrez pourquoi le lieu accueille les repas de groupes et réceptions pour mariage, qui profitent aux beaux jours de la terrasse avec cette vue-là. Au rez-de-chaussée, un petit salon. Le bruit constant de l'eau berce le repas. A l'étage, la vaste salle aux pierres de pays et à l'impressionnante charpente invite à la quiétude. La cuisine est simple et traditionnelle avec comme spécialités le foie gras maison, les anguilles, la brochette d'escargots-mogettes, et pour la touche sucrée : fondant au chocolat glacé à la mandarine impériale. Une adresse pour le cadre avant tout.

LA CRYPTE ROMANE

Edifiée en 1182 en même temps que l'église romane du prieuré Saint-Pierre, la crypte conserve de magnifiques voûtes et colonnes de l'époque. De forme rectangulaire, longue de 11 m et large de 4 m, elle est divisée en trois nefs par deux files de cinq colonnes, et se termine en hémicycle. Cette crypte fut classée Monument historique en 1971. Depuis cette date, des travaux de restauration furent entrepris. Découvrez lors d'une visite son architecture grâce à un commentaire audio détaillé. Regardez-bien il vous sera peut être encore possible d'apercevoir des traces de peinture sur les murs, notamment un ange balançant un encensoir. Pour visiter la crypte : escalier à droite dans l'église, près de la sacristie.

ECHAPPE-TOI SI TU PEUX NOUVEAU

✆ 02 51 65 50 73
www.echappetoisitupeux.com
Restaurant Le Moulin de la Rivière

Ouvert toute l'année. Tous les jours de 10h à 22h30. Uniquement sur réservation, par Internet.

Voici un tout nouveau concept de loisirs : le *live escape game*. Pour ceux qui ne connaîtraient pas ces nouveaux loisirs, Echappe-toi si tu peux est un jeu d'évasion grandeur nature. Le principe : une équipe composée de 3 à 5 personnes enfermées dans un espace, un scénario, et 60 minutes pour s'évader en résolvant une énigme. Un jeu dans lequel les participants sont les acteurs du jeu. A chaque salle, sa thématique. Il y a 2 scénarios : «le moulin hanté», où il vous faudra sauver le village des eaux dans les années 1920, et «d'Angers à Rio», une histoire de narcotrafiquants dans laquelle vous devrez sauver votre peau ! Pour y parvenir, les «game masters» vous donnent des indices. Après l'heure écoulée, vous aurez droit au débriefing et aux photos. C'est un jeu familial (les jeunes ados doivent être accompagnés), dont la réservation se fait en ligne. Vous indiquez la date, le créneau horaire. Une idée de jeu originale pour fêter un enterrement de vie de garçon par exemple, un anniversaire, ou des challenges d'entreprise. Tous les participants ressortent ravis.

LE GRAND TURC***

Rue Nationale
✆ 02 51 66 08 74
hotel-legrandturc@hotel-legrandturc.fr

Qualité Tourisme. Logis (3 cheminées). Ouvert toute l'année. 29 chambres. Chambre double de 72 € à 130 € ; chambre triple de 85 € à 115 €. Petit déjeuner : 10 € (à 11 €). Animaux acceptés (8 €). Restauration (menus de 12,90 € (le midi, en semaine à la brasserie), à 42 €. Logis 3 Cocottes).

Bien que situé au bord d'une nationale passante, cet établissement offre de bonnes prestations et une table qui mérite votre visite, lui valant son classement 3 Cocottes aux Logis. Cet ancien relais doit son nom au passage de l'Empereur Napoléon Ier en 1808. Il est dirigé depuis 6 ans par Alexis et Cyrille Seiter qui lui ont apporté des améliorations notables. Issu d'une famille de restaurateurs, il a été à bonne école, son papa ayant tenu un restaurant gastronomique dans l'Est. Vous apprécierez notamment l'arrière de l'établissement qui offre un coin de détente, avec non seulement une piscine, mais également un coin propice à la relaxation au cœur d'un jardinet fleuri, alors installez-vous sous la marquise. D'ailleurs, c'est de ce côté-ci que donnent les chambres pour la quiétude de vos nuits. De conception contemporaines, elles sont spacieuses, équipées de tv, salles de bains avec baignoire ou douche, d'une connexion wi-fi et desservies par un ascenseur. Au restaurant, l'on vous propose d'une part des menus autour de buffets, et une autre cuisine, gastronomique cette fois, raffinée, soignée et inventive.

ERNEST SOULARD

35, rue Nationale
✆ 02 51 65 40 68
boutique@soulard.fr

Ouvert du mardi au vendredi de 10h à 13h et de 14h30 à 19h ; le samedi de 9h à 13h et de 15h à 18h.

Avouez que du foie gras de canard dans la ville de L'Oie fallait oser ! Visiblement le volatile n'est pas rancunier… Car chez les Soulard, on ne fait que du canard ! Entreprise aujourd'hui florissante de plusieurs centaines de salariés et autant d'éleveurs-gaveurs, les descendants d'Ernest Soulard ont ouvert il y a maintenant 2 ans une boutique en lieu et place de la demeure familiale d'Ernest et son épouse, les fondateurs. C'est en 1936 qu'Ernest Soulard, un jeune apprenti volailler décide de créer son commerce. Soixante-seize ans plus tard, la maison Soulard exporte son foie gras et son canard jusqu'en Afrique du Sud et fournit bon nombre de professionnels de la restauration. Quel chemin parcouru depuis L'Oie en Vendée. Retrouvez au sein de la boutique le canard dans tous ses états : gras ou maigre, ce dernier est un canard de Barbarie, bien en chair, une viande ferme et peu grasse. Les deux sont déclinés sous différentes formes : entier, en magret, en filet, en cuisse, en manchon… Autre produit phare, le foie gras, du cru au mi-cuit en passant par les conserves.

MORTAGNE-SUR-SÈVRE

Commune sise sur la rive droite de la Sèvre nantaise, Mortagne offre des sites favorables à la détente et aux sports. L'église Saint-Pierre, construite au XIIe siècle, est une des plus grandes églises romanes du département. Le château fut détruit en 1793, mais les vestiges des remparts, sur la route d'Evrunes, la tour des Anglais du XIIIe siècle et la tour au Trésor, style Renaissance, rendent attrayante une visite dans le centre-bourg. A partir du Xe siècle, le village est mentionné sous les noms de Mauritania, Moritonium, Mortaigne… Nous retiendrons l'hypothèse de l'origine du nom en roman, « morte-agne » signifiant « eau morte », lieu où les eaux dorment, séjournent. Dépendant des vicomtes de Thouars, Mortagne devient très tôt une baronnie. Durant la guerre de Cent Ans, la commune devient l'un des maillons essentiels du conflit, la baronnie tombera plusieurs fois entre les mains des Anglais. Olivier de Clisson et Bertrand Du Guesclin libéreront la place forte en 1373. La forteresse de Mortagne fut refortifiée au début du XVIe siècle, mais les guerres de Religion ne l'épargneront pas. Une ordonnance de Richelieu en 1626 décide le démantèlement de nombreux châteaux dont Mortagne et sa ville fortifiée. Au début du XVIIIe siècle, Mortagne est une terre de culture et d'élevage, mais déjà l'activité de la vallée de la Sèvre est importante – moulins à blé, à papier, à draps – et le tissage s'impose dans le Choletais. En 1789, Mortagne est favorable aux idées nouvelles, mais les événements divisent la population. En 1793, la ville est au centre du pays insurgé et sera tour à tour parc d'artillerie, réserve et fabrique de munitions, siège de l'Etat-Major avant d'être mise à feu et à sang lors des prises successives par les Vendéens et les Républicains. Mortagne mettra plusieurs dizaines d'années pour se relever grâce notamment à l'implantation de grandes filatures, de blanchisseries et de tissages avec le développement des moulins à papier.

■ **OFFICE DE TOURISME**
Avenue de la Gare
✆ 02 51 65 11 32
www.vendeesevretourisme.fr
Basse saison : ouvert du lundi au vendredi de 10h à 12h15 et de 15h à 17h30 ; le samedi de 10h à 12h30. Haute saison : du lundi au vendredi de 10h à 12h30 et de 14h à 18h30 ; le samedi de 10h à 12h30 et de 14h à 17h30 ; le dimanche et les jours fériés de 10h à 12h30.

Points d'intérêt

■ **LE CHEMIN DE FER DE LA VENDÉE** ★★
Avenue de la Gare
✆ 02 51 63 02 01
chemindefer.vendee@wanadoo.fr
Basse saison : ouvert le dimanche. Haute saison : le mercredi, le vendredi et le dimanche. Départ de la gare de Mortagne-sur-Sèvre à 15h30, retour à 18h. Réservation conseillée. Adulte : 16,50 € (tarif aller-retour). Enfant (de 5 à 13 ans) : 10 €. Famille : 57,50 €. Boutique.
Inaugurée en 1914, ce fut la dernière ligne secondaire construite en Vendée. De Mortagne-sur-Sèvre aux Herbiers, venez découvrir les 22 km d'une ligne pittoresque et les trois vallées traversées sur de magnifiques viaducs. Un arrêt en gare des Herbiers vous permettra d'apprécier les manœuvres à l'ancienne qui vous seront expliquées. Tous les voyages, d'une durée de 2h30, sont commentés. Grâce au Chemin de Fer de la Vendée, devenez le voyageur privilégié de l'Orient Express. Qui n'a pas un jour rêvé d'être l'un de ces voyageurs dont le nom symbolise à la fois le luxe, le dépaysement, le romantisme et l'aventure. Une authentique voiture restaurant de la Compagnie Internationale des Wagons-Lits, qui a parcouru l'Europe avec les trains les plus prestigieux de l'Orient Express, ressuscite pour vous le temps d'un déjeuner ou d'un dîner ce véritable mythe art de vivre des grands express européens, grâce à ses décorations somptueuses. Se renseigner pour les horaires et tarifs de cette activité. Enfin, troisième activité, sachez que pour les groupes ou les scolaires, l'autorail Picasso permet de découvrir les 22 km de la ligne, dans une ambiance conviviale et délicieusement rétro.

Le couvert

■ **A COMME ALEX**
44, route de Cholet ✆ 02 51 63 99 10
acommealex@orange.fr
Fermé 3 semaines en août. Ouvert du lundi au vendredi le midi ; le vendredi et le samedi le soir. Menu unique à 24,50 € (ou 21,50 € en 2 plats). Menu enfant : 9,90 €. Formule du midi : 16,50 € (en 2 plats et 18,90 € en 3 plats). Terrasse.
Petit tour d'horizon du cadre, inclassable et unique : pelouse synthétique verte sur carrelage d'époque, grande table d'hôtes entourée de tabourets, luminaires design, et des touches de rose de-ci de-là, pour compléter un décor rafraîchissant et féminin. Aux côtés d'Alexandra depuis deux ans, le chef, Andhume Zaoiedine, a travaillé dans le restaurant lyonnais Les Muses de l'Opéra. Il élabore une cuisine de saison. Le midi en semaine, tendance cuisine « bistrot », contemporaine, avec des menus autour de plusieurs suggestions du jour à l'ardoise (deux entrées, deux plats et deux voire trois desserts) ; tandis que le soir, la cuisine se fait plus créative et gastronomique, avec des produits plus nobles. En plus de la déco intérieure décalée, l'autre atout charme, si ce n'est celui de la belle Alexandra, c'est la terrasse derrière le bâtiment : chaleureuse et joliment paysagée, bref, top ! Et qui dit charmante terrasse, dit réservation obligatoire... Un dernier point sur l'excellent rapport qualité/prix, qu'il faut souligner. Qui a dit qu'on ne pouvait pas avoir le flacon et l'ivresse : ici, tout est beau, délicat et délicieux !

■ **LA DOUCEUR DES ARCADES**
Le Pont de Grenon
✆ 02 51 65 01 05
douceurdesarcades@yahoo.fr
Maître Restaurateur. Ouvert toute l'année. Du jeudi au mardi le midi ; du jeudi au samedi le soir. Menus de 19 € à 35,80 € (avec poisson et viande). Menu enfant : 8,50 €. Formule du midi : 12,90 € (ou 14,40). Accueil des groupes (mariages). Vente à emporter.
Cet établissement se cache à l'écart de Mortagne mais offre un joli panorama en surplomb de la rivière la Sèvre. Avec ses salles modulables, la grande bâtisse offre la possibilité de recevoir des groupes, mariages. La formule du midi à 12,90 € ou le menu à 14,40 € permettent aux salariés voulant bien manger pour pas cher de profiter de la cuisine du chef, même si ce dernier se révèle davantage dans les menus plus élaborés. La cuisine est fine, soignée, mêlant habilement cuisine actuelle et traditionnelle. La salle, à la décoration classique et sobre, mériterait un peu plus de chaleur mais la cuisine, de très bonne qualité, est là pour réchauffer le repas. Dans une carte qui suit le fil des saisons, voici un petit aperçu des plats proposés : poêlée de Saint-Jacques, crème de pleurotes et frites de panais, puis filet de bar au sésame et jus aigre-doux, ou médaillon de veau, purée de topinambour, jus de parmesan ; pour la note sucrée : le dessert au chocolat rafle toujours la mise. Une adresse sérieuse et qui s'est fait une belle réputation dans le bocage.

Le gîte

■ MOULIN PONT VIEUX

Jocelyne Billard
✆ 02 51 63 52 64 / 06 63 05 47 83
www.moulinpontvieux.fr
arbillard@wanadoo.fr

Ouvert toute l'année. Capacité 2 personnes. Petit déjeuner inclus. Lit supplémentaire : 15 €. Chèque Vacances. Label Tourisme & Handicap. Animaux interdits.

Un bel écrin charmant et bucolique pour cet ancien moulin de la seconde partie du XVe siècle, niché au pied du château de Mortagne-sur-Sèvre et devant la Sèvre Nantaise, situé à 15 minutes du Puy du Fou. Au cœur d'un parc arboré de 6 000 m^2, la belle et grande demeure bourgeoise offre cinq chambres vastes dont plusieurs peuvent accueillir 4 couchages. Au rez-de-chaussée, un salon accueillant avec cheminée dispose d'une télévision et à côté se trouve la salle de petit déjeuner. Aux beaux jours, profitez de la belle terrasse qui prend ses aises juste devant la Sèvre : c'est charmant comme cadre. Vos chambres : de style plutôt moderne, elles arborent des tonalités en correspondance avec leur nom : bleu pour la chambre «au fil de l'ô», vert pour la chambre «au jardin». Mais notre petite préférence va à la chambre située dans une dépendance, pour sa luminosité, et à la chambre «moulin» pour ses couleurs chaudes orangé et chocolat. Rien à redire sur le très bon rapport qualité prix et si l'on ajoute à cela l'accueil qui vous sera réservé, vous passerez là de purs instants de quiétude et de repos dans un cadre unique.

Dans les environs

La Verrie

■ AUBERGE DE L'ISLE

Rochard
✆ 02 51 65 08 45
isle.joyeau@wanadoo.fr

Ouvert du jeudi au mardi le midi ; le vendredi et le samedi le soir. Menu unique à 28,80 €. Menu enfant : 9 € (ou 19 € au choix dans la carte). Formule du midi : 14 € (en semaine). Accueil des groupes. Terrasse.

L'auberge de l'Isle est posée au bord de la Sèvre nantaise, et pourra faire une halte gourmande à l'occasion d'une virée au Puy du Fou. Un ancien relais datant du XIXe siècle sert de cadre à Virginie Albert. Vous pourrez prendre votre repas dans la salle ou sur la terrasse sise au bord de l'eau et qui confère au lieu un charme bucolique attrayant. Là, installés sous la glycine vieille d'un siècle, vous goûterez à la cuisine de bonne facture du chef, Guy Joyeau. Elle s'inspire des produits du terroir tout en suivant le fil des saisons et n'en oublie pas quelques incursions créatives. La carte privilégie les viandes, même si vous y trouverez aussi une proposition de poisson. Au hasard des menus, nous avons relevé, le jour de notre passage : galette de pommes de terre à l'andouille de Guémené et saumon fumé, ou foie gras mi-cuit, chutney aux poires, petit pain aux figues, puis brochette de cerf aux mandarines. Et parmi les desserts : tarte tiède aux noix et crème fouettée vanille. L'adresse accueille les repas de famille et propose aux groupes un bon choix pour composer son menu.

■ HÔTEL LA VERRIAIRE

1, rue Louis-Pasteur
Lieu-dit le Chiron de la Roche
www.hotel-laverriaire.fr
resa@hotel-laverriaire.fr
Autoroute A87, sortie N°28

Ouvert toute l'année. En cours de classement 3 étoiles. Accueil 24h/24. 39 chambres. Chambre double à partir de 69 €. Petit déjeuner : 7,50 € (enfant : 4,50 €). Parking (gratuit). Suite «Famille» à partir de 93 €. Suite «VIP» à partir de 99 €. Label Tourisme & Handicap. Séminaires. Wifi. Restauration.

Cet hôtel situé à la sortie de l'autoroute A87, à seulement 8 km du Puy du Fou, a ouvert ses portes mi-avril 2013. Infrastructures de qualité pour un établissement entièrement neuf, répondant à toutes les nouvelles normes, tant en matière d'insonorisation que d'isolation, ainsi que celles liées à l'accueil des handicapés. Desservies par un ascenseur, les 39 chambres spacieuses affichent un look contemporain et sont classées en 3 catégories de confort : standard, suite familiale et suite VIP. Elles disposent de l'équipement suivant : grand lit, espace bureau, TV écran plat 82 cm avec Canal+, câble et satellite, téléphone, plateau de courtoisie, douche à l'italienne, sèche-cheveux et WC privatifs. Une majorité des chambres accueille les familles, nombreuses à venir au Puy du Fou. Elégantes, les suites VIP de 40 m^2, offrent en plus un salon privé avec sofa, lit king-size et mini-bar. Parmi les autres services : bar, restauration (snack), espace business et salon privé pour séminaires ou réceptions. Autre plus : navettes avec la gare de Cholet, à 20 km.

■ AU CLOS FLEURI

La Faucherie
✆ 02 51 65 96 20 / 06 21 16 53 75
www.au-clos-fleuri.com
info@au-clos-fleuri.com

Gîtes de France (4 épis). 2 chambres (plus un gîte). Chambre double de 69 € à 82 €. Petit déjeuner inclus. Gîte de 320 € à 470 € la semaine. Animaux non admis.

Véronique et Dominique ouvrent les portes de leur demeure de caractère, une ancienne grange rénovée située à 10 minutes du Puy du Fou. Dans un joli parc arboré et fleuri, ils proposent un gîte et 2 chambres d'hôtes, labellisées 4-épis aux Gîtes de France, répondant aux noms de Passion et de Nature. Elles arborent des styles différents mais ont pour point commun le goût avec lequel elles ont été aménagées. Tout est récent. Le gîte ne déroge pas à la règle, avec là encore l'utilisation de beaux matériaux. Il peut accueillir de 2 à 4 personnes, dispose d'une chambre et d'un salon avec canapé convertible, cuisine équipée et salle de douche. La bâtisse avec ses pierres apparentes et le beau jardin séduira plus d'un hôte.

SAINT-LAURENT-SUR-SÈVRE ★

Située au cœur de la vallée de la Sèvre, Saint-Laurent-sur-Sèvre mérite bien son nom de « Ville sainte de la Vendée » car son histoire est intimement liée à celle de saint Louis-Marie Grignion de Montfort dont le tombeau se trouve dans la basilique… là où le pape Jean-Paul II est venu se recueillir le 19 septembre 1996. Né en 1673, Louis-Marie Grignion de Montfort, ecclésiastique d'origine bretonne, et ordonné prêtre en 1700, s'intéresse aux missions et demande à partir au Canada. Il revient en 1706 et fait de l'aide aux pauvres et des missions évangéliques ses priorités. En froid avec sa hiérarchie, il parcourt l'Ouest avant de trouver en 1711, aide et soutien auprès de l'évêque de La Rochelle, Monseigneur de Champflour. Il œuvre dans les diocèses de Luçon et de La Rochelle pour maintenir l'influence de la religion catholique ébranlée par les guerres de Religion. On l'appelle désormais le père de Montfort. Il rédige écrits et cantiques, qu'il n'hésite pas à copier sur des mélodies populaires grivoises. Il multiplie les édifications de calvaires, prédications, processions et offices. Il meurt, épuisé et adulé, à Saint-Laurent-sur-Sèvre en 1716. Il sera béatifié en 1888 et canonisé par Pie XII en 1947. La commune accueille cinq congrégations : les filles de la Sagesse – dont la co-fondatrice fut Marie-Louise Trichet –, les frères de Saint-Gabriel, les missionnaires montfortains, la communauté Louis-Marie, la communauté Saint-François-Xavier. Les Saint-Laurentais disent que c'est la ville aux six clochers, alors à vous de compter…

Points d'intérêt

■ LA BASILIQUE SAINT-LAURENT ★

Elle est levée sur l'ancienne église paroissiale qui datait du XIe siècle. La première pierre est posée en 1889, tandis que la crypte, le transept et le clocher seront achevés en 1892. Faute de fonds, les travaux seront stoppés pour ne reprendre qu'en 1938. L'édifice est consacré le 25 août 1963, érigé au titre de basilique mineure, et de ce fait reconnu comme lieu de pèlerinage.

■ LA CHAPELLE DE LA SAGESSE (1862-1869)

C'est l'un des édifices du XIXe siècle les plus importants de la région. La première pierre est posée en 1862 et le bâtiment est consacré en 1888. On remarquera aisément sa flèche – 38 m de haut – à base octogonale, décorée de crochets sur les arêtes et d'ouvertures polylobées, et prolongée par une croix en fer forgé de 5,30 m et pesant 1,5 tonne. La chapelle est dédiée à Jésus, Sagesse éternelle.

■ LE PONT EIFFEL ★

Rue de la Jouvence

A côté de l'hôtel-restaurant l'Hermitage. En 1878, les Ponts et Chaussées décident la reconstruction de l'ancien pont gothique. C'est Gustave Eiffel qui réalisera cet ouvrage.

■ LA SÈVRE NOIRE ★

50 hectares d'espaces verts et des bords de Sèvre à découvrir. Vous apprécierez, au départ du parc de la Barbinière, la Sèvre noire, ses petites îles, ses moulins restaurés et le viaduc de Barbin, le bois de la Barbinière et son parcours santé… les moulins dont l'Etourneau et le site de Roger. Côté sport, l'environnement se prête très bien aux randonnées pédestres, promenades équestres, VTT, tennis, et la pêche dans les cadres magnifiques que sont les étangs et la Sèvre nantaise.

Le gîte

CHÂTEAU DE LA BARBINIERE****
La Barbinière ✆ 02 51 92 46 00
www.chateau-barbiniere.com
contact@chateau-barbiniere.com

Ouvert toute l'année. Chambre double de 70 € à 345 € ; suite de 170 € à 386 €. Petit déjeuner : 13 € (et 17 € de mai à septembre). Séminaires. Réceptions et mariages. Wifi gratuit. Restauration (menus : de 32 € à 62 €).

Voilà le mot qui vient aux lèvres, une fois la porte du Château de la Barbinière : superbe ! Ce magnifique établissement mérite un coup de projecteur. Situé au cœur d'un parc de 13 hectares, il s'inscrit comme une étape de charme du bocage, non loin du Puy du Fou. Deux hébergements : au château ou dans ses 2 dépendances juste en face, avec des chambres de charme. Au château, les 6 suites de caractère sont immenses, de 40 m^2 pour la chambre grand confort à 70 m^2 pour la suite junior dotée d'une baignoire balnéo, tv écran plat, coffre-fort et mini-bar. Elles adoptent un style contemporain et design. Décoration recherchée, excellent confort, sobriété et grande classe étant le fil conducteur entre toutes. Onze chambres standards se situent dans les 2 dépendances du château. La Table du château vous accueille dans un cadre lui aussi très contemporain, meublé avec beaucoup de goût et l'on apprécie le contraste entre la modernité de la déco et l'enveloppe chargée d'histoire des murs. La carte est volontairement courte, la cuisine fine et bien interprétée. Assurément le charme unique de cet établissement ne vous laissera pas indifférent.

TIFFAUGES ★

C'est grâce à sa situation sur un éperon rocheux dominant les vallées de la Sèvre nantaise et de la Crûme que Tiffauges a été choisie par les Romains pour y installer une légion venue du lointain Caucase, les Teiphales. Et c'est pour cette même raison qu'on y édifia au Moyen Age un château fort qui deviendra plus tard la résidence du sinistre Gilles de Rais. Petite cité médiévale aux rues étroites, Tiffauges a vu fleurir au cours du siècle précédent des industries prospères liées à la force motrice de l'eau, papeterie et tannerie, et plus récemment des manufactures de chaussures, de confection et d'horlogerie.

Points d'intérêt

LE CHÂTEAU DE TIFFAUGES ★★

✆ 02 51 67 60 00

Voir page 16.

Le couvert

AUX ARCHERS

2, rue du Donjon

✆ 02 51 65 75 57

auxarchers@orange.fr

Ouvert toute l'année. Fermé dimanche soir, lundi soir et samedi midi sauf l'été. Menus de 19,70 € à 28,70 €. Formule du midi : 11 €. Accueil des groupes (salon privé). Terrasse.

Une magnifique bâtisse en pierre du XVIIIe siècle accrochée sur les hauteurs de la jolie cité de caractère et face au château, sert de cadre au restaurant de Cécile et Didier Bringué. Derrière la belle demeure, une première terrasse surplombe la rivière, et une seconde sur le côté, pour profiter de la magnifique vue panoramique sur le château. Une jolie salle avec tomette au sol et mobilier style bistrot accueille la clientèle. A côté un petit salon à la décoration chaleureuse peut accueillir les repas familiaux ou réunions. Le midi, en semaine, le menu autour de buffet d'entrées et desserts accompagné d'un plat du jour fait un carton. Le menu-carte permet de profiter de toute la carte sans compter. Le chef propose une cuisine de qualité, qui sort de l'ordinaire avec en spécialités : cassolette de ris de veau forestière, puis filet de bar sauce au safran, garbure pyrénéenne artisanale ou grenadin de veau. En dessert, craquez pour le mille-feuille aux poires ou, plus traditionnelle, la crème brûlée mais avec sa touche vendéenne : au Kamok.

CRÊPERIE DU VIDAME

23, Grde Rue ✆ 02 51 65 76 40

creperieduvidame@orange.fr

Ouvert toute l'année. Le lundi, le mardi, le jeudi et le vendredi le midi ; du jeudi au lundi le soir. Terrasse. Vente à emporter.

La crêperie-pizzeria de Dominique et son épouse se situe dans le centre de la jolie commune historique de Tiffauges. C'est une adresse qui ne manque pas d'atouts à commencer par les excellentes pizzas artisanales, dont la particularité est qu'elles sont cuites au feu de bois, leur conférant un goût unique. Tout est fabriqué maison, pâte et sauce tomate, auxquelles sont rajoutés des produits frais de qualité. En tête d'affiche des préférées : la Tartiflette ou la Tex Mex (merguez, chorizo, viande hachée, épices) ; et chaque mois une nouvelle recette de pizza est mise à l'honneur. Le bon plan : le dernier jeudi de chaque mois, pour 2 pizzas achetées, la 3e est gratuite. Avec ses pierres de granit associées à un mobilier rustique, une déco assez typique des crêperies bretonnes, le lieu est mignon. Galettes et crêpes sont d'ailleurs les autres spécialités du lieu. Faites à la demande, elles sont tantôt classiques ou spéciales et puisqu'on est dans la ville de Barbe bleue, essayez la crêpe du même nom avec poires williams, sauce au bleu et lardons. Un dernier mot sur le joli petit patio.

Le gîte

LA VALLÉE DE LA ROCHE*****

✆ 02 51 61 16 10 / 06 74 91 19 86

www.lavalleedelaroche.fr

Ouvert toute l'année. Pour 10 personnes. De 790 € à 2 100 € la semaine selon saison. Réceptions et mariages. Wifi.

Catapulte au Château de Gilles de Rais.

Vélos à Tiffauges.

Assurément le plus beau et insolite gîte de Vendée ! En pleine nature, La Vallée de la Roche est une pure merveille ! La rénovation de ce moulin est tout simplement magnifique. Il allie le charme des jolies bâtisses en pierres apparentes à la modernité d'une décoration design. Le site propose un gîte indépendant, et dans l'enceinte même d'un moulin, posé au milieu de l'eau, avec deux chambres et une suite de charme de grand confort. Le contraste entre l'authenticité des vieilles pierres et la décoration ultra tendance très originale confère un charme inoui. Les chambres sont équipées d'un grand lit, salle de bains avec douche à l'italienne, TV et wifi. La suite de 80 m² arbore peintures modernes, sculptures et mobilier tendance. Elle est composée d'un salon, d'une vaste chambre avec un lit rond de 240 cm de diamètre et donne sur la Sèvre nantaise ou la cour fleurie du gîte. Un écran plat 3D permettra de visionner des films en Blue-ray. Le gîte, Le CLos du Meunier, pour 10 personnes, est doté d'une piscine chauffée. Installé dans une fermette du XVIIe siècle rénovée, avec vue sur la rivière la Sèvre nantaise, ce gîte de charme possède 4 chambres, 3 salles de bains, salon, salle à manger, wifi, TV satellite, lecteur DVD, cuisine équipée. Un site d'exception !

Dans les environs

■ LA CITÉ DES OISEAUX ★

LES LANDES-GENUSSON
✆ 02 51 67 60 60
www.vendee.fr

Fermé d'octobre au 30 mars. Basse saison : ouvert du mardi au dimanche et les jours fériés de 14h à 18h. Haute saison : tous les jours de 11h à 19h. Gratuit jusqu'à 18 ans. Adulte : 4,50 €.

Venez découvrir et comprendre le monde des oiseaux... Réserve ornithologique départementale de 56 hectares, la Cité des Oiseaux est une des plus grandes zones humides de l'intérieur du département. Dotée de trois étangs, elle accueille chaque année une grande diversité d'oiseaux comme les canards colverts, souchets, les grèbes huppées ou encore les fuligules milouin et morillon. Le Conseil Départemental de la Vendée y propose une exposition originale sur les migrations animales, des postes d'observation et des sentiers de promenade aux abords des plans d'eau. Animation pour enfants en autonomie et sorties nature thématiques durant toute la saison (demander le programme).

MONTAIGU ★

Après les invasions barbares au IXe siècle, les habitants de *Durinum* (Saint-Georges de Montaigu) se sont réfugiés sur un site plus facilement défendable, un *mons acutus*, c'est-à-dire un mont acéré. Au cours du Moyen Age, les fortifications défensives du château de Montaigu sont passées du bois à la pierre. Parallèlement, la ville s'est étendue à proximité immédiate des défenses du château. L'urbanisme concentré de la vieille ville avec ses rues étroites et ses ruelles irrégulières s'est formé progressivement au cours du Moyen Age. A la fin du XVe siècle, le roi Louis XI craignant les forces bretonnes incita son cousin et seigneur de Montaigu, Louis de Belleville, à fortifier la ville. Devant la situation géographique stratégique, à la frontière de la Bretagne et sur la route royale nord-sud de Saint-Malo à Saintes, le roi Louis XI rachète en 1473 le château et la ville de Montaigu, qui devient ville royale. Sur ordre du roi, de massifs travaux de défense furent déployés : nettoyage du fossé du château, refortification des remparts du château, creusement des douves de la ville, construction de la monumentale (et fameuse) digue en pierre... Pendant la Révolution, la ville fut un des foyers des idées révolutionnaires dans une région fortement royaliste et catholique. Plusieurs Montacutains se sont distingués à cette époque. Le XIXe siècle fut une période charnière de développement industriel de la ville qui est aujourd'hui un pôle économique majeur de Vendée.

■ OFFICE DE TOURISME

69, place du Champ-de-Foire
✆ 02 51 06 39 17
officedetourisme@terresdemontaigu.fr

Ouvert le lundi de 14h30 à 18h. Basse saison : du mardi au samedi de 9h30 à 13h et de 14h30 à 18h. Haute saison : du lundi au samedi et les jours fériés de 9h30 à 13h et de 14h30 à 18h ; le dimanche et les jours fériés de 10h à 13h.

Points d'intérêt

LE PARC DES ROCHETTES

Dessiné au XIXe siècle dans la tradition des jardins anglais autour d'un petit manoir (l'actuelle Maison des Rochettes), le Parc des Rochettes abrite sur 11 hectares des arbres centenaires dont certains – cèdres du Liban, palmiers de Chine, chênes truffiers, séquoias – sont de vrais chefs d'œuvre de la nature. Situé au cœur de la ville de Montaigu, il offre aussi un vaste espace de jeux et de détente, en bordure de la Maine.

Le couvert

LA ROBE

3, place Reveillère-Lepeaux
✆ 06 45 26 95 69

Fermé 3 semaines en août. Ouvert le mardi, le jeudi et le vendredi le midi et le soir ; le mercredi et le dimanche le midi ; le samedi soir. Réservation recommandée. Menu unique à 39 €. Carte : 50 € environ. Formule du midi : 29 €.

Une venelle mène à ce bel établissement qui s'inscrit comme l'une des meilleures tables du bocage vendéen. Une vieille bâtisse joliment restaurée avec goût, une salle de petite capacité (25 couverts), fauteuils confortables, poutres apparentes et luminaires design. Un escalier fait des pierres du château conduit à la salle du haut, qui peut se privatiser. Saluons le chef et nouveau propriétaire Xavier Giraudet, au parcours jonché d'expériences dans les plus grandes maisons comme Guy Savoy et Ledoyen. Carte courte, cuisine contemporaine et goûteuse, respectant les saisons, valorisant les produits vendéens, dont voici quelques exemples de la carte hivernale : boudin noir maison, foie gras poêlé, pomme acidulée à la passion, puis volaille de Challans rôtie, caillette de ses abattis, gnocchi de pommes de terre et sauce Périgueux ou noix de Saint-Jacques d'Erquy à la truffe, et baba au rhum, ananas au sirop de gingembre confit en dessert. Dans une carte des vins qui évolue au fil des saisons et propose de belles références, vous aurez compris qu'il est un élément à part entière avec des accords mets et vins judicieux.

Le gîte

HÔTEL-RESTAURANT DES VOYAGEURS

9, avenue Villevois-Mareuil ✆ 02 51 94 00 71

Ouvert toute l'année. 23 chambres. Chambre double de 64 € à 86 € ; chambre triple de 69 € à 91 €. Petit déjeuner : 8,50 €. Animaux acceptés (6,50 €). Séminaires. Restauration (menus de 12 € à 25 €). Sauna.

Voilà une adresse en place depuis la seconde moitié du XIXe siècle. D'ailleurs, de nombreuses célébrités se sont arrêtées en leur temps ici au fil des décennies. Cet hôtel situé sur l'artère centrale était quelque peu vieillissant, mais a entrepris il y a quelques petits années des travaux de rénovations nécessaires. Salle de réunion et bar rénovés puis ce fût au tour d'une partie des chambres de subir un relooking total redonnant un sacré coup de modernité dans les chambres. Vous aurez donc dorénavant deux types de confort et deux tarifs. La rénovation est vraiment réussie. De quoi apprécier davantage les autres atouts de cet hôtel-restaurant à commencer par la piscine entourée de son jardin à l'italienne, le sauna et la salle de remise en forme. L'autre atout, le stationnement aisé. Les chambres ont été joliment rénovées sur des teintes actuelles de gris et de rose, avec un mobilier tendance. Le changement est appréciable ! Malin, le prix du petit-déjeuner moins cher pour les enfants de moins de 12 ans !

Dans les environs

Boufféré

LE PATIO

Parc d'activités Vendée Sud Loire
1, rue du Fléchet ✆ 02 51 05 91 28
www.patio-restaurant.fr
lepatio.bouffere@orange.fr
En face de l'Hôtel Saint-James

Ouvert tous les jours de 12h à 14h et de 19h à 22h ; le samedi (dernier service à 22h30). Menus : 20,50 € et 27 €. Menu enfant : 8 €. Formule du midi : 12,50 € (2 plats) ou 14,90 € (3 plats, en semaine uniquement). Accueil des groupes. Salle climatisée. Grand parking.

Le restaurant de Nathalie et Christophe est situé à la sortie de l'autoroute. On apprécie la déco originale et tendance du Patio, autant que sa cuisine, ses assiettes bien présentées et son rapport qualité/prix. De beaux volumes, une grande salle qui s'enroule autour d'un patio intérieur paysager, et des touches de couleurs acidulées de-ci de-là rehaussant le mobilier chocolat. Le chef et son équipe proposent une cuisine avec un maximum de recettes maison, privilégiant les produits frais et de saison. Modernité dans la cuisine et dans les présentations avec en nouveautés côté poissons la godaille du Patio et le sauté de calamars à la niçoise. Pour les amateurs d'exotisme, le rougail de saucisses façon réunionnaise, tandis que les viandards choisiront l'entrecôte royale (400 grammes). Bon point pour le menu à l'ardoise qui propose 3 entrées, 3 plats (poisson et viande) et 3 desserts, chaque jour différents. La carte, variée, satisfera toutes les envies, entre pizzas et pâtes fraîches. En dessert, laissez-vous tenter par le nougat glacé aux berlingots de Boufféré ou une nouveauté : le riz au lait revisité « chocolat passion ».

HÔTEL SAINT-JAMES**

PAE Vendée Sud Loire 1
Rue du Fléchet ✆ 02 51 42 31 20
contact@saintjames-hotel.fr
Axe autoroutier A83 Nantes-Bordeaux, Sortie 4 «Montaigu»

Ouvert toute l'année. Accueil 24h/24. 59 chambres. Petit déjeuner : 10 €. Chambre standard de 69 € à 140 €. Chambre club de 109 € à 180 €. Chambre familiale de 92 € à 210 €. Label Tourisme & Handicap. Animaux acceptés (8 €). Séminaires. Wifi. Canal +.

Situé dans un parc de bureaux, à la sortie de l'axe routier qui relie La Roche-sur-Yon à Nantes, à deux pas de Montaigu, le Saint-James a ouvert ses portes il y a moins de 4 ans et offre donc tout le confort moderne avec des chambres calmes, spacieuses, insonorisées et climatisées, à la déco contemporaine de très bon goût. Trois gammes de chambres : les standards, qui font tout de même 16 m^2 avec un lit de 160 cm ou 2 lits simples surmontés de couette claires, tv écran plat, espace de travail, Wifi, salle d'eau ajourée ou fermée avec douche et sèche-cheveux. Les chambres « Club » offrent un espace de 34 m^2 avec salon privatif et son sofa convertible. Idéal pour des réunions d'affaires pourquoi pas, surtout qu'un plateau de courtoisie vous y attend. Enfin les chambres « Famille » font de 16 à 28 m^2. Un salon-bar est aussi à disposition. On est loin des hôtels 2 étoiles traditionnels. Une belle conception.

■ BRIOCHES FONTENEAU

Parc Vendée Sud Loire 1
✆ 02 51 09 25 00
contact@brioches-fonteneau.com

La brioche de Gilles Fonteneau est née dans les années 1970 dans une petite boulangerie de Chavagnes-en-Paillers ; aujourd'hui, l'entreprise possède une unité de fabrication de 2 200 m^2 à la Copechagnière, et s'est implantée sur un second site, ici à Boufféré, d'une superficie de 6 000 m^2. Cette brioche accumule les prix : elle a ainsi obtenu le 1er Prix de la meilleure brioche vendéenne Label Rouge au concours des produits de Vendée, et une médaille d'argent pour la gâche au concours des produits de Vendée.

Cugand ★

■ LA GROTTE DE LA GRENOTIÈRE

Dans le site ombragé de la Grenotière, au bord de la Sèvre, une grotte de Lourdes est aménagée. Elle est le résultat d'une promesse faite pendant la Seconde Guerre mondiale par le curé Tesson : « Si la Sainte Vierge garde sains et saufs les enfants de la paroisse exposés aux dangers de la guerre, et si elle protège les habitants à la fois contre les bombardements et contre l'occupation allemande ». En 1946, le terrain fut apporté par le propriétaire à l'association diocésaine de Luçon, après acceptation de Monseigneur Cazaux. L'inauguration de la grotte se fit le jour de Pâques 1947, lors de la clôture de la mission. La statue de Notre-Dame-de-Lourdes fut portée en procession jusqu'à la grotte, sous les arcs de triomphe. Tous les ans, le dimanche après le 8 septembre, a lieu un pélerinage qui attire les habitants de Cugand et des environs.

■ LE MOULIN A FOULON DE GAUMIER ★

✆ 02 51 43 70 70 (mairie)

Fermé du 15 septembre au 15 juin. Ouvert du mardi au vendredi et le dimanche de 10h à 12h et de 15h à 19h ; le samedi de 10h à 12h.

En bord de Sèvre, Cugand abrite les vestiges d'un moulin à foulon, l'un des derniers témoignages de l'exploitation hydraulique de la Sèvre. Cette utilisation de la force hydraulique remonte au Moyen Age et prend son envol au milieu du XVIIe siècle. Libre promenade à l'intérieur d'un moulin à foulon et d'une teinturerie restaurés. Deux des trois foulons du moulin de Gaumier sont restitués. Egalement une présentation de la Sèvre et ses moulins au XVIIIe (100 à 140 moulins dans la région), ainsi qu'une explication du fonctionnement d'un foulon avec les noms des différentes parties du foulon : la dorme, le maillet, la pile, l'auge... La restitution de la teinturerie permet d'expliquer le procédé et de présenter des échantillons des différents tissus qu'on trouvait : Etamine, Frison, Pinchinat, Droguet, Kamoulk, Berluche... Présence d'une presse à drap du XVIIIe qui servait à lustrer le tissu, et d'une machine à lainer, dont le but était de faire passer sur la surface de l'étoffe un outil garni de chardons pour en faire ressortir les poils, qui étaient ensuite tondus.

■ L'AROME

8, place de l'Eglise
✆ 02 51 07 08 99

Maître Restaurateur. Fermé aux vacances d'hiver et 3 semaines en août. Ouvert le mardi et du jeudi au samedi le soir ; du mercredi au dimanche le midi. Menus de 22 € à 29 €. Menu enfant : 8,50 €. Formule du midi : 13,50 €. Terrasse.

L'Arôme n'est pas un nom donné au hasard au restaurant de Dany et Manuella puisque c'est aussi un des ingrédients de sa cuisine. On sent clairement qu'ils s'éclatent dans leur travail et ils nous le font partager. Cuisine maison, fine, généreuse et goûteuse, qui suit les saisons, produits frais, présentations soignées, et un bon rapport qualité-prix : ça mérite bien le titre de Maître Restaurateur ! Le menu du midi renouvelé chaque jour fait un carton. D'autres menus permettent au chef de s'exprimer selon son humeur et les produits du moment. Ainsi, cet hiver, le menu Saveurs gourmandes proposait un hamburger de saumon fumé (par leurs soins) ou un foie gras, club sandwich de pain noir et compotée d'oignons, puis bar sauvage rôti ou tournedos de canard aux champignons, purée de mogettes de Vendée, et perles au chocolat, mousse mangue, cœur coco et sauce chocolat. Bon point pour le plateau de fromages qui en propose une vingtaine de variétés (certains locaux) entre chèvre, brebis et vache ! Et en conclusion pour les chocophiles : un entremets chocolat, marmelade d'ananas et crème glacée à la mangue. Bon point aussi pour la carte des vins, qui reflète la patte de Manuella.

Saint-Georges-de-Montaigu

■ LA MAISON DE LA RIVIÈRE ★

Place du Lavoir
✆ 02 51 46 44 67
maison-riviere@terresdemontaigu.fr

Fermé du 1er octobre à avril. Haute saison : ouvert tous les jours de 11h à 19h. Basse saison : ouvert dimanche et jours fériés de 14h à 19h, et selon la période, mercredi et samedi ou du mardi au samedi de 14h à 18h. Adulte : 3,50 €. Enfant (de 6 à 13 ans) : 2 €. Forfait visite + balade en barque : adultes 7,50 €, enfant 5 € ou 3 € selon l'âge. Balade guidée en barque à 15h et 16h30 les dimanches et jours fériés du 01/05 au 30/06 et du 01/09 au 20/09, et tous les jours du 01/07 au 31/08. Réservation conseillée.

Sur les berges ombragées de la Grande Maine, à 3,5 km de Montaigu, le site de la Maison de la Rivière offre un espace naturel préservé de 10 hectares propice à la détente et à la découverte. Autour de l'ancien moulin à eau, le centre d'interprétation met en scène dans quatre univers tous les secrets de la rivière. En 2016, le site crée l'événement en accueillant une exposition artistique en plein air, surprenante et ludique. A découvrir à pied gratuitement, en barque, ou avec le jeu de piste familial.

■ LE PETIT ST GEORGES

5, rue Durivum ✆ 02 51 42 03 17
lepetitstgeorges@gmail.com
Ouvert toute l'année. Du mardi au dimanche le midi ; du mercredi au samedi le soir. Menu unique à 28 € (ou 19 € et 20,50 € en 2 plats). Menu enfant : 10,50 €. Terrasse.
De larges stores habillent la façade vitrée du restaurant de Brigitte et Hervé Robin, entre parquet blond et cloisons orange, les tables s'espacent dans la première salle au cadre moderne et aéré. Plus loin, une seconde salle, qui peut être réservée pour les groupes, et derrière celle-ci l'atout charme : une très jolie terrasse donnant sur des bâtiments en pierres. L'expérience et le talent du chef sont réunis dans une carte qui change au gré des saisons, en y ajoutant des suggestions afin de ne pas s'ennuyer. La carte privilégie les produits frais, la cuisine est fine et les présentations très soignées font dans l'originalité. En hiver, la carte proposait en entrée un crumble au parmesan d'escargots bio de Saint-Paul-en-Pareds sur son crémeux de mogettes, puis noix de coquilles Saint-Jacques et sa poêlée de champignons d'automne sur compotée de butternut. Et pour la note sucrée, millefeuille de sablé au chocolat, bananes flambées, crémeux au chocolat. Sympa aussi, le menu enfant, pour manger comme les adultes. Une bonne table.

Saint-Hilaire-de-Loulay

Au nord du département, à 3 km de Montaigu, à la limite de la Loire-Atlantique, la commune présente un agréable panorama sur la vallée de la Maine au moulin du Grand-Butais. Le pont du Sénard est un joli pont ancien au cadre agréable et paisible, en amont du confluent de la Maine et du Blaison. Dans l'église de Saint-Hilaire, une des plus caractéristiques du milieu du XIXe siècle, vous découvrirez une reproduction unique au monde du tableau Le Saint-Grégoire, réalisé en 1630, dont l'original se trouve aujourd'hui au Vatican.

■ LE BISTRONOME

2, rue de Nantes
✆ 02 51 94 04 32
Maître Restaurateur. Ouvert toute l'année. Du mardi au dimanche le midi ; le vendredi et le samedi le soir. Formule du midi : 15 € (en semaine). Vente à emporter.
C'est la bonne table du village et une bonne surprise, tant au niveau du cadre que de la cuisine ! Le seul bémol, si on devait en émettre un, pourrait être l'accueil de la patronne mais on est peut-être mal tombés ce jour-là. Sinon, que de bons échos sur ce restaurant. D'ailleurs, le chef a obtenu le label Maître Restaurateur, gage de qualité de sa cuisine et du choix qualitatif des produits qu'il utilise. Cuisine maison donc, plats de saison, autour d'une cuisine traditionnelle, d'inspiration cuisine de bistrot, rehaussée de quelques épices, ce qui donne une cuisine goûteuse. Sacrée carte de vins ! Ça, c'est la spécialité de Madame, alors n'hésitez pas à la mettre à contribution, elle saura vous conseiller au mieux.

■ HOTEL-RESTAURANT LE PONT DE SENARD**

Pont de Sénard
✆ 02 51 46 49 50
hotel.senard@free.fr
23 chambres. Chambre simple 57 € ; chambre double 75 €. Petit déjeuner : 8,90 €. Animaux acceptés (6,50 €). Séminaires. Réceptions et mariages. Wifi gratuit. Restauration (formules du jour à partir de 10,90 €, menus à 22 € et 29,50 €. Traiteur).
Surplombant la rivière, avec une vue sur le petit pont et la campagne environnante, se trouve l'hôtel-restaurant. Un hôtel qui s'inscrit dans la tradition familiale depuis 1958. Les 23 chambres arborent le style provençal des années 2000 avec une prédominance de teintes jaune-orangé, anis et framboise. La moitié d'entre elles ont vue sur la Maine, les autres sur le jardin. Elles possèdent des écrans plats, sèche-cheveux dans les salles de bains, sans oublier le wi-fi, gratuit dans tout l'établissement. Le restaurant offre deux salles dont une, à la décoration traditionnelle et simple, est réservée aux menus du jour. L'autre salle, la Véranda, qui offre une belle vue plongeante sur le paysage bucolique avec la rivière la Maine, sa cascade et son pont du XIIe siècle, propose une cuisine soignée mêlant la tradition dans les produits de base, rehaussée d'une pointe d'originalité. Aux beaux jours, vous pourrez déjeuner sur la terrasse et profiter de la vue charmante. Un service traiteur est proposé, ainsi que quatre salles modulables pour recevoir des groupes ou des événements.

■ LA FERME DES NOUES

Les Noues
✆ 02 51 94 10 41
www.fermedesnoues.fr
fermedesnoues@laposte.net
A83 (sortie 4). A 2 km de la D137.
Ouvert toute l'année. Label Accueil Paysan. Chambre double à partir de 56 €. Chèque Vacances. Animaux non admis. Restauration (18 € sur réservation).
Pascale, François et leurs enfants vous accueillent dans une longère traditionnelle du XVIIIe siècle, située sur la commune de Saint-Hilaire-de-Loulay. En pleine campagne, à quelques minutes à peine du centre de Montaigu, la Ferme des Noues propose cinq chambres à la décoration rustique et une table d'hôtes. La maison d'hôtes dispose d'une entrée indépendante, d'un parking privé et d'un accès wi-fi. Les chambres d'hôtes sont équipées d'une télévision et possèdent chacune leur salle de bains avec douche et WC. Prenez votre petit déjeuner au coin de l'âtre, et partagez le repas des propriétaires le soir à la table d'hôtes (réservation la veille au plus tard). Un bon bol d'air frais !

■ CHATEAU DE LA PREUILLE

✆ 02 51 46 32 32
chateaudelapreuille@free.fr
Visite-dégustation du mardi au samedi de 9h30 à 12h30 et de 14h à 18h. Les autres jours : sur rendez-vous.

Vignerons en muscadet-sur-lie, gros-plant-sur-lie, gamay de Loire... Dégustation gratuite. On les trouve en vente sur place et par correspondance, également chez les cavistes, dans les restaurants, foires et salons. Eh oui ! Les vins de Loire sont également produits en Vendée et ceux de Philippe et Christian soutiennent sans difficulté la comparaison avec ceux de leurs concurrents des départements voisins. Visitez aussi de son musée du Vin avec un très grand pressoir long fût et maie en granit, outils de la vigne et du vin ; son long chai à barriques. Visite de la cour carrée et ses bâtiments de style clissonnais ; des matériels de vinification modernes et anciens.

SAINT-FULGENT

Le gîte

■ **HOTEL-RESTAURANT LES COLONNADES****
19, route Nationale
✆ 02 51 42 76 26
www.lescolonnades.fr
hotel@lescolonnades.fr
Ouvert toute l'année. 15 chambres. Chambre double de 49 € à 72 €. Petit déjeuner : 8,90 €. Parking fermé. Wifi. Restauration (formules midi : de 6,50 € à 12,50 €. Le soir : de 16 € à 22 €).
Cet hôtel-restaurant situé au cœur de la commune est une étape de choix pour tous les VRP en visite dans la grosse industrie, de réputation nationale, implantée ici, qu'est Sodebo, mais aussi une halte pour les touristes en recherche d'un hébergement non loin du Puy du Fou, ce dernier étant à une petite trentaine de minutes de là. Et puisqu'on parle des aspects pratiques, le vaste parking fermé de cet établissement en est un. Mais bien sûr, ça n'est pas là que réside le charme de cet établissement, dont l'accueil charmant de Lydia et son mari sont à souligner. Les chambres ont été rénovées et relookées au goût du jour et sont très agréables. Equipées de TV écran plat avec Canal+ et les chaînes satellites, mais aussi le Wifi, certaines peuvent accueillir des familles. Avec une prédominance de bois blond, le restaurant est très chaleureux et on s'y sent bien. L'on y sert une cuisine traditionnelle, dont l'ardoise du jour permet aux habitués de ne pas se lasser. Les habitués et voyageurs apprécient le bon rapport qualité/prix des formules autour de buffets de hors-d'œuvres et de desserts, en complément du plat du jour.

Dans les environs

LE SANCTUAIRE DE LA SALETTE LA RABATELIÈRE
Renseignements : mairie de La Rabatelière 02 51 42 22 01.
En réponse à la politique anticléricale menée en France à partir de 1879, on assiste en Vendée à une vague de reconstructions d'églises et d'édifications de lieux de piété. C'est à l'initiative de l'abbé Hillairet, curé de la Rabatelière entre 1873 et 1908 que fut construit le sanctuaire en 1887. C'est un des lieux de pèlerinage les plus originaux du département, tant par les matériaux employés – le schiste local et la brique – que par l'architecture. Témoignage de la reliogisité de la seconde moitié du XIXe siècle, cet ensemble se compose de trois édifices : le monument à Notre-Dame de la Salette, le rosaire et le monument à la Croix de Jérusalem. Le sanctuaire reproduit les épisodes de l'apparition de la Vierge Marie habillée en costume dauphinois à deux enfants. Des jeux d'escaliers et d'allées conditionnent le parcours ascensionnel.

La Salette.

CHAVAGNES-EN-PAILLERS

Nous sommes ici en plein cœur de la Vendée catholique. Chavagnes n'a pas non plus été épargnée par les guerres de Vendée : 200
Chavagnais en ont été victimes. On doit la reconstruction de la commune et les bâtiments d'allure conventuelle, que l'on aperçoit en arrivant sur la petite cité, au père Baudouin, curé de la paroisse et fondateur de congrégations religieuses, également surnommé le saint de Chavagnes.

Points d'intérêt

GROTTE DE LOURDES

Selon Alain Castaing dans son ouvrage : « Grottes de Lourdes en Vendée », la Vendée possède quarante six grottes de Lourdes. Les apparitions de Notre Dame se sont produites en 1858 sur le rocher de Massabielle à Lourdes. Les premiers pèlerins Vendéens se sont rendus à Lourdes en septembre 1872. C'est au retour de ce pèlerinage qu'est née l'idée d'ériger en Vendée des grottes à l'image de la grotte de Massabielle. Une dizaine de grottes ont été construites entre 1872 et 1886, dix autres entre 1900 et 1940, 26 entre 1940 et 1989, dont trois en 1958. Pour fêter le centenaire des apparitions de Lourdes, Monseigneur Cazaux, évêque de Luçon inaugure une grotte aux Essarts en 1958. Les 46 grottes sont réparties sur 41 communes. Il y en a quatre aux Herbiers, deux à Chavagnes-en-Paillers (dont la première fut érigée en 1874) et à Saint-Laurent-sur-Sèvre.

L'ORGUE BAROQUE DE L'EGLISE

✆ 02 51 42 30 24

L'orgue de la paroisse de Chavagnes en Paillers découle des recherches de la manufacture Guillemin concernant les écoles de Saxe et de Thuringe du début du XVIIIe siècle en Allemagne Orientale. Les Orgues de Gottfried Silbermann, de Adam Gottfried Trost, épargnées des destructions des guerres ont été une source profonde d'inspiration. Il ne s'agit pas là d'un orgue « nordique « au sens propre du terme, car, comme l'orgue français, l'orgue allemand est diversifié et porte la marque du siècle, de la région et du facteur. Pour Gérald Guillemin, la démarche est musicale : l'orgue pour jouer J.S. Bach dans les vraies couleurs, se rapprochant, dans les grandes lignes de ce que le Cantor avait sous les doigts, est un orgue généreux, grave, poétique, sans agressivité. Cet orgue est éminemment liturgique, jusque dans son tempérament qui donne un caractère expressif aux tonalités. Sa réalisation a demandé deux années de travail. On peut y entendre ses sonorités caractéristiques et en découvrir l'intérieur.

Le gîte

LA DEMEURE 1750
18, La Déderie
✆ 02 51 98 12 65
www.lademeure1750.com
lademeure1750@orange.fr

4 chambres (plus un gîte pour 4 à 6 personnes). Chambre double de 75 € à 105 €. Petit déjeuner inclus. Chambre familiale : 135 €. Deux gîtes de 400 € à 700 € la semaine selon la saison. Animaux non admis. Chambres et maison non-fumeur. Table d'hôtes d'octobre à mars : 30 €/personne, 6 couverts minimum. Espace bien-être et spa.

Coup de cœur pour cette maison d'hôtes de charme située au sein du bocage. Cette demeure, vieille de 250 ans, était en réalité l'ancienne boulangerie du village, que ses propriétaires ont rénové et aménagé avec beaucoup de goût, faisant du site une étape prestigieuse sur la route du Puy du Fou. Les quatre chambres sont de styles différents, mais affichent toutes le même charme, alliant l'ancien avec une touche de modernité : parquet en bois blond, tissus ou tapisseries style toile de Jouy, un ciel de lit pour la Baudelaire et une tête de lit en bois peint dans les tons gris, très tendance. Devant la bâtisse s'étend un jardin dans lequel vous pourrez vous relaxer à la belle saison, et prendre le copieux petit déjeuner autour de gâteaux et de confitures maison, de brioches, de pains et de viennoiseries. Les petits plats préparés par la maîtresse de maison pour la table d'hôtes sont aussi un délice. Courant 2013, ouverture d'un gîte pour 4 à 6 personnes, le Cottage. Un lieu cosy dans le pur style anglais. Et pour parfaire le tout, un espace bien-être et spa ajoute un luxe supplémentaire à ce lieu qui n'en manquait déjà pas. Sur rendez-vous, des soins y seront réalisés par une esthéticienne.

Chavagnes-en-Paillers, terre de la mogette

La mogette est un haricot blanc sec *le phaseolus vulgaris* au grain allongé dont une extrémité est aplatie. Les Vendéens disent «carré d'un bout». A l'origine ce sont les navigateurs espagnols qui rapportèrent précieusement quelques graines au pape Clément VII. Celui-ci les confia à des moines qui surent en étudier les meilleures conditions de production. La vulgarisation de la culture s'est faite dans certaines régions particulièrement propice dont la Vendée. Au fil des ans, la production s'est organisée dans le bocage, elle est actuellement cultivée par 150 agriculteurs.

Loisirs

■ LE LAC DE LA BULTIÈRE

Situé sur la commune de La Boissière-de-Montaigu, ce magnifique plan d'eau de 72 hectares offre un cadre de détente sympathique avec un circuit ouvert aussi bien aux amateurs de VTT qu'aux promeneurs, ainsi qu'un espace pour la pêche et l'aviron. Un barrage et de nombreux sentiers de randonnées dans un cadre magnifique. Avec plus de 2 500 arbres plantés, les rives du barrage offrent sur 97 hectares une intéressante succession de paysages.

Emplettes

■ LA FERME DE LA CHEDANIÈRE

La Chedanière
✆ 02 51 42 27 09

Dégustation, vente sur place. Visite sur rendez-vous.

Joël Guérin est producteur de canards gras. L'activité de l'exploitation est consacrée essentiellement à la production de canards gras. L'ensemble de l'élevage est réparti autour de la ferme sur 4 hectares. Du premier jour de vie du canard au produit final tout se passe sur le site de la ferme de la Chedanière. Les animaux sont élevés en plein air selon la tradition. Les canards sont gavés uniquement au maïs cuit entier. En vente à la ferme : pâtés, rillettes, foies gras, confit, manchons, gésiers, pot-au-feu et civet de canard, cou farci. Visite de la ferme en juillet et août, le jeudi à 17h pour les individuels et pour les groupes sur rendez-vous, toute l'année (sauf le mardi). La visite commence au cœur de la ferme par la visite du parc à canards. Vous y verrez les jeunes canetons, et ceux en liberté.La visite se termine par un moment convivial autour d'une dégustation des produits de la ferme : foie gras, boudins, pâtés, rillettes, magrets séchés, cou farci...

■ MOGETTES DE VENDÉE

La Bultière
✆ 02 51 42 35 96
www.mogettesdevendee.fr
contact@mogettesdevendee.fr

Xavier Billaud est producteur de mogettes. Petit rappel : la mogette est un haricot blanc sec, au grain dont l'une des extrémités est allongée. Sur son exploitation de 44 hectares, 8 hectares sont consacrés à la culture de cet aliment, 4 hectares de légumes de plein champ, 23 hectares d'autres cultures (chanvre, céréales...) et 2 hectares de prairie naturelle pour les trois ânes. L'ensemble des légumes et la mogette sont vendus à la ferme. Depuis quelque temps, ils composent des paniers, à la ferme ou livrés, évolutifs selon la saison mais avec une base constante de pommes de terre, carottes, oignons, poireaux proposés en 2 formats au choix : normal ou familial. Concernant la mogette, tout l'art de cette culture est de savoir doser l'apport d'eau. Aucun traitement chimique gazeux sur ces mogettes, qui sont ensuite triées à la main. Vous pouvez commander par correspondance.

Dans les environs

Les Brouzils

■ LE REFUGE DE GRASLA ★

Forêt de Grasla
✆ 02 51 42 96 20 (en saison)
www.refugedegrasla.fr
refugedegrasla@wanadoo.fr

♿

Fermé du 28 septembre au 30 avril. Ouvert tous les jours de 11h à 18h. En mai et en septembre : dimanche et jours fériés de 14h à 18h. Adulte : 6 €. Enfant (de 6 à 14 ans) : 3,50 €. Tarif famille (2 adultes, 2 enfants) : 18 €. Animations.

Un voyage unique au cœur de l'histoire… Le Massif forestier de Grasla est une forêt luxuriante, aux cheminements alambiqués. L'Association « Le Refuge de Grasla » s'attache à reconstituer un village de « loges » abrité par cette forêt. Vous y découvrirez les conditions de vie, ou de survie, d'une population fuyant la terreur et les « Colonnes Infernales » de 1793. Protégée par la forêt, la vie s'était réorganisée autour de loges et de baraques qui pouvaient accueillir environ 2 000 personnes. Pour appréhender au mieux cette histoire unique et redécouvrir ce patrimoine aux richesses insoupçonnées, l'Association vous propose : la visite du village en suivant un sentier d'interprétation, de nouvelles animations pour petits et grands, le spectacle « Pierre, capitaine de paroisse » (le jeudi soir en juillet et août et le dimanche après-midi de mi-juillet à mi-septembre) avec l'usage d'une technologie innovante au service de l'histoire pour restituer au mieux les émotions d'un passé riche et fascinant et la découverte ludique de la forêt à faire à pied ou en géocaching.

La pierre blanche de la forêt de Grasla

Formée de quartz blanc, cette « pierre » se trouve en forêt de Grasla. L'âge de ce mégalithe néolithique est incertain. Dans la tradition locale, la Pierre Blanche avait une vertu de fécondité. En 1750, la forêt de Grasla avoisinait les 1 000 hectares. Les pâtureaux de Grasla, puis, après 1804, la construction de La Roche-sur-Yon, ont réduit la surface boisée. La superficie de la forêt a ainsi été réduite à 585 hectares aujourd'hui.

■ **MANOIR DE LA THEBLINE*****
✆ 02 51 42 99 98 / 06 77 71 67 25
www.manoirthebline.com
contact@manoirthebline.com
à 1,5 km des Brouzils sur la gauche.

Clévacances (4 clés). 3 chambres (gîte : 8 personnes). Chambre double 98 € ; chambre triple 130 €. Petit déjeuner inclus. Gîte : de 850 € à 1 450 € la semaine, selon la saison.
La construction du manoir a démarré au XVIe siècle pour s'achever en 1820. Elisabeth et Jean-Michel Hillairet vous accueillent dans leur belle demeure, située dans un vaste parc arboré. Les chambres sont très vastes (plus de 40 m² chacune), le mobilier de style et le charme indéniable. La chambre de Mamichou, une suite parentale, est de style Louis-Philippe. Attenante, une petite chambre douillette meublée d'un lit à rouleaux avec un élégant ciel de lit, une table de toilette de nos grands-mères, et un coin lavabo. Au premier étage, sur un fond de toile de Jouy, la chambre de l'Allée dispose de lits jumeaux. Au 2e étage, la chambre d'Agnès offre une vue sur le parc. Les deux chambres possèdent une salle de bains avec WC. Un gîte classé 5 étoiles et 4 clés, est aménagé dans les dépendances du manoir. D'une surface de 170 m², il propose quatre chambres (avec salle de bains et wc), pouvant accueillir jusqu'à 7 personnes. Il est équipé d'un grand salon avec cheminée, d'une salle de séjour avec une cuisine entièrement équipée. Il comporte une piscine avec transats et une terrasse avec son salon de jardin. Une adresse charmante en tous points.

ROCHESERVIÈRE ★

Nul ne connaît l'origine du nom ! Certains disent qu'il vient du nom latin Rocha Cervaria – Roche-sur-Rivière -, d'autres disent Rupes Cerviera – Rocher fréquenté par des cerfs -, ou d'autres encore Rocha Servorum – la Roche aux cerfs.
Aucun écrit ne le révèle. Flânez dans les rues du vieux bourg de Rocheservière et découvrez le charme de cette cité marquée par son histoire. Plusieurs maisons rappellent le XIIe siècle et l'époque médiévale, époque à laquelle un château féodal surplombait le village. Il ne reste aujourd'hui que quelques ruines de cette ancienne forteresse. Rocheservière possède également de nombreux châteaux et demeures privées. Chef-lieu de canton, Rocheservière est à la croisée de deux axes de communications importants Nantes – La Roche-sur-Yon et Cholet - Saint-Jean-de-Monts pour la côte.

Points d'intérêt

■ **ÉGLISE NOTRE-DAME**
Commencée en août 1850, elle n'est complètement terminée qu'en 1877 par l'édification de la flèche du clocher. On peut y admirer une très belle statue de la Vierge du XVIIIe siècle – classée par les Monuments historiques –, ainsi que 56 vitraux dont 10 sont consacrés

Rocheservière.

aux guerres de Vendée, un chemin de croix peint sur cuivre composé de 16 stations… au lieu de 14 habituellement, et une chaire sculptée, véritable œuvre d'art.

■ **LE PONT DU PEPLU**

Le petit pont de style romain enjambant la Boulogne, l'une de ses arches est de style gothique, atteste d'une origine ancienne. Les 19 et 20 juin 1815 – lendemain de la défaite de Waterloo –, le dernier combat des guerres de Vendée se déroule sur ce « petit pont ». C'est le retour de Napoléon, en mars 1815, qui conduit l'Ouest de la France, dont tout particulièrement la Vendée, à se soulever en faveur du maintien de la royauté incarnée par Louis XVIII : par ce fait, Rocheservière joua un rôle historique important.

■ **SITE SAINT-SAUVEUR**
Place Saint-Sauveur
✆ 02 51 48 23 56
contact@sitesaintsauveur.fr

Fermé du 19 décembre à mars. Basse saison : ouvert du mercredi au dimanche de 14h à 18h. Haute saison : du mardi au dimanche de 14h à 18h30. Gratuit jusqu'à 18 ans. Tarif : 3 €. Entrée gratuite le 1er dimanche du mois. Visite guidée (certains dimanches, se renseigner. Pour les groupes (minimum 10 personnes) : toute l'année sur réservation).

Qu'il s'agisse de la broderie ou des retables vendéens, le site Saint-Sauveur est un site unique dans le Grand-Ouest où l'art s'invite dans une chapelle ! Ancien prieuré des moines de Saint-Gildas, ce site est notamment constitué d'une chapelle du XIIIe siècle possédant un retable du XVIIe siècle. Dès l'entrée dans le chœur de la chapelle, le retable de la Transfiguration, inscrit au titre des Monuments historiques et entièrement restauré, est à l'honneur. Un spectacle audiovisuel de 10 minutes vous permettra de mieux comprendre ce trésor d'art religieux du XVIIe siècle. Poursuivez votre voyage à travers un film haute définition, *Féeries baroques*, présentant les plus remarquables retables de Vendée. Et achevez la visite par la broderie contemporaine de 140 m de lin réalisée par Nicole Renard, une création monumentale. Un livret-jeu est disponible pour les enfants à partir de 7 ans.

Le couvert

■ **LE MOULIN**
1, rue de la Malcoute
✆ 02 51 48 92 78

Ouvert du mardi au dimanche le midi ; du vendredi au dimanche le soir. Terrasse.

Un ancien moulin à eau, surplombant la rivière la Boulogne qui traverse cette charmante petite commune du bocage vendéen, sert de cadre à ce restaurant. Vous pourrez déjeuner dans l'une des 2 salles ou sur la grande terrasse suspendue au-dessus de la rivière offrant une vue bucolique au charme fou. La décoration, au goût du jour, est soignée et on apprécie donc le cadre dans tout son ensemble : qu'il s'agisse de la déco intérieure ou de l'environnement enchanteur dans lequel se situe ce restaurant. On vous y servira une cuisine traditionnelle et simple mais rehaussée d'une touche d'exotisme, qui n'en oublie pas l'utilisation des produits de saison et de la région. Le midi, on optera par exemple pour le menu du jour avec un buffet d'entrées, un plat de jour et un dessert.

Le gîte

■ **CHÂTEAU DU PAVILLON**
Rue du Gué-Baron
✆ 02 51 06 55 99
annie.gilbert.rio@orange.fr

Fermé du 15 octobre au 30 avril. 4 chambres (et 2 gîtes). Chambre double à partir de 90 €.

Annie et Gilbert Rio vous accueillent pour un week-end romantique au château, dans leur 4 chambres d'hôtes. Ce château néoromantique est entouré d'un parc du XVIIIe siècle de 8 ha. Des chambres spacieuses, avec du beau parquet et richement meublées, pour un week-end d'un autre temps. Egalement deux gîtes, «Carabosse» et «Mélusine», situés dans l'enceinte du château du Pavillon. Les deux gîtes, labellisés 4 Clés chez Clévacances, d'une superficie unitaire de 160 m², peuvent loger chacun entre 6 à 8 personnes. Ils disposent de 3 chambres et 3 salles de bains, salle à manger, cuisine aménagée, salon avec coin télé, 4 WC. Pour les extérieurs, vous profiterez d'une terrasse équipée de son salon de jardin et de l'indispensable barbecue pour les soirées d'été. L'autre atout, c'est la grande piscine. D'ici vous êtes entre Nantes et le Puy-du-Fou.

Loisirs

■ **CANOË-KAYAK DE LA BOULOGNE**
Moulin du Bourg
Rue de la Malcoute
✆ 02 51 31 03 84 / 06 87 97 01 80
www.ckboulogne85.free.fr
ckboulogne@gmail.com

Fermé du 15 septembre au 30 avril. Haute saison : ouvert tous les jours de 10h à 18h. Sur réservation hors saison. Tarifs canoë-kayak : 1h : 8 €/personne, 2h : 10 €, demi-journée : 12 €, journée : 15 €. Barque : 1h : 17 €, 2h : 24 €.

Voguez sur la Boulogne au cœur de la Vendée historique, en plein bocage. Entre amis ou en famille, pour une, deux ou quatre heures ou carrément la journée si vous voulez profiter de cette belle nature et pourquoi pas emmener le pique-nique et vous arrêter sur les berges. Le parcours offre de nombreuses opportunités pour découvrir le calme et la richesse des lieux. A votre disposition plusieurs types d'embarcation : barque, canoë ou kayak «sit-on-top» – qui offre les mêmes avantages que le canoë, le même confort, sauf que vous le faites en solo. Les barques peuvent accueillir jusqu'à 5 personnes, les balades en barque font 2h. Les canoës eux sont pour 3 personnes ou 2 adultes et 2 enfants au plus. Pour les plus jeunes, sont proposées des expéditions nautiques sur une partie du parcours.

Dans les environs

Saint-Philbert-de-Bouaine

Par sa position géographique insérée dans La Loire-Atlantique -Nantes n'est qu'à 20 km-, à la limite du Marais breton et du Bocage, la commune possède avant tout des atouts économiques. D'ailleurs c'est la première commune viticole de Vendée - muscadet, gros-plant, vins de pays… Au niveau du patrimoine, la croix de procession de l'église de Saint-Philbert-de-Bouaine mérite le détour. Cette croix qui date du XVIe siècle est en argent ciselé et agrémentée de 17 médaillons émaillés. Elle est dite processionnelle parce qu'elle servait lors des processions, très nombreuses du Moyen Age jusque vers 1950. Elle a obtenu le deuxième prix des objets religieux de la Renaissance française, décerné par le jury de l'Exposition universelle de Paris, en 1900.

■ DOMAINE DE LA BARRETIÈRE

La Barretière
✆ 02 51 09 58 96
www.barretiere-vincent.fr
domaine-de-la-barretiere@wanadoo.fr

Ouvert toute l'année. 5 chambres. Chambre simple 75 € ; chambre double 80 € ; chambre triple 110 €. Petit déjeuner inclus. Hammam, bain bouillonnant.

Cette ancienne et spacieuse maison au milieu de la nature, a été réaménagée avec goût et accueille ses visiteurs dans cinq chambres confortables, équipées de télévision, salle de bains avec WC, décorées sobrement. Tout est conçu pour un séjour de détente et de loisirs, avec même des promenades à cheval. Le petit déjeuner, fait de produits vendéens – comme la brioche – se prendra dans la salle à manger ou sur la terrasse ensoleillée. Une adresse au cœur de la Vendée historique, à deux pas du vignoble nantais et 20 minutes de Nantes, où vous profiterez d'un choix de loisirs comme nulle part ailleurs.

Saint-Sulpice-le-Verdon

Saint-Sulpice-le-Verdon doit l'origine de son nom au patronage d'une chapelle dédiée depuis 1182 à saint Sulpice, l'évêque de Bourges – mort en 591. Le surnom Verdon – Viridis : vert, verdoyant – ajouté à Saint-Sulpice vient d'un pré placé dans le fief de la Chabotterie, appelé « Pré Verdon ». L'histoire de Saint-Sulpice est marquée essentiellement par les guerres de Vendée et plus particulièrement, la prise de Charette le 23 mars 1796 dans le bois de la Chabotterie. La commune possède à ce titre un patrimoine riche avec le Logis de la Chabotterie, haut lieu historique des guerres de Vendée. Autre vestige, exposée dans l'église Notre-Dame, sa statue en bois dite «miraculeuse» de la Vierge Marie, préservée lors de l'incendie de l'église par les colonnes infernales le 28 février 1794. Autre curiosité, le Chêne-Chapelle (La Petite Chevasse), un chêne de plus de 1 000 ans d'âge dans lequel fut aménagée une chapelle rustique dédiée à Notre Dame du Sacré Cœur et de la Chevasse. Enfin, la Croix de Charette, qui n'est autre que le lieu de capture du général vendéen le 23 mars 1796 (guerres de Vendée).

■ LOGIS DE LA CHABOTTERIE ★★★

Montréverd ✆ 02 51 42 81 00
Voir page 17.

DOMAINE DE LA CHABOTTERIE
Logis de la Chabotterie
✆ 02 51 09 59 31 / 02 51 40 00 03
restaurant.thierrydrapeau@wanadoo.fr

Hôtel 4 étoiles. Restaurant. Ouvert du mercredi au samedi le midi et le soir ; le dimanche midi. Menus de 85 € à 210 €. Menu enfant : 19 € (pour les moins de 10 ans ou 48 €). Formule du midi : 39 €. Hôtel : chambres de 110 € à 295 € la nuit. Petit-déjeuner : 24 €. Label Tourisme & Handicap. Jardin. Terrasse.

Emprunte de saveurs de toutes les régions françaises, la cuisine de Thierry Drapeau, le chef aux deux macarons Michelin également nommé grand chef de la chaîne Relais et Châteaux à laquelle il adhère, se marie parfaitement avec l'élégance du cadre somptueux de ce logis du XVIIIe siècle, qu'il dirige avec son épouse Karine depuis onze ans. Dès les beaux jours, profitez de la terrasse au cœur du parc. Une cuisine de goût, moderne et épurée, riche en saveurs, qui joue avec textures et couleurs, avec une recherche permanente de la nouveauté et un souci du détail dans la présentation des assiettes. Laissez-vous tenter par le plat signature du chef : le lièvre à la royale. Depuis 2013, un magnifique hôtel 4 étoiles a vu le jour à quelques pas du logis. Un hôtel de luxe assez novateur et unique, au style épuré, avec une bonne touche d'audace. Quatorze chambres et suites spacieuses aux couleurs en harmonie avec la nature. Le style est classe et très design, sobre et très épuré, heureusement rehaussé par quelques touches de couleurs : c'est superbe ! Détendez-vous au bain bouillonnant et au sauna puis attardez-vous au salon de thé pour déguster les pâtisseries maison. Découvrez aussi la boulangerie, la chocolaterie et la boutique Thierry Drapeau. Bonne nouvelle : les tarifs des chambres ont considérablement baissé par rapport à l'an dernier.

■ CHOCOLATS SAVEUR ET NATURE

ZA La Grande Chevasse ✆ 03 22 27 71 53

Ouvert le mercredi de 14h30 à 18h30 ; le vendredi de 10h à 12h30 et de 14h30 à 18h30 ; le samedi de 10h à 12h30 et de 14h30 à 17h30. Jean-Michel Mortreau fabrique du chocolat bio. Ses chocolats sont au pur beurre de cacao, sans graisses végétales ajoutées et sans lécithine de soja, les chocolats et tous les ingrédients qui entrent dans les recettes de ce chocolatier sont issus de l'agriculture biologique. Les fèves proviennent de République dominicaine, du Pérou et d'Afrique de l'Ouest. Toutes les caractéristiques d'un grand chocolat se révèlent dans un fondant exceptionnel : finesse, arômes puissants, goût intense, souplesse et longueur en bouche… Vous retrouverez ses gourmandises également sur les tables des meilleurs restaurants de la région comme le restaurant de Thierry Drapeau à La Chabotterie à deux pas d'ici ou à La Robe à Montaigu, ou alors sur leur boutique en ligne, qui offre un vaste choix de chocolat : tablettes de chocolat noir, blanc ou au lait, ballotins de fruits enrobés, pralines et bonbons de chocolat, moulages et figurines…

LE CŒUR DE LA VENDÉE

Haras.

LE COEUR DE LA VENDÉE

LA ROCHE-SUR-YON ★

Ville créée en 1804 par Napoléon, La Roche-sur-Yon se situe au centre du département de la Vendée, et à moins de 30 minutes des plages. Elle domine la vallée de l'Yon, un lieu bucolique qui mérite le détour. La Roche-sur-Yon a connu un premier développement autour de son château et du quartier de la Vieille Horloge. Mais c'est surtout par la volonté de Napoléon que la ville va développer un nouveau visage : une forme pentagonale, une organisation en damier insérant des bâtiments puisant dans le registre néoclassique et un haras qui s'inscrit encore aujourd'hui dans la redécouverte des savoir-faire uniques des selliers et maréchaux-ferrants. Les bâtiments napoléoniens sont caractéristiques de la ville : le conservatoire – ancien tribunal, le théâtre, le haras, la préfecture, l'hôtel du département – ancien hôpital -, la cité Travot, les hôtels particuliers... Cet urbanisme fonctionnel s'articule autour de places dont la plus connue renvoie à son fondateur : la place Napoléon, au cœur de laquelle trône la statue de l'empereur sur son cheval, œuvre de Nieuwerkerke inaugurée en 1854 et symbole de la ville. Entièrement repensée, végétalisée et agrémentée de bassins depuis 2013, elle accueille d'étranges créatures imaginées par François Delarozière de la compagnie La Machine. Uniques en leur genre, ces animaux mécaniques attendent que vous les manipuliez afin de les faire sortir d'un long sommeil.

■ **OFFICE DE TOURISME**
7, place du Marché ✆ 02 51 36 00 85
www.ot-roche-sur-yon.fr
tourisme@larochesuryonagglomeration.fr
Basse saison : ouvert du mardi au samedi de 10h à 18h. Haute saison : du lundi au samedi de 10h à 19h.
L'office de tourisme vous accueille dans le quartier des Halles, à proximité immédiate de la place Napoléon et de la place de la Vieille-Horloge, cœur historique de la ville. Vous pourrez y trouver toutes les informations utiles à l'organisation de votre séjour sur le territoire de La Roche-sur-Yon, un service de billetterie et réserver des visites gratuites d'entreprise. Des audioguides vous menant « Sur les pas de Napoléon » peuvent également être loués. Pour les groupes, un service est à leur disposition pour organiser tout type de visite.

■ **VENDÉE TOURISME**
45, boulevard des Etats-Unis
www.vendee-tourisme.com
Vendée Tourisme met à votre disposition des informations pratiques pour réserver et organiser vos prochaines vacances ou week-ends en Vendée : des brochures mais également un site Internet valorisant le département et fourmillant d'informations pratiques. Vous retrouverez également les actualités en matière de tourisme, les animations, festivals, spectacles et de multiples informations pour sortir en Vendée toute l'année.

■ **VILLE DE LA ROCHE-SUR-YON**
Place Napoléon
✆ 02 51 47 47 47
www.ville-larochesuryon.fr
Vous pourrez retrouver toute l'actualité de La Roche-sur-Yon sur leur site internet en matière de culture, sport, loisirs, économie et projet urbain. C'est très bien fait et pratique avec un système de recherche par mots-clés efficace. Le site propose toute une partie informative sur les services municipaux, les démarches administratives, les marchés, le stationnement, les déplacements, l'environnement, mais aussi toutes les actualités, le sport, la culture, l'économie, les projets urbains, l'international et les associations, l'habitat, les étudiants, la famille... et le tourisme.

Points d'intérêt

■ **LES ANIMAUX DE LA PLACE** ★★
Place Napoléon
www.ville-larochesuryon.fr
Equipement ouvert toute l'année. Horaires variables selon saison. Gratuit.

Comment manipuler les animaux de la Place ?

Chaque animal de la place Napoléon est doté d'un poste de commande sur lequel sont indiquées les parties mobiles de son corps, les mouvements qu'il peut réaliser (déployer les ailes, ouvrir les yeux, lever les pattes...). Plusieurs types d'énergie permettent aux animaux de prendre vie : électrique (pour enrouler les câbles, pneumatique et hydraulique (vérins) et manuelle (cordes). Des temps de réaction différents selon les manettes utilisées sont à prévoir. D'autres réactions sont quasi immédiates pour les commandes à impulsion et bouton poussoir. Une trajectoire précise doit également être donnée aux manettes. Des flèches rouges sur les panneaux de commande indiquent la direction à prendre.

Bassins et Animaux de la Place.

Nés de l'imagination de François Delarozière, directeur artistique de la compagnie « La Machine », de fabuleux animaux mécaniques ont élu domicile dans les bassins de la place Napoléon. Certains rappellent l'expédition scientifique de Bonaparte en Égypte, d'autres sont inspirés de la faune française : un crocodile du Nil de 8 mètres de long, un dromadaire, un hippopotame et un ibis sacré côtoient ainsi un hibou grand duc, des flamants roses, une loutre et des grenouilles. Tous ces animaux sont manipulables gratuitement par le public, pendant les heures d'ouverture des postes de commande.

■ HARAS DE LA VENDÉE ★★

120, boulevard des Etats-Unis ✆ 02 51 37 48 48
www.haras.vendee.fr

Ouvert du 1er avril au 18 septembre. Haute saison : ouvert tous les jours de 10h à 19h. D'avril à juin et du 1er au 18 septembre : ouvert mercredi, samedi et dimanche de 14h à 18h. Hors période : sur réservation. Gratuit jusqu'à 18 ans. Adulte : 5 €. Jeune de 18 à 25 ans : 3 €. Pass Vendée : 21 €. Animations, spectacles équestres.

Construit en 1843, le haras s'étend sur plus de 4,5 ha au centre de La Roche-sur-Yon. Conçu par l'architecte Malet, il se distingue par deux bâtiments de référence. Le tout, dans un jardin à l'anglaise, véritable poumon vert au centre de la ville. Le Haras de la Vendée vous invite à découvrir des spectacles équestres de création, son conservatoire de chevaux, et ses animations pour toute la famille. Durant toute la période d'ouverture des animations pédagogiques pour petits et grands et en juillet et août un grand spectacle équestre chaque après-midi.

Monuments

■ ÉGLISE SAINT-LOUIS ★

Place Napoléon

Renseignements à l'Office de tourisme.

Monument majeur de la ville, l'église commencée en 1812, et consacrée en 1830 sous le nom de Saint-Louis, marque la place Napoléon par son caractère monumental. Conçue par l'ingénieur Vallot sur le plan d'une basilique antique, l'église est surtout remarquable par l'ampleur de son espace intérieur. On remarque notamment le puissant entablement continu reposant sur deux lignes de colonnes aux chapiteaux corinthiens, et la belle voûte en bois constituée de caissons encadrant des rosaces peintes en grisaille. A voir, la Vierge à l'Enfant, une statue en bois polychrome du XIVe siècle. L'église Saint-Louis a été classée Monument historique en 1982.

■ MAISON RENAISSANCE

12, place de la Vieille-Horloge

Renseignements à l'Office de tourisme.

Sur la place de la Vieille Horloge, vestige des anciennes constructions embryonnaires de la cité, se dresse la maison Renaissance. Cette demeure construite en 1566, sur le modèle italien, est la plus ancienne de la ville. Elle a été classée Monument historique en 1930. Elle abrite deux espaces d'exposition : au premier niveau, l'histoire, l'évolution de la ville et de son urbanisme du XIe siècle à nos jours. Au second niveau : l'exposition « René Couzinet, créateur d'avions (1904-1956) » consacrée à cet ingénieur vendéen, concepteur de nombreux prototypes et père de « L'Arc en Ciel ». Piloté par Mermoz, cet avion fut le premier à traverser l'Atlantique Sud.

■ SITES CULTURELS DU CONSEIL DEPARTEMENTAL DE LA VENDÉE

www.sitesculturels.vendee.fr

Retrouvez de hauts lieux historiques préservés, des muséographies innovantes, des animations pour toute la famille au travers de 7 grands sites de Vendée : le Logis de la Chabotterie à St-Sulpice-le-Verdon, le Château de Tiffauges, l'Historial de la Vendée aux Lucs-sur-Boulogne, l'abbaye de Nieul-sur-l'Autise et l'abbaye de Maillezais, le Haras de la Vendée à La Roche-sur-Yon et le Prieuré de Grammont à St-Prouant. Renseignez-vous sur le Pass Vendée qui vous propose des conditions préférentielles sur tous les sites du Conseil Départemental et de nombreux autres avantages.

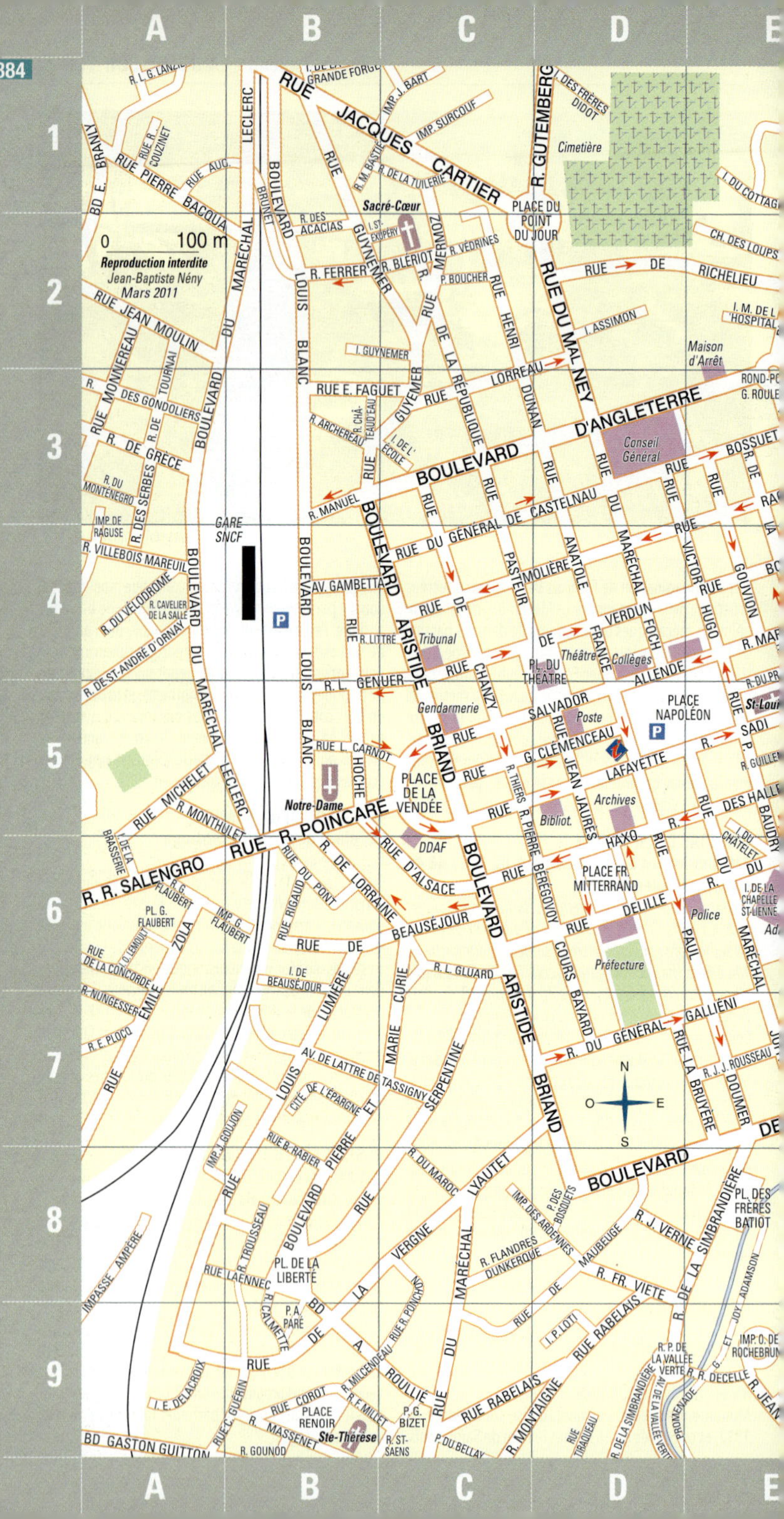
A
B
C
D
E
1
2
3
4
5
6
7
8
9
0
100 m
Reproduction interdite
Jean-Baptiste Nény
Mars 2011
RUE JACQUES CARTIER
R. GUTEMBERG
Cimetière
PLACE DU POINT DU JOUR
Sacré-Cœur
RUE DE RICHELIEU
CH. DES LOUPS
RUE DU MAL NEY
RUE JEAN MOULIN
BOULEVARD DU MARÉCHAL LECLERC
BOULEVARD LOUIS BLANC
RUE DE LA RÉPUBLIQUE
RUE HENRI DUNANT
RUE LORREAU
Maison d'Arrêt
BOULEVARD D'ANGLETERRE
Conseil Général
RUE BOSSUET
RUE DU GÉNÉRAL DE CASTELNAU
GARE SNCF
BOULEVARD ARISTIDE BRIAND
AV. GAMBETTA
RUE DE VERDUN
Tribunal
Théâtre
Collèges
PL. DU THÉÂTRE
RUE ALLENDE
PLACE NAPOLÉON
Gendarmerie
Poste
RUE SALVADOR
RUE G. CLÉMENCEAU
RUE LAFAYETTE
PLACE DE LA VENDÉE
Notre-Dame
Archives
Bibliot.
RUE R. POINCARÉ
R. R. SALENGRO
DDAF
RUE D'ALSACE
PLACE FR. MITTERRAND
Police
RUE DE BEAUSÉJOUR
Préfecture
COURS BAYARD
R. DU GÉNÉRAL GALLIÉNI
N
O
E
S
BOULEVARD
AV. DE LATTRE DE TASSIGNY
RUE SERPENTINE
PL. DE LA LIBERTÉ
BD A. ROULLIER
RUE DU MARÉCHAL LYAUTEY
RUE RABELAIS
RUE MONTAIGNE
PL. DES FRÈRES BATIOT
PLACE RENOIR
Ste-Thérèse
BD GASTON GUITTON
IMPASSE AMPÈRE

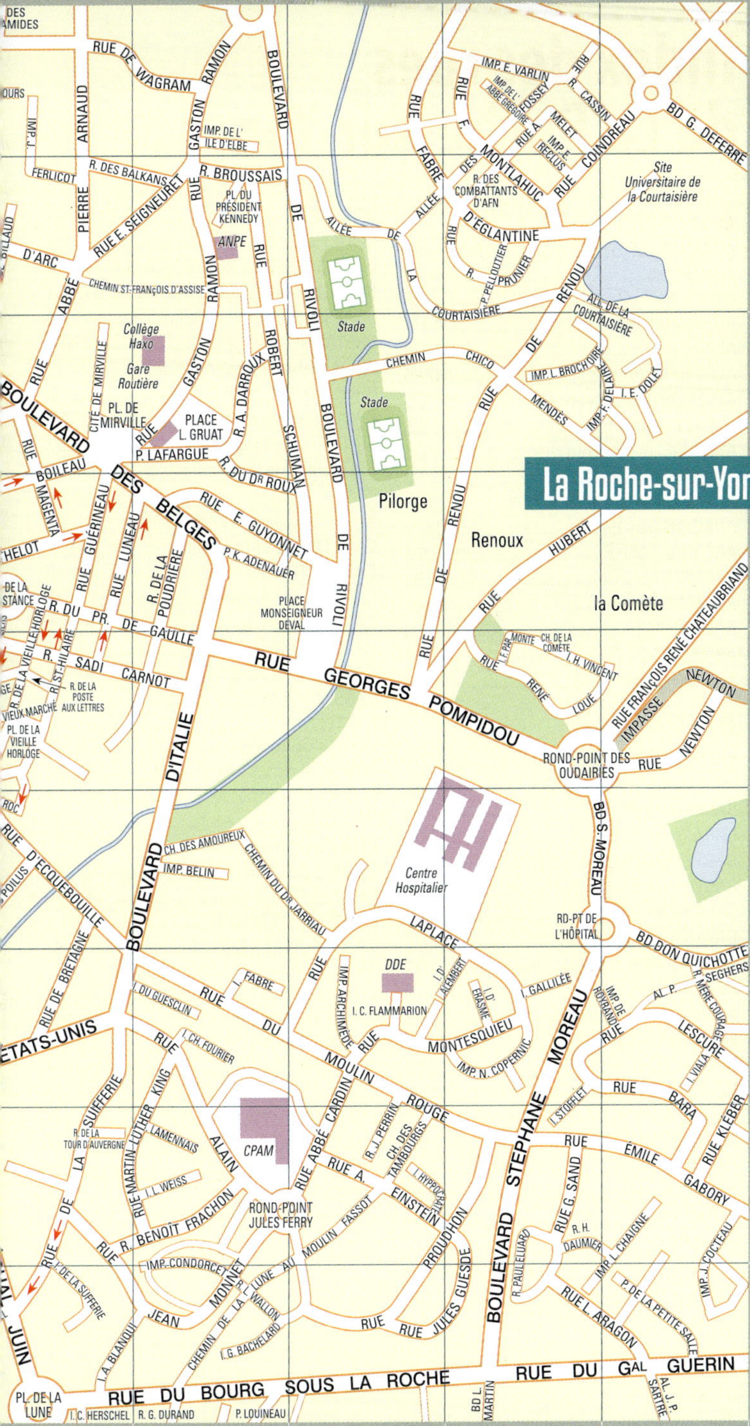

F
G
H
I
J
1
2
3
4
5
6
7
8
9
La Roche-sur-Yon
Site Universitaire de la Courtaisière
Collège Haxo
Gare Routière
Stade
Stade
Pilorge
Renoux
la Comète
Centre Hospitalier
ANPE
DDE
CPAM
RUE DE WAGRAM
GASTON RAMON
BOULEVARD DE RIVOLI
IMP. DE L'ILE D'ELBE
R. BROUSSAIS
R. DES BALKANS
RUE E. SEIGNEURET
PIERRE ARNAUD
IMP. J. FERLICOT
PL. DU PRÉSIDENT KENNEDY
CHEMIN ST-FRANÇOIS D'ASSISE
RUE ABBÉ
D'ARC
CITÉ DE MIRVILLE
PL. DE MIRVILLE
PLACE L. GRUAT
P. LAFARGUE
R. A. DARRAUX
ROBERT SCHUMAN
R. DU Dr ROUX
BOULEVARD DES BELGES
RUE BOILEAU
MAGENTA
RUE GUÉRINEAU
RUE LUNEAU
R. DE LA POUDRIÈRE
RUE E. GUYONNET
P. K. ADENAUER
PLACE MONSEIGNEUR DEVAL
R. DU PR. DE GAULLE
R. SADI CARNOT
R. ST-HILAIRE
R. DE LA VIEILLE HORLOGE
R. DE LA POSTE AUX LETTRES
VIEUX MARCHÉ
PL. DE LA VIEILLE HORLOGE
RUE GEORGES POMPIDOU
BOULEVARD D'ITALIE
IMP. E. VARLIN
IMP. DE L'ABBÉ GRÉGOIRE
FOSSEY
R. CASSIN
RUE F. MONTLAHUC
RUE FABRE
RUE COINDREAU
BD G. DEFERRE
MELET
IMP. E. RECLUS
RUE A.
R. DES COMBATTANTS D'AFN
D'ÉGLANTINE
ALLÉE DE LA COURTAISIÈRE
R. PELLOUTIER
PRUNIER
RUE DE RENOU
ALL. DE LA COURTAISIÈRE
CHEMIN CHICO MENDÈS
IMP. L. BROCHOIRE
IMP. F. DELAIRE
I. E. DOLET
RUE HUBERT
MONTE
CH. DE LA COMÈTE
I. H. VINCENT
RUE RENÉ LOUÉ
RUE FRANÇOIS RENÉ CHATEAUBRIAND
IMPASSE NEWTON
RUE NEWTON
ROND-POINT DES OUDAIRIES
BD S. MOREAU
RD-PT DE L'HÔPITAL
BD DON QUICHOTTE
R. MÈRE COURAGE
SEGHERS
AL. P. LESCURE
IMP. DE ROXRAND
I. VIALA
CH. DES AMOUREUX
IMP. BELIN
CHEMIN DU Dr JARRIAU
LAPLACE
IMP. ARCHIMÈDE
I. C. FLAMMARION
I. D'ALEMBERT
I. D'ÉRASME
I. GALLILÉE
MONTESQUIEU
IMP. N. COPERNIC
RUE DU MOULIN ROUGE
I. FABRE
I. DU GUESCLIN
RUE D'ECQUEBOUILLE
RUE DE BRETAGNE
ÉTATS-UNIS
POILUS
I. CH. FOURIER
RUE ABBÉ CARDIN
R. J. PERRIN
CH. DES TAMBOURGS
RUE A. EINSTEIN
I. HYPPOCRATE
PROUDHON
BOULEVARD STÉPHANE MOREAU
I. STOFFLET
RUE BARA
RUE KLÉBER
RUE ÉMILE GABORY
RUE G. SAND
R. H. DAUMIER
IMP. L. CHAIGNE
IMP. J. COCTEAU
R. PAUL ELUARD
RUE L. ARAGON
P. DE LA PETITE SALLE
RUE DE LA SUFFERIE
R. DE LA TOUR D'AUVERGNE
RUE MARTIN-LUTHER KING
LAMENNAIS
I. L. WEISS
ALAIN
R. BENOÎT FRACHON
ROND-POINT JULES FERRY
RUE DU MOULIN FASSOT
IMP. CONDORCET
JEAN MONNET
R. L. WALLON
AU LUNE
I. DE LA SUFFERIE
RUE JULES GUESDE
I. A. BLANQUI
CHEMIN DE LA
I. G. BACHELARD
RUE DU BOURG SOUS LA ROCHE
RUE DU GAL GUERIN
AL. J. P. SARTRE
BD L. MARTIN
PL. DE LA LUNE
I. C. HERSCHEL
R. G. DURAND
P. LOUINEAU
JUIN
DES AMIDES
DE LA STANCE
F
G
H
I
J

Index des rues de La Roche-sur-Yon

A

ACACIAS (rue des) B2
ADAMSON (promenade G. et JOY) D9/E8
ADENAUER (passage K.) G4/H4
ALAIN (rue) G7/G8
ALEMBERT (impasse d') H7/I6
ALLENDE (rue Salvador) C5/D5
ALSACE (rue D') C6
AMOUREUX (chemin des) G6
AMPÈRE (impasse) A8
ANGLETERRE (boulevard D') C3/D3
ARAGON (rue L.) I8/I9
ARC (rue J. D') E2/F2
ARCHEREAU (rue) B3
ARCHIMÈDE (impasse) H6/H7
ARDENNES (impasse des) C7/D8
ARNAUD (rue Abbé Pierre) F3/F1
ASSIMON (impasse) D3/D2

B

BACHELARD (impasse G.) G9
BACQUA (rue Pierre) A2/B2
BALKANS (rue des) F2/G2
BARA (rue) I7/J7
BART (impasse J.) C1
BASTIÉ (rue M.) B2/C1
BAUDRY (rue P.) E5
BAYARD (cours) D6/D7
BEAUSÉJOUR (impasse de) B6
BEAUSÉJOUR (rue de) B6/C6
BELGES (boulevard des) F3/G4
BELIN (impasse) G6
BELLAY (passage du) C9
BÉRÉGOVOY (rue Pierre) C5/D6
BERTHELOT (rue Marcellin) E4/F4
BILLAUD (rue de L'Abbé) F3/F2
BIZET (passage G.) C9
BLANC (boulevard Louis) B2/B3
BLANQUI (impasse A.) F9/G9
BLÉRIOT (rue) C2
BOILEAU (rue) E4
BOSQUETS (passage des) D8
BOSSUET (rue) D3/E3
BOUCHER (passage) C2
BOURG SOUS LA ROCHE (rue du) ..G9/H9
BRANLY (boulevard E.) A2/A1
BRASSERIE (impasse de la) A5/A6
BRETAGNE (rue de) F7/F6
BRIAND (boulevard Aristide) C6/D7
BROCHOIRE (impasse L.) I3
BROUSSAIS (rue) G2
BRUNET (rue Auguste) B1
BRUYÈRE (rue la) D7/E7

C

CAILLER (rue Hubert) I4/J4
CALMETTE (rue) B8
CARDIN (rue Abbé) H8/H7
CARNOT (rue L.) B5/C5
CARNOT (rue Sadi) E5
CARTIER (rue Jacques) B1/C2
CASSIN (rue R.) I1/I2
CASTELNAU (rue du Général de) C4/D3
CAVELIER de LA SALLE (rue) A4
100 JOURS (impasse des) E2/F2
CHAIGNE (impasse L.) I8/J8
CHANZY (rue de) C4/C5
CHAPELLE ST-LIENNE (impasse de la) ..E6
CHARLOPEAU (rue G.) E9/E8
CHÂTEAU D'EAU (rue) B3/C3
CHATEAUBRIAND (rue François René) I5/J4
CHÂTELET (impasse du) E5/E6
CHICO MENDÈS (chemin) H3/I3
CLÉMENCEAU (rue G.) C5/D5
COCTEAU (impasse J.) J8
COINDREAU (rue) I2
COMBATTANTS D'AFN (rue des) H2
COMÈTE (chemin de la) I5
CONCORDE (rue de la) A6
CONDORCET (impasse) G8
COPERNIC (impasse N.) H7/I7
COROT (rue) B9
COTTAGE (impasse du) E2
COURTAISIÈRE (allée de la) H2/I3

COUZINET (rue R.) A2/A1
CURIE
(boulevard Pierre et Marie)................B8/C6

D

DARROUX (rue A.) G3
DAUMIER (rue H.) I8
DECELLE (rue R.) D9/E9
DEFERRE (boulevard G.)............................. J2
DELACROIX (impasse E.)................... A9/B9
DELAIRE (impasse F.) I3
DELILLE (rue).. D6
DEVAL (place Monseigneur) G4
DOLET (impasse E.)................................. I3/J3
DON QUICHOTTE (boulevard)............ I6/J6
DOUMER (rue Paul) D6/E7
DUNAN (rue Henri) C2/D3
DURAND (rue G.) G9

E

ECOLE (impasse de l') C3
ECQUEBOUILLE (rue D') F6
EINSTEIN (rue A.).. H8
ELUARD (rue Paul).. I8
EPARGNE (cité de L') B7
ERASME (impasse d') I7
ETATS-UNIS (boulevard des) D7/F7

F

FABRE (impasse) G7
FABRE D'EGLANTINE (rue)...................H2/I2
FAGUET (rue E.) B3/C3
FAISANDERIE (rue de la)...................... E3/E2
FERLICOT (impasse J.)................................. F2
FERRER (rue)...B2/C2
FERRY (rond-point Jules).......................... G8
FLAMMARION (impasse C.) H7
FLANDRES DUNKERQUE (rue).........C8/D8
FLAUBERT (impasse G.).............................. B6
FLAUBERT (place G.)................................... A6
FOCH (rue du Maréchal)......................D3/D4
FONTAINE (rue de la) E3/E4
FOSSEY (allée des) H2/I2
FOURIER (impasse chemin)...................... G7
FRACHON (rue Benoît) G8
FRANCE (rue Anatole)..........................D3/D4
FRÈRES BATIOT (place des) E7
FRÈRES DIDOT (impasse des).................. D1
FRÈRES MARTEL (passage des) E9/F8
FRIEDLAND (rue de) E3/E1

G

GABORY (rue Emile) I7/J8
GALLIÉNI (rue du Général)................ D7/E6
GALLILÉE (impasse)...................................... I7
GAMBETTA (avenue)............................B4/C4
GATE BOURSE (ruelle de la) E6
GAULLE (rue du Président de).......... E5/E4
GENUER (rue L.)..................................B5/C5
GLUARD (rue L.) C6
GONDOLIERS (rue des) A3/B3
GOUJON (impasse J.) B7
GOUNOD (rue) B9
GOUVION (rue)...................................... E3/E4
GRANDE FORGE (impasse de la) B1/C1
GRÈCE (rue de) A3
GRÉGOIRE (impasse de l' Abbé)..........I1/I2
GRUAT (place L.)... G3
GUÉRIN (rue C.) B9
GUERIN (rue du Général)..................... I9/J9
GUÉRINEAU (rue)... F4
GUESCLIN (impasse du)............................ G7
GUESDE (rue Jules) H9/I8
GUILLEME (rue) E5
GUITTON (boulevard Gaston) A9
GUTEMBERG (rue) D2/D1
GUYEMER (rue).. C3
GUYNEMER (impasse) C3
GUYONNET (rue E.) G4/H4

H

HALLES (rue des) D5/E5
HAXO (rue)..C6/D5
HERSCHEL (impasse C.).............................. F9
HOCHE (rue)..B4/C5
HOSPITAL (impasse M. de L')............ E2/E3
HOSPITAL (Rond-Point de L').................... I6
HUGO (rue Victor) D3/E4
8 MAI (rue du)... E5
HYPPOCRATE (impasse)............................ H8

I-J

IENA (rue D')... F1
ILE D'ELBE (impasse de l')......................... G2
ITALIE (boulevard D')..........................G6/G5
JARDINIERS (passage des) E5

JARRIAU (chemin du Docteur) G6/H6
JAURÈS (rue Jean) D5
JOFFRE (rue du Maréchal) D5/E7
JUIN (rue du Maréchal) E7/F9

K

KENNEDY (place du Président) G2
KLEBER (rue) J8/J7

L

LAENNEC (rue) B8
LAFARGUE (passage) G4
LAFAYETTE (rue) C5/D5
LAMENNAIS (impasse) G7/G8
LANZIER (rue L. G.) A1
LAPLACE (rue) H7/H6
LATTRE de TASSIGNY (avenue de) .. B7/C7
LAUNOIS (rue Jean) E9
LECLERC (boulevard du Maréchal) B4/B5
LEMOULT (impasse O.) A6
LESCURE (rue) I7/J7
LIBERTÉ (place de la) B8
LITTRÉ (rue) C4
LORRAINE (rue de) B6/C6
LORREAU (rue) C3
LOTI (impasse P.) D8
LOUÉ (rue René) I5
LOUINEAU (passage) G9
LOUPS (chemin des) E2
LUMIÈRE (rue Louis) B7/B6
LUNE (place de la) F9
LUNE AU MOULIN FASSOT (chemin de la) G9/H8
LUNEAU (rue) G4
LUTHER KING (rue Martin) G8/G7
LYAUTET (rue du Maréchal) C9/C7

M

MAGENTA (rue) F4
MALESHERBES (rue) F5
MANUEL (rue) B4
MARCHÉ (place du) E5
MARNE (rue de la) E3/E4
MAROC (rue du) C7/C8
MARTIN (boulevard L.) I9
MASSENET (rue) B9
MAUBEUGE (rue de) C8/D8
MELET (rue A.) I2
MÈRE COURAGE (rue) J7
MERMOZ (rue) C2
MICHELET (rue) A5/B5
MILCENDEAU (rue) B9/C8
MILLET (rue F.) B9/C9
MIRVILLE (cité de) F3
MIRVILLE (place de) F3
MITTERRAND (place François) D6
MOLIÈRE (rue) C4/D4
MONNEREAU (rue) A3
MONNET (rue Jean) F8/G8
MONTAIGNE (rue) C9/D9
MONTÉNEGRO (rue du) A3/A4
MONTESQUIEU (rue) H7/I7
MONTHULET (rue) B5
MONTLAHUC (rue F.) I1/I2
MOREAU (boulevard Stéphane) I8/I7
MOULIN (rue Jean) A2/B3
MOULIN ROUGE (rue du) G7/H7

N

NAPOLÉON (place) D5
NEWTON (rue) I5/J5
NEY (rue du Maréchal) D2/D3
NUNGESSER (rue) A6

O

11NOVEMBRE (rue du) E4
OUDAIRIES (rond-point des) I5

P

PAR MONTE (impasse F.) I5
PARÉ (passage A.) B8
PASSAGE (rue du) F5
PASTEUR (rue) C3/C4
PELLOUTIER (passage) I3/I2
PERRIN (rue J.) H8/H7
PETITE SALLE (passage de la) I8/J9
PLOCQ (rue E.) A7
POILUS (rue des) E7/E6
POINCARÉ (rue R.) B6/C5
POINT du JOUR (place du) C2
POISSONNERIE (rue de la) E5
POMPIDOU (rue Georges) G5/I5
PONCHON (rue R.) C8
PONT (rue du) B6
POSTE AUX LETTRES (rue de la) F5

POUDRIÈRE (rue de la)................................G4
PROUDHON (rue)................................H9/H8
PRUNIER (rue R.)................................H2/I2
PYRAMIDES (rue des)................................F1

Q-R

93E R.I. (rue du)................................E6
RABELAIS (rue)................................C9/D9
RABIER (rue B.)................................B7
RACINE (rue)................................D4/E3
RAGUSE (impasse de)................................A4
RAMON (rue Gaston)................................G4/G3
RECLUS (pass. Elisée)................................I2
RENOIR (place)................................B9
RENOU (rue de)................................H5/H4
RÉPUBLIQUE (rue de la)................................C2/C3
RÉSISTANCE (place de la)................................F4
RICHELIEU (rue de)................................D2/E2
RIGAUD (rue)................................B6
RIVOLI (boulevard de)................................G1/H3
ROC (rue du)................................F5/F6
ROCHEBRUNE (impasse O. de)................................E8
ROULLIÉ (boulevard A.)................................B8/C9
ROULEAU (rd-pt Gilbert)................................E3
ROUSSEAU (rue J. J.)................................E7
ROUX (rue du Docteur)................................G4/H4
ROYRAND (imapsse de)................................J7

S

SALENGRO (rue R.)................................A6/B6
SAND (rue Georges)................................I8
SARTRE (allée J. P.)................................J9
SCHUMAN (rue Robert)................................G2/H4
SEGHERS (allée P.)................................J7/J6
SEIGNEURET (rue E.)................................F2/G2
SERBES (rue des)................................A4/A3
SERPENTINE (rue)................................C8/C7
SIMBRANDIÈRE (rue de la)................................D8/E7
ST-ANDRÉ D'ORNAY (rue de)................................A5/A4
ST-EXUPÉRY (impasse)................................C2
ST-FRANÇOIS D'ASSISE (chemin)................................F3/G3
ST-HILAIRE (rue)................................F5
ST-SAENS (rue)................................C9
STOFFLET (impasse)................................I7
SUFFERIE (impasse de la)................................F8
SUIFFERIE (rue de la)................................F8/G7
SURCOUF (impasse)................................C1

T

TAMBOURGS (chemin des)................................H8/H7
THÉÂTRE (place du)................................C4
THIERS (rue)................................C5
TIRAQUEAU (rue)................................D9
TOUR D'AUVERGNE (rue de la)................................F7/G7
TOURNAI (rue de)................................A3
3 PILIERS (rue des)................................F5
TROUSSEAU (rue)................................B8
TUILERIE (rue de la)................................C2

V

VALLÉE VERTE (avenue de la)................................D9
VALLÉE VERTE (rue P. de la)................................D8
VARLIN (impasse E.)................................I1
VÉDRINES (rue)................................C2
VÉLODROME (rue du)................................A4
VENDÉE (place de la)................................C5
VERDUN (rue de)................................C5/D4
VERGNE (rue de la)................................B9/C8
VERNE (rue J.)................................D8
VIALA (impasse)................................J7
VICTOIRES (place des)................................E1
VIEILLE HORLOGE (place de la)................................F5
VIEILLE HORLOGE (rue de la)................................F5/F4
VIETE (rue Fr.)................................D8
VIEUX MARCHÉ (rue du)................................F5
VILLEBOIS MAREUIL (rue)................................A4
VINCENT (impasse H.)................................I5

W

WAGRAM (rue de)................................F1/G1
WALLON (rue L.)................................G8
WEISS (impasse L.)................................G8

Z

ZOLA (rue Emile)................................A7/B6

LE THÉÂTRE

Place du Théâtre

Renseignements à l'Office de tourisme.

En 1843, la ville décide de construire un théâtre place des Vieilles casernes en face de la préfecture. Il doit remplacer une salle de spectacle, abritée dans les halles depuis le premier empire. Construit en pierre de Charente, l'édifice s'inscrit dans l'histoire du théâtre moderne apparu au XVIIIe siècle en Italie avec une salle en forme de fer à cheval. La salle, à l'italienne, est entièrement construite en bois. Son plafond, richement orné, contraste avec l'aspect de temple antique de sa façade. La décoration intérieure (coupole et pourtour des loges) est due à l'artiste Louis-Lucien Penne. Restauré entièrement en 2004, le théâtre de La Roche-sur-Yon est un monument public intéressant à redécouvrir.

Musées

MUSÉE DU CHOCOLAT

Zone Bell
38, rue Paul-Emile-Victor
✆ 02 51 24 22 40
www.chocolats-gelencser.com

Qualité Tourisme. Basse saison : ouvert le mardi, le jeudi et le vendredi de 14h à 19h ; le mercredi et le samedi de 10h à 19h. De juin à août : du mardi au samedi de 10h à 19h et le dimanche de 14h à 19h. En avril, mai et septembre : mardi, jeudi, vendredi et dimanche de 14h à 19h ; mercredi et samedi de 10h à 19h. Gratuit jusqu'à 6 ans. Adulte : 5,50 €. Enfant (de 6 à 12 ans) : 3,50 €. Visite guidée (sans réservation pour les individuels, et sur réservation pour les groupes à partir de 15 personnes). Boutique, vente de chocolats.

Le grand nom du chocolat vendéen, Patrick Gelencser, a ouvert son musée du Chocolat à l'été 2014, juste à côte de sa seconde boutique yonnaise située vers le Cinéville, zone Bell. Sur plus de 300 m², au travers de six univers, le musée offre un parcours sensoriel qui débute par l'histoire du cacao, ses origines, de la civilisation Maya aux temps Modernes. Le parcours est rythmé par des animations ludiques pour les petits comme les grands, qui découvriront entre autres les techniques de travail d'un chocolat artisanal, sans oublier des dégustations qui titillent les papilles. La visite se termine par l'espace boutique où vous retrouverez une partie des spécialités de ce grand chocolatier, sans doute le meilleur de Vendée ! Sachez qu'une partie de la production de chocolat est fabriquée ici même (ce qui est très rare) : Patrick Gelencser achète les fèves et les torréfie pour en faire un chocolat unique que vous ne goûterez nul part ailleurs. De douces effluves de chocolat s'exhalent tout au long du parcours, alors inutile de résister : succombez, c'est permis ! Une sortie enrichissante, à la fois éducative et ludique, gourmande bien sûr, à faire en famille, et qui ravira les chocophiles.

MUSÉE MUNICIPAL D'ART

Rue Jean-Jaurès
✆ 02 51 47 48 35
www.ville-larochesuryon.fr
musee@ville-larochesuryon.fr

Renseignements à l'Office de tourisme.

Le musée de La Roche-sur-Yon a été créé dans la seconde moitié du XIXe siècle, quelques années seulement après la fondation de la ville par Napoléon Ier en 1804. Ses collections variées abordent aussi bien les beaux-arts, que les arts décoratifs ou l'archéologie. Ses deux domaines de prédilection sont toutefois la peinture et les arts graphiques depuis le XIXe siècle, ainsi que la photographie contemporaine. Des paysages classiques ou proches de l'école de Barbizon, des portraits et de grandes compositions du XIXe siècle complètent un fonds intéressant de peintures et de dessins de la main de Paul Baudry (1828-1886), peintre originaire de La Roche-sur-Yon qui connut une grande renommée sous le second Empire (notamment pour ses décors de l'Opéra Garnier à Paris). Benjamin Rabier (1864-1939), autre enfant du pays, et célèbre illustrateur, auteur entre autres de la «Vache qui rit» et du canard Gédéon, est également représenté à travers une collection de dessins et de planches originales, ainsi que diverses autres productions.

Balades, flâneries

■ CENTRE BEAUTOUR

Route de Beautour
✆ 02 51 24 32 40
Accès Parc ÉCO 85

Fermé du 1er au 25 janvier. Basse saison : ouvert du mardi au vendredi, le dimanche et les jours fériés de 14h à 18h. Haute saison : du lundi au vendredi de 10h30 à 19h ; le week-end et les jours fériés de 14h à 19h. Gratuit jusqu'à 5 ans. Adulte : 5 €. Enfant (de 6 à 15 ans) : 3,50 €.

Le Centre Beautour, centre régional de découverte de la biodiversité, est né de l'héritage d'un homme, naturaliste et notable vendéen, Georges Durand (1886-1964). Sa passion pour l'étude naturaliste l'a conduit à constituer une exceptionnelle collection : 2 herbiers de 4 500 plantes, 4 000 oiseaux dont 2 600 capturés en Vendée et 150 000 insectes. Le Centre Beautour propose des expositions toute l'année, elles sont au nombre de quatre : deux salles sont dédiées à la collection du naturaliste Georges Durand, une à l'agriculture en région Pays de la Loire, et une exposition saisonnière... Un programme d'animations, des événements, un cycle de conférences permettent de mieux comprendre les questions d'environnement. Les tablettes tactiles offrent un riche contenu documentaire, utilisant la technique de la réalité augmentée (objets en 3D). Textes et livrets spécialement destinés aux enfants. Les 8 ha du parc sont en accès libre : jardin de roches, clos des insectes, bassins et mares, autant de lieux propices à la promenade.

Le couvert

■ À LA FERME

4, place Napoléon
Galerie Empire
✆ 02 51 31 13 35

Ouvert du lundi au samedi le midi et le soir. Menu enfant : 5,80 €. Accueil des groupes. Terrasse.

Avec les animaux articulés à côté, rien de plus normal de trouver une ferme place Nap'. Pas besoin de bottes pour y accéder, rendez-vous au numéro 4 de la place Napoléon et traversez la galerie Empire pour accéder. Alex et Nico, qui travaillaient déjà ici, en ont repris les

rênes. Le lieu est connu pour ses spécialités variées aux portions généreuses et prix très corrects. Deux salles : une petite en bas, une grande à l'étage. La carte, variée, contentera toutes les envies : des galettes gourmandes, avec salade et frites, des raclettes copieuses (dont la fermière à l'andouille et l'impériale avec ses charcuteries), des planchas de viandes ou poissons, déclinées version coin-coin, plouf-plouf (saumon, Saint-Jacques et crevettes), cot cot ou mixtes, servies avec pommes de terre ou salade. Les tartiflettes l'hiver, font place aux moules/frites et grillades l'été. Les amateurs de viande se régaleront de l'entrecôte de 500 gr et 800 gr, avant de conclure sur une crêpe. Aux beaux jours, on s'installe en terrasse (il y en a deux) ; on peut laisser gambader les enfants, l'environnement est préservé des voitures. Une petite adresse simple et sympa, qui ne fera pas mal à votre porte-monnaie !

Des œuvres de Delacroix à La Roche-sur-Yon !

Du 19 mars au 19 juin 2016, le Musée municipal d'Art présente une exposition organisée en collaboration avec le Musée de la vie romantique de Paris « Visages de l'effroi - Violence et fantastique de David à Delacroix ». La Roche-sur-Yon sera la seule ville de province à accueillir des œuvres uniques : tableaux, dessins, sculptures de David, Girodet, Géricault, Ingres ou Delacroix présentant les formes françaises du romantisme fantastique.
Renseignements : www.ville-larochesuryon.fr

AUX ALGUES ETC. NOUVEAU

13, place du Marché
✆ 02 51 41 46 59
auxalguesetc@gmail.com

Ouvert du mardi au samedi de 12h à 14h ; du jeudi au samedi de 19h à 21h30. Carte : 30 € environ. Menu enfant : 10,50 €. Formule du midi : 15 €.

Le quartier des Halles, qui s'inscrit dans un futur projet d'aménagement et de revalorisation, est décidément un repère de tables sympathiques. Et la petite dernière, créée courant 2015, ne manque pas d'originalité puisque son nom affiche clairement la couleur ou plutôt la thématique : aux algues, etc. Dans un joli espace, vous découvrirez des plats originaux, insolites, avec pour fil conducteur les algues : huîtres au beurre d'algues fraîches, burger au tofu-algues et carottes panées ou ballottine de poulet fermier à l'algue kombu et légumes anciens. Des produits frais, de saison, une carte courte, des associations originales, de jolies présentations, des découvertes gustatives très intéressantes. Le midi, pour la clientèle (en majeure partie féminine), une formule joliment baptisée Carpe Diem est proposée, avec le jour de notre passage la soupe du jour, puis nouilles sautées au bœuf et financier au chocolat, qui laissaient la place le lendemain à une crème de châtaigne et à une tarte poireaux-champignons.

L'ATABLE

20 bis, rue Raymond-Poincaré
✆ 02 51 36 21 35
restaurant-latable@orange.fr

Ouvert toute l'année. Fermé 15 jours en été. Du jeudi au mardi le midi ; le mardi et du jeudi au samedi le soir. Réservation recommandée. Menus de 28,90 € à 45 € (ou 20,90 € en 2 plats). Menu enfant : 9 €. Formule du midi : 13,90 € (ou 18,90 € en semaine).

Pas peu fier, le nom du chef, Christophe Teillet, trône en gros sur la façade noire vitrée de ce restaurant de la rue Raymond Poincaré. Il vous invite à vous mettre à table dans un décor moderne très réussi, original, où se mêlent le charme d'un pan de mur en pierres apparentes, quelques carrés de pelouse synthétique, un trompe-l'œil dessiné sur un autre mur. La salle accueille peu de couverts pour laisser au chef la possibilité de proposer une cuisine à base de produits frais uniquement, dont les producteurs ne sont autres que ses voisins de quartier. La carte est très (trop ?) courte, la cuisine est soignée et appliquée. En dehors de sa spécialité de longue date qu'est le crabe farci, difficile de citer un plat plutôt qu'un autre puisqu'ils changent quasiment chaque jour ! ! C'est une bonne table, seul petit bémol, les garnitures identiques pour chaque convive malgré des plats différents. En conclusion gourmande, des desserts simples mais bien exécutés à l'image de la tarte façon Tatin à l'ananas. En fin de service, il est fréquent de voir le chef vient faire son petit tour dans la salle.

BRASSERIE LE CLEMENCEAU

40, rue Georges-Clemenceau
✆ 02 51 37 10 20
www.brasserie-le-clemenceau.fr
contact@brasserie-le-clemenceau.fr

Maître Restaurateur. Ouvert toute l'année. Du dimanche au jeudi de 10h à 22h30 ; le vendredi et le samedi de 10h30 à 0h. Haute saison : tous les jours et les jours fériés de 9h à 0h. Menu enfant : 7,90 € (ou 9,90 €). Plat du jour : 9,90 €. Menus de 19,70 €, à 29,90 €. Ascenseur. Accueil des groupes. Terrasse. Vente à emporter. Ascenseur. Wifi gratuit. Salons privatifs climatisés. Carte de fidélité «Dîner».

Avec ses différentes salles, vérandas, terrasse et salons privatifs plébiscités pour des réunions de travail ou repas familiaux, le Clem' est un lieu convivial qui se fréquente à toute heure : pour le café du matin, un déjeuner d'affaires, une pause d'après shopping, autour d'une pâtisserie du salon de thé ; on s'y rejoint aussi pour un apéro entre amis en partageant une assiette de charcuterie, ou pour un dîner tardif après le théâtre. Car on apprécie ses horaires tardifs et l'ouverture 7j/7. Cette brasserie revendique une élaboration maison et véhicule la tradition bistrot et ses classiques : jarret de porc de 1 kg et son gratin, tartare de bœuf, andouillette, tête de veau, cuisse de canard confite. Et aussi des plats plus élaborés : petite brioche aux escargots, puis tamis de poisson vapeur, Saint-Jacques, moelleux de

ris de veau ou encore le hamburger du Clemenceau. En dessert, succombez aux profiteroles. En plus d'une carte fidélité «Dîner», des menus personnalisés, d'une carte de plats à emporter, le Clemenceau propose des «plateaux-repas», chauds et froids, accompagnés d'une salade et d'un dessert, et aussi des grandes assiettes pour répondre aux besoins des personnes pressées.

■ LA CHAUMIÈRE

Echangeur 31 - A87 – Route de Luçon
Bel Air ✆ 02 51 36 07 65
www.restaurant-lachaumiere85.fr
tleboeuf@sfr.fr

Ouvert toute l'année. Tous les jours le midi ; du jeudi au samedi le midi et le soir. Menus : 19 € et 24 €. Menu enfant : 8 €. Formule du midi : 13 € (sauf le dimanche). Accueil des groupes (séminaires : 2 salles de 25 et 50 personnes équipées. Mariages et événements). Jardin. Terrasse. Wifi.

La Chaumière est située près des grands axes, mais au calme, dans un environnement boisé, avec au pied de la maison, aux allures de chaumière, un étang et ses canards. Au rez-de-chaussée, deux espaces restauration : le bar et la salle, dans les tendances modernes actuelles avec des murs façon ardoise assortis au parquet et au mobilier, aquarium et cheminée moderne. L'autre atout : une grande terrasse ensoleillée devant laquelle les enfants jouent dans un espace sécurisé et un vaste parking. A l'étage, deux salles accueillent groupes et séminaires, nombreux à choisir l'adresse, eu égard à son super rapport qualité-prix et la cuisine maison. Outre le cadre et l'accueil sympas, on apprécie la douceur des prix et les portions généreuses, marque de fabrique de Thierry ! Des spécialités à la plancha et aussi des brochettes de poissons (Saint-Jacques, lotte ou royale), anguilles à la provençale, cuisses de grenouilles, filet de turbo, souris d'agneau confite au thym, foie gras maison. Les viandes de bœuf (françaises) sont proposées en filet, pavé, entrecôte, tartare, avec sauces maison et garnitures au choix. Quant aux vins, de belles bouteilles, et des prix très corrects. Une adresse conviviale.

■ LE BISTROT DU BOUCHER

10, rue de Verdun ✆ 02 51 09 90 42
www.bistrotduboucher.fr

Maître Restaurateur. Ouvert toute l'année. Tous les jours. Menus de 21,80 € à 33 €. Menu enfant : 8,30 €. Terrasse.

Le «BDB» marque son identité et sa différence par sa déco au style rétro moderne, le tout dans un esprit convivial et chaleureux, avec un atout supplémentaire : une jolie terrasse-patio. Le Bistrot du Boucher propose une cuisine française soignée, mijotée maison, autour de produits du terroir et de spécialités de viandes de premier choix, comme la très belle côte de bœuf de race de 1,2 kg à 1,5 kg, les tartares ou le pavé de chevillard, à accompagner d'un des bons vins. Ajoutons que toutes les recettes sont maison, avec parmi les plats du moment hamburger des alpages, croustillant de canard confit aux pleurotes, cocotte de rognons de veau confits, pot-au-feu, sans soublier les poissons dont la marmite de poissons ou le dos de lieu en croûte de chorizo. Les menus se renouvellent 4 fois par an ; l'ardoise du marché permet de varier les plaisirs avec des entrées, plats et desserts qui changent chaque jour. Grâce au menu tout compris (de l'apéritif au café, boissons comprises), les prix sont sans surprise et accessibles à tous les budgets. Et pour conclure sur une note sucrée, que diriez-vous du pain brioché façon pain perdu à la normande ou de la profiterole royale du Bistrot ?

■ LE KARO

Carreau des Halles
✆ 02 51 62 79 32
restaurant.lekaro@orange.fr

Ouvert toute l'année. Du mardi au samedi le midi et le soir. Menu unique à 27,80 € (ou 21,80 € en 2 plats). Formule du midi : 14,50 € (en 2 plats, ou 16,90 € en 3 plats). Terrasse.

Le restaurant d'Angélique et Julien fait partie des meilleures tables yonnaises. Posé au cœur des halles, le Karo offre une cuisine gourmande et créative qui n'en oublie pas les bases de la cuisine traditionnelle même si certains plats s'inspirent de voyages lointains. Julien travaille les produits frais de saison, normal vu sa proximité du marché des halles. Quelques plats à suppléments dans les menus permettent au chef de travailler des produits nobles. Le midi, l'axe est mis sur le menu du jour et les suggestions à l'ardoise. La carte change régulièrement et suggérait cet hiver un duo de joues de bœuf braisées et gambas, mousseline de topinambour parfumée à l'huile de truffe blanche, puis épaule de veau confite une nuit, petite épeautre, champignons de saison et noisettes torréfiées, mais nous avons choisi le pavé de cabillaud rôti en croûte de pain d'épices, pommes de terre grenailles confites et petits légumes. Les desserts sont à l'image du reste : savoureusement originaux comme ce finger mangue-agrumes, chantilly à la verveine et coulis aux fruits exotiques

LE CŒUR DE LA VENDÉE

■ MARIE STUART HOTEL

86, boulevard Louis-Blanc
✆ 02 51 37 02 24
www.mariestuarthotel.com
mariestuarthotel@wanadoo.fr

Fermé le samedi midi et le dimanche hors saison. Menus de 15 € à 29 €. Service traiteur pour repas de fête, buffets, cocktails. Accueil des groupes.

Vous aimez les lieux un brin décalés, vous voulez retrouver l'atmosphère cosy d'un intérieur et d'un accueil «à l'écossaise», rendez-vous au Marie-Stuart, face à la gare. Mr. and Mrs Drapeau tiennent cet établissement depuis 50 ans. Adorables, ils sont aux petits soins pour leurs hôtes. Avant de passer à table, lovez-vous dans le sofa face à la cheminée pour déguster une bière rare ou l'un des 100 whiskys fins d'Ecosse. Déco originale chaleureuse : murs rouge royal, moquette et rideaux écossais, cuivres, chandeliers, tout ça sous l'œil de Marie Stuart dont le portrait trône aux murs. La carte associe aux plats traditionnels français des spécialités écossaises comme le scotch egg, l'incontournable highlands steak – un pavé de bœuf avec de l'oatmeal, flambé devant vous, ou l'Angus Beef (pavé de bœuf écossais d'Aberdeen). Autre spécialité : le « rôti » du jour présenté dans un superbe chariot-trancheur en cuivre de 1847. Notre dessert préféré, le dumpling à suivre d'un gaelic-coffee. Venez passer l'Afternoon Tea ici autour d'un thé et de pâtisseries maison : scones, cake irlandais, brandy snap, gâteau aux fruits et 4 épices. Le Marie Stuart est une bulle douillette hors du temps.

■ LE PAS SAGE

3, place Napoléon
Galerie Empire
✆ 02 51 24 89 66
le.pas.sage@orange.fr

Ouvert du mardi au samedi le midi ; le vendredi et le samedi le soir. Bar à partir de 10h (fermeture à 1h en semaine et 2h le week-end). Menu enfant : 7,50 €. Formule : 11,90 € (plat et entrée ou dessert ou 13 € les 3 plats). Terrasse. Wifi.

L'histoire ne dit pas qui, de Stéphane ou de Claire, est le moins sage, mais en tout cas Le Pas Sage, c'est le nom qu'ils ont donné à leur restaurant situé justement dans le passage de la galerie Empire. Un lieu convivial qui réunit un bar avec des spécialités de tapas (en soirée) et des plats de type brasserie comme les salades composées rustiques, le foie gras ou les œufs mimosa en entrée, puis une blanquette ou l'une des viandes de qualité accompagnées de garnitures et sauce au choix : purée, poêlée de légumes, lentilles en hiver et haricots verts en été. Pour finir, là aussi des desserts simples à l'image du riz au lait ou la bonne mousse au chocolat maison. Le midi, la clientèle fidèle se retrouve autour de formules à petits prix. La carte est courte, pour ne proposer que des plats à partir de produits frais et de saison. Dès 18h30, les tapas entrent en scène : tortilla maison, patatas bravas, jambon serrano, rillettes de sardines ou de chorizo, ou l'une des suggestions de tapas du moment comme les encornets le jour de notre passage. Pour accompagner ces tapas, la carte suggère en découverte des vins espagnols ou portugais.

■ LE P'TIT MARAIS

24, rue des Halles
✆ 02 51 48 56 81
leptitmarais@hotmail.fr

Ouvert du lundi au samedi le midi ; du jeudi au samedi le soir. Menus de 15,40 € à 22,40 €. Menu enfant : 8 €. Terrasse.

Gilles et Emilie ont repris cet établissement situé dans le quartier des Halles il y a 3 ans, et le P'tit Marais est une bonne table à l'incomparable rapport qualité-prix ! Le chef élabore une cuisine de saveurs et travaille beaucoup les épices. Avec sa femme Emilie, ils ont beaucoup voyagé auparavant et ont fait une étape à La Réunion, donc il n'est pas surprenant de voir quelques incursions exotiques à l'image de la pastilla de pintade aux amandes caramélisées saveurs d'Orient. Une cuisine maison, pleine de saveurs, des assiettes généreuses : on n'est donc pas surpris de voir que cette petite adresse du quartier des Halles fait régulièrement salle comble. Il faut dire que la salle est petite, alors pensez à réserver. La carte change quatre fois par an avec en hiver croustillant de langoustines aux petits légumes, puis dos de cabillaud rôti en crumble de chorizo ou parmentier de canette confit aux champignons, crème de butternut. Quant au dessert signature du chef, pâtissier de métier, c'est le pain perdu à l'ancienne, caramel au beurre salé et glace vanille. Une salle à la décoration simple mais agréable et une cuisine goûteuse ; bref, on est fans.

Jardin François Mitterrand.

LE NAPOLEON

NOUVEAU

11, place de la Résistance
✆ 02 51 37 64 92
www.restaurant-le-napoleon.fr

Fermé en août. Ouvert du dimanche au vendredi le midi ; du mardi au samedi le soir. Menus de 26,50 € à 55 € (ou 69 € avec les vins). Menu enfant : 10,80 € (et 13,80 €). Formule du midi : 17,50 € (en 2 plats, ou 21 € de l'entrée au dessert). Accueil des groupes (deux petits salons à disposition). Terrasse.

Personne n'ignore que Napoléon marqua de son empreinte la ville de La Roche-sur-Yon, c'est donc tout naturellement que Guillaume et Sofiane ont baptisé leur restaurant de la place de la Résistance du nom du créateur de la ville. On pénètre dans une jolie salle feutrée, lumineuse, grâce à la terrasse surplombant un jardin et les toits de la ville. Mais ça n'est pas tout puisqu'une seconde se situe à l'étage, devant une salle qui peut faire office de salon intimiste pour les petits groupes. On aime bien le tissu mural siglé du fameux blason de l'empereur. Passons à table pour découvrir la cuisine du chef, Steven Giraudeau. Autour de formules et menus, certains au nom de grandes batailles de l'empereur, le Napoléon propose une cuisine soignée avec une touche de modernité, dont voici quelques exemples : foie gras de Vendée autour de la betterave, burger gastronomique du Napoléon ou l'une des jolies suggestions du chef comme le blésotto de gambas parfumé à la truffe ou le homard bleu à l'huile de homard vanillée (provenant du vivier) et son escalope de foie gras poêlée, avant de conclure sur la Symphonie Impériale. Un dernier mot sur le service, pro, sur guéridon.

LES P'TITS VENTRES DE TERRE

79, boulevard Maréchal-Leclerc
✆ 02 51 62 73 22 / 02 51 62 50 55
ptits-ventres-de-terre@orange.fr

Ouvert toute l'année. Du lundi au vendredi le midi et le soir ; le samedi soir. Réservation recommandée. De 9,90 € à 23,90 €. C'est le 1er concept de cuisine vendéenne ayant gardé l'âme de sa région, reconnu patrimoine gastronomique des Pays de la Loire ! Restaurant de l'hôtel Le Vincennes, situé côté gare ouest TGV, face à la passerelle, il valorise les produits du terroir vendéen au travers d'un petit pot de terre cuite, en faisant un des supports de la gastronomie vendéenne, et un symbole. Une cuisine mijotée dans des pots de terre, des recettes légères suivant le rythme des saisons, dont la particularité est d'être coiffées d'une couronne de pain ou brioche pour une cuisson vapeur dans le respect de la tradition vendéenne. Ces petits pots sont les descendants du pot à mogette qui mijotait au coin de la cheminée des demeures vendéennes. Ces plats sont à emporter et l'on soulignera, outre l'originalité des recettes, leur petit prix. Pour varier, il y a l'ardoise du jour. Rançon du succès : réservation impérative (petite salle). Il y a d'ailleurs un projet d'extension sous forme d'un espace très original unique s'inspirant du terroir vendéen. Retrouvez les recettes de Lionel Guilbaud dans ses cinq ouvrages parus aux éditions Ouest France, idéal dans le cadre d'un coffret cadeau accompagné du petit pot de terre.

LE SALE GOSSE
7, rue Charles-de-Gaulle
✆ 02 51 42 51 49 – www.lesalegosse.fr
le.salegosse@orange.fr

Ouvert du mardi au vendredi le midi et le soir ; le samedi soir. Réservation recommandée. Menu unique à 26,50 €. Carte : 30 € environ. Menu enfant : 8,50 €. Formule du midi : 16 € (en semaine). Formule à 26,50 €.

Sur le podium des meilleures tables du pays yonnais ! Des « sales gosses » comme ça, on les adopterait bien tous les jours, tant la cuisine est bonne. Cet enfant terrible a de quoi plaire... Derrière une jolie façade anthracite, un cadre à mi-chemin entre l'atelier et le loft new-yorkais, avec au fond une grande table d'hôtes conviviale pour les repas entre amis. Le chef, Frédéric Hervé, a fait ses armes dans de grandes maisons : Thierry Drapeau à La Chabotterie, Coutanceau à La Rochelle. Une nouvelle formule (midi et soir) est désormais proposée en plus de l'ardoise et ses suggestions. Le chef prépare une cuisine du marché, aucun risque de lassitude, les plats jouant entre arrivage de produits frais et saisonnalité. Récompensée par les guides, la cuisine moderne, créative et conviviale à la fois, reflète la passion de ce jeune chef sympathique et souriant, et ça donne ça : tempura de gambas, mousseline de patates douces à la vanille, vinaigrette passion, puis carré de porcelet au caramel ou cabillaud skrei, écrasée de pommes de terre coco-citron vert, mangue sauce curry, et en dessert un cheese-cake au caramel au beurre salé. Bon point aussi pour la formule du midi. En raison de ce succès, la réservation est conseillée.

L'HACIENDA DEL SOL
83, rue François-Cevert
✆ 02 51 62 15 43
www.hacienda-del-sol-vendee.com
haciendadelsol@orange.fr
À côté du Cinéville

Ouvert toute l'année. Tous les jours. Accueil des groupes. Terrasse.

Tout le monde se côtoie à l'Hacienda : familles, jeunes, couples, groupes. Sa proximité avec le Cinéville en fait l'endroit idéal. Mais ce seul aspect pratique serait réducteur car on vient ici pour bien d'autres raisons. Il suffit de voir la queue les week-ends pour apprécier la popularité du lieu ! L'atout cadre : une bâtisse aux allures d'hacienda, du volume, du soleil sur les murs, 2 vastes salles : en bas et à l'étage. Joliment insérée derrière la façade d'une maisonnée hispanique, la cuisine propose de manger à cheval sur 2 continents : l'Italie et le Mexique dans l'assiette. D'ailleurs on apprécie le lexique à usage des novices de cette cuisine. Salades, tapas, pizzas, pâtes, fajitas (prononcez fa-rhi-tas !). Les Fiestas : Texane, Laredo, Zapata, ou l'assiette Carlito, vous font longer le Rio Grande… Petite nouveauté cette année : deux Burgers à la carte pour les accros ! De grandes ardoises annoncent la couleur des tendances du moment avec un coup de projecteur sur la sélection de vins. Pour les becs sucrés : pizza banana, le brownie sans oublier la belle carte des glaces. Une Hacienda qui, regroupée autour de Marie et Patrick et d'une équipe dynamique, fait des heureux !

LE JAP'YONNAIS

14, avenue Gambetta ✆ 02 52 43 00 51
www.japyonnais.fr
contact@japyonnais.fr

♿

Ouvert toute l'année. Du lundi au vendredi le midi ; du lundi au samedi le soir. Menus de 12 € à 19,50 €. Menu enfant : 9,90 €. Terrasse. Vente à emporter.

Vous recherchez un restaurant japonais en Vendée ? Alors selon nous le meilleur se situe à La Roche-sur-Yon, dans le quartier de la Gare. Cadre design aux tonalités noir et rouge, et cuisine de qualité mettant un point d'honneur à utiliser des produits frais et des plats fabriqués maison, par les chefs qu'on voit œuvrer. On aime la jolie vaisselle, les menus présentés sur tablette tactile : malin et très pratique, on y voit les photos des plats et leur descriptif, les boissons japonaises (sauf le vin). Le frigo est vide, pas envie de faire la cuisine ce soir ? Le service de vente à emporter (avec paiement en ligne) saura répondre à vos attentes. Autres services : les menus à emporter déjà packagés disponibles en vitrine réfrigérée, pour les gens pressés en attente d'un train ou pour déjeuner au bureau ; la carte de fidélité et la possibilité de commander 7 jours à l'avance. Ici, vous goûterez les saveurs authentiques du Japon : sushis, makis, chirashi, sashimis, californias, des fondues (pour 2, le soir uniquement), mais aussi des créations comme les makis sucrés en dessert, ou d'autres s'inspirant des produits plus locaux. Poissons tendres et frais, bon rapport qualité/prix, alors prenez votre billet pour ce voyage au pays du Soleil-Levant !

DELICES D'AGADIR

13, rue du Maréchal-Foch
✆ 02 51 05 24 63

Ouvert toute l'année. Tous les jours.

On quitte, le temps d'un repas, le paysage vendéen pour les terres du Maghreb, et plus précisément la cuisine marocaine : en plein cœur de La Roche-sur-Yon, le restaurant Aux Délices d'Agadir se proclame «le roi du couscous», et se montre à la hauteur de ce titre, même si on pourra juste regretter le cadre inchangé depuis des années, la baie vitrée et l'éclairage tristounet. Deux spécialités, ici, le couscous et le tajine, chacune étant déclinée selon différentes formules (royal, maison, etc.). Copieux à souhait, les plats feront le bonheur des amateurs, qui trouveront, pour le couscous, une semoule fine et fraîche, et des viandes variées (agneau, brochettes, merguez, kefta…) et moelleuses. On vous conseille particulièrement les tajines qui sont excellents et le thé à la menthe pour clore le repas. Sachez qu'un service de vente à emporter est proposé. Et ajouter à cela un accueil toujours très aimable et prévenant et un décor dépaysant, dans la plus pure tradition orientale.

Le gîte

APPART'CITY LA ROCHE-SUR-YON***

84, rue Gutenberg
✆ 02 51 24 63 00
www.appartcity.com
larochesuryon@appartcity.com

107 chambres. Studio à partir de 39 € la nuit (offre promotionnelle). Connexion Internet gratuite.

À proximité immédiate du cœur de La Roche-sur-Yon, mais dans une rue qui nous amène vite vers les grands axes pour visiter toute la région, cette résidence récemment sortie de terre propose dans un cadre agréable 91 studios, 11 appartements deux pièces et 5 appartements trois pièces pouvant recevoir jusqu'à 6 personnes pour une durée plus ou moins longue. Les appartements sont décorés dans un style actuel et parfaitement aménagés avec un coin cuisine équipée, une salle d'eau complète et un séjour avec espace bureau, télé à écran plat et accès Internet.

■ HOTEL & RESTAURANT BALLADINS***
17, rue des Bazinières
Route de Nantes – Zone Acti Nord
✆ 02 51 24 04 00
www.balladins-vendee.fr
larochesuryon85@balladins.com

Accueil 24h/24. 52 chambres. De 54 € à 65 €. Petit déjeuner : 8,50 €. Carte de fidélité Fidme : cadeau 11ème nuit. Taxe de séjour du 1er avril au 30 septembre : 1 € par personne. Animaux acceptés (5 €). Séminaires. Wifi gratuit. Restauration (menus : 12 € le midi uniquement, 16 € pour 2 plats, 21 € pour 3 plats). Accueil groupes et sportifs.

Changement d'enseigne pour cet hôtel-restaurant situé à proximité du centre commercial des Flâneries, à côté du magasin But, à 3 kilomètres du centre-ville. Il arbore dorénavant les couleurs de l'enseigne Balladins. Bon point, outre un parking, il est situé non loin des accès pour se rendre aux Sables-d'Olonne, à Nantes, à Cholet, à Niort et à Paris par l'autoroute. Toutes les chambres, équipées d'une literie haut de gamme, sont munies de sèche-cheveux, tv avec Canal satellite, wi-fi gratuit haut débit. Un tiers de l'hôtel dispose de chambres familiales. Toutes les chambres sont non fumeur. Le parking gratuit permet de stationner les voitures devant les chambres et est accessible aux handicapés. La cuisine est traditionnelle. La carte est variée pour combler toutes les envies avec des plats à la carte à partir de 9,90 € et des buffets à volonté à partir de 7 €. Quant aux plats du jour, eux aussi à petits prix, ils sont inscrits à l'ardoise et se renouvellent constamment pour offrir de la variété. Vous pourrez les accompagner d'un des vins régionaux ou du vin du mois. Accueil charmant des époux Hellot et de leur équipe.

■ HÔTEL NAPOLEON***
50, boulevard Aristide-Briand
✆ 02 51 05 33 56
www.hotel-le-napoleon.com
contact@hotel-le-napoleon.com

❄

Ouvert toute l'année. Labellisé Inter-Hôtel. Accueil jusqu'à 22h. 29 chambres. Chambre double de 79 € à 130 €. Petit déjeuner : 9,90 €. Garage : 7 € (privé). Animaux acceptés (gratuit). Séminaires. Wifi gratuit. Canal +.

Cet hôtel de caractère situé dans le centre-ville porte le nom du fondateur de la ville. Entièrement rénové en 2009, il bénéficie de tout le confort et d'une décoration de goût, dans les tendances actuelles, pour une atmosphère feutrée et cosy à la fois, insufflée par Françoise et Philippe, vos hôtes. Un ascenseur dessert les différents étages pour accéder aux jolies chambres au confort feutré. Elles sont classées en trois types de confort : Standard, Club et chambre Salon (suite). Au niveau des équipements des chambres : lits double, tv écran plat avec chaînes Canal+, jolis tissus coordonnés, mobilier en cuir chocolat, espace bureau, wi-fi gratuit sécurisé, climatisation réversible. Le petit déjeuner se tient dans la salle du bas, au mobilier transparent signé Philippe Starck. A l'étage, une vaste salle peut accueillir des séminaires. Un hôtel avec du cachet et un accueil charmant.

■ **KYRIAD HOTEL*****
Boulevard Arago
✆ 02 51 36 26 00
kyriad.laroche@wanadoo.fr
65 chambres. Chambre double de 60 € à 77 €. Petit déjeuner buffet : 9 €. Séminaires.
Situé dans le quartier Arago, en face du complexe piscine-patinoire, ne vous fiez pas à la façade au look des années 1980-1990, en décalage avec l'intérieur de l'établissement rénové sur des tendances modernes actuelles. A côté de l'accueil, un business corner doté du wifi comme tout le reste de l'établissement. Plus loin le restaurant, lui aussi arbore un agencement moderne, et propose une cuisine traditionnelle dans une carte courte. À côté du restaurant, deux salles de séminaires modulables en cinq. Les chambres sont sur le même style contemporain de bon goût avec couettes, écrans plats lcd avec Canal+ et CanalSat, plateau de courtoisie, bouteille d'eau minéral à disposition, climatisation, et pour les salles de bains : douche et sèche-cheveux. La direction du Kyriad a ouvert un autre établissement à la gare, sous l'enseigne Campanile. Un hôtel tout neuf, contemporain et très chouette.

■ **MARIE STUART HOTEL*****
86, boulevard Louis-Blanc
✆ 02 51 37 02 24
www.mariestuarthotel.com
mariestuarthotel@wanadoo.fr
Ouvert toute l'année. Chambre simple à partir de 65 € ; chambre double à partir de 78 €. Petit déjeuner : 7,50 €. Wifi gratuit. Restauration (menus de 15 € à 29 €).
Le Marie Stuart est un hôtel unique et si attachant par l'accueil de vos hôtes Margaret et René Drapeau qui chouchoutent leurs clients depuis 50 ans, qu'une fois goûté à l'accueil «made in Marie Stuart», vous y reviendrez encore et encore. Pousser la porte du Marie Stuart c'est l'assurance d'un charmant dépaysement outre-Atlantique... Vous aimez les lieux atypiques et chaleureux ? Alors posez vos valises ici ! Typique, authentique, rustique et cosy, le cadre est décoré dans le plus pur style écossais, pays d'origine de Margaret. Les 14 chambres conjuguent toutes un style personnalisé. Ici pas de déco contemporaine aseptisée, mais des chambres richement meublées au charme d'antan, équipées de grands écrans plats, téléphone, salles de bains, WC séparés et wi-fi gratuit dans tout l'établissement. N'hésitez pas à réserver la salle de séminaire – la salle François Ier – pour vos rendez-vous d'affaires. Une situation géographique idéale, face à la gare et à deux pas du centre-ville, un accueil charmant et une cuisine écossaise avec par exemple le scotch egg, l'incontournable highlands steak – un pavé de bœuf avec de l'oatmeal, flambé devant vous, ou l'Angus Beef (pavé de bœuf écossais).

Loisirs

■ **PISCINE ET PATINOIRE ARAGO**
Impasse des Olympiades
✆ 02 51 05 58 55
Ouvert toute l'année. Tous les jours. Se renseigner sur les horaires pour la piscine. Patinoire, fermé lundi hors vacances scolaires et certains week-ends de compétitions sportives. Tarifs piscine : adulte 4,30 €, enfant 3,20 €. Entrée piscine avec sauna et hammam : 6,70 €. Tarifs patinoire : adulte 4,60 €, enfant : 3,90 €. Location de patins : 3,20 €.
Il n'y a pas que les stations de ski qui ont leur patinoire, La Roche-sur-Yon aussi. Les amateurs de glisse ou les pratiquants de hockey ou de patinage artistique bénéficient de 1 657 m^2 (58,30 m x 28,42 m) de glace dans un équipement de qualité récemment rénové. En famille, en couple ou pour épater ses amis, ce loisir promet de belles tranches de rigolade et aussi, sans doute, quelques bonnes chutes, mais sans gravité. La patinoire accueille aussi des exhibitions des plus grands patineurs français pour un show de grande qualité. Mais si vous avez plutôt l'âme d'un poisson, rendez-vous à côté, à la piscine. La structure est équipée de toboggans, geyser, canons à eau, pataugeoire, rivière à contre-courant, bassins d'apprentissage, grand bassin, transats. Pour entretenir la forme et se détendre, un sauna, un hammam et un bain bouillonnant n'attendent plus que vous. Petit rappel, les shorts de bain ne sont pas acceptés. Pour terminer, allongez-vous les doigts de pieds en éventail sur la plage.

COMPLEXE LES TERRES NOIRES

Le complexe des Terres Noires est le plus important complexe sportif du Pays yonnais. Il s'étend sur plus de 8 hectares et permet la pratique d'une quinzaine d'activités différentes dans un environnement agréable à la périphérie de la ville. On y trouve 2 terrains de rugby gazonnés, 2 terrains de football stabilisés, 1 terrain de foot gazonné Philibert Pelé, 2 carrières hippiques de plein air, 1 hippodrome, 15 courts de tennis, 4 courts de mini-tennis, 1 aire de tir à l'arc, 1 parcours de santé, 1 club-house et 1 mini-golf.

LAC DE MOULIN PAPON

Le circuit préféré des joggers. Le sentier fait tout le tour du lac, et des indications botaniques sont proposées aux promeneurs, les bornes présentées étant accessibles aux non-voyants. Ce circuit possède un tronçon commun avec le GR de pays « entre Vie et Yon », balisé en jaune et rouge.

PONEY-CLUB YONNAIS

L'Annexe
✆ 06 12 42 55 42
www.poneyclubyonnais.com
renaud.mourcou@orange.fr

Ouvert tous les jours de 9h à 18h. Forfaits découverte de 3 cours pour les petits : à partir de 30 €. Licence, mini-stages, stages : se renseigner.

Le Poney Club Yonnais, adhérent à la FFE, est installé dans une ancienne annexe des Haras nationaux, aux portes de la ville. Ici on vous propose des cours de «bébé cavalier», de 18 mois à 5 ans. La méthode est originale et associe culture équestre et culture artistique : Elisabeth et Renaud Mourcou, tous les deux diplômés d'Etat, mettent leurs cavaliers débutants en confiance grâce à des séances ludiques. La musique et les chansons à gestes aident l'enfant à trouver sa position d'équilibre à cheval. Les enfants montent des animaux parfaitement à leur échelle : les Shetland et les Connemara. L'activité équestre reste également ouverte aux adultes.

Sorties

CINEVILLE

Rue François-Cevert
✆ 08 92 70 21 31
www.laroche.cineville.fr

♿

Ouvert toute l'année. Tous les jours. Entrée : 9,60 € (supplément pour les films en 3D). Tarifs étudiants ou moins de 18 ans (sauf samedis, dimanches et jours fériés) : 7 €. Pack Liberté Etudiants : 9 € (une 1ère place puis le tarif 5,30 € pendant 6 mois). Enfants (moins de 14 ans) : 4,50 €. Séances avant 12h : 6 €. Carte Ciné-Préférence (7 places valables 3 mois) : 46,20 €. Carte Ciné-Liberté : 18 € (validité 1 an) et 5,30 € la place sur présentation de la carte, tous les jours, toutes les séances. Séances pour les sourds et malentendants. Boutique. Application Cinéville disponible sur smartphone.

Cette année, le Cinéville fête ses 15 ans ! Le plus grand complexe ciné du département est doté d'un équipement innovant HFR (projetant 48 images/seconde au lieu de 24), dont seulement 4 villes de l'Ouest sont équipées. Situé à côté du Quick, il offre 9 salles de plain-pied avec écrans géants et son numérique. La salle n°1 bénéficie d'un écran de 154 m² et du 4K (définition 4 fois supérieure à la HD) ! Toutes les salles sont équipées de projecteurs numériques, permettant la projection de films en 3D et la retransmission en direct d'événements sportifs et musicaux : opéras, ballets, concerts... Également des films sous-titrés et en VO. Belle initiative pour les enfants : Ciné Bambino. Chaque semaine, un film destiné au jeune public : les mercredis, samedis et dimanches après-midis (toute l'année) et le dimanche matin (sauf été), au tarif unique de 6 €. Chaque dernier dimanche du mois, une séance «je découvre le cinéma», spécial 2-4 ans avec un film de courte durée, lumière d'ambiance et volume sonore réduit. Avec la nouveauté du e-ticket, fini les files d'attente en achetant vos billets sur Internet.

LASER GAME EVOLUTION

Rue Guillaume-de-Machaut
✆ 02 51 37 19 92
roche_sur_yon@lasergame-evolution.com

Ouvert le mardi et le jeudi de 17h à 24h ; le mercredi de 14h à 22h ; le samedi de 14h à 1h ; le dimanche de 14h à 20h. Vingt minutes de jeu : 7 €, 45 minutes : 12 €. Tarifs pour les groupes et les étudiants. Offres tarifaires en semaine. CB non acceptée.

Laissez-vous surprendre dans un labyrinthe à la fois obscur et déroutant, constitué de 2 salles de jeu laser dans un décor futuriste surplombé par plusieurs demi-hauteurs. Voilà ce que cet endroit situé derrière La Trocante vous propose. Jusqu'à 25 équipements dernière génération sont à votre disposition. Le but du jeu : marquer un maximun de points en désactivant simplement vos adversaires avant qu'ils ne vous désactivent. Seul, à deux ou entre amis, déjouez les pièges et affrontez-vous dans une bonne ambiance pour faire gagner votre équipe. Pour ce faire, il faudra avoir comme qualités rapidité et précision. L'autre intérêt du jeu est qu'on joue sans aucun risque de blessure. Plusieurs packages sont proposés autour de formules «anniversaire», challenges entreprises, ou pour les enterrements de vie de garçons ou de jeunes filles, car oui, les filles aussi ça aime bien jouer à la guéguerre !

SALON DE THÉ LE BOUDOIR

4, place Napoléon
✆ 02 51 36 28 38
le.boudoir@orange.fr

Ouvert du mardi au samedi. Terrasse.

Caché dans la galerie Empire, ce salon de thé a pris la place d'une pizzeria en septembre 2014. Pas facile de faire des grands volumes existants et des différents espaces sur deux niveaux quelque chose de chaleureux, comme le réclame forcément un salon de thé. Le pari est réussi : couleurs pastel dans les tons gris, mauve, rose, canapés, coussins douillets, le tout façon jardin anglais. Un lieu très féminin. Normal puisque ce sont deux femmes qui l'ont pensé. Le petit plus : la terrasse sur gazon synthétique donnant dans la cour, histoire de profiter au calme d'une pause après un après-midi shopping en centre-ville, autour d'un thé accompagné de pâtisseries, en majeure partie faites maison. À l'étage, un espace épicerie fine propose chocolats et macarons (seul petit regret : les macarons ne sont pas maison). Le midi, une formule salée est proposée, avec par exemple une tarte ou une salade. Dommage que le salon de thé ne soit pas ouvert le dimanche car la balade dominicale sur la place et ses animaux en argent aurait une saveur bien différente avec un bon thé ou un chocolat chaud et un petit financier en guise de conclusion.

■ LE 18 B

30, place Napoléon
✆ 02 51 36 28 03
www.18b.fr
le18b.placenap@live.fr

Ouvert du dimanche au jeudi de 9h à 1h ; le vendredi et le samedi de 9h à 2h. Terrasse. Restauration.

Partie intégrante de la place Nap', cette jolie verrière posée face au kiosque, et ouverte sur les bassins, sert de cadre à ce bar-restaurant, sans conteste le plus fréquenté de La Roche-sur-Yon ! Dès les premiers rayons du soleil, une terrasse avec transats s'installe, profitant ainsi du ballet des visiteurs de la place et du crocodile endormi au pied du kiosque. La porte s'ouvre sur un grand espace où se mêle au verre et à l'alu de la structure un mobilier en bois blond type scandinave, dont une immense table centrale pour la convivialité. Le lieu est fait d'espaces différents : en face de la cuisine ouverte, plusieurs mange-debout, et de l'autre côté de la salle principale, une autre s'ouvre sur une terrasse surplombant les bassins. Cet espace, chauffé par de grands chauffages en acier et une cheminée contemporaine, est meublé entre autres de canapés en rotin, vite pris d'assaut. Côté bar, la carte affiche les boissons traditionnelles que vous pourrez accompagner d'un des plats à emporter si vous avez un petit creux, l'amplitude de service du *take away* étant large, et l'hiver vous pourrez vous réchauffer avec un bon chocolat chaud. C'est LE lieu de rendez-vous yonnais !

■ BAR LES ARTISTES

4, place de la Résistance
✆ 02 51 62 78 79

Fermé en août. Ouvert du mardi au jeudi de 9h à 1h ; le vendredi et le samedi de 9h à 2h ; le dimanche à partir de 15h. Terrasse. Restauration.

Assurément le bar le plus réputé de La Roche-sur-Yon et le plus sympa ! Il faut dire que le lieu est atypique et original et c'est pour ça qu'il plaît tant (les bars sympa ne courent pas les rues). C'est à la fois un bar mais aussi un lieu de culutre et de rencontres urbaines, pourrait-on dire. Bref, ce lieu, animé toute l'année, possède une âme et c'est autant lié à sa déco qu'aux gens qui s'y côtoient et au maître des lieux. Nous vous conseillons particulièrement la période estivale, car la grande terrasse installée sur la petite place devant le bar revêt un caractère enchanteur quand les cerisiers sont en fleurs. Les Artistes se consomment sans modération !

■ LE HAVANA CAFE

6, impasse Philippe-Lebon
✆ 02 51 05 03 62

Ouvert du lundi au jeudi de 17h à 1h ; le vendredi et le samedi de 17h à 2h. Restauration. Cours de salsa.

Ambiance cubaine et festive à quelques encablures des Flâneries au Havana Café. Dans un bâtiment industriel, une vaste salle à la déco inspirée de la thématique générale, et devant l'établissement une terrasse. Sympa la carte de mojitos, qui en propose plusieurs variations, sans oublier des cocktails traditionnels de cette rhumerie.

En plus de son activité de bar d'ambiance, retenez que si vous êtes amateur de danse latine, cet établissement propose également des cours de salsa. Les soirs de cours, on pousse les meubles pour laisser place à une vaste piste de danse et on enflamme le dancefloor pour des soirées à l'ambiance *caliente*. Des concerts sont régulièrement organisés et, aux beaux jours, les danseurs investissent même la terrasse extérieure.

■ KAZ'A FIESTA

63, rue Vincent-Auriol
✆ 02 51 06 43 32

Ouvert toute l'année. Du lundi au mercredi de 18h à 21h ; le jeudi de 18h à 1h ; le vendredi et le samedi de 18h à 2h. Terrasse. Animations.

Auparavant dans le quartier des Jaulnières, Kaza Fiesta a changé de quartier mais se situe toujours dans un environnement peu avenant et un peu excentré du centre-ville. Cette rhumerie pimentera vos soirées par ces cocktails multicolores offrant pas moins de 150 variétés de rhum (de 36° à 76°), provenant de 28 pays. Blue Lagoon, Pêché mignon, Rêve des Antilles, Paradise, Mojito, punch... des noms évocateurs et prometteurs de chaudes ambiances. Des animations sont régulièrement organisées : soirée salsa tous les mercredis soir, tandis que les amateurs de country se réuniront le premier vendredi soir de chaque mois (avec la boule à facettes, si, si !). Pour accompagner les cocktails, des tapas, entre accras de morue, beignets, mini burritos, mini saucises cubaines, samoussa, croustillants fajitas (pas maison malheureusement).

■ PUB LA STATION NOUVEAU

10, place du Marché
✆ 06 40 24 35 76

Ouvert du lundi au jeudi de 11h à 1h ; le vendredi et le samedi de 11h à 2h. Terrasse. Concerts.

C'est le dernier-né des bars yonnais et c'est déjà devenu un lieu de rendez-vous pour tous les jeunes (mais pas que !). Installé devant le parvis, sur le marché, ce pub ouvert courant 2015 n'a pas une grande capacité, mais l'agréable terrasse qui s'étire devant la façade grise permet aux clients de prendre leurs aises et d'envahir la rue piétonne, et notamment lors des soirées où la musique peut même pousser des clients à danser dans la rue (si si on l'a vu ! disons qu'on n'a vu que les frétillements). Le lieu est sympa car y sont organisés régulièrement des concerts et ça fait vivre le quartier des Halles. En guest star les bières bien sûr, nombreuses, essentiellement en bouteille, mais aussi des cocktails, avec l'une des dernières créations : le Cougar (et non «la»), comme quoi l'humour est aussi de rigueur dans ce pub où la bonne ambiance règne.

■ **SIMONE & SIMONE** NOUVEAU
3, rue Paul-Doumer
✆ 02 51 41 44 03
simoneetsimone85@gmail.com
Ouvert du lundi au jeudi et le samedi de 12h à 20h ; le vendredi et le samedi de 12h à 1h. Restauration. Concerts.
Auparavant un bar à salades, cette adresse a changé de propriétaire et donc d'enseigne et de concept : on vous présente Simone & Simone. On connaissait les Brigitte, maintenant il y a les Simone ! Certes ça n'est pas la même chanson puisque dans notre binôme yonnais il s'agit d'un bistrot, dans tout ce que cette dénomination implique : un lieu où l'on peut grignoter et boire un verre, ouvert dès midi et jusqu'à l'heure de l'apéro et autres afterworks. Bien qu'en face de la place Nap' et de l'hôtel de ville, l'adresse est cependant discrète. Le midi, sur place ou à emporter, une petite carte de restauration avec une formule du jour, composée d'une salade originale (par exemple quinoa, boulgour et chorizo pour relever tout ça) ou d'une tarte salée (brocolis, poitrine, feta), mais ça peut être aussi un filet mignon au lait de coco ou un ragoût catalan, et en dessert un bon clafoutis. L'après-midi l'adresse reste ouverte pour le côté «bar» et on s'y retrouve volontiers après le boulot pour boire un verre et écouter de la musique car des groupes viennent animer le lieu.

■ **VINS ET BIÈRES – V&B**
Zone Acti Sud
10, rue Henri-Aucher ✆ 02 51 24 20 77
larochesuryon@vandb.fr
Ouvert le lundi de 15h à 19h30 ; du mardi au samedi de 10h à 19h30.
Cette chaîne s'est implantée à La Roche-sur-Yon. V & B (Vins et Bières) c'est à la fois un bar et une cave avec un très vaste choix : plus de 300 vins, une cave à bières de 350 références de tous pays et une centaine de whiskies et spiritueux. Avec en plus le conseil personnalisé des cavistes. Egalement un espace dégustation dans lequel vous pourrez passer pour déguster (avec modération bien sûr) avant de faire votre choix. V & B offre donc un concept original qui allie un espace vente et un bar à vins et à bières. Parmi les whiskies, en provenance d'Ecosse, d'Irlande, de Corse, du Japon (le Japon offre d'excellents produits, il faut le savoir), des produits rares à découvrir. V & B est LE lieu incontournable pour les amateurs de whiskies qui y trouveront assurément leur bonheur.

▸ **Autre adresse :** Rue Claude Chappe – ZI de Beaupuy – La-Roche-sur-Yon

■ **BOWLING DU PARC**
Les Oudairies
Boulevard Don-Quichotte ✆ 02 51 37 58 85
Ouvert toute l'année. Du lundi au jeudi de 15h à 1h ; le vendredi et le samedi de 15h à 3h30 ; le dimanche de 15h à 20h. 4,50 € la partie, enfant : 3,50 €, étudiant : 4 €, week-end : 6 € pour tous. Location chaussures : 1,50 €.
Situé dans le quartier des Oudairies, ce bowling propose 14 pistes haut de gamme. Un loisir pour tous les âges, à pratique seul, en famille, entre amis ou collègues et qui permet aussi de se faire des petits challenges sympas. Egalement 3 tables de billards ainsi qu'un espace jeux vidéo. Sur place, un snack-bar et l'autre plus : une terrasse qui donne directement sur le parc du château des Oudairies avec des tables pour passer un bon moment de détente entre 2 strike ! Bémol sur l'accueil.

■ **CHEZ PAPY'S**
10, place de la Résistance ✆ 02 51 62 71 93
Ouvert du lundi au samedi.
Assurément l'endroit le plus hétéroclite et non conformiste de la ville. Un lieu décalé, de petite capacité, une bonne musique et l'originalité unique de l'équipe qui entoure Papy et Vincent. Car ce lieu que Papy a créé il y a quelques années, c'est tout lui ! Unique, marginal mais ancré dans la vie, ouvert sur les autres et à l'écoute, généreux, artiste, fourmillant de projets, avec credo : le droit à la différence. Derrière les platines, Eva, créature brune envoûtante et drôle, dont on ne compte plus les fans. Côté musique, on affiche sa préférence pour la variété : il y en a pour tous les goûts, tous les styles. Côté cadre, votre hôte vous offre une déco inclassable, qui change selon les délires de Papy mais toujours tendance décalée : trône de pharaon, tigre grandeur nature, boule à facettes et cage pour exhibitions de danse. Vous l'aurez compris, il s'agit d'un lieu à part, loin des standards habituels qu'offre l'univers de la nuit où tous les styles de clientèle se mélange. Poussez la porte en laissant à l'entrée, préjugés et mauvaise humeur car ici tout contribue à distiller une ambiance festive avec la petite touche gay friendly très sympa en plus.

Emplettes

Panier gourmand

BOULANGERIE TARTINE ET GOURMANDISE
202, boulevard Roger-Salengro
✆ 02 51 46 20 81
Ouvert du lundi au samedi de 6h30 à 20h ; le dimanche de 6h30 à 13h30. Menu Etudiant : 3,90 €.
A notre avis, la meilleure boulangerie de La Roche ! Franck et Corinne Veillé, déjà propriétaires de Tartine et Gourmandise rue d'Aizenay, ont ouvert l'an dernier un point de vente boulevard Roger-Salengro, juste à côté du lycée Mendès France, et la jolie boutique ne désemplit pas ! Elle a tout pour plaire : un beau cadre moderne, aéré, blanc avec des touches orange, ouvert sur le fournil, et un bel espace équipé de banquettes et d'un écran télé, pour déjeuner sur place autour des formules de déjeuner proposant sandwich, salades, tartes salées ou d'autres spécialités, qui diffèrent d'un point de vente à l'autre, comme les hot dogs ou les burgers accompagnés de frites, dont les étudiants sont friands. Pour les petits creux de l'après-midi, le succès du pétridoux (un pain aux pépites de chocolat) ne se dément pas. Le pain est divin ! Il sufffit de constater la longue file d'attente le soir vers 18h, ou le samedi midi : c'est explicite. Toutes les délicieuses pâtisseries et viennoiseries sont de fabrication maison, tout comme

les jolis macarons colorés. Félicitations pour sa deuxième place à son premier concours de galette des rois !

Autres adresses : 20, place du Marché-aux-Herbes – Saint-Gilles-Croix-de-Vie • 5, rue d'Aizenay – La Roche-sur-Yon • Place des Oiseaux – Mouilleron-le-Captif

BOULANGERIE TENAUD
142, boulevard de l'Industrie
✆ 02 51 34 09 92
www.boulangerie-tenaud.com

Ouvert du lundi au samedi de 7h à 19h30 ; le dimanche de 7h30 à 13h.

Un bâtiment imposant avec une jolie façade à deux pas du centre Leclerc sert de cadre à cet artisan boulanger-pâtissier. La boulangerie de Françoise et Patrice Tenaud s'est taillée une belle réputation et a reçu plusieurs prix, dont la médaille d'argent pour sa brioche vendéenne, une brioche Label Rouge. La liste des prix ne s'arrête pas là puisque leur gâche a obtenu le premier prix au Concours de Chavagnes-en-Paillers en 2013 où se déroule tous les ans un championnat réputé. Et un autre premier prix au concours départemental en 2015. Autre produit phare, la pétrisane, une baguette délicieuse, croustillante et moelleuse à la fois, déclinée en une dizaine de recettes : aux graines, aux olives, la bio ou la pétrie noire. Nouveauté 2016 : un distributeur de baguettes 7j/7 installé à droite du magasin. Egalement des pains aromatiques : lardons/noix, roquefort, jambon… A l'étage un bel espace moderne réservé aux personnes mangeant sur place. Bon choix de snacking : sandwichs à base de la bonne Pétrie, paninis, tartes salées, quiches, pizzas, ainsi que des salades. Côté sucré, le gâteau minute figure en bonne place des spécialités. Ajoutons, s'il en était besoin, que tout est fait maison !

CHOCOLATIER-PATISSIER GELENCSER
2, rue du Maréchal-Joffre
✆ 02 51 36 17 41
www.chocolats-gelencser.com

Paradis des chocophiles, ce chocolatier est incontournable, à tel point qu'il possède quatre autres enseignes en Vendée et a ouvert en 2014 son Musée du Chocolat à La Roche-sur-Yon. Créé en 1956 par le grand-père de Patrick Gelencser, les chocolats de cet artisan sont, de l'avis de beaucoup, les meilleurs de Vendée. Parmi les chocolats phares : différentes ganaches aromatisées ou pures, toutes plus délicieuses les unes que les autres, les aiguillettes et tranches d'orange, florentins et mendiants, ou d'autres créations comme le cœur vendéen (praliné et nougatine). Egalement des tablettes aux fruits secs, de la pâte à tartiner, du chocolat en poudre de leur fabrication. Les gâteaux, principalement à base de chocolat, sont un régal, comme le succulent pavé vendéen, le croquant, le fleur de caramel. Autres alternatives : les verrines, les macarons ou les glaces, et aussi du café torréfié maison. Soulignons d'ailleurs le bon rapport qualité-prix de ces produits délicats. Idée cadeau : des cours de pâtisserie se déroulent chaque samedi de 9h à 12h (sur réservation), à la boutique de l'Espace Bell. Vous y apprendrez comment fabriquer

des macarons, des chocolats, de la pâte à choux… Gelencser : une institution !

Autre adresse : Espace Bell – 38, rue Paul-Emile-Victor – La Roche-sur-Yon

PÂTISSIER-CHOCOLATIER L'ARBRE À SUCRE
12, rue Jean-Jaurès ✆ 09 81 18 32 51
contact@larbreasucre.fr

Cette boutique située en face du musée d'Art municipal aurait presque des allures de boutique de mode avec ses chocolats bien présentés, tous alignés impeccablement. Des chocolats design et « graphiques », très beaux, à tel point qu'on hésiterait presque à croquer dedans. Les pâtisseries sont dans la même lignée : *exit* les classiques tartes aux fruits, ici le gâteau se regarde avant de se manger et on le choisit tout autant pour son esthétisme que pour son parfum. Les classiques comme le baba au rhum, par exemple, y sont revisités, et si vous voulez goûter la spécialité, elle a le nom ambitieux de « frisson » et ses intentions sont fermement de vous faire succomber. Autre alternative aux tartelettes au chocolat ou au citron, les macarons, tout aussi délicieux que le reste. Côté chocolats, on trouve une vingtaine de variétés fabriquées à partir de chocolat Valrhona origine Brésil, Venezuela, Madagascar, mais aussi des rochers, des orangettes, des tablettes. Originaux, les chocolats en forme de demi-sphère, dont le chocolat au caramel coule dans la bouche. Enfin, retenez que des cours de cuisine sur les thèmes de la pâtisserie, du chocolat ou des macarons sont proposés.

Les animaux de la Place.

MAISON POTIER

51, rue du Maréchal-Joffre
✆ 02 51 24 14 66
boulangerie.potier@wanadoo.fr

Une rétro-mobile crème/chocolat stationne devant La belle maison Potier. La boutique de ce maître-artisan boulanger est petite mais il y fabrique d'excellents pains, dont une gamme de pains bio. Passionné par son métier, Dominique Potier met, casquette blanche vissée sur la tête, propose une belle variété de pains fabriqués à partir d'une farine label rouge issue de l'agriculture raisonnée. Depuis près de deux ans, un second point de vente, plus grand que celui de la route de Bordeaux, qui propose aussi une belle offre en matière de snacking : pizzas, quiches, rayon traiteur, et bien sûr toujours les pains et pâtisseries, des pâtisseries «rustiques» très bonnes.

MA PRODUCT'YON LOCALE

13, rue d'Aizenay
✆ 02 28 97 58 35
www.maproductyonlocale.com

Ouvert du mardi au vendredi de 10h à 13h et de 15h à 19h ; le samedi de 9h à 13h et de 15h à 19h.

Voici ce qu'on peut appeler un point de vente collectif de produits issus de productions locales. Géré par 6 producteurs associés, Ma Product'Yon Locale travaille également avec 22 autres producteurs vendéens pour du dépôt-vente. C'est un circuit court, avec des produits privilégiant l'agriculture biologique. Juste un petit bémol : les prix semblent un plus élevés qu'on l'aurait imaginé, puisqu'on réduit les intermédiaires, le principe étant de passer directement du producteur au consommateur... Mais la qualité n'a-t-elle pas un prix ? Au fond du magasin, un beau rayon boucherie et charcuterie, avec la bonne viande d'agriculteurs locaux (bœuf, veau, volailles et diffférents morceaux de porc). Le porc est produit par Isabelle, de la ferme du Moulin Migné, à Cheffois. Une figure locale ! Elle est intarissable sur son métier et vigilante sur la qualité de ses produits. A côté des fromages de chèvre, des yaourts, au milieu, c'est la place des fruits et légumes de saison : ici vous ne trouverez pas de tomates en hiver ! On respecte la nature. Conserves, miel et confitures, sel, pain et des produits au lait d'ânesse complètent les rayons. Et vous retrouverez ces produits dans la boutique en ligne !

Vins et alcools

LE MARCHÉ AUX VINS

74, rue d'Aizenay ✆ 02 51 37 11 21
www.caves-riviere.com

Ouvert du lundi au samedi de 9h à 12h30 et de 14h à 19h30.

Ces 5 cavistes (Thierry, Alexandre, Maxime, Thibaut et Jéremy) sont des professionnels passionnés par le vin. L'un est cuisinier de formation, les autres maîtres d'hôtel et sommeliers. Ils sont à votre écoute pour trouver l'équilibre entre vos repas et leur accompagnement. Dans les deux enseignes vendéennes vous sont proposées environ 900 références fines, dont des vins vendéens. Vous y retrouverez des grands crus, des domaines de renom, mais aussi de petites productions, des vignerons originaux, parfois des « rebelles » adeptes de la biodynamie. Il y en a pour tous les goûts et toutes les bourses. Egalement plus de 250 références en alcools, dont plus de 190 whiskys, des cidres et bières artisanaux, une belle sélection de champagnes et aussi des Bib. L'équipe anime en outre des dégustations à thème en présence de producteurs et de vignerons, et donne des cours à l'Ecole du Vin. Enfin, le contenant n'est pas oublié avec plus de 100 références en articles de cave et art de la table (verres, carafes, etc.). Autres services proposés : livraison offerte sur tout le département, mise à disposition d'une tireuse à bière, et privatisation du lieu.

Autre adresse : 154, rue du Pas-de-Bois – 85180 Le Château-d'Olonne

Dans les environs

Aubigny

ESPACE DES RECORDS ★

Parc de Loisirs de la Tournerie
16, rue Jules-Verne ✆ 02 28 15 50 63
espacedesrecords@sfr.fr

Fermé de novembre à mars. Basse saison : ouvert du samedi au jeudi de 14h à 18h. Haute saison : du lundi au vendredi de 10h30 à 12h30 et de 13h30 à 18h30 ; le samedi de 15h à 19h. Gratuit jusqu'à 6 ans. Adulte : 6 €. Enfant (de 6 à 18 ans) : 4 €.

Ce musée vous emmènera dans l'univers de la démesure. A côté de l'homme le plus grand du monde – 2,72 m pour 222 kg –, un crepouet – pour poser les crêpes – de 2,20 m de diamètre, une traîne de robe de mariée de 52,20 m. Impressionnante la tour Eiffel en allumettes – 30 210 pièces –, le jeu de quilles en bois d'Afrique – chaque quille pesant 25 kg pour 1,86 m. Plus loin, la réplique géante du canotier de Maurice Chevalier, un sabot creusé directement dans l'arbre – pointure : 200 ! Autres objets : un tire-bouchon, un moulin – en paille de seigle et rotin plat –, un berceau pouvant contenir 60 bébés, un cartable, un moulin à café de 2 250 kg qui fonctionne. Tous ses objets ont été réalisés par des artisans ou des passionnés et ont reçu la visite de Michel Drucker ou Patrick Sabatier du temps du Festival des Records qui s'est déroulé de 1983 à 1992. En saison, des animations : démonstration d'artisanat à la découverte du métier de tourneur sur bois ou de vannier, certains mardis (se renseigner pour les dates). Egalement une chasse aux records pour les enfants qui devront déambuler dans le musée à la recherche d'énigmes leur faisant découvrir les records un à un.

■ **CAMPILÔ*****
L'Auroire ✆ 02 51 31 68 45
www.campilo.com – accueil@campilo.com

Ouvert toute l'année. Terrain de 16 ha. 75 emplacements. Exposition : mi-ombragé. Sol : herbeux. Relief : plat. Emplacement de 11 € à 28 €. Mobil-homes de 210 € à 721 € la semaine. Pour tout séjour en locatif hors été, 1 nuit gratuite pour un séjour de 2 semaines, 3 nuits gratuites pour séjour de 3 semaines. Possibilité de louer au mois. Jeux pour enfants. A une dizaine de minutes de la Roche-sur-Yon et à une demi-heure de la côte, ce camping, affilié à la chaîne Flower, est un véritable poumon vert. Entouré de deux étangs bordés de grands arbres, il propose sur de vastes emplacements, une trentaine de mobil-homes de 2 à 3 chambres, dotés de terrasses en bois avec salons de jardin et parasols. Le gros atout ici, en dehors du très bel environnement verdoyant : les locatifs très espacés les uns des autres, conservant ainsi l'intimité qui peut manquer dans les campings de la côte. Le reste concerne des emplacements pour tente ou caravane, ainsi qu'une aire de service de camping-car. Le camping étant récent, le bloc sanitaire est moderne. Les amateurs de pêche pourront s'y adonner avec plaisir, mais attention, ici on privilégie la pratique du « no kill ». Les enfants pourront s'amuser tranquillement en faisant du vélos dans la grande allée du terrain ou sur l'aire de jeux et le terrain multisports, pendant que Maman fera bronzette au bord de la piscine. Mention spéciale pour l'originalité du bâtiment d'accueil, sorte de bulle végétalisée, et pour l'accueil de la charmante propriétaire.

Belleville-sur-Vie

LE P'TIT REUNIONNAIS NOUVEAU
1, boulevard de la Vie
✆ 06 60 36 26 21
www.restaurant-leptitreunionnais.fr
leptitreunionnais@gmail.com
Face au Super U, à côté de la jardinerie

Ouvert toute l'année. Du mardi au samedi le midi et le soir ; le dimanche midi. Menu enfant : 7 €. Formule du midi : 12 € (et 15,50 € le soir et le week-end). Accueil des groupes. Terrasse. Vente à emporter.
Ouvert en 2015, ce restaurant est un de nos coups de cœur de l'année pour son incroyable rapport qualité-prix et ses portions généreuses ! Vous aimez la cuisine exotique ? Vous voulez retrouver les saveurs de La Réunion ? Une seule adresse, ici, à 10 minutes de La Roche-sur-Yon. Vous y dégusterez d'excellentes spécialités réunionnaises autour de buffets à volonté d'entrées, plats et desserts, pour la modique somme de 12 € le midi et 15,50 € le soir et le week-end ! Et tous peuvent s'emporter. Cadre original, avec entre autres atouts : une grande terrasse, une salle de jeu pour les enfants, et une pour les groupes. Les plats sont épicés mais pas pimentés (c'est différent), donc tout le monde peut apprécier cette cuisine parfumée, et les fidèles sont nombreux à plébisciter ce restaurant. Il faut dire que l'accueil est aimable et plusieurs fois par an sont organisées des soirées musicales. Les plats changent tout le temps avec parmi les incontournables : samoussas, rougail saucisse (et saucisse fumée), carry de poulet ou de thon, boucané bringelle (un plat à base d'aubergines), rougail boucané, boucané p'tit Jacques, civet de zourite (de la pieuvre). A accompagner de la fameuse bière réunionnaise, la Dodo, avant de conclure sur un rhum arrangé.

KARTING PHILIPPE ALLIOT

ZI Le Petit-Bourdon
✆ 02 51 41 05 05 / 06 14 09 86 55
www.karting-philippealliot.com
info@circuitphilippealliot.fr

Ouvert toute l'année. Tous les jours de 10h à 19h. Tarifs adultes : 15 € les 10 min, 28€ les 2 x 10 min, 38 € les 3 x 10 min et 120 € la carte de 10 séances. Tarifs enfants : 10 € les 10 min. Kart adaptés pour personnes à mobilité réduite avec commandes au volant : 6 € les 10 min.

Franck Alliot (le frère de Philippe, ancien pilote de F1) tient ce beau circuit de karting doté de matériel et d'infrastructures de grande qualité. Un circuit de 1 000 m homologué, un tracé relativement technique, les conseils des pros et la sécurité avant tout. Des karts d'exception, dotés d'un système de chronométrage performant, pour le loisir et la compétition : 270 cm^3 – 4 temps – d'une puissance de 9 CV, – permettant de faire des pointes de vitesse à plus de 80 km/h – et des karts de 125 cm^3 – 2 temps – avec stages de pilotages. Le circuit est ouvert à tous les pilotes, pour de l'initiation, du perfectionnement ou de la compétition. Dès 7 ans, sur des karts adaptés, les enfants peuvent faire des challenges entre eux, encadrés par Pascal (de 10h à 15h tous les jours, sauf dimanche de 14h à 15h). Ils peuvent aussi fêter leur anniversaire ici. Pour 6 enfants, avec 2 séances de 10 min, plus goûter et boisson : 100 €. Pour les personnes en situation de handicap, des karts ont été spécialement aménagés. Le site accueille aussi des groupes pour des journées entreprises avec challenges, une salle de séminaire étant conçue à cet effet. Sensations garanties et rigolade au rendez-vous.

Chaillé-sous-les-Ormeaux

LA MAISON DES LIBELLULES ★

9, place de l'Eglise
✆ 02 51 06 03 15
www.maisondeslibellules.fr

Fermé de décembre à février. Aux vacances de Pâques toutes zones + juin et septembre (jusqu'au 21) + vacances de la Toussaint : tous les jours, sauf le samedi, de 14h à 18h. En mai, les dimanches et jours fériés de 14h à 18h. En juillet et août, du lundi au vendredi de 10h30 à 19h, samedis, dimanches et jours fériés de 14h à 19h. Groupes : de mars à octobre sur réservation. Gratuit jusqu'à 5 ans. Adulte : 5 €. Enfant (de 6 à 15 ans) : 3,50 €. Forfait La Maison des Libellules + Le Moulin de Rambourg : 6,50 €, enfant de 6 à 15 ans : 4 €. Label Tourisme & Handicap. Visite guidée. Boutique. Animations.

Quarante-six espèces de libellules ont élu domicile dans la vallée de l'Yon, sur un site de 10 000 m^2. Les paysages et le caractère de cette vallée, propices aux contes et légendes, offrent aux libellules une nature vivante et préservée. Entre expositions, conférences et animations autour d'ateliers pédagogiques, vous saurez tout de cet incroyable insecte et de son milieu. Des expositions temporaires, des animations estivales et des Soirées Natur'Ailes, de mars à décembre le 2e jeudi du mois, autour de conférences. A l'arrière des salles d'expositions : le Jardin des Agrions présente les astuces de jardinage écologique qu'il est possible de réaliser chez soi. A l'origine une prairie de 7 000 m^2 transformée en un jardin composé de différents milieux

Retrouvez le sommaire en début de guide

favorisant la biodiversité : potager, verger, haie bocagère, mare, nichoirs, prairie fleurie et « coin des reptiles » s'y côtoient. A 300 m serpente la vallée de l'Yon sillonnée d'une trentaine de sentiers de randonnée.

La Chaize-le-Vicomte

■ MUSÉE ORNITHOLOGIQUE CHARLES-PAYRAUDEAU

✆ 02 51 05 70 21

Ouvert toute l'année. Basse saison : du lundi au jeudi de 8h30 à 12h30 et de 14h à 17h. Haute saison : du lundi au vendredi de 8h30 à 12h30 et de 14h à 17h ; le week-end de 14h à 18h. Basse saison : ouvert les week-ends et jours fériés sur rendez-vous. Gratuit jusqu'à 15 ans. Adulte : 3 €.

Charles Payraudeau (1798-1865), premier zoologiste à avoir dressé l'inventaire faunistique de la Corse, a légué, en 1868, à la commune de La Chaize-le-Vicomte la totalité de sa collection. Le musée, réaménagé depuis 1994, restaure peu à peu les trésors de celui qui découvrit, entre autres, le cormoran huppé de Desmarest. Le réaménagement du musée achevé en 1994 a entraîné une restauration de la collection ornithologique qui se poursuit actuellement. Les 2 000 espèces qui la composent rassemblent 1 200 oiseaux de l'ouest paléarctique et 800 oiseaux originaires de l'hémisphère sud (Afrique équatoriale, Amérique du Sud, Australie, etc.). Le musée présente 310 espèces habitant l'ouest de l'Europe et dont la plupart, sédentaires ou hivernants, s'observent en Vendée. Les différents genres sont regroupés et exposés selon leurs biotopes naturels : oiseaux de mer, rapaces diurnes, oiseaux de plaines, de roselières et d'estuaires, limicoles des côtes, vases et tourbières, rapaces nocturnes, passereaux, grands échassiers. Ne manquez pas les espèces d'oiseaux menacées d'extinction. Sont également présentés des mollusques, 71 espèces, marins et continentaux, inventés par Charles Payraudeau.

■ LA DEMEURE DU MARILLET

59, rue des Frères-Payraudeau
✆ 02 51 40 74 30
www.demeure-du-marillet.fr
jessie.querard@wanadoo.fr

5 chambres (dont 1 suite). Chambre double 85 € ; suite 150 €. Petit déjeuner inclus.

Voilà quelques années que Jessie et son mari Loïc ont ouvert cette demeure de charme sise au cœur d'un parc avec piscine, après de gros travaux de rénovation. Le résultat est magnifique. Derrière une vigne vierge qui lui donne un cachet supplémentaire, la belle demeure bourgeoise, de la fin du XIXe siècle, s'ouvre aux hôtes et propose cinq chambres spacieuses dont une suite familiale, restaurées avec soin et décorées avec beaucoup de goût. Toutes possèdent une salle de bains privative. Une chambre est même prévue pour l'accueil de personnes handicapées. Le petit déjeuner, servi dans le grand salon commun (jusqu'à 10h), propose notamment des confitures maison. Tranquillité, raffinement et charme riment incontestablement avec la Demeure du Marillet.

Mouilleron-le-Captif

■ CAMPING L'AMBOIS***

13, lieu-dit Ambois
✆ 02 51 37 29 15
www.campingambois.com
contact@campingambois.com
Sortie « Le Vigneau» et continuer sur 800 m.

Ouvert toute l'année. Terrain de 4 ha. 70 emplacements (plus 1 gîte). Exposition : mi-ombragé. Sol : herbeux. Emplacement de 13,90 € à 22,80 €. Chalets pour 4 à 6 personnes de 305 € à 555 € la semaine ; chalets jusqu´à 7 personnes de 398 € à 642 €. Club enfants. Jeux pour enfants. Wifi gratuit. Restauration (pizzas, bar-snack). Patinoire, mini-ferme, piste de kart à pédales, balade en poney, animations estivales.

Coup de cœur pour ce camping familial de 70 emplacements (dont 6 nus), situé à 1,5 km de La Roche-sur-Yon, repris par Carole et Bertrand en 2013. Il est très bien aménagé, et impeccablement entretenu, mais surtout, la méga nouveauté 2016 c'est la création d'une patinoire ! C'est unique en Vendée ! Il faut dire que Bertrand est un ancien grand hockeyeur, et sa fille suit ses traces. Donc il y aura sans doute quelques exhibitions. Petits et grands vont adorer cette nouveauté. Mais les loisirs ne s'arrêtent pas là puisqu'il y a aussi une piscine couverte et chauffée (d'avril à mi-septembre), avec Ludi'Spa, une pataugeoire, une mini-ferme (lamas, poneys, ânes, poules, boucs...), un mini-golf de 9 trous, une piste de kart à pédales, des balades en poney, un club pour enfants, une aire de jeux avec trampolines, château gonflable, des animations pour adultes et enfants, des soirées disco, karaoké... Les emplacements sont spacieux, de 80 m² à 250 m², et bien délimités. Autre bon point : l'Ambois est ouvert toute l'année avec, hors saison, la possibilité de louer à la nuitée. De bonnes pizzas maison, une rôtisserie et un snack. A louer aussi, un gîte. Un dernier mot sur l'accueil charmant.

Le Tablier

LA GUINGUETTE DE PIQUET

Lieu-dit Piquet
✆ 02 51 46 73 52

Fermé d'octobre à mars. Basse saison : ouvert le week-end. Haute saison : tous les jours. Réservation recommandée. Accueil des groupes (sur réservation). Jardin. Terrasse. Concerts.

L'établissement de Kateline est un endroit charmant au bord de l'Yon pour tous ceux qui aiment danser, guincher et s'amuser mais aussi pour le parfum champêtre de nostalgie qui va si bien aux guinguettes. Situé non loin du vignoble et à proximité de la Maison des Libellules, dans le superbe cadre de Piquet, la Guinguette accueille Thierry l'accordéoniste les samedis soir (de juin à septembre) pour des soirées dansantes en plein air (ou dans la salle si le temps n'est pas de la partie) avec jeux de lumière. Les vendredis soirs, place aux groupes musicaux avec au programme jazz manouche et rythmes latino. Et pour rimer avec la convivialité ambiante, une cuisine simple et traditionnelle avec une carte qui s'articule autour de grillades, salades et de produits locaux, le tout à tarifs modérés. Avec en spécialités de grillades : anguille fraîche nature, friture d'éperlans, têtes de seiches, côtes ou brochettes de bœuf... Pour prendre un rafraîchissement en famille avec les enfants (il y a de l'espace et des jeux), pour partager un repas entre amis en musique, ou pour guincher, ce lieu mérite le détour. Original, convivial, nostalgique, champêtre.

Nesmy

MOULIN DE RAMBOURG ★

✆ 02 51 36 03 15

Haute saison : ouvert du dimanche au vendredi de 13h à 19h. Hors saison, sur réservation. Gratuit jusqu'à 12 ans. Adulte : 3 €. Enfant (de 6 à 15 ans) : 2 €. Visite guidée (en continu).

Le moulin de Rambourg est un moulin à eau fonctionnant par un système de roues à aubes évoluant grâce à des poulies et des courroies. Ce matériel date de la première moitié du XXe siècle. C'est un moulin dit « à reprise » car le grain repassait plusieurs fois dans les appareils afin d'obtenir la farine. Le dernier meunier a cessé toute activité en 1981. Outre la visite du moulin, il offre des activités de plein air dans un cadre agréable au bord de l'eau : pique-nique et détente, randonnées à pied ou en VTT – trois sentiers au départ de Rambourg permettent de découvrir la vallée de l'Yon et la campagne environnante –, pêche sur les bords de l'Yon, canoë. Pour le canoë, renseignements au Camping du moulin de Rambourg (✆ 02 51 07 63 83, activité proposée du 1er avril au 30 septembre).

GOLF DU DOMAINE DE LA DOMANGÈRE

La Domangère
✆ 02 51 07 60 15
www.bluegreen.com/domangere
domangere@bluegreen.com

Ouvert toute l'année. Restauration. Boutique.

Un golf 18 trous, créé en 1988 sur le site superbe de La Domangère, autour d'un ancien et grand logis. Premier golf créé en Vendée en 1987, ce parcours de style californien dessiné par Michel Gayon est parfaitement intégré dans son milieu naturel. Gage de qualité, il a accueilli les championnats de France Pro en 1990. C'est un parcours très intéressant car très varié. Il faut savoir jouer tous les coups de golf. Vous trouverez de l'eau (présente sur 12 trous), des parties vallonnées, des parties plates et des parties boisées. Il propose l'un des parcours les plus difficiles de France. Ce golf fait partie du groupe Blue Green. Sont proposés des stages et des initiations, et des séminaires pour les entreprises. Au club-house, un bar (ouvert tous les jours de 9h à 19h) et un restaurant (ouvert tous les midis – le soir, sur réservation) qui propose une cuisine de bonne facture avec un menu du midi avec suggestion du jour.

LA POTERIE DE NESMY

23, rue Georges-Clemenceau
✆ 02 51 07 62 57
www.poteriedenesmy.com
poteriedenesmy@orange.fr

Basse saison : ouvert du lundi au samedi de 10h à 12h et de 14h à 18h30. Haute saison : jusqu'à 19h. Visite et vente toute l'année. Visite libre des ateliers du lundi au vendredi de 10h à 12h et de 14h à 17h en hiver, 17h30 en été. Ouvert le dimanche (de 14h30 à 18h30, 19h en été ; fermé les 3 premiers dimanches d'octobre).

Château de Nesmy.

La poterie artisanale de Nesmy, qui date de 1857, est dans les mains des Charpentreau depuis plusieurs générations, et rares sont les familles vendéennes qui n'ont pas au moins un objet qui y ait été fabriqué. La spécialité de la Poterie de Nesmy est la fabrication d'une faïence tournée et garnie comme autrefois à la main, faïence originale souvent agrémentée d'un décor simple exécuté au pinceau. La pâte est à base d'argile de Chaillé-sous-les-Ormeaux. La poterie est ici de tradition, et respecte les émaillages et tours de mains anciens. N'hésitez pas, vous aussi, à aller admirer le savoir-faire de cet artisan accueillant, dont les tarifs sont restés abordables, et vous découvrirez l'une de ses créations fétiches : le pot à mogettes. Visite de l'atelier gratuite.

Venansault

■ **LES JARDINS DU LORIOT**
60, chemin de la Tour
La Mancelière
✆ 02 51 40 35 41
lesjardinsduloriot@yahoo.fr
Fermé de septembre à mai. Basse saison : ouvert le dimanche et les jours fériés de 14h30 à 19h. Haute saison : du mardi au jeudi, le samedi et le dimanche de 14h30 à 19h. Gratuit jusqu'à 5 ans. Adulte : 6,50 €. Enfant (de 5 à 15 ans) : 3,50 €.
Ce jardin oriental est implanté au village de La Mancelière, entre La Roche-sur-Yon et La Mothe-Achard, par la nationale. Vous allez passer deux heures de poésie et de zenitude dans les jardins d'ambiance qui entourent l'étang central. Les amateurs de bambous découvriront plus de 130 espèces d'»herbes géantes» rapportées d'Asie, d'Afrique et d'Amérique par des passionnés de botanique et d'aventure. Les amoureux de fleurs et de plantes du monde entier pourront admirer plus de 2 000 variétés, tout au long des saisons. D'avril à octobre, vous admirerez les 75 varietés de nymphéas aux parfums suaves. Aménagés dans plusieurs parcelles de bocage dont les haies centenaires ont été préservées, sur 5 hectares, les jardins cohabitent harmonieusement avec des espaces plus sauvages et le clos des ânes ! Roue à aube, shishi-odoshi, fontaines s'animent grâce à la magie de l'eau. Autour de l'étang central au milieu duquel rayonne un dragon géant, dix bassins abritent 75 variétés de nénuphars et des grenouilles vertes. De mai à juillet, vous aurez peut-être la chance d'entendre le chant mélodieux du loriot, emblème vivant et symbiotique des Jardins.

LES LUCS-SUR-BOULOGNE ★

Les Lucs vient du mot latin *lucus*, qui signifie bois sacré. Haut lieu des guerres de Vendée, c'est une ville martyre où 564 habitants, femmes, vieillards et enfants, ont été massacrés le 28 février 1794 par les troupes républicaines du général Turreau. Une cicatrice qui ne s'est pas encore refermée pour un certain nombre de Lucquois qui fleurissent toujours la tombe de l'abbé Voyneau, curé de l'époque. D'ailleurs, les vitraux de l'église Saint-Pierre relatent avec simplicité ces événements. D'autres ont eu lieu à quelques kilomètres des Lucs. En effet, c'est au château de la Chabotterie, à Saint-Sulpice-le-Verdon, qu'est arrêté en 1796 Charette, le chef vendéen, avant d'être exécuté à Nantes. Avec la mort de Charette s'achèvent les guerres de Vendée.

Historial de la Vendée.

Le musée des enfants

Situé à l'intérieur de l'Historial, le musée des enfants est un lieu unique en son genre qui attend petits et grands pour apprendre en s'amusant. Les expositions sont toujours entièrement adaptées aux plus jeunes afin de leur donner le goût de la découverte grâce à un savant mélange de culture et de divertissement. Après « les animaux de la ferme », le musée propose à partir de juillet 2016 la thématique de la mer. L'expérimentation sera à nouveau au centre de cet espace ludique et pédagogique original qui fermera exceptionnellement ses portes de mars à juillet 2016 pour donner vie à la nouvelle muséographie.

■ HISTORIAL DE LA VENDÉE ★★
Allée Paul-Bazin
LES LUCS-SUR-BOULOGNE
✆ 02 28 85 77 77

Points d'intérêt

■ HISTORIAL DE LA VENDÉE ★★
Allée Paul-Bazin ✆ 02 28 85 77 77
www.historial.vendee.fr
♿

Ouvert toute l'année. Fermé le 1er janvier et le 25 décembre. Du mardi au dimanche de 10h à 19h. Haute saison : tous les jours de 10h à 19h. Fermeture à 18h d'octobre à mars. Gratuit jusqu'à 18 ans. Adulte : 8 €. Groupe (10 personnes) : 5 €. Tarif réduit : 5 €. Pass Vendée : 21 €. Prêt gratuit de fauteuils roulants et de cannes-sièges ultra-légers (en échange de la carte d'identité). Restauration. Boutique.

Au cœur de la vallée naturelle de la Boulogne, l'Historial de la Vendée vous invite à parcourir 7 000 ans d'Histoire dans un musée ultramoderne : partez à la rencontre des premiers chasseurs du néolithique, déambulez dans une rue Gallo-Romaine, dialoguez avec les grands humanistes de la Renaissance, revivez l'épopée des soldats de 1793, visitez un village du siècle dernier… Vous passerez une journée inoubliable ! Soucieux d'être accessible à tous, l'Historial présente une muséographie originale, à la fois ludique et scientifique, et soigne particulièrement l'accueil des plus jeunes avec un concept unique en France : le Musée des enfants. Toute l'année des animations, avec en mai, la Nuit des musées ; en juillet et août, des animations pour les enfants et des visites commentées, et en septembre un week-end préhistoire. Egalement des expositions temporaires (avec animations autour de celles-ci), avec « Mémoires » du 12 avril au 31 août 2016 et à partir d'octobre, Richard Cœur de Lion.

■ LE MEMORIAL DE LA VENDÉE
✆ 02 51 47 61 61
www.historial.vendee.fr
historial@vendee.fr

Ouvert tous les jours de 9h à 19h. Gratuit. Visite guidée.

Situé à proximité immédiate de l'Historial de la Vendée, le Mémorial de Vendée invite le visiteur à une sorte de pèlerinage en ce lieu, témoin d'une page à la fois tragique et lumineuse de notre histoire. Elevé en souvenir des martyrs de la guerre de Vendée et inauguré en 1993 par Alexandre Soljenitsyne, il commémore le massacre de 564 villageois par les colonnes infernales du général Turreau en février 1794.

Le couvert

■ L'ALAMBIC
27, rue de la Rochejaquelein
✆ 02 51 34 58 82

Ouvert toute l'année. Le lundi midi ; du mercredi au dimanche le midi et le soir. Menus de 17,80 € à 29,90 €. Menu enfant : 8,80 €. Formule du midi : 10,80 € (en semaine). Terrasse.

Un superbe alambic de 167 ans d'âge trône au cœur de l'une des salles de ce restaurant atypique qui en compte deux plus un charmant salon. Outre sa jolie déco intérieure soignée, L'Alambic possède d'autres atouts : une cuisine originale où se mêlent spécialités françaises et polonaises, plus une carte de pizzas, et des prix de plats assez doux. Si vous ne connaissez pas la cuisine polonaise, allez-y les yeux fermés. C'est vraiment goûteux. Des viandes qu'on voit rarement sur les cartes des restaurants comme le bison (ici, au foie gras), le kangourou, l'autruche. Et des plats originaux, à cheval entre la France et la Pologne. Avec pour la note régionale, le tarton belles-mères (un gâteau de pommes de terre, fromage, jambon et champignons), le parmentier vendéen (à base de fressure vendéenne), ou encore des noix de joues de porc au miel et à la moutarde à l'ancienne. Et pour la Pologne : goulasch au chevreuil, bigos (une choucroute polonaise cuite au feu de bois) et en dessert la délicieuse tarte aux 3 pommes ou le fion vendéen. On apprécie cette adresse pour l'originalité et la diversité de sa cuisine, son cadre charmant et ses prix justes.

■ AUBERGE DU LAC
250, rue Général-Charette
✆ 02 51 46 59 59
aubergedulac85@wanadoo.fr

Ouvert toute l'année. Basse saison : du jeudi au mardi le midi ; le lundi et du jeudi au samedi le soir. Haute saison : du jeudi au mardi. Menus de 31 € à 43,90 €. Formule du midi : 16 € (et 22 €). Terrasse. Parking.

Au cœur d'un coin de Vendée chargé d'histoire, puisqu'il fut le théâtre des guerres de Vendée, l'Auberge du Lac respire le calme et la sérénité. Posée au bord du lac, dans un écrin de verdure, dans un décor classique et bien arrangé, le chef, Christian Fournier, accompagné de son épouse Katia, offre depuis plusieurs années une cuisine traditionnelle exécutée à partir de produits frais, en n'oubliant pas de mettre en lumière les produits régionaux. On pourra regretter le ronronnement de la carte mais c'est aussi pour la régularité de la cuisine que les fidèles apprécient cette table. Ainsi, parmi les spécialités de la carte hivernale présentes d'année en année : la roulade d'anguille fumée aux mogettes et foie gras, le filet de bar au beurre blanc ou le magret de canard aux épices douces. Et en dessert, brioche façon pain perdu et sa glace vanille, moelleux au chocolat pour les chocophiles ou un dessert plus léger : un gratin de poires à la réglisse. Beaucoup de groupes choisissent cette table pour leurs repas de famille.

Le gîte

■ MAISON DE LA MALNAYE

327, rue du Curé-Barbedette
✆ 02 28 15 03 21
www.maisondelamalnaye.fr
maisondelamalnay@orange.fr

Ouvert toute l'année. 3 chambres (dont 1 suite). Basse saison : chambre double à partir de 50 €. Haute saison : chambre double à partir de 60 €. Petit déjeuner inclus. Lit supplémentaire : 15 €. Wifi. Restauration (table d'hôtes : 15 €, 25 € ou 30 € pour le menu «plateau de fruits de mer», pour les adultes. Enfants, menus de 10 € à 20 €).

Cette jolie maison d'hôtes est posée au cœur d'un parc arboré et bénéficie du calme de la campagne. Elle propose deux chambres, dont une à la décoration yéyé, ainsi qu'une suite familiale composée de deux chambres. Parquet, belle charpente apparente brute et mobilier ancien, le tout dans une décoration particulièrement soignée et originale, sera le cadre de votre repos. Votre petit déjeuner composé de pain, brioche et confitures maison, pourra se prendre dans la salle à manger richement meublée ou sur la terrasse, face au jardin, le tout conférant un charme certain à ces vacances bucoliques. Beaucoup de charme.

■ LES PIERRES NOIRES

625, avenue des Pierres-Noires
✆ 02 51 31 31 45 / 06 20 17 54 56
www.les-pierres-noires.com
contact@les-pierres-noires.com

Gîtes de France (3 épis). 2 chambres. Chambre double 58 € ; chambre triple 75 € le week-end ; suite 116 €. Petit déjeuner inclus. Lit supplémentaire : 26 €. Chambres non-fumeur. Animaux non admis.

Sur la route de l'histoire des guerres de Vendée, à deux pas du Mémorial, dans un parc de 5 000 m² avec piscine, cette maison de charme peut accueillir cinq personnes avec deux vastes chambres indépendantes situées au rez-de-chaussée. L'aménagement de cette grande bâtisse est raffiné et vous apprécierez le parc. L'une des chambres fait même office de suite. Un salon avec bibliothèque est à votre disposition. Vous pourrez lézarder au bord de la piscine sous le préau. Une belle adresse.

Mémorial de la Vendée.

LE POIRÉ-SUR-VIE

Lieu de foires depuis 1498, Le Poiré-sur-Vie fut longtemps une commune plus importante que La Roche-sur-Yon. La cité vivait de l'industrie de ses nombreux moulins, du commerce et, bien entendu, de l'agriculture. La promenade aménagée le long du Ruth, en contrebas de la cité, constitue une balade attrayante, avec le moulin de la Verdonnière, dit le moulin à Elise, encore en activité, que l'on peut visiter et où acheter sa farine. Une passerelle en bois vous amène sur une aire de jeux pour enfants, quelques tables de pique-nique sont prévues, sur l'étendue d'eau des canards résident toute l'année et font la joie des enfants qui leur donnent du pain dur. Une balade bien aménagée en fait le tour. En grimpant par la partie boisée, vous arrivez à la piscine couverte. Un beau point de vue également sur le parvis de l'église aménagé à cet effet.

■ OFFICE DE TOURISME VIE ET BOULOGNE

ZA La Gendronnière
24, rue des Landes
✆ 02 51 31 89 15
www.tourisme-vie-et-boulogne.fr
ot@vieetboulogne.fr
Ouvert tous les jours de 9h à 12h.

Points d'intérêt

■ LE MOULIN A ÉLISE

La Minoterie
✆ 02 51 31 61 38 / 02 51 94 62 72
Gratuit. Visite guidée (gratuite le dimanche de 15h à 18h en juillet et août). Visite payante hors saison pour les groupes (sur réservation).
Depuis la place du Marché, prenez la direction d'Aizenay, puis à droite, au bout du lac, vous verrez la belle bâtisse posée dans un écrin de verdure. La construction du moulin date de 1867 et obligea le détournement de la rivière le Ruth. Le moulin à Elise est un moulin à eau qu'anime une roue à aubes dont l'originalité est d'être construite en lamellé-collé de pin cryptogilé dont la réalisation revient aux Compagnons du tour de France. Cette roue, unique en Europe, d'un diamètre de 5,20 m est équipée de 40 pâles courbes. Toutes les pièces qui la composent ont été réalisées par des entreprises du Poiré. C'est une roue de « poitrine », c'est-à-dire que l'eau y arrive à mi-hauteur. L'eau prisonnière entre les pâles et le coursier de granit, d'une largeur de 80 cm, entraîne la roue par gravité à la vitesse constante de 8 tours par minute. Le moulin à Elise est aujourd'hui un des derniers moulins à eau en activité. A l'étage, une maquette animée en explique le fonctionnement. La visite est commentée. Après la visite, passez de la matière première, la farine, au produit fini, les galettes et crêpes à déguster à la crêperie du moulin.

Le couvert

■ CRÊPERIE-BRASSERIE DU MOULIN A ÉLISE

La Minoterie ✆ 02 51 06 42 86
brigitte.tricot210@orange.fr
Ouvert toute l'année. Basse saison : du mardi au dimanche le midi ; du vendredi au dimanche le soir. Haute saison : le mardi et le mercredi le midi ; du jeudi au dimanche le midi et le soir. Menus de 21,50 € à 25,50 €. Formule du midi : 12,50 €.
Il n'y a pas que sa lettre qui nous inspire et nous met de bonne humeur, il y a aussi son restaurant à Elise ! Située au bord de la rivière la Vie dans un environnement vallonné et bucolique, cette crêperie-brasserie dispose de deux jolies salles dont une en pierres apparentes avec un vieux four à pain et d'une grande terrasse au bord de l'eau. Voici quelques morceaux choisis de la partition jouée par Elise : des viandes grillées, des poissons, des plats mijotés qui sentent bon la tradition comme la blanquette de veau, le navarin d'agneau, la carbonade de filet mignon de porc… sans oublier la spécialité qui s'invite tous les mercredis (sauf juillet et août) : la tête de veau ! Egalement des salades composées, et une carte de galettes. La carte des desserts, avec ses pâtisseries maison, sa mousse au chocolat, son tiramisu, ses crêpes et coupes glacées, est une mélodie gourmande. Une partition simple sans fausse note.

Le gîte

Gîtes

■ GÎTE LA MARINIÈRE****

La Marinière
✆ 02 51 06 48 81 / 06 25 99 16 65
claudette.massonneau@wanadoo.fr
Gîtes de France. Ouvert toute l'année. 4 gîtes de 700 € à 2500 € la semaine selon le type de gîte.
Monsieur et madame Massonneau vous accueillent dans quatre gîtes de charme, créés dans de jolies bâtisses, tous dotés d'une piscine. Le gîte Le Coteau peut recevoir de

5 à 10 personnes dans les cinq chambres dont il dispose et ses quatre salles de bains. L'ensemble du gîte est d'un grand confort et équipé d'une TV avec lecteur DVD, lave-linge, lave-vaisselle et matériel pour bébé sur demande. Un second gîte, La Vallée, possède trois chambres pour accueillir de 4 à 6 personnes et bénéficie, en plus d'une rénovation récente, d'une décoration de goût et d'équipements de qualité. Une ancienne maison en pierres de granite entièrement rénovée de 180 m² sur deux niveaux, pouvant faire dormir de 8 à 10 personnes, accueille le gîte du Bocage. Là encore des équipements d'un grand confort. C'est aussi le cas du dernier gîte, Le Logis, d'une superficie de 240 m², avec 6 chambres et 5 salles d'eau pour 10 à 12 personnes, qui possède sa piscine privative chauffée enclavée en toute discrétion. Tous sont agréablement décorés au goût du jour et ont pour point commun le charme des vieilles pierres, les équipements neufs, l'espace et le grand confort.

■ **GÎTES DE LA VIE*****
La Tailleferrière
✆ 02 51 31 82 48
contact@gitesdelavie.com
Clévacances (3 clés). Ouvert toute l'année. De 290 € à 830 € la semaine selon saison. Location de draps : 6 €, option ménage : 45 €.
La famille Mandelli vous accueille dans un cadre préservé au cœur du bocage vendéen à proximité de tous les commerces et services. Tout est prévu pour un séjour familial en toute quiétude, vélos à disposition, panier de basket-ball, table de ping-pong, baby-foot, piscine chauffée, étang et beaucoup d'espace en toute sécurité. Ces 3 gîtes raviront les amateurs de vieilles pierres. Ils sont de rénovation récente et offrent tout le confort ainsi qu'un terrain privatif et une terrasse ensoleillée. Deux d'entre eux peuvent héberger 5 personnes et le dernier 4 personnes. Il y a également une salle à louer.

Chambres d'hôtes

■ **CHAMBRES D'HÔTE LA MILLIÈRE**
La Millière
✆ 06 33 54 83 90 / 02 51 31 61 33
www.lamilliere.com
contact@lamilliere.com
Gîtes de France (3 épis). 4 chambres (et un gîte). Chambre simple 49 € ; chambre double 59 € ; chambre triple 73 €. Petit déjeuner inclus. Gîte : de 290 € à 420 € la semaine.
Si vous aimez les grandes et belles bâtisses aux pierres apparentes, la chaleur du bois et des matériaux nobles, alors vous apprécierez ces quatre chambres d'hôtes (3 épis aux Gîtes de France) de Madame Chauvin. La maison est située au cœur d'une exploitation agricole (production bovine charolaise). La pierre et les matériaux nobles donnent du charme aux lieux. Les chambres sont assez grandes et joliment aménagées, arborant chacune un style différent. Les salles de bains sont très propres également. Une maison bien tenue et possédant beaucoup de charme.

AIZENAY

Aizenay, située entre lac et forêt, propose tous les services d'une petite ville à la campagne. Petite ville du bas Bocage, dont le nom dérivait des Agésinates qui signifie « conducteurs d'ânes » – petit peuple celte qui aurait eu ce bourg pour capitale. Le vieux bourg aux maisons couvertes principalement d'ardoise garde en son sein l'église début de siècle d'un style très pur (mais avec un des premiers toits en béton armé aujourd'hui recouvert de cuivre). La commune d'Aizenay a obtenu le label station verte de vacances grâce à ses équipements de loisirs – piscine chauffée, tennis, ainsi qu'à ses attraits naturels : le lac de la Vie et la forêt qui s'étend sur 420 hectares. Cette forêt appartenait, avant la Révolution, au comte d'Asnières, seigneur d'Aizenay.
En 1912, elle est vendue pour payer les droits de succession. En 1976, la municipalité s'en approprie une partie. Des sentiers pédestres y ont été aménagés avec accès par le CD6.

Points d'intérêt

■ **LE SENTIER DU SOUVENIR**
En lisière de forêt, route de la Genétouze, un mémorial retrace l'histoire reconstituée de l'équipage d'un bombardier B17 américain, tombé en forêt, le 27 mars 1944. Baptisé Big Red par son équipage, il appartenait au 388e groupe bombe. Avec 545 autres appareils, il allait bombarder des objectifs situés dans la région de Bordeaux. La chute de l'avion a fait cinq victimes.

Le couvert

■ **LA SITTELLE**
33, rue Maréchal-Leclerc ✆ 02 51 34 79 90
restaurant.sittelle@wanadoo.fr
Fermé la première semaine de janvier, première semaine de mai et trois dernières semaines d'août. Ouvert du mercredi au dimanche le midi ; le samedi soir. Menus de 28 € à 38 €. A l'entrée du bourg, en venant de La Roche-sur-Yon, l'ancienne salle à manger de la belle maison bourgeoise des années 1940, propriété d'un minotier, permet aujourd'hui de bénéficier d'un cadre intime avec un nombre de couverts limité à 25. Après des classes à Nancy, chez Taillevent, et d'autres belles maisons, Jean-Claude Cotar s'est installé à Aizenay il y a vingt-cinq ans, accompagné de son épouse. Une longévité due au sérieux de la table au travers d'une cuisine personnalisée avec des bases empreintes de tradition. Parmi les plats phares : ravioles de tourteau au beurre de foie gras, escalope de foie gras chaud au caramel de gingembre, le canard de Challans ainsi qu'un classique en dessert : la marquise au chocolat. La carte des vins varie de 20 à 50 € environ, de quoi trouver son bonheur quel que soit le prix que l'on souhaite mettre. Au fait, la sittelle est un oiseau.

Le gîte

Chambres d'hôtes

■ CHAMBRES D'HÔTES LA RIPODIÈRE

21, rue de la Charpenterie
✆ 06 03 85 82 88
contact@laripodiere.com

Clévacances (3 clés). Ouvert toute l'année. 3 chambres (dont un studio). Chambre double de 55 € à 70 €. Petit déjeuner inclus. Parking. Studio de 70 € à 75 € la nuit (petit-déjeuner inclus).

Le meilleur des accueils vous sera réservé par les époux Monfort, au sein de leur agréable maison située dans la commune d'Aizenay, à une vingtaine de minutes du bord de mer. Agrémentée d'un parc arboré de 2 500 m² et d'une piscine chauffée (de mai à septembre), les loisirs ne manquent pas puisqu'un terrain de badmington ainsi qu'une table de ping-pong sont à disposition des hôtes, tandis que les enfants pourront profiter d'un portique avec balançoire et d'un bac à sable. Nos charmants hôtes proposent 2 chambres d'hôtes et un studio avec coin cuisine et entrées indépendantes, pouvant recevoir 4 personnes. Les chambres sont meublées avec goût, sont très propres, et possèdent chacune un accès indépendant donnant sur un jardin fleuri et une terrasse privative. Vous serez vraiment reçu avec beaucoup de chaleur dans cette maison au calme entre La Roche-sur-Yon et les plages de Saint-Gilles-Croix-de-Vie et Brétignolles-sur-Mer.

■ CHÂTEAU DE LA MARRONNIÈRE

La Marronnière
✆ 02 51 48 02 78
resa@chateauvendee.com

5 chambres. Chambre double de 120 € à 150 € ; suite 210 €. Petit déjeuner inclus. Animaux non admis.

Idéalement situé entre mer et campagne, le Domaine de La Marronnière constitue un lieu de villégiature privilégié. Sise dans un magnifique parc aux arbres séculaires, cette demeure de caractère du XVIIIe siècle, rénovée en 2008, offre une vaste suite pouvant accueillir quatre personnes et 3 chambres doubles richement meublées : parquet, tapisseries style toile de Jouy, cheminées en marbre et grands tapis pour certaines. Les salles de bains sont modernes et proposent toutes une baignoire. Offrant une vue imprenable sur les douves à l'arrière du château, chacune des chambres d'hôtes possède un caractère particulier. Expression d'un certain art de vivre mariant l'élégance du classique et le charme du rustique, tout ici contribue au bien-être des hôtes. Vous pourrez profiter d'un salon spacieux et d'une salle à manger, agrémentés d'une belle cheminée et d'un piano. Pour votre détente, profitez de belles balades dans le beau parc ou faites quelques longueurs dans la grande piscine. Dans un autre bâtiment aux pierres apparentes, une salle de 340 m², idéale pour les mariages ou autres événements, est à votre disposition.

Campings

■ CAMPING LE PRÉ DE LA FONTAINE**

La Dubière
✆ 02 51 94 71 65

Ouvert toute l'année. Emplacement à partir de 13 €. Chalets de 350 € à 525 € la semaine.

Accueil charmant au Pré de la Fontaine, un petit camping familial situé entre bocage et plages (à une quinzaine de minutes). Vous apprécierez l'endroit, tant pour son calme, son étang et ses prairies que pour ses possibilités de balade, puisqu'une piste cyclable passe à 200 m du camping, vous permettant d'aller jusqu'au littoral. Plusieurs chalets sont proposées à la location, de 25 à 58 m². Ils offrent tout le confort et sont bien entretenus par Ginette Bordas, la propriétaire du site. Possibilité également de louer des emplacements à l'année pour y installer des chalets en bois. Vous recherchez plutôt un gîte, Ginette vous propose deux gîtes dont un est aménagé dans une ancienne grange et joliment restauré : le gîte Le Chêne. Les deux peuvent accueillir jusqu'à six personnes. Ils sont aménagés avec goût et très propres. Les deux bénéficient d'un jardin avec chaises longues pour le farniente.

Emplettes

■ LES FOURNÉES DE LA VIE

1, rue André-Marie Ampère
Espace Océanes
✆ 02 51 94 62 63
www.fournees-de-la-vie.fr
contact@fournees-de-la-vie.fr

Ouvert du lundi au vendredi de 7h à 19h ; le samedi de 7h à 12h30. Haute saison : du lundi au samedi de 7h à 19h ; le dimanche de 7h à 12h30.

L'entreprise artisanale de Thérèse et Michel Rorthais est située à la sortie d'Aizenay en direction de Saint-Gilles-Croix-de-Vie. Ils confectionnent dans le plus grand respect de la tradition des spécialités pâtissières vendéennes, pour lesquelles ils ont obtenu de nombreuses récompenses. La plus célèbre, la brioche : traditionnelle, feuilletée type croissant, aux pépites et la brioche de mariage, dont le poids varie entre 10 et 15 kg, une coutume dans les mariages vendéens. Autre produit phare, le fion à l'ancienne, un dessert traditionnel des fêtes de Pâques à base d'œufs et de lait, typique de l'ouest vendéen, élaboré à partir d'une recette familiale qui demande une maîtrise parfaite de la cuisson et du savoir-faire.

Pour ce produit, chaque année, ils raflent tous les prix d'excellence depuis 2000. La fouasse, le gâteau minute, la gâche et le préfou, un pain fourré au beurre à l'ail à déguster à l'apéritif, complètent la liste des spécialités. Vous pouvez les retrouver sur le marché des Halles de La Roche-sur-Yon les samedis de 7h30 à 13h, sur les marchés de Saint-Gilles, Port Bourgenay et Talmont, Jard, etc., durant la saison estivale, ainsi qu'en grande distribution.

▶ **Autre adresse :** Halles de La Roche-sur-Yon

■ **FRANCE BOISSONS**
Z.A. des Blussières
✆ 02 51 48 30 30
www.france-boissons.fr
France Boissons est un distributeur de boissons qui s'adresse uniquement aux professionnels (bars, restaurants...). Au catalogue des produits qu'il propose : vins, bières, spiritueux, drinks et soft drinks, jus de fruits, eaux, boissons chaudes, cafés, sirops. Mais leur domaine de compétence ne se réduit pas à ce seul métier de fournisseur de boissons, puisque les nombreux conseillers répartis dans toute la France accompagnent les professionnels dans leur projet de création ou de reprise d'établissement, en leur fournissant un soutien matériel, un accompagnement personnalisé et des solutions de développement.

SAINT-DENIS-LA-CHEVASSE

■ **LE CHÂTEAU DU BREUIL**
✆ 02 51 41 40 14
www.chateaudubreuil.net
contacts@chateaudubreuil.net
Accès par autoroute et voies rapides à 12 km. Aéroport de Nantes à 45 minutes. Gare SNCF à 20 minutes.

3 chambres (et 1 suite). Chambre double de 97 € à 124 € ; chambre triple de 123,50 € à 163,50 €. Petit déjeuner inclus. 5 gîtes classés 3 clés (Clévacances), dont un gîte de groupe à la capacité d'accueil de 40 personnes. Wifi. Restauration (sur réservation).
Chacun a déjà fait le rêve de passer une nuit dans un château : c'est ici la réalité, une invitation au rêve et à la détente, à 10 km du logis de la Chabotterie et à 18 km de la Roche-sur-Yon. Le château du Breuil a été reconstruit au milieu du XIXe siècle sur les ruines d'un manoir du Moyen Age. Ce château, témoignage d'une vie en autarcie au XIXe siècle, a été entièrement rénové et décoré avec soin par les propriétaires. Vous serez séduit par les 4 chambres spacieuses et confortables – dont 1 suite – toutes équipées de bains et WC privés. Plusieurs salons sont à votre disposition. Pour vos loisirs, on trouve un swin-golf et deux piscines : une couverte en intérieur, et une dans le parc du château. A quelques pas des chambres d'hôtes, l'Orangerie (cuisine équipée privative mise à disposition pour 10 € par jour) possède son mobilier de jardin et son barbecue. C'est une ancienne serre restaurée qui faisait autrefois partie du potager d'un hectare : il approvisionnait une dizaine de familles qui vivaient en autarcie sur une propriété de 400 ha. Un repas au château peut être une alternative. Un très bel endroit au cœur de la Vendée historique.

■ **MUSÉE DES USTENSILES DE CUISINE ANCIENS**
Place Georges-Clemenceau
✆ 02 51 41 39 01 / 02 51 41 48 48
www.ustensiles.cuisine.free.fr
contact@saintdenislachevasse.fr
Fermé du 2 novembre au 30 avril. Basse saison : ouvert le dimanche et les jours fériés de 14h30 à 18h30. Haute saison : tous les jours de 14h30 à 18h30. Toute l'année sauf décembre, janvier et février, sur rendez-vous. Adulte : 5 €. Enfant (de 7 à 15 ans) : 2 €. Etudiants : 3 €.
C'est le 1er de France consacré à l'évolution des ustensiles de cuisine à travers le temps. Il est situé au cœur du village, dans un ancien logement d'instituteur du XIXe siècle. On y découvre comment et avec quels ustensiles nos grands-mères réalisaient de délicieuses et savoureuses recettes. Les cheminées se rallument, les pots de terre laissent échapper des senteurs, l'eau frissonne dans le coquemar… De 1850 à 1960, un siècle de cuisine que l'on traverse dans un cadre vivant et chaleureux. Exposition temporaire. Jeux pédagogiques pour les enfants de 7 à 12 ans, mais aussi vente de recettes anciennes et de livres de cuisine ainsi que des produits régionaux.

Noirmoutier.

ORGANISER
SON SÉJOUR

SE RENDRE EN VENDÉE

En avion

■ AEROPORT NANTES-ATLANTIQUE
Aéroport International Château Bougon
✆ 02 40 81 81 47
www.nantes.aeroport.fr/ANA/Page/
Destinations françaises : Bordeaux, Brest, Clermont-Ferrand, Lille, Lyon, Marseille, Montpellier, Nice, Paris Roissy, Strasbourg, Toulouse. Destinations internationales : la plupart des pays de l'Union européenne, la Russie, le Cap-Vert, le Sénégal, le Maroc, la Tunisie, le Canada et la République dominicaine. À noter que tous les jours, la navette de l'aéroport assure la liaison entre le centre-ville de Nantes et l'aéroport Nantes-Atlantique. Une navette toutes les 20 minutes, du lundi au samedi de 5h30 à 23h, toutes les 30 minutes les dimanches et jours fériés de 6h15 à 23h.

En train

Au départ de Paris Montparnasse, comptez dorénavant 3h en TGV pour la Vendée (Paris-Nantes-La Roche-sur-Yon) et 3h20 pour rejoindre Les Sables-d'Olonne. Pour les TER depuis Nantes, il vous faudra entre 40 et 50 minutes pour rejoindre La Roche-sur-Yon et 1h10 pour Les Sables-d'Olonne. Renseignements : SNCF 0 892 35 35 35 ou 3635.

▸ **Gares SNCF :** La Roche-sur-Yon • Les Sables-d'Olonne • Saint-Gilles-Croix-de-Vie • Luçon • Challans • Montaigu

■ RESEAU TER
✆ 0 836 35 35 35
www.ter.sncf.fr
TER (Transport Express Régional) met en œuvre en France une offre de transport et de services définie par les conseils régionaux, autorités organisatrices des transports sur leur territoire. Le réseau dessert vingt régions françaises métropolitaines, à l'exception de l'Ile-de-France et de la Corse, qui disposent d'un système de transport spécifique. Le réseau transporte quotidiennement sept cent mille voyageurs par jour, à bord de 5 700 trains. TER fait partie intégrante de la branche SNCF Proximités, aux côtés de Transilien (Ile-de-France), d'Intercités, des Chemins de fer de Corse (CFC), de Keolis et d'Effia. La Région des Pays de la Loire dispose d'un important réseau permettant de se déplacer de ville en ville. Se renseigner à propos des lignes et horaires auprès des gares routières.

■ KELBILLET
www.kelbillet.com
Trouver un billet de train pas cher ? Acheter un billet à un autre voyageur ? Revendre un billet que vous ne pouvez utiliser ou vous faire rembourser ? KelBillet.com est un très bon plan. Ce site propose de nombreux billets pour voyager en France et en Europe.

■ TROC DES TRAINS
www.trocdestrains.com
Site consacré aux annonces pour l'achat de billets de train à petits prix, ni échangeables ni remboursables. Garanti sans enchères, sans frais et sans commission ! Le site contrôle la validité des billets de train proposés à la vente et indique la fiabilité du billet.

■ ZEPASS
www.zepass.com
Site qui propose à tous d'acheter ou de revendre des billets de train. L'achat de billet d'occasion permet de trouver des billets Prem's à la dernière minute pas cher. En outre, vous pouvez aussi revendre un billet de train. Il suffit de déposer son annonce : le billet est en vente en quelques minutes. Places de concert, de théâtre, de spectacl ou de manifestation sportive sont également vendues ou déposées sur ce site.

■ GARE SNCF
Place d'Estienne-d'Orves
LA ROCHE-SUR-YON
✆ 02 51 37 07 66 / 3635
Ouvert du lundi au jeudi de 5h à 22h35 ; le vendredi de 5h à 23h35 ; le samedi de 6h30 à 23h35 ; le dimanche de 7h30 à 23h35 ; les jours fériés de 7h30 à 23h35. Parking, taxis, transports en commun, toilettes, billetterie, objets trouvés...
Wi-fi, babyfoot, toilettes, appareils à développer les photos, objets trouvés, un bon service pour attendre votre train. Gare également équipée d'un parking, de taxis et près des transports en commun.

■ GARE SNCF
Rue de la Bauduère
LES SABLES-D'OLONNE ✆ 08 36 35 35 35 / 3635
Ouvert du lundi au jeudi de 5h à 22h35 ; le vendredi de 5h à 23h45 ; le samedi de 7h à 23h ; le dimanche de 7h à 23h30 ; les jours fériés de 7h à 23h30. Billetterie, bornes libres, salle d'attente, toilettes, photos d'identité, point d'informations touristiques.
Trajet d'environ 3h20 pour Paris – Les Sables-d'Olonne.

En bateau

Principaux ports

■ PORT DE PLAISANCE DE JARD-SUR-MER
JARD-SUR-MER
✆ 02 51 33 90 61
Haute saison : ouvert de 8h à 12h et de 14h à 18h.
Port d'échouage pouvant accueillir environ 550 bateaux. Vous pourrez profiter de son anse naturelle en vous

détendant à l'ombre des terrasses de café et de restaurants. Vous pourrez aussi partager, en famille ou entre amis, des balades marines et iodées sur la promenade portuaire aménagée, véritable porte ouverte sur les grands horizons.

■ LE PORT DE NOIRMOUTIER-RIVE SUD LA GUÉRINIÈRE

Le port de Noirmoutier-en-l'Ile est situé en plein centre-ville et a été construit au bout du chenal l'Etier du Moulin. Admirez, tout au long de la rive sud du port, de petites cabanes en bois noirci au coaltar. Elles abritent les activités traditionnelles de l'île que sont l'ostréiculture et la charpenterie de navires. Il fut autrefois le port d'activité de l'île, permettant l'exportation du sel.

■ PORT-OLONA

Capitainerie
LES SABLES-D'OLONNE
✆ 02 51 32 51 16
www.portolona.fr
portolona@wanadoo.fr
VHF : canal 9

Ouvert tous les jours 24h/24. En été, tarifs de 12,60 € (bateau de 0 à 5 m) à 49,90 € (bateau de 15 m) la nuit.
Une capitainerie moderne et grandiose que les plus grands skippers ont appris à apprécier. Avec ses 1400 places à flot, il est devenu le plus grand port de plaisance de Vendée. Accueil et accessibilité 24 heures sur 24. L'été, une centaine de places sont mises à la disposition des visiteurs. Longueur maximale des bateaux : 20 m. Un ponton spécial est consacré aux catamarans. Accès 24h/24 avec 2 m de tirant d'eau au minimum. Avant la zone des marais, le port de plaisance des Sables-d'Olonne offre des équipements portuaires complets : eau douce, électricité à chaque poste, station carburant à quai, cales de mise à l'eau, élévateurs, gardiennage 24h/24. Station météo VHF sur canal 9. N'oublions pas que c'est de Port Olonna que s'élancent les catamarans pour la course du Vendée Globe tous les quatre ans.

■ PORT JOINVILLE

L'ILE-D'YEU
✆ 02 51 58 38 11
plaisance.iledyeu@vendee.cci.fr
VHF Canal 9

Basse saison : ouvert tous les jours de 8h à 11h30 et jusqu'à 17h30. Haute saison : tous les jours de 7h à 20h30.
Port-Joinville, situé sur la côte nord-est de l'île d'Yeu, accueille les ferrys en provenance de Fromentine-La Barre-de-Monts (pour la majeure partie d'entre eux) ou Saint-Gilles-Croix-de-Vie. Pendant longtemps la pêche est demeurée la source principale de revenus de Port-Joinville, mais cette activité est en déclin. Le port de plaisance offre un bassin de plaisance de 600 places, équipé de pontons, intégré au sein du vieux port de pêche et accessible à tout moment. Abri excellent dans toutes les conditions de temps. Deux cents places sont réservées aux bateaux en escale. Tous les services d'un port moderne (commodités, services techniques…). Une étape incontournable entre Belle-Île et La Rochelle.

Bateaux dans le port de Saint-Gilles-Croix-de-Vie.

■ PORT DE L'HERBAUDIERE
NOIRMOUTIER-EN-L'ILE
✆ 02 51 39 05 05
www.portdeplaisance-herbaudiere.com
Basse saison : ouvert tous les jours de 9h à 12h et de 14h à 17h. Haute saison : tous les jours de 7h30 à 21h. En juillet et août, tarifs de 15,70 € (bateaux de moins de 6 m) à 67,95 € la nuit (bateaux de moins de 17 m).
Protégé des vents d'ouest, le port de plaisance de l'Herbaudière est une escale appréciée par les adeptes du cabotage entre l'île d'Yeu, Pornic, Belle-Ile, Les Sables-d'Olonne et Saint-Gilles-Croix-de-Vie… Sa capacité d'accueil est de 574 places dont 50 visiteurs jusqu'à 17 mètres. Le port dispose d'aire de carénage, de sanitaires avec codes, d'eau douce à quai et sur les pontons, d'électricité sur les pontons, d'une laverie, d'une grue de 30 tonnes. Une station de carburant est installée sur le ponton. Elle est accessible 24h/24 par carte bancaire. Le port possède également une station de pompage des eaux noires et des barrières automatiques pour le stationnement.

■ PORT LA VIE
Boulevard de l'Egalité
SAINT-GILLES-CROIX-DE-VIE ✆ 02 51 55 30 83
www.semvie.com
contact@portlavie.fr
Basse saison : ouvert tous les jours de 9h à 12h et de 14h à 18h. Haute saison : tous les jours de 6h à 22h. En juillet et août : de 17,05 € (bateau de moins de 5 m) la nuit à 76,80 € (bateau de 19 à 20 m).
Le port de pêche offre à tout moment l'animation et la découverte du monde marin, ainsi que les spécialités gastronomiques locales. Le port de plaisance Port-La-Vie, idéalement situé en centre-ville, accueille plus de 1 000 bateaux dont 800 places sur le ponton et 200 en filière et mouillage. Dans les années 1960, la plaisance se développe parallèlement à la pêche. La municipalité décide en 1971 d'aménager un port de plaisance dans l'embouchure de la Vie, alors occupée par une vasière. La première pierre est posée en octobre 1974. Le port de Saint-Gilles-Croix-de-Vie accueille des courses à voile notamment la Solitaire du Figaro.

■ PORT-BOURGENAY
TALMONT-SAINT-HILAIRE
✆ 02 51 22 20 36
capitainerie@portbourgenay-smat.com
Basse saison : ouvert tous les jours de 9h à 12h et de 14h à 18h. Haute saison : tous les jours de 8h à 20h30. En juillet et août : de 10,50 € (bateau de moins de 5 m) à 58 € (bateau de plus de 18 m) la nuit.
En 1981, Talmont prend conscience de son potentiel touristique grâce à l'importance de sa façade maritime. La création de Port-Bourgenay fut donc décidée. Le port de plaisance est en eaux profondes à deux pas du village piétonnier. Il a une capacité d'accueil de 660 places, 610 pour les locataires et 50 sur le ponton visiteur. Le port a été récemment réaménagé avec ses propres sanitaires et douches près de ce ponton. Le port est implanté au cœur d'un splendide domaine de 85 hectares de verdure avec lac, golf, et piscines, eux aussi aménagés dans un souci d'urbanisme évident. Port-Bourgenay est une station agréable à vivre et appréciée.

Compagnies

■ COMPAGNIE VENDEENNE
Gare Maritime de Port Fromentine
LA BARRE-DE-MONTS
✆ 08 25 13 90 85
Voir page 119.

■ COMPAGNIE YEU-CONTINENT
Gare Maritime Port Fromentine
LA BARRE-DE-MONTS
✆ 08 25 85 30 00
Voir page 119.

■ COMPAGNIE VENDEENNE
9 bis, rue de la Chaume
L'ILE-D'YEU ✆ 08 25 13 90 85
Voir page 79.

■ OYA VENDEE HELICOPTERES
5, rue Gabriel-Guist'hau
Port-Joinville
L'ILE-D'YEU
✆ 02 51 59 22 22
Voir page 72.

En bus

■ GARE ROUTIERE
Rue Gaston-Ramon
LA ROCHE-SUR-YON
✆ 02 51 62 18 23
www.sovetours.fr
larochegr@sovetours.fr
Ouvert du lundi au vendredi de 7h15 à 12h30 et de 14h à 18h45 ; le samedi de 7h45 à 12h45.
Avec 52 lignes régulières, Sovetours est le réseau départemental CAP Vendée. Des abonnements sont disponibles selon vos besoins.

■ GARE ROUTIERE
Rue de la Bauduère
LES SABLES-D'OLONNE
✆ 02 51 95 18 71
www.sovetours.fr
lessables@sovetours.fr
Ouvert du lundi au vendredi de 8h45 à 12h30 et de 14h45 à 18h30. En juillet-août, du lundi au samedi 10h-12h & 13h30-18h30.
Comme pour la gare routière de La Roche-sur-Yon, c'est le réseau Sovetours qui dessert toutes les villes principales de la Vendée dont les Sables-d'Olonne.

Retrouvez le sommaire en début de guide

S'INFORMER SUR LA VENDÉE

Offices de tourisme

Vendée Tourisme est l'organisme qui réunit toutes les informations touristiques concernant la Vendée. De par son rôle, il met à disposition des touristes des informations pratiques pour réserver et organiser vos prochaines vacances en Vendée. Par le biais du site Internet ou des brochures thématiques, vous pourrez choisir parmi plusieurs types d'hébergement pour faire votre réservation : campings, hôtels, locations de vacances, chambres d'hôtes, villages vacances... A vélo, à cheval ou à pied, vous découvrirez les paysages vendéens : le littoral, les îles, les plages, le Marais poitevin et l'incontournable Puy du Fou®. A disposition également, des brochures sur le tourisme d'affaires, tourisme et handicap... Sur www.vendee-tourisme.com, vous retrouverez également les animations, festivals, spectacles... pour sortir en Vendée.

Médias

Presse écrite

■ **OUEST FRANCE**
4, rue Raymond-Poincaré
✆ 02 51 47 62 00
www.ouest-france.fr
Prix de vente : 0,95 €.
Le premier quotidien régional de France, et même le premier tout court. *Ouest-France* est un quotidien régional français, édité à Rennes et vendu dans les régions de l'ouest de la France principalement en Bretagne, Normandie et dans les Pays de la Loire, ainsi qu'à Paris. C'est le journal phare du groupe SIPA – Ouest-France, et, depuis 1975, le premier quotidien français en termes de diffusion, avec près de 800 000 exemplaires chaque jour. *Ouest-France* a pris en 1944 la suite de *L'Ouest-Eclair*, journal créé le 2 août 1899, interdit de parution à la Libération pour collaboration. En Vendée, il y a 5 éditions : La Roche-sur-Yon, Challans/Saint-Gilles-Croix-de-Vie, Les Sables-d'Olonne, Les Herbiers/Montaigu, Fontenay-le-Comte/Luçon.

■ **LE COURRIER VENDEEN**
44, rue Bonne-Fontaine
CHALLANS ✆ 02 51 49 79 49
www.lecourriervendeen.fr
lecourriervendeen@publihebdos.fr
Parution chaque jeudi. Prix de vente : 1,20 €.
Le Courrier Vendéen est un journal hebdomadaire régional d'information français diffusé le jeudi autour de Challans en Vendée où il a son siège. Il est l'un des 60 titres du groupe Publihebdos. *Le Courrier Vendéen* a vu le jour le 26 janvier 1996. Il a été créé et lancé par la famille Caillaud, alors propriétaire de l'hebdomadaire *Le Courrier de Paimboeuf*. Tout comme ses confères *Le Journal des Sables* et *Le Journal du Pays Yonnais*, il appartient au groupe Publihebdos. *Le Courrier Vendée*n traite de l'information locale du secteur nord-ouest de la Vendée de Saint-Gilles à Bouin, et d'Aizenay à Montaigu. Possibilité d'abonnement 100 % numérique, ou en formule «duo» pour la version papier et numérique.

■ **LE JOURNAL DE LA VENDÉE**
40, rue Pasteur
BP302 – LA ROCHE-SUR-YON
✆ 02 51 24 25 10
Le Journal de la Vendée est un journal bimensuel, édité par le conseil général de la Vendée. La première parution du journal date du 1er septembre 2004, sous la présidence du conseil général de la Vendée de Philippe de Villiers (MPF). Toutes les deux semaines, les actualités du département sont relatées, et, le président du conseil général de la Vendée signe une sorte d'éditorial. Très pratique, chaque Vendéen le reçoit gratuitement chaque mois dans sa boîte aux lettres. Il aborde l'actualité du département selon plusieurs thèmes : économique, social, sportif, culturel. Le journal comporte aussi une partie événements et spectacles de la Vendée.

Port de St-Gilles-Croix de Vie.

■ **LE JOURNAL DU PAYS YONNAIS**
101, boulevard Angleterre
LA ROCHE-SUR-YON ✆ 02 51 24 25 10
www.lejournaldupaysyonnais.fr
journaldupaysyonnais@publihebdos.fr
Parution chaque jeudi. Prix de vente : 1,10 €.
Il paraît chaque jeudi et présente l'actualité de la ville de La Roche-sur-Yon et du Pays Yonnais, tout comme son confrère *Le Journal des Sables* le fait sur le secteur des Sables-d'Olonne et *Le Courrier Vendéen* sur Challans et ses environs. Son secteur géographique s'étend sur les cantons principaux du Poire-sur-Vie, Les Essarts, La-Roche-sur-Yon nord et sud, La Mothe-Achard et Mareuil-sur-Lay-Dissais. Mise en page claire, papier de bonne qualité. Il existe une version numérique de l'édition, et sachez qu'une partie des infos est consultable sur le site Internet.

■ **LE JOURNAL DES SABLES**
16 ter, rue de la Caisse-d'Epargne
LES SABLES-D'OLONNE
✆ 02 51 95 42 12
www.lejournaldessables.fr
journaldessables@publihebdos.fr
Parution chaque jeudi. Prix de vente : 1,10 €.
Cet hebdomadaire bénéficie d'une forte renommée sur le littoral et notamment dans le secteur des Sables. Il faut saluer la pérennité du *Journal des Sables* car il est plus que centenaire : il fut créé en 1851. Bravo ! C'est une référence en matière d'hebdomadaires. Il relate l'actualité de la côte et informe des manifestations qui s'y dérouleront. Parution chaque jeudi. En 1991, la famille Hautbois-Doré cède *Le Journal des Sables* à la société Publihebdos, filiale du groupe Ouest-France. L'hebdomadaire traite des informations des cantons des Sables-d'Olonne, de Saint-Gilles-Croix-de-Vie, de Talmont-Saint-Hilaire et de la Mothe-Achard. Il dispose pour cela d'un réseau de correspondants locaux. Il comporte également des pages de petites annonces, d'annonces judiciaires et légales, des informations pratiques telles que les horaires des marées, les horaires du Service maritime de l'Île d'Yeu, les prix du marché du poisson, les mouvements d'eau aux écluses du marais d'Olonne, les mouvements de navires du port de commerce, ainsi que la bande dessinée Alban Dmerlu, un personnage créé en 1995 par Polpino, dont les aventures sont inspirées de l'actualité locale.

■ **MARY, SORTIR A TOUT PRIX**
LES SABLES-D'OLONNE
www.mary-lesite.fr
Mary, sortir à tout prix a publié sa première édition en septembre 2014. C'est un mensuel diffusé gratuitement chez ses partenaires.Vous retrouvez bien sûr toutes les infos sur la version numérique disponible sur le site Internet quelques jours avant la sortie papier. C'est le petit guide de l'actualité culturelle et des sorties en Vendée. Format et mise en page sympas et modernes, des chroniques variées et pertinentes, avec un ton bien à lui (ou plutôt «elle»).

■ **LE SANS-CULOTTE**
TALMONT-SAINT-HILAIRE
www.lesansculotte85.com
redaction@lesansculotte85.com
3 € le numéro et abonnement : 6 numéros pour 18 € ou un an pour 36 €.
Nous, au *Petit Futé*, on est fan du *Sans-Culotte* et plus précisément de ses excellents dessins ! Bravo à toute l'équipe de journalistes et dessinateurs de nous faire partager l'info en Vendée autrement. Un journal décalé, en marge, véritable «poil à gratter» qui fouine et débusque l'info passée jusqu'alors sous silence, et dont les talentueux dessinateurs croquent les VIP vendéens comme personne. Un journal qui ne mâche pas ses mots et s'adresse directement aux citoyens. Un journal qui fait réfléchir et s'interroger. Un journal d'utilité publique ! Le *Sans-Culotte* paraît tous les mois, il est en vente chez votre buraliste et dans les points presse. Allez tous à poil : -)

Radio

■ **FRANCE BLEU LOIRE OCEAN**
redac.bleularoche@radiofrance.com
Fréquence : 93.2 FM.

Les Cinq Pineaux, Saint-Hilaire-de-Riez.

France Bleu Loire Océan est une radio publique généraliste locale du groupe Radio France. Elle émet sur la Loire-Atlantique, la Vendée et une partie du Maine-et-Loire. Toute la richesse de la vie locale en Vendée est mise en ondes pour vos loisirs, vos démarches, vos déplacements, satisfaire votre curiosité et aussi vous apporter sourire et détente. Avec ces programmes locaux, France Bleu se vante d'être l'une des premières radio de proximité de Nantes et de la Loire-Atlantique pour voir toujours la vie en bleu !

■ GRAFFITI URBAN RADIO

Chemin Guy-Bourrieau
Saint-André-d'Ornay
LA ROCHE-SUR-YON
✆ 02 51 37 91 91
www.urban-radio.com
graffiti@urban-radio.com

Voici l'histoire de cette radio… En 1986, l'association Graffiti met en place une radio vacances qui devait être éphémère et n'émettre que durant l'été. A la fin de l'été, le CSA l'autorise à continuer d'émettre. L'objectif était d'avoir « une radio de qualité avec, en parallèle, un atelier de formation permanent » ; ceci afin de former de futurs bénévoles de la radio, avec pour cible les étudiants yonnais et plus généralement les 15-35 ans. En 1997, c'est également l'arrivée de la diffusion automatique de nuit permettant à la radio de diffuser 24h/24. La radio mise alors sur l'information et l'actualité locale au quotidien. En 2000, la radio est de plus en plus présente lors de manifestations locales et les émissions thématiques en soirée font leur apparition. Depuis la petite radio a grandi et propose des programmes qui traitent de l'actualité culturelle et sociale de la région avec des invités, de nombreuses émissions en direct où le public est sollicité pour « squatter » l'antenne. Graffiti Urban Radio émet sur la bande FM au 88.6 sur le Pays Yonnais.

■ RCF VENDÉE

Maison du Diocèse
62, rue Maréchal-Joffre
LA ROCHE-SUR-YON ✆ 02 51 44 15 60
www.rcf.fr

RCF Vendée appartient au réseau national RCF (Radios Chrétiennes Francophones). Elle émet sur tout le département de la Vendée grâce à 5 émetteurs. (La Roche-sur-Yon 104.5 FM ; Les Sables-d'Olonne 93.9 FM ; Fontenay-le-Comte 92.5 FM ; Saint-Gilles-Croix-de-Vie 88.0 FM ; Les Herbiers 95.4 FM). Radio de proximité, RCF Vendée donne la parole à tous les acteurs du territoire, et s'inscrit comme un véritable créateur de liens. C'est une radio où la joie se partage à travers une programation diversifiée : information, culture, patrimoine, musique, formation de la foi. Elle est aussi présente sur les grands événements de Vendée : Vendée Globe en direct, le Printemps du Livre de Montaigu et tous les jours dans une commune de Vendée dans l'émission « Commune à la une » entre 11h et 11h30. Enfin, RCF Vendée vous fait vivre en direct toutes les célébrations diocésaines. Tous les programmes et podcast sont à retrouver sur rcf.fr.

VIRGIN RADIO VENDEE

54-56, rue Molière
LA ROCHE-SUR-YON
✆ 02 51 47 80 00
www.virginradiovendee.fr
radio@virginradiovendee.fr

La station Virgin Radio est implantée en Vendée depuis plus de vingt-cinq ans ! Ludovic Lejeune présente les flashs de la tranche matinale (6h30-9h), pour tout savoir de l'actualité du département, des résultats sportifs, de la météo, des bons plans, de la culture, des loisirs et de l'actu multimédia en Vendée. La tranche 16h-20h, assurée par Miss Nathalie, aborde les infos people, concerts locaux, cinéma (avec de nombreuses places à gagner), le tout alimenté par des jeux. Virgin Radio Vendée propose une écoute en live (haut débit) sur son site Internet, mais aussi sur iPhone et tablettes, et des Podcasts info à télécharger. Côté musique, c'est la radio «nouvelle génération» de la pop, du rock et de l'électro. Cinq fréquences FM en Vendée : La Roche-sur-Yon 101.1, Les Herbiers 97.1, Les Sables-d'Olonne 89.4, à Challans et ses environs sur 94.4 et Luçon sur 103.0. Informations locales à 6h30, 7h, 7h30, 8h, 8h30, 9h, 12h et 20h.

ALOUETTE FM

Avenue de la Maine
BP 219
LES HERBIERS
✆ 02 51 91 21 21
www.alouette.fr
radio@alouette.fr

Fréquence : 89.5 FM.

Alouette est la première radio régionale de France ! Cette station de radio musicale privée a été créée le 27 novembre 1981 sous le nom d'Alouette FM par Philippe de Villiers, aux Herbiers, en Vendée. En avril 2011, Alouette est écoutée quotidiennement par 553 000 auditeurs. Alouette couvre 4 régions (Bretagne, Pays de la Loire, Centre et Poitou-Charentes) soit 12 départements avec 35 pôles de diffusion. C'est aussi l'une des premières radios régionales dont le signal est repris dans les offres radios des bouquets numériques par satellite. Son contenu la rapproche plus de NRJ, du moins dans la partie musicale, puisqu'elle diffuse essentiellement des succès français et internationaux. Avec un ton soft et un public assez jeune, Alouette se place comme la radio généraliste qui monte ! Beaucoup d'animations et de jeux, avec des lots sympas à gagner chaque semaine. En Vendée, sa fréquence est 92.8 FM.

NEPTUNE FM

L'ILE-D'YEU
www.neptunefm.com

Gérard Château a créé cette radio locale, située sur l'île d'Yeu en 1983. On la reçoit sur 91.9 FM. Ses locaux se situent au fort de Pierre Levée. En 1992, le CSA passe la radio en catégorie B lui permettant d'alimenter l'antenne et de diffuser ainsi 24h/24, par la diffusion de programmes venant d'autre radios durant quelques années, notamment des radios de Loire Atlantique. En 2006, elle rejoint la Fédération des Radios Associatives en Pays de la Loire. En 2009, la radio repasse en catégorie A, la programmation s'affine et s'oriente sur un format soft-pop/rock avec les hits du moment, des nouveautés et des découvertes de la nouvelle scène française, mais aussi étrangère, sans oublier des classiques pop/rock. Aujourd'hui on compte une quinzaine d'émissions thématiques différentes, un magazine quotidien qui traite de l'actualité de l'île au travers d'interviews et de chroniques.

NOV FM

64, rue de Villebon
SAINT-GERVAIS
✆ 02 51 49 12 60
www.novfm.org
info@novfm.fr

C'est la petite dernière. La radio du nord-ouest vendéen a été créée à l'initiative des cantons de Challans, Beauvoir et Saint-Jean-de-Monts. Elle est née en 2003 et diffusa ses premiers programmes en 2004 sous la houlette d'Hervé Racois et Arnaud Guittot. Elle émet sur le nord-ouest du département et repousse même ses limites jusqu'à Saint-Gilles et Aizenay et même Noirmoutier. C'est une radio de proximité qui offre des informations sur la vie locale, culturelle, sportive, économique et associative de ce petit bout de Vendée, et qui diffuse un programme musical varié autour de la variété française et internationale. Fréquence : 93.1 FM.

Voile à St-Jean de Monts.

NIRVANA
FRERO DELAVEGA
PHARRELL Williams
CATS on TREES
MUSE
Katy Perry
U2
ED Sheeran
KAVINSKY
daft punk
COLDPLAY
IMAGINE DRAGONS
RED HOT CHILI PEPPERS
SAM SMITH
CHRISTINE AND THE QUEENS
stromae
RADIOHEAD
DEPECHE MODE
KYO
Lilly Wood and The Prick
BRUNO MARS
Linkin Park
LOST FREQUENCIES
MIKA
JUNGLE
ONEREPUBLIC
ADELE
JULIEN DORÉ
Virgin
RADIO
POP ROCK ELECTRO

La plage de la Terrière.

Télévision

TV VENDÉE

Z.I. Séjour
DOMPIERRE-SUR-YON
✆ 02 51 08 06 06
www.tvvendee.fr
accueil@tvvendee.fr

Son slogan : « Passons plus de temps devant la Vendée ! » TV Vendée est visible sur la TNT (canal 34) et sur l'ensemble des box (Orangebox chaîne 30, SFRbox 345, Freebox 360, Bbox 455). L'idée : proposer aux Vendéens de regarder sur leur petit écran, tous les jours, ce qui fait leur actualité et l'esprit de la Vendée. Les téléspectateurs ont à leur disposition un média performant, réactif et attrayant, qui est le relais du dynamisme vendéen, dans tous les domaines : économique, social, culturel, nature, sportif. Les atouts de TV Vendée : une vraie proximité avec les habitants, et une prise directe sur les grands événements comme le Vendée Globe. Pour revoir les émissions de TV Vendée, rendez-vous sur leur site Internet : www.tvvendee.fr.

Internet

TELE 3 PROVINCES

www.vendee-web-tv.fr – tv3p@orange.fr

Télé 3 Provinces est une «web TV» qui fait chaque soir à 19h, dans son journal télévisé en ligne sur www.vendee-web-tv.fr, un petit rappel de l'actualité du moment en Vendée. Une télé locale et proche des gens qui relate la vie vendéenne, et les manifestations qui s'y déroulent. Une web TV simple et conviviale pour ne rien louper de ce qui se passe à côté de chez vous. Et s'il vous avez loupé un reportage, sachez qu'ils restent tous plusieurs jours sur le site.

VENDÉE BOOK

Sous le nom est inscrit «réseau social vendéen libre et gratuit au service des vendéens». Vendée Book, est un réseau social fait pour et par des vendéens. Il regroupe un annuaire vendéen d'entreprises, d'événements, d'idées sorties, des blogs, des associations, tchat, forums, des jeux-concours, le tout avec des photos bien sûr. Il y a aussi une rubrique «anti-crise» proposant des méthodes qui marchent pour réduire facilement ses dépenses.

LA ROCHE & ELLES

LA ROCHE-SUR-YON
www.laroche-et-elles.fr

Créé fin 2013, La Roche & elles est un magazine féminin de proximité, un média indépendant au concept innovant. C'est un webzine : local, participatif, associatif et pétillant ! Dynamique, réactif, audacieux, sérieux avec une pointe d'humour et de légèreté. Sont abordées les actualités, les sorties (bars, restaurants, lieux culturels, loisirs...), mais également toute la partie pour ces dames avec des bonnes adresses de mode, beauté, bien-être, déco, culture. Egalement une rubrique intitulée «famille», pour des activités à faire avec les enfants, les spectacles qui leur sont dédiés, des recettes de cuisine à faire avec eux et pour eux, mais aussi toutes les actus liées à la famille. Enfin, même si ce webzine est à destination des femmes, ses deux créatrices n'en oublient pas pour autant ceux qui nous font tant parler : les hommes, qui ont eux aussi des infos rien que pour eux !

WEBTV VENDÉE

LA ROCHE-SUR-YON
www.webtv.vendee.fr

La WebTV du Département de la Vendée propose plusieurs centaines de vidéos réalisées par le Conseil Général de la Vendée. Ces vidéos et interviews sont classées par thématiques : territoire et environnement, solidarité et éducation, économie, culture et patrimoine, sports. Vous pourrez ainsi revivre les grands moments du Vendée Globe, revoir des images des derniers festivals, l'inauguration du Vendespace, etc... Il est possible de visualiser sur une carte du département les différents sujets du moment et de s'abonner aux flux rss.

INDEX

A

Aizenay 413
Angles 288
Apremont 158
Aubigny 404
Avrillé 265

B

Barbâtre 82
Bazoges-en-Pareds 338
Beaulieu-sous-la-Roche 250
Beauvoir-sur-Mer 112
Belleville-sur-Vie 405
Benet 316
Bois-de-Cené 154
Boufféré 372
Bouillé-Courdault 316
Bouin 109
Bournezeau 342
Brem-sur-Mer 199
Brétignolles-sur-Mer 191
Breuil-Barret 336

C

Chaillé-les-Marais 311
Chaillé-sous-les-Ormeaux 406
Challans 146
Chambretaud 362
Champagné-les-Marais 313
Chantonnay 340
Château-d'Olonne 233
Chavagnes-en-Paillers 376
Cheffois 336
Commequiers 186
Corpe 305
Cugand 373

D-F

Damvix 316
Faymoreau 331
Fontenay-le-Comte 319
Foussais-Payré 331
Fromentine – La Barre-de-Monts 116

G

Givrand 188
Grosbreuil 269

I-J

Île d'Yeu 70
Île de Noirmoutier 81
Jard-sur-Mer 270

L

L'Aiguillon-sur-Mer 295
L'Aiguillon-sur-Vie 186
L'Épine 103
L'Hermenault 325
L'Île d'Elle 313
L'Île d'Olonne 246
L'Orbrie 326
La Chaize-le-Vicomte 407
La Chapelle-Hermier 252
La Châtaigneraie 336
La Faute-sur-Mer 291
La Garnache 154
La Gaubretière 353
La Guérinière 106
La Jaudonnière 343
La Mothe-Achard 249
La Roche-sur-Yon 382
La Tranche-sur-Mer 278
La Verrie 368
Landevieille 198
Le Bernard 276
Le Boupère 346
Le Fenouiller 189
Le Girouard 252
Le Gué-de-Velluire 318
Le Mazeau 318
Le Perrier 144
Le Poiré-sur-Vie 412
Le Puy-Du-Fou (Les Epesses) 357
Le Tablier 408
Les Brouzils 377
Les Essarts-en-Bocage 365
Les Herbiers 348

Les Lucs-sur-Boulogne 409
Les Sables d'Olonne 202
Longèves 325
Longeville-sur-Mer 274
Luçon 306

M

Maillezais 314
Mallièvre. 363
Mareuil-sur-Lay-Dissais 302
Mervent 332
Mesnard-la-Barotière 356
Monsireigne 347
Montaigu 371
Moreilles. 314
Mortagne-sur-Sèvre 366
Mouchamps 354
Mouilleron-en-Pareds 337
Mouilleron-le-Captif 407
Moutiers-les-Mauxfaits 266

N

Nalliers. 308
Nesmy 408
Nieul-sur-l'Autise 35
Noirmoutier-en-l'Île. 85
Notre-Dame-de-Monts 120

O

Olonne-sur-Mer 238
Oulmes. 318

P

Pissotte. 325
Poiroux 265
Pouillé. 326
Pouzauges 344

R

Réaumur. 347
Rocheservière. 378
Rosnay 306

S

Saint-Christophe-du-Ligneron. 187
Saint-Cyr-en-Talmondais. 267
Saint-Denis-du-Payré 298
Saint-Denis-la-Chevasse. 415
Saint-Fulgent 375
Saint-Georges-de-Montaigu 373
Saint-Gervais 157
Saint-Gilles-Croix-de-Vie. 171
Saint-Hilaire-de-Loulay 374
Saint-Hilaire-de-Riez. 162
Saint-Hilaire-des-Loges 325
Saint-Hilaire-la-Forêt 277
Saint-Jean-de-Monts 129
Saint-Juire-Champgillon 311
Saint-Julien-des-Landes. 252
Saint-Laurent-sur-Sèvre 369
Saint-Mâlo-du-Bois. 364
Saint-Martin-des-Fontaines. 311
Saint-Mathurin 254
Saint-Mesmin 347
Saint-Michel-en-l'Herm. 298
Saint-Michel-le-Cloucq 326
Saint-Paul-en-Pareds 357
Saint-Philbert-de-Bouaine. 380
Saint-Pierre-du-Chemin 338
Saint-Prouant 343
Saint-Révérend 189
Saint-Sulpice-le-Verdon 380
Saint-Vincent-sur-Jard 272
Sainte-Hermine. 309
Sainte-Radegonde-des-Noyers 314
Sallertaine 155
Sérigné. 327
Sèvremont 348
Sigournais 344
Soullans 145

T

Talmont-Saint-Hilaire 254
Tiffauges. 369
Triaize. 299

V

Vairé. 202
Velluire 328
Venansault 409
Vix 319
Vouvant 328

X

Xanton-Chassenon 328

COLLABOREZ À LA PROCHAINE ÉDITION
VENDÉE

COLLABOREZ À LA PROCHAINE ÉDITION VENDÉE